Das
Preußische Einkommensteuergesetz.

Vom 24. Juni 1891.

Kommentar zum praktischen Gebrauch

bearbeitet von

R. Meitzen,

Geheimer Regierungsrath, Mitglied der Königl. Direktion für die Verwaltung der direkten Steuern in Berlin.

Berlin.

J. Guttentag, Verlagsbuchhandlung.

1892.

Vorwort.

Die Anerkennung und Verbreitung, welche dem Werke des Verfassers: Die Vorschriften über die Klassen- und klassifizirte Einkommensteuer in Preußen (zweite Auflage, Berlin 1887) zu Theil geworden ist, hat ihn ermuthigt, dem Wunsche der Verlagsbuchhandlung zu willfahren, und das für die Anwendung des preußischen Einkommensteuergesetzes vom 24. Juni 1891 bis jetzt vorhandene Vorschriftenmaterial in gleicher Art zu sichten und zu bearbeiten.

Das Buch soll nach der Absicht des Verfassers allen Denen, welche in irgend einer Weise bei dem mühevollen Amte der Ausführung und Anwendung des Gesetzes betheiligt sind, eine willkommene Stütze für die Auffindung und Prüfung dieses überreichen Materials gewähren.

Zu diesem Zweck ist neben der Darlegung der neuen Vorschriften das bisherige Recht überall in äußerlich kenntlicher Form soweit berücksichtigt worden, als es nach der Ansicht des Verfassers durch die neuen Bestimmungen nicht in Wegfall gekommen ist, oder als es zur Erläuterung und Ergänzung des neuen Rechtes dienen kann.

Leider ist durch das späte Erscheinen des dritten Theiles der Ausführungsanweisung vom 5. August 1891 (Mitte Januar 1892) die Herausgabe ungebührlich verzögert worden.

Für jeden Hinweis auf einen bei dem Gebrauche fühlbaren Mangel des Buches würde der Verfasser aufrichtig dankbar sein.

Berlin, im März 1892.

Der Verfasser.

Inhalts-Verzeichniß.

Inhalts-Verzeichniß

zum Gesetz vom 24. Juni 1891.

I.

Einkommensteuergesetz.

Vom 24. Juni 1891.

(Gesetz-Sammlung von 1891, Nr. 19. S. 175—204. Ausgegeben zu Berlin den 7. Juli 1891.)

Wir **Wilhelm**, von Gottes Gnaden König von Preußen zc. verordnen, mit Zustimmung beider Häuser des Landtags Unserer Monarchie, für den Umfang derselben mit Ausschluß der Hohenzollernschen Lande[1]) und der Insel Helgoland,[2]) was folgt:

I. Steuerpflicht.

1. Subjektive Steuerpflicht.

§. 1.

Einkommensteuerpflichtig sind:

1) die Preußischen Staatsangehörigen,[1]) mit Ausnahme derjenigen,
   a) welche, ohne in Preußen einen Wohnsitz[2]) (§. 1 Absatz 2 des Reichsgesetzes wegen Beseitigung der Doppelbesteuerung vom 13. Mai 1870, Bundes-Gesetzbl. S. 119) zu haben, in einem anderen Bundesstaate oder in einem Deutschen Schutzgebiete wohnen oder sich aufhalten;
   b) welche neben einem Wohnsitz in Preußen in einem anderen Bundesstaate oder in einem Deutschen Schutzgebiete ihren dienstlichen[3]) Wohnsitz (§. 2 Absatz 3 a. a. O.) haben;
   c) welche, ohne in Preußen einen Wohnsitz zu haben, seit mehr als zwei Jahren[4]) sich im Auslande dauernd aufhalten.

   Auf Reichs- und Staatsbeamte,[5]) welche im Auslande ihren dienstlichen Wohnsitz haben und dort zu entsprechenden[6]) direkten Staatssteuern nicht herangezogen werden, findet die Ausnahme unter c keine Anwendung;

2) diejenigen Angehörigen anderer Bundesstaaten,[7])

(Zum Eingang des Gesetzes) 1) Siehe Gesetz vom 22. Febr. 1867 (G.S. S. 269), und §. 7 des Gesetzes vom 26. März 1883, abgedr. bei §. 85 (desgleichen).

2) Siehe Gesetz vom 18. Febr. 1891, §. 9 (G.S. S. 11).

a) welche, ohne in ihrem Heimathsstaate einen Wohnsitz zu haben, in Preußen wohnen oder, ohne im Deutschen Reiche[8]) einen Wohnsitz zu haben, sich in Preußen aufhalten;

b) welche in Preußen ihren dienstlichen Wohnsitz (§. 2 Absatz 3 a. a. O. haben;

3) diejenigen Ausländer,[9]) welche in Preußen einen Wohnsitz haben, oder sich daselbst des Erwerbes wegen oder länger als ein Jahr aufhalten;

4) Aktiengesellschaften,[10]) Kommanditgesellschaften auf Aktien und Berggewerkschaften, welche in Preußen einen Sitz haben, sowie diejenigen eingetragenen Genossenschaften,[11]) deren Geschäftsbetrieb über den Kreis ihrer Mitglieder hinausgeht;

5) Konsumvereine mit offenem Laden, sofern dieselben die Rechte juristischer Personen[12]) haben.

1a) Für die Beurtheilung der Staatsangehörigkeit ist maßgebend das Gesetz über die Erwerbung und den Verlust der Bundes- und Staatsangehörigkeit, v. 1. Juni 1870 (B.G.Bl. S. 355). Durch §. 2 des Einführungsgesetzes zur Reichsverfassung vom 16. April 1871 (B.G.Bl. S. 63) ist dieses Gesetz zum Reichsgesetz erhoben und gilt auch in Elsaß-Lothringen zufolge des Reichsgesetzes vom 8. Januar 1873 (R.G.Bl. S. 51). Vergleiche auch das Reichsgesetz vom 20. Dezbr. 1875 betr. die Naturalisation von Ausländern, welche im Reichsdienste angestellt sind (R.G.Bl. S. 324).

Die hier hauptsächlich interessirenden Paragraphen des Gesetzes vom 1. Juni 1870 (B.G.Bl. S. 355) lauten (unter Umwandlung von „Norddeutsch" in „Deutsch"):

§. 1. Die Bundesangehörigkeit wird durch die Staatsangehörigkeit in einem Bundesstaate erworben und erlischt mit deren Verlust.

§. 2. Die Staatsangehörigkeit in einem Bundesstaate wird fortan nur begründet:

1) durch Abstammung (§. 3.),
2) durch Legitimation (§. 4.),
3) durch Verheirathung (§. 5.),
4) für einen Deutschen durch Aufnahme und
5) für einen Ausländer durch Naturalisation } (§§. 6 ff.).

Die Adoption hat für sich allein diese Wirkung nicht.

§. 3. Durch die Geburt, auch wenn sie im Auslande erfolgt, erwerben eheliche Kinder eines Deutschen die Staatsangehörigkeit des Vaters, uneheliche Kinder eines Deutschen die Staatsangehörigkeit der Mutter.

§. 5. Die Verheirathung mit einem Deutschen begründet für die Ehefrau die Staatsangehörigkeit des Mannes.

§. 6. Die Aufnahme, sowie die Naturalisation (§. 2. Nr. 4. und 5.) erfolgt durch eine von der höheren Verwaltungsbehörde ausgefertigte Urkunde.

§. 9. Eine von der Regierung oder von einer Central- oder höheren Verwaltungsbehörde eines Bundesstaates vollzogene oder bestätigte Bestallung für einen in den unmittelbaren oder mittelbaren Staatsdienst oder in den Kirchen-, Schul- oder Kommunaldienst aufgenommenen Ausländer oder Angehörigen eines anderen Bundesstaates vertritt die Stelle der Naturalisations-Urkunde beziehungsweise Aufnahme-Urkunde, sofern nicht ein entgegenstehender Vorbehalt in der Bestallung ausgedrückt wird.

Ist die Anstellung eines Ausländers im Bundesdienst erfolgt, so erwirbt der Angestellte die Staatsangehörigkeit in demjenigen Bundesstaate, in welchem er seinen dienstlichen Wohnsitz hat.

§. 12. Der Wohnsitz innerhalb eines Bundesstaates begründet für sich allein die Staatsangehörigkeit nicht.

§. 13. Die Staatsangehörigkeit geht fortan nur verloren:

1) durch Entlassung auf Antrag (§§. 14. ff.);
2) durch Ausspruch der Behörde (§§. 20. und 22.);
3) durch zehnjährigen Aufenthalt im Auslande (§. 21.);
4) bei unehelichen Kindern durch eine den gesetzlichen Bestimmungen gemäß erfolgte Legitimation, wenn der Vater einem anderen Staate angehört als die Mutter;
5) bei einer Deutschen durch Verheirathung mit dem Angehörigen eines anderen Bundesstaates oder mit einem Ausländer.

§. 14. Die Entlassung wird durch eine von der höheren Verwaltungsbehörde des Heimathsstaates ausgefertigte Entlassungs-Urkunde ertheilt.

§. 18. Die Entlassungsurkunde bewirkt mit dem Zeitpunkt der Aushändigung den Verlust der Staatsangehörigkeit.

Die Entlassung wird unwirksam, wenn der Entlassene nicht binnen sechs Monaten vom Tage der Aushändigung der Entlassungs-Urkunde an seinen Wohnsitz außerhalb des Bundesgebietes verlegt oder die Staatsangehörigkeit in einem anderen Bundesstaate erwirbt.

1b) Durch die Verleihung eines Preußischen Offizier-Patentes oder einer Vokation zum Militärgeistlichen wird die Preußische Staatsangehörigkeit erworben.

Finz.-Minist.-Zirk.-Erlaß v. 28. Januar 1888. — II. 479. —.

Zur Behebung von Zweifeln über die Frage, ob durch Verleihung eines Preußischen Offizierspatentes die Preußische Staatsangehörigkeit erworben wird und demnach auch die Verpflichtung zur Zahlung der Staatssteuern nach Maßgabe des Gesetzes ꝛc. eintritt, ist jetzt dahin Entscheidung getroffen worden, daß die Vorschriften des §. 9 des Reichsgesetzes v. 1. Juni 1870 (B.G.Bl. S. 355) auf die Offizierspatente Anwendung zu finden haben.

Finz.-Minist.-Erlaß v. 29. Mai 1888. — II. 5166. —.

Nach dem in meinem Zirkularerlaß v. 28. Januar 1888 — II. 479 — ausgesprochenen Grundsatz hat der im April 1887 von M. nach P. versetzte Oberstlieutenant N. durch Verleihung der Preußischen Offizierspatente die Eigenschaft eines Preußischen Staatsangehörigen erworben. Auch unterliegt es nach dem Wortlaut der in Abschrift vorliegenden, vom evangelischen Feldprobst der Kgl. Preuß. Armee ausgefertigten und vom Preußischen Kultusminister bestätigten Vokation des gleichfalls im April 1887 von M. nach P. versetzten M. zum Divisionspfarrer keinem Zweifel, daß die genannte Urkunde als Bestallung im Sinne des §. 9 des Reichsgesetzes v. 1. Juni 1870 (B.G.Bl. S. 355) (siehe Abschnitt II dieses Buches) zu erachten und ihr daher die daselbst bezüglich des Erwerbes der Staatsangehörigkeit beigelegte Wirkung zuzusprechen ist.

Die vom 1. Mai 1887 erfolgte Veranlagung des N. und M. zur Preußischen Einkommensteuer ist daher vollkommen zu Recht geschehen. Wurde die Steuer demnächst von Amtswegen irrthümlich wieder in Abgang gestellt, so ist dadurch die ursprüngliche Veranlagung keineswegs vernichtet worden. Sie trat daher, ohne daß eine erneute Einschätzung erforderlich war, bei der nach Behebung des Irrthums erfolgten Zugangstellung ohne weiteres wieder in Kraft, wenn nur diese Zugangstellung an sich rechtlich zulässig war. Letzteres muß nun im vorliegenden Fall bejaht werden, da eine Verjährung der Steuer nach den maßgebenden Bestimmungen des Gesetzes v. 18. Juni 1840 (G.S. S. 140) (abgedr. bei §. 81 dieses Gesetzes) nicht stattgefunden hatte.

1c) Durch Versetzung zu den Offizieren à la suite der Armee geht die Preußische Staatsangehörigkeit nicht verloren. Kriegs-Minist.-Erlaß, Depart. für das Invalidenwesen. v. 7. Mai 1887. — Nr. 417. 4. 87. C. 3. —.

Der ꝛc. wird auf das gefl. Schreiben ꝛc. ergebenst erwidert, daß der Premierlieutenant ꝛc. die durch die Patentirung als Sekonde-Lieutenant im . . Garde-Regiment seiner Zeit erworbene Preußische Staatsangehörigkeit infolge seiner inzwischen verfügten Versetzung zu den Offizieren à la suite der Armee nicht verloren hat. Die Entlassung des Genannten aus dem Preußischen

1*

Unterthanen-Verbande würde von demselben vielmehr ausdrücklich beantragt bezw. von zuständiger Stelle verfügt werden müssen.

1d) Die Verabschiedung aus der Armee zieht nicht den Verlust der Preußischen Staatsangehörigkeit nach sich.

In einer Spezial-Entscheidung des Reichskanzlers aus dem Jahre 1882 ist ausgeführt, daß die Ernennung eines geborenen Mecklenburgers zum Offizier in einem der Großherzogl. Mecklenburgischen Regimenter nach §. 9 des Reichsgesetzes über die Erwerbung und den Verlust der Bundes- und Staatsangehörigkeit v. 1. Juni 1870 für den betr. Offizier den Erwerb der Preußischen Staatsangehörigkeit bewirkt, da die Offiziere dieser Kontingente neben dem Großherzogl. Mecklenburgischen auch ein Preußisches Patent erhalten.

Der betr. Offizier besitzt somit neben der Staatsangehörigkeit in Preußen unzweifelhaft auch die Staatsangehörigkeit in Mecklenburg und verbleibt im Verhältniß zu Sr. Kgl. Hoheit dem Großherzoge Höchstdessen Unterthan. Auch geht er der Preußischen Staatsangehörigkeit durch eine etwaige Verabschiedung aus der preußischen Armee nicht wieder verlustig, da die Verabschiedung aus dem Militärdienste nicht zu denjenigen Gründen gehört, aus welchen nach §. 13 des Gesetzes v. 1. Juni 1870 die Staatsangehörigkeit verloren geht.

Das Gleiche gilt für den Fall eines mittelst besonderer Preußischen Bestallung erfolgten Eintritts in den Preußischen Civildienst.

1e) Finz.-Minist.-Erlaß v. 2. Februar 1853. — III. 1513. —

Auf den Bericht ꝛc. erwidere ich Euer ꝛc., daß nach §. 15 des Gesetzes über die Erwerbung und den Verlust der Eigenschaft als Preußischer Unterthan v. 31. Dezbr. 1842 (jetzt nach §. 13 Nr. 5 des Reichsgesetzes v. 1. Juni 1870), eine Preußische Unterthanin durch die Verheirathung an einen Ausländer die Eigenschaft als Preußin verliert, und daß dieselbe zur diesseitigen klassifizirten Einkommensteuer nur in demselben Umfange, wie alle sonstigen Ausländer herangezogen werden kann. Wenn auf eine solche Ausländerin die Vorschriften im zweiten Alinea von §. 18 des Gesetzes v. 1. Mai 1851, wegen des Aufenthalts im Inlande, keine Anwendung finden, so kann, wie Euer ꝛc. mit Recht annehmen, der Umstand, daß durch den bei Eingehung der Ehe abgeschlossenen Vertrag der Frau ihr ganzes Vermögen vorbehalten worden ist, auf die Einschätzung der klassifizirten Einkommensteuer keinen Einfluß üben. Bei letzterer ist alsdann vielmehr nur dasjenige Einkommen in Betracht zu ziehen, welches die Ausländerin aus diesseitigem Grundeigenthum oder als Theilnehmerin an diesseitigen gewerblichen oder Handelsanlagen bezieht.

2) Einen Wohnsitz hat nach §. 1 Al. 2 des Reichsgesetzes vom 13. März 1870 (abgedruckt im Abschnitt II dieses Buches) ein Deutscher an dem Orte, an welchem er eine Wohnung unter Umständen inne hatte, welche auf die Absicht der dauernden Beibehaltung einer solchen schließen lassen; als Wohnung in diesem Sinne ist jedoch nicht jedes nur zu einem zeitweiligen und vorübergehenden Aufenthalte eingerichtete oder ausreichende Absteigequartier zu verstehen, sondern es gehört dazu, daß die Wohnräume zu dauerndem Aufenthalte eingerichtet sind und dem Steuerpflichtigen für sich und seinen Haushalt standesgemäße Unterkunft gewähren.

Siehe im Uebrigen die Anmerkungen zu §. 6 dieses Gesetzes, zu §. 1 des Reichsgesetzes vom 13. Mai 1870 (a. a. O.), und den Art. 35 der Ausführungs-Anweisung vom 5. Aug. 1891, Theil II, abgedruckt im Abschn. IV dieses Buches.

3) Ein „dienstlicher Wohnsitz" ist derjenige Ort, an welchem ein Beamter oder Offizier nach den für ihn maßgebenden dienstlichen Vorschriften verpflichtet ist, Wohnung zu nehmen. — Siehe Art. 35 Nr. 2 der Anweisung vom 5. Aug. 1891 im Abschn. IV dieses Buches und die dortigen Anmerkungen. Die „Absicht der dauernden Beibehaltung der Wohnung" ist bei demselben nicht erforderlich.

Statt des Ausdruckes „dienstlicher Wohnsitz" braucht die C.P.O. v. 30. Jan. 1877 (R.G.Bl. S. 83) §. 347, und ebenso die St.P.O. v. 1. Febr. 1877 (R.G.Bl. S. 253) §. 49 und §. 183 den Ausdruck: „Amtssitz". Siehe auch die Verordnung betr. die Tagegelder ꝛc. der ꝛc. Konsularbeamten v. 23. April 1879 (R.G.Bl. S. 127).

4) Während nach der bisherigen Gesetzgebung die Verpflichtung zur Entrichtung der Klassensteuer sich auf die „Einwohner" des Staatsgebietes beschränkte, mit dem dauernden Verlassen des Staatsgebietes also ihr Ende erreichte, waren der klassifizirten Einkommensteuer auch die im Auslande sich aufhaltenden Preußischen Staatsangehörigen ohne jegliche Zeitbeschränkung unterworfen. (§§. 5, 16 Ges. v. 1./25. Mai 1851/73.) Durch innere Gründe war diese, lediglich nach der Höhe des Einkommens getroffene Unterscheidung nicht gerechtfertigt. Das Gesetz schlägt einen Mittelweg ein, indem es allgemein, ohne Unterscheidung nach der Höhe des Einkommens, die unbeschränkte Steuerpflicht (§. 1) der ohne inländischen Wohnsitz im außerdeutschen Auslande lebenden Preußen (mit Ausnahme der im zweiten Absatze der Litt. c. erwähnten Beamten) nach mehr als zweijährigem dauernden Aufenthalte im Auslande außer Kraft treten läßt. Mit dieser Beschränkung ist der Gefahr einer mißbräuchlichen Benutzung jener Bestimmung zu einer Umgehung der Steuerpflicht hinlänglich vorgebeugt, indem bei einer, nicht lediglich vorübergehenden Rückkehr die Steuerpflicht sofort wieder aufleben würde.

Siehe hierzu auch den Absatz 2 der Nummer Ic im Art. 1 Theil I der Ausführungs-Anweisung v. 5. Aug. 1891 (abgedruckt im Abschnitt III dieses Buches):

„Bei Berechnung der zweijährigen Dauer werden die verschiedenen Abschnitte eines unterbrochenen Aufenthaltes im Auslande nicht zusammengerechnet. Die Steuerpflicht lebt wieder auf, sobald eine der beiden Voraussetzungen für die Befreiung fortfällt, also entweder ein Wohnsitz in Preußen begründet, oder der Aufenthalt im Auslande wieder aufgegeben wird und nicht etwa Umstände vorliegen, welche die Steuerpflicht nach den Vorschriften zu Nr. Ia oder b ausschließen. Eine nur vorübergehende z. B. besuchsweise Rückkehr nach dem Inlande begründet den Wiedereintritt der einmal erloschenen Steuerpflicht nicht.

5) Siehe §. 6 Nr. 4. Reichs- und Staatsbeamte, einschließlich der Offiziere, welche im Auslande ihren dienstlichen Wohnsitz haben und dort zu entsprechenden direkten Staatssteuern nicht herangezogen werden, bleiben also in Preußen dauernd steuerpflichtig mit Ausnahme für den das persönliche pensionsberechtigende Gehalt übersteigenden Theil ihres dienstlichen Einkommens; sind sie dagegen im Auslande zu entsprechenden Staatssteuern herangezogen, so bleibt ihr gesammtes dienstliches Einkommen in Preußen steuerfrei und ihre Steuer fällt ganz fort, sobald sie sich seit mehr als zwei Jahren im Auslande dauernd aufhalten und in Preußen weder einen Wohnsitz, noch Grundbesitz haben, noch ein Gewerbe treiben.

Hier ist zu bemerken:

1. Befreit von direkten Abgaben sind die deutschen Berufskonsuln und alle berufsmäßigen Konsularbeamten in:

a) den Vereinigten Staaten von Amerika, Vertrag v. 11. Nov. 1871, Art. 3 und 6,
b) Rußland, Vertrag v. 8./26. Nov. 1874, Art. 2 und 6,
c) Hawaii, Vertrag v. 25. März/19. Sept. 1879, Art. XII,
d) Griechenland, Vertrag v. 26. Nov. 1881, Art. II und VI,
e) Mexiko, Vertrag v. 5. Dez. 1882, Art. 19, 20,
f) Serbien, Vertrag v. 6. Jan. 1883, Art. II und VI.

2. Nur die deutschen Berufskonsuln, nicht aber die übrigen berufsmäßigen deutschen Konsularbeamten sind von direkten Steuern befreit in:

a) den Niederlanden, Vertrag v. 16. Mai 1856/11. Nov. 1872, Art. 13, 14,
b) Italien, Vertrag v. 21. Dez. 1868, Art 3 und 7,
c) Spanien, Vertrag v. 22. Febr. 1870/12. Jan. 1872, Art. 3 und 7,
d) Brasilien, Vertrag v. 10. Jan. 1882, Art. 4 und 8,
e) Salvador, Vertrag v. 13. Mai 1870, Art. 24,
f) Kosta Rika, Vertrag v. 18. Mai 1875, Art. 27,
g) Dominikanische Republik, Vertrag v. 30. Jan. 1885, Art. 21,
h) Guatemala, Vertrag v. 20. Sept. 1887, Art. 22,

i) Honduras, Vertrag v. 12. Dez. 1887, Art. 22.

Zu e bis i ist indessen den Berufskonsuln und allen berufsmäßigen Konsularbeamten die Meistbegünstigung gewährt.

3. Nur die Meistbegünstigung in Betreff der Entrichtung von Abgaben ꝛc. ist gewährt den deutschen Berufskonsuln und allen berufsmäßigen Konsularbeamten in:

a) der Argentinischen Republik, Vertrag v. 19. Sept. 1857, Art. 11, Abs. 3,
b) China, Vertrag v. 2. Sept. 1861, Art. 4 Abs. 2,
c) Chile, Vertrag v. 1. Febr. 1862, Art. 13,
d) Siam, Vertrag v. 7. Febr. 1862, Art. 2,
e) Frankreich, Vertrag v. 2. Aug. 1862/10. Mai 1871, Art. 12,
f) Japan, Vertrag v. 20. Febr. 1869, Art. 2 Abs. 2,
g) Portugal, Vertrag v. 2. März 1872, Art. 17,
h) Persien, Vertrag v. 11. Mai 1873, Art. 13 Abs. 3,
i) Oesterreich-Ungarn, Vertrag v. 23. Nov. 1881, Art. 22.

4. Keine Bestimmungen über die Besteuerung der berufsmäßigen Konsularbeamten enthalten die Verträge mit Großbritannien (16. Aug. 1865/14. Mai 1872), Liberia (31. Okt. 1867), Tonga (1. Nov. 1876), und Marokko (3. Juli 1881) und überhaupt keine bezüglichen Abmachungen bestehen mit den übrigen Ländern wie z. B. Dänemark, Belgien, Schweiz, Rumänien, Tunis, der Südafrikanischen Republik, Haïti, Urugay, Paraguay, Venezuela, Peru, Kolumbien, Korea, so daß in allen diesen Ländern die Möglichkeit einer Heranziehung der deutschen berufsmäßigen Konsularbeamten zu den direkten Steuern vorliegt.

6) Die Annahme einer entsprechenden Besteuerung, deren Nachweis dem betheiligten Beamten obliegt, wird durch die abweichende Form der ausländischen Steuer nicht ausgeschlossen. Siehe Abs. 4 zu Nr. Ic im Art. 1 der Ausführungs-Anweisung v. 5. Aug. 1891, abgedruckt im Abschn. III dieses Buches.

7) Die Angehörigen anderer deutscher Bundesstaaten, sofern deren Besteuerung in Preußen nach den Bestimmungen des Reichsgesetzes v. 13. Mai 1870 überhaupt zulässig ist, sollen nach dem Gesetz (§. 1 Nr. 2) die bisherige zeitweise Steuerfreiheit nicht mehr genießen; ihre sofortige Heranziehung ist gerechtfertigt, weil sie andernfalls im ganzen Reichsgebiete steuerfrei sein würden.

8) Hier sind die Worte: „oder in einem Deutschen Schutzgebiete“ (§. 1 Nr. 1a und b) nicht wiederholt. Also ist z. B. ein Hamburger, welcher in keinem der deutschen Bundesstaaten einen Wohnsitz hat, aber in Deutsch-Afrika wohnt und in Preußen sich aufhält, sogleich steuerpflichtig.

9a) Unter „Ausland“ und „Ausländer“ sind nur außerdeutsche Staaten und Angehörige derselben zu verstehen. Die Deutschen Schutzgebiete gelten als Inland, siehe §. 6 Abs. 3 des Ges. v. 15. März 1888, (R.G.Bl. S. 71): „Im Sinne des §. 21 des Gesetzes über die Erwerbung und den Verlust der Bundes- und Staatsangehörigkeit v. 1. Juni 1870 (B.G.Bl. S. 355), (der Paragraph spricht vom Verlust der Staatsangehörigkeit durch den Aufenthalt im Auslande), sowie bei Anwendung des Gesetzes wegen Beseitigung der Doppelbesteuerung v. 13. Mai 1870 (B.G.Bl. S. 119) gelten die Schutzgebiete als Inland.“

9b) Nach dem früheren Recht trat die Steuerpflicht der Ausländer, wenn sie sich des Erwerbes wegen im Inlande aufhielten, sofort, im Uebrigen bezüglich der Klassensteuer nach einjährigem Aufenthalte „an demselben Orte des Inlandes“ (§. 5 f. des Gesetzes v. 1./25. Mai 1851/73), bezüglich der klassifizirten Einkommensteuer dagegen überhaupt nach einjährigem Aufenthalte „im Preußischen Staate“ (§. 18 Abs. 2 a. a. O.) ein. Diese, schon nach der Aufhebung der Mahl- und Schlachtsteuer nicht mehr gerechtfertigte Unterscheidung beseitigt das Gesetz zu Gunsten der letzteren Bestimmung. Außerdem soll die Steuerpflicht schon vor Ablauf des einjährigen Aufenthalts mit der Begründung eines Wohnsitzes in Preußen in Kraft treten, weil bei der hiermit kund gegebenen Absicht eines dauernden Aufenthaltes in Preußen ein Grund zur Freilassung nicht ferner vorliegt.

9c) Die vorliegende Nr. 3 ist in folgender Weise zu verstehen:

3) Diejenigen Ausländer,

a) welche in Preußen einen Wohnsitz haben;

b) welche sich daselbst des Erwerbes wegen aufhalten;

c) welche sich daselbst, sofern die Voraussetzungen zu a und b nicht zutreffen, ununterbrochen länger als ein Jahr aufhalten, sei es an demselben Orte, sei es hintereinander an verschiedenen Orten.

Durch eine nur vorübergehende Abwesenheit wird die einmal begründete Steuerpflicht des Ausländers nicht aufgehoben.

Siehe Art. 1. Nr. 3 der Anweisung v. 5. Aug. 1891 im Abschn. III dieses Buches.

9d) Finz.-Minist.-Erlaß v. 3. Febr. 1853 — III. 536 —.

Hausirende Ausländer, welche von Ort zu Ort gehen und an jedem Orte nur eine ganz kurze Zeit verweilen, sind als klassensteuerfreie Reisende zu betrachten; dagegen sind herumziehende Schauspieler, Schausteller von Naturseltenheiten, welche bei ihrer Ankunft an einem Orte die Absicht zu erkennen geben, eine längere Zeit daselbst zu verbleiben, also ihren Aufenthalt daselbst zu nehmen, klassensteuerpflichtig.

9e) Ausländer, welche in Preußen einen Wohnsitz haben, oder sich daselbst länger als ein Jahr aufhalten, sind, sofern dies nicht des Erwerbes wegen geschieht, mit ihrem Einkommen aus ausländischem Grundbesitz oder Gewerbebetriebe der Steuer nicht unterworfen (siehe §. 6 Nr. 2 des Gesetzes), haben es also auch nicht zu deklariren.

9f) Finz.-Minist.-Erlaß v. 5. April 1862 — III. 6955 — Auszug.

In Erwiderung auf den Bericht 2c. über die Beschwerde des N. zu W. wegen seiner Heranziehung zur klassifizirten Einkommensteuer wird der Ansicht der Kgl. Regierung dahin beigetreten, daß solche preußische Unterthanen, welche nach §. 20 des Gesetzes v. 31. Dez. 1842 (jetzt §. 13 u. f. des Gesetzes v. 1. Juni 1870, B.G.Bl. S. 355) auf Grund einer Entlassungsurkunde die Eigenschaft als Preuße verloren haben, nach Aushändigung der Urkunde in Gemäßheit des §. 18 des Gesetzes v. 5. Mai 1851 (jetzt §. 1 Nr. 3 des Gesetzes v. 24. Juni 1891) zur Fortentrichtung der klassifizirten Einkommensteuer so lange verpflichtet bleiben, als sie für ihre Person ihren Aufenthalt in dem Preußischen Staate fortsetzen, indem bei Berechnung der mehr als einjährigen Dauer ihres Aufenthalts im Inlande die Zeit, welche sie vor Empfang der Entlassungsurkunde noch als Preußische Staatsangehörige in der Monarchie zugebracht haben, mit in Ansatz gebracht werden muß. Dagegen ist es in Bezug auf die Feststellung des Zeitpunktes, bis wohin die Verpflichtung solcher Ausländer zur Fortentrichtung der klassifizirten Einkommensteuer besteht, ohne Einfluß, ob sie, während sie für ihre Person die diesseitigen Staaten verlassen haben, ihren Hausstand in Preußen einstweilen noch fortführen lassen, da der Aufenthalt im Sinne des §. 18 des Gesetzes v. 1. Mai 1851 in der persönlichen Anwesenheit als Regel besteht und Umstände, wie die Fortführung der Wirthschaft u. s. f., nur so weit in Betracht kommen, als sie mit anderweiten Thatsachen, z. B. mit der wirklichen Abwesenheit des Ausländers in Verbindung mit der Erklärung, daß er seinen eigentlichen Wohnsitz im Auslande habe, nicht im Widerspruch stehen.

Hiernach kommt es auch in Beziehung auf die Beschwerde des N. lediglich darauf an, wie lange derselbe sich nach Aushändigung des Auswanderungskonsenses noch im Preußischen Staate aufgehalten hat, und bleibt er bis zum Ablauf des Monats, in welchem er den diesseitigen Staat verlassen hat, zur Entrichtung der klassifizirten Einkommensteuer verpflichtet.

Demgemäß ist der Zeitpunkt der wirklichen Abreise des N. in's Ausland näher festzustellen, und alsdann die Einkommensteuer desselben von dem 1. Tage desjenigen Monats an in Abgang, beziehungsweise zur Restitution bringen zu lassen, welcher auf den Monat folgt, in welchem er den preußischen Staat verlassen hat.

10a) Die Heranziehung der in Nr. 4 und 5 genannten juristischen Personen zur Einkommensteuer war nach der bisherigen Gesetzgebung ausgeschlossen, weil diese nur physische Personen als

Träger der Steuerpflicht kannte. Diese Heranziehung bedingte allerdings insofern eine Doppelbesteuerung, als die Dividenden ꝛc. dieser Gesellschaften bei der Berechnung des Einkommens ihrer einzelnen Mitglieder, Aktionäre ꝛc. wiederum in Ansatz kommen. Diesem Uebelstande ist jedoch dadurch thunlichst entgegengetreten worden, daß der §. 16 dieses Gesetzes einen Abzug von $3^1/_2$ % des eingezahlten Aktienkapitales zuläßt.

In Betreff der näheren Auslegung und Erläuterung der Nr. 4 und 5 siehe Art. 26 u. 27 der Anweisung v. 5. Aug. 1891 im Abschn. III dieses Buches u. die dortigen Anmerkungen.

9b) Unter die steuerpflichtigen Aktiengesellschaften fallen auch die Privat-Eisenbahnen. In der Sitzung des Hauses der Abgeordneten vom 11. Febr. 1891 äußerte der Herr Finanzminister: „Die Eisenbahngesellschaften sind wirklich vom Staate konzessionirte und in hohem Grade privilegirte Gesellschaften. Sie haben das Expropriationsrecht und andere sehr wesentliche Rechte, und sie stehen daher in dieser Beziehung ganz anders als alle gewöhnlichen Privatgesellschaften. Außerdem kommt aber noch hinzu, daß wir immer mehr Eisenbahnen bekommen, welche nicht unter das Gesetz von 1838 fallen. Die Sekundärbahnen unterster Ordnung fallen gar nicht unter das Gesetz von 1838 und die Kommunen, namentlich wenn die öffentlichen Straßen von ihnen benutzt werden, geniren sich durchaus nicht, diese Gesellschaften zu besteuern, und letztere finden darin auch kein Unrecht." Der Antrag auf Freistellung wurde ausdrücklich abgelehnt.

In Betreff der Berechnung des Einkommens der Privat-Eisenbahnen siehe §. 4 des Gesetzes v. 27. Juli 1885 (G.S. S. 327), abgedr. als Anlage 3 zu diesem Buche.

11a) Siehe Reichsgesetz betr. die Erwerbs- und Wirthschaftsgenossenschaften v. 1. Mai 1889 (R.G.Bl. S. 55).

§. 1. Gesellschaften von nicht geschlossener Mitgliederzahl, welche die Förderung des Erwerbes oder der Wirthschaft ihrer Mitglieder mittelst gemeinschaftlichen Geschäftsbetriebes bezwecken (Genossenschaften), namentlich:

1) Vorschuß- und Kreditvereine,
2) Rohstoffvereine,
3) Vereine zum gemeinschaftlichen Verkaufe landwirthschaftlicher oder gewerblicher Erzeugnisse (Absatzgenossenschaften, Magazinvereine),
4) Vereine zur Herstellung von Gegenständen und zum Verkaufe derselben auf gemeinschaftliche Rechnung (Produktivgenossenschaften),
5) Vereine zum gemeinschaftlichen Einkaufe von Lebens- oder Wirthschaftsbedürfnissen im Großen und Ablaß im Kleinen (Konsumvereine),
6) Vereine zur Beschaffung von Gegenständen des landwirthschaftlichen oder gewerblichen Betriebes und zur Benutzung derselben auf gemeinschaftliche Rechnung,
7) Vereine zur Herstellung von Wohnungen,

erwerben die Rechte einer „eingetragenen Genossenschaft" nach Maßgabe dieses Gesetzes.

§. 2. Die Genossenschaften können errichtet werden:

1) dergestalt, daß die einzelnen Mitglieder (Genossen) für die Verbindlichkeiten der Genossenschaft dieser sowie unmittelbar den Gläubigern derselben mit ihrem ganzen Vermögen haften (eingetragene Genossenschaft mit unbeschränkter Haftpflicht);
2) dergestalt, daß die Genossen zwar mit ihrem ganzen Vermögen, aber nicht unmittelbar den Gläubigern der Genossenschaft verhaftet, vielmehr nur verpflichtet sind, der letzteren die zur Befriedigung der Gläubiger erforderlichen Nachschüsse zu leisten (eingetragene Genossenschaft mit unbeschränkter Nachschußpflicht);
3) dergestalt, daß die Haftpflicht der Genossen für die Verbindlichkeiten der Genossenschaft sowohl dieser wie unmittelbar den Gläubigern gegenüber im Voraus auf eine bestimmte Summe beschränkt ist (eingetragene Genossenschaft mit beschränkter Haftpflicht).

§. 5. Das Statut der Genossenschaft bedarf der schriftlichen Form.

§. 8. Der Aufnahme in das Statut bedürfen Bestimmungen, nach welchen:

1) die Genossenschaft auf eine bestimmte Zeit beschränkt wird;

2) Erwerb und Fortdauer der Mitgliedschaft an den Wohnsitz innerhalb eines bestimmten Bezirks geknüpft wird;

3) das Geschäftsjahr, insbesondere das erste, auf ein mit dem Kalenderjahre nicht zusammenfallendes Jahr oder auf eine kürzere Dauer als auf ein Jahr bemessen wird;

4) über gewisse Gegenstände die Generalversammlung nicht schon durch einfache Stimmenmehrheit, sondern nur durch eine größere Stimmenmehrheit oder nach anderen Erfordernissen Beschluß fassen kann;

5) die Ausdehnung des Geschäftsbetriebes auf Personen, welche nicht Mitglieder der Genossenschaft sind, zugelassen wird.

Genossenschaften, bei welchen die Gewährung von Darlehen Zweck des Unternehmens ist, dürfen ihren Geschäftsbetrieb, soweit er in einer diesen Zweck verfolgenden Darlehnsgewährung besteht, nicht auf andere Personen außer den Mitgliedern ausdehnen. Darlehnsgewährungen, welche nur die Anlegung von Geldbeständen bezwecken, fallen nicht unter dieses Verbot.

Als Ausdehnung des Geschäftsbetriebes gilt nicht der Abschluß von Geschäften mit Personen, welche bereits die Erklärung des Beitritts zur Genossenschaft unterzeichnet haben und von derselben zugelassen sind.

Konsumvereine (§. 1 Ziffer 5) dürfen im regelmäßigen Geschäftsverkehr Waaren nur an Personen verkaufen, welche als Mitglieder oder deren Vertreter bekannt sind oder sich als solche in der durch das Statut vorgeschriebenen Weise legitimiren.

§. 10. Das Statut sowie die Mitglieder des Vorstandes sind in das Genossenschaftsregister bei dem Gerichte einzutragen, in dessen Bezirke die Genossenschaft ihren Sitz hat.

Das Genossenschaftsregister wird bei dem zur Führung des Handelsregisters zuständigen Gerichte geführt.

§. 13. Vor erfolgter Eintragung in das Genossenschaftsregister hat die Genossenschaft die Rechte einer eingetragenen Genossenschaft nicht.

11b) Ist der Geschäftsbetrieb einer eingetragenen Genossenschaft über den Kreis ihrer Mitglieder hinausgegangen, so wird das Ergebniß ihres gesammten Geschäftsbetriebes steuerpflichtig und nicht etwa blos der Theil, der sich auf die Geschäftsverbindung mit Nichtmitgliedern erstreckt.

12) In der Sitzung des Hauses der Abgeordneten v. 4. März 1891 erklärte der Herr Regierungsvertreter:

„Die Einkommensteuer ist — daran muß unbedingt festgehalten werden — eine Personalsteuer, und diese Personalsteuer kann man nur erheben von einer Person, welcher die Fähigkeit beiwohnt, ein selbstständiges Einkommen zu haben.

Diese Fähigkeit besitzt eine einzelne physische Person, dagegen eine Personenmehrheit als solche nur unter der Voraussetzung, daß derselben ausdrücklich Rechtspersönlichkeit beigelegt worden ist, und damit die Fähigkeit, Vermögensrechte auf ihren Namen zu erwerben. Diese Voraussetzung trifft zu für die Aktiengesellschaften, die Kommanditgesellschaften auf Aktien, eingetragene Genossenschaften, sie trifft aber jedenfalls nicht immer zu für Konsumvereine, welche nicht eingetragene Genossenschaften sind. Gerade hier finden sich ganz formlose Bildungen, die eine feste Organisation überhaupt nicht haben. Es fehlt ihnen zum Theil vollkommen an Organen, welche in gesetzlicher Weise dazu berufen sind, den Verein nach außen hin als solchen zu vertreten. Der Verein als solcher hat auch kein eigenes Vermögen und kein eigenes Einkommen. Veranlagt man den Verein als solchen zur Einkommensteuer, so ist das gegenstandslos, denn der Verein hat keine Rechtsperson; es ist Niemand da, der für diese Steuer haften könnte. Man würde also die sämmtlichen Vereinsmitglieder veranlagen müssen; das würde an der Unausführbarkeit jedenfalls scheitern; die Mitglieder wechseln, von Tag zu Tag findet Ab- und Zugang statt. Es können die neu hinzutretenden Mitglieder nicht haftbar gemacht werden, für die bereits verlangte Einkommensteuer, die abgehenden auch nicht.

Wenn das Hohe Haus den Kreis derjenigen Erwerbsgesellschaften, welche selbstständig zur

§. 2.

Ohne Rücksicht auf Staatsangehörigkeit, Wohnsitz oder Aufenthalt unterliegen der Einkommensteuer alle Personen[1]) mit dem Einkommen

a) aus den von der Preußischen Staatskasse gezahlten Besoldungen, Pensionen und Wartegeldern;

b) aus Preußischem Grundbesitz und aus Preußischen Gewerbe- oder Handelsanlagen oder sonstigen gewerblichen Betriebsstätten.[2])

Die Bestimmung zu b findet auch auf Aktiengesellschaften, Kommanditgesellschaften auf Aktien, Berggewerkschaften und die im §. 1 Nr. 4 und 5 bezeichneten eingetragenen Genossenschaften Anwendung.

Einkommensteuer zu veranlagen sind, erweitern will, so bietet den einzigen möglichen Weg der Antrag, hinter dem Worte „Laden" hinzuzufügen: „sofern dieselben die Rechte juristischer Personen haben." Wenn dieser Fall vorliegt, dann treffen alle Bedenken, die ich vorgebracht habe, nicht zu."

1a) Wie dieser Absatz 1 des §. 2 näher zu verstehen ist, ergiebt sich aus Art. 2 der Anweisung v. 5. Aug. 1891 Theil I (abgedruckt in Abschnitt III dieses Buches), welcher lautet:

Beschränkte Steuerpflicht.

Personen, auf welche die Voraussetzungen der allgemeinen Steuerpflicht (Artikel 1) nicht zutreffen, unterliegen ohne Rücksicht auf Staatsangehörigkeit, Wohnsitz oder Aufenthalt der Einkommensteuer nur mit dem Einkommen

a) aus den von der Preußischen Staatskasse gezahlten Besoldungen, Pensionen und Wartegeldern;

b) aus Preußischem Grundbesitz;

c) aus Preußischen Gewerbe- oder Handelsanlagen oder sonstigen gewerblichen Betriebsstätten. Als solche gelten nicht nur die dem Gewerbebetriebe dienenden, sichtbaren Anstalten, wie Zweigniederlassungen, Speicher, Waarenlager, Verkaufsstellen, Komtoire, sondern es genügt die Ausübung des stehenden Gewerbebetriebes in Preußen durch ständig zu diesem Zwecke sich daselbst aufhaltende Geschäftstheilnehmer, Prokuristen, Agenten oder andere ständige Vertreter.

Die persönliche Steuerpflicht der vorbenannten Personen richtet sich nach den Vorschriften des Artikels 1.

1b) Siehe auch §. 4 des Reichs-Gesetzes wegen Beseitigung der Doppelbesteuerung v. 13. Mai 1870 und die dazu gehörigen Anmerkungen im II. Abschnitt dieses Buches.

2) Wenn ein Gewerbebetrieb in Preußen von einem auswärtigen Hause durch Agenten unterhalten wird, soll, falls im Uebrigen die Voraussetzungen für eine gewerbliche oder Handelsanlage vorliegen, das Vorhandensein einer Gewerbe- oder Handelsanlage nicht deshalb ausgeschlossen sein, weil der Agent nicht zum selbstständigen Geschäftsabschlusse ermächtigt ist. (Sitzung des Hauses der Abgeordn. v. 4. März 1891.)

Siehe auch Art. 21 des Allg. Deutschen Handels-Gesetzbuches (B.G.Bl. 1869 S. 407):

Art. 21. (Auszug.) Die Firma muß auch für die an einem anderen Orte oder in einer anderen Gemeinde errichtete Zweigniederlassung bei dem für die letztere zuständigen Handelsgerichte angemeldet werden.

Die Eintragung bei dem Handelsgerichte der Zweigniederlassung findet nicht statt, bevor nachgewiesen ist, daß die Eintragung bei dem Handelsgerichte der Hauptniederlassung geschehen ist.

§. 3.

Von der Einkommensteuer sind befreit:

1) die Mitglieder des Königlichen Hauses und des Hohenzollernschen Fürstenhauses;[1])

2) die Mitglieder des vormaligen Hannoverschen Königshauses, des vormaligen Kurhessischen und des vormaligen Herzoglich Nassauischen Fürstenhauses;[1])

3) die bei dem Kaiser und Könige beglaubigten Vertreter fremder Mächte und die Bevollmächtigten anderer Bundesstaaten zum Bundesrathe,[2]) die ihnen zugewiesenen Beamten, sowie die in ihren und ihrer Beamten Diensten stehenden Personen, soweit sie Ausländer sind;

4) diejenigen Personen, denen sonst[3]) nach völkerrechtlichen Grundsätzen oder nach besonderen, mit anderen Staaten getroffenen Vereinbarungen ein Anspruch auf Befreiung von der Einkommensteuer zukommt.

Die Befreiungen zu Nr. 3 und 4 erstrecken sich nicht auf das nach §. 2 steuerpflichtige Einkommen und bleiben in denjenigen Fällen ausgeschlossen, in welchen in den betreffenden Staaten Gegenseitigkeit nicht gewährt wird.

---

1 a) Den Mitgliedern des Königlichen Hauses und des Hohenzollernschen Fürstenhauses ist die Befreiung von der Einkommensteuer im §. 16 des Ges. v. 1./25. Mai 1851/73 ausdrücklich vorbehalten; auch ist den Mitgliedern des letzteren Hauses auf Grund des Vertrages v. 7. Dez. 1849 die Gleichstellung in Bezug auf Steuerbefreiungen mit den Mitgliedern des Königlichen Hauses durch den Allerhöchsten Erlaß v. 14. Aug. 1852 — G.S. S. 771 — noch besonders zugesichert worden. Das Einkommen der Mitglieder des Hannoverschen Königshauses, des Kurhessischen und des Herzoglich Nassauischen Fürstenhauses ist nach §. 8 der Verordnung v. 28. April 1867 — G.S. S. 533 — §. 8 der Verordnung von demselben Tage — G.S. S. 538 — und §. 9 der Verordnung vom 11. Mai 1867 — G.S. S. 593 — von Entrichtung der Einkommensteuer befreit.

1 b) Finz.-Minist.-Erlaß v. 4. Okt. 1864 — III. 19,089 —.

Nach §. 6 unter f. und §. 18 im Ges. v. 1. Mai 1851 (jetzt §. 1 Nr. 3) sind alle Ausländer der Klassen- beziehungsweise klassifizirten Einkommensteuer unterworfen, welche sich länger als ein Jahr im diesseitigen Staate aufhalten. Von dieser Bestimmung kann zu Gunsten der Mitglieder **auswärtiger Regentenhäuser**, welche es ihren Verhältnissen entsprechend finden, ihren Aufenthalt im Preußischen Staate zu nehmen, eine Ausnahme nicht gemacht werden, da auf dieselben die in den §§. 6 und 16 a. a. O. gemachten Ausnahmen keine Anwendung finden, allgemeine völkerrechtliche Bestimmungen aber, welche die fragliche Steuerbefreiung zu begründen vermöchten, nicht bestehen. Hiernach sind denn auch seither alle diejenigen Mitglieder regierender Fürstenfamilien, welche im Preußischen Staate ihren Wohnsitz haben oder sich länger als ein Jahr darin aufhalten, der Besteuerung unterworfen worden.

Wenn in dem Schreiben des N.'schen Ministerii in der fraglichen Hinsicht auf die den Mitgliedern der mediatisirten fürstlichen und gräflichen Häuser in dem Artikel XIV. der Deutschen Bundesakte und Artikel LXIII. der Wiener Schlußakte auf Grund ihrer früheren staatsrechtlichen Stellung beigelegte, beziehungsweise in Folge des Gesetzes v. 10. Juni 1854 (G.S. für 1854 S. 363) zurückgewährte Steuerfreiheit Bezug genommen und daraus gefolgert wird, daß die Mitglieder souveräner Fürstenfamilien in jener Beziehung nicht schlechter gestellt werden könnten, als die Erstgenannten, so wird darauf bemerkt, daß die Deutsche Bundesakte und die zur Ausführung derselben in Preußen erlassenen Gesetze diejenigen Personen und Familien ganz bestimmt bezeichnen,

§. 4.

Die Häupter[1]) und Mitglieder[2]) der Familien vormals unmittelbarer Deutscher Reichsstände, welchen das Recht der Befreiung von ordentlichen Personalsteuern zusteht, werden zu der Einkommensteuer von dem Zeitpunkte ab herangezogen, in welchem durch besonderes Gesetz die Entschädigung[3]) für die aufzuhebende Befreiung von der Einkommensteuer geregelt sein wird.

---

welchen in der mehrgedachten Beziehung gewisse Vorrechte beigelegt werden sollen, und daß hieraus für Dritte keine Rechte abgeleitet werden können, mithin die Mitglieder souveräner Fürstenfamilien nicht für befugt zu erachten sind, vermöge dieser Bestimmungen die Befreiung von den persönlichen Staatssteuern für sich in Anspruch zu nehmen.

(Zu §. 3.) 2) Finz.=Minist.=Erlaß v. 31. Dez. 1851 — III. 27,550 —.

Gesandte, Geschäftsträger u. s. f. fremder Mächte sind ihrer Exterritorialität halber steuerfrei, auch sollen die consules missi fremder Mächte, obwohl sie die Exterritorialität für sich nicht in Anspruch nehmen können, stets von direkten und persönlichen Leistungen an den Staat und die Gemeinde, mithin auch von der Klassen= und Einkommensteuer frei gelassen werden, so lange sie sich auf ihr Amt als Konsuln beschränken und keinerlei Gewerbe treiben oder Grundstücke erwerben.

(Zu §. 3.) 3) Finz.=Minist.=Erlaß vom 19. Juni 1862 — III. 12,325 —. Auszug.

Da der Kgl. N.sche Konsul M. in O. kein Konsul missus und Preußischer Staatsangehöriger ist, so muß er nach den §§. 16 und 19 des Gesetzes v. 1. Mai 1851 nach Maßgabe seines gesammten Einkommens zur Einkommensteuer herangezogen werden. Es dürfen daher auch die bezogenen Konsulatsgebühren, soweit sie den Betrag der baaren Auslagen übersteigen, bei der Berechnung der Höhe der Einkommensteuer nicht außer Berücksichtigung bleiben.

(Zu §. 4.) 1) Diejenigen Familien, welche zur Zeit thatsächlich Steuerfreiheit genießen, sind:

Fürst von Salm=Salm,
" " Sayn=Wittgenstein=Hohenstein,
" " Solms=Braunfels,
" " Solms=Lich=Hohensolms,
" " Wied,
" " Bentheim=Steinfurt.
" " Isenburg=Birstein,
Graf von Isenburg=Meerholz,
Fürst von Isenburg=Wächtersbach,
Graf von Solms=Rödelheim,
" " Neuleiningen=Westerburg.

Fürst von Stolberg=Wernigerode,
Graf von Stolberg=Roßla,
" " Stolberg=Stolberg.

2) Welche Personen als „Mitglieder" der betreffenden Häuser anzusehen sind, richtet sich nach den einzelnen Hausgesetzen.

Die Mitglieder des fürstlichen Hauses Stolberg=Wernigerode genießen die Steuerfreiheit jedoch nur, wenn sie in der Grafschaft Wenigerode leben.

3a) Die Deutsche Bundesakte v. 8. Juni 1815 (G.S. für 1818 Anhang S. 150) bestimmt in Betreff der im Jahre 1806 und seitdem mittelbar gewordenen ehemaligen Reichsstände und Reichsangehörigen im Art. XIV. Nr. 2, daß die Häupter dieser fürstlichen und gräflichen Häuser und ihre Familien die privilegirteste Klasse in dem Staate, zu dem sie gehören, bilden, insbesondere in Ansehung der

Besteuerung. Die Verordnung betr. die Verhältnisse der vormals unmittelbaren Deutschen Reichsstände in den Preußischen Staaten v. 21. Juni 1815 (G.S. S. 105) dagegen bestimmt unter Nr. 4: „Sollen sie für ihre Personen und Familien der Steuerfreiheit von gewöhnlichen Personal- und Grundsteuern genießen.“ Ebenso bestimmt die hierzu ergangene Ausführungs-Instruktion v. 30. Mai 1820 (G.S. S. 81) im §. 13: „Sie und die Mitglieder ihrer Familien haben die Befreiung ꝛc. b) von ordentlichen Personalsteuern jeder Art.“

Das Gesetz wegen Aufhebung der Klassensteuer-Befreiungen v. 7. Dezbr. 1849 (G.S. S. 436) hob die nach dem Gesetze v. 30. Mai 1820 (G.S. S. 140) für die ehemals Reichsunmittelbaren bestehende Klassensteuerfreiheit auf. Das Gesetz v. 1. Mai 1851 betr. die Einführung einer Klassen- und klassifizirten Einkommensteuer (G.S. S. 193) erwähnt die ehemals Reichsunmittelbaren gar nicht, schließt also ihre Steuerfreiheit aus. Nachdem jedoch das Gesetz v. 10. Juni 1854 (G.S. S. 363) ausgesprochen hatte, daß die Bestimmungen der Verfassungsurkunde v. 31. Jan. 1850 einer Wiederherstellung der durch die Gesetzgebung seit dem 1. Jan. 1848 verletzten Rechte und Vorzüge der mittelbar gewordenen deutschen Reichsfürsten und Grafen in Preußen nicht entgegenstünden, bestimmte die Verordnung v. 12. Novbr. 1855 (G.S. S. 688) in §. 1: „Diejenigen, durch die Gesetzgebung seit dem 1. Jan. 1848 verletzten Rechte und Vorzüge, welche den mittelbar gewordenen Deutschen Reichsfürsten und Grafen, deren Besitzungen unserer Monarchie in den Jahren 1815 und 1850 einverleibt oder wieder einverleibt worden, auf Grund ihrer früheren staatsrechtlichen Stellung im Reiche und der von ihnen besessenen Landeshoheit zustehen, und namentlich durch den Art. XIV. der Deutschen Bundesakte v. 8. Juni 1815 und durch die Art. 23 und 43 der Wiener Kongreßakte v. 9. Juni 1815, sowie durch die spätere Bundesgesetzgebung zugesichert, und von den Betheiligten nicht durch rechtsbeständige Verträge ausdrücklich aufgegeben worden sind, werden hierdurch wiederhergestellt.“

Die Ausführung dieser Wiederherstellung erfolgte durch Kgl. Verordnungen, so für die Grafen von Stolberg-Stolberg und Stolberg-Roßla durch die Kgl. Verordnung vom 31. Dezbr. 1864, (abgedr. im Amtsbl. der Kgl. Regierung zu Merseburg von 1865 S. 72) für den Grafen, jetzigen Fürsten von Stolberg-Wernigerode durch Vertrag v. 8. Jan. 1862, (Amtsbl. der Kgl. Regierung zu Magdeburg S. 369); seit dem Gesetz v. 15. März 1869 (G.S. S. 490) durch Gesetz. So Gesetz v. 25. Juli 1875 in Bezug auf die Rechtsverhältnisse des Hauses des Herzogs von Arenberg-Meppen, Gesetz v. 25. Oktober 1878 in Bezug auf das Haus Sayn-Wittgenstein-Berleburg, und Gesetz ebenfalls aus dem Oktbr. 1878 in Bezug auf das Haus Bentheim-Tecklenburg.

Die den 6 Familien vormals unmittelbarer Deutscher Reichsstände, sowie den Gräflich Stolberg'schen Häusern zustehende Befreiung erscheint also als ein selbstständiges Recht, welches, auch nachdem sein bundesrechtlicher Schutz in Folge der veränderten politischen Gestaltung Deutschlands weggefallen, unverändert in Kraft geblieben, abgesehen davon, daß es den meisten Häusern durch besondere Verträge gewährleistet worden ist.

Bei einer so tiefgreifenden Umgestaltung der Personalsteuern, wie sie das vorliegende Gesetz anstrebt, konnte die schon bei früheren Verhandlungen angeregte Frage der ferneren Aufrechthaltung dieser Privilegien nicht ungelöst bleiben. Zwar wäre die Aufhebung ohne Entschädigung im Wege der Gesetzgebung an sich formell rechtlich zulässig. Nachdem aber für die Aufhebung aller privatrechtlichen und verfassungsmäßigen Grundsteuerexemptionen im weitesten Umfange Entschädigungen bewilligt worden sind (Gesetz, betreffend die für die Aufhebung der Grundsteuerbefreiungen und Bevorzugungen zu gewährende Entschädigung, v. 21. Mai 1861 — G.S. S. 327 — und §§. 1, 15 fg. des Gesetzes v. 11. Febr. 1870 — G.S. S. 85), würde die Aufhebung des standesherrlichen Privilegs der Personalsteuerbefreiung ohne Entschädigung eine unbillige Zurücksetzung der Berechtigten sein, zumal die hierbei vom Staate zu bringenden Opfer eine erhebliche finanzielle Bedeutung nicht haben.

3b) Finz.-Minist.-Erlaß v. 19. Dezbr. 1864 — III. 24,037 — Auszug.

Zwar hat die Allerhöchste Kabinetsordre v. 16. März 1857 und der Staatsministerial-

2. Objektive Steuerpflicht.

A. Allgemeine Grundsätze.

§. 5.

Die Steuerpflicht beginnt mit einem Einkommen[1]) von mehr als 900 Mark.

§. 6.

Von der Besteuerung sind ausgeschlossen:

1) das Einkommen aus den in anderen Deutschen Bundesstaaten oder in einem Deutschen Schutzgebiete belegenen Grundstücken,[1]) den daselbst betriebenen Gewerben, sowie aus Besoldungen, Pensionen und Wartegeldern, welche Deutsche Militärpersonen und Civilbeamte, sowie deren Hinterbliebene aus der Kasse eines anderen Bundesstaates beziehen (§. 4 des Gesetzes vom 13. Mai 1870, Bundes-Gesetzbl. S. 119);
2) das Einkommen der nach §. 1 Nr. 3 steuerpflichtigen Ausländer aus ausländischem Grundbesitz oder Gewerbebetrieb, sofern dieselben nicht des Erwerbes wegen in Preußen einen Wohnsitz haben oder sich daselbst aufhalten;
3) das Militäreinkommen der Personen des Unteroffizier- und Gemeinenstandes,[2]) sowie während der Zugehörigkeit zu einem in der Kriegsformation[3]) befindlichen Theile des Heeres oder der Marine das Militäreinkommen aller Angehörigen des aktiven Heeres und der aktiven Marine;[4])
4) der das persönliche pensionsberechtigende Gehalt übersteigende Theil des dienstlichen Einkommens derjenigen Staats- und Reichsbeamten und Offiziere, welche ihren dienstlichen Wohnsitz im Auslande haben.[5]) Sofern dieselben im Auslande zu entsprechenden direkten Staatssteuern herangezogen werden, bleibt auch das persönliche pensionsberechtigende Gehalt frei;
5) die auf Grund gesetzlicher Vorschrift den Kriegsinvaliden[6]) gewährten Pensionserhöhungen und Verstümmelungszulagen, sowie die mit Kriegsdekorationen verbundenen Ehrensolde.

---

beschluß v. 21. April 1857 auf Grund der den vormals Reichsunmittelbaren in dem Gesetze v. 10. Juni 1854 verheißenen Wiederherstellung der ihnen durch den Art. XIV. der Bundesakte garantirten Rechte denselben auch die Befreiung von der Einkommensteuer zugestanden. Euer ꝛc. besitzen jedoch kein vormals reichsunmittelbares Gebiet in Preußen und haben daher keinen Anspruch auf jenes Privilegium, weil das Gesetz v. 10. Juni 1854 und die auf dasselbe sich gründenden Bestimmungen nur auf diejenigen Mediatisirten Anwendung findet, deren Besitzungen der Preußischen Monarchie einverleibt sind.

(Zu §. 5). 1) Siehe zu dem Begriff „steuerpflichtiges Einkommen“ die Erläuterungen im Art. 3 der Ausführungsanweisung v. 5. Aug. 1891 Th. I im Abschnitt III dieses Buches.

(Zu §. 6.) 1) Die Befreiung zu Nr. 1 entspricht den Vorschriften der §§. 3, 4 des Reichsgesetzes wegen Beseitigung der Doppelbesteuerung v. 13. Mai 1870, (siehe Abschn. II dieses Buches). Darüber hinaus waren nach dem bisherigen Rechte (§. 17 des Gesetzes v. 1./25. Mai 1851/73)

Preußische Staatsangehörige auch wegen des Einkommens aus ihrem im außerdeutschen Auslande belegenen Grundeigenthum freizulassen, wenn sie den Nachweis führten, daß sie wegen jenes Grundeigenthums im Auslande einer gleichartigen Besteuerung unterlagen. Diese Bestimmung ist weggefallen, weil sie zu einer ungerechtfertigten Begünstigung des Einkommens aus ausländischem Grundbesitz führen konnte.

In dieser Beziehung erklärte der Herr Finanzminister in der Sitzung des Abgeordnetenhauses v. 20. Novbr. 1890:

„Was die objektive Steuerpflicht betrifft, so ist eine Abweichung gegen das bestehende Recht wesentlich in dem Satz enthalten, daß auch das Einkommen aus im Auslande belegenem Grundbesitz mit zur Steuer herangezogen werden wird. Bis dahin bestand der Grundsatz, daß das nur geschehen dürfe insofern, als das Einkommen auswärts nicht mit einer gleichartigen Steuer belastet sei. Das war ein dunkler, unklarer Ausdruck, der an und für sich zu Bedenken und Zweifeln Anlaß gab. Daneben aber haben wir keine Veranlassung gesehen, durch unsere innere Steuergesetzgebung die Neigung, das Kapital in auswärtigem Grund und Boden anzulegen, geradezu zu begünstigen. Wenn das Einkommen von auswärts betriebenen Gewerben hier im Inlande steuerpflichtig ist, so muß konsequent auch das Einkommen aus auswärts belegenem Grundbesitz herangezogen werden."

2a) Siehe §. 46 Abs. 2 des Reichs-Militär-Gesetzes v. 2. Mai 1874 (R.G.Bl. §. 45):

„Die Verpflichtung der Militärpersonen zur Entrichtung der Staatssteuern regelt sich nach den Landesgesetzen unter Berücksichtigung des Gesetzes wegen Beseitigung der Doppelbesteuerung v. 13. Mai 1870 (B.G.Bl. S. 119).

Jedoch ist das Militäreinkommen der Personen des Unteroffizier- und Gemeinenstandes, sowie für den Fall einer Mobilmachung das Militäreinkommen aller Angehörigen des aktiven Heeres bei der Veranlagung bezw. Erhebung von Staatssteuern außer Betracht zu lassen. Die Feststellung eines angemessenen Steuernachlasses für die Unteroffiziere und Gemeinen des Beurlaubtenstandes und deren Familien für die Monate, in welchen jene sich im aktiven Dienste befinden, bleibt der Landesgesetzgebung überlassen."

Der Bestimmung in dem letzten Satze ist für Preußen nachgekommen im §. 65 Nr. 1 dieses Gesetzes, auf den hier verwiesen wird.

2b) Zum Unteroffiziers- bezw. Gemeinenstande gehören:

A. im Reichsheere: Alle Löhnungsempfänger vom Stande der Feldwebel einschließlich abwärts, nach Ausgabe-Kapitel 24 Tit. 7 des Etats für die Verwaltung des Reichsheeres, Anlage V. des Reichshaushalts-Etats.

Dabei ist zu bemerken:

1. Nach dem Erlaß des Kgl. Kriegs-Minist. Depart. für das Invaliden-Wesen v. 15. Apr. 1887, — Nr. 134/3. 87. C. 3 — sind die im Kapitel 24 Tit. 3 a. a. O. aufgeführten Korpsroßärzte, Oberroßärzte, Zahlmeister und Stallmeister bei dem Militär-Reit-Institut obere Militärbeamte mit Offiziersrang, die ebenda genannten Büchsenmacher und Regimentssattler sind untere Militärbeamte mit Unteroffiziersrang. Die im Kapitel 24 Tit. 4 a. a. O. aufgeführten Oberjäger und Feldjäger „im Dienst" des Reitenden Feldjägerkorps sind Offiziere und beziehen den Lieutenantsservis, die übrigen Feldjäger dagegen sind Unteroffiziere.

2. Finz.-Minist.-Erlaß v. 24. Febr. 1858, — III. 3757 —.

   Feldjäger mit dem Range eines Wachtmeisters gehören auch während der Zeit ihrer Ausbildung für die Forstverwaltung zu den von der Klassensteuer befreiten Militärpersonen.

3. Nach dem §. 5 der durch die Allerhöchste Kabinets-Ordre vom 15. Jan. 1874 genehmigten Bestimmungen über das Militär-Veterinärwesen gehören die Korps-Roßärzte und die Ober-Roßärzte zu den Militärbeamten, dagegen die Roßärzte und Unter-

Roßärzte, erstere zu den Wachtmeistern oder Feldwebeln, letztere zu den Vize-Wachtmeistern oder Vize-Feldwebeln zählend, zu den Personen des Soldatenstandes. Die Roßärzte und Unter-Roßärzte sind daher mit ihrem Militäreinkommen von der Steuer frei zu lassen. (Finz.-Minist.-Erlaß v. 13. Oktb. 1877 — IV. 11,160 —).

4. Erlaß der Kgl. Ministerien der Finanzen und des Innern v. 12. Dez. 1862 — III. 24,763 und I. B. 7675 —.

Nach der von dem Herrn Kriegsminister über die dienstliche Stellung der Kadettenhausverwalter ertheilten Auskunft sind letztere wirkliche Feldwebel, tragen die Uniform derselben und stehen ebenso wie die Wallmeister mit ihnen in gleichen Dienstverhältnissen. Dieselben können daher nicht als Zivilbeamte angesehen, müssen vielmehr den zc. Unteroffizieren des stehenden Heeres beigezählt und in Folge dessen von der Klassensteuer freigelassen, in Betreff der Kommunalbesteuerung aber den servisberechtigten Militärpersonen des aktiven Dienststandes gleichgestellt werden.

5. Zu dem Militäreinkommen der Personen des Unteroffizier- und Gemeinenstandes gehört auch das Diensteinkommen der Wachtmeister und Gensdarmen der Landgensdarmerie (Ber. d. Herrenhauses S. 6).

B. In der Kaiserl. Marine: Die im Etat für die Verwaltung der Kaiserlichen Marine unter Ausgabe-Kapitel 51, Tit. 6, 10 und 11 aufgeführten Personen.

Die Chargen im Seebataillon — Kapitel 51, Tit. 15 — rangiren wie beim Reichsheere.

Siehe im Uebrigen die Allerhöchste Verordnung v. 29. Juni 1880, betreffend die Klasseneintheilung der Militärbeamten des Reichsheeres und der Marine (R.G.Bl. für 1880 S. 169 u. ff.).

2c) Sogenannte „Königsurlauber".

Der §. 56 des Reichs-Militär-Gesetzes v. 2. Mai 1874 (R.G.Bl. S. 45) lautet:

„Zum Beurlaubtenstande gehören:

1. Die Offiziere, Aerzte, Beamten und Mannschaften der Reserve und Landwehr;
2. die vorläufig in die Heimath beurlaubten Rekruten und Freiwilligen (§. 34);
3. die bis zur Entscheidung über ihr ferneres Militärverhältniß zur Disposition der Ersatzbehörden entlassenen Mannschaften (§. 54);
4. die vor erfüllter aktiver Dienstpflicht zur Disposition der Truppentheile beurlaubten Mannschaften."

Dasselbe sagt §. 5 Nr. 4 des zweiten Theiles der Deutschen Wehrordnung v. 28. Sept. 1875. Die sog. Königsurlauber fallen unter Nr. 4 des vorstehenden §. 56, sie können also von der Steuer frei gelassen werden nur in denjenigen Monaten, in welchen sie sich im aktiven Dienst befinden (siehe §. 65 Nr. 1 des vorlieg. Gesetzes).

2d) Kriegs-Minist.-Erlaß v. 8. Jan. 1879 Nr. 874/12 A. 2.

Der zc. erwidert das Kriegsministerium auf das gefällige Schreiben zc., betr. den von der Königl. 3. Provinzial-Invaliden-Kompagnie zu P. dauernd in seine Heimath beurlaubten Invaliden Sergeanten S. ergebenst, wie der Letztere auch in seinem gegenwärtigen Verhältnisse diesseits als ein zur Friedensstärke des Heeres gehörender Unteroffizier zc. angesehen wird.

2e) Finz.-Minist.-Erlaß v. 5. April 1875 — IV. 3392 —.

Die Frage, ob Mitglieder von Militär-Musikkorps, welche als Personen des Unteroffiziers- und Gemeinenstandes zur Friedensstärke des Heeres und der Marine gehören, von der Klassensteuer befreit sind, ist jetzt lediglich nach der Bestimmung c. im §. 5 des Gesetzes v. 25. Mai 1873 zu entscheiden. Danach werden solche Personen, wenn sie gewerbsmäßig, sei es in ihrem Stationsorte oder im Umherziehen, gegen Entgelt Musik machen resp. bei Musikaufführungen mitwirken, und wenn ihr und ihrer Angehörigen Einkommen aus dem Betriebe dieses Gewerbes, oder der Landwirthschaft, oder aus Grund- und Kapitalvermögen mindestens 420 Mark beträgt, von der Klassensteuer nicht frei gelassen werden dürfen.

Dagegen würden solche Militärmusiker, welche nicht gewerbsmäßig gegen Entgelt Musik machen, nicht schon deßhalb, weil sie gelegentlich bei einzelnen Musikaufführungen mitwirken, zur Klassensteuer heranzuziehen sein.

2f) Finz.-Minist.-Erlaß v. 19. Jan. 1878 — IV. 15 336 —.

Nach einer hierher gelangten Mittheilung des Herrn Kriegsministers ist der ehemalige Feldwebel P. des Niederschlesischen Fußartillerieregiments Nr. 5 wegen desjenigen Betrages, welchen er während der Dauer seiner Probedienstleistung bei der Oberschlesischen Eisenbahngesellschaft vom 1. April bis Ende Juli v. J. mit monatlich 75 Mark aus der Kasse dieser Gesellschaft zu beziehen hatte, daselbst zur 2. Stufe der Klassensteuer vom 1. April v. J. ab herangezogen und seine Reklamation gegen diese Veranlagung von der Königlichen Regierung aus dem Grunde zurückgewiesen worden, weil das Klassensteuergesetz v. 1./25. Mai 1851/73 im §. 5 unter c. selbst die aktiven Unteroffiziere bezüglich des Einkommens aus einem Gewerbe für klassensteuerpflichtig erkläre und Gehalt von einer zum Transportgewerbe bestehenden Eisenbahn und für Dienstleistungen zum Transportgewerbe solcher Bahn Gewerbeeinkommen sei, auch das Reichs-Militär-Gesetz v. 2 Mai 1874 im §. 46 nur das Militäreinkommen steuerfrei mache, ꝛc. P. aber nach eigener Angabe monatlich 75 Mark, also jährlich 900 Mark aus der Kasse der Oberschlesischen Eisenbahngesellschaft beziehe, welches Einkommen allein die 2. Steuerstufe ohne Berücksichtigung seines Militäreinkommens rechtfertige.

Diese abweisende Entscheidung kann nicht aufrecht erhalten werden.

Unbestritten gehörte der ꝛc. P. während des angegebenen Zeitraums seiner Probedienstleistung bei der Oberschlesischen Eisenbahngesellschaft noch zu den im aktiven Dienste befindlichen Unteroffizieren der Armee.

Das von demselben während dieser Probezeit bezogene Einkommen von 84 Mark monatlich eignete sich aber in Ansehung des aus der Kasse der genannten Gesellschaft dazu geleisteten Beitrags von 75 Mark monatlich — abgesehen davon, daß die erwähnte Dienstleistung nicht als Gewerbebetrieb angesehen werden kann — auch deshalb nicht zur Heranziehung bei der Klassensteuer, weil dasselbe lediglich die im §. 39 des Geldverpflegungsreglements für das Preußische Heer im Frieden an Stelle der Löhnung ꝛc. bestimmte Gebührniß der Charge des ꝛc. P. als Feldwebel enthielt, also dessen Militäreinkommen, und als solches nach dem zitirten §. 46 des Reichs-Militär-Gesetzes bei der Veranlagung zu den Staatssteuern außer Betracht bleiben mußte.

3a) Finz.-Minist.-Erlaß v. 15. Nov. 1880 — II. 14 388 —.

Die in dem Berichte ꝛc. zur Erörterung gestellte Frage der Berechnung des den mobilen Militärpersonen zustehenden Einkommensteuererlasses ist in Gemäßheit der Bestimmungen des §. 46 Abs. 2 des Reichs-Militär-Gesetzes v. 2. Mai 1874 zu beantworten, indem die Vorschrift im Art. II. des Gesetzes v. 25. Mai 1873 (G.S. S. 213), wenn sie überhaupt eine abweichende Art der Berechnung angeordnet haben sollte, jedenfalls durch diese reichsgesetzliche Bestimmung abgeändert worden sein würde.

Hiernach ist bei der Berechnung des für die Zeit der Mobilmachung von den mobilen Militärpersonen zu entrichtenden Steuerbetrages das Militäreinkommen „außer Betracht zu lassen," also bei denjenigen Militärpersonen, bei deren Veranlagung noch ein anderweites Einkommen angenommen worden ist, zu fingiren, daß dieselben lediglich dieses letztere Einkommen bezogen haben.

3b) Finz.-Minist.-Erlaß v. 26. Oktb. 1871 — IV. 11 333 —.

Auf die Vorstellung vom ꝛc. wird Ew. ꝛc. eröffnet, daß die in Folge der Mobilmachung der Armee getroffene Bestimmung, wonach die Erhebung der klassifizirten Einkommensteuer von den mobil gewesenen Offizieren und Militärbeamten, soweit solche von dem Militärdiensteinkommen derselben veranlagt worden, für die Dauer der Mobilmachung eingestellt worden ist, auf diejenigen Zivilbeamten, welche von ihrem Zivilgehalt zu der gedachten Steuer veranlagt sind, und bei denen seit ihrer Einberufung zur Armee an Stelle dieses Gehaltes das Militärgehalt getreten ist, nicht ausgedehnt werden kann.

3 c) Finz.-Minist.-Erlaß v. 18. Oktb. 1873 — IV. 9457 —.

In Erwiderung auf ꝛc. erkläre ich mich damit einverstanden, daß in der Folge für den Fall einer Mobilmachung der den Offizieren des Heeres und der Marine, Aerzten und Beamten der Militär- und Marineverwaltung auf Grund der Vorschriften ꝛc. zu gewährende Erlaß an Klassen- und klassifizirter Einkommensteuer gleichmäßig vom ersten Tage desjenigen Monats an zu berechnen ist, in welchem die Mobilmachung erfolgt, bezw. der einer solchen gleichgestellte, die Befreiung von Steuer begründende Umstand eingetreten ist.

3 d) Finz.-Minist.-Erlaß v. 25. Febr. 1871 — IV. 1880 —.

Nach dem Berichte der dortigen Kgl. Regierung hat der Vorsitzende der Einkommensteuer-Einschätzungskommission für den Stadtbezirk K. es bisher unterlassen, wegen der Veranlagung der im Felde stehenden Offiziere zur klassifizirten Einkommensteuer für das Jahr 1871 das Erforderliche anzuordnen. Dieses Verfahren kann nicht für angemessen erachtet werden, wenn auch wesentliche Gehaltserhöhungen, welche vielen dieser Steuerpflichtigen zu Theil und dort noch nicht bekannt geworden sind, eine höhere Steuereinschätzung zur Folge haben sollten. So lange die gedachten Offiziere an ihrem letzten Aufenthaltsorte sich nicht abgemeldet haben und anderswohin mit ihrem Steuersatze überwiesen worden sind, mußten sie dort, wo sie zuletzt ihren Wohnsitz hatten, wieder zur Steuer veranlagt werden, während dieselben jetzt in der Anzahl der veranlagten Personen des dortigen Bezirks gar nicht aufgeführt werden, mithin sich sowohl die Gesammtzahl dieser Personen, als auch das Gesammt-Soll der zu veranlagenden Steuer als unrichtig herausstellt und die Gefahr entsteht, daß die Einkommensteuer der übergangenen Offiziere nach ihrer Rückkehr aus dem Felde unerhoben bleibt.

3 e) Finz.-Minist.-Erlaß v. 7. Aug. 1850 — III. 15 384 —.

Offiziere bei Truppentheilen, welche auf unbestimmte längere Zeit Kantonnements beziehen, werden für die Dauer des Kantonnementsverhältnisses von der Klassensteuer frei gelassen, weil sie den in einem mobilen Verhältnisse sich befindenden Truppen beizuzählen sind.

3 f) Siehe hierzu auch §. 65 Nr. 2 dieses Gesetzes und die dortigen Anm.

4) Siehe Reichs-Militär-Gesetz v. 2. Mai 1874. (R.G.Bl. S. 45):

§. 38. Zum aktiven Heere gehören:

A. Die Militärpersonen des Friedensstandes, und zwar:

1) die Offiziere, Aerzte und Militärbeamten des Friedensstandes vom Tage ihrer Anstellung bis zum Zeitpunkte ihrer Entlassung aus dem Dienste;

2) die Kapitulanten vom Beginn bis zum Ablauf oder bis zur Aufhebung der abgeschlossenen Kapitulation;

3) die Freiwilligen und die ausgehobenen Rekruten von dem Tage, mit welchem ihre Verpflegung durch die Militärverwaltung beginnt, Einjährig-Freiwillige von dem Zeitpunkt ihrer definitiven Einstellung in einen Truppentheil an, sämmtlich bis zum Ablauf des Tages ihrer Entlassung aus dem aktiven Dienste.

B. 1) Die aus dem Beurlaubtenstande (V. Abschnitt) zum Dienst einberufenen Offiziere, Aerzte, Militärbeamten und Mannschaften von dem Tage, zu welchem sie einberufen sind, bis zum Ablauf des Tages der Wiederentlassung;

2) alle in Kriegszeiten zum Heeresdienst aufgebotenen oder freiwillig eingetretenen Offiziere, Aerzte, Militärbeamten und Mannschaften, welche zu keiner der vorgenannten Kategorien gehören, von dem Tage, zu welchem sie einberufen sind, bezw. vom Zeitpunkte des freiwilligen Eintritts an, bis zum Ablauf des Tages der Entlassung.

C. Die Civilbeamten der Militärverwaltung, vom Tage ihrer Anstellung bis zum Zeitpunkte ihrer Entlassung aus dem Dienste.

5) Siehe §. 1 Nr. 1 c Absatz 2 des Gesetzes u. die dortigen Anmerkungen und Art. 3, II. Nr. 4 der Ausführungs-Anweisung v. 5. Aug. 1891 Theil I, abgedruckt im Abschn. III dieses Buches.

6) Sämmtliche Kriegsinvaliden, welchem Jahrgang sie auch angehören, sollen dieser Ver-

§. 7.

Als Einkommen gelten die gesammten Jahreseinkünfte der Steuerpflichtigen in Geld und Geldeswerth aus:[1])

1) Kapitalvermögen,
2) Grundvermögen, Pachtungen und Miethen, einschließlich des Miethswerthes der Wohnung im eigenen Hause,
3) Handel und Gewerbe einschließlich des Bergbaues,
4) Gewinn bringender Beschäftigung, sowie aus Rechten auf periodische Hebungen und Vortheile irgend welcher Art, soweit diese Einkünfte nicht schon unter Nr. 1 bis 3 begriffen sind.[2])

§. 8.

Außerordentliche Einnahmen aus Erbschaften, Schenkungen, Lebensversicherungen, aus dem nicht gewerbsmäßig[1]) oder zu Spekulationszwecken[2]) unter-

---

günstigung theilhaftig werden, da keine Veranlassung vorliegt, irgend welchem Jahrgange der Kriegsinvaliden diese Wohlthat des Gesetzes vorzuenthalten; sie sollen insgesammt dieser Vergünstigung theilhaftig werden, auf welchem Gesetze auch diese Zulagen und Erhöhungen beruhen mögen. Siehe übrigens Anm. 8 zu Art. 3 II Nr. 5 der Ausführungs-Anweisung v. 5. Aug. 1891 Th. I abgedr. im Abschn. III dieses Buches.

(Zu §. 7.) 1a) Siehe §. 12 bis 16 dieses Gesetzes und Art. 7 bis 23 der Anweisung v. 5. Aug. 1891 Th. I im Abschn. III dieses Buches.

1b) Finz.-Minist.-Erlaß v. 12. Oktbr. 1855 — III. 22781 — Auszug.

Es muß, wie ich Euer 2c. auf den Bericht 2c. eröffne, der Ausführung des Vorsitzenden der Einschätzungskommission zu N. in der Vorlage v. 2c. dahin beigetreten werden, daß hinsichtlich der Einschätzung zur klassifizirten Einkommensteuer ein grundsätzlicher Unterschied zwischen solchem Einkommen, welches dem Steuerpflichtigen zufließt, ohne daß er zur Zeit der Veranlagung schon frei darüber disponiren kann, und solchem, bei welchem dies der Fall ist, nicht gemacht werden darf, in der fraglichen Beziehung vielmehr stets der rechtliche Besitz des Einkommens (das Eigenthum des Vermögensobjektes, aus welchem dasselbe herfließt) entscheidend sei, ohne Rücksicht darauf, ob der Steuerpflichtige zeitweise durch irgend welche Umstände an der thatsächlichen Disposition über die betreffenden Einnahmen verhindert ist. Hiernach kann es auch nur als gerechtfertigt anerkannt werden, daß dem N., welcher selbst zugestanden, daß seine Ehefrau Eigenthümerin des Nachlasses des N. auf Höhe von etwa 90,000 Thlr. geworden sei, die aus letzterem fließenden Erträge bei Feststellung der von ihm zu entrichtenden Einkommensteuer mit in Anrechnung gebracht worden sind, obwohl die Erbschaft selbst zum größten Theil noch der Verwaltung des Stadtgerichts unterliegt und dem N. noch nicht ausgehändigt ist, die Einnahmen aus ersterer auch einstweilen noch zum Depositum des Gerichts eingezogen werden.

Wesentlich anders läge die Sache, wenn feststände, daß der zur Zeit noch unter der Verwaltung des Stadtgerichts befindliche Theil der Erbschaftsmasse jetzt gar keine Erträge gewähre, vielmehr, um ertragsfähig gemacht und demnächst zur Vertheilung gebracht zu werden, zuvor erst durch Verkauf u. s. w. der einzelnen Vermögenstheile realisirt werden müsse. Nur unter dieser Voraussetzung würde die Reklamation des N. als begründet anzuerkennen gewesen sein.

2) Also alle Einkünfte, welche nicht als die Nutzungen von beweglichem und unbeweglichem Vermögen einschließlich der Pachtungen, sowie als Erträge von Handel und Gewerbe einschließlich des Bergbaues erscheinen.

nommenen Verkauf von Grundstücken und ähnliche Erwerbungen gelten nicht als steuerpflichtiges Einkommen, sondern als Vermehrung des Stammvermögens[3]) und kommen ebenso wie Verminderungen des Stammvermögens nur insofern in Betracht, als die Erträge des letzteren dadurch vermehrt oder vermindert werden.

---

1) Das Gesetz definirt den Begriff „gewerbsmäßig" nicht, es wird also von Fall zu Fall zu entscheiden sein, ob die Gewerbsmäßigkeit zutrifft oder nicht.

2) Den Begriff „zu Spekulationszwecken" definirt das Gesetz ebenfalls nicht, wendet ihn indessen noch zweimal, in §. 12 lit. d und in §. 14 Nr. 3 an. Auch die Ausführungs-Anweisung v. 5. Aug. 1891 definirt nicht, giebt aber eine Reihe von Anhaltspunkten für die Anwendung des Begriffes im Art. 9 des I. Theiles (Abschn. III dieses Buches) und wird daher auf diesen Artikel und die Anmerkungen dazu verwiesen.

3) Hierzu bemerken die Motive zum Gesetz:

Unterscheidung des Einkommens vom Stammvermögen (§. 8).

Von besonderer Wichtigkeit ist die Unterscheidung des Stammvermögens von dem steuerpflichtigen Einkommen (§. 8 des Ges.). Diese Unterscheidung kann selbstverständlich nicht nach den subjektiven Anschauungen und Absichten der einzelnen Steuerpflichtigen, sondern nur nach allgemein gültigen wirthschaftlichen Grundsätzen getroffen werden.

Zunächst kann es nicht zweifelhaft sein, daß außerordentliche Zuwendungen, welche einer Person, ohne Aufwendungen aus eigenem Vermögen oder Einkommen, von Seiten eines Dritten zufließen und welche zugleich nach wirthschaftlichen Grundsätzen nicht zum Zwecke der Befriedigung laufender Bedürfnisse erfolgen, als Zuwachs zum Stammvermögen anzusehen sind.

Das Gleiche gilt hinsichtlich der durch Veräußerung von Vermögensbestandtheilen erzielten Gewinne, sofern die Veräußerung selbst nicht als ein reines Spekulationsgeschäft erscheint, sondern durch anderweite, rechtliche oder wirthschaftliche Rücksichten bedingt wurde.

Die im §. 8 angeführten Einnahmen bilden nur Beispiele für die Fälle des Vermögenszuwachses im steuerlichen Sinne, denen sich weitere, den vorstehenden Voraussetzungen entsprechende Fälle anreihen lassen. Eine feste Begriffsbestimmung ist in dieser Beziehung ebensowenig möglich, als eine erschöpfende Aufzählung aller einzelnen Fälle; ein Versuch der letzteren Art würde nicht über die Bedeutung einer stets unvollständig bleibenden Kasuistik hinaus gelangen; den Ausführungsbestimmungen und der Praxis muß es vorbehalten bleiben, die durch die Beispiele des §. 8 angedeuteten Grundsätze sinngemäß weiter zu entwickeln.

Aus den Eingangsworten des §. 7, wonach die „gesammten Jahreseinkünfte . . . . . in Geld oder Geldeswerth" als Einkommen gelten, in Verbindung mit den Bestimmungen des §. 8 ergiebt sich, daß alle, gemäß §. 8 nicht den Charakter des unmittelbaren Vermögenszuwachses an sich tragenden Erwerbungen als steuerpflichtiges Einkommen gelten sollen. Namentlich bezieht sich dies auf den Gewinn, welchen Steuerpflichtige, auch wenn sie nicht dem Stande der Handels- und Gewerbetreibenden angehören, im Laufe der für die Berechnung des Einkommens maßgebenden Periode durch spekulative Unternehmungen irgend welcher Art, oder durch die Betheiligung an solchen Unternehmungen, erzielt haben, vorausgesetzt, daß der Gewinn auch wirklich realisirt oder geschäftsmäßig vereinnahmt ist. Daß solche Gewinne, wenn sie von den Steuerpflichtigen zur Bestreitung ihrer Bedürfnisse verwandt werden, trotz ihrer Unbestimmtheit und Unregelmäßigkeit Einkommen in steuerlichem Sinne darstellen, kann nicht wohl bezweifelt werden. Aber auch wenn derartige Gewinne von den Steuerpflichtigen nicht zu diesem Zwecke verbraucht, sondern nach der Absicht der Letzteren unmittelbar dem Vermögen zugeschlagen werden, müssen sie als Einkommen in steuerlichem Sinne gelten. Denn alle diejenigen Güter, welche durch die auf Gewinn gerichtete Thätigkeit einer Person oder durch Nutzung ihres Vermögens erzielt werden, und über welche sie ohne Verminderung des Stammvermögens verfügen kann, bilden Einkommen. Hieran ist um so mehr festzuhalten, als sonst gerade den reichsten Steuerpflichtigen die Möglichkeit eröffnet sein

§. 9.

I. Von dem Einkommen (§. 7.) sind in Abzug zu bringen:

1) die zur Erwerbung, Sicherung und Erhaltung des Einkommens verwendeten Ausgaben,[1]) einschließlich auch der unter den Kommunalabgaben begriffenen Deichlasten;[2])

2) die von den Steuerpflichtigen zu zahlenden Schuldenzinsen[3]) und Renten, soweit dieselben nicht auf Einnahmequellen haften, welche bei der Veranlagung außer Betracht zu lassen sind (§. 6. Nr. 1 und 2).

Erstreckt sich die Besteuerung lediglich auf das im §. 2. bezeichnete Einkommen, so sind nur die Zinsen solcher Schulden abzugsfähig, welche auf den inländischen Einkommensquellen haften oder für deren Erwerb aufgenommen sind;

3) die auf besonderen Rechtstiteln beruhenden dauernden Lasten;[4])

4) die von dem Grundeigenthume, dem Bergbau und dem Gewerbebetriebe zu entrichtenden direkten Staatssteuern, sowie solche indirekte Abgaben, welche zu den Geschäftsunkosten zu rechnen sind;[5])

5) die regelmäßigen jährlichen Absetzungen für Abnutzung von Gebäuden, Maschinen, Betriebsgeräthschaften u. s. w., soweit solche[6]) nicht bereits unter den Betriebsausgaben verrechnet sind;[7])

6) die von den Steuerpflichtigen gesetz- oder vertragsmäßig zu entrichtenden Beiträge zu Kranken-, Unfall-, Alters- und Invalidenversicherungs-, Wittwen-, Waisen- und Pensionskassen;[8])

7) Versicherungsprämien, welche für Versicherung des Steuerpflichtigen auf den Todes- oder Lebensfall[9]) gezahlt werden, soweit[10]) dieselben den Betrag von 600 Mark jährlich nicht übersteigen.

II. Nicht abzugsfähig sind dagegen insbesondere:

1) Verwendungen zur Verbesserung und Vermehrung des Vermögens, zu Geschäftserweiterungen, Kapitalanlagen[11]) oder Kapitalabtragungen, welche nicht lediglich als durch eine gute Wirthschaft gebotene und aus den Betriebseinnahmen zu deckende Ausgaben anzusehen sind;[12])

2) die zur Bestreitung des Haushalts der Steuerpflichtigen und zum Unterhalte[13]) ihrer Angehörigen gemachten Ausgaben, einschließlich des Geldwerthes der zu diesen Zwecken verbrauchten Erzeugnisse und Waaren des eigenen landwirthschaftlichen oder gewerblichen Betriebes.

---

würde, erhebliche Theile ihrer Einkünfte durch die denselben gegebene Bestimmung zur unmittelbaren Vermehrung des Vermögens der Besteuerung gänzlich zu entziehen.

Steuerpflichtige Gewinne dieser Art können bei allen im §. 7 bezeichneten Einkommensquellen vorkommen und sind im §. 12d sowie §. 14 Nr. 3 besonders erwähnt.

1a) Welche Ausgaben hierher gehören ist bei den einzelnen Einkommensarten in der Anweisung v. 5. Aug. 1891, Theil I, im III. Abschn. dieses Buches angegeben, insbesondere in:

Art. 9 bei den Spekulationsgeschäften,

Art. 12 Nr. II bei den landwirthschaftlichen Bewirthschaftungskosten,

Art. 13 Nr. 2 bei den Waldungen,
Art. 15 Nr. I u. II bei den verpachteten Liegenschaften,
Art. 16 bei dem Einkommen aus Gebäuden,
Art. 18 Nr. 2 bei den Gewerbe-Betriebskosten,
Art. 20 Nr. 3 bei dem Bergbau,
Art. 21 Nr. 4 bei den Gewinnbringenden Beschäftigungen,
Art. 22 bei dem Dienstaufwand.

Es wird daher auf diese Artikel und die dort befindlichen Anmerkungen hingewiesen.

1b) Für alle Arbeitgeber gilt der folgenden Erlaß:

Steuerfreiheit der Krankenkassen- und Unfallversicherungsbeiträge.

Finz.-Minist.-Erlaß vom 11. Mai 1889. — II, 6117. —

Auf den Bericht ꝛc. wird der ꝛc. erwidert, daß die Beiträge, welche Arbeitsgeber zu den Krankenkassen und für die Unfallversicherung zu zahlen haben, mit Rücksicht darauf, daß die Verpflichtung zu ihrer Entrichtung auf den Vorschriften der Reichsgesetze v. 15. Juni 1883 und v. 6. Juli 1884 beruht, auch zur Erzielung des steuerpflichtigen Einkommens erforderlichen Aufwendungen zugerechnet werden müssen, und gemäß §. ꝛc. als abzugsfähig anzuerkennen sind.

2) In der Sitzung des Hauses der Abgeordneten v. 5. März. 1891 äußerte der Herr Generalsteuerdirektor:

„Darüber ist gar kein Zweifel, daß die Deichlasten zur Sicherung und Erhaltung des Einkommens gehören und abzuziehen sind.

Wenn hier die unter den Kommunallasten begriffenen Deichlasten besonders erwähnt werden, so führt das nicht zu dem Schlusse ex contrario, daß die Deichlasten, welche nicht unter den Kommunalabgaben begriffen sind, auch nicht abgezogen werden dürfen; es ist keineswegs die Absicht gewesen, alle anderen Deichlasten auszuschließen, die nicht in Kommunalabgaben verwandelt sind. Wo die Deichlasten sich in Kommunallasten verwandelt haben, wo sie mit den Kommunallasten zusammengeschlossen sind, setzt das allerdings eine Ausscheidung voraus, um die Deichlasten den sonstigen Ausgaben zur Sicherung oder Erhaltung des Einkommens gleich zu stellen."

3a) Hierbei kommt es auf die Unterscheidung von persönlichen, dinglichen und gewerblichen Schulden im Allgemeinen nicht an. Nur diejenigen Schulden, welche auf den von der Besteuerung ausgeschlossenen Einahmequellen (§. 6 Nr. 1) haften, sind nicht zu berücksichtigen. Umgekehrt muß bei der beschränkten Besteuerung aus §. 2 die Berücksichtigung der rein persönlichen sowie der auf außerpreußischen Einnahmequellen haftenden Schulden ausgeschlossen bleiben.

3b) Die Frage, ob Amortisationsbeiträge, besonders bei landschaftlichen Schulden, abzugsfähig sind oder nicht, läßt sich nur nach dem Inhalt der betreffenden Statuten der Landschaft entscheiden, und darnach, ob der Amortisationsfonds dem Grundbesitzer selbst zu gute kommt oder nicht. Abzugsfähig sind sie, wenn die angesammelten Beträge vorläufig zur freien Verfügung der Landschaft liegen bleiben; nicht abzugsfähig sind sie, wenn unmittelbar eine Schuldentilgung eintritt (Entsch. d. O.V.G. v. 16. Mai 1877 B. II S. 47, S. 62).

3c) Siehe im Uebrigen zu I Nr. 2 und 3 des §. 9. die Erläuterungen im Art. 24 der Anweisung v. 5. August 1891 im Abschn. III dieses Buches.

4a) Die Abzugsfähigkeit dieser Lasten ist an die doppelte Voraussetzung geknüpft, daß sie dauernde, sich regelmäßig wiederholende Leistungen darstellen, und nicht etwa auf einer allgemeinen gesetzlichen Verpflichtung, sondern darüber hinaus auf einem besonderen Titel des Privatrechts beruhen.

Leistungen, welche von dem freien Willen eines Steuerpflichtigen abhängig sind, dürfen ebensowenig in Abzug gebracht werden, als die zwar auf privatrechtlicher Verpflichtung beruhenden, aber keine dauernde Belastung darstellenden Aufwendungen. Im Uebrigen ist auch hier nicht zu unterscheiden, ob die abzugsfähigen Lasten dinglicher oder persönlicher Natur, oder durch den Gewerbebetrieb des Steuerpflichtigen veranlaßt sind.

Der Zuschuß, welchen ein Steuerpflichtiger freiwillig, z. B. einer verheiratheten Tochter, giebt, ist nicht bei der Tochter bezw. deren Gatten steuerpflichtig, sondern nur bei dem Geber.

Wird der Zuschuß auf Grund einer rechtlichen Verpflichtung, z. B. eines Vertrages geleistet, so ist der Empfänger steuerpflichtig, der Geber aber berechtigt, den Zuschuß von seinem Einkommen abzurechnen.

(Siehe Motive zum Gesetz.)

4b) In der Sitzung des Hauses der Abgeordneten v. 4. März 1891 erklärte der Herr Regierungs-Vertreter:

„Giebt der Vater einem Kinde zu seinem Unterhalte einen laufenden Beitrag als Unterstützung, so kann dieser Beitrag nur entweder bei dem Vater steuerpflichtig sein oder bei dem Kinde. Wird die Leistung gegeben auf Grund der gesetzlichen Unterhaltungspflicht, so ist nur der Vater steuerpflichtig; liegt dagegen ein besonderes Vertragsverhältniß vor, dessen Gegenstand sich nicht mit dem Inhalt der gesetzlichen Unterhaltungspflicht deckt, so hat einerseits der Empfänger ein Recht auf diese Leistung und wird daher steuerpflichtig werden auf Grund des §. 7 Nr. 4, weil er ein Recht auf eine periodische Hebung hat. Den Betrag desselben darf aber andererseits unzweifelhaft der Geber von seinem steuerpflichtigen Einkommen als eine Schuldrente abziehen."

5) Von den Belastungen, welche in allgemeinen Vorschriften des öffentlichen Rechts ihren Ursprung haben, berücksichtigt das Gesetz nur die Staatssteuer (Nr. 4) und die Beiträge zu Kranken- u. s. w. Kassen (Nr. 6). Die Beschränkung der Abzugsfähigkeit hinsichtlich der direkten Steuern auf die von dem Grundeigenthum und dem Gewerbebetrieb zu entrichtenden direkten Staatssteuern (einschließlich der Bergwerksabgaben) entspricht dem bisherigen Rechte. Die Ausdehnung auf kommunale u. s. w. Steuern kann schon wegen der großen Ungleichmäßigkeit in der Art, sowie in der Höhe der kommunalen u. s. w. Besteuerung nicht gestattet werden und ist vom Abgeordnetenhause (siehe Sitzungsprotokoll v. 5. März 1891) mit Ausnahme der in §. 9 Nr. I, 1 erwähnten Deichlasten ausdrücklich abgelehnt worden.

Der Abzug derjenigen indirekten Abgaben, welche die Natur von Geschäftsunkosten an sich tragen, beschränkt sich dagegen nicht auf die indirekten Staatssteuern und rechtfertigt sich aus den Gründen, welche die Absetzung der zur Erwerbung des Einkommens verwendeten Ausgaben (§. 9. I. Nr. 1) bedingen.

6) Der Herr Regierungskommissar hat erklärt, daß das Wort „solche" sich auf die Gebäude, Maschinen und Betriebsgeräthschaften beziehe, und daß die Abschreibungen in Abzug zu bringen seien, falls nicht derartige Abschreibungen bereits in der Bilanz stattgefunden hätten. (Siehe Kommissions-Bericht des Hauses der Abgeordneten.)

7a) Die in §. 9. I. Nr. 5 zugelassenen Abzüge entsprechen im Wesentlichen dem früheren Rechte. Hervorzuheben ist, daß nur regelmäßige, den allgemeinen wirthschaftlichen oder kaufmännischen Grundsätzen entsprechende, nicht etwa auf Vermehrung des Anlage- oder Betriebskapitals abzielende, Absetzungen berücksichtigt werden dürfen.

7b) In der Sitzung des Hauses der Abgeordneten v. 14. Febr. 1891 äußerte der Herr Regierungs-Vertreter:

„Ein durchgreifender Unterschied, mit dem die Handhabung der Einkommensteuer zu rechnen hat, und der nicht gerade am leichtesten zu erledigen ist, der zwischen Einkommen und Vermögen, ist unter Umständen sehr schwer aufrecht zu erhalten. Werthminderungen bewegen sich auf dem Gebiete des Vermögens; es sind das Aenderungen, die in dem Vermögensstande eintreten, und deshalb spielen sie auch bei der Bilanz eine große Rolle, weil die Bilanz eigentlich nicht das Einkommen als Resultat liefert, sondern den Vermögensstand und dessen Aenderung. Ich sage, die Veränderung des Vermögensstandes; demzufolge kann es die Aufgabe der Einkommensteuer nicht sein, den Werthminderungen zu folgen.

Was wir in der Regierungsvorlage wollen, das ist etwas ganz anderes. Da handelt es sich nicht um Werthverminderung oder Wertherhöhung, sondern da handelt es sich um Substanzverzehrung, und deshalb hat der Herr Abgeordnete v. T. Recht, hier auch die Analogie des

Bergbaues und der Steinbrüche heranzuziehen. Die vorliegende Nummer des §. 9 spricht von jährlichen Absetzungen für Abnutzung. Das beruht darauf, daß in dem Resultat der Jahreswirthschaft ja wiedererzeugt wird nicht nur das, was im Laufe des Jahres gekauft und in dem Wirthschaftsprozeß ganz verbraucht ist — also z. B. die Kohlen zur Heizung — sondern daß in dem Produkt auch ein Stück der Dampfmaschine oder der sonstigen Geräthschaften abgenutzt ist. Das haben wir im Auge, und das wird, glaube ich, hier genügend gedeckt. Es heißt:

Die regelmäßigen jährlichen Absetzungen für Abnutzung von Gebäuden, Maschinen, Betriebsgeräthschaften u. s. w.

Das ist unbedenklich. Die Werthverminderung steht aber auf einem ganz anderen Blatt. Die Maschine kann ganz dieselbe geblieben sein, ist in keiner Weise abgenutzt im Jahre; sie kann aber in ihrem Werthe sehr gesunken, unter Umständen auch heraufgegangen sein, weil vielleicht die Materialien theurer geworden sind."

8a) Nach den Motiven zum Gesetz S. 64, welche von einer die Freiwilligkeit der Ausgabe ausschließenden Verpflichtung sprachen, konnte die irrige Ansicht Platz greifen, als ob freiwillig übernommene Beiträge zu Kranken- u. s. w. Kassen vom Einkommen nicht abzugsfähig seien. Diesem Irrthum ist der Herr Finanzminister bereits in der 33. Sitzung des Hauses der Abgeordneten v. 14. Febr. 1891 (Sten. Ber. S. 849) entgegen getreten. Die ausführliche Erläuterung der obigen Bestimmung findet sich in Artikel 25. Nr. 1. Absatz 1—4 der Anweisung v. 5. Aug. 1891 im Abschnitt III dieses Buches.

8b) Abzugsfähigkeit der Arbeiterbeiträge zu den Knappschafts- und Krankenkassen. Finz.-Minist.-Erlaß v. 27. Oktbr. 1888 — II. 12502 —

Die Klassensteuer des Obersteigers E. zu A. und die des Grubensteigers F. ist ermäßigt, weil im Hinblick auf das Gesetz vom 15. Juni 1883 betreffend die Krankenversicherung der Arbeiter (R.G.Bl. S. 73) die von den Rekurrenten zu entrichtenden Knappschafts- und Krankenkassen-Beiträge nach §. 30 Abs. 3 des Gesetzes vom 1./25. Mai 1851/73 bei Berechnung des steuerpflichtigen Einkommens als abzugsfähig zu erachten sind.

9) „Prämien für Versicherung des Steuerpflichtigen auf den Todes- oder Lebensfall." Damit ist also nur gemeint, daß man sich selbst, entweder für den Todesfall oder für den Erlebensfall, mit einer bestimmten Summe versichert; die Versicherung einer Aussteuer aber fällt unter diesen Paragraphen nicht, ebenso nicht die Versicherung von Angehörigen oder anderen Personen.

10) Der Betrag von 600 Mark ist stets abzugsfähig, auch wenn der Betrag der Prämien im Ganzen ein höherer ist (siehe Kommissions-Verhandlungen des Herren- und Abgeordnetenhauses).

11a) Eine nicht abzugsfähige Kapitalsanlage macht z. B. derjenige, welcher ein Haus baut und die Zinsen der Bauschulden aus seinen anderweiten Einnahmen deckt.

Finz.-Minist.-Erlaß v. 8. Oktbr. 1887 — II. 10783 —.

Ew. ꝛc. erwidere ich auf den Bericht ꝛc., daß der Beschluß der Bezirkskommission den N. von der Einkommensteuer freizustellen, weil die Zinsen der auf seinem im Neubau begriffenen Hause lastenden Hypotheken und der behufs Ausführung des Neubaues aufgenommenen und verwendeten Kapitalschulden sein Jahreseinkommen übersteigen, mit den über die Veranlagung der Einkommensteuer bestehenden Vorschriften in Widerspruch steht, und die von dem Vorsitzenden der Einschätzungskommission dagegen erhobene Beschwerde nur für begründet erachtet werden kann.

Es unterliegt keinem Zweifel, daß der von dem Steuerpflichtigen unternommene Neubau die Erhöhung des Werthes seines Hausgrundstücks bezweckt, und daß in diesem Mehrwerthe, bezw. in den demnächstigen höheren Erträgen die auf die Herstellung desselben verwendeten Baukosten mindestens ihren vollen Ersatz finden sollen. Diese Baukosten stellen mithin eine Kapitalanlage zur Verbesserung des Vermögens dar, die ebensowenig wie die Verwendungen zur Melioration einer ländlichen Besitzung vor dem Jahreseinkommen abgerechnet werden darf. Zu den Baukosten in dem vorbezeichneten Sinne können aber, wie in der Beschwerde richtig ausgeführt ist, nicht blos die angeliehenen Kapitalien, sondern es müssen dazu gleichmäßig auch diejenigen Aufwendungen gerechnet werden, welche der Unternehmer zu machen hat, um die aufge-

§. 10.

Feststehende[1]) Einnahmen sind nach ihrem Betrage für das Steuerjahr,[2]) ihrem Betrage nach unbestimmte oder schwankende Einnahmen, sowie das steuer-

---

nommenen Baukapitalien bis dahin zu verzinsen, wo der Neubau nutzbar wird und ebenso diejenigen Aufwendungen, welche die Verzinsung der auf dem Hausgrundstück haftenden Hypotheken und etwaige sonstigen auf demselben haftende Lasten in der Bauzeit erfordern, und welche bisher aus den Erträgen des abgebrochenen Hauses gedeckt wurden. Die Nothwendigkeit, die hierzu erforderlichen Mittel anderweit zu beschaffen, ist lediglich durch den zum Zwecke der Werthserhöhung des Grundstücks erfolgten Abbruch und Neubau des Hauses veranlaßt. Dabei kann es keinen Unterschied machen, ob der Unternehmer zur Deckung der während der Bauzeit fällig werdenden Zinsen und Lasten eine besondere Anleihe aufnimmt oder von vornherein das eigentliche Baukapital so hoch bemißt, daß daraus auch die sogenannten Bauzinsen mit bestritten werden können. In dem einen, wie in dem anderen Falle sind die hierfür erwachsenden Ausgaben lediglich dem Unternehmer des Neubaues zur Last zu stellen.

Zu welchen unhaltbaren Folgerungen und Ergebnissen die in dem Beschlusse der Bezirkskommission ausgesprochene Auffassung in anderen Fällen — wo eigene oder durch Anspannung des Kredits beschaffte Kapitalien in spekulativen Grundstücks- oder anderen Käufen und ähnlichen Operationen festgelegt werden — führen würde, bedarf keiner näheren Darlegung, da das entgegenstehende von der Einschätzungskommission bezüglich der Bauten bisher befolgte Verfahren den allgemein anerkannten Grundsätzen in Betreff wirthschaftlicher Unternehmungen durchaus entspricht. Auch im vorliegenden Falle muß es daher als kein befremdliches Ergebniß bezeichnet werden, daß der Steuerpflichtige von der Staats- (und bis auf ein Minimum von der Gemeinde-) Einkommensteuer wegen Nichtvorhandenseins eines steuerpflichtigen Einkommens befreit sein soll, während seine Domestiken und die von ihm als Bauherrn beschäftigten Handwerksgesellen — wenigstens zum Theil — von ihrem Einkommen Steuer entrichten müssen.

11b) Finz.-Minist.-Erlaß v. 13. Juli 1853 — III. 15 453 — Auszug.

Gerichtliche Gehaltsabzüge wegen Schulden können bei der Besteuerung des Einkommens der Beamten nicht berücksichtigt werden, da nach Vorschrift des Gesetzes nur die Zinsen der nachgewiesenen Schulden in Abzug gebracht werden dürfen, die Abzahlungen an dem Schuldkapitale selbst daher, gleichviel ob sie zwangsweise auf Grund eines gerichtlichen Erkenntnisses u. s. f. oder freiwillig geleistet werden, nicht zu berücksichtigen sind. Der Grund hierfür liegt darin, daß solche Abzahlungen den Charakter aller übrigen Verwendungen des Einkommens der Steuerpflichtigen an sich tragen, und sich namentlich nicht wesentlich von Kapitalsanlagen zur Erweiterung des Geschäfts oder zu Verbesserungen aller Art unterscheiden.

12) Siehe in Betreff der nicht abzugsfähigen Beträge und insbesondere in Betreff der Vermögens- und Kapitalverluste die näheren Erläuterungen in Art. 4 der Anweisung v. 5. Aug. 1891 im Abschn. III dieses Buches.

13) Unter „Unterhalt" ist nicht nur der nothwendige, sondern der thatsächliche zu verstehen, also gehören hierher auch die Ausgaben für Erziehung, Ausbildung 2c.

1) Feststehende Einnahmen sind solche, die sowohl in ihrem Bestehen, als in ihrem Betrage gesichert sind. Ist eine dieser Voraussetzungen oder sind beide ungewiß, so gehört die Einnahme zu den schwankenden. Waltet zur Zeit der Veranlagung über die Natur der Einnahme ein Zweifel ob, so wird man sich für die möglichst enge Auslegung des Wortes „feststehend" zu entscheiden haben. (Bericht der Kommission des Abgeordnetenhauses, S. 26.)

2a) Ueber den Begriff des Steuerjahres siehe §. 56 des Ges. und die dortige Anmerkung.

2b) Finz.-Minist.-Erlaß v. 15. Jan. 1878 — IV. 11215 —.

Auf den Bericht 2c. wird der 2c. erwidert, daß bei der Einschätzung Steuerpflichtiger zur Klassen- und klassifizirten Einkommensteuer diejenigen Veränderungen an feststehenden Einnahmen,

pflichtige Einkommen der Aktiengesellschaften u. s. w. (§. 16), nach dem Durchschnitte der drei der Veranlagung unmittelbar vorangegangenen Jahre, jedoch bei der nach diesem Gesetze stattfindenden erstmaligen Veranlagung nach dem Durchschnitte zweier Jahre zu berechnen.[3])

Wenn Einnahmen der letztgedachten Art noch nicht so lange bestehen, so sind sie nach dem Durchschnitte des Zeitraumes ihres Bestehens nöthigenfalls nach dem muthmaßlichen Jahresertrage in Ansatz zu bringen.

Die gleichen Grundsätze gelten für die Berechnung der abzugsfähigen Ausgaben.

§. 11.

Behufs der Steuerveranlagung ist dem Einkommen des Haushaltungsvorstandes das Einkommen der Angehörigen der Haushaltung[1]) zuzurechnen.

Personen, welche mit Gehalt oder Lohn zu Dienstleistungen angenommen

---

welche zwar erst im Laufe des Steuerjahres eintreten, aber schon vor der Veranlagung rechnungsmäßig nachgewiesen werden können, allerdings berücksichtigt werden müssen, denn der zur Berechnung zu ziehende volle Betrag der Jahreseinnahme kann, wenn eine Verschiedenheit in den Ansätzen für einzelne Theile des Jahres im Voraus feststeht, nicht lediglich nach dem im Anfange des Jahres einkommenden Bestandtheile des jährlichen Einkommens bemessen werden.

Siehe auch §. 15 des Ges.

3a) Die Vorschriften, in welcher Weise das Einkommen aus feststehenden und aus schwankenden Einnahmen zu berechnen ist, insbesondere auch welcher Zeitabschnitt dabei maßgebend sein soll, sind in Art. 5 der Ausführungs-Anweisung v. 5. Aug. 1891, abgedr. im Abschn. III dieses Buches, zusammengestellt, es wird daher hier darauf verwiesen.

3b) Nach dem früheren Rechte wurde bei der Schätzung des Einkommens aus Grundvermögen sowie aus Handel, Gewerbe, Pachtungen u. s. w. der Durchschnitt der drei letzten Jahre, bei dem Einkommen aus Kapitalvermögen der Betrag des vorhergegangenen Jahres in Anrechnung gebracht (§§. 28 bis 30 des Ges. v. 1./25. Mai 1851/73). Der §. 10 des Gesetzes giebt der gleichmäßigen Berechnungsweise für alle Arten des Einkommens sowie für alle abzugsfähigen Ausgaben den Vorzug.

Die Zugrundelegung eines einjährigen Zeitraums liegt wegen der alsdann unvermeidlichen größeren Schwankungen weder im Interesse des Staates, noch in dem der Steuerpflichtigen. Im Gesetz ist deshalb die Berechnung nach dem Durchschnitte dreier Jahre vorgesehen. Maßgebend für die Abgrenzung dieser dreijährigen Periode soll das Wirthschaftsjahr des zu Veranlagenden sein ohne Rücksicht darauf, ob dasselbe mit dem Kalender- oder dem Steuerjahr zusammenfällt oder nicht. Als das der Veranlagung unmittelbar vorangegangene Wirthschaftsjahr im Sinne des §. 10 ist das letzte anzusehen, dessen Ergebnisse zur Zeit des Veranlagungsaktes feststehen. Nur für die erstmalige Veranlagung soll der zweijährige Durchschnitt maßgebend sein, um das im ersten Jahre den Steuerpflichtigen wie den Veranlagungsbehörden unbequeme Zurückgehen auf die weiter entfernte Vergangenheit zu ersparen. Kann diese regelmäßige Art der Berechnung nicht Platz greifen, weil die Einnahmen bezw. Ausgaben noch nicht während des der Veranlagung vorausgegangenen zweijährigen Zeitraums bestanden haben, so erübrigt nur der im Gesetz vorgesehene Ausweg der Berechnung nach dem Durchschnitte des Zeitraums ihres Bestehens, eventuell nach dem muthmaßlichen Jahresbetrage.

(Siehe Motive zum Gesetz S. 47.)

Der Steuerpflichtige ist also unbeschränkt in der Wahl des Tages, an welchem er sein Betriebsjahr abschließen will, nur muß er die einmal getroffene Wahl festhalten, um die Ergebnisse nicht zu Ungunsten der Veranlagung willkürlich zu ändern. (Siehe Entsch. des O.V.G. Band II S. 42 und Band X S. 79.)

sind, sowie Kostgänger, Untermiether und Schlafstellenmiether werden nicht zu den Angehörigen einer Haushaltung gezählt.

Selbständig zu veranlagen sind:

1) Ehefrauen, wenn sie dauernd von dem Ehemanne getrennt leben;[2])

2) Kinder und andere Angehörige der Haushaltung, wenn sie ein der Verfügung des Haushaltungsvorstandes nicht unterliegendes Einkommen aus eigenem Erwerb[3]) — mit Ausschluß der Beihülfe in dem Geschäft des Haushaltungsvorstandes — oder aus anderen Quellen beziehen.

Auf die lediglich nach §. 2 dieses Gesetzes zu veranlagenden Steuerpflichtigen finden vorstehende Bestimmungen keine Anwendung.[4])

1) Die im §. 11 vorgesehene Veranlagung nach Haushaltungen ist aus dem Klassensteuergesetz vom 30. Mai 1820 in die Gesetze vom 1./25. Mai 1851/73 (§§. 8, 16) übernommen worden und wird durch das praktische Bedürfniß nach Vereinfachung der Steuerveranlagung gerechtfertigt. Hierbei hat das Gesetz jedoch auf die Beseitigung der den bestehenden Vorschriften entspringenden Mißstände Bedacht genommen.

Nach dem bisherigen Rechte konnten Ehefrauen, so lange die Ehe rechtlich ungetrennt und der Ehemann nicht etwa ausgewandert oder verschollen war, nicht für sich veranlagt und zur Einkommensteuer herangezogen werden. Vielmehr wurde ausschließlich der Ehemann, unter Anrechnung alles, selbst des ihm rechtlich und thatsächlich entzogenen Einkommens der Ehefrau, zur Steuer veranlagt. Hierin liegt, sobald eine thatsächliche, dauernde Trennung der Eheleute stattfindet, für den Ehemann eine ungerechtfertigte Härte, während der Staat beim Unvermögen des Letzteren der Steuer aus dem Einkommen der Ehefrau verlustig geht.

Nicht minder unbillig wäre es, den Haushaltungsvorstand von dem, ihm nicht zufließenden, eigenen Einkommen der Haushaltungsangehörigen zu besteuern.

Die nähere Erläuterung dieses Paragraphen siehe in Art. 6 der Anweisung v. 5. Aug. 1891 in Abschn. III dieses Buches.

2) In Erwiderung einer Anfrage, was unter dem Ausdrucke „dauernd von ihrem Ehemanne getrennt leben" in der Nr. 1 dieses Paragraphen zu verstehen sei, sprach der Herr Finanzminister seine Ansicht dahin aus, daß auch eine nur auf begrenzte Zeit erfolgte, aber im Uebrigen vollständige Trennung einer Ehefrau von ihrem Ehemanne als unter Nr. 1 fallend anzusehen sei. (Komm.-Bericht des Hauses der Abgeordneten S. 26.)

3) Erklärung des Herrn Regierungskommissars (a. a. O.): „Sofern das etwaige selbstständige Einkommen eines Kindes der Verfügung des Haushaltungsvorstandes nicht unterliegt, wird dasselbe zufolge der Vorschrift in §. 11 Nr. 2 des Ges. dem Haushaltungsvorstande künftig auch dann nicht angerechnet werden dürfen, wenn dieses Einkommen zum Unterhalte des Kindes nicht ausreicht oder den Betrag von Neunhundert (900) Mark nicht übersteigt.

Die Bestimmung bezweckt, die Unbilligkeiten zu vermeiden, welche gegenwärtig nicht selten dadurch entstehen, daß nach dem bisherigen Rechte das selbstständige Einkommen der Kinder in gewissen Fällen dem Haushaltungsvorstande angerechnet werden muß, obwohl demselben die Verfügung darüber nicht zusteht."

Siehe im Uebrigen die Ausführungen im Art. 6 der Ausführungs-Anweisung v. 5. Aug. 1891 Theil I abgedr. im Abschn. III dieses Buches und die dortigen Anmerkungen.

4) Das heißt also:

Bei denjenigen Haushaltungsvorständen, welche lediglich mit dem Einkommen

a) aus den von der Preußischen Staatskasse gezahlten Besoldungen, Pensionen und Wartegeldern;

b) aus Preußischem Grundbesitz und aus Preußischen Gewerbe- oder Handelsanlagen oder sonstigen gewerblichen Betriebsstätten,

zur Steuer veranlagt werden, ist das Einkommen der Angehörigen der Haushaltung dem Einkommen des Haushaltungsvorstandes **nicht** zuzurechnen.

B. Besondere Vorschriften.

a. Einkommen aus Kapitalvermögen.

§. 12.

Als Einkommen aus Kapitalvermögen gelten: Zinsen, Renten und geldwerthe Vortheile aus Kapitalforderungen jeder Art, soweit solche Bezüge nicht bei Landwirthschaft-, Handel- und Gewerbetreibenden behufs Ausmittelung des steuerpflichtigen Einkommens aus Grundvermögen, Pachtungen, Handel oder Gewerbe (§§. 13, 14) als Theile des Geschäftsertrages in Rechnung zu bringen sind.[1])

Mit dieser Maßgabe gelten als Einkommen aus Kapitalvermögen insbesondere:

a) Zinsen aus Anleihen und sonstigen verzinslichen Kapitalforderungen[2]) sowie aus verzinslich gewordenen Zins- und anderen Ausständen;

b) Dividenden und Zinsen, Ausbeuten und sonstige Gewinnantheile von Aktiengesellschaften, Kommanditgesellschaften auf Aktien, Gewerkschaften, Erwerbs- und Wirthschaftsgenossenschaften, und von einer stillen Gesellschaft (Artikel 250 ff. des Handelsgesetzbuchs);[3])

c) Zinsen, welche in unverzinslichen Kapitalforderungen, bei denen ein höheres als das ursprünglich gegebene Kapital zurückgewährt wird, einbegriffen sind;

d) vereinnahmte Gewinne aus der zu Spekulationszwecken[4]) unternommenen Veräußerung von Werthpapieren, Forderungen, Renten u. s. w., abzüglich etwaiger Verluste bei derartigen Geschäften.

1a) Siehe als Erläuterung zu diesem Paragraph den Art. 8 u. 9 der Ausführungs-Anweisung v. 5. Aug. 1891 Theil I und die dortigen Anmerkungen im Abschn. III dieses Buches.

1b) In der Sitzung des Hauses der Abgeordn. v. 16. Febr. 1891 wurde eine Anfrage gestellt, in welcher Weise der Zusammenhang der §§. 12, 13. u. 14. in Bezug auf die Steuererklärung aufzufassen sei: „In der Steuererklärung ist vorgeschrieben, daß das Einkommen nach den verschiedenen in §. 7 näher bezeichneten Einkommensquellen, bezüglich deren viele besondere Bestimmungen getroffen sind, getrennt deklarirt werden soll. Nun giebt es aber eine Reihe von Fällen, und die kommen insbesondere vor bei Handels- und Gewerbebetrieb, in denen ein Einkommen nicht rein aus einer der einzelnen Quellen fließt, sondern sich zusammensetzt auch aus anderen der bezeichneten Quellen. Größere Handelsgeschäfte werden vielfach mit Kapital und Kapitaltheilen arbeiten müssen; das ist auch im §. 12 vorgesehen, wo ausdrücklich gesagt ist, daß der Betrag des Kapitals hier nur soweit in Betracht kommt, als er nicht Theile eines Geschäftsgewinnes oder des Einkommens aus der Bewirthschaftung eines Grundbesitzes oder aus Handels- und Gewerbebetrieb darstellt.

Eine gleiche Bestimmung hinsichtlich des Grundbesitzes findet sich in §. 13 aber nicht, gleichwohl ist es unzweifelhaft, daß auch Grundbesitz und der Ertrag desselben in den Reingewinn aus Handels- und Gewerbebetrieb mit eingeschlossen ist. Das fällt sofort in's Auge, wenn man an die Fabrikgebäude, an die Speicher und Waarenhäuser, Geschäftshäuser, an solche Grundstücke, die nothwendig zum Handels- und Gewerbebetrieb sind, denkt. Aber es giebt auch landwirthschaftlich benutztes Grundeigenthum, dessen Ertrag einen Nebenzweig des Reinertrags des Handels- und Gewerbebetriebes bildet. So z. B. kommt es öfter vor, daß bei Stärkefabriken Rieselwiesen mit im Betrieb sind, die lediglich dazu dienen, um die Nebennutzungen des Hauptbetriebes zu verwerthen und die als Pertinenz des Hauptbetriebes anzusehen sind. Dasselbe gilt von denjenigen

Aeckern, die von Zuckerfabriken zum Anbau von Zuckerrüben gehalten werden. So finden sich derartige Fälle mehrfach.

Es erscheint daher unrichtig, daß alle diese Nebeneinnahmen des Grundstücks, sofern sie Nebeneinnahmen, Pertinenzen, Theile aus dem Reingewinn des Haupt-, Handels- und Gewerbebetriebes darstellen, daß die nicht unter der Rubrik „Einkommen aus Grundvermögen", sondern unter der Rubrik „Einkommen aus Handel und Gewerbe" deklarirt und versteuert werden. Es ist sonst ganz unmöglich für die Handels- und Gewerbetreibenden, auf Grund ihrer Bilanz, wie sie im §. 14 vorgesehen ist, die Steuererklärung abzugeben; es ist unmöglich, die betreffenden Theile des Geschäfts auszusondern und als besonderes Einkommen aus Kapital- oder Grundvermögen zu deklariren."

Hierauf erwiderte der Herr Finanzminister: „Ich kann die Richtigkeit der Auffassung des Herrn Vorredners durchaus bestätigen, und es ist seiner Auffassung gemäß auch der 4. Absatz des §. 13 maßgebend, in welchem es ausdrücklich heißt:

> Die Veranlagung solcher Betriebe, bei welchen die Erträgnisse der Substanz des Bodens entnommen werden, sowie die Veranlagung ländlicher Fabrikationszweige erfolgen nach den Grundsätzen des §. 14, soweit diese Betriebe und Fabrikationszweige nicht bei der Ertragsermittelung des Hauptbetriebes, zu welchem sie gehören, berücksichtigt werden.

Man wird in diesen Fällen nach meiner Meinung unterscheiden: ist der Grund und Boden bestimmt für den Hauptgewerbebetrieb? oder umgekehrt: ist der Gewerbebetrieb nur Accessorium des Grund und Bodens? das wird die ganze Unterscheidung sein. Man muß unterscheiden, was die Hauptsache ist, und für welche Hauptsache andere Theile des fundirten Einkommens dienen. Das ist die juristische Frage der Pertinenzqualität, die im vorliegenden Falle entscheidet, und das ist, glaube ich, auch im §. 14 klargestellt."

1c) Siehe auch §. 13 Abs. 4 dies. Ges.

2a) Amortisationsquoten:

In der Sitzung des Hauses der Abgeordn. v. 16. Febr. 1891 wurde folgende Anfrage gestellt: „Es ist ganz unzweifelhaft, daß eine etwaige Zurückzahlung eines Kapitals, also wenn der Schuldner dem Gläubiger ein Kapital kündigt, diese Kapitalsrückzahlung nicht als Einkommen gelten kann. Auch kann darüber kein Zweifel entstehen, daß, wenn in dem jährlich von dem Schuldner zu zahlenden Betrage irgendwie eine Amortisationsquote steckt, diese Amortisationsquote nicht als Einkommen betrachtet werden kann. Also beispielsweise ein Gläubiger verleiht ein Kapital mit der Bedingung, daß der Schuldner ihm 5% zahlt, und der Maßgabe, daß bei dieser fünfprozentigen jährlichen Zahlung das Kapital in etwa 40 Jahren amortisirt ist. Dann würden unter den 5%, die der Schuldner zu zahlen hat, etwa 1% Amortisation stecken und diese einprozentige Amortisation würde selbstverständlich, wie ich es auffasse, nicht als Einkommen betrachtet werden, also nicht versteuert zu werden brauchen.

Nun giebt es aber Formen, in welchen die Amortisationszahlungen nicht so einfach liegen und zwar kommen diese Formen in zahlreichen Fällen vor. Z. B.: Es hat jemand New-Yorker Stadtanleihe gekauft im Jahre 1890 zum Kurse von 120, also er giebt 120 aus für ein Kapital, daß er im Jahre 1910 al pari zurückerhalten soll. Dieses Papier wird nicht ausgeloost, wie die meisten amerikanischen Bons und Papiere, sondern es wird nach einer gewissen bestimmten Frist — etwa im Jahre 1910 — al pari zurückgezahlt. Der betreffende Käufer verliert also in 20 Jahren 20% Kapital, aber er nimmt das Papier dennoch, weil er sich sagt: in den 6%, die ich bekomme, steckt 1% Amortisation, also in den 20 Jahren erhalte ich jedes Jahr 5% Zinsen und 1% Amortisation. Er rechnet sich also die Sache so zusammen, daß durch die Beträge, welche die Stadt New-York als Schuldner ihm giebt, die Amortisation der 20% Kapital, welches er über pari gezahlt hat, gedeckt wird.

Nun ist die Frage die: ist dieser Käufer berechtigt, als Einkommen aus diesen Papieren nur 5% in Anrechnung zu bringen? Es ist das im Prinzip genau dasselbe, als wenn er ein Kapital zu 5% ausleiht, wovon nur 4% als Zinsen und 1% als Amortisation gilt."

Hierauf erwiderte der Herr Finanzminister: „Der erste Fall, nämlich derjenige, wo in der

b. Einkommen aus Grundvermögen.

§. 13.

Das Einkommen aus Grundvermögen umfaßt die Erträge sämmtlicher Grundstücke, welche dem Steuerpflichtigen eigenthümlich gehören, oder aus denen ihm in Folge von Berechtigungen irgend welcher Art ein Einkommen zufließt.[1])

Von Grundstücken, welche verpachtet oder vermiethet sind, ist der Pacht- oder Miethszins, einerseits unter Hinzurechnung der dem Pächter beziehungsweise Miether obliegenden Natural- und sonstigen Nebenleistungen sowie der dem Verpächter beziehungsweise Vermiether vorbehaltenen Nutzungen, andererseits unter Abrechnung der dem letzteren verbliebenen abzugsfähigen Lasten, als Einkommen zu berechnen.[2])

Für nicht vermiethete, sondern von dem Eigenthümer beziehungsweise Nutznießer selbst bewohnte oder sonst benutzte Gebäude ist das Einkommen nach dem

---

jährlichen Zahlung zugleich eine Amortisation vertragsmäßig ausbedungen ist, ist ganz zweifellos; in diesem Falle ist derjenige Betrag, der zur Amortisation dient, Kapitalsrückzahlung und also keine zu versteuernde Einnahme.

Aber der zweite angeführte Fall wird doch unmöglich berücksichtigt werden können, denn da ist ja nur ein einseitiges Motiv für die Erwerbung eines Vermögensobjektes des Steuerpflichtigen. Da ist eine faßbare, rechtliche Grundlage überhaupt nicht vorhanden. Der Herr Vorredner führt den Fall an: es kauft jemand eine 7%ige amerikanische Anleihe, die in einer bestimmten Zeit zurückzuzahlen ist, und er sagt nun, er thue es nur deswegen, weil er sieht: wenn ich auch jetzt 120 dafür zahle, so bekomme ich das in dem höheren Zinsfuße bis zum Tage der Rückzahlung al pari doch wieder vergütet. Wie soll nun im einzelnen Falle ermittelt werden, ob nicht der Mann die betreffende amerikanische Anleihe zum Kurse von 120 gekauft hat in dem Glauben, daß sie zunächst auf 130 steigen werde und er sie dann wieder zu 130 veräußern werde. Derartige innere Motive kann unmöglich die Steuerveranlagung zu Grunde legen· und ich meine also, die Frage, so gestellt, wäre ganz unbedingt zu verneinen. Wir können nur da, wo unzweifelhaft der rechtliche Charakter einer Kapitalrückzahlung vorliegt, dieselbe als solche ansehen, sonst ist es Zinseinnahme."

(Zu §. 12.) 2b) Siehe auch Art. 23 Nr. 2 der Anweisung v. 5. Aug. 1891 und die dortige Anmerkung (Heirathskonsens) im Abschn. III dieses Buches.

3) Art. 250 des Allg. Deutschen Handelsgesetzbuches (B.G.Bl. 1869, S. 456) lautet:

„Eine stille Gesellschaft ist vorhanden, wenn sich Jemand an dem Betriebe des Handelsgewerbes eines Anderen mit einer Vermögenseinlage gegen Antheil an Gewinn und Verlust betheiligt.

Zur Gültigkeit des Vertrages bedarf es der schriftlichen Abfassung oder sonstiger Förmlichkeiten nicht."

Art. 85 a. a. O. lautet:

„Eine offene Handelsgesellschaft ist vorhanden, wenn zwei oder mehrere Personen ein Handelsgewerbe unter gemeinschaftlicher Firma betreiben und für keinen der Gesellschafter die Betheiligung auf Vermögenseinlagen beschränkt ist."

4) Siehe §. 8 des Ges. und Art. 9 der Anweisung v. 5. Aug. 1891 im Abschn. III dieses Buches.

1) Siehe Art. 10 Abs. 2 der Anweisung v. 5. Aug. 1891 im Abschn. III dieses Buches:

„Ausgeschlossen von der Besteuerung ist jedoch das Einkommen aus den in anderen deutschen

Miethswerthe[3]) zu bemessen; außer Ansatz bleibt der Miethswerth solcher von dem Eigenthümer beziehungsweise Nutznießer zu seinem landwirthschaftlichen oder gewerblichen Betriebe benutzten Gebäude oder Gebäudetheile, deren Nutzungswerth in dem Einkommen aus Landwirthschafts- oder Gewerbetrieb enthalten ist.[4])

Bei Schätzung des Einkommens aus nicht verpachteten Besitzungen ist der durch die eigene Bewirthschaftung erzielte Reinertrag zu Grunde zu legen.[5]) Die Veranlagung solcher Betriebe,[6]) bei welchen die Erträgnisse der Substanz des Bodens entnommen werden, sowie die Veranlagung ländlicher Fabrikationszweige erfolgen nach den Grundsätzen des §. 14, soweit diese Betriebe und Fabrikationszweige nicht bei der Ertragsermittelung des Hauptbetriebes, zu welchem sie gehören, berücksichtigt werden.[7])

Der Gewinn beim pachtweisen Betriebe der Landwirthschaft[8]) ist in gleicher Weise zu veranschlagen, wie beim Betriebe auf eigenen Grundstücken, unter Hinzurechnung des Miethswerths der mitverpachteten Wohnung.

Der Pachtzins einschließlich des Werths der etwa dem Pächter obliegenden Natural- und sonstigen Nebenleistungen ist davon in Abzug zu bringen.

Bundesstaaten oder in einem deutschen Schutzgebiete belegenen Grundstücken, sowie das Einkommen der nicht des Erwerbes wegen in Preußen wohnenden oder sich aufhaltenden Ausländer aus den im Auslande belegenen Grundstücken (Art. 3 zu II Nr. 1a und 2)."

2a) Siehe Art. 15 Nr. II a. a. O.:

Als Einkommen des Verpächters gilt:

1. der vom Pächter zu entrichtende jährliche Pachtzins (Art. 5 Nr. 1),
2. der Geldwerth der dem Pächter zum Vortheile des Verpächters etwa obliegenden Natural- und sonstigen Nebenleistungen, sowie der dem Verpächter etwa vorbehaltenen Nutzungen.

In Abzug zu bringen sind hiervon die dem Verpächter vertragsmäßig verbliebenen Lasten, soweit dieselben gemäß Art. 11 zu II und III überhaupt abzugsfähig sind.

2b) Nach der Entscheidung des O.V.G. v. 16. Mai 1877 (Band II, S. 47) unterliegt nicht dasjenige Einkommen der Einkommenbesteuerung, welches von dem Eigenthümer aus der Benutzung seines Grundstücks hätte gewonnen werden können, sondern dasjenige, welches thatsächlich von ihm bezogen ist. Wenn also ein Gut aus persönlichen Rücksichten unter besondern dem Pächter vortheilhaften Bedingungen verpachtet ist, so kann — falls nicht ein simulirter Vertrag vorliegt — der dadurch dem Pächter erwachsende Vermögensgewinn nur bei der Einkommensbesteuerung des Pächters, nicht aber bei der des Verpächters in Rechnung gezogen werden.

3) Der „Miethswerth" ist in diesem Falle nur durch Schätzung zu ermitteln und zwar nach Maßgabe der ortsüblichen Miethspreise. Der bei der Gebäudesteuerveranlagung ermittelte Gebäudesteuer-Nutzungswerth bietet zwar einen Anhalt, ist aber keineswegs ohne weiteres maßgebend. Siehe Art. 16 Nr. 2 der Anweisung v. 5. Aug. 1891.

Der Steuerpflichtige kann nach §. 27 des Ges. der Veranlagungskommission überlassen, diese Schätzung selbst vorzunehmen.

4) Siehe Art. 16 Nr. I der Anweisung v. 5. Aug. 1891 im Abschn. III dieses Buches.

5) Siehe Art. 11 a. a. O.

6) Siehe Art. 12 a. a. O.

7) Siehe §. 12 des Ges. Anm. 1b. Seite 28.

8) Siehe Art. 15 Nr. I der Anweisung v. 5. Aug. 1891 im III. Abschn. dieses Buches.

c. Einkommen aus Handel und Gewerbe einschließlich des Bergbaues.

§. 14.

Das Einkommen aus Handel und Gewerbe einschließlich des Bergbaues besteht in dem in Gemäßheit der allgemeinen Grundsätze (§§. 6. bis 11) ermittelten Geschäftsgewinne.[1]) Mit dieser Maßgabe[2]) ist der Reingewinn aus dem Handel und Gewerbebetriebe nach den Grundsätzen zu berechnen, wie solche für die Inventur und Bilanz durch das Allgemeine Deutsche Handelsgesetzbuch vorgeschrieben sind[3]) und sonst dem Gebrauche eines ordentlichen Kaufmannes entsprechen. Insbesondere gilt dieses einerseits von dem Zuwachs des Anlagekapitals und andererseits von den regelmäßigen jährlichen Abschreibungen,[4]) welche einer angemessenen Berücksichtigung der Werthverminderung entsprechen.

Im Uebrigen gilt für die Berechnung und Schätzung des Einkommens aus Gewerbe und Handel Folgendes:[5])

1) Die Zinsen des im Handels- oder Gewerbebetrieb angelegten eigenen Kapitals des Steuerpflichtigen sind als Theile des Geschäftsgewinnes zu betrachten.

2) Der von einer nicht nach §. 1 Nr. 4 und 5 steuerpflichtigen Erwerbsgesellschaft erzielte Geschäftsgewinn ist den einzelnen Theilhabern nach Maßgabe ihres Antheils anzurechnen.

3) Der Gewinn aus den zu Spekulationszwecken[6]) abgeschlossenen Geschäften, abzüglich etwaiger Verluste bei derartigen Geschäften, und aus der Betheiligung an derartigen Geschäften ist auch bei solchen Steuerpflichtigen, welche nicht zu den Handel- und Gewerbetreibenden gehören, nach den für das Einkommen aus Handel und Gewerbe maßgebenden Grundsätzen zu berechnen.

---

1) Siehe Art. 17 und in Betreff des Bergbaues Art. 20 der Anweisung v. 5. Aug. 1891 im Abschn. III dieses Buches.

2) Durch die Fassung im ersten Absatz dieses Paragraphen soll zum Ausdruck gebracht werden, daß in erster Linie die allgemeinen Grundsätze zu gelten haben, wie sie das Einkommensteuergesetz für die Einkommensberechnung ausspricht, und daß nur, soweit keine Abweichungen von diesen allgemeinen Grundsätzen vorliegen, die Bestimmungen Anwendung zu finden haben, wie sie das allgemeine deutsche Handelsgesetzbuch mit Bezug auf Bilanzaufstellung aufstellt. Der Bestimmung liegt wesentlich der Gedanke zu Grunde, daß es dem Kaufmann, und zwar nicht blos den Kommanditgesellschaften auf Aktien und Aktiengesellschaften, sondern auch dem einzelnen Kaufmanne möglich sein soll, an der Hand seiner Bilanzaufstellung und Inventur ohne Weiteres, ohne Aenderung derselben seine Deklaration aufzustellen. (Aeußerung des Herrn Regierungs-Vertreters in der Sitzung des Hauses der Abgeordneten v. 16. Febr. 1891.)

3a) Diese Bestimmungen sind folgende:

a) im Allgemeinen Deutschen Handelsgesetzbuche (B.G.Bl. für 1869 S. 404):

Art. 28. Jeder Kaufmann ist verpflichtet, Bücher zu führen, aus welchen seine Handelsgeschäfte und die Lage seines Vermögens vollständig zu ersehen sind.

Er ist verpflichtet, die empfangenen Handelsbriefe aufzubewahren und eine Abschrift (Kopie oder Abdruck) der abgesandten Handelsbriefe zurückzubehalten und nach der Zeitfolge in ein Kopirbuch einzutragen.

Art. 29. Jeder Kaufmann hat bei dem Beginne seines Gewerbes seine Grundstücke, seine Forderungen und Schulden, den Betrag seines baaren Geldes und seine anderen Vermögensstücke genau zu verzeichnen, dabei den Werth der Vermögensstücke anzugeben und einen das Verhältniß des Vermögens und der Schulden darstellenden Abschluß zu machen; er hat demnächst in jedem Jahre ein solches Inventar und solche Bilanz seines Vermögens anzufertigen.

Hat der Kaufmann ein Waarenlager, dessen Inventur nach der Beschaffenheit des Geschäfts nicht füglich in jedem Jahre geschehen kann, so genügt es, wenn das Inventar des Waarenlagers alle zwei Jahre aufgenommen wird.

Für Handelsgesellschaften kommen dieselben Bestimmungen in Bezug auf das Gesellschaftsvermögen zur Anwendung.

Art. 31. Bei der Aufnahme des Inventars und der Bilanz sind sämmtliche Vermögensstücke und Forderungen nach dem Werthe anzusetzen, welcher ihnen zur Zeit der Aufnahme beizulegen ist.

Zweifelhafte Forderungen sind nach ihrem wahrscheinlichen Werthe anzusetzen, uneinbringliche Forderungen aber abzuschreiben.

b) im Gesetz betreffend die Kommanditgesellschaften auf Aktien und die Aktiengesellschaften v. 18. Juli 1884 (R.G.Bl. S. 123):

A. Für die Kommanditgesellschaften auf Aktien.

Art. 185a. Für die Aufstellung der Bilanz kommen die allgemeinen Vorschriften des Artikels 31 mit folgenden Maßgaben zur Anwendung:

1. Werthpapiere und Waaren, welche einen Börsen- oder Marktpreis haben, dürfen höchstens zu dem Börsen- oder Marktpreise zur Zeit der Bilanzaufstellung, sofern dieser jedoch den Anschaffungs- oder Herstellungspreis übersteigt, höchstens zu letzterem angesetzt werden;
2. andere Vermögensgegenstände sind höchstens zu dem Anschaffungs- oder Herstellungspreise anzusetzen;
3. Anlagen und sonstige Gegenstände, welche nicht zur Weiterveräußerung, vielmehr dauernd zum Geschäftsbetriebe der Gesellschaft bestimmt sind, dürfen ohne Rücksicht auf einen geringeren Werth zu dem Anschaffungs- oder Herstellungspreise angesetzt werden, sofern ein der Abnutzung gleichkommender Betrag in Abzug gebracht oder ein derselben entsprechender Erneuerungsfonds in Ansatz gebracht wird;
4. die Kosten der Organisation und Verwaltung dürfen nicht als Aktiva, müssen vielmehr ihrem vollen Betrage nach in der Jahresrechnung als Ausgabe erscheinen;
5. der Betrag des Gesammtkapitals der Kommanditisten, der Antheil der persönlich haftenden Gesellschafter am sonstigen Gesellschaftsvermögen und der Betrag eines jeden Reserve- und Erneuerungsfonds sind unter die Passiva aufzunehmen;
6. der aus der Vergleichung sämmtlicher Aktiva und sämmtlicher Passiva sich ergebende Gewinn oder Verlust muß am Schlusse der Bilanz besonders angegeben werden.

Art. 185b. Zur Deckung eines aus der Bilanz sich ergebenden Verlustes ist ein Reservefonds zu bilden; in denselben ist einzustellen:

1. von dem jährlichen Reingewinne mindestens der zwanzigste Theil solange, als der Reservefonds den zehnten oder den im Gesellschaftsvertrage bestimmten höheren Theil des Gesammtkapitals nicht überschreitet;
2. der Gewinn, welcher bei Errichtung der Gesellschaft oder einer Erhöhung des Gesammtkapitals durch Ausgabe der Aktien für einen höheren als den Nominalbetrag erzielt wird.

Art. 185c. Nach erfolgter Genehmigung durch die Generalversammlung sind die Bilanz, sowie die Gewinn- und Verlustrechnung ohne Verzug von den persönlich haftenden Gesellschaftern in den hierzu bestimmten öffentlichen Blättern bekannt zu machen und zu dem Handelsregister einzureichen.

Im Uebrigen werden die Grundsätze, nach welchen die Bilanz aufzunehmen, Reservefonds zu bilden und anzulegen sind und die Prüfung der Bilanz zu erfolgen hat, durch den Gesellschaftsvertrag bestimmt.

B. Für Aktiengesellschaften.

Art. 239b. Die Vorschriften der Artikel 185a, 185b, 185c über die Bilanz und den Reservefonds finden entsprechende Anwendung.

3b) Die Bestimmung in dem vorstehenden Art. 31 des Allgemeinen Deutschen Handelsgesetzbuches spricht ganz allgemein von allen Kaufleuten, die späteren Bestimmungen des Gesetzes v. 18. Juli 1884 in Artikel 185a betreffen ganz ausschließlich Kommanditgesellschaften auf Aktien und werden in dem Artikel 239b auch auf die Aktiengesellschaften für anwendbar erklärt.

Diese beiden Bestimmungen stimmen nicht in jeder Beziehung, und zwar gerade in Bezug auf den hier maßgebenden Punkt nicht mit einander überein. Artikel 31 des Handelsgesetzbuchs sagt: „Bei Aufnahme der Inventur und Bilanz sind sämmtliche Vermögensstücke und Forderungen nach dem Werthe anzusetzen, welcher ihnen zur Zeit der Aufnahme beizulegen ist."

Hiervon weicht die Vorschrift in Artikel 185a bezüglich der Kommanditgesellschaften auf Aktien im Interesse einer solideren Aufstellung der Bilanz ab, indem ausdrücklich hinzugefügt ist:

„Werthpapiere und Waaren, welche einen Börsen- oder Marktpreis haben, dürfen höchstens zu dem Börsen- oder Marktpreise zur Zeit der Bilanzaufstellung, sofern dieser jedoch den Anschaffungs- oder Herstellungspreis übersteigt, höchstens zu letzterem angesetzt werden."

Diese Bestimmung findet ohne allen Zweifel auf einzelne Kaufleute nicht Anwendung. Der einzelne Kaufmann ist also nach den Vorschriften des Handelsgesetzbuchs keineswegs genöthigt, nach dieser Maßgabe seine Bilanz aufzustellen, er kann vielmehr nach der von ihm in Gemäßheit des Artikels 31 des Handelsgesetzbuches aufgestellten Bilanz ohne weiteres deklariren. Es muß dabei beachtet werden, daß die Anforderungen, welche vom Standpunkte des Handelsgesetzbuches aus an die Bilanzaufstellung gestellt werden, sich wesentlich unterscheiden von den Anforderungen, die die Steuerverwaltung an die Aufstellung der Bilanz zu stellen hat. Das Handelsgesetzbuch hat den größten Werth darauf gelegt, daß die Bilanz mit aller gebotenen Vorsicht aufgestellt wird, damit die geschäftliche Lage des Gewerbetreibenden darin in Wahrheit zum Ausdruck kommt, vor allen Dingen aber nicht besser erscheint, als sie in der That ist. Vom handelsgesetzlichen Standpunkt aus kann es völlig gleichgültig sein, ob der Gewerbetreibende bei Aufstellung seiner Bilanz mit größerer Vorsicht verfährt, als es die gesetzlichen Vorschriften erfordern. Vom Standpunkt der Steuerverwaltung umgekehrt wird die Forderung erhoben, daß der Gewerbetreibende nicht mit größerer Vorsicht verfährt, als es den handelsgesetzlichen Vorschriften und den Gebräuchen des soliden Handelsstandes entspricht. Alles, was der Kaufmann über die gebotene Vorsicht hinaus in seiner Bilanz zur Abschreibung bringt und absetzt, das wird die Steuerverwaltung von ihrem Standpunkt aus mit vollem Recht zurückweisen, und es kann in dieser Beziehung auch der Steuerverwaltung nicht ganz gleichgültig sein, ob die in einem Jahre gemachten Fehler in dem folgenden wieder rektifizirt werden, weil sie nicht sicher ist, in der Lage zu sein, in dem nächstfolgenden Jahre von demselben Steuerpflichtigen die Steuer überhaupt wieder zu erhalten, da er entweder sterben oder in geschäftlichen Verfall gerathen kann u. s. w. (Siehe Aeußerung des Herrn Regierungsvertreters in der Sitzung des Hauses der Abgeordneten v. 16. Febr. 1891.)

3c) Siehe auch die Entscheidung des Reichsoberhandelsgerichts v. 3. Dezbr. 1873, Band XII. S. 16, abgedr. als Anm. zu Art. 19 der Anweisung v. 5. Aug. 1891 im Abschn. III dieses Buches.

4a) In der Sitzung des Hauses der Abgeordneten v. 16. Febr. 1891 warf der Abgeordnete Dr. H. „die Frage auf, wie denn die Königliche Staatsregierung bei der Handhabung dieses Paragraphen sich bezüglich der Bildung des Delkredere-Kontos verhalten werde. Das Delkredere-Konto hat in der kaufmännischen Bilanz die Bedeutung eines Sicherheitskoëffizienten gegen etwaige Ausfälle bei der Beitreibung der ausstehenden Forderungen. Nun ist es unzweifelhaft nach den ausdrücklichen Bestimmungen des Handelsgesetzbuches eine Pflicht des Kaufmannes, bei der Aufstellung seiner Bilanz die voraussichtliche Entwerthung seiner ausstehenden Forderungen als einen Debetposten zu behandeln. Das geschieht nun entweder individuell, indem man bei jeder einzelnen Forderung denjenigen Betrag abschreibt, von dem man Grund hat zu befürchten, daß er dem voraussichtlichen Ausfalle entspricht, — oder kollektiv, indem man ein sogenanntes „Delkredere-Konto" bildet, welches die Gesammtsumme der voraussichtlichen Ausfälle der ausstehenden Forderungen darstellt. Die Praxis ist, namentlich wenn viele ausstehende Forderungen vorhanden sind, die, daß man anstatt der Einzelberechnung der Summe für jeden einzelnen Posten in der Höhe eines bestimmten Prozentsatzes der Gesammtforderungen das Delkredere-Konto bildet. Ich halte es für zweifellos, daß auch nach der Meinung des Herrn Finanzministers der voraussichtliche Ausfall bei der Beitreibung ausstehender Forderungen abgeschrieben werden kann, daß der Kaufmann dazu berechtigt ist. Streit kann nur sein über die Art des Verfahrens bei der Bildung des Postens, und da, glaube ich, wird man nach den von dem Herrn Finanzminister grundsätzlich dargelegten Gesichtspunkten für die zukünftige Handhabung des gegenwärtigen Gesetzes auch wohl die Voraussetzung hegen dürfen, daß die Steuerverwaltung unseres Landes auch einer kollektiven Bildung des Delkredere-Kontos bei der Bilanz keinen prinzipiellen Widerspruch entgegenstellen wird. Ich bitte den Herrn Finanzminister um die Güte, sich über seine Stellung nach der Richtung hin zu äußern."

Hierauf erwiderte der Herr Finanzminister:

„Was die Frage des Herrn Abgeordneten anbetrifft, ob der Betrag des Delkredere-Kontons abgesetzt werden kann von der Gesammteinnahme, die der Kaufmann zu versteuern hat, so ist unzweifelhaft diese Frage grundsätzlich zu bejahen; denn die Bildung eines Delkredere-Kontos ist nur eine andere Form der Abschreibung, — immer vorausgesetzt, daß sie den wirklichen Bedürfnissen entspricht. Man würde ebenso gut die Bildung eines allzu hohen Delkredere-Kontos, welche in sich nicht berechtigt ist, ablehnen können, wie man allzu hohe Abschreibungen verweigern kann. Entspricht aber die Bildung des Delkredere-Kontos, der ja eine Nichtabschreibung auf diese Forderungen gegenübersteht, den wirklichen Verhältnissen, dem Verfahren, wie es ein ordentlicher Kaufmann zu handhaben hat, so ist das Delkredere-Konto nichts weiter als eine andere Abschreibung."

4b) Bei diesen jährlichen Abschreibungen ist folgende Unterscheidung zu machen:

1. der Delkrederefonds ist dazu bestimmt, etwaige Ausfälle bei der Beitreibung der nicht völlig sicheren, ausstehenden Forderungen zu decken. Die Rücklagen in diesen Fonds tragen also den Charakter einer Abschreibung, bei der die Werthverminderung der ausstehenden Forderungen berücksichtigt wird;
2. der Erneuerungsfonds kann den doppelten Zweck haben:
   a) gemäß Art. 185a Nr. 3 im Allgemeinen Deutschen Handels-Gesetzbuch (siehe oben), Anlagen und sonstige Gegenstände, welche dauernd zum Geschäftsbetriebe bestimmt sind, wie Gebäude, Maschinen, Betriebsgeräthschaften, ohne Rücksicht auf einen geringeren Werth zu dem Anschaffungs- oder Herstellungspreise in der Bilanz anzusetzen, dagegen aber den der Abnutzung gleichkommenden Geldbetrag in einem besonderen Fonds in Ansatz zu bringen. Auch die Rücklagen in diesen Fonds bilden also nur eine andere Form der Abschreibung und sind deswegen abzugsfähig;
   b) Geldbeträge anzusammeln, welche für eine in der Zukunft beabsichtigte Verbesserung oder Vermehrung jener Anlagen und Gegenstände Verwendung finden sollen. Dieser Theil des Erneuerungsfonds ist nach §. 9 II Nr. 1 des Gesetzes nicht abzugsfähig;
3. der Reservefonds ist bei Kommandit-Gesellschaften auf Aktien und Aktien-Gesellschaften durch Art. 185b) des Allgem. Deutschen Gesetzbuchs (siehe oben) ausdrücklich vorgeschrieben. Er muß neben dem Erneuerungsfonds und dem Delkrederefonds bestehen und darf nur „zur Deckung eines aus der Bilanz sich ergebenden Verlustes" verwendet werden. Die Rücklagen in diesen Fonds bilden also keine Form der Abschreibung, sondern sollen die Gläubiger der Gesellschaften und die Aktionäre gegen Verluste schützen. Sie sind also in steuerlicher Hinsicht nicht abzugsfähig. Dasselbe gilt, wenn ein derartiger Reservefonds von einer offenen Handelsgesellschaft oder von

d. Einkommen aus Gewinn bringender Beschäftigung und aus Rechten auf periodische Hebungen u. s. w.

§. 15.[1])

Das Einkommen aus Gewinn bringender Beschäftigung, sowie aus Rechten auf periodische Hebungen und Vortheile irgend welcher Art umfaßt insbesondere den Verdienst der Arbeiter, Dienstboten und Gewerbegehülfen, die Besoldung der Militärpersonen und Beamten jeder Art, ferner den Gewinn aus schriftstellerischer, künstlerischer, wissenschaftlicher, unterrichtender oder erziehender Thätigkeit, sowie Wartegelder, Pensionen und sonstige fortlaufende Einnahmen, welche nicht als Jahresrenten eines beweglichen oder unbeweglichen Vermögens anzusehen sind, endlich solche Rentenbezüge, welche an die Person des Empfangsberechtigten geknüpft sind.

Das Einkommen aus Dienstwohnungen ist nach dem ortsüblichen Miethswerthe, jedoch nicht höher als mit fünfzehn vom Hundert des baaren Gehalts des Berechtigten in Ansatz zu bringen. Soweit Dienstwohnungen vermiethet sind, ist der Miethszins nach Maßgabe der Bestimmungen im §. 13 Absatz 2 anzurechnen.

Bei Militärpersonen, Reichsbeamten, unmittelbaren und mittelbaren Staatsbeamten,[2]) Geistlichen und Lehrern an öffentlichen Unterrichtsanstalten ist der zur Bestreitung des Dienstaufwandes bestimmte Theil des Diensteinkommens außer Ansatz zu lassen.

---

einem einzelnen Kaufmann angelegt und in die Bilanz aufgenommen wird.

Entscheid. des O.V.G. v. 22. Sept. 1881, Bd. VIII, S. 69;

4. Entnahmen aus einem dieser drei Fonds, zu Deckung von Verlusten oder Neuanschaffungen, bilden kein Einkommen und sind deswegen dem steuerpflichtigen Einkommen weder zuzurechnen noch abzurechnen.

Die Zinsen dieser Fonds dagegen sind bei der Berechnung des steuerpflichtigen Einkommens stets mit in Ansatz zu bringen.

4c) Bei Feststellung der Höhe der Abschreibungen, welche für die Werthverminderung der Gebäude und Utensilien ꝛc. von dem Bruttogewinn in Abzug zu bringen sind, kommt es nur auf den wahren Werth der Gebäude ꝛc. an und nicht auf einen davon verschiedenen höhern Buchwerth, selbst wenn der letztere dem gezahlten Kaufpreise entspricht. Siehe die Entscheid. des O.V.G. v. 12. Nov. 1883, Bd. X, S. 73.

5) Siehe Art. 18 und 19 und in Betreff des Bergbaues Art. 20 der Anweisung v. 5. Aug. 1891 im Abschn. III dieses Buches.

6a) Siehe Art. 9 ebendaselbst und die dortigen Anmerkungen.

6b) Der Agiogewinn aus der Emission neuer Aktien bildet einen der Besteuerung mit unterliegenden Theil des Reineinkommens einer Aktiengesellschaft. (Entscheid. des O.V.G. v. 25. März 1887.)

1) Zur Erläuterung dieses Paragraphen wird auf Art. 21, 22 und 23 der Anweisung v. 5. August 1891 im Abschnitt III dieses Buches und auf die dortigen zahlreichen Anmerkungen verwiesen.

2) Sitzung des Hauses der Abgeordneten v. 16. Febr. 1891:

Auf die Frage, ob nach dem letzten Satz des §. 15 die Dienstaufwandsgelder derjenigen Beamten, welche weder mittelbare noch unmittelbare Staatsbeamte sind, also der Privatbeamten, steuerfrei sind, erwiderte der Herr Regierungs-Vertreter:

e. Einkommen der Aktiengesellschaften 2c.

§. 16.

Als steuerpflichtiges Einkommen der im §. 1 Nr. 4 und 5 bezeichneten Steuerpflichtigen gelten unbeschadet der Vorschrift im §. 6 Nr. 1 die Ueberschüsse,[1]) welche als Aktienzinsen oder Dividenden, gleichviel unter welcher Benennung, unter die Mitglieder vertheilt werden, und zwar:

unter Hinzurechnung der zur Tilgung der Schulden oder des Grundkapitals, zur Verbesserung oder Geschäftserweiterung, sowie zur Bildung von Reservefonds[2]) — soweit solche nicht bei den Versicherungsgesellschaften zur Rücklage für die Versicherungssummen bestimmt sind — verwendeten Beträge,

jedoch nach Abzug von $3^1/_2$ Prozent des eingezahlten Aktienkapitals. An Stelle des letzteren tritt bei eingetragenen Genossenschaften die Summe der eingezahlten Geschäftsantheile der Mitglieder, bei Berggewerkschaften[3]) das aus dem Erwerbspreise und den Kosten der Anlage und Einrichtung beziehungsweise Erweiterung des Bergwerks sich zusammensetzende Grundkapital oder, soweit diese Kosten vor dem 1. April 1892 aufgewendet sind, nach Wahl der Pflichtigen der zwanzigfache Betrag der im Durchschnitt der letzten vier Jahre vor dem Inkrafttreten dieses Gesetzes vertheilten Ausbeute.

Im Falle des §. 2b gilt als steuerpflichtiges Einkommen derjenige Theil der vorbezeichneten Ueberschüsse, welcher auf den Geschäftsbetrieb in Preußen beziehungsweise auf das Einkommen aus Preußischem Grundbesitz entfällt.

Der Kommunalbesteuerung[4]) ist das ermittelte Einkommen ohne den Abzug von $3^1/_2$ Prozent zu Grunde zu legen.

„Wenn in §. 15 nur von Dienstaufwand der Beamten die Rede ist, so liegt das darin, daß man nur bei Beamten von Dienstaufwand reden kann. Privatangestellte haben einen Dienstaufwand, wie ihn der §. 15 voraussetzt, nicht. Gleichwohl unterliegt es keinem Zweifel, daß die Frage des Herrn Abgeordneten bejaht werden kann. Ich setze voraus, es handelt sich um Bezüge, welche den Angestellten gegeben werden nicht zur freien Verfügung, zu ihrem persönlichen Verbrauch, sondern zur Bestreitung bestimmter Unkosten, die verbunden sind mit ihren vertragsmäßigen Verrichtungen. Das ist kein Reineinkommen nach den Grundsätzen des Einkommensteuergesetzes, sondern eine Entschädigung für Auslagen, die sie vertragsmäßig zu bestreiten haben; und soweit das zutrifft, ist es nicht steuerpflichtiges Einkommen."

Siehe im Uebrigen Art. 22 Nr. 2 der Anweisg. v. 5. Aug. 1891 Abschnitt III des Buches.

1) Zur näheren Erläuterung siehe Art. 27 der Anweisung v. 5. Aug. 1891im Abschn. III dieses Buches und die dortigen Anmerkungen.

2) Die Anfrage eines Kommissions-Mitgliedes, ob unter den nach Abs. 2 von der Besteuerung freigelassenen Beiträgen zu den Reservefonds der Lebensversicherungsgesellschaften sowohl die Rücklagen in den Prämienreservefonds, als auch diejenigen in die sogenannten Gewinn- oder Dividendenreservefonds der Versicherten zu verstehen seien, wurde von dem Herrn Finanzminister bejahend beantwortet.

(Siehe Kommissionsbericht des Hauses der Abgeordneten und Art. 27 Nr. 1 Abs. 4 der Anweisung v. 5. Aug. 1891 im Abschnitt III dieses Buches.)

II. Steuersätze[1])

1. Steuertarif.[2])

§. 17.

Die Einkommensteuer beträgt jährlich bei einem Einkommen

von mehr als: Mark	bis einschließlich: Mark	Mark
900	1 050	6
1 050	1 200	9
1 200	1 350	12
1 350	1 500	16
1 500	1 650	21
1 650	1 800	26
1 800	2 100	31
2 100	2 400	36
2 400	2 700	44
2 700	3 000	52
3 000	3 300	60
3 300	3 600	70
3 600	3 900	80
3 900	4 200	92
4 200	4 500	104
4 500	5 000	118
5 000	5 500	132
5 500	6 000	146
6 000	6 500	160
6 500	7 000	176
7 000	7 500	192
7 500	8 000	212
8 000	8 500	232
8 500	9 000	252
9 000	9 500	276
9 500	10 500	300

(Zu §. 16.) 3) Siehe §. 14 des Ges. und Art. 27 Nr. 2 der angeführten Anweisung.

4) Bei der Berathung dieses Paragraphen im Abgeordnetenhause wurde mehrfach darauf hingewiesen, daß es eine Ungerechtigkeit wäre, wenn derjenige Ort, an dem eine Aktiengesellschaft ihren Sitz hat, der durch die Aktiengesellschaft in seinen Kommunallasten, bezüglich der Armenlast, der Schullast, wesentlich mehr belastet wird, nicht in der Lage sein sollte, das volle Einkommen der Aktiengesellschaft zu den Kommunallasten heranzuziehen. Dieses Bedenken ist dadurch beseitigt, daß der Abzug der $3^1/_2$ % bei der Berechnung der Kommunalsteuern nicht stattfinden soll.

1) Den Ausdruck „Steuerstufe" hat das Gesetz nur zweimal, im §. 18 und §. 19 Abs. 1 und zwar nur in den Worten „Ermäßigung um eine bezw. drei Stufen" gebraucht, ebenso wendet ihn die Anweisung v. 5. Aug. 1891 in Art. 44 Abs. 2 und 6 an. Die Anweisung spricht im Art. 44 Abs. 6 und Nr. 3 und Art. 45, Abs. 2 der Nr. 3 und zu e allerdings von

Sie steigt bei höheren Einkommen

von mehr als Mark	bis einschließlich Mark	in Stufen von Mark	um je Mark
10 500	30 500	1 000	30
30 500	32 000	1 500	60
32 000	78 000	2 000	80
78 000	100 000	2 000	100

Bei Einkommen von mehr als 100 000 Mark bis einschließlich 105 000 Mark beträgt die Steuer 4 000 Mark und steigt bei höheren Einkommen in Stufen von 5 000 Mark um je 200 Mark.

„Steuerstufen" ganz nach bisheriger Weise. Da im Uebrigen aber dieser Ausdruck überall vermieden ist, so wird auch bei der Veranlagung nicht von Steuerstufen, sondern nur von Steuersätzen zu sprechen sein.

2) Nach der bisherigen Gesetzgebung wurden auch die höchsten Einkommen nicht mit einem höheren Satze als 3 % zur Steuer herangezogen. Von diesem Grundsatz geht das Gesetz ab, veranlagt alle Einkommen von 100 000 Mark und darüber mit 4 % und läßt von da ab nach unten fallend eine Stufenfolge eintreten, welche bei einem Einkommen von:

10 000 Mark	3 Prozent
9 250 „	2,98 „
8 750 „	2,88 „
8 250 „	2,81 „
7 750 „	2,74 „
7 250 „	2,65 „
6 750 „	2,61 „
6 250 „	2,56 „
5 750 „	2,54 „
5 250 „	2,51 „
4 750 „	2,48 „
4 350 „	2,39 „
4 050 „	2,27 „
3 750 „	2,13 „
3 450 „	2,03 „
3 150 „	1,90 „
2 850 „	1,82 „
2 550 „	1,73 „
2 250 „	1,60 „
1 950 „	1,59 „
1 725 „	1,51 „
1 575 „	1,33 „
1 425 „	1,12 „
1 275 „	0,94 „
1 125 „	0,80 „
975 „	0,62 „

beträgt. Ein weiteres Bild davon, wie stark diese sogenannte Degression die unteren Stufen gegen die höher stehenden im Vergleich zu der bisherigen Belastung erleichtert, giebt die als Anlage 2 diesem Buche beigefügte Uebersicht.

Die den unteren Stufen dadurch entstehende Erleichterung fällt um so mehr in's Gewicht, als den weitaus überwiegenden Antheil am Gesammtertrage der Steuer die mittleren und unteren Stufen haben, wie daraus erhellt, daß beispielsweise im Jahre 1889/90 zur klassifizirten Ein-

2. Ermäßigung der Steuersätze.

§. 18.

Für jedes, nicht nach §. 11 selbständig zu veranlagende Familienglied unter 14 Jahren wird von dem steuerpflichtigen Einkommen des Haushaltungsvorstandes, sofern dasselbe den Betrag von 3000 Mark nicht übersteigt, der Betrag von 50 Mark in Abzug[1]) gebracht, mit der Maßgabe, daß bei Vorhandensein von drei oder mehr Familienmitgliedern dieser Art auf jeden Fall[2]) eine Ermäßigung um eine Stufe stattfindet.

§. 19.

Bei der Veranlagung ist es gestattet,[1]) besondere, die Leistungsfähigkeit der Steuerpflichtigen wesentlich beeinträchtigende wirthschaftliche Verhältnisse in der Art zu berücksichtigen, daß bei einem steuerpflichtigen Einkommen von nicht mehr als 9500 Mark eine Ermäßigung der im §. 17 vorgeschriebenen Steuersätze um höchstens drei Stufen gewährt wird.

Als Verhältnisse dieser Art kommen lediglich[2]) außergewöhnliche Belastungen durch Unterhalt und Erziehung der Kinder, Verpflichtung zum Unterhalte mittelloser Angehöriger, andauernde Krankheit, Verschuldung und besondere Unglücksfälle in Betracht.

---

kommensteuer mit dem Einkommen von 3000 bis 21 600 Mark (Stufe 1 bis 14) 223 969 Pflichtige mit 34 540 614 Mark Steuersoll veranlagt waren, dagegen in den sämmtlichen übrigen Stufen zusammengenommen nur 8 508 Pflichtige mit 12 568 752 Mark Steuer.

(Zu §. 18.) 1) Diese Bestimmung hat eine sehr erhebliche Tragweite. Die Ermäßigung steht nicht im Belieben der Kommission, sondern muß von Amtswegen auf Grund des Gesetzes erfolgen. Um völlige Steuerfreiheit zu erlangen, genügt also bei einem Einkommen von 1000 Mark das Vorhandensein von 2 Kindern unter 14 Jahren im Haushalte, bei einem solchen von 1100 Mark das Vorhandensein von 4 Kindern. Für das Jahr 1890/91 sind zu den Klassensteuerstufen 3 bis 12 neben 325 308 Einzelsteuernden 1 283 470 Haushaltungsvorstände mit 4 321 810 Angehörigen veranlagt gewesen, mehr als ein Drittel der Letzteren stand im Alter unter 14 Jahren. Hiernach ist eine häufige Anwendung der Vorschrift des §. 18 außer Zweifel.

Die nähere Ausführung dieser Bestimmung siehe in Art. 44 der Anweisung v. 5. Aug. 1891 im Abschn. IV dieses Buches.

2) Die Worte: „auf jeden Fall" sind von der Kommission des Hauses der Abgeordneten in den Gesetzentwurf eingefügt worden. Wie sie zu verstehen sind, ergiebt sich aus der Aeußerung des Berichterstatters, Abg. von Jagow, in der Sitzung des Hauses der Abgeordneten v. 17. Febr. 1891: „Es ist mir von mehreren Seiten als zweifelhaft bezeichnet worden, wie die Worte „auf jeden Fall" in dem Kommissionszusatze zu verstehen seien. Ich erkläre daher, daß sie gleichbedeutend sein sollen mit „zum mindesten"."

(Zu §. 19.) 1) In der Sitzung des Hauses der Abgeordneten v. 17. Febr. 1891 äußerte der Herr Finanzminister: „Die Kommission ist berechtigt, aber nicht verpflichtet, wenn solche die wirthschaftlichen Verhältnisse abschwächenden und gefährdenden Umstände vorliegen, von dem Ermäßigungsrecht Gebrauch zu machen. Es wird die Aufgabe der Kommission in jedem einzelnen Falle sein, zu prüfen, ob durch „Unterhalt und Erziehung der Kinder, Verpflichtung zum Unterhalt mittelloser

III. Veranlagung.

1. Ort der Veranlagung.

§. 20.

Die Veranlagung erfolgt in der Regel an dem Orte,[1]) wo der Steuerpflichtige zur Zeit der Aufnahme des Personenstandes (§. 21) seinen Wohnsitz oder in Ermangelung eines solchen seinen Aufenthalt hat.

Im Falle eines mehrfachen Wohnsitzes steht dem Steuerpflichtigen die Wahl des Ortes der Veranlagung zu. Hat er von diesem Wahlrecht keinen Gebrauch gemacht, und ist die Veranlagung an mehreren Orten erfolgt, so gilt nur die Veranlagung an demjenigen Orte, an welchem die Einschätzung zu dem höchsten Steuerbetrage stattgefunden hat.

Preußische Staatsangehörige, welche im Inlande weder Wohnsitz noch Aufenthalt haben, sind an dem letzten Orte ihres Wohnsitzes oder Aufenthaltes in Preußen zu veranlagen.

Die Veranlagung der im §. 1 Nr. 4 und 5 bezeichneten Gesellschaften und Genossenschaften erfolgt an dem Orte, wo dieselben in Preußen ihren Sitz haben.

Die Veranlagung der im §. 2 bezeichneten Steuerpflichtigen geschieht an dem Orte, wo der Grundbesitz, beziehungsweise die gewerbliche oder Handelsanlage[2])

Angehöriger, andauernde Krankheit, Verschuldung und besondere Unglücksfälle" eine ungewöhnliche Belastung, wie der zweite Absatz ausdrücklich hervorhebt, vorliegt, und in diesem Falle ist die Kommission durch das Gesetz allerdings veranlaßt, eine solche Ermäßigung eintreten zu lassen. Es sind aber sehr wohl Fälle denkbar, wo z. B. andauernde Krankheit vorliegt bei einem Familienmitgliede, aber dennoch durch die Nichtherabsetzung der Steuer eine ungewöhnliche Belastung gar nicht eintritt, und in diesem Falle wird die Kommission auf eine Ermäßigung nicht eingehen. Bejaht sie aber die Frage, daß durch die hier bezeichneten Umstände eine ungewöhnliche Belastung eintreten würde, dann wird die Kommission im Sinne des Gesetzes handeln, wenn sie die Ermäßigung eintreten läßt.

2a) Die Verpflichtung zum Unterhalt mittelloser Angehöriger, bezieht sich nicht nur auf die Unterhaltung solcher Angehöriger, zu deren Unterhaltung der Steuerzahler gesetzlich verpflichtet ist, und der Ausdruck andauernde Krankheit erstreckt sich nicht nur auf die Krankheit des Zensiten, sondern auch auf die Krankheitsfälle seiner Angehörigen. (Kommissionsbericht des Herrenhauses S. 11.)

2b) Siehe die Erläuterungen in Art. 45 der Anweisung v. 5. Aug. 1891 in Abschn. IV dieses Buches.

(Zu §. 20.) 1) Zur Erläuterung dieses Paragraphen wird auf Art. 35 a. a. O. in Abschn. IV dieses Buches und die dortigen Anmerkungen verwiesen.

2) In der Sitzung des Hauses der Abgeordneten v. 18. Febr. 1891 äußerte der Herr Regierungs-Vertreter: „Diese Bestimmung hat zunächst nur den regelmäßigen Fall im Auge, daß eine Handelsanlage oder Betriebsstätte in Preußen vorhanden ist, von welcher aus die Veranlagung des betreffenden Gewerbebetriebes zur Einkommensteuer zu erfolgen hat. Sind im einzelnen Falle mehrere Betriebsstätten oder mehrere Handelsanlagen oder eine Handelsanlage und eine Betriebsstätte vorhanden, so werden für solche Fälle die Ausführungsanweisungen des Herrn

oder die Betriebsstätte liegt, oder der bei der Steuerverwaltung etwa bestellte Vertreter seinen Wohnsitz hat, oder wo sich der Sitz der Kasse befindet, von welcher die Besoldungen, Pensionen oder Wartegelder ausgezahlt werden.

Die bezüglich des Veranlagungsortes[3]) weiter erforderlichen Anordnungen erläßt der Finanzminister.

2. Vorbereitung der Veranlagung.

§. 21.

Vor Beginn des Veranlagungsgeschäftes hat jeder Gemeinde-(Guts-)vorstand eine vollständige Nachweisung aller in dem Gemeinde-(Guts-)bezirke vorhandenen, in diesem Gesetze als steuerpflichtig bezeichneten Personen, Gesellschaften und Genossenschaften[1]), sowie der nach §. 2 die Steuerpflicht bedingenden Grundbesitzungen und gewerblichen Unternehmungen aufzunehmen.[2])

§. 22.

Jeder Besitzer eines bewohnten Grundstückes oder dessen Vertreter ist verpflichtet, der mit der Aufnahme des Personenstandes betrauten Behörde die auf dem Grundstücke vorhandenen Personen mit Namen, Berufs- oder Erwerbsart anzugeben.[1])

Die Haushaltungsvorstände haben den Hausbesitzern oder deren Vertretern die erforderliche Auskunft über die zu ihrem Hausstande gehörigen Personen einschließlich der Unter- und Schlafstellenmiether zu ertheilen.[2])

§. 23.[1])

Jeder Gemeinde-(Guts-)vorstand hat über die Besitz-, Vermögens- und sonstigen Einkommensverhältnisse der Steuerpflichtigen des Gemeinde-(Guts-)bezirkes, sowie über etwaige besondere, die Leistungsfähigkeit derselben bedingende

---

Finanzministers die nöthige Fürsorge treffen müssen, an welchem der verschiedenen Orte die Veranlagung im einzelnen Falle zu erfolgen hat. Jedenfalls erfolgt die Veranlagung nur einmal."

Siehe auch Nr. 6 im Art. 35 der Anweisung v. 5. Aug. 1891, Abschn. IV dieses Buches.

(Zu §. 20.) 3) Die Vorschriften der §§. 20 bis 23 über den Ort und die Vorbereitung der Veranlagung halten im Wesentlichen den früheren Rechtszustand aufrecht. Insbesondere gilt dies von den Obliegenheiten der Gemeinde-(Guts-)vorstände (§§. 21, 23), welche nach dem Vorgange des §. 10a Abs. 3 des Ges. v. 1./25. Mai 1851/73 und der Klassensteuerveranlagungs-Instruktion v. 29. Mai 1873 geordnet sind.

(Zu §. 21.) 1) Auch eine Nachweisung der in §. 1 Nr. 5 des Ges. erwähnten Konsumvereine mit offenem Laden und juristischer Persönlichkeit. Siehe Art. 39 der Anweisung v. 5. Aug. 1891 im Abschnitt IV dieses Buches.

2) Siehe hierzu Art. 36, Personenstandsaufnahme, und Art. 37, Personenverzeichnisse, nebst dem Muster III in Theil II der Anweisung v. 5. Aug. 1891, Abschn. IV dieses Buches.

(Zu §. 22.) 1) Siehe Art. 36 Abs. 4 der Anweisung v. 5. Aug. 1891 im Abschn. IV dies. Buches. Zuwiderhandelnde sind im §. 68 Abs. 1 des Ges. mit Geldstrafe bis zu 300 Mark bedroht.
2) Siehe dieselbe Strafandrohung.

(Zu §. 23.) 1) Siehe Art. 38 der Anweisung v. 5. Aug. 1891 im Abschn. IV.

wirthschaftliche Verhältnisse (§§. 18, 19) möglichst vollständige Nachrichten einzuziehen, überhaupt alle Merkmale, welche ein Urtheil über die Besteuerung zu begründen vermögen, zu sammeln.

Auf Grund der von ihm angestellten Ermittelungen hat der Gemeinde-(Guts-)vorstand das muthmaßliche Einkommen der Steuerpflichtigen, getrennt nach den verschiedenen Einnahmequellen (§. 7), in eine Einkommensnachweisung einzutragen.

Die auf den Gemeinde-(Guts-)vorstand selbst bezüglichen Eintragungen sind von den seitens der Regierungen hierfür bestimmten Personen zu bewirken.

3. Steuererklärungen.

§. 24.

Jeder bereits mit einem Einkommen von mehr als 3000 Mark zur Einkommensteuer veranlagte Steuerpflichtige ist auf die jährlich durch öffentliche Bekanntmachung ergehende Aufforderung zur Abgabe einer Steuererklärung[1]) verpflichtet. Letztere ist innerhalb der auf mindestens vierzehn Tage zu bemessenden Frist[2]) nach den vom Finanzminister vorgeschriebenen, kostenlos zu verabfolgenden Formularen,[3]) bei dem Vorsitzenden der Veranlagungskommission (§. 34) schriftlich oder zu Protokoll,[4]) unter der Versicherung abzugeben, daß die Angaben nach bestem Wissen und Gewissen gemacht sind.

Aktiengesellschaften, Kommanditgesellschaften auf Aktien, Berggewerkschaften und eingetragene Genossenschaften sind außerdem verpflichtet, ihre Geschäftsberichte und Jahresabschlüsse sowie die darauf bezüglichen Beschlüsse der Generalversammlungen nach den näheren Bestimmungen des Finanzministers alljährlich dem Vorsitzenden der Veranlagungskommission einzureichen.

(Zu §. 24.) 1a) Die Abgabe der Steuererklärung ist eine staatsbürgerliche Pflicht. In der Forderung der Erfüllung dieser Pflicht liegt der wesentlichste Unterschied zwischen dem neuen und dem bisherigen Gesetz.

In dieser Beziehung äußerte der Herr Finanzminister in der Sitzung des Abgeordnetenhauses v. 20. Nov. 1890: „Meine Herren, wenn wir nun durch eine vierzigjährige Erfahrung wissen, daß der Mangel der Deklaration vor allem zu dem mangelhaften Ergebnisse der Veranlagung geführt hat, so, glaube ich, würden wir es nicht rechtfertigen können, wenn wir alle diese langjährigen Erfahrungen unbeachtet ließen und, da doch die Gleichheit der Tragung der Lasten die Hauptsache im Staatsleben ist, das nothwendige Mittel, um dies Ziel zu erreichen, von uns wiesen. Nicht blos zahlen soll der Staatsbürger, sondern er soll auch sich Unbequemlichkeiten gefallen lassen im Interesse des allgemeinen Staatswohles. Wie im Kriege er Leib und Leben opfern muß, so soll er im Frieden wenigstens seine Bürgerpflichten voll erfüllen, einerlei, ob ihm das bequem ist oder unbequem."

Ebenso in der Sitzung v. 16. Febr. 1891: „Die Deklarationspflicht hat den großen Vorzug, ein wichtiges Erziehungsmittel zu sein in der Gewissenhaftigkeit der besitzenden Klasse gegen den Staat, und ich glaube, die Erfahrung hat gelehrt, daß dieses Erziehungsmittel noch sehr nothwendig ist."

1b) Die Steuererklärung ist als ein wesentliches Mittel zu einer richtigen Veranlagung zu erachten und zwar nicht blos, um die zu niedrig Veranlagten voll mit ihrem Einkommen erfassen zu können, sondern auch andererseits als Schutzmittel für denjenigen Steuerpflichtigen, der wegen nicht vorhandener Klarheit seiner Verhältnisse bisher zu hoch veranlagt worden ist.

§. 25.

Andere Steuerpflichtige sind zur Abgabe einer Steuererklärung verpflichtet, sobald eine besondere Aufforderung des Vorsitzenden der Veranlagungskommission (§§. 34, 35) an sie ergeht.[1]) Sie sind, falls letzteres nicht geschieht, auf ihr Verlangen zur Abgabe einer Steuererklärung innerhalb der in §. 24 bestimmten Frist zuzulassen.[2])

§. 26.

1) In der Steuererklärung ist der Gesammtbetrag des Einkommens (§. 10) getrennt nach den im §. 7 vorgesehenen Einkommensquellen anzugeben.

Auch das Bedenken, daß in der Deklaration eine wesentliche Gefährdung des Krebits liegen könne, weil eben der Steuerpflichtige selbst seine Verhältnisse einer Kommission gegenüber klar legen muß und der Steuerpflichtige einer absoluten Diskretion nicht sicher sein könne, ist hinfällig durch die Bestimmungen über die geschäftsmäßige Behandlung der einzelnen Steuererklärungen. Speziell in dem letzten Satz des §. 52 ist eine genügende Garantie für eine vollständige Diskretion getroffen. (Motive zum Gesetz.)

(Zu §. 24.) 1c) Die näheren Erläuterungen in Betreff der Abgabe, der Form und des Inhaltes der Steuererklärung siehe in Art. 28 und 29 der Anweisung v. 5. Aug. 1891 im Abschn. III dieses Buches. Daselbst findet sich auch als Muster I die Form für die Steuererklärung physischer Personen, verbunden mit 2 Probeeintragungen für Steuerpflichtige mit Einkommen aus Kapitalvermögen und Gewinn bringender Beschäftigung und für solche mit Einkommen aus Grundvermögen und aus Handel und Gewerbe; ferner als Muster II die Form für die Steuererklärung nicht physischer Personen (Aktiengesellschaften 2c.).

(Zu §. 24.) 2) In Betreff der Fristen siehe Nr. 4 des Art. 28 der Anweisung v. 5. Aug. 1891 im Abschnitt III dieses Buches.

Die Frist läuft an dem in der öffentlichen Bekanntmachung bezeichneten Tage ab, ihr Ablauf ist völlig unabhängig von dem Tage, an welchem der Steuerpflichtige in den Besitz eines Formulares zur Steuererklärung gelangt ist. Der Steuerpflichtige muß sich also um die Kenntnißnahme von der öffentlichen Bekanntmachung selbst bemühen.

Das unentschuldigte Versäumen der Frist zieht den im 1. Absatz des §. 30. des Ges. angedrohten Rechtsnachtheil nach sich.

(Zu § 24.) 3) In der Kommission des Herrenhauses wurde der Wunsch ausgesprochen, daß die Formulare zur Steuererklärung jedem mit einem Einkommen von mehr als 3000 Mark Steuerpflichtigen zugesandt würden. Der Herr Regierungs-Kommissar erklärte sich mit diesem Wunsche einverstanden; von der Aufnahme einer solchen Bestimmung in das Gesetz sei indessen Abstand zu nehmen, da die Zustellung alsdann durch einen Behändigungsschein erfolgen müßte. (Kommissions-Bericht des Herrenhauses S. 11.) Siehe Art. 28 Nr. 1 der Anweisung v. 5. Aug. 1891 im Abichnitt III dieses Buches.

4) Wird dem Verlangen des Steuerpflichtigen, die Steuererklärung zu Protokoll zu geben, nicht rechtzeitig gewillfahrt, so können ihn die angedrohten Rechtsnachtheile nicht treffen.

(Zu §. 25.) 1) In diesem Falle läuft die Frist (§. 24) vom Tage der Behändigung der Aufforderung.

2) Freiwillig kann also auch jeder Steuerpflichtige, dessen Einkommen 3000 Mark und darunter beträgt, eine Steuererklärung abgeben, nur muß er sich dabei an die in der öffentlichen Bekanntmachung (§. 24) gestellte Frist halten. Ebenso steht ihm das Recht zu, gemäß §. 24 des Ges. seine Steuerklärung zu Protokoll zu geben.

2) Das Einkommen von dem außerhalb des Veranlagungsbezirkes belegenen Grundbesitze oder Gewerbebetriebe ist besonders aufzuführen.

3) Schuldenzinsen, Lasten u. s. w., deren Abzug beansprucht wird, sind anzugeben.[1])

1a) In der Steuererklärung soll der Gesammtbetrag des Jahreseinkommens, getrennt nach den vier im §. 7 vorgesehenen Einkommensquellen, im Uebrigen aber nur summarisch angegeben werden (§. 26 Absatz 1). Eine weitere Spezialisirung der Angaben zu fordern, empfiehlt sich nicht, weil dadurch die Erfüllung der Deklarationspflicht ohne entsprechenden Nutzen für die Veranlagungszwecke den Steuerpflichtigen erheblich erschwert werden würde.

Da billigerweise nur die Anzeige von Thatsachen, nicht aber die Vornahme einer Schätzung von Steuerpflichtigen unter dem Zwange von Strafandrohungen verlangt werden kann, soll es in Fällen dieser Art dem Pflichtigen auf Antrag gestattet werden (§. 27), in die Steuererklärung statt der ziffernmäßigen Angabe des Einkommens diejenigen Nachweisungen aufzunehmen, deren die Veranlagungsbehörde zur Schätzung desselben bedarf. Einem etwaigen Mißbrauche dieser Befugniß, welcher übrigens nach den in anderen Staaten mit ähnlichen Bestimmungen gemachten Erfahrungen nicht zu besorgen ist, würde im Aufsichtswege wirksam entgegen getreten werden können.

Zur Erleichterung der Pflichtigen werden die Steuererklärungen nach einem feststehenden Formulare abgegeben, welches vom Finanzminister — selbstredend unter Beachtung der maßgebenden gesetzlichen Bestimmungen — vorzuschreiben ist und kostenlos verabfolgt wird (§. 24). Um etwaige Bedenken gegen die positive Angabe bestimmter Einkommensbeträge zu heben, ist die Steuererklärung dahin formulirt, daß das Einkommen die vom Pflichtigen für die einzelnen Quellen anzugebenden Summen nicht übersteigt.

Die den Steuerpflichtigen obliegende Deklaration ihres Einkommens erfährt dadurch eine wesentliche Erleichterung, daß eine Steuerhinterziehung ausgeschlossen ist, sofern nur innerhalb der für die betreffende Stufe im Tarif bestimmten Grenzen das Einkommen richtig angegeben wird. (Motive zum Gesetz.)

1b) Unter Zustimmung des Herrn Finanzministers wurde bei der Erörterung der Einzelbestimmungen dieses Abschnitts von der betr. Kommission des Hauses der Abgeordneten (Bericht der Kommission S. 39) konstatirt, daß:

1. bei unbestimmten Einnahmen in der Steuererklärung der Durchschnitt der letzten drei Jahre anzugeben ist, auch wenn für das kommende Jahr eine Verminderung der Einnahme in sicherer Aussicht steht, da das ungünstigere Jahr ja bei späteren Veranlagungen 3 Jahre hindurch zur Berechnung kommt;
2. eine namentliche Angabe der Gläubiger bei den angegebenen Schulden in der Steuererklärung nicht erforderlich ist, aber von der Veranlagungskommission und dem Vorsitzenden derselben nach §. 38 bezw. 35 anderweit gefordert werden kann;
3. daß der in §. 27 erwähnte Antrag in der Deklaration selbst gestellt werden kann;
4. daß die Angaben in der Fassung des §. 27 nur bezüglich derjenigen Theile eines Einkommens zulässig sind, welche nur durch Schätzung zu ermitteln sind, daß aber etwaige anderweite, zu berechnende Theile desselben Gesammteinkommens nebenbei genau deklarirt werden müssen;
5. daß die Entscheidung darüber, ob bei der Nichtabgabe der Steuererklärung innerhalb der vorgeschriebenen Frist Umstände vorgelegen haben, welche die Versäumniß entschuldbar machen, der über das, event. nicht zulässige, Rechtsmittel selbst entscheidenden Behörde zusteht.

Die Bestimmung unter Nr. 5 sagt also, daß die Berufungskommission und event. das Oberverwaltungsgericht die Entscheidung zu treffen haben.

§. 27.

Dem Steuerpflichtigen soll auf seinen Antrag,[1]) soweit es sich um nur durch Schätzung zu ermittelndes Einkommen handelt, gestattet werden, in die Steuererklärung statt der ziffermäßigen Angabe des Einkommens diejenigen Nachweisungen aufzunehmen, deren die Veranlagungskommission zur Schätzung desselben bedarf.

§. 28.

Die Aufforderungen zur Abgabe der Steuererklärung müssen[1]) den Hinweis auf die im §. 30 angedrohten Rechtsnachtheile, sowie auf die Strafbestimmungen des §. 66 enthalten.

§. 29.

Die Steuererklärungen sind für Personen, welche unter väterlicher Gewalt, Pflegschaft oder Vormundschaft stehen, sowie für die im §. 1 Nr. 4 und 5 bezeichneten Steuerpflichtigen von deren Vertretern, für Ehefrauen, sofern sie nicht selbständig veranlagt sind,[1]) von deren Ehemännern abzugeben.

Für Personen, welche abwesend oder sonst verhindert sind, die Steuererklärungen selbst abzugeben, können solche durch Bevollmächtige erfolgen.

Die Erfüllung der Steuererklärungspflicht seitens Eines von mehreren Vertretern befreit die übrigen Verpflichteten von ihrer Verbindlichkeit.

§. 30.

Wer die ihm obliegende Steuererklärung nicht innerhalb der vorgeschriebenen Frist abgiebt, verliert die gesetzlichen Rechtsmittel gegen seine Einschätzung für das betreffende Steuerjahr, insofern nicht Umstände dargethan werden, welche die Versäumniß entschuldbar machen.[1])

(Zu §. 27.) 1) Zur näheren Erläuterung dieses nur sehr beschränkt anzuwendenden Paragraphen siehe die Anm. 1 b) zu §. 26 des Ges. und den Art. 30 der Anweisung v. 5. Aug. 1891 im Abschn. III dieses Buches.

(Zu §. 28.) 1) Fehlt dieser Hinweis auf §. 30, so würde demzufolge der Rechtsnachtheil desselben nicht eintreten können. Fehlt der Hinweis auf die Strafbestimmungen des §. 66, so würde damit jedoch eine strafrechtliche Verfolgung aus diesem Paragraphen nicht ausgeschlossen sein.

(Zu §. 29.) 1) Diese Bestimmung kann zu Zweifeln führen. Eine Ehefrau, welche zum Haushalte ihres Ehemannes gehört, wird nach §. 11. Absatz 1. des Gesetzes nicht selbstständig veranlagt, sie kann also auch keine Steuererklärung abgeben. Die Bestimmung, daß die Steuererklärung für sie von dem Ehemann abzugeben sei, kann nur den Sinn haben, daß der Ehemann in seiner Steuererklärung auch über das etwaige besondere Einkommen seiner Ehefrau sich zu erklären habe.

Eine Ehefrau, welche nach §. 11 Nr. 1 (Absatz 4) des Gesetz selbstständig veranlagt werden muß, wird eine selbstständige Steuererklärung für sich auch dann abzugeben haben, wenn sie noch nicht selbstständig veranlagt ist, sondern erst veranlagt werden soll; es müßte also heißen: „zu veranlagen sind."

(Zu §. 30.) 1) Ueber die Frage, ob die Versäumniß entschuldbar ist oder nicht, hat die Berufungskommission und event. das Oberverwaltungsgericht zu entscheiden. Siehe §. 26 Anm. 1b Nr. 5 und Art. 62 Nr. I Abs. 2 der Anweisung v. 5. Aug. 1891 im Abschn. IV dieses Buches.

Wer die Steuererklärung, zu deren Einreichung er gesetzlich verpflichtet[2]) ist, nicht längstens innerhalb 4 Wochen nach einer nochmaligen an ihn zu richtenden[3]) besonderen Aufforderung,[4]) welche auch nach geschehener Veranlagung ergehen kann, abgiebt, hat neben der veranlagten Steuer einen Zuschlag[5]) von 25 Prozent zu derselben zu zahlen und außerdem die durch seine Unterlassung dem Staate entzogene Steuer zu entrichten.[6])

Die Festsetzung des mit der veranlagten Steuer zu entrichtenden Zuschlages von 25 Prozent steht der Regierung zu, gegen deren Entscheidung nur die Beschwerde an den Finanzminister zulässig ist.[7])

---

2) Es ist darauf hingewiesen worden, daß in Abs. 1 dieses Paragraphen gesagt sei: „die ihm obliegende Steuererklärung", während im Abs. 2 gesagt sei: „zu deren Einreichung er gesetzlich verpflichtet ist". Es könnte auffallen, daß hier verschiedene Fassungen gewählt sind; es ist aber konstatirt worden, daß mit den beiden Fassungen absolut dasselbe gesagt sein soll. (Sitzung des Hauses der Abgeordneten v. 18. Febr. 1891.)

3) In der Sitzung des Hauses der Abgeordneten v. 5. März 1891 erklärte der Herr Regierungsvertreter: „Nach dem Wortlaut des §. 30 Abs. 2, wie er aus den Beschlüssen der zweiten Lesung hervorgegangen ist, würde, nach meiner Auffassung wenigstens, anzunehmen sein, daß es in das Belieben der Kommission oder des Vorsitzenden der Veranlagungskommission gestellt ist, ob er im einzelnen Falle von der besonderen Aufforderung Gebrauch machen will oder nicht. Dagegen sehe ich in dem Antrage auf Nr. 177 der Drucksachen, welcher die Worte: „an ihn zu richtenden" einschalten will, die Tendenz, den Vorsitzenden oder die Kommission unter allen Umständen zu verpflichten, die nochmalige besondere Aufforderung an den Steuerpflichtigen zu richten, wenn er der ersten nicht nachgekommen war. Seitens der Staatsregierung würde gegen die Annahme dieses Antrages, welcher durchaus der ganzen Tendenz der Vorlage entspricht, ein Einwand nicht zu erheben sein."

Durch die Annahme des Antrages ist dieser Auffassung entsprochen worden. Sie ist ausdrücklich niedergelegt im Art. 54 der Anweisung v. 5. Aug. 1891 im Abschn. IV dieses Buches.

4a) Das Muster zu dieser Aufforderung siehe in dem Art. 54 a. a. O.

4b) In der Sitzung des Hauses der Abgeordneten v. 18. Febr. 1891 (Sten. Ber. S. 946) äußerte der Berichterstatter, Abg. v. Jagow, ohne Widerspruch zu finden: „Der Herr Abgeordnete hat es als eine offene Frage bezeichnet, wann die wiederholte Aufforderung ergehen könne. Ich weise dem gegenüber darauf hin, daß das vorliegende Gesetz eine wesentliche Aenderung gegenüber den jetzigen Bestimmungen darin enthält, daß eine nachträgliche Veranlagung beziehungsweise Erhöhung das ganze Steuerjahr hindurch erfolgen kann, wie dies in §. 80 vorgeschrieben ist, und daß daher zweifellos die hier in Rede stehende Aufforderung auch noch im Laufe des ganzen Steuerjahres erfolgen kann."

5a) In der Sitzung des Hauses der Abgeordneten v. 18. Febr. 1891 (Sten. Ber. S. 934) äußerte der Herr Berichterstatter:

„Ich muß dem Herrn Abgeordneten erwidern, daß die Kommission nicht etwa in dieser Bestimmung eine Strafe hat einfügen wollen. Es ist in dem Bericht ausdrücklich darauf hingewiesen worden, daß dieser Zuschlag von 25% absolut nicht den Charakter einer gerichtlichen oder kriminellen Strafe haben, sondern nur einen Vermögensnachtheil darstellen soll. Derjenige, welcher die Abgabe einer Steuererklärung verweigert, muß prinzipaliter als suspekt erscheinen, daß er ein höheres Einkommen hat, als wie er bisher eingeschätzt worden ist, und der Zuschlag soll daher nicht allein ein Zwang sein, sondern es wird auch der Billigkeit entsprechen, einem derartigen Censiten neben höherer Einschätzung auch noch einen Zuschlag von 25% aufzulegen.

Ich möchte auch darauf hinweisen, daß demjenigen Steuerpflichtigen, welcher etwa aus Gewissensbedrängniß, aus Unmöglichkeit einer genauen Berechnung seines Einkommens u. s. w. sich nicht in der Lage glaubt, eine Steuererklärung abzugeben, diese 25% nicht ohne weiteres auf-

4. Organe, Bezirke und Verfahren der Veranlagung.

§. 31.

Der Veranlagung der Steuerpflichtigen geht eine Voreinschätzung durch besondere Kommissionen[1]) voraus.

Die Voreinschätzungskommissionen[2]) bestehen aus dem Gemeindevorstande als Vorsitzenden und aus einer von der Regierung zu bestimmenden Anzahl von Mitgliedern, welche unter möglichster Berücksichtigung der verschiedenen Arten des Einkommens theils von der Regierung ernannt, theils von der Gemeindeversammlung beziehungsweise Gemeindevertretung gewählt werden. Die Zahl der ernannten Mitglieder einschließlich des Vorsitzenden muß hinter der Zahl der gewählten Mitglieder zurückbleiben.[3]) Die Regierung kann von der Ernennung von Mitgliedern absehen.

Gemeinden und selbständige Gutsbezirke können nach Anhörung der Betheiligten im Einvernehmen mit dem Bezirksausschusse durch die Regierung und, falls

---

erlegt werden. Der Zuschlag wird nur dann auferlegt, wenn der Steuerpflichtige auf die wiederholte Aufforderung hin seine Steuererklärung nicht abgegeben hat. Glaubt Jemand zur Abgabe einer Steuererklärung nicht in der Lage zu sein, so steht nichts im Wege, daß er seine Bedenken dem Vorsitzenden der Veranlagungskommission vorträgt, und wenn die Bedenken begründet sind, wird der Vorsitzende Abstand nehmen, ihn nochmals aufzufordern und ihn in die Lage des Zuschlages zu versetzen."

Siehe im Uebrigen Art. 61 der Anweisung v. 5. Aug. 1891 im Abschn. IV dieses Buches.

(Zu §. 30.) 5b) In derselben Sitzung äußerte der Herr Berichterstatter (Sten. Ber. S. 966):

„Es ist als zweifelhaft bezeichnet worden, ob ein Vormund auch etwa dem hier festgesetzten Rechtsnachtheil unterliegen solle. Ich halte das für absolut ausgeschlossen, weil im Abs. 2 gesagt ist: „hat neben der veranlagten Steuer einen Zuschlag von 25% zu derselben zu zahlen." Der Vormund hat keine Steuern zu entrichten, kann also auch keinen Zuschlag zu der Steuer entrichten."

5c) Da dieser Zuschlag konsequent fortlaufend wirkt, da diese 25%, wozu der nicht Deklarirende im ersten Jahre mehr herangezogen wird, im nächsten Jahr als seine Normalsteuer gelten, wozu außerdem noch ein weiterer Zuschlag von 25% draufgeschlagen wird, so ist nicht zu bezweifeln, daß dieses Mittel auch wirken wird.

5d) Der einen Rechtsnachtheil darstellende Zuschlag von 25% darf nicht zur Kommunalsteuer herangezogen werden (Komm.-Bericht des Herrenhauses S. 12, des Abgeordnetenhauses S. 41).

6) Die Veranlagung der dem Staat entzogenen Steuer (Nachsteuer) regelt der §. 80 des Ges. Die Veranlagung ist durch die Veranlagungskommission zu bewirken, und hat der Steuerpflichtige gegen dieselbe die Rechtsmittel der Berufung und Beschwerde.

7) Eine Frist ist für diese Beschwerde nicht ausdrücklich angeordnet, es würden in dieser Beziehung also die allgemeinen Vorschriften im §. 1 des Ges. v. 18. Juni 1840 (G.S. S. 140), abgedr. als Anm. zu §. 81 des Ges., Platz greifen.

In Betreff des Verfahrens siehe den Art. 61 der Anweisung v. 5. Aug. 1891 im Abschn. IV dieses Buches und das dortige Muster XIV.

(Zur Ueberschrift über §. 31.)*) Wie der Gang der Veranlagung im Allgemeinen zu denken sei, erläutert der Kommissionsbericht des Hauses der Abgeordneten v. 2. Febr. 1891, S. 42 wie folgt:

4. Organe, Bezirke und Verfahren der Veranlagung.

„Im Gegensatz zu den zur Zeit bestehenden Bestimmungen, wonach für die Klassensteuer und für die Einkommensteuer verschiedene Veranlagungsbehörden und verschiedene Veranlagungsverfahren

ein Einvernehmen beider Behörden nicht erreicht wird, durch den Oberpräsidenten mit benachbarten Gemeinden zu einem Voreinschätzungsbezirke vereinigt werden.

Wo Landgemeinden oder Gutsbezirke nach Maßgabe der Landgemeindeordnung für die sieben östlichen Provinzen zum Zwecke der gemeinsamen Wahrnehmung einzelner zu ihrem Wirkungskreise gehöriger Kommunalangelegenheiten zu besonderen Verbänden vereinigt sind oder vereinigt werden,[4]) können dieselben zu einem Voreinschätzungsbezirke verbunden werden.

Für jeden solchen Bezirk (Absatz 3 und 4) wird nur eine Voreinschätzungskommission gebildet, deren Vorsitz der von der Regierung zu bestimmende Gemeinde- oder Gutsvorsteher, Bürgermeister, Amtmann oder Amtsvorsteher zu übernehmen hat.

Die Zahl der zu wählenden Mitglieder einer solchen Voreinschätzungskommission wird auf die einzelnen Gemeinden und Gutsbezirke nach Verhältniß der Einwohnerzahl mit der Maßgabe vertheilt, daß mindestens ein Mitglied auf jede Gemeinde und jeden Gutsbezirk entfällt.[5])

Für Gutsbezirke treten die Vorsteher beziehungsweise deren Stellvertreter[6]) oder die von ihnen zu ernennenden Einwohner des Voreinschätzungsbezirkes als Mitglieder in die Kommission ein.

---

existiren, sind in der Vorlage für die Veranlagung aller Steuerpflichtigen die gleichen Behörden und ein im Wesentlichen auf gleicher Grundlage beruhendes Verfahren eingeführt. Die Veranlagung wird nach der Vorlage durch die Voreinschätzungskommission und die Veranlagungskommission — beide Behörden sind aus von der Regierung ernannten und von den betreffenden Gemeinde- resp. anderweiten Selbstverwaltungsorganen gewählten Mitgliedern zusammengesetzt — in folgender Weise bewirkt: Die Voreinschätzungskommission unterzieht die von der Ortsbehörde aufgestellten Personen- und Einkommensnachweisungen einer Prüfung und insofern auch einer Begutachtung, als sie die für die einzelnen Steuerpflichtigen ermittelten Einkommensbeträge bis zu 3000 Mark, sowie die von ihr für diese vorzuschlagenden Steuersätze in die Nachweisungen einträgt. Die auf diese Weise erweiterten Nachweisungen werden demnächst von dem Vorsitzenden der Veranlagungskommission geprüft, letzterer vervollständigt das Material durch Einziehung etwa noch erforderlicher Nachrichten und durch Erforderung der Steuererklärungen und setzt die von der Voreinschätzungskommission vorgeschlagenen Steuersätze für die Einkommen bis zu 3000 Mark fest, soweit diese nicht von ihm beanstandet werden. In Betreff derjenigen Steuerpflichtigen, bezüglich welcher ein Vorschlag der Voreinschätzungskommission nicht vorliegt, oder der Vorschlag von ihm beanstandet wird, führt der Vorsitzende der Veranlagungskommission alsdann einen Beschluß der letzteren herbei, der er zu diesem Behufe das gesammte Material vorlegt, nachdem er das nach seinem Ermessen für jeden Steuerpflichtigen zutreffende Einkommen, getrennt nach den verschiedenen Quellen, in die Einkommensnachweisung eingetragen und den nach Vorschrift dieses Gesetzes zu entrichtenden Steuersatz vorgeschlagen hat. Die Veranlagungskommission unterwirft nunmehr ihrerseits die bezüglich der so zu ihrer Entscheidung gebrachten Fälle eingegangenen Steuererklärungen, sowie die Personenstand- und Einkommensnachweisungen einer Prüfung, stellt erforderlichenfalls weitere Ermittelungen event. auch durch Vernehmung von Zeugen und Sachverständigen an und setzt den nach ihrem Ermessen zutreffenden Steuersatz fest.

1b) In Betreff der Eigenschaft der Kommissionen als Behörde bezw. der Beamtenqualität ihrer Mitglieder siehe das Erkenntniß des Königl. Ober-Tribunals v. 8. Febr. 1867 (J.M.Bl. für 1867 S. 100), welches lautet: „Eine Klassensteuer-Einschätzungs-Kommission genießt bei Ausübung ihrer Funktionen desjenigen Schutzes des Staates, welcher den übrigen Beamten und Behörden zugesichert ist." (St.G.B. §. 102.) Ferner die Erkenntnisse v. 13. März 1857 wider Punzel (Goltd.'s Archiv Bd. 5 S. 561) und v. 15. Juni 1860 wider David in Bezug auf die Einkommensteuerkommission:

„Unter einer Behörde ist jedes Organ der Staatsregierung zu verstehen, welches von derselben berufen ist, unter öffentlicher Autorität die Herbeiführung der Zwecke des Staates zu ermöglichen. Dabei ist es gleichgültig, ob die überwiesenen Funktionen sich unmittelbar nach Außen hin geltend machen, oder nur im inneren Organismus ihre Wirksamkeit äußern."

2a) Die örtlichen Voreinschätzungskommissionen (§§. 31, 32) sollen unter dem Vorsitze der Gemeinde-(Guts-)vorsteher im Wesentlichen eine vorbereitende, zugleich aber eine begutachtende Thätigkeit in Ansehung derjenigen Steuerpflichtigen ausüben, welche zur Selbstangabe nicht verpflichtet sind. Ein solches Gutachten ist um so weniger zu entbehren, als den Mitgliedern der Veranlagungskommission die wünschenswerthe Kenntniß der örtlichen Verhältnisse im ganzen Kreise nicht immer beiwohnen wird.

Die Bestimmungen des §. 31 über die Bildung der Voreinschätzungskommissionen entsprechen im Wesentlichen den bisherigen Vorschriften wegen Zusammensetzung der Klassensteuer-Einschätzungskommissionen. Abweichend ist die Bildung der kombinirten Einschätzungsbezirke geregelt; es empfiehlt sich, dieselben eintretenden Falls den nachbarlichen Verbänden anzuschließen, welche nach den Vorschriften des Entwurfs einer Landgemeindeordnung für die sieben östlichen Provinzen behufs gemeinsamer Wahrnehmung kommunaler Angelegenheiten gebildet werden können.

Den zur Beschlußfassung über die Bildung dieser Verbände berufenen Behörden ist deshalb allgemein auch die Beschlußfassung über die Vereinigung von Gemeinden und Gutsbezirken zu gemeinsamen Voreinschätzungsbezirken übertragen.

Die Festsetzung der Wahlperiode für die Mitglieder der Voreinschätzungskommissionen bleibt den Ausführungsvorschriften vorbehalten, da es wünschenswerth ist, in dieser Hinsicht nöthigenfalls örtlichen Besonderheiten Rechnung tragen zu können.

Wegen der außerdem zur Geschäftserleichterung vorgesehenen Bildung von Unterkommissionen wird auf §. 51 Abs. 2 verwiesen.

(Motive zum Gesetz).

2b) Siehe im Uebrigen über die Zusammensetzung der Voreinschätzungskommission den Art. 40 der Anweisung v. 5. Aug. 1891 im Abschn. IV dieses Buches und die dortigen Anmerkungen.

3a) Die Zahl darf also höchstens Einen weniger als die Hälfte der Gesammtzahl der Kommissionsmitglieder betragen. Anders in §. 34 Abs. 2. Siehe auch Anm. 29 zu Art. 40 a. a. O.

3b) In Betr. der Auswahl der zu ernennenden Mitglieder siehe die Erlasse v. 13. April u. 19. Juni 1891 bei Art. 40 a. a. O.

4a) In der Sitzung des Hauses der Abgeordneten v. 19. Febr. 1891 erklärte der Herr Regierungskommissar:

„Der Abs. 4 ist im Wesentlichen eine Konsequenz der Beschlüsse, welche mit Bezug auf die Landgemeindeordnung gefaßt sind. Es scheint von Interesse, nach Möglichkeit zu vermeiden, daß besondere Voreinschätzungsbezirke gebildet werden, welche anders abgegrenzt sind, als die Bezirke, wie sie zu kommunalen Zwecken gestaltet werden. Um darauf gleich im Gesetz in zweckmäßiger Weise hinzuweisen, empfiehlt es sich, diese Bestimmung beizubehalten, welche zur Folge hat, daß, wenn ein nachbarlicher Verband im Sinne der Landgemeindeordnung gebildet worden ist, es nicht erst des umständlichen Verfahrens bedarf, wie es im Abs. 3 des §. 31 vorgesehen ist, um nun auch einen gemeinsamen Voreinschätzungsbezirk zu bilden, sondern — so wenigstens fasse ich die Bestimmung des Abs. 4 auf — es wird in solchen Fällen, wenn es die Aufsichtsbehörde für zweckmäßig befindet, ohne Weiteres im Verwaltungswege der nachbarliche Verband auch für einen Voreinschätzungsbezirk erklärt werden können. — In diesem Sinne ist allerdings auch im Interesse eines abgekürzten Verfahrens auf die Beibehaltung des Abs. 4 Werth zu legen.

4b) Es können also mehrere Gutsbezirke oder Gutsbezirke und Gemeinden, oder meherere Gemeinden zu einem Voreinschätzungsbezirk vereinigt werden, dagegen ist es nicht zulässig, eine Ge-

§. 32.

Die Voreinschätzungskommission unterwirft die gemäß §§. 21, 23 von dem Gemeinde- (Guts-)vorsteher aufgestellten Nachweisungen einer genauen Prüfung und trägt die für die einzelnen Steuerpflichtigen ermittelten Einkommensbeträge bis zu 3 000 Mark,[1]) sowie die von ihr für diese vorzuschlagenden Steuersätze in die Nachweisungen ein.[2])

§. 33.

Behufs Veranlagung der Steuerpflichtigen bildet jeder Kreis einen Veranlagungsbezirk. Der Regierung[1]) steht die Befugniß zu, innerhalb desselben Kreises die Bildung mehrerer Veranlagungsbezirke anzuordnen.

---

meinde in mehrere Voreinschätzungsbezirke zu theilen. Auch die Stadt Berlin bildet nur einen einzigen Voreinschätzungsbezirk. Jedoch ist eine Theilung der Voreinschätzungskommission in mehrere Unterkommissionen (§. 51 Abs. 2 des Ges.) gestattet.

Anders bei den Veranlagungsbezirken (§. 33 des Ges.). Hier bilden die Landkreise und die Stadtkreise je einen eigenen Veranlagungsbezirk, ihre Vereinigung unter sich ist ausgeschlossen, dagegen die Trennung eines Kreises in mehrere Veranlagungsbezirke ausdrücklich zugestanden. (§. 33 des Ges.).

5a) In Betreff der Verpflichtung zur Annahme des Amtes und in Betreff der Ablehnungsgründe siehe Art. 40 Nr. 6 der Anweisung vom 5. Aug. 1891 im Abschn. IV dieses Buches.

5b) Diese Vorschrift ist auch bei Bestimmung der Zahl der für die Mitglieder der Voreinschätzungskommissionen in vereinigten Bezirken zu wählenden Stellvertreter zu beachten. Siehe Art. 40 Nr. 1 a. a. O.

6a) Die Stellvertreter der Vorsitzenden sind vom Gemeindevorsteher zu ernennen, und jeder Bürger, auch wenn er nicht Mitglied der Kommission ist, kann zum Stellvertreter ernannt werden (Kommissionsbericht des Herrenhauses S. 12).

6b) Siehe auch §§. 50 und 34.

(Zu §. 32.) 1) In der Kommission des Hauses der Abgeordneten (Kommissionsbericht v. 2. Febr. 1891 S. 44) wurde ein Antrag dahin gestellt, daß die Voreinschätzungskommission bezüglich der Censiten mit einem Einkommen von über 3000 Mark die Nachweisungen und Einkommensverhältnisse einer Prüfung nicht unterziehen solle, da ein Eindringen der Voreinschätzungskommission in die Vermögensverhältnisse dieser Censiten, die durch die eigenen Angaben der letzteren in den Steuererklärungen klargestellt seien, nicht angezeigt erschiene. Nachdem der Herr Finanzminister indessen erklärt hatte, daß ohne eine Prüfung und Angabe der bekannten Verhältnisse bezüglich aller Censiten durch die Voreinschätzungskommission die Veranlagskommission zu zahlreichen Rückfragen genöthigt sein würde, daß auch den Voreinschätzungskommissionen die Steuererklärungen nicht zugänglich gemacht werden sollten, wurde der gestellte Antrag mit großer Mehrheit abgelehnt.

2) Im Uebrigen siehe in Betreff der näheren Aufgaben der Voreinschätzungskommission, insbesondere über das Verfahren bei der Schätzung des Einkommens aus selbstbewirthschafteten landwirthschaftlich benutzten Grundstücken, über die Aufstellung und Verwerthung von Normalsätzen über die Schätzung des Einkommens nach dem Aufwande und die Feststellung der vom Gesammteinkommen zulässigen Abzüge die Art. 41—45 der Anweisung vom 5. Aug. 1891 im Abschn. IV dieses Buches. In Betreff der Beendigung der Voreinschätzung siehe Art. 45 Nr. 6 a. a. O.

(Zu §. 33.) 1) Die Regierung hat hierzu die Genehmigung des Herrn Finanzministers einzuholen, siehe Art. 46 Abs. 2 a. a. O.

§. 34.

Für jeden Veranlagungsbezirk ist unter dem Vorsitze des Landraths[1]) oder eines von der Regierung zu ernennenden Kommissars eine Veranlagungskommission zu bilden,[2]) deren Mitglieder theils von der Regierung ernannt,[3]) theils von der Kreisvertretung und in den Stadtkreisen von der Gemeindevertretung aus den Einwohnern des Veranlagungsbezirks, unter möglichster Berücksichtigung der verschiedenen Arten des Einkommens, auf die Dauer von sechs[4]) Jahren gewählt werden.

Die Zahl der ernannten und der gewählten Mitglieder wird für die einzelnen Veranlagungsbezirke mit Rücksicht auf deren Größe und auf die Einkommensverhältnisse der Einwohner von der Regierung in der Art bestimmt, daß die Zahl der ernannten Mitglieder einschließlich des Vorsitzenden die Hälfte der gewählten Mitglieder nicht überschreitet.[5])

Alle drei Jahre scheidet je die Hälfte der ernannten und der gewählten Mitglieder und zwar bei ungerader Zahl das erste Mal die größere Hälfte aus und wird durch neue Ernennungen beziehungsweise Wahlen ersetzt.[6]) Die das erste Mal Ausscheidenden werden durch das Loos bestimmt; die Ausscheidenden können wieder ernannt beziehungsweise gewählt werden.

---

1) In der Sitzung des Hauses der Abgeordneten v. 19. Febr. 1891, äußerte der Herr Finanzminister: „Ich möchte nur einen Irrthum des Abgeordneten K. berichtigen, indem er meint, das Wort „Landrath" solle hier nicht auch den Oberbürgermeister in Stadtkreisen bezeichnen. Das ist ein Irrthum. Es handelt sich um diejenigen Personen, welche landräthliche Befugnisse ausüben, und darunter fällt natürlich in den Stadtkreisen auch der Oberbürgermeister; er würde also in dieser Beziehung ganz gleich behandelt werden wie der Landrath in einem Landkreise."

Siehe auch Art. 46 Nr. 1 der Anweisung v. 5. Aug. 1891. Abschnitt IV dieses Buches.

2) Alles Nähere über die Bildung der Veranlagungskommission siehe in Art. 46 der Anweisung vom 5. Aug. 1891.

3) In der Sitzung des Hauses der Abgeordneten v. 19. Febr. 1891 erklärte der Herr Finanzminister: „Es ist gefragt worden: wie die Regierungsvorlage in Beziehung auf die Ernennung der Mitglieder zu verstehen sei, ob die Vorlage dahin zu verstehen sei, daß die Regierung nur berechtigt sein soll, Mitglieder zu ernennen, welche in dem betreffenden Kreise ansässig sind.

Die Regierungsvorlage sowohl wie die Kommissionsvorlage wollen in dieser Beziehung die Staatsregierung nicht binden. Es ist die Absicht, die Möglichkeit zu gewähren, daß auch einmal ein Mitglied in die Kommission ernannt wird, welches in dem betreffenden Kreise nicht gerade ansässig ist. Die Regel wird sein, daß man das Vertrauen ihrer Mitbürger genießende, in dem betreffenden Kreis angesessene Personen nimmt. Darüber kann gar kein Zweifel sein. Denn die Regierung muß wünschen, daß diese ernannten Mitglieder ein gewisses Ansehen, eine gewisse Bedeutung in den Kommissionen haben. Das würde ja ganz unmöglich sein, wenn die betreffenden Mitglieder mit den Personen und den lokalen Verhältnissen in den betreffenden Kreisen durch lange Lebensstellung in denselben gar nicht bekannt sind. Indessen kann es doch sehr erwünscht sein, daß eine Persönlichkeit, welche in zwei angrenzenden Kreisen beispielsweise oder in einem an die Stadt angrenzenden Kreise kundig und angesehen ist, das größte Vertrauen genießt, — ausnahmsweise in zwei solchen Veranlagungskommissionen thätig ist, um die Gleichmäßigkeit der Behandlung der Geschäfte seinerseits mit zu vertreten und ein Bindeglied zwischen zwei Veranlagungskommissionen zu sein. Gerade die verhältnißmäßige Gleichmäßigkeit der Veranlagung kann ja nicht repräsentirt werden durch die Vorsitzenden, sondern wesentlich dadurch, wenn ein einzelnes Mitglied auch einmal ausnahmsweise in zwei Bezirken mitwirkt."

§. 35.

Der Vorsitzende der Veranlagungskommission, welcher zugleich die Interessen des Staates vertritt,[1]) hat innerhalb seines Veranlagungsbezirks die Geschäftsführung der Vorsitzenden der Voreinschätzungskommissionen zu beaufsichtigen und das Veranlagungsgeschäft zu leiten. Er ist dafür verantwortlich, daß die gesammte Veranlagung in seinem Bezirke nach den bestehenden Vorschriften zur Ausführung gelangt.

Der Vorsitzende hat insbesondere die Personenstands- und Einkommensnachweisungen (§§. 21, 23) zu prüfen, die öffentlichen Bekanntmachungen wegen Abgabe der Steuererklärungen zu erlassen (§. 24) und diejenigen nicht bereits mit einem Einkommen von mehr als 3 000 Mark veranlagten Steuerpflichtigen, bei welchen ein diesen Betrag übersteigendes Einkommen anzunehmen ist, zur Abgabe beziehungsweise Erneuerung[2]) der Steuererklärung besonders aufzufordern. Die sämmtlichen eingegangenen Steuererklärungen sind von ihm zu prüfen.

Zum Zwecke der richtigen Veranlagung der Steuerpflichtigen, insbesondere behufs Prüfung der Steuererklärungen hat der Vorsitzende über die Besitz-, Vermögens- und Einkommensverhältnisse der Steuerpflichtigen möglichst vollständige Nachrichten einzuziehen.[3])

Hierbei kann er sich nach seinem Ermessen der Mitwirkung der Gemeinde-(Guts-)vorstände und der Verwaltungsbehörden bedienen, welche seinen Aufforderungen Folge zu leisten schuldig sind. Er ist befugt, die Voreinschätzungskommissionen zu einer besonderen Aeußerung über die Besitz-, Vermögens- und Einkommensverhältnisse einzelner Steuerpflichtiger zu veranlassen.

4a) In Betreff der Wählbarkeit siehe §. 50. Abs. 3 und Art. 40 Nr. 4 der Anweisung v. 5. Aug. 1891 in Abschn. IV.

4b) Durch die Amtsdauer von 6 Jahren soll eine wirksame und erfolgreiche Betheiligung der einzelnen Mitglieder an den Kommissionsgeschäften gesichert werden. Die im letzten Absatz des §. 34. angeordnete theilweise Erneuerung der Mitglieder von drei zu drei Jahren ist angeordnet, um die Ueberlieferung und Festhaltung der einmal erprobten Veranlagungsgrundsätze zu fördern. (Motive zum Gesetz.)

5) Die Zahl darf also höchstens ein Drittel der Gesammtzahl der Kommissionsmitglieder betragen. Anders in §. 31. Abs. 2.

Siehe im Uebrigen die ministerielle Anmerkung 31 zu Art. 46 der Anweisung v. 5. Aug. 1891.

6) In Betreff der Verpflichtung zur Annahme der Wahl, der Ablehnungsgründe und der etwaigen Strafen siehe Art. 46 Nr. 4 der Anweisung v. 5. Aug. 1891.

(Zu §. 35.) 1) Siehe des Näheren über die Stellung, die Pflichten und Rechte des Vorsitzenden der Veranlagungskommission den Art. 47 a. a. O. und die dortigen Anmerkungen.

2) Dies Wort ist unklar. Es könnte heißen, daß der Vorsitzende unaufgefordert Deklarirende nochmals amtlich zur Abgabe der Steuererklärung auffordern kann; aber zu welchem Zweck?

3a) Finz.-Minist.-Erlaß v. 24. März 1860 — III. 6054 —.

Von dem Vorsitzenden einer Bezirkskommission für die klassifizirte Einkommensteuer ist darauf aufmerksam gemacht worden, daß das Aufrücken der Offiziere in ein der klassifizirten Einkommensteuer unterliegendes Diensteinkommen, wenn es nicht in Folge eines Avancements in eine höhere Charge, sondern lediglich in Folge der Anciennität, wie z. B. bei den Hauptleuten und Rittmeistern 2. Klasse in das Gehalt der Hauptleute und Rittmeister 1. Klasse geschieht, aus den Veröffentlichungen durch das Militär-Wochenblatt nicht zu ersehen sei und sonach auch den

Der Vorsitzende kann[3]) den Steuerpflichtigen auf Antrag oder von Amtswegen Gelegenheit zur persönlichen Verhandlung über die für die Veranlagung erheblichen Thatsachen und Verhältnisse gewähren.

Sämmtliche Staats- und Kommunalbehörden haben die Einsicht aller die Einkommensverhältnisse der Steuerpflichtigen betreffenden Bücher, Akten, Urkunden u. s. w. zu gestatten und auf Ersuchen Abschriften aus denselben zu ertheilen,[4]) sofern nicht besondere gesetzliche Bestimmungen oder dienstliche Rücksichten entgegenstehen.[5]) Die Einsicht der Bücher, Akten u. s. w. der Sparkassen ist nicht gestattet.

Einschätzungskommissionen häufig ganz unbekannt bleibe, deshalb aber leicht der Fall vorkommen könne, daß die Heranziehung solcher einkommensteuerpflichtigen Offiziere zur Entrichtung der Einkommensteuer auf längere oder kürzere Zeit ganz unterbleibe und der Staatskasse die ihr gebührende Steuer theilweise entzogen werde.

Um derartigen Fällen für die Zukunft vorzubeugen, hat der Herr Kriegsminister auf mein Ersuchen die Generalkommandos und Generalinspektionen, sowie die Inspektionen der Jäger und Schützen veranlaßt, die ihnen untergebenen Truppenkommandos mit Anweisung dahin zu versehen, daß sie von denjenigen Avancements der Offiziere, welche mit einer die Verpflichtung zur Entrichtung der klassifizirten Einkommensteuer begründenden Gehaltserhöhung verbunden sind, ohne daß diese Beförderung durch das Militär-Wochenblatt bekannt gemacht wird, den betreffenden Vorsitzenden der Einschätzungskommissionen für die klassifizirte Einkommensteuer, ohne erst eine Anfrage dieserhalb abzuwarten, rechtzeitig eine amtliche Mittheilung zugehen lassen. Soweit dergleichen Avancements durch das Militär-Wochenblatt veröffentlicht werden, ist es Sache der Vorsitzenden der Einschätzungskommissionen, die erforderliche Notiz aus jenem Blatt zu entnehmen und danach das Weitere wegen Einschätzung der betreffenden Offiziere zu veranlassen.

3b) Finz.-Minist.-Erlaß v. 15. Jan. 1879 — IV. 16 392 —.

Nach einer Mittheilung des auswärtigen Amtes &c. haben Ew. &c. an den Kaiserlichen Botschafter in P. das Ersuchen gerichtet, das steuerpflichtige Einkommen des Preußischen Staatsangehörigen, Kaufmanns N. N. in P., dem Erbieten des Letzteren entsprechend, durch Vorlegung der Handelsbücher des Genannten bei der Kaiserlichen Botschaft festzustellen. Wenn auch diesem Ersuchen nach eingeholter Ermächtigung des auswärtigen Amtes seitens der Kaiserlichen Botschaft Statt gegeben worden ist, so mache ich Ew. &c. doch darauf aufmerksam, daß aus Anlaß vorgekommener Unzuträglichkeiten den diesseitigen auswärtigen Vertretungen allgemein zur Pflicht gemacht ist, nur solche Aufträge auszuführen, welche ihnen seitens des Herrn Reichskanzlers oder des auswärtigen Amtes bezw. durch Vermittelung des Letzteren zugehen.

Demgemäß ist in denjenigen Fällen, in welchen es nach Lage der Verhältnisse geboten erscheint, im Interesse der Steuerverwaltung eine Requisition an eine der diesseitigen auswärtigen Vertretungen zu richten, der betreffende Antrag mit den Verhandlungen unter gehöriger Motivirung zur weiteren Beschlußnahme mir vorzulegen.

3) Es ist also dem verständigen Ermessen des Vorsitzenden überlassen, ob er derartigen Anträgen statt geben will, oder nicht; sicher wird er sie nicht ablehnen, wenn es sich um vernünftige Anträge handelt.

4a) — und zwar, wie unter Zustimmung des Herrn Finanzministers festgestellt wurde, auf Kosten der Behörden selbst (Komm.-Bericht des Hauses der Abg.).

4b) Minist. der geistlichen &c. Angelegenheiten. Erlaß v. 12. März 1873 — U. 906 —.

Aus der, auf den diesseitigen Erlaß v. 28. Febr. 1852 gestützten Weigerung Ew. &c. dem Vorsitzenden der dortigen Einkommensteuer-Einschätzungskommission die gewünschte Mittheilung über die von den Universitätslehrern bezogenen Kollegienhonorare zu machen, hat der Herr Finanz-

Minister Anlaß genommen, meine Vermittelung zur Ausgleichung der hierin bestehenden Meinungsverschiedenheiten zu suchen.

Ich muß dem Herrn Finanzminister darin beistimmen, daß die dem Erlaß v. 28. Febr. 1852 zu Grunde liegende Auffassung mit der Stellung nicht im Einklange steht, welche die öffentlichen Behörden zu einander einnehmen. Da überdies, wie mir bekannt, die akademischen Behörden anderer Universitäten keinen Anstand nehmen, den Wünschen der Steuerbehörden in der bezeichneten Richtung entgegenzukommen, so veranlasse ich Ew. 2c. unter Aufhebung des Erlasses v. 28. Febr. 1852 dem Vorsitzenden der Einschätzungskommission die Mittheilungen über die von den Universitätslehrern bezogenen Kollegienhonorare nicht vorzuenthalten.

4c) Minist. der geistlichen 2c. Angelegenheiten. Erlaß vom 30. März 1886. — U. I. 10,263 —.

In neuerer Zeit ist seitens einzelner Universitäten die Frage angeregt worden, ob die Quästoren amtlich verpflichtet sind, den Einschätzungskommissionen für die klassifizirte Einkommensteuer auf deren Erfordern Mittheilungen über die Honorar-Einnahmen der Universitäts-Dozenten zu machen. Mit Rücksicht darauf bemerke ich, daß diese Frage bereits durch den in Abschrift beifolgenden Erlaß meines Herrn Amtsvorgängers 2c. v. 12. März 1873 — U. 906/6 (siehe vorstehend) in bejahendem Sinne entschieden ist, und daß an dieser Entscheidung nach nochmaliger eingehender Erwägung um so mehr festgehalten werden muß, als es einem begründeten Zweifel nicht unterliegt, daß die Quästoren auch bezüglich der Vereinnahmung und Verwaltung der Kollegienhonorare als Staatsbeamte anzusehen sind. Das Königl. Universitätskuratorium wolle gefälligst den Rektor und Senat von Vorstehendem in Kenntniß setzen und zugleich dafür Sorge tragen, daß der Quästor mit entsprechender Anweisung versehen wird.

4d) Finz.-Minist.-Erlaß v. 13. April 1864. — III. 6391 —. Auszug.

Die Vorlegung der Akten in derartigen Fällen wird in der Regel nur an ein Mitglied der Kommission, an den Vorsitzenden der Letzteren oder dessen Stellvertreter zu erfolgen haben. Wenn aber das Gericht, von dessen Akten die Kommission Einsicht zu nehmen begehrt, außerhalb des der Letzteren angewiesenen Bezirks sich befindet, so wird unbedenklich der Vorsitzende einer anderen Einschätzungskommission oder eine andere Person, sofern diese ebenfalls zur Geheimhaltung der zu ihrer Kenntniß gelangenden Einkommensverhältnisse verpflichtet ist, zu der Einsichtnahme ermächtigt werden können.

5) Die Auskunfts-Ertheilung ist untersagt: bei dem Preußischen Staatsschuldbuch und dem Reichsschuldbuch durch Gesetz v. 20. Juli 1883 (G.S. S. 120) §. 2 Abs. 4 und Reichsgesetz v. 31. Mai 1891 (R.G.Bl. S. 321) §. 2 Abs. 5; bei der Reichsbank durch §. 39 des Reichsbankgesetzes v. 14. März 1875 (R.G.Bl. S. 177). Die bei diesen Büchern bezw. bei der Bank betheiligten Beamten dürfen also auch nicht als Zeugen in Betreff der Eintragungen vernommen werden (§. 38 Abs. 2).

Bei den Sparkassen ist durch das Gesetz nur die Einsicht der Bücher 2c. verboten, die Vernehmung der betheiligten Beamten also nicht ausgeschlossen. In dieser Beziehung lautet der Kommissionsbericht des Herrenhauses vom 13. April 1891 (S. 12) wie folgt:

„Die Bestimmung, daß die Einsicht der Bücher der Sparkassen nicht gestattet sei, wurde angefochten, da dieselbe der Tendenz des Gesetzes, welche auf eine möglichst genaue Ermittelung des Einkommens gerichtet sei, widerspreche.

Der Herr Finanzminister befürwortete die Aufrechterhaltung der Bestimmung, weil die kommunalen Sparkassen sonst ungünstiger gestellt wären, als private Sparkassen, und als die großen Banken oder die bei einzelnen Banquiers gemachten Einlagen. Es sei nicht ausgeschlossen, daß der Vorsitzende der Kommission, äußersten Falls durch Zeugenvernehmung nach §. 38, in strittigen Fällen die Höhe oder das Vorhandensein von Einlagen ermitteln könne.

Ein Antrag, die letzte Zeile zu fassen „die Einsicht der Bücher, Akten u. s. w., nicht nur der Kommunal- oder nur genossenschaftlichen Sparkassen ist gestattet," wurde abgelehnt."

§. 36.

Der Vorsitzende der Veranlagungskommission hat die von der Voreinschätzungskommission vorgeschlagenen Steuersätze (§. 32) zu prüfen[1]) und, soweit dieselben nicht von ihm beanstandet werden, festzusetzen.

In Betreff derjenigen Steuerpflichtigen, bezüglich welcher ein Vorschlag der Voreinschätzungskommission nicht vorliegt, oder der Vorschlag von ihm beanstandet wird, hat er die Verhandlungen der Veranlagungskommission zur Beschlußfassung[2]) vorzulegen und zu diesem Behufe das nach seinem Ermessen für jeden Steuerpflichtigen zutreffende Einkommen, getrennt nach den verschiedenen Quellen, in die Einkommensnachweisung einzutragen und den nach Vorschrift dieses Gesetzes zu entrichtenden Steuersatz vorzuschlagen.

§. 37.

Dem Vorsitzenden der Veranlagungskommission können zur Bearbeitung der Einkommensteuersachen von der Regierung Hülfsbeamte[1]) zugeordnet werden. Dieselben können an den Kommissionssitzungen als Stellvertreter des Vorsitzenden oder mit berathender Stimme theilnehmen; ihre sonstigen Rechte und Pflichten werden nach den hierüber von dem Finanzminister zu erlassenden allgemeinen Anweisungen von der Regierung festgesetzt.

(Zu §. 36.) 1) Die Vorschläge der Voreinschätzungskommissionen sollen von dem Vorsitzenden der Veranlagungskommission geprüft werden (§. 36); beanstandet dieser die Vorschläge nicht, so unterliegt es nach den Motiven zum Gesetz keinem begründeten Bedenken, ihm die Festsetzung der vorgeschlagenen Steuersätze Namens der Veranlagungskommission zu übertragen. Die Mitglieder der letzteren werden hierdurch von einem großen Theil wesentlich formaler Geschäfte entlastet und um so mehr in der Lage sein, ihre ungetheilte Aufmerksamkeit und Sorgfalt den zweifelhaften und verwickelteren Einschätzungsfällen zuzuwenden.

2) Bei der Veranlagung der Steuerpflichtigen mit weniger als 3000 Mark Einkommen hat also der Vorsitzende alle von ihm beanstandeten Vorschläge, sowie alle freiwilligen oder geforderten Steuererklärungen (§. 38) der Veranlagungskommission zur Beschlußfassung vorzulegen.

(Zu §. 37.) 1a) In der Kommission des Hauses der Abgeordneten (Bericht v. 2. Febr. 1891 S. 48) wurde die Frage aufgeworfen, welche Stellung dem Hülfsbeamten gegeben werden solle. Durch eine Erklärung des Herrn Finanzministers wurde festgestellt, daß der Hülfsbeamte, der auch Subalternbeamter sein kann, Gehülfe des Landraths bezw. des anderweiten Vorsitzenden sein und dem Landrath gegenüber keine selbstständigen Rechte haben soll. Die Geschäftsvertheilung zwischen beiden wird im Wege der Instruktion zu regeln sein. Der Landrath kann sich den Hülfsbeamten in geeigneten Fällen als Vorsitzenden der Kommission substituiren; geschieht dies nicht, so wird der Hülfsbeamte mit berathender Stimme an den Sitzungen der Kommission theilnehmen.

1b) Siehe hierzu den Art. 47 der Anweisung v. 5. Aug. 1891 im Abschn. IV dieses Buches und den dort abgedruckten Finz.-Minist.-Erlaß v. 8. Juli 1891 — M. d. J. I A. 6714/F. M. II — 7983. —.

1c) Finz.-Minist.-Erlaß v. 4. Juni 1889. — II. 5522. —.

Der Wortlaut des §. 10 Abs 1 der Anweisung v. 4. März 1877 kann es nicht zweifelhaft erscheinen lassen, daß eine Vertretung des Landraths in seiner Eigenschaft als Vorsitzender der Einkommensteuereinschätzungskommission durch einen Kreisdeputirten oder den Kreissekretär der Genehmigung der Bezirksregierung unterliegt. Diese Vorschrift hat durch §. 31 der Kreisordnung

§. 38.

Die Veranlagungskommission unterwirft die eingegangenen Steuererklärungen sowie die Personenstands- und Einkommensnachweisungen einer genauen Prüfung. Hierbei hat sie das Recht, von den nach §. 35 Absatz 4, 5 und 6 dem Vorsitzenden zustehenden Hülfsmitteln auch ihrerseits Gebrauch zu machen.[1])

Wird eine Steuererklärung durch die Veranlagungskommission oder den Vorsitzenden beanstandet,[2]) so ist dem Steuerpflichtigen hiervon unter Mittheilung der Gründe mit der Aufforderung Kenntniß zu geben, sich binnen einer Frist von zwei Wochen, welche vom Vorsitzenden im Bedürfnißfalle auf vier Wochen verlängert werden kann, über dieselben oder bestimmte an ihn gestellte Fragen zu erklären. Unterläßt dies der Steuerpflichtige, oder werden die Bedenken gegen die Richtigkeit der Steuerklärung durch die Erläuterung oder Ergänzung seitens desselben nicht behoben, so ist die Veranlagungskommission befugt, die Vernehmung von Zeugen und Sachverständigen und sonstige, zur Feststellung der Thatsachen erforderliche Erhebungen zu veranlassen.[3]) Die zu vernehmenden Personen dürfen die Auskunftsertheilung nur unter den Voraussetzungen ablehnen, welche nach der Civilprozeßordnung zur Ablehnung eines Zeugnisses beziehungsweise Gutachtens berechtigen.[4])

Bleiben trotzdem die Zweifel an der Richtigkeit der Steuererklärung bestehen, so ist die Kommission bei Schätzung des Einkommens an die Angaben des Steuerpflichtigen nicht gebunden.[5])

Die Kommission setzt den nach ihrem Ermessen zutreffenden Steuersatz auf Grund der stattgehabten Ermittelungen fest.

---

v. 31. Juli 1886, welcher die Stellvertretung des Landraths ausschließlich in den Geschäften der allgemeinen Landesverwaltung und der Kommunalverwaltung regeln will, keine Aenderung erfahren.

Findet die Bezirksregierung gegen die Person, welche gesetzlich berufen ist, den Landrath in seinem Hauptamt zu vertreten, nichts zu erinnern, so bedarf es für die Wahrnehmung der Geschäfte des Vorsitzenden der Einschätzungskommission nicht der Ertheilung eines besonderen Auftrages. In diesem Fall genügt die stillschweigende Genehmigung, so daß die fraglichen Geschäfte ohne weiteres auf die zur Vertretung des Landraths in seinem Hauptamt gesetzlich berufene Persönlichkeit übergehen. Auch steht es unter der bezeichneten Voraussetzung der Bezirksregierung zu, nach ihrem Ermessen durch Ertheilung einer generellen Genehmigung die jedesmalige Anzeige für die einzelnen Fälle, in welchen eine Vertretung stattzufinden hat, entbehrlich zu machen. Eine derartige generelle Genehmigung bleibt selbstverständlich nur so lange in Kraft, als die Bezirksregierung sich nicht veranlaßt findet, sie zurückzuziehen.

(Zu §. 38.) 1) In Betreff der Obliegenheiten und Befugnisse der Veranlagungskommission siehe Art. 57 der Anweisung v. 5. Aug. 1891 im Abschn. IV dieses Buches.

2) „An den Inhalt der Steuererklärungen soll die Veranlagungskommission bei der Schätzung des Einkommens nicht gebunden sein. Trotz des im §. 24 beschränkten Umfanges der Deklarationspflicht wird aus den im Eingange dieses Abschnittes angedeuteten Gründen ohne Zweifel ein erheblicher Theil der Steuererklärungen unzutreffende Angaben über das Einkommen enthalten. Damit diese nicht einen unberechtigten Einfluß auf die Veranlagung erlangen, muß der Veranlagungskommission nach ihrem pflichtmäßigen Ermessen allein die Entscheidung darüber zustehen, ob im einzelnen Falle der Inhalt der Steuererklärung der Schätzung zu Grunde zu legen ist

oder nicht. Nach §. 38 Abs. 2 soll aber im Falle der Beanstandung dem Steuerpflichtigen hiervon unter Mittheilung der Gründe Kenntniß gegeben werden, mit der Aufforderung, sich binnen einer Frist von einer Woche darüber zu erklären, so daß der Steuerpflichtige zur Erläuterung seiner Angaben, sowie zur Beseitigung eines etwa obwaltenden Mißverständnisses jedenfalls Gelegenheit findet.

Der häufig erhobene Einwand, daß durch die Verwerfung der Selbstangabe ein gewisser Makel auf den betheiligten Steuerpflichtigen falle, wird hierdurch entkräftet, zumal in zahlreichen Fällen nicht Mißtrauen gegen die Glaubwürdigkeit thatsächlicher Angaben, sondern Ausstellungen gegen die Berechnung des Einkommens oder Meinungsverschiedenheiten über die anzuwendenden Veranlagungsgrundsätze zur Beanstandung von Steuererklärungen den Anlaß zu geben pflegen."

(Motive zum Gesetz.)

In dieser Beziehung äußerte der Herr Finanzminister in der Sitzung des Abgeordnetenhauses v. 22. Novbr. 1890: „Lügen und betrügen, das traue ich der großen Mehrzahl unserer Steuerpflichtigen nun und nimmermehr zu. Wenn ich ihnen aber das nicht zutraue, muß ich zur Deklaration übergehen. Aber es wäre zu weit gegangen — ich wiederhole es, — wenn man nun diesen guten Glauben unbedingt auf alle Steuerpflichtigen anwenden würde. Das große Feld des Irrthums und der falschen Auffassung wollen Sie so ganz außer Betracht lassen? Die Allerwenigsten werden ganz absichtlich und bewußt die Unwahrheit sagen; aber eine sehr große Anzahl wird falsch rechnen, und wenn die Kommission nun mit ihnen in Verbindung tritt, wenn sie sie aufmerksam macht auf ihre Irrthümer, so wird eine Reihe von Steuererklärungen berichtigt werden im vollen Einverständniß mit den Steuerpflichtigen selber, da kann man also die sonstigen Rechte der Einschätzungskommission nicht entbehren.

Wir sind alle Menschen, und so optimistisch man auch denkt über den Menschen im Allgemeinen, so muß man dennoch zugeben, daß auch wirklich Böswillige vorhanden bleiben. Und wenn man das übersehen wollte, so wäre man ein Idealist, welcher nicht an der praktischen Gesetzgebung sich betheiligen sollte. Gegen den Böswilligen müssen wir auch Mittel haben, erst recht Mittel haben. Denn wenn der Glaube wieder wach wird: die Ehrlichen haben zu zahlen, und die Unehrlichen gehen leer aus, — dann ist der Zustand noch schlimmer als vorher."

3) Eine *eidliche* Vernehmung der Zeugen und Sachverständigen durch die Veranlagungskommission selbst ist unzulässig. Das Recht, eine eidliche Bekräftigung des Zeugnisses oder Gutachtens vor dem zuständigen Amtsgericht zu verlangen, steht nur der Berufungskommission zu. (§. 43, Abs. 3.) Unaufgefordert abgegebene eidesstattliche Versicherungen sind als nicht geschehen zu betrachten, siehe Art. 57 Nr. III der Anweisung v. 5. Aug. 1891.

4a) Siehe hierzu Art. 57 Nr. I Absatz 4 der Anweisung v. 5. Aug. 1891.

4b) C.P.O. v. 30. Jan. 1877. (R.G.Bl. S. 83.)

§. 348. Zur Verweigerung des Zeugnisses sind berechtigt:

1. der Verlobte einer Partei;
2. der Ehegatte einer Partei, auch wenn die Ehe nicht mehr besteht;
3. diejenigen, welche mit einer Partei in gerader Linie verwandt, verschwägert oder durch Adoption verbunden, oder in der Seitenlinie bis zum dritten Grade verwandt oder bis zum zweiten Grade verschwägert sind, auch wenn die Ehe, durch welche die Schwägerschaft begründet ist, nicht mehr besteht;
4. Geistliche in Ansehung desjenigen, was ihnen bei der Ausübung der Seelsorge anvertraut ist;
5. Personen, welchen kraft ihres Amtes, Standes oder Gewerbes Thatsachen anvertraut sind, deren Geheimhaltung durch die Natur derselben oder durch gesetzliche Vorschrift geboten ist, in Betreff der Thatsachen, auf welche die Verpflichtung zur Verschwiegenheit sich bezieht.

Die unter Nr. 1—3 bezeichneten Personen sind vor der Vernehmung über ihr Recht zur Verweigerung des Zeugnisses zu belehren.

Die Vernehmung der Nr. 4, 5 bezeichneten Personen ist, auch wenn das Zeugniß nicht verweigert wird, auf Thatsachen nicht zu richten, in Ansehung welcher erhellt, daß ohne Verletzung der Verpflichtung zur Verschwiegenheit ein Zeugniß nicht abgelegt werden kann.

§. 349. Das Zeugniß kann verweigert werden:

1. über Fragen, deren Beantwortung dem Zeugen oder einer Person, zu welcher derselbe in einem der im §. 348 Nr. 1—3 bezeichneten Verhältnisse steht, einen unmittelbaren vermögensrechtlichen Schaden verursachen würde;
2. über Fragen, deren Beantwortung dem Zeugen oder einem der im §. 348 Nr. 1—3 bezeichneten Angehörigen desselben zur Unehre gereichen oder die Gefahr strafgerichtlicher Verfolgung zuziehen würde;
3. über Fragen, welche der Zeuge nicht würde beantworten können, ohne ein Kunst- oder Gewerbegeheimniß zu offenbaren.

§. 350. In den Fällen des §. 348 Nr. 1—3 und des §. 349 Nr. 1 darf der Zeuge das Zeugniß nicht verweigern:

1. über die Errichtung und den Inhalt eines Rechtsgeschäfts, bei dessen Errichtung er als Zeuge zugezogen war;
2. über Geburten, Verheirathungen oder Sterbefälle von Familiengliedern;
3. über Thatsachen, welche die durch das Familienverhältniß bedingten Vermögensangelegenheiten betreffen;
4. über diejenigen auf das streitige Rechtsverhältniß sich beziehenden Handlungen, welche von ihm selbst als Rechtsvorgänger oder Vertreter einer Partei vorgenommen sein sollen.

Die im §. 348 Nr. 4, 5 bezeichneten Personen dürfen das Zeugniß nicht verweigern, wenn sie von der Verpflichtung zur Verschwiegenheit entbunden sind.

§. 372. Der zum Sachverständigen Ernannte hat der Ernennung Folge zu leisten, wenn er zur Erstattung von Gutachten der erforderten Art öffentlich bestellt ist oder wenn er die Wissenschaft, die Kunst oder das Gewerbe, deren Kenntniß Voraussetzung der Begutachtung ist, öffentlich zum Erwerbe ausübt oder wenn er zur Ausübung derselben öffentlich bestellt oder ermächtigt ist.

Zur Erstattung des Gutachtens ist auch derjenige verpflichtet, welcher sich zu derselben vor Gericht bereit erklärt hat.

§. 373. Dieselben Gründe, welche einen Zeugen berechtigen, das Zeugniß zu verweigern, berechtigen einen Sachverständigen zur Verweigerung des Gutachtens. Das Gericht kann auch aus anderen Gründen einen Sachverständigen von der Verpflichtung zur Erstattung des Gutachtens entbinden.

Die Vernehmung eines öffentlichen Beamten als Sachverständigen findet nicht statt, wenn die vorgesetzte Behörde des Beamten erklärt, daß die Vernehmung den dienstlichen Interessen Nachtheile bereiten würde.

4c) Zu den im §. 348, Nr. 5 der C.P.O. bezeichneten Personen gehören unter anderen auch die bei der Verwaltung des Reichs- und des Staatsschuldbuchs sowie der Reichsbank als Beamte, Ausschußmitglieder, Beigeordnete betheiligten Personen. (Siehe Anm. 5 zu §. 35.) Den Beamten &c. der Reichsbank ist im §. 39 des Bankgesetzes v. 14. März 1875 (R.G.Bl. S. 177) ausdrücklich Stillschweigen über den Umfang des den Privatpersonen gewährten Kredites zur Pflicht gemacht.

5a) Eine Mittheilung dieser „Zweifel an der Richtigkeit“ oder der Gründe, weshalb die Steuer abweichend von der Steuererklärung festgesetzt worden ist, an den Steuerpflichtigen ist nicht vorgeschrieben.

5b) Dieser Satz spricht ein *wesentliches Prinzip* des Gesetzes aus. Die Deklaration soll *nicht* die Bedeutung einer *Selbsteinschätzung* des Steuerpflichtigen haben, sondern für die Kommission nur ein Mittel bilden, um unter Zuhülfenahme aller anderen ihr zu Gebote stehenden Mittel eine nach ihrem freien Ermessen dem Gesetz entsprechende Veranlagung des Steuerpflichtigen herbeizuführen.

In dieser Beziehung äußerte in der Sitzung des Hauses der Abgeordneten v. 19. Febr. 1891 (Sten. Ber. S. 981 und bezw. S. 985) der Herr Finanzminister:

Meine Herren, die Kommission muß berechtigt sein, nach ihrem freien Ermessen zu veranlagen, wenn sie nicht positiv von der Richtigkeit der Steuerklärung überzeugt ist, während der Herr Dr. B. ihr erst dann diese Berechtigung zugestehen will, wenn sie positiv von der Unrichtigkeit überzeugt ist und dafür ganz bestimmte Gründe hat. Der Unterschied ist der, in dem einen Falle, nach der Regierungsvorlage und der Kommissionsvorlage, ist die Steuererklärung nur ein Material zur richtigen Veranlagung; in dem anderen Falle ist sie aber eine Selbsteinschätzung, die so lange gilt, als das Gegentheil nicht bewiesen wird. Meine Herren, keine einzige Gesetzgebung in Deutschland hat eine solche Bestimmung, und die Erfahrung des Herrn Regierungskommissars, der die praktische Handhabung dieser Gesetze persönlich in einigen Ländern Deutschlands sich mit angesehen hat, hat erwiesen, daß eine solche Selbstveranlagung, wie sie aus den Anträgen hervorgeht, in keinem Lande besteht, und auch in der praktischen Handhabung gänzlich undurchführbar ist. Die Regierungsvorlage enthält ja doch Garantieen genug, der Steuerpflichtige hat das Recht, wenn seine Deklaration beanstandet wird, daß ihm mit Gründen mitgetheilt wird, warum sie beanstandet wird. Er hat dadurch Gelegenheit, seine Deklaration zu vertreten, die Gründe für die Richtigkeit derselben anzugeben, auf die Ueberzeugung der Kommission dementsprechen einzuwirken. Wenn die Kommission dennoch ihm keinen Glauben schenkt, hat er die Berufung; nach der Regierungsvorlage hat er sogar das Recht, seine Behauptung in der Berufungsinstanz eidesstattlich zu vertreten. Ein rücksichtsvolleres Verfahren gegen den Steuerpflichtigen, wie wir es vor uns haben, ist in keinem einzigen deutschen Gesetze vorhanden."

Ferner äußerte der Herr Regierungsvertreter:

„Was den Antrag ꝛc. betrifft, so handelt es sich, wie auch schon mehrere der Herren Vorredner anerkannt haben, hier um eine Frage von grundsätzlicher Bedeutung, um die Verschiedenheit der Auffassung darüber, welche Bedeutung der Deklaration für das Veranlagungsverfahren beizulegen ist.

Die Stellung derjenigen Herren, die den Antrag unterzeichnet haben, kann man am besten kennzeichnen, wenn man anknüpft an eine Aeußerung, die einer der Unterzeichner gestern gethan hat. Er erklärte ganz ausdrücklich, er halte die Deklaration deshalb und soweit für gut, als sie ein Schutzmittel gegen zu hohe Veranlagung sei. Darin, meine Herren, spricht sich der Gegensatz deutlich aus. Die Antragsteller wollen das Deklarations**recht** mit allen seinen Konsequenzen, aber nicht die Deklarations**pflicht**, wie sie in der Vorlage der Staatsregierung vorgesehen ist.

Nicht nur die deutschen Staaten, sondern, soviel mir bekannt, auch die sämmtlichen größeren außerdeutschen Staaten, welche in neuerer Zeit die Deklaration eingeführt haben, haben sie stets nur in dem Sinne aufgefaßt, wie die Regierungsvorlage, nämlich dahin, daß die Deklaration ein rentables Veranlagungsmittel ist **neben** den anderen Mitteln, die wir schon haben, die wir aber wegen der Deklaration keineswegs aufgeben wollen und auch nicht aufgeben können. Es bestehen ältere Einkommensteuergesetze in England und Oesterreich, ein neues Gesetz in Italien, und überall bildet die Deklaration nur ein Veranlagungsmittel, welches seine nothwendige Korrektur dadurch findet, daß die schließliche Veranlagung der freien Entscheidung einer darüber geordneten Kommission anvertraut ist.

Von den deutschen Staaten haben die Deklarationspflicht theils für die Einkommensteuer überhaupt, theils für die Kapitalrentensteuer Bayern, Baden, Württemberg, Sachsen, Weimar-Eisenach, Anhalt, Meiningen, Hessen, die Hansestädte und andere. Die Bestimmungen darüber, in welcher Weise die Entscheidung über die Veranlagung stattfindet, sind im Einzelnen sehr verschieden geordnet. Man kann im Großen und Ganzen zwei Gruppen von Gesetzen unterscheiden, der eine Theil der Einkommensteuergesetze und zwar der größere Theil, giebt den Einschätzungskommissionen die Befugniß, ohne jede weitere Erörterung von der angegebenen Einkommensdeklaration abzugehen, ohne daß insbesondere der Deklarant vorher gehört zu werden braucht. Eine andere Gruppe schreibt die vorherige Anhörung der Deklaranten vor; es liegt auf der Hand, daß das letztere Verfahren bei weitem rücksichtsvoller gegen den Steuerpflichtigen ist, und die

Regierungsvorlage hat geglaubt, sich diesem Verfahren anschließen zu müssen. Sie ist sogar darüber noch hinausgegangen; sie enthält eine Vorschrift, welche in keinem einzigen der deutschen Einkommensteuergesetze enthalten ist: die Kommission soll den Steuerpflichtigen in jedem einzelnen Falle, in dem seine Erklärung beanstandet wird, ausdrücklich die Gründe mittheilen, aus denen dies geschieht und ihn darüber zur Erklärung auffordern. Hierin liegt eine so erhebliche Garantie für die Steuerpflichtigen, daß man in der That nicht weiter gehen kann, wenn man nicht die Gleichmäßigkeit der Veranlagung ernstlich gefährden will.

Nun gehen die Herren Antragsteller davon aus, daß der ehrliche Deklarant nothwendig geschützt werden müsse. Ich bin zuvörderst der Meinung: der ehrliche Deklarant bedarf eines besonderen Schutzes nicht. Es mögen einzelne Mißgriffe vorkommen; aber im Großen und Ganzen werden die Veranlagungskommissionen ihre Leute kennen und wissen, wem sie Vertrauen schenken dürfen, wessen Deklaration sie ohne weiteres glauben können, und den redlichen Deklaranten werden und müssen sie glauben; sie müssen es, denn sie sind während der beschränkten Veranlagungszeit gar nicht in der Lage, weitläufige Erörterungen über die Verhältnisse aller Deklaranten anzustellen. Darüber ist gar kein Zweifel.

Ferner mache ich Sie darauf aufmerksam, meine Herren, es handelt sich nicht blos um die wissentlich unrichtigen Deklarationen, sondern auch um die große Zahl derjenigen, die bei ihren Angaben sich irren oder deren Steuererklärung auf unrichtiger Schätzung ihres Einkommens beruht. Auch auf diese beziehen sich die vorliegenden Anträge.

Nun ist es aber in diesen Fällen für die Kommission unmöglich, den Beweis zu liefern oder die positive Ueberzeugung zu gewinnen, daß die gemachten Angaben unrichtig seien. Das wäre eine Aufgabe, deren Erfüllung für die Kommission gar nicht möglich ist.

Ich frage: liegt denn nach den bisherigen Erfahrungen, die in den übrigen Staaten gemacht sind, etwa ein Anlaß vor, das Verfahren mit noch größeren Garantieen zu umgeben, als die Regierungsvorlage vorschlägt? Meine Herren, ich wenigstens habe niemals gehört, daß aus Sachsen oder anderen Staaten in dieser Beziehung begründete Klagen erhoben worden sind. Im Gegentheil. Im Frühjahr vorigen Jahres hat im sächsischen Landtage eine Verhandlung stattgefunden aus Anlaß eines Abänderungsantrages zum Einkommensteuertarif. Ohne irgend einen Widerspruch zu finden hat bei dieser Gelegenheit ein Landtagsabgeordneter vor dem Landtage die allgemeine Zufriedenheit mit der Funktion des dortigen Einkommensteuergesetzes konstatirt.

Auf der anderen Seite möchte ich aber ausdrücklich darauf aufmerksam machen, daß nach den Erfahrungen in allen Staaten, in denen eine Deklarationspflicht besteht, die Angaben der Steuerpflichtigen in außerordentlich vielen Fällen theils aus Unkenntniß der Bestimmungen theils aus Fahrlässigkeit oder auch wissentlich unrichtig gemacht werden. Die Zahlen, um welche es sich in dieser Beziehung handelt, könnten wohl etwas stutzig machen.

In Hamburg beispielsweise — ich trage keine Bedenken, die Zahlen mitzutheilen, weil sie einer amtlichen Publikation entnommen sind — in Hamburg sind im Jahre 1888 nicht weniger als 648 140 Mark an Nachsteuer in Fällen der Hinterziehung von Steuern zur Einzahlung gelangt und 155 333 Mark Strafen. Das ist doch ein recht erheblicher Betrag, wenn man erwägt, daß in dem betreffendem Jahre das ganze Aufkommen der Hamburger Einkommensteuer sich auf etwa 7½ Millionen belaufen hat; das heißt also gegen 10% des Steueraufkommens wurde wegen unrichtiger Deklaration im Wege der Nachbesteuerung aufgebracht. Diese Zahlen ergeben, daß es unbedingt nothwendig ist, den Einschätzungskommissionen eine vollkommen freie Stellung gegenüber den Deklarationen der einzelnen Steuerpflichtigen zu geben. Thun Sie das nicht, sondern verlangen Sie, daß die Kommissionen im Stadium der Veranlagung ihrerseits den Beweis für die Unrichtigkeit der Angaben der einzelnen Steuerpflichtigen erbringen sollen, so kann es bei der Masse der Geschäfte gar nicht ausbleiben, daß ohne weiteres jede Steuererklärung acceptirt wird, daß die Steuererklärung der Unehrlichen ebenso gilt, wie die Steuererklärung der Ehrlichen; dies führt gerade zu den Ungleichheiten, die sie vermeiden wollen.

§. 39.

Das Ergebniß der Veranlagung hat der Vorsitzende der Veranlagungskommission jedem Steuerpflichtigen mittelst einer, zugleich eine Belehrung über das Rechtsmittel der Berufung enthaltenden Zuschrift[1]) bekannt zu machen.

5. Rechtsmittel.

a. Berufung.

§. 40.

Gegen das Ergebniß der Veranlagung steht sowohl dem Steuerpflichtigen als auch dem Vorsitzenden der Veranlagungskommission das Rechtsmittel der Berufung an die Berufungskommission zu.[1])

Die Berufung ist seitens des Vorsitzenden[2]) der Veranlagungskommission bei dem Vorsitzenden der Berufungskommission, seitens der Steuerpflichtigen bei dem Vorsitzenden der Veranlagungskommission[3]) binnen einer Ausschlußfrist von vier Wochen[4]) einzulegen, welche für den Vorsitzenden der letzteren vom Tage des angefochtenen Beschlusses, für den Steuerpflichtigen von dem auf die Zustellung der Benachrichtigung (§. 39) folgenden Tage ab läuft.[5])

(Zu §. 39.) 1a) Im §. 39 wird die Mittheilung der Steuersätze an die einzelnen Steuerpflichtigen mittelst Zuschrift angeordnet, wie solches schon jetzt für die klassifizirte Einkommensteuer vorgeschrieben ist. Die Motive zum Gesetz sprechen aus, daß nach Verschmelzung der Klassen- und Einkommensteuer die bisher für die erstere geltende Art der Bekanntmachung durch Auslegung der Steuerrollen um so weniger beibehalten werden könne, als diese Form den gegenwärtigen Verhältnissen nicht mehr entspräche. Es sei unbillig, den Steuerpflichtigen, welche sich die erforderliche Kenntniß von ihrer Einschätzung verschaffen wollen, die namentlich in größeren Städten lästige Einsicht der Rolle zumuthen.

1b) Wie dieses Benachrichtigungsschreiben (Veranlagungsschreiben) beschaffen sein und was es enthalten müßte, ist im Art. 60 der Anweisung v. 5. Aug. 1891 im Abschn. IV dieses Buches näher angeordnet.

1c) Die Kommission des Hauses der Abgeordneten sprach unter Zustimmung des Herrn Regierungskommissars ihre Ueberzeugung aus, daß im Interesse einer Erleichterung der Geschäfte eine eigenhändige Vollziehung jeder einzelnen Mittheilung über das Ergebniß der Veranlagung durch den Vorsitzenden der Kommission nicht erforderlich sei, daß vielmehr die Unterschrift durch Faksimile oder anderweit erfolgen könne. (Kommissionsbericht v. 2. Febr. 1891 S. 50.)

Siehe auch Art. 70 Nr. 7 der Anweisung v. 5. Aug. 1891.

(Zu §. 40.) 1) Die Beschreitung des Rechtsweges ist ausgeschlossen. Siehe Allg. Landrecht, Theil II Tit. 14, §. 78.: „Ueber die Verbindlichkeit zur Entrichtung allgemeiner Anlagen denen sämmtliche Einwohner des Staats oder alle Mitglieder einer gewissen Klasse derselben, nach der bestehenden Landesverfassung unterworfen sind (§§. 2, 3) findet kein Prozeß statt." Nur in dem Falle des §. 9 des Ges., betr. die Erweiterung des Rechtsweges v. 24. Mai 1861 (G.S. S. 241): „Wegen allgemeiner Anlagen und Abgaben (§§. 36, 41 der Verordnung v. 26. Dez. 1808, G.S. v. 1817 S. 283, §§. 78, 79 Theil II Tit. 14 Allg. Landrechts) kann auf Grund der Behauptung, daß die einzelne Forderung bereits früher getilgt oder verjährt sei, die Klage auf Erstattung des Gezahlten angestellt werden, jedoch bei Verlust des Klagerechts nur binnen spätestens sechs Monaten nach erfolgter Beitreibung oder geleisteter Zahlung," sowie, wenn Jemand behauptet, aus

§. 41.

Für jeden Regierungsbezirk wird unter dem Vorsitze eines von dem Finanzminister zu ernennenden Regierungskommissars eine Berufungskommission[1]) gebildet, deren Mitglieder[2]) theils von der Regierung ernannt, theils von dem Provinzialausschusse aus den Einwohnern des Regierungsbezirks, unter möglichster Berück-

---

besonderen Gründen (Vertrag, Privileg, erwerbende Verjährung) von der Abgabe befreit zu sein (§. 79 Tit. 14 Theil II des Allg. Landrechts) würde der Rechtsweg zuzulassen sein.

(Zu §. 40.) 2) Der Steuerpflichtige muß von der Berufung benachrichtigt werden. Siehe Art. 63 Abs. 4 der Anweisung v. 5. Aug. 1891 im Abschn. IV dieses Buches. Ebendaselbst siehe auch die Bestimmungen über die Anwendung des Rechtsmittels.

3a) Siehe hierzu Art. 62 Nr. I der Anweisung vom 5. Aug. 1891 im Abschn. IV dieses Buches.

3b) Siehe §. 3. des Ges. über die Verjährungsfristen bei öffentlichen Abgaben v. 18. Juni 1840 (G.S. S. 140):

„Wendet sich der Reklamant an eine inkompetente Behörde, so hat diese das Rekursgesuch an die kompetente Behörde abzugeben, ohne daß dem Reklamanten die Zwischenzeit auf die Frist angerechnet wird."

4a) Das heißt 28 Tage. Siehe §. 79 des Gesetzes sowie Art. 60 Nr. 2 und Art. 63 Abs. 2 u. 3 der Anweisung v. 5. Aug. 1891.

4b) Endigung der Präklusivfristen in der Verwaltung der direkten Steuern.

Finz.-Minist.-Erlaß v. 3. Okt. 1884 — II. 11250 —.

Die Deutsche Civilprozeßordnung (§. 200) bestimmt, daß, wenn das Ende einer Frist auf einen Sonntag oder allgemeinen Feiertag fällt, die Frist erst mit Ablauf des nächstfolgenden Werktages endigt. Nachdem diese Bestimmung auch für die Berechnung der Fristen für Beschwerden in Verwaltungssachen und im Verwaltungsstreitverfahren maßgebend geworden ist — vgl. §. 52 des Ges. über die allgemeine Landesverwaltung v. 30. Juli 1883 (G.S. S. 195) —, kann der bisher bezüglich der Präklusivfristen in der Verwaltung der direkten Steuern festgehaltene entgegengesetzte Grundsatz (vgl. Erlaß v. 1. Okt. 1879 — II. 12 886 — Gauß, Gebäudesteuer S. 493 Nr. 1529) nicht mehr aufrecht erhalten werden, vielmehr ist auch hinsichtlich der in den Gesetzen über die direkten Steuern vorgeschriebenen Fristen insbesondere für Anbringung der Reklamationen, Remonstrationen, Rekurse u. s. w. nach obiger Bestimmung zu verfahren.

Bei dem bisherigen Grundsatz, den Tag der Zustellung der Verfügung, des Bescheides oder Beschlusses bezw. den letzten Tag der Offenlegung der Steuerrolle bei dem Laufe der Präklusivfrist nicht mitzurechnen, hat es auch ferner sein Bewenden.

4c) Allgemeine Feiertage im Sinne der §§. 13, 20 Abs. 2 der Verordnung v. 7. Sept. 1879 (§. 681 der C.P.O., R.G.Bl. 1877 S. 206) sind:

1) der erste und zweite Feiertrag der drei christlichen Feste Weihnachten, Ostern und Pfingsten;
2. der Charfreitag;
3. der Neujahrstag;
4. der Buß- und Bettag;
5. der Himmelfahrtstag.

Für die Rheinprovinz dürfte noch die Allerh. Kab.-Ordre v. 5. Juli 1832, die gesetzlichen Festtage in der Rheinprovinz betr. (G.S. S. 197) Geltung haben.

5) Legen beide Theile die Berufung ein, so ist gemäß Art. 66 Nr. 2 Abs. 6 der Anweisung v. 5. Aug. 1891 im Abschnitt IV dieses Buches zu verfahren.

(Zu §. 41.) 1) Siehe Art. 64 der Anweisung v. 5. Aug. 1891.

2) Siehe §. 50 Abs. 3 des Ges.

sichtigung der verschiedenen Arten des Einkommens, auf die Dauer von sechs Jahren gewählt werden.

Die Mitglieder der für die Haupt- und Residenzstadt Berlin[3]) zu bildenden Berufungskommission werden theils von dem Finanzminister ernannt, theils von dem Magistrat und der Stadtverordnetenversammlung in gemeinschaftlicher Sitzung unter dem Vorsitz des Bürgermeisters gewählt.

Die Zahl der Mitglieder der Berufungskommission wird für jeden Bezirk von dem Finanzminister nach Maßgabe der Vorschrift im §. 34 Absatz 2 festgesetzt. Die Bestimmungen im §. 34 Absatz 3 finden entsprechende Anwendung.

§. 42.

Der Vorsitzende der Berufungskommission ist in Bezug auf die richtige Feststellung der Steuer der Vertreter der Staatsinteressen für seinen Bezirk. Ihm liegt die obere Leitung[1]) des gesammten Veranlagungsgeschäfts im Bezirke ob. Er hat die gleichmäßige Anwendung der Veranlagungsgrundsätze zu überwachen, die Geschäftsführung der Vorsitzenden der Veranlagungskommissionen zu beaufsichtigen und für die rechtzeitige Vollendung des Veranlagungsgeschäfts zu sorgen.

§. 43.

Die Berufungskommission entscheidet über alle gegen das Verfahren und die Entscheidungen der Veranlagungskommissionen angebrachten Beschwerden und Berufungen.[1])

Behufs Prüfung der Berufungen können die Berufungskommission und deren Vorsitzender eine genaue Feststellung der Vermögens- und Einkommensverhältnisse der Steuerpflichtigen veranlassen. Dabei sind sie befugt, von den zu diesem

---

3) Die Stadt Berlin ist nach §. 1 des Landesverwaltungsgesetzes v. 30. Juli 1883 (G.S. S. 195) aus der Provinz Brandenburg ausgeschieden und bildet einen Verwaltungsbezirk für sich, ein Provinzialausschuß besteht für Berlin nicht.

Siehe auch §. 46 desselben Ges.

(Zu §. 42.) 1) Unter Zustimmung der Kommission des Hauses der Abgeordneten (Bericht v. 2. Febr. 1891 S. 51) wurde von dem Herrn Regierungskommissar die Erklärung abgegeben, daß der Vorsitzende der Berufungskommission berechtigt sei, die Vorsitzenden der Voreinschätzungs- und Veranlagungskommission zu rektifiziren und denselben auch maßgebende Anweisungen zur Einlegung der Berufung in Spezialfällen zu ertheilen.

Wegen der weiteren Rechte und Pflichten des Vorsitzenden der Berufungskommission siehe Art. 65 der Anweisung vom 5. August 1891 im Abschnitt IV dieses Buches.

(Zu §. 43.) 1) Die Entscheidung hat sich auch auf die nach §. 71 des Ges. zu erstattenden Kosten zu erstrecken und ist mit Gründen zu versehen, siehe Art. 66 Nr. 2 der Anweisung v. 5. Aug. 1891.

2) Der Berufungskommission in Ermangelung anderer Mittel zur Ergründung der Wahrheit die Berechtigung zu geben, den Steuerpflichtigen oder dessen gesetzlichen Vertreter zur Bekräftigung der von ihm selbstgemachten Angaben durch Versicherung an Eidesstatt aufzufordern, ist von dem Hause der Abgeordneten in der Sitzung v. 20. Febr. 1891 ausdrücklich abgelehnt worden.

Zweck den Veranlagungskommissionen und deren Vorsitzenden zustehenden Hülfsmitteln (§. 35 Absatz 4, 5 und 6, §. 38) Gebrauch zu machen.[2])

Die Berufskommission und deren Vorsitzender können ferner die eidliche Bekräftigung des Zeugnisses oder Gutachtens der vernommenen Zeugen beziehungsweise Sachverständigen vor dem zuständigen Amtsgericht erfordern.

Die Berufungskommission hat die Personenstands- und Einkommensnachweisungen sorgfältig zu prüfen; die von ihr gezogenen Erinnerungen sind bei der Veranlagung für das nächste Steuerjahr zu beachten.[3])

b. Beschwerde.

§. 44.

Gegen die Entscheidung der Berufungskommission steht sowohl den Steuerpflichtigen, als auch dem Vorsitzenden der Berufungskommission die Beschwerde an das Oberverwaltungsgericht[1]) zu. Die Beschwerde ist innerhalb der im §. 40 bestimmten Frist,[2]) seitens des Vorsitzenden der Berufungskommission[3]) bei dem Oberverwaltungsgericht, seitens der Steuerpflichtigen bei dem Vorsitzenden der Berufungskommission anzubringen und kann nur[4]) darauf gestützt werden:

1) daß die angefochtene Entscheidung auf der Nichtanwendung oder auf der unrichtigen Anwendung des bestehenden Rechts, insbesondere auch der von den Behörden innerhalb ihrer Zuständigkeit erlassenen Verordnungen beruhe;

2) daß das Verfahren an wesentlichen Mängeln leide.[5])

In der Beschwerde ist anzugeben, worin die behauptete Nichtanwendung oder unrichtige Anwendung des bestehenden Rechts, oder worin die behaupteten Mängel des Verfahrens gefunden werden.

Ueber das weitere Verfahren bei Behandlung der Berufungen siehe Art. 66 der Anweisung v. 5. Aug. 1891.

(Zu §. 43.) 3) Für das laufende Steuerjahr kann also die Berufungskommission eine Aenderung an der einmal geschehenen Veranlagung nicht vornehmen, wenn nicht der Fall einer Berufung oder der im §. 80 des Ges. vorgesehene Fall vorliegt.

(Zu §. 44.) 1) Siehe §. 49 und Anmerkung.

Von dieser Beschwerde als Rechtsmittel ist wohl zu unterscheiden die Beschwerde über das Verfahren der Berufungskommissionen und ihrer Vorsitzenden (§. 55 des Ges.), welche an den Finanzminister zu richten ist. Siehe jedoch auch §. 48 des Ges.

2) Ist die Frist versäumt, so kann die verspätete Beschwerde nur von dem Ober-Verw.-Gericht zurückgewiesen werden. Siehe §§. 55 und 65 des Ges. v. 2. Aug. 1880 betr. die Verfassung der Verwaltungsgerichte und das Verwaltungsstreitverfahren (G.S. S. 328.)

3) Er hat jedoch vorher an den Finanzminister zu berichten, siehe Art. 66 Nr. 4 der Anweisung v. 5. Aug. 1891.

4) Die Beschwerde soll, gleich der Revision im Verwaltungsstreitverfahren (§. 94 des Ges. über die allgemeine Landesverwaltung v. 30. Juli 1883, G.S. S. 218), nur auf die im §. 44 angegebenen Gründe gestützt werden dürfen. Siehe §. 49 und Anmerkung.

5) Was unter den Begriff „wesentliche Mängel des Verfahrens" fällt, ist nicht definirt, sondern der freien Beurtheilung des Ober-Verw.-Gerichts anheimgestellt.

§. 45.

Der Vorsitzende der Berufungskommission überreicht die bei ihm eingegangene Beschwerde des Steuerpflichtigen mit seiner Gegenerklärung,[1]) soweit er solche für erforderlich erachtet, dem Oberverwaltungsgericht. Die Beschwerde des Vorsitzenden der Berufungskommission wird dem Steuerpflichtigen zur schriftlichen Gegenerklärung innerhalb einer bestimmten, von einer bis zu vier Wochen zu bemessenden Frist[2]) zugefertigt.

§. 46.

Das Oberverwaltungsgericht erläßt seine Entscheidungen in nicht öffentlicher[1]) Sitzung, der Regel nach ohne vorherige mündliche Anhörung des Steuerpflichtigen.

Es kann jedoch dem Steuerpflichtigen von Amtswegen oder auf Antrag Gelegenheit zur persönlichen Verhandlung über den Gegenstand der Beschwerde gewähren.[2])

Bei seiner Entscheidung ist es an diejenigen Gründe nicht gebunden, welche zur Rechtfertigung der gestellten Anträge geltend gemacht worden sind.[3])

§. 47.

Erachtet das Oberverwaltungsgericht die Beschwerde für begründet, so kann es die Angelegenheit zur anderweiten Entscheidung an die Berufungskommission zurückgeben oder selbst die Steuerfestsetzung berichtigen. Im ersteren Falle sind die von dem Gerichtshofe über die Auslegung und Anwendung der gesetzlichen Vorschriften gegebenen Weisungen zu befolgen.

---

1) Und mit sämmtlichen Vorverhandlungen, siehe Art. 66 der Anweisung v. 5. Aug. 1891.

2) Das Versäumen dieser Frist zieht den Nachtheil nach sich, daß das Ober-Verw.-Gericht die Entscheidung ohne weitere Rücksichtsnahme auf den Steuerpflichtigten fällen kann. Reicht der Steuerpflichtige seine Gegenerklärung zwar verspätet, aber noch vor der Entscheidung ein, so würde das Ober-Verw.-Gericht je nach Ermessen immer noch dieselbe berücksichtigen dürfen, da es nach §. 46 Abs. 3 bei seiner Entscheidung an die zur Rechtfertigung der Anträge geltend gemachten Gründe nicht gebunden ist.

(Zu §. 46.) 1) Die Ausschließung der Oeffentlichkeit ist eine Konsequenz der Vorschriften über die Geheimhaltung ꝛc. in §. 52 des Ges.

2) Siehe Gesetz betr. die Verfassung der Verwaltungsgerichte und das Verwaltungsstreitverfahren v. 2. Aug. 1880 (G.S. S. 328):

§. 43. „Die Parteien sind in der Wahl der von ihnen zu bestellenden Bevollmächtigten nicht beschränkt.

Das Gericht kann Vertreter, welche, ohne Rechtsanwälte zu sein, die Vertretung vor dem Gerichte gewerbmäßig betreiben, zurückweisen."

Siehe auch §. 65 desselben Gesetzes.

3) Das Ober-Verw.-Gericht darf mithin die Beschwerde nicht allein aus dem Grunde zurückweisen, weil es die zur Rechtfertigung angeführten Gründe für unzutreffend erachtet, es hat vielmehr die Entscheidung der Berufungskommission und das gesammte Verfahren nach allen Seiten hin selbstständig zu prüfen. (Entsch. d. O.V.G. Band III S. 364).

§. 48.

Ueber Beschwerden, welche das Verfahren des Vorsitzenden der Berufungskommission aus Anlaß der nach §. 44 eingereichten Beschwerden betreffen, beschließt das Oberverwaltungsgericht.

§. 49.

Im Uebrigen finden auf das Verfahren zum Zwecke der Entscheidung über die Beschwerden (§. 44) die über das Verwaltungsstreitverfahren auf Klagen vor dem Oberverwaltungsgerichte[1]) bestehenden gesetzlichen Bestimmungen, insbesondere diejenigen des Gesetzes über die allgemeine Landesverwaltung vom 30. Juli 1883 (Gesetz-Samml. S. 195), des Gesetzes, betreffend die Verfassung der Verwaltungsgerichte ꝛc., vom $\frac{\text{3. Juli 1875}}{\text{2. August 1880}}$ (Gesetz-Samml. 1880 S. 328) und des Gesetzes zur Abänderung des §. 29 des letzteren vom 27. Mai 1888 (Gesetz-Samml. S. 226) mit der Maßgabe sinngemäße Anwendung, daß die Erhebung eines Pauschquantums auch dann stattfindet, wenn die Entscheidung ohne vorgängige mündliche Verhandlung[2]) erfolgt ist, und daß ein Anspruch auf Ersatz der Anwaltsgebühren nicht stattfindet.

1a) Gesetz über die allgemeine Landesverwaltung v. 30. Juli 1883 (G.S. S. 195.):

§. 7. Die Verwaltungsgerichtsbarkeit (Entscheidung im Verwaltungsstreitverfahren) wird durch die Kreis- (Stadt-) Ausschüsse und die Bezirksausschüsse als Verwaltungsgerichte, sowie durch das in Berlin für den ganzen Umfang der Monarchie bestehende Oberverwaltungsgericht ausgeübt. Die Entscheidungen ergehen unbeschadet aller privatrechtlichen Verhältnisse.

Die sachliche Zuständigkeit dieser Behörden zur Entscheidung in erster Instanz wird durch besondere gesetzliche Bestimmungen geregelt.

Die Bezirksausschüsse treten überall an die Stelle der Deputationen für das Heimathwesen.

Wo in besonderen Gesetzen das Verwaltungsgericht genannt wird, ist darunter im Zweifel der Bezirksausschuß zu verstehen.

§. 54. Das Verfahren des Kreis- (Stadt-) Ausschusses und des Bezirksausschusses in Angelegenheiten der allgemeinen Landesverwaltung ist entweder das Verwaltungsstreitverfahren oder das Beschlußverfahren.

Das Verwaltungsstreitverfahren tritt in allen Angelegenheiten ein, in welchem die Gesetze von der Entscheidung in streitigen Verwaltungssachen oder von der Erledigung der Angelegenheit im Streitverfahren oder durch Endurtheil oder von der Klage bei dem Kreisausschusse, dem Bezirksausschusse oder einem Verwaltungsgerichte sprechen, und wo sonst dieses Verfahren gesetzlich vorgeschrieben ist.

In allen anderen Angelegenheiten ist das Verfahren des Kreis- (Stadt-) Ausschusses und des Bezirksausschusses das Beschlußverfahren.

Das Oberverwaltungsgericht verfährt nur im Verwaltungsstreitverfahren; der Provinzialrath nur im Beschlußverfahren.

§. 96. In der Revisionsschrift ist anzugeben, worin die behauptete Nichtanwendung oder unrichtige Anwendung des bestehenden Rechts oder worin die behaupteten Mängel des Verfahrens gefunden werden.

§. 97. Das Oberverwaltungsgericht ist bei seiner Entscheidung an diejenigen Gründe nicht gebunden, welche zur Rechtfertigung der gestellten Anträge geltend gemacht worden sind.

§. 99. Ist die Sache nicht spruchreif, so weist das Oberverwaltungsgericht dieselbe zur anderweitigen Entscheidung an die dazu nach der Sachlage geeignete Instanz zurück und verordnet die Wiederholung oder Ergänzung des Verfahrens, soweit es nach seinem Ermessen mit einem wesentlichen Mangel behaftet ist.

§. 102. Das Verwaltungsstreitverfahren ist stempelfrei.

§. 103. Dem unterliegenden Theile sind die Kosten und die baaren Auslagen des Verfahrens, sowie die erforderlichen baaren Auslagen des obsiegenden Theils zur Last zu legen. Die Gebühren eines Rechtsanwalts des obsiegenden Theil hat der unterliegende Theil nur insoweit zu erstatten, als dieselben für Wahrnehmung der mündlichen Verhandlung vor dem Bezirksausschusse oder dem Oberverwaltungsgerichte zu zahlen sind. An baaren Auslagen für die persönliche Wahrnehmung der mündlichen Verhandlung vor dem Bezirksausschusse und dem Oberverwaltungsgerichte kann die obsiegende Partei nicht mehr in Anspruch nehmen, als die gesetzlichen Gebühren eines sie vertretenden Rechtsanwaltes betragen haben würden, es sei denn, daß ihr persönliches Erscheinen von dem Gerichte angeordnet war.

Im Endurtheile ist der Werth des Streitobjektes festzusetzen.

Die Gebühren der Rechtsanwälte bestimmen sich nach den für dieselben bei den ordentlichen Gerichten geltenden Vorschriften.

§. 104. Die Kosten und baaren Auslagen bleiben dem obsiegenden Theile zur Last, soweit sie durch sein eigenes Verschulden entstanden sind.

§. 106. An Kosten kommt ein Pauschquantum zur Hebung, welches im Höchstbetrage bei dem Kreisausschusse und bei dem Bezirksausschusse 60 Mark, bei dem Oberverwaltungsgerichte 150 Mark nicht übersteigen darf. Für die Gebühren der Zeugen und Sachverständigen gelten die in Civilprozessen zur Anwendung kommenden Vorschriften, für die Berechnung des Pauschquantums kann von den Ministern der Finanzen und des Innern ein Tarif aufgestellt werden.

§. 107. Die Erhebung des Pauschquantums findet nicht statt:

1. rc.
2. wenn die Entscheidung ohne vorgängige mündliche Verhandlung erfolgt ist;
3. rc.
4. bei dem Bezirksausschusse und bei dem Oberverwaltungsgerichte, soweit die Berufung oder die Revision von dem Vorsitzenden des Kreisausschusses bezw. des Bezirksausschusses eingelegt worden war.

1b) Gesetz, betr. die Verfassung der Verwaltungsgerichte und das Verwaltungsstreitverfahren v. 3. Juli 1875/2. Aug. 1880 (G.S. 1880 S. 328):

§. 28. Zur Fassung gültiger Beschlüsse des Oberverwaltungsgerichtes ist die Theilnahme von wenigstens fünf Mitgliedern erforderlich.

Die Zahl der Mitglieder, welche bei Fassung eines Beschlusses eine entscheidende Stimme führen, muß in allen Fällen eine ungerade sein. Ist die Zahl der anwesenden Mitglieder eine gerade, so hat der zuletzt ernannte Rath und bei gleichem Dienstalter der der Geburt nach jüngere Rath kein Stimmrecht. Dem Berichterstatter steht jedoch in allen Fällen Stimmrecht zu.

§. 29. Will ein Senat in einer Rechtsfrage von einer früheren Entscheidung eines anderen Senats oder des Plenums abweichen, so hat er die Verhandlung und Entscheidung der Sache vor das Plenum zu verweisen. (Siehe jedoch Anm. 1c nachstehend.)

Zur Fassung von Plenarentscheidungen ist die Theilnahme von wenigstens zwei Dritteln aller Mitglieder erforderlich.

1c) Gesetz zur Abänderung des §. 29 des Ges., betr. die Verfassung der Verwaltungsgerichte und das Verwaltungsstreitverfahren v. 3. Juli 1875/2. Aug. 1880 (G.S. 1880 S. 328). Vom 27. Mai 1888 (G.S. S. 226):

Artikel 1. Der Abs. 1 des §. 29 des Ges., betr. die Verfassung der Verwaltungsgerichte und das Verwaltungsstreitverfahren v. 3. Juli 1875/2. Aug. 1880 (G.S. von 1880 S. 328) wird durch folgende Vorschriften ersetzt:

Will ein Senat des Oberverwaltungsgerichtes in einer Rechtsfrage von einer früheren Ent-

6. Geschäftsordnung der Kommissionen.

§. 50.

Für sämmtliche Vorsitzende und Mitglieder der Voreinschätzungs-, Veranlagungs- und Berufungskommissionen sind Stellvertreter[1]) in gleicher Weise wie die Vorsitzenden oder Mitglieder zu ernennen beziehungsweise zu wählen. Die Bestimmungen im §. 34 Absatz 3 finden auf die Stellvertreter entsprechende Anwendung.

Wegen Annahme und Ablehnung der nach den Vorschriften dieses Gesetzes stattfindenden Ernennungen und Wahlen finden die Bestimmungen der §§. 8, 25 der Kreisordnung vom 13. Dezember 1872 (Gesetz-Samml. S. 661)[2]) sinngemäße Anwendung.

Als Mitglieder der Kommissionen sind, abgesehen von den durch die bezüglichen Bestimmungen vorgeschriebenen besonderen Voraussetzungen, nur solche Personen wählbar, welche das fünfundzwanzigste Lebensjahr vollendet haben und sich im Besitze der bürgerlichen Ehrenrechte befinden.

§. 51.

Die Vorsitzenden der Kommissionen haben die letzteren zusammenzuberufen, deren Geschäfte vorzubereiten und zu leiten, sowie die nicht von ihnen durch Einlegung von Rechtsmitteln angefochtenen Kommissionsbeschlüsse auszuführen.[1])

---

scheidung eines anderen Senats oder des Plenums abweichen, so ist über die streitige Rechtsfrage die Entscheidung des Plenums des Gerichtshofes einzuholen. Dieselbe erfolgt in allen Fällen ohne vorgängige mündliche Verhandlung. Vor der Entscheidung des Plenums ist jedoch den von den Ressortministern zur Wahrnehmung des öffentlichen Interesses bestellten Kommissarien Gelegenheit zu geben, sich schriftlich über die zur Entscheidung stehende Rechtsfrage zu äußern.

Die Entscheidung der Rechtsfrage durch das Plenum ist in der zu entscheidenden Sache bindend.

Soweit die Entscheidung der Sache eine vorgängige mündliche Verhandlung erfordert, erfolgt dieselbe durch den erkennenden Senat auf Grund einer erneuten mündlichen Verhandlung, zu welcher die Parteien unter Mittheilung der ergangenen Entscheidung der Rechtsfrage zu laden sind.

(Zu §. 49.) 2) Die Absicht dieser Bestimmung des Gesetzes geht also dahin daß jeder bei dem Oberverwaltungsgericht unterliegende Beschwerdeführer das festzusetzende Pauschquantum an Kosten zu entrichten haben soll, auch wenn, wie in der Regel geschehen dürfte, die Entscheidung ohne vorgängige mündliche Verhandlung erfolgt ist, und daß auch der obsiegende Beschwerdeführer einen Anspruch auf Ersatz der Anwaltsgebühren nicht haben soll.

(Zu §. 50.) 1) Siehe Nr. II. 7 des Minist. Erlasses vom 19. Juni 1891 — II. 7576. — bei Art. 40 der Anweisung v. 5. Aug. 1891 im Abschnitt IV.

2) Abgedr. zu Nr. I. 6 des Art. 40 a. a. O.

(Zu §. 51.) 1) In Betreff der Geschäftsordnung der Kommissionen siehe Art. 68, 69 und 70 der Anweisung v. 5. Aug. 1891 im Abschn. IV dieses Buches.

2) Die Beilegung des vollen Stimmrechtes an den Vorsitzenden ist eine Abweichung von dem früheren Rechte und nach den Motiven des Gesetzes zur Aufrechthaltung der vollen Autorität des Vorsitzenden gegenüber den Kommissionsmitgliedern erforderlich.

3) Jedes Kommissionsmitglied muß hiernach abtreten, wenn seine eigene Einschätzung oder die seiner Ehefrau, oder die Einschätzung seiner Verwandten oder Verschwägerten in auf- und absteigender Linie in allen Graden, also: Eltern, Kinder, Großeltern, Enkel, Urgroßeltern, Urenkel,

Nach Bedürfniß können zur Erledigung der den Kommissionen obliegenden Geschäfte Unterkommissionen gebildet werden.

Die Kommissionen beziehungsweise Unterkommissionen fassen ihre Beschlüsse nach Stimmenmehrheit. Dem Vorsitzenden steht volles Stimmrecht[2]) zu. Bei Stimmengleichheit entscheidet die Stimme des Vorsitzenden.

So lange über die Einschätzung oder Berufung eines Kommissionsmitgliedes oder seiner Verwandten oder Verschwägerten in auf- und absteigender Linie oder bis zum dritten Grade der Seitenlinien berathen und abgestimmt wird, hat dasselbe abzutreten.[3])

Ergeben sich diese Voraussetzungen hinsichtlich der Person des Vorsitzenden, so hat derselbe die Führung des Vorsitzes Einem der Kommissionsmitglieder zu übertragen.

Die Ausfertigung der Kommissionsbeschlüsse und Entscheidungen sind von dem Vorsitzenden zu vollziehen.[4])

§. 52.

Die Mitglieder der Kommissionen haben dem Vorsitzenden mittelst Handschlages an Eidesstatt zu geloben, daß sie bei den Kommissionsverhandlungen ohne Ansehen der Person, nach bestem Wissen und Gewissen verfahren und die Verhandlungen sowie die hierbei zu ihrer Kenntniß gelangenden Verhältnisse der Steuerpflichtigen strengstens geheim halten werden.[1])

Das gleiche Gelöbniß haben vor einem von der Regierung zu ernennenden Kommissar diejenigen Vorsitzenden abzulegen, welche nicht schon als Beamte vereidigt sind.

Die bei der Steuerveranlagung betheiligten Beamten sind zur Geheimhaltung der Kommissionsverhandlungen sowie der zu ihrer Kenntniß gelangenden Verhältnisse der Steuerpflichtigen kraft des von ihnen geleisteten Amtseides verpflichtet. Die Steuererklärungen sind unter Verschluß aufzubewahren und dürfen, ebenso wie die Kommissionsverhandlungen über dieselben, nur zur Kenntniß[2]) durch ihren Amtseid zur Geheimhaltung verpflichteter Beamten gelangen.

Schwiegereltern, Schwiegerkinder u. s. w., Stiefkinder u. s. w., oder die seiner Verwandten und Verschwägerten bis zum dritten Grade der Seitenlinie, also: der eignen Geschwister und deren Kinder, der Geschwister der eignen Eltern, der Geschwister der Ehefrau und der Kinder dieser Geschwister, der Geschwister der Eltern der Ehefrau zur Verhandlung kommt. Ob die Ehe noch besteht oder nicht, ist gleichgültig, ebenso ob die Verwandtschaft eine natürliche oder durch Adoption erlangte ist. §. 41 Nr. 3 der Civilprozeßordnung.

Daneben giebt es selbstverständlich zahlreiche Fälle, in denen es sich für ein Kommissionsmitglied empfehlen wird, freiwillig abzutreten, so bei vormundschaftlichen Verhältnissen, bei berufsmäßiger Verpflichtung zur Geheimhaltung u. dergl.

4) Siehe §. 39 Anm. 1c. Seite 62.

(Zu §. 52.) 1) Siehe Art. 70 Nr. 4 der Anweisung v. 5. Aug. 1891 im Abschn. IV.

2) Nach einer Erklärung des Herrn Regierungs-Vertreters (Komm.-Bericht v. 2. Febr. 1891 S. 39) ist von dem Inhalte der Steuererklärungen auch den Voreinschätzungskommissionen keine Kenntniß zu geben. Siehe auch §. 32 Anm. 1 und Art. 70 Nr 5 der Anweisung v. 5. Aug. 1891.

§. 53.

Die von den Vorsitzenden der Kommissionen zu bewirkenden Zustellungen[1]) an Steuerpflichtige sind durch einen öffentlichen Beamten unter Bescheinigung der Behändigung auszuführen. Die Post kann um die Bewirkung der Zustellung ersucht werden. In beiden Fällen gilt die Zustellung für vollzogen, auch wenn die Annahme verweigert wird.

Sind Wohnsitz und Aufenthalt eines Steuerpflichtigen unbekannt, so kann die Zustellung an denselben durch Anheftung des zuzustellenden Schriftstückes an der zu Aushängen der Gemeinde des Veranlagungsortes bestimmten Stelle erfolgen. Die Zustellung gilt für vollzogen, wenn seit der Anheftung zwei Wochen verstrichen sind. Auf die Gültigkeit der Zustellung hat es keinen Einfluß, wenn das Schriftstück von dem Orte der Anheftung zu früh entfernt wird.

Die außerhalb Preußens[2]) zu bewirkenden Zustellungen können mittelst eingeschriebener Briefe erfolgen. Die Zustellung gilt mit der Aufgabe zur Post für vollzogen.

---

1) Siehe Art. 71 der Anweisung v. 5. Aug 1891 und die dortige Anmerkung. Abschn. IV dieses Buches.

2a) Civilprozeßordnung v. 30. Jan. 1877 (R.G.Bl. S. 83):

§. 183. Zustellungen an Deutsche, welche das Recht der Exterritorialität genießen, erfolgen, wenn dieselben zur Mission des Reichs gehören, mittelst Ersuchen des Reichskanzlers, wenn dieselben zur Mission eines Bundesstaates gehören, mittelst Ersuchen des Ministers der Auswärtigen Angelegenheiten dieses Bundesstaats.

Zustellungen an die Vorsteher der Reichskonsulate erfolgen mittelst Ersuchens des Reichskanzlers.

§. 184. Zustellungen an Personen, welche zu einem im Auslande befindlichen, oder zu einem mobilen Truppentheile, oder zur Besatzung eines in Dienst gestellten Kriegsfahrzeuges gehören, können mittelst Ersuchens der vorgesetzten Kommandobehörde erfolgen.

2b) Finz.-Minist.-Erlaß v. 28. Mai 1888 — II. 6269 —.

Auf den gefälligen Bericht vom 2c. erwidere ich Ew. 2c., daß es sich nicht empfiehlt, bei der Zustellung der Benachrichtigungsschreiben an diejenigen im hiesigen Einschätzungsbezirke zur klassifizirten Einkommensteuer veranlagten Offiziere und Beamten, welche sich auf den außerhalb der heimischen Gewässer fahrenden Schiffen der Kaiserl. Marine befinden, die Vorschriften im §. 166 der Civilprozeßordnung für das Deutsche Reich anzuwenden, weil dieses Verfahren Unzuträglichkeiten zur Folge haben kann.

Ich erkläre mich daher mit Ihrem Vorschlage einverstanden, daß in Zukunft für die oben gedachten Zustellungen regelmäßig das bisher schon in einzelnen Fällen beobachtete Verfahren zur Anwendung gelangt, wonach diese Benachrichtigungsschreiben der Kaiserl. Admiralität mit der Bitte überreicht werden, dieselben an die Adressaten gelangen zu lassen und demnächst die vollzogenen Behändigungsscheine dem Vorsitzenden der hiesigen Einschätzungskommission zurückzusenden.

Ew. 2c. wollen den Letzteren mit entsprechender Weisung versehen.

§. 54.

Unterläßt der berechtigte Kommunalverband, ungeachtet gehöriger Aufforderung, die Wahl der Kommissionsmitglieder, oder verweigert eine Kommission die Erledigung der ihr übertragenen Geschäfte, so sind diese für die betreffende Veranlagungsperiode auf Verfügung der Aufsichtsbehörde[1]) von dem Vorsitzenden wahrzunehmen. Vor Beginn des nächsten Veranlagungsgeschäfts hat eine Neuwahl der wählbaren Kommissionsmitglieder zu erfolgen.

IV. Oberaufsicht.

§. 55.

Die oberste Leitung des Veranlagungsgeschäfts im Staate gebührt dem Finanzminister, welcher zugleich über Beschwerden gegen das Verfahren der Berufungskommissionen und der Vorsitzenden derselben, mit Ausnahme der Rechtsmittel (§. 44) zu entscheiden hat.

V. Veränderung der veranlagten Steuer innerhalb des Steuerjahres.

§. 56.

Die Veranlagung der Einkommensteuer erfolgt für jedes Rechnungsjahr (Steuerjahr).[1])

§. 57.

Die Vermehrung des Einkommens während des laufenden Steuerjahres begründet keine Veränderung in der schon erfolgten Veranlagung.[1]) Tritt die Ver-

---

(Zu §. 54.) 1) Diese Aufsichtsbehörde ist für die Voreinschätzungskommission und für die Veranlagungskommission der Vorsitzende der Berufungskommission, für die Berufungskommission der Finanzminister. Siehe Art. 70 Nr. 3 der Anweisung v. 5. Aug. 1891 im Abschn. IV dieses Buches.

(Zu §. 56.) 1) Das Steuerjahr ist das Etatsjahr und läuft vom 1. April bis letzten März.

Gesetz, betr. die Veranlagung und Erhebung der direkten Staatssteuern nach dem Etatsjahre. Vom 12. Juli 1876. (G.S. S. 288.):

§. 1. „Die Gesetze, welche die Feststellung, Veranlagung und Erhebung der direkten Staatssteuern, der im Wege des Zuschlages zu denselben einzuziehenden, in den Rechnungen über die Einnahmen des Staats nachzuweisenden Abgaben und der Aversionalbeiträge in den außerhalb der Reichszollgrenze belegenen Gebietstheilen betreffen, werden dahin abgeändert, daß an Stelle des Kalenderjahres das Etatsjahr tritt.

Die in diesen Gesetzen angeordneten Termine werden um je drei Monate hinausgeschoben.

Die Berechnung der für die vorbezeichneten Steuern und Abgaben in dem Gesetze v. 18. Juni 1840 (G.S. S. 140) vorgeschriebenen Verjährungsfristen erfolgt nach dem Etatsjahre."

(Zu §. 57.) 1a) Hierzu bemerkt der Komm.-Bericht des Herrenhauses S. 13:

„Auf eine Anfrage wird festgestellt, daß im Falle einer Verheirathung während des Steuerjahres die Steuern beider Ehegatten bis zum Ablauf des Steuerjahres fort erhoben würden."

mehrung in Folge eines Erbanfalles[2]) ein, so sind die Erben entsprechend der Vermehrung ihres Einkommens anderweit zu veranlagen und zur Entrichtung der Steuer von dem Beginne des auf den Anfall der Erbschaft folgenden Monats ab verpflichtet.

§. 58.

Wird nachgewiesen, daß während des laufenden Steuerjahres in Folge des Wegfalles[1]) einer Einnahmequelle[2]) oder in Folge außergewöhnlicher Unglücksfälle[3]) das Einkommen eines Steuerpflichtigen um mehr als den vierten Theil vermindert worden ist oder das wegfallende Einkommen anderweit zur Einkommensteuer herangezogen wird[4]) (§. 57), so kann vom Beginne des auf den Eintritt der Einkommensverminderung folgenden Monats ab eine dem verbliebenen[5]) Einkommen entsprechende Ermäßigung der Einkommensteuer beansprucht werden.[6])

(Zu §. 57.) 1b) Finz.=Minist.=Erlaß v. 23. Aug. 1853 — III. 16812 — Auszug.

Zur Einkommensteuer eingeschätzte Personen, welche im Laufe des Jahres heirathen und unter Zurechnung des etwaigen besonderen Einkommens ihrer Ehefrauen in eine höhere Steuerstufe einzuschätzen wären, dürfen wegen eines solchen Zuwachses an Einkommen im Laufe des Jahres in der Steuer nicht erhöht und muß darauf nur erst bei der Veranlagung für das nächstfolgende Jahr Rücksicht genommen werden. Sofern die Ehefrauen ihrerseits etwa bereits zur Einkommensteuer veranlagt waren, darf deren Verheirathung im Laufe des Jahres keinen Anlaß geben, die einmal veranlagte Steuer in Abgang zu stellen, und dürfen sie nur bei der Veranlagung für das nächstfolgende Jahr nicht wieder zur Einkommensteuer eingeschätzt werden.

1c) Der §. 57 spricht nur von einer Vermehrung des Einkommens im laufenden Steuerjahre, d. h. in dem Steuerjahr, für welches die Veranlagung stattgefunden hat. Soweit eine Veranlagung schon erfolgt ist, soll eine Vermehrung des Einkommens eine Veränderung nicht begründen.

Hiervon wohl zu unterscheiden ist die Bestimmung im §. 80 des Gesetzes, nach welcher Steuerpflichtige, welche, entgegen den Vorschriften dieses Gesetzes, bei der Veranlagung übergangen, oder steuerfrei oder zu einer ihrem wirklichen Einkommen nicht entsprechenden niedrigeren Steuerstufe veranlagt worden sind, ohne daß eine strafbare Hinterziehung der Steuer stattgefunden hätte (§§. 66, 67), zur Entrichtung des der Staatskasse entzogenen Betrages verpflichtet bleiben.

Siehe die näheren Erläuterungen daselbst.

2) Nach einem Erbanfalle hat eine Neuveranlagung der Erben zu erfolgen, sobald die Vermehrung ihres Einkommens festgestellt ist, auch wenn eine formelle Erbschaftsregulirung noch nicht stattgefunden hat. (Komm.=Bericht des Herrenhauses S. 13.)

Die Erben können zur Einreichung einer neuen Steuererklärung aufgefordert werden. §. 60, letzter Absatz des Gesetzes.

(Zu §. 58.) 1) Indem das Gesetz den Anspruch auf Erlaß nicht wie bisher an den „Verlust" einer Einnahmequelle knüpft, sondern den „Wegfall" einer solchen für genügend erklärt, läßt es eine Voraussetzung fallen, welche bisher nicht selten die Ermäßigung in unbilliger Weise ausschloß und zu Mißdeutungen bei der praktischen Handhabung Anlaß gab.

Außerdem ist der Ermäßigungsanspruch auf die Fälle einer Einkommensminderung durch außergewöhnliche Unglücksfälle ausgedehnt, welche bisher nur einen Erlaß für die Klassensteuerpflichtigen begründeten.

2a) Der Begriff Einnahmequelle wird in dem folgenden Erlasse näher erläutert:

Finz.=Minist.=Erlaß v. 30. Nov. 1854 — III. 29596 —. Auszug.

Wie bereits in dem Erlaß v. 27. Dezbr. 1852 — III. 30214 — des Näheren ausgeführt worden, ist der (im 3. Absatz des §. 36 Gesetzes v. 1. Mai 1851 enthaltenen) Vorschrift, nur die Bedeutung beizulegen, daß die durch die Veranlagung der klassifizirten Einkommensteuer erlangten Resultate nicht von den mehr oder weniger unsichern, häufig durch zufällige Umstände bedingten Erträgen der veranschlagten Einnahmequellen während des Jahres, für welches die Veranlagung erfolgt ist, abhängig gemacht werden sollen, und nur wenn einzelne Einnahmequellen, beispielsweise Kapitalsbeträge, von welchen die Zinsen, Grundstücke, deren Erträge, Dienststellen, aus welchen die Gehälter veranschlagt werden u. s. f. ganz verloren gehen (jetzt wegfallen), bedingungsweise auch im Laufe des Jahres eine Steuerermäßigung nicht versagt werden darf. Der in dieser Vorschrift liegende, durch die Verschiedenheit der Ausdrücke „Einkommen" und „Einnahmequellen" hervorgehobene Gegensatz würde seine Bedeutung verlieren, wenn der Ansicht Euer ꝛc. entsprechend eine Ermäßigung der veranlagten Einkommensteuer im Laufe des Jahres unter der allgemeinen Voraussetzung auch da als begründet angesehen werden müßte, wo, wie in den vorliegenden Fällen stattfindet, ein Theil der Grundstücke eines Steuerpflichtigen keinen Ertrag liefert, indem hieraus zugleich die Berücksichtigung aller erheblichen Schäden, die ein steuerpflichtiger Grundbesitzer durch Hagelschlag u. s. w., ein Kapitalist durch das Ausbleiben der Zinsen eines Kapitals u. s. w. im Laufe des Jahres erleidet, überhaupt eine Berücksichtigung aller Abgänge an dem veranschlagten Einkommen folgen würde, die mehr als den vierten Theil des letzteren betragen, was eben durch das Gesetz selbst ausgeschlossen werden sollte.

2b) Die kaufmännische Thätigkeit allein ist keine Erwerbsquelle, sondern das betriebene kaufmännische Gewerbe; durch eine Einstellung und Abmeldung eines Gewerbebetriebes fällt also eine Einnahmequelle weg.

Finz.-Minist.-Erlaß v. 26 Mai 1888 — II. 5848 —.

Auf den über das Einkommensteuererlaßgesuch des Kaufmanns H. zu K. erstatteten Bericht wird der ꝛc. erwidert, wie der Auffassung, daß ein Verlust einer Einkommensquelle nicht vorliege, nicht beigetreten werden kann. Das bis in den Monat Juli 1887 betriebene kaufmännische Gewerbe, nicht die kaufmännische Thätigkeit allein war die Erwerbsquelle, aus der das geschätzte Einkommen von 3500 Mark floß. Dieses Einkommen ist durch die festgestelltermaßen gezwungen erfolgte Einstellung und Abmeldung des Gewerbebetriebes im Monat Juli 1887 weggefallen. Bittsteller war vom August bis Ende Oktober 1887 ohne Einkommen und hat aus dem neu eröffneten Gewerbebetriebe v. 1. Novbr. 1887 ab nur ein Jahreseinkommen von 2000 Mark. Hiernach ist eine Einkommensverminderung um mehr als den vierten Theil des veranschlagten Gesammteinkommens durch den Verlust einer Einnahmequelle eingetreten. Der Erlaßantrag ist demnach begründet, und ist für die Zeit vom 1. Aug. bis 31. Oktbr. 1887 die gesammte veranlagte Steuer, für die Zeit v. 1. Novbr. 1887 bis zum 31. März 1888, in welcher Bittsteller ein Jahreseinkommen von 2000 Mark bezogen hat, die Differenz zwischen dem Steuersatze der 1. Einkommensteuerstufe und dem Steuersatze der 9. Klassensteuerstufe zu erlassen.

2c) Ein Steuererlaß ist nicht schon deshalb für ausgeschlossen zu erachten, weil an die Stelle der früheren Einnahmquelle eine andere getreten ist.

Finz.-Minist.-Erlaß v. 16. Oktbr. 1882 — II. 11370 —.

Der Königl. Regierung wird in Betreff der Beschwerde der Wittwe H. zu B. wegen Nichtermäßigung ihrer Einkommensteuer eröffnet, daß Ihr darin nicht beigetreten werden kann, wenn sie im vorliegenden und ähnlichen Fällen einen Steuererlaß schon deshalb für ausgeschlossen erachtet, weil an die Stelle der früheren Einnahmequelle — (des Gastwirthschaftsbetriebes) — eine andere — (der Zinsgenuß des Kaufgeldes) getreten sei. Diese Auffassung steht mit den diesseits stets festgehaltenen Grundsätzen im Widerspruch und ist in den gesetzlichen Bestimmungen nicht begründet. Der Steuererlaß kann vielmehr im vorliegenden Falle, wo unzweifelhaft eine Einnahmequelle, — der Gastwirthschaftsbetrieb —, erloschen ist, nur deshalb beanstandet werden, weil entweder die eingetretene Verminderung des Gesammteinkommens nicht mehr als ein Viertel desselben beträgt, oder weil das Aufgeben der Gastwirthschaft nicht als ein durch die Umstände erzwungenes, sondern als ein freiwilliges zu erachten ist.

In beiden Beziehungen bedarf der Erlaßantrag der Wittwe H. einer eingehenden Erörterung. Der Umstand, daß dieselbe nach dem Tode ihres Mannes die Gastwirthschaft noch einige Monate fortzusetzen versucht hat, schließt keineswegs aus, daß sie demnächst sich zur Aufgebung derselben gezwungen gesehen hat. Es wird vielmehr die nähere Darlegung der Begründung ihrer Behauptung zu erfordern sein.

2d) Finz.=Minist.=Erlaß v. 23. Febr. 1885 — II. 1777 —.

Auf den Bericht ꝛc., betreffend die Beschwerde des Rentners N. wegen Versagung eines Einkommensteuererlasses, wird der Königl. Regierung erwidert, daß der darin entwickelten Auffassung diesseits nicht beigetreten werden kann, da für das geschätzte gewerbliche Einkommen der Gewerbebetrieb, nicht der Grundbesitz, auf welchem das Gewerbe betrieben wird, die Einkommensquelle bildet. Wenn daher, wie im vorliegenden Falle als nachgewiesen anzunehmen, die Aufgabe des Gewerbebetriebes nicht freiwillig, sondern wegen Krankheit erfolgt ist, so muß anerkannt werden, daß der Verlust einer Einnahmequelle im Sinne des §. 36 des Gesetzes v. 1./25. Mai 1851/73 vorliegt.

2e) Finz.=Minist.=Erlaß v. 4. April 1881 — II. 4037 —.

Auf den Bericht vom ꝛc., betreffend die Beschwerde des Materialwaarenhändlers S. erwidere ich der ꝛc. unter Rückgabe der Anlagen, daß Ihrer Auffassung nicht beigetreten werden kann. Das kaufmännische Gewerbe des S. war nicht ein untrennbares Ganze, dasselbe bestand vielmehr aus mehreren einzelnen Ladengeschäften, auf deren Verlust die Bestimmungen im 3. Absatz des §. 36 des Gesetzes v 1. Mai 1851 über den Verlust einzelner Einnahmequellen ebenso anwendbar sind, wie bei dem Verluste einzelner Kapitalien. Die ꝛc. wolle daher die Frage, inwieweit das veranschlagte Gesammteinkommen des S. durch den Verlust einzelner Ladengeschäfte im Laufe des Steuerjahres vermindert worden ist, der Einschätzungskommission zur gutachtlichen Aeußerung vorlegen lassen und demnächst über den Ermäßigungsantrag beschließen.

2f) Finz.=Minist.=Erlaß v. 15. April 1879 — II. 5247 —.

Da mehrfach Zweifel darüber aufgetaucht sind, auf welchen Zeitpunkt in Fällen der Pensionirung der Verlust der Einkommensquelle dann zu datiren sei, wenn die Versetzung in den Ruhestand zum ersten Tage eines Monats erfolgt ist, bemerke ich gleichzeitig, daß es keinem Bedenken unterliegt, diesen Verlust als mit dem Ende des vorhergegangenen Monats eingetreten anzusehen, so daß, die allgemeinen Bedingungen zur Bewilligung eines Steuererlasses und die besonderen Bedingungen zu dessen Gewährung von dem im Artikel IV. erwähnten Zeitpunkte ab vorausgesetzt, einem Beamten, der z. B. mit dem 1. Oktober in den Ruhestand tritt, schon für diesen Monat die Ermäßigung der Steuer bewilligt werden könnte.

2g) Finz.=Minist.=Erlaß v. 7. April 1881 — II. 3821 —. Steuererlasse für suspendirte Beamte.

Nach dem Berichte ꝛc., betreffend den Erlaß der Einkommensteuer des Professors J. zu K. für das Etatsjahr 1880/81, ist demselben seine Stelle bei der dortigen Universität noch nicht entzogen, also der Verlust einer Einnahmequelle bisher nicht eingetreten. Danach erscheint der Antrag der Kgl. Regierung wegen Absetzung der auf den J. für das vorbezeichnete Jahr veranlagten Einkommensteuer z. Z. nicht begründet. Es bleibt der ꝛc. überlassen, Ihre Entschließung über den Steuererlaß bis zum Austrage des Disziplinarverfahrens auszusetzen, inzwischen aber die Stundung eines Theils der fraglichen Steuer eintreten zu lassen, und zwar: falls hierzu das Bedürfniß vorliegt, über den Schluß des Rechnungsjahres hinaus, wozu Sie hiermit ermächtigt wird.

2h) Finz.=Minist.=Erlaß v. 28. Juli 1888 — II. 7990.

In dem Berichte ꝛc. wird die Auffassung vertreten, daß durch die Gehaltsreduzierung, welche anläßlich der Amtssuspension des Gerichtsschreibers a. D. E. eingetreten war, für die Dauer des Disziplinarverfahrens ein Einfluß auf die veranlagte Klassensteuer nicht ausgeübt werden könne. Diese Auffassung kann als zutreffend nicht anerkannt werden.

Nach den im Zirkularerlaß v. 3. Aug. 1886 — II. 5412 — (siehe S. 79 Anm. 2d) aus-

§. 59.

Im Uebrigen tritt innerhalb des Steuerjahres eine Veränderung in den Steuerrollen nur ein entweder in Folge von Zugängen, indem Personen durch Zuzug aus anderen Bundesstaaten[1]) und aus dem Auslande, durch Austritt aus einer besteuerten Haushaltung, durch Ausscheiden aus dem Militärdienst u. s. w. steuerpflichtig werden, oder in Folge von Abgängen, indem bei Steuerpflichtigen die Voraussetzungen, an welche die Steuerpflicht geknüpft ist, erlöschen.[2])

Die Zu- und Abgangstellung erfolgt von dem Beginne des auf den Eintritt beziehungsweise das Erlöschen der Steuerpflicht folgenden Monats ab.

---

gesprochenen Grundsätzen soll in denjenigen Klassensteuererlaßfällen, in welchen sich nicht mit Sicherheit übersehen läßt, ob das Einkommen des Steuerpflichtigen aus Arbeitsverdienst vor Ablauf des Steuerjahres eine Aenderung erfahren wird, welche auf die Bewilligung des Erlasses überhaupt oder auf die Höhe desselben von Einfluß sein müßte, die endgültige Entscheidung über den Erlaß bis zum Jahresschlusse ausgesetzt und inzwischen ein entsprechender Theil der Steuern gestundet werden. Dies Verfahren hat insbesondere bei Amtssuspensionen Platz zu greifen, gleichviel ob die Zeit in ein oder zwei Steuerjahre fällt. Es wäre daher auch im vorliegenden Falle dementsprechend vorzugehen gewesen.

Nachdem nunmehr das Erkenntniß des Kgl. Oberlandesgerichts zu H. v. 3. Juli 1887, welches E. seines Amtes entsetzt, durch Beschluß des Staatsministeriums v. 27. April 1888 bestätigt worden ist, erscheint die Bewilligung eines Steuererlasses v. 1. Febr. 1887 ab begründet. Es ist daher über den in der Eingabe v. 15. April 1888 erwähnten Antrag des E. im vorgeschriebenen Verfahren eine Entscheidung herbeizuführen, welche im Uebrigen nur von derjenigen Regierung getroffen werden darf, in deren Bezirk die fragliche Steuer zu erheben ist, bezw. bereits erhoben worden ist.

3) Ob ein Unglücksfall als ein außergewöhnlicher zu betrachten ist oder nicht, hat die Regierung und event. der Finanzminister zu entscheiden (§. 60 des Ges.). Jedenfalls darf er nicht bei der Veranlagung bereits (§. 19) berücksichtigt worden sein.

4) Der Satz „oder das wegfallende Einkommen anderweit zur Einkommensteuer herangezogen wird (§. 57)" ist vom Abgeordnetenhause eingeschoben worden und soll eine möglicherweise eintretende Doppelbesteuerung desselben Einkommens verhindern. Wenn z. B. eine Ehefrau stirbt und die Kinder derselben mit dem Einkommen aus ihrem mütterlichen Erbtheil für den Rest des Steuerjahres zu veranlagen sind (§. 57), so ist der Ehemann, welcher bisher das Einkommen seiner Frau mit zu versteuern hatte, entsprechend zu ermäßigen. Hier wird nicht gefordert, daß das wegfallende Einkommen, welches anderweitig zur Steuer herangezogen wird, den vierten Theil des Einkommens des bisherigen Steuerpflichtigen ausmache, sondern schon der Wegfall eines geringen Theils giebt einen Anspruch auf Ermäßigung.

5) Der Ausdruck „verbliebenes Einkommen" läßt darauf schließen, daß die Ermäßigung nicht lediglich nach dem bei der Veranlagung festgestellten, sondern nach dem bei Stellung des Antrages dem Steuerpflichtigen wirklich zustehenden Einkommen berechnet werden muß.

6) In Betreff des zu stellenden Antrages siehe den §. 60 des Ges. und die dortigen Anmerkungen.

(Zu §. 59.) 1) Finz.-Minist.-Erlaß v. 9. Juli 1880 — II. 8551 —. Auszug.

Für die Freilassung des Diensteinkommens des Generals N. N. war lediglich das Gesetz wegen Beseitigung der Doppelbesteuerung v. 13. Mai 1870 maßgebend, welches nach §. 3 zwar die Forterhebung der Steuer von dem Einkommen des gedachten Steuerpflichtigen aus seinem in Preußen gelegenen Grundbesitze gestattete, die Besteuerung des sonstigen Einkommens dagegen nur in dem Bundesstaate des dienstlichen Wohnsitzes zuließ (§. 2 Abs. 3 das.). Nachdem der General N. N. seinen dienstlichen Wohnsitz wieder nach Preußen verlegt hat, liegt daher kein gesetzlicher Grund mehr vor, von der sofortigen Heranziehung seines Diensteinkommens zur Preußischen Staatseinkommensteuer abzusehen.

2a) Finz.-Minist.-Erlaß v. 4. März 1867 — IV. 2075 —.

Der in dem Berichte vom ꝛc. hinsichtlich der Einkommensteuerbeschwerde des Kaufmanns M. in N. entwickelten Ansicht kann nicht beigetreten werden.

Die Eröffnung des Konkurses, da sie das gänzliche Erlöschen des Einkommens des Kridars während dessen Dauer nach sich zieht, muß die Absetzung der Steuer vom ersten des auf die Eröffnung des Konkurses folgenden Monats ab ohne besondern Antrag des Gemeinschuldners zur Folge haben. Nach §. 1 der Konkursordnung v. 8. Mai 1855 erstreckt sich der Konkurs auf das gesammte Vermögen, welches der Gemeinschuldner zur Zeit der Eröffnung des Konkurses besitzt, oder während der Dauer desselben erlangt. Es folgt hieraus, sowie aus den Vorschriften der §§. 4, 8. und 9 a. a. O., nach welchen mit der Eröffnung des Konkurses nicht allein jede Disposition des Schuldners über sein Vermögen aufhört, sondern auch Exekutionen gegen ihn persönlich nicht mehr vollstreckt werden können, daß rechtlich von einem steuerpflichtigen Einkommen eines solchen Gemeinschuldners überhaupt nicht die Rede sein, er mithin auch denjenigen Staatseinwohnern nicht beigezählt werden kann, welche der Einkommensteuer unterliegen. Gelangt ein im Konkurs befangener Schuldner während der Dauer des Konkurses durch besondere Glücksfälle zu Vermögen, so fließt dieses selbstredend der Konkursmasse zu und kann immer erst nach Beendigung des Konkursverfahrens mit dem dann für den Gemeinschuldner übrig bleibenden Betrage in Beziehung auf dessen Steuerpflichtigkeit in Betracht kommen, auch nach Umständen erst dann dessen nachträgliche Veranlagung vom ersten des auf die Beendigung des Konkurses fallenden Monats ab bewirkt werden. Unzulässig erscheint es, daß ein im Konkurs Befangener überhaupt noch zur Einkommensteuer von dem Monat ab herangezogen werde, der auf denjenigen Monat folgt, in welchem der Konkurs eröffnet worden ist. Die veranlagte Steuer muß für die Zeit von dem gedachten Monat (einschließlich) ab im vorgeschriebenen Wege zur Niederschlagung gebracht und die etwa rückständige Steuer für die Zeit bis zu diesem Monate im Konkurse liquidirt werden, da ein Exekutionsverfahren gegen die Person des Gemeinschuldners nicht stattfinden darf, die Einziehung der veranlagten Steuer vielmehr immer nur durch Vermittelung des Konkursgerichtes erfolgen könnte und dies in Gemäßheit des §. 7 a. a. O. nur Rückstände von direkten und indirekten Steuern, soweit sie nicht zu den im 6. Abschnitte bezeichneten gehören, nicht aber Abgaben anerkennen, bezw. zur Befriedigung bringen darf, welche erst nach der Eröffnung des Konkurses auf den Gemeinschulder nach seinem persönlichen Einkommen treffen.

Als Ausnahme von obiger Regel ist jedoch der Fall anzusehen, wenn feststeht, daß ein oder das andere Familienmitglied des Gemeinschuldners besonderes Einkommen hat, welches bei der Veranlagung berücksichtigt ist. In einem solchen Falle wird nur eine Steuerermäßigung wegen Verminderung des Einkommens um mehr als den vierten Theil durch Verlust einzelner Einnahmequellen herbeigeführt, und ist diese Ermäßigung nicht von Amtswegen zu veranlassen, dazu vielmehr der Antrag des Verpflichteten abzuwarten.

2b) Finz.-Minist.-Zirk.-Erlaß v. 2. Jan. 1877 — IV. 14638 — betr. Abgangsstellung irrig veranlagter Steuerbeträge von Amtswegen.

Auf den Bericht ꝛc., durch welchen die ꝛc. meine Entscheidung darüber erbittet, ob nicht analog den im §. 7 unter 2 und 3 der Klassensteuererhebungsinstruktion v. 12. Dez. 1873 enthaltenen Vorschriften auch irrige Besteuerungen anderer gesetzlich von der Klassensteuer befreiter Personen, namentlich der im §. 5 des Ges. v. 1./25. Mai 1851/73 unter lit. f, g und h genannten, sowie der nach dem Reichsgesetze v. 13. Mai 1870 überhaupt dem preußischen Besteuerungsrechte nicht unterliegenden Personen, durch von Amtswegen vorzunehmende Abgangstellung der irrig veranlagten Steuerbeträge zu beseitigen seien, erwidere ich derselben Folgendes:

Im Allgemeinen ist daran festzuhalten, daß die Abgangstellung einer einmal veranlagten

Steuer nur im Wege des geordneten Reklamationsverfahrens erfolgen kann, und zwar ohne Unterschied, ob der Antrag auf gänzliche Befreiung von der Steuer oder auf Ermäßigung des Steuerbetrages gerichtet ist. Dies gilt auch hinsichtlich derjenigen Personen, welche gesetzlichen, namentlich den oben genannten Vorschriften zuwider zur Klassensteuer herangezogen sind. Eine Ausnahme von dieser Regel findet in denjenigen Fällen statt, für welche, -- wie dies in dem allegirten §. 7 unter 2 und 3 hinsichtlich der irrig zur 1. Stufe veranlagten, noch nicht 16 Jahre alten Personen, sowie derjenigen, welche zu einem besteuerten Haushalt gehören und dennoch veranlagt sind, geschehen ist, — den Regierungen eine generelle Ermächtigung zur einfachen Abgangstellung der irrthümlich veranlagten Steuer gegeben ist.

Eine gleiche Berechtigung ist nach Ausdehnung des Ges. v. 13. Mai 1870 auf Elsaß-Lothringen hinsichtlich derjenigen Personen bereits ertheilt, deren Steuerpflicht durch das Inkrafttreten dieses Gesetzes in Elsaß-Lothringen erlosch, indem durch die Zirkularverfügung v. 24. Jan. 1872 — IV. 775 — angeordnet worden ist, die den Vorschriften des Ges. v. 14. Jan. 1872 zuwider veranlagten direkten Staatssteuern v. 1. Jan. 1872 ab von Amtswegen in Abgang zu stellen. In Ausdehnung dieser Anordnung will ich die ꝛc. ermächtigen, alle Veranlagungen, welche den Vorschriften des Reichsgesetzes v. 13. Mai 1870 zuwider erfolgt sind, auf gleiche Weise zu berichtigen und die irrig veranlagten Steuerbeträge unter gehöriger Motivirung des Abganges von Amtswegen in Abgang zu stellen, und zwar ohne Unterschied, ob es sich um Ermäßigung der veranlagten Steuer oder um gänzliche Befreiung der veranlagten Personen handelt.

In gleicher Weise ist hinsichtlich der Beseitigung irriger Besteuerung des Militäreinkommens der im §. 46 Reichs-Militärgesetzes v. 2. Mai 1874 (siehe oben S. 15 Anmerk. 2a zu §. 6) genannten Personen, sowie dann zu verfahren, wenn Angehörige derjenigen ehemals reichsunmittelbaren Fürstenhäuser, denen die Befreiung von den persönlichen direkten Staatssteuern zusteht, irrthümlich zur Steuer herangezogen sein sollten.

In anderen Fällen dagegen findet eine Befreiung von der einmal veranlagten Steuer oder eine Ermäßigung derselben von Amtswegen nicht statt, und sind hierauf abzweckende Anträge, wenn sie nicht rechtzeitig im vorgeschriebenen Reklamationsverfahren gestellt werden, ohne Weiteres zurückzuweisen, oder wenn besonders dringende Gründe für die nachträgliche Berücksichtigung derselben in einzelnen Fällen vorliegen sollten, zur diesseitigen Entscheidung mittelst eingehenden Berichtes hier vorzulegen.

Gegenwärtiger Erlaß findet auf die klassifizirte Einkommensteuer analoge Anwendung; danach sind in den vorbezeichneten Fällen, wo es sich um Beseitigung von Veranlagungen handelt, welche entweder dem Reichsgesetze v. 13. Mai 1870 oder dem §. 46 des Reichsmilitärgesetzes zuwider, oder endlich entgegen der den Angehörigen ehemals reichsunmittelbarer Fürstenhäuser zugestandenenen Steuerfreiheit erfolgt sind, die betreffenden Steuerbeträge von Amtswegen in Abgang zu stellen.

2c) Zirk.-Erlaß v. 7. Dez. 1878 — IV. 15069 — (Auszug.)

In Erweiterung der durch den Zirk.-Erlaß v. 2. Jan. 1877 — IV. 14638 — (siehe vorstehend) getroffenen Anordnungen bestimme ich hierdurch, daß die Abgangsstellung der veranlagten Klassensteuer außerhalb des gewöhnlichen Reklamationsverfahrens von Amtswegen in denjenigen Fällen ebenfalls erfolgen darf, in welchen nachgewiesen wird, daß Personen, die nach den Bestimmungen unter lit. b, f, g, h, im §. 5 des Ges. v. 1./25. Mai 1851/73 von der Klassensteuer befreit sind, irrthümlich zu derselben herangezogen sind. ꝛc.

Mit Bezug auf den 3. Antrag ermächtige ich die Königliche Direktion hierdurch auch in dem Falle, wenn zur Klassensteuer veranlagte Personen in den Dienst der bei Sr. Majestät dem Kaiser und Könige beglaubigten Vertreter fremder Mächte (Botschafter, Gesandte, Geschäftsträger), oder der bei den Gesandtschaften angestellten Beamten getreten sind, für die Zeit, während welcher sie sich in solchem Dienstverhältnisse befinden, die veranlagte Klassensteuer von Amtswegen außerhalb des gewöhnlichen Reklamationsverfahren in Abgang zu stellen.

§. 60.

Ueber die Steuerermäßigung (§. 58) hat die Regierung auf den bei dem Vorsitzenden der Veranlagungskommission zu stellenden Antrag[1]) zu befinden. Gegen ihre Entscheidung steht dem Steuerpflichtigen binnen einer Ausschlußfrist von vier Wochen die bei der Regierung einzulegende Beschwerde an den Finanzminister offen.

In den Fällen der §§. 57 und 59 trifft der Vorsitzende der Veranlagungskommission die vorläufige Entscheidung[2]) über den zu entrichtenden Steuersatz und den Zeitpunkt der Zu- oder Abgangstellung.

Die Feststellung der Abgangslisten, welche in den vom Finanzminister zu bestimmenden Fristen einzureichen sind, steht der Regierung zu. Gegen die Entscheidung der Regierung ist die Beschwerde nach Maßgabe der Bestimmungen im Absatz 1 gestattet.

Die Veranlagung bei Zugangstellungen und Steuererhöhungen erfolgt halbjährlich.

Die Steuerpflichtigen sind nach Maßgabe des §. 25 zur Abgabe von Steuererklärungen berechtigt, beziehungsweise verpflichtet.

Dabei bleibt jedoch zu beachten:

a) daß solche Dienerschaft, insoweit als sie oder ihre Angehörigen im Inlande Grundbesitz haben oder ein Gewerbe betreiben, nach Maßgabe des aus diesen Quellen herrührenden Einkommens der Besteuerung unterworfen bleibt, und

b) daß die Befreiung nicht weiter als oben angegeben, ausgedehnt werden darf, z. B. nicht auf das Dienstpersonal von Berufskonsuln.

(Zu §. 59.) 2d) Finz.-Minist.-Erlaß v. 3. Aug. 1886 II, 5412 —. (Auszug.)

Ist in den vorgedachten und ähnlichen Fällen bei Vorlegung des Erlaßantrags nicht mit Sicherheit zu übersehen, ob das Einkommen des Steuerpflichtigen aus Arbeitsverdienst vor Ablauf des Steuerjahres eine Aenderung erfahren wird, welche auf die Bewilligung des Erlasses überhaupt oder auf die Höhe desselben von Einfluß sein müßte, so empfiehlt es sich, die endgültige Entscheidung bis zum Jahresschlusse auszusetzen und inzwischen einen entsprechenden Theil der Steuer zu stunden.

(Zu §. 60.) 1) Der Antrag ist an eine Frist nicht gebunden und kann auch nach Ablauf des Steuerjahres noch gestellt werden.

Finz.-Minist.-Erlaß v. 15. Juni 1888 — II. 6974 —. (Auszug.)

Die in dem Berichte ausgesprochene Ansicht, daß dem Steuererlaß (an klass. Einkommensteuer) für die Monate August 1886 bis März 1887 die Vorschrift im §. 1 des Ges. v. 18. Juni 1840 entgegenstehe, ist, wie hierbei bemerkt wird, bereits durch den an die ꝛc. gerichteten Erlaß v. 17. Nov. 1886 — II. 12447 — (siehe nachstehend) verworfen.

Finz.-Minist.-Erlaß v. 17. Nov. 1886 — II. 12447 —.

Auf den über die Beschwerde des Kaiserlichen Konsuls ꝛc. wegen Versagung eines Erlasses an der für das Steuerjahr 1885/86 auf ihn veranlagten klass. Einkommensteuer erstatteten Bericht ꝛc. wird der ꝛc. erwidert, wie den dortseitigen Ausführungen, daß zu einer Abgangsstellung der Steuer v. 1. Okt. 1887 ab von Amtswegen ein genügender Anlaß nicht vorgelegen habe, zugestimmt wird.

Dagegen kann die Ermäßigung der veranlagten Steuer nicht davon abhängig gemacht werden, daß der erforderliche Erlaßantrag noch im Laufe des Steuerjahres gestellt wird. Da sich

§. 61.

Steuerpflichtige, welche im Laufe des Steuerjahres ihren Wohnsitz verändern, haben sich bei dem Gemeinde (Guts-)vorstande des Abzugsortes ab- und bei dem des Anzugsortes, binnen vierzehn Tagen nach erfolgtem Anzuge, anzumelden und gleichzeitig über ihre erfolgte Veranlagung zur Einkommensteuer auszuweisen.[1])

Insofern die polizeiliche Ab- und Anmeldung nicht bei dem Gemeinde-(Guts-) vorstande, sondern bei einer anderen Behörde stattzufinden hat, vertritt die Ab- beziehungsweise Anmeldung bei der letzteren die Ab- beziehungsweise Anmeldung bei dem Gemeinde-(Guts-)vorstande.

Den Gemeinde-(Guts-)vorständen liegt nach den vom Finanzminister hierüber zu treffenden Anordnungen die Führung der Zu- und Abgangslisten ob.

VI. Steuererhebung.

§. 62.

Die veranlagte Steuer ist in vierteljährlichen Beträgen in der ersten Hälfte des zweiten Monats eines jeden Vierteljahres an die von der Steuerbehörde zu bezeichnende Empfangstelle abzuführen.[1])

Es steht dem Steuerpflichtigen frei, die ihm auferlegte Steuer auf mehrere Vierteljahre bis zum ganzen Jahresbetrage im Voraus zu zahlen.[2])

---

das Gesammteinkommen des Beschwerdeführers um mehr als den vierten Theil verringert hat, so ist die Steuer verhältnißmäßig zu ermäßigen und wird die ꝛc. ermächtigt, diese Ermäßigung bereits v. 1. Okt. 1885 ab eintreten zu lassen.

2) In der Kommission des Hauses der Abgeordneten (Kommissionsbericht v. 2. Febr. 1891 S. 57) wurde als Absicht der Vorlage festgestellt, daß die in den Fällen der §§. 57 und 59 durch den Vorsitzenden der Veranlagungskommission zu treffenden Entscheidungen als vorläufige durch Rechtsmittel nicht angefochten werden können, daß aber in derartigen Fällen nach Abs. 4 demnächst stets eine definitive Veranlagung der Veranlagungskommission in dem gewöhnlichen Verfahren und mit den Rechtsmitteln gegen diese Veranlagung stattzufinden hat.

(Zu §. 61.) 1) Wird die Thatsache des Umzugs noch vor dem Beginn der Voreinschätzung bekannt, so ist der Steuerpflichtige der Behörde des neuen Wohnortes zur Veranlagung zu überweisen. Siehe Art. 37 Nr. I, 1a der Anweisung v. 5. Aug. 1891 im Abschn. IV.

(Zu §. 62.) 1a) Erst mit der zweiten Hälfte des zweiten Monats jeden Vierteljahres darf also mit der Mahnung und demnächst der Zwangsvollstreckung begonnen werden.

1b) Die Empfangsstelle ist in den 5 westlichen Provinzen die betreffende Königl. Steuerkasse, in Frankfurt a. M. die Königl. Kreiskasse; in den 7 östlichen Provinzen die betreffende Königl. Kreiskasse, in der Stadt Berlin die Königl. Steuerkasse.

2) Finz.-Minist.-Erlaß v. 25. Mai 1852 — III. 12 607. —

Eine Rückgewähr der vorschußweise gezahlten Steuer findet stets statt, wenn auf Erstattung einer Steuerquote Anspruch gemacht werden kann.

§. 63.

Die Zahlung der veranlagten Steuer wird durch die Einlegung von Rechtsmitteln nicht aufgehalten, muß vielmehr, mit Vorbehalt[1]) späterer Erstattung, in den vorgeschriebenen Fristen erfolgen.[2])

---

1) Der Vorbehalt ist ein auf dem Gesetz beruhender und bedarf keiner besonderen Beurkundung. (Entsch. des O.V.G. v. 18./10. 1870 Bd. I S. 74.) Dagegen hat ein Steuerpflichtiger, der es zur Zwangsvollstreckung kommen läßt, die Kosten für diese auch dann zu zahlen, wenn seine Berufung oder Beschwerde für begründet erachtet wird. (Entsch. des O.V.G. v. 9. Febr. 1880, Bd. VI, S. 131.)

2a) Hinsichtlich der Befugniß der Königl. Regierungen zur Stundung der Steuer finden die Bestimmungen der durch Allerhöchste Kabinetsordre genehmigten Geschäftsanweisung für die Regierungen v. 31. Dezbr. 1825 Anwendung.

Diese Bestimmungen lauten:

Abschnitt I. C.: „Stundungen darf die Abtheilung (für direkte Steuern, Domänen und Forsten) ohne höhere Genehmigung nur in folgenden Fällen bewilligen:

ꝛc. ꝛc.

3. Außerdem kann die Abtheilung den Zahlungspflichtigen Stundung auf Pächte, Zinsen und andere Gefälle bewilligen jedoch nur als Ausnahme von der Regel, und darf diese Stundung den Termin des Jahres-Rechnungsabschlusses nicht übersteigen."

Abschnitt II. C.: „In außerordentlichen Fällen, und wo die betreffende Abtheilung sich überzeugt hält, daß das Rückbleiben der Steuern durch unverschuldeten und vorübergehenden Nothstand der Pflichtigen veranlaßt wird, bleibt ihr zwar die Befugniß, für dergleichen Pflichtige eine Stundung der Steuer vorübergehend zu bewilligen, doch darf diese Stundung niemals über den zum Rechnungsabschluß jeden Jahres bestimmten Termin hinaus sich erstrecken. Auch kann diese Stundung bewilligt werden, wo Steuererlaß höheren Orts zu bevorworten ist; es muß aber in diesem Falle die Berichtserstattung gleichzeitig mit der Stundung erfolgen."

2b) Finz.-Minist.-Erlaß v. 30. Novbr. 1878 — IV. 15440. —

Die Bestimmungen im §. 14 zu b. des Klassen- und Einkommensteuer-Gesetzes v. 1./25. Mai 1851/73, wonach die Zahlung der veranlagten Klassensteuer durch die Reklamation des Steuerpflichtigen nicht aufgehalten werden darf, vielmehr mit Vorbehalt der späteren Erstattung des etwa zu viel Bezahlten zu den bestimmten Terminen (§. 13 zu b.) erfolgen muß, schließt zwar die Berufung des Steuerpflichtigen auf den Suspensiveffekt der eingelegten Beschwerde, keineswegs aber die Befugniß der Verwaltung aus, in den dazu angethanen Fällen auch solchen Steuerpflichtigen, welche gegen die veranlagte Steuer reklamirt, bezw. rekurrirt haben, eine gänzliche oder theilweise Stundung der Klassensteuer zu bewilligen. Nach den neuerlich, namentlich seit Ausdehnung der Klassensteuer auf die großen Städte gemachten Erfahrungen läßt sich nicht in Abrede stellen, daß Irrthümer bei der Einschätzung zur Klassensteuer vorkommen können, welche die veranlagten Personen bezw. Haushaltungen hart betreffen, und unter Umständen selbst in ihrem geringen Vermögens- und Nahrungsstande empfindlich beeinträchtigen, wenn die veranlagte Steuer unbedingt bis dahin, daß über die Reklamation entschieden ist, eingefordert und event. zwangsweise beigetrieben wird. In derartigen Fällen die Entscheidung über die Reklamation ausnahmsweise zu beschleunigen, erscheint bei der dermaligen gesetzlichen Einrichtung des Reklamationsverfahrens nicht thunlich; die Abhülfe läßt sich vielmehr nur dadurch gewähren, daß von der, der Verwaltung für außerordentliche Fälle zustehenden Stundungsbefugniß ein zweckmäßiger Gebrauch gemacht wird.

In dieser Rücksicht bestimme ich Folgendes:

1. Die Landräthe — in den Stadtkreisen die Bürgermeister — werden ermächtigt, wenn sie

§. 64.

Veranlagte Einkommensteuerbeträge können in einzelnen Fällen niedergeschlagen[1]) werden, wenn deren zwangsweise Beitreibung die Steuerpflichtigen in ihrer wirthschaftlichen Existenz gefährden, oder wenn das Beitreibungsverfahren voraussichtlich ohne Erfolg sein würde.

---

a) die erhobene Klassensteuerreklamation nach vorgängiger Prüfung und nach ihrem pflichtmäßigen Ermessen für begründet erachten und zugleich

b) die Ueberzeugung gewonnen haben, daß der Reklamant nicht im Stande ist, aus seinen Mitteln die veranlagte Steuer bis zur demnächstigen Entscheidung über die Reklamation fortzuentrichten, ohne in seinem Nahrungs- bezw. Vermögensstande geschädigt zu werden, die veranlagte Steuer auf Antrag des Beschwerdeführers — wenn sie denselben überhaupt nicht für steuerpflichtig erachten, ganz — sonst aber bis zu dem Betrage derjenigen Stufe, auf welche sie die Ermäßigung in Vorschlag bringen wollen, vorläufig zu stunden, und die mit der Einziehung der Klassensteuer beauftragte Spezialkasse (Ortssteuererheber, Steuerempfänger) sogleich direkt mit entsprechender Anweisung zu versehen.

In gleicher Weise sind dieselben ermächtigt, bezüglich der gegen Klassensteuerreklamationsentscheidungen erhobenen Rekurse zu verfahren und auch hier beim Zutreffen der unter a. und b. gedachten Voraussetzungen die nöthigen Stundungen zu verfügen.

Erfolgt demnächst gleichwohl die Abweisung des Beschwerdeführers, so haben sie sogleich nach dem Eingange der Reklamations- bezw. Rekursentscheidung den gestundeten Betrag wieder in Hebung zu setzen.

2. Die Landräthe (Bürgermeister) haben die von ihnen auf Grund der Ermächtigung unter 1 gestundeten Klassensteuerbeträge in eine Nachweisung einzutragen und diese Nachweisung mit den Reklamations- bezw. den Rekursnachweisungen der Königlichen Regierung (Direktion für die Verwaltung der direkten Steuern) vorzulegen, welche die von den Landräthen 2c. etwa ohne genügende Veranlassung bewilligten Stundungen auch vor Entscheidung über die Steuerbeschwerde, zurückzuziehen und die betreffenden Steuerbeträge wieder in Hebung zu setzen befugt ist.

Die Königliche Regierung (Direktion für die Verwaltung der direkten Steuern) wolle hiernach für Ihren Bezirk das Erforderliche anordnen, für die zu 2 gedachte Nachweisung ein Formular bestimmen und, soweit als nöthig, von der ihr zustehenden Stundungsbefugniß auch Ihrerseits unter Beachtung der unter Nr. 1 bezeichneten Voraussetzungen, insbesondere in Rekursfällen einen zur Vermeidung der im Eingange dieser Verfügung angedeuteten Mißstände geeigneten Gebrauch machen. Bis auf Weiteres ist mit den Klassensteuerrekursen zugleich eine Nachweisung der den Rekurrenten etwa — sei es von dem Landrathe oder von Ihr Selbst — bewilligten Stundungen hierher einzureichen Ueber die Ausführung und den Erfolg dieser Verfügung will ich Ihrem ausführlichen Berichte nach Jahresfrist entgegensehen.

(Zu §. 64.) 1a) „Die diskretionäre Befugniß der Verwaltung, veranlagte Steuerbeträge auch ohne den vorgängigen Nachweis der Unbeitreiblichkeit in einzelnen Fällen niederzuschlagen (§. 64), entspricht einem in der Praxis hervorgetretenen Bedürfniß. Theils handelt es sich darum, die nachtheiligen Folgen des Zwangsverfahrens in solchen Fällen abzuwenden, in welchen die nachsichtslose Durchführung desselben dem Steuerschuldner einen unwiederbringlichen wirthschaftlichen Schaden zufügen würde; theils liegt es im Interesse der Steuerverwaltung selbst, zur Ersparung von Arbeit und Kosten die buchmäßige Beseitigung von Resten zu ermöglichen, welche voraussichtlich unbeitreiblich sein werden, weil z. B. der Steuerschuldner im Auslande lebt, latitirt oder in Vermögensverfall gerathen ist.

(Motive zum Gesetz S. 67).

§. 65.

Die veranlagte Steuer ist nicht zu erheben:

1) von den Unteroffizieren und Mannschaften des Beurlaubtenstandes,[1]) welche mit einem Einkommen von nicht mehr als 3000 Mark veranlagt sind, für diejenigen Monate, in denen sie sich im aktiven[2]) Dienste befinden;

2) von dem Diensteinkommen der Reichs- und Staatsbeamten und Offiziere während der Zugehörigkeit derselben zur Besatzung eines zum auswärtigen Dienst bestimmten Schiffes[3]) oder Fahrzeuges der Kaiserlichen Marine, und zwar vom Ersten desjenigen Monats ab, welcher auf den Monat folgt, in welchem die heimischen Gewässer verlassen werden, bis zum Ablauf des Monats, in welchem die Rückkehr in dieselben erfolgt.

1b) Das Wort „niederschlagen" bedeutet nicht dasselbe wie „erlassen," es bedeutet vielmehr nur, daß von der Einziehung einer Forderung abgesehen werden soll, sodaß eine nachträgliche Einziehung immer noch möglich bleibt.

1c) Zu §. 64 wurde durch eine Erklärung des Herr Regierungskommissars festgestellt, daß die Entscheidung über die Niederschlagung dem Finanzminister zustehen soll, aber von diesem delegirt werden kann. (Komm.-Bericht des Hauses der Abgeordn. v. 2. Febr. 1891 S. 58.)

(Zu §. 65.) 1) Wer zum Beurlaubtenstande gehört ist in dem als Anm. 2c Seite 16 dieses Buches abgedruckten §. 56 des Reichs-Militär-Gesetzes v. 2. Mai 1874 (R.G.Bl. S. 45) ausgesprochen.

2a) §. 65 Nr. 1 giebt eine im §. 5d des früheren Klassensteuergesetzes enthaltene Vorschrift wieder; die Bewilligung eines derartigen Nachlasses ist der Landesgesetzgebung im §. 46 des Reichs-Militär-Gesetzes v. 2. Mai 1874 überlassen (abgedruckt als Anm. 2a auf Seite 15).

2b) Wer sich im aktiven Dienst befindet, ergiebt sich aus §. 38 des Reichs-Militär-Gesetzes v. 2. Mai 1874, abgedruckt als Anm. 4 Seite 18.

2c) Finz.-Minist.-Erlaß v. 26. Juni 1866 — III. 12585 —.

Unteroffiziere und gemeine Soldaten der Landwehr sind mit ihren Familien (Angehörigen ihrer Haushaltung) für jeden Monat, in welchem sie sich bei den Fahnen befinden ohne Rücksicht auf den Anfang und die Dauer des Militärdienstes innerhalb eines Monats, von der Klassensteuer frei zu lassen.

2d) Finz.-Minist.-Erlaß v. 21. Aug. 1857 — III. 18786 —.

Dagegen steht Landwehr-Offizieren für die Theilnahme an den gewöhnlichen Landwehrübungen ein Anspruch auf Erlaß an der Klassensteuer nicht zu, da die früher dieserhalb in Betracht gekommenen Bestimmungen aufgehoben sind.

2e) Finz.-Minist.-Erlaß v. 26. Okt. 1859 — III. 23778. —

Auf den Bericht zc. erwidere ich, daß, da die Unteroffiziere und gemeinen Soldaten der Landwehr und deren Familien nach dem §. 6 zu c. des Ges. v. 1. Mai 1851 nur für diejenigen Monate von der Klassensteuer befreit sind, in welchen sie zur Fahne einberufen worden, die von ihren Regimentern beurlaubten Landwehrleute von dem 1. des auf die Entlassung aus dem aktiven Militärdienst zunächst folgenden Monats wieder zur Klassensteuer heranzuziehen sind. Ist jedoch die Beurlaubung nur auf eine kurze bestimmte Frist und nicht über 2 Monate hinaus erfolgt, so sind die erwähnten Unteroffiziere und Soldaten als noch unter den Fahnen stehend anzusehen und deshalb von der Klassensteuer freigelassen. Dasselbe gilt von den auf bestimmte Frist und nicht über 2 Monate hinaus beurlaubten Reservisten.

2f) Wegen der „Königs-Urlauber" indessen siehe Anm. 2c auf Seite 16.

3a) Finz.-Minist.-Erlaß v. 18. Sept. 1873 — IV. 8457 —.

Hinsichtlich der Anwendung der Bestimmungen des zc. (jetzt §. 6 Nr. 3) auf die Offiziere der Marine, Aerzte und Beamten der Marineverwaltung kommen die Vorschriften des §. 164 des Militärstrafgesetzbuches für das deutsche Reich v. 20. Juni 1872 (R.G.Bl. S. 174) in Betracht, welcher Paragraph wörtlich lautet, wie folgt:

> „Als mobiler Zustand gilt in der Marine der Kriegszustand eines Schiffes. Als im Kriegszustande befindlich ist jedes Schiff der Marine zu betrachten, welches außerhalb der heimischen Gewässer allein fährt. Für die am Lande befindlichen Militärpersonen der Marine tritt im Sinne dieses Gesetzes die Mobilmachung unter denselben Voraussetzungen ein, wie für die Militärpersonen des Heeres."

Hiernach steht der Anspruch auf Erlaß der Einkommensteuer den zur Besatzung von Schiffen der Marine gehörenden Offizieren der Marine und Aerzten und Beamten der Marineverwaltung für diejenigen Monate zu, während welcher das betreffende Schiff außerhalb der heimischen Gewässer allein fährt (siehe nachstehende Anm.).

Die Kgl. Regierung beauftrage ich, vorkommenden Falls demgemäß zu verfahren, indem ich gleichzeitig bemerke, daß die beiden Kommandos der Marinestationen durch den Herrn Chef der Kaiserlichen Admiralität beauftragt worden sind, von dem Eintritte und dem Aufhören des Kriegszustandes solcher Schiffe, zu deren Besatzung zur klassifizirten Einkommensteuer veranlagte Offiziere der Marine und Aerzte und Beamte der Marineverwaltung gehören, den betreffenden Kgl. Regierungen zc. Mittheilung zu machen.

3b) Begriff des alleinfahrenden Schiffes. Erlaß des Chefs der Kaiserl. Admiralität v. 7. Okt. 1877 — A. 5835 Ib —.

In Ergänzung meiner Verfügungen v. 25. Okt. 1873 — C. 3037 — (Marineverordnungsblatt für 1873 Nr. 211) und v. 4. März 1874 — C. 742, — (Marineverordnungsblatt für 1874 Nr. 39) gebe ich die nachfolgenden Erläuterungen, welche für den Begriff eines „alleinfahrenden" Schiffes maßgebend sein sollen:

1. Als „alleinfahrend" ist jedes außerhalb der heimischen Gewässer befindliche Schiff zu betrachten, so lange es nicht ausdrücklich einem Geschwader oder sonstigen Kommandoverbande angehört.

2. Ein „alleinfahrendes Schiff" verliert diese Eigenschaft, sobald es in einen bestimmten Befehlsbereich oder Geschwader-Verband verwiesen, in denselben eintritt. Als Zeitpunkt des Eintritts in einen solchen Verband wird in der Segelordre oder in dem besonders eingehenden Befehle der Hafen resp. die Grenze genannt sein, wo jener Befehlsverband erreicht wird; ist dies nicht geschehen, so gilt der Ort und Tag als Eintritt, an welchem die Meldung vom Eintreffen an den Befehlshaber abgefertigt wird resp. die Benachrichtigung an den bisherigen Befehlshaber ergeht.

3. Das zufällige Begegnen anderer alleinfahrender Schiffe in denselben Gewässern oder Häfen hebt die Eigenschaft des alleinfahrenden Schiffes nur auf, wenn eine Unterordnung des Kommandos des einen Schiffes unter das Kommando eines anderen besonders befohlen ist.

4. Ein „alleinfahrendes" Schiff verliert diese Eigenschaft, so bald es zu einem Aufenthalt von mehr wie drei Tagen in einem Gewässer eintrifft, in welchem ein Offizier zum Geschwaderchef oder Kommandanten einer Station ernannt ist.

5. Ein einem Kommando-Verbande zugetheiltes Schiff erlangt die Eigenschaft eines „alleinfahrenden" durch Entlassung aus einem Geschwader- zc. Verbande (vergl. ad 6).

6. Der Zeitpunkt des Austritts aus einem Geschwader- zc. Verbande wird in den Fällen ad 5 jedesmal durch den Geschwader-Chef resp. Stationskommandanten zc. bestimmt, und zwar durch Festsetzung derjenigen Linie resp. des Hafens, deren Ueberschreiten oder dessen Verlassen alsdann als Zeitpunkt für den Austritt aus dem Verbande gelten soll.

7. Den Befehl zur Entlassung aus einem Kommandoverbande hat der betreffende Befehlshaber zu ertheilen, sobald ein Schiff, sei es zur Erledigung eines Auftrages oder zur Ausführung

von Reparaturen oder aus anderen Gründen, sich längere Zeit in anderen Gewässern, wie das Geschwader aufhalten muß.

8. Als verschiedene Gewässer in diesem Sinne sind z. B. anzusehen:

a) der chinesische und der japanische Theil der ostasiatischen Station,

b) Westindien — und der nördliche — und südliche Theil der Ostküste von Südamerika.

9. Der Zeitpunkt, mit welchem ein Schiff beginnt oder aufhört, als „alleinfahrend" zu gelten, ist im Logbuch zu vermerken, der Besatzung bekannt zu machen, und der Admiralität in den regelmäßigen Berichten zu melden. Ebenso ist im Logbuch zu vermerken, daß dieser Zeitpunkt der Besatzung bekannt gemacht ist.

3c) Finz.-Minist.-Erlaß v. 15. Febr. 1874 — IV. 279 —.

In Folge einer Mittheilung des Herrn Chefs der Kaiserlichen Admiralität wird der Zirkular Erlaß v. 18. Sept. 1873 — IV. 8457 — (siehe Anm. 3a.), betreffend die Befreiung von Zahlung der klassifizirten Einkommensteuer der Offiziere, Aerzte und Beamten der Marine an Bord derjenigen Schiffe der Marine, welche außerhalb der heimischen Gewässer allein fahren, hierdurch dahin ergänzt, daß die Grenze der heimischen Gewässer beim Segeln um Schottland der Meridian von 3° W. L. von Greenwich und beim Ein- resp. Aussegeln in den resp. aus dem Englischen Kanal der Längengrad von Dover bildet. Dem entsprechend sind auch die Offiziere, Aerzte und Beamten der Schiffe der Marine, welche in einem Geschwader die heimischen Gewässer verlassen, außerhalb dieser Gewässer aber einzeln detachirt werden, für die Zeit des Alleinfahrens von Zahlung der Einkommensteuer befreit. Schiffe, welche zu einem Geschwader gehören, sind nicht als alleinfahrende anzusehen, auch wenn dieselben zur Erledigung eines selbstständigen Auftrags zeitweise vom Geschwader entsendet werden.

Mit Rücksicht hierauf sind die Kommandos der die heimischen Gewässer verlassenden, alleinfahrenden Schiffe, sowie die Geschwaderkommandos, welche außerhalb der qu. Gewässer segeln und ein Schiff ihres Geschwaders allein detachiren, beauftragt worden, der Kaiserlichen Admiralität von dem Eintritte und dem Aufhören des Kriegszustandes solcher Schiffe, zu deren Besatzung zur klassifizirten Einkommensteuer veranlagte Offiziere, Aerzte und Beamte der Marine gehören, in nachbezeichneter Form Meldung zu machen:

Kommando S. M. S. Nr. Plymouth, den ____ten ________

Jr. Nr.

Klassifizirte Einkommensteuer.

S. M. S. Nr. hat am ____ten ________ den Längengrad von Dover passirt.

Steuer zahlen:

Korvettenkapitän N. in Kiel monatlich ________ Mark ____ Pf.

Der Kommandant N.

Die Uebermittelung dieser Meldungen an die Stationskommandos zur Weiterbeförderung an die betreffenden Behörden wird seitens der Kaiserl. Admiralität bewirkt werden.

Uebrigens wird bemerkt, daß der Beginn des Steuererlasses sowohl für die zur klassifizirten Einkommensteuer, als auch für die zur Klassensteuer veranlagten Offiziere, Aerzte und Beamten der Marine vom 1. desjenigen Monats ab, in welchem die gedachten Grenzen passirt sind, einzutreten hat.

3d) Erlaß des Chefs der kaiserlichen Admiralität betreffend Einziehung und Abführung der Steuerbeträge v. 3. Juli 1881 — A. 3715 II. —

Die Kassen der im Auslande befindlichen resp. dahin gehenden Schiffe und Fahrzeuge S. M. haben ohne Rücksicht darauf, ob das Schiff resp. Fahrzeug „alleinfahrendes Schiff" ist oder nicht, die Steuern der eingeschifften zur klassifizirten Einkommensteuer und zur Klassensteuer veranlagten Offiziere und Beamten monatlich bei der Gehaltszahlung einzubehalten und erst dann, entweder der betreffenden Stationsintendantur zur Einziehung und Abführung an die heimathlichen Steuerkassen zu offeriren, oder an die steuerfreien Personen wieder auszuzahlen, sobald die diesseitige Mittheilung über Steuerverpflichtung resp. Befreiung der eingeschifften Personen für das abge-

VII. Strafbestimmungen.

§. 66.

Wer wissentlich in der Steuererklärung oder bei Beantwortung der von zuständiger Seite an ihn gerichteten Fragen, oder zur Begründung eines Rechtsmittels

a) über sein steuerpflichtiges Einkommen oder über das Einkommen der von ihm zu vertretenden Steuerpflichtigen unrichtige oder unvollständige Angaben macht, welche geeignet sind, zur Verkürzung der Steuer zu führen,

b) steuerpflichtiges Einkommen, welches er nach den Vorschriften dieses Gesetzes anzugeben verpflichtet ist, verschweigt,

wird, wenn eine Verkürzung des Staates stattgefunden hat, mit dem vier- bis zehnfachen Betrage der Jahressteuer, um welche der Staat verkürzt werden sollte, mindestens aber mit einer Geldstrafe von einhundert Mark, bestraft.

An die Stelle dieser Strafe tritt eine Geldstrafe von zwanzig bis einhundert Mark, wenn aus den Umständen zu entnehmen ist, daß die unrichtige oder unvollständige Angabe oder die Verschweigung steuerpflichtigen Einkommens zwar wissentlich,[1]) aber nicht in der Absicht der Steuerhinterziehung erfolgt ist.

Derjenige Steuerpflichtige, welcher, bevor eine Anzeige erfolgt oder eine

---

laufene Steuerjahr, welche auf Grund einer im Juli resp. August jeden Jahres diesseits aufzustellenden Nachweisung qu. erfolgen wird, beim Schiffskommando eingeht.

Für diejenigen Schiffe und Fahrzeuge, welche innerhalb eines Steuerjahres vom Auslande zurückkehren, wird diese Festsetzung und Mittheilung erfolgen, sobald die in Betracht kommenden Daten über Ein- und Austritt auf den auswärtigen Stationen, Zugehörigkeit zu einem Geschwaderverbande, resp. Passiren der Linie Dover-Calais auf der Rückreise, gemeldet worden sind.

Die einbehaltenen Steuerbeträge gehören zu den gebotenen Depositen.

3e) Finz.-Minist.-Erlaß v. 18. Juli 1881 — II. 7771 —.

Nachdem ich mich unter Abänderung des bisherigen Verfahrens damit einverstanden erklärt habe, daß vom laufenden Steuerjahre ab bis auf Weiteres die fälligen Steuerbeträge der mit S. M. Schiffen und Fahrzeugen im Auslande befindlichen, zur klassifizirten Einkommensteuer und zur Klassensteuer veranlagten Offiziere und Beamten allmonatlich durch Abzug vom Gehalte bei den betreffenden Schiffskassen einbehalten und am Schlusse des Steuerjahres durch Vermittelung der Stations-Intendanturen an die zuständigen Steuerkassen abgeführt werden, ist von dem Herrn Chef der Kaiserlichen Admiralität bezüglich der Einziehung und Abführung der fraglichen Steuerbeträge unter dem 3. d. M. ein zur Aufnahme in das Marine-Verordnungs-Blatt bestimmter Erlaß erlassen worden, von welcher die Kgl. Direktion ꝛc. in der Anlage Abschrift (siehe vorstehende Anm.) mit dem Auftrage erhält, demgemäß die Kgl. Steuerkasse in Berlin mit der erforderlichen Anweisung zu versehen.

Die mit Ablauf des Steuerjahres verbleibenden Steuerreste sind in der nach den Erlassen v. 8. Okt. 1876 (IV. 12266) und 17. Jan. 1881 (II. 10115/80) dem Verwaltungsabschlusse von den direkten Steuern beizufügenden Nachweisung der Einnahmereste besonders aufzuführen.

(Zu §. 66.) 1) Auf eine Anfrage über die Bedeutung der Worte „zwar wissentlich, aber nicht in der Absicht der Steuerhinterziehung" erwiderte der Herr Regierungskommissar, daß hierunter namentlich die Fälle begriffen seien, in denen der Zensit in Folge eines Rechtsirrthums unrichtige Angaben mache.

Untersuchung eingeleitet ist, seine Angabe an zuständiger Stelle berichtigt oder ergänzt, beziehungsweise das verschwiegene Einkommen angiebt und die vorenthaltene Steuer in der ihm gesetzten Frist entrichtet, bleibt straffrei.

§. 67.

Die Einziehung der hinterzogenen Steuer erfolgt neben und unabhängig von der Strafe.[1])

Die Verbindlichkeit zur Nachzahlung der Steuer verjährt in zehn Jahren und geht auf die Erben, jedoch für diese mit einer Verjährungsfrist von fünf Jahren[2]) und nur auf Höhe ihres Erbantheils, über. Die Verjährungsfrist beginnt mit Ablauf des Steuerjahres, in welchem die Hinterziehung begangen wurde.

Die Festsetzung der Nachsteuer steht der Regierung zu, gegen deren Entscheidung nur Beschwerde an den Finanzminister zulässig ist.

§. 68.

Wer die in Gemäßheit des §. 22 von ihm erforderte Auskunft verweigert oder ohne genügenden Entschuldigungsgrund in der gestellten Frist gar nicht oder unvollständig oder unrichtig ertheilt, wird mit einer Geldstrafe bis dreihundert Mark bestraft.

Wer der im §. 61 vorgeschriebenen Verpflichtung zur An- und Abmeldung nicht rechtzeitig nachkommt, wird mit Geldstrafe bis zu zwanzig Mark bestraft.

Auf eine weitere Anfrage wurde festgestellt, daß eine Verhandlung vor dem Vorsitzenden der Kommission über die Richtigkeit der Deklaration nicht als „Untersuchung" aufzufassen sei. (Kommissionsbericht des Herrenhauses S. 14.)

(Zu §. 67.) 1) Der Bericht der Kommission des Herrenhauses v. 13. April 1891 sagt (S. 14) zu §. 67:

„Ein Mitglied beantragt, daß auch den Kommunalverbänden das Recht, hinterzogene Beträge nachträglich heranziehen zu können, eingeräumt werde. Der Herr Minister erklärte sich zwar mit dem Antrage materiell einverstanden, derselbe gehöre aber nicht in dieses, sondern in ein Kommunalsteuergesetz.

Der Paragraph wurde unverändert angenommen."

2a) Die Kommission des Hauses der Abgeordneten (Bericht v. 2. Febr. 1891, S. 58) sprach bei dieser Bestimmung die Absicht aus, daß den Erben auch bei dieser Frist die zu Lebzeiten des Erblassers verlaufene Frist mit angerechnet werden soll.

2b) Ges. betr. einige Ergänzungen des Einführungsgesetzes zum Strafgesetzbuch v. 22. Mai 1852 (G.S. S. 250). Art. V: „Vergehen und Uebertretungen, welche durch Zuwiderhandlung gegen die Vorschriften über die Entrichtung der Steuern, Zölle, Postgefälle, Kommunikations-Abgaben und aller übrigen öffentlichen Abgaben und Gefälle begangen werden, verjähren in fünf Jahren."

Für die seit 1866 mit der Monarchie vereinigten Landestheile siehe den gleichlautenden Art. XI der Verordnung v. 25. Juni 1867 (G.S. S. 927).

Siehe auch §. 2 des Einführungsgesetzes zum Strafgesetzbuch für den Norddeutschen Bund v. 31. Mai 1870 (B.G.Bl. S. 195).

2c) Siehe auch die Anweisung v. 26. Jan. 1877, betr. die Kontrole und Verrechnung der bei Zuwiderhandlungen gegen die Gesetze über die direkten Steuern von den Verwaltungsbehörden festgesetzten Strafen, Kosten und Nachsteuern, gedruckt in der Königlichen Geheimen Ober-Hofbuchdruckerei (R. v. Decker).

§. 69.

Die bei der Steuerveranlagung betheiligten Beamten sowie die Mitglieder der Kommissionen werden, wenn sie die zu ihrer Kenntniß gelangten Erwerbs-, Vermögens- oder Einkommensverhältnisse eines Steuerpflichtigen, insbesondere auch den Inhalt einer Steuererklärung oder der darüber gepflogenen Verhandlungen unbefugt offenbaren,[1]) mit Geldstrafe bis zu eintausendfünfhundert Mark oder mit Gefängniß bis zu drei Monaten bestraft.

Die Verfolgung findet nur auf Antrag der Regierung oder des betroffenen Steuerpflichtigen statt.

1a) Finz.-Minist.-Erlaß v. 6. Okt. 1857 — III. 22279 —. (Auszug.)

Nach §. 32 des Ges. v. 1. Mai 1851 ist den bei dem Einschätzungs-Geschäft betheiligten Beamten und Kommissionsmitgliedern nur die Geheimhaltung der Vermögens- und Einkommens-Verhältnisse, welche bei diesem Geschäft zu ihrer Kenntniß gelangen zur Pflicht gemacht, bezüglich der für die einzelnen Steuerpflichtigen veranlagten Steuerstufen aber eine solche Geheimhaltung nicht vorgeschrieben. Auch die Vorschrift im Abs. 3 des §. 23 a. a. O. nach welcher jedem Steuerpflichtigen die erfolgte Feststellung der Steuerstufe, in welche er eingeschätzt ist mit dem Betrage der von ihm zu entrichtenden Steuer mittelst einer verschlossenen Zuschrift bekannt gemacht werden soll, kann nicht nach der bezeichneten Richtung aufgefaßt werden, weil sie, wie die dem Gesetz vorangegangenen Verhandlungen auch des Näheren ersehen lassen, lediglich den Zweck hat, zu verhüten, daß der veranlagte Steuerbetrag den Angehörigen, Dienstleuten u. s. w. des Steuerpflichtigen unmittelbar bekannt und von diesen zum Gegenstande einer Besprechung u. s. w. gemacht werde. Eine gänzliche Geheimhaltung der veranlagten Steuerstufe würde sich auch nicht durchführen lassen, zumal den Gemeinden gesetzlich die Befugniß zusteht, ihre Bedürfnisse von ihren Angehörigen unter andern nach dem Fuße der Klassen- und klass. Einkommensteuer aufbringen zu lassen, den Kommunalbehörden u. s. w., daher die Ergebnisse der Einkommensteuer-Veranlagung behufs Umlegung der bezeichneten Zuschläge nicht vorenthalten werden können und die ersteren mit Rücksicht hierauf durch die Ministerial-Instruktion zur Ausführung der neueren Gemeinde-Ordnungen sogar ausdrücklich angewiesen worden sind, sich zu dem fraglichen Zwecke die Verzeichnisse der ihrem Bezirke angehörigen Einkommensteuerpflichtigen mit Angabe der Steuerstufen, zu welchen dieselben veranlagt sind, von den Vorsitzenden der betreffenden Einschätzungskommissionen zu erbitten.

1b) Finz.-Minist.-Erlaß v. 3. Mai 1873 — IV. 3350 —.

Dem von dem Magistrat ꝛc. gestellten Antrage, den Vorsitzenden der Einschätzungs-Kommission für die klassifizirte Einkommensteuer hierselbst zur Mittheilung der sämmtlichen der Einschätzung zu dieser Stufe zum Grunde liegenden Kriterien an den Magistrat für den Zweck der Veranlagung der Kommunal-Einkommensteuer zu ermächtigen,

bedauere ich aus dem Grunde keine Folge geben zu können, weil der §. 32 des Ges. v. 1. Mai 1851 (G.S. S. 193) die bei der Einschätzung der klassifizirten Einkommensteuer betheiligten Vorsitzenden der Kommissionen und sonstigen Beamten kraft des von ihnen geleisteten Amtseides zur Geheimhaltung der Vermögens- und Einkommensverhältnisse, welche bei diesem Geschäft zu ihrer Kenntniß gelangen, verpflichtet und hiernach eine Mittheilung jener Verhältnisse für andere Zwecke als diejenigen der Veranlagung der Staats-Einkommensteuer nur insoweit zulässig erscheint, als ein besonderer gesetzlicher Grund dafür vorhanden ist.

In dieser Beziehung kann hier nur der §. 53 der Städteordnung v. 30. Mai 1853 in Betracht kommen, welcher die Einführung besonderer Gemeinde-Einkommensteuern gestattet. Zu diesem Behufe dürfen aber nach ausdrücklicher Vorschrift der von den Ministern des Innern und

und der Finanzen unter dem 17. Juli 1854 erlassenen Ausführungs-Instruktion (Min.-Bl. d. i. V. St. 24) aus den staatlichen Einkommens-Nachweisungen nur Mittheilungen:

a) über die Veranlagungssätze der Staatssteuer hinsichtlich der in der Gemeinde selbst wohnenden Einkommensteuerpflichtigen;

b) über das Einkommen der Forensen aus den innerhalb der Gemeinde belegenen Grundstücken oder gewerblichen Etablissements,

c) über das Einkommen der Gemeinde-Einwohner aus dem außerhalb des Gemeindebezirks belegenen Grundeigenthum und aus auswärtigem Gewerbebetriebe, sowie über das Gesammteinkommen solcher Einwohner

gemacht werden. Die Mittheilung einer vollständigen Abschrift der Einkommens-Nachweisung zum Zwecke der Veranlagung der Kommunal-Einkommensteuer ist hiernach stets für unzulässig erachtet und auch von dem Magistrat selbst ursprünglich nicht verlangt, vielmehr der im Jahre 1868 dieserhalb gestellte Antrag auf die Ertheilung einer Abschrift der Hebeliste und der Auskunft über die Merkmale für die Besteuerung der gemäß §§. 3, 4 des Regulativs v. 20. März 1869 der Kommunal-Einkommensteuer nur mit einem Theile ihres Einkommens unterliegenden Personen beschränkt worden. Zur Genehmigung einer über diesen Antrag und das Gesetz hinausgehenden Praxis habe ich mich nicht für ermächtigt erachten können und daher angeordnet, daß von denjenigen Mittheilungen, welche für die Zwecke der Kommunalsteuer nicht unbedingt erforderlich sind, Abstand genommen werde. Der von dem Magistrat hervorgehobene Gesichtspunkt, daß die Erfüllung des ausgesprochenen Wunsches zugleich im Interesse der Veranlagung der Staats-Einkommensteuer liege, kann bei Anwendung der erwähnten positiven Gesetzes-Vorschrift ebensowenig in Betracht kommen, als die unter Umständen anzuerkennende Schwierigkeit auf Grund einer Kenntniß der Staatssteuer-Stufe und der nach §§. 3 und 4 des Regulativs v. 20. März 1869 befreiten Einkommensbezüge der ebendaselbst bezeichneten Personen die auf die letzteren anwendbare Stufe der Kommunal-Einkommensteuer durchaus zutreffend festzustellen. Um in letzterer Beziehung den Wünschen des Magistrats thunlichst entgegenzukommen, habe ich den Vorsitzenden der Einschätzungs-Kommission für die Staats-Einkommensteuer veranlaßt, dem Magistrat hinsichtlich derjenigen Personen, welchen nach den erwähnten Regulativ-Bestimmungen ein Anspruch auf Freilassung einzelner Theile ihres Einkommens von der Kommunalsteuer zusteht, außer diesen befreiten Einkommensbezügen auch in allen Fällen, in welchen der Betrag des Gesammt-Einkommens aus der Einkommens-Nachweisung zu ersehen ist, diesen Betrag mitzutheilen.

1c) Finz.-Minist.-Erlaß v. 15. März 1882 — II. 2441 —.

Zu der nebst den Anlagen beigefügten Beschwerde des Ersten Staatsanwalts beim Königlichen Landgericht I hierselbst v. 21. v. M. bemerke ich, daß, wie schon in einem diesseitigen Erlaß v. 25. Febr. 1863 ausgesprochen worden ist,

„die Vorschrift im §. 32 des Ges. v. 1. Mai 1851 wegen Geheimhaltung der bei dem Einschätzungsgeschäft zur Sprache kommenden Vermögens- und Einkommensverhältnisse der Steuerpflichtigen nicht dazu berechtigt, die Einsicht der Einkommens-Nachweisungen anderen Staatsbeamten vorzuenthalten, welche auf letztere amtlich behufs Erfüllung einer ihnen obliegenden besonderen Dienstpflicht zurückzugehen genöthigt sind."

In Gemäßheit dieser Auslegung des §. 32 a. a. O. würde schon nach den früher geltenden Bestimmungen die letztere Gesetzesvorschrift nicht dazu berechtigen, die von den Königlichen Staatsanwälten geforderte amtliche Auskunft über die Vermögens- und Einkommens-Verhältnisse eines Steuerpflichtigen zu verweigern.

Ich trete aber auch dem Ersten Staatsanwalte darin bei, daß jedenfalls der §. 159 der Strafprozeßordnung einer landesgesetzlichen, die Auskunftsertheilung verbietenden Bestimmung derogirt haben würde.

1d) Finz.-Minist.-Erlaß v. 4. Mai 1881 — II. 5273 —. (Auszug.)

Der Gemeindekirchenrath 2c. beabsichtigt im laufenden Etatsjahre eine kirchliche Umlage von denjenigen seiner Gemeindemitglieder zu erheben, welche zur Staatsklassen- und klassifizirten Ein-

§. 70.

Die auf Grund der §§. 66, 68 und 69 festzusetzenden, aber unbeitreiblichen Geldstrafen sind nach Maßgabe der für Uebertretungen geltenden Bestimmungen des Strafgesetzbuches für das Deutsche Reich (§§. 28 und 29)[1]) in Haft umzuwandeln.

Die Untersuchung und Entscheidung in Betreff der in den §§. 66 und 68 bezeichneten strafbaren Handlungen steht dem Gericht zu, wenn nicht der Beschuldigte die von der Regierung vorläufig festgesetzte Geldstrafe nebst den durch das Verfahren gegen ihn entstandenen Kosten binnen einer ihm bekannt gemachten Frist freiwillig zahlt.

Die Regierungen sind ermächtigt, hierbei eine mildere als die im §. 66 vorgeschriebene Strafe in Anwendung zu bringen.

Hat der Beschuldigte in Preußen keinen Wohnsitz, so erfolgt das Einschreiten des Gerichts ohne vorläufige Festsetzung der Strafe durch die Regierung. Dasselbe findet statt, wenn die Regierung aus sonstigen Gründen von der vorläufigen Festsetzung der Strafe Abstand zu nehmen erklärt oder der Angeschuldigte hierauf verzichtet.

Die Entscheidung wegen der hinterzogenen Steuer verbleibt in allen Fällen den Verwaltungsbehörden.

In Betreff der Zuwiderhandlungen wegen der Verpflichtung zur Geheimhaltung (§. 69) findet nur das gerichtliche Strafverfahren statt.

---

kommensteuer von einem Jahreseinkommen über 1500 Mark eingeschätzt sind und bittet, behufs Aufstellung der Heberolle ihm das diesjährige staatliche Steuer-Veranlagungssoll derjenigen Gemeindemitglieder, welche von ihm der ꝛc. namhaft gemacht werden, mitzutheilen. Ein gesetzliches Hinderniß steht diesem Antrage nicht entgegen und es wird nur einer zweckmäßigen Ordnung des einzuhaltenden Verfahrens bedürfen.

1) Strafgesetzbuch für das Deutsche Reich. (R.G.Bl. für 1876. S. 44.):

§. 28. Eine nicht beizutreibende Geldstrafe ist in Gefängniß und, wenn sie wegen einer Uebertretung erkannt worden ist, in Haft umzuwandeln.

Ist bei einem Vergehen Geldstrafe allein oder an erster Stelle, oder wahlweise neben Haft angedroht, so kann die Geldstrafe in Haft umgewandelt werden, wenn die erkannte Strafe nicht den Betrag von sechshundert Mark und die an ihre Stelle tretende Freiheitsstrafe nicht die Dauer von sechs Wochen übersteigt.

War neben der Geldstrafe auf Zuchthaus erkannt, so ist die an deren Stelle tretende Gefängnißstrafe nach Maßgabe des §. 21 in Zuchthausstrafe umzuwandeln.

Der Verurtheilte kann sich durch Erlegung des Strafbetrages, soweit dieser durch die erstandene Freiheitsstrafe noch nicht getilgt ist, von der letzteren freimachen.

§. 29. Bei Umwandlung einer wegen eines Verbrechens oder Vergehens erkannten Geldstrafe ist] der Betrag von drei bis zu funfzehn Mark, bei Umwandlung einer wegen einer Uebertretung erkannten Geldstrafe der Betrag von einer bis zu funfzehn Mark einer eintägigen Freiheitsstrafe gleich zu achten.

Der Mindestbetrag der an Stelle einer Geldstrafe tretenden Freiheitsstrafe ist Ein Tag, ihr Höchstbetrag bei Haft sechs Wochen, bei Gefängniß Ein Jahr. Wenn jedoch eine neben der Geldstrafe wahlweise angedrohte Freiheitsstrafe ihrer Dauer nach den vorgedachten Höchstbetrag nicht erreicht, so darf die an Stelle der Geldstrafe tretende Freiheitsstrafe den angedrohten Höchstbetrag jener Freiheitsstrafe nicht übersteigen.

VIII. Kosten.

§. 71.

Die Kosten der Steuerveranlagung und Erhebung fallen der Staatskasse zur Last.[1]) Jedoch sind diejenigen Kosten, welche durch die gelegentlich der eingelegten Rechtsmittel[2]) erfolgenden Ermittelungen veranlaßt werden, von dem Steuerpflichtigen zu erstatten, wenn sich seine Angaben in wesentlichen Punkten als unrichtig erweisen. Die Festsetzung[3]) der zu erstattenden Kosten erfolgt durch die Regierung, gegen deren Entscheidung nach Maßgabe des §. 60 Absatz 1 die Beschwerde an den Finanzminister gestattet ist.

---

1) Finz.=Minist.=Erlaß v. 27. Aug. 1891 — II. 11066 —. (Auszug.)

Den Vorsitzenden der Veranlagungskommissionen — jedoch ausschließlich derjenigen Stadtkreise, in denen der erste Bürgermeister oder ein anderer Kommunalbeamter den Vorsitz in den Veranlagungskommissionen führt — sind die der Ausführungsanweisung beigegebenen Formulare Muster I. II und VII bis XIV, ferner B. beziehungsweise C. auf Kosten der Staatskasse zu liefern. Das Gleiche gilt von denjenigen Formularen, welche (wie z. B. diejenigen zu Benachrichtigungsschreiben an die Steuerpflichtigen, Behändigungsscheinen, Berufungsnachweisen u. s. w.) der Vorsitzende der Berufungskommission behufs Herbeiführung eines gleichmäßigen Verfahrens zum Gebrauche für die Vorsitzenden der Veranlagungskommissionen des Regierungsbezirks etwa vorschreiben wird.

Die Kosten für die Formulare Muster III bis VI und A. sowie alle übrigen Kosten, welche durch die Personenstandsaufnahme und durch die den Gemeinde= (Guts=) Vorständen sonst bei der Veranlagung der Einkommensteuer übertragenen Geschäfte erwachsen, müssen von den Gemeinden (Gutsbezirken) aus der ihnen gemäß §. 73, Abs. 1 des Gesetzes zustehenden Veranlagungsgebühr von 2 Prozent bestritten werden. Dies gilt in denjenigen Städten, in welchen der erste Bürgermeister oder ein anderer städtischer Beamter den Vorsitz in der Veranlagungskommission führt, auch von allen zum Gebrauche der Vorsitzenden bestimmten Formularen.

Die Formulare zu den Steuererklärungen (Muster I und II) nebst Beilagen werden in der Reichsdruckerei hierselbst hergestellt und sind, soweit dieselben nach Vorstehendem auf Kosten der Staatskasse beschafft werden müssen, von dort zu beziehen. Soweit den Gemeinden die Beschaffung obliegt, werden denselben diese Formulare auf Wunsch zu den nämlichen zur Zeit noch nicht feststehenden Preisen abgegeben; es steht ihnen auch frei, ihren Bedarf auf eigene Rechnung herstellen zu lassen, wobei jedoch darauf zu halten ist, daß die Formulare genau dem vorgeschriebenen Muster entsprechen, auch in der äußeren Ausstattung und bezüglich der Güte des Papieres nicht den in Probeexemplaren mitzutheilenden Formularen der Reichsdruckerei nachstehen.

Wegen der übrigen auf Staatskosten zu liefernden Formulare wolle die Königliche Regierung im Einvernehmen mit den Vorsitzenden der Berufungskommissionen das Erforderliche alsbald veranlassen.

(Vollständig abgedruckt als Anm. zu Art. 40 der Anweisung v. 5. Aug. 1891 im Abschnitt IV dieses Buches.)

2) Als Rechtsmittel können nur in Betracht kommen die Berufung (§. 40 des Ges.) und die Beschwerde (§. 44 des Ges.). Bei der letzteren ist die Kostenfrage durch die besonderen Bestimmungen geregelt, welche sich in §. 102 u. folg. des Gesetzes über die allgemeine Landesverwaltung v. 30. Juli 1883 (G.S. S. 195) finden und als Anm. 1a zu §. 49 (Seite 68) abgedruckt sind. Es kann sich also hier nur noch um die bei Gelegenheit der Berufung entstandenen Kosten handeln.

3) Die Entscheidung der Berufungskommission muß zugleich Bestimmung darüber treffen,

§. 72.

Die Mitglieder[1]) der Kommissionen erhalten Reise- und Tagegelder nach Maßgabe der Verordnung, betreffend die Tagegelder und Reisekosten u. s. w., vom 20. Dezember 1876 (Gesetz-Samml. 1877 S. 3).[2])

Die Gebühren für Zeugen und Sachverständige (§. 38) werden nach den in Civilprozessen zur Anwendung kommenden Vorschriften berechnet.[3])

---

ob die Kosten, welche durch die gelegentlich der Berufung veranlaßten Ermittelungen erwachsen sind, vom Steuerpflichtigen erstattet werden sollen (§. 71 des Gesetzes).

Siehe Absatz 4 der Nr. 2 des Art. 66 der Anweisung v. 5. Aug. 1891 im Abschnitt IV dieses Buches. Die Entscheidung der Regierung betrifft nur die Höhe der festzusetzenden Kosten.

Die Entscheidung der Berufungskommission über die Kostenpflichtigkeit dessen, der die Berufung eingelegt hat, ist gleichzeitig mit der Entscheidung in der Sache selbst durch das Rechtsmittel der Beschwerde anzugreifen und kann in solchem Falle die Festsetzung der Regierung über die Höhe der Kosten erst nach erfolgter Entscheidung über die Beschwerde stattfinden.

1) Zu den Mitgliedern gehören auch die Vorsitzenden und ihre Stellvertreter.

2) Siehe Abschn. IX dieses Buches.

3) Gebührenordnung für Zeugen und Sachverständige v. 30. Juni 1878 (R.G.Bl. S. 173):

§. 1. In den vor die ordentlichen Gerichte gehörigen Rechtssachen, auf welche die Civilprozeßordnung, die Strafprozeßordnung oder die Konkursordnung Anwendung findet, erhalten die Zeugen und Sachverständigen Gebühren nach Maßgabe der folgenden Bestimmungen.

§. 2. Der Zeuge erhält eine Entschädigung für die erforderliche Zeitversäumniß im Betrage von zehn Pfennig bis zu einer Mark auf jede angefangene Stunde.

Die Entschädigung ist unter Berücksichtigung des von dem Zeugen versäumten Erwerbes zu bemessen und für jeden Tag auf nicht mehr als zehn Stunden zu gewähren.

Personen, welche durch gemeine Handarbeit, Handwerksarbeit oder geringeren Gewerbebetrieb ihren Unterhalt suchen, oder sich in gleichen Verhältnissen mit solchen Personen befinden, erhalten die nach dem geringsten Satze zu bemessende Entschädigung auch dann, wenn die Versäumniß eines Erwerbes nicht stattgefunden hat.

§. 3. Der Sachverständige erhält für seine Leistungen eine Vergütung nach Maßgabe der erforderlichen Zeitversäumniß im Betrage bis zu zwei Mark auf jede angefangene Stunde.

Die Vergütung ist unter Berücksichtigung der Erwerbsverhältnisse des Sachverständigen zu bemessen und für jeden Tag auf nicht mehr als zehn Stunden zu gewähren.

Außerdem sind dem Sachverständigen die auf die Vorbereitung des Gutachtens verwendeten Kosten, sowie die für eine Untersuchung verbrauchten Stoffe und Werkzeuge zu vergüten.

§. 4. Bei schwierigen Untersuchungen und Sachprüfungen ist dem Sachverständigen auf Verlangen für die aufgetragene Leistung eine Vergütung nach dem üblichen Preise derselben und für die außerdem stattfindende Theilnahme an Terminen die im §. 3 bestimmte Vergütung zu gewähren.

§. 5. Als versäumt gilt für den Zeugen oder Sachverständigen auch die Zeit, während welcher er seine gewöhnliche Beschäftigung nicht wieder aufnehmen kann.

§. 6. Mußte der Zeuge oder Sachverständige außerhalb seines Aufenthaltsortes einen Weg bis zur Entfernung von mehr als zwei Kilometer zurücklegen, so ist ihm außer den nach §§. 2 bis 5 zu bestimmenden Beträgen eine Entschädigung für die Reise und für den durch die Abwesenheit von dem Aufenthaltsorte verursachten Aufwand nach Maßgabe der folgenden Bestimmungen zu gewähren.

§. 7. Soweit nach den persönlichen Verhältnissen des Zeugen oder Sachverständigen oder nach äußeren Umständen die Benutzung von Transportmitteln für angemessen zu erachten ist, sind als Reiseentschädigung die nach billigem Ermessen in dem einzelnen Falle erforderlichen Kosten zu gewähren. In anderen Fällen beträgt die Reiseentschädigung für jedes angefangene Kilometer des Hinweges und des Rückweges fünf Pfennig.

§. 8. Die Entschädigung für den durch Abwesenheit von dem Aufenthaltsorte verursachten Aufwand ist nach den persönlichen Verhältnissen des Zeugen oder Sachverständigen zu bemessen, soll jedoch den Betrag von fünf Mark für jeden Tag, an welchem der Zeuge oder Sachverständige abwesend gewesen ist, und von drei Mark für jedes außerhalb genommene Nachtquartier nicht überschreiten.

§. 9. Mußte der Zeuge oder Sachverständige innerhalb seines Aufenthaltsortes einen Weg bis zu einer Entfernung von mehr als zwei Kilometer zurücklegen, so ist ihm für den ganzen zurückgelegten Weg eine Reiseentschädigung nach den Vorschriften des §. 7 zu gewähren.

§. 10. Konnte der Zeuge oder Sachverständige den erforderlichen Weg ohne Benutzung von Transportmitteln nicht zurücklegen, so sind die nach billigem Ermessen erforderlichen Kosten auch außer den in den §§. 6, 9 bestimmten Fällen zu gewähren.

§. 11. Abgaben für die erforderliche Benutzung eines Weges sind in jedem Falle zu erstatten.

§. 12. Bedarf der Zeuge wegen jugendlichen Alters oder wegen Gebrechen eines Begleiters, so sind die bestimmten Entschädigungen für Beide zu gewähren.

§. 13. Soweit für gewisse Arten von Sachverständigen besondere Taxvorschriften bestehen, welche an dem Orte des Gerichts, vor welches die Ladung erfolgt, und an dem Aufenthaltsorte des Sachverständigen gelten, kommen lediglich diese Vorschriften in Anwendung. Gelten solche Taxvorschriften nur an einem dieser Orte, oder gelten an demselben verschiedene Taxvorschriften, so kann der Sachverständige die Anwendung der ihm günstigeren Bestimmungen verlangen.

Dolmetscher erhalten Entschädigung als Sachverständige nach den Vorschriften dieses Gesetzes, sofern nicht ihre Leistungen zu den Pflichten eines von ihnen versehenen Amtes gehören.

§. 14. Oeffentliche Beamte erhalten Tagegelder und Erstattung von Reisekosten nach Maßgabe der für Dienstreisen geltenden Vorschriften, falls sie zugezogen werden:

1. als Zeugen über Umstände, von denen sie in Ausübung ihres Amtes Kenntniß erhalten haben;
2. als Sachverständige, wenn sie aus Veranlassung ihres Amtes zugezogen werden und die Ausübung der Wissenschaft, der Kunst oder des Gewerbes, deren Kenntniß Voraussetzung der Begutachtung ist, zu den Pflichten des von ihnen versehenen Amtes gehört.

Werden nach den Vorschriften dieses Paragraphen Tagegelder und Reisekosten gewährt, so findet eine weitere Vergütung an den Zeugen oder Sachverständigen nicht statt.

§. 15. Ist ein Sachverständiger für die Erstattung von Gutachten im Allgemeinen beeidigt, so können die Gebühren für die bei bestimmten Gerichten vorkommenden Geschäfte durch Uebereinkommen bestimmt werden.

§. 16. Die Gebühren der Zeugen und Sachverständigen werden nur auf Verlangen derselben gewährt. Der Anspruch erlischt, wenn das Verlangen binnen drei Monaten nach Beendigung der Zuziehung oder Abgabe des Gutachtens bei dem zuständigen Gerichte nicht angebracht wird.

§. 17. Die einem Zeugen oder Sachverständigen zu gewährenden Beträge werden durch das Gericht oder den Richter, vor welchem die Verhandlung stattfindet, festgesetzt.

Sofern die Beträge aus der Staatskasse gezahlt und dieser nicht erstattet sind, kann die Festsetzung von dem Gericht oder dem Richter, durch welche sie erfolgt ist, sowie von dem Gerichte der höheren Instanz von Amtswegen berichtigt werden.

Gegen die Festsetzung findet Beschwerde nach Maßgabe der §§. 531 bis 538 der Civilprozeßordnung und des §. 4 Abs. 3 des Gerichtskostengesetzes, in Strafsachen nach Maßgabe der §§. 346 bis 352 der Strafprozeßordnung statt.

§. 18. Dieses Gesetz tritt im ganzen Umfange des Reichs gleichzeitig mit dem Gerichtsverfassungsgesetz in Kraft.

§. 73.

Den Gemeinden (Gutsbezirken) werden als Vergütung[1]) für die bei Veranlagung der Steuer ihnen übertragenen Geschäfte zwei Prozent der eingezogenen Steuer gewährt.[2])

Hinsichtlich der örtlichen Erhebung der Steuer verbleibt es bis auf Weiteres bei den bestehenden Bestimmungen[3]) mit der Maßgabe daß die bisher zur örtlichen Erhebung der Klassensteuer verpflichteten Gemeinden (Gutsbezirke) die Steuer von Einkommen von nicht mehr als 3 000 Mark zu erheben haben.

Diejenigen Gemeinden (Gutsbezirke), welchen die Steuererhebung übertragen ist, erhalten für dieselbe eine Vergütung von 2 Prozent der Isteinnahme der zu erhebenden Steuern.

1a) Nach dem bisherigen Recht betragen die den Gemeinden für die örtliche Erhebung und für die Veranlagung der Klassensteuer bewilligten Gebühren 6 Prozent der eingezogenen Steuer, wovon 3 Prozent für die Veranlagung gerechnet werden.

Siehe folgende 4 Gesetze:

1. §. 15 des Ges. v. 1. Mai 1851 betr. die Einführung einer Klassen- und klassifizirten Einkommensteuer (G.S. S. 193) lautet:

   Hinsichtlich der örtlichen Erhebung der Steuer verbleibt es bei den bestehenden Bestimmungen.

   Die für die Erhebung zu bewilligenden Gebühren, aus welchen auch alle Nebenkosten der Veranlagung für Papier, Druckformulare u. a. m. zu bestreiten, dürfen den Betrag von 4 Prozent der eingezogenen Steuer nicht übersteigen.

2. Ges. v. 2. Jan. 1874 (G.S. S. 9) wegen Erhöhung der im §. 15 des Ges. v. 1. Mai 1851, betr. die Einführung einer Klassen- und klassifizirten Einkommensteuer vorgeschriebenen Gebühren:

   §. 1. An Stelle des im §. 15 des Ges. v. 1. Mai 1851, betr. die Einführung einer Klassen- und klassifizirten Einkommensteuer (G.S. S. 199), vorgeschriebenen Gebührensatzes von 4 Prozent tritt vom 1. Januar 1874 ab der Satz von 6 Prozent der eingezogenen Steuer.

   Die zur örtlichen Erhebung der Klassensteuer nicht verpflichteten Gemeinden erhalten von demselben Zeitpunkte ab zur Bestreitung der Nebenkosten der Veranlagung 3 Prozent der eingezogenen Steuern.

   §. 2. Mit der Ausführung dieses Gesetzes wird der Finanzminister beauftragt.

3. Ges. v. 16. Juli 1880 (G.S. S. 287) betr. die Verwendung der aus dem Ertrage von Reichssteuern an Preußen zu überweisenden Geldsummen:

   §. 6. Die für die örtliche Erhebung und für die Veranlagung der Klassensteuer, den Gemeinden bewilligten Gebühren (Ges. v. 2. Jan. 1874, G.S. S. 9) sind auch von den unerhoben bleibenden Monatsraten der Klassensteuer und zwar von dem nach §. 4 zu bestimmenden Betrage derselben, aus der Staatskasse zu gewähren.

4. Ges. v. 26. März 1883 abgedruckt bei §. 85 Anmerkung 3:

   §. 5. Bezüglich der für die örtliche Erhebung und Veranlagung der Klassensteuer den Gemeinden bewilligten Gebühren bewendet es bei der Bestimmung im §. 6 des Ges. v. 16. Juli 1880 (G.S. S. 287) mit der Maßgabe, daß hinsichtlich der aufgehobenen Stufen 1 und 2 der Klassensteuer nur für die Veranlagung die Gebühr von drei Prozent des Veranlagungssolls gewährt wird.

Die im §. 73 des Einkommensteuergesetzes bewilligten Gebührensätze von 2 Prozent für die

Veranlagung und 2 Prozent für die Erhebung sind nach den Motiven des Gesetzes als eine ausreichende Vergütung mit Rücksicht darauf zu erachten, daß die Veranlagungsgebühr künftig auch von der für die Einkommen über 3000 Mk. eingegangenen Steuer gewährt werden soll.

1b) Finz.-Minist.-Erlaß v. 10. Okt. 1891 — II. 13336 —. (Auszug.)

Die in dem beigefügten Berichte des Magistrats ꝛc. vertretene Auffassung, daß die Nebenkosten für Papier u. s. w. aus den Veranlagungs- und Hebegebühren (§. 73 des Einkommensteuergesetzes) nicht zu bestreiten seien, ist unhaltbar. Da das Gesetz in dieser Hinsicht nicht unterscheidet, unterliegt es keinem Zweifel, daß die Gebühren die Entschädigung für die sämmtlichen den Gemeinden durch die ihnen übertragenen Geschäfte entstehenden Unkosten bilden sollen.

Auch aus der Fassung des §. 35 Abs. 2 des Ges. v. 1./25. Mai 1851/73 ist das Gegentheil umsoweniger zu folgern, als nach diesem Gesetze den Gemeinden Veranlagungsgebühren von der Einkommensteuer überhaupt nicht zustehen.

Ebensowenig begründet ist der von dem Magistrat angeregte Zweifel, ob die Vorschriften im §. 6 des Ges. v. 16. Juli 1880 und §. 5 des Ges. v. 26. März 1883 (abgedr. in Anmerk. 2 zu §. 85 des Ges.) hinsichtlich der Gebühren von den aufgehobenen Klassensteuerstufen 1 und 2 und den unerhoben bleibenden Monatsraten nicht noch ferner zur Anwendung gelangen können. Diese Vorschriften werden mit dem Inkrafttreten des Einkommensteuergesetzes v. 24. Juni 1891 schon deshalb als gegenstandslos hinfällig, weil künftig weder eine Veranlagung der Klassensteuer stattfindet, noch Monatsraten unerhoben bleiben; die zitirten Bestimmungen gehören überdies zu den „auf die Einrichtung und Veranlagung der Klassensteuer" bezüglichen Vorschriften und sind somit nach dem Wortlaut des §. 85 Abs. 4 des Einkommensteuergesetzes ohne jeden Zweifel auch ausdrücklich aufgehoben.

1c) Finz.-Minist.-Erlaß v. 14. März 1887 — II. 1386 —.

Auf den Bericht, betr. die Vernichtung von Spezialakten und Einkommensnachweisungen der Einkommensteuer-Einschätzungs-Kommissionen, wird der ꝛc. erwidert, daß auf die desfallsigen Akten und Nachweisungen das Reglement v. 7. Mai 1844, betr. die Vernichtung der Beläge bereits berichtigter Rechnungen bei allen Königlichen Kassen Anwendung findet.

Siehe den Abschn. V dieses Buches.

2) Wo in Stadtkreisen der Vorsitz der Veranlagungskommission nicht einem Staatsbeamten als besonderen Kommissar übertragen wird, hat die Stadtgemeinde das erforderliche Subalternpersonal selbst zu beschaffen und die Kosten dafür aus der ihr nach §. 73 Abs. 1 des Ges. zustehenden Veranlagungsgebühr von 2 Prozent zu bestreiten.

Siehe den Erlaß der Herrn Minister des Innern und der Finanzen v. 8. Juli 1891. — Anm. 5 zu Art. 47 im Abschnitt IV dieses Buches.

3) Das Gesetz wegen Einführung einer Klassensteuer v. 30. Mai 1820 (G.S. S. 140) bestimmte im §. 9 „die örtliche Erhebung der Steuer liegt den Gemeinden ob, welche dafür einen Antheil von vier Prozent der eingezogenen Summe erhalten."

Diese Bestimmung änderte die Allerhöchste Kabinetsordre v. 6. Febr. 1841, betr. die Elementar-Erhebung der Klassen- und Gewerbesteuer in den westlichen Provinzen (G.S. 1841 S. 29) für die Rheinprovinz und Westfalen ab, indem sie anordnete:

„Auf den Antrag des Staatsministeriums v. 18. v. M. bestätige ich die in den westlichen Provinzen vorgefundene, und auf den Grund des §. 3 des Ges. v. 30. Mai 1820 über die Einrichtung des Abgabenwesens und des §. 6 litt. c. des Ges. wegen Einführung der Klassensteuer beibehaltene Einrichtung der Elementarrezepturen der direkten Steuern dahin, daß auch ferner die Erhebung der Klassen- und Gewerbesteuern durch die von den Regierungen ernannten Empfänger der Grundsteuern bewirkt werden soll und entbinde demgemäß die Kommunen in den gedachten Provinzen von der ihnen in dem §. 7 über die Einrichtung des Abgabenwesens v. 30. Mai 1820 (in dem §. 9 des Klassensteuergesetzes) und in dem §. 31 litt. a. des Gewerbesteuergesetzes auferlegten Verpflichtung zur örtlichen Erhebung der Grund-, Klassen- und Gewerbesteuern und der damit verbundenen Bestellung und Vertretung der Ortserheber. Von den für die Veranlagung und

Erhebung der Klassen- und Gewerbesteuern in den erwähnten Gesetzen ausgesetzten vier Prozent von der Einnahme sollen in der Regel die Steuerempfänger drei Prozent für die Erhebung und die Gemeinden ein Prozent für das ihnen auch fernerhin obliegende Veranlagungsgeschäft erhalten. Der Finanzminister soll jedoch befugt sein, wo die Verhältnisse es gestatten, ausnahmsweise den Gemeinden eine größere Quote dieser vier Prozent zu überweisen. Das Staatsministerium hat diesen Meinen Erlaß durch die Gesetzsammlung und die Amtsblätter der betreffenden Regierungen zur öffentlichen Kenntniß zu bringen."

Das Ges. v. 1. Mai 1851, betr. die Einführung einer Klassen- und klassifizirten Einkommensteuer (G.S. S. 193) bestimmte im §. 15 in Betreff der Klassensteuer:

„Hinsichtlich der örtlichen Erhebung der Steuer verbleibt es bei den bestehenden Bestimmungen.

Die für die Erhebung zu bewilligenden Gebühren, aus welchen auch alle Nebenkosten der Veranlagung für Papier, Druckformulare u. a. m. zu bestreiten, dürfen den Betrag von vier Prozent der eingezogenen Steuer nicht übersteigen."

In Betreff der klassifizirten Einkommensteuer wurde eine gleiche Bestimmung nicht getroffen.

In den im Jahre 1866 mit Preußen vereinigten neuen Provinzen wurde den Gemeinden die Verpflichtung zur örtlichen Erhebung der Klassen- und klassifizirten Einkommensteuer nicht auferlegt. Vielmehr bestimmte:

1. die Verordnung betr. die Einführung der Preußischen Gesetzgebung in Betreff der direkten Steuern in dem Gebiete des vormaligen Königreichs Hannover v. 28. April 1867 (G.S. S. 533):

   §. 10. „In Betreff der Erhebung und Beitreibung der direkten Steuern bleiben, bis die in dieser Beziehung nach den Grundsätzen der Preußischen Gesetzgebung und Verwaltung zu treffenden Einrichtungen ausgeführt sein werden, die nach der Hannoverschen Verordnung v. 30. März 1859 für die Erhebung, Anmahnung und Beitreibung der direkten Steuern geltenden Bestimmungen in Kraft.

   Die in den §. 1 bezeichneten Gesetzen bestimmten Hebe- und Veranlagungsgebühren von der Gebäude-, Klassen- und Gewerbesteuer fließen zur Staatskasse. Aus denselben erhalten die Gemeinden Ein Prozent, sofern sie bei dem Veranlagungsgeschäft mitgewirkt haben."

2. Die Verordnung, betr. die Einführung der Preußischen Gesetzgebung in Betreff der direkten Steuern in dem Gebiete des vormaligen Kurfürstenthums Hessen v. 28. April 1867 (G.S. S. 538):

   §. 10. „In Betreff der Erhebung und Beitreibung der direkten Steuern bleiben, bis die in dieser Beziehung nach den Grundsätzen der Preußischen Gesetzgebung und Verwaltung zu treffenden Einrichtungen ausgeführt sein werden, die bisherigen Kurhessischen Bestimmungen mit der Maßgabe in Kraft, daß die fälligen Steuerbeträge in den ersten acht Tagen jeden Monats an die bestimmte Hebestelle im Voraus einzuzahlen sind, daß es den Pflichtigen jedoch freisteht, die Steuer auch für einen längeren Zeitraum bis zum ganzen Jahresbetrage im Voraus zu bezahlen."

3. Die Verordnung, betr. die Einführung der Preußischen Gesetzgebung in Betreff der direkten Steuern in den durch die Gesetze v. 20. Sept. und 24. Dez. 1866 der Preußischen Monarchie einverleibten, zum Regierungsbezirke Wiesbaden vereinigten Landestheilen, sowie in dem vormals Großherzoglich Hessischen Kreise Vöhl mit Einschluß der Enklaven Eimelrod und Höringhausen v. 11. Mai 1867 (G.S. S. 593):

   § 11. „In Betreff der Erhebung und Beitreibung der direkten Steuern bleiben bis dahin, daß die in dieser Beziehung nach den Grundsätzen der Preußischen Gesetzgebung und Verwaltung zu treffenden Einrichtungen ausgeführt sein werden, die bestehenden Bestimmungen mit den durch die Eigenthümlichkeit der neuen Steuern gebotenen Abänderungen und mit der Maßgabe in Kraft, daß die fälligen Steuerbeträge in den

IX. Heranziehung zu Kommunalabgaben sowie Regelung des Wahlrechts.

§. 74.

Sind zu den Beiträgen und Lasten, welche kommunale und andere öffentliche (Schul-, Kirchen- u. s. w.) Verbände nach dem Maßstabe der Einkommensteuer aufzubringen beziehungsweise zu vertheilen haben, Personen mit Einkommen von nicht mehr als 900 Mark heranzuziehen, so erfolgt deren Veranlagung auf Grund nachstehender fingirter Normalsteuersätze:[1])

bei einem Jahreseinkommen von mehr als	bis einschließlich	Jahressteuer $^2/_3$ Prozent des ermittelten steuerpflichtigen Einkommens bis zum Höchstbetrage von
— Mark	420 Mark	1,20 Mark
420 „	660 „	2,40 „
660 „	900 „	4 „

Die vorbezeichneten Personen können, wenn die Deckung des Bedarfs des

---

ersten acht Tagen jeden Monats an die bestimmte Hebestelle im Voraus einzuzahlen sind, daß es den Pflichtigen jedoch freisteht, die Steuer auch für einen längeren Zeitraum bis zum ganzen Jahresbetrage im Voraus einzuzahlen."

4. Die Verordnung, betr. die Einführung der Preußischen Gesetzgebung in Betreff der direkten Steuern in dem Gebiete der Herzogthümer Schleswig und Holstein v. 28. April 1867 (G.S. S. 543):

§. 12. „Die Erhebung der direkten Steuern ist nach den Grundsätzen der für die Provinzen Rheinland und Westfalen bestehenden Bestimmungen zu ordnen (§. 2 des Grundsteuergesetzes für die beiden westlichen Provinzen v. 21. Jan. 1839, G.S. für 1839 S. 30 und Kabinetsorder v. 6. Febr. 1841, G.S. für 1841, S. 29).

Bis dahin, daß die hiernach zu treffenden Einrichtungen hergestellt sein werden, geschieht die Erhebung der direkten Steuern in der bisherigen Weise mit den vom Finanzminister anzuordnenden, durch die Eigenthümlichkeiten der im §. 2 dieser Verordnung bezeichneten, neu einzuführenden Steuern bedingten Maßgaben."

Auf Grund dieser Bestimmungen wurden nunmehr im Verwaltungswege die Anordnungen der Allerhöchsten Kabinetsorder v. 6. Febr. 1841 hinsichtlich der Klassensteuer in allen neuen Provinzen eingeführt.

Hinsichtlich der klassifizirten Einkommensteuer erfolgte die Erhebung im ganzen Staatsgebiete durch Staatsorgane.

Die obige Bestimmung im §. 73 Abs. 2 des Gesetzes hat demgemäß zur Folge, daß

a) in den 7 östlichen Provinzen des Staates die örtliche Erhebung der Einkommensteuer bis zu einem Einkommen von 3 000 Mk. einschließlich durch die Gemeinden erfolgt, diejenige von einem höheren Einkommen aber durch die Königlichen Kreiskassen;

b) in den 5 westlichen Provinzen dagegen die Königlichen Steuerkassen die örtliche Erhebung der gesammten Einkommensteuer zu bewirken haben.

Siehe auch §. 62 und die dortige Anmerk. 1 b) Seite 80.

1) Nach den Motiven zum Gesetz gestattet es die Rücksicht auf die finanzielle Lage der Kommunalverbände nicht, die im §. 5 des Gesetzes gezogene Grenze der Steuerpflicht (bis 900 Mark)

betreffenden Verbandes ohne deren Heranziehung gesichert ist, von der Beitragspflicht entbunden oder mit einem geringeren Prozentsatze als das höhere Einkommen herangezogen werden; ihre Freilassung muß erfolgen, sofern sie im Wege der öffentlichen Armenpflege fortlaufende Unterstützung erhalten.

§. 75.

Die Veranlagung (§. 74) geschieht durch die Voreinschätzungskommissionen (§. 31) unter Anwendung der Bestimmungen dieses Gesetzes.

Die Beschlüsse der Voreinschätzungskommission unterliegen der Prüfung des Vorsitzenden der Veranlagungskommission; beanstandet derselbe einen Beschluß, so erfolgt die Festsetzung des Steuersatzes durch die Veranlagungskommission.

Die festgesetzte Steuerliste ist vierzehn Tage lang öffentlich auszulegen[1]) und

---

auch für die Erhebung von Kommunaleinkommensteuern vorzuschreiben. Bei Durchführung dieser Maßregel würde die Aufbringung der Deckungsmittel für den Haushaltsbedarf namentlich in solchen Gemeinden auf Schwierigkeiten stoßen, in welchen Steuerpflichtige mit einem höheren Einkommen garnicht oder nur in verhältnißmäßig geringer Zahl vorhanden sind. Um für die Heranziehung der Personen mit einem Einkommen bis einschließlich 900 Mark zu den nach dem Fuße der Staatseinkommensteuer aufzubringenden Abgaben der kommunalen und öffentlichen Verbände eine geeignete Grundlage zu schaffen, bestimmt das Gesetz fingirte Normalsteuersätze, welche sich unter Festhaltung der bisherigen Klassensteuerstufen dem Steuertarif des §. 17 angemessen anschließen.

Da dies eine Ermäßigung der nach §. 9a des Gesetzes v. 25. Mai 1873 (G.S. S. 213) und §. 4 des Gesetzes v. 26. März 1883 (G.S. S. 37) (abgedr. S. 109) maßgebenden Steuersätze zur Folge hat, wird den minder leistungsfähigen Beitragspflichtigen der unteren Einkommensstufen eine Erleichterung bei der Heranziehung zu den Gemeindelasten zu Theil werden. Im Uebrigen stehen die Bestimmungen des §. 74 im Einklange mit den entsprechenden Vorschriften der Landgemeindeordnung für die sieben östlichen Provinzen.

Die Veranlagung wird zweckmäßig den für die Staatseinkommensteuer fungirenden Organen übertragen. Um eine Ueberlastung der Veranlagungskommissionen zu vermeiden, soll jedoch die Veranlagung grundsätzlich nicht durch diese, sondern durch die Voreinschätzungskommissionen geschehen und die Zuständigkeit der Ersteren nur eintreten, sofern der Vorsitzende derselben bei der ihm obliegenden Prüfung die Beschlüsse der Voreinschätzungskommission beanstandet. Durch diese Kautel scheint eine sachgemäße und unparteiische Veranlagung genügend gesichert.

Der Gestaltung des Einschätzungsverfahrens entspricht die Regelung der Zuständigkeit für die Entscheidung der Berufungen. Ein Bedürfniß nach Zulassung der Beschwerde (§. 44) wird nicht anzuerkennen sein.

(Motive S. 69.)

(Zu §. 75.) 1a) Finz.-Minist.-Erlaß v. 26. Juni 1878. — IV. 7064 —.

Die Bestimmung im §. 13a des Klassensteuergesetzes v. 1./25. Mai 1851/73 und des §. 16 der Klassensteuerveranlagungsinstruktion v. 29. Mai 1873 ist, wie ich der Kgl. Regierung rc. eröffne, keineswegs dahin zu verstehen, daß der Klassensteuerpflichtige bei Einsicht der Klassensteuerrolle nur auf die ihn selbst betreffende Position beschränkt sein soll, vielmehr gewährt der §. 16 der Instruktion, indem er allgemein die Offenlegung der Steuerrolle zur Einsicht der Steuerpflichtigen anordnet, diesen das Recht, außer von der eigenen Besteuerung, auch noch Kenntniß von der Besteuerung anderer Personen zu nehmen.

1b) Finz.-Minist.-Erlaß v. 29. Juli 1878. — IV. 8865. —.

Wie die Kgl. Regierung aus der abschriftlich anliegenden (siehe Anm. 1a), in Ueberein-

der Beginn der Auslegung in ortsüblicher Weise bekannt zu machen.

Gegen die Veranlagung steht dem Steuerpflichtigen[2]) binnen einer Ausschlußfrist von vier Wochen nach Ablauf der Auslegungsfrist die Berufung zu, und zwar

a) wenn die Veranlagung durch die Voreinschätzungskommission ohne Beanstandung erfolgt ist, an die Veranlagungskommission,

b) wenn die Festsetzung des Steuersatzes durch die Veranlagungskommission stattgefunden hat, an die Berufungskommission.

§. 76.

Für die Feststellung der nach dem Maßstabe der Besteuerung geregelten Wahl-, Stimm- und sonstigen Berechtigungen in den öffentlichen Verbänden (§. 74) treten an die Stelle der bisherigen Klassensteuersätze[1]) die in den §§. 17, 74 vorgesehenen entsprechenden Steuersätze, falls aber die Veranlagung in Gemäßheit des §. 75 nicht stattgefunden hat, die den betreffenden Klassensteuerstufen entsprechenden Einkommensbezüge.

---

stimmung mit mehrfachen älteren in Spezialfällen ergangenen Entscheidungen unter dem 26. v. M. an die Regierung zu A. erlassenen Verfügung ersehen wird, kann Derselben in der Auslegung der im §. 13 unter lit. a des Gesetzes v. 1./25. Mai 1851/73 enthaltenen Vorschrift über die Bekanntmachung der Klassensteuerrollen nicht beigetreten werden. Auch kann die Entnahme von Notizen aus den Klassensteuerrollen, insofern sie gelegentlich der Einsichtnahme der Letzteren bewirkt wird, nicht für unzulässig erachtet werden. Selbstverständlich wird indessen die Ausübung dieses Rechts durch die Rücksichten beschränkt, welche darauf zu nehmen sind, daß die Rolle allen Steuerpflichtigen zugängig gemacht wird; auch ist der Gemeindevorstand nicht verpflichtet, irgend welche Veranstaltungen zu treffen, welche den Steuerpflichtigen die Entnahme von Notizen aus den Rollen erleichtert.

2) Dem Vorsitzenden der Veranlagungskommission ist also die Berufung in diesem Falle nicht gewährt.

(Zu §. 76.) 1) Zur Fassung des ersten Absatzes gab der Herr Regierungskommissar folgende Erklärung: Die Bestimmung bezwecke, daß für die Feststellung der nach dem Maßstabe der Besteuerung geregelten Wahl- rc. Berechtigungen indirekt dasselbe Einkommen, wie bisher, maßgebend bleiben solle, und treffe insbesondere auch für die Fälle Vorsorge, wo zur Zeit ein Klassensteuersatz maßgebend sei, den der neue Tarif nicht kenne; z. B. werde der Satz von 18 Mark gegenwärtig veranlagt auf das Einkommen von 1200—1350 Mark. Diesem Einkommen entspreche nach §. 17 des Gesetzes der Steuersatz von 12 Mark, es werde also, sofern jetzt ein Klassensteuersatz von 18 Mark erforderlich sei, an Stelle dieses Satzes der Steuersatz von 12 Mark treten. Auch die weitere Vorschrift, wonach an Stelle der bisherigen Klassensteuersätze, falls eine Veranlagung in Gemäßheit des §. 74 nicht stattgefunden hat, die den betreffenden Klassensteuerstufen entsprechenden Einkommensbezüge treten sollen, sei durchaus korrekt. Sei beispielsweise die Ausübung des Gemeindewahlrechts gegenwärtig an den Klassensteuersatz von 6 Mark geknüpft, so entspreche dem ein Einkommen von 660—900 Mark; finde nun künftig in dem betreffenden Orte eine Steuerveranlagung nach Maßgabe des §. 74 nicht statt, so sei für die Ausübung des Gemeindewahlrechts der Bezug eines Einkommens von mehr als 660 Mark erforderlich und der Kreis der hiernach Wahlberechtigten in geeigneter Weise durch Schätzung der Einkommen festzustellen. An Stelle des bisherigen Klassensteuersatzes trete also in der That der entsprechende Einkommensbezug. (Komm.-Bericht des Hauses der Abgeordneten v. 2. Febr. 1891, S. 61).

§. 77.

Soweit nach den bestehenden Bestimmungen in Stadt- und Landgemeinden das Bürgerrecht beziehungsweise das Stimm- und Wahlrecht in Gemeindeangelegenheiten an die Bedingung eines jährlichen Klassensteuerbetrages von 6 Mark geknüpft ist, tritt bis zur anderweitigen gesetzlichen Regelung des Gemeindewahlrechts an die Stelle des genannten Satzes der Steuersatz von 4 Mark beziehungsweise ein Einkommen von mehr als 660 Mark bis 900 Mark.[1])

In denjenigen Landestheilen, in welchen für die Gemeindevertreterwahlen die Wähler nach Maßgabe der von ihnen zu entrichtenden direkten Steuern in Abtheilungen getheilt werden, tritt an Stelle eines 6 Mark Einkommensteuer übersteigenden Steuersatzes, an welchen durch Ortsstatut das Wahlrecht geknüpft wird, der Steuersatz von 6 Mark.[2])

Wo solche Ortsstatuten nach bestehenden Kommunalordnungen zulässig sind, kann das Wahlrecht von einem niedrigeren Steuersatze beziehungsweise von einem Einkommen bis 900 Mark abhängig gemacht werden. Eine Erhöhung ist nicht zulässig.

---

1) Der ganze §. 77 ist vom Abgeordnetenhause im Interesse einer vorläufigen Regelung des Kommunalwahlrechts in die Regierungsvorlage eingeschoben worden. Der Absatz 1 enthält eine allgemeine Bestimmung, welche nicht nur für die Rheinprovinz, sondern allgemein in Betracht kommt; er enthält nur formell, nicht materiell eine Veränderung des geltenden Rechts. Er substituirt einfach den fingirten Steuersatz von 4 Mark dem bisherigen Klassensteuersatz von 6 Mark. Da aber die Klasse von 660—900 Mark, welche früher 6 Mark Klassensteuer bezahlen sollte, jetzt nach §. 74 des Gesetzes mit diesem fingirten Steuersatz angesetzt ist, so ist in der That jede Verschiebung innerhalb der Wählerkreise dadurch verhindert.

2) Die Bestimmung im Abs. 2 und 3 bezieht sich lediglich auf die Rheinprovinz; denn nur bei den Städten der Rheinprovinz trifft die doppelte Voraussetzung zu, daß ein Steuersatz für das Wahlrecht als Vorbedingung gilt und zugleich Dreiklassensteuerwahlrecht stattfindet. Der Zweck dieses Absatzes 2 und 3 ist, die Verschiebung thunlichst auszugleichen, welche durch die Erhöhung der Steuersätze für die größeren Einkommen und durch die Herabsetzung für die unteren Einkommen nach dem neuen Gesetz eintreten würde.

Der §. 9b des Gesetzes v. 25. Mai 1873 (G.S. S. 213) bestimmte:

„Soweit nach den bestehenden Bestimmungen in Stadt- und Landgemeinden das Bürgerrecht, beziehentlich das Stimm- und Wahlrecht in Gemeindeangelegenheiten an die Bedingung eines jährlichen Klassensteuerbetrages von 9 resp. 12 Mark geknüpft ist, tritt bis zur anderweitigen gesetzlichen Regelung des Gemeindewahlrechts an die Stelle der genannten Sätze der Stufensatz von 6 Mark Klassensteuer.

Ortsstatuten, welche das Wahlrecht an einen höheren Klassensteuersatz als den Betrag von 12 Mark knüpfen, verlieren mit dem 1. Jan. 1874 ihre Gültigkeit. Wo solche Ortsstatuten nach bestehenden Kommunalordnungen zulässig sind, kann das Wahlrecht durch neue Ortsstatuten von der Veranlagung zur 2. bis 8. Steuerstufe (von mehr als 660 bis einschließlich 1800 Mark Einkommen und 6—36 Mark Steuer) abhängig gemacht werden.

In den bisher mahl- und schlachtsteuerpflichtigen Städten der östlichen Provinzen können die in §. 5 unter Nr. 4 lit. d der Städteordnung v. 30. Mai 1853 bezeichneten Einkommensbeträge, unabhängig von dem Fortbestande der Mahl- und Schlachtsteuer, durch Kommunalbeschluß als Bedingung des Bürgerrechts beibehalten werden."

Der §. 5 der Städteordnung für die Rheinprovinz v. 15. Mai 1856 (G.S. S. 406) machte

X. Schlußbestimmungen.

§. 78.

Die in diesem Gesetze den Regierungen zugewiesenen Befugnisse und Obliegenheiten werden für die Haupt- und Residenzstadt Berlin von der Direktion[1]) für die Verwaltung der direkten Steuern in Berlin wahrgenommen.

§. 79.

Die in diesem Gesetze bestimmten Ausschlußfristen sowie die Frist zur Einreichung der Steuererklärungen werden für die in außereuropäischen Ländern und Gewässern Abwesenden auf sechs Monate, für andere außerhalb des Deutschen Reiches Abwesende auf sechs Wochen, für die übrigen Abwesenden auf drei Wochen verlängert.

§. 80.

Steuerpflichtige, welche, entgegen den Vorschriften dieses Gesetzes, bei der Veranlagung übergangen, oder steuerfrei oder zu einer ihrem wirklichen Einkommen nicht entsprechenden niedrigeren Steuerstufe veranlagt worden sind,[1]) ohne daß

---

nun das Wahlrecht abhängig von der Erwerbung des Bürgerrechtes und dieses wieder unter Anderem von der Zahlung eines Klassensteuerbetrages, „dessen geringster Jahressatz nicht unter vier und nicht über zwölf Thaler zu bestimmen ist". „Die Festsetzung des zur Erlangung des Bürgerrechtes erforderlichen Einkommens, bezw. Betrags der Grund- oder Klassensteuer erfolgt mittelst statutarischer Anordnung."

In Folge dessen setzten 59 Städte der Rheinprovinz einen Mindestbetrag von 12 Mark an Klassensteuer für die Ausübung des Bürgerrechts fest und schlossen somit alle Diejenigen vom Wahlrecht aus, welche ein geringeres Einkommen als 1050 Mark, dasjenige der 4. Klassensteuerstufe, hatten. Köln nahm sogar den Satz von 18 Mark, also bis 1350 Mark, Einkommen an. Wenn nach der Bestimmung im §. 77 des Gesetzes an die Stelle dieses Satzes der Steuersatz von 6 Mark tritt, so werden wahlberechtigt schon alle Diejenigen, welche ein Einkommen von mehr als 900 Mark (§. 17) versteuern; die Zahl der Wahlberechtigten in den Städten der Rheinprovinz wächst also erheblich.

(Protokoll der 43. Sitzung des Hauses der Abgeordneten v. 26. Febr. 1891.)

(Zu §. 78.) 1) Siehe §. 45 des Gesetzes v. 30. Juli 1883 (G.S. S. 195).

(Zu §. 80.) 1) Der §. 57 des Gesetzes behandelt den Fall einer Vermehrung des Einkommens im Laufe des Steuerjahres und schließt in diesem Falle eine Abänderung der Veranlagung aus, mit alleiniger Ausnahme des Falles einer Vermehrung durch Erbanfall. Der §. 80 spricht von dem Fall einer gänzlichen Uebergehung eines Steuerpflichtigen bei der Veranlagung und von dem Fall eines zu geringen Ansatzes der Steuerpflichtigen, ohne daß eine strafbare Hinterziehung der Steuer vorliegt, die nach § 66 und 67 schon eine Aenderung der Veranlagung im Strafverfahren nach sich zieht. Siehe auch den Schlußsatz des Art. 58 im IV. Abschnitt dieses Buches.

Die Motive zum Gesetz sprechen sich (S. 70) hierüber in folgender Weise aus: „§. 80 bezweckt

eine strafbare Hinterziehung der Steuer stattgefunden hätte (§§. 66, 67), sind zur Entrichtung des der Staatskasse[2]) entzogenen Betrages[3]) verpflichtet. Die Verpflichtung erstreckt sich auf die drei Steuerjahre zurück, welche dem Steuerjahr, in welchem die Verkürzung festgestellt worden, vorausgegangen sind.

Die Verpflichtung zur Zahlung der Nachsteuer geht auf die Erben, jedoch nur bis zur Höhe ihres Erbtheils, über.

Die Veranlagung der Nachsteuer erfolgt einheitlich für den ganzen Zeitraum, auf welchen sich die Verpflichtung erstreckt, nach den Vorschriften dieses Gesetzes.[4])

---

eine Aenderung des nach §. 6 des Gesetzes v. 18. Juni 1840 (G.S. S. 140) bestehenden Rechts. Wenn nicht eine Zuwiderhandlung gegen die Steuergesetze von Seiten des Pflichtigen vorliegt, sind gemäß §. 6 a. a. O. Nachforderungen an Klassen- und Einkommensteuer im Falle der gänzlichen Uebergehung nur für das laufende Rechnungsjahr, im Falle des zu geringen Ansatzes überhaupt nicht zulässig. Eine solche Einschränkung des Rechtes auf Nachforderungen führt zu Verkürzungen der Staatskasse und entbehrt der Begründung namentlich in denjenigen Fällen, in welchen die Steuerpflicht gar nicht, oder erst so spät zur Kenntniß der Steuerbehörde gelangt, daß eine vorschriftsmäßige Veranlagung innerhalb des Rechnungsjahres nicht mehr ausführbar ist. Diesen Uebelstand beseitigt §. 80 des Gesetzes und regelt zugleich das Verfahren für die Veranlagung der Nachsteuer."

Als solche Fälle, bei denen der §. 80 in Anwendung zu kommen haben würde, sind insbesondere zu denken:

der Fall einer zu niedrigen dem wirklichen Einkommen nicht entsprechenden Veranlagung;

der Fall der Uebergehung eines Steuerpflichtigen bei Aufstellung der Einkommensteuerliste. Die steuerfreie Veranlagung eines Steuerpflichtigen in der irrigen Annahme, daß er nicht über 900 Mark Einkommen habe, oder daß er einer besteuerten Haushaltung angehöre, oder daß sein Einkommen dem des Haushaltungsvorstandes zuzurechnen sei;

der Fall einer verspäteten Zugangsstellung oder einer unrichtigen Abgangsstellung im Laufe des Steuerjahres (§. 59 des Gesetzes);

der Fall einer irrthümlichen Ermäßigung eines Steuerpflichtigen auf Grund des §. 58 des Gesetzes.

2) Den Gemeinden steht also ein gleiches Recht auf Nachsteuer nicht zu.

3) Des „entzogenen" Betrages. Der im §. 30 Abs. 2 angeordnete Zuschlag von 25 Prozent gehört hierzu nicht, denn der entzogene Betrag berechnet sich aus der Differenz zwischen dem Satze der irrthümlichen und dem der vorschriftsmäßigen Veranlagung, der Zuschlag aber würde auch bei einer ganz vorschriftsmäßigen Veranlagung lediglich der verspäteten Steuererklärung wegen eintreten.

4) Die Nachsteuer wird also im Falle des §. 80 nicht wie im Falle einer Hinterziehung auf Grund des §. 68 des Gesetzes durch die Regierung festgestellt, sondern nach den allgemeinen Regeln des Gesetzes veranlagt. Nur soll, wenn die Verpflichtung zur Nachsteuer auf mehrere Jahre sich erstreckt, die Veranlagung eine einheitliche für den gesammten Zeitraum sein. Das schließt nicht aus, daß Verschiedenheiten, welche bei der Berechnung der schuldigen Steuer für die einzelnen Jahre sich ergaben, auch bei Berechnung des Gesammtresultats ihren Ausdruck finden. Gegen eine solche Veranlagung würden dem Steuerpflichtigen die gewöhnlichen Rechtsmittel zur Seite stehen.

§. 81.

Soweit das gegenwärtige Gesetz abweichende Bestimmungen nicht enthält, finden die Vorschriften des Gesetzes über die Verjährungsfristen bei öffentlichen Abgaben vom 18. Juni 1840[1]) (Gesetz-Samml. S. 140) auf die Einkommensteuer Anwendung.

---

1) Auszug aus dem Gesetze über die Verjährungsfristen bei öffentlichen Abgaben v. 18. Juni 1840 (G.S. für 1840, S. 140):

§. 1. Reklamationen gegen direkte Steuern, namentlich gegen Abgaben, welche nach den Etats, Katastern oder Jahresheberollen als Grundsteuer durch unsere Kassen von den Steuerpflichtigen erhoben werden, ingleichen gegen die Klassen- und Gewerbesteuer, sowie gegen diejenigen Abgaben, welche in Folge des §. 11 des allgemeinen Abgabengesetzes v. 30. Mai 1820, auf einem speziellen Erhebungstitel beruhend, zu entrichten sind, müssen ohne Unterschied, ob sie auf Ermäßigung oder auf gänzliche Befreiung gerichtet sind, binnen drei Monaten vom Tage der Bekanntmachung der Heberolle oder, wenn die Steuer im Laufe des Jahres auferlegt worden, binnen drei Monaten nach erfolgter Benachrichtigung von deren Betrage, oder endlich, im Falle eine periodische Veranlagung und Anfertigung von Heberollen nicht stattfindet, binnen den ersten drei Monaten jedes Jahres*) bei der Behörde angebracht werden.

Wird diese Frist versäumt, so erlischt der Anspruch auf Steuerermäßigung oder Befreiung, sowie auf Rückerstattung für das laufende Kalenderjahr.*)

Ist die Reklamation vor dem Ablaufe der Frist angebracht, und wird solche begründet gefunden, so erfolgt die Ermäßigung oder gänzliche Befreiung für das laufende Jahr.*) Für verflossene Jahre wird keine Rückzahlung gewährt.

Tritt eine solche Veränderung ein, wodurch die bisherige Steuerverpflichtung aufgehoben wird, so muß davon der Behörde Anzeige gemacht werden. Bis zu Ende des Monats, in welchem die Anzeige erfolgt, kann die Entrichtung der Steuer gefordert werden.

§. 3. Wird in den Fällen der §§. 1 und 2 die Reklamation ganz oder theilweise zurückgewiesen, so ist dagegen der Rekurs an die vorgesetzte Behörde binnen einer Präklusivfrist von sechs Wochen, vom Tage der Bekanntmachung des Bescheides an gerechnet, zulässig. Wendet sich der Reklamant an eine inkompetente Behörde, so hat diese das Rekursgesuch an die kompetente Behörde abzugeben, ohne daß dem Reklamanten die Zwischenzeit auf die Frist anzurechnen ist.

§. 5. Eine Nachforderung von Grundsteuern ist zulässig sowohl bei gänzlicher Uebergehung, als bei zu geringem Ansatz, in beiden Fällen aber nur für das Kalenderjahr,*) worin die Nachforderung geltend gemacht wird.

§. 6. Die Nachforderung von Klassen-, Gewerbe- und persönlichen auf besonderen Titeln beruhenden Steuern findet im Fall gänzlicher Uebergehung nach den im §. 5 enthaltenen Regeln statt; im Fall eines zu geringen Ansatzes fällt bei diesen Steuern jede Nachforderung weg, jedoch unbeschadet der gesetzlichen Wiederumlage bei Gewerbesteuergesellschaften, welche nach Mittelsätzen steuern.

§. 8. Zur Hebung gestellte direkte oder indirekte Steuern, welche im Rückstande bleiben, oder kreditirt sind, verjähren in vier Jahren, von dem Ablaufe des Jahres*) an gerechnet, in welches ihr Zahlungstermin fällt.

Die Verjährung wird durch eine an den Steuerpflichtigen erlassene Aufforderung zur Zahlung, sowie durch Verfügung der Exekution, oder durch bewilligte Stundung der Steuer unterbrochen.

Nach Ablauf des Jahres,*) in welchem die letzte Aufforderung zugestellt, Exekution verfügt worden oder die bewilligte Frist abgelaufen ist, beginnt eine neue vierjährige Verjährungsfrist.

§. 12. Durch den Ablauf der Verjährungsfrist wird der Steuerpflichtige von jedem ferneren Anspruch sowohl des Staats als der Steuerbeamten und Steuersozietäten befreit.

---

*) An Stelle des Kalenderjahres tritt überall das Etatsjahr, siehe die Anm. zu §. 56 des Ges. (Seite 72).

§. 82.[1])

Uebersteigt die Einnahme an Einkommensteuer für das Jahr 1892/93 den Betrag von 80 000 000 Mark[2]) und für die folgenden Jahre einen um je 4 Prozent erhöhten Betrag, so werden die Ueberschüsse nach Maßgabe eines zu erlassenden besonderen Gesetzes zur Durchführung der Beseitigung der Grund- und Gebäudesteuer als Staatssteuer, beziehungsweise der Ueberweisung derselben an kommunale Verbände verwandt.

1) Zweck und Bedeutung dieses Paragraphen wird in den Motiven zum Gesetz (S. 30) in folgender Weise gekennzeichnet: „Zunächst ist mit Befriedigung zu konstatiren, daß in dem gegenwärtigen Stande der Finanzen keine Nöthigung liegt, mit der Reform zugleich die Vermehrung der Staatseinnahmen aus den direkten Steuern zu erstreben. Die Staatsregierung legt Werth darauf, daß ihr die Umstände gestatten, bei ihren Reformvorschlägen sich lediglich von der Absicht einer gerechteren, den gegenwärtigen Verhältnissen angepaßten, insbesondere der Leistungsfähigkeit der Steuerpflichtigen in höherem Maße entsprechenden Vertheilung der direkten Steuerlast leiten zu lassen. Da das Ziel der Reform nicht die Vermehrung der Staatseinnahmen ist, so bezwecken die Vorschläge lediglich eine gerechtere und zutreffendere Vertheilung der Steuerlast und in Folge dessen eine wirkliche Erleichterung der Ueberlasteten nach Maßgabe der den steuerkräftigeren Elementen zufallenden Mehrleistungen.

Andererseits aber drängt sich bei Prüfung der Finanzlage des Staates von selbst die Ueberzeugung auf, daß dieselbe nicht danach angethan ist, um das Ziel der Reform in eine in rascherem oder langsamerem Tempo sich bewegende Abbröckelung und Verkümmerung der direkten Steuern zu setzen. Nach dem Stande unserer Staatsfinanzen kann auf den Gesammtertrag der festen und sicheren Einnahmen, insbesondere der direkten Steuern nicht verzichtet, und muß daher schon in finanzieller Hinsicht Anstand genommen werden, solche Maßregeln, welche eine wesentliche auch an sich in dem Verhältnisse zu den indirekten Steuern nicht begründete Verminderung dieses Ertrages zur Folge haben müssen, sofort in Angriff zu nehmen, so lange nicht für einen sicheren Ersatz innerhalb des Bereiches der direkten Besteuerung selbst Sorge getragen ist.

Diese Ueberzeugung rechtfertigt den Entschluß der Staatsregierung, von der unmittelbaren Verbindung des Entwurfs zur Einkommensteuerreform mit einer gleichzeitigen Ueberweisung von Grund- und Gebäudesteuer an kommunale Verbände, wie sie in der letzten Session des Landtags angekündigt war, gegenwärtig Abstand zu nehmen.

Die Staatsregierung hält die wiederholt zugesagte Ueberweisung von Realsteuern an kommunale Verbände zu gesetzlich zu bestimmenden Zwecken als Ziel und wesentlichen Bestandtheil ihres Reformplanes durchaus aufrecht, muß aber die Bestimmung des Zeitpunktes und des Umfanges, in welchem das gesteckte Ziel zu erreichen ist, von dem Gelingen ihrer vorliegenden Vorschläge schon jetzt praktisch durchführbarer und unaufschiebbarer Reformmaßregeln, sowie von den Ergebnissen der letzteren und der ferneren Gestaltung der Finanzlage abhängig machen.

Bei einem günstigen Verlaufe der Regelung dieser Angelegenheit und bei günstigen Ergebnissen insbesondere der beabsichtigten Einkommensteuerverbesserung, welche mit hoher Wahrscheinlichkeit erwartet werden dürfen, wird die Verzögerung in der Verwirklichung der Ueberweisung von Realsteuern voraussichtlich nur eine kurze sein. Unter den gedachten Voraussetzungen läßt sich wohl in Aussicht nehmen, daß nach der ersten Veranlagung der neuen Einkommensteuer über die Hälfte der Grund- und Gebäudesteuer zu diesem Zwecke verfügt werden kann, wenn gleichzeitig die Einnahmen aus den Vieh- und Getreidezöllen der Staatskasse verbleiben und damit die jährlichen unsicheren und ungleich vertheilten Zuwendungen an die Kreise in Wegfall kommen. Es ist außerdem zu hoffen, daß die Zwischenzeit auch in anderer Beziehung der zweckmäßigen Ordnung dieses Gegenstandes zu Statten kommen und die Erreichung des erstrebten Zieles auf

§. 83.

Bis zum Erlasse des im §. 82 erwähnten Gesetzes, jedoch längstens bis zum Etatsjahre 1893/94 einschließlich, sind die Ueberschüsse zu einem besonderen von dem Finanzminister zu verwaltenden Fonds abzuführen, welcher einschließlich seiner Zinsen nach Maßgabe des §. 82 zu verwenden ist.

§. 84.

Ist das im §. 82 vorgesehene Gesetz nicht bis zum 1. April 1894 ergangen, so sind die daselbst bezeichneten Ueberschüsse einschließlich des bis dahin etwa aufgesammelten Fonds nach Maßgabe der folgenden Bestimmungen zum Erlaß eines entsprechenden Betrages an Einkommensteuer zu verwenden:

I. Der zum Erlaß zu verwendende Betrag wird durch den Staatshaushalts-Etat festgestellt.

II. Der Erlaß findet in gleichen Monatsraten aller Steuerstufen statt. Insoweit der verfügbare Erlaßbetrag zur Deckung des Ausfalles einer vollen oder einer weiteren vollen Monatsrate der sämmtlichen Steuerstufen der für das betreffende Jahr veranlagten Einkommensteuer nicht zureicht, ist der etwa verbleibende Ueberschuß des Erlaßbetrages zum Erlaß beziehungsweise zum ferneren Erlaß einer Monatsrate derjenigen Steuerstufen, von unten beginnend, zu verwenden, für welche derselbe ausreicht.

Der etwaige Rest des Erlaßbetrages ist demjenigen des nächsten Jahres zuzusetzen.

III. Die Feststellung der Verwendung erfolgt durch den Finanzminister, sobald die Veranlagung für dasselbe Jahr vollzogen ist. Das Ergebniß der Feststellung ist zu veröffentlichen.

IV. Der durch den Erlaß einer Monatsrate der Einkommensteuer oder einzelner Stufen derselben (Nr. II) entstehende Ausfall wird auf ein Zwölftel des aus der jährlichen Veranlagung sich ergebenden Jahressteuerbetrages unter Abzug von drei Prozent für die im Laufe des Jahres entstehenden Abzüge und Ausfälle bestimmt.

V. Die für die örtliche Erhebung und für die Veranlagung der Einkommensteuer den Gemeinden bewilligten Gebühren (§. 73) sind auch von den unerhoben bleibenden Monatsraten der Einkommensteuer und zwar von dem nach der Bestimmung unter IV zu berechnenden Betrage derselben aus der Staatskasse zu gewähren.

---

fruchtbarer und sicherer Grundlage erleichtern wird. Bis jetzt ist, abgesehen von der finanziellen Seite, die Ueberweisung von Realsteuern an kommunale Verbände auf noch ungelöste Schwierigkeiten gestoßen, sobald man sich der Frage zuwendete, an welche Verbände die Ueberweisung zu erfolgen hat. Es darf die Hoffnung gehegt werden, daß die Inangriffnahme der gesetzlichen Regelung der ländlichen Gemeindeverhältnisse und der Volksschullasten den Boden für die in Rede stehende Entscheidung weiter ebnen wird."

2) Diese 80000000 Mark entsprechen ungefähr der Summe, welche nach Maßgabe der Isteinnahmen an Klassensteuer und klassifizirter Einkommensteuer für die letztverflossenen 3 Etatsjahre als Isteinnahme an beiden Steuern für das Jahr 1892/93 anzusetzen sein würde.

§. 85.

Der Finanzminister wird mit der Ausführung dieses Gesetzes beauftragt.

Dasselbe kommt zunächst bei der Veranlagung für das Jahr 1892/93 zur Anwendung, jedoch nur gleichzeitig mit dem Gesetze, betreffend die Aenderung des Wahlverfahrens.[1])

Kommunalverbände,[2]) welche für das Jahr 1892/93 nach Maßgabe der neuen Veranlagung die bestehenden Zuschläge zur Staatseinkommensteuer herabsetzen, bedürfen hierzu keiner Genehmigung der Aufsichtsbehörden.

Mit dieser Maßgabe und vorbehaltlich der Anwendung auf frühere Fälle treten die auf die Einrichtung und Veranlagung der Klassen- und klassifizirten Einkommensteuer bezüglichen Vorschriften, insbesondere[3])

das Gesetz vom 1. Mai 1851 (Gesetz-Samml. S. 193),
das Gesetz vom 25. Mai 1873 (Gesetz-Samml. S. 213),[4])
das Gesetz vom 2. Januar 1874 (Gesetz-Samml. S. 9),
das Gesetz vom 16. Juni 1875 (Gesetz-Samml. S. 234),
§. 9 Nr. 1 und §. 9 Absatz 3 des Gesetzes vom 23. Juni 1876 (Gesetz-Samml. S. 169),
Artikel III und IV des Gesetzes vom 12. März 1877 (Gesetz-Samml. S. 19),

am 1. April 1892 außer Kraft.

Urkundlich unter Unserer Höchsteigenhändigen Unterschrift und beigedrucktem Königlichen Insiegel.

Gegeben Neues Palais zu Potsdam, den 24. Juni 1891.

(L. S.) **Wilhelm.**

v. Caprivi. v. Boetticher. Herrfurth. v. Schelling. Frhr. v. Berlepsch. Miquel. v. Kaltenborn. v. Heyden. Gr. v. Zedlitz.

1a) Gesetz, betreffend Aenderung des Wahlverfahrens. Vom 24. Juni 1891. (G.S. S. 231.)

Wir **Wilhelm**, von Gottes Gnaden, König von Preußen &c.
verordnen, mit Zustimmung beider Häuser des Landtages Unserer Monarchie, für dem Umfang derselben, was folgt:

§. 1. Behufs Bildung der Urwählerabtheilungen für die Wahlen zum Hause der Abgeordneten, der Wählerabtheilungen für Gemeindevertreterwahlen und in sonstigen Fällen, wo auf die Wahlberechtigungen in öffentlichen Verbänden die Summe der veranlagten Beträge der Klassen- und klassifizirten Einkommensteuer einwirkt, ist für jede nicht veranlagte Person ein Steuerbetrag von 3 Mark an Stelle der bisherigen Klassensteuer zum Ansatz zu bringen.

Bis zu anderweiter, in Folge der Ueberweisung von Grund- und Gebäudesteuer an kommunale Verbände etwa erforderlich werdender Abänderung der Vorschriften über die Wahlen zum Hause der Abgeordneten wird in Gemeinden, welche in mehrere Urwahlbezirke getheilt sind, — unter Abänderung der betreffenden Bestimmungen des §. 10 der Verordnung v. 30. Mai 1849 (G.S. für 1849 S. 205) für jeden Urwahlbezirk eine besondere Abtheilungsliste gebildet.

§. 2. Bis zum Erlasse des Wahlgesetzes werden die Bestimmungen der Art. 71 und 115 der Verfassungsurkunde, soweit sie den vorstehenden Bestimmungen entgegenstehen, außer Kraft gesetzt.

---

§. 3. Dieses Gesetz tritt nur gleichzeitig mit dem Einkommensteuergesetz in Kraft.

Urkundlich unter Unserer Höchsteigenhändigen Unterschrift und beigedrucktem Königlichen Insiegel.

Gegeben Neues Palais, den 24. Juni 1891.

(L. S) **Wilhelm.**

v. Caprivi. v. Boetticher. Herrfurth. v. Schelling.

Frhr. v. Berlepsch. Miquel. v. Kaltenborn. v. Heyden. Gr. v. Zedlitz.

1b) Die Staatsregierung hatte den ersten Absatz im §. 1 des vorstehenden Gesetzes als einen zweiten Absatz des jetzigen §. 76 dem Entwurf des Einkommensteuergesetzes eingefügt und zur Begründung desselben Folgendes bemerkt (Motive S. 69):

„Der zweite Absatz regelt die Bildung der Wählerabtheilungen.

Der Staatsregierung liegt die Absicht durchaus fern, das bestehende aktive Wahlrecht eines Theiles der Urwähler zu verkürzen. Bei dem System der Verordnung v. 30. Mai 1849 ist es aber nicht zu umgehen, daß jede Aenderung in den Sätzen der direkten Steuern eine Verschiebung der Grenzen für die verschiedenen Urwählerabtheilungen nach sich zieht. Wollte man mit Rücksicht hierauf die als nothwendig erkannte Steuerreform von einer Umgestaltung der Wahlordnung abhängig machen, so würde diese dringende Aufgabe der Gesetzgebung nach Lage der Verhältnisse in absehbarer Zeit ihre Lösung nicht finden.

Auch die zahlreichen seitherigen Umgestaltungen der direkten Steuern, insbesondere die tief eingreifenden Reformen der Jahre 1851, 1861, und 1873 haben das Wahlrecht nicht unberührt gelassen, sind aber in dieser Richtung Seitens der Landesvertretung nicht beanstandet worden.

Der vorliegende Entwurf muß deshalb seine Aufgabe auf diesem Gebiete darauf beschränken, das bestehende aktive Wahlrecht der von der Staatseinkommensteuer befreiten Urwähler möglichst unverkürzt zu erhalten, soweit dies ohne Abänderung der Verordnung v. 30. Mai 1849 thunlich ist.

Als einen zweckmäßigen Weg zur Erreichung dieses Zieles schlägt der Entwurf in erster Reihe die Anrechnung der nach Maßgabe der §§. 77, 78 veranlagten fingirten Steuersätze vor. Der gleiche Weg ist bereits durch das Gesetz v. 26. März 1883 bei Aufhebung der beiden untersten Stufen der Klassensteuer eingeschlagen und von der Landesvertretung gebilligt worden.

Ist eine Veranlagung in Gemäßheit des §. 78 nicht erfolgt, so bleibt nur übrig, für jeden nicht zur Einkommensteuer veranlagten Wähler einen durchschnittlichen Steuerbetrag zum Ansatz zu bringen. Der Entwurf schlägt hierfür als angemessen den Satz von 2,40 Mark vor.

In den Klassensteuerrollen für das Etatsjahr 1890/91 sind rund 8357000 Censiten mit einem Einkommen von 900 Mark und weniger verzeichnet, während das Veranlagungssoll der Klassensteuerstufen 1 und 2 sich auf rund 17010000 Mark, für jeden Censiten also durchschnittlich auf 2,04 Mark beläuft. Gerade in den untersten Stufen finden sich aber zahlreiche Männer, welche das wahlfähige Alter noch nicht erreicht haben und selbstständige Frauen, also nicht zu den Urwählern gehörige Personen; nach Ausscheidung derselben würde auf die Urwähler ein höherer als der Durchschnittssatz von 2,04 Mark fallen, und mit Rücksicht hierauf rechtfertigt sich die vorgeschlagene Abrundung auf 2,40 Mark, zumal dieser Betrag mit dem im §. 77 vorgesehenen mittleren Steuersatze zusammenfällt.“

In der betreffenden Kommission des Hauses der Abgeordneten (Komm.-Bericht v. 2. Febr. 1891, S. 65) schloß sich die große Mehrzahl der Kommissionsmitglieder zunächst der Motivirung der Regierungsvorlage darin an, daß die Beseitigung durch die Umgestaltung der Steuer entstehender, erheblicher Verschiebungen in dem vorhandenen Verhältniß der Abtheilungen und dem prozentualen Wahlrecht der einzelnen Wähler erforderlich sei, und daß diese Beseitigung auf der Basis des bestehenden Wahlrechts stattzufinden habe.

Es wurde ferner von der Kommission durchgehend anerkannt, daß der in der Vorlage vorgeschlagene fingirte Steuersatz von 2,40 Mark zu niedrig bemessen sei, nachdem die von der Kommission beschlossene Erhöhung des Tarifs nach oben und Herabsetzung desselben nach unten eine Verschärfung der Verschiebungen herbeigeführt hat. Man war sich in der Kommission auch darüber klar, daß ein vollkommenes Material zur Beurtheilung der Frage, welcher fingirte Steuersatz der zur Wahrung der bisherigen Verhältnisse richtigste sei, nicht zu schaffen sei, daß somit mit jedem Satze mehr oder weniger ein Sprung in's Ungewisse gemacht werden müsse; insofern gingen aber die Ansichten der Kommission auseinander, als von einzelnen Mitgliedern die Ansicht ausgesprochen wurde, daß eine Verkürzung eher den oberen als den unteren Klassen zugefügt und daher der fingirte Steuersatz mindestens auf 4 Mark festgesetzt werden müsse, während es von anderen Seiten als eine nicht zu begründende Ungerechtigkeit bezeichnet wurde, wenn man diejenigen, die man durch dies Gesetz in der Steuer, also in der Basis des Wahlrechts, mehr belaste, nun auch noch andererseits in ihrem bestehenden Rechte verkürzen wollen.

Von der Mehrheit der Kommission wurde hierauf die Höhe von 3 Mark für angemessen erachtet und die Zahl in der Vorlage dementsprechend abgeändert; außerdem wurden hierbei die Worte „tritt an deren Stelle .... stattgefunden hat", auf Zeile 6—9 des zweiten Absatzes der, Vorlage gestrichen, um nicht eine unberechtigte Bevorzugung der zu kommunalen Steuern nicht veranlagten Personen den nach §. 77 hierzu veranlagten Personen gegenüber herbeizuführen.

Die Kommission hielt es indessen für nöthig, noch den jetzigen zweiten Absatz des §. 1 des Wahlgesetzes als Absatz 3 des §. 76 des Einkommensteuergesetzes einzufügen, weil in größeren Orten notorisch einzelne Stadttheile überwiegend von den wohlhabenden, andere von den minder wohlhabenden Bevölkerungsklassen bewohnt würden, also um das Wahlrecht im jetzigen Umfange zu erhalten, eine Ausgleichung durch eine anderweite Aufstellung der Wahl-Abtheilungslisten gefunden werden müsse. Die Frage, ob in dem Zusatz oder in der Bestimmung des §. 76 eine Verfassungs-Aenderung enthalten sei, wurde von der Mehrheit der Kommission in Uebereinstimmung mit der Staatsregierung verneint, weil in dem vorliegenden Falle eine Bestimmung in dem in Betracht kommenden Art. 71 der Verfassung nicht enthalten sei, vielmehr allein durch §. 10 der Verordnung v. 30. Mai 1849 getroffen werde, weil diese Verordnung als ein integrirender Bestandtheil der Verfassung nicht zu erachten sei und weil in früheren analogen Fällen Entscheidungen in gleichem Sinne bereits von dem Abgeordnetenhause getroffen worden seien. Die Majorität des Abgeordnetenhauses trat jedoch der Ansicht bei, daß die Verordnung v. 30. Mai 1849 mit Rücksicht auf Art. 115 der Verfassung als ein intregrirender Bestandtheil der letzteren anzusehen sei, daß auch in dem Abs. 2 der Vorlage selbst insofern eine Verfassungsänderung enthalten sei, als derselbe im Widerspruch mit Art. 71 der Verfassung, der nur die zu entrichtenden direkten Staatssteuern als Maßstab für die Bildung der Abtheilungen festsetze, eine Inansatzstellung blos fingirter Steuersätze anordne; es müsse somit für die Berathung sowohl des Antrages als auch der Vorlage selbst das für eine Verfassungsänderung vorgeschriebene Verfahren beobachtet werden. Mindestens erscheine die Frage, ob eine Verfassungsänderung vorliege, zweifelhaft.

In der Sitzung des Hauses der Abgeordneten v. 5. März 1891 (Sten. Ber. S. 1293) wurden daher Abs. 2 und 3 des §. 76 des Entwurfs zum Einkommensteuergesetz gestrichen und zu einem neuen Gesetz vereinigt, das in der Form einer Verfassungsänderung zu Stande gebracht werden sollte. Dies ist das vorliegende Gesetz, betreffend Aenderung des Wahlverfahrens, dessen weitere §§. 2 und 3 einer Erläuterung nicht bedürfen. Die angezogenen gesetzlichen Bestimmungen lauten:

1. Verordnung über die Ausführung der Wahl der Abgeordneten zur zweiten Kammer. Vom 30. Mai 1849 (G.S. S. 205):

§. 10. Die Urwähler werden nach Maßgabe der von ihnen zu entrichtenden direkten Steuern (Klassensteuer, Grundsteuer, Gewerbesteuer) in 3 Abtheilungen getheilt, und zwar in der Art, daß auf jede Abtheilung ein Dritttheil der Gesammtsumme der Steuerbeträge aller Urwähler fällt.

Diese Gesammtsumme wird berechnet:

a) gemeindeweise, falls die Gemeinde einen Urwahlbezirk für sich bildet, oder in mehrere Urwahlbezirke getheilt ist (§. 6);

b) bezirksweise, falls der Urwahlbezirk aus mehreren Gemeinden zusammengesetzt ist (§. 5).

2. Verfassungsurkunde für den Preußischen Staat. Vom 31. Januar 1850 (G.S. S. 17):

Art. 71. Auf jede Vollzahl von zweihundertundfünfzig Seelen der Bevölkerung ist ein Wahlmann zu wählen. Die Urwähler werden nach Maßgabe der von ihnen zu entrichtenden direkten Staatssteuern in drei Abtheilungen getheilt, und zwar in der Art, daß auf jede Abtheilung ein Dritttheil der Gesammtsumme der Steuerbeträge aller Urwähler fällt:

Die Gesammtsumme wird berechnet:

a) gemeindeweise, falls die Gemeinde einen Urwahlbezirk für sich bildet;

b) bezirksweise, falls der Urwahlbezirk aus mehreren Gemeinden zusammengesetzt ist.

Die erste Abtheilung besteht aus denjenigen Urwählern, auf welche die höchsten Steuerbeträge bis zum Belaufe eines Dritttheils der Gesammtsteuer fallen.

Die zweite Abtheilung aus denjenigen Urwählern, auf welche die nächst niedrigeren Steuerbeträge bis zur Grenze des zweiten Dritttheils fallen.

Die dritte Abtheilung besteht aus den am niedrigsten besteuerten Urwählern, auf welche das dritte Dritttheil fällt.

Jede Abtheilung wählt besonders und zwar ein Dritttheil der zu wählenden Wahlmänner.

Die Abtheilungen können in mehrere Wahlverbände eingetheilt werden, deren keiner mehr als fünfhundert Urwähler in sich schließen darf.

Die Wahlmänner werden in jeder Abtheilung aus der Zahl der stimmberechtigten Urwähler des Urwahlbezirks ohne Rücksicht auf die Abtheilungen gewählt.

Art. 72. Die Abgeordneten werden durch die Wahlmänner gewählt.

Das Nähere über die Ausführung der Wahlen bestimmt das Wahlgesetz, welches auch die Anordnung für diejenigen Städte zu treffen hat, in denen an Stelle eines Theils der direkten Steuern die Mahl- und Schlachtsteuer erhoben wird.

Art. 115. Bis zum Erlasse des im Art. 72 vorgesehenen Wahlgesetzes bleibt die Verordnung v. 30. Mai 1849, die Wahl der Abgeordneten zur zweiten Kammer betreffend, in Kraft.

2) Die Veranlagungsergebnisse der neuen Steuer werden auch eine Neuregelung der Zuschläge zur Staatssteuer nothwendig machen, welche die Gemeinden zur Regelung ihres Gemeindehaushalts erheben. Es mußten also Vorkehrungen getroffen werden, um den Gemeinden zu ermöglichen, anderweitige Beschlüsse noch vor dem Jahre 1892/93 zu fassen. Da nun die Aufsichtsbehörde für die Landgemeinden der Kreisausschuß, für die Stadtgemeinden der Bezirksausschuß ist, und diese in Betreff der Ertheilung und Versagung der Genehmigung der einzelnen Beschlüsse von der Regierung überhaupt nicht mit Anweisung versehen werden können, und gegen einen Beschluß des Kreisausschusses und des Bezirksausschusses ein etwa abweichender Grundsatz der Staatsregierung nur im Wege des Rekurses des Vorsitzenden zur Geltung gebracht werden kann, so war es nothwendig, den Gemeinden für das Uebergangsjahr die Berechtigung zu ertheilen, die Zuschlagsprozente zur Einkommensteuer in dem Maße zu ermäßigen, wie das Mehraufkommen aus der neuen Veranlagung ihnen die Mittel dazu bietet, ohne dazu eine besondere Genehmigung nachsuchen zu müssen.

3) Das Gesetz, betr. die Aufhebung der beiden untersten Stufen der Klassensteuer, vom 26. März 1883 — G.S. S. 37 — ist hier nicht erwähnt, gleich wohl sind die Bestimmungen in den §§. 1, 2, 4, 5 und 6 desselben ebenfalls aufgehoben.

Siehe den Finz.-Minist.-Erlaß v. 10. Oktbr. 1891 — II. 13336 — in der Anm. 1b zu §. 73 (Seite 95) und das Protokoll der 82. Sitzung des Hauses der Abgeordneten v. 5. Mai 1891 (Sten. Ber. S. 2156).

Das Gesetz lautet:

Wir Wilhelm, rc. verordnen rc.:

§. 1. I. Die beiden untersten Stufen der Klassensteuer (§. 7 des Gesetzes v. 25. Mai 1873, G.S. S. 213) werden vom 1. April 1883 ab aufgehoben, so daß mit diesem Zeitpunkte die Verpflichtung zur Entrichtung der Klassensteuer erst bei einem Jahreseinkommen von mehr als 900 Mark beginnt.

II. Drei Monatsraten der Stufen 3 bis 12 der Klassensteuer, zwei Monatsraten der ersten und eine Monatsrate der zweiten Stufe der klassifizirten Einkommensteuer bleiben fortan außer Hebung, und zwar im Monate Juli, beziehentlich in den darauf folgenden Monaten.

§. 2. Die Bestimmung des §. 20 Alinea 2 des Gesetzes v. 25. Mai 1873 (G.S. S. 213) findet auf die erste bis einschließlich fünfte Stufe der Einkommensteuer Anwendung.

§. 3. §. 6 des Gesetzes v. 1./25. Mai 1851/73 (G.S. S. 213), §. 5 des Gesetzes vom 25. Mai 1873 (G.S. S. 222), §. 9 Abs. 4 des Gesetzes v. 23. Juni 1876 (G.S. S. 169), Artikel II des Gesetzes v. 12. März 1877 (G.S. S. 19), sowie das Gesetz v. 10. März 1881 (G.S. S. 126) werden aufgehoben.

§. 4. Für die Erhebung von Kommunalzuschlägen zu den in §. 1 gedachten Steuern oder die Vertheilung von Kommunallasten nach denselben, sowie für die Feststellung der nach dem Maßstabe der Besteuerung geregelten aktiven und passiven Wahlberechtigungen bleiben die in den Gesetzen über die Klassen und klassifizirte Einkommensteuer vorgeschriebenen Steuersätze maßgebend und hat auch ferner die Veranlagung der Klassensteuer der zwei untersten Stufen nach den bisherigen Vorschriften zu erfolgen.

§. 5. Bezüglich der für die örtliche Erhebung und Veranlagung der Klassensteuer den Gemeinden bewilligten Gebühren bewendet es bei der Bestimmung im §. 6 des Gesetzes v. 16. Juli 1880 (G.S. S. 287) (abgedruckt S. 94) mit der Maßgabe, daß hinsichtlich der aufgehobenen Stufen 1 und 2 der Klassensteuer nur für die Veranlagung die Gebühr von drei Prozent des Veranlagungssolls gewährt wird.

§. 6. Der zu den im §. 1 bestimmten Steuererlassen erforderliche und nach §. 4 des Gesetzes v. 16. Juli 1880 zu berechnende Betrag — zuzüglich der nach § 7 des gegenwärtigen Gesetzes den Hohenzollernschen Landen zu gewährenden Summe, aber nach Abzug des auf 740000 Mark angenommenen Mehraufkommens an Klassensteuer in Folge Wegfalls der Kontingentirung — kommt auf die nach §. 1 jenes Gesetzes zu Steuererlassen zu verwendenden Geldsummen in Anrechnung.

§. 7. Den Hohenzollernschen Landen wird jährlich ein Betrag überwiesen, welcher nach dem Verhältnisse der durch die letztvorangegangene Volkszählung ermittelten Bevölkerungszahl des übrigen Staatsgebietes zu der den Hohenzollernschen Lande einem Erlasse von 20600000 Mark an Klassen- und Einkommensteuer entspricht.

Die Feststellung dieses Betrages erfolgt durch den Staatshaushalts-Etat. Der festgesetzte Betrag wird nach dem Verhältnisse der durch die letztvorangegangene Volkszählung ermittelten Einwohnerzahlen auf die einzelnen Gemeinden vertheilt. Den Vertretern der letzteren steht die Beschlußfassung über die Verwendung zu.

§. 8. Die zur Ausführung dieses Gesetzes erforderlichen Anweisungen erläßt der Finanzminister.

Urkundlich ꝛc.

4) Von diesem Gesetz ist indessen der Artikel IV, welcher lautet:

„Der Finanzminister ist ermächtigt, die direkten Staatssteuern, soweit dieselben in monatlichen Raten zu entrichten sind, nach seinem Ermessen in dem auf den Monat der Fälligkeit folgenden nächsten oder zweiten Monate zugleich mit den für letztere fälligen Raten einziehen zu lassen,"

nicht aufgehoben, da er nicht zu den ausschließlich „auf die Einrichtung und Veranlagung der Klassen- und klassifizirten Einkommensteuer" bezüglichen Vorschriften gehört.

Siehe auch den Finz.-Minist-Erlaß vom 10. Oktbr. 1891 — II. 13336 — (Anm. 1b auf S. 95).

II.

Gesetz wegen Beseitigung der Doppelbesteuerung.

Vom 13. Mai 1870.

(B.G.Bl. S. 119.)

Wir **Wilhelm**, von Gottes Gnaden König von Preußen ꝛc. verordnen im Namen des Norddeutschen Bundes, nach erfolgter Zustimmung des Bundesrathes und des Reichstages, was folgt:

§. 1.

Ein Deutscher[1]) darf vorbehaltlich der Bestimmungen in den §§. 3 und 4 zu den direkten Staatssteuern nur in demjenigen Bundesstaate herangezogen werden, in welchem er seinen Wohnsitz hat.[2])

Einen Wohnsitz im Sinne dieses Gesetzes hat ein Deutscher an dem Orte, an welchem er eine Wohnung unter Umständen inne hat, welche auf die Absicht der dauernden Beibehaltung einer solchen schließen lassen.

---

1) Dieses Gesetz ist eingeführt worden:

a) in den Großherzogthümern Baden und Hessen (südlich vom Main) durch die Bundesverfassung v. 15. November 1870 (B.G.Bl. S. 648);

b) im Königreich Württemberg durch die Beitrittserklärung v. 25. November 1870 (B.G.Bl. S. 654);

c) im Königrich Bayern durch Gesetz v. 22. April 1871 (B.G.Bl. S. 87);

d) in Elsaß-Lothringen durch Gesetz v. 14. Januar 1872 (G.Bl. für Elsaß-Lothringen S. 61).

Auch ist es durch §. 2 des Gesetzes betr. die Verfassung des Deutschen Reiches v. 16. April 1871 (B.G.Bl. S. 63) ausdrücklich zum Reichsgesetz erhoben worden. Statt des im Gesetze stehenden Wortes: „Norddeutscher" ist deshalb überall „Deutscher" gesetzt.

2a) Finz.-Minist.-Erlaß v. 28. Oktober 1880 — II. 12958 —.

Ew. ꝛc. Beschwerde kann, soweit sie gegen die Heranziehung Ihrer minderjährigen Kinder zur Steuer in Preußen gerichtet ist, für begründet nicht erachtet werden.

Für die Entscheidung der Frage, ob Ihre Kinder in Sachsen oder in Preußen zu besteuern sind, ist die Vorschrift des §. 1 des Reichsgesetzes v. 13. Mai 1870 wegen Beseitigung der Doppelbesteuerung maßgebend, wonach die Heranziehung zu den direkten Staatssteuern nur in dem Bundesstaate erfolgen darf, wo der Steuerpflichtige seinen Wohnsitz hat. In letzterer Beziehung ist im vorliegenden Falle der Umstand entscheidend, daß Ihre Kinder sich in Ihrem Haushalte in G (Preußen) aufhalten, und erscheint es dieser Thatsache gegenüber irrelevant, daß der Sitz der

Vormundschaft sich in B (Sachsen) befindet. Ebensowenig kann daraus, daß das Kapital, dessen Zinsengenuß Ihren Kindern zusteht, ein Theil des Erlöses aus dem Verkaufe eines in Sachsen belegenen Gutes bildet, die Anwendbarkeit des §. 3 des oben angezogenen Gesetzes gefolgert werden.

Demgemäß muß es Ihnen zunächst überlassen bleiben, die Befreiung Ihrer Kinder von der Einkommensteuer im Königreiche Sachsen zu beantragen.

2b) Finz.-Minist.-Erlaß v. 9. Juni 1887 — II. 6308 —.

Es ist diesseits stets davon ausgegangen worden, daß die auf den Wohnsitz bezüglichen Bestimmungen des Landesrechtes gegenüber der Vorschrift im §. 1 Abs. 2 des Reichsgesetzes wegen Beseitigung der Doppelbesteuerung v. 13. Mai 1870 überhaupt nicht in Betracht kommen, sowie daß bei bevormundeten Personen die „Absicht der dauernden Beibehaltung" einer Wohnung im Sinne dieser Gesetzesbestimmung durch den Willen des Vormundes ergänzt wird.

Hiernach hat der in der Irrenanstalt zu K. in Rheinbayern dauernd untergebrachte Rentner S. in diesem Orte, und nicht in B., seinen Wohnsitz im Sinne des angeführten Gesetzes.

2c) Finz.-Minist.-Erlaß v. 16. Februar 1878 — IV. 815 —. Auszug.

Dagegen muß daran festgehalten werden, daß der rc. H. vor dem 1. Januar 1876 nach den Bestimmungen des Bundesgesetzes v. 13. Mai 1870 nur in Preußen und nicht auch in Anhalt zur Einkommensteuer veranlagt werden konnte, da derselbe bis zu dem im Dezember 1875 erfolgten Tode seiner Ehefrau einen doppelten Wohnsitz, und zwar in Preußen und in Anhalt, gehabt hat und somit nach §. 2 Absatz 2 a. a. O. nur in seinem Heimathsstaate zu den direkten Staatssteuern herangezogen werden durfte. Als der Heimathsstaat desselben ist aber Preußen deshalb anzusehen, weil aus den vorgelegten Verhandlungen sich nicht der mindeste Anhalt dafür ergiebt, daß er die ihm früher unbestritten beiwohnende Eigenschaft als Preuße verloren habe. Das Vorhandensein eines doppelten Wohnsitzes folgt aus dem Umstande, daß seine von ihm nicht geschiedene Ehefrau auch nach dem Abzuge ihres Mannes bis zu ihrem Tode ihre hiesige Wohnung beibehalten hat.

In Betreff der Anwendbarkeit der Bestimmung in §. 1 Abs. 2 a. a. O. ist es irrelevant, ob der betr. Steuerpflichtige selbst die in Rede stehende Wohnung benutzt, oder ob dieselbe nur von solchen Personen bewohnt wird, welche rechtlich zu seinem Haushalte gehören. Auch in letzterem Falle muß angenommen werden, daß der Pflichtige die Wohnung inne hat, worauf es allein ankommt.

Zur Annahme eines Aufenthaltes im Sinne der vorerwähnten Bestimmung genügt offenbar das zeitweise Wohnen in einem Gasthause und die vorübergehende Anwesenheit als Reisender an einem Orte nicht, vielmehr bedarf es dazu immer eines dauernden Aufenthaltes und der Niederlassung an dem betr. Orte, durch welche die Berechtigung eines anderen deutschen Staates, die betr. Person zur Besteuerung heranzuziehen, entsteht. Bei der Tendenz des Gesetzes, welche sich darauf beschränkt, gegen Doppelbesteuerungen Vorkehrung zu treffen, muß das Erlöschen des Steuerrechts des Heimathsstaates davon abhängig gemacht werden, daß das Besteuerungsrecht eines anderen deutschen Staates entstanden ist.

2d) Finz.-Minist.-Erlaß v. 27. Dezember 1878 — IV. 16331 —.

Die Prüfung Ihrer Beschwerde vom rc. hat ergeben, daß Sie nach den amtlichen Feststellungen als ein dem Preußischen Unterthanen-Verbande Angehöriger die hiesige Stadt am 27. März d. J. verlassen und nach der Auskunft des Gemeindevorstandes zu Weimar dort erst v. 4. April d. J. ab dauernd Aufenthalt genommen haben. In Folge dessen ist die Ihnen für das Jahr 1878/79 hier auferlegt gewesene klassifizirte Einkommensteuer v. 1. Mai 1878 ab in Abgang gestellt worden, während Sie schon für den Monat April 1878 Anspruch auf Befreiung von dieser Steuer zu haben glauben, weil Sie bereits in der Zeit v. 27. März bis 13. April d. J. zu Sulza, und zwar im Hotel rc. sich aufgehalten haben. Der desfallsige Anspruch ist jedoch nicht begründet, da das Erlöschen des Steuerrechtes des Heimathsstaates davon abhängt, daß das Besteuerungsrecht eines anderen deutschen Staates entstanden ist, und sonach Ihr vorübergehender Aufenthalt zu Sulza Ihre Befreiung von der klassifizirten Einkommensteuer für den

§. 2.

Ein Deutscher, welcher in keinem Bundsstaate einen Wohnsitz hat, darf nur in demjenigen Staate, in welchem er sich aufhält, zu den direkten Staatssteuern herangezogen werden.

Hat ein Deutscher in seinem Heimathsstaate[1]) und außerdem in anderen Bundesstaaten einen Wohnsitz, so darf er nur in dem ersteren zu den direkten Staatssteuern herangezogen werden.

In Bundes- oder Staatsdiensten stehende Deutsche dürfen nur in demjenigen Bundesstaate besteuert werden, in welchem sie ihren dienstlichen[2]) Wohnsitz haben.

Monat April 1878 nicht herbeiführen kann, abgesehen davon, daß nach der amtlichen Auskunft des Gemeindevorstandes vom rc. bis jetzt ihre Heranziehung zur Einkommensteuer im Großherzogthum Sachsen-Weimar nicht stattgefunden hat und sonach eine Doppelbesteuerung für den Monat April d. J. nicht vorliegt.

1a) Wegen Erwerbes und Verlustes der Staatsangehörigkeit, siehe Anm. 1a zu §. 1 des Einkommensteuergesetzes S. 2.

1b) Finz.-Minist.-Erlaß v. 16. September 1876 — IV. 11098 —.

Da der rc. W. in Dresden eine eingerichtete Wohnung hat (Bericht des Landraths), so ist die Begründung eines Wohnsitzes daselbst im Sinne des §. 1 des Reichsgesetzes v. 13. Mai 1870 nicht in Abrede zu stellen. Bei einem doppelten Wohnsitze desselben in Dresden und in E. kann aber nur Sachsen, wo er die Staatsangehörigkeit besitzt, nicht Preußen, wo er solche nicht mehr hat, als sein Heimathsstaat (§. 2 a. a. O.) angesehen, und darf er demnach in Preußen nur insoweit zur Steuer herangezogen werden, als dies durch §. 3 a. a. O. begründet wird.

2a) Siehe die Anm. zu Art. 35 Nr. 2 der Anweisung v. 5. August 1891 im Abschnitt IV.

2b) Finz.-Minist.-Erlaß v. 27. Oktober 1874 — IV. 10836 —.

Auf den Bericht rc. wird genehmigt, daß die Veranlagung der in Bremen mit einem jährlichen Gehalte von mehr als 3000 Mark stationirten preußischen Eisenbahnbeamten, welche bisher in Hannover und anderen Orten der Monarchie stationirt gewesen sind, zur klassifizirten Einkommensteuer in Zukunft im Einschätzungsbezirke des Stadtkreises Hannover bewirkt und in Betreff der Veranlagung der im Bericht erwähnten Zoll- und Steuerbeamten zu der bezüglichen Steuer in derselben Weise verfahren wird.

(Im Berichte waren die in Oldenburg, Bremen, Hamburg und Lübeck stationirten preußischen Zoll- und Steuerbeamten bezeichnet.)

2c) Finz.-Minist.-Erlaß v. 12. September 1873. — IV. 8223 —.

Der zur Dienstleistung auf ein Jahr aus einem preußischen Garnisonsorte nach einem anderen in einem anderen deutschen Staate belegenen Garnisonsorte abkommandirte preußische Offizier N. N. kann während dieses seines Kommandos nur vom letzteren, nicht vom ersteren Garnisonsorte zur Einkommensteuer herangezogen werden, weil nach §. 35 des Reglements v. 20. Februar 1868 für die Militärpersonen angeordnet ist, daß diejenigen Kommandos, deren längere als 6monatliche Dauer von vornherein feststeht, einer Versetzung gleichzurechnen sind, und mit der Versetzung der bisherige Garnisonsort aufhört, der dienstliche Wohnsitz des Kommandirten zu sein, der letztere vielmehr an dem Orte Wohnsitz nimmt, in welchem er sich zufolge der Versetzung aufhält. Die hiergegen daraus abgeleiteten Bedenken, daß der gedachte Offizier nicht auf unbestimmte Zeit sondern auf ein Jahr abkommandirt ist, können nicht für begründet erachtet werden.

2d) Finz.-Minist.-Erlaß v. 5. Juni 1876 — IV. 5392 —. Auszug.

Wie sich ergeben hat, trifft bei dem K., welcher zu den **Beamten** der Militärverwaltung gehört, die Folgerung aus der Dauer des Kommandos (siehe Anm. 2c) nicht zu.

Bei den Beamten der Militärverwaltung gilt der Grundsatz, daß eine mit Ver-

§. 3.

Der Grundbesitz[1]) und der Betrieb eines Gewerbes,[2]) sowie das aus diesen Quellen herrührende Einkommen darf nur vou demjenigen Bundesstaate[3]) besteuert werden, in welchem der Grundbesitz liegt oder das Gewerbe betrieben wird.

---

gütigung der Umzugskosten verbundene Versetzung nur dann eintritt, wenn solche, unter völliger Lösung des Verhältnisses zu der bisherigen Behörde 2c., ausdrücklich ausgesprochen wird.

Diese Bedingung ist bei der Kommandirung des K. nach Suhl nicht eingetreten, vielmehr dessen Verhältniß zu seinem Truppentheile in Darmstadt unverändert belassen, und daher der Garnisonsort des Letzteren bisher sein dienstlicher Wohnsitz verblieben.

2 e) Nichtpreußische, im Dienste des Kais. auswärtigen Amtes stehende Deutsche, welche ihren dienstlichen Wohnsitz außerhalb Preußens haben, sind der klassifizirten Einkommensteuer nicht unterworfen, weil keine der Voraussetzungen zutrifft, unter welchen sie nach dem Reichsgesetz v. 13. Mai 1870 in Preußen zur Steuer herangezogen werden könnten. Etwa gezahlte Beträge werden anstandslos zurückgezahlt. Jedoch ist nachzuweisen, daß der Betreffende wirklich die Staatsangehörigkeit eines andern deutschen Staates, nicht blos die Gemeindeangehörigkeit besitzt, und daß er nicht zugleich preußischer Staatsangehöriger ist.

Der persönliche Gerichtsstand solcher Reichsbeamten regelt sich nach §. 21 des Gesetzes betreffend die Rechtsverhältnisse der Reichsbeamten v. 31. März 1871 (R.G.Bl. S. 61).

(Zu §. 3.) 1a) Finz.-Minist.-Erlaß v. 19. März 1886 — II. 3022 —.

Auf den Bericht 2c. wird der Kgl. Regierung erwidert, daß für die Frage der Heranziehung des in Bremen wohnhaften Kaufmannes C. zur diesseitigen klassifizirten Einkommensteuer lediglich die Vorschriften des Erlasses v. 29. September 1853 — III. 21443 — (als entbehrlich nicht abgedruckt) und des §. 27 der Instruktion v. 3. Januar 1877 maßgebend sind, nach welchen von dem Ertrage des in Preußen belegenen Grundbesitzes Zinsen von Hypotheken- bezw. Grundbuchschulden nur in dem Falle in Abzug gebracht werden dürfen, wenn die Schulden erweislich und unzweifelhaft als ein Theil des dem Verkäufer seitens des Erwerbers zugesicherten Kaufpreises zu betrachten sind. Diese Bestimmungen würden auch dann Anwendung finden und folgeweise die fraglichen Passivzinsen abzugsfähig sein, wenn die Schulden in hypothekarisch sicher gestellten Erbantheilen von Miterben beständen und erst bei der Erbtheilung und Uebernahme des Gutes seitens des C. als ein Theil des Annahme- (Kauf-) Preise zur Eintragung gelangt wären. Da diese Voraussetzung aber nach dem erwähnten Berichte nicht zutrifft, weil die fraglichen Schulden schon vor dem Erbanfall auf dem Gute gehaftet haben, so ist ein Abzug der Zinsen derselben nicht zulässig und der C. ohne Berücksichtigung derselben zur Einkommensteuer zu veranlagen.

1 b) Finz.-Minist.-Zirk.-Erlaß v. 12. April 1872 — IV. 2956 —. Auszug.

Die Bezüge aus Aktien von gewerblichen Aktienunternehmungen müssen, wie sich auch aus den Beschlüssen der verbündeten Regierungen bei Berathung des Bundesgesetzes v. 13. Mai 1870 ergiebt, rücksichtlich ihrer Heranziehung zu den direkten Staatssteuern als Zinsen oder Renten angesehen werden. Das Nämliche gilt von den Erträgnissen solcher Kuxe, welche nach §. 101 des Allgemeinen Berggesetzes v. 24. Juni 1865 die Eigenschaft beweglicher Sachen haben. Soweit die unter der Herrschaft des älteren Rechts geschaffenen Kuxe nach §. 228 a. a. O. die Eigenschaft unbeweglicher Sachen behalten haben, sind sie nach §. 231 daselbst den Grundstücken gleich zu achten. Ihre Erträgnisse sind danach in Ansehung der Veranlagung zur klassifizirten Einkommensteuer als aus dem Grundbesitz herrührendes Einkommen zu behandeln. (§. 28 des Gesetzes v. 1. Mai 1851.)

Hieraus folgt, daß rücksichtlich der in dem Zirkularerlaß v. 12. Januar 1872 angedeuteten Fälle nur das Einkommen, welches in anderen deutschen Staaten wohnende Deutsche aus unbeweglichen Kuxen von in Preußen belegenen Bergwerken beziehen, zur diesseitigen klassifizirten Einkommensteuer herangezogen werden darf.

2a) Finz.-Minist.-Erlaß v. 22. Dezember 1887 — II. 12987 —. Auszug.

Die Frage, ob die Stellung als Mitglied des Aufsichtsraths einer Aktien- oder Kommanditaktien-Gesellschaft als Theilnahme an einer gewerblichen oder Handelsanlage im Sinne des §. 18 des Ges. v. 1./25. Mai 1851/73 anzusehen sei, muß verneint werden.

2b) Finz.-Minist.-Erlaß v. 14. März 1888 — II. 1254 —. Auszug.

Auf den Bericht vom rc. erwidere ich Ew. ergebenst, daß keine Veranlassung vorliegt, von der unter dem 22. Dezember 1887 — II. 12987 — (s. oben) getroffenen Entscheidung abzugehen rc.

Nach den maßgebenden Grundsätzen des Bundesrathsbeschlusses v. 16. Oktober 1874 fällt nicht jedes Einkommen aus einer Beschäftigung in einem gewerblichen Unternehmen unter die Bestimmung des §. 3 des Reichsgesetzes wegen Beseitigung der Doppelbesteuerung v. 13. Mai 1870. Diese Bestimmung ist vielmehr nur von dem Einkommen eines Gewerbe-Inhabers zu verstehen.

Die Stellung als Mitglied des Aufsichtsraths einer Aktien- oder Kommanditaktiengesellschaft kann hiernach als Betrieb eines Gewerbes oder als Theilnahme an einer gewerblichen oder Handelsanlage im Sinne des genannten §. 3 bezw. §. 18 des preußischen Einkommensteuergesetzes v. 1./25. Mai 1851/73 nicht angesehen werden. Der Aufsichtsrath bildet lediglich das zur fortdauernden Kontrolle der Geschäftsführung bestimmte Organ und das einzelne Aufsichtsrathsmitglied ist demgemäß nur als Funktionär der Gesellschaft zu betrachten. Anderes besagen auch die von Ew. rc. angeführten Artikel des deutschen Handelsgesetzbuches, sowie die Ergänzungen des Reichsgesetzes v. 18. Juli 1884 (R.G.Bl. S. 123) nicht. Die Tantieme der Aufsichtsraths-Mitglieder stellt sich daher lediglich als Vergütung ihrer Dienste dar. Ob sie in einer festen Summe oder durch Betheiligung am Gewinne gewährt wird, vermag an ihrem Charakter als Vergütung nichts zu ändern.

Was endlich das von Ew. rc. überreichte Reichsgerichtserkenntniß v. 12. Juli 1887 angeht, so wird zwar mit demselben anzunehmen sein, daß in der Uebernahme der Funktionen eines Aufsichtsrathsmitgliedes seitens eines Kaufmannes der Abschluß eines Handelsgeschäfts enthalten ist. Ein solches einzelnes Handelsgeschäft, daß ein auswärtiger Kaufmann eingeht, ist jedoch nicht geeignet, einen selbstständigen, die Steuerpflicht herbeiführenden Gewerbebetrieb in Preußen zu begründen.

Soweit es sich daher in dem mit dem Bericht rc. überreichten Verzeichniß um Angehörige anderer Bundesstaaten handelt, welche diesseits ausschließlich von den ihnen als Mitgliedern des Aufsichtsraths preußischer Aktien oder Kommandit-Aktien-Gesellschaften zufließenden Tantiemen zur Einkommensteuer eingeschätzt sind, ist die auf dieselben veranlagte Steuer auf Grund des Doppelbesteuerungsgesetzes von Amtswegen in Abgang zu stellen und dieserhalb das Erforderliche zu veranlassen.

3a) Finz.-Minist.-Erlaß v. 8. Dezember 1871 — IV. 12851 —.

Um die von einzelnen Seiten angeregten Zweifel zu beseitigen, bestimme ich, daß die nach andern deutschen Staaten versetzten beziehungsweise kommandirten preußischen Offiziere und Militärbeamten, sofern dieselben in Gemäßheit des §. 3 des Reichsgesetzes v. 13. Mai 1870 zur klassifizirten Einkommensteuer herangezogen werden müssen, in demjenigen Orte zu veranlagen sind, an welchem sie zuletzt innerhalb Preußens in Garnison gestanden haben.

3b) Finz.-Minist.-Erlaß v. 22. Juni 1887 — II. 5978 —. Auszug.

Auf den Bericht vom rc. betr. die Besteuerung des Kgl. Bayerischen Hauptmannes L. wird Ew. rc. erwidert, daß die Ausführungen in dem wieder angeschlossenen Erlasse des Kgl. Bayerischen Kriegsministeriums insoweit nicht zutreffend erscheinen, als auf den vorliegenden Fall nicht die Bestimmung im §. 1 Abs. 2 des Reichsgesetzes v. 13. Mai 1870, sondern diejenige im §. 2 Abs. 3 a. a. O. Anwendung zu finden und die Besteuerung am Orte des dienstlichen Wohnsitzes zu erfolgen hat.

Als solcher ist nach der in Abschrift beiliegenden Aeußerung des diesseitigen Herrn Kriegsministers auch für Kgl. Bayerische Offiziere, welche auf längere als sechsmonatliche Dauer nach

§. 4.

Gehalt, Pension und Wartegeld, welche Deutsche Militairpersonen und Civilbeamte, sowie deren Hinterbliebene aus der Kasse[1]) eines Bundesstaates beziehen, sind nur in demjenigen Staate zu besteuern, welcher die Zahlung zu leisten hat.

§. 5.

An den Wirkungen, welche der Wohnsitz oder Aufenthalt außerhalb des Bundesgebiets auf die Steuerpflichtigkeit eines Deutschen äußert, wird durch das gegenwärtige Gesetz nichts geändert.

§. 6.

Gegenwärtiges Gesetz tritt mit dem 1. Januar 1871 in Wirksamkeit.

Urkundlich unter Unserer Höchsteigenhändigen Unterschrift und beigedrucktem Bundes-Insiegel.

Gegeben Berlin, den 13. Mai 1870.

(L. S.) **Wilhelm.**

Gr. v. Bismarck-Schönhausen.

Preußen kommandirt sind, der Kommandoort anzusehen und erscheint daher die Heranziehung des Hauptmannes L. zu der diesseitigen Steuer gerechtfertigt.

rc. (Das Dienst-Einkommen des L. war selbstverständlich nicht mit zur Steuer herangezogen worden.)

3c) Finz.-Minist.-Erlaß v. 17. November 1879 — II. 13497 —.

Auf den Bericht rc. erwidere ich der Kgl. Regierung, daß in allen Fällen, in welchen ein der Einkommensteuer unterliegendes Einkommen gänzlich erloschen und gemäß §. 36 des Gesetzes v. 1. Mai 1851 die ganze veranlagte Steuer in Abgang zu stellen ist, die Absetzung derselben von Amtswegen veranlaßt werden muß.

Dieser Grundsatz findet Anwendung, wenn ein der klassifizirten Einkommensteuer unterliegender preußischer Staatsangehöriger im Laufe des Steuerjahres seinen ausschließlichen Wohnsitz in einen nichtpreußischen Staat des deutschen Reichs verlegt, ohne daß ihm ein nach den Vorschriften in den §§. 3 und 4 des Reichsgesetzes v. 13. Mai 1870 in Preußen steuerpflichtiges Einkommen verbleibt.

Wenn demselben dagegen ein solches Einkommen verbleibt, mithin seine Steuerpflichtigkeit in Preußen nicht gänzlich aufgehoben wird, so tritt die Abgangstellung nicht von Amtswegen ein, es ist vielmehr der Ermäßigungsantrag des Steuerpflichtigen abzuwarten.

Hierdurch wird jedoch nicht ausgeschlossen, daß den Umständen nach der Termin, von welchem ab der zu erlassende Theil der Steuer in Abgang zu stellen ist, schon auf den Anfang des Monats gestellt werden darf, welcher nach der die Ermäßigung bedingenden Wohnsitzveränderung folgt, wozu die Kgl. Regierung für Fälle dieser Art ermächtigt wird.

(Zu §. 4.) 1a) Finz.-Minist.-Erlaß v. 14. September 1871 — IV. 9888 —.

Durch eine Mittheilung des königlich sächsischen Ministeriums der auswärtigen Angelegenheiten ist hier bekannt geworden, daß verschiedene pensionirte preußische Militärpersonen und Wittwen solcher Militärpersonen, welche unter Aufgabe ihres Domizils in Preußen ihren Wohnsitz in Dresden genommen haben, von ihren Pensionsbezügen zur diesseitigen klassifizirten Einkommensteuer veranlagt worden sind. Nach Erlaß des Bundesgesetzes v. 13. Mai 1870 kann diese Maßnahme, soviel sich von hier aus übersehen läßt, nur auf die Annahme der Veranlagungsbehörden, daß die betreffenden Pensionen aus der preußischen Staatskasse gezahlt werden, und auf die danach begründete Anwendung des §. 4 des vorgedachten Gesetzes zurückgeführt werden. Da indeß nach Ausweis der betreffenden Etats die den preußischen Militärpersonen und den Wittwen derselben in dieser ihrer Eigenschaft bewilligten Pensionen aus der Kasse des deutschen Reiches bezogen werden, so unterliegen dieselben in Gemäßheit des §. 1 a. a. O. der Besteuerung nur in demjenigen Bundesstaate, in welchem der Pensionsberechtigte seinen Wohnsitz hat.

1b) Finz.-Minist.-Erlaß v. 18. Juli 1872 — IV. 7658./1. 10360 —.

Ew. 2c. beehre ich mich, ergebenst zu erwidern, daß die Kasse der königlich preußischen Wittwen-Verpflegungsanstalt und die königl. preußische Civil-Pensionskasse als preußische Staatskassen im Sinne des §. 4 des Reichsgesetzes wegen Beseitigung der Doppelbesteuerung v. 13. Mai 1870 anzusehen sind.

1c) Finz.-Minist.-Erlaß v. 2. November 1874 — IV. 11387 —. Auszug.

Der 2c. wird erwidert, daß das Reichsgesetz wegen Beseitigung der Doppelbesteuerung v. 13. Mai 1870 der Heranziehung des Lieutenants N. N. von der Herzoglich Braunschweigischen Artillerie, welcher auf ein Jahr zur Dienstleistung beim Hannoverschen Feldartillerie-Regiment Nr. 10 sich in Hannover befindet, zur Klassensteuer nicht entgegensteht, da derselbe nach §§. 1 und 2 l. c. an letzterem Orte seinen Wohnsitz hat, und sein dienstliches Einkommen aus der Reichskasse, nicht aus der Herzoglich Braunschweigischen Landeskasse bezieht und folglich der §. 4 l. c. keine Anwendung findet.

1d) Finz.-Minist.-Erlaß v. 15. Mai 1881 — II. 5553 —.

Auf den Bericht 2c. erwidere ich der Kgl. Regierung, daß nach einem Beschlusse des Bundesraths v. 21. Dezember 1874 die Gehälter und Pensionen 2c. der bayerischen Militärpersonen im Sinne des §. 4 im Reichsgesetze v. 13. Mai 1870 als aus der bayerischen Staatskasse, nicht aus der Reichskasse, geleistet angesehen werden, und deshalb nur in Bayern zu besteuern sind.

Hiernach ist der Einspruch des Kgl. bayerischen Hauptmanns v. B. gegen seine Heranziehung zur Einkommensteuer im Kreise N. N. für begründet zu erachten.

1e) Finz.-Minist.-Erlaß v. 6. Dezember 1882 — II. 13321 —.

Der Kgl. Regierung erwidere ich in Betreff der Veranlagung des Kgl. württembergischen Premier-Lieutenants K. zur preußischen Klassensteuer, wie ich Ihrer Auffassung, daß die Kompetenzen der württembergischen Militärpersonen nicht aus der Kasse des Staates Württemberg, sondern vielmehr aus der Reichskasse zu leisten sind, im Hinblick auf den Art. 2 zu 5 des Vertrages v. 25. November 1870 (B.G.Bl. S. 655) und Art. 12 und 13 der darin in Bezug genommenen Militär-Konvention v. 21./25. November 1870 (S. 661 ebend.) nur beitreten kann.

Ebenso theile ich die Ansicht der Kgl Regierung, daß der in dem Zirkularerlaß v. 16. Februar 1875 — IV. 1233 — (abgedr. Anm. zu Art. 35 Nr. 2 der Anweisung v. 5. August 1891 im Abschn. IV dieses Buches) in Uebereinstimmung mit der durch §. 35 des Allerhöchst genehmigten Reglements über die Serviskompetenz der Truppen im Frieden v. 20. Februar 1868 für die Militärpersonen getroffenen Anordnung ausgesprochene Grundsatz, wonach diejenigen Kommandos, deren längere als sechsmonatliche Dauer von vornherein feststeht, einer Versetzung gleich zu achten sind und also eine Verlegung des dienstlichen Wohnsitzes nach dem Kommandoorte zur Folge haben, ohne Ausnahme auch auf kommandirte Kgl. württembergische Offiziere Anwendung findet, und daher Sp., wohin der 2c. K. abkommandirt ist, zur Zeit als dessen dienstlicher Wohnsitz anzusehen ist.

Die in Sp. erfolgte Heranziehung des 2c. K. zur Klassensteuer auf Grund des §. 4 bezw. 2 letzter Absatz des Reichsgesetzes wegen Beseitigung der Doppelbesteuerung v. 13. Mai 1870 erscheint hiernach gerechtfertigt.

III.

Anweisung des Finanzministers

vom 5. August 1891

(Erster Theil)

zur

Ausführung des Einkommensteuergesetzes

vom 24. Juni 1891.

Gesetzsamml. S. 175 (§. 85 Abs. 1).

Inhalt.

Erster Theil.

Steuerpflicht. Einkommen. Steuererklärung.

Erster Abschnitt.

Steuerpflicht der physischen Personen.

Zweiter Abschnitt.

Das Einkommen der physischen Personen.

A. Allgemeine Grundsätze.

B. Besondere Bestimmungen.

Dritter Abschnitt.

Steuerpflicht der nicht physischen Personen.

Vierter Abschnitt.

Steuererklärung.

Die Anmerkungen des Herrn Finanzministers sind mit: „Minist. Anm." bezeichnet, die Anmerkungen des Verfassers wie gewöhnlich.

Erster Theil.

Steuerpflicht. Einkommen. Steuererklärung.

Erster Abschnitt.

Steuerpflicht der physischen Personen.

Artikel 1.

Unbeschränkte Steuerpflicht.

(§. 1. Nr. 1 bis 3 des Gesetzes.)

Mit ihrem gesamten Einkommen (Artikel 3) unterliegen der Einkommensteuer:

1) die preußischen Staatsangehörigen[1]) mit Ausnahme derjenigen,
   a) welche, ohne in Preußen einen Wohnsitz (§. 1 Absatz 2 des Reichsgesetzes wegen Beseitigung der Doppelbesteuerung vom 13. Mai 1870 — Bundesgesetzbl. S. 119)[2]) zu haben, in einem anderen Bundesstaate[3]) oder in einem deutschen Schutzgebiete wohnen oder sich aufhalten;
   b) welche neben einem Wohnsitz in Preußen in einem anderen Bundesstaate oder in einem deutschen Schutzgebiete ihren dienstlichen Wohnsitz (§. 2 Absatz 3 a. a. O.) haben;
   c) welche, ohne in Preußen einen Wohnsitz zu haben, seit mehr als zwei Jahren sich im Auslande[4]) dauernd aufhalten.

   Bei Berechnung der zweijährigen Dauer werden die verschiedenen Abschnitte eines unterbrochenen Aufenthaltes im Auslande nicht zusammengerechnet. Die Steuerpflicht lebt wieder auf, sobald eine der beiden Voraussetzungen für die Befreiung fortfällt, also entweder ein Wohnsitz in Preußen begründet, oder der Aufenthalt im Auslande wieder aufgegeben wird und nicht etwa Umstände vorliegen, welche die Steuerpflicht nach

---

Minist.-Anm. 1. Für die Beurtheilung der Staatsangehörigkeit sind die Vorschriften des Gesetzes über die Erwerbung und den Verlust der Bundes- und Staatsangehörigkeit vom 1. Juni 1870 (R.G.Bl. S. 355) maßgebend.

Minist.-Anm. 2. Dasselbe lautet: (Siehe Seite 111 bis 117).

Minist.-Anm. 3. Den Bundesstaaten steht das Reichsland Elsaß-Lothringen gleich.

Minist.-Anm. 4. Unter „Ausland" und „Ausländer" sind nur außerdeutsche Staaten und Angehörige derselben zu verstehen. Die deutschen Schutzgebiete gelten als Inland (§. 6 Abs. 3 des Ges. v. 15. März 1888, R.G.Bl. S. 71) (abgedr. Seite 6.).

den Vorschriften zu Nr. 1 a und b ausschließen. Eine nur vorübergehende z. B. besuchsweise Rückkehr nach dem Inlande begründet den Wiedereintritt der einmal erloschenen Steuerpflicht nicht.

Auf Reichs- und Staatsbeamte einschließlich der Offiziere, welche im Auslande ihren dienstlichen Wohnsitz haben und dort zu entsprechenden direkten Staatssteuern nicht herangezogen werden, findet die Ausnahme unter c keine Anwendung.

Die Annahme einer entsprechenden Besteuerung, deren Nachweis dem betheiligten Beamten obliegt, wird durch die abweichende Form der ausländischen Steuer nicht ausgeschlossen.

2) Diejenigen Angehörigen anderer Bundesstaaten,
   a) welche, ohne in ihrem Heimathsstaate einen Wohnsitz zu haben, in Preußen wohnen oder, ohne im Deutschen Reiche einen Wohnsitz zu haben, sich in Preußen aufhalten;
   b) welche in Preußen ihren dienstlichen Wohnsitz (§. 2 Absatz 3 a. a. O.) haben.

3. Diejenigen Ausländer,
   a) welche in Preußen einen Wohnsitz haben;
   b) welche sich daselbst des Erwerbes wegen aufhalten;
   c) welche sich daselbst, sofern die Voraussetzungen zu a und b nicht zutreffen, ununterbrochen länger als ein Jahr aufhalten, sei es an demselben Orte, sei es hintereinander an verschiedenen Orten.[1])

Durch eine nur vorübergehende Abwesenheit wird die einmal begründete Steuerpflicht des Ausländers nicht aufgehoben.

---

1 a) Finz.-Minist.-Erlaß v. 5. April 1862 — III. 6955 —. Auszug.

In Erwiderung auf den Bericht ꝛc. über die Beschwerde des N. zu W. wegen seiner Heranziehung zur klassifizirten Einkommensteuer wird der Ansicht der Kgl. Regierung dahin beigetreten, daß solche preußische Unterthanen, welche nach §. 20 des Ges. v. 31. Dezbr. 1842 (jetzt §. 13 u. f. des Ges. v. 1. Juni 1870. B.G Bl. S. 355) auf Grund einer Entlassungsurkunde die Eigenschaft als Preuße verloren haben, nach Aushändigung der Urkunde in Gemäßheit des §. 18 des Ges. v. 1. Mai 1851 zur Fortentrichtung der klassifizirten Einkommensteuer so lange verpflichtet bleiben, als sie für ihre Person ihren Aufenthalt in dem preußischen Staate fortsetzen, indem bei Berechnung der mehr als einjährigen Dauer ihres Aufenthalts im Inlande die Zeit, welche sie vor Empfang der Entlassungsurkunde noch als preußische Staatsangehörige in der Monarchie zugebracht haben, mit in Ansatz gebracht werden muß. Dagegen ist es in Bezug auf die Feststellung des Zeitpunktes, bis wohin die Verpflichtung solcher Ausländer zur Fortentrichtung der klassifizirten Einkommensteuer besteht, ohne Einfluß, ob sie, während sie für ihre Person die diesseitigen Staaten verlassen haben, ihren Hausstand in Preußen einstweilen noch fortführen lassen, da der Aufenthalt (im Sinne des §. 18 des Ges. v. 1. Mai 1551) in der persönlichen Anwesenheit als Regel besteht, und Umstände, wie die Fortführung der Wirthschaft u. s. f., nur so weit in Betracht kommen, als sie mit anderweiten Thatsachen, z. B. mit der wirklichen Abwesenheit des Ausländers in Verbindung mit der Erklärung, daß er seinen eigentlichen Wohnsitz im Auslande habe, nicht im Widerspruch stehen.

Hiernach kommt es auch in Beziehung auf die Beschwerde des N. lediglich darauf an, wie lange derselbe sich nach Aushändigung des Auswanderungskonsens noch im preußischen Staate

Artikel 2.

Beschränkte Steuerpflicht.

(§. 2 Absatz 1 des Gesetzes.)

Personen, auf welche die Voraussetzungen der allgemeinen Steuerpflicht (Artikel 1) nicht zutreffen, unterliegen ohne Rücksicht auf Staatsangehörigkeit, Wohnsitz oder Aufenthalt der Einkommensteuer nur mit dem Einkommen

a) aus den von der preußischen Staatskasse[5]) gezahlten Besoldungen, Pensionen und Wartegeldern;

b) aus preußischem Grundbesitz;

c) aus preußischen Gewerbe- oder Handelsanlagen oder sonstigen gewerblichen Betriebsstätten. Als solche gelten nicht nur die dem Gewerbebetriebe dienenden, sichtbaren Anstalten, wie Zweigniederlassungen, Speicher, Waarenlager, Verkaufsstellen, Komtoire, sondern es genügt die Ausübung des stehenden Gewerbebetriebes in Preußen durch *ständig* zu diesem Zwecke sich daselbst aufhaltende Geschäftstheilnehmer, Prokuristen, Agenten oder andere ständige Vertreter.

Die *persönliche* Steuerpflicht der vorbenannten Personen richtet sich nach den Vorschriften des Artikels 1.

Vorbemerkung zum zweiten und dritten Abschnitt.

Die nachfolgenden Bestimmungen verfolgen nicht den Zweck, erschöpfende Auskunft auf alle bei Anwendung des Gesetzes in besonderen Fällen entstehenden Fragen zu ertheilen, sondern enthalten nur die für die Berechnung und Schätzung des steuerpflichtigen Einkommens leitenden Grundsätze, welche von den Steuerpflichtigen bei Abgabe der Steuererklärungen, von den zuständigen Kommissionen bei der Voreinschätzung, Veranlagung, sowie bei der Entscheidung der Rechtsmittel zu beobachten, und von den Vorsitzenden der Kommissionen bei eigener Verantwortung zur Geltung zu bringen sind.

Minist.-Anm. 5. Die auf Rechnung der *Reichskasse* oder der Kassen von kommunalen oder anderen öffentlichen Verbänden gezahlten Bezüge fallen unter diese Vorschrift nicht.

---

aufgehalten hat, und bleibt er bis zum Ablauf des Monats, in welchem er den diesseitigen Staat verlassen hat, zur Entrichtung der klassifizirten Einkommensteuer verpflichtet.

Demgemäß ist der Zeitpunkt der wirklichen Abreise des N. ins Ausland näher festzustellen und alsdann die Einkommensteuer desselben von dem ersten Tage desjenigen Monats an in Abgang, beziehungsweise zur Restitution bringen zu lassen, welcher auf den Monat folgt, in welchem er den preußischen Staat verlassen hat.

1b) Finz.-Minist.-Erlaß v. 25. Mai 1852 — III. 12344 —. Auszug.

Sie haben, wie Ihnen auf die Vorstellung vom 31. März d. J. eröffnet wird, zur Klassensteuer veranlagt werden müssen, weil Sie Ihrem Ehemanne ungeachtet des erhaltenen Auswanderungskonsenses nicht nach Amerika gefolgt sind, sondern mit Ihren Kindern fortwährend Ihren Wohnsitz in Elberfeld behalten haben. Zwar haben Sie verschiedene Reisen nach Belgien, Frankreich und England gemacht, sind von solchen aber immer nach kurzer Zeit wieder nach Elberfeld zurückgekehrt, und es können jene Reisen nicht als eine beabsichtigte Wohnungsveränderung betrachtet werden.

Zweiter Abschnitt.

Das Einkommen der physischen Personen.

A. Allgemeine Grundsätze.

Artikel 3.

Das steuerpflichtige Einkommen.
(§§. 6 bis 8 des Gesetzes.)

I. Als steuerpflichtiges Einkommen des einzelnen Steuerpflichtigen gelten dessen gesamte Jahreseinkünfte in Geld und Geldeswerth einschließlich des Miethswerthes der Wohnung im eigenen Hause oder der ihm zustehenden freien Wohnung, sowie des Werthes der im Haushalte verbrauchten Erzeugnisse der eigenen Wirthschaft und des eigenen Gewerbebetriebes, abzüglich der im Artikel 4 zu I. Nr. 1 bis 4 bezeichneten Ausgaben und Lasten.

II. Von der Besteuerung sind jedoch ausgeschlossen und daher bei der Einkommensberechnung stets außer Ansatz zu lassen:

1. Das Einkommen
   a) aus den in anderen deutschen Bundesstaaten oder in einem deutschen Schutzgebiete belegenen Grundstücken,
   b) aus den daselbst betriebenen Gewerben (vergl. Artikel 17),
   c) aus Besoldungen, Pensionen und Wartegeldern, welche deutsche Militärpersonen und Civilbeamte, sowie deren Hinterbliebene aus der Kasse[6]) eines anderen Bundesstaates beziehen (§. 4 des Gesetzes vom 13. Mai 1870, Bundesgesetzbl. S. 119);
2. das Einkommen der nach Artikel 1 Nr. 3 steuerpflichtigen Ausländer aus ausländischem Grundbesitz oder Gewerbebetrieb, sofern dieselben nicht des Erwerbes wegen in Preußen wohnen oder sich aufhalten; auf Inländer erstreckt sich diese Befreiung nicht;
3. das Militäreinkommen der Personen des Unteroffizier-[7]) und Gemeinenstandes einschließlich des Diensteinkommens der Wachtmeister und Mannschaften der Landgendarmerie, sowie während der Zugehörigkeit zu einem in der Kriegsformation befindlichen Theile des Heeres oder der Marine das Militäreinkommen aller Angehörigen des aktiven Heeres und der aktiven Marine;
4. der das persönliche pensionsberechtigende Gehalt übersteigende Theil des dienstlichen Einkommens derjenigen Staats- und Reichsbeamten und Offiziere,

---

Minist.-Anm. 6. Vergl. Anm. 5 zu Art. 2.

Minist.-Anm. 7. Zu demselben gehören insbesondere auch die Feldwebel und Feldjäger (nicht aber auch die Oberjäger und die Feldjäger im Dienst des reitenden Feldjägerkorps), sowie alle diejenigen Militärpersonen, welche ihrem Range nach den Unteroffiziren gleichstehen, wie Roßärzte, Unterroßärzte (nicht auch Korpsroßärzte und Oberroßärzte), Büchsenmacher und Sattler bei den Truppen, Festungsbauschreiber, Wallmeister, Lazarettaufseher, Kadettenhausverwalter.

welche ihren dienstlichen Wohnsitz im Auslande haben. Sofern dieselben im Auslande zu entsprechenden direkten Staatssteuern herangezogen werden, bleibt auch das persönliche pensionsberechtigende Gehalt frei (vergl. Artikel 1 Nr. 1c);

5. die auf Grund gesetzlicher Vorschrift den Kriegsinvaliden gewährten Pensionserhöhungen und Verstümmelungszulagen,[8]) sowie die mit Kriegsdekorationen verbundenen Ehrensolde.[9])[1])

III. Außerordentliche Einnahmen aus Erbschaften, Schenkungen, Lebensversicherungen, aus dem nicht gewerbsmäßig oder zu Spekulationszwecken (vergl. Artikel 9) unternommenen Verkauf von Grundstücken und ähnliche Erwerbungen gelten nicht als steuerpflichtiges Einkommen, sondern als Vermehrung des Stammvermögens und kommen ebenso wie Verminderungen des Stammvermögens nur insofern in Betracht, als die Erträge des letzteren dadurch vermehrt oder vermindert werden.

Minist.-Anm. 8. Nicht auch die sonstigen Pensionsbeträge.

Es kommen zur Zeit in Betracht:

a) die preußischen Gesetze.
v. 6. Juli 1865, G.S. S. 777,
v. 16. Oktbr. 1866, G.S. S. 647,
v. 9. Febr. 1867, G.S. S. 217;

b) die Reichsgesetze
v. 27. Juni 1871 (§§. 12. 13. 48. 56. 71. 72. 90) R.G.Bl. S. 275,
v. 4. Apr. 1874, R.G.Bl. S. 25.

Minist.-Anm. 9. Zur Zeit fallen nur die mit dem Besitze des eisernen Kreuzes verbundenen Ehrensolde unter diese Bestimmung.

---

1) Einen Ehrensold erhalten gegenwärtig nur noch einzelne Veteranen aus den Jahren 1813 bis 1815, welche sich im Besitz des Eisernen Kreuzes befinden. In dieser Beziehung bestimmt das Gesetz, betreffend die Erweiterung der Senioren-Stiftung für die Inhaber des Eisernen Kreuzes v. 3. Aug. 1841, die Erhöhung der Pensionen der Militär-Invaliden und die Verstärkung der Unterstützungsfonds für hilfsbedürftige Veteranen aus den Feldzügen von 1813 bis 1815. V. 10. März 1863 (G.S. S. 101.):

§. 1. Den sämmtlichen Inhabern des Eisernen Kreuzes am schwarzen wie am weißen Bande, welche dasselbe in den Jahren 1813, 1814 und 1815 und durch namentliche Bestimmung nachträglich erhalten haben, sind fortan, und zwar:

den Inhabern des Eisernen Kreuzes erster Klasse je Einhundert und fünfzig Thaler, und den Inhabern des Eisernen Kreuzes zweiter Klasse je fünfzig Thaler,

vom 1. Januar c. ab jährlich als Ehrensold auf Lebenszeit nach den Bestimmungen der Stiftungs-Urkunde v. 3. Aug. 1841, unter Ausdehnung derselben auf die Inhaber des Eisernen Kreuzes am weißen Bande, aus der Staatskasse zu zahlen.

Insoweit diese Zahlungen zur Erledigung kommen, gehen dieselben sofort auf die Inhaber des Eisernen Kreuzes, welche nach dem Jahre 1815 durch Vererbung in den Besitz desselben gelangt sind, nach Maßgabe der Stiftungs-Urkunde über.

Artikel 4.

Abzüge.

(§. 9 des Gesetzes.)

I. Von den Jahreseinkünften (Artikel 3 I.) sind in Abzug zu bringen:

1. die zur Erwerbung, Sicherung und Erhaltung des Einkommens verwendeten Ausgaben,[10]) einschließlich der Deich- und Siellasten;[1])
2. die Staats-[2])Grund-, Gebäude-, Gewerbesteuer, die staatlichen Bergwerksabgaben, sowie solche indirekte Abgaben jeder Art, welche zu den Geschäftsunkosten zu rechnen sind;
3. die regelmäßigen jährlichen Absetzungen für Abnutzung von Gebäuden, Maschinen, Betriebsgeräthschaften u. s. w., soweit solche nicht bereits unter den Betriebsausgaben verrechnet sind;
4. die folgenden Ausgaben, welche jedoch in der Steuererklärung besonders angegeben werden müssen:
   a) die vom Steuerpflichtigen zu zahlenden Schuldenzinsen und Renten (vergl. Artikel 24);
   b) die auf besonderen Rechtstiteln (Vertrag, Verschreibung, letztwilliger

---

Minist.-Anm. 10. Welche Ausgaben hierher gehören, ist unten bei den einzelnen Einkommensarten angegeben.

Diejenigen Inhaber des Eisernen Kreuzes, welche des Ehrensoldes nicht bedürfen und auf denselben verzichten, werden zu Ehren-Senioren ernannt werden.

Die Urkunde über die Erneuerung des Eisernen Kreuzes v. 19, Juli 1870 (G.S. S. 437) bestimmte:

 ꝛc.

5) Alle Vorzüge, die bisher mit dem Besitz des Militär-Ehrenzeichens erster und zweiter Klasse verbunden waren, gehen, vorbehaltlich der verfassungsmäßigen Regelung einer Ehrenzulage, auf das Eiserne Kreuz erster und zweiter Klasse über.

Dieser Vorbehalt ist bis jetzt nicht zur Ausführung gelangt. Die Besitzer des Eisernen Kreuzes aus den Jahren 1870/71 genießen also nach dem vorliegenden Einkommensteuergesetze keinerlei Bevorzugung. Ob ihnen die Gemeinden bei Ausführung des §. 74 dieses Gesetzes eine solche zu Theil werden lassen, wird von dem Ortsstatut abhängen.

(Zu Art. 4.) 1 a) In der Sitzung des Hauses der Abgeordneten v. 14. Februar 1891 (Sten.-Ber. S. 823) äußerte der Herr Regierungsvertreter:

„Soweit es sich um die von dem Herrn Vorredner berührten Deichlasten handelt, kann ich ohne Weiteres seine Auffassung als eine von der Staatsregiernng getheilte bestätigen, daß die Deichlasten im Sinne der Nr. I zu den zur Sicherung und Erhaltung des Einkommens zu verwendenden Ausgaben gerechnet werden müssen und daher in vollem Betrage abgezogen werden dürfen.

Was die Entwässerungskosten betrifft, die hier angeführt sind, so läßt sich das nicht ohne jede Einschränkung anerkennen, weil allerdings Fälle denkbar sind, daß sich Entwässerungsverbände gebildet haben, die wesentlich Meliorationszwecke verfolgen, großartige Meliorationszwecke, die an und für sich mit der Erhaltung des Einkommens nicht in direktem Zusammenhang stehen. Das würde also allerdings der Prüfung in jedem einzelnen Falle vorbehalten bleiben müssen, ob die Entwässerungskosten hierunter fallen oder nicht.“

1 b) Siehe auch Art. 11 Nr. II. 8 dieser Anweisung.

Verfügung) beruhenden dauernden Lasten, z. B. Altentheile (vergl. auch Artikel 23 Nr. 2. 3.);[3])

c) die von den Steuerpflichtigen für ihre Person gesetz- oder vertragsmäßig zu entrichtenden Beiträge zu Kranken-, Unfall-, Alters- und Invalidenversicherungs-, Wittwen-, Waisen- und Pensionskassen (Artikel 25 Nr. 1);

d) Versicherungsprämien, welche für Versicherung des Steuerpflichtigen auf den Todes-[4]) oder Erlebensfall gezahlt werden, soweit dieselben den Betrag von 600 Mark jährlich nicht übersteigen (Artikel 25 Nr. 2).

II. Nicht abzugsfähig sind dagegen insbesondere:

1. Verwendungen zur Verbesserung und Vermehrung des Vermögens, zu Geschäftserweiterungen, Kapitalanlagen oder Kapitalabtragungen, welche nicht lediglich als durch eine gute Wirthschaft gebotene und aus den Betriebseinnahmen zu deckende Ausgaben anzusehen sind;

2. die zur Bestreitung des Haushalts der Steuerpflichtigen und zum Unterhalte ihrer Angehörigen gemachten Ausgaben, einschließlich des Geld-

---

2a) Finz.-Minist.-Erlaß v. 16. Juni 1866 — III. 12547 —. Auszug.

.... Und wo das Gesetz bestimmt disponirt, darf der Willkür nicht Raum gegeben werden. Demnach dürfen hohe Kommunal-, Kreis- oder Provinzialsteuern keinen Grund abgeben, in einzelnen Bezirken die Einkommensteuerpflichtigen niedriger, als das Gesetz es verlangt, zu besteuern. Indem ich dieserhalb auf die Verfügung v. 29. Novbr. 1853 verweise, mache ich noch darauf aufmerksam, daß die Steuerpflichtigen einer Gemeinde, welche eine hohe Kommunalsteuer aufbringen und welche nur in soweit erhoben werden darf, als die Gemeindeangehörigen zu deren Aufbringung die erforderlichen Kräfte und Mittel besitzen, deshalb bei der Staatssteuer nicht geschont werden können den Steuerpflichtigen ärmeren Gemeinden gegenüber, welche außer Stande sind, Ausgaben, welche sie für den Gemeindehaushalt leisten möchten, durch entsprechende Gemeindesteuern zu decken; es würde sonst die Gleichmäßigkeit in der Besteuerung beseitigt sein.

2b) Finz.-Minist.-Erlaß v. 24. März 1853 — III. 6965 —.

Die Höhe der Kommunalsteuer kann eine Ermäßigung der nach den gesetzlichen Vorschriften aufzubringenden Klassensteuer nicht begründen. Die Steuerpflichtigen einer Gemeinde, welche eine hohe Kommunalsteuer aufbringen und welche nur in soweit erhoben werden darf, als die Gemeindeangehörigen zu deren Aufbringung die erforderlichen Kräfte und Mittel besitzen, können deshalb bei der Klassensteuer nicht geschont werden den Steuerpflichtigen ärmerer Gemeinden gegenüber, welche außer Stande sind, Ausgaben, welche sie für den Gemeindehaushalt leisten möchten, durch entsprechende Gemeindesteuern zu decken.

3) Ob dieser Rechtstitel dem privaten oder öffentlichen Recht angehört, ist gleichgültig, daher gehören neben Leibgedingen, Renten, welche ein Bergbautreibender an den Eigenthümer des Feldes als Entgelt für die Förderung zu zahlen hat, u. A., auch hierher die auf Grundstücken lastenden Servituten und Reallasten, sowie Patronatslasten. Entsch. d. Ob.-Verw.-Ger. v. 23. Juni 1877 (Band II, S. 69).

4) Finz.-Minist.-Erlaß v. 13. Novbr. 1891 — II. 14274 —.

An den Vorstand des Deutschen Privatbeamten-Vereins zu M.

Den Ausführungen des Vorstandes in der Eingabe vom ꝛc. trete ich darin bei, daß der Einkauf in sog. Sterbe- oder Begräbnißkassen dem Abschluß einer Versicherung auf den Todesfall im Sinne des §. 9 Nr. 7 des Einkommensteuergesetzes v. 24. Juni d. J. gleich zu achten ist,

werthes der zu diesen Zwecken verbrauchten Erzeugnisse und Waaren des eigenen landwirthschaftlichen oder gewerblichen Betriebes;

3. Vermögens- und Kapitalverluste;[5])

4. die nicht auf Grund einer durch besonderen Rechtstitel (Vertrag, Verschreibung, letztwillige Verfügung) begründeten Verpflichtung, wenn auch fortlaufend geleisteten Unterstützungen an andere Personen (vergl. Artikel 23 Nr. 2. 3);

5. die Staatseinkommensteuer, sowie die Abgaben an kommunale und andere öffentliche Verbände, soweit darunter nicht Deich- und Siellasten (vergl. I. Nr. 1) einbegriffen sind, oder dieselben nicht zu den zu den Geschäftsunkosten zu rechnenden indirekten Abgaben gehören (vergl. I. Nr. 2).

---

insofern sich nicht gegen diese Rechtsauffassung aus den Statuten oder der Einrichtung einer solchen Anstalt im einzelnen Falle Bedenken ergeben.

Mit diesem Vorbehalte sind bei der Einkommensteuerveranlagung die Beiträge, welche ein Steuerpflichtiger für die Versicherung eines nach seinem Tode zahlbaren Begräbniß- oder Sterbekassengeldes an eine derartige Kasse zu entrichten hat, unter denselben Voraussetzungen wie andere Lebensversicherungsprämien von dem Gesammteinkommen gemäß §. 9 Nr. 7 des Einkommensteuergesetzes und Art. 25 Nr. 2 der Ausführungsanweisung v. 5. Aug. d. J. in Abzug zu bringen.

Die Veranlagungsbehörden sind mit entsprechender Anweisung versehen.

Abschrift erhalten Ew. 2c. zur Kenntnißnahme und Beachtung und mit der Veranlassung, die Vorsitzenden der Veranlagungskommissionen Ihres Amtsbezirkes mit entsprechender Anweisung zu versehen.

Sofern sich im einzelnen Falle gegen die Abzugsfähigkeit der bezeichneten Kassenbeiträge Zweifel ergeben, ist darüber unter Vorlage der Statuten der betreffenden Sterbe- oder Begräbnißkasse hierher zu berichten.

5) In Betreff des Begriffes: Kapitalverlust ist der folgende Auszug aus dem Endurtheil des II. Senats des Ob.-Verw.-Ger. v. 25. März 1887. Rep. II. C. 15/87 (Entscheidungen Band 14, S. 133) von Wichtigkeit:

„Als begründet dagegen muß das eingelegte Rechtsmittel in Beziehung auf die sogenannten Kapitalsverluste angesehen werden. Die hierauf bezüglichen Erwägungen des Vorderrichters sind rechtsirrig; sie beruhen auf einer Verkennung des Wesens der in einem Gewerbebetriebe, insbesondere in dem Betriebe einer Bank vorkommenden Geschäfte und der sich daraus ergebenden Art und Weise, wie der Gewinn eines Gewerbetriebes zu berechnen ist. Rechtlich betrachtet, hat die klagende Bank, als sie die demnächst verloren gegangenen Beträge im Kontokurrent- und Wechselgeschäfte vorausgabte, ihren Geschäftskunden Darlehne gegeben. Ohne Zweifel hat sie dazu einen Theil ihres Kapitals verwandt; die Bank kann aber überhaupt, wenn sie ihre Gelder zum Geschäftsbetriebe benutzt, niemals etwas Anderes, als ihr Kapital, verwenden; sie besitzt eben nur ihr Kapital, mag dies nun aus dem ursprünglichen Grundkapitale oder dem im Laufe der Jahre gewonnenen und im Reservefonds oder sonstwie zurückgelegten Kapitale bestehen; es ist nicht abzusehen, woher sie die erforderlichen Mittel zur Führung ihres Betriebes sonst entnehmen sollte. In dieser Hinsicht unterscheidet sie sich übrigens nicht von anderen Gewerbetreibenden; jeder Gewerbetreibende macht seine Geschäfte lediglich unter Verausgabung seines für das Gewerbe bestimmten Betriebskapitales; jedes Geschäft, welches zu seiner Durchführung eine Geldzahlung, sei es in baar, sei es auf anderem Wege, nöthig macht, schließt nothwendig eine Kapitalsaufwendung in sich; ob die betreffenden Ausgaben sich auf größere Summen, die auch der gewöhnlichen Anschauung des Lebens sofort als Kapital erscheinen, belaufen, oder sich innerhalb ganz enger Grenzen halten, begründet dabei keinen Unterschied. Der Krämer, welcher einen

Theil seiner demnächst im Kleinhandel abzusetzenden Waare für 50 Mark kauft, legt dabei nicht minder sein Kapital an, wie die Bank, wenn sie einen Wechsel von 10000 Mark diskontirt, oder der Getreidehändler, wenn er über einen Posten Weizen zum Preise von 200000 Mark abschließt. Es bedarf nun aber keiner Ausführung, daß Verluste, welche bei derartigen, den Gewerbebetrieb selbst darstellenden und ausmachenden Geschäften eintreten, behufs Ermittelung des Gewerbegewinnes von den Einnahmen des Gewerbetreibenden abgesetzt werden müssen. Anderenfalls dürften nicht blos Verluste des einen Jahres, die sich nur auf solche Weise ergeben, nicht gegen den Gewinn der anderen Jahre aufgerechnet werden — was doch völlig außer Zweifel steht (vergl. Ministerial-Erlaß v. 12. Oktbr. 1852 — III. 23499 — abgedr. als Anm. 1a auf S. 131; Entscheidungen des Ob.-Verw.-Ger., Band IV, S. 22 ff.) sondern es müßte auch — wie die Klägerin zutreffend hervorhebt — bei jedem einzelnen, innerhalb der drei Durchschnittsjahre vorgekommenen Geschäfte untersucht werden, ob dasselbe Gewinn oder Verluste gebracht habe, und es wäre im letzteren Falle der Verlust unbeachtet zu lassen, so daß schließlich das steuerpflichtige Einkommen sich lediglich aus den Ergebnissen der einzelnen, mit Gewinn durchgeführten Geschäfte zusammensetzte, die durch andere Geschäfte verursachten Verluste dagegen ganz unberücksichtigt blieben. Schon hieraus erhellt, wie wenig es zulässig ist, einen Gewerbetreibenden mit den sonstigen Steuerpflichtigen auf eine Linie zu stellen; an einem Beispiele mag das noch näher erläutert werden. Ein Kapitalist, der sein Vermögen in Hypotheken anlegt, giebt ebenso, wie die Bank im Kontokurrent- und Wechselgeschäfte, Darlehne aus dem Kapitale; geht das Geld verloren, so entsteht bei Beiden ein Kapitalsverlust, die Wirkung für die Berechnung des steuerpflichtigen Einkommens ist aber eine grundsätzlich verschiedene. Der Kapitalist hat nach dem Gesetze seine Zinseinnahmen, der Gewerbetreibende seinen Gewerbegewinn zu versteuern; der Erstere kann deshalb von den bezogenen Zinsen den Betrag des verlorenen Kapitals nicht abziehen; der Letztere dagegen erzielt einen Gewinn aus dem Geschäfte nur, wenn er sein Kapital mit Zinsen und Provision wieder erhält, anderenfalls erleidet er einen Schaden, der jedem anderen Geschäftsverluste gleichsteht. Diese durch das Wesen der Sache gebotene abweichende Behandlung mag mit dem vom Vorderrichter seiner Entscheidung zu Grunde gelegten, oben wiedergegebenen Satze der Ministerial-Instruktion v. 3. Januar 1877 auf den ersten Blick nicht verträglich erscheinen, da es dort an einer Erläuterung des Ausdruckes: „Kapitalverluste" fehlt, und der Hinweis auf die Nichtabzugsfähigkeit der Vermögensverluste bei anderen Steuerpflichtigen nicht von vornherein jede Mißdeutung ausschließt. Indeß kann nicht füglich angenommen werden, daß in der Instruktion von einer Anschauung ausgegangen sein sollte, deren Unrichtigkeit soeben nachgewiesen ist und sich bei einer näheren Betrachtung der Natur des Gewerbebetriebes von selbst aufdrängen muß. Soweit hier Entscheidungen der Ressortminister bekannt geworden sind, stehen sie denn auch der diesseits vertretenen Auffassung keineswegs entgegen. Feste Kapitalanlagen zur Erweiterung des Geschäfts oder zu Verbesserungen aller Art dürfen nach dem Wortlaute des Gesetzes nicht abgerechnet werden; das in dieselbe gesteckte Kapital hat auch nicht von vornherein die Bestimmung, schon durch seine Verwendung vollständig verbraucht zu werden. Zu solchen, vom Gesetz gemeinten Kapitalanlagen gehören aber die hier in Frage stehenden Kapitalsaufwendungen zweifellos nicht; sie stellen vielmehr nur eine Verwendung des in der Sprache der Volkswirthschaftslehrer als „umlaufendes oder flüssiges Betriebskapital" bezeichneten Kapitals dar, d. h. eines Kapitals, welches begriffsmäßig bei dem Betriebe mit seiner Nutzung und dem ganzen Kapitalstocke verbraucht wird, während das dazu in Gegensatz gestellte „feste oder stehende Betriebskapital" nur mit seiner Nutzung und einem der Regel nach verhältnißmäßig geringfügigen Theile des Kapitalstockes, der sog. Amortisationsquote, verwendet wird (vgl. Schönberg, Handbuch der politischen Oekonomie, S. 176, 177). — Sollte übrigens, wie schließlich bemerkt werden mag, der §. 17 Abs. 2 der Ministerial-Anweisung mit dieser Auffassung gleichwohl nicht völlig übereinstimmen, so würde ihm in soweit eine verbindliche Kraft nicht beiwohnen; nach §. 3 Abs. 1 des Ges. v. 27. Juli 1885 ist zwar „nach den für die Einschätzung der Staatseinkommensteuer geltenden Grundsätzen" zu verfahren — eine Fassung, welche von dem Wortlaute des §. 15 der

Artikel 5.

Berechnungsart.

(§. 10 des Gesetzes.)

Maßgebend für die Berechnung des Einkommens ist der Bestand der einzelnen Quellen desselben zur Zeit der Veranlagung (Steuererklärung). Im übrigen ist zu unterscheiden:

1. Feststehende Einnahmen — z. B. Löhne, Besoldungen, welche nach Tages-, Wochen-, Monats-, Jahressätzen bedungen sind, die in bestimmter Höhe zugesicherten Zinsen — sind nach ihrem zur Zeit der Veranlagung (Steuererklärung) bekannten Betrage für dasjenige Steuerjahr zu berechnen, für welches die Veranlagung erfolgt. Treten nach geschehener Veranlagung bis zum Beginne (1. April) des Steuerjahres Aenderungen in dem vorausgesetzten Stande der Einnahme ein, so können dieselben im Wege der Rechtsmittel geltend gemacht werden.

2. Ihrem Betrage nach unbestimmte oder schwankende Einnahmen, wie Dividenden von Aktien, Erträge aus dem Betriebe von Landwirthschaft, Handel oder Gewerbe, Einnahmen aus Tantièmen, Gebühren u. s. w. sind nach dem Durchschnitt der drei der Veranlagung unmittelbar vorangegangenen Jahre — jedoch bei der Veranlagung für das Steuerjahr 1892/93 nach dem Durchschnitte zweier Jahre — zu berechnen; wenn aber diese Einnahmen noch nicht so lange bestehen, so sind sie nach dem Durchschnitte des Zeitraumes ihres Bestehens, nöthigenfalls nach dem muthmaßlichen Jahresertrage in Ansatz zu bringen.

Der für die Berechnung des Durchschnittes maßgebende Zeitabschnitt richtet sich bei jedem einzelnen Steuerpflichtigen nach dem von diesem angenommenen Betriebs- oder Wirthschaftsjahre, auch wenn dasselbe weder mit dem Kalenderjahre, noch mit dem Steuerjahre zusammenfällt. Insofern nicht für die Bemessung des Durchschnittes ein anderes Betriebs- oder Wirthschaftsjahr des Steuerpflichtigen besteht, ist das Kalenderjahr maßgebend. Als das der Ver-

---

Kreisordnung v. 13. Dezbr. 1872 und der demselben nachgebildeten gleichlautenden Bestimmungen in den später ergangenen Kreisordnungen insofern abweicht, als die Kreisordnungen auf die „für die Veranlagung dieser Staatssteuern bestehenden gesetzlichen Vorschriften" verweisen; allein unter jenen „Grundsätzen" können keinenfalls auch Vorschriften, welche mit dem Gesetz nicht im Einklange stehen, verstanden werden, so daß Seitens der Verwaltungsgerichte auch gegenüber den in der Ministerial-Anweisung enthaltenen Normen immer zu prüfen bleibt, ob sie dem Gesetz entsprechen, bei einem etwaigen Widerspruche zwischen Anweisung und Gesetz aber lediglich auf letzteres zurückzugehen sein würde.

Ist hiernach die Abzugsfähigkeit der von der Klägerin in Rechnung gestellten Verluste an sich nicht zu bezweifeln, so kann dem vom Vorderrichter besonders betonten Umstande, daß sie in Folge von Konkursen und Wechselfälschung eingetreten sind, eine Bedeutung nicht weiter beigelegt werden. Hierdurch ändert sich an ihrem Charakter nichts; wenn ein von der Bank gegebenes Darlehen wegen Unvermögen des Schuldners nicht wieder einzuziehen ist, so trägt es nichts aus, ob das Unvermögen im Wege des Konkurses oder ohne ein derartiges Verfahren festgestellt wird, ebenso bleibt es einflußlos, daß die Bank ein Darlehen auf einen werthlosen Wechsel gegeben hat und aus dieser Ursache auf die Wiedererlangung ihres Geldes verzichten muß.

anlagung unmittelbar vorangegangene Wirthschaftsjahr gilt das letzte, dessen Ergebnisse zur Zeit der Veranlagung (Steuererklärung) festgestellt werden können.

Ein Landwirth, welcher sein Wirthschaftsjahr mit dem 1. Juli beginnt, hat hiernach den Durchschnitt bei Abgabe der Steuererklärung im Januar 1892 ausnahmsweise nur nach den beiden Wirthschaftsjahren vom 1. Juli 1889 bis zum 30. Juni 1891, bei Abgabe der Steuererklärung im Januar 1893 nach den drei Wirthschaftsjahren vom 1. Juli 1889 bis zum 30. Juni 1892 zu berechnen u. s. w.

Die bei der Ziehung des Durchschnittes in Betracht kommenden Jahre bilden insofern eine Einheit, als der Verlust eines Jahres von dem Gewinn der anderen Jahre in Abzug gebracht wird.[11])[1])

3. Die gleichen Grundsätze (zu 1 und 2) gelten für die Berechnung der abzugsfähigen Ausgaben.

Minist.-Anm. 11. Vergl. auch Artikel 29 Nr. 1b.

1a) Finz.-Minist.-Erlaß v. 12. Oktober 1852 — III. 23 499 —.

In Bezug auf die Anfrage wegen der Vorschrift im §. 30 des Gesetzes v. 1. Mai v. J., wonach das Einkommen aus Gewerbe, Handel u. s. w. nach dem Durchschnitt der drei letzten Jahre berechnet werden soll, muß vorab daran erinnert werden, daß bei Handel- oder Gewerbetreibenden das Einkommen, welches sie aus Grundeigenthum oder Kapitalvermögen beziehen, eben so wie bei allen übrigen Steuerpflichtigen nach den Vorschriften in den §§. 28 und 29 des Gesetzes zu berechnen ist, mit der Maßgabe, daß Zinsen von Forderungen und Schulden, welche im kaufmännischen Verkehr und überhaupt im Verkehr unter Gewerbetreibenden bestehen, als Einnahmen beziehungsweise Ausgaben bei Feststellung des durch den Handels- oder Gewerbebetrieb erzielten Ertrages in Betracht kommen. Um letzteren für einen bestimmten Zeitraum zu ermitteln, muß der innerhalb desselben bei den verschiedenen Geschäften erzielte Gewinn gegen den gleichzeitig bei anderen Geschäften erlittenen Verlust balancirt werden. Behufs der Einschätzung zur klassifizirten Einkommensteuer soll nun nach der vorgedachten Bestimmung nicht das mehr oder weniger von zufälligen Umständen abhängende Ergebniß eines einzelnen Jahres, sondern vielmehr der durchschnittliche Ertrag während der drei letzten Jahre zum Grunde gelegt werden. Die Berechnung des Ertrages muß für den dreijährigen Zeitraum in derselben Weise wie für ein einzelnes Jahr in der Art stattfinden, daß die Gesammtheit der während eines solchen Zeitraumes erzielten Gewinne gegen die Gesammtheit der gleichzeitig erlittenen Verluste balancirt und aus den hieraus sich ergebenden Ertrage der Jahresdurchschnitt ermittelt wird. Sofern bei dieser Berechnung die für jedes einzelne Jahr während des dreijährigen Zeitraumes ermittelten Resultate benutzt werden, was mit Rücksicht auf die jährlichen Abschlüsse der Handelsbücher u. s. w. zweckmäßig erscheint, so muß allerdings auch hier Gewinn und Verlust gegen einander balancirt und es darf auf den Umstand, ob die Verluste zufälliger Weise in dem einen oder andereren Jahre eingetreten sind, kein Gewicht gelegt werden. Wenn in dem von Ew. 2c. beispielsweise angeführten Falle ein Gewerbe- oder Handeltreibender während des dreijährigen Zeitraums, für welchen der Gewerbs- oder Handelsgewinn zu berechnen ist, in dem ersten Jahre einen Ueberschuß von 9000 Thlrn., in dem anderen Jahre einen Ueberschuß von 15,000 Thlrn, erzielt und in dem dritten Jahre einen Ausfall von 12,000 Thlrn. erlitten hat, so hat der überhaupt von ihm während jener drei Jahre erzielte Ueberschuß 12,000 Thlr. und im Durchschnitt jährlich 4000 Thlr. betragen. Hierbei wird vorausgesetzt, daß bei der Ertragsermittelung für jedes einzelne Jahr sowohl als für alle drei Jahre zusammengenommen, Verluste nur insoweit in Betracht gezogen sind, als sie mit dem Gewerbs- oder Handelsbetrieb in Verbindung stehen und aus demselben entsprungen sind. Unter dieser Voraussetzung würde es offenbar unzulässig sein, in dem eben erwähnten Falle den Ausfall

Artikel 6.

Einkommen der Haushaltungsangehörigen.

(§. 11 des Gesetzes.)

I. Dem eigenen Einkommen des Steuerpflichtigen (Artikel 1) ist zuzurechnen das etwaige besondere Einkommen:

1. der Ehefrau und zwar ohne Rücksicht auf das zwischen den Eheleuten geltende Güterrecht, namentlich auch dann, wenn das Einkommen der Ehefrau vorbehalten oder sonst dem Nießbrauche des Mannes entzogen ist;[1])

   Nur wenn die Ehefrau dauernd von dem Ehemann getrennt lebt, ist sie auch bei bestehender Ehe selbständig zu veranlagen;

2. der Kinder, einschließlich der angenommenen, Stief- und Pflegekinder, welche von dem Familienhaupte in oder außer dem Hause Wohnung und Unterhalt empfangen.

   Dieselben sind jedoch selbständig zu veranlagen, wenn sie ein der Verfügung des Haushaltungsvorstandes nicht unterliegendes Einkommen beziehen.

   Als der Verfügung des Haushaltungsvorstandes nicht unterliegend gilt insbesondere das Einkommen:

   a) aus Gewerbetrieb, aus Arbeit oder anderer Gewinn bringender Thätigkeit außerhalb der Wirthschaft oder des Gewerbes des Haushaltungsvorstandes,

   b) aus Thätigkeit in der Wirthschaft oder dem Gewerbe des Haushaltungsvorstandes, sofern dafür Gehalt oder Lohn in barem Gelde — nicht nur ein Taschengeld — gewährt wird,

---

des dritten Jahres unberücksichtigt zu lassen und nach Bloßgabe der in den beiden anderen Jahren erzielten Ueberschüsse von zusammen 24 000 Thlrn. den Jahresdurchschnitt auf 8000 Thlr. zu berechnen. Es ist ein zufälliges Ereigniß, daß auf das eine Jahr vorzugsweise glückliche, auf das andere unglückliche Geschäfte gefallen sind. Hätten die Verluste des dritten Jahres sich im zweiten ereignet, so daß der in letzterem Jahre erzielte Ueberschuß von 15 000 Thlrn. sich auf 3000 Thlr. vermindert hätte, und hätten dagegen im dritten Jahre Verlust und Gewinn sich gegen einander ausgeglichen, so wäre in dem ersten Jahre ein Ueberschuß von 9000 Thlrn., in dem zweiten Jahre von 3000 Thlrn. erzielt, in dem dritten Jahre aber kein Betrag erlangt worden, und der Durchschnitt für den dreijährigen Zeitraum würde sich unzweifelhaft auf 4000 Thlr. berechnen. Gerade deshalb ist aber in dem Gesetze ein dreijähriger Zeitraum für die Ertragsberechnung festgesetzt worden, um die in den einzelnen Jahren eintretenden Schwankungen sich gegen einander ausgleichen zu lassen.

1b) Vergl. auch Entscheidung d. O.V.G. vom 1. Mai 1878 Bd. IV S. 25: „Eine Berechnung, welche von den drei Jahren z. B. zwei Verlustjahre ganz außer Ansatz läßt und nur den Gewinn des einzigen Gewinnjahres auf drei Jahre gleichmäßig vertheilt, ist unrichtig."

(Zu Art. 6.) 1) Auch dann, wenn die Ehefrau ein selbstständiges Gewerbe betreibt und mit ihrem Ehemanne nicht in Gütergemeinschaft lebt, ist sie nicht selbstständig zu veranlagen, sondern ihr Einkommen muß demjenigen des Ehemannes zugerechnet werden.

Siehe auch die ähnliche Bestimmung im §. 20 des Gewerbesteuergesetzes vom 24. Juni 1891. (G.S. S. 205.)

c) aus Vermögen, dessen Genuß dem Haushaltungsvorstande nicht zusteht.

Das besondere Einkommen der Kinder[2]) u. s. w. aus den vorbezeichneten Quellen (a bis c) ist dem Haushaltungsvorstande auch dann nicht anzurechnen, wenn dasselbe den Betrag von 900 Mark nicht übersteigt.

II. Geschwister, Eltern, Schwiegereltern, entferntere Verwandte und Verschwägerte, welche mit dem Steuerpflichtigen einen Hausstand bilden, werden in der Regel selbständig veranlagt.[3])

Nur wenn sie kein zur Bestreitung des nothwendigen Unterhaltes ausreichendes eigenes Einkommen, auch keinen Rechtsanspruch auf zu ihrem Unterhalte ausreichende Leistungen des Haushaltungsvorstandes haben (Auszug, Altentheil und dergl.), sondern von ihm ohne solchen Anspruch hauptsächlich unterhalten werden, und ihr etwaiges besonderes Einkommen der Verfügung des Haushaltungsvorstandes unterliegt, wird dasselbe dem Einkommen des letzteren zugerechnet.

III. Das Einkommen von Personen, welche vom Steuerpflichtigen mit Gehalt oder Lohn zu Dienstleistungen angenommen sind, sowie das Einkommen von Kostgängern, Untermiethern und Schlafstellenmiethern des Steuerpflichtigen wird dem Einkommen desselben in keinem Falle zugerechnet.

---

2) Die Frage, ob Kinder im Falle des Todes eines der Ehegatten ein besonderes Vermögen, und dadurch besonderes Einkommen erhalten oder nicht, entscheidet sich zunächst aus dem etwa hinterlassenem Testament — §. 481 Thl. II. Tit. 1 des Allg. Landrechts —, sodann aus den Statuten oder Provinzialgesetzen des letzten persönlichen Gerichtsstandes des Verstorbenen, — §. 495 a. a. O. —, endlich nach „gemeinen Rechten" — §. 500 a. a. O. —, das heißt: von dem ausgemittelten reinen Nachlaß des verstorbenen Ehegatten — §. 621 a. a. O. — erben die Kinder zusammen mit dem überlebenden Ehegatten je einen Kopftheil, der überlebende Ehegatte aber höchstens ein Viertheil — §. 623 a. a. O. —.

Bei bestandener Gütergemeinschaft der Ehegatten nimmt der überlebende Ehegatte die eine Hälfte des gemeinschaftlichen Vermögens als sein Eigenthum zurück — §. 637 a. a. O. —; die andere Hälfte erhalten die Kinder, wenn sie aus dem gemeinschaftlichen Vermögen noch nicht abgefunden sind. — §. 639 a. a. O. —.

Die „Joachimica" vom Mittwoch nach Francisci 1527, (Rabe's Sammlung Band I Abth. 1 S. 3) sagt: „Setzen und ordnen, welches von Eheleuten des andern Todt erlebet, behält nach alter Gewohnheit das halbe Guth, an liegenden Gründen, und fahrender Haabe." ꝛc.

„Das andere halb Theil sollen haben die Eheliche Leibes Erben, so die vorhanden seyn, oder so die nicht wären, die nechsten Freundre nach Kayserl. Recht, so aber kein Angesyppter Freundt da were, denn nimmbt das halbe Theil die Herrschafft."

Siehe im Uebrigen: Maerker, Nachlaßbehandlung, 12. Aufl. 1888, Berlin. v. Decker. S. 108 ff.

3) Finz.-Minist. Erlaß v. 30. März 1875 — IV. 863. — Auszug.

4. Beisammen lebende Geschwister sind regelmäßig und namentlich alsdann, wenn sie Theilhaber eines Gewerbebetriebes, Miteigenthümer des bewirthschafteten Grundbesitzes, Mitinhaber von Rentenbezügen u. dergl. sind, oder ein eigenes Einkommen aus Arbeitsverdienst oder anderer gewinnbringender Beschäftigung oder irgend einer anderen Quelle haben, gesondert zu veranlagen.

Nur ausnahmsweise, wenn Eines der Geschwister unverkennbar die Stellung des Hausherrn einnimmt und aus seinem Vermögen den Uebrigen Wohnung und Unterhalt giebt, letztere auch kein oder doch nur ein so unbedeutendes Einkommen beziehen, daß sie gleichwohl außer Stande sein würden, damit ihren Unterhalt hauptsächlich selbst zu bestreiten, darf von der

B. Besondere Bestimmungen.

Artikel 7.

Die Arten des Einkommens.

(§. 7 des Gesetzes.)

Die Berechnung, Angabe und Schätzung des Einkommens im einzelnen muß getrennt nach den Hauptquellen desselben erfolgen. Es sind zu unterscheiden die Einnahmen aus:

---

gesonderten Veranlagung der Geschwister abgesehen werden und ist das etwaige besondere Einkommen derselben alsdann dem Einkommen des Hausherrn zuzurechnen.

Nach denselben Regeln ist auch in Betreff anderer beisammen lebender entfernterer Verwandten (Oheim und Neffe u. s. w.) oder Verschwägerter zu verfahren.

5. Ob Eltern oder Schwiegereltern und verheirathete Kinder, wenn sie in einem Hauswesen zusammenleben als eine Haushaltung zu behandeln oder getrennt zu veranlagen, bestimmt sich nach den vorstehend wegen der Geschwister aufgestellten allgemeinen Gesichtspunkten. Sind die dort bezeichneten Erfordernisse einer Haushaltung — einheitliche Wirthschaftsführung für Rechnung des deutlich erkennbar hervortretenden Hausherrn und entschiedene wirthschaftliche Abhängigkeit der Glieder des Haushaltes von demselben — vorhanden, so wird die Zugehörigkeit zur Haushaltung nicht dadurch ausgeschlossen, daß die Angehörigen unter sich in zwei im rechtlichen Sinne unterschiedene Familien sich theilen.

Auch hier aber wird es in den meisten Fällen an den bezeichneten Voraussetzungen fehlen und die gesonderte Veranlagung immer zu erfolgen haben, wenn die verheiratheten Kinder (bezw. deren Ehegatten) ein zur hauptsächlich selbstständigen Bestreitung des Unterhaltes ausreichendes eigenes Einkommen haben.

6. Hinsichtlich der im verwandtschaftlichen Verhältnisse zu den Pflichtigen stehenden sogenannten Altsitzer (Auszügler, Ausgedinger, Altentheilsberechtigten 2c.) ist ebenfalls nach denselben Grundsätzen zu verfahren.

Es hat also unzweifelhaft die besondere Veranlagung des Altsitzers zu erfolgen, wenn er in selbstbeschaffter oder zu diesem Zwecke ihm eingeräumter Wohnung eine besondere Haushaltung führt, oder, zwar ohne eigene Wirthschaft in dem Hauswesen des Besitzers lebt, aber die Kosten seines Unterhaltes in der Hauptsache selbst bestreitet, sei es aus eigenem Vermögen (an Kapital, vorbehaltenem Grundbesitze 2c.) oder Erwerb, sei es aus den Prästationen, welche ihm der Besitzer vermöge des Altentheils- (Leibzucht-) Verhältnisses zu gewähren rechtlich verpflichtet ist.

Die letztere Voraussetzung wird namentlich dann als zutreffend anzunehmen sein, wenn einerseits der Auszug an und für sich kontraktlich bezw. herkömmlich dergestalt bemessen ist, daß er zum Unterhalte des Auszüglers ausreicht und andererseits dem Letzteren ein rechtlicher Anspruch auf fortdauernde Gewährung des Auszugs zusteht. Es macht dabei keinen Unterschied, ob der Auszügler nur Naturalbezüge oder daneben bezw. alternativ baares Geld zu empfangen hat, ob er die bedungenen Naturalleistungen sämmtlich einfordert, oder ausdrücklich oder stillschweigend erläßt, ob er an dem Tische des Pflichtigen gespeist wird oder nicht.

In allen diesen Fällen ist — ohne Rücksicht darauf, ob die betreffenden Leistungen im Grundbuche eingetragen sind oder nicht, — bei der Veranlagung des Pflichtigen von dem Einkommen desselben dasjenige, was er an den Altentheilsberechtigten unentgeltlich zu gewähren hat, mit dem nämlichen Betrage, als es bei der Schätzung des Einkommens des Letzteren in Anrechnung kommt, abzuziehen.

Nur wenn es an einem oder beiden Erfordernissen des vorletzten Absatzes fehlt, ist der Altsitzer als Angehöriger der Haushaltung des Pflichtigen anzusehen. In diesem Falle ist irgend welcher Abzug von dem Einkommen des Haushaltungsvorstandes wegen des zu gewährenden Altentheils unzulässig.

1. Kapitalvermögen (Artikel 8, 9),
2. Grundvermögen, Pachtungen und Miethen, einschließlich des Miethswerthes der Wohnung im eigenen Hause (Artikel 10 bis 16),
3. Handel und Gewerbe einschließlich des Bergbaues (Artikel 17 bis 20),
4. Gewinn bringender Beschäftigung, sowie aus Rechten auf periodische Hebungen und Vortheile irgend welcher Art, soweit diese Einkünfte nicht schon unter Nr. 1 bis 3 begriffen sind (Artikel 21 bis 23).

1. Einkommen aus Kapitalvermögen.

(§. 12 des Gesetzes.)

Artikel 8.

Als Einkommen aus Kapitalvermögen gelten: Zinsen,[1]) Renten und geldwerthe Vortheile aus Kapitalforderungen jeder Art,[2]) soweit solche Bezüge nicht bei Landwirthschaft-, Handel- und Gewerbetreibenden behufs Ausmittelung des steuerpflichtigen Einkommens aus Grundvermögen, Pachtungen, Handel oder Gewerbe als Theile des Geschäftsertrages in Rechnung zu bringen sind.

Das letztere trifft namentlich auf die zum Betriebskapitale eines kaufmännischen Geschäftes oder eines landwirthschaftlichen oder sonstigen gewerblichen Betriebes gehörigen Werthpapiere, sowie auf die Forderungen zu, welche im Geschäftsverkehr der Gewerbetreibenden bestehen.

Es macht keinen Unterschied, ob das Kapital, aus welchem die Einnahmen fließen, in Preußen, in einem anderen deutschen Bundesstaate, oder im Auslande angelegt ist.

---

1) Finz.-Minist.-Erlaß v. 6. April 1854 — III. 8549 —.

Die zur Entscheidung gestellte Frage, ob baare, nicht zinsbar angelegte Kapitalien ebenfalls, etwa mit Annahme von 5 Prozent Einkommen, zur Besteuerung zu ziehen seien, kann nach der Vorschrift des §. 29 des Gesetzes v. 1. Mai 1851 nur verneinend beantwortet werden, da hierin ausdrücklich bestimmt ist:

> „daß das Einkommen aus dem Kapitalvermögen in den Zinsen aller Forderungen, welche dem Steuerpflichtigen gegen Privatschuldner oder gegen den Staat u. s. w. zustehen, bestehe, sowie, daß die zugesicherten Jahreszinsen sowohl bei dem in öffentlichen Papieren, als bei dem in Privatforderungen bestehenden Kapitalvermögen das zu besteuernde Einkommen bilden; endlich, daß wenn diese Zinsen nicht regelmäßig eingehen, der für das vorhergegangene Jahr gezahlte Betrag in Anrechnung zu bringen sei",

hieraus aber folgt, daß von baaren nicht zinsbar angelegten also eine Einnahme nicht gewährenden Kapitalien eine Einnahme eben so wenig zur Versteuerung gezogen werden kann, als von demjenigen Vermögen, welches in kostbaren Mobilien, Gold- und Silbergeschirr, Juwelen u. s. w. steckt. Im Uebrigen aber wird bei dem Vorhandensein von Kapitalvermögen behufs der Veranlagung des Steuerpflichtigen immer von der Annahme auszugehen sein, daß er dasselbe auch zinsbar, event. zu dem landesüblichen Zinsfuß angelegt habe und abzuwarten sein, daß er den Einwand, das Kapital sei nicht zinsbar angelegt, im Reklamationswege geltend mache.

2a) Finz.-Minist.-Erlaß v. 12. Oktober 1855 — III. 22781 —.

Es muß, wie ich Euer ꝛc. auf den Bericht ꝛc. eröffne, der Ausführung des Vorsitzenden

Als Einkommen aus Kapitalvermögen gelten insbesondere:

a) Zinsen aus Anleihen und sonstigen verzinslichen Kapitalforderungen (öffentlichen und privaten Schuldverschreibungen, Hypotheken, Pfandbriefen, Renten-, Leibrenten- oder ähnlichen Verträgen u. s. w., ohne Unterschied, ob sie schriftlich oder mündlich abgeschlossen sind), sowie aus verzinslich gewordenen Zins- und anderen Ausständen. Zur Anrechnung gelangt der für das Steuerjahr (Artikel 5 Nr. 1) zugesicherte Jahresbetrag an Zinsen;

b) Dividenden und Zinsen, Ausbeuten und sonstige Gewinnantheile von Aktiengesellschaften,[12]) Kommanditgesellschaften auf Aktien, Gewerkschaften,[13]) Erwerbs- und Wirthschaftsgenossenschaften, und von einer stillen Gesellschaft (Artikel 250 folg. des Handelsgesetzbuchs); die Berechnung des Einkommens erfolgt für jede einzelne Kapitalanlage dieser Art nach dem Stande derselben zur Zeit der Veranlagung (Steuererklärung) und nach dem Durchschnitte der in den letzten zwei bezw. drei Jahren (Artikel 5 Nr. 2) vertheilten Dividenden u. s. w. Hat der Steuerpflichtige die Aktien u. s. w. noch nicht so lange in seinem Besitze, so ist der Durchschnitt nach der während seiner Besitzzeit vertheilten Dividende zu berechnen. Für Aktien u. s. w., welche erst nach der letzten Dividendenvertheilung vom Steuerpflichtigen erworben sind, ist der muthmaßliche Jahresertrag in Ansatz zu bringen und bei dessen Veranschlagung wesentlich Rücksicht zu nehmen auf die in den letzten zwei bezw. drei Jahren von dem betreffenden Unternehmen erzielten Erträge;

c) Zinsen, welche in unverzinslichen Kapitalforderungen, bei denen ein höheres als das ursprünglich gegebene Kapital zurückgewährt wird, einbegriffen sind.

Gemeinsam für die Einnahmen zu a bis c gilt folgendes:

Minist.-Anm. 12. Der Besitz von Aktien, Kommanditanteilen u. s. w. gilt in jedem Falle als Kapitalvermögen, der Dividendenbezug als Einkommen aus Kapitalvermögen. Die Bestimmung im Artikel 3 II Nr. 1 findet daher auf Dividenden von Aktien keine Anwendung; dieselben sind vielmehr dem steuerpflichtigen Einkommen zuzurechnen, auch wenn das betreffende Aktienunternehmen in einem anderen deutschen Bundesstaate seinen Sitz hat.

Minist.-Anm. 13. Wegen des Ertrages aus Kuxen vergl. Art. 20 Nr. 2. 3.

---

der Einschätzungskommission zu N. in der Vorlage v. 2c. dahin beigetreten werden, daß hinsichtlich der Einschätzung zur klassifizirten Einkommensteuer ein grundsätzlicher Unterschied zwischen solchem Einkommen, welches dem Steuerpflichtigen zufließt, ohne daß er zur Zeit der Veranlagung schon frei darüber disponiren kann, und solchem, bei welchem dies der Fall ist, nicht gemacht werden darf, in der fraglichen Beziehung vielmehr stets der rechtliche Besitz des Einkommens (das Eigenthum des Vermögensobjekts, aus welchem dasselbe herfließt) entscheidend sei, ohne Rücksicht darauf, ob der Steuerpflichtige zeitweise durch irgend welche Umstände an der thatsächlichen Disposition über die betreffenden Einnahmen verhindert ist. Hiernach kann es auch nur als gerechtfertigt anerkannt werden, daß dem N., welcher selbst zugestanden, daß seine Ehefrau Eigenthümerin des Nachlasses des N. auf Höhe von etwa 90,000 Thlr. geworden sei, die aus letzterem fließenden Erträge bei Feststellung der von ihm zu entrichtenden Einkommensteuer mit in Anrechnung gebracht worden sind, obwohl die Erbschaft selbst zum größtem Theil noch der Verwaltung des Stadt-

1. Naturalgefälle sind nach den ortsüblichen Preisen in Geld anzusetzen;
2. ist der Zinsfuß, zu welchem ein Kapital genutzt wird, nicht genügend bekannt, so wird bei der Veranlagung, falls nicht ein anderer Zinsfuß notorisch üblich ist, von der Annahme der Nutzung zu dem Zinsfuße von 4 Prozent ausgegangen, wobei jedoch dem Steuerpflichtigen der Nachweis einer geringeren Einnahme überlassen bleibt; derselbe Zinsfuß findet mit der gleichen Maßgabe auf die unter c erwähnten Fälle Anwendung;
3. außer Betracht bleibt, soweit es sich um Einkommen aus Kapitalvermögen handelt, die Erhöhung oder Verminderung des Kurswerthes nicht veräußerter Werthpapiere (vergl. Artikel 9 am Schluß, Artikel 17 Nr. 3).

---

gerichts unterliegt, und dem N. noch nicht ausgehändigt ist, die Einnahmen aus ersterer auch einstweilen noch zum Depositum des Gerichts eingezogen werden. Wenn dem entgegen die Bezirkskommission bei der in Betreff der Reklamation des N. getroffenen Entscheidung von der Ansicht ausgegangen ist, daß der N. nur insoweit von dem Vermächtnisse seiner Ehegattin herangezogen werden könne, als diese in den Besitz und Genuß desselben gekommen sei, mithin nur von den erhaltenen 17 000 Thlrn. und nicht auch von dem Ueberreste des Vermächtnisses, welcher in ausländischen Papieren besteht, von denen es nach dem Schreiben des Stadtgerichts v. rc. ungewiß ist, wann dieselben werden realisirt werden können, so beruht diese Entscheidung auf einer unrichtigen Auffassung der nach dem Gesetze in Betracht zu ziehenden Momente.

Wesentlich anders läge die Sache, wenn feststände, daß der zur Zeit noch unter der Verwaltung des Stadtgerichts befindliche Theil der Erbschaftsmasse jetzt gar keine Erträge gewähre, vielmehr, um ertragsfähig gemacht und demnächst zur Vertheilung gebracht zu werden, zuvor erst durch Verkauf u. s. w. der einzelnen Vermögenstheile realisirt werden müsse. Nur unter dieser Voraussetzung würde die Reklamation des N. als begründet anzuerkennen gewesen sein. Ueber diesen Punkt giebt jedoch das der Entscheidung mit zum Grunde gelegte obenerwähnte Schreiben des Stadtgerichts keine genügende Auskunft, ebensowenig, wie darüber in den Erklärungen des N. selbst eine Andeutung enthalten ist.

Behufs Veranlagung des N. für 1856 wird es daher jedenfalls noch einer näheren Feststellung dieses Punktes — durch Einsicht der Erbschafts-Regulirungsakten oder Requisition des Stadtgerichts — bedürfen.

2b) Finz.-Minist.-Erlaß v. 19. August 1853 — III. 18 179. —.

Nach Einsicht der mittelst Ew. rc. Bericht rc. eingereichten Akten pflichte ich der von dem Kurator der Freiherrlich von N'schen Majorats-Stiftung geltend gemachten Ansicht bei, daß der derzeitige Inhaber des Majorats nicht nach Maßgabe des gesammten Reinertrages des letzteren, sondern nur in Betreff des ihm nach Pos. 19 der Stiftungsurkunde zufließenden Einkommens und seines etwaigen anderweiten persönlichen Einkommens zur Einkommensteuer herangezogen werden kann. Nach §. 16 des Gesetzes v. 1. Mai 1851 unterliegen der klassifizirten Einkommensteuer nur physische, nicht juristische Personen; es ist nicht das von N.'sche Majorat als solches, sondern der derzeitige Inhaber desselben zu besteuern. Die Beträge, welche einem minderjährigen Majoratsbesitzer aus dem Majorate überwiesen werden sollen, sind unter Nr. 19 der Stiftungsurkunde genau bestimmt; die aus den Jahreseinkünften nach Abzug dieser Beträge erzielten Ersparnisse müssen zur Verbesserung und Vermehrung des Majorats verwandt werden, der minderjährige Majoratsbesitzer kann darüber auch, nachdem er das 21. Lebensjahr erreicht hat, nicht verfügen. Im Art. 20 der Stiftungsurkunde ist vielmehr bestimmt:

„Und wenn solchergestalt, nachdem der Successor das 21. Jahr erreicht und veniam aetatis erhalten, die Herren Kuratores ihre Administration niederlegen, und

Artikel 9.

Gewinn aus Spekulationsgeschäften insbesondere.

Zum Einkommen aus Kapitalvermögen gehören ferner: vereinnahmte Gewinne aus der zu Spekulationszwecken[1]) unternommenen Veräußerung von Grundstücken, Werthpapieren, Forderungen, Renten u. s. w., abzüglich etwaiger Verluste[2]) bei derartigen Geschäften. Ob einer Veräußerung Spekulationszwecke zu Grunde liegen, ist nach den begleitenden Umständen des einzelnen Falles zu beurtheilen. Die Beschaffenheit des veräußerten Werthgegenstandes, die Verhältnisse, unter welchen Erwerb und Veräußerung stattfanden, die Dauer des Besitzes und die Art der Bewirthschaftung während desselben, werden Anhaltspunkte dafür geben, ob beim Erwerbe die Absicht vornehmlich auf die mit dem Besitze verbundene laufende Nutzung, mithin auf die dauernde Anlage eines Vermögenstheiles gerichtet war, oder vielmehr auf den durch die erwartete Erhöhung des Kapitalwerthes zu erzielenden Gewinn. Nur in dem letzteren Falle kann die spätere Wiederveräußerung als die Verwirklichung eines Spekulationszweckes gelten. Ein solcher ist beispielsweise nicht schon deshalb anzunehmen, weil ein Landwirth seinen langjährig selbstbewirthschafteten Grundbesitz unter Benutzung einer günstigen Konjunktur vortheilhaft verkauft, wohl aber z. B. dann, wenn Jemand das in der Nähe einer großen Stadt im Hinblick auf deren Ausdehnung erworbene, ertraglos

---

demselben die Güter zu eigener Verwaltung und völligem Genießbrauch übergeben, soll jedesmal ein förmliches Inventarium von Neuem errichtet werden, damit der heres fideicommissarius wissen möge, was er eigentlich hiernächst seinem successori wieder abzutreten und als Majoratsgüter empfangen habe."

Die während der Minderjährigkeit bis zum erreichten 21. Lebensjahre aufkommenden Revenuen des Majorats bilden daher mit Ausnahme des durch Art. 19 ausgesetzten Antheils weder jetzt, noch künftig einen Theil des dem minderjährigen Majoratsbesitzer zufließenden Einkommens, und können mithin bei der Veranlagung des letzteren zur klassifizirten Einkommensteuer nicht berücksichtigt werden.

(Zu Art. 9.) 1) In der Sitzung des Hauses der Abgeordneten v. 13. Febr. 1891 äußerte der Herr Finanzminister:

„In jedem einzelnen Falle werden die Einschätzungskommissionen ganz genau wissen, was ist ein Spekulationsgeschäft und was nicht? Da kann man die Beispiele überall her greifen. Die Kommissionen werden z. B. ganz genau wissen, wo der Verkehr im Grundbesitz aus Spekulationszwecken betrieben wird und wo nicht. Es kann ein Verkehr im Grundbesitz durchaus den Charakter eines gewinnbringenden Geschäfts haben und ist doch keineswegs ein Spekulationsgeschäft; umgekehrt kann aber ein Verkehr im Grundbesitz gewerbsmäßig betrieben werden, nicht um den Grundbesitz zu behalten, sondern um ihn zu kaufen und verkaufen lediglich zu spekulativen Zwecken. Das werden die Kommissionen schon zu unterscheiden wissen. Ich gebe zu, daß es nicht möglich ist, hier einen so klar definirten Begriff zu geben, daß darin eine vollkommen sichere Instruktion für die Mitglieder der Einschätzungskommissionen enthalten ist; dennoch können Sie den Gewinn aus solchen spekulativen Unternehmungen nicht für steuerfrei erklären. Das würde nach meiner Meinung von den Mitgliedern der Kommission selber nicht verstanden werden.

Wir haben bis dahin immer von Grundstücken gesprochen; es kann aber ein Gleiches auch bei jedem anderen Handel vorkommen. Wenn beispielsweise ein Privatmann auf die Börse geht lediglich zu Spekulationszwecken, aber nicht regelmäßig, daraus keinen Beruf macht, dennoch aber

oder einstweilen in landwirthschaftlicher Benutzung liegende Grundstück wieder veräußert, nachdem dasselbe als Bauplatz verwerthbar geworden ist.

Eine fortgesetzte oder gewerbsmäßige Thätigkeit ist zur Feststellung des Spekulationszweckes nicht erforderlich; liegt eine solche vor, so ist der daraus erzielte Gewinn als Einkommen aus Handel und Gewerbe (Artikel 17 Nr. 3) anzusehen.

Der für das einzelne Geschäft zu berechnende Gewinn ergiebt sich aus der Gegenüberstellung einerseits des Anschaffungspreises unter Hinzurechnung der auf die Erhöhung des Kapitalwerthes, die Erhaltung und Bewirthschaftung etwa verwendeten Kosten — mit Ausschluß der Zinsen des eigenen Kapitals —, andererseits des erzielten Erlöses; von dem Gewinne sind die bei anderen derartigen Geschäften erlittenen Verluste abzurechnen. Hierbei kommen nur vereinnahmte Gewinne und ebenso nur wirkliche Verluste in Betracht, nicht aber die durch das Steigen und Fallen der Kurse oder Preise bedingten Werthveränderungen.

Im Uebrigen findet die Vorschrift Artikel 5 Nr. 2 Anwendung.

---

sich gerirt wie ein gewerbsmäßiger Effektenhändler auf der Börse, so wird man nicht zweifelhaft sein können, daß er dort Spekulationsgewinn macht, aber man wird nicht sagen können, daß er gewerbsmäßig handelt, und deshalb reicht das Wort gewerbsmäßig nicht aus, und ich meine, es ist ganz unbedenklich, in den einzelnen Fällen die Kommissionen entscheiden zu lassen.

Wenn jemand sich ein Haus baut, um darin zu wohnen, — oder es kauft —, um es zu benutzen, und es verändern sich die Verhältnisse und er entschließt sich das Haus zu verkaufen: daß das kein Spekulationsverkauf ist, darüber ist gar kein Zweifel. Aber es kann sehr wohl ein spekulatives Geschäft in Grundstücken vorliegen, ohne daß es als Ausfluß einer dauernden berufsmäßigen Thätigkeit erscheint, also die Idee der Gewerbsmäßigkeit damit verbunden werden kann. Es kann jemand eine einzige große Spekulation machen, mit dem Ankauf eines einzigen großen Grundstückes, welches er zerlegt und wieder vertheilt, Jahre lang sich damit beschäftigen, ohne daß man sagen kann: das ist ein Gewerbebetrieb; wohl aber kann man sagen: das ist Spekulationsgewinn, und ich bleibe dabei stehen: wenn Sie diese spekulativen Gewinne gänzlich frei lassen, die häufig sehr hoch sind, die häufig leicht errungen werden — was ich durchaus nicht tadeln will — so werden Sie das Gefühl der Rechtsverletzung im Volke hervorrufen."

2) In der Sitzung des Hauses der Abgeordneten v. 16. Febr. 1891 erklärte der Abgeordnete Dr. H.:

„Es ist sodann noch ein Punkt, den ich mich für verpflichtet halte, zur Sprache zu bringen; er betrifft die Nr. 3 des §. 14. Danach soll der Gewinn aus zu Spekulationszwecken abgeschlossenen Geschäften abzüglich etwaiger Verluste bei derartigen Geschäften den Steuergegenstand, den steuerpflichtigen Theil des Einkommens bilden. Meines Dafürhaltens kann darüber kein Zweifel sein, daß der hier ausgesprochene Grundsatz auf Gerechtigkeit beruht. Nun haben wir bekanntlich nach einer längeren Debatte über den §. 8 nur festgestellt, daß außerordentliche Einnahmen bei spekulativen Geschäften in Grundstücken und so weit er steuerpflichtiges Einkommen sein sollen. Wir haben aber nicht gleichzeitig den in §. 14 für kaufmännische Geschäfte ausgesprochenen Grundsatz, daß von den steuerpflichtigen Spekulationsgewinnsten die Verluste abgezogen werden dürfen, bei der Bildung des §. 8 zum Ausdruck gebracht. Ich meinestheils betrachte es als selbstverständlich, daß die Aufrechnung des Verlustes auch im Falle des §. 8 erfolgen muß. Ob es nothwendig sein wird, diesen Grundsatz auch für die Geschäfte des §. 8 expressis verbis zu sagen oder nicht, das wird wesentlich davon abhängen, ob der Herr Finanzminister geneigt ist, anzuerkennen, daß der Abzug der Verluste bei den in §. 8 behandelten Spekulationsgeschäften auch seinerseits als selbstverständlich angesehen wird. Es ist durchaus — auch von meinem Stand-

2. Einkommen aus Grundvermögen.

(§. 13 des Gesetzes.)

Artikel 10.

Das Einkommen aus Grundvermögen umfaßt die Erträge sämmtlicher Grundstücke, welche dem Steuerpflichtigen eigenthümlich gehören, oder aus denen ihm infolge von Berechtigungen irgend welcher Art, z. B. aus dem Nießbrauchsrechte, ein Einkommen zufließt.[1]).

Ausgeschlossen von der Besteuerung ist jedoch das Einkommen aus den in

---

punkte aus — ausgeschlossen, daß, wenn ein vollständiger Vermögensverlust eintritt, von einem Abzuge desselben bei der Besteuerung die Rede sein kann. Ich bitte also den Herrn Finanzminister, sich auch hierüber äußern zu wollen."

Der Herr Finanzminister erwiderte hierauf:

„Was die zweite Frage des Herrn Abgeordneten betrifft, so ist sie ebenso unbedenklich zu bejahen, aber nur innerhalb des einzelnen Steuerjahres, weil der Spekulationsgewinn sich bildet aus Gewinn und Verlust und das Resultat dieser Vergleichung zwischen Gewinn und Verlust ist eben der steuerpflichtige Gewinn. Natürlich, wenn Jemand durch Spekulation Vermögenstücke verloren hat, dann ist kein Vermögen vermindert. Der Vermögensverlust kommt ja später bei der Veranlagung der Einnahmen aus dem Vermögen zur Berücksichtigung, kann aber nicht in dem betreffenden Jahre abgezogen werden. Ich halte es nicht für nöthig, eben so wenig, wie ich den Beschluß der Kommission in §. 14 unbedingt für nöthig gehalten habe, noch ausdrücklich vorzuschreiben, daß solche eben charakterisirten Verluste vom Spekulationsvermögen abgezogen werden können. Bei der Besteuerung von Spekulationsgewinn ist ja der Grundsatz zur Anwendung zu bringen, daß das, was bei einem Kaufmann an sich zweifellos Gewinn ist, bei einem Nichtkaufmann im einzelnen Falle, wenn dieselben Voraussetzungen, wie bei einem Kaufmann vorliegen, auch als steuerpflichtiges Einkommen anzusehen ist. Wenn man einmal der Sache noch näher treten will, in welchen Fällen solcher Spekulationsgewinn steuerpflichtig sein wird, so könnte man uns sagen, wenn man sich nationalökonomisch ausdrücken will: wenn jemand einen Gegenstand kauft in der Absicht, ihn nicht als Gebrauchswerth zu behandeln, sondern als Verkaufswerth: so ist Spekulation vorhanden. Das wäre eine Art Definition für diejenigen Herren, die ja unbedingt eine Definition haben wollen.

Legen wir nun diese Definition zu Grunde, so ergiebt sich ja von selbst, daß nur dasjenige Einkommen als Spekulationsgewinn steuerpflichtig ist, welches sich bildet aus dem Gesammtgewinn, abzüglich der aus derselben Geschäftsgebahrung resultirenden Verluste — denn das ist eigentlich nur Gewinn. Es soll aber eben Reingewinn sein, welchen wir versteuern, und kein Bruttogewinn. Ich glaube, diese Fragen werden sich wirklich ganz von selbst in der Praxis erledigen, und es wäre wirklich nicht erforderlich, alle derartige Einzelfragen hier klar zu stellen."

(Zu Art. 10.) 1) Finz.-Minist.-Erlaß v. 26. Jan. 1855 — III. 32839 —.

Wie aus den in Folge der Beschwerde hinsichtlich der Einschätzung der Frau N. als Besitzerin der v. N.'schen Fideikommißgüter zur klassifizirten Einkommensteuer eingesehenen Verhandlungen hervorgeht, hat die Bezirkskommission zu N. bei Feststellung des steuerpflichtigen Ertrages der bezeichneten Güter die Zinsen der Rentenbriefe, welche für die abgelösten Prästationen nach dem Gesetze v. 2. März 1850 ausgefertigt worden, aus dem Grunde mit in Anschlag bringen zu müssen geglaubt, weil die fraglichen Rentenbriefe zum Depositorium der Fideikommißbehörde genommen sind, nach der Vorschrift unter b des §. 49 a. a. O. aber die im gerichtlichen Depositorium aufbewahrten Abfindungen hinsichtlich aller Verpflichtungen, für welche die abgelösten Rechte mit verhaftet waren, Zubehör des abgefundenen Guts bleiben, mithin die Zinsen solcher

anderen deutschen Bundesstaaten oder in einem deutschen Schutzgebiete belegenen Grundstücken, sowie das Einkommen der nicht des Erwerbes wegen in Preußen wohnenden oder sich aufhaltenden Ausländer aus den im Auslande belegenen Grundstücken (Artikel 3 zu II. Nr. 1a und 2).

Artikel 11.

Einkommen aus nicht verpachteten landwirthschaftlich benutzten Besitzungen.

Bei Ermittelung des Einkommens aus nicht verpachteten Besitzungen ist der durch die eigene Bewirthschaftung erzielte Reinertrag nach dem dreijährigen — für 1892/93 nach dem zweijährigen — Durchschnitte (Art. 5 Nr. 2) zu Grunde zu legen.

Als Reinertrag gilt die gesamte Roheinnahme der maßgebenden Wirthschaftsperiode nach Abzug der Bewirthschaftungskosten und unter Berücksichtigung des bei Beginn und am Schlusse der Periode vorhandenen Bestandes an Vorräthen.[1])

I. In Einnahme sind zu stellen:

1. der erzielte Preis für alle gegen Baarzahlung oder auf Kredit veräußerten Erzeugnisse aus allen Wirthschaftszweigen, sowie für die Verleihung von Zugkraft und anderen Wirthschaftsmitteln;
2. der Geldwerth aller Erzeugnisse, welche zur Bestreitung des Haushalts[14])

Minist.-Anm. 14. Sind Wirthschaftserzeugnisse theils für den Haushaltsbedarf theils zu Wirthschaftszwecken verwendet, so ist eine den thatsächlichen Verhältnissen entsprechende Trennung nach billigem Ermessen zuzulassen. Dasselbe gilt von den gemeinsam zu beiden Zwecken gemachten Ausgaben.

Abfindungskapitalien nach wie vor als Erträge aus dem Grundvermögen angesehen und in Beziehung auf die Veranschlagung zur klassifizirten Einkommensteuer ebenso wie die Erträge des bei den betreffenden Gütern befindlichen Grund und Bodens selbst behandelt werden müssen. Dieser Ansicht kann diesseits nur beigetreten werden. Das Einkommen aus dem Grund und Boden umfaßt, wie der §. 28 des Gesetzes v. 1. Mai 1851 des Näheren bestimmt, neben den Erträgen der eigentlichen Liegenheiten auch das dem Steuerpflichtigen in Folge von Realberechtigungen irgend welcher Art zufließende Einkommen.

Der hier vorausgesetzte Zusammenhang zwischen den bezeichneten Berechtigungen und dem Grund und Boden besteht hinsichtlich der Abfindungskapitalien für abgelöste Realrechte in allen denjenigen Fällen unverändert fort, wo die fraglichen Kapitalien dem Gutsbesitzer nicht zur freien Disposition überwiesen, sondern Zubehör der Güter selbst und zwar dergestalt geblieben sind, daß der Besitzer über erstere eben so wenig, als über letztere disponiren darf. In allen solchen Fällen sind daher auch die Zinsen derartiger Kapitalien dem Einkommen aus dem Grundvermögen hinzu zu rechnen und von Ausländern in Gemäßheit des §. 18 des zuletzt angeführten Gesetzes mit zu versteuern.

In Betreff dieses Punktes erscheint hiernach die Entscheidung der Bezirkskommission durchaus gerechtfertigt. Dagegen sind die für die Versicherung der zum Fideikommiß gehörigen Gebäude gegen Feuersgefahr zu entrichtenden Beiträge mit Rücksicht auf die Vorschrift des §. 82, Th. II, Tit. 4 des Allgemeinen Landrechts allerdings als solche Ausgaben zu betrachten, welche bei dem steuerpflichtigen Einkommen in Abzug gebracht werden dürfen.

(Zu Art. 11.) 1) Siehe hierzu auch Art. 42 dieser Anweisung im IV. Abschnitt dieses Buches.

des Besitzers, zum Unterhalte seiner Angehörigen, sowie der nicht zum Wirthschaftsbetriebe gehaltenen Hausgenossen verbraucht oder sonst zu ihrem Nutzen oder ihrer Annehmlichkeit verwendet sind; hierher gehört namentlich auch der Aufwand an Naturalien für die Beköstigung des zur persönlichen Bedienung gehaltenen Gesindes, für die Unterhaltung von Luxuspferden und dergleichen;

3. der Miethswerth der von dem Eigenthümer und seinen Angehörigen selbst bewohnten oder zur Führung des Haushaltes benutzten Gebäude (Artikel 16 I.);
4. der Geldwerth des am Schlusse der Periode vorhandenen Bestandes an Wirthschaftserzeugnissen, soweit dieselben zur Verwerthung durch Verkauf oder znm Verbrauch im Haushalte bestimmt sind (vergl. II. N. 9);
5. der Geldwerth der Nutzung von etwaigen Gerechtsamen gegen andere Grundstücke und andere Zubehörungen.

II. Von der Einnahme sind als Bewirthschaftungskosten in Abzug zu bringen die Ausgaben:

1. für Unterhaltung — nicht auch für die Erweiterung oder den Neubau — der Wirthschaftsgebäude, Tagelöhnerwohnungen und der übrigen dem Wirthschaftsbetriebe dienenden oder denselben sichernden baulichen Anlagen (Deiche, Mauern, Zäune, Wege, Brücken, Brunnen, Wasserleitungen, Schleusen, Entwässerungsanlagen);[2])
2. für die Erhaltung und Ergänzung — nicht auch für die Verbesserung und Vermehrung — des lebenden und todten Wirthschaftsinventars;
3. für die Versicherung[3]) der Wirthschaftsgebäude, des lebenden und todten

2) In der Sitzung des Hauses der Abgeordneten vom 24. Novbr. 1890 äußerte der Herr Finanzminister:

„Eine der schwierigsten Fragen wird die Frage sein: was kann von dem Bruttoeinkommen abgezogen werden? Beispielsweise bei den Gewerbetreibenden: welche Abschreibungen sind berechtigt? wo hört die gewöhnliche pflegliche Unterhaltung auf? und wo beginnt das Vermögen durch Verbesserungen zu wachsen? Wo sind also wirkliche Kapitalanlagen vorhanden? Es ist hier das Beispiel von der Drainage angeführt worden. Die Frage ist generell gar nicht zu entscheiden. Wenn ein Grundbesitzer in regelmäßiger pfleglicher Unterhaltung und folgeweise in theilweiser Verbesserung seines Besitzes drainirt nach und nach, nach einem bestimmten Plan, so wird man sagen müssen: der Grundbesitzer kann diese Ausgaben für Drainage abziehen. Das sind gewissermaßen Verwaltungs- und Betriebskosten.

Wenn aber ein Grundbesitzer eine große Anleihe aufnimmt, um in einem Jahr ein großes Gut zu drainiren, dann würde die Frage schon viel zweifelhafter sein."

3) In der Sitzung des Hauses der Abgeordneten v. 14. Febr. 1891 äußerte der Herr Regierungs-Vertreter:

„Ich nehme keinen Anstand zu erklären, daß die Beiträge für Viehversicherung, Hagelversicherung, Feuerversicherung, überhaupt für jede Art der Sachversicherung mit zu denjenigen Ausgaben gehören, die nach Nr. I des §. 9 abzugsfähig sein sollen. Ich glaube ferner, daß es sich nicht empfiehlt, in dieser Hinsicht das Gesetz zu sehr zu detailliren, weil, wie der Herr Vorredner mit vollem Recht ausgeführt hat, jede spezielle Aufführung einzelner Ausgaben immer nur dahin führen kann, Zweifel darüber anzuregen, ob denn nun andere ausgeschlossen sein sollen."

Wirthschaftsinventars, der Vorräthe an Wirthschaftserzeugnissen, sowie der noch ungeernteten Feld- und Gartenfrüchte, — nicht aber des Haushaltungsmobiliars — gegen Feuer-, Hagel- und anderen Schaden;

4. für Heizung und Beleuchtung der Wirthschaftsräume, nicht auch der für den Haushalt benutzten Räume;

5. für Samen, Pflanzen, Futter- und Dungmittel, Rohstoffe und sonstige Materialien, welche für den laufenden Wirthschaftsbetrieb einschließlich der etwaigen Nebenbetriebe zugekauft worden sind;

6. für Gehalt, Lohn und sonstige Dienstemolumente — soweit dieselben nicht den Wirthschaftserzeugnissen entnommen sind — an das zum Wirthschaftsbetriebe, nicht auch an das zum Haushalt oder zu persönlichen Dienstleistungen angenommene Personal;

7. die gesetz- oder vertragmäßig vom Eigenthümer für das zum Wirthschaftsbetriebe angenommene Personal zu leistenden Beiträge zu Kranken- u. s. w. Kassen;

8. die Staats-Grund- und Gebäudesteuer,[4]) sowie die von landwirthschaftlichen Nebenbetrieben (Artikel 12) zu entrichtenden Gewerbesteuern und indirekten Abgaben (Zuckersteuer, Branntweinsteuer u. s. w.).

Hierzu kommt:

9. der Geldwerth der aus der vorangegangenen in die gegenwärtige Wirthschaftsperiode übernommenen Bestände an Vorräthen der zu I. Nr. 4 bezeichneten Art.

III. Für die Abnutzung der zum Wirthschaftsbetriebe nothwendigen Gebäude, Maschinen, Geräthschaften kann ein angemessener Prozentsatz des Nutzungswerthes in Abzug gebracht werden.

IV. Wegen des Abzuges der Schuldenzinsen und dauernden Lasten wird auf Artikel 24 verwiesen.

V. Bei denjenigen Betrieben, in welchen der Bestand der Vorräthe (I. Nr. 4 und II. Nr. 9) am Schlusse der einzelnen Wirthschaftsjahre wesentlichen Schwankungen nicht zu unterliegen pflegt, kann der Geldwerth derselben sowohl bei der Einnahme als auch bei der Ausgabe unberücksichtigt bleiben.

---

4) Finz.-Minist.-Erlaß v. 29. Nov. 1853 — III. 27972 —.
Die auf dem Grundbesitz ruhenden Lasten und Steuern treffen ausschließlich das Einkommen aus Grundvermögen. Unter den Lasten können nur dingliche, dem Grundbesitz dauernd obliegende Verpflichtungen verstanden werden, also weder Leistungen, die ohne rechtliche Verpflichtung freiwillig gewährt werden, noch Verpflichtungen, die nur vorübergehend übernommen oder auferlegt werden. Unter den Steuern sind lediglich die von dem Grundbesitz für Rechnung der Staatskasse erhobenen Staatssteuern zu verstehen. Die zur Bestreitung von Kommunal-, Kreis- oder Provinzial-Bedürfnissen erhobenen Abgaben, mögen diese von dem Einkommen überhaupt oder speziell von dem Ertrage des Grund und Bodens erhoben oder als Zuschläge zu den Staatssteuern ausgeschrieben werden, müssen bei Berechnung des der Einkommensteuer unterliegenden Einkommens völlig außer Betracht bleiben.

Artikel 12.

Landwirthschaftliche Nebenbetriebe.

Werden Brennereien, Brauereien, Stärke- und Krautfabriken, Mühlen, Ziegeleien oder andere ländliche Fabrikationszweige in Verbindung mit der landwirthschaftlichen Benutzung eines Grundstückes betrieben, so kann der gesamte Betrieb bei der Ermittelung des Reinertrages (Artikel 11) als ein Ganzes behandelt werden. Für die aus dem einen Wirthschaftszweig in den anderen übernommenen Rohstoffe und Erzeugnisse sind alsdann weder bei dem ersteren Abgabepreise in Einnahme, noch bei dem letzteren Anschaffungswerthe in Ausgabe zu stellen.

Dasselbe gilt von der Berechnung des Einkommens aus Sand-, Lehm-, Thongruben, Stein-, Schiefer-, Kalk- oder Kreidebrüchen, Torfstichen und anderen Nebenbetrieben, bei welchen die Erträgnisse der Substanz des Bodens entnommen werden.

Stehen jedoch gewerbliche Unternehmungen der in Absatz 1 und 2 bezeichneten Art nicht in unmittelbarer Verbindung mit einem Landwirthschaftsbetriebe, so ist deren Ertrag nach den für das Einkommen aus Handel und Gewerbe maßgebenden Bestimmungen (Artikel 17 ff.) zu ermitteln.

Artikel 13.

Holzungen (Waldungen).

Bei Berechnung des steuerpflichtigen Einkommens aus Forsten (Holzungen) sind

1. in Einnahme zu stellen:

   der Erlös für die in dem maßgebenden Zeitraume (Artikel 5 Nr. 2) aus dem regelmäßigen Abtriebe, den Zwischen- und Nebennutzungen erzielten Produkte,

2. in Ausgabe:

   die Aufwendungen für Aufsicht und Verwaltung, Schlagen, Aufbereitung, Rücken nnd Flößen der Hölzer, sowie für Unterhaltung der Baulichkeiten (Forsthäuser, Brücken, Wege u. s. w.).

3. Außer Anrechnung bleiben die Ergebnisse außergewöhnlicher, nicht innerhalb der regelmäßigen Nutzung liegender Abtriebe, welche als eine Verminderung des Holzbestandskapitals anzusehen sind.

Kosten für Aufforstungen dürfen nur insoweit in Abzug gebracht werden, als es sich um die Erhaltung des Forstbestandes handelt, nicht aber insoweit Neubeforstungen unbewaldeter Flächen behufs Erweiterung des Forstbestandes in Frage stehen.[1])

(Zu Art. 13.) 1) In der Sitzung des Hauses der Abgeordneten v. 16. Febr. 1891 erklärte der Herr Finanzminister:

„Derjenige, der eine Oedländerei aufforstet, verzichtet eine Zeitlang auf Zinsen in der Erwartung, daß er oder seine Nachfolger nachher einen großen Kapitalsbetrag gewinnen werden. Dies ist ganz zweifellos eine Kapitalsanlage, die nicht abzugsfähig ist."

Artikel 14.

Bau-, Zimmerplätze u. s. w.

Liegenschaften, welche einen landwirthschaftlichen Ertrag nicht abwerfen, sondern als Bau-, Zimmer-, Holzplätze, Schlacken-, Schutt- oder ähnliche Ablagen oder zu sonstigen gewerblichen Zwecken (Gemüse-, Obst-, Blumenzucht u. dergl.) vom Eigenthümer selbst benutzt werden, sind bei der Ermittelung des Einkommens aus dem Gewerbebetriebe, welchem sie dienen, zu berücksichtigen.

Hofräume und Hausgärten werden bei Einschätzung des Einkommens aus den Gebäuden, zu welchen sie gehören, in Anschlag gebracht (Artikel 16).

Verpachtete Liegenschaften.

Artikel 15.

I. Einkommen des Pächters.

Das Einkommen des Pächters ist nach denselben Grundsätzen zu ermitteln, wie bei dem Betriebe auf eigenen Grundstücken (Artikel 11 bis 13) unter Hinzurechnung des Miethswerthes der mitverpachteten Wohnung.

Jedoch ist zu beachten:

1. diejenigen gemäß Artikel 11 zu II. an sich abzugsfähigen Ausgaben, welche vertragsmäßig der Verpächter zu bestreiten hat, dürfen ebensowenig wie die zu III. daselbst erwähnte Abnutzungsquote von dem Einkommen des Pächters abgezogen werden;
2. den beim Pächter abzurechnenden Betriebsausgaben treten hinzu: der bedungene jährliche Pachtzins, sowie der Geldwerth der vom Pächter neben dem Pachtpreise übernommenen Naturallieferungen und Leistungen; soweit dieselben in Erzeugnissen der Wirthschaft oder in Arbeitsleistungen des Pächters, seiner Angehörigen, Dienstleute und Wirthschaftsgespanne bestehen, ist der Abzug unstatthaft, weil diese Erzeugnisse u. s. w. auch nicht unter den Einnahmen verrechnet werden.

II. Einkommen des Verpächters.

Als Einkommen des Verpächters gilt:

1. der vom Pächter zu entrichtende jährliche Pachtzins (Artikel 5 Nr. 1);
2. der Geldwerth der dem Pächter zum Vortheile des Verpächters etwa obliegenden Natural- und sonstigen Nebenleistungen, sowie der dem Verpächter etwa vorbehaltenen Nutzungen.

In Abzug zu bringen sind hiervon die dem Verpächter vertragsmäßig verbliebenen Lasten, soweit dieselben gemäß Artikel 11 zu II. und III. überhaupt abzugsfähig sind.

Artikel 16.

Einkommen aus Gebäuden.

I. Vom Eigenthümer selbst benutzte Gebäude.

1. Für Gebäude oder Gebäudetheile, welche vom Eigenthümer ausschließlich zu seinem Landwirthschafts- oder Gewerbebetriebe, oder zu anderen Erwerbszweigen, insbesondere als Arbeiterwohnungen, Scheunen, Stallungen für Zug- und Nutzvieh, Lagerräume, Speicher, Fabrik- oder Maschinenräume, zur Gast- oder Schankwirthschaft, als Schul- oder Heilanstalten verwendet werden, ist ein besonderes Einkommen nicht in Ansatz zu bringen.

2. Als Einkommen aus den vom Eigenthümer und seinen Haushaltungsangehörigen zu Wohnungs- und hauswirthschaftlichen Zwecken benutzten Gebäuden oder Gebäudetheilen gilt deren Jahresmiethswerth, bei dessen Schätzung die dazu gehörigen Hofräume, Hausgärten, Parkanlagen und sonstigen Zubehörungen zu berücksichtigen sind.

An Orten, an welchen eine größere Zahl von Wohnungen durch Vermiethung benutzt wird, ist der Miethswerth durch Vergleichung mit dem wirklichen Miethsertrage von Wohnungen gleicher Beschaffenheit zu ermitteln.

Fehlt es an solchen Vergleichsgegenständen an demselben Orte, so ist geeigneten Falles auf die Miethspreise benachbarter Ortschaften zurückzugehen.

Wo auch dieses Auskunftsmittel versagt, können die behufs Veranlagung der Gebäudesteuer eingeschätzten Nutzungswerthe einen Anhalt für die Bemessung des Miethswerthes gewähren; bei Anwendung dieses Maßstabes ist indessen zu beachten, daß die Schätzung den *gegenwärtigen* Miethswerth richtig treffen soll, während der Gebäudesteuernutzungswerth nach anderen Gesichtspunkten, theils nach den durchschnittlichen Miethspreisen eines vergangenen Zeitraumes, theils mit Rücksicht auf den Umfang des zur Zeit der Veranlagung mit dem Gebäude verbundenen Grundbesitzes festgestellt ist.

Wegen der Aufstellung von Normalsätzen für die Schätzung der Miethswerthe, namentlich in ländlichen Ortschaften, ist im zweiten Theile dieser Anweisung Bestimmung getroffen.[1])

Von dem Miethswerthe sind in Abzug zu bringen:

a) die nach dem Durchschnitte (Artikel 5 Nr. 2) zu berechnenden Ausgaben für Instandhaltung und Reparatur, nicht aber auch die Aufwendungen für etwaigen Umbau, Ausbau oder bessere Ausstattung des Gebäudes oder für Anlage und Pflege des zur Annehmlichkeit für den Besitzer dienenden Hausgartens. Fehlt es an zuverlässigen Unterlagen für eine ziffermäßige Berechnung der im Durchschnitte wirklich aufgewendeten Kosten, so müssen dieselben mit Rücksicht auf die Beschaffen-

---

1) Siehe Art. 42, II, Abs. 5 u. 6 dieser Anweisung im IV. Abschn. dieses Buches.

heit und den baulichen Zustand des Gebäudes nach technischen Grundsätzen und Erfahrungen geschätzt werden;[2])

b) die Beiträge zur Versicherung des Gebäudes oder einzelner Theile oder Zubehörungen des Gebäudes gegen Feuer und anderen Schaden;

c) die Staatsgebäudesteuer;

d) ein angemessener Prozentsatz des Jahresmiethswerths (Nr. 2 Abs. 1) für die Abnutzung des Gebäudes.[3])

3. Wegen des Abzuges der auf besonderen Rechtstiteln (Verträgen u. s. w.) beruhenden dauernden Lasten und der etwaigen Schuldenzinsen wird auf Artikel 24 verwiesen.

---

2) Finz.-Minist.-Erlaß v. 26. Oktbr. 1880 — II. 13438 —. Auszug.

In den §§. 3 und 11 der Instruktion v. 3. Januar 1877 betreffend die Feststellung des der Klassen- bezw. klassifizirten Einkommensteuer unterliegenden Einkommens sind die Grundsätze angegeben, welche bei der Schätzung des Einkommens aus vermietheten, bezw. aus von dem Eigenthümer selbst benutzten Gebäuden beachtet werden sollen, und insbesondere auch die zulässigen Abzüge bezeichnet. Ebenso ist daselbst die Methode der Berechnung der nicht bereits feststehenden Geldwerthe, nämlich „nach Durchschnittssätzen" angegeben und besonders hervorgehoben, daß bezüglich der Unterhaltungskosten der Gebäude 2c. dabei hauptsächlich deren bauliche Beschaffenheit zu berücksichtigen sei.

Die Klassensteuer-Einschätzungs- und Reklamations-Kommissionen in Berlin haben unter Billigung der Steuer- und Einquartirungs-Deputation des Magistrats angenommen, daß es mit diesen Vorschriften im Einklange stehe, wenn für die Unterhaltungskosten der Gebäude, sowie für die Gebäudesteuern und die sonst auf den Gebäuden haftenden Lasten zusammen ein Abzug von zehn Prozent des festgestellten Miethsertrages gemacht werde, weil dieser Durchschnittssatz nach vielfältigen Erfahrungen vollständig zutreffend sei.

Dem entgegen führt die Kgl. Direktion an, die Einschätzungs-Kommission für die klassifizirte Einkommensteuer habe sich darüber verständigt, von dem Miethsertrage

den Feuerversicherungsbeitrag, die Gebäudesteuer und als Pauschquantum für die Unterhaltungskosten ein Prozent von dem Feuerkassenwerthe des Hauses

abzuziehen, und diese Praxis werde von Ihr gebilligt.

Ich kann nicht anerkennen, daß die letztere sich an die oben angeführten Grundsätze der Instruktion näher anschließe, als die erstere. Sie wird nur zu dem Ergebniß führen, daß die Abzüge in der Regel höher ausfallen, als bei dem von der Steuer- und Einquartirungsdeputation des Magistrats gebilligten Verfahren, und voraussichtlich in den meisten Fällen, besonders bei neuen Gebäuden, das wirkliche Bedürfniß überschreiten. Deshalb verdient das bei der Klassensteuer-Veranlagung angenommene Verfahren für die Einschätzung den Vorzug und würde auch für die Veranlagung zur klassifizirten Einkommensteuer zu empfehlen sein, da eine Conformität der Grundsätze in dieser Beziehung erwünscht sein muß.

Sobald es sich aber um Beschwerden gegen die Veranlagung handelt, dann kommt es auf Prüfung des Inhalts der Beschwerden an; es muß im Anschluß daran in jedem einzelnen Falle der wirkliche Sachverhalt näher erwogen und mit Rücksicht auf denselben die Rechnung, sofern sie den in concreto obwaltenden Umständen nicht entspricht, berichtigt werden. Es würde mithin nicht gerechtfertigt sein, der bei der Veranlagung zur Geltung gelangten allgemeinen Schätzung der Abzüge nach einem bestimmten Satze in Beschwerdefällen eine Rechnung nach einer anderen, jedenfalls nicht zutreffenden, allgemeinen Formel gegenüberzustellen.

3) Hierfür dürfte in den Städten 2 Prozent des Miethswerthes wohl als höchstes zulässiges Maß zu betrachten sein.

II. Vermiethete Gebäude.

Als Einkommen des Vermiethers gilt der bedungene Jahresmiethszins (Artikel 5 Nr. 1) unter Hinzurechnung des Geldwerthes der dem Miether zum Vortheile des Vermiethers obliegenden Nebenleistungen, sowie der dem Vermiether vorbehaltenen Nutzungen, andererseits unter Abrechnung der dem letzteren verbliebenen, nach den Vorschriften zu I. Nr. 2a bis c abzugsfähigen Lasten, sowie eines angemessenen Prozentsatzes des bedungenen Jahresmiethszinses für die Abnutzung des Gebäudes.

Nebenleistungen des Miethers, welche demselben im eigenen Interesse obliegen (z. B. für die Benutzung von Gas-, Wasserleitungen u. dergl.) kommen nicht in Anrechnung.

Steht der Miethszins, welchen das Gebäude oder einzelne Theile desselben im Steuerjahre bringen werden, noch nicht fest,[4]) so kann insoweit der Veranlagung (Steuererklärung) der zeitige Stand der Miethen zu Grunde gelegt werden.

4a) Finz.-Minist.-Erlaß v. 10. Dezbr. 1881 — II. 12419 —.

Auf den Bericht 2c. erwidere ich der Kgl. Direktion 2c., daß bei der Veranlagung der Grundbesitzer zur Klassen- und klassifizirten Einkommensteuer zu unterscheiden ist, ob der der Berechnung des Einkommens zum Grunde zu legende „jeweilige" Miethszins für das Jahr, für welches die Veranlagung erfolgt, zur Zeit der Veranlagung feststeht, oder ob, weil dies nicht der Fall, eine Schätzung desselben stattzufinden hat.

In dem ersteren Falle ist selbstverständlich der feststehende Miethszins sowohl bei der Veranlagung, als auch bei der Begutachtung und Entscheidung der etwaigen Reklamationen und Remonstrationen maßgebend. Handelt es sich dagegen um eine Schätzung, so muß dabei ein Modus in Anwendung kommen, durch welchen der jeweilige für das Veranlagungsjahr voraussichtlich einkommende Miethszins am ehesten getroffen wird, und namentlich auch in der Beschwerde-Instanz nach übereinstimmenden Grundsätzen verfahren werden.

Wenn gegenwärtig bei der Veranlagung der Klassen- und klassifizirten Einkommensteuer der Schätzung des Einkommens aus Grundbesitz der Stand des Miethsertrages im letzten Kalenderquartal zum Grunde gelegt wird, so findet sich im Allgemeinen hiergegen nichts zu erinnern, insofern dies der neueste zur Zeit der Schätzung bekannte Miethsertrag ist.

Allerdings kann der Miethsertrag eines Quartals durch besondere, mehr oder weniger zufällige Umstände, wie das zeitweilige Leerstehen regelmäßig vermietheter Wohnungen und dergl. in höherem Maße beeinflußt werden, als der Durchschnittsertrag eines ganzen Jahres, und es würde keinenfalls gerechtfertigt sein, diesen Umstand unberücksichtigt zu lassen. Da aber nach Angabe des Magistrats zur Zeit der Einschätzung auch die Durchschnittserträge des Kalenderjahres bereits mit verhältnißmäßig wenigen Ausnahmen festgestellt sind, so bedarf es nur der Vergleichung der letzteren mit den Erträgen des neuesten Quartals, um etwaige auffällige Abweichungen zu bemerken und Mißgriffe in der bezeichneten Richtung zu vermeiden. Wird hiernach verfahren, worauf die Kgl. Direktion hinwirken wolle, so muß der Stand des Miethsertrages des letzten Quartals im Großen und Ganzen als die geeignetere Grundlage der Schätzung anerkannt werden. Ich erkläre mich daher damit einverstanden, daß dem Antrage des hiesigen Magistrats, die Schätzung des Einkommens aus Grundbesitz nach dem durchschnittlichen Miethsertrage des dem neuen Steuerjahre vorangehenden Kalenderjahres vorzunehmen, nicht zu entsprechen ist.

Daß die Klassensteuer-Reklamationskommission bei ihren Begutachtungen prinzipiell den letzt gedachten Durchschnitts-Ertrag zu Grunde legt, ist ein Uebelstand, dessen Beseitigung zu erstreben bleibt.

Die Ansicht, daß in der Beschwerde-Instanz nur zu prüfen sei, ob die angefochtene Schätzung den zur Zeit derselben bekannten Umständen entsprechend richtig erfolgt sei, ist unzutreffend, abgesehen davon, daß sie jedenfalls das bezeichnete Verfahren der Reklamationskommission die Begutachtung unter Anwendung eines wesentlich abweichenden Schätzungsprinzips nicht motiviren kann.

Im §. 33 der Instruktion v. 3. Januar 1877, worauf der Magistrat sich bezieht, ist ausdrücklich bestimmt, daß Veränderungen, welche nach der Veranlagung, aber vor Beginn des Steuerjahres eingetreten sind, Berücksichtigung finden müssen. Hierzu gehören zweifellos auch die im letzten Quartale des Steuerjahres eingetretenen Aenderungen im Miethsertrage bezw. in den für das neue Steuerjahr abgeschlossenen Miethsverträgen.

Insoweit in der Beschwerdeinstanz Veranlassung gegeben ist, den jeweiligen Miethsertrag nach den im Vorjahre durchnittlich bezogenen Miethen zu schätzen, kann nicht der Durchschnittsertrag des vorigen Kalenderjahres, sondern nur derjenige des bereits abgelaufenen Steuerjahres zum Grunde gelegt werden.

Daß in den Beschwerde-Instanzen bei Schätzung des Jahres-Miethsertrages für das bereits begonnene Steuerjahr der neueste Stand des Miethsertrages zu Anfang desselben, welcher jedenfalls für einen Theil des Jahres den „jeweiligen" Miethszins darstellt, als Grundlage beibehalten werde, erscheint zulässig. Es würde aber nicht gebilligt werden können, wenn die Kgl Direktion bezw. die betreffenden Kommissionen, wie in dem Berichte des Magistrats angedeutet zu werden scheint, sich nicht näher darum kümmern sollten, ob das zufällige zeitweilige Leerstehen sonst regelmäßig vermietheter Wohnungen auf den Stand des Miethsertrages beim Anfang des Steuerjahres in erheblichem Maße eingewirkt hat. In Fällen dieser Art, sowie überhaupt in denjenigen Fällen, wo der neueste Stand des Miethsertrages besonderer Umstände halber nicht als geeignete Schätzungsgrundlage angesehen werden kann, ist es unbedenklich, den Durchschnittsertrag des abgelaufenen Steuerjahres der Schätzung zum Grunde zu legen. Wenn endlich der Magistrat daran Anstoß nimmt, daß die Einschätzungskommission für die klassifizirte Einkommensteuer bei Prüfung der Vorschläge für die Heranziehung bisher klassensteuerpflichtiger Personen zur Einkommensteuer den Stand des Miethsertrages beim Beginn des neuen Steuerjahres, nachdem letzterer zur Zeit der Prüfung bereits feststand, berücksichtigt hat, so finden in dieser Beziehung die vorstehenden Bemerkungen ebenfalls Anwendung. Es würde ungerechtfertigt und unstatthaft sein, der Einschätzungskommission die Schätzung nach dem Durchschnitt des vorigen Kalenderjahres vorzuschreiben.

4b) Finz.-Minist.-Erlaß v. 12. Oktbr. 1852 — III. 23499 —.

Laut dem zweiten Alinea im §. 28 d. Ges. v. 1. Mai v. J. soll von Grundstücken, welche verpachtet oder vermiethet sind, der jeweilige Pacht- oder Miethszins, einerseits unter Hinzurechnung etwaiger Natural- oder sonstiger Nebenleistungen, sowie der dem Verpächter etwa vorbehaltenen Nutzungen, andererseits unter Abrechnung der dem Verpächter verbliebenen Lasten, als Einkommen berechnet werden. Hierunter ist derjenige Pacht- oder Miethszins zu verstehen, welcher laut dem Pacht- oder Miethsvertrage für den Zeitraum, für welchen die Einkommensteuer-Veranlagung erfolgt, von dem Pächter oder Miether zu zahlen ist. Wann der Pacht- oder Miethsvertrag abgeschlossen ist, erscheint hierbei gleichgültig, sofern eine Simulation nicht vorliegt und die rechtliche Gültigkeit des Vertrages nicht zu bezweifeln ist. Soweit die Pacht- oder Miethsverträge, weil sie auf kürzere Zeit abgeschlossen sind, den für das künftige Jahr zu gewärtigenden Betrag zur Zeit der Veranlagung nicht zweifellos ergeben, kann die Versteuerung unbedenklich nach Maßgabe der Miethserträge erfolgen, welche in dem Jahre, wo die Veranlagung stattfindet, bezogen worden sind.

3. Einkommen aus Handel und Gewerbe, einschließlich des Bergbaues.

(§. 14 des Gesetzes.)

Artikel 17.

Gegenstand des steuerpflichtigen Einkommens aus Handel und Gewerbe.

Das Einkommen aus Handel und Gewerbe umfaßt den Gewinn aus gewerblichen oder Handelsunternehmungen jeder Art, mögen dieselben in großem oder geringem Umfange, fabrik- oder handwerksmäßig betrieben werden.

Außer Betracht bleibt der Gewinn:

a) aus dem in einem anderen deutschen Bundesstaate oder einem deutschen Schutzgebiete betriebenen Gewerbe (Artikel 3 II. Nr. 1 b);

b) aus dem ausländischen Gewerbebetriebe eines in Preußen steuerpflichtigen aber nicht des Erwerbes wegen sich aufhaltenden Ausländers (Artikel 3 II. Nr. 2).

Unter die Bestimmungen zu a und b fällt nicht jede von einem Steuerpflichtigen außerhalb Preußens geübte gewerbliche Thätigkeit, sondern nur eine solche, welche als Ausübung eines stehenden Gewerbebetriebes anzusehen ist, wie die Unterhaltung einer Zweigniederlassung, einer Verkaufs- oder Fabrikationsstelle oder sonstigen gewerblichen Betriebsstätte.[15])

Steht ein hiernach nicht steuerpflichtiger Gewerbebetrieb mit einem steuerpflichtigen dergestalt im Zusammenhange, daß eine gesonderte Gewinnberechnung nach Maßgabe der folgenden Bestimmungen nicht ausführbar ist, so muß der Gewinn für den gesammten Betrieb berechnet und auf die einzelnen Betriebsstellen nach dem Verhältnisse des Betriebsumfanges unter Berücksichtigung der besonderen Betriebskosten vertheilt werden. Die hierbei zu beachtenden Merkmale (Werth und Menge der Produktion, Umsatz u. s. w.) sind den besonderen Verhältnissen des einzelnen Falles zu entnehmen. Kann auf diesem Wege ein zutreffender Maßstab für die Gewinnvertheilung nicht gefunden werden, so ist der Gesammtgewinn auf die verschiedenen Gebiete nach verständigem Ermessen zu vertheilen.

Nach denselben Grundsätzen ist zu verfahren, wenn die Steuerpflicht gemäß Artikel 2 zu c auf den preußischen Gewerbebetrieb beschränkt, mit demselben aber auch ein Betrieb in anderen Staaten verbunden ist.

Im allgemeinen gilt ferner für die Berechnung und Schätzung des Einkommens aus Gewerbe und Handel folgendes:

1. die Zinsen des im Handels- oder Gewerbebetrieb angelegten eigenen Kapitals des Steuerpflichtigen sind als Theile des Geschäftsgewinnes zu betrachten;
2. der von einer offenen Handelsgesellschaft oder einer anderen nicht nach Artikel 26 steuerpflichtigen Erwerbsgesellschaft erzielte Geschäftsgewinn ist den einzelnen Theilhabern nach Maßgabe ihres Antheils anzurechnen;

Minist.-Anm. 15. Wegen des Einkommens an Dividenden aus Aktienunternehmungen vergl. Anm. 12 zu Art. 8.

3. der Gewinn aus den zu Spekulationszwecken abgeschlossenen Geschäften, abzüglich etwaiger Verluste bei derartigen Geschäften, und aus der Betheiligung an derartigen Geschäften ist auch bei solchen Steuerpflichtigen, welche nicht zu den Handel- und Gewerbetreibenden gehören, nach den für das Einkommen aus Handel und Gewerbe maßgebenden Grundsätzen zu berechnen.

Artikel 18.

Berechnung des steuerpflichtigen Einkommens aus Handel und Gewerbe.

Als steuerpflichtiges Einkommen aus Handel und Gewerbe gilt der im Durchschnitte der drei — bei der Veranlagung für das Jahr 1892/93 der zwei — letzt abgeschlossenen Geschäftsjahre (Art. 5 Nr. 2) erzielte Gewinn. Bei Gewerbetreibenden, welche nicht Kaufleute im Sinne des Handelsgesetzbuches sind, ergiebt sich der Geschäftsgewinn aus der Gegenüberstellung der jährlichen Betriebseinnahmen und Ausgaben.

I. Zu den Einnahmen gehören insbesondere:

1. die für geschäftliche oder gewerbliche Leistungen jeder Art bedungenen oder gewährten Provisionen, Zinsen und sonstigen Gegenleistungen;
2. der erzielte Preis für alle gegen Baarzahlung oder auf Kredit verkauften Waaren und Erzeugnisse;
3. der Geldwerth der zum Gebrauche oder Verbrauche des Steuerpflichtigen, seiner Angehörigen und der nicht zum Gewerbebetriebe gehaltenen Dienstboten und sonstigen Hausgenossen aus dem Betriebe entnommenen Erzeugnisse und Waaren.[16])

II. Von der Einnahme sind als Betriebskosten in Abzug zu bringen:

1. die Kosten der Unterhaltung der dem Betriebe dienenden Gebäude und sonstigen baulichen Anlagen, sowie zur Erhaltung und Ergänzung des vorhandenen lebenden und todten Betriebsinventars;
2. die Kosten für Versicherung der zu 1. gedachten Gegenstände, sowie der Waarenvorräthe gegen Brand- und sonstigen Schaden;
3. der Pacht- und Miethzins für die zum Geschäftsbetriebe gepachteten und gemietheten Grundstücke, Gebäude und Utensilien;
4. die Ausgaben für die im Betriebe erforderliche Heizung und Beleuchtung;
5. die Anschaffungskosten für die eingekauften Roh- und Hülfsstoffe und Waaren, sowie für die sonst im Betriebe erforderlichen Materialien;
6. die Löhnung der für den Gewerbebetrieb angenommenen Angestellten, Gesellen, Gehilfen, Arbeiter einschließlich des Geldwerthes der etwa ge-

Minist.-Anm. 16. Sind Erzeugnisse oder Waaren theils für den Haushaltsbedarf, theils für Zwecke des Gewerbebetriebes verwendet, so ist eine den thatsächlichen Verhältnissen entsprechende Trennung nach billigem Ermessen zuzulassen. Dasselbe gilt von den gemeinsam zu beiden Zwecken gemachten Ausgaben.

währten Beköstigung [und sonstigen Naturalleistungen, soweit diese nicht aus den Betriebsbeständen entnommen werden;

7. die von dem Unternehmer gesetz- oder vertragsmäßig für das Betriebs-personal (Nr. 6) zu entrichtenden Beiträge zu Kranken- u. s. w. Kassen;

8. die Staatsgewerbesteuer, die auf den dem Betriebe dienenden Grundstücken haftenden Staats-Grund- und Gebäudesteuer, sowie die im Geschäftsbetriebe zu entrichtenden indirekten Abgaben (Zölle u. s. w.).

III. Für die Abnutzung der im Gewerbebetriebe nothwendigen Gebäude, Maschinen, Geräthschaften kann ein angemessener Prozentsatz des Nutzungswerthes in Abzug gebracht werden.

IV. Wegen der unzulässigen Abzüge wird auf Artikel 4 II verwiesen.

Artikel 19.

Insbesondere Gewinnberechnung bei kaufmännischer Buchführung.

Führt der Steuerpflichtige Handelsbücher nach Vorschrift der Artikel 28 ff. des Allgemeinen Deutschen Handelsgesetzbuches,[1]) so sind die Bücherabschlüsse der maßgebenden Geschäftsjahre (Artikel 5 Nr. 2) nebst den vorschriftsmäßig angefertigten Bilanzen der Gewinnberechnung zu Grunde zu legen.

Soweit jedoch bei der Buchführung die in den Artikeln 3 bis 6 und 17 dieser Anweisung angegebenen Grundsätze nicht befolgt, insbesondere Zinsen des im Handels- oder Gewerbebetriebe angelegten eigenen Kapitales des Steuerpflichtigen, oder Ausgaben, deren Abzug gemäß Artikel 4 zu II. überhaupt unzulässig ist, vom Gewinne abgerechnet worden sind, müssen behufs Ermittelung des steuerpflichtigen Einkommens die entsprechenden Beträge wieder hinzugesetzt werden.

Im übrigen ist der Reingewinn nach den Grundsätzen zu berechnen, wie solche für die Inventur und Bilanz durch das Allgemeine Deutsche Handelsgesetzbuch vorgeschrieben sind und sonst dem Gebrauche eines ordentlichen Kaufmannes entsprechen.[2]) Insbesondere gilt dies einerseits von dem Zuwachs des Anlagekapitals und andererseits von den regelmäßigen jährlichen Abschreibungen, welche einer angemessenen Berücksichtigung der Werthverminderung entsprechen, sowie von

1) Abgedruckt in Anm. 3a zu §. 14 des Ges. v. 24. Juni 1891, Abschnitt I dieses Buches, S. 32.

2) Für die Aufstellung der kaufmännischen Bilanz maßgebende Rechtsgrundsätze.

Erkenntniß des Reichs-Ober-Handelsgerichts v. 3. Dezbr. 1873 (Entscheidungen des Reichs-Ober-Handels-gerichts Bd. 12, S. 16). Auszug.

Die kaufmännische Bilanz hat den Zweck, die Uebersicht und Feststellung des Vermögensbestandes in einem bestimmten Zeitpunkte und damit zugleich, vermittelst der Vergleichung der für verschiedene Zeiten aufgenommenen Bilanzen, auch des Resultates der Geschäftsführung während der dazwischen liegenden Perioden zu bewirken. Alle einzelnen Aktiv- und Passiv-Posten, aus welchen sich das Vermögen zusammensetzt, sind hiernach zu dem gegenwärtigen Werthe, den sie in demjenigen Zeitpunkte, für welchen die Bilanz aufgenommen wird, besitzen, in die Bilanz einzustellen, wobei nur das Geld als der allgemeine Werthmesser und nur diejenige Geldwährung, in welcher der Kaufmann überhaupt seine Rechnung führt oder zu führen hat, zum Grunde gelegt werden kann. Auch Forderungen oder Schuldverbindlichkeiten, welche zwar im Allgemeinen Geld, aber eine andere Währung, als diejenige, in welcher die Rechnung geführt wird und die Bilanz

den regelmäßigen jährlichen Absetzungen für Abnutzung von Gebäuden, Maschinen, Betriebsgeräthschaften u. s. w. (Art. 4 I. Nr. 3).

Für die Bewerthung der Vermögensstücke und Forderungen bei der Inventur und für das Maß der überhaupt zulässigen Abschreibungen ist hiernach die Vorschrift im Artikel 31[3]) des Allgemeinen Deutschen Handelsgesetzbuchs, der kaufmännische Gebrauch und innerhalb der durch denselben gezogenen Grenzen das Ermessen des Steuerpflichtigen selbst bestimmend. Die von demselben in dieser Hinsicht bei seiner Buchführung angenommenen Grundsätze bleiben daher auch für die Berechnung des steuerpflichtigen Einkommens maßgebend, sofern nicht die ungebührliche Höhe der Abschreibung im einzelnen Falle das nach allgemeinem Gebrauche übliche oder durch die besonderen thatsächlichen Verhältnisse gerechtfertigte Maß offenbar übersteigt, oder sogar die Absicht einer künstlichen Herabdrückung des wirklichen Reingewinns erkennen läßt.

Nach gleichen Grundsätzen ist in betreff der Abschreibungen auf unsichere Forderungen sowie der Rücklagen zur Ausgleichung möglicher Verluste an denselben (Delkredere-Konto) zu verfahren.

---

aufzumachen ist, zum Gegenstande haben, sind daher auf die letztere Währung zurückzuführen, weil bei ihnen ihr Gegenstand — das Geld — nicht als solches, sondern vielmehr als Waare in Betracht kommt. Bei Forderungen und Schulden, welche zur Zeit der Bilanz noch nicht fällig sind, ist selbstverständlich auch dieser Umstand zu berücksichtigen, nicht allein wegen des Einflusses, welchen die Entbehrung des Zinsgenusses resp. die Ersparung an Zinsen während der Zwischenzeit bei unverzinslichen Forderungen und Schulden auf deren gegenwärtigen Werth zur Zeit der Bilanz hat, sondern auch deswegen, weil der Werth solcher erst später fällig werdenden Forderungen und Schulden, deren Gegenstand nicht unmittelbar Geld ist, nur nach dem Werthe bemessen werden kann, welchen der betreffende Gegenstand zur Zeit, wo er rechtlich gefordert resp. gezahlt werden darf, besitzt, und weil dieser Werth keineswegs immer und nothwendig mit demjenigen Werthe zusammenfällt, welchen der betreffende Gegenstand gegenwärtig hat. Abgesehen davon sind Passiv-Forderungen (Schulden) an sich zu ihrem vollen Betrage in die Bilanz aufzunehmen, während der gegenwärtige Werth von Aktiv-Forderungen nicht schlechthin nach dem geschuldeten Betrage, sondern auch nach dem Grade der Solvenz des Schuldners und nach den sonstigen Aussichten für ihre Exigibilität zu bemessen ist. Unter dem als maßgebend für die Bilanz zu ermittelnden gegenwärtigen Werthe ist aber überall der allgemeine Verkehrswerth im Gegensatze zu einem nur auf willkürliches subjektives Ermessen oder auf bloße Spekulation zurückzuführenden Werthanschlage zu verstehen, da die Bilanz der objektiven Wahrheit der wirklichen Vermögenslage entsprechen soll, woraus folgt, daß Vermögensbestandtheile (Aktiva oder Passiva), die einen Markt- oder Börsenpreis (Kurs) haben, der Regel nach zu dem sich hieraus ergebenden Werthe in die Bilanz einzustellen sind, während für andere Vermögensbestandtheile deren gegenwärtiger objektiver Werth auf sonstige Weise zu ermitteln ist.

Etwas von diesen allgemeinen Rechtsgrundsätzen Abweichendes hat auch das Handelsgesetzbuch nicht bestimmt, wenn es, — nachdem im Art. 29 jedem Kaufmanne, welchem die Handelsgesellschaften hierin gleichgestellt werden, zur Pflicht gemacht ist, bei dem Beginne des Gewerbes seine Grundstücke, Forderungen und Schulden, den Betrag seines baaren Geldes und seine anderen Vermögensstücke genau zu verzeichnen, dabei den Werth der Vermögensstücke anzugeben und einen das Verhältniß des Vermögens und der Schulden darstellenden Abschluß zu machen, auch demnächst in jedem Jahre ein solches Inventar und eine solche Bilanz seines Vermögens anzufertigen, — im Art. 31 vorschreibt:

„Bei der Aufnahme des Inventars und der Bilanz sind sämmtliche Vermögensstücke und

Artikel 20.

Einkommen aus Bergbau.[1])

1. Für die Berechnung des Einkommens aus Bergbauunternehmungen, welche nicht den Vorschriften der Artikel 26, 27 unterliegen, finden die Bestimmungen Artikel 17 bis 19 entsprechende Anwendung, mit der Maßgabe, daß den zu-

---

Forderungen nach dem Werthe anzusetzen, welcher ihnen zur Zeit der Aufnahme beizulegen ist.

Zweifelhafte Forderungen sind nach ihrem wahrscheinlichen Werthe einzusetzen, uneinbringliche Forderungen aber abzuschreiben."

Aus dieser, allerdings nur unvollständigen Instruktion ist vielmehr ebenfalls nur das Prinzip zu entnehmen, daß die Bilanz überhaupt, mithin auch in Ansehung der nicht besonders hervorgehobenen Punkte, der objektiven Wahrheit möglichst nahe kommen soll, wie sich dies schon in den Motiven zu dem Preußischen Entwurfe (S. 21 i. f. und 22) ausgesprochen findet. Der Bilanz liegt hiernach in der That die Idee einer fingirten augenblicklichen allgemeinen Realisirung sämmtlicher Aktiva und Passiva zum Grunde, wobei jedoch davon ausgegangen werden muß, daß in Wirklichkeit nicht die Liquidation, sondern vielmehr der Fortbestand des Geschäftes beabsichtigt wird, und daß daher bei der Ermittelung und Feststellung der einzelnen Werthe derjenige Einfluß unberücksichtigt zu lassen ist, welchen eine Liquidation auf dieselben ausüben würde.

Der objektive Werth, welcher der Bilanz zum Grunde zu legen ist, wird sich bei den erst in Zukunft fällig werdenden Leistungen, deren Gegenstand einen Markt- oder Börsenpreis hat, der Regel nach, nur nach dem Markt- oder Börsenpreise der Gegenwart feststellen lassen. Zwar giebt es manche Handelsartikel, für welche, je nachdem es sich um Tages- oder Zeitkäufe handelt, ein verschiedener Markt- oder Börsenpreis für die verschiedenen Lieferungszeiten existirt. Auch ist es denkbar, daß für Gegenstände, bei denen dies nicht zutrifft, sondern nur ein Marktpreis für den gegenwärtigen Werth derselben existirt, der Werth ihrer Leistung an einem gewissen künftigen Zeitpunkte dennoch schon jetzt mit einer Bestimmtheit und Sicherheit vorauszusehen ist, welche auf objektive Gründe zurückgeführt werden kann und nicht lediglich auf subjektiver Ansicht und auf Spekulation beruht. Ueberall da, wo sich ein solcher zukünftiger Werth objektiv nicht feststellen läßt, was übrigens nicht Sache der rechtlichen, sondern vielmehr der thatsächlichen Beurtheilung der konkreten Verhältnisse ist, bleibt aber für die Veranschlagung derartiger zukünftiger Leistungen nichts Anderes übrig, als auch hierbei denjenigen Werth zum Grunde zulegen, welchen sie gegenwärtig haben würden, zumal im Allgemeinen davon ausgegangen werden darf und muß, daß auch bei der Bildung des gegenwärtigen Marktpreises bezw. Kurses bereits alle diejenigen schon vorhandenen und erkennbaren, wenngleich ihren Einfluß direkt erst für die Folgezeit ausübenden Faktoren, soweit sie objektiv von Erheblichkeit sind, mitgewirkt haben.

3) Siehe Anm. 3a auf Seite 33 dieses Buches.

(Zu Art. 20.) 1) Finz.-Minist.-Zirk.-Erlaß v. 12. August 1891. — II. 9884. —

In der Anlage erhält die Königliche Regierung eine in der nächsten Nummer des Reichs- und Staatsanzeigers zum Abdruck gelangende Bekanntmachung mit dem Veranlassen, dieselbe schleunigst durch das Amtsblatt zu veröffentlichen.

Die steuerliche Verwerthung der von den Berggewerkschaften dort einzureichenden Verwaltungsrechnungen und sonstigen Nachweisungen wird vielfach eine genauere Sachkenntniß zur Voraussetzung haben. Beispielsweise wird die Frage, ob die als Grundkapital in Ansatz gebrachten Summen sich thatsächlich auf den Erwerbspreis und die Kosten der Anlage und Einrichtung bezw. Erweiterung des Bergwerks beschränken, oder ob und in welchem Umfange die erfolgten Abschreibungen als regelmäßige (Art. 19 Abs. 3 und 4 der Ausführungsanweisung) anzusehen sind, häufig nur unter näherer Kenntniß der besonderen Verhältnisse des betreffenden Bergwerks beantwortet werden können.

Die Königliche Regierung wolle daher die eingehenden Verwaltungsrechnungen u. s. w. nach dieser Richtung hin einer Prüfung unterziehen und soweit dies zur Beseitigung von Zweifeln und

Bedenken erforderlich erscheint, die mit den lokalen und technischen Verhältnissen vertrauten Oberbergämter um eine entsprechende gutachtliche Aeußerung ersuchen.

Das so vorbereitete Material ist demnächst den zuständigen Vorsitzenden der Veranlagungskommissionen zu übermitteln.

Bekanntmachung.

Nach §. 1. Nr. 4 des Einkommensteuergesetzes vom 24. Juni d. J. (G.S.S. 175) unterliegen vom 1. April 1892 ab auch Aktiengesellschaften, Kommanditgesellschaften auf Aktien und Berggewerkschaften, welche in Preußen ihren Sitz haben, der Einkommensteuer. Von dem gleichen Zeitpunkte ab sind Unternehmungen der gedachten Art, welche außerhalb Preußens ihren Sitz haben, mit dem aus Preußischem Grundbesitz und Gewerbebetrieb fließenden Einkommen steuerpflichtig (§. 2b das.).

Nach weiterer Bestimmung des erwähnten Gesetzes (§. 24 Abs. 2) sind die vorbezeichneten Gesellschaften und Berggewerkschaften verpflichtet, ihre Geschäftsberichte und Jahresabschlüsse, sowie die darauf bezüglichen Beschlüsse der Generalversammlungen alljährlich nach den näheren Anordnungen des Finanzministers dem Vorsitzenden der Veranlagungskommission einzureichen.

Auf Grund dieser Vorschrift bestimme ich zum Zweck der Einkommensteuerveranlagung für das Jahr 1892/93 hiermit Folgendes:

1. **Aktiengesellschaften und Kommanditgesellschaften auf Aktien, welche in Preußen domicilirt** sind, haben die Geschäftsberichte und Jahresabschlüsse der beiden letzten Geschäftsjahre sowie die darauf bezüglichen Beschlüsse der Generalversammlungen

in der Zeit vom 1. bis 15. Oktober d. J.

bei dem Vorsitzenden derjenigen Veranlagungskommission, in deren Bezirk sie ihren Sitz haben, einzureichen.

Auch wollen dieselben hierbei anzeigen, ob und eventuell wo sie inner- oder außerhalb Preußens Grundbesitz haben oder stehende Gewerbebetriebe (Fabrikations- Ein- oder Verkaufsstätten, selbständige Agenturen u. s. w.) unterhalten.

2. **Aktiengesellschaften und Kommanditgesellschaften auf Aktien, welche außerhalb Preußens domicilirt sind**, jedoch in Preußen Grundbesitz haben oder ein stehendes Gewerbe betreiben, haben die zu 1 bezeichneten Unterlagen während des daselbst angegebenen Zeitraums bei dem Vorsitzenden derjenigen Veranlagungskommission einzureichen, in deren Bezirk sich der Grundbesitz bezw. die gewerbliche Niederlassung befindet.

Ferner wollen diese Gesellschaften unter Namhaftmachung eines in Preußen wohnhaften Vertreters hierbei anzeigen, ob und eventuell wo sie in Preußen anderweit Grundbesitz haben oder ein stehendes Gewerbe betreiben.

Falls der Grundbesitz bezw. der Gewerbebetrieb sich über mehrere Veranlagungsbezirke erstreckt, so ist die Einreichung der Geschäftsberichte u. s. w. in demjenigen Veranlassungsbezirk zu bewirken, in welchem der gedachte Vertreter seinen Wohnsitz hat.

3. **Die Berggewerkschaften** haben die Geschäftsberichte und Jahresabschlüsse (Verwaltungsrechnungen) der beiden letzten Geschäftsjahre sowie die darauf bezüglichen Beschlüsse der Gewerkenversammlungen **bis zum 1. Oktober d. J.** bei derjenigen Regierung einzureichen, in deren Bezirk sie ihren Sitz haben.

Gleichzeitig wollen dieselben in Gemäßheit des §. 16 des Einkommensteuergesetzes unter Beibringung der bezüglichen Nachweise sich darüber äußern, ob bei ihrer Veranlagung von den festgestellten Ueberschüssen $3^1/_2$ Prozent des aus dem Erwerbspreise und den Kosten der Anlage und Einrichtung bezw. Erweiterung des Bergwerks sich zusammensetzenden Grundkapitals oder des zwanzigfachen Betrages der im Durchschnitt der letzten vier Jahre vertheilten Ausbeute in Abzug gebracht werden sollen.

Berlin, den 12. August 1891.

Der Finanz-Minister.
gez. **Miquel.**

lässigen Abzügen die Bergwerksabgabe, sowie die der jährlichen Verringerung der Substanz des Bergwerks entsprechenden Abschreibungen hinzutreten.[17])

2. Die Erträgnisse solcher Kuxe, welche nach §. 101 des Allgemeinen Berggesetzes vom 24. Juni 1865[2]) die Eigenschaft beweglicher Sachen haben, sind als

---

Minist.=Anm. 17. Vergl. auch die Entscheidung des Königlichen Ober=Verwaltungsgerichts vom 19. Dezember 1888 (Entsch. B. 17, S. 128 ff.)

(Zur Minist.=Anm. 17.) Die wichtigsten Sätze dieser Entscheidung sind:

1. Als Substanz für deren Minderung das Gesetz bei Bergbauunternehmungen die Abschreibung zuläßt, ist, da das Bergwerkseigenthum in der ausschließlichen Befugniß besteht, das verliehene Mineral im Verleihungsfelde aufzusuchen und zu gewinnen (§§. 50 und 54 des Allgemeinen Berggesetzes vom 24. Juni 1865 G.S. S. 705), nur die Masse der verliehenen unterirdisch lagernden Mineralien anzusehen.

2. Die Verringerung der Substanz wird nicht schon durch die Menge des geförderten Minerals allein bezeichnet; denn jene ist eine relative Größe. Wird dieselbe Maßeinheit von zwei Mengen entnommen, von denen die erstere 10, die andere 20 solcher Einheiten enthält, so ist die Substanz bei jener um $^1/_{10}$, bei dieser um $^1/_{20}$ verringert. Bei Bergwerken kann die Verringerung daher nur durch einen Bruch ausgedrückt werden, dessen Zähler das im Betriebsjahre abgebaute Quantum und dessen Nenner das Gesammtquantum der Mineralsubstanz bildet. Als Gesammtquantum kann ferner nur die zur Zeit der Steuerveranlagung thatsächlich vorhandene, nicht aber die in einem früheren Zeitpunkte (z. B. vor Beginn der Ausbeute, bei der erstmaligen Besteuerung 2c.) vorhanden gewesene Mineralmasse in Betracht kommen.

3. Die Abschreibung muß ferner, um der jährlichen Substanzverringerung zu „entsprechen", in demjenigen Verhältnisse, welches der diese Verringerung ausdrückende Bruch anzeigt, zu dem Gesammtwerthe der Substanz stehen.

4. Der Werth der Substanz des unterirdisch lagernden Minerals ist aber auch abgesehen von seiner allmähligen Erschöpfung, somit auch in jeder seiner Maßeinheiten, kein im Laufe der Zeiten unveränderlicher, er besteht vielmehr in der Brauchbarkeit, welche die verliehene Lagerstätte für den Bergwerkseigenthümer hat, das Mineral zu gewinnen und durch dessen Absatz sich ein Einkommen zu erwerben. Da dieser Gebrauchswerth nothwendig mit jedem Wechsel in den Produktions= und Absatzverhältnissen sich ändern muß, so bleibt nur übrig, daß — falls von einem der Betheiligten eine solche Aenderung behauptet wird — für jede Steuerveranlagung, und zwar nach Maßgabe der in dieser Periode bestehenden Verhältnisse, auch der Werth der Substanz für eine Maß= oder Gewichtseinheit derselben geschätzt wird.

5. Die Beweislast anlangend, so hat der Censit die Angemessenheit der beanspruchten Abschreibung und die Richtigkeit ihrer ziffermäßigen Unterlagen darzuthun. Er ist deshalb abzuweisen, wenn er wegen der besonderen Beschaffenheit seines Bergwerks die Menge der vorhandenen Substanz und den zeitigen Substanzwerth einer Maßeinheit derselben nicht in einer den Richter überzeugenden Weise darzulegen vermag. Hierbei ist anzunehmen, daß die Mengen und die Werthe der in den künftigen Jahresförderungen enthaltenen Substanztheile als solche Größen angesetzt werden, welche den für die Veranlagungsperiode thatsächlich festgestellten gleich sind und dauernd gleich bleiben, und daß die Dauer der Ausbeuteperiode gefunden wird, indem man das Gesammtquantum der Substanz durch das im Veranlagungsjahr geförderte Quantum theilt. Als Zinsfuß ist dann derjenige anzuwenden, welcher zu dieser Zeit für die mehr oder minder unsicheren Kapitalanlagen in Bergbauunternehmungen der betreffenden Art gebräuchlich ist, nicht jedoch in allen Fällen der niedrigere, allgemein landesübliche.

Siehe hierzu auch §. 3 des Gesetzes vom 27. Juli 1885, Anlage 3 dieses Buches.

2) Allgemeines Berggesetz für die preußischen Staaten vom 24. Juni 1865. (G.S. S. 705.)

§. 101. „Die Zahl der gewerkschaftlichen Antheile — Kuxe — beträgt hundert.

Durch das Statut kann die Zahl auf tausend bestimmt werden, die Kuxe sind untheilbar. Sie haben die Eigenschaft der beweglichen Sachen."

Zinsen oder Renten anzusehen und gelten daher als Einkommen aus Kapitalvermögen (s. Artikel 8 b).

Soweit dagegen die unter der Herrschaft des älteren Rechtes geschaffenen Kuxe nach §. 228 a. a. O.[3]) die Eigenschaft unbeweglicher Sachen behalten haben, sind sie nach §. 231[4]) daselbst den Grundstücken gleich zu achten und ihre Erträgnisse daher als aus dem Grundbesitz herrührendes Einkommen zu behandeln.

3. Bei Ermittelung des steuerpflichtigen Einkommens dürfen die für einzelne Bergwerksantheile (Kuxe) zu leistenden Zubußen nur insoweit in Abrechnung gebracht werden, als dieselben nicht infolge von Kapitalanlagen zur Erweiterung des Betriebes oder zu sonstigen Verbesserungen, sondern infolge von Ausgaben entstanden sind, welche behufs Fortsetzung des Betriebes in dem bisherigen Umfange nothwendig waren.

4. Einkommen aus Gewinn bringender Beschäftigung sowie aus Rechten auf periodische Hebungen und Vorteile irgend welcher Art.

(§. 15 des Gesetzes.)

Artikel 21.

Einkommen aus gewinnbringender Beschäftigung.

Hierher gehört insbesondere:

a) die Besoldung der Militärpersonen,[1]) der Reichs-, Staats-, Hof-, Gemeinde-

3) §. 228 a. a. O. „Die seitherige Kuxeintheilung bleibt bestehen. Jedoch kann von jetzt an ein Kux nur noch in Zehntheile getheilt werden.

Die Kuxe behalten die Eigenschaft der unbeweglichen Sachen."

4) §. 231 a. a. O. „Bei der Veräußerung und Verpfändung von Kuxen kommen die für Grundstücke gegebenen Bestimmungen zur Anwendung."

(Zu Art. 21.) 1) Uebersicht über die Besoldungen der Offiziere bis zum Hauptmann I. Klasse:

Es erhalten (1891) jährlich in Mark	Gardes du Corps				Kriegsministerium, Fußartillerie, Ingenieure, Pioniere u. s. w., Eisenbahn-Regiment, Luftschiffer-Abth. u. Kriegsakademie		1. Garde-Regiment z. F., Feldartillerie, Cavallerie, Train, Premier- u. Sek.-Lieutenants des Invalidenhauses		Die übrigen Infanterie-Regimenter einschließlich der außeretatsmäßigen Sek.-Lieutenants der Artillerie- u. des Ingenieur- u. Pionier-Korps		Marine-Infanterie			
1.	2.				3.		4.		5.		6.			
Charge	Gehalt	W.G.Z.	Serv.	Sa.	Gehalt	Sa.	Gehalt	Sa.	Gehalt	Sa.	Gehalt	W.G.Z.	Serv.-Zusch.	Sa.
Hauptm. I. Klasse	4224	900	972	6096	3900	5772	3900	5772	3600	5472	4200*)	660	102	4962
„ II. „	2520	900	972	4392	2520	4392	2520	4392	2160	4032	2760*)	660	102	3522
Prem.-Lieut. . . .	1338	420	540	2298	1260	2220	1260	2220	1080	2040	1380**)	270	150	1800
Sekond.-Lieut. . .	1164	420	540	2194	1188	2148	1008	1968	900	1860	1200**)	270	150	1620

1. Wohnungsgeld-Zuschuß und Servis sind in der Summenspalte der Hauptspalten 3—5 nach den Sätzen der Hauptspalte 2 mit enthalten.

2. Die Hauptleute des Invalidenhauses erhalten nicht mehr als höchstens 230 Mark monatlich, gleich 2760 Mark jährlich.

3. *) einschließlich 600 Mark Servis. **) einschließlich 300 Mark Servis.

und anderen öffentlichen Beamten,[2]) der Geistlichen, Lehrer, sowie der in privaten Dienstverhältnissen stehenden Personen;

b) der Lohn- und sonstige Arbeitsverdienst der Handlungs- und Gewerbegehilfen, der Handarbeiter und Dienstboten;

c) der Gewinn aus der Thätigkeit als Schriftsteller, Gelehrter, Künstler, Privatlehrer, Erzieher, Arzt, Rechtsanwalt, Notar, als Aufsichtsrath bei Aktiengesellschaften, sowie aus jeder nicht besonders genannten persönlichen Thätigkeit, welche nicht als selbstständiger Betrieb der Landwirthschaft, des Handels oder Gewerbes anzusehen ist, mag dieselbe als Hauptberuf oder als Nebenbeschäftigung geübt werden.

Bei der Berechnung des Einkommens ist folgendes zu beachten:

1. Feste Bezüge, wie Gehalte, Besoldungen, Löhne, welche nach bestimmten Jahres-, Monats-, Wochen- oder Tagessätzen zugesichert sind, werden gemäß Artikel 5 Nr. 1, ihrem Betrage nach, unbestimmte Bezüge, insbesondere also Gebühren,[3]) Tantiemen, Gratifikationen,[4]) Akkord- und Stücklöhne, Kollegiengelder,[5])

---

2) Siehe jedoch die Ausnahme in §. 6 Nr. 4 des Einkommensteuergesetzes, S. 14 dieses Buches.

3) Kgl. General-Lotterie-Direktion. Berlin. 3. Novbr. 1888 — A. 4180 —. Auszug.

Planmäßig gebührt dem Lotterie-Einnehmer an Schreibgebühr pro Loos und Klasse eine Mark und bei Freiloosen, also für Loose, welche auf die in der 1., 2. und 3. Klasse gezogenen Loose zur Ausgabe gelangen, die Nachzahlung von einer Mark pro Loos und Klasse.

Außerdem bezieht der Lotterie-Einnehmer von den in seine Kollekte gefallenen Gewinnen eine Provision. Diese hat für die 175., 176. und 177. Lotterie 2% betragen und ist von der 178. Lotterie ab in der Weise ermäßigt worden, daß dem Lotterie-Einnehmer von den in seine Kollekte gefallenen Gewinnen einer Lotterie gewährt werden:

a. bei einem Gesammt-Gewinnbetrage bis einschließlich 32200 Mark — 2%,

b. von dem Mehrbetrage — $1\frac{1}{2}$%.

Welche Ausgaben dem Lotterie-Einnehmer in den einzelnen Lotterien erwachsen sind, ist uns mit Bestimmtheit nicht bekannt.

(Nach dieser Auskunft kann man annehmen, daß der Nettogewinn eines Lotterie-Einnehmers bei weniger als 1000 Loosen acht bis neun Mark für jedes Loos erreicht. Bei einer höheren Zahl von Loosen wird der Gewinn etwas höher, höchstens zehn Mark zu rechnen sein.)

4) Die Bestimmungen in Art. 23 No. 2 Abs. 2 und im Art. 22 Nr. 4b dieser Anweisung lassen die Ansicht gerechtfertigt erscheinen, daß es nicht in der Absicht der Anweisung gelegen hat, von den Grundsätzen in Betreff der steuerlichen Behandlung von Remunerationen und Gratifikationen an Beamte im Wesentlichen abzuweichen, welche in den nachfolgenden Reskripten niedergelegt sind:

4a) Finz.-Minist.-Erlaß v. 26. Juni 1856 — III. 14197 —. Auszug.

Remunerationen und Gratifikationen, welche einem Beamten als Belohnung für seine Tüchtigkeit oder aus Veranlassung von besonderen dienstlichen Leistungen gewährt werden, bilden jedenfalls einen Theil desjenigen Ertrages, welcher dem Beamten aus der gewinnbringenden Beschäftigung seines Amtes zufließt und sind deshalb in Gemäßheit der Vorschrift in den §§. 19 und 30 des Ges. v. 1. Mai 1851 bei Feststellung des steuerpflichtigen Gesammteinkommens des Beamten mit in Ansatz zu bringen. Wird nun auch von der strengen Anwendung dieses Grundsatzes in Betreff des größeren Theiles der den Beamten zufließenden Remunerationen und Gratifikationen, insbesondere derer, welche in unerheblichen Beträgen und vereinzelten Fällen gewährt werden, aus den hervorgehobenen Gründen Abstand genommen

Honorare,[6]) im Betrage wechselnde Nebeneinnahmen und Emolumente aller Art,[7]) gemäß Artikel 5 Nr. 2, in Ansatz gebracht.

2. Zur Anrechnung gelangt die gesammte dem Steuerpflichtigen für dessen Thätigkeit ausdrücklich oder stillschweigend zugesicherte oder thatsächlich gewährte Gegenleistung. Dies gilt insbesondere von Nebenemolumenten, welche, wie die Weihnachtsgratifikationen der kaufmännischen Angestellten zwar nicht auf ausdrücklicher Vereinbarung beruhen, aber denselben auch ohne eine solche vom Prinzipal in Anerkennung ihrer Leistungen herkömmlich gewährt zu werden pflegen.

Keinen Unterschied macht es, unter welcher Bezeichnung (Gehalt, Remuneration, Diäten,[8]) Wohnungsgeldzuschuß,[9]) Servis[10]) u. s. w.) die Besoldung der Beamten gewährt wird; ebensowenig kommt es darauf an, ob dieselbe etatsmäßig und bei der Pensionirung anrechnungsfähig ist oder nicht. In letzterer Beziehung findet nur mit Rücksicht auf die besonderen Verhältnisse der im Auslande stationierten Beamten eine Ausnahme statt (Artikel 3 II. Nr. 4).

3. Außer den baren Einnahmen ist auch der Geldwerth der etwaigen Naturalbezüge einschließlich des Miethswerthes der freien Wohnung zu berücksichtigen.

---

werden können, so liegt doch keine Veranlassung vor, eine gleiche Nachsicht in Betreff solcher Remunerationen eintreten zu lassen, welche einem Beamten, ohne daß ihm ein rechtlicher Anspruch darauf zustände, dennoch so regelmäßig und in so gleichmäßigen Beträgen gewährt werden, daß es ihm möglich wird, darauf die Einrichtung seines Hauswesens und seiner ganzen Lebensweise mit zu begründen.

4 b) Finz.-Minist.-Erlaß v. 29. September 1876 — IV. 11203 —.

In Uebereinstimmung mit der von Ew. 2c. vorgetragenen Ansicht ist daran festzuhalten, daß die Vorschriften in den §§. 19 und 30 des Ges. v. 1. Mai 1851 bei Feststellung des steuerpflichtigen Gesammteinkommens der Beamten nicht allein die Anrechnung der fixirten Diensteinnahmen derselben, sondern auch solcher, wenngleich in ihrem Betrage nicht im Voraus feststehenden Einnahmen erfordern, welche für besondere Dienstleistungen regelmäßig periodisch gewährt werden, wie dies z. B. bei den Remunerationen der Fall ist, welche Beamte der dortigen Regierungshauptkasse aus Bankfonds für Besorgung von Bankagenturgeschäften beziehen 2c.

Anders verhält es sich mit außerordentlichen Remunerationen und Unterstützungen, welche an Beamte ohne irgend einen Anspruch derselben auf periodische ähnliche Bewilligungen gewährt werden. Es ist daher die bisherige Praxis, solche außerordentliche Einnahmen bei dem Diensteinkommen der Beamten nicht in Anrechnung zu bringen, auch ferner beizubehalten.

5) Finz.-Minist.-Erlaß v. 4. Septbr. 1858 — III. 19815 —. Auszug.

Die Seitens der Universitätslehrer gestundeten Kollegienhonorare dürfen bei der Veranlagung zur Einkommensteuer nicht außer Betracht bleiben.

6) Finz.-Minst.-Erlaß v. 1. Mai 1876 — IV. 4705 —.

Auf den Bericht vom 2c. wird der 2c. erwidert, daß die den grauen Schwestern dortselbst für ihre Thätigkeit gewährten Bezüge, obwohl dieselben ihrem Betrage nach nicht mehr kontraktlich stipulirt sind, als steuerpflichtiges Einkommen betrachtet werden müssen, daß jedoch die Ueberzeugung nicht hat gewonnen werden können, daß dieses Einkommen für jede der grauen Schwestern den Jahresbetrag von 420 Mark erreicht. Der von denselben eingereichte Rekurs ist deshalb für begründet zu erachten und daher sämmtliche grauen Schwestern steuerfrei zu stellen.

7) Finz.-Minist.-Erlaß v. 23. März 1878 — IV. 3475 —. Auszug.

Im Ges. v. 1./25. Mai 1851/73 ist nirgends ein Anhalt dafür zu finden, daß Personen, deren muthmaßliches Einkommen den Jahresbetrag von 420 Mark erreicht oder übersteigt, aus

Dienstwohnungen und Dienstländereien der Beamten, für welche ein Abzug an der Besoldung stattfindet, sind dem steuerpflichtigen Einkommen nicht hinzuzurechnen,[11]) ebensowenig aber der als Miethš-, beziehungsweise Pachtzins geltende Besoldungsabzug vom Einkommen abzurechnen.[12])

Einem Besoldungsabzuge gilt es gleich, wenn Beamte und Offiziere den tarifmäßigen Wohnungsgeldzuschuß, zu dessen Bezuge sie an sich berechtigt sind, nur deshalb nicht erhalten, weil ihnen eine Dienstwohnung gewährt ist.

Findet ein solcher Abzug an der Besoldung nicht statt, so ist das Einkommen aus Dienstwohnungen[13]) nach dem ortsüblichen Miethswerte, jedoch nicht höher, als mit fünfzehn vom Hundert des baren Gehalts des Berechtigten in Ansatz zu bringen. Soweit Dienstwohnungen vermiethet sind, ist der Miethszins nach Maßgabe der Bestimmungen im Artikel 16 II. anzurechnen.

4. Von der Einnahme sind abzurechnen:

a) die etwaigen Geschäftsunkosten, insbesondere die laufenden Ausgaben der Rechtsanwälte, Notare, Gerichtsvollzieher[14]) für die Unterhaltung — nicht auch die Kosten für die erste Einrichtung — des Bureaus, die laufenden Ausgaben der Aerzte für das zur Besorgung der Praxis gehaltene Fuhrwerk, der Künstler, Gelehrten für die Besoldung von Mitarbeitern oder Gehülfen, für die Beschaffung der zur Ausübung der Berufsthätigkeit erforderlichen Materialien, sowie für Instandhaltung und Ergänzung, nicht aber für die erste Anschaffung der erforderlichen Geräthschaften;

b) diejenigen für den Dienstherrn oder Arbeitgeber geleisteten Ausgaben, für welche die Entschädigung in der für die übernommene Thätigkeit gewährten Gegenleistung mit enthalten ist.

5. Von der Besteuerung ausgeschlossen und deshalb außer Ansatz zu lassen sind die im Artikel 3 II. zu 1 c, 3 und 4 bezeichneten Besoldungen und Besoldungstheile.

---

dem Grunde, weil sie sich der Prostitution ergeben haben, von Steuern befreit oder in eine niedrigere Stufe, als die ihrem muthmaßlichen Einkommen entsprechende, eingeschätzt werden dürften.

(Dasselbe gilt gegenwärtig für das Ges. v. 24. Juni 1891 und den Jahresbetrag von mehr als 900 M.)

8a) Finz.-Minist.-Erlaß v. 29. Novbr. 1875 — IV. 13110 —.

Gemäß §§. 7 und 30 des Ges. v. 25. Mai 1873 sind behufs der Schätzung des Diensteinkommens der Beamten die fortlaufenden dienstlichen Einnahmen nach Abzug der etwa darin enthaltenen Entschädigungen für den Dienstaufwand in Ansatz zu bringen.

Hinsichtlich der in Tagegeldern bestehenden dienstlichen Einnahmen ist daher nach der Art und dem Zweck ihrer Bewilligung zu prüfen, ob jene Voraussetzungen zutreffen.

Die in Form von Tagegeldern gewährten Entschädigungen an ständige zur Ergänzung des etatsmäßigen Beamtenpersonals beschäftigte Hülfsarbeiter sind als fortdauernde Remunerationen, insbesondere wenn sie als Jahresquote fixirt sind, steuerpflichtig. Das Gegentheil gilt von denjenigen Tagegeldern, welche für Dienstreisen gewährt werden.

Tagegelder, welche ein etatsmäßig angestellter Beamter, der vorübergehend außerhalb seines Wohnorts bei einer Behörde beschäftigt wird, für die Dauer dieser Beschäftigung neben seiner Besoldung erhält, dienen vorzugsweise zur Bestreitung der dem Beamten durch die auswärtigen Dienstverrichtungen erwachsenden Mehrausgaben und haben daher den Charakter der Dienstaufwandentschädigung, welche bei der Klassensteuerveranlagung außer Betracht zu lassen ist.

Was endlich die an nicht etatsmäßig angestellte Beamte in Fällen der letzten Art gewährten Tagegelder betrifft, so bleibt nach Bewandtniß der Umstände zu prüfen, ob die fragliche Einnahme aus dem vorstehend betreffs der etatsmäßigen Beamten angeführten Grunde, oder weil sie nur als eine vorübergehende anzusehen, zur Veranlangung nicht zu ziehen ist.

Hinsichtlich des Spezialfalles lag ein Kommissorium von nur vorübergehender Dauer vor, daher die Nichtberücksichtigung der dem betreffenden Beamten dafür gewährten Diäten und folgeweise seine Freistellung von der Klassensteuer gerechtfertigt erscheint.

8b) Siehe auch Art. 22 Nr. 4b dieser Anweisung und die dortigen Anmerkungen.

9a) Reichs-Gesetz betr. die Bewilligung von Wohnungsgeldzuschüssen an die Offiziere und Aerzte des Reichsheeres und der Kaiserlichen Marine, sowie an die Reichsbeamten. Vom 30. Juni 1873 (R.G.Bl. S. 166):

§. 1. Die Offiziere und Aerzte des Reichsheeres und der Kaiserlichen Marine, sowie die Zivil- und Militärbeamten des Reiches erhalten, wenn sie ihren dienstlichen Wohnsitz in Deutschland haben, eine etatsmäßige Stelle bekleiden und eine Besoldung aus der Reichskasse beziehen, vom 1. Januar 1878 ab einen Wohnungsgeldzuschuß nach Maßgabe des diesem Gesetze beigefügten Tarifes.

Tarif.

Bezeichnung der Chargen der Offiziere u. Aerzte des Reichsheeres u. der Kaiserlichen Marine, sowie der Kategorie der Reichsbeamten.	Jahresbetrag des Wohnungsgeldzuschusses in den Orten der Servisklasse:					
	Berlin Mk.	I Mk.	II Mk.	III Mk.	IV Mk.	V Mk.
I. 1. Divisions-Kommandeure, Brigade-Kommandeure und Offiziere in Dienststellungen dieses Ranges, Marinestations-Chefs und Admirale, sowie der General-Stabsarzt der Armee; 2. Direktoren der obersten Reichsbehörden.	1500	1200	900	720	600	600
II. 1. Stabsoffiziere m. Regiments-Kommandeur-Rang, Kapitäne zur See, Generalärzte; 2. Vortragende Räthe der obersten Reichsbehörden ꝛc.	1200	900	720	600	540	540
III. 1. Stabsoffiziere, Korvetten-Kapitäne, Hauptleute (Rittmeister), Kapitän-Lieutenants, Ober-Stabsärzte, Stabsärzte; 2. Mitglieder der übrigen Reichsbehörden ꝛc.	900	660	540	480	420	360
IV. Lieutenants und Assistenzärzte	420	270	240	225	216	216
V. Subalternbeamte	540	432	360	300	216	180
VI. Unterbeamte	240	180	144	108	72	60

Siehe hierzu auch die Verordnung vom 30. Juni 1873 (R.G.Bl. Seite 169) betreffend die Klassifikation der Reichsbeamten nach Maßgabe des vorstehenden Tarifs.

9b) Gesetz, betr. die Gewährung von Wohnungsgeldzuschüssen an die unmittelbaren Staatsbeamten. Vom 12. Mai 1873 (G.S. S. 209);

§. 1. Den unmittelbaren Staatsbeamten, welche eine etatsmäßige Stelle bekleiden und ihre Besoldung aus der Staatskasse beziehen, ferner den Lehrern und Beamten der Universitäten und derjenigen Unterrichts- und sonstigen Anstalten, bei welchen die Gewährung der erforderlichen Unterhaltungszuschüsse ausschließlich dem Staate obliegt, wird vom 1. Januar 1873 ab ein Wohnungsgeldzuschuß nach Maßgabe des diesem Gesetz beiliegenden Tarifs gewährt.

Tarif.

Bezeichnung der Beamten	Jahresbetrag des Wohnungsgeldzuschusses in den Orten der Servisklasse:					
	Berlin Mk.	I Mk.	II Mk.	III Mk.	IV Mk.	V Mk.
I. Beamte der 1. Rangklasse	1500	1200	900	720	600	600
II. Beamte der 2. und 3. Rangklasse	1200	900	720	600	540	540
III. Beamte der 4. und 5. Rangklasse	900	660	540	480	420	360
IV. Beamte, welche zwischen den Beamten der 5. Rangklasse und den Subalternen der Provinzialbehörden rangieren, Subalternbeamte zweiter Klasse bei den Centralbehörden, Subalternbeamte bei den Provinzial- und Lokalbehörden	540	432	360	300	216	180
V. Unterbeamte	240	180	144	108	72	60

10a) Der „Servis" der Offiziere, Militärärzte und Militärbeamten ist verschieden von dem Wohnungsgeldzuschusse, er wird als Ersatz der den Militärpersonen zustehenden Naturalverpflegung angesehen, muß daher dem Diensteinkommen zugerechnet werden, ist jedoch weder der Pfändung unterworfen, noch darf er bei der Ermittelung des pfändbaren Theiles des Diensteinkommens mitberechnet werden, siehe §. 51 der Verordnung vom 7. Septbr. 1879 im Abschn. VII dieses Buches.

10b) Burschen-Servis.

Finz.-Minist.-Zirk.-Erlaß v. 7. Mai 1869 — IV. 6272 —.

Seitens des Herrn Kriegsministers ist hier zur Sprache gebracht worden, daß bei der Veranlagung der in A. garnisonirenden Offiziere zur Klassensteuer von der Steuerbehörde auch in den Fällen, in welchen die Ersteren ihren Burschen in der eigenen Wohnung Quartier gegeben haben, der gesammte Betrag des Servises auf das steuerpflichtige Einkommen in Anrechnung gebracht werde. Dieses Verfahren erscheint nicht sachgemäß.

Nach §. 16 des Reglements über die Serviskompetenz der Truppen im Frieden v. 20. Febr. 1868 wird den Offizieren der volle tarifmäßige Servisbetrag nur dann gewährt, wenn sie für das Quartierbedürfniß ihres Burschen selbst sorgen; wenn aber das Quartier des Letzteren durch Unterbringung desselben in der Kaserne beschafft wird, so erleidet der betreffende Offizier eine Kürzung des chargenmäßigen Servises um den Betrag des Mannschaftsservises. Es kann also bei der Einschätzung eines Offiziers, dessen Bursche in der Wohnung desselben sein Quartier erhalten, dessen Servis der Offizier mithin in dem vollen chargenmäßigen Servisbetrage mit bezieht, nicht dieser letztere voll, sondern nur nach Abzug des Burschenservises in Berechnung kommen, weil der letztbezeichnete Betrag lediglich eine Entschädigung repräsentirt, welche dem Offizier für die Beschaffung des Quartierbedürfnisses des Burschen gewährt wird, eines Bedürfnisses, welches anderen Falls vom Staate befriedigt werden müßte.

11) Finz.-Minist.-Erlaß v. 29. April 1870 — III. 6239 —. Auszug.

Dagegen unterliegt es keinem Zweifel, daß Offiziere und Beamten, denen eine Dienstwohnung, für welche ein etatsmäßiger Abzug an der Besoldung stattfindet, gewährt wird, auch in dem Falle wegen des Werthes ihrer Dienstwohnung nicht zur Einkommensteuer herangezogen werden können, wenn ihnen statt der Dienstwohnung in natura ausnahmsweise eine Miethsentschädigung vorübergehend sollte gewährt werden.

12) Also würde z. B. ein vom Staate angestellter Förster, dem neben seinem baaren Ge-

Artikel 22.

Dienstaufwand.

Nicht zum steuerpflichtigen Einkommen gehört der zur Bestreitung des Dienstaufwandes bestimmte Theil des Diensteinkommens der Beamten.

Im Einzelnen gilt folgendes:

1. Bei Militärpersonen, Reichsbeamten, unmittelbaren und mittelbaren Staats-

---

halt noch Dienstländereien zur Benutzung überwiesen sind, dafür aber eine bestimmte Summe von seinem baaren Gehalte einbehalten wird, sein volles baares Gehalt, ohne Berücksichtigung des Ertrages der Dienstländereien zu versteuern haben.

Zweifelhafter liegt die Entscheidung in dem Falle, daß der Förster zugleich die Jagd gegen Gewährung des üblichen Schußgeldes, d. h. einer vorher bestimmten Summe Geldes für jedes erlegte und abgelieferte Stück Wild, ausübt. Kann hier der Gesichtspunkt geltend gemacht werden, daß die Ausübung der Jagd dem Förster nicht zu dessen Vergnügen oder Vortheil, sondern im Interesse des Forstfiskus, zur Schonung der Wald- und Wildbestände übertragen worden ist, so würde das Schußgeld nicht als Nebenmolument des Försters (Nr. 2 des Art. 21) zur Steuer heranzuziehen, sondern nach Art. 22 Nr. 1 als eine Entschädigung für den im Dienste erforderlichen Aufwand, insbesondere für die Kosten, welche die Erhaltung und Erneuerung des Schießzeuges (der Gewehre, Patronen, der Haltung eines jagdgerechten Hundes u. s. w.) verursachen, gänzlich von der Besteuerung frei zu lassen sein.

13) Gesetz, betreffend die Besteuerung der Dienstwohnungen der Reichsbeamten. Vom 31. Mai 1881 (R.G.Bl. S. 99):

§. 1. In Gemeinden, welche eine nach dem Miethwerth der Wohnungen veranlagte Steuer (Miethsteuer) erheben, darf für die Dienstwohnungen der Reichsbeamten der Miethwerth, von welchem die Steuer erhoben wird, nicht höher als mit fünfzehn vom Hundert des baaren Gehalts dieser Beamten bemessen werden.

§. 2. Bei Feststellung des baaren Gehalts bleiben diejenigen Beträge außer Ansatz, welche den Beamten zur Bestreitung von Repräsentations- oder Dienstaufwandskosten gewährt werden.

14) Finz.-Minist.-Erlaß v. 11. Februar 1886 — II. 878 —.

Auf den Bericht rc., betreffend die Beschwerde des Gerichtsvollziehers C., erwidere ich Ew. rc., daß dem Umstande, ob die Schreibgehülfen der Gerichtsvollzieher vielfach mehr aus Bequemlichkeit als aus Bedürfniß gehalten werden, eine entscheidende Bedeutung nicht beigelegt werden kann für die Beantwortung der Frage, ob der Anspruch des Beschwerdeführers auf Abrechnung seiner Büreaukosten bei seiner Steuereinschätzung als begründet anzuerkennen ist. Es kommt vielmehr im vorliegenden und ähnlichen Reklamations- bezw. Remonstrationsfällen auf die Ermittelung derjenigen Geschäftsausgaben (für Gehülfen, Büreau rc.) an, welche thatsächlich aufgewendet sind, um das gegenübergestellte Bruttoeinkommen zu erzielen, und von letzterem in Abzug gebracht werden müssen, um das steuerpflichtige Einkommen festzustellen. Daß dabei die Reisekosten und andere lediglich als Ersatz baarer Auslagen anzusehende Bezüge (erstattete Porti u. dergl.) schon beim Bruttoeinkommen außer Betracht bleiben, folgt aus der Natur der Sache (§. 13 Nr. 2 ff. der Gebührenordnung v. 24. Juni 1878 — R.G.Bl. S. 166). In gleicher Weise müßten streng genommen auch die als Ersatz baarer Auslagen bezeichneten Schreibgebühren für die im §. 14 a. a. O. aufgeführten Gegenstände von der Berechnung ganz ausgeschlossen werden. Alsdann wären selbstverständlich auch die auf die Herstellung dieser Schriftstücke antheilig entfallenden Auslagen für Lokal, Personal und Material rc. bei den Geschäftsunkosten nicht zu berücksichtigen. Um die Schwierigkeiten der Ermittelung zu vereinfachen, kann jedoch der Betrag der in Rede stehenden Schreibgebühren dem Bruttoeinkommen zugerechnet und dadurch auch die weitere Zerlegung der Geschäftsunkosten entbehrlich gemacht werden.

beamten, Geistlichen und Lehrern an öffentlichen Unterrichtsanstalten, welchen ausdrücklich ein bestimmter Betrag oder ein bestimmter Theil der Besoldung als Dienstaufwand[18]) (Dienstkostenaversum u. dergl.) bewilligt oder in den Etats berechnet wird,[1]) bleibt dieser und nur dieser Betrag von der Besteuerung frei, ohne daß eine Untersuchung darüber stattfindet, ob der Beamte an diesem Be-

---

Minist. Anm. 18. Als Dienstaufwand gelten insbesondere auch:
die den Kreisschulinspektoren im Nebenamte gewährten Bezüge; ferner
die Zulagen, welche den Dienst thuenden Flügeladjutanten Seiner Majestät des Königs aus der Kronfideikommißkasse und den persönlichen Adjutanten Ihrer Königlichen Hoheiten der Prinzen aus den Prinzlichen Kassen gewährt werden;
die Zulagen der Regiments- und Bataillonsadjutanten,
der untersuchungsführenden Offiziere bei den Truppentheilen,
der Etappeninspekteure,
der Kompagnieführer der Landwehr,
der mit der Führung von Landwehrbataillonen, sowie
der mit den Funktionen der Landwehrbezirkskommandeure betrauten pensionirten oder zur Disposition gestellten Offiziere,
der Hauptleute und Lieutenants beim Eisenbahnregiment und
der zur Dienstleistung beim großen Generalstabe kommandirten Offiziere;
die Diäten der Militärattachés bei den Botschaften und bei den Gesandtschaften.

---

1) Als Dienstaufwand gelten ferner:

1a) Die Zulage der Offiziere des Bekleidungsamtes. (Dienstanweisung für die Korpsbekleidungsämter v. 4. März 1890, §. 26.)

1b) Die Zulage der bei den Kgl. Generalkommandos verwendeten inaktiven Stabsoffiziere. (K.M.E. v. 16. April 1890. Nr. 800, 3, 90, A, 1.)

1c) Finz.-Minist.-Erlaß v. 23. Juli 1877. — IV. 8033 —.

In Folge des Berichts ꝛc. erwidere ich Ew. ꝛc., daß zufolge der dieserhalb veranlaßten Erörterung der Zuschuß, welcher den im aktiven Dienst zur Verwendung kommenden pensionirten Offizieren zu ihrer Pension aus den betreffenden Besoldungs- bezw. Verpflegungsetats gewährt wird, allgemein den Charakter einer Entschädigung für den mit diesem Verhältniß verbundenen Dienstaufwand an sich trägt, wie dies auch der §. 64 des neuen Geldverpflegungs-Reglements für das preußische Heer im Frieden v. 24. Mai 1877 zum Ausdruck bringt, und schon vorher durch Allerhöchste Kabinetsordre besonders festgesetzt war.

Es wird hiernach nicht zu bezweifeln sein, daß diejenigen Zulagen, welche die dem hiesigen Landwehrbezirks-Kommando zugetheilen, mit Pension zur Disposition stehenden Stabsoffiziere und Hauptleute erhalten, ebenfalls nur dazu dienen, für den ihnen erwachsenden dienstlichen Aufwand ein Aequivalent zu gewähren.

Einer Spezialisirung der aus letzterer zu bestreitenden — z. B. durch Beschaffung und Unterhaltung von Uniformstücken entstehenden — Ausgaben wird es nicht bedürfen, da schon die Erwägung, daß jene Offiziere in ihrem Pensions- bezw. Dispositionsverhältnisse auf eine dienstliche Stellung keine Rücksicht zu nehmen haben würden, das Vorhandensein solcher lediglich durch die Verwendung im aktiven Dienste hervorgerufenen Unkosten hinreichend erkennen läßt.

1d) Finz.-Minist.-Erlaß v. 30. Dezb. 1884 — II. 13283 —.

Im Einverständnisse mit dem Herrn Minister des Innern wird unter Abänderung der Bestimmungen des Zirkularerlasses v. 28. März 1858 — III. 5613 — der einschließlich der Bureaumiethe als Dienstaufwand von dem Gehalte der Offiziere der Landgendarmerie jährlich in Abzug zu bringende Betrag für den Brigadier auf 1290 Mark, für den Distriktsoffizier und den

trage oder diesem bestimmten Antheile des Diensteinkommens etwa Ersparnisse macht, oder noch einen Theil seines sonstigen Einkommens zum Dienstaufwande verausgabt.

2. Dagegen haben die in Privatdiensten[2]) angestellten Personen auf Erfordern den Nachweis zu liefern, daß die in bestimmter Höhe gewährte Dienstaufwands-entschädigung in der That in ihrem vollen Betrage für die mit ihren dienstlichen Verrichtungen verbundenen Ausgaben Verwendung findet.

3. Abgesehen von dem Falle zu 2 findet eine besondere Berechnung und Abrechnung der Dienstaufwandskosten nur dann statt, wenn das Diensteinkommen ohne ausdrückliche Bestimmung des Betrages oder des Theiles zugleich die Entschädigung für den Dienstaufwand getroffener Vereinbarung gemäß mitenthält. Dies ist bei öffentlichen Beamten nach dem Inhalt der maßgebenden Etats und den Anordnungen der zuständigen Behörden zu beurtheilen.

Adjutanten auf 800 Mark hierdurch festgesetzt und dementsprechend bestimmt, daß nur der alsdann verbleibende Betrag bei der Veranlagung jener Offiziere zur klassifizirten Einkommensteuer bezw. zur Klassensteuer als steuerpflichtiges Diensteinkommen anzunehmen ist.

1e) Die Zulage, welche den bei der Kaiserl. Marine in Dezernentenstellen befindlichen Offizieren und Aerzten zusteht und bei den „Kommandozulagen" (Kap. 51, Tit. 16 des Reichshaushalts-Etats) verrechnet wird, ist als Entschädigung für Dienstaufwand anzusehen und bei der Besteuerung außer Acht zu lassen. (Finz.-Minist.-Erlaß v. 9. Novbr. 1887, II. 12659.)

1f) Steuerfreie Zulagen und Tagegelder der Militärpersonen:

§. 45 des Geldverpflegungs-Reglements für das Preußische Heer im Frieden v. 24. Mai 1877: „Etatsmäßige Zulagen der Offiziere."

„Die in den Besoldungs- und Verpflegungsetats für gewisse Chargen und Stellen ausgeworfenen Zulagen sollen eine Entschädigung für die darin erwachsenden Mehrausgaben gewähren."

1g) Auszug aus der Zusammenstellung der leitenden Grundsätze für die Berechnung des der klassifizirten Einkommensteuer unterliegenden Einkommens v. 24. Aug. 1868.

Bei der Einschätzung der Offiziere und Militärbeamten insbesondere ist zu dem steuerpflichtigen Einkommen nicht allein das Gehalt, sondern auch der Personalservis und der Serviszuschuß, sowie der Ehrensold zu rechnen, und es dürfen nur die ausdrücklich als eine Entschädigung für den Dienstaufwand gewährten Zulagen, insbesondere die Rationen, der Stall- und Geschäftszimmer-Servis, die Reisekostenvergütungen und die Bureaugelder, außer Betracht bleiben.

Im Speziellen sind als Dienstaufwands-Entschädigung außer Betracht zu lassen:

a) die Zulagen des Regiments- und Bataillonsadjutanten;
b) die sogenannte Stellenzulage eines Etappeninspekteurs;
c) die Dienstzulagen für die Kompagnieführer der Landwehr;
d) die Funktionszulagen, welche die mit der Führung von Landwehrbataillonen betrauten pensionirten oder zur Disposition gestellten Offiziere beziehen.

Die Stellenzulagen, welche die höheren Befehlshaber neben ihrem chargenmäßigen Gehalte beziehen, sind dem steuerpflichtigen Diensteinkommen hinzuzurechnen und von denselben nur die nach Normalsätzen festzustellenden Kosten, welche zur Haltung eines Bureaus verwendet werden müssen, abzusetzen.

In gleicher Weise muß bei der Berechnung des Diensteinkommens derjenigen Militärbefehlshaber verfahren werden, welche zwar keine Stellenzulagen beziehen, von ihrem Diensteinkommen aber, ohne eine besondere Entschädigung dafür zu erhalten, die Kosten für die Unterhaltung eines Dienstbureaus bestreiten müssen.

Die dafür anzurechnenden Normalsätze sind:

1. für die kommandirenden Generale und die Generalinspekteure der Artillerie und des

4. Dem Dienstaufwande werden gleich geachtet und daher bei der Besteuerung ebenfalls außer Ansatz gelassen:

a) die an Militärpersonen, Reichsbeamte, unmittelbare und mittelbare Staatsbeamte ausdrücklich als Repräsentationskosten gewährten Bezüge;[8])

b) Reisekostenvergütungen und solche Tagegelder oder Remunerationen, welche an die zu a erwähnten Militärpersonen und Beamten für Dienstreisen und

---

Ingenieurkorps, unter Anrechnung des dem Letzteren mit dem Etat für Schreibmaterialien ausgesetzten Quantums von 360 Mark auf 1500 Mark,

2. für Regimentskommandeure auf 360 Mark und

3. für Bataillonskommandeure auf 108 Mark

jährlich festgestellt worden.

1h) Kriegs-Minist.-Erlaß v 27. Juni 1876 — M.O.D. 1308. 6 —.

Euer rc. wird auf das gefällige Schreiben v. rc. ergebenst mitgetheilt, daß die Zulage der zur Dienstleistung beim großen Generalstabe kommandirten Offiziere 60 Mark monatlich beträgt und als Dienstaufwandsentschädigung gewährt wird.

Bemerkt wird hierbei noch, daß von den gedachten Offizieren ein großer Theil sich bei den topographischen und trigonometrischen Vermessungen befindet. Diese Offiziere beziehen die Zulage von monatlich 60 Mark nur während des Ruhens der Feldarbeiten und für die Dauer der letzteren — unter Wegfall der Zulage — die chargenmäßigen Tagegelder.

1i) Remunerationen, welche die als Kreisschulinspektoren fungirenden Geistlichen beziehen, sind als Dienstaufwandsentschädigung anzusehen und steuerfrei. (Finz.-Minist.-Erlaß v. 20. Mai 1889 - II. 5995, I. 7269 —.)

2) Bezüge, welche an Privatbeamte gegeben werden, nicht zu ihrem persönlichen Verbrauch, sondern zur Bestreitung bestimmter mit ihren vertragsmäßigen Verrichtungen verbundener Unkosten bilden kein Reineinkommen und sind dem steuerpflichtigen Einkommen nicht zuzurechnen. (Aeußerung des Herrn Regierungsvertreters in der Sitzung des Hauses der Abgeordneten v. 16. Febr. 1891.)

3) Steuerpflichtigkeit der Lokalzulagen und Stellenzulagen.

3a) Finz.-Minist.-Erlaß v. 15. Aug. 1851 — III. 18069 —.

Bei Berechnung des Diensteinkommens der höheren Militärs und Militärbeamten behufs ihrer Veranlagung zur klassifizirten Einkommensteuer dürfen, wie ich Ew. rc. auf den Bericht rc. eröffne, die sog. Stellenzulagen nicht in Abzug gebracht werden, da dieselben nicht die Entschädigung für einen bestimmten Dienstaufwand — wie z. B. für Haltung von Dienstpferden rc. — bilden, vielmehr als wirkliche Gehaltstheile, dem Inhaber einer solchen Stelle neben dem Gehalte seiner Charge zufließen.

Daß diese sog. Stellenzulagen zugleich dazu bestimmt sind, dem betr. Inhaber die Führung einer seiner Stellung angemessenen Repräsentation zu ermöglichen, kann um so weniger berücksichtigt werden, als derselbe Gesichtspunkt bei Normirung der Gehälter aller höheren Staatsbeamten — auch im Zivildienst — vorgewaltet hat, die letzteren aber — nach einer früher bereits getroffenen Entscheidung — mit ihrem vollen Betrage bei der Einschätzung zur klassifizirten Einkommensteuer in Ansatz gebracht werden müssen.

3b) Finz.-Minist.-Erlaß v. 31. März 1852 — III. 7020 —. (Auszug.)

Ew. Exzellenz erwidere ich auf das gefällige Schreiben rc. ganz ergebenst, daß ich mich in Betreff der Anrechnung der sog. Lokalzulagen der gesandtschaftlichen Beamten bei der Ermittelung ihres Einkommens behufs Veranlagung zur klassifizirten Einkommensteuer der Ausführung des Vorsitzenden der hiesigen Einschätzungs-Kommission in dessen Bericht rc. glaube anschließen zu müssen und daher zu meinem Bedauern außer Stande bin, dem von Ew. Exzellenz zu Gunsten der bezeichneten Beamten gemachten Vorschlage beizutreten.

Wie Ew. Exzellenz selbst anführen, sind die fraglichen Lokalzulagen nicht zur Bestreitung

für die Dauer ihrer vorübergehenden Beschäftigung außerhalb ihres Wohnortes gewährt werden;[19])[4])

c) die aus öffentlichen Kassen als Entschädigung für die mit der Erfüllung staatsbürgerlicher Pflichten verbundenen Aufwendungen gewährten Tagegelder[5]) und Reisekosten; hierher gehören insbesondere die den Mitgliedern des Hauses der Abgeordneten und anderer Körperschaften, den Mitgliedern der Gebäude-, Gewerbe- und Einkommensteuerkommissionen zustehenden Bezüge der gedachten Art.

Minist.-Anm. 19. Hierher gehören insbesondere auch die dem Lokomotiv- und Fahrpersonal der Eisenbahnen bei Ausübung des Fahrdienstes gewährten Fahr-, Meilen- und Uebernachtungsgelder, ferner die den Lokomotivführern und Heizern für Nachtfahrten, den Schaffnern für längeren Aufenthalt bewilligten Vergütungen; dagegen nicht die Prämien für ersparte Heiz- u. s. w. Materialien, welche daher dem steuerpflichtigen Einkommen zuzurechnen sind.

---

eines Dienstaufwandes, sondern nur wegen der Theuerungsverhältnisse des Aufenthaltsorts im Auslande bewilligt worden. Auf dergleichen Verhältnisse darf aber bei der Veranlagung schon nach den allgemeinen Grundsätzen des Gesetzes nicht gerücksichtigt werden. Sollte den gesandtschaftlichen Beamten dennoch in der fraglichen Beziehung eine Begünstigung zu Theil werden, so würde darauf unzweifelhaft und mit Grund auch von Beamten des Inlandes, welches nach den verschiedenen Aufenthaltsorten in Beziehung auf die Preise der gewöhnlichen Bedürfnisse ebenfalls sehr erhebliche Verschiedenheiten darbietet, exemplifizirt und eine gleiche Begünstigung namentlich von denjenigen Militärs in Anspruch genommen werden, welchen lediglich wegen der höheren Miethspreise in ihrem Wohnorte auch ein höherer Servis zu Theil wird.

3c) Finz.-Minist.-Erlaß v. 13. April 1869 — IV. 5286 —.

Wie aus dem mir mitgetheilten, von Ew. rc. dem Generalkonsul rc. Grafen K. zu B. ertheilten Bescheide hervorgeht, beruht die Erhöhung der Einkommensteuer des Letzteren darauf, daß für das Jahr 1869 das volle etatsmäßige Diensteinkommen desselben eingeschätzt ist, während bei der früheren Veranlagung die Repräsentationskosten mit 5000 Thalern in Abzug gebracht worden sind. Als Motiv für dieses Verfahren ist geltend gemacht, daß in der von dem Bundeskanzler-Amt der Steuerbehörde zugegangenen Nachweisung der über das persönliche Gehalt von 3000 Thalern überschießende Theil des Diensteinkommens als „Lokalzulage“ bezeichnet sei, dergleichen Zulagen aber nach den höheren Orts ergangenen Vorschriften der Einkommensteuer gleich dem eigentlichen Gehalte unterliegen.

Zwischen Repräsentationskosten und bloßen Lokalzulagen besteht allerdings in steuerlicher Beziehung der Unterschied, daß erstere als eine Entschädigung für den mit einer bestimmten Stelle nothwendig verbundenen gesellschaftlichen Mehraufwand gewährt werden und daher unter den Begriff des nach dem Gesetze der Besteuerung nicht unterliegenden Dienstaufwandes fallen, während die Lokalzulagen lediglich mit Rücksicht auf die an einem Orte herrschende größere Theuerung gezahlt werden, also in der That zu dem zur Bestreitung des Lebensunterhaltes der betreffenden Beamten bestimmten steuerpflichtigen Diensteinkommen gehören. Diese Grundsätze waren auf die Heranziehung der besoldeten Preußischen Generalkonsuln zur Einkommensteuer in der Weise in Anwendung gebracht worden, daß die Generalkonsuln als politische Agenten, mit deren Stellung eine gewisse Repräsentation verbunden ist, nur von demjenigen Theil ihres Gesammtdiensteinkommens der Steuer unterworfen wurden, welcher als wirkliches Gehalt zu betrachten war, der Ueberrest aber als Repräsentationskosten außer Ansatz blieb.

Durch den Uebergang des Konsulatswesens auf den Norddeutschen Bund hat nun aber der politische Charakter der Generalkonsulate nicht nur nicht aufgehört, sondern mit dem erweiterten Machtgebiet und der erhöhten internationalen Stellung des Bundes an politischer Bedeutung entschieden an Gewicht gewonnen. Es lag daher weder irgend welche sachliche Veranlassung vor, noch ist es die Absicht gewesen, bei Regulirung der Gehaltsverhältnisse der vom Preußischen Etat auf den Bund übernommenen, beziehentlich der neu kreirten Generalkonsuln nach anderen als den obigen Gesichtspunkten zu verfahren, so daß auch, wenn der nach den bisherigen Grundsätzen als Repräsentationskosten anzusetzende Theil des Diensteinkommens dieser Agenten in dem Bundesetat mit dem Ausdruck „Lokalzulage" bezeichnet ist, dies lediglich auf einem absichtslosen Außerachtlassen jenes für die Besteuerung des Diensteinkommens maßgebenden Umstandes beruht.

Im Hinblick auf diese Verhältnisse veranlasse ich Ew. 2c. die auf den Grafen K. zu B. und die sämmtlichen übrigen zur diesseitigen Einkommensteuer herangezogenen Norddeutschen Generalkonsuln für das laufende Jahr veranlagten Einkommensteuer-Beträge anderweit und dergestalt festzustellen, daß bei dem zu veranlagenden Einkommen überall die Repräsentationskosten bezw. die fälschlicherweise dafür gesetzten Lokalzulagen außer Ansatz gelassen und nur die danach sich ergebenden geringeren Steuerbeträge zur Einziehung gestellt; danach auch die Einkommens-Nachweisungen 2c. berichtigt werden. Der Herbeiführung eines Beschlusses der Einschätzungs-Kommission hierüber bedarf es nicht, da es sich nur um die Berichtigung eines materiellen Irrthums handelt. Für die Zukunft ist die Einschätzung der Preußischen Generalkonsuln ebenfalls nach denselben Grundsätzen zu bewirken.

3d) Finz.-Minist.-Erlaß v. 14. März 1872 — IV. 2764 —.

Auf den Bericht 2c. erwidere ich Ew. 2c., daß die in dem Erlaß v. 31. März 1852 (Anm. 3b) über die Besteuerung der Lokalzulagen der Beamten des Auswärtigen Amtes ausgesprochenen Grundsätze durch den Erlaß v. 13. April 1869 (Anm. 3c) nur bezüglich der als politische Agenten fungirenden Generalkonsuln eine Modifikation erfahren haben, bezüglich der Konsuln aber nicht geändert sind. Sofern der Konsul A. daher nicht nachzuweisen vermag, daß seine Lokalzulage ihm in der That als Entschädigung für Dienstaufwand bewilligt ist, wird er auch mit dem Betrage dieser Lokalzulage zur Einkommensteuer herangezogen werden müssen.

4) Das Ausführungsgesetz zum deutschen Gerichtsverfassungsgesetze v. 24. April 1878 (G.S. S. 230) sagt im §. 3: „Die Gerichtsassessoren werden nach ihrer Ernennung einem Amtsgericht oder Landgericht oder mit ihrer Zustimmung einer Staatsanwaltschaft zur unentgeltlichen Beschäftigung überwiesen." 2c.

§. 4: „Die Gerichtsassessoren sind verpflichtet, auf Anordnung des Justizministers die Verwaltung einer Amtsrichterstelle, die Stellung eines Hülfsrichters oder eines Hülfsarbeiters bei der Staatsanwaltschaft zu übernehmen. In diesen Fällen ist ihnen eine Entschädigung nach allgemein festzustellenden Grundsätzen sowie Ersatz der Reisekosten nach Maßgabe der Verordnung vom 15. April 1876 (G.S. S. 107) zu gewähren.

Nach Beendigung des ihnen ertheilten Auftrages treten sie bei demjenigen Gerichte oder derjenigen Staatsanwaltschaft wieder ein, wohin sie vor dem ertheilten Auftrage überwiesen waren."

Hiernach liegt, wenn einem Gerichtsassessor für die Dauer der Einberufung eines Rathes an das Kgl. Kammergericht als dessen Vertreter eine Hülfsrichterstelle übertragen wird, ein Kommissorium von nur vorübergehender Dauer vor, und die dafür gewährten Diäten sind im Sinne der beiden letzten Absätze des Erlasses v. 29. November 1875 — IV. 13110 — (siehe Anm. 8a auf S. 160) als steuerpflichtiges Einkommen nicht anzusehen.

Mit Diäten ausgestattete Gerichtsassessoren werden also aus diesem Einkommen nur dann zur Steuer heranzuziehen sein, wenn sie als ständige Hülfsrichter bezw. Hülfsarbeiter bei der Staatsanwaltschaft beschäftigt werden.

5) In der Sitzung des Hauses der Abgeordneten v. 13. Februar 1891 äußerte der Herr Finanzminister: „Diäten sind eine Entschädigung für einen Dienstaufwand, für eine voraufgegangene oder noch zu leistende Ausgabe, und können nicht als reines Einkommen betrachtet werden. Da aber das Gesetz nicht unterscheidet zwischen denjenigen, die grade die ganzen Diäten verzehren und verbrauchen, so kann auch ein anderer Gesichtspunkt nicht Platz greifen bezüglich derjenigen Personen, die an dem Orte wohnen, an dem sie die Diäten beziehen, die nicht, wie die Berliner Abgeordneten, besondere Ausgaben durch den Aufenthalt an einem fremden Ort haben."

Artikel 23.

Einkommen aus Rechten auf periodische Hebungen und Vortheile irgend welcher Art.

Dasselbe umfaßt:

a) die Wartegelder und Pensionen der Beamten und ihrer Hinterbliebenen (Wittwen-, Waisengelder);

b) sonstige fortlaufende Einnahmen, welchen nicht als Jahresrente eines beweglichen oder unbeweglichen Vermögens anzusehen sind, endlich Unfall-, Alters-, Invalidenrenten, Altentheils- und andere Rentenbezüge,[1]) welche an die Person des Empfangsberechtigten geknüpft sind.

Hierbei ist zu beachten:

1. Als fortlaufend gilt jede periodisch wiederkehrende Hebung, auch wenn dieselbe von vornherein auf eine bestimmte Zeitdauer beschränkt ist; dagegen werden einmalige Zuwendungen dem steuerpflichtigen Einkommen nicht hinzugerechnet. Aus dem letzteren Grunde sind insbesondere die den Hinterbliebenen von Reichs- und Staatsbeamten und Pensionären zustehenden Bezüge des Gnadenquartals[2]) beziehungsweise des Gnadenmonats bei der Veranlagung der Hinterbliebenen außer Ansatz zu lassen, da diese Bewilligung als eine einmalige Beihülfe anzusehen ist. Dasselbe gilt bezüglich der den Hinterbliebenen der mittelbaren Staatsbeamten,

---

1) Finz.-Minist.-Erlaß v. 7. Oktober 1880 — II. 12789 —. Auszug.

Die Annahme in dem vorliegenden Bericht v. ꝛc. wonach die von dem Rekurrenten zu beziehenden Krankengelder nicht als steuerpflichtiges Einkommen zu erachten seien, trifft nicht zu. Diese Zahlung beruht auf rechtlicher Verpflichtung und würde, da dieselbe über 450 Mark jährlich beträgt, die Anwendung der 1. Steuerstufe erfolgen müssen. Mit Rücksicht auf die länger andauernde Krankheit des Rekurrenten ist jedoch die Steuerfreiheit für das laufende Steuerjahr bewilligt worden.

2) Gnaden-Quartal und Gnadenmonat:

2a) Finz.-Minist.-Erlaß v. 26. Januar 1887 — II. 12951/86 —.

Nach der bisherigen, von hier aus nicht beanstandeten Praxis werden bei der Veranlagung der Hinterbliebenen von Beamten und Pensionären zur Klassen- bezw. klassifizirten Einkommensteuer die Bezüge des Gnadenquartals bezw. des Gnadenmonats (§. 2 des Gesetzes v. 6. Februar 1881 — G.S. S. 17 — §. 31 des Gesetzes v. 27. März 1872 — G.S. S. 268 —) zum vollen Betrage in Anrechnung gebracht.

Dieses Verfahren unterliegt insofern rechtlichen Bedenken, als die von dem Verstorbenen selbst noch erhobenen Beträge zur Nachlaßmasse gehören und ein steuerpflichtiges Einkommen der Hinterbliebenen nicht bilden.

Aber auch abgesehen hiervon entspricht die Anrechnung der gedachten Bezüge bei der Feststellung des steuerpflichtigen Einkommens der Hinterbliebenen nicht der für die Gnadenbewilligungen maßgebenden Absicht des Gesetzes.

Der Zweck dieser Bewilligungen besteht theils in der Bereitstellung der Mittel zur Deckung der durch den Todesfall in der Regel verursachten bedeutenden Kosten, theils in der Gewährung einer Unterstützung zum Unterhalt der Hinterbliebenen. Wenn nun auch der dem letzteren Zwecke entsprechende Theil der Gnadenbewilligung als eigenes wirthschaftliches Einkommen der Hinterbliebenen erachtet werden könnte, so würde sich derselbe doch seinem Betrage nach weder auf Grund allgemeiner Normen, noch für den einzelnen Fall ohne lästiges Eindringen in die Vermögens-

Lehrer und Geistlichen zustehenden Gnadenbezüge, soweit die Dauer dieser Bezüge nicht im einzelnen Falle die für die Hinterbliebenen der unmittelbaren Staatsbeamten maßgebende Gnadenzeit übersteigt.

2. Nur solche fortlaufende Hebungen (zu b) gelten als steuerpflichtiges Einkommen, welche auf einem besonderen Rechtstitel (z. B. Vertrag, Verschreibung, letztwillige Verfügung, rechtsgültige Verleihung von zuständiger Stelle) beruhen, auch wenn sie kündbar sind oder später widerrufen werden können.[3])

Unterstützungen und andere Zuwendungen, deren Entrichtung überhaupt oder deren Betrag von dem freien Willen des Gebers abhängt,[4]) sind, auch wenn sich dieselben thatsächlich wiederholen, zur Anrechnung nicht geeignet. Dasselbe gilt von solchen Leistungen — z. B. der Eltern an ihre Kinder — welche auf der gesetzlichen Unterhaltungspflicht beruhen, auch wenn dieselben vertragsmäßig anerkannt oder richterlich festgestellt sind.

3. Keinen Unterschied macht es, ob die Verpflichtung des Gebers gegen den

---

verhältnisse der Hinterbliebenen feststellen lassen. Jedenfalls würde die Besteuerung dieses letzteren Theiles der Gnadenbewilligungen finanziell von ganz untergeordneter Bedeutung sein.

Mit Rücksicht hierauf bestimme ich, daß fortan bei der Veranlagung der Hinterbliebenen von Beamten und Pensionären zur Klassen- bezw. klassifizirten Einkommensteuer die Bezüge des Gnadenquartals bezw. Gnadenmonats ganz außer Anrechnung gelassen werden.

2b) Finz.-Minist.-Zirk.-Erlaß v. 9. Oktober 1888 — II. 11433 —.

Im Anschluß an den Erlaß v. 26. Januar 1887 — II. 12951 — (siehe vorstehend) bestimme ich, daß fortan bei der Veranlagung der Hinterbliebenen von mittelbaren Staatsbeamten, Geistlichen und Lehrern zur Klassen- bezw. klassifizirten Einkommensteuer die Gnadenbezüge insoweit außer Anrechnuug bleiben, als dieselben — einschließlich des Sterbemonats oder Sterbequartals — für die Hinterbliebenen der im Amte Verstorbenen einen viermonatlichen, für die Hinterbliebenen der Pensionäre oder Emeriten einen zweimonatlichen Betrag der Bezüge des Verstorbenen nicht übersteigen.

Bei Gnadenbezügen, welche hierüber hinausgehen, ist diese Bestimmung in der Weise auszuführen, daß von dem Gesammtwerthe des Gnadenbezuges als steuerfrei ein Betrag abgerechnet wird, welcher dem dritten Theile des zuletzt veranlagt gewesenen amtlichen Jahreseinkommens, bezw. dem sechsten Theile des zuletzt veranlagt gewesenen Ruhe- (Emeriten-) Gehaltes des Verstorbenen gleichkommt.

2c) Finz.-Minist.-Erlaß v. 13. Mai 1890 — II. 3806 —.

Nach den bisherigen Erfahrungen hat der zweite Absatz des Erlasses v. 9. Oktober 1888 — II. 11433 (siehe vorstehend) betreffend die Behandlung der Gnadenbezüge bei der Veranlagung der Hinterbliebenen von mittelbaren Staatsbeamten, Geistlichen und Lehrern zur Klassen- bezw. klassifizirten Einkommensteuer zu verschiedenen Auslegungen Anlaß gegeben.

Mit Rücksicht hierauf wird zur Herbeiführung eines gleichmäßigen Verfahrens die Bestimmung im 2. Absatz des gedachten Erlasses dahin deklarirt, daß, falls die Gnadenbezüge einen vier- bezw. zweimonatlichen Betrag der Bezüge des Verstorbenen übersteigen, die vier bezw. zwei ersten Monate des Bezuges bei der Berechnung des steuerpflichtigen Einkommens des Empfangsberechtigten außer Ansatz bleiben sollen.

Hierbei findet der Erlaß v. 15. Jan. 1878 (Mittheilungen Heft 7 S. 35) entsprechende Anwendung. Im Uebrigen ergiebt sich die Ausführung aus folgenden Beispielen:

I. Die Wittwe eines im Januar 1890 im Amte verstorbenen Pfarrers genießt Gnadenbezüge im Jahreswerthe von 4800 Mark (monatlich also 400 Mark) bis Ende März 1891 ohne weiteres Nebeneinkommen.

Empfänger selbst oder gegen einen Dritten rechtsverbindlich eingegangen ist. Deshalb sind Zulagen, welche Offiziere auf Grund der von ihren Vätern oder anderen Angehörigen gegenüber der Militärbehörde übernommenen Verpflichtung beziehen, diesen Offizieren als steuerpflichtiges Einkommen anzurechnen.

Nach den nämlichen Grundsätzen (Nr. 2, 3) ist zu beurtheilen, ob eine derartige Leistung vom Einkommen des Gebers in Abzug gebracht werden darf (Artikel 4 I. Nr. 4 b). Die Abrechnung findet unter den gleichen Voraussetzungen statt, unter welchen die Anrechnung beim Empfänger begründet ist.

4. Wegen Berechnung des Einkommens aus den zu a und b erwähnten Bezügen finden die Vorschriften des Artikel 21 zu Nr. 1 bis 3 gleichmäßige Anwendung.

5. Als steuerfrei bleiben außer Ansatz die im Artikel 3 II. Nr. 1 c und 5 bezeichneten Pensionen,[5]) Wartegelder, Verstümmelungszulagen und Ehrensolde.

Die Gnadenbezüge bleiben für die vier Monate Februar bis einschließlich Mai 1890 außer Ansatz.

Für 1889/90 ist daher ein steuerpflichtiges Einkommen nicht vorhanden, für 1890/91 aber vom 1. April 1890 ab als solches der Gesammtbetrag der Gnadenbezüge für die zehn Monate Juni 1890 bis Ende März 1891 mit (10 × 400) = 4000 Mark in Ansatz zu bringen.

II. Der Todesfall ist im März 1890 eingetreten. Die Wittwe hat Gnadenbezüge im Jahreswerthe von 4800 Mark bis zum 30. September 1890, vom 1. Oktober 1890 ab Wittwenpension im Jahresbetrage von 1800 Mark.

Die Gnadenbezüge bleiben für die vier Monate April bis einschließlich Juli 1890 außer Ansatz.

Das steuerpflichtige Einkommen der Wittwe berechnet sich für 1890/91 vom 1. April 1890 ab dahin:

a) Gnadenbezüge für die Zeit vom 1. August bis 30. September 1890, also für 2 Monate (2 × 400) = ...	800 Mark.
b) Wittwenpension für die Zeit v. 1. Oktober 1890 bis 31. März 1891 also für 6 Monate (6 × 150) = ...	900 „
zusammen .	1700 Mark.

III. Der Todesfall tritt im Monat Juni 1890 ein. Die Wittwe genießt 3300 Mark Jahreszinsen aus Kapitalvermögen und außerdem bis 1. Juli 1891 Gnadenbezüge im Jahreswerthe von 3000 Mark. Von den letzteren bleiben die Bezüge für die 4 Monate Juli bis Ende Oktober 1890 außer Ansatz. Das steuerpflichtige Einkommen der Wittwe ist daher zu berechnen,

1. Für 1890/91 vom 1. Juli 1890 ab:

a) Jahreszinsen	3300 Mark.
b) Gnadenbezüge auf 5 Monate (1. November 1890 bis 31. März 1891) 5 × 250 = ...	1250 „
zusammen .	4550 Mark.

2. Für 1891/92:

a) Jahreszinsen	3300 Mark.
b) Gnadenbezüge für 3 Monate (1. April bis 30. Juni 1891) 3 × 250 =	750 „
zusammen .	4050 Mark.

IV. Der Todesfall tritt im Dezember 1890 ein. Die Wittwe bezieht 1000 Mark Jahreszinsen aus Kapitalvermögen, außerdem bis zum 30. September 1891 Gnadenbezüge im Jahreswerthe von 3600 Mark (monatlich also 300 Mark), vom 1. Oktober 1891 ab eine Wittwenpension im Jahresbetrage von 1200 Mark (monatlich 100 Mark).

Die Gnadenbezüge bleiben für die vier Monate Januar bis einschließlich April 1891 außer Ansatz.

Das steuerpflichtige Einkommen der Wittwe ist zu berechnen:

1. Für 1890/91 v. 1. Januar 1891 ab:
   Jahreszinsen . . . . 1000 Mark.
2. Für 1891/92 dagegen:
   a) Jahreszinsen . . . . 1000 „
   b) Gnadenbezüge für 5 Monate (1. Mai bis 30. September 1890) 5 × 300 = 1500 „
   c) Wittwenpension für 6 Monate (1. Oktober 1891 bis 31. März 1892) 6 × 100 = ... 600 „

zusammen . 3100 Mark.

3a) Bei Nachsuchung des Heiraths-Konsenses nachzuweisendes Vermögen:

a) Allerhöchste Kab.-Ordre vom 20. Mai 1886. (Armee-Verordn.-Blatt S. 173.):

„Vermögens-Nachweis der Offiziere vom Hauptmann und Rittmeister zweiter Klasse einschließlich abwärts bei Nachsuchung des Heiraths-Konsenses.

Die Verordnung vom 14. März 1850, betreffend den von den Hauptleuten und Rittmeistern zweiter Klasse und von den Subaltern-Offizieren bei Nachsuchung des Heiraths-Konsenses zu führenden Vermögens-Nachweis, erhält vom 1. April 1887 ab im Paragraphen 1 Absatz 2 folgende Fassung:

Dieses Einkommen muß mindestens bei einem Hauptmann oder Rittmeister zweiter Klasse 1500 Mark und bei einem Subaltern-Offizier 2500 Mark jährlich betragen.

Zugleich ermächtige Ich im Anschluß an die Kabinets-Ordre vom 14. März 1850 das Kriegsministerium, zur Ausführung der gedachten Verordnung allgemeine Bestimmungen über die Voraussetzungen zu erlassen, unter welchen das nachgewiesene Einkommen als sicher beziehungsweise sichergestellt im Sinne des Parapraphen 1 Absatz 1 und des Paragraphen 5 Absatz 1 dieser Verordnung anzunehmen ist."

b) Allerhöchste Kab.-Ordre vom 7. September 1886. (Marine-Verordn.-Blatt S. 189.):

„Der Konsens zur Verheirathung eines Offiziers des Seebataillons vom Hauptmann 2. Klasse abwärts, darf vom 1. April 1887 ab nur dann bei Mir nachgesucht werden, wenn der betreffende Offizier aus seinem oder seiner Braut eigenem Vermögen ein sicheres Privateinkommen nachzuweisen im Stande ist, welches mindestens betragen muß: bei einem Hauptmann 2. Klasse 1500 Mark und bei einem Subalternoffizier 2500 Mark jährlich. Zugleich ermächtige Ich Sie zur Ausführung dieser, sowie Meiner Ordre vom 2. Februar dieses Jahres, betreffend den von Seeoffizieren bei Nachsuchung des Heiraths-Konsenses zu führenden Vermögens-Nachweis, allgemeine Bestimmungen über die Voraussetzungen zu erlassen, unter welchen das nachgewiesene Einkommen als sichergestellt anzunehmen ist."

Berlin, den 8. September 1886.

In den Organisatorischen Bestimmungen für die Kaiserliche Marine, Anlage 22 Seite 243/45, erhalten die Abschnitte 6 und 7 des §. 7 nunmehr folgende Fassung:

6. Seeoffiziere vom Kapitän-Lieutenant 1. Klasse, alle übrigen Offiziere vom Hauptmann oder Kapitän-Lieutenant 2. Klasse einschließlich abwärts haben bei Nachsuchung des Heiraths-Konsens den Nachweis zu führen, daß sie neben ihrer Besoldung aus ihrem oder ihrer Braut eigenem Vermögen ein sicheres jährliches Privateinkommen von bestimmter Höhe besitzen.

   Dasselbe muß betragen:
   a) bei einem Kapitän-Lieutenant 1. Gehaltsklasse . . . . 1200 ℳ
   b) bei einem Kapitän-Lieutenant 2. Gehaltsklasse . . . . 2000 „

c) bei einem Lieutenant zur See oder Unter-Lieutenant zur See . . . . 3000 ℳ
d) bei einem Hauptmann 2. Gehaltsklasse des Seebataillons . . . . . 1500 „
e) bei Subalternoffizieren des Seebataillons . . . . 2500 „
f) bei einem Torpeder-Kapitän-Lieutenant, Feuerwerks- und Zeughauptmann niedrigster Gehaltsklasse, bei Maschinen- bezw. Torpeder-Unter-Ingenieuren, sowie Feuerwerks-, Zeug- und Torpeder-Lieutenants . . . . 600 „
g) bei Stabs- und Assistenz-Aerzten . . . . 750 „
h) bei einem Marine-Unter-Zahlmeister denjenigen Betrag, der zu seinem jährlichen Diensteinkommen gerechnet, die Summe von . . . . . . 3000 „ ausmacht.

M. II. 3360. Der Chef der Admiralität.

c) Nach dem Erlaß des Kgl. Kriegs-Ministeriums vom 26. Februar 1880 — Nr. 298 II. M O.D. 3 — haben Zahlmeister-Aspiranten, welche auf dereinstige Beförderung zum Zahlmeister reflektiren, bei Anbringung des Gesuches um Ertheilung des Heirathskonsenses den Nachweis zu führen, daß den künftigen Eheleuten ein sichergestelltes Privateinkommen von mindestens jährlich 750 Mark zur uneingeschränkten Verfügung steht.

3b) Finz.-Minist.-Erlaß v 27. April 1889 — II. 5335 —.

Die ꝛc. erhält anliegende Eingabe des Majors z. D. U. mit dem Bemerken, daß die an Offiziere für die Dauer ihrer Bedürftigkeit gewährten fortlaufenden Allerhöchsten Gnadenunterstützungen als steuerpflichtiges Einkommen anzusprechen sind.

3c) Die verw. Hauptmann N. bezog jährlich neben einer Wittwenpension von 900 Mark eine Unterstützung aus Kaiserl. Dispositionsfonds in Höhe von 900 Mk., ferner für 2 minorenne Kinder a) an Waisengeld 300 Mk, b) eine Erziehungsbeihilfe aus der Prinz Louis-Ferdinand-Stiftung in Höhe von 180 Mk., welche letztere bis zum zurückgelegten 17. Lebensjahre der Kinder als fortlaufende Unterstützung von der Kasse der Kgl. Direktion des Potsdamer großen Militair-Waisenhauses hierselbst gezahlt werden sollte, zusammen 2280 Mk. Sie war deswegen zur 10. Klassensteuerstufe veranlagt und auf Reklamation abgewiesen worden. In einem Immediatgesuch bat sie die aus Kaiserl. Dispositionsfonds ihr bewilligte Unterstützung und die aus der Prinz L.F.Stiftg. ihr gewährte Erziehungsbeihilfe von 180 M. als steuerpflichtiges Einkommen nicht anzurechnen. Sie wurde jedoch durch Erlaß vom 16. Sept. 1891 — F.M. II. 11379, Kr.M. 513. 9. C. 2 — abgewiesen, weil obige Beträge als fortlaufende Einnahmen steuerpflichtig seien.

4) Steuerpflicht der Trinkgelder und Dienstkleidung.

Finz.-Minist.-Erlaß v. 19. Oktober 1888 — II. 12949 —.

Der Rekurs des zur 3. Klassensteuerstufe veranlagten Pferdebahnschaffners N. ist zurückgewiesen, weil nach den jetzt beigebrachten Aufklärungen angenommen wird, daß die Schaffner der Großen Berliner Pferdeeisenbahngesellschaft neben dem baaren Gehalte von 900 Mk. freie Dienstkleidung erhalten, deren Werth dem steuerpflichtigen Einkommen derselben zuzurechnen ist. Dagegen kann die Auffassung der ꝛc. über die grundsätzliche Anrechnungsfähigkeit der Trinkgelder nicht beigetreten werden. Die Trinkgelder sind an und für sich freiwillig geleistete Geschenke, welche der Besteuerung nicht unterliegen. Insofern Kellner, Hotelportiers u. s. w. nach den thatsächlich bestehenden Verhältnissen auf die Trinkgelder, welche ihnen von den Gästen u. s. w. herkömmlich gezahlt zu werden pflegen, als eine sichere Einkommensquelle neben dem verabredeten Lohn oder statt desselben angewiesen sind, ist die Anrechnung der Trinkgelder als steuerpflichtiges Einkommen gerechtfertigt. Diese Voraussetzungen treffen aber bei den Pferdebahnschaffnern nicht zu. Namentlich dürfte bei näherer Ermittelung sich herausstellen, daß die Verabreichung eines Trinkgeldes an den Schaffner doch nur seitens einer Minderzahl der Fahrgäste und auch von diesen keineswegs etwa in gleichem Umfange auf den verschiedenen Linien der Pferdebahnen stattfindet, daß vielmehr zwischen den verschiedenen Linien bedeutende Unterschiede bestehen, welche auch die Schätzung der anzurechnenden Einnahme noch unsicherer machen.

5. Abzüge vom Gesammteinkommen.

Artikel 24.

Abzug der Schuldenzinsen und dauernden Lasten.

(§. 9 I. Nr. 2, 3 des Gesetzes.)

Ist der Gesammtbetrag des Einkommens eines Steuerpflichtigen aus den einzelnen Quellen nach Maßgabe der Bestimmungen Artikel 8 bis 23 berechnet, so sind die nachweislich von ihm zu entrichtenden Schuldenzinsen, Renten und dauernden Lasten in Abzug zu bringen.

1. Nur solche Schulden dürfen berücksichtigt werden, deren Bestehen keinem Zweifel unterliegt. Der Steuerpflichtige braucht in der Steuererklärung zwar nur den Gesammtbetrag der abzugsfähigen Schuldenzinsen anzugeben, muß aber auf Erfordern — sei es zum Zwecke der Veranlagung, sei es bei Erörterung eines Rechtsmittels — für jede Schuld den Namen und Wohnort des Gläubigers, das Datum der Schuldurkunde und den Prozentsatz der Verzinsung angeben, auch die Zinsquittungen vorlegen.

2. Nur Zinsen sind abzugsfähig, nicht aber Beträge, welche der Schuldner neben den Zinsen zur allmäligen Tilgung der Schulden freiwillig oder infolge einer rechtlichen Verpflichtung entrichtet (Amortisations-,[1]) Tilgungsquoten), oder

5) Finz.-Minist.-Erlaß v. 3. Oktober 1891. — II. 13025. —.

„Auf die Eingabe ꝛc. eröffne ich Ihnen, daß die auf Grund des §. 8 des Reichsgesetzes vom 4. April 1874 (R.G.Bl. S. 25) gewährten Pensions-Erhöhungen nach §. 6 Nr. 5 des Einkommensteuergesetzes v. 24. Juni 1891 von der Besteuerung in Gemäßheit dieses Gesetzes ausgeschlossen sind."

Der §. 8 a. a. O. spricht von den Pensionserhöhungen (§. 12 des Reichsgesetzes v. 27. Juni 1871 — R.G.Bl. S. 275 —) der auf Seereisen nachweislich in Folge einer militärischen Aktion oder durch außerordentliche klimatische Einflüsse invalide oder zu Fortsetzung des Seedienstes ohne ihr Verschulden unfähig gewordenen Offiziere, Aerzte, Maschinen-Ingenieure und Deckoffiziere.

1a) In der Sitzung des Hauses der Abgeordneten vom 14. Febr. 1891 (Sten. Ber. S. 826) äußerte der Herr Regierungsvertreter:

„Die Frage, ob Amortisationsbeiträge, besonders die bei den landschaftlichen Schulden erwachsenden Amortisationsquoten, wie ich sie kurz nennen will, abzugsfähig sind oder nicht, läßt sich in dieser Allgemeinheit nicht beantworten Das hängt ab von dem Inhalte der betreffenden Statuten, der dafür maßgebend sein muß. Es hängt ab von der ganzen Bedeutung, die der Amortisationsfonds im einzelnen Falle hat, von den Zwecken, für die er verwendet wird, ob er dem Grundbesitzer und in welcher Weise er dem Grundbesitzer selbst zu Gute kommt oder nicht."

Ebenso äußerte der Herr Finanz-Minister:

„Ich kann nur dasjenige bestätigen, was der Herr Regierungskommissar gesagt hat. Wenn einzelne Landschaften beispielsweise die Bestimmung haben sollten, daß die Amortisationsbeträge nicht abgerechnet werden auf die ursprüngliche Kapitalschuld, daß der Fonds vorläufig ein freier Fonds zur Disposition der Landschaft ist und sein soll und daß die Frage erst später zur Entscheidung kommt, ob diese Amortisationsbeträge jemals auf die betreffende Schuld des einzelnen Kontribuenten, des Grundeigenthümers angerechnet werden, so würde nach meiner Meinung die Frage ganz anders zu entscheiden sein, als in den Fällen, wo unmittelbar eine Schuldentilgung eingetreten ist. Das wird von dem Inhalt der einzelnen Statuten der Landschaft abhängen, und danach wird diese Frage zu entscheiden sein.

1b) Siehe auch Anm. 3b zu §. 9 des Einkommensteuergesetzes S. 22 dieses Buches.

welche im Zwangswege (z. B. Gehaltsabzugsverfahren[2]) von ihm beigetrieben werden.

Ob die von dem Schuldner zu entrichtenden Jahresbeträge als Zinsen oder Tilgungsquoten anzusehen sind, ist in jedem einzelnen Falle nach dem Inhalt der Schuldverschreibung, oder nach den maßgebenden Reglements oder Statuten des darleihenden Kreditinstituts zu beurtheilen.

3. Zinsen von Schulden, welche im kaufmännischen oder sonstigen gewerblichen Verkehr bestehen, dürfen von dem Gesammteinkommen nicht nochmals in Abzug gebracht werden, da dieselben bei Ermittelung des Gewinns aus dem betreffenden Geschäfte zu berücksichtigen sind.

4. Ebensowenig kommen in Abzug solche Schuldenzinsen, welche nach ihrer wirthschaftlichen Bedeutung für den Schuldner als Kapitalanlage (Artikel 4 II. Nr. 1) anzusehen sind. Hierher gehören insbesondere diejenigen Aufwendungen, welche der Eigenthümer eines zur Zeit ertraglosen Bauplatzes zu machen hat, um die Kaufgelder oder Baukapitalien bis dahin zu verzinsen, wo das Grundstück anderweit verwerthet oder der Neubau nutzbar wird. Dasselbe gilt von den Aufwendungen, welche die Verzinsung der auf einem infolge Abbruches der Gebäude ertraglosen Hausgrundstücke haftenden Hypotheken während der Dauer des Abbruches und Neubaues erfordert; die Beschaffung der hierzu erforderlichen Mittel wird lediglich durch den zum Zwecke der Werthehöhung des Grundstücks erfolgten Abbruch und Neubau des Gebäudes erforderlich und ist daher als Kapitalanlage anzusehen.

5. Erstreckt sich die Besteuerung einer Person lediglich auf Einkommen aus preußischen Besoldungen, Pensionen, Wartegeldern, aus preußischem Grundbesitz oder preußischem Gewerbebetrieb (Artikel 2 zu a bis c) so sind nur die Zinsen solcher Schulden und solche Lasten abzugsfähig, welche auf den bezeichneten inländischen Quellen haften oder für deren Erwerb aufgenommen sind.

Die Abrechnung wird nicht schon dadurch begründet, daß eine persönliche verzinsliche Schuld des Steuerpflichtigen zur Sicherstellung als Hypothek oder Grundschuld im Grundbuche des preußischen Grundstückes eingetragen ist, dieses also rechtlich für Schuld und Zinsen haftet; vielmehr müssen Schuld und Zinsen im wirklichen wirthschaftlichen Zusammenhange mit der inländischen Einkommensquelle stehen. Letzteres ist z. B. der Fall, wenn der Steuerpflichtige die hypothekarisch auf dem preußischen Grundeigenthum eingetragenen Schulden nachweislich bei Erwerb des Grundstückes, mag dieser durch lästigen Vertrag oder durch Erbgang oder anderweit erfolgt sein, übernommen, oder zum Zwecke des Erwerbes oder der Melioration dieses Grundbesitzes aufgenommen hat.

6. Ist bei der Veranlagung eines Steuerpflichtigen Einkommen aus einer der im Artikel 3 II. Nr. 1 und 2 bezeichneten nichtpreußischen Quellen außer Ansatz zu lassen, so darf von dem steuerpflichtigen Einkommen derjenige Betrag an Schuldenzinsen, Renten und sonstigen Lasten nicht abgerechnet werden, welcher

2) Siehe auch Anm. 11b zu §. 9 des Einkommensteuergesetzes S. 25 dieses Buches.

in Gemäßheit der unter Nr. 5 gegebenen Erläuterung wirthschaftlich auf jenen nichtpreußischen Quellen haftet.

7. Ruht in den Fällen Nr. 5 und 6 eine Schuld oder Last ungetheilt zugleich auf steuerpflichtigen und nichtsteuerpflichtigen Einkommensquellen, ohne daß die besondere wirthschaftliche Beziehung zu der einen oder anderen Quelle nachgewiesen werden kann, so ist der Gesammtbetrag der Schuldzinsen nach Verhältniß des Einkommens einerseits aus der steuerpflichtigen, andererseits aus der nicht steuerpflichtigen Quelle zu theilen und der dem steuerpflichtigen Einkommen entsprechende Theilbetrag der Schuldzinsen in Abzug zu bringen.

Artikel 25.

Weitere Abzüge vom Gesammteinkommen.

(§. 9 Nr. 6, 7 des Gesetzes.)

Von dem Gesammteinkommen sind ferner abzurechnen:

1. Die von dem Steuerpflichtigen für seine Person gesetz- oder vertragsmäßig zu entrichtenden Beiträge zu Kranken-, Unfall-, Alters- und Invalidenversicherungs-, Wittwen-, Waisen- und Pensionskassen (Artikel 4 I. Nr. 4c).

Beiträge dieser Art, welche der Steuerpflichtige für das von ihm zum Betriebe der Landwirthschaft, eines Gewerbes oder einer anderen Gewinn bringenden Thätigkeit gehaltene Personal entrichtet, kommen hier nicht in Betracht, sondern sind als Geschäftsunkosten bei der Ermittelung des Reinertrages aus diesem Betriebe zu berücksichtigen (vergl. Art. 11 II. Nr. 7, Art. 18 II. Nr. 7).

Dagegen dürfen Beiträge, welche für die zu Haushaltungszwecken angenommenen Personen, insbesondere für die zur persönlichen Bedienung gehaltenen Dienstboten zu leisten sind, ebensowenig wie deren Dienstlöhne in Abzug gebracht werden.

Im Uebrigen macht es keinen Unterschied, ob der Zahlung eine gesetzliche, statutarische oder freiwillig übernommene vertragsmäßige Verpflichtung zu Grunde liegt; insbesondere sind auch abzurechnen diejenigen Beiträge zur Allgemeinen preußischen Wittwenverpflegungsanstalt und zu anderen Wittwen- u. s. w. Kassen, welche steuerpflichtige Beamte fortentrichten, obwohl ihnen der Austritt aus diesen Kassen freisteht.

2. Lebensversicherungsprämien (Artikel 4 I. Nr. 4 d). Bei Abrechnung derselben ist folgendes zu beachten:

a) Abzugsfähig sind nur die für die Versicherung eines Kapitals oder einer Rente auf das Leben des Steuerpflichtigen selbst — nicht auch für die Versicherung auf das Leben seiner Angehörigen oder anderer Personen — gezahlten Prämien, und zwar nur für Versicherungen auf den Todes- oder den Erlebensfall (sog. abgekürzte Lebensversicherung), nicht auch für Aussteuer- und andere Versicherungen;

b) ob die Versicherung bei einer inländischen oder ausländischen Gesellschaft oder Anstalt abgeschlossen ist, macht keinen Unterschied;

c) übersteigen die vom einem Steuerpflichtigen gezahlten Prämien den Betrag von 600 Mark jährlich, so ist die Abrechnung nur bis auf Höhe von 600 Mark gestattet;

d) im Uebrigen geschieht dieselbe nach dem Betrage der Prämien für das Steuerjahr (Artikel 5 Nr. 1), jedoch unter Abzug der nach dem Maßstabe der gezahlten Prämien dem Versicherten als Dividende oder unter anderer Bezeichnung vergüteten Beträge;

e) außer dem Betrage der Prämien ist in der Steuererklärung die Versicherungsanstalt, sowie die Nummer der Police anzugeben, vom Steuerpflichtigen auch auf Erfordern die Police nebst der letzten Prämienquittung vorzulegen.

3. Abzüge von persönlichen Kassenbeiträgen (Nr. 1 Abs. 1), sowie von Lebensversicherungsprämien (Nr: 2) sind in keinem Falle bei denjenigen Steuerpflichtigen gestattet, welche der Einkommensteuer nur auf Grund der Bestimmung des Artikel 2 unterliegen.

Dritter Abschnitt.

Steuerpflicht der nicht physischen Personen.

Artikel 26.

Steuerpflichtige Unternehmungen.
(§. 1 Nr. 4, 5, §. 2 Absatz 2 des Gesetzes.)

1. Der Einkommensteuer unterliegen:[1])

a) Aktiengesellschaften,

b) Kommanditgesellschäften auf Aktien,

c) Berggewerkschaften,

d) Eingetragene Genossenschaften, deren Geschäftsbetrieb über den Kreis ihrer Mitglieder hinausgeht (siehe Nr. 3),

e) die nicht bereits unter a, b oder d fallenden Konsumvereine mit offenem Laden und den Rechten juristischer Personen,

welche einen Sitz[2]) in Preußen haben.

Ob ein Sitz in Preußen begründet ist, ergiebt sich nöthigenfalls bei den Unternehmungen zu a, b und d aus dem Inhalte des Gesellschaftsvertrages oder

---

1) Welche Gesellschaften unter den in Nr. 1a bis e erwähnten Erwerbsgesellschaften zu verstehen sind, findet sich in folgenden gesetzlichen Bestimmungen ausgesprochen:

a) Aktiengesellschaften.

Reichs-Gesetz, betreffend die Kommanditgesellschaften auf Aktien und die Aktiengesellschaften. Vom 18. Juli 1884 (R.G.Bl. S. 123):

Art. 207. Eine Gesellschaft ist eine Aktiengesellschaft, wenn sich die sämmtlichen Gesellschafter nur mit Einlagen betheiligen ohne persönlich für die Verbindlichkeiten der Gesellschaft zu haften.

Das Einlagekapital (Grundkapital) wird in Aktien zerlegt.

Die Aktien sind untheilbar.

Dieselben können auf Inhaber oder auf Namen lauten.

Antheilscheine, in welchen der Bezug der Aktien zugesichert wird oder welche sonst über das Antheilsrecht des Aktionärs vor Ausgabe der Aktien ausgestellt werden (Interimsscheine), dürfen nicht auf Inhaber lauten.

b) Kommanditgesellschaften auf Aktien.

I. Von der Kommanditgesellschaft im Allgemeinen.

Allgemeines deutsches Handelsgesetzbuch (B.G.Bl. 1869, S. 433):

Art. 150. Eine Kommanditgesellschaft ist vorhanden, wenn bei einem unter einer gemeinschaftlichen Firma betriebenen Handelsgewerbe ein oder mehrere Gesellschafter sich nur mit Vermögenseinlagen betheiligen (Kommanditisten), während bei einem oder mehreren anderen Gesellschaftern die Betheiligung nicht in dieser Weise beschränkt ist (persönlich haftende Gesellschafter).

Sind mehrere persönlich haftende Gesellschafter vorhanden, so ist in Ansehung ihrer die Gesellschaft zugleich eine offene Gesellschaft.

Zur Gültigkeit des Gesellschaftsvertrages bedarf es der schriftlichen Abfassung nicht.

II. Von der Kommanditgesellschaft auf Aktien insbesondere.

Reichs-Gesetz, betreffend die Kommanditgesellschaft auf Aktien und die Aktiengesellschaften. Vom 18. Juli 1884 (R.G.Bl. S. 123):

Art. 173. Das Gesammtkapital der Kommanditisten kann in Aktien zerlegt werden.

Die Aktien sind untheilbar.

Dieselben können auf Inhaber und auf Namen lauten.

Antheilscheine, in welchen der Bezug von Aktien zugesichert wird, oder welche sonst über das Antheilsrecht der Kommanditisten vor Ausgabe der Aktien ausgestellt werden (Interimsscheine) dürfen nicht auf Inhaber lauten.

c) Berggewerkschaften.

Allgemeines Berggesetz für die preußischen Staaten. Vom 24. Juli 1865 (G.S. S. 705).

§. 94. Zwei oder mehrere Mitbetheiligte eines Bergwerks bilden eine Gewerkschaft.

Die Gewerkschaft kann ihre besondere Verfassung durch ein notariell oder gerichtlich zu errichtendes Statut regeln, welches der Zustimmung von wenigstens drei Viertheilen aller Antheile und der Bestätigung des Oberbergamts bedarf.

rc.

§. 133 (Abs. 2). Mitbetheiligte eines Bergwerks im Sinne des §. 94 sind nicht die Theilhaber an einer ungetheilten Erbschaft oder an einer sonstigen gemeinschaftlichen Messe, zu welcher ein Bergwerk gehört.

Hierzu ist Folgendes zu bemerken:

Weder das Einkommensteuer-Gesetz (§. 1. Nr. 4. Seite 2) noch die Ausführungs-Anweisung unterscheiden bei den Berggewerkschaften, welche in Preußen einen Sitz haben, und als juristische Persönlichkeiten zur Steuer herangezogen werden sollen, zwischen denjenigen Gewerkschaften, welche nach dem Inkrafttreten des Allgem. Berggesetzes für die preußischen Staaten vom 24. Juni 1865 sich gebildet haben und denjenigen, welche vor diesem Zeitpunkt bereits bestanden haben. Gleichwohl ist es nicht zweifelhaft, daß den Gewerkschaften des älteren Rechts in den rechtsrheinischen Gebieten eine juristische Persönlichkeit überhaupt nicht zuzusprechen sein wird, falls sie sich nicht in eine Gewerkschaft nach neuerem Recht umgewandelt haben.

In dem Allgem. Berggesetz wird den Gewerkschaften das Recht einer juristischen Persönlichkeit durch den §. 96 gegeben, welcher lautet:

„Die Gewerkschaft kann unter ihrem Namen Rechte erwerben und Verbindlichkeiten eingehen, Eigenthum und andere dingliche Rechte an Bergwerken und Grundstücken erwerben, vor Gericht klagen und verklagt werden.

Ihr ordentlicher Gerichtsstand ist bei dem Gerichte, in dessen Bezirk das Bergwerk liegt."

In den „Uebergangsbestimmungen" des Gesetzes aber wird im §. 227 gesagt:

„Die §§. 94 bis 98 rc. finden auf die bestehenden Bergwerke keine Anwendung" (Die in

Gesetzsammlungsexemplaren sich vorfindende Weglassung des Wortes: „keine" beruht auf einem Druckfehler, siehe den nachstehenden §. 235) und §. 235 bestimmt im Absatz 1:

„Durch einen von einer Mehrheit von wenigstens drei Viertheilen aller Kuxe gefaßten Beschluß kann, soweit nicht vertragsmäßige Verabredungen entgegenstehen, jede bereits bestehende Gewerkschaft sich denjenigen Bestimmungen des vierten Titels, welche nach §. 227 auf die bestehenden Bergwerke keine Anwendung finden, unterwerfen und insbesondere die Kuxe auf die nach §. 101 zulässige Eintheilung mit der Wirkung zurückführen, daß die neuen Kuxe die Eigenschaft der beweglichen Sachen haben."

Für die Gewerkschaften, welche bei dem Inkrafttreten des Allg. Berggesetzes bereits bestanden und von dem §. 235 nicht Gebrauch gemacht haben, gelten also noch die Bestimmungen des Allg. Landrechts Theil II Tit. 16. §. 131 u. ff. und des Gesetzes über die Verhältnisse der Miteigenthümer eines Bergwerks für den ganzen Umfang der Monarchie, mit Ausnahme der auf dem linken Rheinufer belegenen Landestheile, vom 12. Mai 1851 (G.S. S. 265), welche den Gewerken zwar ein Gesammt- oder Miteigenthum an dem Bergwerk, nirgends aber der Gewerkschaft eine selbstständige juristische Persönlichkeit geben.

Indessen ist die Absicht des Einkommensteuergesetzes auch diese Gewerkschaften — nach dem Vorgange des §. 1 in dem Ges. betr. Ergänzung und Abänderung einiger Bestimmungen über Erhebung der auf das Einkommen gelegten direkten Kommunalabgaben vom 27. Juli 1885 (G.S. S. 327). (Anlage 3 dieses Buches) — mit der Steuer zu treffen klar, und ihre Ausführung ist insofern nicht schwierig, als der §. 99 des Allg. Berggesetzes sagt: „für die Verbindlichkeiten der Gewerkschaft haftet nur das Vermögen derselben; und der §. 119 anordnet: „Der Repräsentant oder Grubenvorstand vertritt die Gewerkschaft in allen ihren Angelegenheiten gerichtlich und außergerichtlich". 2c. Da beide Paragraphen nicht zu den im §. 227 (siehe oben) ausgenommenen gehören, kann also auch bei den Gewerkschaften des älteren Rechtes der Repräsentant oder Grubenvorstand für die Entrichtung der Steuer haftbar gemacht werden.

d) Eingetragene Genossenschaften 2c.

Reichsgesetz, betreffend die Erwerbs- und Wirthschaftsgenossenschaften. Vom 1. Mai 1887 (R.G.Bl. S. 55):

§. 1 und 2. Siehe Seite 8, Anm. 11a dieses Buches.

e) Konsumvereine mit offenem Laden 2c.

Konsumvereine (§. 1 Nr. 5) des ebengenannten Reichsgesetzes sind nach §. 1 Nr. 4 des Einkommensteuergesetzes steuerpflichtig, wenn sie die Eigenschaft einer eingetragenen Genossenschaft besitzen und ihren Geschäftsbetrieb auf Nichtmitglieder ausdehnen. Sie sind dagegen nach §. 1 Nr. 5 des Einkommensteuergesetzes steuerpflichtig, wenn sie als eingetragene Genossenschaften oder auf Grund besonderer Verleihung die Rechte juristischer Personen haben und einen offenen Laden halten. Ob sie im letzten Falle auch an Nichtmitglieder oder nur an Mitglieder verkaufen, ist völlig gleichgültig.

Konsumvereine, bei denen statutenmäßig der Geschäftsbetrieb auf den Kreis der Mitglieder beschränkt ist, sind trotzdem steuerpflichtig, sobald sie einen offenen Laden halten, auch wenn sie die statutenmäßige Beschränkung innehalten. (Bericht der Kommission des Abg.-Hauses S. 14.)

Konsumvereine also, welche weder eingetragene Genossenschaften sind, noch die Rechte juristischer Personen haben, sind steuerfrei.

Konsumvereine, welche eingetragene Genossenschaften sind, sind steuerfrei, wenn sie keinen offenen Laden halten und ihren Geschäftskreis auf ihre Mitglieder beschränken.

Bei Beurtheilung der Frage, ob der Geschäftsbetrieb über den Kreis der Mitglieder hinausgeht, kommt es übrigens nicht darauf an, daß die Genossenschaft diese Beschränkung in ihre Statuten aufgenommen hat, sondern darauf, daß sie die statutenmäßige Beschränkung auch innehält. (Herrfurth u. Noel Kommun. Abg. Ges. S. 38, Anm. 5—7.)

Siehe aber auch die Bestimmung unter Nr. 3 des vorstehenden Artikels 26 der Anweisung.

Statuts (Artikel 209 Nr. 1, Artikel 175 Nr. 2 des A. D. H. G. B. [Gesetz vom 18. Juli 1884, Reichs-Gesetzbl. S. 123],[3]) §. 6 Nr. 1 des Gesetzes, betreffend die Erwerbs- und Wirthschaftsgenossenschaften vom 1. Mai 1889, Reichs-Gesetzbl. S. 55),[4]) bei Berggewerkschaften aus der Belegenheit[5]) des Bergwerks, bei den zu e bezeichneten Konsumvereinen aus der Bestätigungsurkunde.

2. Unternehmungen der unter Nr. 1 a bis e bezeichneten Art, welche keinen Sitz in Preußen haben, unterliegen der Einkommensteuer nur mit dem Einkommen aus preußischem Grundbesitz und aus preußischen Gewerbe- oder Handelsanlagen oder sonstigen gewerblichen Betriebsstätten (vergl. Artikel 2 zu c).

3. Eingetragene Genossenschaften sind steuerfrei, so lange sie die ihrem Zwecke entsprechende Thätigkeit statutenmäßig und thatsächlich auf den Kreis ihrer Mitglieder beschränken. Daß der Geschäftsbetrieb über den Kreis der Mitglieder hinausgeht, ist nicht schon dann anzunehmen, wenn die Genossenschaft mit Nichtmitgliedern überhaupt in Geschäftsverkehr tritt, sondern erst dann, wenn die Genossenschaft Nichtmitglieder an denjenigen Zwecken Theil nehmen läßt, zu deren Erreichung sie gebildet worden ist. Beispielsweise werden Konsumvereine nicht schon deshalb steuerpflichtig, weil der gemeinschaftliche Einkauf von Lebensmitteln im Großen bei Nichtmitgliedern erfolgt, sondern erst dann, wenn die eingekauften Gegenstände auch an Nichtmitglieder verkauft werden, eine Voraussetzung, welche jedenfalls bei Konsumvereinen mit offenem Laden als vorliegend anzusehen ist; andererseits werden Magazinvereine oder Produktivgenossenschaften nicht dadurch steuerpflichtig, daß Waaren oder Produkte an Nichtmitglieder verkauft werden, wohl aber dadurch, daß die Genossenschaft auch Waaren von Nichtmitgliedern in das Magazin aufnimmt, oder zum Zwecke des Verkaufs ankauft.

Treffen die Voraussetzungen der Steuerpflicht bei einer Genossenschaft zu, so findet bei Berechnung des steuerpflichtigen Einkommens eine Unterscheidung zwischen dem durch den Verkehr mit Mitgliedern und dem durch den Verkehr mit Nichtmitgliedern erzielten Gewinne nicht statt.

4. Andere als die unter Nr. 1 und 2 ausdrücklich benannten juristischen Personen, Korporationen, Gesellschaften, Vermögensmassen oder Personenvereine sind als solche der Einkommensteuer nicht unterworfen.[6])

Konsumvereine, welche die Rechte juristischer Personen haben, sind steuerfrei, wenn sie einen offenen Laden nicht halten.

Der Begriff eines „offenen Ladens" ist näher erläutert in dem wegen der Veranlagung zur Gewerbesteuer ergangenen Finz.-Minist.-Erlaß v. 5. Aug. 1885 — II. 7801 —, welcher im Auszug lautet:

„Diejenigen Konsumvereine, welche ein wenn auch angeblich nur für die Mitglieder offenes Verkaufslokal (Laden, Komptoir, Magazin, Bazar u. s. w.) unterhalten, sind fortan regelmäßig zur Gewerbesteuer in der dem Geschäftsumfange entsprechenden Handelssteuerklasse heranzuziehen. Der bisher erforderten vorgängigen Beweisführung, daß in dem betreffenden Lokale auch an Nichtmitglieder Waaren verabfolgt worden sind, bedarf es nicht. Nach vielfachen Erfahrungen sind diejenigen Vereine, welche ein offenes Verkaufslokal unterhalten nicht in der Lage, den Waarenbezug der Nichtmitglieder (direkt oder indirekt durch Vermittlung von Mitgliedern des Vereins) auszuschließen und trifft bei Vereinen dieser Art regelmäßig auch die Voraussetzung der

Steuerpflichtigkeit zu, daß ihr Geschäftsbetrieb zugleich darauf gerichtet ist, mindestens in der Form von Reservefonds und dergleichen Vereinsvermögen zu erwerben."

Unter einem „offenen Laden" ist hiernach jedes Lokal zu verstehen, welches nach seiner Beschaffenheit und Einrichtung zum Verkaufe von Waaren an das Publikum dient.

Von den Konsumvereinen mit offenem Laden sind zu unterscheiden die Konsumanstalten, „welche von gewerblichen Unternehmern im Nebenbetriebe unterhalten werden", siehe §. 5 Abs. 2 des Gewerbesteuergesetzes v. 24. Juni 1891. (G.S. S. 205.) Diese lediglich zur Vermittlung des Bezuges von Waaren für Beamte und Arbeiter der betreffenden gewerblichen Unternehmungen bestimmten Anstalten sind keine Konsumvereine und sind zur Einkommensteuern nicht heranzuziehen.

2) Unter dem Worte „Sitz" (§. 1 Nr. 4 des Gesetzes, Seite 2,) kann nur die Hauptniederlassung der Gesellschaft ꝛc. zu verstehen sein, da Erwerbsgesellschaften, welche ihre Hauptniederlassung außerhalb Preußens haben nach §. 32 des Gesetzes (Seite 10) und Art. 2 der Anweisung (Seite 123) nur der beschränkten Steuerpflicht unterliegen, d. h. nur mit dem Einkommen aus preußischen Gewerbe- oder Handelsanlagen oder sonstigen gewerblichen Betriebsstätten zur Steuer herangezogen werden können. (Art. 26 Nr. 2.)

3) Reichs-Gesetz, betreffend die Kommanditgesellschaften auf Aktien und die Aktiengesellschaften. Vom 18. Juli 1884 (R.G.Bl. S. 123):

Von der Aktiengesellschaft.

Art. 209. Der Inhalt des Gesellschaftsvertrages (Statut) muß durch mindestens fünf Personen, welche Aktien übernehmen, in gerichtlicher oder notarieller Verhandlung festgestellt werden. In derselben ist zugleich der Betrag der von jedem Einzelnen übernommenen Aktien anzugeben.

Der Gesellschaftsbetrag muß bestimmen:

1. die Firma und den Sitz der Gesellschaft;
2. den Gegenstand des Unternehmens;
3. die Höhe des Grundkapitals und der einzelnen Aktien;
4. die Art der Aktien, ob sie auf Inhaber oder auf Namen lauten, und im Falle der Ausgabe beider Arten die Zahl der Aktien einer jeden Art;
5. die Art der Bestellung und Zusammensetzung des Vorstandes;
6. die Form, in welcher die Zusammenberufung der Generalversammlung der Aktionäre geschieht;
7. die Form, in welcher die von der Gesellschaft ausgehenden Bekanntmachungen erfolgen.

Bekanntmachungen, welche durch öffentliche Blätter erfolgen sollen, sind in den Deutschen Reichsanzeiger einzurücken. Andere Blätter außer diesem hat der Gesellschaftsvertrag zu bestimmen.

Von der Kommanditgesellschaft auf Aktien insbesondere.

Art. 175. Der Inhalt des Gesellschaftsvertrages (Statut) muß durch die persönlich haftenden Gesellschafter in gerichtlicher oder notarieller Verhandlung festgestellt werden.

Der Gesellschaftsvertrag muß enthalten:

1. den Namen, Vornamen, Stand und Wohnort, sowie die Höhe und Art der Einlage jedes persönlich haftenden Gesellschafters;
2. die Firma der Gesellschaft und den Ort, wo sie ihren Sitz hat;
3. den Gegenstand des Unternehmens;
4. die Zahl und den Betrag der Aktien;
5. die Art der Aktien, ob sie auf Inhaber oder auf Namen lauten, und im Falle der Ausgabe beider Arten die Zahl der Aktien einer jeden Art;
6. die Form, in welcher die Zusammenberufung der Generalversammlung der Kommanditisten geschieht;
7. die Form, in welcher die von der Gesellschaft ausgehenden Bekanntmachungen erfolgen.

Bekanntmachungen, welche durch öffentliche Blätter erfolgen sollen, sind in den Deutschen Reichsanzeiger einzurücken. Andere Blätter außer diesem hat der Gesellschaftsvertrag zu bestimmen.

Artikel 27.

Das steuerpflichtige Einkommen der nicht physischen Personen und Berechnung desselben.

(§§. 1E, 10 des Gesetzes.)

Die Veranlagung auch derjenigen Unternehmungen, welche in Preußen an verschiedenen Orten Betriebsstätten unterhalten, erfolgt einheitlich nach dem gesammten in Preußen steuerpflichtigen Einkommen.

Für die Berechnung desselben gelten folgende Grundsätze:

1. Behufs Ermittelung des steuerpflichtigen Einkommens kommen nur in Anrechnung:

a) die Ueberschüsse, welche als Aktienzinsen oder Dividenden, gleichviel unter welcher Benennung an die Mitglieder (Aktionäre, persönlich haftende Gesellschafter, Kommanditisten, Gewerken, Genossen) vertheilt werden, nicht auch die an Mitglieder des Aufsichts- oder Verwaltungsraths, an Direktoren und andere Beamte vertheilten Tantiemen,[1]) dagegen macht es keinen Unterschied, ob die Dividende baar ausgezahlt oder dem Geschäftsguthaben zugeschrieben ist (§. 19 des Genossenschaftsgesetzes vom 1. Mai 1889);[2])

b) die aus den Ueberschüssen zur Tilgung der Schulden oder des

---

4) Reichs-Gesetz, betreffend die Erwerbs- und Wirthschaftsgenossenschaften. Vom 1. Mai 1889. (R.G.Bl. S. 55.):

Errichtung der Genossenschaft.

§. 6. Das Statut muß enthalten:

1. die Firma und den Sitz der Genossenschaft;
2. den Gegenstand des Unternehmens;
3. Bestimmungen über die Form für die Berufung der Generalversammlung der Genossen, sowie für die Beurkundung ihrer Beschlüsse und über den Vorsitz in der Versammlung;
4. Bestimmungen über die Form, in welcher die von der Genossenschaft ausgehenden Bekanntmachungen erfolgen, sowie über die öffentlichen Blätter, in welche dieselben aufzunehmen sind.

5) Siehe hierzu jedoch Art. 35 Nr. 5 Absatz 3 im Abschn. IV und die dortige Anm. 8.

6) Also ist z. B. das Einkommen der Gemeinden und weitern Kommunalverbände, Korporationen, Sparkassen, Familienstiftungen 2c. nicht steuerpflichtig, auch nicht das Einkommen der Gemeinden und der weitern Kommunalverbände aus gewerblichen Betrieben, welche dieselben unterhalten (Gasanstalten, Elektricitätswerke, Wasserwerke, Pferde- und Straßenbahnen, Provinzialfeuerversicherungsanstalten [sog. Feuersozietäten], Landesbanken 2c.), während diese Betriebe zur Gewerbesteuer unter Umständen veranlagt werden dürfen. (§. 3 des Gewerbesteuergesetzes vom 24. Juni 1891 [G.S. S. 205].)

Auch die Reichsbank und ihre Zweiganstalten sind frei von staatlicher Einkommensteuer nach §. 21 des Bankgesetzes vom 14. März 1875 (R.G.Bl. S. 177), welcher lautet: „Die Reichsbank und ihre Zweiganstalten sind im gesammten Reichsgebiete frei von staatlichen Einkommen- und Gewerbesteuern."

(Zu Art. 27.) 1) In der Sitzung des Hauses der Abgeordneten v. 4. März 1891 erklärte der Herr Regierungskommissar: „Die Tantiemen, welche Direktoren oder Aufsichtsräthe beziehen für ihre Thätigkeit in Wahrnehmung der Geschäfte der Gesellschaft sind nach meiner Auffassung als Besoldung anzusehen, welche die Aktiengesellschaften bei der Berechnung ihres steuerpflichtigen Reineinkommens als Geschäftsunkosten berechnen und daher in Abzug bringen können."

Grundkapitals, zur Verbesserung oder Geschäftserweiterung, sowie zur Bildung von Reservefonds (vergl. jedoch Artikel 19 Abs. 5) verwendeten Beträge.[20])[3])

Als zur Verbesserung oder Geschäftserweiterung verwendet gelten diejenigen Ausgaben, welche weder zur Deckung von laufenden Betriebsunkosten, noch zur Erhaltung[4]) und Fortführung des Betriebes in dem bisherigen Umfange dienen, sondern mit welchen Einrichtungen oder Anlagen zur Erzielung eines höheren Ertrages oder zur Ausdehnung des Betriebsumfanges bestritten werden.

Von den aus Ueberschüssen gebildeten Reservefonds bleiben nur diejenigen außer Betracht, welche bei den Versicherungsgesellschaften zur Rücklage für die Versicherungssummen bestimmt sind. Hierher gehören insbesondere diejenigen — in der Regel „Prämien-" und „Gewinn-" oder „Dividenden-" Reserven genannten — Fonds der Lebensversicherungsgesellschaften, welche das Deckungskapital bilden für die den Versicherten gegenüber durch den Versicherungsvertrag übernommenen Verbindlichkeiten zur Zahlung der Versicherungssummen und der den Versicherten selbst als sogenannte Dividende zurückzugewährenden Prämienüberschüsse.

Im Uebrigen kommt es regelmäßig auf die verschiedenen Arten der Benennung der Reservefonds nicht an, sondern nur darauf, ob in der Bildung derselben im einzelnen Falle eine Vermehrung des Vermögens enthalten ist. Denselben stehen diejenigen Beträge gleich, welche aus den Ueberschüssen zu außerordentlichen, über das Maß der regelmäßigen Absetzungen (s. Art. 19) hinausgehenden Abschreibungen verwendet werden.

Dagegen bleiben diejenigen Vertheilungen an Mitglieder, Kapitalrückzahlungen oder Abtragungen, welche nicht den Ueberschüssen, sondern den Reservefonds oder anderen Aktivbeständen entnommen sind, bei der Ermittelung des steuerpflichtigen

Minist.-Anm. 20. Die Anrechnung der für Abgaben an kommunale und andere öffentliche Verbände verausgabten Beträge ist gesetzlich ausgeschlossen, da bei Ermittelung des steuerpflichtigen Einkommens der nicht physischen Personen nur die erzielten Ueberschüsse in Betracht kommen.

2) Reichsgesetz, betr. die Erwerbs- und Wirthschaftsgenossenschaften. Vom 1. Mai 1889. (R.G.Bl. S. 55.)

§. 19. Der bei Genehmigung der Bilanz für die Genossen sich ergebende Gewinn oder Verlust des Geschäftsjahres ist auf diese zu vertheilen. Die Vertheilung geschieht für das erste Geschäftsjahr nach dem Verhältniß ihrer auf den Geschäftsantheil geleisteten Einzahlungen, für jedes folgende nach dem Verhältniß ihrer durch die Zuschreibung von Gewinn oder die Abschreibung von Verlust zum Schlusse des vorhergegangenen Geschäftsjahres ermittelten Geschäftsguthaben. Die Zuschreibung des Gewinns erfolgt solange, als nicht der Geschäftsantheil erreicht ist.

Das Statut kann einen anderen Maßstab für die Vertheilung von Gewinn oder Verlust aufstellen, sowie Bestimmung darüber treffen, inwieweit der Gewinn vor Erreichung des Geschäftsantheils an die Genossen auszuzahlen ist. Bis zur Wiederergänzung eines durch Verlust verminderten Guthabens findet eine Auszahlung des Gewinns nicht statt.

3) Finz.-Minist.-Zirk.-Erlaß v. 3. Oktbr. 1891 — II. 12532 —.

In der gefälligen Eingabe ꝛc. wird unter Hinweis auf die Bestimmungen im §. 16 des Einkommensteuergesetzes v. 24. Juni 1891 eine Auskunft darüber gewünscht, ob zu den nach dieser

Einkommens stets außer Berechnung. Dasselbe gilt von den unvertheilten auf neue Rechnung des künftigen Jahres vorgetragenen Gewinnresten.

2. Von der Summe der gemäß Nr. 1 a und b anzurechnenden Ueberschußbeträge sind in Abzug zu bringen $3^1/_2$ Prozent des in der Bilanz für das betreffende Geschäftsjahr aufgeführten Aktienkapitals.[5]) An Stelle des letzteren tritt bei eingetragenen Genossenschaften die Summe der eingezahlten Geschäftsantheile (Geschäftsguthaben) der Mitglieder, bei Berggewerkschaften das aus dem Erwerbspreise und den Kosten der Anlage und Einrichtung beziehungsweise Erweiterung des Bergwerks sich zusammensetzende Grundkapital. Beträge, welche zur Deckung der laufenden Betriebskosten und zur Fortführung des Betriebes in dem bisherigen Umfange aufgewendet sind, dürfen hierbei nicht in Anrechnung kommen. Soweit die Kosten der Anlage, Einrichtung oder Erweiterung eines Bergwerks vor dem 1. April 1892 aufgewendet sind, tritt an deren Stelle nach Wahl der Pflichtigen der zwanzigfache Betrag der im Durchschnitt der letzten vier Jahre vor dem Inkrafttreten dieses Gesetzes vertheilten Ausbeute.

Maßgebend sind die letzten vier Betriebsjahre der Gewerkschaft, deren Ergebnisse zur Zeit der Veranlagung (Steuererklärung) festgestellt werden können.

Die zum Zwecke der Berechnung des Grundkapitals von den Gewerkschaften anzugebenden Erwerbspreise, Kosten beziehungsweise Ausbeuten sind auf Erfordern durch Vorlegung der Bücher und Verwaltungsrechnungen nachzuweisen.

3. Die Feststellung des steuerpflichtigen Einkommens erfolgt auf Grund der für die maßgebenden Betriebsjahre angefertigen Bilanzen, Jahresabschlüsse (Gewinn- und Verlustrechnungen, Verwaltungsrechnungen), sowie der darauf bezüglichen Beschlüsse der General- (Gewerken-) Versammlungen nach dem Durchschnitt der letzten Jahre gemäß der Bestimmung Artikel 5 Nr. 2; jedoch findet die dort vorgesehene Schätzung „nach dem muthmaßlichen Jahresertrage" auf die nicht physischen Personen, welche neu in die Steuerpflicht eintreten, keine Anwendung. Die Veranlagung derselben zur Einkommensteuer kann erst erfolgen, wenn ein das Vorhandensein von Ueberschüssen ergebender Abschluß vorliegt, und geschieht alsdann von dem Beginne des Monats ab, der auf den Zeitraum folgt, für welchen dieser Abschluß gemacht ist.

Vorschrift dem steuerpflichtigen Einkommen der Aktien-Gesellschaften hinzuzurechnenden Beträgen auch der bei Ausgabe eigener Aktien erzielte Agiogewinn gehört, welcher gemäß Art. 185b und 239b des Allgemeinen Deutschen Handelsgesetzbuchs dem zur Deckung eines aus der Bilanz sich ergebenden Verlustes zu bildenden Reservefonds zu überweisen ist.

Mit Rücksicht auf die durch §. 44 des Einkommensteuergesetzes begründete Zuständigkeit des Königlichen Ober-Verwaltungsgerichts muß ich Bedenken tragen, auf diese einzelne und verschiedenen Auffassungen unterliegende Rechtsfrage meinerseits einen Bescheid zu ertheilen und mich auf die Bemerkung beschränken, daß die Ausführungen in dem mir vorgelegten Urtheile des Großherzoglich Badischen Verwaltungsgerichtshofs schon deshalb nicht ohne Weiteres als maßgebend für die Auslegung des Preußischen Einkommensteuergesetzes anzusehen sind, weil die Bestimmungen des letzteren in wesentlichen Punkten von denjenigen des Badischen Gesetzes v. 20. Juni 1884 abweichen.

Bei der in der Eingabe ꝛc. mit Recht betonten Bedeutung der angeregten Frage erachte ich

4. Bei denjenigen Unternehmungen, welche ihren Sitz nicht in Preußen haben, aber gemäß Artikel 26 Nr. 2 der Einkommensteuer unterliegen, gilt als steuerpflichtiges Einkommen derjenige Theil der nach den Bestimmungen zu 1 bis 3 zu berechnenden Ueberschüsse, welcher auf den Geschäftsbetrieb in Preußen beziehungsweise auf das Einkommen aus preußischem Grundbesitz entfällt.

Zu diesem Zwecke ist der aus dem preußischen Grundbesitz oder Gewerbebetrieb erzielte besondere Gewinn zu ermitteln und nach dem Verhältnisse dieses Gewinnantheils zu dem gesammten Reingewinn des Unternehmens der steuerpflichtige Theil der Ueberschüsse zu bestimmen.

Ist eine derartige besondere Gewinnberechnung nicht thunlich, so erfolgt die Feststellung des steuerpflichtigen Theiles der Ueberschüsse nach den aus den thatsächlichen Betriebsverhältnissen eines jeden Unternehmens sich ergebenden Merkmalen, welche für die Gewinnerzielung vornehmlich bestimmend sind, insbesondere bei Versicherungsgesellschaften nach dem Verhältniß der in Preußen aufkommenden zu der gesammten Prämieneinnahme, bei Hypothekenbanken nach dem Verhältniß des Betrages der von preußischen Grundbesitzern zu entrichtenden Darlehnszinsen zu der gesammten Zinseinnahme.

5. Bei denjenigen Unternehmungen, welche ihren Sitz in Preußen haben (Artikel 26 Nr. 1), ist nur das Einkommen aus den in einem anderen deutschen Bundesstaate oder in einem deutschen Schutzgebiete belegenen Grundstücken oder

---

es indessen im Interesse einer gleichmäßigen Besteuerung der Aktien-Gesellschaften für meine Aufgabe dafür Sorge zu tragen, daß die endgültige Feststellung des steuerpflichtigen Einkommens in allen Fällen dieser Art schon bei der ersten Veranlagung nach gleichen Grundsätzen erfolgt.

In der Voraussetzung, daß diejenigen Gesellschaften, bei deren Veranlagung dem steuerpflichtigen Einkommen der bezeichnete Agiogewinn hinzugerechnet wird, von den ihnen gesetzlich zustehenden Rechtsmitteln gegen die Veranlagung Gebrauch machen werden, habe ich deshalb die Vertreter des Staatsinteresses angewiesen, ihrerseits gegen die im entgegengesetzten Sinne etwa ergehenden Entscheidungen der Veranlagungs- und Berufungs-Kommissionen die Berufung bezw. Beschwerde einzulegen.

Den sämmtlichen Unterzeichnern der Eingabe 2c. habe ich die gleiche Mittheilung zugehen lassen.

4) Nach dem Bericht der Kommission des Herrenhauses vom 13. April 1891. (S. 4) war von einem Mitgliede der Antrag eingebracht worden:

(c) im §. 16 (Absatz 1 des Einkommensteuergesetzes) die Worte „oder des Grundkapitals" und ferner die Worte „Verbesserung oder" zu streichen.

Die Verbesserungen seien häufig nicht als eine Verbesserung oder Vermehrung der Substanz zu betrachten, sondern sie seien nur als der Ersatz bestehender Einrichtungen aufzufassen. Wenn die Konkurrenz zum Ersatz veralteter Maschinen zwinge, sei darin nicht eine Erhöhung, sondern eher eine Schmälerung des Einkommens zu erblicken.

Der Herr Finanzminister erwiderte hierauf, die auf die Verbesserung verwendeten Mittel seien in Abzug zu bringen, wenn die Verbesserungen sich nur als der Ersatz von etwas bereits Bestehendem erwiesen; insoweit es sich aber dabei um eine Vermehrung handele, sei ein Abzug nicht zuläßig. Er bäte, den Antrag abzulehnen, da es sonst an einer Grundlage für die Berechnung fehlen würde, jedenfalls müsse der Antrag, soweit er sich auf die Streichung der Worte „oder des Grundkapitals" beziehe, abgelehnt werden.

5a) Nach demselben Bericht (S. 4) wurde von einem Mitgliede angefragt, ob in den Fällen,

den daselbst betriebenen Gewerben von der Besteuerung ausgeschlossen (Artikel 3 II. Nr. 1 a, b). Die Feststellung des hiernach nicht steuerpflichtigen Theiles der nach den Bestimmungen zu 1 bis 3 zu berechenden Ueberschüsse erfolgt nach den vorstehend zu 4 angegebenen Grundsätzen.

6. Soweit unter Nr. 1 bis 5 nicht abweichende Bestimmungen getroffen sind, finden die im zweiten Abschnitt angegebenen allgemeinen Grundsätze auch auf das steuerpflichtige Einkommen der nicht physischen Personen Anwendung.

7. Aktiengesellschaften, Kommanditgesellschaften auf Aktien, Berggewerkschaften und eingetragene Genossenschaften sind verpflichtet, ihre Geschäftsberichte und Jahresabschlüsse sowie die darauf bezüglichen Beschlüsse der Generalversammlungen alljährlich dem Vorsitzenden der Veranlagungskommission nach den näheren Bestimmungen des Finanzministers einzureichen.[6])

---

in welchen das Aktienkapital reduzirt sei, das reduzirte oder das ursprüngliche Kapital zur Berechnung der $3^1/_2$ Prozent maßgebend sei, welche in Abzug zu bringen seien.

Der Herr Finanzminister erwiderte, daß hierfür wesentlich die Bilanz maßgebend sei.

5b) Auch das Gesetz bestimmt in §. 16 Abs. 1 (siehe S. 37), „jedoch nach Abzug von $3^1/_2$ Prozent des eingezahlten Aktienkapitales." Die Absicht dieser Bestimmung geht dahin, durch den Abzug eines dem derzeitigen Zinsfuße für sicher angelegte Kapitalien entsprechenden Betrages die Doppelbesteuerung auszugleichen, die unzweifelhaft darin liegen würde, wenn die Ueberschüsse der in §. 1 Nr. 4 und 5 genannten Gesellschaften einmal bei diesen als juristische Personen selbst und das zweitemal bei ihren Mitgliedern nach Maßgabe des auf sie entfallenden Antheils als Theil ihrer gesammten Jahreseinkünfte auf Grund des §. 7 des Gesetzes zur Steuer herangezogen würden.

Hier nun entsteht für die Kommanditgesellschaften auf Aktien die Frage, wie es mit denjenigen Einlagen gehalten werden soll, welche ein persönlich haftender Gesellschafter nicht auf das gesammte Aktienkapital der Kommanditisten, sondern nach Art. 174a des Reichsgesetzes v. 18. Juli 1884 (R.G.Bl. S. 123) darüber hinaus gemacht hat, also ohne dafür Aktien zu erhalten.

Der Abzug von $3^1/_2$ Prozent von den Ueberschüssen der Gesellschaft ist nach der obigen Gesetzesbestimmung für diesen Theil des Gesellschaftsvermögens ausgeschlossen, das Einkommen aus ihm wird also zweifellos doppelt besteuert, einmal bei der Gesellschaft, das anderemal bei dem persönlich haftenden Gesellschafter. Daß hierin unter Umständen eine erhebliche Härte liegen kann, ist bereits im Abgeordnetenhause in der 30. Sitzung v. 11. Febr. 1891 (Sten. Bericht S. 742) zur Sprache gebracht und dabei von dem Abgeordneten Dr. E. auf folgendes Beispiel hingewiesen worden:

„Mir ist ein Fall bekannt, wo ein Herr eine Kommanditgesellschaft auf Aktien gegründet hat, deren einziges persönlich haftendes Mitglied er ist. Er hat zwischen $1^1/_2$ und 2 Millionen Mark in diesem Geschäft stehen, außerdem hat er noch 200000 Mark — sage 200000 Mark! — Aktien an Kommanditisten ausgegeben. Dieser Mann soll nun, weil er sich 200000 Mark in dieser Form der Kommanditgesellschaft auf Aktien verschafft hat, sein ganzes großes Einkommen aus den $1^1/_2$ Millionen, aus dem ganzen Geschäftsbetrieb nach der Vorlage doppelt versteuern."

Es wurde deshalb auch der Antrag (Drucksachen Nr. 96) gestellt, zu bestimmen:

„Bei Kommanditgesellschaften auf Aktien ist derjenige Theil der Ueberschüsse, welcher auf persönlich haftende Gesellschafter entfällt und bei diesen zur Steuer herangezogen wird, nicht steuerpflichtig."

Dieser Antrag gelangte jedoch nicht zur Abstimmung (siehe 31. Sitzung des Hauses der Abgeordneten v. 12. Febr. 1891, Sten. Bericht S. 773 und 776). Es ist also hier eine Lücke im Gesetz, die nach seinem Sinne und ohne seinem Wortlaut entgegen zu treten in der Weise auszufüllen sein würde, daß bei den Kommanditgesellschaften auf Aktien derjenige Gewinnantheil, welcher den persönlich haftenden Gesellschaftern für ihre über das Gesammtkapital der Kommanditisten hinaus gemachten Einlagen zufällt, dem nach §. 16 Abs. 1 des Gesetzes steuerpflichtigen Einkommen der Gesellschaft nicht zugerechnet wird.

Eine Bestimmung hierüber ist indessen noch nicht ergangen.

Die einschlagenden gesetzlichen Bestimmungen sind folgende:

Reichs-Gesetz, betreffend die Kommanditgesellschaften auf Aktien und die Aktiengesellschaften. Vom 18. Juli 1884 (R.G.Bl. S. 123).

Art. 174a. Die persönlich haftenden Gesellschafter haben sich bei Errichtung der Gesellschaft mit Einlagen zu betheiligen, welche zusammen mindestens den zehnten Theil des Gesammtkapitals der Kommanditisten und, wenn dieses drei Millionen Mark übersteigt, für den übersteigenden Betrag den fünfzigsten Theil desselben darstellen.

Art. 180h. Eine Erhöhung des Gesammtkapitals der Kommanditisten darf nicht vor der vollen Einzahlung desselben erfolgen. Für Versicherungsgesellschaften kann der Gesellschaftsvertrag ein Anderes bestimmen.

Die Erhöhung kann nicht ohne Beschluß der Generalversammlung der Kommanditisten stattfinden. Für die neu auszugebenden Aktien kann die Leistung eines höheren als des Nominalbetrages festgesetzt werden; der Beschluß hat den Mindestbetrag zu bezeichnen, für welchen die Aktien ausgegeben sind. Ein geringerer als der Nominalbetrag darf nicht festgesetzt werden.

Auf eine Erhöhung, welche in den ersten zwei Jahren seit Eintragung des Gesellschaftsvertrages in das Handelsregister beschlossen wird, findet die Vorschrift im Art. 174a über die Betheiligung der persönlich haftenden Gesellschafter mit der Maßgabe Anwendung, daß die Betheiligung nach dem Gesammtkapital einschließlich dessen Erhöhung zu bemessen ist und aus dem Beschlusse hervorgehen muß, welche Einlagen demzufolge noch gemacht werden.

Die Beschlußfassung unterliegt den Vorschriften im Art. 180g Abs. 1 und 3. Die Bestimmung über die Erhöhung ist in das Handelsregister einzutragen. Die Anmeldung hat die Angabe zu enthalten, daß das bisherige Gesammtkapital eingezahlt sei, für Versicherungsgesellschaften, inwieweit die Einzahlung desselben stattgefunden habe. Auf die Abfassung und die Eintragung finden die Vorschriften im Art. 180f Anwendung.

Eine Zusicherung von Rechten auf den Bezug neu auszugebender Aktien, welche vor dem Beschlusse auf Erhöhung des Gesammtkapitals erfolgt, ist der Gesellschaft gegenüber unwirksam.

Art. 181. Die Einlagen, mit welchen ein persönlich haftender Gesellschafter sich in Gemäßheit der Art. 174a, 180h Abs. 3 betheiligt hat, dürfen ihm weder ganz noch theilweise zurückgegeben oder erlassen werden.

Er darf den Antheil, welcher ihm am Gesellschaftsvermögen einschließlich des Gesammtkapitals der Kommanditisten auf solche Einlagen zugewiesen ist, nur an andere persönlich haftende Gesellschafter veräußern. In gleicher Weise ist, wenn er als persönlich haftender Gesellschafter ausscheidet, die Veräußerung desjenigen, was ihm auf solche Einlagen bei der Auseinandersetzung zugewiesen ist, bis zum Ablauf von drei Jahren seit dem Ausscheiden, jedoch nicht länger als bis zum Ablauf von zehn Jahren seit Eintragung des Gesellschaftsvertrages in das Handelsregister beschränkt. Während der Dauer dieser Beschränkung darf der Antheil des Gesellschafters oder dasjenige, was ihm bei der Auseinandersetzung zugewiesen ist, nicht ausgeliefert und für Privatgläubiger desselben nur insoweit gepfändet werden, als diese Gegenstände nicht bis zum Ablauf der Zeitbeschränkung wegen Forderungen der Gesellschaft oder solcher Gesellschaftsgläubiger, deren Ansprüche vor dem Ausscheiden des persönlich haftenden Gesellschafters entstanden waren, verwendet oder gepfändet sind.

Soweit die Einlagen auf das Gesammtkapital der Kommanditisten gemacht sind, hat der Aufsichtsrath die hierfür auszustellenden Aktien oder Interimsscheine in Verwahrung zu nehmen

Vierter Abschnitt.

Die Steuererklärungen.

Artikel 28.

Die Verpflichtung zur Abgabe der Steuererklärung.

(§§. 24, 25, 29, 79 des Gesetzes.)

1. Jeder bereits mit einem Einkommen von mehr als 3000 Mark zur Einkommensteuer veranlagte Steuerpflichtige ist auf die jährlich durch öffentliche Bekanntmachung ergehende Aufforderung zur Abgabe einer Steuererklärung verpflichtet. Die Veranlagungsbehörden sind angewiesen, jedem hiernach zur Steuererklärung Verpflichteten bei Erlaß der öffentlichen Aufforderung ein Steuererklärungsformular mitzutheilen; hiervon ist aber weder der Eintritt der Verpflichtung noch der Lauf der Frist zur Abgabe der Steuererklärung (Nr. 4) abhängig. Steuerpflichtige, welchen ein Formular nicht zugegangen ist, können ein solches an den in der öffentlichen Aufforderung bezeichneten Stellen kostenlos in Empfang nehmen.

2. Die noch nicht mit einem Einkommen von mehr als 3000 Mark zur Einkommensteuer veranlagten Personen sind zur Abgabe einer Steuererklärung verpflichtet, sobald eine besondere Aufforderung des Vorsitzenden der Veranlagungskommission an sie ergeht. Sie sind, falls letzteres nicht geschieht, auf ihr Verlangen zur Abgabe einer Steuererklärung innerhalb der in der öffentlichen Aufforderung bestimmten Frist zuzulassen.

3. Die Steuererklärungen sind für Personen, welche unter väterlicher Gewalt, Pflegschaft oder Vormundschaft stehen, vom Vater, Pfleger oder Vormund, für nicht physische Personen (Artikel 26) von den zur Vertretung derselben nach außen berechtigten Vorstandsmitgliedern (Repräsentanten), für Ehefrauen, sofern sie nicht selbstständig zu veranlagen sind, von deren Ehemännern abzugeben.

Für Personen, welche abwesend oder sonst verhindert sind, die Steuererklärungen selbst abzugeben, können solche durch Bevollmächtigte erfolgen, welche ihren Auftrag auf Erfordern nachzuweisen haben,

Die Erfüllung der Steuererklärungspflicht seitens eines von mehreren Vertretern befreit die übrigen Verpflichteten von ihrer Verbindlichkeit.

---

und mit dem Vermerk „unveräußerlich" zu versehen. Die Löschung des Vermerkes findet durch den Aufsichtsrath nach dem Wegfalle der bezeichneten Beschränkung statt.

6) Finz.-Minist.-Erlaß v. 18. Oktbr. 1891 — II. 13688 — Auszug.

Zugleich bemerke ich, daß der Umstand, ob die Gesellschaft ihre Geschäftsberichte und Jahresabschlüsse veröffentlicht oder nicht, den Bestimmungen im §. 24 Abs. 2 des Einkommensteuergesetzes v. 24. Juni 1891 gegenüber unerheblich ist und daß seitens der Steuerverwaltung keinenfalls auf das gesetzliche Recht, die Vorlage dieser Berichte und Abschüsse zu fordern, verzichtet werden kann.

4. Die Steuererklärung ist innerhalb der in der Aufforderung bestimmten, auf mindestens 14 Tage zu bemessenden Frist bei dem Vorsitzenden der Veranlagungskommission schriftlich oder zu Protokoll abzugeben.

Diese Frist ist jedoch für die in außereuropäischen Ländern und Gewässern Abwesenden auf 6 Monate, für andere außerhalb des Deutschen Reiches Abwesende auf 6 Wochen, für die übrigen Abwesenden auf 3 Wochen verlängert.

Schriftliche Steuererklärungen können durch die Post frankirt eingesendet werden; zur Sicherung des Steuerpflichtigen empfiehlt sich in diesem Falle die Sendung als „Einschreibebrief", da der Absender die Gefahr trägt.

Artikel 29.

Form und Inhalt der Steuererklärungen.

(§ 26 des Gesetzes.)

1. Die Steuererklärung über das Einkommen physischer Personen ist nach dem beiliegenden Formular I. abzugeben und dabei namentlich folgendes zu beachten:

a) dem eigenen Einkommen hat der Steuerpflichtige das etwaige besondere Einkommen seiner nicht selbstständig zu veranlagenden Haushaltungsangehörigen (Artikel 6) hinzuzurechnen;

b) das steuerpflichtige Einkommen aus jeder der vier im Artikel 7 unterschiedenen Hauptquellen ist nach Anleitung der Bestimmungen Artikel 8 bis 23 besonders zu berechnen, und das Ergebniß getrennt nach den Quellen in die dafür bestimmten Rubriken 1 bis 4 des Formulars einzutragen. Stellt sich als Ergebniß der Berechnung des Einkommens aus einzelnen Quellen ein Verlust heraus, so ist auch dies anzugeben und bei der Feststellung des Gesammteinkommens zu berücksichtigen;

c) besonders anzugeben sind die in dem Formular unter a bis d bezeichneten Ausgaben, deren Abzug beansprucht wird;

d) das Einkommen, welches der Steuerpflichtige aus einem außerhalb seines Wohnortes belegenen Grundbesitze oder betriebenen Gewerbe bezieht, ist bei Angabe des Gesammteinkommens unter Nr. 2 bezw. 3 der Steuererklärung zu berücksichtigen, außerdem aber am Schlusse besonders anzugeben.

2. Die Steuererklärung über das Einkommen nicht physischer Personen (Artikel 26) erfolgt nach anliegendem Formular II. unter Beachtung der im Artikel 27 für die Berechnung des steuerpflichtigen Einkommens dieser Unternehmungen angegebenen Grundsätze.

3. Im Uebrigen geben die Probeeinträge sowie der Vordruck der Formulare die erforderliche Anleitung zur Ausfüllung derselben. Dem Steuerpflichtigen steht es frei, die seiner Angabe zu Grunde liegenden Durchschnittsberechnungen oder andere zum Verständniß der Angaben dienende Erläuterungen und Zusätze in die Steuererklärung oder in eine derselben beizufügende Anlage aufzunehmen.

Die in Zweifelsfällen vom Steuerpflichtigen mündlich nachgesuchte Belehrung wird vom Vorsitzenden der Veranlagungskommission bereitwillig auch mündlich ertheilt.

4. Die Steuererklärung ist unter der Versicherung abzugeben, daß die Angaben nach bestem Wissen und Gewissen gemacht sind, zu datiren und von dem zur Abgabe Verpflichteten durch Namensunterschrift zu vollziehen.

Artikel 30.

Die zur Schätzung des Einkommens erforderlichen Nachweisungen.

(§. 27 des Gesetzes.)

Dem Steuerpflichtigen soll auf seinen Antrag, soweit es sich um nur durch Schätzung zu ermittelndes Einkommen handelt, gestattet werden, in die Steuererklärung statt der ziffermäßigen Angabe des Einkommens diejenigen Nachweisungen aufzunehmen, deren die Veranlagungskommission zur Schätzung desselben bedarf.

Zur Erläuterung wird folgendes bemerkt:

1. Die in §. 27 des Gesetzes als Ausnahme zugelassene Art und Weise der Steuererklärung ist in ihrer Anwendung ausdrücklich auf Einkommen beschränkt, welches nur durch Schätzung, also nicht durch Gegenüberstellung wirklicher Einnahmen und Ausgaben im Wege der Berechnung ermittelt werden kann.

Der Umstand, daß eine Einnahme ihrem Betrage nach unbestimmt oder schwankend ist, kommt hierbei überhaupt nicht in Betracht, da behufs Ermittelung des steuerpflichtigen Einkommens in der Regel nicht der noch ungewisse zukünftige, sondern der im Durchschnitte eines unmittelbar vorangegangenen Zeitraumes thatsächlich erzielte Ertrag vom Steuerpflichtigen anzugeben ist (Artikel 5 Nr. 2).

Gleichwohl kann für gewisse Bestandtheile des Einkommens die Schätzung nicht entbehrt werden, theils weil es sich nicht immer um baare oder genau auszusondernde Einkünfte handelt, theils weil das Gesetz behufs Feststellung des des steuerpflichtigen Einkommens Abzüge gestattet, deren Höhe nicht durch wirklich geleistete Ausgaben bestimmt wird. So bedürften regelmäßig einer Schätzung:

Der Miethswerth der Wohnung im eigenen Hause, der Geldwerth der freien Beköstigung oder anderer Naturalbezüge, der Geldwerth der im Haushalte verbrauchten Erzeugnisse der eigenen Wirthschaft, sofern die Umstände eine genaue Trennung dieses Verbrauchs von dem Verbrauche für die Zwecke des Wirthschaftsbetriebes nicht gestatten, ferner die Werthe, mit welchen Waarenbestände, zweifelhafte Forderungen eines Kaufmannes in die Bilanz einzustellen sind, die Höhe der angemessenen Abschreibungen für Gebäude, Maschinen u. s. w.

Es muß grundsätzlich daran festgehalten werden, daß der Steuerpflichtige aus Gründen, welche nicht in der Natur des Einkommens selbst liegen, die Entbindung von der ziffermäßigen Angabe seines Einkommens nicht beanspruchen kann, insbesondere also auch nicht etwa aus dem Grunde, weil er die nach seinen Einkommensverhältnissen zur Erfüllung der Deklarationspflicht erforderlichen Aufzeichnungen über seine thatsächlichen Einnahmen und Ausgaben unterläßt.[21])

2. Wie die zu 1 angegebenen Beispiele ersehen lassen, müssen bei Feststellung von Einkommen aus dem Betriebe der Landwirthschaft, aus Handel oder Gewerbe sowie aus Gewinn bringender Beschäftigung in zahlreichen Fällen einzelne Theile der Einnahme oder einzelne nach dem Gesetze zulässige Abzüge nach ihrem Geldwerthe geschätzt werden, weil es sich nicht um baare Einnahmen und Ausgaben handelt.

Die Deklarationspflicht würde nahezu gegenstandslos werden, wenn es in allen diesen Fällen dem Belieben des Steuerpflichtigen überlassen wäre, ob er überhaupt ziffermäßige Angaben über sein Einkommen machen will. Eine solche Auslegung entspricht auch weder der Absicht noch dem Wortlaut des Gesetzes.

Vielmehr ist die Entbindung von ziffermäßigen Angaben ausdrücklich nur gestattet, „soweit es sich um nur durch Schätzung zu ermittelndes Einkommen handelt," also nur in Ansehung derjenigen bestimmten Einkommenstheile und Rechnungsansätze, für welche diese besondere Voraussetzung zutrifft. Hinsichtlich der übrigen Bestandtheile des Einkommens, welche eine Schätzung nicht erfordern, darf der Steuerpflichtige die ziffermäßigen Angaben nicht ablehnen.

3. Liegen die Voraussetzungen des §. 27 vor, so steht es dem Steuerpflichtigen gleichwohl frei, die behufs Abgabe der Steuererklärung etwa erforderlichen Schätzungen selbst vorzunehmen. Will er dies nicht, so muß er ausdrücklich beantragen, daß ihm die Angabe der zur Schätzung erforderlichen Nachweisungen gestattet werde.

Der Antrag ist auf der Steuererklärung oder in einer besonderen Eingabe oder mündlich zu Protokoll, in jedem Falle aber innerhalb der zur Abgabe der Steuererklärung bestimmten präklusivischen Frist (Artikel 28 zu 4) bei dem Vorsitzenden der Veranlagungskommission anzubringen, und durch genaue Bezeichnung desjenigen Einkommens, um dessen Schätzung es sich handelt, zu begründen. Es empfiehlt sich zugleich diejenigen Nachweisungen beizubringen, welche zur sachgemäßen Schätzung erforderlich sind, außerdem aber auch die keiner Schätzung bedürfenden Bestandtheile, welche für die Feststellung des Einkommens in Betracht kommen, ziffermäßig anzugeben.

4. Im einzelnen hängt es von den besonderen Umständen eines jeden Falles ab, welche Nachweisungen und Angaben von dem Steuerpflichtigen beizubringen sind. Jedenfalls müssen stets diejenigen Thatsachen und Verhältnisse erschöpfend

---

Minist.-Anm. 21. Die vorstehende Bestimmung ist in Ansehung der Einnahmen und Ausgaben aus der Zeit vor dem Inkrafttreten des Einkommensteuergesetzes, sofern bisher die Aufzeichnung derselben vom Steuerpflichtigen unterlassen war, noch nicht mit Strenge zu handhaben.

Für die Zukunft muß auch bei kleineren Landwirthschaftsbetrieben die Anforderung gestellt werden, daß eine regelmäßige Anschreibung der Wirthschaftseinnahmen und Ausgaben stattfindet. Außerdem kann als Regel vorausgesetzt werden, daß jeder Landwirth in der Lage ist, die Menge der Naturalerträge seines Betriebes ziffermäßig anzugeben.

Nach gleichen Gesichtspunkten ist in betreff der Angabe des Einkommens aus anderen Quellen zu verfahren.

dargelegt werden, deren Kenntniß erforderlich ist, um das Einkommen des betreffenden Steuerpflichtigen nach Maßgabe der Vorschriften des zweiten Abschnittes dieser Anweisung in seinem wirklichen Betrage zu ermitteln.

Die folgenden Beispiele mögen dies erläutern:

a) Kann ein Landwirth die Schätzung des Miethswerthes seiner Wohnung und des Geldwerthes der im Haushalt verbrauchten Erzeugnisse der eigenen Wirthschaft nicht selbst bewirken, und will er deshalb von der Befugniß nach §. 27 des Gesetzes Gebrauch machen, so genügt es nicht, wenn er äußere, meist ohnehin bekannte Einschätzungsmerkmale, wie den Flächenraum der bewirthschafteten Besitzung, die Bodenbeschaffenheit, den Viehstand, die Kulturarten u. s. w. anzeigt, sondern er muß insbesondere angeben:

behufs Schätzung des Miethswerthes

eine Beschreibung des Wohngebäudes nach baulicher Beschaffenheit und Größe, den Feuerversicherungswerth sowie die Auslagen für die Versicherung des Gebäudes gegen Feuersgefahr und die Staatsgebäudesteuer (s. Artikel 16 I.);

behufs Schätzung des Verbrauchs

soweit thunlich die Gattungen, so wie von jeder Gattung die Mengen der thatsächlich im Durchschnitt der maßgebenden Jahre verbrauchten Naturalien, soweit aber diesen Anforderungen nicht genügt werden kann, diejenigen Thatsachen und Verhältnisse, welche ein zutreffendes Urtheil über den wirklichen Verbrauch durch Vergleichung mit anderen Haushaltungen gleichen Umfanges begründen können;[22])

außerdem endlich

die Wirthschaftsergebnisse, soweit dieselben ohne Schätzung rechnungsmäßig nachweisbar sind, insbesondere also einerseits die im Durchschnitt der maßgebenden Wirthschaftsjahre erzielten Erträge und die Geldeinnahme aus allen Wirthschaftszweigen, andererseits den Betrag der gemäß Artikel 11 zu II. abzugsfähigen Ausgaben, sowie wesentliche Unterschiede in dem Bestande der Vorräthe bei Beginn und am Schlusse der maßgebenden Wirthschaftsperiode.

b) Zum Nachweise seines Geschäftsgewinnes muß ein Kaufmann, welcher vorschriftsmäßige Handelsbücher führt, behufs Begründung eines auf §. 27 des Gesetzes gestützten Antrages in jedem Falle die für den maßgebenden Zeitraum gefertigten Jahresabschlüsse (Bilanzen, Inventuren) vorlegen, da diese die Grundlage für die Ermittelung des Geschäftsgewinnes bilden (Artikel 19).

5. Ob die Voraussetzungen, unter welchen hiernach dem Antrage überhaupt nur stattgegeben werden darf, vorliegen, ob die vom Steuerpflichtigen beigebrachten Nachweisungen zur Schätzung des Einkommens genügen, oder ob und welche

---

Minist.=Anm. 22. Vergl. auch Anm. 14 zu Artikel 11.

weiteren Angaben zu erfordern sind, unterliegt der Beurtheilung der Veranlagungskommission.

6. Durch Anbringung eines unzulässigen oder nicht mit den erforderlichen Angaben begründeten Antrages wird die Verpflichtung zur Abgabe der Steuererklärung nicht erfüllt.

Artikel 31.

Folgen der Fristversäumung.

(§. 30 des Gesetzes.)

Wer die ihm obliegende Steuererklärung (Artikel 28) nicht innerhalb der vorgeschriebenen Frist abgiebt, verliert die gesetzlichen Rechtsmittel gegen seine Einschätzung für das betreffende Steuerjahr, insofern nicht Umstände dargethan werden, welche die Versäumniß entschuldbar machen.

Wer die Steuererklärung, zu deren Einreichung er gesetzlich verpflichtet ist (Artikel 28), nicht längstens innerhalb 4 Wochen nach einer nochmaligen an ihn zu richtenden besonderen Aufforderung, welche auch nach geschehener Veranlagung ergehen kann, abgiebt, hat neben der veranlagten Steuer einen Zuschlag von 25 Prozent zu derselben zu zahlen und außerdem die durch seine Unterlassung dem Staate entzogene Steuer zu entrichten.

Die Festsetzung des mit der veranlagten Steuer zu entrichtenden Zuschlages von 25 Prozent steht der Regierung zu, gegen deren Entscheidung nur die Beschwerde an den Finanzminister zulässig ist.

Artikel 32.

Strafbestimmung und Nachbesteuerung.

Das Einkommensteuergesetz bestimmt im

§. 66.

Wer wissentlich in der Steuererklärung oder bei Beantwortung der von zuständiger Seite an ihn gerichteten Fragen, oder zur Begründung eines Rechtsmittels

a) über sein steuerpflichtiges Einkommen oder über das Einkommen der von ihm zu vertretenden Steuerpflichtigen unrichtige oder unvollständige Angaben macht, welche geeignet sind, zur Verkürzung der Steuer zu führen,

b) steuerpflichtiges Einkommen, welches er nach den Vorschriften dieses Gesetzes anzugeben verpflichtet ist, verschweigt,

wird, wenn eine Verkürzung des Staates stattgefunden hat, mit dem 4- bis 10fachen Betrage der Verkürzung, andernfalls mit dem 4- bis 10fachen Betrage der Jahressteuer, um welche der Staat verkürzt werden sollte, mindestens aber mit einer Geldstrafe von 100 Mark bestraft.

An die Stelle dieser Strafe tritt eine Geldstrafe von 20—100 Mark, wenn aus den Umständen zu entnehmen ist, daß die unrichtige oder unvollständige Angabe oder die Verschweigung steuerpflichtigen Einkommens zwar wissentlich, aber nicht in der Absicht der Steuerhinterziehung erfolgt ist.

Derjenige Steuerpflichtige, welcher, bevor eine Anzeige erfolgt oder eine Untersuchung eingeleitet ist, seine Angabe an zuständiger Stelle berichtigt oder ergänzt, beziehungsweise das verschwiegene Einkommen angiebt und die vorenthaltene Steuer in der ihm gesetzten Frist entrichtet, bleibt straffrei.

§. 67.

Die Einziehung der hinterzogenen Steuer erfolgt neben und unabhängig von der Strafe.

Die Verbindlichkeit zur Nachzahlung der Steuer verjährt in 10 Jahren und geht auf die Erben, jedoch für diese mit einer Verjährungsfrist von 5 Jahren und nur auf Höhe ihres Erbantheils, über. Die Verjährungsfrist beginnt mit Ablauf des Steuerjahres, in welchem die Hinterziehung begangen wurde.

Die Festsetzung der Nachsteuer steht der Regierung zu, gegen deren Entscheidung nur Beschwerde an den Finanzminister zulässig ist.

§. 80.

Steuerpflichtige, welche, entgegen den Vorschriften dieses Gesetzes, bei der Veranlagung übergangen, oder steuerfrei oder zu einer ihrem wirklichen Einkommen nicht entsprechenden niedrigeren Steuerstufe veranlagt worden sind, ohne daß eine strafbare Hinterziehung der Steuer stattgefunden hätte (§§. 66, 67), sind zur Entrichtung des der Staatskasse entzogenen Betrages verpflichtet. Die Verpflichtung erstreckt sich auf die drei Steuerjahre zurück, welche dem Steuerjahr, in welchem die Verkürzung festgestellt worden, vorausgegangen sind.

Die Verpflichtung zur Zahlung der Nachsteuer geht auf die Erben, jedoch nur bis zur Höhe ihres Erbtheils, über.

Die Veranlagung der Nachsteuer erfolgt einheitlich für den ganzen Zeitraum, auf welchen sich die Verpflichtung erstreckt, nach den Vorschriften dieses Gesetzes.

Artikel 33.

Geheimhaltung der Steuererklärungen.

Das Einkommensteuergesetz bestimmt im

§. 52.

Die Mitglieder der Kommissionen haben dem Vorsitzenden mittels Handschlages an Eidesstatt zu geloben, daß sie bei den Kommissionsverhandlungen ohne Ansehen der Person, nach bestem Wissen und Gewissen verfahren und die Verhandlungen, sowie die hierbei zu ihrer Kenntniß gelangenden Verhältnisse der Steuerpflichtigen strengstens geheim halten werden.

Das gleiche Gelöbniß haben vor einem von der Regierung zu ernennenden Kommissar diejenigen Vorsitzenden abzulegen, welche nicht schon als Beamte vereidigt sind.

Die bei der Steuerveranlagung betheiligten Beamten sind zur Geheimhaltung der Kommissionsverhandlungen sowie der zu ihrer Kenntniß gelangenden Verhältnisse der Steuerpflichtigen kraft des von ihnen geleisteten Amtseides verpflichtet. Die Steuererklärungen sind unter Verschluß aufzubewahren und dürfen, ebenso wie die Kommissionsverhandlungen über dieselben nur zur Kenntniß durch ihren Amtseid zur Geheimhaltung verpflichteter Beamten gelangen.

§. 69.

Die bei der Steuerveranlagung betheiligten Beamten sowie die Mitglieder der Kommissionen werden, wenn sie die zu ihrer Kenntniß gelangten Erwerbs-, Vermögens- oder Einkommensverhältnisse eines Steuerpflichtigen, insbesondere auch den Inhalt einer Steuererklärung oder der darüber gepflogenen Verhandlungen unbefugt offenbaren, mit Geldstrafe bis zu 1 500 Mark oder mit Gefängniß bis zu 3 Monaten bestraft.

Die Verfolgung findet nur auf Antrag der Regierung oder des betroffenen Steuerpflichtigen statt.

Berlin, den 5. August 1891.

Der Finanzminister.
Miquel.

Veranlagungsbezirk ....

Muster I.

Zu Art. 29. S. 189.

Steuererklärung

zum Zwecke der Veranlagung

d .... (Name)

.... (Stand)

in .... (Wohnort)

zur Einkommensteuer für das Steuerjahr 18____

Mein steuerpflichtiges Einkommen einschließlich des mir anzurechnenden Einkommens meiner Haushaltungsangehörigen (s. Anweisung Art. 6) nämlich:

Anmerkung: Hierneben sind diejenigen Angehörigen namentlich aufzuführen, deren besonderes Einkommen dem Steuerpflichtigen anzurechnen ist.	....

beträgt:

	nicht mehr als Mark
1. Aus Kapitalvermögen: Zinsen, Renten, Dividenden, Gewinnanteile, Ausbeuten, geldwerte Vorteile aus Kapitalforderungen jeder Art (s. Anweis. Art. 8. 9)	....
2. Aus Grundvermögen: Betrieb der Land- und Forstwirtschaft auf eigenen oder fremden Grundstücken, Verpachtung, Vermietung, anderweite Nutzung (z. B. Nießbrauch) von Liegenschaften und Gebäuden, einschließlich des Mietswertes der Wohnung im eigenen Hause und des Geldwertes der im Haushalt verbrauchten Wirtschaftserzeugnisse — nach Abzug der Bewirtschaftungskosten (s. Anweisung Art. 10 bis 16) —	....
3. Aus Handel, Gewerbe, Bergbau einschließlich des Geldwertes der im Haushalte verbrauchten Erzeugnisse und Waren des eigenen Betriebes — nach Abzug der Geschäfts- und Betriebskosten (s. Anweisung Art. 17 bis 20) — . .	....
4. Aus Gewinn bringender Beschäftigung: Gehalt, Besoldung, Remuneration, Tantiemen, Gebühren, Arbeitslohn, einschließlich des Geldwertes der Naturalbezüge, Verdienst aus schriftstellerischer, künstlerischer, wissenschaftlicher Thätigkeit, ärztlicher oder Anwaltspraxis, Wartegeld, Pension, Wittwen-, Waisengeld und sonstige fortlaufende Einnahmen, welche nicht unter Nr. 1 bis 3 begriffen sind (s. Anweisung Art. 21 bis 23)	....
zusammen	....

Minist.-Anmerkung zu Nr. 1 bis 4. Feststehende Einnahmen sind nach ihrem Betrage für das Steuerjahr, ihrem Betrage nach unbestimmte oder schwankende Einnahmen nach dem Durchschnitte zu berechnen (vergl. Art. 5).

Die Rückseite ist zu beachten!

			Mark
Uebertrag			....
Hiervon sind abzuziehen: (Die folgenden Ausgaben dürfen nicht, wie sonstige Betriebs- und Geschäftskosten, von dem Einkommen zu 1 bis 4 vorweg abgezogen, sondern müssen besonders angegeben werden.)	Mark	Pf.	
a) Schuldenzinsen und Renten, mit Ausnahme der Zinsen von Geschäftsschulden, welche bei Berechnung des Einkommens zu 3 berücksichtigt sind (s. Anweisung Art. 24) Gesamtbetrag	....	....	
b) Dauernde Lasten (z. B. Altenteile), welche auf besonderen Rechtstiteln (Verträgen, Verschreibungen, letztwilligen Verfügungen) beruhen (s. Anweisung Art. 4 I. Nr. 4 b und Art. 23 Nr. 2, 3)	....	——	
c) Beiträge zu Kranken-, Unfall-, Alters- und Invalidenversicherungs-, Wittwen-, Waisen-, Pensionskassen für die eigene Person des Steuerpflichtigen (wegen der vom Arbeitgeber zu entrichtenden Beiträge s. Anweisung Art. 25 Nr. 1)	....	....	
d) Lebensversicherungsprämie an die Versicherungsgesellschaft .... Police Nr. .... (der Abzug ist nur im Höchstbetrage von 600 Mark zulässig, s. Anweisung Art. 25 Nr. 2)	....	....	
zusammen	.	.	....
Mithin beträgt das Gesamteinkommen			....
In umstehenden Angaben ist das Einkommen eingerechnet, welches aus dem außerhalb des vorseitig bezeichneten Wohnortes belegenen Grundbesitze, Gewerbebetriebe bezogen wird, nämlich aus:	unter Nr.		mit Mark
....	....		....
....	....		....

Anmerkung: Hierneben können Steuerpflichtige mit einem Einkommen von nicht mehr als 9500 Mark, welche glauben, daß bei ihnen Umstände vorliegen, die eine Ermäßigung des Steuersatzes gemäß § 19 des Gesetzes rechtfertigen, die zur Begründung dienenden thatsächlichen Angaben machen.	....

Ich versichere hiermit, die vorstehenden Angaben nach bestem Wissen und Gewissen gemacht zu haben.

.... den ....ten .... 18 ....

Anmerkung: Als Beilage sind abzudrucken die Abschnitte 2 und 4 des ersten Teiles der Anweisung sowie §. 19 des Gesetzes.

Dem Steuerpflichtigen steht es frei, die seinen umstehenden Angaben zu Grunde liegenden Berechnungen oder andere Erläuterungen und Zusätze hierunter oder auf einer besonderen Anlage mitzuteilen.

Veranlagungsbezirk *M.*

Muster I.
mit Probeeinträgen.
Zu Art. 29. S. 189.

Steuererklärung

zum Zwecke der Veranlagung

des *N. N.* (Name)
Amtsgerichtsrat (Stand)
in *M.* (Wohnort)

zur Einkommensteuer für das Steuerjahr 18$\frac{92}{93}$.

Mein steuerpflichtiges Einkommen einschließlich des mir anzurechnenden Einkommens meiner Haushaltungsangehörigen (s. Anweisung Art. 6) nämlich:

Anmerkung: Hierneben sind diejenigen Angehörigen namentlich aufzuführen, deren besonderes Einkommen dem Steuerpflichtigen anzurechnen ist.	*meiner Ehefrau A. geb. L.*

beträgt:	nicht mehr als Mark
1. Aus Kapitalvermögen: Zinsen, Renten, Dividenden, Gewinnanteile, Ausbeuten, geldwerte Vorteile aus Kapitalforderungen jeder Art (s. Anweis. Art. 8. 9)	*2306*
2. Aus Grundvermögen: Betrieb der Land- und Forstwirtschaft auf eigenen oder fremden Grundstücken, Verpachtung, Vermietung, anderweite Nutzung (z. B. Nießbrauch) von Liegenschaften und Gebäuden, einschließlich des Mietswertes der Wohnung im eigenen Hause und des Geldwertes der im Haushalt verbrauchten Wirtschaftserzeugnisse, — nach Abzug der Bewirtschaftungskosten (s. Anweisung Art. 10 bis 16) —	
3. Aus Handel, Gewerbe, Bergbau einschließlich des Geldwertes der im Haushalte verbrauchten Erzeugnisse und Waren des eigenen Betriebes — nach Abzug der Geschäfts- und Betriebskosten (s. Anweisung Art. 17 bis 20) —	
4. Aus Gewinn bringender Beschäftigung: Gehalt, Besoldung, Remuneration, Tantiemen, Gebühren, Arbeitslohn, einschließlich des Geldwertes der Naturalbezüge, Verdienst aus schriftstellerischer, künstlerischer, wissenschaftlicher Thätigkeit, ärztlicher oder Anwaltspraxis, Wartegeld, Pension, Wittwen-, Waisengeld und sonstige fortlaufende Einnahmen, welche nicht unter Nr. 1 bis 3 begriffen sind (s. Anweisung Art. 21 bis 23)	*5541*
zusammen	*7847*

Anmerkung zu Nr. 1 bis 4. Feststehende Einnahmen sind nach ihrem Betrage für das Steuerjahr, ihrem Betrage nach unbestimmte oder schwankende Einnahmen nach dem Durchschnitte zu berechnen (vergl. Art. 5).

Die Rückseite ist zu beachten!

			Mark
Uebertrag			*7847*
Hiervon sind abzuziehen: (Die folgenden Ausgaben dürfen nicht, wie sonstige Betriebs- und Geschäftskosten, von dem Einkommen zu 1 bis 4 vorweg abgezogen, sondern müssen besonders angegeben werden.)	Mark	Pf.	
a) Schuldenzinsen und Renten, mit Ausnahme der Zinsen von Geschäftsschulden, welche bei Berechnung des Einkommens zu 3 berücksichtigt sind (s. Anweisung Art. 24) Gesamtbetrag	......	....	
b) Dauernde Lasten (z. B. Altenteile), welche auf besonderen Rechtstiteln (Verträgen, Verschreibungen, letztwilligen Verfügungen) beruhen (s. Anweisung Art. 4 I. Nr. 4 b und Art. 23 Nr. 2. 3)	......	....	
c) Beiträge zu Kranken-, Unfall-, Alters- und Invalidenversicherungs-, Witwen-, Waisen-, Pensionskassen für die eigene Person des Steuerpflichtigen (wegen der vom Arbeitgeber zu entrichtenden Beiträge s. Anweisung Art. 25 Nr. 1) *(Witwenkasse)*	*145*		
d) Lebensversicherungsprämie an die Versicherungsgesellschaft .... Police Nr. .... (der Abzug ist nur im Höchstbetrage von 600 Mark zulässig, s. Anweisung Art. 25 Nr. 2)	......	....	
zusammen	.	.	*145*
Mithin beträgt das Gesamteinkommen			*7702*
In umstehenden Angaben ist das Einkommen eingerechnet, welches aus dem außerhalb des vorseitig bezeichneten Wohnortes belegenen Grundbesitze, Gewerbebetriebe bezogen wird, nämlich aus:	unter Nr.		mit Mark
....	......		......
....	......		......

Anmerkung: Hierneben können Steuerpflichtige mit einem Einkommen von nicht mehr als 9500 Mark, welche glauben, daß bei ihnen Umstände vorliegen, die eine Ermäßigung des Steuersatzes gemäß §. 19 des Gesetzes rechtfertigen, die zur Begründung dienenden thatsächlichen Angaben machen.

....

Ich versichere hiermit, die vorstehenden Angaben nach bestem Wissen und Gewissen gemacht zu haben.

M.................. den *14. Januar* 1892.

N. N.

Anmerkung: Als Beilage sind abzudrucken die Abschnitte 2 und 4 des ersten Teiles der Anweisung sowie §. 19 des Gesetzes.

Dem Steuerpflichtigen steht es frei, die seinen umstehenden Angaben zu Grunde liegenden Berechnungen oder andere Erläuterungen und Zusätze hierunter oder auf einer besonderen Anlage mitzuteilen.

Die Angaben der Steuererklärung beruhen auf folgender Berechnung:

Zu 1.

Kapitalanlagen am Tage der Steuererklärung.	Kapital ℳ	Bedungener Zinsfuss Prozent			Jahreseinnahme im einzelnen ℳ	Jahreseinnahme zusammen ℳ
a. Feststehende Einnahmen. *(Artikel 8a und 5 Nr. 1 der Anweisung)*						
1. Bremer Staatsanleihe	8 000	$3^1/_2$			280	
2. Hypothek auf dem Hause K.-Strasse Nr. 17 in M.	10 000	$4^1/_2$ % bis 1./7. 92, also für 3 Monate			112,50	
		von da ab herabgesetzt auf 4 %, also für 9 Monate . . .			300	
3. Verzinsliches Bankguthaben	2 500	$2^1/_2$			62,50	755
		Dividende				
b. Schwankende Einnahmen. *(Artikel 8b und 5 Nr. 2 der Anweisung.)*		1889 %	1890 %	Durchschnitt. %	ℳ	
4. Aktien des Berliner Kassenvereins .	12 000	6	$7^1/_4$	$6^5/_8$	795	
5. Aktien der Meininger (Mitteldeutschen Kredit-) Bank im Besitz seit 1./12. 1890.	9 600		6	6	576	
6. Aktien der Preussischen Central-Boden-Kredit-Aktien-Gesellschaft im Besitz seit 1./8. 1891, deshalb ist der mutmassliche Jahresertrag in Ansatz zu bringen.	3 600 (50 % Einzahlung.)	10	10	10	180	1 551
				Ueberhaupt . .		2 306

Zu 4.

1. Jahresgehalt		4 500	
2. Wohnungsgeldzuschuss		660	
3. Aus wissenschaftlicher Privatarbeit	1890 = 325 Mark		
	1891 = 437 „		
	Summe 762 Mark		
im Durchschnitt für 1 Jahr . .		381	
	Ueberhaupt . .		5 541

Veranlagungsbezirk *G.*

Muster I.
mit Probeeinträgen.
Zu Art. 29. S. 189.

Steuererklärung

zum Zwecke der Veranlagung

des *N. N.* (Name)
Kaufmann (Stand)
in *G.* (Wohnort)

zur Einkommensteuer für das Steuerjahr $18\frac{92}{93}$.

Mein steuerpflichtiges Einkommen einschließlich des mir anzurechnenden Einkommens meiner Haushaltungsangehörigen (s. Anweisung Art. 6) nämlich:

> Anmerkung: Hierneben sind diejenigen Angehörigen namentlich aufzuführen, deren besonderes Einkommen dem Steuerpflichtigen anzurechnen ist.

beträgt:	nicht mehr als Mark
1. Aus Kapitalvermögen: Zinsen, Renten, Dividenden, Gewinnanteile, Ausbeuten, geldwerte Vorteile aus Kapitalforderungen jeder Art (s. Anweis. Art. 8. 9)	
2. Aus Grundvermögen: Betrieb der Land- und Forstwirthschaft auf eigenen oder fremden Grundstücken, Verpachtung, Vermietung, anderweite Nutzung (z. B. Nießbrauch) von Liegenschaften und Gebäuden, einschließlich des Mietswertes der Wohnung im eigenen Hause und des Geldwertes der im Haushalt verbrauchten Wirtschaftserzeugnisse, — nach Abzug der Bewirtschaftungskosten (s. Anweisung Art. 10 bis 16) —	*9 664*
3. Aus Handel, Gewerbe, Bergbau einschließlich des Geldwertes der im Haushalte verbrauchten Erzeugnisse und Waren des eigenen Betriebes — nach Abzug der Geschäfts- und Betriebskosten (s. Anweisung Art. 17 bis 20) — . .	*8 481*
4. Aus Gewinn bringender Beschäftigung: Gehalt, Besoldung, Remuneration, Tantiemen, Gebühren, Arbeitslohn einschließlich des Geldwertes der Naturalbezüge, Verdienst aus schriftstellerischer, künstlerischer, wissenschaftlicher Thätigkeit, ärztlicher oder Anwaltspraxis, Wartegeld, Pension, Wittwen-, Waisengeld und sonstige fortlaufende Einnahmen, welche nicht unter Nr. 1 bis 3 begriffen sind (s. Anweisung Art. 21 bis 23)	
zusammen	*18 145*

Anmerkung zu Nr. 1 bis 4. Feststehende Einnahmen sind nach ihrem Betrage für das Steuerjahr, ihrem Betrage nach unbestimmte oder schwankende Einnahmen nach dem Durchschnitte zu berechnen (vergl. Art. 5).

Die Rückseite ist zu beachten. (Siehe nebenstehend.)

			Mark
Uebertrag			*18 145*
Hiervon sind abzuziehen: (Die folgenden Ausgaben dürfen nicht, wie sonstige Betriebs- und Geschäftskosten, von dem Einkommen zu 1 bis 4 vorweg abgezogen, sondern müssen besonders angegeben werden.)	Mark	Pf.	
a) Schuldenzinsen und Renten, mit Ausnahme der Zinsen von Geschäftsschulden, welche bei Berechnung des Einkommens zu 3 berücksichtigt sind (s. Anweisung Art. 24) Gesamtbetrag . . . . *100 000 Mark an die Hypothekenbank in B. zu 4 %* *(ausschliesslich ½ % Amortisation) . . . . 4000 Mark* *35 000 Mark an den Rentner X. in H. zu 4 % . . 1400 „* *(haften auf dem Wohnhause zu 2.)*	*5 400*	.	
b) Dauernde Lasten (z. B. Altenteile), welche auf besonderen Rechtstiteln (Verträgen, Verschreibungen, letztwilligen Verfügungen) beruhen (s. Anweisung Art. 4 I. Nr. 4b und Art. 23 Nr. 2. 3) . . . . . . *Kanon an die Stadt H. auf dem Hause zu 2.*	*32*	.	
c) Beiträge zu Kranken-, Unfall-, Alters- und Invalidenversicherungs-, Witwen-, Waisen-, Pensionskassen für die eigene Person des Steuerpflichtigen (wegen der vom Arbeitgeber zu entrichtenden Beiträge s. Anweisung Art. 25 Nr. 1)	......	......	
d) Lebensversicherungsprämie an die Versicherungsgesellschaft *Equitable*, Police Nr. *85 345* (der Abzug ist nur im Höchstbetrage von 600 Mark zulässig, s. Anweisung Art. 25 Nr. 2)	*540*	.	
zusammen	.	.	*5 972*
Mithin beträgt das Gesamteinkommen: . . .			*12 173*

	unter Nr.	mit Mark
In umstehenden Angaben ist das Einkommen eingerechnet, welches aus dem außerhalb des vorseitig bezeichneten Wohnortes belegenen Grundbesitze, Gewerbebetriebe bezogen wird, nämlich aus:	-	
einem Hausgrundstücke in H.	*2*	*9664*
....	......	......

Anmerkung: Hierneben können Steuerpflichtige mit einem Einkommen von nicht mehr als 9 500 Mark, welche glauben, daß bei ihnen Umstände vorliegen, die eine Ermäßigung des Steuersatzes gemäß §. 19 des Gesetzes rechtfertigen, die zur Begründung dienenden thatsächlichen Angaben machen.

....

....

....

Ich versichere hiermit, die vorstehenden Angaben nach bestem Wissen und Gewissen gemacht zu haben.

G.............................. den *14. Januar* 1892.

N. N.

Anmerkung: Als Beilage sind abzudrucken die Abschnitte 2 und 4 des ersten Teiles der Anweisung sowie §. 19 des Gesetzes.

Dem Steuerpflichtigen steht es frei, die seinen umstehenden Angaben zu Grunde liegenden Berechnungen oder andere Erläuterungen und Zusätze hierunter oder auf einer besonderen Anlage mitzuteilen.

Zu 2. Hausgrundstück in B.

a) Erdgeschoss. 2 Wohnungen je 1500 bezw. 1600 Mark	*3100 Mark*
b) I. Stock. 2 Wohnungen je 1800 Mark	*3600 „*
c) II. Stock. 2 Wohnungen je 1600 Mark	*3200 „*
zu a—c: bedungene Jahres-Mietszinsen laut bestehender Verträge, welche zu a und c bis 1. Oktober 1892, zu b bis 1. April 1893 laufen.	
d) III. Stock. Der gegenwärtige Mietszins einer zum 1. April 1892 mietsfrei werdenden Wohnung, welcher aber mutmasslich wiederum erzielt werden wird, beträgt	*1200 „*
Die 2. Wohnung des III. Stocks wird gleichfalls zum 1. April 1892 mietsfrei, aber vorläufig wegen notwendiger Reparatur nicht wieder vermietet und ist daher hier nicht berücksichtigt.	
Zusammen . . .	*11100 Mark.*

Abzüge:

Staatsgebäudesteuer		*408 Mark*	
Feuerversicherung		*128 „*	
Reparaturkosten (laut Buch) 1890 . . .	*646 Mark*		
1891 . . .	*710 „*		
	1356 Mark		
Durchschnitt . . .		*678 „*	
Abnutzung (2 Prozent der Miete)		*222 „*	*1436 Mark*
Bleiben . .			*9664 Mark.*

Zu 3. Kolonialwarenhandel.

	1890 Mark	*1891 Mark*
1. Geschäftsgewinn laut Buchabschluss	*5640*	*5936*
2. Vom Gewinn sind folgende nicht abzugsfähige Ausgaben abgerechnet, und daher hier zuzusetzen:		
a) persönliche Staats- und Kommunalsteuern	*588*	*588*
b) Miete für die Privatwohnung	*1650*	*1800*
c) anteiliger Lohn für einen Hausdiener, der teils im Geschäfte, teils im Haushalte verwendet wird (Gesamt-Jahreslohn 360 Mark)	*180*	*180*
3. Wert der aus dem Geschäfte für den Haushalt entnommenen Waren	*192*	*208*
Zusammen . . .	*8250*	*8712*
für 2 Jahre . . .	*16962 Mark*	
Durchschnitt . . .	*8481 Mark.*	

Veranlagungsbezirk ....

Muster II.

Zu Art. 29. S. 189.

Steuererklärung

zum Zwecke der Veranlagung

d .... (Firma)

in .... (Sitz, Betriebsstätte)

zur Einkommensteuer für das Steuerjahr 18.........

Das steuerpflichtige Einkommen des oben bezeichneten Unternehmens beträgt nicht mehr als .... Mark.

Es wird versichert, daß diese Angabe nach bestem Wissen und Gewissen gemacht ist.

.... den ....ten .... 18.........

(Firma)
(Unterschrift)

Der vorstehenden Angabe liegt folgende Berechnung zu Grunde:

	für die Geschäftsjahre 18	18	18
	Mark	Mark	Mark
1. Das für die Berechnung des Abzuges von 3½ Prozent maßgebende Kapital (Art. 27 Nr. 2) beträgt . . .	....	....	....
2. Ausweislich der eingereichten Jahresabschlüsse sind aus den Ueberschüssen			
a) verteilt als Dividende (Gewinnanteil, Ausbeute) an die Mitglieder (Aktionäre, Gesellschafter, Gewerken)	....	....	....
b) außerdem verwendet			
zur Tilgung der Schulden, des Grundkapitals	....	....	....
zur Verbesserung oder Geschäftserweiterung. .	....	....	....
zur Bildung von Reservefonds	....	....	....
zu außerordentlichen Abschreibungen . . . . . (s. Art. 27 Nr. 1. 3 der umstehenden Anweisung)	....	....	....
zusammen	....	....	....
Hiervon gehen ab 3½ Prozent des Kapitals zu 1.	....	....	....
verbleibt steuerpflichtiges Einkommen .	....	....	....
oder durchschnittlich für ein Jahr	Mark		

Bei Unternehmungen, welche nicht mit ihrem Gesamteinkommen in Preußen steuerpflichtig sind, ist nebenstehend außerdem das für die Aussonderung des steuerpflichtigen oder steuerfreien Teiles maßgebende Verhältnis anzugeben. (Vergl. Art. 27 Nr. 4. 5 der Anweisung.)	....

Anmerkung: Auszug aus der Ausführungsanweisung des Finanzministers vom 5. August 1891 (hier sind die Artikel 5, 19, 26 bis 33 der Ausführungsanweisung abzudrucken).

Veranlagungsbezirk *Berlin.*

Muster II.
mit Probeeinträgen.
Zu Art. 29. S. 189

Steuererklärung

zum Zwecke der Veranlagung

der *pp. Aktiengesellschaft* .... (Firma)
in *Berlin (mit einer Betriebsstätte in C. im Kgr. Sachsen)* .... (Sitz, Betriebsstätte)

zur Einkommensteuer für das Steuerjahr 18$\frac{92}{93}$.

Das steuerpflichtige Einkommen des oben bezeichneten Unternehmens beträgt nicht mehr als *44 616 Mark.*

Es wird versichert, daß diese Angabe nach bestem Wissen und Gewissen gemacht ist.

Berlin, den *14. Januar 1892.*

(Firma) *pp. Aktiengesellschaft.*
(Unterschrift) *N. N.*

Der vorstehenden Angabe liegt folgende Berechnung zu Grunde:

	für die Geschäftsjahre 18*89*.	18*90*.	18
	Mark	Mark	Mark
1. Das für die Berechnung des Abzuges von $3^1/_2$ Prozent maßgebende Kapital (Artikel 27 Nr. 2) beträgt . .	*2 500 000*	*3 000 000*	....
2. Ausweislich der eingereichten Jahresabschlüsse sind aus den Ueberschüssen			
a) verteilt als Dividende (Gewinnanteil, Ausbeute) an die Mitglieder (Aktionäre, Gesellschafter, Gewerken)	*125 000*	*150 000*	.....
b) außerdem verwendet			
zur Tilgung der Schulden, des Grundkapitals	....	....	..
zur Verbesserung oder Geschäftserweiterung . .			.. . . .
zur Bildung von Reservefonds	*15 000*	*18 000*	....
zu außerordentlichen Abschreibungen	....	....	
(s. Art. 27 Nr. 1. 3 der umstehenden Anweisung)			
zusammen	*140 000*	*168 000*	....
Hiervon gehen ab $3^1/_2$ Prozent des Kapitals zu 1	*87 500*	*105 000*	....
verbleibt steuerpflichtiges Einkommen	*52 500*	*63 000*	...
oder durchschnittlich für ein Jahr . . .	Mark *57 750*		

Bei Unternehmungen, welche nicht mit ihrem Gesamteinkommen in Preußen steuerpflichtig sind, ist nebenstehend außerdem das für die Aussonderung des steuerpflichtigen oder steuerfreien Teiles maßgebende Verhältnis anzugeben. (Vergl. Art. 27 Nr. 4. 5 der Anweisung.)

Nach dem Abschlusse beträgt für 1890 der Reingewinn überhaupt 153 684 Mark, aus dem Betriebe in C. 34 951 Mark, nach gleichem Verhältnis sind von 57 750 Mark steuerfrei 13 134 Mark.

Anmerkung: Auszug aus der Ausführungsanweisung des Finanzministers vom 5. August 1891 (hier sind die Artikel 5, 19, 26 bis 33 der Ausführungsanweisung abzudrucken).

IV.

Ausführungsanweisung

vom 5. August 1891

(Zweiter Theil.)

zum

Einkommensteuergesetz

vom 24. Juni 1891.

Inhalt.

Zweiter Theil.

Das Veranlagungsverfahren.

Erster Abschnitt.

Allgemeine Bestimmungen.

Zweiter Abschnitt.

Vorbereitung der Veranlagung durch den Gemeinde- (Guts-) Vorstand.

Dritter Abschnitt.

Die Voreinschätzung.

Vierter Abschnitt.

Die Veranlagung.

Fünfter Abschnitt.

Rechtsmittel.

Sechster Abschnitt.

Geschäftsordnung der Kommissionen.

Zweiter Theil.

Das Veranlagungsverfahren.

Erster Abschuitt.

Allgemeine Bestimmungen.

Artikel 34.

Steuerbefreiungen.

(§§. 3 bis 5 des Gesetzes.)

Die Veranlagung zur Einkommensteuer erstreckt sich auf alle Personen, welche in Gemäßheit der Artikel 1, 2 und 26 steuerpflichtig sind.

Hiervon finden nur folgende Ausnahmen statt:

I. Als steuerfrei bleiben von der Veranlagung ausgeschlossen

1. die Mitglieder des Königlichen Hauses und des Hohenzollernschen Fürstenhauses;
2. die Mitglieder des vormaligen Hannoverschen Königshauses, des vormaligen Kurhessischen und des vormaligen Herzoglich Nassauischen Fürstenhauses;
3. die bei Sr. Majestät dem Kaiser und König beglaubigten Vertreter (Botschafter, Gesandte, Geschäftsträger) fremder Mächte, die Bevollmächtigten anderer Bundesstaaten zum Bundesrathe, sowie die ihnen zugewiesenen Beamten, und zwar ohne Rücksicht auf ihre Staatsangehörigkeit;
4. die in Diensten der zu 3 bezeichneten Vertreter, Bevollmächtigten und Beamten stehenden Personen, soweit dieselben Ausländer (vergl. Anmerkung 26) sind;
5. diejenigen Personen, denen sonst nach völkerrechtlichen Grundsätzen oder nach besonderen, mit anderen Staaten getroffenen Vereinbarungen eiu Anspruch auf Befreiung von der Einkommensteuer zukommt. Hierher gehören insbesondere auch die Berufskonsuln derjenigen fremden Mächte, mit denen durch Konsularkonvention die Befreiung der beiderseitigen Konsuln von persönlichen Abgaben verabredet ist, dagegen weder die als Konsuln fremder Mächte fungirenden preußischen Staatsangehörigen, noch das Dienstpersonal der Berufskonsuln.

Die Befreiungen zu 3, 4 und 5 erstrecken sich nicht auf das Einkommen,

a) aus den von der preußischen Staatskasse gezahlten Besoldungen, Pensionen und Wartegeldern,

b) aus preußischem Grundbesitz,

c) aus preußischen Gewerbe- oder Handelsanlagen oder sonstigen gewerblichen Betriebsstätten,

(vergl. Artikel 2) und bleiben in denjenigen Fällen überhaupt ausgeschlossen, in welchen in den betreffenden Staaten Gegenseitigkeit nicht gewährt wird.

II. Diejenigen Häupter und Mitglieder der Familien vormals unmittelbarer deutscher Reichsstände, welche beim Inkrafttreten des Einkommensteuergesetzes vom 24. Juni 1891 Freiheit von der Einkommensteuer genießen, werden zu derselben bis auf weiteres nicht herangezogen.

III. Physische und nichtphysische Personen, deren steuerpflichtiges Gesammteinkommen nicht mehr als 900 Mark jährlich beträgt, werden zur Einkommensteuer nicht veranlagt.

Artikel 35.

Ort der Veranlagung.

(§. 20 des Gesetzes.)

1. Die Veranlagung erfolgt in der Regel an dem Orte, wo der Steuerpflichtige zur Zeit der Aufnahme des Personenstandes seinen Wohnsitz[23]) oder — in Ermangelung eines solchen — seinen Aufenthalt hat. (Vergl. jedoch Artikel 37 I Nr. 1 a.)

Dies gilt auch von Minderjährigen und Bevormundeten.[1]) Die Fähigkeit dieser Personen, selbständig oder mit Genehmigung ihres Vormundes oder sonstigen gesetzlichen Vertreters einen Wohnsitz neu zu begründen oder zu verlegen, bestimmt sich nach den Vorschriften des maßgebenden bürgerlichen Rechts.

Minist.-Anm. 23. Einen Wohnsitz hat nach §. 1 Abs. 2 des Reichsgesetzes wegen Beseitigung der Doppelbesteuerung vom 13. Mai 1870 (B.G.Bl. S. 119) ein Deutscher an dem Orte, in welchem er eine Wohnung unter Umständen inne hat, welche auf die Absicht dauernder Beibehaltung einer solchen schließen lassen (vgl. Anm. 2 zu Art. 1.) Als Wohnung gilt jedoch nicht jedes nur zu einem zeitweiligen und vorübergehenden Aufenthalt eingerichtete oder ausreichende Absteigequartier, sondern es gehört dazu, daß zum dauernden Aufenthalt Wohnräume eingerichtet sind, welche dem Steuerpflichtigen für sich und seinen Haushalt standesgemäße Unterkunft gewähren. Ein früher begründeter Wohnsitz kann auch bei vorübergehender oder selbst dauernder Abwesenheit vom Orte des Wohnsitzes beibehalten werden.

---

1) Wohnsitz Minderjähriger und Bevormundeter:

1a) Finz.-Minist.-Erlaß v. 15. Juni 1879 — II. 7601 —. (Für die Gebietstheile des franzöf. Rechts.)

Wenn auch nach dem Berichte 2c. die Beschwerde des Vorsitzenden der Einkommensteuer-Einschätzungskommission des Stadtkreises D. in dessen wieder angeschlossener Vorstellung 2c. inzwischen gegenstandslos geworden ist, so kann doch die Entscheidung über die zwischen der Königlichen Regierung und dem genannten Vorsitzenden kontrovers gewordene Frage, wo der minder-

Unterbringung einer Person in einer Irren-[2]) oder andern Heilanstalt begründet, ebensowenig wie die Verbüßung einer zeitigen Freiheitsstrafe[3]) oder zeitweilige Abwesenheit vom Wohnorte aus anderen Gründen für sich allein einen Wechsel des Veranlagungsortes.

2. Dem Wohnsitz steht der dienstliche Wohnsitz gleich. Als solcher gilt derjenige Ort, an welchem ein Beamter oder Offizier nach den für ihn maßgebenden dienstlichen Vorschriften verpflichtet ist, Wohnung zu nehmen.

Bei Versetzungen wird der dienstliche Wohnsitz an dem neuen Bestimmungsorte mit dem Zeitpunkte begründet, von welchem ab das Amt an dem neuen Bestimmungsorte übertragen wird, wenn aber eine ausdrückliche Bestimmung hierüber fehlt, der Zeitpunkt, mit welchem die Versetzung zur Kenntniß des Betheiligten gelangt und der bisherige Wohnort verlassen ist, ohne Rücksicht darauf, wann der Versetzte an dem neuen Bestimmungsorte thatsächlich Wohnung genommen hat.

Die Abkommandirung der Militärpersonen von ihrem Garnisonorte wird der

---

jährige Gymnasiast E. zur Einkommensteuer zu veranlagen gewesen wäre, ob in D., wo seine Eltern vor ihrem Ableben ihren Wohnsitz hatten und sein Vormund noch domilizirt, oder in B., wo er sich seit mehreren Jahren behufs Besuchs des Gymnasiums aufgehalten hat, bei der prinzipiellen Bedeutung dieser Streitfrage nicht entbehrt werden.

Die Kgl. Regierung hat sich in Uebereinstimmung mit der Kgl. Regierung zu M. und dem Landrathe zu B. für die letztere Alternative entschieden; hierin vermag ich derselben jedoch nicht beizutreten.

Diese Ansicht wird von dem Landrathe in B., dessen Ausführungen Dieselbe, wie die Regierung zu M., dem Anscheine nach lediglich adoptirt hat, im Wesentlichen auf den §. 8 der Anweisuug v. 4. März 1877 gegründet, nach welchem die Veranlagung der Steuer und deren Entrichtung in der Regel an demjenigen Orte erfolgen soll, wo der Steuerpflichtige seinen Wohnsitz hat; daß der E. in B. seinen Wohnsitz habe, soll danach aus dem Umstande folgen, daß er seit dem 12. Oktober 1874 daselbst das Gymnasium besuche; danach erachtet der Landrath es für zweifellos, daß Ersterer dort im Sinne des Reichsgesetzes v. 13. März 1870 eine Wohnung unter Umständen inne gehabt habe, welche auf die Absicht einer dauernden Beibehaltung einer solchen schließen lassen.

In dieser Deduktion muß ich zunächst den Nachweis vermissen, daß der ꝛc. E. überhaupt in B. eine Wohnung inne gehabt hat, was keinenfalls schon dann angenommen werden kann, wenn er sich daselbst, wie vorauszusetzen, einem Haushalte angeschlossen und von diesem Kost und Logis erhalten hat. Außerdem aber wird man sich bei näherer Erwägung der Ueberzeugung nicht verschließen können, daß der §. 8 a. a. O. für die Entscheidung der vorliegenden Frage überhaupt nicht ausschlaggebend sein kann, daß diese Vorschrift nicht darüber bestimmt und nicht zu bestimmen beabsichtigt, welcher Ort als Wohnsitz eines Steuerpflichtigen zu betrachten ist. Hierfür sind vielmehr die bürgerlichen Gesetze maßgebend.

Bezüglich des Wohnsitzes minderjähriger, bevormundeter Personen bestimmt nun der Artikel 108 des Zivilgesetzbuchs, daß solche bei ihrem Vormunde domiziliren. Dem daraus zu ziehenden Schlusse, daß als Wohnsitz des ꝛc. E. die Stadt D., wo sein Vormund wohnt, anzusehen ist, stehen auch die Vorschriften der Allgemeinen Gerichtsordnung nicht entgegen. Nach §. 20 Theil I Titel II derselben verbleibt der Gerichtsstand des verstorbenen Vaters der ordentliche Gerichtsstand des Kindes, so lange dasselbe noch keinen eigenen Wohnsitz genommen hat. Die Annahme, daß der pp. E. Letzteres in B. gethan, wird aber durch die Vorschrift im §. 14 a. a. O. ausgeschlossen, wonach aus dem Umstande, daß Jemand, selbst eine geraume Zeit hin-

Versetzung gleich geachtet, sofern für das Kommando eine längere als die Dauer von 6 Monaten von vornherein feststeht.[4])

Bei Beamten der Militärverwaltung liegt nur dann eine mit der Verlegung des Wohnsitzes verbundene Versetzung vor, wenn solche ausdrücklich unter völliger Lösung des Verhältnisses zu der bisherigen Behörde ausgesprochen ist, so daß bei diesen im Gegensatz zu den Offizieren die Abkommandirung eine Verlegung des dienstlichen Wohnsitzes nicht schon deshalb begründet, weil für das Kommando von vornherein eine längere Dauer als 6 Monate bestimmt war.

3. Im Falle eines mehrfachen[5]) Wohnsitzes steht dem Steuerpflichtigen die Wahl des Ortes der Veranlagung zu. Hat er von diesem Wahlrecht keinen Gebrauch gemacht, und ist die Veranlagung an mehreren Orten erfolgt, so gilt nur die Veranlagung an demjenigen Orte, an welchem die Einschätzung zu dem höchsten Steuerbetrage stattgefunden hat.

Die ausgeübte Wahl ist bis zum Beginne der Voreinschätzung zu berücksichtigen.

Das Wahlrecht steht auch Beamten und Militärpersonen zu, welche neben einem dienstlichen Wohnsitz[6]) (Nr. 2) in Preußen einen zweiten persönlichen Wohnsitz, z. B. auf dem eigenen Landgute, haben. Als mehrfacher Wohnsitz gilt es dagegen nicht, wenn, wie es in größeren Städten häufig vorkommt, ein in

---

durch sich Studirens halber an einem Orte aufhält, die Aufschlagung eines beständigen Wohnsitzes daselbst noch nicht gefolgert werden kann.

Bei dieser Sachlage muß ich der Ansicht des Vorsitzenden der Einkommensteuer-Einschätzungskommission zu D. beitreten und diesem darin beistimmen, daß der 2c. E. dortselbst mit Recht zur Einkommensteuer veranlagt ist; die von Derselben angeordnete Ueberweisung der Einkommensteuer des genannten Zensiten nach B. erscheint demgemäß nicht gerechtfertigt.

1 b) Finz.-Minist.-Erlaß v. 18. Novbr. 1878 — IV. 13997 —. Auszug.

Gegen die von der Direktion 2c. vorgetragene Auffassung, wonach die Stadt Berlin als der alleinige Wohnsitz der minderjährigen E. v. S. zu erachten, findet sich diesseits nichts zu erinnern.

Wenn in den von der 2c. mitgetheilten Verfügungen der Regierung und des Oberpräsidiums zu B. vom 2c. unter Bezugnahme auf den §. 20 I. 2. Allgemeine Gerichts-Ordnung und auf die Gesetze v. 31. Dezbr. 1842 über die Aufnahme neu anziehender Personen und über die Verpflichtung zur Armenpflege ausgeführt wird, daß minderjährige Personen überhaupt keinen anderen, als den nach der ersteren Gesetzesbestimmung ihnen zustehenden Wohnsitz wählen können, so ist dieses nicht für zutreffend zu erachten, indem die letztgedachten Gesetze ebenso wie die Bestimmungen des Reichsgesetzes über den Unterstützungs-Wohnsitz v. 6. Juni 1870 eine analoge Ausdehnung über den von denselben speziell behandelten Gegenstand hinaus nicht gestatten, eine allgemeine Vorschrift aber, wonach Minderjährige mit Zustimmung des Vormundes den Wohnsitz nicht verändern können, nicht existirt. (Vgl. auch A.L.R. Th. II. Tit. 18, §. 85 ff.)

1 c) Finz.-Minist.-Erlaß v. 28. Novbr. 1887 — II. 12133 —.

Aus den mit dem gefälligen Bericht vom pp. eingereichten Verhandlungen betr. die Veranlagung des einkommensteuerpflichtigen, minorennen Gymnasiasten G. v. F. geht hervor, daß derselbe seit Herbst 1885 das Luisen-Gymnasium in Berlin besucht, und hier seinen ständigen Aufenthalt hat. Hiernach ist anzunehmen, daß der v. F. den früher von ihm getheilten Wohnsitz seiner Mutter zu N. nach deren Tode mit Genehmigung des Vormundes, Grafen pp., aufgegeben und einen neuen Wohnsitz in Berlin begründet hat. Ein rechtliches Bedenken

Preußen steuerpflichtiger Beamter oder Gewerbetreibender seine persönliche Wohnung überhaupt nicht am Sitze seines Amtes oder Geschäftes, sondern an einem angrenzenden oder benachbarten Orte innerhalb des preußischen Staates genommen hat; in Fällen dieser Art findet die Veranlagung nur am Orte des persönlichen Wohnsitzes statt.

4. Preußische Staatsangehörige, welche im Inlande weder Wohnsitz noch Aufenthalt haben, sind an dem Orte ihres letzten Wohnsitzes oder Aufenthaltes in Preußen zu veranlagen.

5. Die Veranlagung der im Artikel 26 bezeichneten Gesellschaften und Genossenschaften erfolgt an dem Orte, wo dieselben in Preußen ihren Sitz haben.

Der Sitz einer Aktiengesellschaft, Kommanditgesellschaft auf Aktien oder eingetragenen Genossenschaft bestimmt sich nach dem Inhalte des Gesellschaftsvertrages (Statuts) Artikel 209 Nr. 1 Artikel 175 Nr. 2 des Allg. deutschen Handelsgesetzbuchs (Gesetz v. 18. Juli 1884 R.G.Bl. S. 123), §. 6 Nr. 1 des Gesetzes, betreffend die Erwerbs- und Wirthschaftsgenossenschaften, vom 1. Mai 1889 (R.G.Bl. S. 55).[7])

Der Sitz einer Berggewerkschaft ist in der Regel an dem Orte anzunehmen,

---

steht dieser Annahme nicht entgegen, da eine gesetzliche Bestimmung, worauf Minderjährige auch mit Zustimmung des Vormundes ihren Wohnsitz nicht verändern können, nicht besteht.

Unhaltbar ist die dem Bescheide Ew. pp. zu Grunde liegende Annahme, daß der v. F. seinen Wohnsitz bei seinem Vormunde im Kreise O. P. habe. Die daselbst erfolgte Bezugnahme auf den diesseitigen Erlaß v. 15. Juni 1879 — II. 7601 — (siehe Anm. 1a) ist unzutreffend, da letzterer nur für die Gebietstheile des französischen Rechtes die Regel aufstellt, daß minderjährige, bevormundete Personen nach Art. 108 des Zivilgesetzbuches auch in steuerlicher Beziehung bei ihrem Vormunde domiziliren, im Uebrigen aber nur darauf hinweist, daß dieser Entscheidung auch in dem derselben zu Grunde liegenden konkreten Falle die Vorschriften der preußischen A.G.O. Thl. I. Tit. II. §§. 9 ff. nicht entgegenstehen.

2) Die Veranlagung Geisteskranker.

Finz.-Minist.-Erlaß v. 24. Juni 1889 — II. 7987 —. (Auszug.)

Auf den über die Einkommensteuerveranlagung der inzwischen verstorbenen geisteskranken Wittwe B. erstatteten gefälligen Bericht wird Ew. rc. ergebenst erwidert, daß dem Antrage auf Abweisung der Beschwerde nicht entsprochen werden kann, da die Besteuerung der B. in M., Kreis I., zu Unrecht erfolgt ist.

Die Genannte ist unter Zustimmung des Vormundes dauernd in der Irrenanstalt zu L. im Kreise T. untergebracht gewesen; sie hat dadurch ihren früheren Wohnsitz in M. rechtsgültig aufgegeben und einen neuen Wohnsitz in ersterem Orte erworben. Unter diesen Umständen aber besteht die Veranlagung in L., Kreis T., zu Recht.

3) Finz.-Minist.-Erlaß v. 8. Oktbr. 1861 — III. 21047 —.

Dem Antrage auf Freilassung des N. von der Klassensteuer während seiner Gefangenschaft in der Strafanstalt zu Moabit bei Berlin kann nicht entsprochen werden, weil der N. in Folge seiner Ueberführung in die gedachte Anstalt in Moabit keinen Wohnsitz begründet hat, daher in B. zur Klassensteuer veranlagt bleiben muß, indem zeitweise Abwesenheit vom Wohnsitz, auf das Steuerverhältniß ohne Einfluß ist. Hätte aber auch der N. durch seinen persönlichen Aufenthalt in Moabit daselbst einen Wohnsitz begründen können, so würde hieraus doch immer noch nicht seine Befreiung von der Klassensteuer herzuleiten sein, da er in B., woselbst die Vormundschaft über ihn geführt wird und sein Grundeigenthum gelegen ist, seinen Wohnsitz behalten hat.

4a) Finz.-Minist.-Erlaß v. 16. Februar 1875 — IV. 1233 —. Auszug.

wo der Repräsentant wohnt oder der Grubenvorstand seinen Sitz hat, §. 117 des Allg. Berggesetzes für den preußischen Staat vom 24. Juni 1865 (G.S. S. 705).[8])

Als Sitz der Konsumvereine mit den Rechten der juristischen Person (Artikel 26 Nr. 1e) gilt der Ort, wo der Vorstand seinen Sitz hat.

6. Die Veranlagung der im Artikel 2 und im Artikel 26 Nr. 2 bezeichneten Steuerpflichtigen geschieht an dem Orte, wo der Grundbesitz bezw. die gewerbliche oder Handelsanlage oder die Betriebsstätte liegt, oder der bei der Steuerverwaltung etwa bestellte Vertreter seinen Wohnsitz hat, oder wo sich der Sitz der Kasse befindet, von welcher die Besoldungen, Pensionen oder Wartegelder ausgezahlt werden.

Auf den Bericht 2c. wird der Kgl. Regierung erwidert, daß in Uebereinstimmung mit der durch §. 35 des Allerhöchst genehmigten Reglements über die Serviskompetenz der Truppen im Frieden v. 20. Februar 1868 für die Militärpersonen getroffenen Anordnung auch bezüglich der Besteuerung der Grundsatz festgehalten wird, daß diejenigen Kommandos, deren längere als sechsmonatliche Dauer von vornherein feststeht, einer Versetzung gleich zu achten sind, bei welcher der bisherige Garnisonsort aufhört, der dienstliche Wohnsitz des Versetzten (Kommandirten) zu sein, der Letztere vielmehr an demjenigen Orte Wohnsitz nimmt, nach welchem er versetzt (kommandirt) ist, beziehungsweise wohin er in Folge des Kommandos seinen Aufenthalt verlegt.

Hieraus ergeben sich die Folgen, daß die Einkommensteuer

a) in dem Falle, daß der neue dienstliche Wohnsitz innerhalb des preußischen Staats liegt, auf den neuen Wohnsitz zu übertragen ist,

b) wenn das längere Kommando (abgesehen von einer Mobilmachung) in das außerdeutsche Ausland führt, in dem bisherigen Wohnort fortzuerheben,

c) wenn der neue dienstliche Wohnsitz in einem anderen deutschen Bundesstaate belegen ist, in Abgang zu bringen ist, insoweit sie nicht für ein aus Grundbesitz oder Gewerbebetrieb im Preußischen Staate herrührendes Einkommen veranlagt worden (§. 3 des Reichsgesetzes wegen Beseitigung der Doppelbesteuerung v. 13. Mai 1870); das Gehalt der Offiziere (§. 4 a. a. O.) kommt hierbei nicht in Betracht, weil dasselbe aus der Reichskasse — nicht aus der Kasse eines einzelnen Bundesstaates — gezahlt wird.*)

*) Mit Ausnahme der Kgl. bayerischen Offiziere. Diese sind in Preußen nicht einkommensteuerpflichtig, da ihr Gehalt 2c. nicht aus der Reichskasse, sondern aus der Kgl. bayerischen Staatskasse gezahlt wird. Siehe Anm. 1d zu §. 4 des Gesetzes v. 13. Mai 1870 S. 117.

4b) Kgl. Kriegsakademie, Schreiben v. 4. Novbr. 1886 — 1649/86 —.

Das Kommando des Sekonde-Lieutenants v. K. zur Kriegsakademie dauerte bis inclusive 21. Juli cr. Die Abreise nach der Garnison M. erfolgte am 22. dess. M., und ist der genannte Offizier für diesen Monat sowohl mit Servis als auch Wohnungsgeldzuschuß für Berlin bis Ende desselben voll abgefunden, so daß die Freilassung von der Steuer für den Monat Juli ausgeschlossen ist.

Da das Kommando zur Kriegsakademie in Folge Allerh. Kab.-Ordre v. 16. Mai 1833 von vornherein auf ein Jahr feststeht, so dürfte nach diesseitigem Dafürhalten auch die Steuer von den kommandirten Offizieren für ein volles Jahr, und zwar vom 1. Okober an gerechnet, zu erheben sein, um so mehr, als das Kommando einer Versetzung gleich zu achten, die Abwesenheit der Offiziere von Berlin während der drei- bezw. zweimonatlichen Pause stets nur als ein dienstliches Kommando anzusehen ist, und die Offiziere während jener Pause (Ferienmonate) den Wohnungsgeldzuschuß nach dem Satze für die Garnison Berlin unverändert fortbeziehen.

4c) Schreiben der Direktion der vereinigten Artillerie- und Ingenieur-Schule. Berlin, den 2. Oktbr. 1888. — 2991. III. 88. —

Werden von einem Steuerpflichtigen an mehreren Orten in Preußen Betriebsstätten unterhalten, so erfolgt die Veranlagung, falls in Preußen eine Centralstelle (Hauptagentur, Zweigniederlassung) besteht, welche die obere Leitung des gesamten Geschäftsbetriebes innerhalb Preußens ausübt, in demjenigen Bezirke, wo diese Centralstelle ihren Sitz hat. Fehlt es an einer solchen Centralstelle, ist aber in Gemäßheit der Vorschrift im §. 2 des Gewerbesteuergesetzes vom 24. Juni 1891[9]) (G.S. S. 205) bei der Steuerverwaltung ein Vertreter bestellt, so erfolgt die Veranlagung an dem Orte, an welchem der Vertreter seinen Wohnsitz hat.

Kann auch hiernach der Ort der Veranlagung nicht bestimmt werden, so finden im Falle des Vorhandenseins mehrerer Betriebsstätten die Vorschriften wegen des Wahlrechts (Nr. 3 dieses Artikels) entsprechende Anwendung. Dasselbe gilt in allen andern Fällen, in welchen in Gemäßheit der Bestimmung im ersten Absatz der Nr. 6 die Veranlagung an verschiedenen Orten an und für sich zulässig ist.

Die Kgl. Direktion zc. benachrichtigt die diesseitige zufolge gefälligen Schreibens v. zc. ergebenst, daß der Sekonde-Lieutenant B., welcher vom 1. Oktbr. 1887 ab zum Besuch des oberen Kursus abkommandirt war, am 17. Juni cr. nach seiner Garnison Metz zurückgekehrt ist.

Die Kommandirung des genannten Offiziers zum oberen Kursus stand bereits bei Ablauf des Kommandos zum Besuch des unteren Kursus — Ende Juli 1887 — fest. Die Rückkehr nach der Garnison bezw. die Beurlaubung während der zwischen den beiden Unterrichts-Kursen liegenden Monate August und September 1887 ist nach den hierauf Bezug habenden Bestimmungen nicht als eine Abkommandirung anzusehen.

5) Annahme eines doppelten Wohnsitzes:

Finz.-Minist.-Erlaß v. 18. März 1881 — II. 2675 —.

Unter Wiederbeifügung der den Gegenstand des gefälligen Berichtes zc. bildenden Vorstellung des Gutsbesitzers C. theile ich Ew. zc. ergebenst Abschrift einer unter dem 7. Juli 1854 an die Kgl. Regierung zu C. diesseits erlassenen Verfügung — III. 17031 — mit, aus welcher sich ergiebt, daß ungeachtet der entgegenstehenden Bestimmungen des bürgerlichen Gesetzbuches die Möglichkeit eines doppelten Wohnsitzes in steuerlicher Hinsicht auch für den Geltungsbereich dieses Gesetzbuches in der Rheinprovinz hier angenommen worden ist.

Unter Zugrundelegung dieser hier mehrfach praktisch zur Anwendung gebrachten und auch von mir mit der dortigen Kgl. Regierung für zutreffend erachteten Auffassung wird es nach den thatsächlichen Verhältnissen des vorliegenden Falles keinem Zweifel unterliegen können, daß der Gutsbesitzer C. hinsichtlich der Veranlagung zur staatlichen Einkommensteuer einen doppelten Wohnsitz, nämlich in den Städten T. und W., hat. Da derselbe sich nun ausdrücklich für seine Veranlagung in ersterer Stadt ausgesprochen hat, so muß nach den bestehenden Vorschriften diesem Wunsche entsprochen werden.

6) Persönlicher und dienstlicher Wohnsitz:

6a) Finz.-Minist.-Erlaß v. 2. Juni 1880 — II. 7327 —.

Der Bericht der Kgl. Direktion zc., betreffend die zwischen Ihr und der Kgl. Regierung zu P. bestehende Meinungsverschiedenheit über die Behandlung der Klassen- und Einkommensteuer-Veranlagungen bei Beamten und Gewerbetreibenden, welche thatsächlich ihren persönlichen Wohnsitz nicht an dem Orte ihres amtlichen Wohnsitzes, bezw. ihrer gewerblichen Niederlassung haben, hat zu einer Ermittelung des in anderen Bezirken mit großen Städten bisher in dieser Hinsicht beobachteten Verfahrens Veranlassung gegeben.

Nach dem Ergebniß erfolgt überall die Veranlagung zu den genannten Steuern lediglich an dem Orte des persönlichen Wohnsitzes, und haben sich dabei nirgends Mißstände ergeben.

Mit Rücksicht hierauf empfehle ich der Kgl. Direktion, fortan Ihr Verfahren mit dieser Praxis in Uebereinstimmung zu bringen.

6b) Finz.=Minist.=Erlaß v. 23. August 1881 — II. 9134 —.

Die Kgl. Direktion erhält hierbei eine Vorstellung des hiesigen Magistrats ꝛc. betreffend die Veranlagung und Erhebung der Staatsklassensteuer von den Offizieren der Kgl. Artillerie= und Ingenieur=Schule zu Charlottenburg zur weiteren Veranlassung nach Maßgabe der die Behandlung der Klassen= und Einkommensteuer=Veranlagungen allgemein regelnden Verfügung v. 2. Juni 1880 — II. 7327 — (siehe vorstehend).

Der von dem Magistrat beantragten Aufhebung der Verfügung des Herrn Kriegsministers v. 13. Juni 1877*) bedarf es hiernach nicht, um die Veranlagung und Erhebung der Klassen= und Einkommensteuer der betreffenden Personen in Charlottenburg herbeizuführen.

*) Kriegs=Minist.=Erlaß v. 13. Januar 1877 — Nr. 307. 12. M. O. D. 1. —

Ew. ꝛc. wird auf das gefällige Schreiben ꝛc. ergebenst erwidert, daß das Kriegsministerium die vereinigte Artillerie= und Ingenieur=Schule nach Verlegung in ihr neues Dienstgebäude am Hippodrom noch als zur Berliner Garnison gehörig angenommen hat und demnach für die betreffenden Offiziere Berlin als Garnison verblieben ist.

6c) Nach einem Erkenntniß des Ober=Tribunals v. 15. Dezbr. 1874 erwerben Personen, welche sich aus ihrem bisherigen Wohnorte begeben behufs Uebernahme eines ihnen übertragenen provisorischen Amtes in einem anderen Orte, ohne jedoch damit den bisherigen Wohnsitz aufzugeben, — in dem Orte ihrer provisorischen Amtsthätigkeit keinen Wohnsitz, denn der Grundsatz des §. 11 Tit. 2 der Allgemeinen Gerichts=Ordnung, nach welchem für einen Beamten in dem Ort seiner Amtsthätigkeit ein domicilium necessarium begründet ist, ist der Natur der Sache nach nur anwendbar auf Personen, welche ein Amt definitiv übernehmen, weil nur von ihnen gesagt werden kann, daß das übernommene Amt ihre beständige Gegenwart im Orte der Anstellung erfordert.

Handelt es sich dagegen um ein provisorisches, vorübergehendes Amt, so kann von Begründung eines domicilium necessarium nicht die Rede sein, vielmehr ist in Gemäßheit der entstandenen Grundsätze der §§. 9 und 10 Tit. 2 A.G.O. und des §. 25 der Einleitung zum A.L.R. nach den Umständen des einzelnen Falles zu prüfen, ob in der Uebernahme eines derartigen Amtes das Aufschlagen eines beständigen Wohnsitzes zu finden sei, und kommt es dabei insbesondere auch auf die Absicht des Betreffenden an.

6d) Finz.=Minist.=Erlaß v. 20. Mai 1885 — II. 5143 —. Auszug.

Der in dem Berichte ꝛc., betreffend die Veranlagung des Lieutenants v. B. in B. zur klassifizirten Einkommensteuer, geäußerten Ansicht, daß bei allen Steuerpflichtigen, welche einen dienstlichen Wohnsitz haben, die Annahme eines doppelten Wohnsitzes überhaupt ausgeschlossen sei, kann nicht beigetreten werden. Es ist bei den von hier aus ergangenen Entscheidungen vielmehr an dem Grundsatze festgehalten worden, daß durch das nothwendige Domizil der Beamten und Offiziere im Sinne des §. 11 Th. I. Tit. II. A.G.O. die Möglichkeit eines mehrfachen Wohnsitzes (§. 15 a. a. O.) nicht ausgeschlossen sei. Für die Entscheidung des vorliegenden Falles kommt es daher lediglich darauf an, ob der Lieutenant v. B. neben seinem dienstlichen Wohnsitze in B. auch auf dem Rittergute S. im Kreise L. einen den gesetzlichen Anforderungen entsprechenden Wohnsitz hat, was nach Lage der thatsächlichen Verhältnisse keinem Zweifel unterliegen kann. Da derselbe sich nun ausdrücklich für seine Veranlagung in letzterem Orte erklärt hat, so muß diesem Wunsche entsprochen werden. Ihrem Antrage auf Ueberweisung der Einkommensteuer des v. B. nach B. kann daher nicht stattgegeben werden.

6e) Siehe auch §. 1, 2 und 5 des Reichsgesetzes v. 13. Mai 1870 und die Anmerkungen daselbst im Abschn. II (S. 111 u. ff.)

7) Siehe die Anmerkg. 3 u. 4 zu Art. 26 im I. Theil dieser Anweisg. S. 181 u. 182.

8) Der Art. 26 der Anweisung sagt unter Nr. 1 Abs. 2 (S. 180) daß bei Berggewerkschaften nöthigenfalls aus der Belegenheit des Bergwerks sich ergebe, ob ein Sitz in Preußen begründet sei. Dies ist in den Fällen richtig, in denen die Verwaltung des Bergwerks zugleich an dem Orte geführt wird, an welchem es „belegen" ist. Sehr häufig trifft diese Uebereinstimmung jedoch nicht zu. Theils wird die Verwaltung nicht an dem Orte geführt, an welchem sich das Bergwerk befindet, theils erstreckt sich der Betrieb einer Gewerkschaft auf den Bezirk mehrerer Gemeinden, ja Kreise, je nach der Ausdehnung des Grubenfeldes, für welches die Verleihungsurkunde gegeben ist (§§. 22 bis 34 des Allg. Berggesetzes für die Preußischen Staaten vom 24. Juni 1865. — G.S. S. 705 —); es würde also im letzten Falle ein mehrfacher Sitz der Gewerkschaft anzunehmen sein, obgleich die Verwaltung nur ein und dieselbe wäre. Auch würde die obige Bestimmung zu dem Widerspruch führen, daß außerpreußische Gewerkschaften, welche innerhalb Preußens nur eine einzelne Betriebsstätte besitzen, nach §. 1 Nr. 4 des Gesetzes mit ihrem Gesammt-Einkommen zur Einkommensteuer heranzuziehen wären, weil sie einen Sitz in Preußen hätten, während sie doch zweifellos nach §. 2 des Gesetzes nur mit dem Einkommen aus der in Preußen belegenen Betriebsstätte der Einkommensteuer unterliegen.

Da nun der §. 96 des Allgemeinen Berggesetzes für die Preußischen Staaten vom 24. Juni 1865 (G.S. S. 705) bestimmt:

> „Die Gewerkschaft kann unter ihrem Namen Rechte erwerben und Verbindlichkeiten eingehen, Eigenthum und andere dingliche Rechte an Bergwerken und Grundstücken erwerben, vor Gericht klagen und verklagt werden.
>
> Ihr ordentlicher Gerichtsstand ist bei dem Gerichte, in dessen Bezirk das Bergwerk liegt."

und der §. 117 ebenda anordnet:

> „Jede Gewerkschaft ist verpflichtet, einen im Inlande wohnenden Repräsentanten zu bestellen und der Bergbehörde namhaft zu machen.
>
> Statt eines einzelnen Repräsentanten kann die Gewerkschaft jedoch einen aus zwei oder mehreren Personen bestehenden Grubenvorstand bestellen.
>
> Als Repräsentanten oder Mitglieder des Grubenvorstandes können auch Personen bestellt werden, welche nicht Gewerken sind."

so ordnet der obige Art. 35 Nr. 5 Abs. 3 mit Recht an, daß der Sitz einer Berggewerkschaft in der Regel an demjenigen Orte anzunehmen ist, wo der Repräsentant wohnt oder der Grubenvorstand seinen Sitz hat.

9) Gewerbesteuergesetz vom 24. Juni 1891 (G.S. S. 205):

§. 2. „Gewerbliche Unternehmungen, welche außerhalb Preußens ihren Sitz haben, aber in Preußen durch Errichtung einer Zweigniederlassung, Fabrikations- Ein- oder Verkaufsstätte oder in sonstiger Weise einen oder mehrere stehende Betriebe unterhalten, sind nach Maßgabe derselben der Gewerbesteuer in Preußen unterworfen. Dieselben sind verpflichtet, auf Erfordern bei der Steuerverwaltung einen in Preußen wohnhaften Vertreter zu bestellen, welcher für die Erfüllung aller dem Inhaber des Unternehmens obliegenden Verpflichtungen solidarisch haftet."

Vergleiche auch §. 56 a. a. O.:

„Die nach den §§. 52 bis 55 den Gewerbetreibenden obliegenden Verpflichtungen sind:

1. für Personen, welche unter väterlicher Gewalt, Pflegschaft oder Vormundschaft stehen, von deren Vertretern,
2. für Gewerbebetriebe der Gesellschaften, Genossenschaften, juristischen Personen, Vereinen u. s. w. von den in §§. 18 u. 19 bezw. §. 2 bezeichneten Personen

zu erfüllen."

Zweiter Abschnitt.

Vorbereitung der Veranlagung durch den Gemeinde- (Guts-) vorstand.

Artikel 36.

Personenstandsaufnahme.

(§§. 21. 22. 68. Abs. 1 des Gesetzes.)

Die zur namentlichen Feststellung der Steuerpflichtigen alljährlich erforderliche Aufnahme des Personenstandes liegt jedem Gemeinde- (Guts-) vorstande für seinen Bezirk ob und zwar auch in denjenigen Gemeinden und selbständigen Gutsbezirken, welche mit benachbarten Gemeinden zu einem Voreinschätzungsbezirke vereinigt sind (§. 31 Abs. 3 bis 7 des Gesetzes).

Die Personenstandsaufnahme muß überall in der Zeit vom 27. Oktober bis 18. November jeden Jahres stattfinden. Innerhalb dieser Zeit haben die Regierungen nach den vom Finanzminister erlassenen Bestimmungen den Termin für die sämtlichen Orte ihres Bezirkes möglichst gleichzeitig festzusetzen.[24])

Wo die Aufnahme des Personenstandes nicht auf Grund der vorjährigen bei der Gegenwart erhaltenen Personenverzeichnisse, der An- und Abmeldungen, Ab- und Zugangslisten u. s. w. erfolgen kann, muß eine genaue örtliche Zählung stattfinden. Zu diesem Zwecke kann die Mitwirkung der Hausbesitzer und Haushaltungsvorstände in Anspruch genommen werden.

Jeder Besitzer eines bewohnten Grundstückes oder dessen Vertreter ist verpflichtet, der mit Aufnahme des Personenstandes betrauten Behörde die auf dem Grundstücke vorhandenen Personen mit Namen, Berufs- oder Erwerbsart anzugeben.

Die Haushaltungsvorstände haben den Hausbesitzern oder deren Vertretern die erforderliche Auskunft über die zu ihrem Hausstande gehörigen Personen einschließlich der Unter- und Schlafstellenmiether zu ertheilen.

Es ist statthaft, die hiernach von denselben zu ertheilende Auskunft in der Art einzuziehen, daß den Betheiligten unter Hinweis auf die Strafandrohung

---

Minist.-Anm. 24. Hierbei sind folgende Regeln zu beachten:

1. Als Norm für den Beginn der Personenstandsaufnahme ist der 12. November anzunehmen.
2. Ist nach den örtlichen Verhältnissen die Festsetzung eines früheren Termins unvermeidlich, so muß derselbe doch dem 12. November so nahe als thunlichst gelegt und keinenfalls auf einen Tag vor dem 27. Oktober bestimmt werden.
3. Die Personenstandsaufnahme ist, wenn sie nicht an einem Tage zu Ende geführt werden kann, an den nächstfolgenden Werktagen ununterbrochen fortzusetzen und in möglichst kurzer Frist, auch in großen Städten spätestens mit dem 18. November zum Abschluß zu bringen.
4. Abweichungen von diesen Bestimmungen bedürfen der Genehmigung des Finanzministers.

im §. 68 Abs. 1. des Gesetzes geeignete Formulare (Hauslisten) zur Ausfüllung nach dem Stande der Bevölkerung am Aufnahmetermine schon vor diesem Termine zugestellt werden.

Auch ist es zulässig, hiermit das Anheimstellen an die Haushaltungsvorstände zu verbinden, zur Vermeidung irriger Annahmen bei der Veranlagung in den hierzu besonders einzurichtenden Spalten der Hausliste freiwillige Angaben über ihre und ihrer Haushaltungsangehörigen Einkommensverhältnisse zu machen. Derartige Aufforderungen müssen jedoch eine Belehrung darüber enthalten, daß die Unterlassung von Angaben über die Einkommensverhältnisse in der Hausliste einen Rechtsnachtheil nicht nach sich zieht, daß aber wissentlich unrichtige Angaben mit Strafe (§. 66 des Gesetzes) bedroht sind.

Der Vorsitzende der Veranlagungskommission ist befugt, die Anwendung von Hauslisten bei der Personenstandsaufnahme anzuordnen, und das Formular für diese Listen, soweit dasselbe den Zwecken der Einkommensteuerveranlagung dient, mit Genehmigung des Vorsitzenden der Berufungskommission vorzuschreiben.

Im übrigen bleibt dem Gemeindevorstande die Einrichtung dieses Formulars überlassen.

Artikel 37.

Personenverzeichnisse.

(§. 21 des Gesetzes.)

I. Das Ergebniß der Personenstandsaufnahme (Artikel 36) ist in ein nach dem beiliegenden Muster III anzulegendes Personenverzeichniß[25]) unter Beachtung der folgenden Bestimmungen einzutragen.

1. In das Verzeichniß sind aufzunehmen:
   a) Die sämtlichen zur Zeit der Personenstandsaufnahme anwesenden Einwohner des Gemeinde- (Guts-) bezirks einschließlich derjenigen, welche in eine andere Gemeinde zu verziehen beabsichtigen, aber noch nicht verzogen sind. Wird jedoch der Umzug demnächst bewirkt und dies noch vor dem Beginne der Voreinschätzung bekannt, so ist der Steuerpflichtige der Behörde des neuen Wohnortes zur Veranlagung zu überweisen.
   b) Diejenigen Personen, welche im Gemeinde- (Guts-) bezirke ihren Wohnsitz haben und nur zeitweise des Arbeitsverdienstes wegen oder aus anderen Gründen (Artikel 35 Nr. 1) abwesend sind.
   c) Diejenigen physischen Personen, welche ohne einen Wohnsitz in Preußen zu haben, in dem Gemeinde- (Guts-) bezirke Grundstücke besitzen oder ein stehendes Gewerbe betreiben oder aus einer daselbst

Minist.-Anm. 25. Aenderungen in den dieser Anweisung beigefügten Mustern III bis XIV, welche im Allgemeinen oder für einzelne Gemeinden oder Bezirke für erforderlich erachtet werden, sind durch Vermittelung des Vorsitzenden der Berufungskommission beim Finanzminister zu beantragen, soweit nicht bezüglich einzelner Formulare nachstehend etwas anderes bestimmt ist.

bestehenden preußischen Staatskasse Besoldungen, Pensionen oder Wartegelder beziehen (Artikel 2), soweit diese Personen nicht in dem Verzeichniß Muster IV (vergl. unten zu II) Aufnahme finden.

d) Diejenigen preußischen Staatsangehörigen, welche aus dem Gemeinde-(Guts-) bezirke in des Ausland[26]) verzogen sind, sofern der gegenwärtige Aufenthalt im Auslande bekannt ist und seit der Auswanderung bis zu dem Beginne des Steuerjahres, für welches die Veranlagung erfolgt, ein Zeitraum von zwei Jahren noch nicht verstrichen sein wird. (Artikel 1 Nr. 1c Abs. 1 u. 2).

e) Diejenigen preußischen Staatsangehörigen, welche als preußische Staatsbeamte oder Offiziere ihren dienstlichen Wohnsitz im Auslande haben und deren letzter Veranlagungsort, bevor sie diesen Wohnsitz erhielten, in dem Gemeinde-(Guts-)bezirke begründet war. (Artikel 1 Nr. 1c Abs. 3 und 4).

2. Unter fortlaufenden Nummern (Spalte 1) sind in Spalte 2 des Verzeichnisses die Haushaltungsvorstände sowie die keinem Haushalte angehörigen einzelnen Personen namentlich einzutragen. Bei jedem Namen ist in den Spalten 4 bis 7, gesondert nach den aus den Kopfinschriften ersichtlichen Merkmalen die Zahl der Haushaltungsangehörigen (Art. 6) aufzuführen, einschließlich derjenigen, welche behufs ihrer Ausbildung als Lehrlinge, Schüler, Studenten u. s. w. auswärts unterhalten werden.

Mit Rücksicht auf die Vorschrift im §. 18 des Gesetzes (s. unten Artikel 44) ist die Sonderung der Haushaltungsangehörigen, je nachdem sie das Alter von 14 Jahren vollendet haben oder nicht, von großer Bedeutung für die Veranlagung uud daher auf eine richtige Ausfüllung der betreffenden Spalten besondere Aufmerksamkeit zu verwenden.

Minist.-Anm. 26. Unter „Ausland“ sind die nicht zum Deutschen Reiche oder (nicht) zu einem deutschen Schutzgebiete (§. 6 Abs. 3 des Ges. vom 15. März 1888*) Reichs-Gesetzbl. S. 71) gehörigen Staaten und Länder zu verstehen. (Vergl. Anm. 4 zu Artikel 1.)

---

*) Gesetz wegen Abänderung des Gesetzes, betreffend die Rechtsverhältnisse der deutschen Schutzgebiete vom 17. April 1886 (Reichs-Gesetzbl. S. 75). Vom 15. März 1888. (R.G.Bl. S. 71.)

§. 6. Ausländern, welche in den Schutzgebieten sich niederlassen, sowie Eingeborenen kann durch Naturalisation die Reichsangehörigkeit von dem Reichskanzler verliehen werden. Der Reichskanzler ist ermächtigt, diese Befugniß einem anderen Kaiserlichen Beamten zu übertragen.

Auf die Naturalisation und das durch dieselbe begründete Verhältniß der Reichsangehörigkeit finden die Bestimmungen des Gesetzes über die Erwerbungen und den Verlust der Bundes- und Staatsangehörigkeit vom 1. Juni 1870 (Bundes-Gesetzbl. S. 355) sowie Artikel 3 der Reichsverfassungund §. 4 des Wahlgesetzes für den deutschen Reichstag vom 31. Mai 1869 (Bundes-Gesetzbl. S. 145) entsprechende Anwendung.

Im Sinne des §. 21 des bezeichneten Gesetzes sowie bei Anwendung des Gesetzes wegen Beseitigung der Doppelbesteuerung vom 13. Mai 1870 (Bundes-Gesetzbl. S. 119) gelten die Schutzgebiete als Inland.

Für die Berechnung des Lebensalters der einzelnen Familienglieder ist hierbei der Beginn (1. April) desjenigen Steuerjahres maßgebend, für welches die Veranlagung erfolgt. In der Spalte 6 ist also die Anzahl derjenigen Angehörigen nachzuweisen, welche am bevorstehenden 1. April das 14. Lebensjahr noch nicht vollendet haben werden.

3. Mitglieder von Truppenkörpern (Regimentern, Bataillonen, Kompagnien u. s. w.), welchen ein steuerpflichtiges Einkommen[27]) von mehr als 900 M. nicht beizumessen ist, sind ohne namentliche Angabe summarisch in das Verzeichniß aufzunehmen.

4. Die Reihenfolge der einzelnen Steuerpflichtigen ist nach der örtlichen Lage der Hausgrundstücke anzuordnen. Die Personen zu 1d und e werden am Schlusse des Verzeichnisses aufgeführt.

II. Außerdem ist ein besonderes Verzeichniß nach dem beiliegenden Muster IV über diejenigen physischen Personen anzulegen, welche Einkommen aus einem in dem Gemeinde-(Guts-)bezirke belegenen eigenen oder gepachteten Grundbesitze oder daselbst betriebenen stehenden Gewerbe beziehen, aber in einem anderen preußischen Orte wohnen oder, ohne einen Wohnsitz in Preußen zu haben, an einem anderen Orte bereits im Vorjahre zur Einkommensteuer veranlagt waren (vergl. I. Nr. 1c).

Auszüge aus diesem nach Maßgabe der Kopfinschriften sorgfältig auszufüllenden Verzeichnisse sind der Ortsbehörde des preußischen Wohnsitzes bezw. Veranlagungsortes zur Benutzung bei der dort zu bewirkenden Veranlagung dieser Personen mitzutheilen.

Mit Zustimmung des Vorsitzenden der Veranlagungskommission können diese Mittheilungen durch Vereinbarung zwischen den betheiligten Gemeindevorständen auf die im Laufe jeden Jahres eingetretenen Veränderungen beschränkt werden.

III. Die Richtigkeit und Vollständigkeit des Verzeichnisses zu I ist von dem Gemeinde-(Guts-)vorstande durch Vollziehung des demselben vorgedruckten Vermerks zu bescheinigen.

Artikel 38.

Aufstellung der Einkommensteuerliste (Einkommensnachweisung).

(§§. 23. 74 des Gesetzes.)

Ueber alle Thatsachen, Verhältnisse und Merkmale, welche nach den Bestimmungen des Gesetzes und des ersten Theiles dieser Anweisung für die Beurtheilung der Einkommensverhältnisse der in dem Verzeichnisse Muster III (Art. 37) aufgeführten Personen in Betracht kommen können, hat der Gemeinde-(Guts-)vorstand möglichst vollständige Nachrichten einzuziehen und zu sammeln.

Das Ergebniß seiner Ermittelungen, insbesondere auch derjenigen Mit-

Minist. Anm. 27. Vergl. Art. 3 II Nr. 3 und Anm. 7 dazu.

theilungen, welche über auswärtigen Grundbesitz und Gewerbebetrieb der in der Gemeinde wohnhaften Personen eingehen (Muster IV zu Artikel 37), ist in eine Einkommensnachweisung (Einkommensteuerliste) nach beifolgendem Muster A[28]) einzutragen und dabei folgendes zu beachten:

Muster A.

1. Von der Aufnahme in die Einkommensteuerliste bleiben ausgeschlossen diejenigen Personen, welche, obwohl sie Einwohner des Ortes und deshalb in das Personenverzeichniß (Muster III) aufzunehmen sind, gesetzlich der Einkommensteuer nicht unterliegen, weil sie
   a) Angehörige des Deuschen Reiches sind, und außerhalb Preußens, aber innerhalb des Deutschen Reiches oder in einem deutschen Schutzgebiete, ihren dienstlichen Wohnsitz oder in ihrem außerpreußischen Heimathsstaate einen zweiten Wohnsitz haben (Artikel 1 Nr. 1b, Nr. 2a) oder weil sie
   b) Ausländer sind und sich in Preußen weder des Erwerbes wegen noch länger als ein Jahr aufhalten und auch einen Wohnsitz in Preußen noch nicht begründet haben (Artikel 1 Nr. 3), oder weil sie
   c) zu den im Artikel 34 zu I und II als steuerfrei bezeichneten Personen gehören.

In Ansehung der zu a bis c gedachten Personen wird die Spalte 8 des Personenverzeichnisses (Muster III) durch Eintragung der Zahl der zur Haushaltung gehörigen Personen ausgefüllt und in der Spalte 12 der Grund der Steuerfreiheit kurz erläutert.

Hierbei ist jedoch stets zu prüfen, ob den vorbezeichneten Personen Einkommen aus den im Artikel 2 erwähnten Quellen zufließt, da sie mit diesem Einkommen der Einkommensteuer unterliegen.

2. Nach Ausscheidung der Steuerfreien (Nr. 1) werden aus dem Personenverzeichnisse (Muster III) alle diejenigen Personen in die Einkommensteuerliste A übernommen,
   a) welche bereits im Vorjahre mit einem Einkommen von mehr als 900 Mark zur Steuer veranlagt waren,
   b) welche von dem Vorsitzenden der Veranlagungskommission als einkommensteuerpflichtig bezeichnet werden,
   c) welchen nach den stattgehabten Ermittelungen und dem pflichtmäßigen Ermessen des Gemeindevorstandes ein steuerpflichtiges Gesammteinkommen im Jahresbetrage von mehr als 900 Mark beizumessen ist.
3. Bei den gemäß Nr. 2a bis c in die Einkommensteuerliste übernommenen Personen wird die Spalte 11, bei den wegen geringeren Einkommens nicht übernommenen die Spalte 9 des Personenverzeichnisses (Muster III) durch Eintragung der Anzahl der Haushaltungsangehörigen ausgefüllt.

Minist. Anm. 28. Abweichungen von diesem Muster sind mit Genehmigung des Vorsitzenden der Berufungskommission nach Maßgabe der dem Muster beigegebenen Bemerkungen zulässig.

4. Im Falle die Voraussetzungen unter Nr. 2a bis c zutreffen, darf die Aufnahme in die Einkommensteuerliste nicht deshalb unterbleiben, weil von dem Einkommen ein Abzug gemäß §. 18 des Gesetzes zu machen, oder weil die Freistellung gemäß §. 19 des Gesetzes zulässig ist.

5. Die einzelnen Steuerpflichtigen werden in die Einkommensteuerliste A unter Einhaltung der in dem Personenverzeichnisse beobachteten Reihenfolge übertragen.

In Spalte 1 bleibt die Eintragung der Nummern des laufenden Steuerjahres bis nach dem Abschluß der Veranlagung vorläufig ausgesetzt.

Die Spalten 4 bis 6 werden in Uebereinstimmung mit den Spalten 4 bis 6 des Personenverzeichnisses ausgefüllt.

Diejenigen Steuerpflichtigen, welche Mitglieder der Voreinschätzungs- oder der Veranlagungskommission sind, werden als solche bei ihrem Namen (Spalte 2) bezeichnet.

6. Für die sämmtlichen in die Einkommensteuerliste übertragenen Personen ist der Betrag des ermittelten Jahreseinkommens in Spalte 18 unter gleichzeitiger Ausfüllung der Spalten 7 bis 17 zu vermerken, und Spalte 21 durch Einrückung des zuletzt entrichteten Steuersatzes auszufüllen.

Bei Ausfüllung der Spalte 17 der Einkommensteuerliste dürfen nur diejenigen Schuldenzinsen u. s. w. berücksichtigt werden, deren Bestehen keinem Zweifel unterliegt. Um in dieser Hinsicht die erforderlichen Unterlagen für die Voreinschätzung derjenigen Steuerpflichtigen zu beschaffen, welchen eine Steuererklärung nicht obliegt, kann der Gemeinde- (Guts-) vorstand dieselben auffordern, binnen einer angemessenen Frist die Schuldenzinsen, Lasten, Kassenbeiträge und Lebensversicherungsprämien, deren Abzug sie beanspruchen, anzumelden und nöthigenfalls die Verpflichtung zur Entrichtung derselben durch Vorlegung der Beläge (Zins-, Beitrags-, Prämienquittungen, Policen u. s. w.) zu bescheinigen.

7. Auf Grund der Einkommensteuerliste bereitet der Gemeinde- (Guts-)vorstand die zur demnächstigen Benutzung für die Gemeinde bestimmte Einkommensteuerrolle nach dem beiliegenden Muster V durch Ausfüllung der Spalten 1 und 3 vor.

8. Die auf ihn selbst bezüglichen Eintragungen in die Einkommensteuerliste darf der Gemeinde- (Guts-)vorstand nicht bewirken (§. 23 Abs. 3 des Gesetzes). Er hat zu diesem Zweck die Einkommensteuerliste nebst den erforderlichen Unterlagen (Personenverzeichniß, etwaige Hausliste) der von der Bezirksregierung hierfür bestimmten und ihm vor Beginn des Veranlagungsgeschäfts zu bezeichnenden Person zuzustellen beziehungsweise vorzulegen, welche die Eintragung nach Maßgabe der vorstehenden Bestimmungen vornimmt.

Da eine zutreffende Erfassung der wirklichen Einkommensverhältnisse der Gemeinde (Guts-)vorstände besonders wichtig ist, so müssen die vom

Vorsitzenden der Veranlagungskommission zu diesem Zwecke vorzuschlagenden Personen mit Umsicht ausgewählt und mit der erforderlichen Belehrung versehen werden.

Es ist zulässig, in vereinigten Voreinschätzungsbezirken (§. 31 Abs. 3 bis 7 des Gesetzes) den Vorsitzenden der Voreinschätzungskommission mit diesen Eintragungen zu beauftragen, soweit es sich nicht um die auf ihn selbst bezüglichen Angaben handelt.

9. Der Gemeinde- (Guts-)vorstand hat ein Verzeichniß derjenigen Steuerpflichtigen, von welchen nach seinem Ermessen zum Zwecke der bevorstehenden Veranlagung eine Steuererklärung zu erfordern ist, obwohl dieselben bisher mit einem Einkommen von weniger als 3000 Mark veranlagt waren, unter Begründung seines Vorschlages dem Vorsitzenden der Veranlagungskommission bis zu einem von demselben zu bestimmenden Termine einzureichen.

10. Wo eine Veranlagung der Personen mit Einkommen von nicht mehr als 900 Mark zu kommunalen Zwecken (§§. 74, 75 des Gesetzes) erfolgen muß, ist über dieselben auf Grund des Personenverzeichnisses (Muster III) eine besondere Gemeindesteuerliste aufzustellen, welche die Spalten 1 bis 25, 39 der Einkommensteuerliste (Muster A) und außerdem eine Spalte für den veranlagten Steuersatz enthalten muß.

Die durch besondere örtliche Verhältnisse bedingten Abweichungen können von der Regierung im Einvernehmen mit dem Vorsitzenden der Berufungskommission genehmigt werden.

Artikel 39.

Verzeichniß der nicht physischen Personen.

(§ 21 des Gesetzes.)

Vor der Veranlagung für das Steuerjahr 1892/93 hat der Gemeinde- (Guts-)vorstand außerdem nach dem beiliegenden Muster VI ein vollständiges Verzeichniß aufzustellen über die sämmtlichen in seinem Bezirke ansässigen: Muster VI.

Aktiengesellschaften,
Kommanditgesellschaften auf Aktien,
Berggewerkschaften,
Eingetragenen Genossenschaften,
Konsumvereine mit offenem Laden, insofern dieselben die Rechte einer juristischen Person haben.

In das Verzeichniß sind aufzunehmen sowohl diejenigen Unternehmungen der gedachten Art, welche in dem Gemeinde- (Guts-)bezirke ihren Sitz haben (Artikel 26 Nr. 1), als auch diejenigen, welche daselbst nur Grundstücke besitzen oder durch Unterhaltung einer gewerblichen oder Handelsanlage z. B. eines Ladens, Comtoirs, einer ständigen Agentur, Verkaufs- oder sonstigen Betriebsstätte ein stehendes Gewerbe betreiben (Artikel 26 Nr. 2).

Eine mit der Bescheinigung der Richtigkeit versehene Ausfertigung dieses Verzeichnisses nebst je einem Exemplar der Statuten derjenigen Unternehmungen, welche in dem Gemeinde= (Guts=)bezirke ihren Sitz haben, ist dem Vorsitzenden der Veranlagungskommission bis zu dem von diesem zu bestimmenden Termine zu übersenden.

Für die künftigen Veranlagungen bedarf es der Aufstellung und Ueberreichung eines solchen Verzeichnisses nicht. Jedoch hat der Gemeinde (Guts=)vorstand, sobald ein Unternehmen der gedachten Art in seinem Bezirke den Geschäftsbetrieb eröffnet oder ganz einstellt, davon dem Vorsitzenden der Veranlagungskommission unter Beifügung einer Nachweisung nach dem oben vorgeschriebenen Muster Nachricht zu geben.

Die Firmen der nach Maßgabe der vorjährigen Einkommensteuerrolle und der Zu= und Abgangslisten in dem Gemeinde= (Guts=)bezirke besteuerten Aktiengesellschaften u. s. w. sind hinter den physischen Personen in einer besonderen Abtheilung der Einkommensteuerliste A in Spalte 2 aufzuführen. Eine Voreinschätzung findet in Ansehung derselben nicht statt.

Dritter Abschnitt.

Die Voreinschätzung.

Artikel 40.

Die Zusammensetzung und Bildung der Voreinschätzungskommission und der Vorsitzende derselben.

(§§. 31, 50 des Gesetzes.)

Der Veranlagung der Steuerpflichtigen geht eine Voreinschätzung durch besondere Kommissionen voraus.[1])

Insoweit nicht Gemeinden und Gutsbezirke zu einem Voreinschätzungsbezirke vereinigt sind (§. 31 Abs. 3 bis 7 des Gesetzes), wird für jede Gemeinde und jeden selbstständigen Gutsbezirk eine eigene Voreinschätzungskommission gebildet.[2])

(Fortsetzung auf Seite 237.)

1a) Finz.=Minist.=Zirk.=Erlaß v. 13. April 1891 — II. 4748. —

Sofern der zur Zeit dem Herrenhause vorliegende Entwurf eines Einkommensteuergesetzes in der gegenwärtigen Session des Landtages zur Verabschiedung gelangen sollte, wird bereits im bevorstehenden Herbst die erste Einkommensteuerveranlagung nach Maßgabe des neuen Gesetzes stattzufinden haben, bis dahin also eine tiefgreifende Aenderung in der Einrichtung der bestehenden Veranlagungsorgane durchzuführen sein.

Da die hierzu verfügbare Frist jedenfalls nur knapp bemessen sein wird, ist es erforderlich, daß die Königliche Regierung sich bereits jetzt eingehend mit den Aufgaben vertraut macht, welche im Falle der Publikation des Einkommensteuergesetzes ohne Verzug in Angriff genommen werden müssen.

In der Voraussetzung, daß die Königliche Regierung über die Bestimmungen der bezeichneten Gesetzesvorlage aus den bisherigen Landtags=Verhandlungen unterrichtet ist, füge ich eine Abschrift der in organisatorischer Hinsicht vorzugsweise in Betracht kommenden §§. 20 bis 43,

---

50 bis 54 des Entwurfs in der dem Herrenhause vorliegenden Fassung bei, und lenke die Aufmerksamkeit der Königlichen Regierung namentlich auf folgende Punkte:

I. Die Bildung der Voreinschätzungsbezirke.

(§. 31 des Gesetzes.)

1. Der Absatz 3 des §. 31 räumt der Regierung im Einvernehmen mit dem Bezirksausschuß eventuell dem Oberpräsidenten die Befugniß ein, Gemeinden und selbstständige Gutsbezirke mit benachbarten Gemeinden zu einem Voreinschätzungsbezirke zu vereinigen.

Der Gesetzentwurf setzt der Zulässigkeit dieser Bildungen keine bestimmte Grenze in Betreff der Einwohnerzahl der einzelnen Gemeinden oder des vereinigten Bezirks. Es dürfen ferner sowohl Gemeinden als auch Gutsbezirke mit benachbarten Gemeinden, nicht aber nur Gutsbezirke unter einander vereinigt werden. Das Erforderniß der Nachbarschaft setzt nicht nothwendig eine örtlich verbundene Lage der zu vereinigenden Gemeinden voraus.

Von dieser gesetzlichen Befugniß wird in Ansehung aller derjenigen Gemeinden und selbstständigen Gutsbezirke ausgiebiger Gebrauch zu machen sein, in welchen auf eine der Absicht des Gesetzes entsprechende gedeihliche Wirksamkeit selbstständiger Voreinschätzungskommissionen nicht gerechnet werden kann. Dies gilt namentlich von den zahlreichen Landgemeinden und Gutsbezirken, wo nach dem Fortfall der bisher noch veranlagten 1. und 2. Klassensteuerstufe künftig überhaupt nur eine geringe Zahl von Personen zur Einkommensteuer zu veranlagen bleibt, und wo daher innerhalb der Gemeinde das zur Bildung einer Kommission geeignete Personal meistens fehlt.

Aber auch in solchen Orten, in welchen an und für sich geeignete Personen vielleicht vorhanden sind, ist doch bei der Kleinheit der Verhältnisse insbesondere bei dem oft überwiegenden Einfluß einzelner Personen und Familien nicht immer die nöthige Bürgschaft dafür vorhanden, daß die Voreinschätzung mit der erforderlichen Sachlichkeit geschieht, wenn dieselbe ausschließlich von Angehörigen einer Gemeinde besorgt wird.

Im Allgemeinen ist daher, soweit dies nach den örtlichen Verhältnissen angezeigt erscheint, auf die Bildung größerer Voreinschätzungsbezirke hinzuwirken, und zwar thunlichst im Anschluß an die etwa bereits zu kommunalen Zwecken bestehenden oder in Aussicht genommenen anderweiten Verbände.

Die Königliche Regierung wolle hiernach alsbald für den ganzen Umfang Ihres Bezirkes in die Prüfung der Frage eintreten, für welche einzelnen Gemeinden und Gutsbezirke die Verbindung zu gemeinsamen Voreinschätzungsbezirken in Aussicht zu nehmen sein wird.

2. Die Theilung einer Gemeinde in mehrere Voreinschätzungsbezirke wird auch in den größeren Städten in der Regel durch die im §. 51 Abs. 2 des Entwurfs allgemein zugelassene Bildung von Unterkommissionen vermieden werden können.

Diese Einrichtung gestattet es, die Voreinschätzungskommissionen auch in großen Städten dem Bedürfniß entsprechend in mehrere selbstthätig arbeitende Abtheilungen zu gliedern, aber doch zugleich durch eine gemeinsame Oberleitung in dem für die Einheitlichkeit und Gleichmäßigkeit des Verfahrens erforderlichen Zusammenhange zu erhalten.

Ein weiterer Vorzug dieser Einrichtung besteht darin, daß geeigneten Falls die Geschäftsvertheilung unter die einzelnen Unterkommissionen nach den verschiedenen Berufsarten der Steuerpflichtigen oder nach ähnlichen Gesichtspunkten vorgenommen werden kann, welche den Zwecken der Veranlagung förderlicher sind, als die Vertheilung nach örtlich abgegrenzten Bezirken.

II. Die Vorsitzenden der Veranlagungskommissionen.

Den Vorsitz in der regelmäßig für jeden Land- und Stadtkreis gebildeten Veranlagungskommission soll der Landrath (Oberbürgermeister) oder ein von der Regierung zu ernennender Kommissar führen (§§. 33, 34).

Dem Vorsitzenden können jedoch zur Bearbeitung der Einkommensteuersachen Hülfsbeamte zugeordnet werden (§. 37).

Um nach dem Inkrafttreten des Gesetzes alsbald ein möglichst zuverlässiges Urtheil darüber abgeben zu können, an welchen Orten und in welcher Zahl eine Verstärkung der vorhandenen

Arbeitskräfte erforderlich werden wird, wolle die Königliche Regierung für Ihren Bezirk eingehend prüfen:

1. In welchen Kreisen etwa die Bildung mehrerer Veranlagungsbezirke (§. 33 des Ges.) erforderlich erscheint, oder ob überall durch Bildung von Unterkommissionen (§. 51 Abs. 2) dem Bedürfniß genügt werden kann;

2. In welchen Land- und Stadtkreisen die Bestellung eines besonderen Kommissars zum Vorsitzenden an Stelle des Landraths oder Oberbürgermeisters in Aussicht zu nehmen ist;

3. In welchen Kreisen und in welcher Zahl — sei es neben dem Landrath, sei es neben dem Kommissar — die Zuordnung von Hülfsbeamten (Assessoren oder geübten Subalternbeamten) wird erfolgen müssen.

Bei Beurtheilung dieser Fragen wolle die Königliche Regierung sich gegenwärtig halten, daß auch abgesehen von dem vorübergehenden Geschäftsandrange, welchen die erste Ausführung eines so eingreifenden Gesetzes naturgemäß mit sich bringt, die Bestimmungen desselben eine sehr erhebliche dauernde Mehrbelastung für die Vorsitzenden der Veranlagungskommissionen zur Folge haben werden. Namentlich kommen hierbei folgende Punkte in Betracht:

a) In Ansehung der Veranlagung der bestehenden Klassensteuer liegt dem Landrath nur die Vorrevision, die Festsetzung der Rollen aber der Regierung ob. Nach dem Gesetzentwurf dagegen hat der Vorsitzende der Veranlagungskommission innerhalb seines Bezirkes das gesammte Veranlagungsgeschäft, auch bezüglich der Steuerpflichtigen mit einem Einkommen bis 3000 Mark zu leiten und trägt in Ansehung dieser zahlreichen Steuerpflichtigen eine erhöhte Verantwortlichkeit insofern, als ihm die selbstständige Festsetzung der durch die Voreinschätzungskommissionen vorgeschlagenen Steuersätze obliegt (§. 36 Abs. 1);

b) Einen erheblichen Zuwachs an zeitraubenden Geschäften werden die Steuerklärungen mit sich bringen, insbesondere:

Die jährliche Auswahl der besonders zur Abgabe der Steuererklärung aufzufordernden Pflichtigen (§. 25 des Ges.).

Die Entgegennahme der nach dem Gesetze zulässigen protokollarischen Erklärungen (§. 24), sowie die Ertheilung von Auskunft und Belehrung über die Abfassung der schriftlichen Angaben, die sachliche Prüfung der Steuererklärungen (§. 35 Abs. 2), endlich

die schriftlichen und mündlichen Verhandlungen mit denjenigen Pflichtigen, deren Steuererklärungen beanstandet werden (§. 38 Abs. 2):

c) Den Vorsitzenden der Veranlagungskommissionen wird regelmäßig demnächst auch der Vorsitz in den für die Veranlagung der Gewerbesteuerklassen III und IV künftig zu bildenden Steuerausschüssen (§§. 6, 11, 15 des dem Herrenhause vorliegenden Entwurfs eines Gewerbesteuergesetzes) zu übertragen sein, da die Veranlagung beider Steuern hauptsächlich auf die Benutzung desselben Materials künftig angewiesen sein würde.

Diese für den Geschäftsumfang bestimmenden Momente wird die Königliche Regierung bei Erörterung des Personalbedarfs besonders zu berücksichtigen haben.

III. Die Bildung der Voreinschätzungs- und Veranlagungskommission.
(§ 31 Abs. 2, §. 34 Abs. 2.)

Die Zahl der Mitglieder für jede Kommission hat die Regierung zu bestimmen. Als Norm wird daran festzuhalten sein, daß die Gesammtzahl der Mitglieder für die Voreinschätzungskommissionen nicht unter 3 und in der Regel nicht über 12, für die Veranlagungskommissionen in der Regel nicht unter 5 und nicht über 12 beträgt; nur wo das Bedürfniß einer Theilung in mehrere Unterkommissionen anzuerkennen ist, wird eine Verstärkung der Mitgliederzahl über 12 hinaus in Frage kommen.

Ein Theil der Kommissionsmitglieder soll künftig gewählt, ein anderer Theil dagegen (im Ehrenamte) von der Regierung ernannt werden und zwar mit der Maßgabe, daß die Zahl der ernannten Mitglieder einschließlich des Vorsitzenden in jeder einzelnen Voreinschätzungskommission

15*

hinter der Zahl der gewählten Mitglieder zurückbleibt, dagegen in jeder einzelnen Veranlagungskommission die Hälfte der gewählten Mitglieder nicht überschreitet.

Bei der großen Bedeutung, welche die Personen der ernannten Mitglieder für die ganze Ausführung des Gesetzes haben, empfiehlt es sich, daß die Königliche Regierung schon jetzt auch hiermit Sich vertraut mache und die für die Ernennung maßgebenden Gesichtspunkte nach Umständen auch schon die Ausmittelung der geeigneten Personen ins Auge fasse. Die Auswahl ist auf solche Personen zu lenken, welche einerseits unter ihren Mitbürgern Achtung und Vertrauen genießen, andererseits nach ihrer Lebensstellung von dem Einfluß örtlicher Interessenkreise unabhängig sind und durch ihre persönlichen Eigenschaften die Gewähr bieten, daß sie bei Wahrnehmung der Veranlagungsgeschäfte selbst nach rein sachlichen Gesichtspunkten verfahren, solchen auch innerhalb der Kommission die gebührende Geltung verschaffen werden.

Uebrigens sind, soweit als thunlich, auch die ernannten Mitglieder jeder einzelnen Voreinschätzungs- und Veranlagungskommission den steuerpflichtigen Einwohnern des Bezirkes eben dieser Kommission zu entnehmen; als Ausnahme ist jedoch die Ernennung eines Einwohners aus einem benachbarten Bezirke nicht unstatthaft, wenn hierfür im einzelnen Falle überwiegende Gründe vorliegen. Selbstverständlich ist die Ernennung von Staats- und Kommunal-Beamten in keiner Weise ausgeschlossen.

Ich vertraue, daß die Königliche Regierung diesem wichtigen Gegenstande ihre volle Aufmerksamkeit zuwenden und die erforderlichen Vorbereitungen treffen wird, um mir in den bezeichneten Richtungen eintretenden Falles ohne Zeitverlust sachgemäße Vorschläge machen zu können.

1b) Finz.-Minist.-Zirk.-Erlaß vom 13. Mai 1891. — II. 6017. —.

Nachdem der Entwurf eines Einkommensteuergesetzes die Zustimmung beider Häuser des Landtags gefunden hat und die demnächstige Veröffentlichung des Gesetzes in Aussicht genommen werden darf, ist nunmehr mit den Vorbereitungen für die Ausführung desselben vorzugehen. In meinem Erlasse vom 13. v. Mts. — II. 4748. — (siehe vorsteh.) habe ich die Königlichen Regierungen bereits aufgefordert, diesem Gegenstande ihre Aufmerksamkeit unverzüglich zuzuwenden und habe eine der wichtigsten Abänderungen in der Einrichtung der Veranlagungsorgane besonders zur Erwägung gestellt.

Unter Bezugnahme auf den Schlußsatz der gedachten Verfügung veranlasse ich die Königliche Regierung, über das Ergebniß Ihrer für den dortigen Bezirk getroffenen Vorbereitung in den bezeichneten Richtungen schleunigst eingehend zu berichten und mir Ihre motivirten Vorschläge zu unterbreiten. Sollte Sie nicht in der Lage sein, letztere auf die Organisationen für den ganzen dortigen Bezirk auszudehnen, so ist die Berichterstattung deshalb nicht auszusetzen, sondern die Vorschläge sind für jetzt auf diejenigen Theile Ihres Bezirkes zu beschränken, auf welche sich die Ergebnisse der bisherigen Bearbeitung erstrecken.

Der zu erstattende Bericht muß jedenfalls bis zum 8. Juni d. Js. hier eingehen; eine Verlängerung dieser Frist ist ausgeschlossen.

1c) Finz.-Minist.-Zirk.-Erlaß vom 12. August 1891. — II. 10040. —

Zur Ausführung des Einkommensteuergesetzes vom 24. Juni 1891 (G.-S. S. 175) wird die Kgl. Regierung unter Hinweis auf die über die Bildung der Voreinschätzungs- und der Veranlagungskommissionen ergangenen Bestimmungen veranlaßt, die Wahl und Ernennung der Mitglieder und Stellvertreter zunächst für die Voreinschätzungs-, alsdann für die Veranlagungskommissionen in der Weise herbeizuführen, daß die Bildung der Voreinschätzungskommissionen am 15. Sept., der Veranlagungskommissionen am 1. Oct. d. J. vollzogen ist.

Bei der Wahl und Ernennung ist nach Maßgabe der in Abschrift hier beigefügten Bestimmungen Artikel 40 und 46 der Anweisung vom 5. August d. J. zu verfahren. Soweit darin die Mitwirkung des Vorsitzenden der Veranlagungskommission vorgesehen ist, die endgültige Bestimmung über die Person desselben aber für einzelne Veranlagungsbezirke noch aussteht, bleibt der Kgl. Regierung überlassen, einen geeigneten Beamten vorläufig mit Wahrnehmung der Geschäfte des Vorsitzenden zu beauftragen.

Bis zum 15. Oct. d. J. sehe ich einer Anzeige über die vollzogene Bildung der Voreinschätzungs- und Veranlagungskommissionen entgegen.

(Die Anlage enthält nur Art. 40 und 46 der Anweisung vom 5. August 1891 im Wortlaut.)

1d) Finz.-Minist.-Zirk.-Erlaß vom 27. August 1891. — II. 11066. —

Die Kgl. Regierung erhält hierneben den zweiten Theil der zur Ausführung des Einkommensteuergesetzes vom 24. Juni d. J. erlassenen Anweisung vom 5. August, betreffend das Veranlagungsverfahren in . . vollständigen Druckexemplaren, von welchen 3 dem Vorsitzenden der Berufungskommission, je 3 den Vorsitzenden der Veranlagungskommissionen zu überweisen, die übrigen zum dienstlichen Gebrauche der Kgl. Regierung und zum weiteren Bedarf zurückzubehalten sind.

Die ebenfalls beiliegenden, nur die Abschnitte 1 bis 3 und 6 enthaltenden . . Exemplare wolle die Kgl. Regierung unter die Vorsitzenden der Voreinschätzungskommissionen vertheilen und den zu diesem Zwecke etwa noch erforderlichen Mehrbedarf anzeigen.

Den Vorsitzenden der Veranlagungskommissionen — jedoch ausschließlich derjenigen Stadtkreise, in denen der erste Bürgermeister oder ein anderer Kommunalbeamter den Vorsitz in den Veranlagungskommissionen führt — sind die der Ausführungsanweisung beigegebenen Formulare Muster I, II und VII bis XIV, ferner B beziehungsweise C auf Kosten der Staatskasse zu liefern. Das Gleiche gilt von denjenigen Formularen, welche (wie z. B. diejenigen zu Benachrichtigungsschreiben an die Steuerpflichtigen, Behändigungsscheinen, Berufungsnachweisen u. s. w) der Vorsitzende der Berufungskommission behufs Herbeiführung eines gleichmäßigen Verfahrens zum Gebrauche für die Vorsitzenden der Veranlagungskommissionen des Regierungsbezirks etwa vorschreiben wird.

Die Kosten für die Formulare Muster III bis VI und A sowie alle übrigen Kosten, welche durch die Personenstandsaufnahme und durch die den Gemeinde-(Guts-)Vorständen sonst bei der Veranlagung der Einkommensteuer übertragenen Geschäfte erwachsen, müssen von den Gemeinden (Gutsbezirken) aus der ihnen gemäß §. 73 Abs. 1 des Gesetzes zustehenden Veranlagungsgebühr von zwei Prozent bestritten werden. Dies gilt in denjenigen Städten, in welchen der erste Bürgermeister oder ein anderer städtischer Beamter den Vorsitz in der Veranlagungskommission führt, auch von allen zum Gebrauche der Vorsitzenden bestimmten Formularen.

Die Formulare zu den Steuererklärungen (Muster I und II) nebst Beilagen werden in der Reichsdruckerei hierselbst hergestellt und sind, soweit dieselben nach Vorstehendem auf Kosten der Staatskasse beschafft werden müssen, von dort zu beziehen. Soweit den Gemeinden die Beschaffung obliegt, werden denselben diese Formulare auf Wunsch zu den nämlichen zur Zeit noch nicht feststehenden Preisen abgegeben; es steht ihnen auch frei, ihren Bedarf auf eigene Rechnung herstellen zu lassen, wobei jedoch darauf zu halten ist, daß die Formulare genau dem vorgeschriebenen Muster entsprechen, auch in der äußeren Ausstattung und bezüglich der Güte des Papiers nicht den in Probeexemplaren mitzutheilenden Formularen der Reichsdruckerei nachstehen.

Wegen der übrigen auf Staatskosten zu liefernden Formulare wolle die Kgl. Regierung im Einvernehmen mit den Vorsitzenden der Berufungskommissionen das Erforderliche alsbald veranlassen.

Abgesehen hiervon liegen der Kgl. Regierung zur Vorbereitung der Veranlagung die folgenden Geschäfte ob:

1. Die Mitwirkung bei der Wahl und Ernennung der Vorsitzenden und Mitglieder der Veranlagungs- und Voreinschätzungskommissionen (Art. 40, 46 der Anweisung), wegen deren auf die Verfügung vom 12. August 1891 — II. 10040 — (siehe vorstehende Anmerkung 1c) verwiesen wird;
2. Die Bestimmung des Termins für die Personenstandsaufnahme (Art. 36 Abs. 2 der Anweisung);
3. Die Bezeichnung der Persönlichkeiten, welche die auf die Gemeinde-(Guts-)Vorsteher bezüglichen Eintragungen in die Einkommensteuerlisten zu machen haben (Art. 38 Nr. 8 der Anweisung).

Die Kgl. Regierung wolle das hiernach Erforderliche unter Beachtung der angeführten Bestimmungen der Anweisung vom 5. d. M. rechtzeitig veranlassen.

2) Finz.-Minist.-Zirk.-Erlaß v. 19. Juni 1891 — II. 7576 —.

Die Seitens der Königlichen Regierungen auf die Erlasse vom 13. April und 13. Mai d. J. — II. 4748, 6017 — (siehe vorstehende Anmerk. 1a und b) erstatteten Berichte geben zunächst zu den nachstehenden Bemerkungen und Bestimmungen über die Bildung der Voreinschätzungsbezirke und Kommissionen Anlaß:

I. Die Bildung vereinigter Voreinschätzungsbezirke.

1. Zufolge der bereits in dem Erlaß v. 13. April 1891 zu I. Nr. 1 Abs. 1 und 2 erläuterten Vorschrift im §. 31 Abs. 3 des Einkommensteuergesetzes können Gemeinden und selbstständige Gutsbezirke nach Anhörung der Betheiligten im Einvernehmen mit dem Bezirksausschusse durch die Regierung und, falls ein Einvernehmen beider Behörden nicht erreicht wird, durch den Oberpräsidenten mit benachbarten Gemeinden zu einem Voreinschätzungsbezirke vereinigt werden.

Durch die folgende Bestimmung des Absatz 4 wird die Zulässigkeit der Vereinigung nicht eingeschränkt, sondern erweitert und unter Umständen die Ausführung erleichtert.

Wo Landgemeinden oder Gutsbezirke nach Maßgabe der Landgemeindeordnung für die sieben östlichen Provinzen zum Zwecke der gemeinsamen Wahrnehmung einzelner zu ihrem Wirkungskreise gehöriger Kommunalangelegenheiten zu besonderen Verbänden vereinigt sind oder vereinigt werden, können dieselben zu einem Voreinschätzungsbezirke verbunden werden, obwohl die Voraussetzungen des Absatz 3 nicht vorliegen. Insbesondere ist im Falle des Absatz 4 die Vereinigung zu einem Voreinschätzungsbezirke auch zulässig, wenn der bestehende Verband ausschließlich aus Gutsbezirken besteht. Ebensowenig bedarf es im Falle des Absatz 4 des im Absatz 3 vorgeschriebenen Verfahrens, vielmehr erfolgt die Erklärung des bestehenden Verbandes zu einem Voreinschätzungsbezirke durch Verfügung der Regierung, als der zuständigen Behörde, sofern dies von ihr für zweckmäßig erachtet wird.

Ob ein besonderer Verband im Sinne des §. 31 Abs. 4 besteht, bedarf in jedem einzelnen Falle sorgfältiger Prüfung. Um jede anfechtbare Bildung von Voreinschätzungsbezirken zu vermeiden, ist in allen irgend zweifelhaften Fällen die Vereinigung nur nach Maßgabe der im §. 31 Abs. 3 bestimmten Voraussetzungen und unter Beobachtung des dort vorgeschriebenen Verfahrens herbeizuführen.

2. Nach ihrem ausdrücklichen Wortlaut kann die Bestimmung im §. 31 Abs. 4 des Ges. ausschließlich in den sieben östlichen Provinzen (Ost- und Westpreußen, Brandenburg, Pommern, Posen, Schlesien und Sachsen), nicht aber in den übrigen Provinzen, zur Anwendung gelangen. Auch wo daher in den letzteren mehrere Einzelgemeinden zu besonderen Verbänden (Kirchspielen, Aemtern, Bürgermeistereien u. dgl.) zum Zwecke der gemeinsamen Wahrnehmung von kommunalen Angelegenheiten verbunden sind, muß, wenn dieselben zu einem Voreinschätzungsbezirke vereinigt werden sollen, das im §. 31 Abs. 3 vorgesehene Verfahren eingeschlagen werden. Andererseits liegt es aber nicht in der Absicht des Gesetzes, einen Kommunalverband, welcher als Gesammtgemeinde schon seither nur einen Klassensteuer-Einschätzungsbezirk gebildet hatte, ohne daß das im Artikel II*) des. Ges. v. 16. Juni 1875 vorgeschriebene Verfahren beobachtet war, nunmehr in mehrere Voreinschätzungsbezirke zu zerlegen; soweit es sich darum handelt, einen derartigen Bezirk künftig auch als einheitlichen Voreinschätzungsbezirk beizubehalten, bedarf es des im §. 31 Abs. 3 angeordneten Verfahrens nicht.

---

*) Art. II. des Ges. v. 16. Juni 1875 (G.S. S. 234) Auszug.

Zum Zwecke der Klassensteuerveranlagung können:

1. Gemeinden und selbstständige Gutsbezirke, welche eine örtlich verbundene Lage haben, mit einander,
2. Gemeinden und selbstständige Gutsbezirke von abgesonderter Lage mit weniger als 500 Einwohnern mit benachbarten Gemeinden

durch die Bezirksregierung unter Zustimmung der Kreisausschüsse, beziehentlich in denjenigen Landestheilen, wo solche noch nicht vorhanden sind, der Kreisvertretungen, sowie nach vorangegangener Anhörung der Betheiligten zu einem Einschätzungsbezirke vereinigt werden.

---

3. Aus den Berichten der Königlichen Regierungen ist entnommen, daß die für die Bildung gemeinsamer Voreinschätzungsbezirke maßgebenden Gründe (vergl. Erlaß v. 13. April 1891 zu I. Nr. 1 Abs. 3 bis 5) (siehe Seite 226 dieses Buches) im Allgemeinen Beachtung gefunden haben; von einer nochmaligen Erörterung derselben wird deshalb abgesehen.

Die gedeihliche Wirksamkeit der Voreinschätzungskommissionen in vereinigten Bezirken hängt zum Theil von der zweckmäßigen Zusammensetzung dieser Bezirke ab. Die aus einzelnen Mitgliedern der vereinigten Gemeinden gebildete Kommission kann ihre Aufgabe sachgemäß nur erfüllen, wenn jedem Mitgliede die erforderliche Kenntniß der Personen nicht nur hinsichtlich der von ihm vertretenen Gemeinde, sondern womöglich für den Umfang des ganzen Voreinschätzungsbezirks beiwohnt. Bei Bildung der vereinigten Bezirke ist daher vornehmlich auf die Zusammenlegung solcher Ortschaften hinzuwirken, deren Angehörige, sei es in Folge gemeinsamer kommunaler oder anderer öffentlicher Einrichtungen, sei es in Folge ihrer wirthschaftlichen Beziehungen in wechselseitigem Verkehre mit einander stehen.

Von diesem Gesichtspunkte aus findet sich im Allgemeinen auch nichts dagegen zu erinnern, daß die Bildung der Voreinschätzungsbezirke, wie vielfach vorgeschlagen wird, im Anschluß an die bestehenden Amtsbezirke, Kirchspiele, Amtsverbände, Landbürgermeistereien erfolgt, soweit die Umstände dies angezeigt erscheinen lassen. Die Abgrenzung der Voreinschätzungsbezirke im Einzelnen muß unter Berücksichtigung der örtlichen Verhältnisse erfolgen und der Beurtheilung der Königlichen Regierungen überlassen bleiben. Soweit hierbei die Zahl der Einwohner und der Steuerpflichtigen in Betracht kommt, darf nicht außer Acht gelassen werden, daß der Voreinschätzungs-Kommission gemäß §. 75 des Einkommensteuergesetzes auch die Veranlagung der Personen mit einem Einkommen von nicht mehr als 900 Mk. obliegt, soweit eine solche zu kommunalen Zwecken zu erfolgen hat. Auch hinsichtlich der Zahl der zu einem Bezirke zu vereinigenden Ortschaften lassen sich allgemeine Vorschriften nicht geben. Wenn insbesondere in dem Erlaß v. 13. April 1891 zu III. als Regel der Höchstbetrag der Mitgliederzahl für die Voreinschätzungskommissionen auf 12 angenommen ist, so hat hiermit eine in keinem Falle zu überschreitende Grenze nicht gezogen werden sollen; vielmehr ist es nicht ausgeschlossen, daß, wo überwiegende Gründe dafür sprechen, eine Mehrzahl von Gemeinden und Gutsbezirken zu einem Voreinschätzungsbezirke vereinigt wird, auch wenn in Folge dessen ausnahmsweise die Innehaltung jener Grenze nicht möglich sein sollte (vergl. auch II. Nr. 2).

4. Von entscheidender Bedeutung ist die Auswahl des Vorsitzenden, welcher als Leiter der gesammten Voreinschätzung die erforderliche Geschäftsgewandtheit, hinreichendes Verständniß für die Aufgaben der Kommission und den festen Willen besitzen muß, die Verlagungsvorschriften sachlich und unparteilich zu handhaben. Auf diese Wahl haben die Königlichen Regierungen deshalb ihre Aufmerksamkeit vorzüglich zu richten und regelmäßig schon bei der Gestaltung des Voreinschätzungsbezirkes darauf Rücksicht zu nehmen, ob innerhalb desselben für dieses wichtige Amt eine geeignete Persönlichkeit zur Verfügung steht.

Den Vorsitz in den vereinigten Voreinschätzungsbezirken hat der von der Regierung zu bestimmende Gemeinde- oder Gutsvorsteher, Bürgermeister, Amtmann oder Amtsvorsteher zu übernehmen (§. 31 Abs. 5 des Ges).

Der Kreis der Personen, welchen der Vorsitzende nur entnommen werden darf, ist hierdurch genau bestimmt; anderen als den ausdrücklich bezeichneten Personen darf der Vorsitz nicht übertragen werden. Dagegen ist eine gleiche Beschränkung in Ansehung des für den Vorsitzenden zu ernennenden Stellvertreters im Gesetz nicht enthalten, insbesondere auch nicht in der Vorschrift §. 50 Abs. 1, welche nur bestimmt, daß der Stellvertreter „in gleicher Weise" wie der Vorsitzende, d. h. im vorliegenden Falle durch die Regierung zu ernennen sei. Auch ist es nicht erforderlich, daß der Stellvertreter zu den ständigen Mitgliedern der Kommission gehört.

Während also beispielsweise die Distriktskommissare in der Provinz Posen, weil sie nicht zu den im §. 31 Abs. 5 bezeichneten Personen gehören, zu Vorsitzenden nicht bestellt werden können, steht ihrer Ernennung zu Stellvertretern der Vorsitzenden nichts entgegen. Auf diesem Wege oder durch ihre Ernennung zu Mitgliedern der Kommissionen wird die wünschenswerthe Betheiligung dieser Beamten am Veranlagungsgeschäfte erreicht werden können.

Nicht ausgeschlossen ist ferner die Ernennung eines gewählten Mitgliedes zum Vorsitzenden, sofern nur die Voraussetzungen des §. 31 Abs. 5 vorliegen.

Auch da, wo der Voreinschätzungsbezirk mit dem Amtsbezirk zusammenfällt (s. oben zu 3), steht das Amt des Amtsvorstehers zu den Aufgaben der Voreinschätzungs-Kommission in keiner nothwendigen Beziehung, und es kann daher nicht für zutreffend erachtet werden, wenn einzelne Regierungen von der Voraussetzung ausgehen, daß der Anschluß des Voreinschätzungsbezirkes an den Amtsbezirk die Uebertragung des Vorsitzes an den Amtsvorsteher ohne Weiteres zur selbstverständlichlichen Folge habe. Es bedarf vielmehr in jedem einzelnen Falle der sorgfältigsten Prüfung, ob der Amtsvorsteher unter den gegebenen Verhältnissen die zur Uebernahme des Vorsitzes geeignetste Person, ob er namentlich gewillt und im Stande ist, neben seinen sonstigen ehrenamtlichen Geschäften auch der Voreinschätzung und den erforderlichen Vorarbeiten, welche einen beträchtlichen Umfang erreichen können, die nöthige Zeit zu widmen. Sind außer ihm im Bezirke tüchtige Gemeinde- oder Gutsvorsteher, welche nach ihrer Persönlichkeit bei der Auswahl in Betracht kommen können, vorhanden, so wird es sich im Zweifel empfehlen, von der Berufung eines ohnehin stark belasteten Amtsvorstehers abzusehen.

5. Die Bestimmung des Ortes für die gemeinschaftlichen Sitzungen der Voreinschätzungskommission in vereinigten Bezirken ist, vorbehaltlich des Einschreitens im Beschwerdefalle oder von Aufsichtswegen, in der Regel dem Vorsitzenden zu überlassen; dieser muß die Bestimmung vornehmlich mit Rücksicht darauf treffen, daß den Mitgliedern der Kommission oder der Mehrzahl derselben die Erfüllung ihrer Pflicht nach Möglichkeit erleichtert wird.

6. Die Königlichen Regierungen werden veranlaßt, unter Beachtung der vorstehenden Grundsätze und der an Sie ergangenen besonderen Weisungen nunmehr schleunigst den endgültigen Plan zur Bildung der vereinigten Voreinschätzungsbezirke aufzustellen.

Alsdann sind sofort nach der bevorstehenden Publikation des Einkommensteuergesetzes die Betheiligten, d. h. nicht etwa die einzelnen Steuerpflichtigen, sondern die betheiligten Gemeinden und Gutsvorsteher darüber in der Weise zu hören, daß ihnen zur Erklärung eine angemessene kurze Frist gestellt wird. Jedenfalls müssen alle Vorbereitungen so getroffen werden, daß der nach Ablauf dieser Frist alsbald herbeizuführende Beschluß des Bezirksausschusses über die Bildung der Bezirke noch vor dem Eintritt der Ferien desselben erfolgt.

Wird von den Betheiligten gegen die beabsichtigte Vereinigung zu einem gemeinsamen Voreinschätzungsbezirke Widerspruch erhoben, so ist derselbe sachlich zu prüfen, sofern aber überwiegende Gründe für die Vereinigung sprechen, gleichwohl auf die Durchführung des Planes hinzuwirken.

Die erfolgte Bildung der Voreinschätzungsbezirke ist bis zum 10. August d. J. unter Beifügung einer Nachweisung nach anliegendem Muster hierher anzuzeigen.

II. Die Mitglieder der Voreinschätzungs-Kommissionen.

1. Die Wählbarkeit als Mitglied einer Voreinschätzungskommission ist nicht von der Voraussetzung eines Einkommens von mehr als 900 Mk. abhängig. (Vergl. §. 31 Abs. 2, §. 50 Abs. 3 des Gesetzes), das Gegentheil auch nicht, wie von einzelnen Regierungen mißverständlich angenommen zu sein scheint, in dem Erlaß vom 13. April 1891 ausgesprochen. Es wäre durchaus unerwünscht, wenn geeignete Personen mit geringerem Einkommen von der Theilnahme am Voreinschätzungsgeschäfte überhaupt ausgeschlossen blieben; in der Absicht des Gesetzes kann dies um so weniger liegen, als wie bereits oben bemerkt, die Voreinschätzungs-Kommission auch die Einkommen von nicht mehr als 900 Mk. für kommunale Zwecke zu veranlagen hat.

---

2. Gemäß §. 31 Abs. 6 des Gesetzes wird die Zahl der zu wählenden Mitglieder einer gemeinsamen Voreinschätzungs-Kommission auf die einzelnen Gemeinden und Gutsbezirke nach Verhältniß der Einwohnerzahl mit der Maßgabe vertheilt, daß mindestens ein Mitglied auf jede Gemeinde und jeden Gutsbezirk entfällt.

Hiermit ist nicht gesagt, daß ein genaues, arithmetisches Verhältniß zwischen der Einwohnerzahl der einzelnen Gemeinden und der Zahl ihrer Vertreter in der Kommission bestehen soll; zwingend für die Bemessung der Mitgliederzahl ist nur die Vorschrift, wonach jede Gemeinde und jeder Gutsbezirk mindestens ein Mitglied in die gemeinschaftliche Kommission entsenden muß. Ob für einzelne Gemeinden mit Rücksicht auf ihre größere Einwohnerzahl im Interesse einer richtigen Einschätzung der Einwohner ein zweiter oder fernerer Vertreter erforderlich scheint, bleibt dem Ermessen der Königlichen Regierungen überlassen. Nur darf keiner Gemeinde etwa eine niedrigere Zahl von Mitgliedern zugewiesen werden, als einer anderen Gemeinde desselben Voreinschätzungsbezirks von gleicher oder geringerer Einwohnerzahl zugewiesen wird.

3. Obwohl die Gemeindevorsteher auf Bestimmung der Regierung den Vorsitz in der Kommission eines vereinigten Voreinschätzungsbezirkes zu übernehmen haben würden, ist ihre Wahl zum Mitgliede einer solchen Kommission nicht ausgeschlossen. (S. auch I zu 4).

4. Da nach den seitherigen Erfahrungen innerhalb der ausschließlich aus Wahlen hervorgehenden Einschätzungs-Kommissionen die Rücksicht auf das Interesse der Steuerpflichtigen oder einzelner Klassen derselben nicht selten zur einseitigen Geltung gelangt, ist auf die Ausübung des den Regierungen eingeräumten Ernennungsrechtes der größte Werth zu legen. Die Königlichen Regierungen haben daher von der ihnen in dieser Hinsicht gesetzlich zustehenden Befugniß regelmäßig sowohl in den ländlichen als auch in den städtischen Einschätzungsbezirken im vollen Umfange Gebrauch zu machen und nur ausnahmsweise und insoweit davon Abstand zu nehmen, als es entweder an geeigneten Persönlichkeiten fehlt, oder in gemeinsamen Voreinschätzungsbezirken die Zahl der Mitglieder durch die volle Ausübung des Ernennungsrechts übermäßig anschwellen würde. Letzterenfalls ist jedoch ernstlich zu prüfen, ob nicht eine Verkleinerung der Voreinschätzungsgezirke thunlich und dem Verzicht auf die Ernennung von Mitgliedern vorzuziehen ist.

Die Auswahl der zu ernennenden Mitglieder ist auf solche mit den erforderlichen Eigenschaften (Vergl. Erlaß vom 13. April 1891 zu III Abs. 3 u. 4) (Siehe vorstehend S. 228) begabte Persönlichkeiten zu richten, von welchen angenommen werden darf, daß sie an Kenntniß der Verhältnisse und Geschäftskunde mindestens hinter den gewählten Mitgliedern nicht zurückstehen. Es liegt in der Natur der Sache und erscheint in keiner Weise bedenklich, daß hierbei namentlich auch Beamte aller Kategorien einschließlich der Lehrer in Betracht kommen werden; von letzteren ist bekannt, daß sie schon seither in zahlreichen ländlichen Bezirken bei der Klassensteuerveranlagung mitgewirkt haben. Erst nachdem das Wahlergebniß bekannt geworden ist, sind die Ernennungen zu vollziehen.

Selbstverständlich ist auf die obwaltenden besonderen dienstlichen Interessen die gebührende Rücksicht zu nehmen. Im Uebrigen aber finden in Betreff der Verpflichtung zur Annahme der Ernennung die Bestimmungen der Kreisordnung ebenso wie in Betreff der Annahme einer Wahl Anwendung. (§. 50. Absatz 2).

5. Die in den Berichten enthaltenen Vorschläge über die Zahl der ernannten und gewählten Mitglieder entsprechen nicht durchweg den gesetzlichen Vorschriften.

Die bereits in der Verfügung vom 29. Mai 1891 — II. 6724 — (abgedruckt als Anm. 1 zu Art. 47 dieser Anweisung) zu A I. Nr. 7 und B II. mitgetheilten Tabellen werden daher ier nochmals zur genauen Beachtung wiederholt:

Bei einer Gesammtzahl der Mitglieder ausschließlich des Vorsitzenden von:	sind für die Voreinschätzungs-Kommission zu wählen mindestens:	für die Voreinschätzungs-Kommission zu ernennen ausschl. des Vors. höchstens:	für die Veranlagungs-Kommission zu wählen mindestens:	für die Veranlagungs-Kommission zu ernennen ausschl. des Vors. höchstens:
4	3	1	—	—
5	4	1	4	1
6	4	2	5	1
7	5	2	6	1
8	5	3	6	2
9	6	3	7	2
10	6	4	8	2
11	7	4	8	3
12	7	5	9	3
13	8	5	10	3
14	8	6	10	4
15	9	6	11	4
16	9	7	12	4
17	10	7	12	5
18	11	8	13	5
19	11	8	14	5
	u. s. w.		u. s. w.	

6. Eine ausdrückliche Bestimmung, daß dieselbe Person nicht gleichzeitig Mitglied einer Voreinschätzungskommission und der derselben übergeordneten Veranlagungskommission sein könne, ist zwar im Gesetze nicht enthalten. Eine derartige Doppelstellung wird jedoch leicht zu Unzuträglichkeiten führen und ist von den Königlichen Regierungen deshalb nicht nur bei den Ernennungen zu vermeiden, sondern es ist thunlichst auch auf ihre Vermeidung bei den Wahlen hinzuwirken. Sollte letzteres nicht zum Ziele führen, so ist darauf zu halten, daß das betreffende Mitglied an denjenigen Beschlüssen der Veranlagungskommission nicht Theil nimmt, bei denen es sich um Beschlüsse der Voreinschätzungs-Kommission handelt, zu welcher es gehört.

7. Die Ernennung und Wahl von Stellvertretern findet nicht in dem Sinne statt, daß für jedes Mitglied persönlich ein bestimmter Stellvertreter ernannt oder gewählt wird; nur das Verhältniß in der Zahl der zu wählenden und zu ernennenden Stellvertreter ist in gleicher Weise wie bei den Mitgliedern festzusetzen. Auch darf für ein gewähltes Mitglied nur ein gewählter, für ein ernanntes Mitglied nur ein ernannter Stellvertreter einberufen werden.

Im Uebrigen haben die Stellvertreter wesentlich die Bestimmung, bei dauernder Behinderung oder gänzlichem Ausscheiden von Mitgliedern einberufen zu werden. Das Nähere hierüber, sowie über die Beschlußfähigkeit der Kommissionen bleibt der Ausführungs-Anweisung vorbehalten.

8. Wegen der den Kommissionsmitgliedern aus der Staatskasse für Geschäfte außerhalb ihres Wohnortes zu gewährenden Tagegelder und Reisekosten wird ebenfalls in der Ausführungs-Anweisung das Erforderliche bestimmt werden.

9. Die Wahl- und Ernennungsperiode für die Mitglieder der Voreinschätzungs-Kommissionen ist im Gesetz offen gelassen und wird hiermit auf drei Jahre bestimmt.

III. Der Vorsitz in den Voreinschätzungs-Kommissionen derjenigen Gemeinden, welche einen eigenen Voreinschätzungs-Bezirk bilden.

1. In den vorbezeichneten Gemeinden ist der Gemeinde-Vorstand durch das Gesetz zum Vorsitzenden der Voreinschätzungs-Kommission berufen. Wo ein Gemeindevorstand (Magistrat) aus

einer Mehrheit von Mitgliedern besteht, liegt es dem leitenden Mitgliede (Bürgermeister) ob, für Wahrnehmung dieser Geschäfte Sorge zu tragen. Der Bürgermeister ist befugt, den Vorsitz selbst zu übernehmen oder an seiner Stelle die ständige Führung des Vorsitzes einem anderen Mitgliede des Gemeindevorstandes nach vorgängigem Benehmen mit dem Vorsitzenden der Berufungskommission, als oberen Leiter des gesammten Veranlagungsgeschäftes zu übertragen.

Außerdem ist der Gemeindevorstand (Bürgermeister) so befugt als verpflichtet, die Stellvertretung des Vorsitzenden der Voreinschätzungs-Kommission zu regeln, sei es, daß der Erste Bürgermeister selbst, sei es, daß ein anderes Magistratsmitglied den ständigen Vorsitz übernommen hat.

Sind aus der Gesammtkommission mehrere Unter-Kommissionen gebildet (siehe unten zu IV), so kann für jede derselben ein besonderer Stellvertreter im Vorsitz, im Bedürfnißfalle auch außerhalb der Mitglieder des Gemeindevorstandes und insbesondere aus den gewählten oder ernannten Mitgliedern der Kommission selbst bestellt werden.

Andererseits ist es keineswegs nothwendig, daß der Stellvertreter der Kommission als ständiges Mitglied angehöre.

2. Angesichts der Befugnisse und Pflichten, welche das Gesetz dem Vorsitzenden der Veranlagungskommission zuweist ist die Stellung desselben nicht vereinbar mit der Führung des Vorsitzes in einer Voreinschätzungskommission desselben Veranlagungsbezirkes. Namentlich die Bestimmungen, wonach dem Vorsitzenden der Veranlagungskommission die Aufsicht über die Vorsitzenden der Voreinschätzungs-Kommission gebührt (§. 35 Absatz 1 des Ges.), wonach ihm ferner die selbstständige Festsetzung der vorgeschlagenen Steuersätze innerhalb gewisser Grenzen zusteht (§. 36 Abs. 2), setzen eine Verschiedenheit der Personen in beiden Aemtern voraus, und lassen die Vereinigung derselben in einer Hand als unzulässig erscheinen.

Wo daher in Stadtkreisen dem Ersten Bürgermeister der Vorsitz in der Veranlagungs-Kommission übertragen wird, muß derselbe jedenfalls in Gemäßheit der vorstehenden Bestimmung zu III Nr. 1 den ständigen Vorsitz in der Voreinschätzungs-Kommission einer anderen geeigneten Person übertragen.

IV. Die Unterkommissionen.

Gemäß §. 51. Absatz 2 des Gesetzes können nach Bedürfniß zur Erledigung der den Kommissionen obliegenden Geschäfte Unterkommissionen gebildet werden.

Wie schon die Stellung dieser Vorschrift in dem Abschnitt „6. Geschäftsordnung der Kommissionen" andeutet, handelt es sich bei der Bildung von Unterkommissionen lediglich um eine Einrichtung zum Zwecke der Geschäftsvertheilung, wodurch an der Einheitlichkeit der Gesammtkommission überall nichts geändert wird. Sofern der Umfang der Geschäfte es erfordert, ist es zulässig, aus der Gesammtkommission Abtheilungen zu bilden, in welche die einzelnen Mitglieder nach Bedürfniß vertheilt werden.

Wenn hiernach auch bei Bestimmung der Mitgliederzahl für die Gesammtkommission bereits darauf Rücksicht zu nehmen ist, ob und wie viele Unterkommissionen erforderlich sein und wie viele Mitglieder einer jeden Unterkommission zu überweisen sein werden, so geschieht doch die Wahl und Ernennung der Mitglieder lediglich für die Gesammtkommission, nicht für die einzelnen Unterkommissionen.

Auch hierüber wird das Weitere der Ausführungs-Anweisung vorbehalten.

Wegen der außerdem in den einzelnen Bezirken zu beachtenden Punkte wird auf die an die Königlichen Regierungen ergehenden besonderen Verfügungen Bezug genommen.

Nachweisung der Voreinschätzungsbezirke in den Landkreisen.

Laufende Nr.	Bezeichnung der Landkreise.	Flächeninhalt. Hektare.	Einwohnerzahl nach der Zählung 1890.	Im Steuerjahr 1891/92 sind veranlagt			Zahl der			Einen eigenen Voreinschätzungsbezirk sollen bilden			Vereinigte Voreinschätzungsbezirke sollen gebildet werden.	Zahl der Voreinschätzungsbezirke überhaupt (Summen der Spalten 11 bis 14.)	In den vereinigten Voreinschätzungsbezirken (Sp. 14) sind nach der Veranlagung für 1891/92 vorhanden.			
				zu den Klassensteuerstufen		zur klassificirten Einkommensteuer.	Städte	Landgemeinden.	selbstständigen Gutsbezirke.	Städte	Landgemeinden.	Gutsbezirke.			Censiten der Stufen 1 und 2		Steuerpflichtige mit Einkommen von mehr als 900 Mark.	
				1 und 2.	3 bis 12.										mindestens.	höchstens.	mindestens.	höchstens.
1.	2.	3.	4.	5.	6.	7.	8.	9.	10.	11.	12.	13.	14.	15.	16.	17.	18.	19.

I. Zusammensetzung und Bildung der Voreinschätzungskommissionen.

1. Die Zahl der für jede Voreinschätzungskommission zu wählenden und zu ernennenden Mitglieder wird von der Regierung in der Weise bestimmt, daß die Zahl der ernannten Mitglieder einschließlich des Vorsitzenden hinter der Zahl der gewählten Mitglieder zurückbleibt.[29])

In vereinigten Voreinschätzungsbezirken wird die Zahl der zu wählenden Mitglieder auf die einzelnen zu den vereinigten Bezirken gehörigen Gemeinden und Gutsbezirke nach Verhältniß der Einwohnerzahl mit der Maßgabe vertheilt, daß mindestens ein Mitglied auf jede Gemeinde und jeden Gutsbezirk entfällt; es ist aber nicht erforderlich, daß ein genaues arithmetisches Verhältniß zwischen der Zahl der Mitglieder und der Zahl der Einwohner in den einzelnen Gemeinden und Gutsbezirken besteht.

In gleicher Weise wird für jede Voreinschätzungskommission die Zahl der Stellvertreter[3]) von der Regierung bestimmt und vertheilt.

Minist. Anm. 29.

Bei einer Gesammtzahl der Mitglieder ausschließlich des Vorsitzenden von	sind zu wählen mindestens	sind zu ernennen ausschließlich des Vorsitzenden höchstens
4	3	1
5	4	1
6	4	2
7	5	2
8	5	3
9	6	3
10	6	4
11	7	4
12	7	5
13	8	5
14	8	6
15	9	6
16	9	7
17	10	7
18	10	8
19	11	8

u. s. w.

---

3) Finz.-Minist.-Erlaß v. 18. Aug. 1891 — II. 10 158 —.

Mit Bezug auf die in dem Berichte vom xc. angeregten Zweifel wird der Königlichen Regierung eröffnet, daß die Vorschrift im §. 31 Abs. 6 des Einkommensteuergesetzes v. 24. Juni 1891 auch bei Bestimmung der Zahl der für die Mitglieder der Voreinschätzungskommissionen in vereinigten Bezirken zu wählenden Stellvertreter zu beachten ist.

Als nothwendige Folge der angeführten Vorschrift ergiebt sich, daß beim Ausscheiden des von einer Gemeinde gewählten Mitgliedes nur ein von derselben Gemeinde gewählter Stellvertreter als Ersatzmann in die Kommission einberufen werden darf, da andernfalls die von der Regierung festgesetzte Betheiligung der verschiedenen Gemeinden an der Gesammtzahl der Mitglieder eine Aenderung erleiden würde.

Dies steht auch keineswegs, wie die Königliche Regierung annimmt, in Widerstreit mit der Bestimmung zu II. Nr. 7 der Verfügung v. 19. Juni 1891 — II. 7576 — (siehe vorstehend

2. Die Wahl und Ernennung der Mitglieder und Stellvertreter findet auf die Dauer von drei Jahren statt, nach deren Ablauf die sämmtlichen Mitglieder und Stellvertreter ausscheiden; dieselben können jedoch wieder ernannt oder gewählt werden.

3. Nachdem die Regierung die Zahl der Mitglieder bestimmt hat, veranlaßt in den Gemeinden der Gemeindevorstand vor dem Beginne der Veranlagung für das Jahr 1892/93, und alsdann regelmäßig bei Ablauf der Wahl- (Ernennungs-) periode, den Zusammentritt der Gemeindeversammlung, beziehungsweise Vertretung, welche die auf die Gemeinde entfallende Zahl von Mitgliedern und Stellvertretern für die Voreinschätzungskommission zu wählen hat.

In Gutsbezirken geschieht die Wahl, indem der Gutsvorsteher oder der Gutsvorsteherstellvertreter die Mitglieder und Stellvertreter bezeichnet.

4. Wählbar[4]) sind nur Einwohner des Gemeinde- oder Gutsbezirks, welche preußische Staatsangehörige sind, das 25. Lebensjahr vollendet haben, und sich im Besitze der bürgerlichen Ehrenrechte befinden.

Von einer bestimmten Höhe des Einkommens, insbesondere von dem Bezuge eines solchen von mehr als 900 Mark, ist die Wählbarkeit nicht abhängig.[5])

Bei der Aufforderung zur Vornahme der Wahl ist ausdrücklich darauf hinzuweisen, daß die verschiedenen Arten des Einkommens (Kapitalvermögen, Grundbesitz, Handel und Gewerbe, Gewinn bringende Beschäftigung) unter den gewählten Mitgliedern nach Maßgabe der in jedem Bezirke obwaltenden Einkommensverhältnisse thunlichst vertreten sein müssen.

5. Nach stattgehabter Wahl überreicht der Gemeinde-(Guts-)vorstand ein Verzeichniß der gewählten Mitglieder und Stellvertreter dem Vorsitzenden der Veranlagungskommission, welcher die Wahlen mit Bezug auf die Gültigkeit des Wahlakts, die Wählbarkeit der gewählten Personen und die vorschriftsmäßige Zusammensetzung der Kommission aus Vertretern der verschiedenen Einkommensarten prüft, nöthigenfalls die Erneuerung beziehungsweise Ergänzung der Wahl anordnet und der Regierung die für jede Voreinschätzungskommission zu ernennenden Mitglieder und Stellvertreter vorschlägt.[6]) Nachdem die Regierung dieselben bezeichnet hat,

---

Anm. 2 S. 234). Der erste Satz dieser Bestimmung, welche auch die Gemeinden mit eigenen Voreinschätzungskommissionen im Auge hat, setzt nach seiner Fassung eine Mehrzahl von gewählten bezw. ernannten Mitgliedern voraus; sofern in vereinigten Voreinschätzungsbezirken eine Gemeinde überhaupt nur ein Mitglied in die Kommission zu wählen hat, wird selbstverständlich der von derselben Gemeinde zu wählende Stellvertreter nur für dieses Mitglied gewählt.

Wegen Herbeiführung der Wahlen und Ernennungen wird auf die inzwischen ergangene Verfügung v. 12. d. Mts. — II. 10040 — (siehe Anm. 1c S. 228) verwiesen.

4) Siehe §. 50 Abs. 3 des Ges. S. 69.

5) Siehe auch die Nr. II. 1 des Erlasses v. 19. Juni 1891 in Anm. 2 S. 232.

6) Finz.-Minist.-Erlaß an sämmtliche Herren Provinzial-Steuer-Direktoren ꝛc. v. 22. Septbr. 1891 — III. 13199, II. 11979 —, den Kgl. Regierungen mitgetheilt durch den Finz.-Minist.-Zirk.-Erlaß vom 28. September 1891 — II. 12776. —

Behufs der den Absichten des neuen Einkommensteuergesetzes entsprechenden Ausführung der auf die Steuerveranlagung bezüglichen Geschäfte ist den Königlichen Regierungen von mir em-

werden die ernannten Mitglieder und Stellvertreter durch den Vorsitzenden der Veranlagungskommission von ihrer Berufung in Kenntniß gesetzt und dem Vorsitzenden der Voreinschätzungskommission namhaft gemacht. Dem letzteren wird, soweit es sich um vereinigte Voreinschätzungsbezirke handelt, zugleich das Verzeichniß der gewählten Mitglieder und Stellvertreter mitgetheilt.

6. Die Gemeindeangehörigen sind verpflichtet,[7]) das Amt eines gewählten oder ernannten Mitgliedes oder stellvertretenden Mitgliedes der Voreinschätzungskommission zu übernehmen.

Zur Ablehnung oder zur Niederlegung vor Ablauf der Wahl-(Ernennungs-)periode berechtigen folgende Entschuldigungsgründe:

a) anhaltende Krankheit;
b) Geschäfte, die eine häufige oder lange andauernde Abwesenheit vom Wohnorte mit sich bringen;
c) das Alter von 60 Jahren;
d) die Verwaltung eines unmittelbaren Staatsamtes;
e) sonstige besondere Verhältnisse, welche nach dem Ermessen der Gemeindevertretung, oder, wo eine solche nicht besteht, der Gemeindeversammlung eine gültige Entschuldigung begründen.

Wer das Amt als Mitglied der Voreinschätzungskommission während der Dauer von drei Jahren versehen hat, kann die Uebernahme desselben für die nächsten drei Jahre ablehnen.

---

pfohlen worden, bei Ernennung von Mitgliedern für die nach den §§. 31 und 34 des Gesetzes zu bildenden Voreinschätzungs- und Veranlagungs-Kommissionen auch Beamte aller Klassen in Betracht zu ziehen. Da die Thätigkeit der Kommissionsmitglieder sich im Wesentlichen auf die Betheiligung an einigen Sitzungen zur Zeit der Veranlagung beschränken wird, liegt keine Veranlassung vor, die Beamten der Verwaltung der indirekten Steuern von der Theilnahme an derselben auszuschließen, zumal insbesondere diejenigen dieser Beamten, welche im äußeren Dienste beschäftigt sind, eine bei dem Veranlagungsgeschäfte mit Nutzen zu verwendende Kenntniß von den Verhältnissen der Gewerbetreibenden ihres Bezirks, namentlich der Brennerei-, Brauerei- und Zuckerfabrik-Inhaber, besitzen.

Euer ꝛc. veranlasse ich danach, dahin zu wirken, daß die Beamten des dortigen Verwaltungsbezirks sich eintretenden Falls der Antheilnahme an den Voreinschätzungs- oder Veranlagungs-Kommissionen nicht entziehen.

7) Die Bestimmungen der obigen Nr. 6 sind genau dem Wortlaute des §. 8 der Kreisordnung für die 6 östlichen Provinzen v. 13. Dezbr. 1872/19. März 1881 (G.S. für 1881 S. 180) nachgebildet, §. 8 und 25 derselben lauten:

§. 8. „Die Kreisangehörigen sind verpflichtet, unbesoldete Aemter in der Verwaltung und Vertretung des Kreises zu übernehmen.

Zur Ablehnung oder zur früheren Niederlegung solcher Aemter berechtigen folgende Entschuldigungsgründe:

1) anhaltende Krankheit;
2) Geschäfte, die eine häufige oder lange dauernde Abwesenheit vom Wohnorte mit sich bringen;
3) das Alter von 60 Jahren;

Wer sich ohne einen der vorstehend bezeichneten Entschuldigungsgründe weigert, das Amt als Mitglied oder Stellvertreter zu übernehmen oder drei Jahre hindurch zu versehen, sowie derjenige, welcher sich den Pflichten der Mitgliedschaft thatsächlich entzieht, kann durch Beschluß der Gemeindevertretung und, wo eine solche nicht besteht, des Gemeindevorstandes für einen Zeitraum von drei bis sechs Jahren der Ausübung seines Rechts auf Theilnahme an der Vertretung und Verwaltung der Gemeinde für verlustig erklärt und um ein Achtel bis ein Viertel stärker, als die übrigen Gemeindeangehörigen, zu den Gemeindeabgaben herangezogen werden.

Gegen den Beschluß der Gemeindevertretung beziehungsweise des Gemeindevorstandes findet innerhalb zwei Wochen die Klage bei dem Kreisausschusse statt.[30])

II. Die Vorsitzenden der Voreinschätzungskommissionen.

1) In denjenigen Gemeinden, welchen einen eigenen Voreinschätzungsbezirk bilden, ist der Gemeindevorstand durch das Gesetz zum Vorsitzenden der Voreinschätzungskommission berufen.[8]) Wo ein Gemeindevorstand (Magistrat) aus einer Mehrheit von Mitgliedern besteht, liegt es dem leitenden Mitgliede (Bürgermeister)

Minist.-Anm. 30. Vergl. §. 25 der Kreisordnung v. 13. Dezbr. 1872.

---

4) die Verwaltung eines unmittelbaren Staatsamtes;

5) sonstige besondere Verhältnisse, welche nach dem Ermessen des Kreistages eine gültige Entschuldigung begründen.

Beträgt die Amtsdauer mehr als drei Jahre, so kann das Amt nach Ablauf von drei Jahren niedergelegt werden.

Wer ein unbesoldetes Amt in der Verwaltung oder Vertretung des Kreises während der vorgeschriebenen regelmäßigen Amtsdauer versehen hat, kann die Uebernahme desselben oder eines gleichartigen für die nächsten drei Jahre ablehnen.

Wer sich ohne einen der vorbezeichneten Entschuldigungsgründe weigert, ein unbesoldetes Amt in der Verwaltung oder Vertretung des Kreises zu übernehmen oder das übernommene Amt drei Jahre hindurch zu versehen, sowie derjenige, welcher sich der Verwaltung solcher Aemter trotz vorhergegangener Aufforderung Seitens des Kreisausschusses thatsächlich entzieht, kann durch Beschluß des Kreistages für einen Zeitraum von drei bis sechs Jahren der Ausübung seines Rechtes auf Theilnahme an der Vertretung und Verwaltung des Kreises für verlustig erklärt und um ein Achtel bis ein Viertel stärker, als die übrigen Kreisangehörigen, zu den Kreisabgaben herangezogen werden.

Gegen den Beschluß des Kreistages findet innerhalb zwei Wochen die Klage bei dem Bezirksverwaltungsgerichte statt."

§. 25. „Wegen der Verpflichtung zur Uebernahme, sowie wegen der Gründe für die Ablehnung des Amts eines Gemeindevorstehers oder Schöffen finden die Vorschriften der Absätze 1 bis 4 des §. 8 mit der Maßgabe Anwendung, daß an die Stelle des Kreistages (Abs. 2 Ziff. 5 a. a. O.) die Gemeindevertretung und, wo eine solche nicht besteht, die Gemeindeversammlung tritt.

Wer sich ohne einen der im §. 8 Abs. 2 bezeichneten Entschuldigungsgründe weigert, das Amt eines Gemeindevorstehers oder Schöffen zu übernehmen, oder das übernommene Amt drei Jahre hindurch zu versehen, sowie derjenige, welcher sich der Verwaltung solcher Aemter thatsächlich

ob, für Wahrnehmung dieser Geschäfte Sorge zu tragen. Der Bürgermeister ist befugt, den Vorsitz selbst zu übernehmen oder an seiner Stelle die ständige Führung des Vorsitzes einem anderen Mitgliede des Gemeindevorstandes nach vorgängigem Benehmen mit dem Vorsitzenden der Berufungskommission zu übertragen.

Außerdem ist der Gemeindevorstand so befugt als verpflichtet, die Stellvertretung des Vorsitzenden der Voreinschätzungskommission zu regeln, sei es daß der Erste Bürgermeister selbst, sei es daß ein anderes Magistratsmitglied (Beigeordneter) den ständigen Vorsitz übernommen hat.

Sind aus der Gesammtkommission mehrere Unterkommissionen gebildet (vergl. Artikel 69), so kann für jede derselben ein besonderer Stellvertreter im Vorsitz, im Bedürfnißfalle auch außerhalb der Mitglieder des Gemeindevorstandes und insbesondere aus den gewählten oder ernannten Mitgliedern der Kommission selbst bestellt werden.

Andererseits ist es keineswegs nothwendig, daß die Stellvertreter der Kommission als ständiges Mitglied angehören.

2. Den Vorsitz[9]) in den vereinigten Voreinschätzungsbezirken hat der von der Regierung zu bestimmende Gemeinde- oder Gutsvorsteher (Gutsvorsteherstellvertreter), Bürgermeister, Amtmann oder Amtsvorsteher (Amtsvorsteherstellvertreter) zu übernehmen.

Anderen als den vorstehend ausdrücklich bezeichneten Personen darf nach dem Wortlaut des Gesetzes der Vorsitz nicht übertragen werden. Eine gleiche Beschränkung in Ansehung des für den Vorsitzenden von der Regierung zu ernennenden Stellvertreters ist im Gesetze nicht enthalten; auch ist es nicht erforderlich, wohl aber zulässig, daß der Stellvertreter zu den ständigen ernannten oder gewählten Mitgliedern der Kommission gehört.

---

entzieht, kann durch Beschluß der Gemeindevertretung und, wo eine solche nicht besteht, des Gemeindevorstandes für einen Zeitraum von drei bis sechs Jahren der Ausübung seines Rechtes auf Theilnahme an der Vertretung und der Verwaltung der Gemeinde für verlustig erklärt und um ein Achtel bis ein Viertel stärker, als die übrigen Gemeindeangehörigen zu den Gemeindeabgaben herangezogen werden.

Gegen den Beschluß der Gemeindevertretung bezw. des Gemeindevorstandes findet innerhalb zwei Wochen die Klage bei dem Kreisausschusse statt.

Siehe hierzu §. 50 Abs. 2 des Einkommensteuergesetzes, S. 69 dieses Buches.

Welche Zwangsmaßregeln gegen diejenigen von der Regierung ernannten Mitglieder der Voreinschätzungskommission angewendet werden sollen, die dem betr. Gemeindebezirke nicht angehören, läßt das Gesetz und die Anweisung unausgesprochen.

8) Siehe auch die Nr. III des Finz.-Minist.-Erlasses v. 19. Juni 1891 — II. 7576 — Anm. 2 zu Art. 40. S. 234.

9) Finz.-Minist.-Erlaß v. 31. Juli 1891 — II. 9352 —.

Auf den Bericht vom 2c. wird der Königlichen Regierung erwidert, daß die Amtsvorsteher- und Gutsvorsteher-Stellvertreter als Amtsvorsteher bezw. Gutsvorsteher im Sinne des § 31 Abs. 5 des Einkommensteuergesetzes v. 25. Juni d. Js. anzusehen sind, die Ernennung derselben zu Vorsitzenden der Voreinschätzungskommissionen in vereinigten Bezirken daher keine Bedenken findet.

Artikel 41.

Die Aufgaben der Voreinschätzungskommission im Allgemeinen.

(§. 32 des Gesetzes.)

Sofort nach der Beendigung der möglichst zu beschleunigenden Vorarbeiten beruft der Gemeinde-(Guts-)vorstand die Voreinschätzungskommission. Falls ein gemeinsamer Voreinschätzungsbezirk gebildet ist und der Gemeinde-(Guts-)vorsteher nicht selbst den Vorsitz führt, übersendet er die Einkommensteuerliste, die Personenverzeichnisse, den Entwurf zur Einkommensteuerrolle sowie die sonstigen Unterlagen dem von der Regierung ernannten Vorsitzenden, welcher das gesammte Veranlagungsmaterial prüft, nöthigenfalls ergänzt und berichtigt, und den Zusammentritt der Voreinschätzungskommission herbeiführt.

Wegen der bei den Verhandlungen der Voreinschätzungskommissionen zu befolgenden Geschäftsordnung, insbesondere auch wegen der eidesstattlichen Verpflichtung der neu eintretenden Mitglieder wird auf die Bestimmungen Artikel 68 bis 70 verwiesen.

Die Voreinschätzungskommission prüft die vorzulegenden Vorarbeiten des Gemeindevorstandes namentlich auch darauf hin, ob das Personenverzeichnis (Muster III) vollständig ist und ob aus demselben alle Steuerpflichtigen mit einem Jahreseinkommen von mehr als 900 Mark in die Einkommensteuerliste aufgenommen sind. Hierbei sowie bei der Prüfung der in die letztere eingetragenen Nachrichten müssen die Ergebnisse der letzten Veranlagung und der gegen dieselben eingelegten Rechtsmittel sorgfältig verglichen werden.

Auf Grund dieser Prüfung, der sonst etwa angestellten Ermittelungen und ihrer eigenen Kenntniß der Verhältnisse und Personen hat die Voreinschätzungskommission den Inhalt der Einkommensteuerliste nöthigenfalls zu vervollständigen und zu berichtigen.

Bei der Schätzung des Einkommens aus den verschiedenen Quellen sowie wegen der zulässigen Abzüge sind die in den Artikeln 3 bis 25 angegebenen Grundsätze und die nachfolgenden Bestimmungen zu beachten.

Artikel 42.

Insbesondere die Schätzung des Einkommens aus selbst bewirthschafteten landwirthschaftlich benutzten Grundstücken.

Im Artikel 11 sind die einzelnen Einnahmen und Ausgaben bezeichnet, aus deren Gegenüberstellung sich der für die Ermittelung des steuerpflichtigen Einkommens aus dem Landwirthschaftsbetriebe maßgebende Steuerbetrag eines Grundstücks rechnungsmäßig ergiebt.

Liegen der Voreinschätzungskommission zuverlässige Angaben über diejenigen thatsächlichen Unterlagen nicht vor, welche hiernach zu einer ziffermäßigen Berechnung der im Durchschnitt der maßgebenden Wirthschaftsjahre vom Steuerpflichtigen wirklich erzielten Reinerträge erforderlich sind, so müssen dieselben schätzungsweise durch Vergleichung mit den bekannten Erträgen anderer Besitzungen ermittelt werden.

I. Grundlagen für die Schätzung.

Als geeignete Grundlagen für die Schätzung können namentlich die in derselben Gegend oder in benachbarten Bezirken in den maßgebenden Wirthschaftsjahren wirklich gezahlten Pachtpreise dienen.

Behufs zutreffender Anwendung derselben dürfen jedoch in keinem Falle die Unterschiede im Pachtwerthe unberücksichtigt bleiben, welche durch den Umfang einer Wirthschaft, die Lage und den Zusammenhang der dazu gehörigen Liegenschaften, die Bodenbeschaffenheit, die Bewirhschaftungsweise u. s. w. bedingt sind.

Auch muß bei der Vergleichung den besonderen Umständen Rechnung getragen werden, welche etwa im einzelnen Falle die normale Höhe des bedungenen Pachtpreises, sei es steigernd, sei es herabmindernd, beeinflußt haben.

Ferner ist zu berücksichtigen, daß, wenn nicht die besonderen persönlichen Eigenschaften des Wirthes ein anderes Ergebniß bedingen, das Einkommen des selbstbewirthschaftenden Eigenthümers in der Regel höher sein wird, als das Einkommen, welches ihm ohne weitere Aufwendung und Bemühung durch Verpachtung zufließen würde; denn er muß neben einer angemessenen Verzinsung seines Betriebskapitals auch einen Ersatz für seine eigene Thätigkeit und die Mitarbeit seiner Angehörigen beanspruchen.

Dem ermittelten Pachtwerthe ist deshalb ein diesem muthmaßlichen Mehreinkommen entsprechender Zuschlag hinzuzurechnen, bei dessen Bemessung die persönlichen Verhältnisse, die Tüchtigkeit und Leistungsfähigkeit des einzelnen Steuerpflichtigen Berücksichtigung finden müssen.

II. Die Aufstellung von Normalsätzen.

Um die Schätzung nach vorstehenden Grundsätzen zu erleichtern und die gleichmäßige Handhabung derselben zu sichern sind Normalsätze aufzustellen.[1])

---

1 a) Finz.-Minist.-Erlaß v. 26. Juni 1876 — IV. 5550 — Auszug.

Nach den mir vorgelegten Einkommensnachweisungen für den Kreis M. hat die dortige Einschätzungskommission der Berechnung des Einkommens aus selbstbewirthschaftetem Grundeigenthum nicht, wie solches im §. 28 des Ges. v. 1. Mai 1851 (G.S. S. 193) für die Entscheidung von Reklamationen als leitender Grundsatz aufgestellt worden ist, den im Durchschnitte der drei letzten Jahre durch die eigene Bewirthschaftung erzielten Reinertrag, sondern denjenigen um 25% erhöhten Reinertrag zum Grunde gelegt, welcher für die betreffenden Besitzungen behufs ihrer Veranlagung zur Grundsteuer festgestellt worden ist.

Bei den erheblichen Schwierigkeiten, welche die spezielle Berechnung des Einkommens aus nicht verpachtetem Grundeigenthume nach dem erwähnten Grundsatze des Gesetzes findet, bietet sich zwar die Benutzung der Katastralerträge zu dem fraglichen Zwecke als ein in der Regel nicht zu entbehrendes und bei einsichtigem Gebrauch unbedenkliches Hülfsmittel dar. Daß aber dessen Anwendung, wenn sie einseitig ohne jedes nähere Eingehen auf die individuellen Verhältnisse der einzelnen Besitzungen und ihrer Eigenthümer erfolgt, zu einer dem Gesetze entsprechenden gerechten Veranlagung der Einkommensteuer nicht führen könne, ist in Ihrer Petition selbst anerkannt worden. Gleichwohl hat die Einschätzungskommission das steuerpflichtige Jahreseinkommen fast sämmtlicher dem Kreise angehörenden ländlichen Besitzer ohne jede weitere Unterscheidung nach dem Verhältnisse der einzelnen Besitzungen, der Art der Bewirthschaftung, der Befähigung der Be-

Zu diesem Behufe versammelt der Vorsitzende der Veranlagungskommission alljährlich vor Beginn der Voreinschätzung die Vorsitzenden der Kommissionen für die ländlichen Voreinschätzungsbezirke seines Kreises, sowie einzelne, mit den landwirthschaftlichen Verhältnissen vertraute Mitglieder der Veranlagungskommission zu einer mündlichen Berathung,[2]) in welcher im Anschluß an die von ihm hierüber gesammelten Nachrichten (Artikel 47 II. Nr. 5), nöthigenfalls unter Zuziehung geeigneter landwirthschaftlicher Sachverständiger, eine eingehende sachliche Erörterung der für die maßgebende Wirthschaftsperiode festgestellten Ertragsverhältnisse stattfindet. Auf diesem Wege wird es gelingen, eine Verständigung über die Schätzungsnormen herbeizuführen, welche den Voreinschätzungskommissionen zur Anwendung bei der bevorstehenden Veranlagung in Vorschlag zu bringen sind.

Die Feststellung der Normalsätze erfolgt unter Beachtung der zu I angegebenen Gesichtspunkte in der Weise, daß für die verschiedenen in jeder einzelnen Gemarkung vornehmlich in Betracht kommenden Boden- und Kulturarten die als steuerpflichtiges Einkommen anzusetzenden Reinerträge auf das Hektar berechnet werden. Um bei der Anwendung derselben der in allen Fällen unerläßlichen

---

sitzer u. s. w. durchweg auf den $1^1/_4$fachen Betrag des Grundsteuer-Reinertrages festgestellt. Wie die Einkommensnachweisungen ergeben, ist dieser Rechnungsfaktor im Jahre 1873 bei einer Gesammtzahl von 224 ländlichen Besitzern auf 221 derselben, und im Jahre 1874 bei einer Gesammtzahl von 235 ländlichen Besitzern auf 230 derselben in Anwendung gebracht worden.

Diesem Verfahren der Einschätzungskommission gegenüber und in unvermeidlicher Konsequenz desselben, sah die Bezirkskommission sich genöthigt, die ihr nach §. 26 a. a. O. obliegende Prüfung der Veranlagungsnachweisungen vornehmlich darauf zu richten, ob der Satz von $1^1/_4$ des Grundsteuer-Reinertrages als Grundlage des festzustellenden Einkommens aus selbstbewirthschaftetem Grundeigenthume nach den Verhältnissen des Kreises M. und zur Erreichung einer gleichmäßigen Schätzung gegenüber den Nachbarkreisen im Allgemeinen geeignet erschiene, oder zu einer beträchtlichen Unterschätzung des fraglichen Einkommens führen müsse. Hierbei hat die Bezirkskommission, wie mir berichtet ist, in Betracht gezogen, daß das nach der obigen Methode ermittelte Reineinkommen für den Morgen der selbstbewirthschafteten Ländereien weit hinter dem Pachtzinse zurückblieb, welchen die betreffenden Zensiten nach der Einkommensnachweisung für den Morgen der gleichzeitig in ihrem Eigenthume befindlichen verpachteten Ländereien erzielten; daß im Kreise M. bei der Abschätzung der ländlichen Besitzungen zum Zwecke der Beleihung seitens der Hypothekenbanken der Regel nach mindestens der $2^1/_2$fache Betrag des Grundsteuerreinertrages als wirthschaftlicher Ertrag angenommen worden ist, und daß auch die neuerdings gezahlten Kaufpreise mit dem angenommenen Reinertrage in keinem Verhältnisse standen.

Da überdies die Ermittelung des wirthschaftlichen Reinertrages für die Niederungsortschaften der Kreise D. und E. mindestens durch Vervielfältigung des Grundsteuerreinertrages mit $1^3/_4$ unter Abrechnung der Grund- und Gebäudesteuer, sowie der Deichlasten erfolgte, so hielt die Bezirkskommission die fernere grundsätzliche Anwendung eines niedrigeren Maßstabes im Kreise M. für ungerechtfertigt, und machte dies schon bei der Revision der Einkommensnachweisung für 1873 zum Gegenstande der Erinnerung.

Der Vorsitzende der Einschätzungskommission wurde angewiesen, der Letzteren bei ihrem demnächstigen Zusammentritte hiervon Kenntniß zu geben, und eventuell das Staatsinteresse in allen geeigneten Fällen durch Einlegung der Berufung zu wahren 2c. Zu einem Einschreiten gegen das in dieser Angelegenheit stattgehabte Verfahren auf Grund des §. 31 a. a. O. finde ich daher keine Veranlassung.

Berücksichtigung der individuellen Verhältnisse der einzelnen Steuerpflichtigen den nöthigen Spielraum zu lassen, sind für jede Kultur- und Bodenart angemessene Höchst- und Mindestsätze vorzusehen.

Es ist nicht statthaft, die einmal aufgestellten Normalsätze ohne weiteres auch für künftige Jahre beizubehalten; vielmehr muß alljährlich in der angegebenen Weise von neuem eine ernstliche Prüfung und geeigneten Falles Berichtigung oder Ergänzung der Sätze eintreten.

Wo das Bedürfniß es erfordert, sind gelegentlich dieser Berathungen gleichzeitig Normen für die Schätzung des Arbeitsverdienstes der Lohnarbeiter,[3]) Handwerksgesellen, gewerblichen Gehilfen u. s. w. sowie für die Schätzung des Miethswerthes der zu den ländlichen Besitzungen gehörigen Wohngebäude zu vereinbaren. Bei Aufstellung der zuletzt gedachten Normalsätze müssen die in dem Artikel 16 zu 1 für die Schätzung des Miethswerths angegebeneu Grundsätze Berücksichtigung finden.

Soweit hierbei die Miethspreise in benachbarten Stadt- oder größeren Land-

---

1b) Finz.-Minist.-Erlaß v. 13. März 1877 — IV. 1024 —.

In den §§. 4 und ff. der Instruktion v. 3. Jan. 1877 — IV. 45 — sind die für die Ermittelung des Einkommens aus nicht verpachteten Besitzungen zum Zweck der Veranlagung der Eigenthümer oder Nutzungsberechtigten maßgebenden Grundsätze entwickelt, wobei unter gewissen Bedingungen auch die Aufstellungen von Normalsätzen zum Anhalt für die Schätzung sowie zu deren Prüfung für zulässig erklärt ist, während nach §. 23 bei der Schätzung des Einkommens aus Landwirthschafts- oder Gewerbebetrieb die nutzbar verwendete eigene Arbeitskraft mit in Anschlag zu bringen ist.

Bisher ist in dieser Beziehung in den einzelnen Bezirken sehr verschieden zu Werke gegangen, und wenn auch das Bestreben unverkennbar auf Erzielung angemessener Resultate gerichtet gewesen ist, so sind doch manche bedenkliche oder auch unrichtige Schritte gethan, auf deren Vermeidung Werth gelegt werden muß. Namentlich ist wahrgenommen, daß in einzelnen Bezirken bezw. Kreisen zwar in gewissen Fällen die Berechnung des Einkommens aus selbstbewirthschaftetem Grundbesitz nach Normalsätzen erfolgt, daneben aber die Arbeitskraft der Besitzer und ihrer Angehörigen noch besonders mit summarischen Beträgen (z. B. 420—600 Mark u. dgl.) in Ansatz gebracht werden soll, weil ein „den angenommenen Normalsätzen entsprechendes Einkommen von den Eigenthümern meistens schon durch Verpachtung, d. h. ohne eigene wirthschaftliche Thätigkeit“ erzielt werden könnte.

Das Verfahren ist mithin dadurch veranlaßt, daß die Normalsätze offenbar zu niedrig festgestellt sind, und verfolgt den an sich berechtigten Zweck, diesen Fehler durch den besonderen Ansatz einer gewissen Summe für die Arbeitskraft des Besitzers 2c. zu berichtigen. Die vorbezeichnete Methode kann jedoch nicht gebilligt werden. Außer daß sie bei minder vorsichtiger Handhabung leicht zu falschen Resultaten führt und vielseitige berechtigte Einwendungen hervorruft, entbehrt sie auch der inneren Begründung. Denn der Gewinn aus der in der eigenen Wirthschaft verwendeten Arbeitskraft des Besitzers bezw. seiner Familie steht in untrennbarer Verbindung mit dem Einkommeu aus der Landwirthschaft (oder dem Gewerbebetriebe) selbst.

Von dem Schlußergebnisse der letzteren, welches zugleich durch ganz andere Faktoren bedingt und bestimmt wird, hängt es ab, ob und in welchem Maße die aufgewendete eigene Arbeit überhaupt eine gewinnbringende gewesen ist. Das Produkt ihrer Verwendung in der Bewirthschaftung der eigenen Besitzung muß deshalb in der Schätzung des Einkommens aus dieser schon enthalten und mit veranschlagt sein und für gewöhnliche Verhältnisse schon bei der Aufstellung der Normalsätze, wenigstens für kleinere, regelmäßig selbstbewirthschaftete Besitzungen, mitberück-

gemeinden zur Vergleichung dienen, ist namentlich zu beachten, daß diese Preise auch unter Voraussetzung gleicher Bauart und Größe der verglichenen Gebäude nicht ohne weiteres übertragbar sind, vielmehr unter allen Umständen auch der etwaigen abgesonderten Lage des ländlichen Besitzthums bei Schätzung des Miethswerths Rechnung getragen werden muß.

III. Verwerthung der Normalsätze.

Die Ergebnisse der Berathungen, über welche eine Verhandlung aufzunehmen ist, werden den sämmtlichen Vorsitzenden der betheiligten Voreinschätzungsbezirke zur Kenntnißnahme und Benutzung bei der bevorstehenden Voreinschätzung mitgetheilt.

---

sichtigt werden. Die Anwendung letzterer mag dann, wenn besondere Verhältnisse es erfordern, eine Modifikation erleiden, indem beispielsweise in den verhältnißmäßig seltneren Fällen, welche nicht selbstarbeitende Landwirthe betreffen (Wittwen ꝛc.), eine Ermäßigung des Ansatzes und ebenso für diejenigen Landwirthe, welche Söhne, Töchter u. s. w. in der Wirthschaft verwenden, eine zusätzliche Steigerung des Ansatzes stattfindet, wobei jedoch wiederum eine selbstständige Schätzung der Arbeitskraft für sich thunlichst zu vermeiden ist und die Erhöhung bezw. Ermäßigung der anzuwendenden Normalsätze um eine entsprechende Quote den Vorzug verdient.

Aus im Wesentlichen denselben Gründen ist auch eine Summirung des Produkts einer Multiplikation des Grundsteuer-Reinertrages mit einer festen Zahl und der Summe von Geldsätzen für Arbeitskraft der Familie nicht für zutreffend zu erachten. Hiernach bedarf es einer erneuten Erwägung der in der bezeichneten Hinsicht bisher angewendeten Methoden, nach Umständen der Ersetzung derselben durch ein richtigeres Verfahren nach den gegebenen Andeutungen.

2) Finz.-Minist.-Zirk.-Erlaß v. 5. Novbr. 1891. — II. 14639 —.

Die in dem Berichte vorgetragenen Bedenken gegen die Ausführung der Bestimmungen des Art. 42 der Anweisung v. 5. Aug. 1891 können nicht für durchgreifend erachtet werden.

Die Ausstellungen gegen die Verwendung der Grundsteuer-Veranlagung bezw. der bei der Gebäudesteuer-Revision stattgehabten Ermittelungen und der landschaftlichen Taxen für die Schätzung des Einkommens aus selbstbewirthschaftetem Grundbesitz erscheinen zwar begründet, es ist dabei aber unberücksichtigt gelassen, daß eben deshalb im Art. 42 unter I auf die Gewinnung einer anderen Grundlage in den wirklichen Pachtpreisen der betreffenden Gegend in den maßgebenden Wirthschaftsjahren hingewiesen und näher erörtert ist, wie diese unter Beachtung der Verzinsung des Betriebskapitals und des Ersatzes für die eigene Thätigkeit des Steuerpflichtigen und seiner Angehörigen zu benutzen sei. Es erklärt sich hieraus, daß Ew. ꝛc. die Hauptaufgabe der angeordneten Vorkonferenzen, die Verständigung über die auf der bezeichneten Grundlage vorzuschlagenden anderweiten Schätzungsnormen übersehen zu haben scheinen.

Darüber hinaus aber sind noch weitere Aufgaben von erheblicher Bedeutung den Vorkonferenzen zugewiesen, von deren einsichtiger Behandlung das Ergebniß der Voreinschätzungen hinsichtlich seiner Richtigkeit und namentlich seiner Gleichmäßigkeit wesentlich abhängen wird.

Unter Nr. II im Art. 42 ist schon auf die Schätzung des Arbeitsverdienstes und des Miethswerthes der zu den ländlichen Besitzungen gehörenden Wohngebäude besonders aufmerksam gemacht. Im Zusammenhang damit wird sich eine Verständigung über den Ansatz des Werthes der Naturalverpflegung bezw. der Naturalleistungen für Knechte, Mägde, Tagelöhner und sonstiges Wirthschaftspersonal empfehlen. Nach Bedürfniß wird auch die Verständigung über den Geldwerth der zur Bestreitung des Haushaltes verwendeten Wirthschafts-Erzeugnisse (Art. 11. I. 2 der Anweisung) sowie über die Schätzung des gewerblichen

Eine Abschrift der Verhandlung ist dem Vorsitzenden der Berufungskommission vorzulegen.

Die Vorsitzenden der Voreinschätzungskommissionen müssen durch geeignete Vorschläge dahin wirken, daß die letzteren von den aufgestellten Normalsätzen angemessenen Gebrauch machen.

Abweichungen, welche bei der Schätzung der einzelnen Steuerpflichtigen für erforderlich erachtet werden, sind in der Bemerkungsspalte der Einkommensteuerliste kurz zu begründen.

Einkommens der auf dem Lande vorkommenden selbstständigen Gewerbetreibenden (Müller, Schmiede, Maurer und dergl.) zur Vorbeugung von Mißgriffen und Ungleichmäßigkeiten von Bedeutung sein.

Was den durch die Vorkonferenzen entstehenden Kostenaufwand anlangt, so ist die am Schlusse des Berichts gestellte Frage zu bejahen und wird auf den Erlaß vom 28. October 1891. — II. 14037 — dieserhalb verwiesen. Es muß jedoch ernstlich dahin gestrebt werden, die Kosten soviel als thunlich zu ermäßigen. Namentlich wird in dieser Hinsicht zu prüfen sein, ob die Verhältnisse des Kreises es nicht gestatten, Voreinschätzungs-Bezirke zu Gruppen zusammen zufassen, zunächst um die Vorsitzenden nicht alle an einem Orte und zu derselben Zeit zu versammeln, sondern zur Ersparung von Reisekosten und Tagegeldern, sowie zur Erleichterung der Verhandlungen in zwei oder mehreren Terminen an den für die betreffenden Gruppen am günstigsten gelegenen Orten die Konferenz zu veranstalten. Sodann wird sich auch durch eine Gruppirung wesentlich gleichartiger Gemeinden vermeiden lassen, für jede einzelne derselben besondere Normalsätze aufzustellen und besondere Schätzungs-Grundlagen zu erörtern.

Wo diese Voraussetzungen zutreffen, oder wo aus anderen Gründen es unbedenklich erscheint, von der Zuziehung sämmtlicher Vorsitzenden aller einzelnen Voreinschätzungsbezirke abzusehen und nur mit einem Theil derselben zu konferiren, findet sich hiergegen diesseits grundsätzlich nichts zu erinnern, und bleibt den Herren Vorsitzenden der Berufungskommissionen überlassen, nach Prüfung der Lage der konkreten Verhältnisse eine Beschränkung in dieser Beziehung eintreten zu lassen.

3) Finz.-Minist.-Zirk.-Erlaß v. 18. April 1874 — IV. 1129 —. Auszug.

Bei Beurtheilung der Frage, ob diese Bedingung (daß das Jahreseinkommen den Betrag von 420 Mark nicht erreicht) vorhanden sei, können, insoweit in bestimmten Gegenden bezüglich gewisser Klassen von Personen, z. B. der Tagelöhner, der ländlichen Dienstboten u. dgl. m., im Allgemeinen übereinstimmende Verhältnisse vorliegen, namentlich der Arbeitsverdienst, der Werth von Naturalbezügen, Wohnung, freier Station, Höhe des Lohns u. s. w, sich ziemlich gleich stellen, sehr wohl aus der Erfahrung entnommene Schätzungsregeln zum Anhalt dienen, und es würde nicht zu rechtfertigen sein, dieselben da, wo sie zutreffen, außer Acht zu lassen. Andererseits erscheint es aber auch nicht zulässig, solche Regeln über weite Landstriche, in welchen die gleichmäßige Anwendbarkeit der Normen auf die bestehenden Verhältnisse zweifelhaft ist, zu erstrecken, oder auch auf solche Personen und Haushaltungen anzuwenden, welche sich entschieden aus der Kategorie, für welche die Regel gebildet ist, herausheben, wie Solches „zur Vermeidung von Weitläufigkeiten" vorgekommen ist.

Jedenfalls ist zu vermeiden, durch allgemeine Anweisungen bestimmten Klassen der Bevölkerung ohne Weiteres ein gewisses Einkommen beizumessen oder dieselben für steuerfrei zu erklären.

Artikel 43.

Die Schätzung des Einkommens nach dem Aufwande und die Feststellung der vom Gesammteinkommen zulässigen Abzüge.

I. Die Schätzung nach dem Aufwande.

Wenn das Einkommen eines Steuerpflichtigen nach seinen einzelnen Quellen nicht mit genügender Sicherheit festzustellen ist, können die Wahrnehmungen über die Lebensweise und über die sichtbaren Aufwendungen, welche er für sich, seine Angehörigen und seinen Haushalt fortgesetzt macht, einen Anhalt gewähren, um den Jahresverbrauch und danach das muthmaßliche Gesammteinkommen zu schätzen.

In allen Fällen ist jedoch daran festzuhalten, daß der Verbrauch oder Aufwand stets nur eine Grundlage für die Schätzung, nicht aber selbst den Gegenstand der Besteuerung bildet. Unzulässig ist also die Veranschlagung nach dem Verbrauche, sobald feststeht, daß der letztere mit der Höhe des wirklichen steuerpflichtigen Einkommens nicht übereinstimmt. Bestreitet beispielsweise ein Steuerpflichtiger erweislich seinen Aufwand ganz oder theilweise aus seinem Kapitalvermögen, durch freiwillige Zuschüsse von Angehörigen (vergl. Artikel 23 Nr. 2) oder aus anderen Quellen (vergl. Artikel 3 II), welche ihm als steuerpflichtiges Einkommen nicht angerechnet werden dürfen, so müssen jedenfalls die aus solchen Quellen herrührenden Beträge bei der Schätzung des steuerpflichtigen Einkommens außer Ansatz bleiben.

II. Die Abzüge vom Gesammteinkommen.
(Artikel 24. 25.)

Bei Feststellung der Abzüge vom Gesammteinkommen (Schuldenzinsen, dauernde Lasten, Kassenbeiträge, Lebensversicherungsprämien) hat die Kommission sorgfältig zu prüfen, einerseits ob der Abzug nach den in den Artikeln 24. 25 gegebenen Vorschriften überhaupt zulässig, andererseits ob im einzelnen Falle die Verpflichtung des Steuerpflichtigen zur Zahlung von Schuldenzinsen u. s. w. thatsächlich als nachgewiesen anzusehen ist. Von dieser Prüfung wird die Voreinschätzungskommission auch nicht durch die bezüglichen Eintragungen der Einkommensnachweisung entbunden. Ergeben sich über das Bestehen der Zins- oder sonstigen Verpflichtung Zweifel, welche durch die der Voreinschätzungskommission zu Gebote stehenden Mittel (Aufforderung des Steuerpflichtigen zu freiwilligen Angaben, zur Vorlegung der Zinsquittungen und Schuldurkunde u. s. w., Rückfragen bei dem Gemeindevorstande, vergl. Artikel 38 Nr. 6) nicht gehoben werden, so muß der Abzug bei der Voreinschätzung unberücksichtigt und dem Steuerpflichtigen überlassen bleiben, die erforderlichen Nachweise im Wege der Berufung zu führen.

Nach Bewandtniß der Umstände werden derartige Zweifel der Voreinschätzungskommission auch Veranlassung geben können, bei dem Vorsitzenden der Veranlagungskommission den Erlaß einer Aufforderung an den Steuerpflichtigen zur Abgabe der Steuererklärung zu beantragen.

In jedem Falle müssen die zugelassenen Abzüge in Spalte 17a der Einkommensteuerliste durch die in der Kopfinschrift zu a bis d vorgesehenen Angaben vollständig erläutert werden.

Artikel 44.

Abzug vom Einkommen gemäß §. 18 des Gesetzes.

Nach Feststellung des Jahreseinkommens in Spalte 18 der Einkommensteuerliste prüft die Kommission, bei welchen Steuerpflichtigen die Voraussetzungen des §. 18 des Gesetzes zutreffen.

Danach wird für jedes nicht nach Artikel 6 selbstständig zu veranlagende Familienglied unter 14 Jahren von dem steuerpflichtigen Einkommen des Haushaltungsvorstandes, sofern dasselbe den Betrag von 3000 Mark nicht übersteigt, der Betrag von 50 Mark in Abzug gebracht, mit der Maßgabe, daß bei Vorhandensein von drei oder mehr Familienmitgliedern dieser Art auf jeden Fall eine Ermäßigung um eine Stufe stattfindet.

Diese Vorschrift läßt dem Ermessen keinen Spielraum; ihre Anwendung ist geboten, sobald die Voraussetzungen derselben zutreffen, dagegen ausgeschlossen, sofern dies in dem einen oder anderen Punkte nicht der Fall ist.

Der Abzug findet nur statt, wenn das in Spalte 18 der Einkommensteuerliste nachgewiesene Einkommen des Haushaltungsvorstandes den Betrag von 3000 Mark nicht übersteigt, in keinem Falle bei höherem Einkommen.

Der Abzug ist ferner nur zulässig wegen der zur Haushaltung gehörigen Familienglieder unter 14 Jahren (vergl. Artikel 6. 37 I. Nr. 2 dieser Anweisung); Angehörige, welche dieses Lebensalter vollendet haben, kommen nicht in Betracht, auch wenn sie thatsächlich noch erwerbsunfähig sein sollten.

Für jedes hiernach zu berücksichtigende Familienglied wird ein Abzug von 50 Mark vom Einkommen gemacht; beim Vorhandensein von drei oder mehr Familiengliedern unter 14 Jahren tritt aber mindestens eine Ermäßigung um eine Stufe ein. Die letztere Bestimmung ist von praktischer Bedeutung nur für die Einkommen von mehr als 1800 bis 3000 Mark, da bis zum Einkommen von 1800 Mark die Stufen nur um je 150 Mark steigen.

Im einzelnen ist dahin zu verfahren:

1. Für jeden Pflichtigen mit dem Einkommen von nicht mehr als 3000 Mark wird der abzuziehende Betrag durch Vervielfachung der Zahl 50 mit der in Spalte 6 verzeichneten Personenzahl ermittelt und in Spalte 19 eingetragen.
2. Beträgt das Einkommen (Spalte 18) nicht mehr als 1800 Mark, so wird in Spalte 20 als steuerpflichtiges Einkommen die Differenz zwischen den Beträgen in Spalte 18 und Spalte 19 nachgewiesen.
3. Ebenso (wie zu 2) ist in der Regel bei den Einkommen von mehr als 1800 Mark bis 3000 Mark zu verfahren; wenn hier jedoch der zulässige Abzug 150 Mark oder mehr beträgt und trotzdem auch nach Abrechnung des Abzugsbetrages (Spalte 19) von dem in Spalte 18 nachgewiesenen Einkommen eine Aenderung in der Steuerstufe nicht eintreten

würde, so ist in Spalte 20 das höchste, der nächst unteren Steuerstufe entsprechende Einkommen als steuerpflichtig einzustellen.

Beträgt also beispielsweise das in Spalte 18 nachgewiesene Jahreseinkommen 2675 Mark, der Abzug aber 150 Mark (3 Familienglieder) oder 200 Mark oder 250 Mark, so ist in allen diesen Fällen das steuerpflichtige Einkommen in Spalte 20 auf 2400 Mark anzugeben. Beläuft sich dagegen bei gleichem Einkommen der zulässige Abzug nur auf 100 Mark, so muß die Eintragung in Spalte 20 auf 2575 Mark lauten.

4. Bei Steuerpflichtigen mit einem Jahreseinkommen von nicht mehr als 3000 Mark (Spalte 18), zu deren Haushalt Familienglieder unter 14 Jahren nicht gehören, wird Spalte 19 durch einen wagerechten Strich, Spalte 20 durch Uebertragung der Summe aus Spalte 18 ausgefüllt.

Artikel 45.

Vorschlag des Steuersatzes, Zulässigkeit der Ermäßigung.

(§§. 17. 19. 32. 75 Abs. 1 des Gesetzes.)

Nach Beendigung dieser Vorarbeiten hat die Kommission für diejenigen in die Einkommensteuerliste vom Gemeindevorstande eingetragenen oder nachträglich von ihr übernommenen Personen, welchen sie ein steuerpflichtiges Jahreseinkommen (Spalte 18) von nicht mehr als 3000 Mark beimißt, den zu veranlagenden Steuersatz in Spalte 22 der Einkommensteuerliste vorzuschlagen und dabei folgendes zu beachten:

1. Erachtet die Kommission eine in die Einkommensteuerliste eingetragene Person deshalb nicht für steuerpflichtig, weil derselben Anspruch auf Steuerfreiheit (Artikel 38 Nr. 1a bis c) zustehe, oder weil das in Spalte 18 nachgewiesene Einkommen den Betrag von 900 Mark nicht übersteige, so ist in Spalte 22 der Vermerk „frei“ einzutragen und der angenommene Grund der Steuerfreiheit in Spalte 39 kurz anzugeben.

   Die Streichung bleibt der Entscheidung der Veranlagungskommission bezw. des Vorsitzenden vorbehalten.

2. Wenn infolge des im §. 18 des Gesetzes vorgesehenen Abzuges (Artikel 44) das bei der Veranlagung anzurechnende steuerpflichtige Einkommen (Spalte 20) den Betrag von 900 Mark nicht übersteigt, so wird Spalte 22 durch den Vermerk „fr. §. 18“ ausgefüllt.

3. Der von der Kommission in Spalte 22 vorgeschlagene Steuersatz muß genau demjenigen Satze entsprechen, welcher nach dem dieser Anweisung beigefügten Tarife von dem in Spalte 20 der Einkommensnachweisung festgestellten steuerpflichtigen Einkommen zu entrichten ist.

   Tarif.

   Nur ausnahmsweise gestattet §. 19 des Gesetzes eine Ermäßigung dieses Satzes um höchstens drei Stufen, wenn **besondere**, die Leistungsfähigkeit des Steuerpflichtigen wesentlich beeinträchtigende wirthschaftliche Verhältnisse vorliegen. Als Verhältnisse dieser Art kommen nach der aus-

drücklichen Bestimmung des Gesetzes lediglich in Betracht außergewöhnliche Belastungen des Steuerpflichtigen durch
a) Unterhaltung und Erziehung der Kinder,
b) Verpflichtung zum Unterhalt mittelloser Angehöriger,
c) andauernde Krankheit,
d) Verschuldung,
e) besondere Unglücksfälle.

Verhältnisse anderer Art begründen eine Berücksichtigung niemals und auch die vorstehend aufgeführten nur, sofern dadurch eine außergewöhnliche Belastung und eine wesentliche Beeinträchtigung der Leistungsfähigkeit herbeigeführt wird. Ob diese Voraussetzungen als vorhanden anzuerkennen sind, muß nach den Umständen eines jeden besonderen Falles beurtheilt werden. Im einzelnen ist dabei folgendes zu beachten:

Zu a) Die Belastung durch Unterhaltung und Erziehung von Kindern unter 14 Jahren findet bei den Steuerpflichtigen mit einem Einkommen von nicht mehr als 3000 Mark bereits allgemein durch den im Artikel 44 erwähnten Abzug vom Einkommen Berücksichtigung, und wird daher nur in seltenen Ausnahmefällen zu einer weiteren Ermäßigung dieser Steuerpflichtigen auf Grund des §. 19 des Gesetzes begründeten Anlaß geben können.

Zu b) Sofern ein Steuerpflichtiger den Unterhalt mittelloser Angehöriger thatsächlich in der Hauptsache bestreitet und hierdurch nach seinen wirthschaftlichen Verhältnissen ungewöhnlich belastet ist, macht es keinen Unterschied, ob derselbe diese Leistung auf Grund einer rechtlichen oder zur Erfüllung einer moralischen Verpflichtung übernommen hat.

Zu c) Nur wirkliche Krankheit von längerer Dauer kommt in Betracht, insofern der Steuerpflichtige dadurch zu ungewöhnlichen Aufwendungen genöthigt oder in seinen Erwerbsverhältnissen, wenn auch nur zeitweise, zurückgebracht worden ist.

Im Uebrigen kann nicht nur wegen Erkrankung des Steuerpflichtigen selbst, sondern, falls die sonstigen Voraussetzungen zutreffen, auch wegen Erkrankung eines Familienmitgliedes Ermäßigung bewilligt werden.

Zu d) Da bei Berechnung des steuerpflichtigen Einkommens die vom Steuerpflichtigen zu entrichtenden Schuldenzinsen in Abzug gebracht werden, ist daneben eine besondere Berücksichtigung der Schuldenlast nur unter der Voraussetzung statthaft, daß dieselbe — z. B. weil hohe Kapitalabzahlungen zu leisten sind — in außergewöhnlichem Maße drückend auf die Leistungsfähigkeit einwirkt.

Zu e) Nur solche Unglücksfälle begründen eine Ermäßigung, welche — wie

Verluste durch Brandschaden, Viehseuchen, Ueberschwemmungen und dergl. — als außergewöhnliche anzuerkennen sind.

Erachtet die Kommission das Vorhandensein eines oder mehrerer der vorstehend bezeichneten Verhältnisse für nachgewiesen und deshalb den Vorschlag auf Ermäßigung des tarifmäßigen Steuersatzes um 1, 2 oder 3 Stufen für gerechtfertigt, so ist dies in jedem einzelnen Falle durch einen entsprechenden Vermerk in Spalte 39 kurz zu begründen.

4. Wegen derjenigen Steuerpflichtigen, deren steuerpflichtiges Jahreseinkommen nach dem Ermessen der Voreinschätzungskommission mehr als 3000 Mark beträgt, hat dieselbe die Richtigkeit und Vollständigkeit der Eintragungen Spalte 7 bis 18 der Nachweisung ebenfalls zu prüfen und namentlich darauf zu achten, daß die seit dem Vorjahre in den Verhältnissen der einzelnen Steuerpflichtigen eingetretenen Aenderungen berücksichtigt sind, jedoch Vorschläge wegen des zu veranlagenden Steuersatzes nicht zu machen.

5. Die Spalten 23 bis 36 der Einkommensteuerliste sind zur Ausfüllung durch die Veranlagungskommission beziehungsweise deren Vorsitzenden bestimmt und bleiben auch in Ansehung der Steuerpflichtigen bis 3000 Mark vorläufig offen.

6. Nach geschehener Voreinschätzung wird das Personenverzeichniß (Muster III) in den Spalten 4 bis 11, die Einkommensteuerliste in den Spalten 4 bis 6, 37, 38 aufgerechnet. Die Voreinschätzungskommission bescheinigt

   a) auf dem Personenverzeichniß:

      „daß dasselbe mit Bezug auf die Einkommensteuerpflicht der sämmtlichen darin aufgeführten Personen vorschriftsmäßig geprüft ist,"

   b) auf der Einkommensteuerliste:

      „daß die Voreinschätzung überall den gesetzlichen Vorschlägen gemäß nach bestem Wissen und Gewissen erfolgt ist."

   Personenverzeichniß und Einkommensteuerliste werden sodann mit allen Unterlagen und dem Entwurfe zur Einkommensteuerrolle (Artikel 38 Nr. 7) dem Vorsitzenden der Veranlagungskommission überreicht.

   Die Voreinschätzung muß in der Regel am 8. Dezember, auch in den größeren Städten jedenfalls am 20. Dezember beendet sein. Der Vorsitzende der Veranlagungskommission bestimmt für jeden Voreinschätzungsbezirk den pünktlich einzuhaltenden Termin für die Einsendung der Voreinschätzungsarbeiten.

7. Wo eine Veranlagung der Personen mit Einkommen von nicht mehr als 900 Mark erforderlich ist (vergl. Artikel 38 Nr. 10), geschieht dieselbe unter Anwendung der für die Voreinschätzung in den Artikeln 41 bis 45 gegebenen Vorschriften durch die Voreinschätzungskommission. (Vergl. jedoch Artikel 56 II.)

Vierter Abschnitt.

Die Veranlagung.

Artikel 46.

Die Bildung der Veranlagungskommission.

(§§. 33. 34. 50 des Gesetzes.)

Behufs Veranlagung der Steuerpflichtigen bildet jeder Stadt= und jeder Landkreis einen Veranlagungsbezirk.

Mit der vorher einzuholenden Genehmigung des Finanzministers steht der Regierung die Befugniß zu, innerhalb desselben Kreises die Bildung mehrerer Veranlagungsbezirke anzuordnen.

Wegen Zusammensetzung[31]) der Veranlagungskommissionen wird auf die Vorschriften im §. 34 des Gesetzes verwiesen und dazu folgendes bestimmt:

1. Die Regierung theilt die für die einzelnen Veranlagungskommissionen festgesetzte Anzahl der Mitglieder und Stellvertreter in Landkreisen dem Landrathe, in Stadtkreisen dem Gemeindevorstande (Oberbürgermeister) mit, welcher die Wahl der zu wählenden Mitglieder und Stellvertreter durch die Kreis= beziehungsweise Gemeindevertretung veranlaßt.

   Wählbar sind nur Einwohner des Veranlagungsbezirkes. Im Uebrigen finden hinsichtlich der Wählbarkeit und hinsichtlich der Berücksichtigung der verschiedenen Arten des Einkommens die nach Artikel 40 I Nr. 4 für die

---

Minist.=Anm. 31.

Bei einer Gesamtzahl der Mitglieder ausschließlich des Vorsitzenden von	sind zu wählen mindestens	sind zu ernennen ausschließlich des Vorsitzenden höchstens
5	4	1
6	5	1
7	6	1
8	6	2
9	7	2
10	8	2
11	8	3
12	9	3
13	10	3
14	10	4
15	11	4
16	12	4
17	12	5
18	13	5
19	14	5

u. s. w.

Voreinschätzungskommission maßgebenden Bestimmungen auf die Veranlagungskommission gleichfalls Anwendung.

2. Nach stattgehabter Wahl übersendet der Landrath beziehungsweise Oberbürgermeister, sofern er nicht selbst den Vorsitz in der Veranlagungskommission führt, ein Verzeichniß der gewählten Mitglieder und Stellvertreter dem Vorsitzenden der Veranlagungskommission, welcher die Wahlen nach den im Artikel 40 I Nr. 5 angegebenen Richtungen prüft, und sodann mit einer gutachtlichen Aeußerung hierüber und unter Vorlegung eines Verzeichnisses der gewählten Personen der Regierung die von derselben zu ernennenden Mitglieder und Stellvertreter vorschlägt.

Die Regierung veranlaßt die etwa erforderliche Wiederholung oder Ergänzung der Wahlen und vollzieht die Ernennungen.[1]) Von der erfolgten Ernennung setzt sie sowohl die ernannten Personen als auch den Vorsitzenden der Veranlagungskommission in Kenntniß.

3. In gleicher Weise (Nr. 1 und 2) wird bei der von drei zu drei Jahren stattfindenden theilweisen Erneuerung der Kommissionen in der Weise verfahren, daß die Neuwahlen und Ernennungen regelmäßig vor Beginn des Veranlagungsgeschäftes vollzogen sind.

Die bei der ersten Erneuerung, welche vor der Veranlagung für das Jahr 1895/96 stattfindet, nach Maßgabe der Bestimmungen des Gesetzes aus den Kommissionen ausscheidenden Mitglieder und Stellvertreter werden durch das Loos bestimmt, welches hinsichtlich der gewählten Personen durch den Vorsitzenden des betreffenden Wahlkörpers hinsichtlich der ernannten durch einen Kommissar der Regierung gezogen wird.

4. Wegen der Verpflichtung der Kreisangehörigen zur Uebernahme, sowie wegen der Gründe für die Ablehnung des Amtes als Mitglied oder stellvertretendes Mitglied einer Veranlagungskommission finden die Vorschriften Artikel 40 Nr. 6 Abs. 1 und 2 mit der Maßgabe Anwendung, daß an Stelle der Gemeindevertretung (Gemeindeversammlung) der Kreistag tritt.

Nach Ablauf von drei Jahren kann das Amt niedergelegt werden.

Wer das Amt als Mitglied einer Veranlagungskommission während der Dauer von sechs Jahren versehen hat, kann die Uebernahme desselben für die nächsten drei Jahre ablehnen.

Wer sich ohne einen der im Artikel 40 Nr. 6 Abs. 2 bezeichneten Entschuldigungsgründe weigert, das Amt als Mitglied oder Stellvertreter zu übernehmen oder das Amt drei Jahre hindurch zu versehen, sowie derjenige, welcher sich den Pflichten der Mitgliedschaft trotz vorhergegangener Aufforderung seitens des Kreisausschusses thatsächlich entzieht, kann durch Beschluß des Kreistages für einen Zeitraum von drei bis sechs Jahren

---

1) Bei den Ernennungen soll auch auf Beamte der Verwaltung der indirekten Steuern zurückgegriffen werden. Siehe Finz.-Minist.-Erlaß v. 22. Sept. 1891. — III. 13199, II. 11979, Anm. 6 zu Art. 40, S. 238.

der Ausübung seines Rechtes auf Theilnahme an der Verwaltung und Vertretung des Kreises für verlustig erklärt und um ein Achtel bis ein Viertel stärker als die übrigen Kreisangehörigen zu den Kreisabgaben herangezogen werden.[2])

Gegen den Beschluß des Kreistages findet innerhalb zwei Wochen die Klage bei dem Bezirksausschusse statt.[32])

Artikel 47.

Die Obliegenheiten und Befugnisse des Vorsitzenden der Veranlagungskommission.[1])

(§§. 35. 37 des Gesetzes.)

I. Die Stellung des Vorsitzenden im allgemeinen.

Der Vorsitzende der Veranlagungskommission ist innerhalb seines Bezirkes der Vertreter des von ihm vorzugsweise wahrzunehmenden Staatsinteresses bei Veranlagung der Einkommensteuer und dafür verantwortlich, daß die gesammte Veranlagung in seinem Bezirke nach den bestehenden Vorschriften zur Ausführung gelangt.

Er hat das Veranlagungsgeschäft, insbesondere die Verhandlungen der Veranlagungskommission zu leiten, die Beschlüsse der letzteren vorzubereiten und auszuführen, die Geschäftsführung der Vorsitzenden der Voreinschätzungskommissionen zu beaufsichtigen, auch von der Behandlung der Geschäfte in den Sitzungen der Voreinschätzungskommissionen Kenntniß zu nehmen, und zu diesem Zwecke alljährlich mindestens in einzelnen Bezirken diesen Sitzungen persönlich beizuwohnen.

Minist. Anm. 32. Vergl. §. 8 der Kreisordnung vom 13. Dezember 1872 (abgedr. als Anm. 7 zu Art. 40 S. 239).

(Zu Art. 46.) 2) Auch hier fehlt eine Aeußerung darüber, welche Zwangsmaßregeln gegen solche von der Regierung ernannte Mitglieder ergriffen werden sollen, die dem betr. Kreise nicht angehören. Siehe Anm. 7 zu Art. 40. S. 241.

1a) Finz.-Minst.-Zirk.-Erlaß v. 29. Mai 1891 — II. 6724 —.

In Betreff der nach dem zu erwartenden Einkommensteuergesetze den Vorsitzenden der Veranlagungskommissionen obliegenden Geschäfte habe ich, vorbehaltlich der demnächst zu erlassenden Ausführungsanweisung eine kurze Uebersicht ausarbeiten lassen.

Der Kgl. Regierung lasse ich pp. Abdrücke derselben zur Kenntnißnahme und Benutzung bei den bevorstehenden weiteren Vorbereitungen für die Ausführung des gedachten Gesetzes zugehen.

Geschäfte des Vorsitzenden der Einkommensteuer-Veranlagungskommission.

A. Einkommen bis zu 3000 Mk.

Der Vorsitzende der Veranlagungskommission hat

I. der Regierung bezw. dem Vorsitzenden der Berufungskommission Vorschläge zu machen und deren Anordnungen zur Ausführung zu bringen oder die Ausführung zu überwachen in Betreff der

Die Vorstände der Gemeinden und selbstständigen Gutsbezirke sind schuldig, allen seinen in Beziehung auf die Einkommensteuerveranlagung an sie ergehenden Aufforderungen Folge zu leisten.

Seinerseits ist der Vorsitzende der Veranlagungskommission als Organ der oberen Verwaltungsbehörden, insbesondere der Bezirksregierung sowie des Vorsitzenden der Berufungskommission verpflichtet, den innerhalb der Zuständigkeit derselben ihm zugehenden Aufträgen und ertheilten Weisungen pünktlich und unweigerlich nachzukommen.

II. Die Vorbereitung der Veranlagung durch den Vorsitzenden.

Die den Steuerpflichtigen nach Maßgabe der Artikel 28 ff. obliegenden Steuererklärungen bilden ein wesentliches Mittel, nicht aber die alleinige Grundlage für die Einkommensteuerveranlagung.

---

1. Aufnahme des Personenstandes,
2. Aufstellung der Einkommensnachweisung Seitens der Gemeinde=(Guts=)Vorstände in seinem Veranlagungsbezirke (§§. 21 bis 23),
3. Auswahl der von der Regierung zu bestimmenden Personen, welche die auf die Einkommensverhältnisse des Gemeinde=(Guts=)Vorstandes selbst bezüglichen Eintragungen in die Einkommensnachweisung zu bewirken haben.

   Da es für das ganze Veranlagungswerk von Bedeutung ist, daß diese Eintragungen der Wirklichkeit entsprechen, so ist bei der Auswahl fortgesetzt mit Aufmerksamkeit zu verfahren.
4. Bildung der Voreinschätzungsbezirke, soweit eine Vereinigung von Gemeinde= oder Gutsbezirken mit benachbarten Gemeinden erforderlich wird.
5. Auswahl der Vorsitzenden für solche vereinigte Voreinschätzungskommissionen (§. 31, Absatz 5),
6. Festsetzung der Mitgliederzahl für die Voreinschätzungskommissionen.
7. Auswahl der von der Regierung zu ernennenden Mitglieder für jede Kommission mit 4 oder mehr Mitgliedern und der zu ernennenden Stellvertreter.

(Bei	4	Mitgliedern	sind	zu	wählen	3,	ernennen	1.
"	5	"	"	"	"	4	"	1.
"	6	"	"	"	"	4	"	2.
"	7	"	"	"	"	5	"	2.
"	8	"	"	"	"	5	"	3.
"	9	"	"	"	"	6	"	3.
"	10	"	"	"	"	6	"	4.
"	11	"	"	"	"	7	"	4.
"	12	"	"	"	"	7	"	5.

   u. s. w.)
8. Vertheilung der zu wählenden Mitglieder auf die einzelnen Gemeinden und Gutsbezirke nach §. 31, vorletzter Absatz.
9. Auswahl des von der Regierung zu ernennenden Kommissars für Abnahme des Gelöbnisses nach §. 52, Absatz 2.

II. Prüfung der Wahlen der Mitglieder der Voreinschätzungskommissionen und der Stellvertreter derselben. (§. 31, Absatz 2 und §. 50.)

III. Beaufsichtigung der Geschäftsführung der Vorsitzenden der Voreinschätzungskommissionen (§. 35, Absatz 1).

Der Vorsitzende der Veranlagungskommission muß daher auch die anderweite Erforschung der Besitz-, Vermögens-, Erwerbs- und sonstigen Einkommensverhältnisse seines Bezirks von Amts wegen betreiben, damit einerseits eine wirksame Kontrole über den Inhalt der Steuererklärungen geübt, andererseits eine den wirklichen Verhältnissen entsprechende richtige Veranlagung derjenigen Steuerpflichtigen bewirkt werden kann, welche zur Steuererklärung nicht aufgefordert worden sind, oder eine solche nicht abgegeben haben.

Diesem Zwecke dienen zuvörderst die von den Gemeinde- (Guts-)vorständen aufgestellten und von den Voreinschätzungskommissionen geprüften Personenverzeichnisse und Einkommensteuerlisten (Artikel 45).

IV. Feststellung, in welchen Gemeinde-(Guts-)Bezirken gleichzeitig die Personen mit einem Jahreseinkommen von 900 ℳ oder weniger zu kommunalen Zwecken auf Grund der fingirten Steuersätze des §. 74 zu veranlagen sind, und in welchem Umfange (§. 75).

V. Vorrevision unter Zuziehung der Gemeinde-(Guts-)Vorstände und Vorsitzenden der Voreinschätzungskommissionen. Insbesondere

1. Prüfung der Personenstands- und Einkommensnachweisungen (§. 35, Absatz 2.)
2. Verständigung über die Veranlagungsgrundsätze und deren richtige und gleichmäßige Anwendung innerhalb des Bezirkes.
3. Spezielle Ermittelung derjenigen Personen, welche zur Abgabe der Steuererklärung besonders aufzufordern sind, (§. 35, Absatz 2) und Erlaß der Aufforderungen.

VI. Prüfung der Veranlagungs-Beschlüsse der Voreinschätzungskommissionen und Aussonderung der zu beanstandenden Steuersätze. (§. 36 und §. 75.)

VII. Prüfung der auf besondere Aufforderung (Nr. V, 3) eingegangenen oder auf die allgemeine Aufforderung freiwillig abgegebenen Steuererklärungen. (§. 25.)

VIII. In den Fällen zu VI und VII ist vor der Vorlegung der Verhandlungen an die Veranlagungskommission das nach dem Ermessen des Vorsitzenden zutreffende Einkommen, getrennt nach den verschiedenen Quellen in die Einkommensnachweisung einzutragen und der Steuersatz vorzuschlagen. (§. 36, Absatz 2.)

IX. Vorlegung der Verhandlungen an die Veranlagungskommission zur Beschlußfassung über diejenigen Fälle, in welchen

a) der von der Voreinschätzungskommission vorgeschlagene Steuersatz beanstandet ist (vorstehend Nr. VI),
b) auf besondere Aufforderung oder freiwillig eine Steuererklärung rechtzeitig von dem Steuerpflichtigen abgegeben ist (Nr. VII).

X. Festsetzung der Steuer (§. 36, Absatz 1, §. 75, Absatz 2) und Eintragung der von der Veranlagungskommission festgesetzten Steuer (§. 38, letzter Absatz) in die Steuerlisten.

XI. Ausfertigung und Zustellung der Bekanntmachung des Veranlagungsergebnisses für die Steuerpflichtigen mit über 900 ℳ (§. 39).

XII. Anweisung zur öffentlichen Auslegung der Steuerlisten über Einkommen von 900 ℳ oder weniger (§. 75, Absatz 3).

XIII. Berufungen Seitens des Vorsitzenden gegen zu beanstandende Beschlüsse der Veranlagungskommission.

Der Vorsitzende der Veranlagungskommission prüft auch seinerseits die Vollständigkeit der Personenstandsaufnahme, vergleicht die eingegangenen Verzeichnisse mit den vorjährigen, mit den Zu- und Abgangslisten, den letzten Volkszählungslisten und anderen amtlichen Nachrichten, und erörtert etwaige Bedenken gegen die Richtigkeit der Bevölkerungsangaben durch Rückfrage oder örtliche Untersuchung. Zugleich überzeugt er sich, daß alle diejenigen Personen, welchen ein Einkommen von mehr als 900 Mark beizumessen ist, und welchen nicht aus irgend einem Grunde Steuerfreiheit gesetzlich zusteht, aus dem Personenverzeichniß in die Einkommensteuerliste übernommen sind, und veranlaßt, nöthigenfalls nach Anhörung der Voreinschätzungskommission, die Ergänzung der Listen.

Behufs Prüfung des Inhalts der letzteren muß er im ganzen Laufe des Jahres auf die Sammlung der erforderlichen Nachrichten über die Einkommens-

---

XIV. Entgegennahme sämmtlicher Berufungen Seitens der Steuerpflichtigen. Vorbereitung der Entscheidung, Aufstellung der verschiedenen Berufungsnachweisungen.

XV. Vorlegung der Berufungen zur Entscheidung an die
a) Veranlagungskommission in denjenigen Fällen, wo die Steuer für Einkommen bis zu 900 ℳ von dem Vorsitzenden festgesetzt ist.
b) in allen anderen Fällen an die Berufungskommission (§§. 40 und 75, Abs. 4).

XVI. Vorläufige Entscheidung über Steuersatz und Zeitpunkt der Zu- und Abgangsstellung in den Fällen der §§. 57 und 59.
Herbeiführung der halbjährlichen Veranlagung durch die Voreinschätzungskommissionen, eventuell bei Beanstandung des Vorschlages derselben oder beim Vorliegen einer auf besondere Aufforderung oder freiwillig abgegebenen Steuererklärung durch die Veranlagungskommission (vergl. Nr. VI bis XI).

XVII. Entgegennahme und Erörterung der Anträge auf Steuerermäßigung im Laufe des Jahres. Vorlegung der Verhandlungen an die Bezirksregierung.

XVIII. Prüfung der Abgangslisten und Vorlegung an die Regierung behufs Feststellung (§. 60).
Nr. XVI bis XVIII finden auf die Einkommen bis zu 900 ℳ keine Anwendung.

B. Einkommen über 3000 ℳ

I. Die Bestimmungen unter A. I, 1, 2, 3 erstrecken sich auch auf die Einkommen über 3000 ℳ.

II. Gutachten über die von der Regierung zu bestimmende Anzahl der ernannten und der gewählten Mitglieder der Veranlagungskommission.

Bei einer Gesammtzahl von

5 Mitgliedern:	sind zu	wählen mindestens	ernennen höchstens
		4	1
6	"	5	1
7	"	6	1
8	"	6	2
9	"	7	2
10	"	8	2
11	"	8	3
12	"	9	3

verhältnisse der Steuerpflichtigen und die darin eintretenden Veränderungen Bedacht nehmen, und für die Verwerthung des gesammten Materials bei der Veranlagung Sorge tragen.

Zu diesem Zwecke stehen ihm insbesondere die folgenden Mittel zu Gebote:

1. Das Ersuchen an alle Staats- und Gemeindebehörden und Beamten um Ertheilung amtlicher Auskunft über die Gehälter, Gebühren und sonstigen dienstlichen Einkünfte der Staats- und Gemeindebeamten, über die Kollegiengelder u. s. w. der Universitätslehrer, über den Umfang, die Bodenbeschaffenheit, den Grundsteuerreinertrag von Grundstücken, über den Nutzungswerth von Gebäuden, die vorgekommenen Fortschreibungen, den Anfall von Erbschaften, über die Höhe der in Ausübung eines Gewerbe- oder Landwirthschaftsbetriebes vom Steuerpflichtigen gezahlten indirekten Abgaben u. dergl.

Bei einer Gesammtzahl von

Mitgliedern:		sind zu wählen mindestens	ernennen höchstens
13		10	3
14	„	10	4
15	„	11	4
16	„	12	4
17	„	12	5
18	„	13	5
19	„	14	5
20	„	14	6
21	„	15	6
22	„	16	6
23	„	16	7
24	„	17	7
25	„	18	7

u. s. w. für je 1 bis 3 Mitglieder mehr ein ernanntes Mitglied mehr, z. B. bei einer Kommission von 55 Migliedern höchstens 17 ernannte und mindestens 38 gewählte Mitglieder, bei 56 Mitgliedern 18 ernannte und 38 gewählte.

III. Herbeiführung der Wahlen und Prüfung der Vorschriftsmäßigkeit derselben. (§. 34 Absatz 1, §. 50.)

IV. Zusammenberufung der Kommission, Abnahme des Gelöbnisses der Mitglieder (§. 52, Absatz 1), Vorbereitung und Leitung der Geschäfte, Ausführung der nicht angefochtenen Beschlüsse, Ausfertigung und Vollziehung der Entscheidungen. (§. 51.)

V. Geschäftsordnung bei Bildung von Unterkommissionen (§. 51, Abs. 2).

VI. Erlaß der allgemeinen und der besonderen Aufforderung zur Steuererklärung. Zufertigung der Formulare.

VII. Entgegennahme der zu Protokoll abzugebenden Steuererklärungen. Ertheilung belehrender Aufklärung auf schriftliche oder mündliche Anfragen (§. 24).

VIII. Entgegennahme der von Aktiengesellschaften 2c. einzusendenden Geschäftsberichte u. s. w. (§. 24, Absatz 2.)

IX. Kontrole über den Eingang der Steuererklärungen.

X. Nach Ablauf der Frist nochmalige besondere Aufforderung der zur Steuererklärung Verpflichteten, welche diese nicht abgegeben haben (§. 30, Absatz 2). Kontrole ob der

2. Die Erkundigungen über die Vermögens- und gewerblichen Verhältnisse der Steuerpflichtigen bei Vertrauenspersonen und Sachverständigen, wobei jedoch nicht übersehen werden darf, daß eine Verpflichtung zur Auskunftsertheilung über die Einkommensverhältnisse anderer Personen bei der Veranlagung nur im Falle des §. 38 Abs. 2 des Gesetzes besteht.

3. Die mündliche oder schriftliche Befragung der Steuerpflichtigen über einzelne für die Steuerveranlagung erhebliche Thatsachen, welche der Feststellung bedürfen.

4. Die persönliche Verhandlung mit dem Steuerpflichtigen, welche vom Vorsitzenden nur aus dringenden Gründen abgelehnt werden darf, wenn der

---

Aufforderung binnen 4 Wochen genügt wird, eventuell Bericht an die Regierung wegen Festsetzung des Steuerzuschlages.

XI. Prüfung der Anträge auf Abstandnahme von der ziffermäßigen Angabe des Einkommens in der Steuererklärung und Bescheidung über das Anzugebende, nach Umständen Herbeiführung eines (generellen oder speziellen) Beschlusses der Veranlagungskommission hierüber.

XII. Prüfung sämmtlicher eingegangenen Steuererklärungen. Einziehung möglichst vollständiger Nachrichten über die Besitz-, Einkommens- und Vermögensverhältnisse der Steuerpflichtigen (§. 35, Absatz 3). Anwendung der nach §. 35, Absätze 4, 5 und 6 zulässigen Hülfsmittel.

XIII. Vorlegung der Steuererklärungen und Verhandlungen nebst Personenstands- und Einkommensnachweisungen an die Veranlagungskommission zur Prüfung und Beschlußfassung unter seiner Leitung.

XIV. Im Falle der Beanstandung der Steuererklärung durch den Vorsitzenden oder die Kommission: Mittheilung der Gründe oder der zu stellenden Fragen an den Steuerpflichtigen zur Erklärung (§. 38, Abs. 2).

Auf Antrag oder von Amtswegen persönliche Verhandlung mit dem Steuerpflichtigen.

XV. Veranlassung der etwa beschlossenen Vernehmungen (von Zeugen und Sachverständigen) und sonstigen Erhebungen (§. 38, Abs. 2).

XVI. Eintragung der von der Kommission festgesetzten Steuersätze in die Steuerlisten. Ausfertigung und Zustellung der Zuschriften an die Steuerpflichtigen über das Ergebniß der Veranlagung (§. 39).

XVII. Im Falle der Beanstandung eines Kommissionsbeschlusses Seitens des Vorsitzenden: Einlegung der Berufung (§. 40).

XVIII. Entgegennahme der Berufungen der Steuerpflichtigen. Anstellung der nöthigen Erörterungen. Begutachtung und Einreichung der Verhandlungen an den Vorsitzenden der Berufungskommission (§. 40, Absatz 2).

XIX. In Betreff der Anträge auf Steuerermäßigungen, Zu- und Abgänge im Laufe des Jahres erstrecken sich die Bestimmungen unter A. XVI bis XVIII auch auf die Einkommen über 3000 ℳ

C.

Es treten hinzu Geschäfte, welche durch die

a) Aufsichtführung des Vorsitzenden der Berufungskommission und die Zuständigkeit der letzteren (§§. 42, 43),

b) durch die Steuererhebung (§§. 64, 65),

c) durch das Strafverfahren (§. 66 ff.),

Steuerpflichtige selbst behufs Aufklärung seiner Einkommensverhältnisse darum nachsucht.

5. Die Sammlung von Nachrichten über die Lohn- und Besoldungsverhältnisse der Arbeiter, Gewerbegehilfen und Privatangestellten, über die Ertragsverhältnisse der landwirthschaftlichen Betriebe sowie über die Pacht- und Miethspreise, welche in dem Veranlagungsbezirke oder, wenn hier Verpachtungs- bezw. Vermiethungsfälle in genügender Zahl nicht vorkommen, in benachbarten Bezirken wirklich gezahlt werden (vergl. auch Artikel 42).

6. Die Einsicht der die Einkommensverhältnisse der Steuerpflichtigen betreffenden, bei Staats- oder Kommunalbehörden beruhenden Bücher, Akten, Urkunden, Register u. s. w., insbesondere der Grundbücher und Akten, der Testaments-, Nachlaß-, Vormundschaftsakten, der Grund-, Gewerbe-, Gemeindesteuerrollen, der Grund- und Gebäudesteuerkataster, der Erbschaftssteuerakten u. s. w.[2])

---

d) durch das Kostenwesen (§. 71 ff.),

e) durch sonstige Verwaltungsinteressen bedingt sind, wie z. B. Anzeigen über den Fortgang und Abschluß der Veranlagung Berichte über Beschwerden gegen das Verfahren (§. 43, Absatz 1), Aufstellung der Nachweisungen über die Veranlagungsergebnisse, Erledigung der von Aufsichtswegen gezogenen Erinnerungen, Statistik u. s. w.

1b) Siehe auch die Nr. II des Finz.-Minist.-Erlasses vom 13. April 1891 — II. 4748 — S. 226.

2a) Finz.-Minist.-Erlaß an sämmtliche Herren Provinzial-Steuer-Direktoren v. 13. Oktbr. 1876 — III. 12839 —.

Die Verwaltung der direkten Steuern hegt den Wunsch, daß über diejenigen Erbfälle, in denen der Nachlaß den Werthbetrag von 3000 Mark übersteigt, den Kgl. Regierungen ꝛc., unter Benutzung eines Formulars, aus den Akten der Erbschaftssteuer-Aemter Mittheilungen gemacht werden möchten. Das gedachte Formular soll die Ueberschrift:

„Nachlaß des — der — am — zu — verstorbenen (Name u. Stand)"

und folgende Rubriken enthalten:

Laufende Nummer,
Name, Stand und Wohnort des steuerpflichtigen Erben, Legatars,
Betrag der Zuwendungen,
Bemerkungen.

Die Formulare werden den betreffenden Erbschaftssteuer-Aemtern durch die oben genannten Behörden geliefert werden.

Ew. ꝛc. wollen demzufolge die Erbschaftssteuer-Aemter anweisen, in den hier in Betracht kommenden Erbfällen sogleich nach der Berechnung der Erbschaftssteuer, gleichzeitig mit der Feststellungsbescheinigung (§. 39 des Ges. v. 30. Mai 1873) den Kgl. Regierungen ꝛc. ihres Bezirks die bezeichnete Nachweisung nach dem Formular mitzutheilen.

In die Schlußspalte des Formulars sind solche in die Feststellungsbescheinigung zu übernehmenden Angaben einzutragen, welche, wie z. B. Erwerb der Substanz ohne die Nutzung, bedingter Erwerb des Anfalls ꝛc., bei der Feststellung des Jahreseinkommens des Pflichtigen behufs seiner Veranlagung zur Klassen- oder Einkommensteuer in Betracht zu ziehen sind.

Sollten der Stand und Wohnort von Miterben und Legataren aus den Akten nicht ersichtlich sein, so bleiben die betr. Spalten der Nachweisung unausgefüllt. Besondere Ermittelungen, um die fehlenden Daten zu erlangen, sind nicht anzustellen (Zusatz für Köln u. Hannover).

Den von Ew. ꝛc. hervorgehobenen Bedenken gegen die Maßregel, welche der Befürchtung

Sämmtliche Staats- und Kommunalbehörden sind verpflichtet, die Einsicht in die bezeichneten Bücher u. s. w. dem Vorsitzenden der Veranlagungskommission oder dem von diesem beauftragten Beamten oder Kommissionsmitgliede zu gestatten, auf Ersuchen auch kostenfreie Abschriften aus den Büchern u. s. w. zu ertheilen, soweit nicht, wie in Ansehung des Staatsschuldbuchs (§. 2 Abs. 4 des Gesetzes vom 20. Juli 1883[3]) Gesetzsamml. S. 120 und der Sparkassen (§. 35 Abs. 6 des Einkommensteuergesetzes) besondere gesetzliche Bestimmungen oder dienstliche Rücksichten entgegenstehen.

Nachrichten, welche dem Vorsitzenden über die Einkommensverhältnisse von Steuerpflichtigen aus anderen Veranlagungsbezirken zugehen, hat er dem zuständigen Vorsitzenden mitzutheilen.[4])

III. Wegen der Verwendung sowie der Rechte und Pflichten der den Vorsitzenden der Veranlagunskommissionen zugeordneten Hülfsbeamten sind die dieserhalb ergangenen besonderen Bestimmungen zu beachten.[5])

---

entspringen, daß die Erbinteressenten vielfach die Werthe zu niedrig deklariren würden, wenn erst bekannt geworden sei, daß ihre Deklarationen zugleich der Klassen- und Einkommensteuer dienen sollen, hat kein überwiegendes Gewicht beigelegt werden können.

2b) Finz.-Minist.-Zirk.-Erlaß vom 15. Dezbr. 1876 — V. 13063 —.

In Berücksichtigung des Werthes, welchen die Kenntniß der erbschaftssteuerpflichtigen Erbanfälle und Legate für die Veranlagung der Klassen- und klassif. Einkommensteuer hat, ist die in Abschrift beigefügte Verfügung an die Kgl. Provinzial-Steuer-Direktoren vom 13. Oktbr. 1876 — III. 12839 — (siehe vorstehende Anm. 2a) erlassen worden, nach welcher die Erbschaftssteuer-Aemter die Anweisung erhalten haben, über diejenigen Erbfälle, in denen der Nachlaß den Werthbetrag von 3000 Mark übersteigt, der für ihren Geschäftsbezirk zuständigen Kgl. Regierung pp. sogleich nach der Berechnung der Erbschaftssteuer unter Zugrundelegung des zu jener Verfügung vorgeschriebenen Formulares Mittheilung zu machen. Die Kgl. Regierung ꝛc. wird von dieser Anordnung mit dem Auftrage in Kenntniß gesetzt, für die Beschaffung der vorgeschriebenen Formulare und für deren Uebersendung an die in dem dortigen Bezirke vorhandenen Erbschaftssteuer-Aemter Sorge zu tragen. Nach dem Empfange der ausgefüllten Formulare sind auf Grund der dort vorzunehmenden Prüfung derselben die erforderlichen Auszüge hieraus, insoweit die erbschaftssteuerpflichtigen Personen innerhalb des dortigen Bezirkes wohnen, den Vorsitzenden der zuständigen ebendaselbst fungirenden Gemeinde- bezw. Kreiskommissionen für die Einschätzung der Klassensteuer und klass. Einkommensteuer behufs der Benutzung bei der Steuerveranlagung zuzufertigen, insoweit die vorgedachten Personen aber außerhalb des Bezirkes wohnen, den betheiligten Kgl. Regierungen ꝛc. zur entsprechenden gleichmäßigen Veranlassung an die Vorsitzenden der Veranlagungskommissionen ihres Bezirkes mitzutheilen.

Ueber die bei Ausführung der vorstehenden Anordnungen zu machenden Erfahrungen und etwa vorzuschlagenden Modifikationen der vorerst versuchsweise getroffenen Einrichtung wird gegen Ablauf des nächsten Jahres einer Aeußerung der Kgl. Regierung entgegensehen.

Hinsichtlich der den Vorsitzenden der Einschätzungskommissionen auf deren Ersuchen zu gestattenden Einsicht der Akten und Tabellen der Erbschaftssteuer-Aemter und der von letzteren im Korrespondenzwege zu ertheilenden Auskunft bewendet es bei den bestehenden Bestimmungen.

2c) Finz.-Minist.-Erlaß v. 17. Januar 1877 — IV. 351 —. (für Berlin.)

Unter den in dem Berichte ꝛc. angezeigten Umständen wird genehmigt, daß in dem Einschätzungsbezirke Berlin bis auf Weiteres die Anordnungen der Verfügg. v. 15. Dezbr. 1876, IV. 13063, wegen Ermittelung der erbschaftssteuerpflichtigen Erbanfälle und Legate behufs Benutzung bei der Steuerveranlagung nicht zur Anwendung kommen und die Einrichtungen, wie sie bisher in dieser Beziehung für den Einschätzungsbezirk Berlin bestanden haben, auch fernerhin beibehalten werden.

(Nach Ansicht der Königl. Ober-Rechnungs-Kammer sind die übrigen Bestimmungen der Verfügung v. 15. Dezbr. 1876 aber für Berlin gültig.)

2d) Finz.-Minist.-Erlaß v. 5. März 1877 — IV. 1824 —.

Durch die allgemeine Verfügung v. 15. Dezbr. 1876 — IV. 13063 — ist die Kgl. Regierung beauftragt worden, nach dem Eingange der von den Erbschaftssteuer-Aemtern über die steuerpflichtigen Erbanfälle und Legate aufzustellenden Nachweisungen auf Grund der dort vorzunehmenden Prüfung derselben die erforderlichen Auszüge hieraus, je nachdem die erbschaftssteuerpflichtigen Personen innerhalb oder außerhalb des dortigen Bezirks wohnen, den Vorsitzenden der Klassensteuer- bezw. Einkommensteuer-Einschätzungskommission oder der betheiligten Kgl. Regierung mitzutheilen. Hiernach hat es nicht in der Absicht gelegen, der Kgl. Regierung die Mittheilung eines Auszuges hinsichtlich jedes einzelnen in jenen Nachweisungen aufgeführten Erbanfalls oder Legats ohne Ausnahme zur Pflicht zu machen, vielmehr ist die Prüfung der Nachweisungen und der Verwendbarkeit des Inhalts derselben für die Zwecke der Veranlagung der Klassen- und Einkommensteuer der Kgl. Regierung vorbehalten und steht es sonach in Ihrem Ermessen, von der Mittheilung solcher Beträge, deren landesüblicher Zinsertrag zu geringfügig ist, um bei der Feststellung des der Klassen- oder klassifizirten Einkommensteuer unterliegenden Jahreseinkommens des Erwerbers berücksichtigt zu werden, Abstand zu nehmen. In letzterer Beziehung wird jedoch nicht außer Betracht bleiben dürfen, daß die Stufen der genannten Staatssteuern durch bestimmte Einkommensziffern gegen einander abgegrenzt sind, so daß unter Umständen auch ein hinter dem niedrigsten Stufenintervall von 150 Mark zurückbleibender Jahresbetrag auf die Feststellung der Steuerstufe von Einfluß sein kann.

2e) Finz.-Minist.-Erlaß an sämmtliche Kgl. Provinzial-Steuer-Direktoren. Berlin, 8. November 1877 — III. 11762 —.

Unter Bezugnahme auf die Zirkular-Verfügung v. 13. Oktbr. 1876 — III. 12839 — (siehe vorsteh. Anm. 2a) wird bestimmt, daß die von den Erbschaftssteuer-Aemtern den Kgl. Regierungen 2c. über Erbfälle, in denen der Nachlaß den Werthbetrag von 3000 Mark übersteigt, zu machenden Mittheilungen sich nicht allein auf die erbschaftssteuerpflichtigen Zuwendungen beziehen, sondern zugleich auf die erbschaftssteuerfreien Zuwendungen sich erstrecken sollen, welche den Erbschaftssteuer-Aemtern bei Gelegenheit der Bearbeitung der Erbschaftssteuer-Angelegenheit bekannt werden. Demgemäß ist in der zweiten Rubrik der benutzten Formulare das Wort „steuerpflichtigen" zu streichen.

Es wird bemerkt, daß es sich nur um die Mittheilung und Nutzbarmachung der ohnehin bei Bearbeitung der Erbschaftssteuersachen anzustellenden Ermittelungen handelt und besondere Nachforschungen wegen der Aufstellung der fraglichen Mittheilungen von den Erbschaftssteuer-Aemtern nicht anzustellen sind. In der Rubrik „Bemerkungen" ist in den Fällen, in welchen das Erbschaftssteuer-Amt nicht selbst den Betrag der Zuwendung ermittelt hat, die Quelle der Kenntniß kurz anzugeben, wie z. B. laut Testament u. s. w.

Steuerfreie Zuwendungen, welche für die Veranlagung der Klassen- und klassif. Einkommensteuer nicht von Interesse sind, wie die unter 2e—i der Befreiungen des Erbschaftssteuertarifes bezeichneten, sind in die Nachweisungen nicht aufzunehmen.

Für die Stadt Berlin bleibt diese Verfügung außer Anwendung.

2f) Finz.-Minist.-Zirk.-Erlaß v. 27. Novbr. 1877 — IV. 13747 —.

In Verfolg des Erlasses v. 15. Dezbr. 1876 — IV. 13063 — (siehe Anm. 2b) erhält die Kgl. Regierung hierneben Abschrift der unter dem 8. Novbr. c. — III. 11762 — an sämmtliche Herren Provinzial-Steuer-Direktoren ergangenen Verfügung (cf. vorstehend), durch welche die Zirkular-Verfügung v. 13. Oktbr. 1876 — III. 12389 — (siehe Anm. 2a) dahin ausgedehnt worden ist, daß bezüglich der den Werthbetrag von 3000 Mark übersteigenden Nachlassenschaften seitens der

Erbschaftssteuer-Aemter den Königlichen Regierungen 2c. außer den erbschaftssteuerpflichtigen Zuwendungen fernerhin auch von den erbschaftssteuerfreien Zuwendungen Mittheilung gemacht werden soll, zur weiteren Veranlassung bei der Veranlagung der Klassen- und klass. Einkommensteuer.

2g) Finz-Minist.-Erlaß v. 7. Mai 1878 — III. 5309 — (den Regierungen 2c. mitgetheilt durch Finz.-Minist.-Erlaß v. 5. Juni 1878 — IV. 6101).

Die im Interesse der Klassen- und Einkommensteuer-Veranlagung durch die Zirkular-Verfügungen v. 13. Oktbr. 1876 — III. 12839 und v. 8. Novbr. 1877 — III. 11762 — (als entbehrlich nicht mit abgedruckt) angeordneten Mittheilungen an die Bezirksregierungen 2c. über erbschaftliche Anfälle sollen künftig nicht von der Höhe der Nachlaßmasse, sondern von dem Betrage der einzelnen Zuwendung abhängig gemacht werden.

Es wird demnach bestimmt, daß die Erbschaftssteuer-Aemter fortan, ohne Rücksicht auf die Summe des ganzen Nachlasses, jede einzelne Zuwendung einer Substanz im Werthe von 500 Mark und darüber, oder der Nutzung an einer solchen, zur Kenntniß der Regierungen 2c. zu bringen haben.

Für die Stadt Berlin bleibt diese Verfügung außer Anwendung.

3) Gesetz, betreffend das Staatsschuldbuch v. 20. Juli 1883 (G.S. S. 120).

§. 2. Absatz 4: „Ueber den Inhalt des Staatsschuldbuchs darf nur dem eingetragenen Gläubiger, seinen gesetzlichen Vertretern, Bevollmächtigten und Rechtsnachfolgern von Todeswegen, sowie bezüglich der im §. 4 unter Nr. 3 und 4 bezeichneten Gläubiger den zur Revision der Kassen derselben berechtigten öffentlichen Behörden oder sonstigen Personen, letzteren aber nur, falls ihre Berechtigung zur Kassenrevision durch eine Deutsche öffentliche Behörde bescheinigt ist, Auskunft ertheilt werden.

4a) Finz.-Minist.-Zirk.-Erlaß v. 28. Mai 1885 — II. 4319 —.

Die Kgl. Oberrechnungskammer hat zu meiner Kenntniß gebracht, daß nach den Wahrnehmungen bei Revision der Rechnungen von den direkten Steuern die Vorsitzenden der Einschätzungskommissionen für die klassifizirte Einkommensteuer, mit nur wenigen Ausnahmen, die ihnen durch das Gesetz v. 1./25. Mai 1851/73 auferlegten Pflichten nicht ausreichend erfüllen. Zur Kontrolle darüber, ob Seitens dieser Beamten bei der Bearbeitung der Einkommensteuer-Remonstrationen und -Reklamationen, wie der Anträge auf Grund des §. 36 a. a. O. namentlich aber bei Ermittelung des Nachlasses und der Erben verstorbener Zensiten zur Besteuerung oder höheren Veranlagung der betr. Erben nach den Vorschriften des Gesetzes bezw. den zur Erläuterung und Ergänzung desselben ergangenen Bestimmungen verfahren ist, werden Seitens der Kgl. Oberrechnungskammer nur ab und zu die bezüglichen, im Allgemeinen zur Justifizirung den Rechnungen nicht beizufügenden Schriftstücke ausnahmsweise zur Einsicht eingefordert, und es gelangen deshalb nur verhältnißmäßig wenige Fälle zu ihrer Kenntniß. In den allermeisten dieser Fälle aber hat sich ergeben, daß die Staatskasse durch Mangel an Aufmerksamkeit Seitens der Vorsitzenden oder durch Lässigkeit derselben geschädigt worden ist.

Ew. 2c. ersuche ich ergebenst, den Vorsitzenden der Einkommensteuer-Einschätzungskommissionen hiervon Kenntniß zu geben und denselben die genaue und pünktliche Befolgung der diese Steuer betreffenden Gesetze, Anweisungen und Erlasse, sowie die prompte und eifrige Wahrnehmung des Interesses der Staatskasse innerhalb der gesetzlichen Grenzen unter Hinweis auf ihre besondere Verantwortlichkeit (§. 22 des Gesetzes v. 1./25. Mai 1851/73) eindringlich zu empfehlen.

4b) Finz.-Minist.-Erlaß v. 28. Mai 1886 — II. 4826 —.

Von der Kgl. Oberrechnungskammer ist bei der Revision der Rechnungen von den direkten Steuern wiederholt die Wahrnehmung gemacht worden, daß Vorsitzende der Einkommensteuer-Einschätzungskommissionen es verabsäumen, Mittheilungen über eingetretenen Vermögenszuwachs, welche ihnen irrthümlich zugegangen sind, an die zuständigen Vorsitzenden weiter zu befördern, und daß dadurch nicht unerhebliche Verluste der Staatskasse herbeigeführt werden.

Im Anschlusse an meinen Zirkular-Erlaß v. 28. Mai 1885 — II. 4319 — (siehe vorsteh. Anm. 4a) wegen Beachtung der den gedachten Vorsitzenden obliegenden Pflichten bezüglich der

Veranlagung der klassifizirten Einkommensteuer ersuche ich Ew. ꝛc., dieselben noch insbesondere darauf aufmerksam zu machen, daß sie die etwa irrthümlich ihnen zugehenden Mittheilungen über eingetretenen Vermögenszuwachs an die zuständigen Vorsitzenden ungesäumt zu befördern haben.

5) Erlaß der Herren Minister des Innern und der Finanzen v. 8. Juli 1891 — M. d. J. I. A. 6714 / F. M. II. 7983. I. 9394 —.

In Folge der bevorstehenden Einführung des Einkommensteuergesetzes v. 24. Juni 1891 wird nach den hierüber erstatteten Berichten der Königlichen Regierungen das Bedürfniß hervortreten, einzelnen Vorsitzenden von Veranlagungs-Kommissionen in größeren Kreisen staatliche Subalternbeamte zu überweisen.

Damit denselben das zu diesem Zwecke geeignete Personal rechtzeitig zur Verfügung gestellt werden kann, ist für die Heranziehung der erforderlichen Hülfskräfte, soweit dieselben nicht dem Beamtenpersonal der Regierungen selbst entnommen werden können, schleunigst Sorge zu tragen.

Ew. Hochwohlgeboren werden deshalb ermächtigt, die zu dem bezeichneten Zwecke im dortigen Regierungsbezirke erforderliche Zahl von Büreauhilfsarbeitern sofort einzuberufen.

Behufs Bemessung des Bedarfs können die Ergebnisse der Seitens der dortigen Königlichen Regierung auf meinen, des mitunterzeichneten Finanzministers, Erlaß v. 13. April 1891 — II. 4748 — (siehe Anm. 1a zu Art. 40. I. S. 225) veranlaßten Ermittelungen einigen Anhalt gewähren. Zur richtigen Begrenzung der Einberufungen ist aber Folgendes zu beachten:

1. Ausschließlich derjenige dauernde Mehrbedarf an Arbeitskräften kommt in Betracht, welcher durch den erweiterten Umfang der künftig dem Vorsitzenden der Veranlagungs-Kommission obliegenden Geschäfte bedingt wird; in dieser Hinsicht wird auf die den Königlichen Regierungen durch meine, des Finanzministers, Verfügung vom 29. Mai 1891 — II. 6724 — (siehe Anm. 1a auf Seite 255) mitgetheilte Uebersicht Bezug genommen. Unberücksichtigt dagegen bleibt die durch die Geschäftsvermehrung in anderen Verwaltungszweigen für die landräthlichen Büreaus etwa eingetretene Mehrbelastung.

2. Die Ueberweisung von subalternen Hülfskräften an die Vorsitzenden der Veranlagungs-Kommissionen findet nur zur Erledigung desjenigen Theils ihrer Geschäfte statt, welcher dem subalternen Expeditions-, Kalkulatur- und Registraturdienste angehört, sowie zur Ausführung der Weisungen des Vorsitzenden wegen Einziehung der Nachrichten über die Besitz-, Vermögens- und Einkommensverhältnisse der Steuerpflichtigen, Einsicht der betreffenden Bücher, Akten, Urkunden u. s. w.

3. Darüber hinaus dürfen denselben die regelmäßig von dem Vorsitzenden der Veranlagungs-Kommission bezw. dessen Stellvertreter persönlich wahrzunehmenden Geschäfte, insbesondere die Entgegennahme protokollarischer Steuererklärungen, die persönliche Verhandlung mit den Steuerpflichtigen bei Beanstandung von Steuererklärungen oder bei Erörterung von Rechtsmitteln nur ausnahmsweise bei dienstlicher Behinderung des Vorsitzenden, sofern anderweite Bedenken nicht obwalten, aufgetragen werden.

Zur Stellvertretung des Vorsitzenden in den Sitzungen der Veranlagungs-Kommission, sowie zur Theilnahme an denselben mit berathender Stimme dürfen Subalternbeamte überhaupt nicht verwendet werden.

Andererseits darf nicht unbeachtet bleiben, daß durch die Bestimmung im §. 52 Abs. 3 des Einkommensteuergesetzes, wonach die Steuererklärungen, sowie die Kommissions-Verhandlungen über dieselben nur zur Kenntniß durch ihren Amtseid zur Geheimhaltung verpflichteter Beamten gelangen dürfen, die Möglichkeit der Verwendung von landräthlichen Privatgehülfen für den bezüglichen Theil der Büreaugeschäfte wesentlich eingeschränkt ist.

4. Wo in Stadtkreisen der Vorsitz der Veranlagungs-Kommission nicht einem Staatsbeamten als besonderem Kommissar übertragen wird, hat die Stadtgemeinde das erforderliche

Artikel 48.

Insbesondere Vorarbeiten behufs Veranlagung der nicht physischen Personen.

I. Sobald die ersten Verzeichnisse über die Aktiengesellschaften u. s. w. oder Anzeigen über eine neue Betriebseröffnung eingehen (Artikel 39), stellt der Vorsitzende der Veranlagungskommission zunächst, nöthigenfalls nach Einforderung von Auszügen aus dem Handels- oder Genossenschaftsregister, fest, hinsichtlich welcher Unternehmungen nach Maßgabe der Vorschriften Artikel 35 Nr. 5 und 6 dieser Anweisung die Veranlagung in seinem Bezirke stattzufinden hat.

Sofern der Veranlagungsort nicht ohne weiteres durch den Sitz des Unternehmens, den Ort der Hauptniederlassung oder der einzigen Betriebsstätte in Preußen bestimmt und auch das Wahlrecht nicht ausgeübt ist, müssen die Vorsitzenden, in deren Bezirk sich Betriebsstätten eines und desselben Unternehmens befinden, sich wegen des Veranlagungsortes mit einander ins Einvernehmen setzen, damit einerseits kein steuerpflichtiges Unternehmen übergangen, andrerseits Doppelveranlagungen vermieden werden. In den geeigneten Fällen wird es sich empfehlen, auf die Ausübung des Wahlrechts hinzuwirken (Artikel 35 Nr. 6).

In Zweifelsfällen ist, wenn die mehreren Betriebsstätten desselben Unternehmens innerhalb des nämlichen Regierungsbezirkes liegen, die Entscheidung des Vorsitzenden der Berufungskommission, wenn mehrere Regierungsbezirke betheiligt sind, die Entscheidung des Finanzministers einzuholen.

Subalternpersonal selbst zu beschaffen und die Kosten dafür aus der ihr nach §. 73 Abs. 1 des Gesetzes zustehenden Veranlagungsgebühr von 2% zu bestreiten.

Von wesentlichem Nutzen, namentlich bei der ersten Veranlagung nach dem neuen Einkommensteuergesetze, werden nur solche Subalternbeamte sein können, welche bereits Erfahrung und Uebung in der Bearbeitung von Einkommensteuersachen besitzen.

Sofern es die Verhältnisse irgend gestatten, sind daher für die demnächstige Ueberweisung an die landräthlichen Büreaus Beamte aus dem gegenwärtigen Personalbestande der dortigen Königlichen Regierung, bei welchen jene Voraussetzung zutrifft, in Aussicht zu nehmen, und als Ersatz für dieselben die neu einberufenen Supernumerare einzustellen. Nur wenn Beamte mit hinreichender Vorbildung in diesem Fache nicht in genügender Zahl vorhanden, oder die vorhandenen im Interesse der ordnungsmäßigen Erledigung der Geschäfte bei den Regierungen von denselben nicht abgegeben werden können, wird bei den Ueberweisungen an die Landräthe auch auf die jetzt neu einberufenen Beamten zurückzugreifen sein.

Ew. 2c. wollen aber in jedem Falle dafür Sorge tragen, daß dieselben durch geeignete Beschäftigung und Unterweisung, soweit als die Kürze der Zeit dies gestattet, mit den bezüglichen Büreaugeschäften und den Bestimmungen des Einkommensteuergesetzes v. 24. Juni d. J. vertraut gemacht und für ihre künftige Verwendung vorbereitet werden.

Ob zur Erreichung dieses Zweckes die vorläufige Beschäftigung in den Steuerbüreaus der dortigen Regierung oder die sofortige Ueberweisung an einen Landrath den Vorzug verdient, bleibt dem Ermessen Ew. 2c. überlassen. Binnen 3 Wochen wollen wir einer gefälligen Anzeige darüber entgegensehen, welche Anzahl von Anwärtern auf Grund dieser Verfügung einberufen ist und welche Anordnungen Ew. 2c. wegen der vorläufigen Beschäftigung derselben getroffen haben.

II. Hinsichtlich der eingetragenen Genossenschaften ist nach Maßgabe der Bestimmungen Artikel 26 Nr. 3 vorweg zu prüfen, ob der Geschäftsbetrieb über den Kreis der Mitglieder hinausgeht und somit die gesetzliche Voraussetzung der Einkommensteuerpflicht überhaupt vorliegt. Für die Beurtheilung dieser Frage werden die Verhandlungen und Entscheidungen, welche wegen Heranziehung der eingetragenen Genossenschaften zur Gewerbesteuer sowie zur Gemeindeeinkommensteuer nach Maßgabe des Gesetzes vom 27. Juli 1885 ergangen sind, in der Regel die nöthigen Unterlagen liefern. Sofern hiernach die Einkommensteuerpflicht einer eingetragenen Genossenschaft von vornherein unbedenklich zu verneinen ist, bedarf es eines weiteren Verfahrens, insbesondere einer Aufforderung des Vorstandes zur Abgabe der Steuererklärung, nicht.

III. Nach Erledigung dieser Vorfragen (I. und II.) fordert der Vorsitzende zum Zwecke der Veranlagung für das Jahr 1892/93 die Vorstände der im Veranlagungsbezirke zu besteuernden eingetragenen Genossenschaften auf, ihm in Gemäßheit des §. 24 Abs. 2 des Gesetzes die Geschäftsberichte, Jahresabschlüsse und die darauf bezüglichen Beschlüsse der Generalversammlungen über die beiden letzten Geschäftsjahre einzureichen, deren Abschluß zur Zeit der Aufforderung vorliegt.

Die gleiche Aufforderung ist an die Vorstände der Aktiengesellschaften, Kommanditgesellschaften auf Aktien und Berggewerkschaften bereits durch öffentliche Bekanntmachung ergangen. Die Berggewerkschaften sind zugleich ersucht, sich darüber zu erklären, ob sie der Berechnung des Abzuges von $3^1/_2$ Prozent das Grundkapital oder den zwanzigfachen Betrag der durchschnittlichen Ausbeute (vergl. Artikel 27 Nr. 2) zu Grunde legen wollen, und die zum Zwecke der Berechnung erforderlichen näheren Angaben beizubringen.

Der Vorsitzende der Veranlagungskommission hat den vollständigen Eingang der bezeichneten Unterlagen zu kontroliren.

Auf Grund der überreichten Abschlüsse u. s. w. wird für jedes nach Artikel 26 steuerpflichtige Unternehmen das steuerpflichtige Einkommen nach Vorschrift des Artikels 27 berechnet und das Ergebnis in Ansehung eines jeden Unternehmens in eine fortlaufende Uebersicht nach beiliegendem Muster VII behufs Kontrole des Inhaltes der Steuererklärungen eingetragen.

Bei Berechnung des steuerpflichtigen Einkommens derjenigen Unternehmungen, welche der Einkommensteuer nicht mit dem gesamten Einkommen unterliegen, sind insbesondere die Vorschriften Artikel 27 Nr. 4 und 5 zu beachten (vergl. auch den Probeeintrag zum Steuererklärungsformular Muster II).

Sofern sich die zur Aussonderung des steuerfreien Einkommentheiles erforderlichen Unterlagen aus den Geschäftsberichten u. s. w. nicht ergeben, ist es Sache der Steuerpflichtigen, in der Steuererklärung oder anderweit die erforderlichen Angaben zu machen und nöthigenfalls zu belegen.

IV. Zum Zwecke der künftigen Veranlagungen bestimmt der Vorsitzende für jedes gemäß Artikel 26 steuerpflichtige Unternehmen mit Rücksicht auf die Zeit, zu welcher bei demselben der Jahresabschluß stattfindet, ein für alle Mal den Termin, bis zu welchem fortan alljährlich die Einreichung der Geschäftsberichte u. s. w. an ihn zu erfolgen hat; danach ist in gleicher Weise das steuerpflichtige Einkommen des betreffenden Jahres zu berechnen, auch die Uebersicht (Muster VII) zu vervollständigen.

Artikel 49.

Einkommensnachweisung des Vorsitzenden der Veranlagungskommission.

Auf Grund des von ihm gesammelten und des von den Gemeinde- (Guts-) vorständen ihm übermittelten Materials stellt der Vorsitzende der Veranlagungskommission für den Umfang seines Bezirks eine besondere Einkommensnachweisung nach dem beiliegenden Muster B auf, in welche

a) die mit einem Einkommen von mehr als 3000 Mark zu veranlagenden physischen Personen;

b) die sämtlichen gemäß Artikel 26 Nr. 1 und 2 im Bezirke steuerpflichtigen nicht physischen Personen aufgenommen werden, auch wenn das steuerpflichtige Einkommen der letzteren den Betrag von 3000 Mark nicht übersteigt.

Die Nachweisung wird gesondert nach Gemeinde- (Guts-) bezirken, innerhalb eines jeden dieser Bezirke getrennt nach den zu a und b bezeichneten Kategorien, angelegt.

Mit Genehmigung des Vorsitzenden der Berufungskommission kann diese Einkommensnachweisung zur Benutzung für mehrere Jahre nach dem Muster C hergerichtet werden.

Artikel 50.

Oeffentliche Aufforderung zur Steuererklärung.

(§. 24 des Gesetzes.)

Den Zeitraum, innerhalb dessen die Steuererklärungen in Gemäßheit des §. 24 Abs. 1 des Gesetzes abzugeben sind, bestimmt der Finanzminister einheitlich für den Geltungsbereich des Gesetzes.[1])

---

1) Für das Jahr 1892/93 ist folgende Verfügung erschienen:

Finz.-Minist.-Erlaß vom 3. Oktober 1891. — II. 13126. —

Im Anschlusse an die Vorschrift Artikel 50 Absatz 1 der Anweisung vom 5. August d. J. bestimme ich, daß zum Zwecke der Einkommensteuerveranlagung für das Jahr 1892/93 die Steuererklärungen in Gemäßheit des §. 24 Absatz 1 des Einkommensteuergesetzes vom 24. Juni d. J. innerhalb der Zeit vom 4. Januar bis einschließlich zum 20. Januar abzugeben sind. Die Königliche Regierung wird veranlaßt, diese Anordnung im Laufe des Monats Oktober d. J. durch das dortige Regierungs-Amtsblatt zur öffentlichen Kenntniß zu bringen.

Wegen der in den einzelnen Veranlagungsbezirken zu erlassenden Aufforderung an die Steuerpflichtigen (Artikel 50 Absatz 2 bis 4 der Anweisung vom 5. August d. J.) sind die Vorsitzenden der Berufungs-Kommissionen von hier aus mit Weisung versehen.

An die sämmtlichen Königlichen Regierungen (ausschließlich Sigmaringen).

Nach Maßgabe der getroffenen Bestimmung erläßt für jeden Veranlagungsbezirk der Vorsitzende der Veranlagungskommission alljährlich die nach dem anliegenden Muster VIII abzufassende öffentliche Aufforderung zur Abgabe der Steuererklärung an alle diejenigen Steuerpflichtigen, welche bereits mit einem Einkommen von mehr als 3000 Mark zur Einkommensteuer veranlagt sind.

Die öffentliche Bekanntmachung muß vor dem Beginne des vom Finanzminister bestimmten Zeitraumes erfolgen und zwar durch einmalige Einrückung

a) in den Kreisanzeiger oder in das sonst für amtliche Publikationen bestimmte Blatt,

b) in eine im Veranlagungsbezirke verbreitete Zeitung.

Zwischen dem Tage, an welchem diese Bekanntmachung in den Blättern (a und b) erscheint und dem ersten Tage des vom Finanzminister zur Abgabe der Erklärungen bestimmten Zeitraumes — beide Tage nicht mitgerechnet — sollen mindestens 14 Tage liegen.

Ob die Bekanntmachung zu wiederholen oder in mehrere Zeitungen einzurücken oder außerdem in anderer Weise (durch Aushang und dergleichen) zu veröffentlichen ist, bleibt dem Ermessen des Vorsitzenden überlassen.

Bis auf weiteres ist allen in Absatz 2 bezeichneten Steuerpflichtigen beziehungsweise den im Artikel 28 Nr. 3 bezeichneten Vertretern derselben thunlichst gleichzeitig mit dem Erlaß der öffentlichen Bekanntmachung oder noch vorher ein Exemplar derselben nebst einem Formulare zur Steuererklärung (Artikel 29) von Amts wegen mitzutheilen. Die Zusendung kann auch durch die Post oder durch Vermittelung der Gemeindebehörden geschehen; einer Bescheinigung der erfolgten Behändigung bedarf es nicht, da für die bezeichneten Steuerpflichtigen die Verpflichtung zur Abgabe der Steuererklärung durch die ordnungsmäßige erfolgte öffentliche Aufforderung begründet wird, und auch der im §. 30 Abs. 1 des Gesetzes angedrohte Rechtsnachtheil ihnen gegenüber nach fruchtlosem Ablaufe der öffentlich bekannt gemachten Frist eintritt.

Artikel 51.

Besondere Aufforderung zur Abgabe einer Steuererklärung.

(§. 25 des Gesetzes.)

Diejenigen Steuerpflichtigen, welche zur Zeit des Erlasses der öffentlichen Bekanntmachung (Artikel 50) entweder überhaupt nicht oder doch nur mit einem

---

Abschrift erhalten Euer ꝛc. zur gefälligen Kenntnißnahme und Mittheilung an die Vorsitzenden der Veranlagungskommissionen Ihres Amtsbezirks.

Euer ꝛc. wollen dieselben zugleich mit Weisung dahin versehen, daß die im Artikel 50 Absatz 3 und 4 der Anweisung vom 5. August d. J. vorgeschriebene Einrückung der öffentlichen Aufforderung in die Blätter um die Mitte des Monats Dezember, spätestens am 18. Dezember d. J. stattzufinden hat.

An die sämmtlichen Vorsitzenden der Einkommensteuer-Berufungs-Kommissionen.

Einkommen von höchstens 3000 Mark zur Einkommensteuer (bezw. im Jahre 1891/92 zur Klassensteuer) veranlagt sind, werden durch die öffentliche Aufforderung zur Abgabe einer Steuererklärung selbst dann nicht verpflichtet, wenn ihr wirkliches Einkommen mehr als 3000 Mark beträgt.

Für diese Personen wird, unbeschadet ihres Rechtes zur Steuererklärung zugelassen zu werden, eine gesetzliche Verpflichtung zur Abgabe derselben erst begründet, sofern eine besondere Aufforderung des Vorsitzenden der Veranlagungskommission an sie ergeht. (§. 25 des Gesetzes.)

Eine solche Aufforderung hat derselbe unter Anwendung des beiliegenden Musters IX vor der jährlichen Veranlagung jedenfalls zu richten

Muster IX.

1. an alle in seinem Bezirke zu veranlagenden nicht physischen Personen (Artikel 26), soweit dieselben nicht bereits im Vorjahre mit einem Einkommen von mehr als 3000 Mark veranlagt waren,
2. an alle diejenigen nicht bereits mit einem Einkommen von mehr als 3000 Mark veranlagten physischen Personen,
   a) welche ihm vom Vorsitzenden der Berufungskommission oder durch einen Beschluß der Veranlagungskommission als zur Abgabe einer Steuererklärung aufzufordernde Steuerpflichtige bezeichnet werden,
   b) bei welchen nach seinem eigenen Ermessen oder nach dem Gutachten des Gemeinde- (Guts-) vorstandes (Artikel 38 Nr. 9) oder nach den von der Voreinschätzungskommission in die Einkommensnachweisung etwa eingetragenen Angaben ein den Betrag von 3000 M. übersteigendes Einkommen anzunehmen ist.

Zum Zwecke der Veranlagung für das Steuerjahr 1892/93 hat der Vorsitzende, unbeschadet der vorstehenden Bestimmungen, die Aufforderung jedenfalls auch an die sämtlichen für das Steuerjahr 1891/92 zu der 11. oder 12. Klassensteuerstufe veranlagten Pflichtigen zu richten.

Im übrigen ist der Vorsitzende in der Auswahl der zur Steuererklärung aufzufordernden Personen nicht beschränkt; insbesondere kann er von dieser Befugnis auch Gebrauch machen, um die Verhältnisse von Steuerpflichtigen aufzuklären, deren muthmaßliches Jahreseinkommen den Betrag von 3000 M. nicht übersteigt. Der Erlaß einer Aufforderung wird sich namentlich in solchen Fällen empfehlen, wo der Besitz oder Erwerb von Kapitalvermögen z. B. durch Erbanfall, Spekulationsgeschäft 2c. anzunehmen, die Höhe des Kapitals bezw. des daraus bezogenen Einkommens aber nicht genügend bekannt ist.

Die besonderen Aufforderungen sind den Steuerpflichtigen bezw. deren Vertretern (Artikel 28 Nr. 3) nach Vorschrift des Artikels 71 dieser Anweisung zuzustellen, und die vom Tage der Zustellung ab laufende Frist auf mindestens 14 Tage zu bestimmen.

Auf hinreichend begründeten Antrag eines Steuerpflichtigen kann für denselben sowohl die in der öffentlichen Bekanntmachung (Artikel 50) als auch die in der besonderen Aufforderung gestellte Frist angemessen verlängert werden.[1])

Wegen der Fristerstreckung für Abwesende wird auf die Vorschrift im §. 79 des Gesetzes (Artikel 28 Nr. 4 Abs. 2 dieser Anw.) verwiesen.

Artikel 52.

Die Abgabe der Steuererklärungen.

(§§. 24 und 26 des Gesetzes.)

Hinsichtlich der Form und des Inhalts der Steuererklärungen wird auf die Vorschriften im Artikel 29 und die demselben beigefügten Formulare I. und II. verwiesen.

Zur kostenlosen Abhebung der Formulare muß den Steuerpflichtigen in allen Gemeinden, in großen Städten auch innerhalb der verschiedenen Stadttheile, ausreichende Gelegenheit durch Errichtung von Verabfolgungsstellen geboten sein.

Der Vorsitzende der Veranlagungskommission muß es sich angelegen sein lassen, durch geeignete Maßnahmen darauf hinzuwirken, daß die Steuererklärungen formell und sachlich den Vorschriften entsprechen. Insbesondere hat er zur Erreichung dieses Zieles die etwa nachgesuchte mündliche Auskunft über die bei Aufstellung der Steuererklärung zu befolgenden Grundsätze den Steuerpflichtigen bereitwilligst zu ertheilen, denselben auch ausgiebige Gelegenheit zu der ihnen freistehenden protokollarischen Abgabe der Steuererklärungen zu gewähren.

---

1) Finz.-Minist.-Erlaß v. 2. Oktbr. 1891 — II. 12533 —.

Die von der ꝛc. in Gemeinschaft mit mehreren anderen Bankinstituten mir unterbreitete gefällige Vorstellung ꝛc. geht zutreffend von der Annahme aus, daß zum Zwecke der Einkommensteuer-Veranlagung für das Jahr 1892/93 die Abgabe der Steuererklärungen gemäß §. 24 des Einkommensteuergesetzes v. 24. Juni 1891 im Monat Januar 1892 wird erfolgen müssen.

Zwar sind die bisher überhaupt noch nicht zur Staats-Einkommensteuer veranlagten nicht physischen Personen bei der bevorstehenden Veranlagung nicht verpflichtet, Steuererklärungen gemäß §. 24 a. a. O., d. h. auf Grund der öffentlichen Aufforderung anzugeben; dieselben haben aber nach den ergangenen Ausführungsbestimmungen besondere Aufforderungen zur Abgabe der Steuererklärungen in dem genannten Monat in Gemäßheit des §. 25 des Einkommensteuergesetzes zu gewärtigen.

Maßgebend für die Bestimmung des Termins zur Abgabe der Steuererklärungen ist vornehmlich die Rücksicht auf die geordnete Abwickelung und den rechtzeitigen Abschluß des gesammten Veranlagungs-Geschäftes. Mit dieser Rücksicht kann ich aber nach sorgfältiger Erwägung die in der gefälligen Eingabe ꝛc. für die Aktiengesellschaften und Kommanditgesellschaften auf Aktien beantragte Hinausschiebung der Frist zur Steuererklärung bis Mitte des Monats April 1892 nicht für vereinbar halten und daher zu meinem Bedauern dem hierauf gerichteten Antrage nicht entsprechen.

Andererseits verkenne ich nicht, daß für diejenigen Gesellschaften, deren Geschäftsjahr mit dem Kalenderjahr zusammenfällt und welche nicht in der Lage sind, noch im Monat Januar 1892 ihre von der Generalversammlung zu genehmigenden Bilanzen für das Jahr 1891 festzustellen, eine vom Gesetz nicht beabsichtigte Härte eintreten kann, wenn dieselben in Folge jener Terminsbestimmung genöthigt werden, ihren Steuererklärungen die Ergebnisse der Jahre 1889 und 1890 zu Grunde zu legen. Mit Rücksicht hierauf werde ich die Veranlagungsbehörden mit Anweisung dahin versehen, daß diejenigen Aktiengesellschaften und Kommanditgesellschaften auf Aktien, welche bei dem Vorsitzenden der Veranlagungskommission einen entsprechenden Antrag anbringen, die Frist zur Abgabe der Steuererklärung bis zum 1. März 1892 zu verlängern ist.

Den Mitunterzeichnern der Eingabe ꝛc. habe ich die gleiche Mittheilung zugehen lassen.

Artikel 53.

Behandlung der Anträge auf Entbindung von ziffermäßigen Angaben in der Steuererklärung.

(§. 27 des Gesetzes.)

Geht ein auf §. 27 des Gesetzes gegründeter Antrag rechtzeitig (vergl. Artikel 30 Nr. 3) ein, so hat zunächst der Vorsitzende zu prüfen, ob die Voraussetzungen vorliegen, unter denen nach den im Artikel 30 gegebenen Erläuterungen die Entbindung des Steuerpflichtigen von der ziffermäßigen Angabe seines Einkommens überhaupt nur zulässig ist. Liegen diese Voraussetzungen nicht vor, so hat der Vorsitzende dies dem Steuerpflichtigen mit kurzer Begründung zu eröffnen und ihn gleichzeitig unter Hinweis auf den im §. 30 Abs. 1 des Gesetzes angedrohten Rechtsnachtheil zur Abgabe der Steuererklärung binnen der gestellten, nöthigenfalls angemessen zu erstreckenden Frist aufzufordern.

Erachtet dagegen der Vorsitzende den Antrag nach Maßgabe der im Artikel 30 gegebenen Erläuterungen für begründet, so bezeichnet er dem Antragsteller die zur Schätzung des fraglichen Einkommens erforderlichen Nachweisungen, falls diese nicht bereits dem Antrage beigefügt sind, und giebt ihm die Vorlegung derselben binnen einer Frist von 14 Tagen auf, wiederum unter Hinweis auf den bei fruchtlosem Ablaufe der Frist gemäß §. 30 Abs. 1 des Gesetzes eintretenden Rechtsnachtheil.

Bei Bezeichnung der erforderlichen Nachweisungen sind die im Artikel 30 Nr. 4 darüber aufgestellten Grundsätze zu befolgen, insbesondere ist stets daran festzuhalten, daß der Steuerpflichtige seiner gesetzlichen Pflicht nicht etwa durch Angabe äußerer, meistens ohnehin bekannter Einschätzungsmerkmale genügt, ebensowenig durch allgemeine Anführungen über die Ertrags*fähigkeit* seiner Einnahmequellen, daß er vielmehr diejenigen thatsächlichen Unterlagen beibringen muß, deren Kenntnis in dem besonderen Falle erforderlich ist, um das Einkommen des Steuerpflichtigen nach Maßgabe der Vorschriften im zweiten Abschnitte des ersten Theiles dieser Anweisung in seinem wirklichen Betrage zu ermitteln.

Artikel 54.

Nochmalige Aufforderung zur Steuererklärung.

(§. 30 Abs. 2 des Gesetzes.)

Diejenigen Steuerpflichtigen, welche innerhalb der ihnen, sei es durch die öffentliche Bekanntmachung (Artikel 50), sei es durch die besondere Aufforderung (Artikel 51), gestellten Frist weder eine Steuererklärung abgegeben noch ein begründetes Fristgesuch eingereicht haben, sind nochmals zur Abgabe der Steuererklärung binnen vier Wochen durch ein nach beiliegendem Muster X abzufassendes Schreiben des Vorsitzenden der Veranlagungskommission aufzufordern.

Muster X.

Der Nichtabgabe der Steuererklärung steht es gleich, wenn der Steuerpflichtige im Falle des Artikels 53 die von der Veranlagungskommission beziehungsweise dem Vorsitzenden erforderten Nachweisungen nicht beibringt.

Die nochmaligen Aufforderungen sind, soweit der ununterbrochene Fortgang des Veranlagungsgeschäftes dies gestattet, unmittelbar nach dem fruchtlosen Ablaufe der ersten Frist zu erlassen, damit die darauf etwa eingehenden Steuererklärungen womöglich bei der Veranlagung berücksichtigt werden können.

Auch die nochmalige Aufforderung muß in Gemäßheit der Vorschriften Artikel 71 dieser Anweisung zugestellt werden.

Artikel 55.

Die Prüfung der Steuererklärungen.

(§§. 35. 38 Abs. 2 des Gesetzes.)

Sobald die Steuererklärungen eingehen, hat der Vorsitzende der Veranlagungskommission dieselben nach Form und Inhalt zu prüfen.

Eingaben, welche in formeller Hinsicht wesentliche Vorschriften des Gesetzes nicht beachten, indem z. B. die Einnahmequellen nicht auseinandergehalten sind, oder die vorgeschriebene Versicherung oder die Unterschrift fehlt, können als vorschriftsmäßige Steuererklärungen überhaupt nicht gelten. Sofern daher nicht nach dem Ermessen des Vorsitzenden kurzer Hand die erforderliche Ergänzung durch Benehmen mit dem Steuerpflichtigen herbeigeführt werden kann, ist an denselben unter Hinweis auf den Mangel der Eingabe eine nochmalige Aufforderung in Gemäßheit des Artikels 54 (§. 30 Abs. 2 des Gesetzes) zu richten.

Die Angaben der formell genügenden Steuererklärungen, mögen dieselben auf Grund gesetzlicher Verpflichtung (Artikel 50. 51) oder freiwillig eingereicht sein, hat der Vorsitzende mit den Ergebnissen der vorjährigen Veranlagung und allen sonst über die Vermögens-, Erwerbs- und Einkommensverhältnisse der Steuerpflichtigen gesammelten Nachrichten sorgfältig zu vergleichen.

Hierbei ist namentlich auch zu prüfen, ob das bekannte oder vermuthete besondere Einkommen der Haushaltungsangehörigen (vergl. Artikel 6) in der Steuererklärung berücksichtigt, und wenn dies nicht der Fall ist, ob die betreffenden Angehörigen mit ihrem Einkommen besonders veranlagt sind.

Ergeben sich gegen den Inhalt einer Steuererklärung Bedenken, sei es mit Bezug auf die Zuverlässigkeit und Glaubwürdigkeit der thatsächlichen Angaben, sei es mit Bezug auf die richtige Anwendung der maßgebenden Veranlagungsgrundsätze, so hat der Vorsitzende die Steuererklärung zu beanstanden. Ob ein Anlaß zur Beanstandung vorliegt, muß nach den Umständen des einzelnen Falles beurtheilt und im allgemeinen dem pflichtmäßigen Ermessen des Vorsitzenden überlassen werden, welcher dafür verantwortlich ist, daß nicht infolge einer zu nachsichtigen Beurtheilung die Veranlagung auf Grund unrichtiger Steuererklärungen erfolgt. Andrerseits sind kleinliche Erörterungen über geringfügige Punkte und jede nicht zur Erreichung des Zweckes gebotene Belästigung der Steuerpflichtigen zu vermeiden.

In jedem Falle wird aber eine besonders aufmerksame Prüfung der Steuererklärung geboten sein, wenn die Höhe des angegebenen Gesamteinkommens hinter dem Ergebnisse der vorjährigen Veranlagung zurückbleibt und nicht bereits in der Steuererklärung genügende Aufklärungen hierfür gegeben sind.

Im Falle der Beanstandung hat der Vorsitzende dem Steuerpflichtigen hiervon in der Regel noch vor dem Zusammentritt der Veranlagungskommission unter Mittheilung der Gründe mit der Aufforderung Kenntnis zu geben, sich binnen einer Frist von zwei Wochen über dieselben oder bestimmte an ihn gestellte Fragen zu erklären. (§. 38 Abs. 2 des Gesetzes.)

Dabei ist folgendes zu beachten:

1. Durch die Mittheilung soll der Steuerpflichtige kurz und sachlich darüber unterrichtet werden, in welchen einzelnen Punkten seine Angaben nicht genügen, sondern der Aufklärung oder des Nachweises bedürfen.

   Um brauchbare Erklärungen hierauf zu erlangen, empfiehlt es sich, dem Steuerpflichtigen entweder bestimmt formulirte Fragen über diejenigen Thatsachen, auf welche es im einzelnen Falle ankommt, zur Beantwortung vorzulegen, oder ihm Gelegenheit zu der erforderlichen Aufklärung durch persönliche Verhandlung zu gewähren.

   Zwei Muster XI und XII für solche Aufforderungen werden beigefügt.

2. Die zur Erklärung gestellte Frist muß nach der ausdrücklichen Vorschrift des Gesetzes zwei Wochen betragen. Hierdurch ist jedoch nicht ausgeschlossen, daß dem Steuerpflichtigen an einem bestimmten Tage innerhalb der noch laufenden Frist die mündliche Verhandlung anheimgestellt wird.

   Eine Verlängerung der zweiwöchigen Frist ist nur in Fällen bescheinigter Verhinderung oder aus anderen triftigen Gründen zu bewilligen. Für Abwesende gelten die im §. 79 des Gesetzes vorgesehenen Fristen.

3. Es ist Sache des Steuerpflichtigen, der Veranlagungskommission die Ueberzeugung von der Richtigkeit seiner Angaben zu verschaffen und die zu diesem Zwecke dienlichen Beweismittel (Bücher, Quittungen, Beläge, Zeugen, Sachverständige u. s. w.) anzuführen. Die von ihm angebotenen, gesetzlich zulässigen Beweise *müssen* erhoben werden, soweit nicht die unter Beweis gestellten Thatsachen ohnehin unbestritten oder für die Beurtheilung der Sache unerheblich sind.

4. Ueber den Verlauf und die Ergebnisse der stattgehabten mündlichen Verhandlung oder der Beweisaufnahme ist eine Verhandlung aufzunehmen.

Artikel 56.

Festsetzung und Begutachtung der Steuersätze durch den Vorsitzenden.

(§§. 36. 75 Abs. 2 des Gesetzes.)

I. Nachdem in die Einkommensteuerliste (A) bezw. Einkommensnachweisung (B) das Ergebniß der gesammten Ermittelungen nachgetragen, in der Einkommensnachweisung (B) insbesondere auch der Eingang der Steuererklärungen vermerkt ist, unterwirft der Vorsitzende die für jeden einzelnen Steuerpflichtigen nachgewiesenen Besteuerungsmerkmale einer eingehenden Prüfung, um sich zu überzeugen, daß bei keinem Steuerpflichtigen eine Art des Einkommens übergangen, daß die Schätzung des Einkommens aus den einzelnen Quellen den Vorschriften in den Artikeln 3 bis 23 und 27 dieser Anweisung sowie den individuellen Verhältnissen der Steuerpflichtigen entspricht, daß ferner von dem nachgewiesenen Gesammteinkommen nur die nach den geltenden Bestimmungen zulässigen Abzüge (Artikel 24. 25) gemacht, auch in Ansehung der Steuerpflichtigen mit Einkommen von nicht mehr als 3000 Mark die im §. 18 des Gesetzes vorgesehenen Kürzungen (vergl. Artikel 44) richtig berechnet sind.

Soweit sich bei dieser Prüfung gegen die von der Voreinschätzungskommission vorgeschlagenen Steuersätze (Artikel 45) Bedenken nicht ergeben, auch eine von dem Vorschlage im Ergebniß abweichende Steuererklärung nicht eingegangen ist, setzt der Vorsitzende der Veranlagungskommission die Steuersätze fest, indem er die dem vorgeschlagenen Steuersatz entsprechende Veranlagungsspalte (24 bis 35 der Einkommensteuerliste A) durch einen senkrechten Strich, sowie die Spalte 36 durch Eintragung des Steuersatzes ausfüllt.

Diese Festsetzung steht dem Vorsitzenden jedoch nur in Uebereinstimmung mit dem Vorschlage der Voreinschätzungskommission zu. Beanstandet er denselben und wird auch nicht durch die von ihm etwa veranlaßte nochmalige Anhörung der Kommission Uebereinstimmung erzielt, so muß die Veranlagung durch die Veranlagungskommission bewirkt werden. Dasselbe gilt in Betreff aller derjenigen Steuerpflichtigen, bezüglich deren ein Vorschlag der Voreinschätzungskommission überhaupt nicht vorliegt (Artikel 45 Nr. 4), oder welche eine von dem Vorschlage im Ergebniß abweichende Steuererklärung freiwillig oder nach Aufforderung abgegeben haben.[1])

---

1) Finz.-Minist.-Erlaß v. 20. Novbr. 1891 — II. 15313 —.

Die Vorschläge in dem gefälligen Berichte ꝛc. beruhen auf unzutreffenden Voraussetzungen. Wie die Bestimmungen in den Artikeln 51 bis 57 der Anweisung v. 5. Aug. 1891 klar ergeben, sollen die Steuererklärungen auch derjenigen Personen, welche eine solche freiwillig oder auf besondere Aufforderung abgeben, überhaupt nicht zur Kenntniß der Voreinschätzungskommission gelangen, sondern — gleich allen übrigen Steuererklärungen — bei dem Vorsitzenden der Veranlagskommission eingereicht, von diesem geprüft und erörtert und demnächst unmittelbar der Veranlagungs-Kommission unterbreitet werden, ohne daß eine Begutachtung der Steuererklärungen durch die Voreinschätzungskommission stattfindet.

Die Voreinschätzungskommission hat daher die ihr gemäß §. 32 des Einkommensteuergesetzes

Bei allen Steuerpflichtigen, welche hiernach seiner Festsetzung nicht unterliegen, trägt der Vorsitzende in die dafür bestimmte Spalte der betreffenden Nachweisung denjenigen Steuersatz ein, welcher nach seinem pflichtmäßigen Ermessen zu veranlagen ist.

Hat ein Steuerpflichtiger, welchem die Abgabe einer Steuererklärung gesetzlich obliegt, eine solche trotz Ablaufes der gestellten Frist (Artikel 50. 51) überhaupt nicht abgegeben, so muß der Vorsitzende sorgfältig prüfen, ob nach den Umständen des Falles der Verdacht begründet ist, daß der Pflichtige sich dadurch der Angabe bisher unbekannt gebliebener Einnahmen entziehen will, oder sonst eine Verschleierung seiner Einkommensverhältnisse beabsichtigt. Liegt Anlaß zu einer solchen Vermuthung vor, so darf der Vorsitzende dies bei Abgabe seines Gutachtens nicht unberücksichtigt lassen und muß durch seine Anträge darauf hinwirken, daß auch in Fällen dieser Art durch die Veranlagung das muthmaßliche Einkommen in seiner wirklichen Höhe erfaßt wird.

Insbesondere ist zu beachten, daß der im §. 30 Abs. 2 des Gesetzes vorgesehene Zuschlag von 25 Prozent nach der Absicht des Gesetzes nicht etwa einen Ausgleich für die vielleicht stattgehabte Unterschätzung des wirklichen Einkommens, sondern einen Rechtsnachtheil darstellen soll, welcher dem Steuerpflichtigen neben dem richtig veranlagten Steuersatz auferlegt wird, weil er sich seiner gesetzlichen Pflicht zur Abgabe der Steuererklärung entzogen hat.

Liegt dagegen eine von ihm nicht beanstandete Steuererklärung vor, oder sind die etwaigen Bedenken durch die vom Steuerpflichtigen gegebenen Aufklärungen (Artikel 55) gehoben, so legt der Vorsitzende die Angaben des Pflichtigen seinem Gutachten zu Grunde.

---

und Art. 41 bis 45 der Anweisung v. 5. Aug. 1891 zufallenden Aufgaben ohne Rücksicht auf die etwa ergangenen besonderen Aufforderungen (Art. 51 der Anweisung) zu erledigen. Diese Vorarbeiten sind, auch wenn der Inhalt der demnächst eingehenden Steuererklärungen von den Ergebnissen der Voreinschätzung abweicht, keineswegs, wie der Vorsitzende der Veranlagungskommission zu H. in dem hier wieder beigefügten Berichte 2c. annimmt, vergeblich, sondern dienen als Material zur Prüfung und Kontrole der Steuererklärungen.

Der in demselben Berichte vorgeschlagene Aufschub der Voreinschätzung in Ansehung der besonders zur Steuererklärung aufgeforderten Pflichtigen würde daher nicht nur, wie Ew. 2c. mit Recht hervorheben, die rechtzeitige Erledigung des Veranlagungsgeschäfts in Frage stellen, sondern auch zwecklos sein.

Ebensowenig giebt aber die Rücksicht auf die Voreinschätzung einen Anlaß, die besonderen Aufforderungen zur Steuererklärung schon jetzt zu erlassen.

Sollte diese von Ew. 2c. empfohlene Maßregel etwa im Hinblick auf die Geschäftslage des Vorsitzenden der Veranlagungskommission zweckmäßig scheinen, so ist zwar nichts dagegen zu erinnern, daß mit der Zustellung der besonderen Aufforderungen alsbald begonnen und darin den Steuerpflichtigen die Abgabe der Steuererklärung schon vor dem 4. Januar kommenden Jahres anheimgestellt wird. In keinem Falle darf aber die in den besonderen Aufforderungen zu bestimmende Frist vor dem letzten Tage des für die öffentliche Aufforderung zur Abgabe der Steuererklärungen vorgeschriebenen Zeitraums, d. h. also vor dem 20. Januar 1892 ablaufen.

Ew. 2c. wollen hiernach die sämmtlichen Vorsitzenden der Veranlagungskommissionen Ihres Amtsbezirks mit entsprechender Weisung versehen.

Im übrigen hat er auch seinerseits die für die Vorschläge der Voreinschätzungskommission maßgebenden Grundsätze (Artikel 44. 45) zu beachten.

II. Wenn eine Veranlagung der Personen mit Einkommen von nicht mehr als 900 Mark zu erfolgen hat (§§. 74. 75 des Gesetzes), so prüft der Vorsitzende die Beschlüsse der Voreinschätzungskommission (vergl. Artikel 45 Nr. 7) in gleicher Weise, wie dies zu I. in Ansehung der Vorschläge derselben zur Veranlagung der Einkommensteuer vorgeschrieben ist; beanstandet er einen Beschluß, so erfolgt die Festsetzung des Steuersatzes durch die Veranlagungskommission.

Artikel 57.

Obliegenheiten und Befugnisse der Veranlagungskommission.

(§. 38 Abs. 1 bis 3 des Gesetzes.)

Nach Beendigung der Vorarbeiten beruft der Vorsitzende die Veranlagungskommission, welche so zeitig zusammentreten muß, daß die gesammte Veranlagung spätestens am 15. März jeden Jahres beendet ist.

Die einzelnen Mitglieder der Kommission können jedoch auch schon vor dem Zusammentritt derselben vom Vorsitzenden bei der Prüfung der Einkommensnachweisungen und Steuererklärungen, sowie bei den Verhandlungen mit den Steuerpflichtigen betheiligt werden.

Wegen der eidesstattlichen Verpflichtung der Mitglieder, sowie wegen ihrer Geschäftsordnung wird auf die Bestimmungen Artikel 68 bis 70 dieser Anweisung Bezug genommen.

Der Vorsitzende unterbreitet der Veranlagungskommission die Einkommensnachweisungen, sowie die denselben zu Grunde liegenden Nachrichten, die sämmtlichen eingegangenen Steuererklärungen und das durch die Verhandlungen mit den Steuerpflichtigen erwachsene Material. Auch giebt er der Kommission von dem Ergebnisse der im Artikel 42 angeordneten Berathungen über die landwirthschaftlichen Erträge und von den in dieser Hinsicht aufgestellten Normalsätzen Kenntniß.

Die Kommission unterwirft das gesammte Material unter Verwerthung der eigenen Kenntnisse ihrer Mitglieder einer eingehenden Prüfung.

I. Hierbei ist sie an die zur Vorbereitung ihrer Beschlußfassung ergangenen Verfügungen des Vorsitzenden nicht gebunden und auch ihrerseits befugt:

1. die im Artikel 47 II Nr. 1 bis 6 erwähnten Hilfsmittel anzuwenden;
2. den Erlaß der Aufforderung zur Steuererklärung an solche Steuerpflichtige zu beschließen, welche mit einem Einkommen von mehr als 3000 Mark bisher nicht veranlagt waren;
3. über die auf Grund des §. 27 des Gesetzes (vergl. Artikel 30. 53) gestellten Anträge zu beschließen, und die vom Steuerpflichtigen vorzulegenden Nachweisungen zu bezeichnen;
4. Steuererklärungen zu beanstanden.

Im Falle der Beanstandung (Nr. 4) ist in Gemäßheit des Artikels 55 Nr. 1

bis 4 zu verfahren, sofern die dort vorgesehene Mittheilung und Aufforderung nicht bereits von seiten des Vorsitzenden ergangen war.

Unterläßt der Steuerpflichtige die von dem Vorsitzenden oder der Kommission erforderte Erklärung, oder werden durch die abgegebenen Erklärungen und beigebrachten Beweismittel die Bedenken der Veranlagungskommission gegen die Richtigkeit der beanstandeten Angabe nicht gehoben, so ist die Kommission ferner befugt, aber nicht verpflichtet, von Amts wegen die nicht eidliche Vernehmung von Zeugen und Sachverständigen und sonstige zur Feststellung der Thatsachen erforderliche Erhebungen zu veranlassen, insbesondere auch vom Steuerpflichtigen die Vorlegung seiner Bücher, Kontrakte, Schuldverschreibungen, Zinsquittungen u. s. w. zu verlangen.

Die Zeugen und Sachverständigen, deren Vernehmung beschlossen ist, dürfen die Auskunftsertheilung in diesem Falle nur unter den Voraussetzungen ablehnen, welche nach der Zivilprozeßordnung für das Deutsche Reich (§§. 348 bis 350. 372. 373)[1]) zur Ablehnung eines Zeugnisses beziehungsweise Gutachtens berechtigen.

II. Die Befragung des Steuerpflichtigen, die Vernehmung von Zeugen und Sachverständigen sowie die Vorlegung der Bücher u. s. w. kann in der Sitzung vor der versammelten Kommission stattfinden; jedoch dürfen die vernommenen Personen in keinem Falle bei der Berathung und Beschlußfassung zugegen sein.

Die Kommission kann aber auch den Vorsitzenden oder ein einzelnes Mitglied mit der Erledigung der beschlossenen Beweisaufnahme beauftragen. Für zeitraubende Beweiserhebungen, namentlich wenn es sich um die Einsichtnahme von Handelsbüchern handelt, wird das letztere Verfahren in der Regel den Vorzug verdienen.

Abwesende Zeugen und Sachverständige sind durch Ersuchen der Ortsbehörde oder des Vorsitzenden der Veranlagungskommission seines Wohnortes zu vernehmen.

Die der Kommission zustehende Befugniß zur Einsichtnahme von Akten anderer Behörden (Artikel 47 II Nr. 6) ist durch ein oder mehrere beauftragte Mitglieder oder den Vorsitzenden oder die demselben beigegebenen Hilfsbeamten auszuüben.

III. Eidliche oder eidesstattliche Versicherungen dürfen vom Steuerpflichtigen nicht erfordert und, auch wenn er sich dazu erbietet, nicht abgenommen werden.

Unaufgefordert abgegebene Versicherungen dieser Art sind als nicht geschehen zu betrachten.

IV. Insoweit behufs zutreffender Einschätzung eines Steuerpflichtigen die erforderliche Kenntnis seiner Einkommens- und Vermögensverhältnisse noch fehlt, darf die Kommission nicht davon abstehen, nach Maßgabe der ihr zu diesem Zwecke beigelegten Befugnisse diejenigen der vorgenannten Mittel zur Aufklärung

---

1) Abgedruckt bei §. 38 des Einkommensteuergesetzes als Anm. 4b S. 58.

der Verhältnisse anzuwenden, von denen sie einen Erfolg erwarten kann; die Veranlagung solcher Steuerpflichtigen ist nöthigenfalls solange auszusetzen, bis die danach zu beschließenden Ermittelungen vorgenommen sind.

Zur Veranlagung eines Steuerpflichtigen, welcher eine Steuererklärung abzugeben hat, darf nicht geschritten werden, bevor die für ihn maßgebende erste Frist zur Abgabe derselben (Artikel 50. 51) abgelaufen ist.

Den Erfolg der nochmaligen Aufforderung (Artikel 54) abzuwarten, ist die Veranlagungskommission nicht verpflichtet; in der Regel wird dies aber, sofern nicht die rechtzeitige Erledigung des Veranlagungsgeschäftes in Frage steht, zweckmäßig sein, damit die etwa noch eingehende Steuererklärung bei der Veranlagung berücksichtigt werden kann.

Artikel 58.

Festsetzung des Steuersatzes durch die Veranlagungskommission.

(§. 38 Abs. 4 des Gesetzes.)

Der Veranlagung durch die Kommission unterliegen alle Steuerpflichtigen, bezüglich deren der Steuersatz nicht bereits vom Vorsitzenden festgesetzt ist. (Vergl. Artikel 56.)

Liegt eine vorschriftsmäßige, nicht beanstandete Steuererklärung vor, oder sind die Bedenken gegen den Inhalt einer seitens der Kommission oder des Vorsitzenden beanstandeten Steuererklärung durch die stattgehabten Verhandlungen beseitigt, so hat die Kommission die Angaben des Steuerpflichtigen der Veranlagung desselben zu Grunde zu legen.

Liegt dagegen eine vorschriftsmäßige Steuererklärung überhaupt nicht vor, oder bleiben der Kommission Zweifel an der Richtigkeit einer beanstandeten Steuererklärung bestehen, so setzt sie das steuerpflichtige Einkommen und den demselben entsprechenden Steuersatz nach ihrem pflichtmäßigen Ermessen auf Grund der stattgehabten Ermittelungen fest.

Hierbei hat sie jedoch die von der Berufungskommission gezogenen Erinnerungen (vergl. Artikel 65), im übrigen die für das Gutachten der Voreinschätzungskommission und des Vorsitzenden gegebenen Bestimmungen (Artikel 45. 56) genau zu beachten. Namentlich muß der veranlagte Steuersatz dem steuerpflichtigen Gesammteinkommen, wie dasselbe durch die Kommission festgestellt ist, entsprechen, es sei denn, daß bei einem Pflichtigen mit einem Einkommen von nicht mehr als 9500 Mark das Vorhandensein eines der zulässigen besonderen Ermäßigungsgründe (§. 19 des Gesetzes) anerkannt und in der Bemerkungsspalte begründet wird.

Stimmt die Feststellung des Steuersatzes durch die Kommission mit dem Gutachten des Vorsitzenden überein, so genügt die entsprechende Ausfüllung der für den veranlagten Steuersatz bestimmten Spalte der Einkommensteuerliste (A) beziehungsweise der Einkommensnachweisung (B).

Weicht der Beschluß der Kommission dagegen von dem Gutachten ab, so sind die abweichenden Annahmen sowie die wesentlichen Gründe dafür in der Bemerkungsspalte kurz anzugeben.

Physische Personen, welche in die Einkommensnachweisung B aufgenommen waren, nach der Feststellung der Veranlagungskommission aber ein Einkommen von mehr als 3000 Mark nicht beziehen, werden in der Nachweisung B gestrichen und durch die nöthigenfalls nach Maßgabe der stattgehabten Ermittelungen zu berichtigende Einkommensteuerliste A veranlagt. Umgekehrt müssen die nur in der letzteren aufgeführten Personen, deren steuerpflichtiges Einkommen nach den Feststellungen der Veranlagungskommission den Betrag von 3000 Mark übersteigt, in die Nachweisung B übertragen und durch diese veranlagt werden.

Kommen nach erfolgter Veranlagung Thatsachen zur Kenntniß der Kommission oder ihres Vorsitzenden, welche zur Abänderung der Veranlagung Anlaß geben, so ist eine anderweite Veranlagung vorzunehmen, sofern das Benachrichtigungsschreiben (Artikel 60) dem Steuerpflichtigen noch nicht behändigt ist.

Wegen der Zulässigkeit späterer Berichtigungen wird auf die Vorschriften im §. 80 des Gesetzes und die dazu im dritten Theile dieser Anweisung ergehenden Erläuterungen verwiesen.

Artikel 59.

Abschluß der Einkommensnachweisungen, Aufstellung der Einkommensteuerrollen.

Nach beendeter Veranlagung wird die Nachweisung B von dem Vorsitzenden und von den Mitgliedern, welche an der Veranlagung theilgenommen haben, vollzogen.

Aus der Einkommensteuerliste A werden diejenigen darin aufgenommenen Personen, welche nicht veranlagt worden sind, weil ihr steuerpflichtiges Einkommen den Betrag von 900 Mark nicht übersteigt, oder weil sie der Einkommensteuer überhaupt nicht unterliegen, gestrichen, und die Eintragungen im Personenverzeichniß (Muster III) entsprechend berichtigt.

Sodann werden die Spalten 4 bis 6, 24 bis 38 der Einkommensteuerliste A, sowie die Spalten 27, 29 bis 31 der Einkommensnachweisung B aufgerechnet und die Liste sowie die Nachweisung von dem Vorsitzenden mit dem Festsetzungsvermerke versehen; die Einkommensteuerrollen (Muster V) werden durch Ausfüllung und Abschluß der Spalten 2 und 4 (beziehungsweise 4a und 4b) ergänzt, in der auf dem Muster vorgeschriebenen Weise bescheinigt und behufs Anfertigung der Heberegister (Kontobücher, Hebelisten) der Hebestelle zugefertigt, welche die Rollen binnen einer angemessenen Frist an die Gemeinden (Gutsbezirke) befördert. Wo die örtliche Hebung von verschiedenen Stellen besorgt wird, gelangen die Rollen zunächst an die Kasse, welcher die Hebung der Steuer von den höheren Einkommen obliegt.

Nach Abschluß der Heberollen stellt der Vorsitzende der Veranlagungskommission die Nachweisung von der im ganzen Kreise aufkommenden Einkommensteuer (Muster XIII) auf, bescheinigt die Uebereinstimmung mit den Abschlüssen der Einkommensnachweisungen und überreicht die Kreisnachweisung in zweifacher Aus-

Muster XIII.

fertigung, falls aber mehrere Steuerkassen betheiligt sind, in einfacher Ausfertigung und einem Auszuge für jede Steuerkasse der Regierung, welche die Kreisnachweisungen, sowie die Auszüge rechnerisch prüft, nach Hebung etwaiger Anstände bescheinigt und mit dem Festsetzungsvermerke versieht. Eine Ausfertigung der festgesetzten Kreisnachweisung beziehungsweise der Auszug aus derselben wird der Kreis- beziehungsweise Steuerkasse zugefertigt.

Eine nach Kreis-(Steuer-)kassenbezirken geordnete Zusammenstellung über das Sollaufkommen an Einkommensteuer vom ganzen Bezirke theilt die Regierung der Oberrechnungskammer sowie der Regierungshauptkasse mit.

Bis zum 1. Mai hat die Regierung den Jahresbetrag der im Bezirke veranlagten Einkommensteuer in einer Summe dem Finanzminister anzuzeigen.

Der Vorsitzende der Veranlagungskommission erstattet über das Ergebniß der Einkommensteuerveranlagung im ganzen Kreise dem Vorsitzenden der Berufungskommission nach näherer Bestimmung desselben eingehenden Bericht (vergl. auch Artikel 65 Nr. 3).

Artikel 60.

Bekanntmachung der Veranlagung.

(§§. 39. 75 Absatz 3 des Gesetzes.)

I. Eine Offenlegung der Einkommensteuerlisten oder Rollen findet nicht statt. Sofort nach beendetem Veranlagungsgeschäfte ist jedem mit einem Einkommen von mehr als 900 Mark veranlagten Steuerpflichtigen ein vom Vorsitzenden der Veranlagungskommission vollzogenes (vergl. Artikel 70 Nr. 7), gehörig verschlossenes Benachrichtigungsschreiben kostenfrei zuzustellen (Artikel 71), welches enthalten muß:

1. den veranlagten Jahressteuersatz sowie die Einkommensgrenzen der Stufe, innerhalb deren das bei der Veranlagung angenommene Jahreseinkommen liegt;
2. die Belehrung, daß denjenigen Steuerpflichtigen, welche nicht durch Versäumung der Frist zur Abgabe der ihnen obliegenden Steuererklärung gemäß §. 30 Abs. 1 des Gesetzes die gesetzlichen Rechtsmittel verloren haben, gegen das Ergebniß der Veranlagung das binnen einer Ausschlußfrist von 4 Wochen (28 Tagen), von dem auf die Zustellung der Benachrichtigung folgenden Tage ab gerechnet, bei dem Vorsitzenden der Veranlagungskommission einzulegende Rechtsmittel der Berufung an die Berufungskommission zusteht;
3. die Eröffnung, daß durch die Einlegung des Rechtsmittels die Zahlung der veranlagten Steuer nicht aufgehalten wird, vielmehr mit Vorbehalt der späteren Erstattung des etwa zuviel gezahlten in den vorgeschriebenen Fristen erfolgen muß.

In Ansehung der Abwesenden ist bei Fassung der Belehrung zu 2 die Vorschrift im §. 79 des Gesetzes zu beachten.

II. Wo eine Veranlagung der Personen mit Einkommen von nicht mehr als 900 Mark stattgefunden hat, übersendet der Vorsitzende die von ihm festgesetzte Steuerliste dem Gemeindevorstande behufs Veranlassung der vorgeschriebenen öffentlichen Auslegung (§. 75 Abs. 3 des Gesetzes).

Eine Bekanntmachung des Steuersatzes an diese Personen durch den Vorsitzenden der Veranlagungskommission findet nicht statt.

Artikel 61.

Festsetzung des Zuschlages von 25 Prozent.

(§. 30 Abs. 2. 3 des Gesetzes.)

Muster XIV. Der Vorsitzende der Veranlagungskommission theilt der Bezirksregierung ein nach beiliegendem Muster XIV gemeindeweise aufgestelltes Verzeichniß derjenigen Steuerpflichtigen mit, welche auch nach der nochmaligen Aufforderung (§. 30 Abs. 2 des Gesetzes, Artikel 54 dieser Anweisung) die ihnen obliegende Steuererklärung innerhalb der vorgeschriebenen Frist nicht abgegeben haben.

Auf Grund dieses Verzeichnisses, welchem die nöthigen Beläge (Aufforderungen, Behändigungsscheine u. s. w.) beizufügen sind, prüft die Bezirksregierung, ob die Voraussetzungen vorliegen, unter welchen der im §. 30 Abs. 2 des Gesetzes angedrohte Rechtsnachtheil verwirkt ist, und setzt zutreffenden Falles den Zuschlag von 25 Prozent zu der veranlagten Steuer für das ganze Steuerjahr fest; ergeben sich Anstände, so veranlaßt sie die Erörterung derselben, nöthigenfalls die etwa erforderliche Ergänzung des Verfahrens.

Die Festsetzungen trägt die Regierung in das Verzeichniß ein und giebt dasselbe mit je einer Ausfertigung der Festsetzung für die betroffenen Steuerpflichtigen dem Vorsitzenden der Veranlagungskommission zurück, welcher die Ausfertigungen dem Steuerpflichtigen zustellt und das Verzeichniß der Hebestelle mittheilt. Diese vermerkt das Erforderliche wegen der Hebung und giebt das Verzeichniß sodann an den Gemeinde-(Guts-)vorstand ab.

Fünfter Abschnitt.

Rechtsmittel.

Artikel 62.

Berufungen des Steuerpflichtigen.

(§§. 40. 75 Abs. 4 des Gesetzes.)

I. Der Steuerpflichtige hat die Berufung,[1]) welche an eine Form nicht gebunden ist, bei dem Vorsitzenden der Veranlagungskommission innerhalb der ge-

---

1) Reklamationen wegen zu niedriger Veranlagung:

1a) Erlaß der Minister des Innern und der Finanzen v. 18. Juni 1880. — F. M. II. 6625 — M. d. J. I B. 3704 —.

Ew. ꝛc. gefälligem Berichte ꝛc. können wir darin nur beipflichten, daß das Gesetz v. 1./25. Mai 1851/73, betreffend die Klassen- und klassifizirte Einkommensteuer, keinen Anhalt dafür bietet, die

setzlichen Ausschlußfrist (Artikel 60 I Nr. 2) schriftlich oder zu Protokoll anzubringen. Berufungen, welche bei unzuständigen Stellen eingehen, sind von diesen an den zuständigen Vorsitzenden abzugeben.[2])

Es ist Sache des Steuerpflichtigen, die zur Begründung des Rechtsmittels erforderlichen Thatsachen und Beweismittel anzuführen. Verspätete Berufungen weist der Vorsitzende der Veranlagungskommission ohne weiteres zurück. Die Entscheidung darüber, ob eine Berufung gemäß der Vorschrift §. 30 Abs. 1 des Gesetzes verwirkt ist, bleibt in jedem Falle der Berufungskommission vorbehalten.

Der Vorsitzende der Veranlagungskommission stellt, nöthigenfalls unter Mitwirkung des Gemeinde-(Guts-)vorstandes, die Erhebungen an, zu welchen die rechtzeitigen Berufungen der Steuerpflichtigen Anlaß geben und überreicht dieselben sodann dem Vorsitzenden der Berufungskommission mit einer gutachtlichen Aeußerung, welcher ein Auszug aus der Einkommenssteuerliste beziehungweise Einkommmensnachweisung, die etwa abgegebene Steuererklärung, sowie die sonstigen Vorverhandlungen beizufügen sind.

Anwendbarkeit der dem Steuerpflichtigen gegen die Entscheidungen der Einschätzungsorgane gewährten Rechtsmittel auf die Fälle zu hoher Einschätzung zu beschränken.

Wenn die von der Königlichen Regierung zu D. in dem Berichte &c. angezogenen sonstigen gesetzlichen Bestimmungen und Ausführungsvorschriften nur die in der Regel bei Reklamationen bezw. bei Remonstrationen bezweckten Ermäßigungen oder Befreiungen erwähnen, so kann daraus nicht gefolgert werden, daß die Einlegung dieser Rechtsmittel wegen zu niedriger Einschätzung unzuläsig sei.

1b) Finz.-Minist.-Erlaß v. 16. Juli 1885 — II. 7419 —.

Auf den Bericht &c. betr. die Behandlung der eingehenden Gesuche um Steuererhöhung nach erfolgter Festsetzung der Klassensteuer-Rollen &c. und die Frage, ob offerirte Steuer-Erhöhungen zu acceptiren sind, wird dem Magistrat &c. eröffnet, daß die dortseits geltend gemachten Bedenken bei dem Erlasse der in Gemeinschaft mit dem Herrn Minister des Innern getroffenen Verfügung v. 18. Juni 1880 (Mitth. &c. Heft 14 S. 20,) (siehe vorstehend), nicht unerwogen geblieben sind, für ausschlaggebend aber um so weniger haben erachtet werden können, als die Höhe der veranlagten Steuer zugleich für die wichtigsten politischen Rechte der Staatsbürger maßgebend ist.

Die Annahme des &c., daß gegen die auf Reklamation wegen zu niedriger Einschätzung erfolgte erhöhte Veranlagung wiederum Reklamation wegen Ermäßigung zugelassen werden müsse, ist schon deshalb nicht zutreffend, als diesseits grundsätzlich daran festgehalten worden, daß für das laufende Steuerjahr die Veranlagung nicht über den Antrag des wegen zu niedriger Besteuerung reklamirenden Steuerpflichtigen hinaus zu seinem Nachtheil verändert werden darf.

2a) Finz.-Minist.-Erlaß v. 15. Juli 1874 — IV. 6708 —. Auszug.

Die betreffenden Reklamanten haben ihre Reklamation rechtzeitig eingereicht. Dieselbe ist von ihnen zwar nicht an den Kreishauptmann in B., sondern an den Magistrat in Q. abgegeben worden; aber ganz abgesehen davon, daß dieses in Folge der ausdrücklichen, allerdings nicht der gesetzlichen Vorschrift entsprechenden Aufforderung des Magistrats geschehen war, sind die rechtlichen Folgen dieser Thatsache lediglich nach dem Schlußsatze im §. 3 des Gesetzes über die Verjährungsfristen bei öffentlichen Abgaben v. 18. Juni 1840 (G.S. S. 140) zu beurtheilen, welcher durch das Gesetz v. 1./25. Mai 1851/73 nicht aufgehoben ist, und also lautet:

„Wendet sich der Reklamant an eine inkompetente Behörde, so hat diese das Rekursgesuch an die kompetente Behörde abzugeben, ohne daß dem Reklamanten die Zwischenzeit auf die Frist angerechnet wird."

Das Gutachten muß sich namentlich auch darüber verbreiten, ob die vorliegende Steuererklärung **rechtzeitig** eingereicht und ob, falls eine Steuererklärung nicht vorliegt, der Steuerpflichtige zur Abgabe einer solchen verpflichtet war.

Hat der Vorsitzende auch seinerseits Berufung eingelegt (Artikel 63), so ist ausdrücklich darauf hinzuweisen.

II. Die Bestimmungen zu I Abs. 1, 2 und 3 finden auf die Berufungen gegen die zu kommunalen Zwecken erfolgte Veranlagung (§. 75 Abs. 4 des Gesetzes) mit der Maßgabe Anwendung, daß, wenn die Veranlagung **durch die Voreinschätzungskommission ohne Beanstandung** erfolgt ist (vergl. Artikel 45 Nr. 7, Artikel 56 II), der Vorsitzende nach Abschluß der erforderlichen Erhebungen die Berufung mit seinem Gutachten der **Veranlagungskommission** zur Entscheidung vorlegt.

Für das Berufungsverfahren vor der Veranlagungskommission sind die im Artikel 66 Nr. 1 und 2 gegebenen Vorschriften maßgebend. Jedoch ist die Veranlagungskommission nicht befugt, die eidliche Bekräftigung des Zeugnisses oder Gutachtens zu erfordern.

„Hiernach kann es den Reklamanten nicht zum Nachtheil gereichen, daß ihre Reklamationsschrift längere Zeit bei dem Magistrat in Q. liegen geblieben ist, statt sofort an den Kreishauptmann in B. befördert zu werden, und wird die Königliche Finanzdirektion veranlaßt, nunmehr nachträglich wegen gesetzlicher Behandlung der fraglichen Reklamationen das Weitere anzuordnen.

2b) Finz.-Minist.-Erlaß v. 30. Juni 1860 — II. 14021 —.

Solche Reklamationen gegen die Klassensteuerveranlagung, welche, ungeachtet der Vorschrift im §. 14 zu a des Gesetzes v. 1. Mai 1851, bei der Regierung oder dem Finanzministerium anstatt bei dem Landrathe eingereicht werden, sind unter analoger Anwendung der hinsichtlich der Rekurse im §. 3 des Gesetzes v. 18. Juni 1840 ertheilten Vorschrift, ohne Rücksicht auf den Zeitpunkt ihres Eingangs beim Landrathe dann als rechtzeitig angebracht zu behandeln, wenn ihr Eingang bei der Regierung oder bei dem Finanzministerium innerhalb der gesetzlichen Präklusivfrist erfolgt ist.

2c) Kriegsminist.-Erlaß v. 23. April 1861 — A. K. D. 1. 477/4 —.

Es sind in neuerer Zeit mehrfach Beschwerden von Offizieren und Militärpersonen in Steuerangelegenheiten nicht von den Betheiligten selbst, sondern von den betreffenden Truppenkommandos Namens der letzteren erhoben und im Dienstwege verfolgt worden. In Folge einer hierauf bezüglichen Mittheilung des Herrn Finanzministers findet sich das Kriegsministerium veranlaßt, darauf aufmerksam zu machen, daß die Offiziere u. s. f. — wenn sie zur Ungebühr zur Steuer herangezogen, bezw. überbürdet zu sein glauben — die Reklamation oder den Rekurs auf dem gesetzlich vorgeschriebenen Wege selbst anzubringen haben, wenn sie den gesetzlichen Nachtheilen, welche aus der nicht rechtzeitig angebrachten Reklamation ihnen erwachsen würden, entgehen wollen. Eine Mitwirkung der vorgesetzten Truppenkommandos erscheint nur dann angemessen, wenn es sich um Prinzipienfragen — namentlich solche, welche verschiedene Ministerialressorts berühren — handelt, in denen daher das Kriegsministerium die entsprechende Vermittelung in geeigneten Fällen auch ferner übernehmen wird.

2d) Finz.-Minist.-Erlaß v. 20. Jan. 1883 — II. 426 —.

Die Königliche Regierung erhält eine Eingabe des A. M. zu B., worin derselbe für seine Mutter um Klassensteuererlaß bittet, sowie den mitvorgelegten bezüglichen Bescheid des Landraths, zur weiteren Veranlassung. Dabei wird bemerkt, daß, falls der Bittsteller gegen die Klassensteuer-

Artikel 63.

Berufungen des Vorsitzenden der Veranlagungskommission.

(§. 40 des Gesetzes.)

Dem Vorsitzenden der Veranlagungskommission steht die Berufung gegen das Ergebniß der Veranlagung zu, mag der Steuersatz durch ihn selbst (Artikel 56) oder durch die Veranlagungskommission festgesetzt sein.

Der Vorsitzende hat die Berufung binnen einer Ausschlußfrist von vier Wochen (28 Tagen) vom Tage des angefochtenen Beschlusses an gerechnet, bei dem Vorsitzenden der Berufungskommission unter Bezugnahme auf die dem letzteren etwa bereits vorliegende Berufung des Steuerpflichtigen (Artikel 62) anzubringen und zu begründen; ein Auszug aus der Einkommensnachweisung ist mit den sämmtlichen Vorverhandlungen beizufügen.

Als Tag des angefochtenen Beschlusses gilt, sofern die Verhandlungen nicht etwas anderes ergeben, der Tag, an welchem die betreffende Einkommensteuerliste oder Einkommensnachweisung festgesetzt ist.

Eine Abschrift der Berufungsschrift stellt der Vorsitzende der Veranlagungskommission dem Steuerpflichtigen unter dem Anheimgeben zu, seine Gegenerklärung binnen 14 Tagen unmittelbar dem Vorsitzenden der Berufungskommission einzureichen. Hinsichtlich der Anwendung dieses Rechtsmittel gilt folgendes:

1. Der Vorsitzende hat die Berufung einzulegen, sobald nach seiner pflichtmäßigen Ueberzeugung das der Veranlagung eines Steuerpflichtigen zu Grunde gelegte Gesammteinkommen dem wirklichen Einkommen desselben nicht entspricht, oder sobald bei Berechnung des steuerpflichtigen Einkommens oder bei Festsetzung des Steuersatzes die nach dem Gesetze und den Ausführungsbestimmungen maßgebenden Veranlagungsgrundsätze nicht oder nicht richtig angewendet sind.
2. Die Einlegung der Berufung ist ferner gerechtfertigt, wenn die Veranlagung eines Steuerpflichtigen von der Kommission ohne Weiteres vorgenommen ist, obwohl die Einkommensverhältnisse nicht genügend aufgeklärt und die zur Feststellung derselben vorhandenen Hilfsmittel noch nicht erschöpft waren, oder wenn der Vorsitzende der Veranlagungskommission nach geschehener Zustellung des Veranlagungsschreibens aber innerhalb der Berufungsfrist solche bei der Veranlagung nicht berücksichtigte

---

veranlagung seiner Mutter rechtzeitig reklamirt haben sollte, die Beschwerde nicht, wie der Landrath meint, allein schon deshalb zurückzuweisen ist, weil der Sohn sie erhoben hat. Nach diesseitiger konstanter Praxis ist angenommen, daß den Kindern für die Eltern und umgekehrt den Eltern für die Kinder vermuthete Vollmacht zur Einbringung der Reklamation bezw. des Rekurses zur Seite steht und daher derartige rechtzeitig erhobene Beschwerden zuzulassen sind. Sollten in solchen Fällen Bedenken hinsichtlich der Voraussetzung der Auftragsertheilung vorliegen, so ist der Sachverhalt durch Vernehmung des Besteuerten, dessen Veranlagung Gegenstand der Beschwerde ist, festzustellen.

Thatsachen in Erfahrung bringt, welche eine abweichende Veranlagung begründet haben würden.

3. Jedenfalls muß der Vorsitzende die Berufung einlegen, wenn der Vorsitzende der Berufungskommission ihn ausdrücklich dazu angewiesen hat, oder wenn die von demselben oder von der Berufungskommission gegen die Einschätzung eines einzelnen Pflichtigen vor der Veranlagung gezogene Erinnerung (vergl. Artikel 65 Nr. 3) seitens der Veranlagungskommission nicht beachtet ist.

   In Fällen dieser Art (Nr. 3) bleibt es dem Vorsitzenden der Veranlagungskommission unbenommen, seine etwa entgegenstehende Auffassung vorzutragen und zu begründen; er hat aber auch gegen seine Ueberzeugung von dem Rechtsmittel Gebrauch zu machen und die Berufung so lange aufrecht zu erhalten, bis der Vorsitzende der Berufungskommission von der weiteren Verfolgung ausdrücklich Abstand nimmt.

4. Gegen die nur zu kommunalen Zwecken erfolgten Veranlagungen (§§. 74. 75. des Gesetzes) steht dem Vorsitzenden der Veranlagungskommission das Rechtsmittel der Berufung nicht zu.

Artikel 64.

Die Berufungskommission.

(§. 41 des Gesetzes.)

Hinsichtlich der Zusammensetzung der für jeden Regierungsbezirk zu bildenden Berufungskommission wird auf §. 41 des Gesetzes verwiesen.

Der Finanzminister bezeichnet die Zahl der für die Berufungskommission eines jeden Regierungsbezirkes zu wählenden Mitglieder und Stellvertreter dem Ober-Präsidenten, welcher die Wahl durch den Provinzialausschuß — für die Stadt Berlin durch den Magistrat und die Stadtverordnetenversammlung in gemeinschaftlicher Sitzung — veranlaßt und das Ergebniß dem betheiligten Vorsitzenden der Berufungskommission mittheilt.

Der letztere berichtet unter Beifügung eines Verzeichnisses der gewählten Personen wegen der von der Regierung — in Berlin von dem Finanzminister — zu ernennenden Mitglieder und Stellvertreter dem Finanzminister.

Wählbar als Mitglieder oder Stellvertreter sind nur Einwohner desjenigen Regierungsbezirkes, für welchen die Berufungskommission gebildet wird. Im Uebrigen finden hinsichtlich der Wählbarkeit und hinsichtlich der Berücksichtigung der verschiedenen Arten des Einkommens die nach Artikel 40 I Nr. 4 für die Voreinschätzungskommission maßgebenden Bestimmungen auch auf die Berufungskommission Anwendung.

Die Ausloosung der bei der ersten theilweisen Erneuerung der Berufungskommissionen ausscheidenden Mitglieder findet in gleicher Weise statt, wie im Artikel 46 zu Nr. 3 hinsichtlich der Veranlagungskommissionen vorgeschrieben ist.

Wegen der eidesstattlichen Verpflichtung der neu eintretenden Mitglieder und der von den Berufungskommissionen zu beobachtenden Geschäftsordnung wird auf Artikel 68 bis 70 verwiesen.[1])

Artikel 65.

Der Vorsitzende der Berufungskommission.

(§. 42 des Gesetzes.)

Der Vorsitzende der Berufungskommission ist in Bezug auf die richtige Feststellung der Steuer der Vertreter der Staatsinteressen für seinen Bezirk. Ihm liegt die obere Leitung des gesammten Veranlagungsgeschäfts im Bezirke ob. Er hat die gleichmäßige Anwendung der Veranlagungsgrundsätze zu überwachen, die Geschäftsführung der Vorsitzenden der Veranlagungskommissionen zu beaufsichtigen und für die rechtzeitige Vollendung des Veranlagungsgeschäftes zu sorgen.

Um dieser Aufgabe zu genügen, darf er sich nicht auf die Erörterung der eingelegten Berufungen und sonstigen Beschwerden beschränken, sondern er muß bei eigener Verantwortung von Amts wegen für die sachgemäße Handhabung der bestehenden Vorschriften Sorge tragen und die zur Beseitigung der wahrgenommenen Mängel geeigneten Maßregeln treffen. Zu diesem Zwecke hat er sich über alle in Betracht kommende Verhältnisse fortlaufend unterrichtet zu halten und namentlich die nachstehenden Anordnungen zu befolgen.[1])

(Zu Art. 64.) 1) Welche Zwangsmaßregeln gegen solche Mitglieder der Berufungs-Kommission in Anwendung gebracht werden sollen, welche ihren Verpflichtungen in ungerechtfertigter Weise sich entziehen, ist nicht gesagt. Die Bestimmungen der Kreisordnung werden auf sie nicht Anwendung finden können, da sie ja durch den Provinzialausschuß gewählt werden. Siehe §. 50 Abs. 2 des Gesetzes S. 69 sowie Anm. 7 zu Art. 40 Seite 239 dieses Buches.

Der §. 54 des Gesetzes (S. 72) spricht nur von dem Falle, daß eine ganze Kommission die Erledigung der ihr übertragenen Geschäfte verweigert. Siehe auch Art. 70 Nr. 3 dieser Anweisung.

(Zu Art. 65.) 1) Finz.-Minist.-Zirk.-Erlaß v. 26. Septbr. 1891 — II. 12845 —.

Unter Hinweis auf die Vorschriften im §. 42 des Einkommensteuergesetzes v. 24. Juni 1891 und Art. 65 der Anweisung v. 5. Aug. 1891 erwarte ich, daß Ew. 2c. den Ihnen als Vorsitzenden der Berufungskommission für den dortigen Regierungsbezirk bei der Einkommensteuer-Veranlagung für das Jahr 1892/93 zufallenden Aufgaben Ihre volle Aufmerksamkeit widmen und die Thätigkeit der Ihnen nachgeordneten Organe in geeigneter Weise leiten und überwachen werden.

Zunächst wird die bevorstehende Personenstandsaufnahme den Vorsitzenden der Veranlagungskommissionen Anlaß geben müssen, die Gemeinde- und Gutsvorsteher im Anschlusse an die Bestimmungen des zweiten Theiles der Anweisung v. 5. Aug. 1891 auf die mannigfachen Abweichungen des künftigen von dem bisherigen Verfahren hinzuweisen, welche schon bei Ausführung der den Gemeindebehörden obliegenden Vorarbeiten für die Einschätzung zu beachten sind.

Als diejenigen Punkte, hinsichtlich deren eine weitere Anleitung von Seiten der Vorsitzenden erforderlich ist, hebe ich insbesondere hervor:

zu Art. 36 Abs. 5 bis 9 der Anweisung: Die nach den örtlichen Verhältnissen zu entscheidende Frage, ob bei der Personenstandsaufnahme Hauslisten anzuwenden und wie dieselben einzurichten sind;

zu Art. 38 Nr. 6 Abs. 2: Die Aufforderung zur Angabe der Schuldenzinsen u. s. w., auf welche,

1. Der Vorsitzende der Berufungskommission muß alljährlich mindestens mehrere Kreise seines Bezirkes bereisen, um durch persönliche Anschauung von der Art der Ausführung der die Einkommensteuerveranlagung betreffenden Vorschriften und von der Behandlung der bezüglichen Geschäfte sowohl seitens der Gemeinde- und Gutsvorstände als auch seitens der Veranlagungs- und Voreinschätzungskommissionen sowie der Vorsitzenden derselben an Ort und Stelle Kenntniß zu nehmen.[2])

Jedenfalls ein Theil dieser Bereisungen muß zur Zeit der Einkommensteuerveranlagung stattfinden, damit der Vorsitzende sich ein zutreffendes Urtheil darüber bilden kann, ob das Verfahren bei Entgegennahme, bei Prüfung und Erörterung der Steuererklärungen den bestehenden Vorschriften entspricht, und damit sich ihm ausgiebige Gelegenheit zur Theilnahme an den Sitzungen der Veranlagungskommissionen bietet.

---

wie den Gemeindebehörden ausdrücklich zu eröffnen ist, die diesen Gegenstand behandelnden älteren Vorschriften, namentlich die Verfügungen v. 21. Dezbr. 1886 — II. 14095 — und v. 9. April 1887 — II. 3540 — fernerhin nicht mehr Anwendung finden;

zu Art. 38 Nr. 8: Die Belehrung der Personen, welche von Seiten der Regierungen mit den auf die Gemeinde (Guts-) Vorstände bezüglichen Eintragungen in die Einkommensteuerlisten betraut worden sind.

Sodann wollen Ew. 2c. unter Beachtung der Vorschrift Art. 65 Nr. 2 der Anweisung v. 5. Aug. 1891 namentlich auch dafür Sorge tragen, daß alsbald nach erfolgter Bildung der Veranlagungskommissionen, jedenfalls rechtzeitig vor dem Beginne der Voreinschätzung, überall die im Art. 42 II der Anweisung angeordneten Berathungen in der vorgeschriebenen Weise stattfinden, sich auch über den Verlauf derselben und die dabei etwa hervorgetretenen Schwierigkeiten eingehend berichten lassen.

Ew. 2c. ersuche ich, hiernach die Vorsitzenden der Veranlagungskommissionen Ihres Amtsbezirkes mit den erforderlichen Weisungen zu versehen.

2) Finz.-Minist.-Erlaß v. 5. März 1875 — IV. 12988 —. Auszug.

Schon früher ist wiederholt auf die Nothwendigkeit einer eingehenden Prüfung des Klassensteuerveranlagungsverfahrens durch die Kgl. Regierungen und insbesondere auch auf eine eingreifende Thätigkeit der Steuerdepartementsräthe, und zwar nicht allein am Sitze der Regierung, sondern auch an Ort und Stelle, hingewiesen worden. Diese Thätigkeit derselben ist jetzt noch mehr als früher für die gleichmäßige Durchführung der gesetzlichen Vorschriften unentbehrlich, und muß dafür gesorgt werden, daß dieselbe alljährlich in einem Theile des Bezirks, und zwar an denjenigen Stellen, wo es die obwaltenden Verhältnisse zweckmäßig erscheinen lassen, wirklich eintritt. Es ist deshalb erforderlich, daß die Steuerdepartementsräthe rechtzeitig in jedem Jahre für die von ihnen vorzunehmenden örtlichen Revisionen und die desfallsigen Reisen einen wohlüberlegten Plan entwerfen, welcher der Prüfung und Genehmigung des Dirigenten der Finanzabtheilung bezw. des Präsidiums unterliegt. Die in dieser Weise geordnete planmäßige Thätigkeit der Steuerdepartementsräthe wird zwar vorerst vorzugsweise der Klassensteuerveranlagung zuzuwenden sein, jedoch gleichzeitig für die gesammte Verwaltung der direkten Steuern nutzbar gemacht werden können.

Als allgemeine Richtschnur ist dabei festzuhalten, daß der Steuerdepartementsrath alljährlich:

a) in einigen Kreisen des Bezirks eine allgemeine Revision der gesammten Verwaltung der direkten Steuern vornimmt, wobei von dem vorschriftsmäßigen Zustande aller

2. Um die gleichmäßige Anwendung richtiger Veranlagungsgrundsätze in den verschiedenen Kreisen seines Bezirkes zu sichern, muß der Vorsitzende der Berufungskommission genaue Kenntniß von dem Ergebnisse der im Artikel 42 angeordneten Berathungen nehmen.

Wo die Umstände es angezeigt erscheinen lassen, hat er, bevor diese Berathungen stattfinden, die Vorsitzenden benachbarter Veranlagungsbezirke zu versammeln, und in gemeinsamer Vorberathung die für die bevorstehende Veranlagung vorzuschlagenden Einschätzungsnormen festzustellen.

3. Er muß die der Berufungskommission obliegende Prüfung der Personenstandsverzeichnisse und Einkommensnachweisungen gründlich vorbereiten, dieselben zu diesem Zwecke einer sorgfältigen Durchsicht unterwerfen, seine Erinnerungen dagegen aufstellen, dem Vorsitzenden der Veranlagungskommission zur Erörterung mittheilen, und die Verhandlungen, soweit er nicht die Erinnerungen durch die vom Vorsitzenden der Veranlagungskommission gegebenen Erläuterungen für erledigt erachtet, der Berufungskommission bei ihrem nächsten Zusammentritt zur Kenntnißnahme und Beschlußfassung vorlegen.

Zweige und von der Art und Weise, wie die einzelnen Organe (Landräthe u. s. w.) ihren Obliegenheiten nachkommen, Ueberzeugung zu gewinnen ist;

b) in Verbindung damit in einzelnen Gemeinden eine gründliche materielle Prüfung der Einschätzungen zur Klassensteuer veranstaltet, diese Prüfung nach Bedürfniß auch auf die Veranlagung der Gewerbesteuer, sowie der Zu- und Abgänge an Gebäudesteuer ausdehnt;

c) während der Vorarbeiten zur Klassensteuerveranlagung (vgl. die Vorschrift des Erlasses v. 18. April 1874 [Anm. 3. S. 247] wegen Revision der Einkommensnachweisungen) und in der Zeit, wenn die Veranlagung ausgeführt wird, beziehungsweise der Vorrevision unterliegt mindestens in einigen Kreisen von der Behandlung der bezüglichen Geschäfte an Ort und Stelle Kenntniß nimmt.

Wegen der bezüglich der Einkommensteuerveranlagung wahrzunehmenden Geschäfte haben die Steuerdepartementsräthe sich nach den Seitens der Vorsitzenden der Bezirkskommissionen ihnen zugehenden Mittheilungen zu richten.

2b) Verfügung der Kgl. Regierung zu K. v. 11. Dezember 1883 -- III. 1945. 12 —.

Bei der Prüfung und Festsetzung der Klassensteuerrollen ist vielfach die Bemerkung gemacht worden, daß bei der Vorrevision nicht die ausreichende Aufmerksamkeit und Sorgfalt auf eine zutreffende Veranlagung der Mitglieder der Klassensteuer-Einschätzungskommission verwandt worden ist.

Vielfach hat sich die Vorrevision nur auf die Prüfung beschränkt, ob die gedachten Mitglieder in der bisherigen Steuerstufe eingeschätzt sind, ohne daß ein näheres Augenmerk darauf gerichtet worden wäre, ob auch die bisherige Einschätzung thatsächlich zutreffend ist und in einem richtigen Verhältniß zu der Veranlagung der übrigen Censiten steht. Hieraus erklärt sich, daß in der Neuzeit wiederholt Klagen und Beschwerden darüber eingegangen sind, daß die Mitglieder der Einschätzungskommissionen, welche meistentheils zu den angesehensten und bemittelsten Personen der Gemeinde gehören, unter sich und gegen ihre Angehörigen und Freunde eine unstatthafte Nachsicht walten lassen und dadurch einen gerechten Grund zur Unzufriedenheit und zu Beschwerden bei den übrigen Gemeindemitgliedern geben.

Ew. 2c. wollen diesem Umstande ihre ganz besondere Aufmerksamkeit zuwenden und mit

Sofern die Berufungskommission den Erinnerungen beitritt, ist die Veranlagungskommission verpflichtet, die ihr zur Nachachtung mitzutheilenden Erinnerungen bei der Veranlagung für das nächste Steuerjahr zu beachten.

Der Vorsitzende der Berufungskommission ist aber auch seinerseits befugt, die Vorsitzenden der Veranlagungskommissionen mit Weisungen wegen der von ihnen bei den Kommissionen hinsichtlich der Veranlagung einzelner Steuerpflichtiger zu stellenden Anträge zu versehen, und hat die Befolgung der im Artikel 63 Nr. 3 wegen Einlegung der Berufung gegebenen Vorschrift genau zu kontroliren.

Soweit die Prüfung der Einkommensnachweisungen nicht gelegentlich der Bereisungen (Nr. 1) stattfinden kann und die Urschriften bei den Vorsitzenden der Veranlagungskommissionen nicht entbehrlich sind, müssen dem Vorsitzenden der Berufungskommission Abschriften der Einkommensnachweisungen oder der von ihm zu bezeichnenden Theile derselben auf Erfordern eingereicht werden.

4. Zur Wahrnehmung seiner Obliegenheiten, insbesondere bei Prüfung der Einkommensnachweisungen (Nr. 3) kann der Vorsitzende den ihm beigegebenen Stellvertreter zu seiner Unterstützung heranziehen.

Nachdruck darauf hinwirken, daß bei den Mitgliedern der Einschätzungskommissionen überall eine ihren Vermögens- und Einkommensverhältnissen entsprechende Veranlagung herbeigeführt werde.

In den vom Kgl. Finanz-Ministerium herausgegebenen „Mittheilungen aus der Verwaltung der direkten Steuern im preußischen Staate“ Heft 23 Seite 11 ist nach dieser Richtung hin folgende Zirkularverfügung der Kgl. Regierung zu Posen vom 17. September 1888. — 6930/88 IIIb. — veröffentlicht worden:

Bei Gelegenheit der durch unseren Steuerdepartementsrath vorgenommenen lokalen Revisionen ist namentlich in den Städten vielfach die Bemerkung gemacht worden, daß die Einschätzungskommissionen gegen ihre eigenen Mitglieder, gegen den Bürgermeister, die Magistratsmitglieder, Kämmerer, Stadtverordnete, Geistliche und Lehrer, sowie gegen ihre Angehörigen und Freunde eine besondere Nachsicht walten lassen, während sie im Gegensatz hierzu bei der Einschätzung der ärmeren insbsondere der arbeitenden Bevölkerung ohne die gerade hier erforderliche peinliche Gewissenhaftigkeit und oft sogar rigoros vorgehen. Auch hat diese Thatsache bei diesbezüglichen Beschwerden anderweiter Gemeindemitglieder wiederholentlich als voll begründet anerkannt werden müssen.

Die Vorrevisionen durch die Herren Landräthe haben sich bei den oben angeführten Personen häufig nur auf die Prüfung beschränkt, ob dieselben in der gleichen Stufe wie bisher eingeschätzt sind, ohne daß ein näheres Augenmerk darauf gerichtet worden war, ob auch die bisherige Einschätzung thatsächlich zutreffend und in richtigem Verhältniß zu der Veranlagung der übrigen Censiten steht, und ob vor allem die derselben zu Grunde gelegten, durch den Bürgermeister in der Einkommensnachweisung gemachten Eintragungen richtig und erschöpfend sind.

Infolge dieser Mängel bei der Vorrevision, welche auch bei der diesseitigen Prüfung und Festsetzung der Klassensteuerrollen nicht immer hinreichend deutlich erkennbar waren, ist es möglich gewesen — was regelmäßig erst bei eingehenden lokalen Revisionen zu Tage getreten —, daß namentlich in den Städten eine mehr oder weniger große Anzahl der oben gedachten Censiten jahrelang zum Theil recht erheblich unter ihrem Einkommen veranlagt geblieben ist, so daß wir

Artikel 66.

Das weitere Verfahren bei Behandlung der Berufungen.

(§§. 43. 75 Abs. 4 b des Gesetzes.)

1. Die Erörterung der Berufungen durch den Vorsitzenden.

Dem Vorsitzenden der Berufungskommission bleibt es überlassen, die Einreichung der Berufungen (Artikel 62. 63) mittelst tabellarischer Nachweisungen und die dafür zu benutzenden Formulare vorzuschreiben.

Die eingegangenen Berufungen und die dazu gehörigen Vorverhandlungen und sonstigen Unterlagen unterwirft er einer genauen Durchsicht und bereitet die von der Berufungskommission abzugebende Entscheidung soweit vor, daß dieselbe in der Regel bei dem Zusammentritt der Kommission ohne weiteren Aufenthalt erfolgen kann. Seine Prüfung muß sich darauf erstrecken, einerseits ob bei der Veranlagung die im ersten Theile dieser Anweisung angegebenen materiellen Grundsätze befolgt, andererseits ob die Vorschriften über das Verfahren beobachtet sind; ergeben sich in letzterer Hinsicht Mängel, so ordnet er sofort die erforderliche Ergänzung der Verhandlungen an, insbesondere die Nachholung einer vom Steuerpflichtigen bei Erörterung der Steuererklärung etwa beantragten aber ohne genügenden Grund unterbliebenen Beweisaufnahme.

Der Vorsitzende hat außerdem die zur Begründung oder zur Widerlegung der Berufung angebotenen, gesetzlich zulässigen Beweise zu erheben, wenn nicht die unter Beweis gestellten Thatsachen selbst unbestritten oder für die Beurtheilung der Sache unerheblich sind.

---

hier und da sogar die Auffassung verbreitet gefunden haben, diese besondere Nachsicht bei den qu. Personen werde unsererseits stillschweigend gebilligt.

Dies kann selbstredend nicht der Fall sein, und zwar um so weniger, als die auf diese Weise vielfach unstatthaft begünstigten Personen regelmäßig zu den angesehensten und bemittelsten der Gemeinden gehören.

Den Bürgermeistern machen wir es hiernach zur besonderen Pflicht einerseits wie bei allen Censiten so auch bei den oben besonders angeführten für die sorgfältige und erschöpfende Eintragung sämmtlicher Einnahmen in die Einkommensnachweisung Sorge zu tragen, andererseits aber auch für ihre Person die angedeuteten Neigungen der Einschätzungskommissionen durch Einzeichnung ihres selbstständigen pflichtgemäßen Gutachtens in die Einkommensnachweisung und durch sofortige Einreichung von Erhöhungsvorschlägen mit aller Bestimmtheit entgegenzutreten.

Wir werden in den Fällen, wo sich bei der Vorrevision oder der diesseitigen Prüfung herausgestellt, daß von Seiten der Bürgermeister nach der einen oder anderen Richtung nachlässig oder pflichtvergessen verfahren ist, ohne jede Nachsicht mit empfindlichen Ordnungsstrafen vorgehen, wie wir es aus diesen Gründen bereits mehrfach zu thun genöthigt waren.

Um für die diesseitige Prüfung die Kontrole zu erleichtern, bestimmen wir, daß die Namen sämmtlicher oben angeführten Censiten künftig in der Einkommensnachweisung mit rother Tinte zu unterstreichen und ihre städtischen Aemter, wie Magistratsmitglied, Mitglied der Einschätzungskommission u. s. w. stets der Bezeichnung des Standes hinzuzusetzen sind. Außerdem ist auf dem Titelblatt der Einkommensnachweisung für die Städte, oder auf einem diesem vorzuheftenden besonderen Bogen ausdrücklich darauf hinzuweisen, unter welchen Nummern die in Rede stehenden Censiten aufgeführt sind.

Er ist ferner befugt, den Steuerpflichtigen zur Ergänzung seiner Anführungen und Beweisanträge aufzufordern oder von Amts wegen eine genaue Feststellung der Vermögens- und Einkommensverhältnisse des Steuerpflichtigen zu veranlassen.

Hierbei stehen ihm nicht nur die nämlichen Hülfsmittel wie den Veranlagungskommissionen zu Gebote (vergl. Artikel 57 zu I unter Nr. 1 und 4), sondern er kann auch die eidliche Bekräftigung des Zeugnisses oder Gutachtens der bereits im Vorverfahren oder von ihm vernommenen Zeugen beziehungsweise Sachverständigen vor dem zuständigen Amtsgerichte erfordern.

2. Die Entscheidung der Berufungskommission.

Nach vollständiger Erörterung der Berufungen unterbreitet der Vorsitzende die Verhandlungen mit seinem Gutachten der Berufungskommission. Dieselbe prüft die Verhandlungen nach denselben Gesichtspunkten und mit den nämlichen Befugnissen, welche oben zu 1 angegeben sind.

Auch die Berufungskommission darf ebensowenig wie der Vorsitzende vom Steuerpflichtigen selbst eine eidliche oder eidesstattliche Versicherung erfordern oder auf freiwilliges Erbieten eine solche abnehmen (vgl. Artikel 57 III).

Die Berufungskommission beschließt über die ihrer Entscheidung zu Grunde zu legenden thatsächlichen Annahmen auf Grund des Gesammtergebnisses der stattgehabten Verhandlungen nach ihrer pflichtmäßigen Ueberzeugung.

Die Entscheidung muß zugleich Bestimmung darüber treffen, ob die Kosten, welche durch die gelegentlich der Berufung veranlaßten Ermittelungen erwachsen sind, vom Steuerpflichtigen erstattet werden sollen (§. 71 des Gesetzes).

Der Entscheidung der Berufungskommission sind Gründe beizugeben, welche in jedem Falle über das von der Berufungskommission angenommene steuerpflichtige Gesammteinkommen, sowie über die angewendeten Rechtsnormen Auskunft geben müssen.

Ist sowohl vom Steuerpflichtigen als auch vom Vorsitzenden der Veranlagungskommission Berufung eingelegt, so sind beide Rechtsmittel gemeinsam zu erörteren und durch eine Entscheidung zu erledigen.

3. Zustellung der Entscheidung.

Ausfertigung der Entscheidung wird dem Steuerpflichtigen in verschlossenem Schreiben durch Vermittelung des Vorsitzenden der Veranlagungskommission zugestellt, welcher, sofern dadurch eine Aenderung des veranlagten Steuersatzes herbeigeführt wird, die Einkommensnachweisung berichtigt, auch die Gemeinde-(Guts-) vorstände, sowie die Hebestelle mit Nachricht versieht.

4. Die Beschwerde an das Oberverwaltungsgericht.

Wegen der sowohl dem Steuerpflichtigen als auch dem Vorsitzenden der Berufungskommission gegen die Entscheidung der letzteren zustehenden Beschwerde an das Oberverwaltungsgericht wird auf die §§. 44 ff. des Gesetzes Bezug genommen.

Der Vorsitzende der Berufungskommission hat vor Einlegung der von ihm beabsichtigten Beschwerde unter Einreichung der Verhandlungen dem Finanzminister zu berichten und dessen Bestimmung darüber einzuholen.

Bei Ueberreichung der Beschwerden an das Oberverwaltungsgericht (§. 45 des Gesetzes) sind auch die sämmtlichen Vorverhandlungen beizufügen.

Von jeder auf eine Beschwerde ergehenden Entscheidung des Oberverwaltungsgerichts giebt der Vorsitzende der Berufungskommission dem Vorsitzenden der Veranlagungskommission Kenntniß, welcher damit verfährt, wie unter Nr. 3 vorgeschrieben ist.

Artikel 67.

Beschwerden über das Verfahren.

(§§. 42. 43 Abs. 1, §. 55 des Gesetzes.)

Außer der Prüfung der Einkommensnachweisungen (Artikel 65 Nr. 3) und der Entscheidung über die Berufungen (Artikel 66) steht der Berufungskommission die Entscheidung über alle gegen das Verfahren der Veranlagungskommissionen angebrachten Beschwerden zu.

Geht eine solche Beschwerde ein, so hat der Vorsitzende der Berufungskommission dieselbe dem Vorsitzenden der Veranlagungskommission zur Aeußerung vorzulegen und die etwa sonst zur Vorbereitung der Entscheidung erforderlichen Ermittelungen zu veranlassen.

Die Entscheidung über alle Beschwerden, welche gegen das Verfahren des Vorsitzenden einer Veranlagungskommission gerichtet sind, steht dem Vorsitzenden der Berufungskommission vermöge seines Aufsichtsrechts über denselben zu.

Beschwerden über das Verfahren der Berufungskommissionen oder der Vorsitzenden derselben entscheidet der Finanzminister, soweit nicht die Zuständigkeit des Oberverwaltungsgerichts in Gemäßheit der §§. 44. 48 des Gesetzes (vergl. Artikel 66 Nr. 4) begründet ist.

Die in diesem Artikel erwähnten Beschwerden über das Verfahren sind weder an Fristen noch an Formen gebunden.

Sechster Abschnitt.

Geschäftsordnung der Kommissionen.

Artikel 68.

Geschäftsleitung.

(§. 51 Abs. 1 des Gesetzes.)

Die Vorsitzenden der Kommissionen haben die letzteren zusammenzuberufen, deren Geschäfte vorzubereiten und zu leiten, sowie die nicht von ihnen durch Einlegung von Rechtsmitteln angefochtenen Kommissionsbeschlüsse auszuführen.

In Behinderungsfällen übernimmt der ernannte Stellvertreter den Vorsitz.

Der Vorsitzende ist auch befugt, dem letzteren die Stellvertretung bei Wahrnehmung einzelner Geschäfte oder Geschäftszweige zu übertragen.

Bei Ausübung der Stellvertretung stehen dem Stellvertreter alle Rechte und Pflichten des Vorsitzenden selbst zu.

Wenn im Laufe der Wahl- (Ernennungs-) periode ein gewähltes oder ernanntes Mitglied der Kommission durch Tod oder aus anderen Gründen ausscheidet oder dauernd an der Mitwirkung bei den Geschäften behindert wird, hat der Vorsitzende aus der Zahl der stellvertretenden Mitglieder einen Ersatzmann einzuberufen.

Zur Wahrnehmung einzelner Geschäfte an Stelle eines vorübergehend verhinderten Mitgliedes sind die Stellvertreter in der Regel nicht heranzuziehen. Jedoch ist dies nicht ausgeschlossen, wenn nach dem Ermessen des Vorsitzenden die ordnungsmäßige Erledigung der Geschäfte die Einberufung eines Stellvertreters erfordert.

Als Ersatzmann für ein gewähltes Mitglied darf nur ein gewählter, als Ersatzmann für ein ernanntes Mitglied nur ein ernannter Stellvertreter einberufen werden.

Artikel 69.

Die Bildung von Unterkommissionen.

(§. 51 Abs. 2 des Gesetzes.)

Sofern der Umfang der Geschäfte es erfordert, ist es zulässig, aus der Gesammtkommission zum Zweck der Geschäftsvertheilung Abtheilungen (Unterkommissionen) zu bilden.[1])

Die Vertheilung der Geschäfte und der Mitglieder unter die einzelnen Unterkommissionen gebührt dem Vorsitzenden.

An der Einheitlichkeit der Gesammtkommission wird durch die Einrichtung von Unterkommissionen nichts geändert. Insbesondere ist das in dem Gesetz bestimmte Verhältniß zwischen der Zahl der ernannten und der gewählten Mitglieder nur für die Gesammtkommission, nicht aber für die einzelnen Unterkommissionen maßgebend.

Der Vorsitzende der Gesammtkommission behält in allen Fällen die Oberleitung der Geschäfte auch in den Unterkommissionen; er bleibt für die ordnungsmäßige Erledigung der Geschäfte in den letzteren verantwortlich, und ist jeder Zeit befugt, in den einzelnen Unterkommissionen selbst den Vorsitz zu übernehmen, auch wenn zu diesem Zweck ein ständiger Vertreter ernannt oder von ihm bestellt ist.

Artikel 70.

Sonstige Bestimmungen über die Geschäftsordnung.

(§§. 51 Abs. 3 bis 6. 52. 54. 72 des Gesetzes.)

1. Die Kommissionen und Unterkommissionen erledigen ihre Geschäfte in der Regel in gemeinsamen, vom Vorsitzenden nach Bedürfniß anzuberaumenden

---

1) Siehe auch Nr. IV des Finz.-Minist.-Erlasses vom 19. Juni 1891 — II. 7576 — Anm. 2 zu Art. 40 S. 235.

Sitzungen. Jedoch ist es demselben in einzelnen dringenden Fällen und bei klarer Lage der Sache gestattet, die Stimmen der Mitglieder mittelst Umlaufs schriftlich einzuholen.

In der Einladung zu den Sitzungen, welche gegen Empfangsbescheinigung oder mittelst eingeschriebenen Briefes durch die Post erfolgt, ist der Gegenstand des in der bevorstehenden Sitzung zu erledigenden Geschäftes (z. B. „Vornahme der Einkommensteuerveranlagung für das Steuerjahr 1892/93") kurz zu bezeichnen.

2. Die Kommissionen (Unterkommissionen) sind bei Anwesenheit von mindestens drei Mitgliedern einschließlich des Vorsitzenden beschlußfähig, wobei es nicht darauf ankommt, daß unter den Anwesenden die Zahl der gewählten und ernannten Mitglieder in dem für die Gesammtkommission vorgeschriebenen Verhältnisse steht.

Die Beschlüsse werden nach absoluter Stimmenmehrheit der an der Beschlußfassung theilnehmenden Mitglieder gefaßt. Dem Vorsitzenden beziehungsweise dem an seiner statt den Vorsitz führenden Stellvertreter steht volles Stimmrecht zu; bei Stimmengleichheit entscheidet seine Stimme.

So lange über die Einschätzung oder Berufung eines Kommissionsmitgliedes oder seiner Verwandten oder Verschwägerten in auf- und absteigender Linie oder bis zum dritten Grade der Seitenlinien berathen und abgestimmt wird, hat dasselbe abzutreten.

Ergeben sich diese Voraussetzungen hinsichtlich der Person des Vorsitzenden, so hat derselbe die Führung des Vorsitzes einem der Kommissionsmitglieder zu übertragen.

3. Ist eine Kommission, weil auf die erste Einladung sich die Mitglieder nicht in beschlußfähiger Zahl eingefunden hatten, zum zweiten Male gehörig geladen und wiederum nicht die erforderliche Anzahl der Mitglieder erschienen, so muß dies, falls nicht besondere Umstände vorliegen, welche eine solche Annahme ausschließen, einer Weigerung, die angekündigten Geschäfte zu erledigen, gleich geachtet und in Gemäßheit des §. 54 des Gesetzes verfahren werden; hierauf ist in der zweiten an die Mitglieder ergehenden Einladung ausdrücklich hinzuweisen.

Als Aufsichtsbehörde im Sinne des §. 54 des Gesetzes gilt in Ansehung der Voreinschätzungs- und Veranlagungskommissionen der Vorsitzende der Berufungskommission, in Ansehung der Berufungskommissionen der Finanzminister.

4. Die in eine Kommission neu eintretenden Mitglieder haben in der ersten Kommissionssitzung, an welcher sie Theil nehmen, vor Beginn der Verhandlungen dem Vorsitzenden mittelst Handschlags an Eidesstatt zu geloben, daß sie bei den Kommissionsverhandlungen ohne Ansehen der Person nach bestem Wissen und Gewissen verfahren und die Verhandlungen, sowie die hierbei zu ihrer Kenntniß gelangenden Verhältnisse der Steuerpflichtigen strengstens geheim halten werden.

Einer Wiederholung des Gelöbnisses im Falle der Wiederwahl oder der Wiederernennung eines ausgeschiedenen Mitgliedes bedarf es nicht.

Zur Entgegennahme des gleichen Gelöbnisses von seiten derjenigen Vorsitzenden oder stellvertretenden Vorsitzenden, welche nicht schon als Beamte vereidigt sind (§. 52 Abs. 2 des Gesetzes), hat die Regierung einen Kommissar womöglich am Wohnorte des zu Verpflichtenden zu bestellen.

5. Für die geheime Aufbewahrung der Steuererklärungen und der Kommissionsverhandlungen (§. 52 Abs. 3 des Gesetzes) ist der Vorsitzende der Veranlagungskommission verantwortlich.

Die Ertheilung einer amtlichen Auskunft an zuständige Stellen, insbesondere auch die Mittheilung von Veranlagungsmerkmalen an kommunale und andere öffentliche (Schul-, Kirchen-) verbände u. s. w. — letzteres jedoch nur, soweit dies zur Feststellung von Steuerzuschlägen erforderlich ist — wird durch die Vorschriften §§ 53. 69 des Gesetzes nicht ausgeschlossen.

6. Ueber jede Kommissionssitzung ist ein von dem Vorsitzenden und den anwesenden Mitgliedern zu vollziehendes Protokoll aufzunehmen, welches über den Gegenstand der erledigten Geschäfte, insbesondere auch über die Verpflichtung der Mitglieder (Nr. 4) Auskunft geben muß.

7. Die Ausfertigungen der Kommissionsbeschlüsse und Entscheidungen sind von dem Vorsitzenden zu vollziehen, welcher sich dabei eines Stempels bedienen kann.

8. Für Wahrnehmung der Geschäfte außerhalb ihres Wohnortes erhalten die Mitglieder der Kommissionen aus der Staatskasse Tagegelder und Reisekosten nach Maßgabe der Verordnung vom 20. Dezember 1876 (Gesetzsamml. 1877 S. 3);[1]) die daselbst im Artikel I zu Ia. und IIb. Nr. 1 angegebenen Sätze finden auf die Mitglieder der Berufungskommissionen, die Sätze zu Ib. und IIb. Nr. 2 auf die Mitglieder der Veranlagungs- und Voreinschätzungskommissionen Anwendung.

Die Liquidationen werden von den betreffenden Vorsitzenden bescheinigt, durch deren Vermittelung der Regierung überreicht, von dieser geprüft, festgesetzt und zur Zahlung angewiesen.

Artikel 71.

Zustellungen.

(§. 53 des Gesetzes.)

1. Die von den Vorsitzenden der Kommissionen innerhalb Preußens zu bewirkenden Zustellungen sind durch einen öffentlichen Beamten unter Bescheinigung der Behändigung auszuführen. Die Post kann um die Bewirkung der Zustellung ersucht werden. Für die Zustellung gelten die in den §§. 9 bis 16 der Verordnung vom 7. September 1879, betreffend das Verwaltungszwangsverfahren[33]) (Gesetzsamml. S. 591), gegebenen Vorschriften mit der Maßgabe, daß an Stelle

---

Minist.-Anm. 33. Dieselben lauten:
(Sie sind abgedruckt im Abschnitt VII dieses Buches.)

---

1) Siehe den Abschnitt IX dieses Buches.

der Vollstreckungsbehörde derjenige Vorsitzende tritt, welcher die Zustellung anordnet, und daß es nicht der Aufnahme einer förmlichen Zustellungsurkunde bedarf; es genügt eine Bescheinigung des öffentlichen Beamten, welche Ort und Zeit der Zustellung, die Bezeichnung des zugestellten Schriftstückes, der Person, an welche dasselbe übergeben ist, sowie die Unterschrift des Beamten enthalten muß. Diese Bescheinigungen können für eine Mehrzahl von Zustellungen tabellarisch zusammengefaßt werden.

2. Die außerhalb Preußens erforderlichen Zustellungen sind in der Regel mittelst eingeschriebenen Briefes gegen einen zu den Akten zurückgelangenden Empfangschein zu bewirken.

Wenn jedoch die Post nach dem Orte des Aufenthaltes des Steuerpflichtigen derartige Briefe nicht befördert oder der zeitige Aufenthalt des Steuerpflichtigen im Auslande nicht genau feststeht, oder aus anderen Gründen auf diesem Wege die Zustellung nicht mit genügender Sicherheit erfolgen kann, so ist das zuzustellende Schriftstück durch Vermittelung des Vorsitzenden der Berufungskommission dem Finanzminister zur weiteren Uebermittelung an das Auswärtige Amt einzureichen.[1])

Die im §. 53 Abs. 3 des Gesetzes zugelassene Zustellung mittelst eingeschriebenen Briefes (ohne zurückgelangenden Empfangschein) ist nur anzuwenden, wenn von der Zustellung der Lauf einer Ausschlußfrist nicht abhängig ist.

3. In allen Fällen (Nr. 1 und 2) gilt die Zustellung an den Steuerpflichtigen für vollzogen, auch wenn die Annahme ohne gesetzlichen Grund (vergl. §. 165 Abs. 2 der Deutschen Zivilprozeßordnung, §. 13 der Verordnung vom 7. September 1879[2]) verweigert wird.

4. Sind Wohnsitz und Aufenthalt eines Steuerpflichtigen unbekannt, so kann die Zustellung an denselben durch Anheftung des zuzustellenden Schriftstückes an der zu Aushängen der Gemeinde des Veranlagungsortes bestimmten Stelle er-

---

1) Finz.-Minist.-Erlaß vom 27. März 1888 — II. 2913 — betr. Unzulässigkeit der Inanspruchnahme der direkten Vermittelung des Auswärtigen Amtes in Steuerangelegenheiten.

Nach einer Mittheilung des Herrn Ministers der auswärtigen Angelegenheiten hat der Landrath zu S. als Vorsitzender der Einkommensteuer-Einschätzungskommission die Vermittelung des Auswärtigen Amtes erbeten, um die Höhe des Jahreseinkommens des angeblich zu Lyon sich aufhaltenden Kaufmanns St. behufs Heranziehung desselben zur klassifizirten Einkommensteuer festzustellen.

Unter Bezugnahme auf die in den Mittheilungen aus der Verwaltung der direkten Steuern im preußischen Staate, Heft Nr. 10 S. 13, veröffentlichte Verfügung vom 15. Januar 1879 — IV. 16392 — (abgedruckt als Anm. 3b auf Seite 54) ersuche ich Ew. ꝛc., dem Landrath zu S. bemerklich zu machen, daß sein Antrag nicht unmittelbar an das Auswärtige Amt zu richten, sondern mir zur weiteren Beschlußnahme vorzulegen gewesen wäre. Zugleich wollen Ew. ꝛc. demselben gefälligst mittheilen, daß der Herr Minister der auswärtigen Angelegenheiten die Erledigung der vorliegenden Requisition abgelehnt hat, weil es unthunlich erscheine, zu dem fraglichen Zwecke die Mitwirkung der französischen Behörden in Anspruch zu nehmen, ein anderer Weg aber, um zu dem gewünschten Ziele zu gelangen, dem Auswärtigen Amte nicht zu Gebote stehe.

2) Siehe den Abschnitt VII dieses Buches.

folgen. Die Zustellung gilt für vollzogen, wenn seit der Anheftung zwei Wochen verstrichen sind. Auf die Gültigkeit der Zustellung hat es keinen Einfluß, wenn das Schriftstück von dem Orte der Anheftung zu früh entfernt wird.

5. Sofern es im Interesse der Steuerverwaltung geboten erscheint, ein Ersuchen irgend welcher Art an das Auswärtige Amt des Deutschen Reiches oder an Kaiserliche auswärtige Vertretungen oder an ausländische Behörden zu richten, so ist der zu begründende Antrag mit den Verhandlungen auf dem geordneten Instanzenzuge zur Beschlußfassung dem Finanzminister vorzulegen.

Der Finanzminister.

Miquel.

Beilage zu Artikel 45. (S. 250.)

Steuertarif.

(§. 17 des Gesetzes.)

Die Einkommensteuer beträgt jährlich

bei einem Einkommen von mehr als: Mark	bis einschließlich: Mark	Mark
900	1 050	6
1 050	1 200	9
1 200	1 350	12
1 350	1 500	16
1 500	1 650	21
1 650	1 800	26
1 800	2 100	31
2 100	2 400	36
2 400	2 700	44
2 700	3 000	52
3 000	3 300	60
3 300	3 600	70
3 600	3 900	80
3 900	4 200	92
4 200	4 500	104
4 500	5 000	118
5 000	5 500	132
5 500	6 000	146
6 000	6 500	160
6 500	7 000	176
7 000	7 500	192
7 500	8 000	212
8 000	8 500	232
8 500	9 000	252
9 000	9 500	276
9 500	10 500	300
10 500	11 500	303
11 500	12 500	360
12 500	13 500	390
13 500	14 500	420
14 500	15 500	450
15 500	16 500	480
16 500	17 500	510
17 500	18 500	540
18 500	19 500	570
19 500	20 500	600
20 500	21 500	630

bei einem Einkommen von mehr als: Mark	bis einschließlich: Mark	Mark
21 500	22 500	660
22 500	23 500	690
23 500	24 500	720
24 500	25 500	750
25 500	26 500	780
26 500	27 500	810
27 500	28 500	840
28 500	29 500	870
29 500	30 500	900
30 500	32 000	960
32 000	34 000	1 010
34 000	36 000	1 120
36 000	38 000	1 200
38 000	40 000	1 280
40 000	42 000	1 360
42 000	44 000	1 440
44 000	46 000	1 520
46 000	48 000	1 600
48 000	50 000	1 680
50 000	52 000	1 760
52 000	54 000	1 840
54 000	56 000	1 920
56 000	58 000	2 000
58 000	60 000	2 080
60 000	62 000	2 160
62 000	64 000	2 240
64 000	66 000	2 320
66 000	68 000	2 400
68 000	70 000	2 480
70 000	72 000	2 560
72 000	74 000	2 640
74 000	76 000	2 720
76 000	78 000	2 800
78 000	80 000	2 900
80 000	82 000	3 000
82 000	84 000	3 100
84 000	86 000	3 200

bei einem Einkommen von mehr als: Mark	bis einschließlich: Mark	Mark
86 000	88 000	3 300
88 000	90 000	3 400
90 000	92 000	3 500
92 000	94 000	3 600
94 000	96 000	3 700
96 000	98 000	3 800
98 000	100 000	3 900
100 000	105 000	4 000
105 000	110 000	4 200
110 000	115 000	4 400
115 000	120 000	4 600
120 000	125 000	4 800
125 000	130 000	5 000
130 000	135 000	5 200
135 000	140 000	5 400
140 000	145 000	5 600

bei einem Einkommen von mehr als: Mark	bis einschließlich: Mark	Mark
145 000	150 000	5 800
150 000	155 000	6 000
155 000	160 000	6 200
160 000	165 000	6 400
165 000	170 000	6 600
170 000	175 000	6 800
175 000	180 000	7 000
180 000	185 000	7 200
185 000	190 000	7 400
190 000	195 000	7 600
195 000	200 000	7 800
u. s. f.		
um je 5 000 Mark steigend		um je 200 Mark steigend.

Regierungsbezirk ....

Kreis ....

Muster A.

Zu Art. 38. S. 222.

Veranlagungsjahr 18____

Einkommensteuerliste

der

Gemeinde }
Stadt } ....

Daß die Voreinschätzung überall den gesetzlichen Vorschriften gemäß nach bestem Wissen und Gewissen erfolgt ist, wird hiermit bescheinigt.

Ort und Datum.

Die Voreinschätzungskommission.
(Unterschriften.)

Die Einkommensteuerliste wird bezüglich der Einkommen von mehr als 900 Mark bis einschließlich 3000 Mark zum jährlichen Veranlagungsbetrage von .... Mark festgesetzt.

Ort und Datum. Die Veranlagungskommission.
Der Vorsitzende.
(Unterschrift.)

.... Straße Nr. ....

Laufende Nr. (Vorjahr roth.)	Des Steuerpflichtigen Namen und Vornamen.	Des Steuerpflichtigen Stand oder Gewerbe.	Zahl der zur Haushaltung gehörigen Personen oder der Einzelnsteuernden: über 14 Jahre alt männlich	über 14 Jahre alt weiblich	unter 14 Jahre alt.	Arten des Einkommens. Kapitalvermögen.	Grundvermögen. Merkmale. Wohngebäude.	Liegenschaften. Fläche.	Grundsteuer.	Pacht	Viehstand.	Einkommen daraus. (Netto.)	Handel und Gewerbe einschl. des Bergbaues.	Gewinnbringende Beschäftigung. Rechte auf periodische Hebungen und Vorteile irgend welcher Art.	Summe des Einkommens nach den Spalten 7 b, 13, 14 c, 15.
						a. mutmaßlicher Betrag. ℳ b. jährliches Einkommen daraus. ℳ	Der außerhalb des Wohnortes belegene Grundbesitz und Gewerbebetrieb sowie das Einkommen daraus ist besonders anzugeben. Gebäudesteuernutzungswert. ℳ	a. der eigenen selbstbewirtschafteten, b. der eigenen verpachteten, c. der gepachteten Grundstücke. ha	a. b. c. (wie in Spalte 9.) ℳ	Betrag der vom Steuerpflichtigen zu zahlenden Jahrespacht. ℳ	a. Pferde. b. Rindvieh. c. Schafe.	a. aus eigenen, selbstbewirtschafteten, b aus verpachteten, c. aus selbstbewirtschafteten gepachteten Liegenschaften (nach Abzug d. Pacht Sp. 11), d. Mietseinnahmen, e. Mietswert der eig. Wohnung. ℳ	a. Gewerbesteuer (Betrag und Klasse), b. Zahl der Gehülfen, Gesellen, Lehrlinge, Arbeiter, c. Einkommen daraus. (Netto.)	a. bar, b. in freier Wohnung, Kost, Naturalien u. s. w. ℳ	ℳ
1.	2.	3.	4.	5.	6.	7.	8.	9.	10.	11.	12.	13.	14.	15.	16.
1 *(1)*	*Köhler, Ernst.*	*Ackerbürger.*	*1*	*1*	*3*	*a. 10 000* *b. 400*	*200*	*a. 5,18* *c. 3,20*	*a. 17,14* *c. 10,28*	*360*	*a. 1* *b. 2* *c. 8*	*a. 1 300* *c. 400* *e. 248*	.	.	*2 548*
								in der Gemarkung Z.							
								b. 2,14	*6.86*			*b. 200* *= 2 148*			
2 *(10)*	*Schmidt, Friedrich.*	*Amtsgerichts-Sekretär.*	*1*	*2*	*1*	.	.	.	.	.	.	.	.	*a. 2 616 Besoldung — einschl. Wohnungsgeldzuschuss, 150 aus Nebenarbeiten.* *= 2 766*	*2 766*
3 *(4)*	*Werner, Adolf.*	*Kaufmann.*	*1*	*2*	*4*	.	*850*	.	.	.	.	*d. 600* *e. 400* *= 1 000*	*a. Klasse A II — 24 Mark.* *b. 1 Gehülfe, 1 Lehrling.* *c. 2 100 Mark.*	.	*3 100*
4 *(5)* *u. s. w. bis 181.*	*Horst, Albert.*	*Pfarrer.*	*1*	*1*	*4*	.	.	.	.	.	.	.	.	*a. 2 900* *b. 600* *= 3 500*	*3 500*
		Zusammen	*235*	*252*	*290*										
			777												

…Begründer Ab- …ist an- …eben: …Schuld- …, Zins- …Name …Gläubi- …ers. … Der …ng oder …stige …tstitel …r Name …mpfän- …rs. … Die …an wel- …e Zah- …erfolgt. … Die …siche- …sgesell- …t oder …lt und …ummer …Police.	Nach Abzug der Summe in Sp. 17 von dem Betrage in Sp. 16 bleibt Jahreseinkommen. ℳ	Gemäß §. 18 des Gesetzes sind abzuziehen 50 Mark für jede in Sp. 6 nachgewiesene Person also ℳ	Jahresbetrag des der Veranlagung zu Grunde zu legenden steuerpflichtigen Einkommens. ℳ	Für das Vorjahr veranlagt (mit dem jährlichen Steuersatze von) ℳ	Nach dem Vorschlage der Voreinschätzungskommission einzuschätzen (mit dem jährlichen Steuersatze von) ℳ	Nach dem Vorschlage des Vorsitzenden der Veranlagungskommission einzuschätzen (mit dem jährlichen Steuersatze von) ℳ	Nach der Festsetzung sind Censiten (physische Personen) frei gestellt gemäß §. 18 des Gesetzes	frei gestellt gemäß §. 19 des Gesetzes	veranlagt mit dem jährlichen Steuersatze von ℳ 6	ℳ 9	ℳ 12	ℳ 16	ℳ 21	ℳ 26	ℳ 31	ℳ 36	ℳ 44	ℳ 52	Jahresbetrag der veranlagten Steuer. (Summe der Spalten 26 bis 35.) ℳ	Mit einem Jahreseinkommen von mehr als 3 000 Mark sind zu veranlagen Censiten.	Personen.	Bemerkungen. NB. Hierzu sind auch die etwa vorliegenden besonderen Ermäßigungsgründe anzugeben. Als solche sind im §. 19 des Gesetzes genannt: Außergewöhnliche Belastung durch a. Unterhalt und Erziehung der Kinder. b. Verpflichtung zum Unterhalt mittelloser Angehöriger. c. Andauernde Krankheit. d. Verschuldung. e. Besondere Unglücksfälle.
7 a.	18.	19.	20.	21.	22.	23.	24.	25.	26.	27.	28	29.	30.	31.	32.	33.	34.	35.	36.	37.	38.	39.
…nteil an …ter, Karl …, nach …assungs- …g vom …li 1888 …ahlen.	*2 248*	*150*	*2 098*	*42*	*31*	*31*	.	.	.	.	.	.	.	.	*1*	.	.	.	*31*			
.	*2 766*	*50*	*2 716*	*60*	*36*	*36*	.	.	.	.	.	.	.	.	.	*1*	.	.	*36*			***Andauernde Krankheit und Arbeitsunfähigkeit der Ehefrau, sowie Verpflichtung zum Unterhalt der mittellosen alten Mutter.***
…Mark zu …ent her- …en vom …r Krohn …auf das …ude in …lte 8. …ncordia Police …31 432.	*2 615*	*(200) zur Erlangung der gesetzlichen Ermässigung um eine Stufe 215*	*2 400*	*48*	*36*	*36*	.	.	.	.	.	.	.	.	.	*1*	.	.	*36*			
.	*3 500*	.	*3 500*	.	.	.	.	.	.	.	.	.	.	.	.	.	.	.	.	*1*	*6*	
							26	*3*	*15*	*18*	*19*	*[14*	*10*	*15*	*6*	*8*	*12*	*9*	*2774*	*26*	*112*	

Bemerkung.

Bei Einrichtung dieses Formulars sind folgende Abweichungen gestattet:

1. Für Städte, in welchen das Einkommen aus der Landwirtschaft nicht von Bedeutung ist, können die Spalten 9 bis 13 vereinfacht, andererseits für die nach städtischen Verhältnissen wichtigen Angaben (z. B. Wohnungsmiete) besondere Spalten eingeschaltet, oder die Eintragungen in die Spalten 7. 8. 14. 15 erweitert, die Ueberschriften derselben entsprechend geändert, die letztgenannten drei Spalten und die Spalte 17 auch in mehrere zerlegt werden.
2. Wo es für die Berechnung der Kommunalsteuer von wesentlicher Bedeutung ist, kann für das Einkommen aus Gehalt, Pension, Wartegeld eine besondere Spalte (neben Spalte 15) eingerichtet werden.
3. Unter entsprechender Aenderung der Ueberschrift (Spalte 10) ist es zulässig, an Stelle der Grundsteuer den Grundsteuerreinertrag anzugeben.
4. Nach Bedürfniß können Spalten zur Angabe des Mutterrollenartikels oder der Gemeinde, in welcher der Grundbesitz liegt oder das Gewerbe betrieben wird, eingeschaltet werden.
5. Die Zerlegung der Spalten 9 und 13 nach Maßgabe der durch die Buchstaben a, b, c u. s. w. angedeuteten Ueberschriften ist gestattet.
6. Die Spalte 12 für Angabe des Viehstandes kann, wo dieselbe für entbehrlich erachtet wird, fortfallen.

Regierungsbezirk ....

Kreis ....

Muster B.

Zu Art. 49 S. 268

Veranlagungsjahr 18____

Einkommensnachweisung

des

Veranlagungsbezirks

Die Einkommensnachweisung wird zum jährlichen Veranlagungsbetrage von .... Mark festgesetzt.

Ort und Datum.

Die Veranlagungskommission.

Der Vorsitzende.
(Unterschrift.)

Gemeinde (Gutsbezirk)

				Arten des Einkommens.														
		Des Steuerpflichtigen		Kapitalvermögen.		Grundvermögen.										Handel und Gewerbe einschließlich des Bergbaues.		
						Gebäude.			Liegenschaften A. Eigentum.				Liegenschaften B. Pachtung.					
						Der außerhalb des Wohnortes belegene Grundbesitz und Gewerbebetrieb sowie das Einkommen daraus ist besonders anzugeben.												
Laufende Nr. (Vorjahr roth.)	Nr. der Einkommensteuerrolle.	Namen und Vornamen, Straße und Hausnummer bezw. Firma.	Stand oder Gewerbe.	Betrag.	Einkommen daraus.	Anzahl der Gebäude.	Gebäudesteuernutzungswert.	Der Steuerpflichtige a. bezieht, b. bezahlt Wohnungsmiete, c. Mietswert der eigenen Wohnung.	a. Gärten, b. Aecker, c. Wiesen, d. Weiden, e. Holzungen.	Grundsteuerreinertrag.	Von dem Eigentum verpachtet: a. Gärten, b. Aecker, c. Wiesen, d. Weiden, e. Holzungen.	a. Ertrag der selbstbewirtschafteten Ländereien, b Pachteinnahme.	Umfang der gepachteten Grundstücke: a. Gärten, b. Aecker, c. Wiesen, d. Weiden, e. Holzungen.	a Grundsteuerreinertrag, b. zu zahlende Pacht.	Einkommen aus der Pachtung (nach Abzug der zu zahlenden Pacht).	Gewerbesteuer in a. Klasse mit b. jährlichem Betrag.	Gegenstand und Merkmale des Gewerbebetriebes	Jahresbetrag des Einkommens daraus.
				ℳ	ℳ		ℳ	ℳ	Hekt.	ℳ	ℳ	ℳ	Hekt.	ℳ	ℳ	ℳ		ℳ
1.	2.	3.	4.	5.	6.	7.	8.	9.	10.	11.	12.	13.	14.	15.	16.	17.	18.	19.

Erste Abt

Zweite Abte

NB. Das Einkommen der Aktiengesellschaften u

Von dem Betrage in Spalte 21 sind in Abzug zu bringen: a. die zu zahlenden Schuldenzinsen und Renten (§. 9. I. 2 des Gesetzes); b. die auf besonderen Rechtstiteln beruhenden dauernden Lasten (§. 9 I. 3); c. Beiträge zu Kranken-, Unfall- ꝛc. Kassen (§. 9. I. 6) für die eigene Person; d. Lebensversicherungs-Prämien für Versicherung des Steuerpflichtigen bis zu 600 ℳ (§ 9. I. 7).	Es verbleibt mithin nach Abzug des Betrages in Spalte 22 von dem Betrage in Spalte 21 ein steuerpflichtiges Einkommen von	Ob der Steuerpflichtige eine Steuererklärung abgegeben hat?	Veranlagung			Berufung ist eingelegt vom: a. Steuerpflichtigen, b. Vorsitzenden.	Ermäßigt sind auf Grund des §. 19 des Gesetzes auf den Steuersatz von			Bemerkungen. NB. Hier sind auch die etwa vorliegenden besonderen Ermäßigungsgründe anzugeben. Als solche kommen gemäß §. 19 des Gesetzes, jedoch nur für Einkommen von nicht mehr als 9 500 ℳ in Betracht: Außergewöhnliche Belastung durch a. Unterhalt und Erziehung der Kinder; b. Verpflichtung zum Unterhalt mittelloser Angehöriger; c. dauernde Krankheit; d. Verschuldung; e. besondere Unglücksfälle.
			für das Vorjahr	nach dem Vorschlage des Vorsitzenden der Veranlagungskommission.	nach dem Beschlusse der Veranlagungskommission.		36 ℳ	44 ℳ	52 ℳ	
			Steuersatz.				Censiten.			
ℳ	ℳ		ℳ	ℳ	ℳ					
22.	23.	24.	25.	26.	27.	28.	29.	30.	31.	32.

e Personen.

esellschaften u. s. w.

des Gesetzes) ist in Spalte 19 nachzuweisen.

Regierungsbezirk ....

Kreis ....

Muster C.

Zu Artikel 49. S. 268.

Einkommensnachweisung

des

Veranlagungsbezirks ....

Die Einkommensnachweisung wird für das Steuerjahr 18___ zum jährlichen Veranlagungsbetrage von .... Mark festgesetzt.

Ort und Datum.

Die Veranlagungskommission.

Der Vorsitzende.

Gemeinde (Gutsbezirk) . . . .

				Arten des Einkommens.															Gewinn bringende Beschäftigung; Rechte auf periodische Hebungen und Vorteile irgend welcher Art: a. bar. b. in freier Wohnung, Kost, Naturalien u. s. w.
		Des Steuerpflichtigen		Kapitalvermögen.		Grundvermögen.										Handel und Gewerbe einschl. des Bergbaues.			
						Gebäude.			Liegenschaften.										
									A. Eigentum.				B. Pachtung.						
						Der außerhalb des Wohnortes belegene Grundbesitz und Gewerbebetrieb sowie das Einkommen daraus ist besonders anzugeben.													
Laufende Nr.	Nr. der Einkommensteuerrolle	Namen und Vornamen, Straße und Hausnummer bezw. Firma.	Stand oder Gewerbe.	Betrag.	Einkommen daraus.	Anzahl der Gebäude.	Gebäudesteuernutzungswert	Der Steuerpflichtige a. bezieht, b. bezahlt Wohnungsmiete, c. Mietswert der eigenen Wohnung.	a. Gärten. b. Aecker. c. Wiesen. d. Weiden. e. Holzungen	Grundsteuerreinertrag.	Von dem Eigentum verpachtet: a. Gärten. b. Aecker. c Wiesen. d. Weiden. e. Holzungen.	a. Ertrag der selbstbewirtschafteten Ländereien. b. Pachteinnahme.	Umfang: a. Gärten. b. Aecker. c. Wiesen. d. Weiden. e. Holzungen.	a, Grundsteuerreinertrag. b. zu zahlende Pacht.	Einkommen aus der Pachtung (nach Abzug der zu zahlenden Pacht).	Gewerbesteuer in a. Klasse mit b. jährlichem Betrag.	Gegenstand und Merkmale des Gewerbebetriebes.	Jahresbetrag des Einkommens daraus.	
				ℳ	ℳ		ℳ	ℳ	Hekt.	ℳ	Hekt.	ℳ	Hekt.	ℳ	ℳ	ℳ		ℳ	ℳ
1.	2.	3.	4.	5.	6.	7.	8.	9.	10.	11.	12.	13.	14.	15.	16.	17.	18.	19.	20.

Erste Abteilu

Zweite Abteilu

NB. Das Einkommen der Aktiengesellschaften u. s. w. (§

dem Betrage alte 21 sind in zu bringen: zu zahlenden huldenzinsen d Renten 9. I. 2 des setzes), auf beson- ren Rechts- eln beruhen- n dauernden sten (§. 9. I. 3), eiträge zu anken-, Un- l- 2c.-Kassen die eigene erson (§. 9 6), bensversiche- ngsprämien Versicherung s Steuer- ichtigen bis 600 Mark . 9. I. 7).	Nach Abzug des Betrages in Spalte 22 von dem Betrage in Spalte 21 verbleibt ein steuerpflichtiges Einkommen von	Der Steuerpflichtige hat eine Steuererklärung abgegeben für das Steuerjahr:	Veranlagung											Berufung ist eingelegt vom: a. Steuerpflichtigen, b. Vorsitzenden (unter Angabe des Steuerjahres)	Bemerkungen. NB. Hier sind auch die etwa vorliegenden besonderen Ermäßigungsgründe anzugeben. Als solche kommen gemäß §. 19 des Gesetzes, jedoch nur für Einkommen von nicht mehr als 9 500 ℳ in Betracht: Außergewöhnliche Belastung durch: a. Unterhaltung u. Erziehung der Kinder, b. Verpflichtung zum Unterhalt mittelloser Angehöriger, c. andauernde Krankheit, d. Verschuldung, e. besondere Unglücksfälle.
			für 18__			für 18__		für 18__		für 18__		für 18__			
			für das Vorjahr	nach dem Vorschlage des Vorsitzenden.	nach dem Beschlusse der Veranlagungskommission.	nach dem Vorschlage des Vorsitzenden.	nach dem Beschlusse der Veranlagungskommission.	nach dem Vorschlage des Vorsitzenden.	nach dem Beschlusse der Veranlagungskommission.	nach dem Vorschlage des Vorsitzenden.	nach dem Beschlusse der Veranlagungskommission.	nach dem Vorschlage des Vorsitzenden.	nach dem Beschlusse der Veranlagungskommission.		
			Steuersatz.			Steuersatz		Steuersatz.		Steuersatz.		Steuersatz.			
ℳ	ℳ		ℳ	ℳ	ℳ	ℳ	ℳ	ℳ	ℳ	ℳ	ℳ	ℳ	ℳ		
22.	23.	24.	25.	26.	27.	28.	29.	30.	31.	32.	33.	34.	35.	36.	37.

ysische Personen.

tiengesellschaften u. s. w.

s Gesetzes) ist in Spalte 19 nachzuweisen.

Regierungsbezirk ....

Kreis ....

Muster III.

Zu Art. 37 S. 219.

Veranlagungsjahr 18..........

Personenverzeichnis

der (des)

Gemeinde (Gutsbezirks) }
Stadt } ....

Daß in diesem Verzeichnis die sämtlichen Einwohner des Orts richtig und vollständig aufgeführt worden sind, wird hiermit pflichtmäßig bescheinigt.

Ort und Datum.

Der Gemeinde-(Guts-)vorstand.
(Unterschrift.)

Daß dieses Personenverzeichnis mit Bezug auf die Einkommensteuerpflicht der sämtlichen darin aufgeführten Personen vorschriftsmäßig geprüft ist, wird hiermit pflichtmäßig bescheinigt.

Ort und Datum.

Die Voreinschätzungskommission.
(Unterschriften.)

Laufende Nr.	Personen		Zahl der zur Haushaltung gehörigen Personen oder der Einzelnsteuernden			Summe der Spalten 4—6.	Der Einkommensteuer unterliegen nicht		Summe der steuerfreien Personen (Spalten 8 und 9).	Bleiben steuerpflichtige Personen.	Bemerkungen.
	Namen und Vornamen, Straße und Hausnummer.	Stand oder Gewerbe.	über 14 Jahre alte		unter 14 Jahre alte.		gemäß Artikel 38 Nr. 1a bis c der Anweisung.	weil das steuerpflichtige Einkommen den Betrag von 900 Mark jährlich nicht übersteigt			
			männlich.	weiblich.			Personen.	Personen.			
1.	2.	3.	4.	5.	6.	7.	8.	9.	10.	11.	12.

Regierungsbezirk *Hannover.*

Kreis *Lüneburg.*

Gemeinde *D.* ....

Muster IV.

Zu Art. 37. II. S. 221.

Steuerjahr 18..

Verzeichnis

derjenigen physischen Personen, welche aus einem in der Gemeinde .... belegenen Grundbesitze oder dem daselbst betriebenen stehenden Gewerbe Einkommen beziehen, aber in einem anderen preußischen Orte zur Einkommensteuer zu veranlagen sind.

Laufende Nr.	Des Steuerpflichtigen: Namen, Vornamen, Stand.	Des Steuerpflichtigen: Wohnort.	Bezeichnung des in der Gemeinde Grundbesitzes. Gebäude: Beschreibung a. Zahl und Art der Gebäude. b. Gebäudesteuernutzungswert. c. Art der Benutzung.	Gebäude: Einkommen daraus M	Liegenschaften: a. Flächenraum. b. Grundsteuerreinertrag. c. Angabe, ob selbstbewirtschaftet (Eigentum oder Pachtung) oder verpachtet.	Liegenschaften: Einkommen a. aus selbstbewirtschafteten, b. aus verpachteten Liegenschaften. M
1.	2.	3.	4.	5.	6.	7
1.	*Bürger, August, Rentner.*	*C. im Kreise Hameln*	*a. 1 Wohnhaus b. 1 000. c. Vermietung.*	*1 250*		
2.	*Schulz, Werner, Cigarren-fabrikant.*	*V. im Gross-herzogtume Oldenburg.*				
3.	*Krüger, Wilhelm, Mühlen-besitzer*	*B. im Kreise Neustadt.*			*a. 8,11 ha b. 218,40 M. c. Verpachtet.*	*b. 750*

Minist. Anm. zu Spalten 5, 7, 9.
Hier ist das Einkommen nach dem Gutachten des Gemeindevorstandes einzustellen.

A. belegenen		Abzugsfähige a. Schulden, Zinsen und Renten, b. dauernde Lasten, welche auf dem Grundbesitze Spalte 4—7 haften.	Bemerkungen. NB. Hier ist auch der bisherige Veranlagungsort anzugeben, falls der Steuerpflichtige seinen Wohnsitz (Spalte 3) nicht in Preußen hat.
Gewerbebetriebes.			
Gegenstand des Betriebes und Merkmale des Betriebsumfanges (Zahl der Gesellen, Gehülfen, Arbeiter, Lehrlinge u. s. w.).	Einkommen daraus ℳ	ℳ	
8.	9.	10.	11.
.		.	.
Cigarrenhandlung. 1 Geschäftsführer. 1 Lehrling.	*2 400*		*Ist in L. im Regierungsbezirke Stade zur Einkommensteuer veranlagt, wo derselbe gleichfalls einen Laden unterhält.*
		a. 160 für ein vom Rentner Müller in L. hergeliehenes Kapital von 4 000 M.	

Regierungsbezirk ______________ **Muster V.**

Kreis .... Zu Art. 38 Nr. 7. S. 223.

Rechnungsjahr 18____

Einkommensteuerrolle

der

Gemeinde
(des Gutsbezirks)

Die Uebereinstimmung dieser Steuerrolle mit der Einkommensteuerliste und Einkommensnachweisung wird bescheinigt.

Ort und Datum.

Der Vorsitzende der Veranlagungskommission.
(Unterschrift.)

Laufende Nr.	Nr. der Einkommensteuerliste.	Des Steuerpflichtigen Name, Vorname bezw. Firma, Wohnung (Straße, Hausnummer), Stand oder Gewerbe.	Jahresbetrag der Steuer.*) ℳ	Laufende Nr	Nr. der Einkommensteuerliste.	Des Steuerpflichtigen Name, Vorname bezw. Firma, Wohnung (Straße, Hausnummer), Stand oder Gewerbe.	Jahresbetrag der Steuer.*) ℳ
1.	2.	3.	4.	1.	2.	3.	4.
		Summe				Summe	

*) Da, wo die örtliche Erhebung der Steuer von Einkommen von nicht mehr als 3000 ℳ durch die Gemeinden erfolgt, treten an Stelle der Spalte 4 die Spalten 4a und 4b.

Unter dem Abschluß sind die Summen der Spalten 4a und 4b zusammenzustellen.

Jahresbetrag der Steuer- deren örtliche Erhebung der Gemeinde obliegt.	Jahresbetrag der Steuer- deren örtliche Erhebung der Kreiskasse obliegt.
4a.	4b.

Regierungsbezirk ....

Kreis ....

Gemeinde ....

Muster VI.

Zu Art. 39. S. 224.

Steuerjahr 18..........

Verzeichnis

der

Aktiengesellschaften, Kommanditgesellschaften auf Aktien, Berggewerkschaften, eingetragenen Genossenschaften und Konsumvereine mit offenem Laden, welche in der Gemeinde.................................... ihren Sitz oder eine Betriebsstätte haben.

(§. 1 Nr. 4 und 5, §. 2 des Gesetzes.)

Daß in diesem Verzeichnis die sämtlichen Unternehmungen der oben bezeichneten Art vollständig und richtig aufgeführt sind, wird hiermit pflichtmäßig bescheinigt.

Ort und Datum.

Der Gemeindevorstand.

(Unterschrift.)

Laufende Nr.	Firma.	Ort des Betriebes.	Sitz der Gesellschaft.	Sofern der Sitz sich in der Gemeinde befindet, Vorstand der Gesellschaft, Benennung desselben.	Sofern der Sitz sich nicht in der Gemeinde befindet, Bezeichnung des dort wohnenden Vertreters.
1.	2.	3.	4.	5.	6.

I. Aktiengesellschaften und

II. Berg

III. Eingetragene

NB. Die sämtlichen in der Gemeinde vorhandenen

IV. Konsumvereine mit offenem Laden, sofern

NB. Soweit die Konsumvereine eingetragene Genossen

Falls die Gesellschaft ihren Sitz nicht in Preußen hat, ob und wo in Preußen eine Hauptagentur oder eine sonstige Centralstelle, oder eine Niederlassung besteht.	Zeitpunkt der Eröffnung des Geschäftsbetriebes in der Gemeinde.	Angabe, ob und wie Veranlagung zur Gewerbesteuer erfolgt ist.	Bemerkungen. (Hier sind namentlich bezüglich der eingetragenen Genossenschaften diejenigen Umstände anzugeben, aus denen zu entnehmen ist, ob der Geschäftsbetrieb über den Kreis ihrer Mitglieder hinausgeht.)
7.	8.	9.	10.

Kommanditgesellschaften auf Aktien.

Gewerkschaften.

Genossenschaften.

eingetragenen Genossenschaften sind aufzuführen.

dieselben die Rechte juristischer Personen haben.

schaften sind, werden dieselben unter III. aufgeführt.

Veranlagungsbezirk **Muster VII.**

Zu Artikel 48. III, S. 267.

Uebersicht

zur

Berechnung des steuerpflichtigen Einkommens der ....

.... Aktiengesellschaft

in *Berlin*

(Betriebsstätte in C. im Kgr. Sachsen.)

Veranlagungsjahr.	Geschäftsjahr.	Betrag des eingezahlten Aktienkapitals bezw. Summe der Geschäftsanteile oder des Grundkapitals. (Art. 27 Nr. 2 der Anweisung.)	Aus den Ueberschüssen sind verwendet: Zur Verteilung von Aktienzinsen, Dividenden, Ausbeuten u. s. w. an die Mitglieder (Aktionäre, Kommanditisten, Gewerke, Genossen).	Zur Tilgung von Schulden oder des Grundkapitals.	Zur Verbesserung oder Geschäftserweiterung.	Zur Bildung von Reservefonds. (Abgesehen von den Rücklagen, welche bei den Versicherungsgesellschaften für die Versicherungssummen bestimmt sind.)	Zu außerordentlichen Abschreibungen.
		ℳ	ℳ	ℳ	ℳ	ℳ	ℳ
1	2.	3.	4	5.	6.	7.	8.
.	*1889*	*2 500 000*	*125 000*	.	.	*15 000*	
.	*1890*	*3 000 000*	*150 000*			*18 000*	
1892/93	.	.			.		

Summe der Spalten 4 bis 8. ℳ	Betrag des Abzuges von 3½ Prozent des Betrages in Spalte 3. (Artikel 27 Nr. 2 der Anweisung.) ℳ	Nach Abzug des Betrages Spalte 10 von dem Betrage Spalte 9 verbleibt Jahreseinkommen. ℳ	Steuerpflichtiges Einkommen nach dem Durchschnitt der zwei bezw. drei letzten Jahre aus Spalte 11. ℳ	Von dem Einkommen in Spalte 12 fallen auf den in Preußen steuerpflichtigen Betrieb (Artikel 27 Nr. 4 und 5 der Anweisung.) ℳ	Steuersatz ℳ	Bemerkungen.
9.	10.	11.	12	13.	14.	15.
140 000	*87 500*	*52 500*		.	.	
168 000	*105 000*	*63 000*	.	.	.	
.			*57 750*	*44 616*	*1 520*	*Zu Spalte 13. Reingewinn überhaupt 1890: 153684 ℳ. Aus dem Betriebe in C. (Kgr. Sachsen): 34951 ℳ.*

Veranlagungsbezirk **Muster VIII.**

Zu Artikel 50. S. 269.

...., den .... ten .... 18..........

Oeffentliche Bekanntmachung.

Einkommensteuerveranlagung für das Steuerjahr 18——

Auf Grund des §. 24 des Einkommensteuergesetzes vom 24. Juni 1891 (Gesetzsamml. S. 175) wird hiermit jeder bereits mit einem Einkommen von mehr als 3000 Mark veranlagte Steuerpflichtige im Kreise (in der Stadt) .... aufgefordert, die Steuererklärung über sein Jahreseinkommen nach dem vorgeschriebenen Formular in der Zeit vom ..... . bis .... dem Unterzeichneten schriftlich oder zu Protokoll unter der Versicherung abzugeben, daß die Angaben nach bestem Wissen und Gewissen gemacht sind.

Die oben bezeichneten Steuerpflichtigen sind zur Abgabe der Steuererklärung verpflichtet, auch wenn ihnen eine besondere Aufforderung oder ein Formular nicht zugegangen ist. Auf Verlangen werden die vorgeschriebenen Formulare, denen zugleich die maßgebenden Bestimmungen beigefügt sind, von heute ab (an den zu bezeichnenden Stellen) kostenlos verabfolgt.

Die Einsendung schriftlicher Erklärungen durch die Post ist zulässig, geschieht aber auf Gefahr des Absenders und deshalb zweckmäßig mittelst Einschreibebriefes. Mündliche Erklärungen werden von dem Unterzeichneten .... (Amtslokal) .... (während der anzugebenden Geschäftsstunden) zu Protokoll entgegengenommen.

Die Versäumung der obigen Frist hat gemäß §. 30 Abs. 1 des Einkommensteuergesetzes den Verlust der gesetzlichen Rechtsmittel gegen die Einschätzung für das Steuerjahr zur Folge.

Wissentlich unrichtige oder unvollständige Angaben oder wissentliche Verschweigung von Einkommen in der Steuererklärung sind im §. 66 des Einkommensteuergesetzes mit Strafe bedroht.

Der Vorsitzende der Einkommensteuer-Veranlagungskommission.

Veranlagungsbezirk ....

Muster IX.

Zu Artikel 51. S. 270.

...., den ....ten .... 18..............

Auf Grund des §. 25 des Einkommensteuergesetzes vom 24. Juni 1891 (Gesetzsamml. S. 175) werden Ew. . zum Zwecke Ihrer Veranlagung zur Einkommensteuer für das Steuerjahr 18—— hiermit aufgefordert, die Steuererklärung über Ihr Jahreseinkommen nach dem beiliegenden Formular binnen 14 Tagen, vom Tage der Zustellung dieser Verfügung ab gerechnet, dem Unterzeichneten schriftlich oder zu Protokoll unter der Versicherung abzugeben, daß die Angaben nach bestem Wissen und Gewissen gemacht sind.

Die Einsendung der schriftlichen Erklärung durch die Post ist zulässig, geschieht aber auf Gefahr des Absenders und deshalb zweckmäßig mittelst Einschreibebriefes. Mündliche Erklärungen werden von dem Unterzeichneten .... (Amtslokal) .... (während der anzugebenden Geschäftsstunden) zu Protokoll entgegengenommen.

Die Versäumung der obigen Frist hat gemäß §. 30 Abs. 1 des Einkommensteuergesetzes den Verlust der gesetzlichen Rechtsmittel gegen die Einschätzung für das Steuerjahr zur Folge.

Wissentlich unrichtige oder unvollständige Angaben oder wissentliche Verschweigung von Einkommen in der Steuererklärung sind im §. 66 des Einkommensteuergesetzes mit Strafe bedroht.

Der Vorsitzende der Einkommensteuer-Veranlagungskommission.

An

....

Veranlagungsbezirk ....

Muster X.

Zu Artikel 54. S. 272.

...., den ......ten 18............

Nachdem Ew. .... der am ——ten .... ergangenen öffentlichen / Ihnen zugestellten Aufforderung zur Abgabe der vorgeschriebenen Steuererklärung für das Steuerjahr 18—— bis heute nicht nachgekommen sind, werden Sie auf Grund des §. 30 Abs. 2 des Einkommensteuergesetzes hierdurch nochmals aufgefordert, nunmehr längstens innerhalb vier Wochen (28 Tagen), vom Tage der Zustellung dieser Verfügung ab gerechnet, die Steuererklärung nach dem beiliegenden Formular bei dem Unterzeichneten schriftlich oder zu Protokoll abzugeben.

Die Einsendung der schriftlichen Erklärung durch die Post ist zulässig, geschieht aber auf Gefahr des Absenders und deshalb zweckmäßig mittelst Einschreibebriefes. Mündliche Erklärungen werden von dem Unterzeichneten .... (Amtslokal, Geschäftsstunden) .... entgegengenommen.

Die Versäumung der obigen Frist hat für Sie den Rechtsnachteil zur Folge, daß Sie neben der für das Steuerjahr 18—— veranlagten Einkommensteuer, welche Ihnen seiner Zeit bekannt gemacht werden wird, einen Zuschlag von 25 Prozent zu derselben zu entrichten haben.

Wissentlich unrichtige oder unvollständige Angaben oder wissentliche Verschweigung von Einkommen in der Steuererklärung sind im §. 66 des Einkommensteuergesetzes mit Strafe bedroht.

Der Vorsitzende der Einkommensteuer-Veranlagungskommission.

An

....

Veranlagungsbezirk

Muster XI.

Zu Artikel 55. S. 274.

..................................., den ....ten .... 18..........

Die von Ew. .... zum Zwecke Ihrer Veranlagung zur Einkommensteuer für das Jahr 18____ abgegebene Steuererklärung ist beanstandet, weil die darin enthaltene Angabe, wonach ....

....

.... des näheren Nachweises bedarf.

Auf Grund des §. 38 Abs. 2 des Einkommensteuergesetzes werden Sie aufgefordert, Sich hierüber binnen zwei Wochen (14 Tagen), vom Tage der Zustellung dieser Verfügung ab gerechnet, schriftlich zu erklären.

Sollten Sie es vorziehen, die erforderlichen Aufklärungen mündlich zu geben, so ist der Unterzeichnete zur Entgegennahme derselben ....

....(Termin, Geschäftslokal) .... bereit.

Im Falle des fruchtlosen Ablaufs der obigen Frist wird angenommen, daß Sie eine Erklärung nicht abgeben wollen.

Wissentlich unrichtige oder unvollständige Angaben sind im §. 66 des Einkommensteuergesetzes mit Strafe bedroht.

Der Vorsitzende der Einkommensteuer-Veranlagungskommission.

An

....

Veranlagungsbezirk ....

Muster XII.

Zu Artikel 55. S. 274.

......................................, den ....ten .... 18.........

Die von Ew. 2c. .... zum Zwecke Ihrer Veranlagung zur Einkommensteuer für das Jahr 18___ abgegebene Steuererklärung ist beanstandet, weil die darin enthaltene Angabe, wonach ....
....
des näheren Nachweises bedarf.

Auf Grund des §. 38 Abs. 2 des Einkommensteuergesetzes werden Sie aufgefordert, binnen 2 Wochen (14 Tagen), vom Tage der Zustellung dieser Verfügung ab gerechnet, hierunter die nachstehenden Fragen schriftlich zu beantworten und dem Unterzeichneten mit Ihrer Namensunterschrift vollzogen einzusenden.

Sollten Sie die mündliche Beantwortung vorziehen, so ist der Unterzeichnete zur Entgegennahme derselben .... (Zeit, Geschäftslokal) .... bereit.

Im Falle des fruchtlosen Ablaufes der obigen Frist wird angenommen, daß Sie eine Erklärung nicht abgeben wollen.

Wissentlich unrichtige oder unvollständige Angaben sind im §. 66 des Einkommensteuergesetzes mit Strafe bedroht.

Der Vorsitzende der Einkommensteuer-Veranlagungskommission.

	Fragen:	Antworten:
1.		
2.		
3.		

An

Regierungsbezirk ....

Kreis ....

Gemeinde (Gutsbezirk) ....

Muster XIII.

Zu Artikel 59. S. 280.

Steuerjahr 18.........

Nachweisung

der

im Kreise .... (Veranlagungsbezirk ....) aufkommenden Einkommensteuer.

Rechnerisch geprüft und festgestellt bezüglich der physischen Personen mit Einkommen von mehr als 900 Mark bis einschließlich 3 000 Mark zum jährlichen Veranlagungsbetrage von . . . . Mark,

bezüglich der Einkommen von mehr als 3 000 Mark und bezüglich der nicht physischen Personen zum jährlichen Veranlagungsbetrage von . . . . „

überhaupt zum jährlichen Veranlagungsbetrage von .... Mark.

Ort und Datum.

Königliche Regierung,
Abteilung für direkte Steuern 2c.

Laufende Nr.	Namen der Ortschaften. (Städte, ländliche Gemeinden, Gutsbezirke.)	Seelenzahl nach		Der Einkommensteuer unterliegen nicht			Nach Abzug der Personen in Spalte 7 von der Anzahl der Personen in Spalte 4 bleiben (Spalte 11 des Personenverzeichnisses).	Freigestellt sind gemäß		Veranlagung zum Einkommen von m als 900 Mark bis einschließlich 3 000 M und zwar mit dem jährlichen Steuer von								
		der letzten Volkszählung.	Spalte 7 des Personenverzeichnisses.	gemäß Artikel 38 Nr. 1 a bis c der Anweisung (Spalte 8 des Personenverzeichnisses).	weil das steuerpflichtige Einkommen den Betrag von 900 Mk. jährlich nicht übersteigt (Spalte 9 des Personenverzeichnisses).	Summe der Spalten 5 und 6 (Spalte 10 des Personenverzeichnisses).		§. 18	§. 19	6 M.	9 M.	12 M.	16 M.	21 M.	26 M.	31 M.	36 M.	44
								des Gesetzes. Censiten.		Censiten (physische Personen).								
1.	2.	3.	4.	5.	6.	7.	8.	9.	10.	11.	12.	13.	14.	15.	16.	17.	18.	19

[Jah]res-[bet]rag ver-[anl]agten [St]euer [Sp]alten [b]is 20).	Veranlagung zum Einkommen von mehr als 3 000 Mark.		Veranlagt sind Aktiengesellschaften, Kommanditgesellschaften auf Aktien, Berggewerkschaften, eingetragene Genossenschaften, deren Geschäftsbetrieb über den Kreis ihrer Mitglieder hinausgeht, und Konsumvereine mit offenem Laden.		Jahresbetrag der veranlagten Steuer der Einkommen von mehr als 3000 ℳ und der Aktiengesellschaften (Spalten 23 u. 25).	Veranlagt sind Censiten überhaupt (Spalten 11 bis 20, 22 u. 24).	Gesamtjahresbetrag der veranlagten Steuer (Spalten 21. 23 und 25).	Bemerkungen.
	Censiten (physische Personen).	Jahresbetrag der Steuer.	Zahl der Censiten.	Mit				
ℳ		ℳ		ℳ	ℳ		ℳ	
21.	22.	23.	24.	25.	26.	27.	28.	29.

Die Uebereinstimmung mit den Abschlüssen der Einkommensnachweisungen wird bescheinigt.

...., den ....ten .... 18......

Der Vorsitzende der Veranlagungskommission.

Aktien oder eingetragenen Genossenschaft gilt hierbei der Tag der Löschung der Firma im Handels- beziehungsweise Genossenschaftsregister. Die Entscheidung der Frage, ob bereits der Eintritt in Liquidation der Auflösung gleich steht, hängt von den Umständen des einzelnen Falles ab, und ist zu verneinen, so lange durch theilweise Fortsetzung des noch nicht abgewickelten Geschäftsbetriebes ein Einkommen erzielt wird.

Im Allgemeinen ist folgendes zu beachten:

Wenn auch die Voraussetzungen der persönlichen Steuerpflicht weggefallen sind (vergl. insbesondere Artikel 78 Nr. 5. 6. 7. 9), können doch Umstände vorliegen, welche trotzdem in Ansehung einzelner Theile des Einkommens die Fortdauer der Steuerpflicht gemäß Artikel 2 begründen. Auch hierauf ist die Prüfung der Unterlagen, welche die erforderliche Auskunft enthalten müssen, zu richten und in den geeigneten Fällen der dem verbleibenden steuerpflichtigen Einkommen entsprechende Steuersatz aufrecht zu erhalten.

Dasselbe gilt, wenn eine Aktiengesellschaft u. s. w. zwar den Sitz in Preußen aufgiebt (Artikel 26 Nr. 1), aber daselbst Grundbesitz oder eine Betriebsstätte beibehält (Artikel 26 Nr. 2).

Kann der aus der Steuerpflicht ausscheidende Theil des Einkommens nicht einfach durch Berechnung festgestellt werden, so hat der Vorsitzende der Veranlagungskommission denselben nöthigenfalls nach Einholung einer Steuererklärung, zu schätzen und danach den fortzuentrichtenden Steuersatz vorläufig zu bestimmen. Die ordentliche Veranlagung erfolgt alsdann nach den Vorschriften des Artikels 77 II d.

Die vorläufige Feststellung der Abgänge vermerkt der Vorsitzende in seinem Notizregister, sowie in den Kontrollauszügen und giebt die letzteren dem Gemeinde-(Guts-)vorstande zurück, welcher damit gemäß Artikel 77 II c verfährt.

Artikel 80.

Feststellung der Zu- und Abgangslisten.

(§. 60 Abs. 3, §. 61 Abs. 3 des Gesetzes.)

1. Auf Grund der über die Zu- und Abgänge geführten Kontrollen fertigt der Gemeinde-(Guts-)vorstand unter Zuziehung der Hebestelle in den Monaten September und März die Zu- und Abgangslisten nach den beiliegenden Mustern XVII und XVIII und überreicht dieselben in einfacher Ausfertigung mit den zur Begründung gehörigen Belägen spätestens am 20. Tage der genannten Monate dem Vorsitzenden der Veranlagungskommission.

Muster XVII u. XVIII.

Bei Erhöhungen und Ermäßigungen des durch die Rolle oder Zugangsliste veranlagten Steuersatzes ist stets der Differenzbetrag zwischen dem veranlagten und dem anderweit festgestellten Steuersatze in Zugang beziehungsweise in Abgang nachzuweisen.

Wo die Gemeinde-(Guts-)bezirke an der örtlichen Steuererhebung betheiligt sind, werden die Zu- und Abgangslisten gesondert nach den verschiedenen Hebestellen angelegt.

Regierungsbezirk ....

Kreis ....

Muster XIV.

Zu Artikel 61. S. 282

Veranlagungsjahr 18__

Verzeichnis

derjenigen Personen, welche gemäß §. 30 Abs. 2 des Einkommensteuergesetzes einen Zuschlag von 25 Prozent neben der veranlagten Steuer zu entrichten haben.

Laufende Nr.	Nr. der Einkommensteuerrolle.	Namen, Stand.	Wohnort.	Die Verpflichtung zur Abgabe der Steuererklärung beruht auf		Die nochmalige besondere Aufforderung (§. 30 Abs. 2 des Gesetzes) ist zugestellt am	Eine Steuererklärung ist nicht eingegangen bis zum	Die Veranlagung ist		Festsetzung der Regierung.
				§. 24 des Gesetzes, weil bereits im Vorjahre veranlagt zu einem Steuersatze von ℳ.	§. 25 des Gesetzes, weil eine besondere Aufforderung zugestellt ist am			erfolgt zum Steuersatze von ℳ.	zugestellt am	Als Zuschlag zu der veranlagten Steuer sind für das Steuerjahr 18__ zu entrichten ℳ.
1.	2.	3.	4.	5.	6.	7.	8.	9.	10.	11.

Die Richtigkeit bescheinigt
Ort und Datum

Der Vorsitzende der Veranlagungskommission.

(Unterschrift.)

Festgesetzt
Ort und Datum

Königliche Regierung,
Abteilung für direkte Steuern, Domänen und Forsten.

(Unterschrift.)

V.

Ausführungsanweisung

vom 5. August 1891

(Dritter Theil.)

zum

Einkommensteuergesetz

vom 24. Juni 1891.

Inhalt.

Dritter Theil.

Zu- und Abgänge. Hebewesen. Zuwiderhandlungen. Kosten.

Erster Abschnitt.

Veränderungen der veranlagten Steuer im Laufe des Jahres (Zu- und Abgänge).

Zweiter Abschnitt.

Das Hebewesen.

Dritter Abschnitt.

Zuwiderhandlungen und Nachbesteuerung.

Vierter Abschnitt.

Kosten.

Dritter Theil.

Zu- und Abgänge. Hebewesen. Zuwiderhandlungen. Kosten.

Erster Abschnitt.

Veränderungen der veranlagten Steuer im Laufe des Jahres.

(Zu- und Abgänge.)

Artikel 72.

Nachträgliche Veränderungen im Einkommen, insbesondere Vermehrungen desselben.

(§§. 56, 57 des Gesetzes.)

Die Veranlagung zur Einkommensteuer erfolgt alljährlich für das mit dem 1. April beginnende Steuerjahr mit der Wirkung, daß Vermehrungen oder Verminderungen des Einkommens während des laufenden Steuerjahres keine Veränderung in der schon erfolgten Veranlagung[34]) begründen.

Ausnahmen hierin finden nur statt:

1. bei Verminderungen, welche infolge des Wegfalles einer Einnahmequelle oder infolge außergewöhnlicher Unglücksfälle eintreten (s. Artikel 73);
2. bei Vermehrungen infolge Erbanfalles.

Ein veranlagter Steuerpflichtiger, dessen Einkommen während des laufenden Steuerjahres infolge Erbanfalles einen Zuwachs erfährt, ist entsprechend der Vermehrung seines Einkommens anderweit zu veranlagen, und zwar in der Weise, daß dem bei der früheren Veranlagung festgestellten Einkommen der Jahresbetrag des durch den Erbanfall erworbenen Einkommens hinzugerechnet wird.

Die aus anderem Anlaß seit der früheren Veranlagung außerdem etwa stattgehabten Einkommensvermehrungen bleiben bei dieser Neuveranlagung außer Betracht; ebenso die inzwischen am veranlagten Einkommen etwa eingetretenen Verminderungen, insoweit dieselben nicht in Gemäßheit des §. 58 des Gesetzes (Artikel 73) einen Anspruch auf Ermäßigung begründen.

Minist.-Anm. 34. In Betreff derjenigen Personen, welche in die Einkommensteuerliste nicht übernommen worden sind, weil ihr Einkommen den Betrag von 900 Mark nicht übersteigt (Artikel 38 Nr. 2, Artikel 59 Abs. 2), ist eine Veranlagung zur Einkommensteuer noch nicht erfolgt. Bei Erwerb eines höheren Einkommens im Laufe des Jahres findet daher die Veranlagung im Zugangswege statt. (Vergl. Artikel 76 Nr. 9.)

Die erhöhte Steuer ist von dem ersten des auf den Erbanfall folgenden Monats ab zu veranlagen.

Wegen des Verfahrens bei der Veranlagung und Zugangstellung finden die im Artikel 77 gegebenen Bestimmungen Anwendung.

Artikel 73.

Ermäßigung der Steuer wegen Verminderung des Einkommens im Laufe des Steuerjahres.

(§. 58 des Gesetzes.)

Wird nachgewiesen, daß während des laufenden Steuerjahres infolge des Wegfalles einer Einnahmequelle oder infolge außergewöhnlicher Unglücksfälle das Einkommen eines Steuerpflichtigen um mehr als den vierten Theil vermindert worden ist, oder das wegfallende Einkommen anderweit zur Einkommensteuer herangezogen wird (Artikel 72), so kann vom Beginne des auf den Eintritt der Einkommensverminderung folgenden Monats ab eine dem verbliebenen Einkommen entsprechende Ermäßigung der Einkommensteuer beansprucht werden.

Die Voraussetzungen dieses Ermäßigungsanspruches sind für alle Steuerpflichtigen ohne Rücksicht auf die Höhe des Einkommens die gleichen. Zur Begründung ist der Nachweis erforderlich, aber auch ausreichend,

1. daß im Laufe des Steuerjahres
   a) entweder eine Einnahmequelle weggefallen,
   b) oder ein außergewöhnlicher Unglücksfall eingetreten,
2. daß infolge eines Ereignisses der zu a oder b gedachten Art das Einkommen um mehr als den vierten Theil vermindert ist. Von der Voraussetzung zu 2 findet nur in einem unten zu erörternden Falle eine Ausnahme statt.

Zur Erläuterung wird bemerkt:

Zu 1a. Die Einnahmequelle und nicht nur das Einkommen aus einer solchen muß weggefallen sein. Es genügt also nicht, wenn die Zinsen eines Kapitals rückständig bleiben, wenn der bisherige Ertrag aus einem verpachteten oder vermietheten Grundstücke sich mindert oder versiegt, weil der Miethsoder Pachtvertrag abgelaufen ist, wenn die geschäftlichen Einnahmen eines Kaufmannes oder Fabrikanten sich infolge Abnahme der Kundschaft oder Einschränkung der Produktion mindern, wenn der Verdienst aus Gewinn bringender Beschäftigung infolge Sinkens der Lohnsätze oder infolge vorübergehender Arbeitslosigkeit geschmälert wird.

Um eine Ermäßigung im Laufe des Jahres zu rechtfertigen, muß die zinstragende Kapitalforderung selbst erloschen, das vermiethete Gebäude abgebrochen oder unbenutzbar geworden, der Gewerbebetrieb oder doch ein als selbstständige Erwerbsquelle anzusehender Theil des Gewerbebetriebes, z. B. eines von mehreren Ladengeschäften, eingestellt, das mit Besoldung verbundene Amt, die Ausübung der Anwaltschaft oder sonstigen Gewinn bringenden Thätigkeit aufgegeben sein.

Abweichend von den Bestimmungen des aufgehobenen Gesetzes vom 1./25. Mai 1851/73 fordert das Gesetz indessen nicht den Verlust, sondern nur den

Wegfall der Einnahmequelle. Es kommt deshalb nicht darauf an, ob die Quelle, wie im Falle des Konkurses, der nothwendigen Subhastation, der Enthebung vom Amte u. s. w. unabhängig von dem eigenen Willen verloren gegangen oder ob dieselbe freiwillig aufgegeben ist.

Der Wegfall der Quelle muß aber eine vollendete Thatsache sein, bevor eine Ermäßigung bewilligt werden kann. Steht der Wegfall, z. B. der Verlust des Amtes im Falle der Suspension eines Beamten während des gegen ihn schwebenden Disciplinarverfahrens, oder der Ausfall einer Kapitalforderung bei der Zwangsversteigerung des verpfändeten Grundstückes zwar in Aussicht, aber noch nicht endgültig fest, so ist die Entscheidung auf den etwa vorliegenden Ermäßigungsantrag bis zum Austrage der Sache auszusetzen und bis dahin nach Bewandtniß der Umstände die Steuer zu stunden.

Zu 1b. Als außergewöhnliche Unglücksfälle kommen namentlich in Betracht: Krankheiten oder Todesfälle unter den erwerbenden Mitgliedern der Familie, Viehseuchen, Schaden durch Feuer, Hagelschlag, Ueberschwemmung und ähnliche mit örtlicher oder individueller Beschränkung wirkende Naturereignisse.

Nicht hierher gehören wirthschaftliche Vorgänge, welche auf den betreffenden Erwerbszweig im allgemeinen einen nachtheiligen Einfluß üben, wie Stockungen im gewerblichen und Handelsverkehr, oder ungünstige Ernten. Die dadurch herbeigeführten Ausfälle in den Einnahmen werden infolge der Berechnung des steuerpflichtigen Einkommens nach dreijährigem Durchschnitt bei der Besteuerung bereits gebührend berücksichtigt.

Zu 2. Die Einkommensminderung muß einer dreifachen Voraussetzung entsprechen:

a) sie muß als Folge des Wegfalles einer Einnahmequelle (Nr. 1a) oder eines Unglücksfalles (Nr. 1b) eingetreten sein, also in ursächlichem Zusammenhange mit dem fraglichen Ereignisse stehen;

b) die Minderung muß im Laufe desjenigen Steuerjahres eingetreten sein, für welches die Veranlagung erfolgt ist. Eine bereits vor dem Beginne des Steuerjahres, also vor dem 1. April eingetretene Verminderung kann nur im Wege der ordentlichen Rechtsmittel gegen die Veranlagung geltend gemacht werden;

c) das Einkommen muß endlich um mehr als den vierten Theil gemindert sein.

Um festzustellen, ob diese Voraussetzung vorliegt, ist das Jahreseinkommen, welches vom Zeitpunkte der Verminderung ab vom Steuerpflichtigen wirklich noch bezogen wird, mit demjenigen Jahreseinkommen zu vergleichen, nach welchem er für die Zeit bis zum Eintritt der Verminderung veranlagt war. Tritt z. B. ein nur nach seinem Gehalt von 3000 Mark veranlagter Beamter mit Ablauf des 30. September gegen Bewilligung einer Pension von 2200 Mark in den Ruhestand, ohne weiteres Einkommen zu beziehen, so liegt die Voraussetzung der Ermäßigung vor, da die Differenz zwischen beiden Jahresbezügen 800 Mark, also mehr als ein Viertel (750 Mark) des dem veranlagten Steuersatze zu Grunde liegenden Einkommens von 3000 Mark beträgt.

Ergäbe sich in dem vorausgesetzten Falle, daß dem Beamten außer dem Gehalt ein bei der Veranlagung nicht berücksichtigtes Zinseinkommen von 600 Mark anzurechnen gewesen wäre, mithin das wirkliche steuerpflichtige Gesammteinkommen bis zur Pensionirung 3600 Mark betrug, nachher auf 2800 Mark zu berechnen ist, so würde zwar gemäß §. 80 des Gesetzes (vergl. Artikel 85 dieser Anweisung) die Veranlagung für die Zeit vor der Einkommensminderung, entsprechend dem Einkommen von 3600 Mark, zu berichtigen und somit dieses Einkommen (nicht das Einkommen von 3000 Mark) mit dem nach der Pensionirung wirklich verbliebenen in Vergleich zu stellen sein. Da aber der vierte Theil des nunmehr für die Berechnung desselben maßgebenden Einkommens 900 Mark, die Einkommensminderung aber nur 800 Mark beträgt, findet in diesem Falle ein Ermäßigungsanspruch nicht statt.

Wie bereits angedeutet worden, kommt es in einem Falle auf die Höhe der Einkommensminderung nicht an, sofern nämlich das wegfallende Einkommen anderweit zur Einkommensteuer gemäß §. 57 des Gesetzes (Artikel 72) herangezogen wird.

Gelangt beispielsweise das Vermögen einer Ehefrau, deren besonderes Einkommen dem Ehemann angerechnet war (Artikel 6), nach dem Tode der Ehefrau ganz oder theilweise infolge Erbganges an deren Verwandte und bei diesen das entsprechende Einkommen in Gemäßheit des §. 57 des Gesetzes zur Besteuerung im Laufe des Jahres, so ist der Anspruch des Ehemannes auf Ermäßigung begründet, auch wenn die für ihn dadurch eingetretene Einkommensminderung hinter dem vierten Theile seines veranlagten Gesammteinkommens zurückbleibt.

Artikel 74.

Verfahren bei der Ermäßigung.

(§. 60 Abs. 1 des Gesetzes.)

Die Ermäßigung der Steuer wegen Verminderung des Einkommens (Artikel 73) findet, auch wenn das Einkommen ganz weggefallen ist, nur auf Antrag des Steuerpflichtigen statt, welcher an keine Frist gebunden und bei dem Vorsitzenden der Veranlagungskommission anzubringen ist. Dieser veranlaßt die erforderlichen Ermittelungen, erfordert nöthigenfalls, wenn der weggefallene beziehungsweise der verbliebene Theil des Einkommens nicht einfach durch Berechnung festgestellt werden kann, eine Steuererklärung vom Antragsteller oder eine gutachtliche Aeußerung der Veranlagungs- oder Voreinschätzungskommission oder einzelner Mitglieder derselben, und nimmt den Antrag in eine Liste nach dem beiliegenden Muster XV (Muster XV.) auf. Mehrere Ermäßigungsanträge können in einer Liste nachgewiesen werden, sofern die Erhebung der verschiedenen Steuerbeträge der nämlichen Hebestelle obliegt und die Anträge entweder gleichzeitig vorliegen oder nach Anordnung der Regierung in angemessenen Zwischenräumen einzureichen sind. Der Vorsitzende füllt die Spalten 1 bis 9 der Liste aus, versieht dieselbe mit der im Muster vorgeschriebenen Bescheinigung und überreicht sie in zwei Ausfertigungen mit den Belägen der Bezirksregierung.

Die letztere prüft, ob die Voraussetzungen einer Ermäßigung (Artikel 73) vorliegen und entscheidet nach Erledigung etwaiger Anstände über den Antrag. Erachtet sie denselben für begründet, so setzt sie die Einkommensteuer vom Beginne des auf den Eintritt der Einkommensminderung folgenden Monats ab auf den dem wirklich verbliebenen Einkommen entsprechenden Steuersatz herab.[1])

Die Minderung gilt mit dem Zeitpunkte als eingetreten, in welchem die Einnahmequelle und das bisher daraus bezogene Einkommen weggefallen ist. Auch wenn dieser Zeitpunkt, wie z. B. beim Fortfall des Gehaltes infolge der Pensionirung eines Beamten, mit dem Ende eines Monats zusammentrifft, ist die Ermäßigung schon von dem ersten Tage des unmittelbar folgenden Monats zu bewilligen, in dem vorausgesetzten Falle also von dem Tage des Pensionsbezuges ab.

Auf den Zeitpunkt der Einreichung des Antrages kommt es in keinem Falle an.

Die Regierung trägt ihre Entscheidung in die Spalten 10 bis 16 der Liste ein, stellt dieselbe hinsichtlich des in Abgang kommenden Betrages fest und sendet eine Ausfertigung nebst den Belägen dem Vorsitzenden der Veranlagungskommission zurück, welcher das Konzept der Liste vervollständigt, und im Falle der Bewilligung einer Ermäßigung die Ausfertigung an die Hebestelle befördert; ist dies die Gemeinde, so giebt dieselbe die Liste nach Notiznahme und Wahrung des Abganges in dem Heberegister an die Kreiskasse ab.

Der Vorsitzende der Veranlagungskommission benachrichtigt außerdem den Antragsteller von der Entscheidung der Regierung und zwar, sofern dem Antrage nicht im vollen Umfange stattgegeben ist, mit dem Eröffnen, daß ihm gegen die Entscheidung binnen einer Ausschlußfrist von vier Wochen[35]) die bei der Regierung einzulegende Beschwerde an den Finanzminister offen stehe.

Minist.-Anm. 35. Vergl. jedoch §. 79 des Einkommensteuergesetzes.

---

1) Fin.-Minist.-Erlaß v. 25. Mai 1852. -- III. 12,607 —.

Auf die Anfrage in dem Bericht ꝛc., ob einkommensteuerpflichtige Personen, welche wegen Verlustes einzelner Einnahmequellen auf Grund der Bestimmungen im §. 36 des Gesetzes vom 1. Mai 1851 die nachträgliche Ermäßigung der Steuer verlangen können, auch auf Erstattung vorschußweise gezahlter Steuerquoten Anspruch machen können, wird der Kgl. Regierung erwidert, daß die Vorschrift ꝛc. über die Behandlung der Zu- und Abgänge ꝛc. bei der klassifizirten Einkommensteuer unter allen Umständen und ohne Rücksicht darauf, ob die Steuer bereits für einen längeren Zeitraum im Voraus bezahlt ist, maßgebend bleiben muß. Durch die hauptsächlich zur Erleichterung der mit der Einziehung beauftragten Kasse erfolgte Vorausbezahlung der Steuer kann der betreffende Steuerpflichtige nicht schlechter als diejenigen Steuerpflichtigen, welche bei der Zahlung die gesetzlichen Termine einhalten gestellt werden. Ein anderes Verfahren würde nur die Folge haben, daß in Zukunft Vorausbezahlungen der Steuer seltener stattfinden, was im Interesse des Einziehungsgeschäfts nicht wünschenswerth sein würde.

Artikel 75.

Kontrolle der Zu- und Abgänge, insbesondere beim Wohnsitzwechsel der Steuerpflichtigen.

(§§. 61. 68 Abs. 2 des Gesetzes.)

Der Gemeinde-(Guts-)vorstand führt eine genaue Kontrolle der im Laufe des Jahres bei der Einkommensteuer eintretenden Zu- und Abgänge (Artikel 76. 78), und zwar in denjenigen Landestheilen, in welchen die Einkommensteuererhebung verschiedenen Stellen obliegt, getrennt nach diesen Hebestellen.

Alle Steuerpflichtige, welche im Laufe des Steuerjahres ihren Wohnsitz ändern, haben sich zur Vermeidung der im §. 68 Abs. 2 des Gesetzes vorgesehenen Strafe bei dem Gemeinde-(Guts)vorstande des Abzugsortes ab- und bei dem des Anzugsortes binnen 14 Tagen nach erfolgtem Anzuge anzumelden, auch gleichzeitig über ihre erfolgte Veranlagung zur Einkommensteuer auszuweisen.[1])

Wo die polizeiliche Ab- und Anmeldung bei einer anderen Behörde stattfindet, hat diese dem Gemeinde-(Guts-)vorstande alsbald die erforderlichen Mittheilungen zu machen, ohne daß es einer besonderen Ab- und Anmeldung bei dem letzteren bedarf.

Die Gemeindevorstände sind außerdem verpflichtet, sich durch gegenseitige Mittheilung von dem geschehenen Umzuge und der Besteuerung der verzogenen Einkommensteuerpflichtigen Gewißheit zu verschaffen; zu diesem Zwecke hat die Behörde, bei welcher der Abgang stattfindet, gleich nach erfolgtem Abgange eine Benachrichtigung, wie sie auf der linken Seite des anliegenden Musters XVI angegeben ist, auszufüllen und der Behörde des Orts, wohin der Umzug geschehen, zu übersenden.[36])

[Muster XVI.]

Minist.-Anm. 36. Findet der Wechsel des Wohnorts nach der Personenstandsaufnahme statt, so muß der Gemeindebehörde des neuen Wohnorts gleichzeitig mitgetheilt werden, ob der Verzogene für das künftige Steuerjahr noch an dem früheren Wohnort veranlagt werden wird, oder ob das zu diesem Zwecke Erforderliche an dem neuen Wohnorte zu veranlassen ist. Das letztere wird sich außer in dem im Artikel 37 I Nr. 1a vorgesehenen Falle bei Umzügen in einen anderen Veranlagungsbezirk in der Regel empfehlen, wenn zur Zeit des Umzuges die in der öffentlichen Bekanntmachung gestellte Frist zur Abgabe der Steuer-Erklärung noch nicht abgelaufen war, auch der Steuerpflichtige in dem bisherigen Veranlagungsbezirke eine Steuererklärung nicht abgegeben hatte. Erfolgt die Veranlagung noch an dem früheren Wohnorte, so muß alsbald, nachdem die bescheinigte Einkommensteuerrolle dem Gemeinde-(Guts)-vorstande zugegangen ist (Artikel 59 Abs. 3), auch die für das neue Steuerjahr auf den verzogenen Steuerpflichtigen veranlagte Einkommensteuer unter Beifügung eines Abgangbelages nach Muster XVI überwiesen werden.

---

1) Fin.-Minist.-Erlaß v. 9. August 1869 — IV. 11,146 —.

Zur Abstellung der Unzuträglichkeiten, welche in einzelnen Fällen aus der nicht ausreichenden Kontrolle über die Zu- und Abgänge klassensteuerpflichtiger Militärpersonen erwachsen sind, hat der Herr Kriegsminister im Einverständnisse mit mir bestimmt, daß den betreffenden Veranlagungsbehörden (Kreislandrath bezw. Magistrat) von jeder Veränderung, namentlich von den Zu- und Abgängen unter den klassensteuerpflichtigen Offizieren und Militärbeamten durch die Garnisonältesten bezw. Kommandanturen Mittheilung gemacht werde. Die Kgl. Regierung hat hiernach das Weitere zu veranlassen.

Letztere ist gehalten, die auf der rechten Seite des Musters aufgestellte Bescheinigung auszufertigen und solche an die erstgenannte Behörde baldmöglichst zurückzusenden.

Auch die Steuererheber sind verpflichtet, von jeder gelegentlich der Steuererhebung zu ihrer Kenntniß gelangenden Veränderung, welche einen Zu- oder Abgang begründet, dem Gemeinde- (Guts-) vorstande unverweilt Kenntniß zu geben.

Die Ab- und Zugangstellung beim Wohnsitzwechsel der Steuerpflichtigen innerhalb des Preußischen Staatsgebietes erfolgt vom ersten Tage des Vierteljahres ab, bis zu dessen Beginn die Einkommensteuer am seitherigen Wohnorte entrichtet, oder das Beitreibungsverfahren wegen der fälligen Rate bereits durchgeführt ist.

Artikel 76.

Zugangsfälle.

(§. 59 des Gesetzes.)

I. Zugänge gegen die Veranlagung können im Laufe des Steuerjahres entstehen:

1. durch Zuzug einkommensteuerpflichtiger Personen aus anderen Preußischen Gemeinden oder Gutsbezirken (s. Artikel 75);

2a) durch nachträgliche Heranziehung der bei der Veranlagung irrthümlich übergangenen Einkommensteuerpflichtigen,

b) durch nachträgliche Berichtigung der Veranlagung für das laufende Jahr (vergl. Artikel 85 Nr. 2),

c) durch die in Folge eines Strafverfahrens eintretende Erhöhung der laufenden Steuer (vergl. Artikel 84 Nr. 8);

3. dadurch, daß ein Preußischer Staatsangehöriger den dienstlichen Wohnsitz, welchen er bisher außerhalb Preußens in einem zum Deutschen Reiche gehörigen Staate oder in einem Deutschen Schutzgebiet hatte, verliert, oder daß ein in Preußen wohnhafter Angehöriger eines anderen Deutschen Staates seinen bisherigen zweiten Wohnsitz im Heimathsstaate aufgiebt;

4. dadurch, daß Deutsche Reichsangehörige nach Preußen verziehen, oder in Preußen als Beamte oder Offiziere einen dienstlichen Wohnsitz erhalten;

5. dadurch, daß Ausländer in Preußen ihren Wohnsitz oder des Erwerbes wegen ihren Aufenthalt nehmen oder ihren Aufenthalt über ein Jahr hinaus ausdehnen (Artikel 1 Nr. 3);

6. durch den Erwerb der Preußischen Staatsangehörigkeit seitens einer bis dahin nicht einkommensteuerpflichtigen Person, hinsichtlich deren keine der im Artikel 1 Nr. 1a bis c vorgesehenen Ausnahmen zutrifft;

7. durch die Lösung des Verhältnisses, vermöge deren die Steuerfreiheit einer Person gemäß Artikel 34, I. Nr. 3 bis 5 begründet war;

8. durch Eintritt der im Artikel 2 angegebenen Voraussetzungen für die beschränkte Steuerpflicht bei physischen Personen;

9. durch den Erwerb eines steuerpflichtigen Einkommens von mehr als 900 Mark seitens eines nicht veranlagten Steuerpflichtigen (vergl. Anm. 34 zu Artikel 72); hierher gehört insbesondere auch der Fall, daß nach dem Ausscheiden einer Person aus dem Unteroffizier- oder Gemeinenstande an Stelle des bis dahin nur vorhandenen steuerfreien Militäreinkommens (Artikel 3 II Nr. 3) ein steuerpflichtiges Einkommen von mehr als 900 Mark tritt;

10. durch Austreten einzelner dadurch steuerpflichtig werdender Mitglieder aus einer Haushaltung (Artikel 6) und zwar:
    a) in Folge Auflösung der Haushaltung,
    b) in Folge gerichtlicher Scheidung oder dauernder Trennung der Ehegatten,
    c) durch Bildung eines eigenen Hausstandes,
    d) durch Erwerb eines steuerpflichtigen Einkommens, welches dem Haushaltungsvorstande nicht angerechnet werden darf;

11. durch Erbanfall (Artikel 72);

12. durch Erhöhung des Steuersatzes in Folge Entscheidung der Berufungskommission oder des Oberverwaltungsgerichts (Artikel 66 Nr. 3, Nr. 4 Abs. 4);

13. dadurch, daß nicht physische Personen (Artikel 26) steuerpflichtig werden, indem dieselben
    a) einen Sitz in Preußen begründen beziehungsweise dorthin verlegen (Artikel 26 Nr. 1), oder
    b) in Preußen Grundbesitz erwerben oder gewerbliche Betriebsstätten eröffnen (Artikel 26 Nr. 2), oder indem
    c) eingetragene Genossenschaften ihren Geschäftsbetrieb über den Kreis ihrer Mitglieder ausdehnen (Artikel 26 Nr. 3), oder indem
    d) ein bisher nicht steuerpflichtiger Konsumverein mit offenem Laden die Rechte einer juristischen Person erwirbt, oder ein mit diesen Rechten bereits ausgestatteter, aber bisher nicht steuerpflichtiger Konsumverein einen offenen Laden einrichtet.

II. Treten bei einem Steuerpflichtigen, welcher bisher nur der beschränkten Steuerpflicht unterlag (Artikel 2, Artikel 26 Nr. 2), die Voraussetzungen der allgemeinen Steuerpflicht ein (vergl. oben I Nr. 3 bis 7, Nr. 13 a, c, d), so sind diese Zugangsfälle in gleicher Weise zu wahren.

III. In besondere Abtheilungen der Kontrolle (Artikel 75) und der Zugangsliste (Artikel 80) sind außerdem aufzunehmen:

a) die von der Regierung festgesetzten Zuschläge von 25 Prozent zur veranlagten Steuer (Artikel 61),
b) die nicht laufend in Zugang gestellten nach Mittheilung der Kreis- und Steuerkassen eingezahlten Nachsteuern (Artikel 84 Nr. 9 und Artikel 85).

Artikel 77.

Behandlung der Zugänge.

(§. 59 Abs. 2, §. 60 Abs. 2. 4. 5 des Gesetzes.)

I. Von den Zugangsfällen Artikel 76 I Nr. 1, 2a, b, 3 bis 11 setzt der Gemeinde=(Guts=)vorstand den Vorsitzenden der Veranlagungskommission, welcher die Wahrung der Zugänge zu kontrolliren hat, sofort, oder in größeren Städten nach Bestimmung des Vorsitzenden in regelmäßigen Zwischenräumen, durch Mittheilung eines Auszuges aus der Kontrolle (Artikel 75) in Kenntniß.

In dem Auszuge sind anzugeben:

in dem Falle Artikel 76 zu I Nr. 1:

der bisherige Wohnort des Steuerpflichtigen, der veranlagte Einkommensteuersatz, sowie der Zeitpunkt, mit welchem die Steuer dort in Abgang kommt, und von welchem ab dieselbe daher an dem neuen Wohnort zu erheben ist (vergl. Artikel 75);

in den Fällen zu I Nr. 2 bis 11:

die Ursache des Zuganges, sowie die vom Gemeinde=(Guts=)vorstande gesammelten Nachrichten über die Vermögens=, Erwerbs= und Einkommensverhältnisse der neu in die Steuerpflicht eintretenden Personen; zugleich sind die vom Gemeinde=(Guts=)vorstande einzuholenden Vorschläge der Voreinschätzungskommission über den zu veranlagenden Steuersatz in Ansehung derjenigen Zugänger beizufügen, deren muthmaßliches Einkommen den Betrag von 3000 Mark nicht übersteigt;

in den Fällen zu I Nr. 3 bis 11

ist außerdem der Zeitpunkt anzugeben, zu welchem das die Steuerpflicht begründende Ereigniß eingetreten ist, endlich

in den Fällen zu I Nr. 2b, c, Nr. 11, 12, zu II und III,

die Nummer der Einkommensteuerrolle oder Zugangsliste des laufenden Jahres, unter welcher der durch den Zugang erhöhte beziehungsweise demselben zu Grunde liegende Steuersatz erscheint.

Wegen der vom Gemeinde=(Guts=)vorstande in Ansehung der nicht physischen Personen (Artikel 76 I Nr. 13) dem Vorsitzenden zu machenden Mittheilungen wird auf die Bestimmung Artikel 39 Abs. 4 verwiesen.

II. Der Vorsitzende der Veranlagungskommission trägt die Veränderungen in das von ihm zu führende Notizregister ein.

a. Hinsichtlich der aus anderen Veranlagungsbezirken zugezogenen Steuerpflichtigen ersucht er die betreffenden Vorsitzenden der Veranlagungskommission um Mittheilung eines Auszuges aus der Einkommensteuerliste beziehungsweise Einkommensnachweisung, sofern ihm ein solcher noch nicht zugegangen ist (vergl. Artikel 79 3. Abs. zu 3).

b. In Ansehung der Zugangsfälle unter Nr. 2 bis 11 unterwirft er die Anzeigen des Gemeindevorstandes einer sorgfältigen Prüfung, namentlich mit

Bezug auf den Zeitpunkt des Eintritts der Steuerpflicht, sowie die Bemessung des steuerpflichtigen Einkommens, erläßt nach Umständen an die Pflichtigen die Aufforderung zur Abgabe einer Steuererklärung (Artikel 51) und verfährt in Gemäßheit der Vorschriften Artikel 53 bis 56.

Soweit ihm hiernach nicht die Festsetzung des Steuersatzes zusteht (Artikel 56 I Abs. 2 u. 3), trifft er die vorläufige Entscheidung über den zu entrichtenden Steuersatz und über den Zeitpunkt der Zugangstellung; diese erfolgt in den Fällen Artikel 76 I

zu Nr. 2a von dem Beginne des Steuerjahres ab,

zu Nr. 2b von demjenigen Zeitpunkte ab, mit welchem die ursprüngliche Veranlagung in Geltung getreten war,

zu Nr. 2c von dem ersten Tage desjenigen Vierteljahres ab, bis zu welchem die Nachsteuer festgestellt ist (vergl. Artikel 84 Nr. 8),

zu Nr. 3 bis 11 von dem ersten Tage des Monats ab, welcher auf das die Steuerpflicht oder die Erhöhung des Steuersatzes begründende Ereigniß folgt.

Im Falle der Festsetzung des Steuersatzes wird derselbe dem Pflichtigen gemäß Artikel 60 I bekannt gemacht. Die vorläufige Bestimmung theilt der Vorsitzende dem Pflichtigen unter der Eröffnung mit, daß die ordentliche Veranlagung durch die Veranlagungskommission bei deren nächsten Zusammentritt erfolgen werde, daß ihm demnächst gegen die ordentliche Veranlagung das Rechtsmittel der Berufung zustehe, bis dahin aber der vorläufig bestimmte Steuersatz vorbehaltlich der anderweiten Feststellung durch die Veranlagungskommission und vorbehaltlich der späteren Erstattung des etwa zu viel gezahlten zu entrichten sei.

c. Der Vorsitzende vermerkt seine Festsetzungen in den Kontrollauszügen und sendet die letzteren an den Gemeinde- (Guts-) vorstand zurück. Dieser stellt die Auszüge, nachdem er seine Kontrolle danach vervollständigt hat, der Hebestelle (Steuerkasse, Kreiskasse, Ortserheber) zu, welche das Erforderliche für die Steuerhebung vermerkt und wahrnimmt.

d. Soweit der Vorsitzende die Steuersätze in den Fällen zu b nur vorläufig bestimmt hat, wird behufs der ordentlichen, nach Maßgabe der Artikel 57, 58, 60 I stattfindenden Veranlagung die Veranlagungskommission spätestens im Anfange der Monate September und März zusammen berufen (vergl. auch Artikel 70, Nr. 1 Abs. 1).

Von den seitens der Kommission beschlossenen Abänderungen der vorläufig bestimmten Steuersätze giebt der Vorsitzende dem Gemeinde-(Guts-)vorstande Kenntniß, welcher seine Kontrolle berichtigt und die Hebestelle benachrichtigt.

e. In Ansehung der neu in die Steuerpflicht eintretenden Aktiengesellschaften ꝛc. (Artikel 76 I Nr. 13) kontrollirt der Vorsitzende den Eingang der Geschäftsberichte, Jahresabschlüsse ꝛc. (vergl. Artikel 48 IV).

Nach Eingang des ersten Jahresabschlusses, aus welchem sich ergiebt, daß gemäß Artikel 27 „steuerpflichtige Ueberschüsse erzielt worden sind, bestimmt der

Vorsitzende auf Grund der von ihm aufgestellten Berechnung, nöthigenfalls nach Einholung einer Steuererklärung, vorläufig den zu entrichtenden Steuersatz sowie den Zeitpunkt der Zugangstellung (vergl. Artikel 27 Nr. 3).

Im Uebrigen wird nach den Vorschriften zu b bis d verfahren.

Artikel 78.

Abgangsfälle.

(§. 59 des Gesetzes.)

I. Im Allgemeinen steht die Steuer nach ordnungsmäßig erfolgter Veranlagung in dem Sinne fest, daß Beschwerden über unrichtige Veranlagung, mögen dieselben auf gänzliche Befreiung oder auf Ermäßigung der Steuer gerichtet sein, im Wege der Berufung geltend gemacht werden müssen, und außerhalb des Rechtsmittelweges eine Abgangstellung der veranlagten Steuer deshalb, weil dieselbe den gesetzlichen Vorschriften zuwider veranlagt ist, nicht stattfindet.

Dieser Grundsatz erleidet jedoch Ausnahmen:

1. bei mehrfacher Veranlagung des nämlichen Steuerpflichtigen oder bei irriger Veranlagung einer Person, welche als zum Haushalte eines anderen Steuerpflichtigen gehörig anzusehen, beziehungsweise deren Einkommen bereits dem Haushaltungsvorstande angerechnet ist (Artikel 6);
2. bei Veranlagungen,
   a) welche gegen das Reichsgesetz wegen Beseitigung der Doppelbesteuerung vom 13. Mai 1870 (vergl. Anm. 2 zu Artikel 1) verstoßen;
   b) durch welche, der Bestimmung im Artikel 3 II Nr. 3 dieser Anweisung entgegen, steuerfreies Militäreinkommen angerechnet ist, insofern hierdurch die Vorschrift §. 46 des Reichsmilitärgesetzes vom 2. Mai 1874 [37]) verletzt wird;
   c) welche eine gemäß Artikel 34 I steuerfreie Person betreffen.

In Fällen dieser Art (zu 1 und 2) ist die Abgangstellung der unrichtig oder irrig veranlagten Steuer von Amts wegen zu bewirken und von dem Gemeinde-(Guts-)vorstande beim Vorsitzenden der Veranlagungskommission unter gehöriger Begründung zu beantragen.

Eine mehrfache Veranlagung (zu 1) kann eintreten dadurch, daß dieselbe Person irrthümlich in den Einkommensteuerlisten oder Einkommensnachweisungen desselben Veranlagungsbezirkes an verschiedenen Stellen aufgeführt ist, oder durch Veranlagung in mehreren Bezirken, z. B. bei doppeltem Wohnsitz. In dem

---

Minist.-Anm. 37. Die in Betracht kommende Vorschrift des §. 46 lautet:

Die Verpflichtung der Militärpersonen zur Entrichtung der Staatssteuern regelt sich nach den Landesgesetzen unter Berücksichtigung des Gesetzes wegen Beseitigung der Doppelbesteuerung vom 13. Mai 1870 (Bundes-Gesetzbl. des Norddeutschen Bundes S. 119).

Jedoch ist das Militäreinkommen der Personen des Unteroffizier- und Gemeinenstandes, sowie für den Fall einer Mobilmachung das Militäreinkommen aller Angehörigen des aktiven Heeres bei der Veranlagung beziehungsweise Erhebung von Staatssteuern außer Betracht zu lassen.

ersteren Falle ist stets die höhere Veranlagung aufrecht zu erhalten, ebenso in dem letzteren, sofern die Veranlagungsbehörden der verschiedenen Bezirke an und für sich für die Veranlagung des Pflichtigen nach den Bestimmungen dieser Anweisung zuständig waren; trifft diese Voraussetzung nicht zu, so ist der von der unzuständigen Stelle veranlagte Steuersatz in Abgang zu stellen.

Bei Begründung des Abganges in dem Falle zu 1 ist auf die Rollennummer der aufrechterhaltenen Veranlagung beziehungsweise der Veranlagung des Haushaltungsvorstandes hinzuweisen. Anträge auf Befreiung von der Einkommensteuer, welche sich auf die zu 1 und 2 angegebenen Gründe stützen, dürfen nicht deshalb zurückgewiesen werden, weil die Berufungsfrist versäumt ist.

II. Außerdem können Abgänge an der veranlagten Steuer im Laufe des Jahres entstehen:	Zur Begründung des Abganges ist festzustellen und in dem Kontrollauszuge (Artikel 79) anzugeben:
3. durch den Abzug Einkommensteuerpflichtiger in andere Preußische Gemeinden oder Gutsbezirke;	zu 3: der Monat des Umzuges, der Ort, wohin der Steuerpflichtige verzogen, sowie der Zeitpunkt, bis zu welchem die Steuer am seitherigen Wohnorte entrichtet ist;
4. durch das Ableben eines Steuerpflichtigen;	zu 4: der Todestag sowie der Hinweis auf die infolge des Todesfalles eingetretenen Zugänge (Artikel 76 I Nr. 10 a. 11);
5. durch Begründung eines dienstlichen Wohnsitzes in einem anderen Deutschen Staate oder einem Deutschen Schutzgebiete oder durch den Wegfall des bisherigen dienstlichen Wohnsitzes in Preußen;	zu 5: die Staatsangehörigkeit des Steuerpflichtigen, der Tag, mit welchem das näher zu bezeichnende, den dienstlichen Wohnsitz begründende Amtsverhältniß beginnt oder aufhört (Artikel 35 Nr. 2);
6. durch den Verzug	zu 6:
a) eines Preußen nach einem anderen Deutschen Staate oder einem Deutschen Schutzgebiet,	a) der Monat, in welchem und der Ort, wo der neue Wohnsitz genommen,
b) eines nicht Preußischen Staatsangehörigen aus Preußen;	b) der Monat, in welchem das Preußische Staatsgebiet verlassen ist, sowie die Staatsangehörigkeit des bisherigen Steuerpflichtigen;
7. durch Ablauf eines zweijährigen Zeitraumes, während dessen ein Preuße sich ununterbrochen im Auslande aufgehalten hat (Artikel 1 Nr. 1c);	zu 7: der Monat, seit welchem der Steuerpflichtige dauernd im Auslande verweilt, der Ort des Aufenthalts oder die Angabe, daß derselbe unbekannt sei;
8. durch Wegfall der Voraussetzungen,	zu 8: der Tag und die Veranlassung

welche die Steuerpflicht gemäß Artikel 2 begründen;

9. durch Verlust der Preußischen Staatsangehörigkeit, insofern nicht die Voraussetzungen vorliegen, unter denen auch fremde Staatsangehörige der Einkommensteuer unterworfen sind;[1])

10. dadurch, daß

a) die Kriegsformation in Ansehung eines Theiles des Heeres oder der Marine[38]) angeordnet wird (Artikel 3 II Nr. 3),

der eingetretenen Veränderung, sowie die Bezeichnung des etwaigen Besitznachfolgers;

zu 9: der Tag, an welchem die Entlassungsurkunde ausgehändigt oder aus anderen Gründen der Verlust eingetreten ist, sowie Wohnsitz beziehungsweise Aufenthalt des bisherigen Steuerpflichtigen;

zu 10: der Tag, an welchem

zu a) die Kriegsformation angeordnet oder der Eintritt des Steuerpflichtigen in den betreffenden Heeresteil erfolgt,

---

Minist.-Anm. 38. Als im Kriegszustande befindlich ist jedes Schiff oder Fahrzeug der Kaiserlichen Marine zu betrachten, welches außerhalb der heimischen Gewässer allein fährt (vergl. §. 164 des Militärstrafgesetzbuchs f. d. D. R. vom 20. Juni 1872 Reichs-Gesetzbl. S. 174). (Siehe oben S. 84 Anm. 3a.)

Unter „heimischen Gewässern" ist das Gebiet der Ost- und Nordsee — die letztere im Norden durch den Breitenparallel von 60° Nordbreite, im Westen nördlich von Schottland durch den Meridian von 3° Westlänge von Greenwich und südlich von England von der Linie Dover-Calais begrenzt — zu verstehen (vergl. die durch Erlaß vom 26. März 1887, Mitt. Heft 21 S. 46 mitgetheilte Bekanntmachung des Herrn Chefs der Admiralität vom 14. März 1887). (Abgedr. im Abschn. X Nr. 4.)

---

1) Finz.-Minist.-Erlaß vom 17. März 1888 — II. 3197. —

Betreffend Fortdauer der Steuerpflicht beim Ausscheiden aus dem preußischen Staatsverbande.

Ew. 2c. Beschwerde, betreffend Ihre fernere Heranziehung zur preußischen Staatseinkommensteuer, kann für begründet nicht erachtet werden. Obwohl Sie durch die Ihnen zugestellte Urkunde aus dem preußischen Staatsverbande entlassen worden sind, bleiben Sie nach Vorschrift des §. 18 des Gesetzes vom 1./25. Mai 1851/73 auch von dem nicht aus preußischem Grundbesitz oder Gewerbebetrieb herrührenden Einkommen

b) Unteroffiziere oder Mannschaften des Beurlaubtenstandes in den aktiven Dienst einberufen werden (§. 65 Nr. 1 des Gesetzes),	zu b) der Steuerpflichtige in den aktiven Dienst eingetreten ist,
c) Reichs- oder Staatsbeamte oder Offiziere in die Besatzung eines zum auswärtigen Dienste bestimmten Schiffes oder Fahrzeuges der Kaiserlichen Marine eintreten (§. 65 Nr. 2 des Gesetzes);	zu c) das Schiff oder Fahrzeug die heimischen Gewässer[39]) verlassen hat; außerdem zu 10a bis c der Tag, bis zu welchem der die Befreiung begründende Zustand fortgedauert hat, oder die Angabe, daß derselbe noch fortdauert;
11 dadurch, daß eine Aktiengesellschaft, Kommanditgesellschaft auf Aktien, Berggewerkschaft, eingetragene Genossenschaft oder ein Konsumverein den Sitz (Artikel 26 Nr. 1) oder den Grundbesitz beziehungsweise die Betriebsstätte (Artikel 26 Nr. 2) in Preußen aufgiebt oder sich auflöst;	zu 11: der Tag, an welchem die Betriebseinstellung beziehungsweise die Auflösung erfolgt ist;
12. durch Ermäßigung des Steuersatzes oder Freistellung im Wege der Berufung oder Beschwerde;	zu 12: die Entscheidung, durch welche die Ermäßigung oder Befreiung bewilligt ist (Artikel 66 Nr. 3. 4).

---

der preußischen Staatseinkommensteuer unterworfen, insofern Sie Sich länger als ein Jahr im preußischen Staate aufhalten. Diese Voraussetzung trifft bei Ihnen zu, da Sie nach Ihrer eigenen Angabe auch nach Aushändigung der Entlassungsurkunde Ihren persönlichen Aufenthalt in Preußen ununterbrochen beibehalten haben, und bei der Berechnung des im angezogenen §. 18 vorgesehenen einjährigen Zeitraumes Ihr hiesiger Aufenthalt vor Aushändigung der Entlassungsurkunde, welcher unbestritten länger als ein Jahr gewährt hat, nicht außer Anrechnung bleiben darf.

Minist.-Anm. 39. Vergl. Anm. 38 Abs. 2. Hat das zum auswärtigen Dienst bestimmte Schiff oder Fahrzeug zugleich die Eigenschaft eines „allein fahrenden", so liegt der Fall unter Nr. 10a vor. Ein Unterschied in der Behandlung beider Fälle findet wegen des Zeitpunktes der Abgangstellung statt (vergl. Artikel 79 und Anm. 40 dazu).

Ermäßigungen der Einkommensteuer, welche die Regierung auf Grund des §. 58 des Gesetzes bewilligt, werden, da die Festsetzung bereits durch die Ermäßigungsliste erfolgt, in die Abgangsliste nicht aufgenommen (vergl. Artikel 74).

Verheirathung begründet, sofern nicht etwa die Voraussetzungen der Ermäßigung nach Artikel 73 vorliegen, einen Abgang nicht; vielmehr wird auch die

Steuer einer etwa bereits vorher selbstständig veranlagten Ehefrau bis zum Schlusse des Steuerjahres, in welchem die Heirath geschlossen ist, forterhoben.[1])

Artikel 79.

Verfahren bei der Abgangstellung.

(§. 59 Abs. 2, §. 60 Abs. 2. 3 des Gesetzes.)

Die Anträge auf Abgangstellung in den vorstehend (Artikel 78) unter Nr. 3 bis 11 bezeichneten Fällen sollen zwar in der Regel von den Steuerpflichtigen beziehungsweise deren Vertretern oder Erben ausgehen und bei dem Gemeinde-(Guts-)vorstande unter Vorlegung der zur Begründung erforderlichen Beweisstücke angebracht werden. Voraussetzung für die Abgangstellung ist jedoch ein Antrag nicht, dieselbe vielmehr herbeizuführen, sobald die den Abgang und den Zeitpunkt desselben begründenden Thatsachen genügend feststehen.

In Ansehung der im Artikel 78 unter Nr. 1 bis 11 erwähnten Abgangsfälle übersendet der Gemeinde-(Guts-)vorstand sogleich einen Auszug aus der Kontrolle (Artikel 75) mit allen Unterlagen dem Vorsitzenden der Veranlagungskommission, welcher die vorgelegten Anträge und Beweisstücke einer eingehenden Prüfung in formeller und sachlicher Hinsicht unterwirft, die etwa erforderlichen Ergänzungen anordnet und die vorläufigen Entscheidungen über den Zeitpunkt der Abgangstellung trifft.

Diese tritt ein in den Fällen

zu 1 und 2 von dem Zeitpunkte ab, von welchem die mehrfache oder vorschriftswidrige Veranlagung stattgefunden hatte;

zu 3 nach Maßgabe der Vorschrift im Artikel 75; bei Abzügen nach einem anderen Veranlagungsbezirk ist dem Vorsitzenden des letzteren ein Auszug aus der Einkommensteuerliste beziehungsweise Einkommensnachweisung unter Benachrichtigung von der erfolgten Abgangstellung mitzutheilen;

zu 10 a, b von dem ersten des Monats, in welchem die Kriegsformation, beziehungsweise die Zugehörigkeit zu dem betreffenden Truppentheil eingetreten, die Grenzen der heimischen Gewässer passirt oder der Eintritt in den aktiven Dienst erfolgt ist;[40])

zu 4 bis 9, 10 c und 11 von dem ersten des Monats, welcher auf das den Abgang begründende Ereigniß folgt.

Als Tag der Auflösung einer Aktiengesellschaft, Kommanditgesellschaft auf

---

Minist.-Anm. 40. Die Vorschrift im §. 59 Abs. 2 des Gesetzes findet in diesen beiden Fällen keine Anwendung mit Rücksicht auf die Bestimmung §. 46 des Reichsmilitärgesetzes vom 2. Mai 1874. Vergl. Anm. 37.

---

1) Der Fall, daß eine, zur Einkommensteuer veranlagte Person im Laufe des Jahres in den elterlichen Haushalt zurücktritt, ohne daß der Fall einer Ermäßigung auf Grund des §. 58 des Gesetzes vorliegt, ist im Vorstehenden nicht erwähnt, eine Abgangsstellung wird also auch in diesem Falle ausgeschlossen sein.

Aktien oder eingetragenen Genossenschaft gilt hierbei der Tag der Löschung der Firma im Handels- beziehungsweise Genossenschaftsregister. Die Entscheidung der Frage, ob bereits der Eintritt in Liquidation der Auflösung gleich steht, hängt von den Umständen des einzelnen Falles ab, und ist zu verneinen, so lange durch theilweise Fortsetzung des noch nicht abgewickelten Geschäftsbetriebes ein Einkommen erzielt wird.

Im Allgemeinen ist folgendes zu beachten:

Wenn auch die Voraussetzungen der persönlichen Steuerpflicht weggefallen sind (vergl. insbesondere Artikel 78 Nr. 5. 6. 7. 9), können doch Umstände vorliegen, welche trotzdem in Ansehung einzelner Theile des Einkommens die Fortdauer der Steuerpflicht gemäß Artikel 2 begründen. Auch hierauf ist die Prüfung der Unterlagen, welche die erforderliche Auskunft enthalten müssen, zu richten und in den geeigneten Fällen der dem verbleibenden steuerpflichtigen Einkommen entsprechende Steuersatz aufrecht zu erhalten.

Dasselbe gilt, wenn eine Aktiengesellschaft u. s. w. zwar den Sitz in Preußen aufgiebt (Artikel 26 Nr. 1), aber daselbst Grundbesitz oder eine Betriebsstätte beibehält (Artikel 26 Nr. 2).

Kann der aus der Steuerpflicht ausscheidende Theil des Einkommens nicht einfach durch Berechnung festgestellt werden, so hat der Vorsitzende der Veranlagungskommission denselben nöthigenfalls nach Einholung einer Steuererklärung, zu schätzen und danach den fortzuentrichtenden Steuersatz vorläufig zu bestimmen. Die ordentliche Veranlagung erfolgt alsdann nach den Vorschriften des Artikels 77 II d.

Die vorläufige Feststellung der Abgänge vermerkt der Vorsitzende in seinem Notizregister, sowie in den Kontrollauszügen und giebt die letzteren dem Gemeinde-(Guts-)vorstande zurück, welcher damit gemäß Artikel 77 II c verfährt.

Artikel 80.

Feststellung der Zu- und Abgangslisten.

(§. 60 Abs. 3, §. 61 Abs. 3 des Gesetzes.)

1. Auf Grund der über die Zu- und Abgänge geführten Kontrollen fertigt der Gemeinde-(Guts-)vorstand unter Zuziehung der Hebestelle in den Monaten September und März die Zu- und Abgangslisten nach den beiliegenden Mustern XVII und XVIII und überreicht dieselben in einfacher Ausfertigung mit den zur Begründung gehörigen Belägen spätestens am 20. Tage der genannten Monate dem Vorsitzenden der Veranlagungskommission.

Muster XVII u. XVIII.

Bei Erhöhungen und Ermäßigungen des durch die Rolle oder Zugangsliste veranlagten Steuersatzes ist stets der Differenzbetrag zwischen dem veranlagten und dem anderweit festgestellten Steuersatze in Zugang beziehungsweise in Abgang nachzuweisen.

Wo die Gemeinde-(Guts-)bezirke an der örtlichen Steuererhebung betheiligt sind, werden die Zu- und Abgangslisten gesondert nach den verschiedenen Hebestellen angelegt.

In die Abgangsliste sind die Steuerpflichtigen in derselben Ordnung aufzunehmen, wie sie in der Einkommensteuerrolle beziehungsweise in der Zugangsliste auf einander folgen.

Die nach Aufstellung der Einkommensteuerliste für das folgende Steuerjahr sich ergebenden Zu- und Abgänge des laufenden Steuerjahres müssen zugleich für das folgende Steuerjahr gewahrt werden und sind deshalb in die Veränderungslisten sowohl für die letzte Hälfte des laufenden als auch für die erste Hälfte des folgenden Verwaltungsjahres einzutragen.

2. Der Vorsitzende der Veranlagungskommission prüft die Zu- und Abgangslisten in den einzelnen Positionen, stellt die Zugangslisten fest, bescheinigt auch die Abgangslisten in der auf dem Muster XVIII vorgesehenen Weise, fertigt sodann die Kreisnachweisung von den Zu- und Abgängen für das erste Halbjahr nach dem Muster XIX, für das zweite Halbjahr nach dem Muster XX, und überreicht der Regierung am Schlusse der Monate September beziehungsweise März die Zu- und Abgangslisten nebst den Belägen und zwei Ausfertigungen der Kreisnachweisung; wo in einem Veranlagungsbezirke mehrere Steuerkassen betheiligt sind, ist an Stelle der zweiten Ausfertigung der nach Steuerkassenbezirken geordnet aufzustellenden Kreisnachweisung ein Auszug für jede Steuerkasse (Bezirksnachweisung) beizufügen.

3. Ueber die nach Abschluß der Zu- und Abgangslisten für das zweite Halbjahr bis zum Jahresschlusse (31. März) noch vorkommenden Zu- und Abgänge sind Nachtrags-Zu- beziehungsweise Abgangslisten aufzustellen und der Regierung bis zum 8. April vorzulegen, damit letztere in der Lage ist, die Ergebnisse dieser Listen noch mit in die Kreisnachweisung von den Zu- und Abgängen für das zweite Halbjahr aufzunehmen. Nöthigenfalls muß deshalb auch die Veranlagungskommission im Anfang des Monats April behufs Beschlußfassung über die Steuersätze für die neu veranlagten Censiten zusammentreten, sofern die Einholung der Stimmen nicht durch Umlauf geschehen kann. Die Nachtragslisten sind derart vorzubereiten, daß dieselben alsbald nach Beschlußfassung der Kommission der Regierung eingereicht werden können und der vorgeschriebene Termin nicht überschritten wird, wofür der Vorsitzende der Veranlagungskommission zu sorgen hat.

4. Die Regierung unterzieht die Zu- und Abgangslisten sowie die Kreisnachweisungen — beziehungsweise auch die Bezirksnachweisungen — der kalkulatorischen Prüfung, kontrollirt, ob die von ihr festgesetzten Einkommensteuerzuschläge (Artikel 61) und Nachsteuern (Artikel 81. 85) in den Zugangslisten gewahrt sind, prüft die Abgangstellungen und stellt nach Erledigung etwaiger Anstände die Abgangslisten sowie die Kreisnachweisungen — beziehungsweise auch die Bezirksnachweisungen — fest.

Die Regierung sendet eine Ausfertigung der festgestellten Kreisnachweisung beziehungsweise die festgestellten Bezirksnachweisungen mit den Zu- und Abgangslisten und den Belägen dem Vorsitzenden der Veranlagungskommission zurück. Dieser fertigt die Zu- und Abgangslisten der Hebestelle (Steuerkasse, Kreiskasse oder Gemeinde), die Kreisnachweisung beziehungsweise die Bezirksnachweisungen der Kreiskasse beziehungsweise den Steuerkassen zu, nachdem er behufs der von ihm herbeizuführenden Berichtigung der Konzeptnachweisungen und Listen von den etwa regierungsseitig gemachten Abänderungen Notiz genommen hat, und erledigt auch die etwaigen Erinnerungen der Regierung. Die Beläge zur Abgangsliste sendet der Vorsitzende an die Gemeinde behufs Aufbewahrung bei der Konzeptliste zurück.

Für die zweite Hälfte des Rechnungsjahres muß die vorgeschriebene Zustellung an die Kreis- beziehungsweise Steuerkassen spätestens bis zum 20. April jeden Jahres geschehen.

5. Ueber die nach dem Schlusse des Rechnungsjahres noch vorkommenden Zu- und Abgänge aus früheren Steuerjahren werden besondere Zu- und Abgangslisten nach den Mustern XVII beziehungsweise XVIII aufgestellt, welche auf der ersten Seite mit dem Vermerke „aus Vorjahren" zu versehen und der Regierung zur Prüfung sowie zur Festsetzung der Abgänge vorzulegen sind.

Handelt es sich bei den Abgängen aus Vorjahren um Beträge, welche nicht als Einnahmereste verblieben, sondern rechnungsmäßig bereits definitiv in Einnahme nachgewiesen sind, so ist die Abgangsliste mit dem Vermerke „Erstattung aus Vorjahren" und folgenden Bescheinigungen zu versehen:

a) von dem Vorsitzenden der Veranlagungskommission:

daß die Steuersätze in Spalte 5 veranlagt und nicht anderweit ermäßigt, auch nicht ganz oder zum Theil in Abgang gekommen;

b) von dem Kassenkurator (Kassenrevisor):

daß die zu erstattenden Beträge nicht in Rest geblieben, also unter der in der Rechnung für das betreffende Jahr nachgewiesenen Isteinnahme wirklich enthalten sind.

Bezieht sich die Erstattung nicht auf das letzte, sondern auf ein früheres Vorjahr, so ist die Genehmigung des Finanzministers einzuholen.

Zweiter Abschnitt.

Das Hebewesen.

Artikel 81.

Die Hebestellen.

(§. 73 Abs. 2 des Gesetzes.)

Hinsichtlich der örtlichen Erhebung der Einkommensteuer verbleibt es bis auf weiteres bei den bestehenden Einrichtungen mit der Maßgabe, daß die bisher zur örtlichen Erhebung der Klassensteuer verpflichteten Gemeinde- (Guts-) bezirke in den Provinzen Ost- und Westpreußen, Brandenburg, Pommern, Schlesien, Posen und Sachsen die Steuer von den Einkommen von nicht mehr als 3000 Mark zu erheben haben.

Veränderungen, welche durch Zu- oder Abgang in der Höhe des veranlagten Steuersatzes innerhalb des Steuerjahres eintreten, haben jedoch einen Wechsel in der bei der Veranlagung bestimmten Hebestelle nicht zur Folge.

Ohne Rücksicht auf die Höhe des Steuersatzes erheben ferner die Kreiskassen diejenigen Einkommensteuerbeträge, welche auf nicht physische Personen (Artikel 26) veranlagt sind.

In Ansehung der Untererheber und der mit einzelnen Gemeinden wegen Erhebung der Einkommensteuer abgeschlossenen Verträge wird auf die dieserhalb ergehenden besonderen Bestimmungen verwiesen.

Artikel 82.

Die Steuererhebung.

(§§. 62 bis 64 des Gesetzes.)

1. Die Einkommensteuer ist ohne Rücksicht auf die Höhe des Steuersatzes in vierteljährlichen Beträgen im zweiten oder dritten Monat eines jeden Quartals zu erheben und zwar auch in denjenigen Bezirken und Orten, in welchen bisher die monatliche oder zweimonatliche Erhebung der Klassensteuer noch beibehalten war. Der Hebemonat wird durch die Regierung mit Rücksicht auf die örtlichen Verhältnisse bestimmt.

2. Wo dem Zahlungspflichtigen nach den bestehenden Vorschriften bei Beginn des Jahres ein Steuerzettel über die von ihm zu entrichtende Einkommensteuer von der Hebestelle zuzufertigen ist, muß dies, auch wenn der Steuerzettel zugleich andere Steuern betrifft, in einem gehörig verschlossenen Couvert geschehen.

3. Der Vierteljahresbetrag ist vom Steuerpflichtigen — unbeschadet seiner Befugniß zur früheren Entrichtung und zu Vorausbezahlungen (§. 62 Abs. 2 des Gesetzes) — in der ersten Hälfte des zweiten Monats eines jeden Quartals, spätestens also am

16. Mai, 16. August, 15. November, 14. (in Schaltjahren 15.) Februar an die Empfangsstelle (Ortserheber, Steuerkasse, Kreiskasse) abzuführen.[41]) [1])

Minist.-Anm. 41. Wegen Einbehaltung und Abführung der Steuerbeträge, welche von den auf Seiner Majestät Schiffen und Fahrzeugen im Auslande befindlichen Offizieren und Beamten zu entrichten sind, bewendet es bis auf weiteres bei der Verfügung vom 18. Juli 1881, II 7771 (abgedr. als Anm. 3e Seite 86).

1a) Finz.-Minist.-Erlaß v. 15. Dez. 1849 — III. 26,464 —.

Die Klassensteuer ist von den einzelnen, nicht regimentirten Offizieren und Militärbeamten unmittelbar und von den regimentirten Offizieren und Militärbeamten der Vereinfachung wegen durch Vermittelung der Kassenkommissionen einzuziehen.

1b) Finz.-Minist.-Erlaß v. 12. Sept. 1851 — III. 20,249 —.

Um das Verfahren hinsichtlich der Einziehung der klassifizirten Einkommensteuer von den Offizieren zu vereinfachen, wird die königl. Regierung veranlaßt, ebenso wie die Klassensteuer, auch die von den regimentirten Offizieren zu entrichtende Einkommensteuer durch Vermittelung der

In den genannten Terminen wird die Einkommensteuer fällig, mit der Wirkung, daß Steuerpflichtige, welche es unterlassen, bis zu dem Fälligkeitstermine oder in dem örtlichen Hebetermine, sofern der letztere später ansteht, ihren Vierteljahrsbeitrag zu entrichten, von dem Steuerempfänger mit dreitägiger Zahlungsfrist zu mahnen sind (§. 6 der Verordnung vom 7. September 1879, betreffend das Verwaltungszwangsverfahren).

Die Abhaltung der örtlichen Hebetermine oder die Steuereinsammlung durch ambulante Erheber kann bereits vor der Fälligkeit beginnen.

Die Mahnung dagegen darf unter allen Umständen erst nach dem Eintritt der oben genannten Fälligkeitstermine geschehen.

Kassenkommissionen bei den Regimentern einziehen zu lassen und hiernach das Erforderliche an die mit der Einziehung der klassifizirten Einkommensteuer beauftragten Kassen zu verfügen.

1c) Finz.-Minist.-Erlaß v. 31. Jan. 1854 — III. 251 —.

In Betreff der Erhebung der Klassensteuer von den außerhalb des Regierungsbezirks auf Arbeit sich befindenden Steuerpflichtigen wird darauf aufmerksam gemacht, daß jeder Vorstand einer klassensteuerpflichtigen Gemeinde verpflichtet ist, darauf zu achten, daß sämmtliche im Gemeindebezirke befindlichen Personen, soweit sie nach den §§. 1 und 2 des Gesetzes v. 1. Mai 1851 überhaupt klassensteuerpflichtig sind, die Klassensteuer entrichten. Wenn demnach Personen, welche, um durch Arbeit ihren Unterhalt zu erwerben, sich an einem anderen Orte, in welchem sie nicht ihren Wohnsitz haben, aufhalten, darüber sich nicht ausweisen können, daß sie an ihrem Wohnorte zur Klassensteuer eingeschätzt sind, so ist für ihre Heranziehung zur Steuer Sorge zu tragen. Was demnächst die Einziehung der Klassensteuer derjenigen Personen anbelangt, welche an ihrem Wohnorte veranlagt sind, so ist in den vorkommenden Fällen nach den obwaltenden Umständen zu verfahren. Ist eine Vorauszahlung der Steuer, wenn der Arbeiter von seinem Wohnorte sich fortbegiebt, nicht zu erlangen, oder ist die Zahlung der Steuer in den Fälligkeitsterminen durch dritte am Wohnorte befindliche Personen, durch Ueberweisung einer Einnahme 2c. nicht zu bewirken, oder ist die Stundung der Steuer bis zur Rückkehr des Arbeiters bedenklich, so ist dieselbe am Orte, wo der Arbeiter sich befindet, einzuziehen. Ist der Letztere bei Bauten von Chausseen, Eisenbahnen, Festungen 2c. im Inlande beschäftigt, so fragt sich, ob die Steuer durch Vermittelung der Behörde, welche diese Bauten leitet, im Wege des Abzuges vom Lohn eingezogen werden kann. Wo dies nicht geschehen kann, wird die Gemeinde des Wohnortes sich an die Gemeinde des Aufenthaltsortes zu wenden und hierbei nach Umständen, wenn dem Ortsvorstande die nöthige Befähigung hierzu abgeht, der Landrath mitzuwirken haben.

Begeben sich Personen der Arbeit wegen in das Ausland, so ist das in den vorkommenden Fällen Angemessene und Zulässige anzuordnen, um die Steuer zu sichern. Nähere Bestimmungen dieserhalb können nicht ertheilt werden; überhaupt aber bietet diese Angelegenheit zu allgemeinen Verfügungen keine genügende Veranlassung dar.

1d) Finz.-Minist.-Erlaß v. 14. Mai 1857 — III. 9980 —.

Der Königlichen Regierung mache ich auf den Bericht v. 16. v. M. bemerklich, daß klassensteuerpflichtige Personen mit ihren Ehefrauen und den sonstigen Angehörigen ihrer Haushaltung an dem Orte zu veranlagen sind, wo sie ihren Wohnsitz haben, und wenn sie einen doppelten Wohnsitz haben, nach ihrer Wahl an demjenigen Orte, an welchem sie die Steuer zu entrichten wünschen. — Wegen zeitweiser Abwesenheit vom Wohnorte des Verdienstes oder anderer Gründe wegen tritt hierin, ohne Rücksicht auf die Dauer der zeitweisen Abwesenheit, keine Aenderung ein. — Nach Maßgabe der Verhältnisse in den einzelnen Fällen wird es hiernach nicht zweifelhaft sein, wie wegen der Veranlagung und Einziehung der Klassensteuer von Eheleuten, welche an verschiedenen Orten sich aufhalten, zu verfahren ist, und bedarf es einer weiteren allgemeinen Bestimmung dieserhalb nicht.

Nach fruchtlosem Ablauf der Mahnfrist ist zur Zwangsvollstreckung nach den Bestimmungen der angeführten Verordnung vom 7. September 1879 und der dazu ergangenen Ausführungsvorschriften zu schreiten.[2])

4. Soweit die örtliche Erhebung den Gemeinden und Gutsbezirken obliegt, wird die vierteljährlich erhobene Steuer vom Ortserheber unter Beachtung der für die Ablieferung bestehenden Vorschriften[42]) an die vorgesetzte Kasse abgeführt.

Spätestens fünf Tage vor Ablauf eines jeden Vierteljahrs muß die eingehobene Steuer nebst der Nachweisung der etwa unvermeidlichen Ausfälle und Reste an die vorgesetzte Kasse abgeliefert sein.[3]) Die Feststellung bestimmter Ablieferungstage für die verschiedenen Ortserheber innerhalb dieser Frist ist hierdurch nicht ausgeschlossen.

Minist.=Anm. 42. Vergleiche §. 34 Nr. 3. 4. der Geschäftsanweisung für die Kreissteuereinnehmer vom 30. Dezember 1879.

§. 34. 3. Die direkten Staatssteuern, soweit deren örtliche Einziehung den Gemeinden, selbstständigen Guts- bezw. Grundsteuerhebungsbezirken obliegt, werden von den Erhebern bezw. Vorstehern auf den Grund eines doppelten Lieferzettels, in welchem die Hebegebühren sogleich zu berechnen sind, an die Kreiskasse abgeführt. Diese darf keine Zahlung ohne Lieferzettel annehmen. Einen Lieferzettel erhält der Erheber 2c. quittirt zurück. Wo besondere Quittungsbücher über die Ablieferungen der Gemeinden u. s. w. zur Verwendung kommen, genügt die Beifügung nur eines Lieferzettels, welcher der Kasse verbleibt. Etwaige mit abzuliefernde Restbeträge aus Vorjahren sind in den Lieferzetteln besonders ersichtlich zu machen. Der Regierung bleibt überlassen, für ihren Bezirk ein Muster zu den Lieferzetteln der Erheber 2c. vorzuschreiben.

§. 34. 4. Die Lieferzettel der Erheber 2c. sind von dem Kreissteuereinnehmer mit der Nummer, unter welcher die Eintragung der abgelieferten Beträge im Einnahmejournal erfolgt ist, zu versehen, nach dieser Nummerfolge zu ordnen und jahrgangsweise aufzubewahren. Dieselben dürfen nicht eher vernichtet werden, als das Einnahmejournal des betreffenden Jahrgangs (§. 59).

---

2) Finz.=Minist.=Erlaß v. 30. Juni 1851 — III. 14,403 —. (Auszug.)

Kreiskassenrendanten und sonstige Einkommensteuererheber sind für diejenigen Steuerbeträge selbst verantwortlich, bei denen sie den wirklichen Ausfall oder die fruchtlos verhängte Exekution nicht nachweisen können.

3) Finz.=Minist.=Erlaß v. 11. März 1856 — III. 2899 —.

In Betreff der Frage:

wie gegen Ortserheber in dem Falle zu verfahren sei, wenn sie nicht 5 Tage vor dem Ablauf des Monats die fälligen direkten Steuern abgeführt und nicht sofort den nicht abgeführten Betrag als uneinziehbar nachgewiesen haben, so wie hinsichtlich der Elementarerhebung und Einziehung der direkten Steuern überhaupt, wird, nach Eingang der darüber erforderten Berichte, der Kgl. Regierung Folgendes zur Nachachtung eröffnet:

Bei Erlaß der Verordnung wegen Einziehung der direkten und indirekten Steuern 2c. in den sechs östlichen Provinzen der Monarchie mit Ausnahme Neuvorpommerns v. 30. Juli 1853 ist es keineswegs die Absicht gewesen, die unmittelbare Einziehung der Steuern von den Steuerpflichtigen — die Elementar- oder Individualerhebung — den Landräthen und Kreiskassen zu übertragen; solche ist vielmehr nach wie vor den Gemeinden überlassen geblieben. Die Kgl. Regierung hat es sich daher auf's Ernstlichste angelegen sein zu lassen, die Elementarerhebung der Steuern in den Gemeinden, wo es noch nicht geschehen, in dem gesetzlichen Sinne zu ordnen.

Die Gemeinden erhalten den Antheil von 4 pCt. der eingezogenen Klassen- und Gewerbesteuer nicht dafür, daß sie blos das freiwillig Gezahlte an die Kreiskasse abliefern, sondern es

5. Die Stundung der Einkommensteuer dürfen die Regierungen nach Maßgabe der durch die Allerhöchste Kabinetsordre vom 31. Dezember 1825 genehmigten Geschäftsanweisung[4]) für die Regierungen von demselben Tage bewilligen.

Zur Stundung über den Rechnungsabschluß hinaus ist die Genehmigung des Finanzministers erforderlich.

Durch Einlegung von Rechtsmitteln wird die Zahlung der veranlagten Steuer nicht aufgehalten.

Auf Antrag eines Steuerpflichtigen, welcher gegen die Veranlagung rechtzeitig Berufung eingelegt hat, ist jedoch der Vorsitzende der Veranlagungskommission zur vorläufigen Stundung der Steuer und zur entsprechenden unmittelbaren Anweisung der Hebestelle ermächtigt, wenn und insoweit der Vorsitzende

---

ist ihre Pflicht, selbst die Einziehung der Steuern durch zuverlässige, vorschriftsmäßig gewählte Ortserheber, deren Handlungen bezüglich der Steuererhebung sie zu vertreten haben, zu bewirken. Zu dergleichen Ortserhebern können die Gemeinden sich allerdings auch der Schulzen bedienen.

Den Ortserhebern liegt es gesetzlich ob, diejenigen Steuerpflichtigen, welche nicht in den ersten acht Tagen jedes Monats ihre Steuern abführen, dazu aufzufordern, daß sie die Zahlung binnen drei Tagen leisten, und nach fruchtlosem Ablauf dieser Frist mit der exekutivischen Einziehung gegen sie zu verfahren. Hierin ist durch die gedachte Verordnung nichts geändert. Die Elementarerhebung der Steuern befindet sich daher nach wie vor in den Händen der Gemeindebehörden, namentlich der Ortserheber. — Denselben ist nächst der gesetzlichen Befugniß auch hinreichende Frist zu den zwangsweisen Einziehungen, wo sie erforderlich sind, gestattet Denn die Gesetze wegen der Klassen- und Gewerbesteuer schreiben vor, daß erst spätestens bis zum fünften Tage vor dem Ablaufe eines jeden Monats die eingehobenen Steuern nebst der Nachweisung der etwa unvermeidlichen Ausfälle und der Reste an die zum Empfange bestimmte Staatskasse abgeliefert sein müssen. — Die Feststellung bestimmter Zahlungstage innerhalb dieser Frist für die verschiedenen Ortserheber ist durch diese Vorschrift nicht ausgeschlossen und es empfiehlt sich die Einrichtung, daß der Kreissteuereinnehmer für jede Gemeinde einen bestimmten Tag zur Ablieferung der Steuern festsetzt, so jedoch, daß an einem Tage auch mehrere Gemeinden zur Abrechnung gelangen. Die Ortserheber haben an dem bestimmten Tage einen doppelten Lieferzettel, welcher das monatliche Steuersoll der Gemeinde, die Reste aus den verflossenen Monaten, die jedesmalige Ablieferung nach Abzug der Hebegebühren und den summarischen Betrag der Reste ergiebt, oder, wo ihnen ein solches nachgelassen ist, das Quittungsbuch der Gemeinden, in allen Fällen aber auch eine spezielle Nachweisung der Reste und unvermeidlichen Ausfälle vorzulegen. Kommen sie dieser Verpflichtung regelmäßig nach, so wird sich nur höchst selten eine Veranlassung finden, sie für die Reste verantwortlich zu machen. Bleiben sie aber in dem bestimmten Termine, oder bis zum fünften Tage vor Ablauf des Monats ganz aus, oder unterlassen sie es, das spezielle Restverzeichniß vorzulegen und den wirklichen Ausfall oder die fruchtlos verhängte Exekution bei den einzelnen Resten sofort nachzuweisen, so liegt es ihnen nach den allegirten Bestimmungen ob, den fehlenden Betrag vorschußweise zu zahlen.

Hierzu sind sie unverzüglich auf jede geeignete Weise anzuhalten. Die Behörde mag in diesem Falle nach der ihr bekannten Persönlichkeit des Ortserhebers und nach den obwaltenden besonderen Umständen ermessen, ob erst ein milderes Mittel der Disziplinargewalt, also eine Anmahnung mittelst schriftlicher Verfügung durch die Post oder durch einen besonderen Boten auf Kosten des säumigen Ortserhebers, oder eine gegen diesen anzudrohende oder gleich festzusetzende und einzuziehende Ordnungsstrafe anzuwenden oder ob sogleich mit der Exekution gegen ihn vorzugehen sei. Die letztere Maßregel wird sich besonders in dem Falle empfehlen, wenn der Ortserheber schon sonst Beweise seiner Saumseligkeit und Lässigkeit gegeben hat, oder wenn derselbe gar der Untreue verdächtig, oder sonst Gefahr im Verzuge ist. Bei Ausführung der Exekution ist

a) nach vorgängiger Prüfung und nach seinem pflichtmäßigen Ermessen die Berufung für begründet erachtet und zugleich
b) die Ueberzeugung gewonnen hat, daß der Steuerpflichtige nicht im Stande ist, aus eigenen Mitteln die zu hoch veranlagte Steuer bis zur demnächstigen Entscheidung der Berufung ohne Schädigung seines Nahrungs- beziehungsweise Vermögensstandes zu entrichten.

Wird demnächst gleichwohl die Berufung zurückgewiesen, so hat der Vorsitzende sogleich nach dem Eingange der Entscheidung den gestundeten Betrag wieder in Hebung zu setzen.

Von der bewilligten Stundung hat der Vorsitzende der Regierung Anzeige zu erstatten, welche im Einvernehmen mit dem Vorsitzenden der Berufungskommission befugt ist, die ohne genügende Veranlassung etwa bewilligte Stundung auch vor Eingang der Entscheidung über die Berufung zurückzuziehen und die betreffenden Steuerbeträge wieder in Hebung zu setzen.

---

nach Vorschrift der Verordnung v. 30. Juli 1853 (jetzt 7. Sept. 1879) zu verfahren, die, wenngleich sie zunächst die Exekution gegen die Steuerpflichtigen selbst zum Gegenstande hat, doch zugleich in Uebereinstimmung mit den allgemeinen Gesetzen über Exekutionen allgemeine Regeln über das zu beobachtende Verfahren festsetzt.

Wenn die Landräthe und Kreissteuereinnehmer nicht sowohl mit der individuellen Einziehung der Steuerreste sich befassen, als vielmehr die ordnungsmäßige Erhebung der Steuern in den Gemeinden und die Geschäftsführung der Ortserheber sorgfältig überwachen, insbesondere letztere an pünktliche Ablieferung der erhobenen Steuern und Vorlegung der die etwaigen Ausfälle und die fruchtlos vollstreckte Exekution ergebenden Restverzeichnisse gewöhnen, so wird es gelingen, weitere Zwangsmaßregeln möglichst zu vermeiden. Des Einschreitens der Kreisexekutoren wird es nur ausnahmsweise und nur dann bedürfen, wenn entweder eine Gemeinde oder deren Ortserheber selbst darum nachsucht, weil sie zur Durchführung der nöthigen Zwangsmaßregel nicht ausreichende Mittel besitzen, oder wenn der Landrath oder Kreissteuereinnehmer mit Grund annehmen zu dürfen glaubt, daß der Ortserheber bei Einziehung der Reste nicht mit der gehörigen Umsicht und Strenge verfahren habe, oder endlich, wenn die Behörden auf Grund der bei Prüfung der halbjährlichen Ausfallslisten erhobenen Erinnerungen eine nachträgliche Exekution veranlassen zu müssen glaubt.

3b) Finz.-Minist.-Erlaß v. 6. Sept. 1860 — III. 18,736 —.

Der Königlichen Regierung wird auf den Bericht ꝛc., betreffend die exekutivische Einziehung von den Steuerempfängern vorgeschossener Steuerbeträge, eröffnet, daß in allen Fällen, in denen ein Steuerempfänger fällige Steuern, hinsichtlich deren er den wirklichen Ausfall oder die fruchtlos vollstreckte Exekution nicht sofort nachzuweisen vermag, vorschußweise zur Staatskasse entrichten muß, wie dies unter andern im §. 13 zu e. des Gesetzes v. 1. Mai 1851 für die Klassensteuer angeordnet ist, oder in denen er ohne eine solche gesetzliche Verpflichtung nur, um nicht mit Resten abschließen zu dürfen, das an dem von ihm abzuführenden Steuersoll Fehlende einstweilen vorschießt, der Anspruch der Staatskasse gegen den Steuerschuldner unverändert stehen bleibt, gegen letzteren daher auch nach wie vor mit der Exekution vorgegangen werden kann. Es ist hierbei zu beachten, daß der Steuerempfänger in solchen Fällen die Zahlung nicht auf Grund vorheriger Verabredung oder als negotiorum gestor für den Steuerschuldner leistet, sondern dazu theils gesetzlich verpflichtet ist, theils sich lediglich im Kasseninteresse freiwillig versteht, die Zahlung daher für den Steuerschuldner eine res inter alios acta ist, welche ihn von seiner Schuld dem Staate gegenüber nicht befreit, was auch schon daraus zu ersehen, daß er über die geleistete Zahlung keine Quittung erhält. Er bleibt daher, so lange er sich durch eine solche nicht auszuweisen ver-

6. Auf Grund des §. 64 des Einkommensteuergesetzes werden die Regierungen ermächtigt, in einzelnen Fällen veranlagte Einkommensteuerbeträge niederzuschlagen, wenn das Beitreibungsverfahren voraussichtlich ohne Erfolg sein würde, weil der Steuerpflichtige gänzlich unvermögend oder sein Aufenthalt nicht zu ermitteln ist.[5])

Diese Ermächtigung findet auch auf rückständige Einkommensteuerbeträge Anwendung, welche wegen Abwesenheit des Steuerpflichtigen im Auslande bis zum Ablaufe des auf das Steuerjahr, für welches die Veranlagung erfolgt ist, folgenden Steuerjahres nicht haben eingezogen werden können.

7. Die gemäß §. 64 a. a. O. zulässige Niederschlagung eines Einkommensteuerbetrages aus dem Grunde, weil die zwangsweise Beitreibung den Steuerpflichtigen in seiner wirthschaftlichen Existenz gefährden würde, bedarf der Genehmigung des Finanzministers, welche in den geeigneten Fällen seitens der Regierung unter Darlegung des Sachverhaltes zu beantragen ist.

---

mag und die Verjährung des Steuerrückstandes nicht eingetreten ist, dem Anspruche des Staates unterworfen, und kann aus dem Umstande, daß der Steuerempfänger einstweilen seine Steuer vorgeschossen hat, keinen Anspruch gegen die exekutivische Beitreibung seines Restes hernehmen, während von selbst folgt, daß der Steuerempfänger nach erfolgter Einziehung des Steuerrückstandes von dem Steuerpflichtigen den nur dem Staate geleisteten Vorschuß zurückempfängt.

Anders liegt der Fall, wenn ein Steuerempfänger auf Grund eines besonderen Abkommens mit dem Censiten für diesen die Steuer berichtigt und ihm Quittung darüber ertheilt, indem er durch eine solche Zahlung den Steuerschuldner in der That seiner Verpflichtung der Staatskasse gegenüber befreit, und gegen ersteren nur einen Civilanspruch erhält, den er im Rechtswege, nicht aber durch Exekutionsvollstreckung geltend machen kann.

3c) Finz.-Minist.-Erlaß v. 21. März 1861 — III. 2454 —. Auszug.

Der Königlichen Regierung wird auf Ihren den Defekt des Steuererhebers N. betreffenden Bericht Folgendes eröffnet. Was

1. die Frage anlangt, ob die Stadtkommune zu M. für die Defekte ihres Ortserhebers verhaftet sei, so bestimmt der §. 9 des Klassensteuergesetzes v. 30. Mai 1820, worauf auch im §. 15 des Gesetzes v. 1. Mai 1851 verwiesen wird, übereinstimmend mit §. 34a. des Gewerbesteuergesetzes v. 30. Mai 1820, daß den Gemeinden, gegen eine Vergütigung von 4 pCt der Einnahme, die Erhebung der genannten Steuern obliegt und es ist schon in der Instruktion v. 18. Aug. 1820, betreffend die Erhebung der Klassensteuer, §§. 2 und 11 ausgedrückt, daß es lediglich Sache der Kommunen sei, einen gehörig sichern und zur Besorgung der Hebung geschickten Mann zum Erheber zu bestellen, indem sie denselben in seinen Geschäften überall zu vertreten hätten. Diese Vertretung der Kommunen folgt aus der prinzipalen Verpflichtung zur Erhebung der Steuern von selbst; außerdem aber ist in der Allerhöchsten Kabinetsordre v. 6. Febr. 1841, (siehe §. 95. Anm. 3) die Verbindlichkeit der Gemeinden zur Vertretung ihrer Erheber als eine im Sinne der Steuergesetze liegende ausdrücklich anerkannt. Gestützt hierauf, hat denn auch der oberste Gerichtshof in seiner Entscheidung vom 12. Febr. 1856 in Sachen des Kaufmanns N. wider die Stadtgemeinde zu Greifswalde ausgeführt:

> daß die Gemeinden zur Erhebung der genannten Steuern im Interesse des Staats verpflichtet seien, danach dem Staate gegenüber als die Erhebungsbehörden daständen und es ihre Sache sei, zum Zwecke der Erhebung einen Erheber zu bestellen, welcher zu ihnen im Verhältniß eines Mandatars stehe und *dessen Handlungen dem Staate gegenüber sie überall zu vertreten hätten.*

3d) Verfügung der Minister der Finanzen und für Landwirthschaft, Domainen und Forsten an die Kgl. Regierungen in den 7 östlichen Provinzen, betr. die den Gemeinden (Gutsbezirken) für Veranlagung und Erhebung der Staatssteuern zustehenden Gebühren in den östlichen Provinzen. (Auszug.)

Finz.-Minist. II. 11.124, I. 2684. M. f. L. ꝛc. — II. 1323 — v. 15. März 1882.

Mit Bezug auf den Erlaß des mitunterzeichneten Finanzministers v. 17. Dezember 1880 — II. 14374, I. 18241 — und die danach erstatteten Berichte der Kgl. Regierungen wird hiermit bestimmt, daß die den Gemeinden, selbstständigen Gutsbezirken bezw. Unterrezeptoren zustehenden Gebühren für die Erhebung bezw. Veranlagung von direkten Staatssteuern, Gebäudesteuerfortschreibungsgebühren, Domainenamortisationsrenten und Rentenbankrenten vom 1. April d. J. ab nicht ferner bei den Steuer- ꝛc. Ablieferungen der Erheber in Abzug zu bringen sind, sondern den Empfangsberechtigten der Regel nach in einem Betrage am Schlusse des Rechnungsjahres gegen Quittung gezahlt werden. Die Kgl. Regierungen werden jedoch ermächtigt, nach Ihrer pflichtmäßigen Beurtheilung denjenigen Gemeinden und namentlich größeren Stadtgemeinden, in denen die Kosten der Veranlagung bezw. Erhebung bedeutend sind und die mit Rücksicht auf die Lage ihres Haushaltes die in Rede stehende Entschädigung zum vollen Betrage bis zum Jahresschlusse ohne Nachtheil nicht füglich entbehren können, sowie solchen zum Tantiemebezuge berechtigten Unterrezeptoren, denen nach den obwaltenden Verhältnissen ein Vorenthalten der ganzen Tantiemen bis zum Jahresschlusse zum Bedruck gereichen möchte, auf Wunsch Abschlagszahlungen im Laufe des Jahres bis zur Höhe der von den wirklich abgelieferten Steuern ꝛc. und den fälligen aber unerhoben gebliebenen Monatsraten der Klassensteuer und der klassifizirten Einkommensteuer zu berechnenden Gebühren gegen Ausstellung von Interimsquittungen leisten und danach am Jahresschlusse die Abrechnung mit denselben und die Zahlung des Restes der Gebühren nach Maßgabe der Jahresisteinnahme, unter Hinzurechnung des Betrages der unerhobenen Monatsraten der letztgenannten Steuern, gegen definitive Jahresquittung vornehmen zu lassen. Wo das Bedürfniß zur Abschlagszahlung anerkannt werden muß, wird solches meist durch eine einmalige Rate am Schlusse des ersten Semesters oder doch durch Quartalsraten befriedigt werden können; jedenfalls muß aber die Zahlung von Monatsraten vermieden werden.

Die Kgl. Regierungen wollen hiernach Ihre Anordnungen je für Ihren Bezirk treffen, dabei aber im Auge behalten, daß die Gebührenzahlung in einem Betrage am Jahresschlusse die Regel bildet und von der Befugniß zur Gewährung von Ratenzahlungen nur da Gebrauch zu machen, wo dieses wirklich nothwendig ist, damit nicht etwa durch Nachgeben weitergehender Wünsche die beabsichtigte Vereinfachung des Verfahrens wieder in Frage gestellt wird.

3e) Cirkular-Erlaß der Königl. Ministerien des Innern und der Finanzen vom 30. April 1847. — I. A. 629 und III. 2703 —.

Des Königs Majestät hat auf einen diesfälligen Vortrag des Kgl. Staatsministeriums zu bestimmen geruht, daß die Vorschrift des §. 12 der Ober-Rechnungskammer-Instr. vom 18. Dezbr. 1824, wonach die von wirklich eingegangenen später aber zurückgezahlten Einnahmebeträgen erhobene Tantieme zu erstatten ist, in denjenigen Fällen nicht zur Anwendung gebracht werden soll, wo Kassenbeamten, zu welchen auch die Elementarerheber der direkten Steuern zu zählen sind, bei der Erhebung von Einnahmebeträgen, welche hinterher aus irgend einem Grunde den Einzahlern zurückgegeben werden müssen, nichts zur Last fällt, wo sie weder Gewinnsucht noch Eigenmächtigkeit, noch irgend ein den Fiskus zu Entschädigungsansprüchen berechtigendes Verfahren sich haben zu Schulden kommen lassen, wo demnach die Wiedereinziehung der erhobenen Tantieme nicht ohne Härte und Unbilligkeit ausführbar ist.

3f) Finz.-Minist.-Erlaß vom 23. März 1865 — III. 5440 — Auszug.

Im vorliegenden Falle handelt es sich aber nicht um eine Erstattung zu viel zur Staatskasse eingezahlter Beträge im Sinne des Cirkular-Erlasses vom 30. April 1847, sondern lediglich um die Rückgabe irrthümlich erhobener Beträge im Laufe desselben Kalenderjahrs und um einfache Abgangsstellung derselben in den Semesterlisten, ein Verfahren, welches fast von allen Ortserhebern mehrmals in jedem Jahre, z. B. hinsichtlich der Erstattung der im Reklamations-

und Rekurswege ermäßigten Beträge eingeschlagen werden muß, ohne daß ihnen ein Anspruch auf Belassung der von diesen Beträgen bezogenen Hebegebühren zusteht.

Das diesfallsige Gesuch des Steuerempfängers N. ist daher zurückzuweisen.

3g) Finz.-Minist.-Erlaß vom 18. Dezember 1884 — II. 12,639 —.

In dem diesseitigen Erlaß vom 4. d. Mts. — II. 13,245 — I. 16,403 (Abdruck nicht erforderlich) ist genehmigt worden, daß die den Gemeinden zustehenden Steuerveranlagungsgebühren von den Steuerempfängern an diejenigen Gemeinden, welche die rechtzeitige Abhebung verzögern oder die Uebersendung durch die Post wünschen, mittelst Postanweisung gegen vorschriftsmäßige Quittung gezahlt werden.

Wenn im übrigen zweckmäßige Einrichtungen getroffen werden, ist hiermit die Möglichkeit gegeben, sowohl die Klassen- als die Gewerbesteuerveranlagungsgebühren, wie dies auch jetzt schon thatsächlich bei den meisten Königlichen Regierungen geschieht, an die Gemeinden vor dem Finalabschlusse zu zahlen und im Verwaltungsabschlusse der Hauptkasse als gezahlt zu verrechnen.

Keineswegs liegt aber die Nothwendigkeit vor, den Gesammtbetrag der Gebühren im Verwaltungsabschlusse der Hauptkasse als Rest nachzuweisen oder zwar in Istausgabe zu stellen, aber bis zur demnächstigen Auszahlung zu asserviren. Beides muß als unstatthaft bezeichnet werden.

3h) Cirkular-Erlaß des Ministers für Landwirthschaft rc. und des Finanzministers an die Königlichen Regierungen in den 7 östlichen Provinzen und abschriftlich an die Königlichen Direktionen der Rentenbanken zu Berlin, Breslau, Königsberg i. Pr., Magdeburg, Posen und Stettin,

betreffend Buchung der Hebegebühren.

F. M. II. 1558, I. 2943. M. f. Landw. rc. I. 3338, II. 1400. Berlin, den 14. März 1883.

Wegen Aenderung einiger Formulare zu den Büchern der Kreiskassen in Bezug auf die Hebegebühren sowie wegen der künftigen Buchung der letzteren wird unter Aufhebung der Vorschrift des §. 20 Nr. 5 und der auf die Hebegebühren bezüglichen Vorschriften des §. 24 Nr. 3 und des §. 34 Nr. 3 und 6 der Geschäftsanweisung für die Kreissteuereinehmer vom 30. Dezbr. 1879 Folgendes bestimmt:

1. Die den Gemeinden und selbstständigen Gutsbezirken für die Erhebung der Gebäudesteuer, für die Veranlagung und Erhebung der Klassensteuer und der Gewerbesteuer der Klasse A II. bis K., sowie für die Erhebung der Gebäudesteuer-Fortschreibungsgebühren und bezw. der Kriegsschuldensteuer gezahlten Gebühren sind von den Kreiskassen im Ausgabejournal nicht mehr am Monatsschlusse und vor dem jedesmaligen Abschlusse desselben zum Zwecke der Kassenrevision summarisch auf einer Linie nachzuweisen, sondern gleich an den Zahlungstagen ortschaftsweise in der Hauptspalte und in den Nebenspalten für die betreffenden Steuern in Ausgabe zu buchen. Es gilt dies sowohl von den etwa im Laufe des Rechnungsjahres stattfindenden Abschlagszahlungen, als von den am Schlusse desselben in einem Betrage erfolgenden Zahlungen an dergleichen Gebühren.

   Im Manual sind diese Gebühren bei den betreffenden Steuergattungen auch ferner summarisch und zwar am Monatsschlusse, dagegen
   im Kontobuche an den Zahlungstagen in Uebereinstimmung mit den Eintragungen im Ausgabejournal zu buchen.

2. Die vorbezeichneten Kassenbücher erleiden in Folge dessen folgende Abänderungen:
   a) Die Spalte 7 des Einnahme- und des Ausgabe-Journals „Darunter Hebegebühren" fällt weg. Die Spalten 8 und ff. erhalten die Nummern 7 und ff.
   b) In der gemeinsamen Ueberschrift der Spalten 14 und 15 der Abtheilung I des Manuals sind die Worte: „an die Ortssteuererheber" zu streichen, und die gemeinsame Ueberschrift der Spalten 12 und 13 dieser Abtheilung ist auf die Spalte 11

auszudehnen. Der Angabe der Nummern, unter welchen die Verausgabung der Gebühren im Ausgabejournal erfolgt ist, bedarf es darnach nicht.

c) Die Spalten 15 bis 18 des Kontobuchs erhalten die Ueberschrift: „An Veranlagungs- und Hebegebühren sind gezahlt für". Damit hier das Einschalten neuer Spalten vermieden wird, sind die Gebühren je auf besondere Linien zu buchen und die Spalten 8 und 9 zur Angabe des Datums der Auszahlung und der Nummer des Ausgabejournals mitzubenutzen. Der Ueberschrift der Spalte 8 sind die Worte: „bezw. Auszahlung" hinzuzufügen, und die Linie zwischen den Spalten 9 und 10 ist bis zum obern Rand des Kopfes zu verlängern, so daß die Ueberschrift „Ist-Einnahme" sich nur auf die Spalten 10 bis 14 bezieht.

3. Außerdem treten noch folgende Aenderungen in den Formularen zu den Kassenbüchern ein:

a) In dem Formular zum Tagesabschlußbuch — Muster H — fällt der Vermerk in Spalte 1 wegen der Hebegebühren, sowie Anmerkung*) weg.

b) Die Spalten 21 bis 24 der Rekapitulation zum Kontobuche — Muster L — erhalten die Ueberschrift: „An Veranlagungs- und Hebegebühren sind gezahlt für".

4. Die den in einzelnen Regierungsbezirken bestehenden Unterrezepturen für die Erhebung der klassifizirten Einkommensteuer gezahlten Gebühren sind in das Ausgabejournal an den Zahlungstagen, in das Manual dagegen erst am Schlusse des Zahlungsmonats einzutragen. Falls jedoch mehrere Unterrezepturen in einem Kreiskassenbezirk vorhanden, so sind die Zahlungen im Manual unter Mitbenutzung der Spalten 10 und 11 zur Angabe des Monats der Zahlung und der Nummer des Ausgabejournals für jede Unterrezeptur auf besonderer Linie zu buchen, auch ist in der Bemerkungsspalte der Name der Unterrezeptur anzugeben.

5. Die Hebegebühren von den Domainenamortisations- und Rentenbankrenten bezw. den Domainengefällen sind in dem Ausgabejournal mit den Gebühren von den Steuern — die gleichzeitige Zahlung derselben vorausgesetzt — auf einer Linie zu buchen.

Die Bestimmung darüber, in welcher Weise diese Gebühren in den Manualen von den Renten und Domainengefällen zu buchen sind, wird den Königlichen Regierungen bezw. den Königlichen Direktionen der Rentenbanken überlassen.

6. Vorstehende Bestimmungen treten mit dem 1. April 1883 in Kraft. Es brauchen aber der vorgedachten Aenderungen wegen neue Formulare zu den Journalen, dem Steuermanual und Kontobuche einstweilen nicht beschafft zu werden. Vielmehr bleibt es gestattet, die alten Formulare aufzubrauchen; für diesen Fall können die im Manual und Kontobuche bezüglich der Ueberschriften einiger Spalten erforderlichen Abänderungen mit der Feder bewirkt werden und die Spalte 7 des Einnahme- und des Ausgabejournals kann unausgefüllt bleiben.

4) Abgedruckt als Anm. 2a Seite 81.

5) Finz.-Minist.-Erlaß v. 8. März 1883 — II. 14,594 —.

Unter Bezugnahme auf den Erlaß vom 5. Januar 1883 — II. 11,474 — (Abdruck nicht erforderlich) wird der Kgl. Regierung hierbei Abschrift einer zweiten Vorstellung des Oberbürgermeisters in E. mit dem Bemerken zugefertigt, daß die Klassensteuer heimlich verzogener Censiten erst von demjenigen Monat ab in Abgang gestellt werden darf, welcher auf den Monat folgt, in dem der Pflichtige nach den stattgehabten Ermittelungen ohne Abmeldung verzogen ist, und daß etwaige von dem betreffenden Pflichtigen nicht entrichtete Steuerbeträge aus den früheren Monaten des Steuerjahres als unbeitreibliche Reste in die Ausfallliste zu übernehmen sind. Ebenso sind auch diejenigen bei der Erhebung der Steuer trotz der angestellten Recherchen nicht ermittelten Klassensteuerpflichtigen, bezüglich welcher eine Abmeldung nach außerhalb nicht erfolgt und deren Umzug nach einem anderen Orte anderweitig nicht konstatirt ist, von dem Anfange des nächsten Monats nach festgestelltem unbekannten Verbleib in die Abgangsliste, und etwaige Rückstände derselben aus der früheren Zeit des Steuerjahres in die Ausfallliste aufzunehmen.

Artikel 83.

Ausfälle.

1. Ausfälle an der veranlagten Einkommensteuer entstehen

a) wenn das Zwangsverfahren wegen Beitreibung eines Einkommensteuer-Rückstandes fruchtlos verlaufen ist;

b) wenn von der Zwangsvollstreckung wegen eines rückständigen Einkommensteuerbetrages Abstand zu nehmen ist, weil eine der im Artikel 82 unter Nr. 6 und 7 angegebenen Voraussetzungen vorliegt.

Das eingeleitete Beitreibungsverfahren kann nach Bestimmung der Vollstreckungsbehörde vorläufig eingestellt werden, wenn sich im Laufe desselben Verhältnisse der unter b) erwähnten Art ergeben.

2. Halbjährlich, am Schlusse der Monate September und März, übersendet die Einkommensteuerhebestelle dem Vorsitzenden der Veranlagungskommission in doppelter Ausfertigung eine von den erforderlichen Unterlagen (Auszug aus dem Restverzeichnisse, Pfändungsprotokolle, Versteigerungsprotokolle u. s. w.) begleitete, nach dem anliegenden Muster XXI aufgestellte und mit den darin vorgesehenen Bescheinigungen versehene Liste der Steuerpflichtigen, deren Einkommensteuer in dem betreffenden halben Jahre ganz oder zum Theil im Rückstande geblieben und als unbeibringlich niederzuschlagen ist (Ausfallliste). In die Ausfallliste für das erste Halbjahr dürfen keine Beträge aufgenommen werden, deren Einzahlung im zweiten Halbjahre erwartet werden darf.

uster XXI.

3. Die Ausfalllisten sind seitens des Vorsitzenden der Veranlagungskommission einer sorgfältigen Prüfung, besonders dahin zu unterwerfen:

> ob die rückständigen Steuerbeträge jederzeit in den Zahlungsterminen eingefordert, die zu Gebote stehenden Zwangsmittel gehörig angewendet oder die Abstandnahme von denselben gerechtfertigt erscheint, sowie ob die als Ausfälle liquidirten Beträge veranlagt und nicht bereits anderweit in Abgang oder Ausfall gekommen sind.

Gewährt diese Prüfung nicht die Ueberzeugung von einem überall vorschriftsmäßigen Verfahren, so ist dieserhalb unter Absetzung der Posten, gegen welche sich etwas zu erinnern findet, der Ausweis der Hebestelle zu erfordern, nach Umständen eine örtliche Untersuchung zu veranlassen.

Daß die vorerwähnte Prüfung erfolgt ist, hat der Vorsitzende der Veranlagungskommission unter den Ausfalllisten zu bescheinigen. (Vergl. Nr. 4.)

4. Wo die Gemeinden an der Einkommensteuererhebung betheiligt sind, fertigt der Vorsitzende der Veranlagungskommission nach den einzelnen Ausfalllisten eine Hauptnachweisung für den Kreiskassenbezirk nach dem Muster XXII und setzt die von ihm abzugebende Bescheinigung (vergl. Nr. 3) — statt unter die Ausfalllisten — unter die Hauptnachweisung.

uster XXII

5. Der Vorsitzende der Veranlagungskommission reicht die geprüften Ausfalllisten in einer Ausfertigung mit den Belägen und beziehungsweise der Haupt-

nachweisung der Regierung ein. Diese unterwirft die Listen sofort nach ihrem Eingange einer genauen Revision, stellt dieselben und beziehungsweise die Hauptnachweisung fest und sendet sie mit den Belägen und beziehungsweise der Hauptnachweisung dem Vorsitzenden der Veranlagungskommission zurück. Letzterer fertigt die festgestellten Ausfalllisten den Hebestellen — beziehungsweise die Hauptnachweisung der Kreiskasse — zu, und zwar für die zweite Hälfte des Rechnungsjahres spätestens bis zum 20. April jeden Jahres.

Ist die Gemeinde die Hebestelle, so hat dieselbe die Ausfallliste nach Kenntnißnahme und Wahrnehmung des Erforderlichen in dem Heberegister an die betreffende Kreiskasse abzugeben.

Dritter Abschnitt.

Zuwiderhandlungen und Nachbesteuerung.

Artikel 84.

Verfahren bei Zuwiderhandlungen.

(§. 70 des Gesetzes.)

Sobald der begründete Verdacht einer in den §§. 66. 68 des Einkommensteuergesetzes mit Strafe bedrohten Zuwiderhandlung vorliegt, hat der Vorsitzende der Veranlagungskommission die zur Feststellung des Thatbestandes erforderlichen Ermittelungen zu veranlassen und nach Abschluß der Verhandlungen mit seiner gutachtlichen Aeußerung der Regierung zur Beschlußfassung über die Einleitung des Strafverfahrens vorzulegen.

Hierbei ist nach folgenden Grundsätzen zu verfahren:

1. Erachtet die Regierung den Thatbestand einer nach §. 66 des Gesetzes strafbaren Zuwiderhandlung für vorliegend, so hat die Regierung gleichwohl von der Verfolgung Abstand zu nehmen, sofern der Steuerpflichtige, bevor eine Anzeige erfolgt oder eine Untersuchung eingeleitet war, seine Angabe bei dem zuständigen Vorsitzenden berichtigt oder ergänzt, beziehungsweise das verschwiegene Einkommen angegeben und die vorenthaltene Steuer in der ihm von der Regierung gesetzten Frist entrichtet hat (§. 66 Abs. 3 des Gesetzes). Als Einleitung einer Untersuchung im Sinne dieser Vorschrift gelten nicht die zum Zwecke der Veranlagung oder der Erörterung eines Rechtsmittels gegen die Veranlagung angestellten Ermittelungen.

Liegen, abgesehen von dem Falle des §. 66 Abs. 3, besondere Umstände vor, welche nach dem Ermessen der Regierung die Einstellung des Verfahrens rechtfertigen, obwohl ein nach §. 66 oder §. 68 des Gesetzes strafbarer Thatbestand vorliegt, so ist die Entscheidung des Finanzministers einzuholen.

2. Der Regierung steht nicht der Erlaß förmlicher Strafbescheide im Sinne

des §. 459 der Strafprozeßordnung für das Deutsche Reich[1]) zu, sondern nur die vorläufige Festsetzung von Geldstrafen.

Auch diese vorläufige Festsetzung findet nicht statt:

a) wenn der Beschuldigte in Preußen keinen Wohnsitz hat,

b) wenn derselbe auf die vorläufige Straffestsetzung durch die Regierung verzichten zu wollen erklärt,

c) wenn die Regierung selbst von der vorläufigen Straffestsetzung Abstand nimmt.

3. Ob die Regierung von der zu 2c gedachten Befugniß Gebrauch machen will, darüber hat sie in jedem einzelnen Falle nach ihrem pflichtmäßigen Ermessen zu beschließen; einer Begründung des Beschlusses gegenüber dem Gericht bedarf es nicht. Im Allgemeinen ist jedoch davon auszugehen, daß eine Häufung der gerichtlichen Untersuchungen an sich nicht erwünscht, daß außerdem die vorläufige Straffestsetzung geeignet ist, das Verfahren abzukürzen und dem Beschuldigten die Kosten der gerichtlichen Untersuchung zu ersparen, daß endlich das Gesetz der Regierung in den Fällen des §. 66 einen weiteren Spielraum in Ansehung der Strafabmessung für die milderen Fälle gestattet, da nur die Regierungen, nicht aber die Gerichte ermächtigt sind, unter das vorgesehene geringste Strafmaß hinabzugehen.

Als Regel wird sich daher die vorläufige Straffestsetzung im Verwaltungswege empfehlen, sofern nicht im einzelnen Falle die Abstandnahme durch besondere Rücksichten ihre Rechtfertigung findet. In dieser Beziehung kann namentlich in Betracht kommen:

a) daß der Thatbestand mit den der Verwaltungsbehörde zu Gebote stehenden Mitteln, insbesondere ohne Anwendung des Zeugenzwanges, ohne eidliche Vernehmungen u. s. w. nicht mit genügender Sicherheit festzustellen ist;

b) daß der Beschuldigte sich der Vernehmung entzieht, oder nach den von ihm abgegebenen Erklärungen die freiwillige Zahlung der festzusetzenden Strafe nicht zu erwarten ist;

c) daß die Regierung wegen der Bedeutung des Falles die Herbeiführung einer öffentlichen gerichtlichen Verhandlung für angezeigt erachtet.

---

1) Strafprozeßordnung vom 1. Februar 1877. (Reichs-Ges.-Bl. 1877 S. 253.)

§. 459. Strafbescheide der Verwaltungsbehörden wegen Zuwiderhandlungen gegen die Vorschriften über die Erhebung öffentlicher Abgaben und Gefälle dürfen nur Geldstrafen sowie eine etwa verwirkte Einziehung festsetzen.

Der Strafbescheid muß außerdem die strafbare Handlung, das angewendete Strafgesetz und die Beweismittel bezeichnen, auch die Eröffnung enthalten, daß der Beschuldigte, sofern er nicht eine nach den Gesetzen zugelassene Beschwerde an die höhere Verwaltungsbehörde ergreife, gegen den Strafbescheid binnen einer Woche nach der Bekanntmachung bei der Verwaltungsbehörde, welche denselben erlassen, oder bei derjenigen, welche ihn bekannt gemacht hat, auf gerichtliche Entscheidung antragen könne.

Der Strafbescheid wirkt in Betreff der Unterbrechung der Verjährung wie eine richterliche Handlung.

4. Die vorläufige Straffestsetzung, welche in keinem Falle ohne vorherige Anhörung des Beschuldigten zu erlassen ist, erfolgt durch eine an denselben gerichtete Verfügung, welche den Thatbestand der strafbaren Zuwiderhandlung angeben, das maßgebende Strafgesetz bezeichnen, den Betrag der Geldstrafe, sowie der durch das Verfahren entstandenen Kosten bestimmen, endlich die Eröffnung enthalten muß, daß die gerichtliche Untersuchung und Entscheidung herbeigeführt werden würde, wenn der Beschuldigte nicht binnen der auf mindestens vierzehn Tage zu bemessenden, vom Tage der Zustellung ab laufenden Frist die angegebenen Beträge freiwillig an die zu bezeichnende Kasse zahlt. Die Zustellung erfolgt nach Maßgabe des Artikels 71 dieser Anweisung.

Als Kosten des Verfahrens kommen nur baare Auslagen, wie Porto, Zeugengebühren in Betracht.

5. Bei Bemessung der Strafe auf Grund des §. 66 des Gesetzes sind drei Hauptfälle zu unterscheiden:

a) Ist infolge der Zuwiderhandlung der Staat verkürzt, so soll die gesetzliche Strafe dem 4- bis 10fachen Betrage der Verkürzung gleichkommen, mindestens aber 100 Mark betragen.

Eine Verkürzung liegt vor, sofern infolge der wissentlich unrichtigen oder unvollständigen Angabe bei der Veranlagung, sei es durch den nicht angefochtenen Beschluß der Veranlagungskommission oder des Vorsitzenden, sei es auf Berufung oder Beschwerde, endgültig ein geringerer Steuersatz festgesetzt worden ist, als bei richtiger Angabe nach den maßgebenden Bestimmungen hätte festgesetzt werden müssen.

Behufs Berechnung des Betrages der Verkürzung ist der ganze Zeitraum in Betracht zu ziehen, für welchen die Veranlagung auf Grund der strafbaren Angabe stattgefunden hat. Die für diesen Zeitraum zu berechnende Differenz zwischen der unrichtig veranlagten und der den wirklichen Einkommensverhältnissen entsprechenden Steuer, stellt den Betrag der Verkürzung dar. Dieselbe deckt sich nicht nothwendig mit der Differenz zwischen den betreffenden Jahressteuersätzen, da es weder ausgeschlossen ist, daß dieselbe strafbare Angabe der unverändert gebliebenen Veranlagung für *mehrere* aufeinanderfolgende Jahre als Grundlage gedient, noch, daß die Angabe — z. B. bei Eintritt der Steuerpflicht im Laufe des Jahres — nur auf die Veranlagung für einen *kürzeren* Zeitraum als ein volles Steuerjahr Einfluß geübt hat.

b) Ist eine Verkürzung des Staates trotz der wissentlich unrichtigen oder unvollständigen Angabe nicht erreicht, so ist für die Berechnung der Strafe in allen Fallen die *Jahres*steuer maßgebend, um welche der Staat verkürzt werden sollte, d. h. also die Differenz zwischen dem festgesetzten und demjenigen *Jahressteuersatze*, welcher bei Zugrundelegung der unrichtigen Angabe festzusetzen gewesen wäre.

Auch in diesem Falle beträgt die ordentliche Mindeststrafe 100 Mark.

c) Ist endlich aus den Umständen zu entnehmen, daß die unrichtige oder unvollständige Angabe oder die Verschweigung des Einkommens zwar wissentlich, aber nicht in der Absicht der Steuerhinterziehung erfolgt ist, so beträgt die ordentliche Strafe 20 bis 100 Mark ohne Rücksicht darauf, ob eine Verkürzung stattgefunden hat oder nicht.

Festzuhalten ist, daß auch in diesem Falle eine strafbare Handlung überhaupt nur vorliegt, wenn die unrichtige oder unvollständige Angabe wissentlich gemacht ist, d. h. wenn der Steuerpflichtige die Unrichtigkeit oder Unvollständigkeit seiner thatsächlichen Angaben zur Zeit, als er die Erklärung abgab, gekannt hat. Daß gleichwohl die Absicht nicht auf eine Steuerhinterziehung (Verkürzung) gerichtet war, wird in der Regel nicht zu vermuthen sein, ist aber, z. B. in Fällen des Rechtsirrthums, nicht ausgeschlossen.

6. Auf welchen Betrag die Strafe innerhalb der zulässigen Grenzen vorläufig festzusetzen ist, ob insbesondere die Regierung von der Befugniß Gebrauch machen will, in den Fällen des §. 66 des Gesetzes (Siehe Nr. 5) mildere, als die dort vorgesehenen Mindeststrafen festzusetzen, hat die Regierung nach den Verhältnissen des einzelnen Falles und ihrem pflichtmäßigen Ermessen zu entscheiden.

In erster Reihe muß hierbei der aus den begleitenden Umständen erkennbare höhere oder geringere Grad der betrügerischen Absicht, daneben aber auch berücksichtigt werden, daß die Geldstrafe eine den Vermögens- und Einkommensverhältnissen des Schuldigen entsprechende Buße für die Zuwiderhandlung darstellen soll.

Die nachträgliche Milderung oder der gänzliche Erlaß der einmal festgesetzten Strafe steht der Regierung nicht zu, ebensowenig die Bewilligung von Theilzahlungen auf die Strafe.

Glaubt die Regierung einen hierauf gerichteten Antrag befürworten zu müssen, so ist die Entscheidung des Finanzministers einzuholen.

Dagegen steht eine angemessene Verlängerung der für die freiwillige Zahlung der Strafe bestimmten Frist auf begründeten Antrag in dem Ermessen der Regierung.

7. Wird die vorläufig festgesetzte Strafe nicht innerhalb der bestimmten Frist vom Beschuldigten gezahlt, oder liegt einer der Fälle Nr. 2a bis c vor, so sind die Verhandlungen dem zuständigen Staats- beziehungsweise Amtsanwalt mit dem Antrage auf Herbeiführung der gerichtlichen Untersuchung und Entscheidung abzugeben.

Die zwangsweise Beitreibung der vorläufig festgesetzten Strafe ist unter allen Umständen unstatthaft.

Für das gerichtliche Verfahren findet eine Festsetzung des der Strafe zu Grunde zu legenden Steuersatzes durch die Regierung in Einkommensteuersachen nicht statt.

8. Neben und unabhängig von der Strafe erfolgt die Festsetzung der hinterzogenen Steuer (Nachsteuer), welche in allen Fällen, auch wenn die Untersuchung

an das Gericht abgegeben ist, der Regierung zusteht, vorbehaltlich der Beschwerde an den Finanzminister (§. 67 des Gesetzes).

Die Festsetzung der noch nicht verjährten Nachsteuer geschieht für den ganzen Zeitraum, auf welchen sich die stattgehabte Verkürzung erstreckt, soweit die Steuer zur Zeit der Festsetzung bereits fällig ist (Artikel 82 Nr. 3).

Zugleich ordnet die Regierung die laufende Zugangstellung der etwa noch nicht fälligen Steuerbeträge an (vergl. Artikel 76 I Nr. 2c).

Die Verbindlichkeit zur Entrichtung der Nachsteuer verjährt in zehn Jahren, gerechnet von dem Ablauf des Steuerjahres, in welchem die Hinterziehung begangen wurde, und geht auf die Erben mit einer Verjährungsfrist von 5 Jahren, jedoch nur auf Höhe ihres Erbantheils über.

Die Festsetzung und Einziehung der Nachsteuer findet innerhalb der bezeichneten Verjährungsfrist auf Grund des von der Regierung festzustellenden Thatbestandes auch statt, obwohl eine Bestrafung nicht mehr herbeigeführt werden kann, weil die Strafe bereits verjährt,[43]) oder der Zuwiderhandelnde vor Verhängung der Strafe gestorben ist.

Im Falle der Einleitung eines Strafverfahrens ist bei Festsetzung der Nachsteuer der vom Strafrichter festgestellte Thatbestand zu Grunde zu legen; es wird sich daher, um Abänderungen der Nachsteuerfestsetzung zu vermeiden, in der Regel empfehlen, dieselbe auszusetzen, bis entweder die vorläufig festgesetzte Strafe gezahlt oder das gerichtliche Verfahren durch rechtskräftige Entscheidung erledigt ist.

Im übrigen finden bei Berechnung des Einkommens zum Zwecke der Festsetzung der Nachsteuer die Vorschriften Artikel 3 bis 25 und 27 dieser Anweisung gleichmäßig Anwendung.

Erlasse oder Ermäßigungen der Nachsteuer zu bewilligen, ist die Regierung nicht ermächtigt.

9. Die Kontrolle, Ueberweisung und Verrechnung der von der Regierung festgesetzten Strafen, Kosten und der nicht laufend in Zugang gestellten Nachsteuern (s. Nr. 8) erfolgt nach Maßgabe der Anweisung vom 26. Januar 1877[2]) (vergl. auch Artikel 76 III b).

Minist.-Anm. 43. Die Strafe verjährt in fünf Jahren, Artikel 5 des Gesetzes vom 22. Mai 1852 (Gesetzsamml. S. 250), (abgedr. S. 87, Anm. 2b) Artikel XI der Verordnung vom 25. Juni 1867 (Gesetzsamml. S. 927), (siehe ebenda) §. 2 des Einführungsgesetzes zum Strafgesetzbuch für das Deutsche Reich.*)

---

*) Einführungsgesetz zum Strafgesetzbuch für den Norddeutschen Bund. Vom 31. Mai 1870 (B.G.B. S. 195):

§. 2. Absatz 2: „In Kraft bleiben die besonderen Vorschriften des Bundes- und Landesstrafrechts, namentlich über strafbare Verletzungen der Preßpolizei-, Post-, Steuer-, Zoll-, Fischerei-, Jagd-, Forst- und Feldpolizei-Gesetze, über Mißbrauch des Vereins- und Versammlungsrechts und über den Holz- (Forst-) Diebstahl“

Reichsgesetz geworden durch Verfassung von 1870, Art. 80. II. 2 (B.G.Bl. 1870. S. 648) und Gesetz vom 22. April 1871, §. 7. (R.G.Bl. S. 89.)

2) Abgedruckt als Abschnitt V a.

Artikel 85.

Nachbesteuerung außer dem Falle der strafbaren Zuwiderhandlung.

(§. 80 des Gesetzes.)

Die Vorschrift im §. 6 des Gesetzes über die Verjährungsfristen bei öffentlichen Abgaben vom 18. Juni 1840 (Gesetzsamml. S. 140) findet auf die Einkommensteuer keine Anwendung, vielmehr sind gemäß §. 80 des Einkommensteuergesetzes Steuerpflichtige, auch wenn eine strafbare Hinterziehung (Artikel 84) nicht vorliegt, sowohl bei gänzlicher Uebergehung als auch bei zu niedriger Veranlagung zur Nachzahlung des der Staatskasse entzogenen Betrages verpflichtet, und zwar erstreckt sich diese Verpflichtung auf die drei Steuerjahre zurück, welche dem Steuerjahre, in dem die Verkürzung festgestellt worden, vorausgegangen sind.

Bei Anwendung dieser Vorschrift muß der Fall der gänzlichen Uebergehung von dem Falle der zu niedrigen Veranlagung unterschieden werden.

1. Gänzliche Uebergehung liegt vor, wenn ein Steuerpflichtiger nicht in die Einkommensteuerliste aufgenommen und infolge dessen überhaupt nicht zur Veranlagung gelangt ist, sei es nun, daß seine Person übersehen, sei es, daß ihm ein Einkommen von mehr als 900 Mark nicht beigemessen, sei es, daß ihm irrthümlich aus anderen Gründen Steuerfreiheit beigelegt worden war.

In Fällen dieser Art muß alsbald, nachdem die Uebergehung festgestellt worden, die nachträgliche Heranziehung des übergangenen Steuerpflichtigen zur Einkommensteuer nach den Vorschriften des Gesetzes und dieser Anweisung erfolgen und zwar für die ganze Dauer der Uebergehung, soweit dieselbe nicht die dreijährige Verjährungsfrist übersteigt.

2. War ein Steuerpflichtiger formell ordnungsmäßig veranlagt, jedoch den Vorschriften des Gesetzes entgegen steuerfrei — ein Fall, welcher bei Anwendung der §§. 18. 19 des Gesetzes eintreten kann (Spalte 24. 25 der Einkommensteuerliste A) —, oder mit einem zu niedrigen Steuersatze, so findet zwar auch auf Fälle dieser Art die Vorschrift im §. 80 des Gesetzes dem Wortlaute nach unbeschränkt Anwendung.

Im allgemeinen ist aber daran festzuhalten, daß — abgesehen vom Falle der strafbaren Hinterziehung (Artikel 84) — wie für die Steuerpflichtigen so auch für den Vertreter des Staatsinteresses zur Berichtigung einer ordnungsmäßig erfolgten, aber sachlich unrichtigen Veranlagung die ordentlichen Rechtsmittel gegeben sind.

Thatsachen und Beweismittel, welche im Wege der Berufung, oder Anfechtungsgründe, welche im Wege der Beschwerde (§. 44 Nr. 1 und 2 des Gesetzes) hätten geltend gemacht werden können, deren Geltendmachung aber versäumt oder erfolglos geblieben ist, sind daher nicht geeignet, eine nachträgliche Berichtigung der rechtskräftigen Veranlagung auf Grund des §. 80 des Gesetzes zu rechtfertigen.

Eine solche Berichtigung ist vielmehr nur statthaft, wenn mit Bezug auf die Einkommensverhältnisse des Steuerpflichtigen neue Thatsachen oder Beweismittel, welche eine höhere Veranlagung begründen, erst nachträglich zu einer Zeit ermittelt werden, zu welcher die Geltendmachung im Wege der ordentlichen Rechtsmittel nicht mehr möglich war.

Diese Voraussetzung trifft beispielsweise zu, wenn nach bereits geschehener Veranlagung und nach Ablauf der Berufungsfrist durch den Inhalt einer auf nochmalige Aufforderung (§. 30 Abs. 2 des Gesetzes) eingereichten Steuererklärung, oder durch den Inhalt einer in einem späteren Jahre abgegebenen Steuererklärung oder infolge einer anderen nachträglichen Mittheilung des Steuerpflichtigen (vergl. Artikel 73 zu 2 c), oder infolge Offenlegung der Einkommensverhältnisse eines verstorbenen Steuerpflichtigen gelegentlich der Nachlaßregulirung ein höheres als das bei der Veranlagung durch Schätzung ermittelte Einkommen dargethan wird.

Auch die nachträgliche Berichtigung der Veranlagung auf Grund des §. 80 des Gesetzes erfolgt durch die Voreinschätzungs- beziehungsweise Veranlagungskommissionen nach den Vorschriften dieser Anweisung. Die Erben des inzwischen etwa verstorbenen Pflichtigen sind bis zur Höhe ihres Erbtheils zur Zahlung der Nachsteuer verpflichtet.

Soweit es sich um Steuerbeträge für das laufende Steuerjahr handelt, werden dieselben auf dem gewöhnlichen Wege in Zugang gestellt (vergl. Artikel 76 I Nr. 2 b). Soweit dagegen Nachsteuern für Vorjahre veranlagt sind, erfolgt die Kontrolle und Verrechnung nach Maßgabe der für die Nachsteuer aus Prozessen gegebenen Vorschriften (Artikel 84 Nr. 9). Zu diesem Zwecke hat der Vorsitzende der Veranlagungskommission der Regierung die geschehene Nachtragsveranlagung alsbald zur weiteren Veranlassung mitzutheilen.

Vierter Abschnitt.

Kosten.

Artikel 86.

Allgemeine Bestimmungen.

(§§. 71. 72 des Gesetzes.)

1. Die Kosten der Einkommensteuerveranlagung und Erhebung fallen der Staatskasse zur Last.

2. Diejenigen Landräthe, welche kraft ihres Hauptamtes den Vorsitz in Veranlagungskommissionen führen, haben die hierdurch veranlaßten Kosten aus den ihnen für das Hauptamt gewährten Dienstaufwandsentschädigungen zu bestreiten mit Ausnahme

a) der Remunerationen, Diäten, Besoldungen der ihnen zur Bearbeitung der Einkommensteuersachen überwiesenen staatlichen Hilfs- und Subalternbeamten,[44])

Minist.-Anm. 44. Vergl. die Verfügungen vom 23. August 1891,*) M. d. J. I A 7159. F. M. $\frac{\text{II } 8981}{\text{I } 10805}$, und vom 25. Oktober 1891,**) M. d. J. I A 10041, F. M. $\frac{\text{II } 13551}{\text{I } 15324}$.

b) der Kosten für die ihnen auf Rechnung der Staatskasse zu liefernden Formulare Muster I, II, VII bis XV, XIX, XX, XXII, B beziehungsweise C dieser Anweisung, sowie für alle diejenigen Formulare, welche außerdem, vom Finanzminister oder wie z. B. Benachrichtigungsschreiben an die Steuerpflichtigen, Behändigungsscheine, Berufungsnachweisungen, behufs Herbeiführung eines gleichmäßigen Verfahrens vom Vorsitzenden der Berufungskommission vorgeschrieben werden.

3. In allen Fällen werden aus der Staatskasse die den Vorsitzenden und Mitgliedern der Berufungs-, Veranlagungs- und Voreinschätzungskommissionen, sowie den Zeugen und Sachverständigen nach Maßgabe des Artikels 70 Nr. 8 und der Verfügung vom 28. Oktober 1891 — II 14 037 [45]) — zustehenden Reisekosten und Tagegelder gezahlt.

---

*) Cirk.-Erlaß des Ministers des Innern und des Finanz-Ministers vom 23. August 1891 — M. d. J. I. A. 7159. F.-M. II 8981, I. 10 805. —

Im Verfolg der Cirkularverfügung vom 8. Juli 1891. — M. d. J. I. A. 6714, F.-M. II. 7983 I. 9394 — (siehe S. 265 Anm. 5.) und der darauf erstatteten Berichte wird hinsichtlich der einzelnen Vorsitzenden von Einkommensteuer-Veranlagungskommissionen zu überweisenden staatlichen Subalternbeamten folgendes bestimmt:

1. Zu staatlichen Subalternbeamten bei Einkommensteuer-Veranlagungskommissionen sind einstweilen nur Bureauhülfsarbeiter (Supernumerare, Diätare) zu verwenden, nicht aber etatsmäßige Bureaubeamte. Es können hierzu auch die bei Landrathsämtern bereits vorhandenen, in Steuersachen erfahrenen staatlichen Bureauhülfsarbeiter — nicht aber landräthliche Privatgehülfen — bestimmt und den Landrathsämtern als Ersatz neue Hülfsarbeiter überwiesen werden.
2. Bei der Einberufung von Supernumeraren aus dem in Rede stehenden Anlaß ist soweit als thunlich das vorgeschriebene Anzahl-Verhältniß zwischen Civil- und Militäranwärtern zu wahren. Nur wenn eine hierzu ausreichende Zahl von Civilanwärtern nicht vorhanden und auch nicht durch Vermittelung aus anderen Bezirken zu beschaffen ist, mag zur Deckung des Bedarfs auf weitere Militäranwärter zurückgegriffen werden.
3. Die den Vorsitzenden der Einkommensteuer-Veranlagungskommissionen zu überweisenden Bureauhülfsarbeiter sind an die betreffenden Landrathsämter beziehungsweise — für Stadtkreise, wo der Vorsitz der Veranlagungskommission einem Staatsbeamten als besonderem Kommissar übertragen ist — nach dem Stationsorte des Vorsitzenden zu versetzen, aber nach wie vor in der Reihe der Regierungs-Bureauhülfsarbeiter zu führen, dergestalt, daß sie in dem Verbande verbleiben und in derselben Weise aufrücken beziehungsweise zur etatsmäßigen Anstellung gelangen, als ob sie bei der Regierung beschäftigt wären.
4. Sofern die überwiesenen Hülfsarbeiter bereits fixirte Diäten beziehen, behalten sie diese mit dem seitherigen Betrage bis zum Aufrücken in eine höhere Stufe (Nr. 3). Daneben können ihnen Remunerationen bis zum Höchstbetrage von jährlich 500 Mark zugesichert werden. Bei Bemessung der Remuneration im einzelnen Falle ist der Mehraufwand zu berücksichtigen, zu welchem der einzelne Beamte nach seinen persönlichen Verhältnissen infolge des Wechsels des dienstlichen Wohnsitzes genöthigt ist. Soweit die überwiesenen Beamten sich noch nicht in dem Genusse fixirter Diäten befinden, ist denselben durchweg der durch die Cirkularverfügung vom 24. Juni 1891 — M. d. J. I. A. 5998, F.-M. I. 6460 — bestimmte Anfangssatz zu bewilligen, also den Civilsupernumeraren eine Jahresremuneration von 1100 Mark, den Militäranwärtern eine solche von 1350 Mark.

Diese Bestimmungen finden keine Anwendung auf die den Vorsitzenden der Veranlagungskommissionen an den Regierungssitzen zu überweisenden Bureauhülfsarbeiter. In den Remunerirungsverhältnissen der Letzteren treten anläßlich dieser Ueberweisung keine Veränderungen ein, abgesehen von der Verrechnung ihrer etwaigen Dienstbezüge (Nr. 5).

5. Die sämmtlichen nach Nr. 4 an die, den Vorsitzenden von Einkommensteuer-Veranlagungskommissionen überwiesenen Bureaubeamten zu zahlenden Beträge sind auf die Fonds der Verwaltung der direkten Steuern zu übernehmen und bis zur besonderen Etatisirung in den Rechnungen der Regierungshauptkassen von den direkten Steuern unter Titel 15. „Für die Veranlagung und Erhebung der klassifizirten Einkommensteuer" Abtheilung II „Sonstige Kosten der Veranlagung und Erhebung, welche nicht in Form bestimmter Prozentsätze von dem Steueraufkommen gezahlt werden", auf besonderer Linie in Ausgabe nachzuweisen.

Bis zum 1. April k. J. ist der für das laufende Rechnungsjahr verausgabte Betrag, sowie die Anzahl und der Beschäftigungsort der betreffenden Beamten dem mitunterzeichneten Finanzminister anzuzeigen.

Hinsichtlich des in mehreren Berichten betonten Bedürfnisses einer Erhöhung der Dienstaufwandsentschädigung der Landräthe ist von der Annahme auszugehen, daß da, wo ein besonderer Bureaubeamter für die Einkommensteuer-Veranlagungskommission überwiesen wird, durch diese Ueberweisung die durch die Aenderung des Einschätzungsverfahrens bei den Landrathsämtern entstehenden sächlichen Mehrkosten kompensirt werden. Wo aber eine solche Ueberweisung nicht stattzufinden hat, ist die aus dem vorerwähnten Anlaß etwa erforderliche Erhöhung der Dienstaufwandsentschädigung des Landraths in jedem einzelnen Falle besonders bei uns zu beantragen und zu begründen.

Wenn in einzelnen Berichten angenommen wird, daß die den Landräthen zur Bearbeitung der Steuerangelegenheiten zu überweisenden Bureaubeamten in diesem Geschäftszweige nicht das ganze Jahr hindurch genügende Beschäftigung finden würden, so kann diese Auffassung nur auf einer wesentlichen Unterschätzung der Anforderungen beruhen, welche das künftige Veranlagungsverfahren an die Thätigkeit des Vorsitzenden der Veranlagungskommission stellen wird.

In dieser Hinsicht wird wiederholt auf die durch die Verfügung des Finanzministers vom 29. Mai 1891 — II 6724 — (siehe Seite 255 Anm. 1 a) den Königlichen Regierungen mitgetheilte Geschäftsübersicht Bezug genommen und im Uebrigen auf die Bestimmungen der Ausführungsanweisung vom 5. August 1891 verwiesen. Bei gewissenhafter Ausführung der gegebenen Vorschriften wird in größeren Veranlagungsbezirken, in welchen die Ueberweisung eines Subalternbeamten nur in Frage kommt, zu einer fruchtbaren Verwendung desselben nicht nur zur Zeit der Veranlagung reichlich Gelegenheit geboten sein.

Abgesehen von den laufenden Geschäften, welche durch die Erörterung der eingelegten Berufungen, das Zu- und Abgangswesen, die statistischen Erhebungen, die aus Anlaß der Straffälle erforderlichen Ermittelungen u. s. w. herbeigeführt werden, muß überall während des ganzen Jahres eine gründliche Vorbereitung der künftigen Veranlagung stattfinden.

Bei der zu diesem Zwecke erforderlichen sorgfältigen Sammlung und Sichtung des Einschätzungsmaterials wird den Vorsitzenden in umfangreichen Veranlagungsbezirken die unausgesetzte Mitwirkung eines Subalternbeamten unentbehrlich sein.

Damit die gerade zu diesem Zwecke den Vorsitzenden überwiesenen Beamten ihrer eigentlichen Aufgabe nicht durch Uebertragung anderer Geschäfte entzogen werden, muß es daher bis auf Weiteres bei der Bestimmung verbleiben, wonach dieselben ausschließlich mit der Bearbeitung der Steuerangelegenheiten beschäftigt werden dürfen.

**) Erlaß des Ministers des Innern und des Finanz-Ministers vom 25. Oktober 1891 — M. d. J. I. A. 10041, F.-M. II. 13551, I. 15324. —

„Mit Bezug auf den Schlußsatz des gefälligen Berichts 2c., betreffend den Erlaß einer

Artikel 87.

Erstattung der Kosten durch den Steuerpflichtigen.

(§. 71 des Gesetzes.)

Diejenigen Kosten an Porto, Zeugengebühren oder anderen baaren Auslagen, welche durch die gelegentlich der eingelegten Rechtsmittel (Berufung, Beschwerde an das Oberverwaltungsgericht) erfolgenden Ermittelungen veranlaßt werden, sind von dem Steuerpflichtigen zu erstatten, wenn sich seine Angaben in wesentlichen Punkten als unrichtig erwiesen haben und die Erstattungspflicht durch endgiltige Entscheidung der zuständigen Kommission oder des Oberverwaltungsgerichts ausgesprochen ist (vergl. auch Artikel 66 Nr. 2 Abs. 4).

Liegt eine solche Entscheidung vor, so überreicht der Vorsitzende der Berufungskommission eine Abschrift derselben mit den Vorverhandlungen, den zur Berechnung der Kosten erforderlichen Unterlagen und seinem Gutachten über den festzusetzenden Betrag der Regierung, welche die zu erstattenden Kosten festsetzt und wegen Zustellung des Festsetzungsbeschlusses an den Steuerpflichtigen, sowie wegen Einziehung des festgesetzten Betrages das Erforderliche veranlaßt.

Gegen den Festsetzungsbeschluß steht dem Steuerpflichtigen binnen einer Ausschlußfrist von 4 Wochen [46]) die bei der Regierung einzulegende Beschwerde an den Finanzminister offen.

Die Kontrolle und Verrechnung erfolgt nach Maßgabe der für die Kosten aus Prozessen gegebenen Vorschriften (Artikel 84 Nr. 9).

---

generellen Anordnung wegen Verrechnung der einzelnen Remunerationsbeträge der für die Vorsitzenden der Einkommensteuer-Veranlagungskommissionen einberufenen Bureauhülfsarbeiter, eröffnen wir Ew. Hochwohlgeboren ergebenst Folgendes:

Die Remunerationen der Militäranwärter, welche zum Zwecke ihrer späteren Ueberweisung an die Vorsitzenden der Einkommensteuer-Veranlagungskommissionen neu einberufen worden sind, vorerst aber behufs ihrer Unterweisung in der Bearbeitung von Einkommensteuersachen bei der Regierung beschäftigt werden, sind für die Dauer dieser Beschäftigung auf den Fonds der Regierung „zur Remunerirung von Bureau- und Kassen-Diätarien“ — Kap. 58, Tit. 7 Nr. 1 des Personal- und Bedürfniß-Etats — zu übernehmen und erst von dem Zeitpunkte der Ueberweisung der betreffenden Militäranwärter an die Vorsitzenden der Veranlagungskommissionen ab bei dem Fonds der Verwaltung der direkten Steuern zu verrechnen.

Im Uebrigen ist bezüglich der Verrechnung der fortlaufenden diätarischen Remunerationen der den genannten Vorsitzenden überwiesenen Militäranwärter und Civil-Supernumerare unter Nr. 5 der Cirkular-Verfügung vom 23. August 1891 — M. d. J. 7159, F.-M. II. 89811 I. 10805 — Bestimmung getroffen.

Einer weiteren generellen Anordnung in dieser Beziehung bedarf es nicht.“

Durch Finz.-Minist.-Erlaß vom 6. November 1891 — II. 14477, I. 16002. — allen Kgl. Regierungspräsidenten zur gleichmäßigen Beachtung mitgetheilt.

Minist.-Anm. 45. Dieselbe lautet: (abgedr. am Anfang des Abschnittes IX).

Minist.-Anm. 46. Vergl. jedoch §. 79 des Einkommensteuergesetzes.

Artikel 88.

Die von den Gemeinden (Gutsbezirken) aus den Veranlagungs- und Hebegebühren zu bestreitenden Kosten.

(§. 73. Abs. 1 und 3 des Gesetzes.)

1. Den Gemeinden (Gutsbezirken) werden als Vergütung für die sämmtlichen persönlichen und sächlichen Kosten, welche durch die bei der Veranlagung der Einkommensteuer ihnen übertragenen Geschäfte entstehen, zwei Prozent der aus dem Gemeinde- (Guts-) bezirk eingegangenen Einkommensteuer gewährt.

Die Gemeinden (Gutsbezirke) der sieben östlichen Provinzen erhalten außerdem als Entschädigung für die sämmtlichen persönlichen und sächlichen Kosten, der ihnen übertragenen Steuererhebung (vergl. Artikel 81) zwei Prozent der Isteinnahme der von ihnen zu erhebenden Einkommensteuer.

2. Aus den Veranlagungs- und Hebegebühren müssen insbesondere auch bestritten werden

a) von allen Gemeinden (Gutsbezirken):

diejenigen Kosten, welche entstehen durch die Vorbereitung der Veranlagung (Artikel 36 bis 39 dieser Anweisung), durch die dem Vorsitzenden der Voreinschätzungskommission obliegenden Geschäfte (Porto, Schreibwerk, Arbeitshilfe u. s. w.), durch die Beschaffung, Heizung, Beleuchtung u. s. w. der zu den Sitzungen der Voreinschätzungskommission nöthigen Räume, durch die Kontrolle der Zu- und Abgänge, die Aufstellung der Zugangs- und Abgangslisten und die Erledigung der seitens der Vorsitzenden der Berufungs- und Veranlagungskommission innerhalb deren Zuständigkeit ertheilten Aufräge — einschließlich aller sächlichen Kosten für Schreibmaterialien, Drucksachen, Formulare u. s. w. namentlich auch für die Muster A, III bis VI, XVI, XVII, XVIII dieser Anweisung —;*)

b) von denjenigen Stadtgemeinden, in welchen der erste Bürgermeister oder an dessen Stelle ein anderer städtischer Beamter den Vorsitz in der Veranlagungskommission führt:

die durch Führung dieses Vorsitzes und die damit verbundenen Geschäfte veranlaßten Kosten, insbesondere auch die persönlichen und sächlichen Kosten für das Bureau des Vorsitzenden und für alle zum Gebrauche desselben bestimmten Formulare;

c) von den Gemeinden (Gutsbezirken) der sieben östlichen Provinzen:

die persönlichen und sächlichen Kosten der örtlichen Erhebung und Beitreibung der ihnen zur Hebung überwiesenen Steuern sowie der Ablieferung an die Kreiskassen, einschließlich der Kosten für die Formulare, insbesondere für das Muster XXI dieser Anweisung.

3. In vereinigten Voreinschätzungsbezirken (§. 31 Abs. 3 bis 7 des Gesetzes) sind die zu 2a bezeichneten Kosten, soweit dieselben durch die Voreinschätzung entstehen, von den zu dem vereinigten Bezirke gehörigen Gemeinden und Gutsbezirken gemeinsam zu tragen. Die Vertheilung dieser Kosten unter die einzelnen Gemeinden und Gutsbezirke erfolgt nach dem Verhältnisse der denselben zustehenden Veranlagungsgebühren.

4. Wegen Auszahlung der den Gemeinden und Gutsbezirken zustehenden Gebühren verbleibt es bis auf weiteres bei den bestehenden Vorschriften.[1]) (Vergl. insbesondere für die sieben östlichen Provinzen die Bestimmungen im Abs. 1 und 2 der Verfügung vom 15. März 1882, Mitth. Heft 14 S. 78 (abgedr. S. 364 Anm. 3d.), für die Provinzen Schleswig-Holstein, Hannover, Westfalen, Rheinland und Hessen-Nassau die Bestimmungen im §. 49[2]) der Geschäftsanweisung für die Steuerempfänger vom 28. August 1877).

Der Finanzminister.

Miquel.

---

1) Zirkular-Erlaß des Finanzministers an die Königlichen Regierungen in den neuen und westlichen Provinzen, betreffend

Zahlung der den Gemeinden zustehenden Veranlagungsgebühren.

Vom 18. Dezember 1884. (— II. 12639 —.)

In der diesseitigen Verfügung vom 4. d. M. — II. 13245, I. 16403 — (Abdruck nicht erforderlich) ist genehmigt worden, daß die den Gemeinden zustehenden Steuerveranlagungsgebühren von den Steuerempfängern an diejenigen Gemeinden, welche die rechtzeitige Abhebung verzögern oder die Uebersendung durch die Post wünschen, mittelst Postanweisung gegen vorschriftsmäßige Quittung gezahlt werden.

Wenn im übrigen zweckmäßige Einrichtungen getroffen werden, ist hiermit die Möglichkeit gegeben, sowohl die Klassen- als die Gewerbesteuerveranlagungsgebühren, wie dies auch jetzt schon thatsächlich bei den meisten Königlichen Regierungen geschieht, an die Gemeinden vor dem Finalabschlusse zu zahlen und im Verwaltungsabschlusse der Hauptkasse als gezahlt zu verrechnen.

Keineswegs liegt aber die Nothwendigkeit vor, den Gesammtbetrag der Gebühren im Verwaltungsabschlusse der Hauptkasse als Rest nachzuweisen oder zwar in Istausgabe zu stellen, aber bis zur demnächstigen Auszahlung zu asservieren. Beides muß als unstatthaft bezeichnet werden.

2) Geschäftsanweisung für die Kgl. Steuerempfänger vom 28. August 1877:

§. 49. 1. Die den Gemeinden zustehenden Prozente für die Veranlagung der Klassensteuer und der 2c. Gewerbesteuer hat der Steuerempfänger am Schlusse des Rechnungsjahres mittelst besonderer Deklaration an die Regierungshauptkasse mit abzuliefern.

2. Sobald die Isteinnahme an Steuer definitiv feststeht, wird der Steuerempfänger wegen der Auszahlung der gedachten Gebühren mit Anweisung versehen.

3. Bei der Auszahlung sind die Kosten der für Rechnung der Gemeinden 2c. etwa beschafften Formulare zu den Steuerrollen 2c. in Anrechnung und zur Erstattung zu bringen.

(Zu Art. 88, 2a.) *) Auch die Kosten der vorschriftsmäßigen Aufbewahrung des Einkommensteuer-Materiales haben die Gemeinden 2c. zu tragen. In dieser Hinsicht gelten folgende Bestimmungen:

A. Reglement vom 7. Mai 1844, die Vernichtung der Beläge bereits berichtigter Rechnungen bei allen Königl. Kassen betreffend. (Minist.-Blatt f. d. i. Verwalt. 1844. S. 194.)

Da die Aufbewahrung der Beläge zu den bereits berichtigten Rechnungen Königl. Kassen während des langen bisher angenommenen Zeitraums eine große Belästigung für die Behörden und Kassen herbeigeführt, und deshalb eine frühere Vernichtung derselben wünschenswerth, auch mit Rücksicht auf das Gesetz v. 31. März 1838 wegen Abkürzung der Verjährungsfristen, sowie auf die in der Rheinprovinz wegen der Verjährung bestehenden gesetzlichen Vorschriften unbedenklich ist, so wird hierüber Folgendes bestimmt:

§. 1. Die Vernichtung der zu den Rechnungen Königl. Kassen ꝛc. gehörigen Beläge kann vorgenommen werden, sobald zehn volle Jahre von dem Ablauf des Rechnungsjahres verflossen sind, auf welches die Rechnung sich bezieht. Bei der Vernichtung sind die im Allgemeinen wegen Vernichtung und Einstampfung der unbrauchbaren Akten gegebenen Vorschriften zu beachten.

§. 2. Sollte nach Ablauf der zehnjährigen Frist der Rechnung, auf welche die Beläge Bezug haben, die Decharge der Königl. Ober-Rechnungs-Kammer noch nicht ertheilt worden sein, so muß die Vernichtung bis nach erlangter Decharge ausgesetzt werden.

§. 3 bis 5 (betr. die Zeit vor 1844).

§. 6. Um für die Zukunft die Absonderung der auch nach einem zehnjährigen Zeitraum aufzubewahrenden, daher alsdann von der Vernichtung auszunehmenden Beläge zu erleichtern, sind vom Rechnungsjahre 1845 ab folgende Vorschriften zu befolgen:

a) alle diejenigen Beläge, welche auch nach zehn Jahren nicht vernichtet werden dürfen, sind gleich in der Zufertigungs-Verfügung an die Kasse mit dem Buchstaben A. besonders zu bezeichnen und alsdann von Seiten der Kasse in ein besonderes Heft mit der Aufschrift: „nicht zu vernichtende Beläge" der Rechnung beizufügen, in welcher bei der betreffenden Position auf dieses Heft und die dem Belag gegebene Nummer hinzuweisen ist. Wenn die Kassenbeamten bemerken sollten, daß ihnen Originale, Dokumente u. s. w., deren Vernichtung selbst nach zehn Jahren bedenklich sein würde, ohne jene Bezeichnung zugefertigt werden, so haben sie davon zur Remedur Anzeige zu machen;

b) um die Vernichtung solcher Beläge, welche für die Staats-Kasse oder sonst von bleibendem Interesse sind, nach Möglichkeit zu verhüten, hat der mit der Vorrevision und Abnahme der Rechnung nach §. 47 der Instruktion v. 18. Dezbr. 1824 beauftragte Beamte, dessen Pflicht die Durchsicht aller Beläge ohnehin erheischt, dabei zugleich sein Augenmerk auf diejenigen zu richten, deren Aufbewahrung länger als zehn Jahre für nöthig gehalten wird, und hinsichts welcher dies etwa bei der Zufertigung an die Kasse übersehen sein sollte. Er muß diese nach ihren Nummern verzeichnen, und solche entweder am Schlusse des Abnahme-Protokolls oder in einer besonderen Beilage aufführen, jedenfalls aber im Abnahme-Protokoll vermerken, daß er die Beläge auch in Bezug auf deren Aufbewahrungszeit revidirt habe. Rechnungsbeläge, welche auf diese Art behandelt worden sind, werden hiernach künftig nach Ablauf der zehnjährigen Frist und nach Zurücklegung der zur Aufbewahrung bereits nach dem Obigen besonders ausgezeichneten Beläge ohne weitere Revision vernichtet werden können, zuerst also die Beläge des Rechnungsjahres 1845 nach Ablauf des Jahres 1855, insofern die Rechnungen alsdann die Decharge erlangt haben.

Berlin, den 7. Mai 1844.

Königl. Staats-Ministerium.

Dieses Reglement ist durch das nachfolgende Reglement wie folgt ergänzt worden:

B. Reglement des Kgl. Staatsministeriums, betr. die Vernichtung unbrauchbarer Rechnungen und Kassenbücher bei allen Kgl. Kassen, vom 5. Juli 1861. (Minist.-Blatt für die innere Verwaltung 1861 S. 224.)

§. 1. Konzept-Rechnungen, sowie Manuale, welche die Stelle derselben vertreten (§. 19 der Geschäftsanweisung für die Regierungshauptkassen v. 1. Juni 1857) können nach Ablauf von zehn Jahren seit Ertheilung der Decharge vernichtet werden, falls außer der an die Kgl. Ober-Rechnungskammer eingesendeten Reinschrift der Rechnung ein zweites Exemplar an die der Kasse vorgesetzte Behörde eingereicht und bei dieser noch vorhanden ist.

§. 2. Alle übrigen Konzept-Rechnungen und Manuale, welche deren Stelle vertreten, sowie die im §. 1 gedachten, bei der vorgesetzten Behörde aufbewahrten Rechnungs-Exemplare sind erst nach 50 Jahren seit dem Ablauf des Jahres, für welches sie gelten, zur Vernichtung geeignet.

§. 5. Wenn besondere Gründe nach Verlauf der in den §§. 1 bis 4 bestimmten Fristen die längere Aufbewahrung kassationsfähiger Rechnungen oder Bücher angemessen erscheinen lassen, so kann die Ausschließung derselben von der Vernichtung durch die der Kasse vorgesetzte Provinzialbehörde, bei Zentralkassen durch den Departements-Chef, angeordnet werden. Der Regel nach sind von der Vernichtung auszuschließen:

1. die Haupt- und General-Rechnungen der Zentral- und der Provinzialkassen;
2. alle diejenigen Rechnungen, welche sich auf dauernde Verhältnisse, insbesondere auf die Verwaltung von Grundstücken, auf umfangreiche Bauten und Meliorationen, sowie auf die Vermögensangelegenheiten von Instituten, Kirchen, Pfarren, Schulen und Stiftungen beziehen;
3. diejenigen Rechnungen und Kassenbücher, an welche sich ein erhebliches, historisches oder statistisches Interesse knüpft.

§. 6. Die Vernichtung von Rechnungen und Kassenbüchern darf nur mit Genehmigung der im §. 5 bezeichneten Behörde, welche über eine längere Aufbewahrung Bestimmung treffen kann, erfolgen. Diese Genehmigung ist nur zu ertheilen, nachdem eine sorgfältige Prüfung, den Umständen nach durch unmittelbare Einsicht der Rechnungen und Bücher seitens eines damit beauftragten Beamten veranlaßt worden ist. Ueber das hierbei zu beobachtende Verfahren, sowie darüber, ob die Aussonderung der kassationsfähigen Rechnungen und Bücher alljährlich oder in gewissen längeren Zeiträumen zu bewirken sei, bleibt die nähere Bestimmung der einzelnen Departements-Chefs vorbehalten.

§. 7. Eine Veräußerung der zur Kassation bestimmten Rechnungen und Bücher darf nur zum Einstampfen in Papiermühlen, oder zu einem sonstigen vernichtenden Gebrauch an zuverlässige Personen stattfinden.

§. 8. Das Reglement vom 7. Mai 1844 (Minist.-Bl. S. 194) über die Vernichtung der Beläge bereits berichtigter Rechnungen wird dahin abgeändert, daß die in den §§. 1 und 2 desselben vorgeschriebene Frist von zehn Jahren erst von dem Tage der von der Kgl. Ober-Rechnungskammer ertheilten Decharge zu berechnen ist.

§. 9. In Beziehung auf die Kassation unbrauchbarer Depositalbücher und Beläge behält es bei den Bestimmungen der an sämmtliche Gerichtsbehörden erlassenen Verfügung v. 18. Nov. 1852 (Just.-Minist.-Bl. S. 390) sein Bewenden.

Berlin, den 5. Juli 1861.

Königl. Staats-Ministerium.

Nach der Ansicht der Königl. Ober-Rechnungskammer (Reskript vom 15. Oktober 1891 Nr. 12597) ist durch diese beiden Reglements das eine fünfjährige Aufbewahrung des Klassensteuer-Materiales anordnende Reskript des General-Direktors der Steuern vom 2. Mai 1840 — II. 9434 — ungültig geworden.

Ein auf Veranlassung der Kgl. Ober-Rechnungskammer im Prozeßwege geltend gemachter Eigenthums-Anspruch des Fiskus an dem Klassensteuer-Material der Stadtgemeinde Breslau ist in beiden Instanzen kostenpflichtig zurückgewiesen worden. (Erkenntniß des Kgl. Oberlandesgerichts zu Breslau vom 11. November 1884.)

Regierungsbezirk ....

Kreis . . . .

Steuer-(Kreis-)kasse ....

(Gemeinde . . . .)

Muster XV.

(Zu Artikel 74. S. 344.)

Einkommensteuer-Ermäßigungsliste

(§. 58 des Einkommensteuergesetzes vom 24. Juni 1891).

Laufende Nummer.	Nummer der Einkommensteuerrolle bezw. der Zugangsliste.	Des Steuerpflichtigen			Der Steuerpflichtige ist veranlagt		Ursache, Betrag und Zeitpunkt des Eintritts der Einkommensverminderung nach der Angabe des Antragstellers.
		Name und Vorname.	Stand oder Gewerbe.	Wohnort. (Straße und Hausnummer.)	mit dem Jahreseinkommen von ℳ	mit dem Jahressteuersatze von ℳ	
1.	2.	3.	4.	5.	6.	7.	8.
1	*130*	*Carl Schütze.*	*Schankwirth.*	*Neustadt, Schulstrasse 6.*	*2 900*	*52*	*Er habe die Schankwirthschaft am 10. Mai aufgegeben. Seit 1. Juni befinde er sich in Stellung bei der Firma N. als Commis und beziehe ein Gehalt von 1 500 ℳ Weiteres Einkommen habe er nicht, bitte um Steuerermässigung.*

Minist.-Anmerkung.

Wenn durch eine Liste Censiten aus verschiedenen Gemeinden Steuerermäßigungen gewährt werden, sind die Beträge in Spalte 16 gemeindeweise zusammenzurechnen und die sich danach ergebenden Summen am Schlusse der Liste zusammenzustellen.

Gutachten und Vorschlag des Vorsitzenden der Veranlagungskommission.	Entscheidung der Regierung.							
		Der veranlagte Steuersatz wird ermäßigt		Der Abgang beträgt mithin				
		auf den Jahressatz von ℳ	von welchem Monate ab	jährlich ℳ	vierteljährlich ℳ	auf Vierteljahre	im ganzen ℳ	₰
9.	10.	11.	12.	13.	14.	15.	16.	
Die angestellten Ermittelungen haben die Angaben des Antragstellers bestätigt, und wird deshalb Ermässigung von 52 ℳ auf den Jahressatz von 16 ℳ vorgeschlagen.	—	*16*	*Juni*	*36*	*9*	*3 1/3*	*30*	.
Daß der Steuersatz in Spalte 7 veranlagt und noch nicht anderweit ermäßigt, auch nicht ganz oder zum Teil in Abgang gestellt oder über den Monat, in welchem die Einkommensverminderung eingetreten, hinaus in Ausfall gekommen ist, wird bescheinigt (Ort und Datum.) Der Vorsitzende der Veranlagungskommission.	(Im Falle der Ablehnung des Antrags.) (Ort und Datum.) Königliche Regierung ꝛc. (Im Falle der Bewilligung einer Steuerermäßigung.) Festgesetzt auf einen Abgang im Hauptbetrage von *30* ℳ — Pf., buchstäblich *Dreissig Mark.* (Ort und Datum.) Königliche Regierung ꝛc.							

Muster XVI.

(Zu Artikel 75. S. 346.)

Belag

zur Begründung des Einkommensteuerabganges unter Nr. ...... für 18——
in der Gemeinde .... des Kreises

Der in der Einkommensteuerrolle (Zugangsliste) unter Nr. .... verzeichnete, mit jährlich ... ... Mark veranlagte (Name, Stand oder Gewerbe, bisheriger Wohnort), welcher nach .... im Kreise .... verzogen ist, hat bis Ende des .... Quartals 18 ..... die Einkommensteuer mit ... ...Mark .. Pf. hier richtig eingezahlt, und kommt von diesem Zeitpunkte ab hier in Abgang.

Ort und Datum.

(Bezeichnung der Behörde
und Unterschrift.)

Der nebengenannte ....

wird hier in der Kontrolle der Einkommensteuerzugänge für das .... Halbjahr 18 .... unter Nr. .... vom .... ab mit .... Mark ... Pf. vierteljährlich nachgewiesen werden.

Ort und Datum.

(Bezeichnung der Behörde
und Unterschrift.)

Muster XVII.
(Zu Artikel 80. S. 356.)

Einkommensteuer-Zugangsliste

der

Gemeinde .... im Kreise ....

für das *I.* Halbjahr 18$\frac{92}{93}$.

Festgesetzt auf einen Zugang von *344* Mark *34* Pf. buchstäblich *Dreihundertundvierundvierzig* Mark *34* Pf. mit der pflichtmäßigen Bescheinigung, daß für das *I.* Halbjahr 18$\frac{92}{93}$ weder mehr noch weniger an Einkommensteuerzugang nachzuweisen gewesen sind.

Ort und Datum.

Der Vorsitzende der Veranlagungskommission.

(Unterschrift.)

Laufende Nr.	Name und Vorname (Firma) der zugegangenen Personen.	Stand oder Gewerbe.	Straße und Hausnummer.	Steuersatz. ℳ	Monat, von welchem ab der Zugang berechnet wird.	Monat, bis zu welchem der Zugang berechnet wird.	Also auf Vierteljahre.	Beträgt vierteljährlich ℳ	Beträgt vierteljährlich ₰	Beträgt im ganzen ℳ	Beträgt im ganzen ₰	Ursachen Zugang
1.	2.	3.	4.	5.	6.	7.	8.	9.		10.		11.
1	*Schmidt, Wilhelm.*	*Schmied.*	*Heuberg 6.*	*36*	*Juli.*	*März.*	*3*	*9*	.	*27*	.	*Zugezogen vo dorf am 2 dort die St einschliessli bezahlt.*
2	*Wobschall, Carl.*	*Rentner.*	*Hohestrasse 280.*	*106*	*August.*	„	$2^{2}/_{3}$	*26*	*50*	*70*	*67*	*Einkommens mehrung Erbanfalls, dem zu 70 No. 10 de kommensteu veranlagt. Belag No...*
3	*Paul, Bernhard.*	*Post-sekretär.*	*Hohestrasse 285.*	*52*	„	„	$2^{2}/_{3}$	*13*	.	*34*	*67*	*Vom 1. Augu Metz hierh setzt.*
4	*van Koll, Heinrich.*	*Rentner.*	*Niederstrasse 66.*	*132*	*Septbr.*	„	$2^{1}/_{3}$	*33*	.	*77*	.	*Ist Ausländ sich seit 16 in Preussen festen Wohn ohne Erwer*
5	*Thiede, Wilhelm.*	*Lohgerber.*	*Grünstrasse 85.*	*60*	*Oktober.*	„	*2*	*15*	.	*30*	.	*Steuererhöh folge Stra rens. Mit unter No. 47 kommensteu veranlagt. Verfügung d rung vom 1892, III. Belag No... unten No No. 1.*
						Summe		*96*	*50*	*239*	*34*	
	Hierzu:											
	25% Zuschlag zur veranlagten Steuer gemäß §. 30 des Gesetzes.											
1	*Krüger, Ernst.*	*Ziegelei-besitzer.*	*Marktstrasse 3.*	*75*	*April.*	*März.*	*4*	*18*	*75*	*75*	.	*Verfügung de Regierung 1892, III, Belag No.. Einkommen rolle No. 2 lagt zu 300*
						Summe		*18*	*75*	*75*	.	
	Nachsteuer gemäß §§. 67 und 80 des Gesetzes.											
1	*Thiede, Wilhelm.*	*Lohgerber.*	*Grünstrasse 85.*	*60*	*April.*	*Septbr.*	.	.	.	*30*	.	*Verfügung de Regierung 1892, III. Belag No.. oben Zugan*
						Summe		.	.	*30*	.	
						Hauptsumme.		*115*	*25*	*344*	*34*	

Minist.-Anmerkung.

In denjenigen Bezirken, wo die Gemeinden an der örtlichen Erhebung der Steuer beteiligt sind, hat d stellung der Zugangslisten getrennt nach den Hebestellen zu erfolgen.

Muster XVIII.

(Zu Artikel 80. S. 356.)

Einkommensteuer-Abgangsliste

der

Gemeinde .... im Kreise ....

für das Halbjahr 18 $\frac{92}{93}$.

Daß der Steuersatz in Spalte 5 veranlagt und nicht anderweit ermäßigt, auch nicht bereits ganz oder zum Teil in Abgang gestellt oder in Ausfall gekommen, und daß für das *I.* Halbjahr 18 $\frac{92}{93}$ weder mehr noch weniger als (Gesamtbetrag buchstäblich) an Einkommensteuerabgang durch die Abgangsliste nachzuweisen gewesen, wird hierdurch pflichtmäßig bescheinigt.

Ort und Datum. Ort und Datum.

Der Ortsvorstand. Der Vorsitzende der Veranlagungskommission.

Unterschrift. Unterschrift.

Festgesetzt auf einen Abgang im Hauptbetrage von *307* Mark *34* Pf., buchstäblich *Dreihundert und sieben Mark 34 Pfennige.*

Ort und Datum.

Königliche Regierung.

Abtheilung für direkte Steuern, Domänen und Forsten.

Nr. der Einkommensteuerrolle bezw. der Zugangsliste	Name und Vorname (Firma) der abgegangenen Personen.	Stand oder Gewerbe.	Straße und Hausnummer.	Steuersatz. M	Monat von welchem ab der Abgang berechnet wird.	Monat bis zu welchem der Abgang berechnet wird.	Also auf Vierteljahre.	Beträgt vierteljährlich M	Beträgt vierteljährlich Pf	Beträgt im ganzen M	Beträgt im ganzen Pf	Ursachen des Abgangs.
1.	2.	3.	4.	5.	6.	7.	8.	9.		10.		11.
310.	*Schmidt, Wilhelm*	*Schmied*	*Karlstrasse 67*	*36*	*Juli*	*März*	*3*	*9*	.	*27*	.	***Nach Büderich am 20. Mai verzogen, hat die Steuer hier bis einschl. Juni bezahlt. Belag No. ...***
221.	*Wilke, Karl*	*Rentner*	*Hohestrasse 280*	*70*	*August*	„	*2²/₃*	*17*	*50*	*46*	*67*	***Verlust der Preuss. Staatsangehörigkeit. Entlassungsurkunde am 20./7. ausgehändigt, seitdem Wohnsitz nach London verlegt.***
135.	*Hintze, Friedrich*	*Tischler*	*Rosenstrasse 201*	*36*	„	„	*2²/₃*	*9*	.	*24*	.	***Als Unteroffizier des Beurlaubtenstandes (Disposit. Urlauber) am 16. August zum Truppenteil wieder einberufen; demnächst kapituliert.***
146.	*Janke, Gustav*	*Regierungs-Sekretär a. D.*	*Kreuzstrasse 88*	*52*	„	„	*2²/₃*	*13*	.	*34*	*67*	***Am 20. Juli gestorben, hat keine steuerpflichtige Erbmasse hinterlassen.***
75.	*Paetsch, Gustav*	*Kaufmann*	.	*300*	*Septbr.*	„	*2¹/₃*	*75*	.	*175*	.	***Hält sich als Preusse seit 18. August 1890 ununterbrochen in London auf.***
						Summe ...		*123*	*50*	*307*	*34*	

Minist.-Anmerkung. In denjenigen Bezirken, wo die Gemeinden an der örtlichen Erhebung der Steuer betheiligt sind, hat die Aufstellung der Abgangslisten getrennt nach den Hebestellen zu erfolgen.

Muster XIX.

(Zu Artikel 80. S. 357.)

Regierungsbezirk ....

Kreis ....

Steuerjahr 18$\frac{92}{93}$.

Nachweisung

von den Zu- und Abgängen an Einkommensteuer im Kreise ....

für das *I.* Halbjahr 18$\frac{92}{93}$.

Festgestellt auf ein berichtigtes Jahressoll im Gesamtbetrage von *8 512* Mark — Pf.

Ort und Datum.

Königliche Regierung.

Abtheilung für direkte Steuern, Domänen und Forsten.

(1. Seite.)

Laufende Nr.	Name der Gemeinden (Gutsbezirke).	Steuerbeträge, deren örtliche Erhebung den Gemeinden überwiesen ist.*)									
		Vierteljährlicher Steuerbetrag.	Jahressoll nach der Veranlagung.	Summarischer Zugang bis zum Schlusse des Steuerjahres	Summarischer Abgang bis zum Schlusse des Steuerjahres	Berichtigtes Jahressoll.	Vierteljährlicher laufender Zugang für das 2te Halbjahr	Vierteljährlicher laufender Abgang für das 2te Halbjahr	Mit Hinzurechnung der 3. Spalte bleibt vierteljährlicher Betrag.	In Spalte 5 sind enthalten: Zuschlagssteuern gemäß §. 30 des Gesetzes.	In Spalte 5 sind enthalten: Nachsteuern gemäß der §§. 67 und 80 des Gesetzes.
		M. Pf.	M.	M. Pf.	M. Pf.	M. Pf.	M. Pf.	M. Pf.	M. Pf.	M. Pf.	M. Pf.
1.	2.	3.	4.	5.	6.	7.	8.	9.	10.	11.	12.
1.	*Neundorf*	*451* *25*	*1805*	*61* *67*	*85* *67*	*1781* .	*22* .	*31* .	*442* *25*	. .	. .
	u. s. w.										

(2. Seite.)

Steuerbeträge, deren örtliche Erhebung der Kreiskasse überwiesen ist.										Summe des berichtigten Jahressolls (Spalte 7 und 17).	Bemerkungen.
Vierteljährlicher Steuerbetrag.	Jahressoll nach der Veranlagung.	Summarischer Zugang bis zum Schlusse des Steuerjahres.	Summarischer Abgang bis zum Schlusse des Steuerjahres.	Berichtigtes Jahressoll.	Vierteljährlicher laufender Zugang für das 2te Halbjahr	Vierteljährlicher laufender Abgang für das 2te Halbjahr	Mit Hinzurechnung der 13. Spalte bleibt vierteljährlicher Betrag.	In Spalte 15 sind enthalten: Zuschlagssteuern gemäß §. 30 des Gesetzes	In Spalte 15 sind enthalten: Nachsteuern gemäß der §§. 67 und 80 des Gesetzes.		
M. Pf.	M. Pf.	M. Pf.	M. Pf.	M. Pf.	M. Pf.	M. Pf.	M. Pf.	M. Pf.	M. Pf.	M. Pf.	
13.	14.	15.	16.	17.	18.	19.	20.	21.	22.	23.	
1667 *50*	*6670*	*282* *67*	*221* *67*	*6731* .	*93* *25*	*92* *50*	*1668* *25*	*75* .	*30* .	*8512* .	

*) In denjenigen Bezirken, wo die Gemeinden an der örtlichen Erhebung der Steuer nicht betheiligt sind, fällt die Ueberschrift sowie Spalte 13—23 fort.

Muster XX.
(Zu Artikel 80. S. 357.)

Regierungsbezirk .... **Steuerjahr 18$\frac{92}{93}$.**

Kreis ....

Nachweisung

von den Zu- und Abgängen an Einkommensteuer im Kreise ....

für das *II.* Halbjahr 18$\frac{92}{93}$.

Festgestellt auf ein definitives Jahressoll im Gesamtbetrage von *8 463* Mark *66* Pf.

Ort und Datum.

Königliche Regierung.

Abtheilung für direkte Steuern, Domänen und Forsten.

(1. Seite.)

Laufende Nr.	Name der Gemeinden (Gutsbezirke).	Steuerbeträge, deren örtliche Erhebung den Gemeinden überwiesen ist.*) Vierteljährlicher Steuerbetrag. ℳ	₰	Berichtigtes Jahressoll nach der Kreisnachweisung für die erste Hälfte des Etatsjahres (Spalte 7). ℳ	₰	Summarischer Zugang. ℳ	₰	Summarischer Abgang. ℳ	₰	Definitives Jahressoll. ℳ	₰	In Spalte 5 sind enthalten: Zuschlagssteuern gemäß §. 30 des Gesetzes. ℳ	₰	In Spalte 5 sind enthalten: Nachsteuern gemäß der §§. 67 und 80 des Gesetzes. ℳ	₰
1.	2.	3		4		5.		6.		7.		8.		9.	
1.	*Neundorf.*	*442*	*25*	*1 781*	.	*18*	*33*	*26*	*67*	*1 772*	*66*	.	.	*31*	.
	u. s. w.														

(2. Seite.)

Steuerbeträge, deren örtliche Erhebung der Kreiskasse überwiesen ist. Vierteljährlicher Steuerbetrag. ℳ	₰	Berichtigtes Jahressoll nach der Kreisnachweisung für die erste Hälfte des Etatsjahres (Spalte 17). ℳ	₰	Summarischer Zugang. ℳ	₰	Summarischer Abgang. ℳ	₰	Definitives Jahressoll. ℳ	₰	In Spalte 12 sind enthalten: Zuschlagssteuern gemäß §. 30 des Gesetzes. ℳ	₰	In Spalte 12 sind enthalten: Nachsteuern gemäß der §§. 67 und 80 des Gesetzes. ℳ	₰	Summe des definitiven Jahressolls (Spalten 7 und 14). ℳ	₰	Bemerkungen.
10.		11.		12.		13.		14.		15.		16.		17.		18.
1 668	*25*	*6 731*	.	*153*	*67*	*193*	*67*	*6 691*	.	.	.	.	.	*8 463*	*66*	

*) In denjenigen Bezirken, wo die Gemeinden an der örtlichen Erhebung der Steuer nicht betheiligt sind, fällt die Ueberschrift sowie Spalte 10—17 fort.

Regierungsbezirk ______________________

Kreis ....

Muster XXI.

(Zu Artikel 83. S. 368)

Steuerjahr 18$\frac{92}{93}$.

Liste

derjenigen Steuerpflichtigen der Gemeinde im Kreise ...., deren Einkommensteuerbeträge für das *I.* Halbjahr 18$\frac{92}{93}$ in Rückstand geblieben und als unbeibringlich niederzuschlagen sind.

Festgestellt auf einen Ausfall im Hauptbetrage von *3* Mark — Pf., buchstäblich *Drei Mark*.

Ort und Datum.

Königliche Regierung.

Abtheilung für direkte Steuern, Domänen und Forsten.

Laufende Nr.	Nr. der Hebeliste bezw. des Kontobuchs.	Nr. der Einkommensteuerrolle bz. Zugangsliste.	Namen (Firma), Stand oder Gewerbe der Restanten.	Zeitraum.	Vierteljährlicher Steuerbetrag. ℳ	₰	Betrag des Rückstandes. ℳ	₰	Bescheinigung des Vollziehungsbeamten, daß die Zwangsvollstreckung wirklich stattgefunden hat, oder Anzeige, ob und weshalb dieselbe unterblieben ist.
1.	2.	3.	4.	5.	6.		7.		8.
1	*106*	*35*	*Strüber, Wilhelm, Arbeiter*	*April-September*	*1*	*50*	*3*	.	*Dass bei der am 16. September in der Wohnung des Schuldners versuchten Pfändung pfändbare Gegenstände nicht vorgefunden sind und auch etwa ausstehende Lohnforderungen nicht zu beschlagnahmen waren bescheinigt* Der Vollziehungsbeamte. *N. N.*
					Summe		*3*	.	

Es wird auf Dienstpflicht hiermit bescheinigt, daß der vorbemerkte Steuerbetrag von *3* Mark — Pf. geschrieben *Drei Mark*, wirklich in Rest verblieben ist, daß die zulässigen Zwangsmittel zur gehörigen Zeit und in gehöriger Art angewendet worden sind und die über die Ursachen dieser Reste sowie über das Unterbleiben der Zwangsvollstreckung angeführten Umstände sich so verhalten, wie angegeben ist.

Ort und Datum.

Der Gemeindevorstand. (Unterschrift.)   Der Rentmeister. (Unterschrift.)

*) Daß die vorbezeichneten rückständigen Steuerbeträge nach Ausweis des Restverzeichnisses jederzeit in den Zahlungsterminen eingefordert und die zu Gebote stehenden Zwangsmittel gehörig angewendet worden sind, bezw. die Abstandnahme von diesen gerechtfertigt erscheint, sowie daß die in Ausfall liquidirten Beträge veranlagt und noch nicht anderweit in Abgang oder Ausfall gekommen sind, bescheinigt

Ort und Datum.

Der Vorsitzende der Veranlagungskommission.

(Unterschrift.)

---

*) Diese Bescheinigung fällt hier fort, wo eine besondere Hauptnachweisung (Muster XXII) aufzustellen ist.

Regierungsbezirk ....

Kreis

Muster XXII.

(Zu Artikel 83. S. 368.)

Steuerjahr 18$\frac{92}{93}$.

Hauptnachweisung

von den Ausfällen an Einkommensteuer im Kreise
für das *I.* Halbjahr 18$\frac{92}{93}$.

Festgestellt auf einen Ausfall im Gesamtbetrage von *15* Mark *50* Pf.

Ort und Datum.

Königliche Regierung.

Abtheilung für direkte Steuern, Domänen und Forsten.

(Unterschrift.)

Laufende Nr.	Name der Gemeinden (Gutsbezirke).	Ausfall an Steuerbeträgen, deren örtliche Erhebung den Gemeinden überwiesen ist		Ausfall an Steuerbeträgen, deren örtliche Erhebung der Kreiskasse überwiesen ist.		Gesamtbetrag des Ausfalls.	
		ℳ	₰	ℳ	₰	ℳ	₰
1.	2.	3.		4.		5.	
1.	*A.*	*3*	.	.	.	*3*	.
2.	*B.*	*1*	*50*	*10*	.	*11*	*50*
3.	*C.*	*1*	.	.	.	*1*	.
	Summe . .	*5*	*50*	*10*	.	*15*	*50*

Daß die vorbezeichneten rückständigen Steuerbeträge jederzeit in den Zahlungsterminen eingefordert und die zu Gebote stehenden Zwangsmittel gehörig angewendet worden sind, beziehungsweise die Abstandnahme von diesen gerechtfertigt erscheint, sowie daß die in Ausfall liquidirten Beträge veranlagt und noch nicht anderweit in Abgang oder Ausfall gekommen sind, bescheinigt

Ort und Datum.

Der Vorsitzende der Veranlagungskommission.

(Unterschrift.)

Anweisung

vom 26. Januar 1877,

betreffend

die Kontrole und Verrechnung der bei Zuwiderhandlungen gegen die Gesetze über die direkten Steuern von den Verwaltungsbehörden festgesetzten Strafen, Kosten und Nachsteuern.[1])

---

§. 1.

Aus der Bestrafung von Zuwiderhandlungen gegen die Gesetze über die direkten Steuern und zwar betreffs der

a) Grundsteuer nach §. 34 des Gesetzes vom 8. Februar 1867,
b) Gebäudesteuer nach §. 17 des Gesetzes vom 21. Mai 1861,
c) klassifizirten Einkommensteuer nach §. 33 des Gesetzes vom 1./25. Mai 1851/73,
d) Klassensteuer nach §. 12 c und d des Gesetzes vom 1./25. Mai 1851/73,
e) Gewerbesteuer nach §§. 17 ff. des Gesetzes vom 3. Juli 1876 (Anweisung vom 30. August 1876) ergeben sich folgende bei der Verwaltung der direkten Steuern zu verrechnenden Einnahmen und Ausgaben:

A. Einnahmen:

1. durch freiwillige Zahlung der von den Verwaltungsbehörden vorläufig festgesetzten Geldstrafen,
2. durch Entrichtung vorenthaltener Steuer (Nachsteuer), und
3. durch Erstattung der von den Staatsbehörden in dem administrativen Verfahren ausgelegten Portokosten;

B. Ausgaben:

durch die in dem Verfahren bei den Verwaltungsbehörden gegen den Kontravenienten entstandenen Kosten für den Transport, die Aufbewahrung und den Verkauf der mit Beschlag belegten Gegenstände, sowie an Zeugengebühren, sofern deren Erstattung von dem Angeschuldigten beziehungs-

---

[1]) Die Bezugnahme dieser Anweisung auf die 1877 in der Provinz Hannover noch vorhandene „Finanzdirektion" und die „Bezirkshauptkassen" sind nunmehr nach Einführung der Regierungen in der Provinz überall weggelassen worden.

weise aus dem Erlös für die in Beschlag genommenen Gegenstände, weil der Angeschuldigte von der Tragung der Kosten freigesprochen wird, oder sonst wegen Uneinziehbarkeit nicht zu erreichen ist.

§. 2.

Die im §. 1 unter A. 1 und 3, sowie unter B. vorbezeichneten Einnahmen und Ausgaben sind von der Regierungs-Hauptkasse in den Rechnungen von den direkten Steuern und die festgesetzten Nachsteuern (§. 1. A 2.) in den bezüglichen Zugangslisten unter einem besonderen Nachtrage, bezw. hinsichtlich der im Umherziehen betriebenen Gewerbe in der durch den Erlaß vom 4. September 1876 IV. 10977 vorgeschriebenen Solleinnahmenachweisung zu verrechnen.

Die fortlaufende Steuer dagegen ist bei fortbestehender Steuerpflicht von dem Monate, in welchem die Kontravention entdeckt wird, ab alsbald in der laufenden Zugangsliste in Solleinnahme zu stellen und davon dem Steuerpflichtigen unter Hinweis auf das ihm zustehende Reklamationsrecht Nachricht zu geben.

§. 3.

. Kontrole bei
er Regierung.

Um die wirkliche und richtige Verrechnung der vorgedachten Einnahmen und Ausgaben zu überwachen, führt die Regierung für ihren Bezirk eine Kontrole nach dem beifolgenden Muster I. Dieselbe ist nach Kreisen und für jeden derselben nach Etatsjahren abzutheilen. Es sind darin sämmtliche vorkommenden Straffälle einzutragen, sobald entweder die vorläufige Strafverfügung von der betreffenden Verwaltungsbehörde erlassen, oder die Verweisung der Sache zur gerichtlichen Entscheidung erfolgt, oder Nachsteuer besonders festgesetzt worden ist.

Die Postsendungen zwischen den Behörden in Untersuchungssachen sind zu frankiren, die dadurch entstehenden Portoauslagen in den betr. Verhandlungen (Akten) speziell zu vermerken und bei der Regierung in der vorgedachten Kontrole getrennt nach den von den Staatsbehörden und den von anderen Behörden bestrittenen Auslagen zu notiren.

§. 4.

Zu diesem Zwecke hat in denjenigen Fällen, in welchen die vorläufige Strafverfügung bezw. die Ueberweisung zum gerichtlichen Verfahren nicht von der Regierung erfolgt, diejenige Behörde, von welcher die Verfügung oder Ueberweisung ausgeht, hiervon zuvor oder gleichzeitig der Regierung event. unter Mittheilung der Strafverfügung Anzeige zu machen (vergl. die Anweisung vom 30. August 1876, betreffend das Strafverfahren bei Gewerbesteueruntersuchungen Nr. 8 Absatz 3 und Nr. 10, desgleichen wegen der Fälle, wo eine Zuwiderhandlung gegen die Gewerbesteuergesetze mit einer Gewerbepolizeikontravention konkurrirt Nr. 8 Abs. 4).

§. 5.

Die Einträge in die Strafkontrole erstrecken sich zunächst nur auf die Spalten 1 bis 7 bezw. 1, 2, 3, 6, 7 und 13, während die Ausfüllung der übrigen Spalten erst später nach Maßgabe des Verlaufs der Sache und die der Spalten 12, 21 und 22 erst bei der Prüfung der Jahresrechnung und bezw. der Zugangslisten rc. erfolgt.

§. 6.

Nach geschehenem Eintrage in die Strafkontrole übersendet die Regierung durch Vermittelung des Landraths (Kreishauptmanns, Bürgermeisters) gleichzeitig mit der Behändigung der vorläufigen Strafverfügung oder der Verfügung über die etwa besonders festgesetzte Nachsteuer an den Angeschuldigten Abschrift der bezüglichen Verfügung nebst einer über die entstandenen Kosten aufzustellenden Liquidation der betreffenden Spezialkasse*) mit dem Auftrage, bei freiwilliger Zahlung die Beträge an Strafe, Nachsteuer und Kosten in Empfang zu nehmen und die Letzteren den Empfangsberechtigten gegen Quittung zu erstatten, bezw. die besonders festgesetzte Nachsteuer einzuziehen.

§. 7.

Die Spezialkassen haben über die bezeichneten Einnahmen und Ausgaben eine spezielle Nachweisung nach dem beifolgenden Muster II. zu führen. Diese Nachweisung kann dem Manuale an dem betreffenden Ort einverleibt werden. Die Spalten 1 bis 7 sind alsbald bei dem Eintreffen der vorläufigen Ueberweisung, die übrigen Spalten nach Maßgabe des Verlaufs der Sache auszufüllen. In der Spalte 20 ist der Zahlungstermin und demnächst das Datum der Anzeige, ob die Einzahlung innerhalb der Frist erfolgt ist oder nicht, zu vermerken. Die eingehenden Straf- und Nachsteuerbeträge können zur Vermeidung von Umbuchungen in dem Einnahmejournale sogleich gesondert in den bezüglichen Rubriken gebucht werden. Unter welcher Nummer des Journals die Vereinnahmung der eingezahlten Beträge stattgefunden hat, ist alsbald in Spalte 8 der Nachweisung II. zu vermerken.

§. 8.

Gleichzeitig hat die Spezialkasse von der erfolgten Einzahlung der überwiesenen Beträge der Regierung nnd der betreffenden Veranlagungsbehörde Anzeige zu machen. Bei der Regierung ist unter Vorlage der im §. 6 gedachten Abschrift der Straf- bezw. Nachsteuerfestsetzungsverfügung die Ertheilung der definitiven Einnahmeordre über die Strafgelder an die Regierungshauptkasse, sowie bei Letzterer die Aufnahme der Nachsteuer in die Zugangsliste bezw. in die Kontrole über die Hausirgewerbesteuer zu beantragen, auch bezw. die eingegangene Nachsteuer von dem im Umherziehen betriebenen Gewerbe selbst in die durch Erlaß vom 4. September 1876 — IV. 10977 — vorgeschriebene Solleinnahmenachweisung einzutragen.

*) Unter Spezialkassen sind in den Provinzen Preußen, Brandenburg, Pommern, Posen, Schlesien und Sachsen die Königlichen Kreissteuerkassen, in der Stadt Frankfurt a. M. die Königliche Kreiskasse, in Berlin die Kasse der Königl. Direktion für die Verwaltung der direkten Steuern, in den übrigen Landestheilen die Königlichen Steuerkassen zu verstehen.

§ 9.

I. Verrechnung r freiwillig ein- gezahlten Strafgelder.

Auf die Anzeige der Spezialkasse über die erfolgte freiwillige Einzahlung von Strafen ꝛc. ergeht seitens der Regierung die Einnahme- und Verrechnungsermächtigung

a) über die eingezahlte Strafe und

b) über die wieder eingezogenen Portobeträge, soweit Letztere von Staatsbehörden ausgelegt worden sind,

unterhalb einer Abschrift der vorläufigen Strafverfügung an die Regierungshauptkasse.

§. 10.

Die Regierungs-Hauptkasse bewirkt nach dem Eingange der Einnahmeermächtigung den entsprechenden Eintrag in der Nachweisung nach dem beifolgenden Muster III. und zieht von der betreffenden Spezialkasse den bei dieser eingezahlten Betrag an Strafe und Porto, soweit Letzteres von Staatsbehörden ausgelegt worden ist, ein. —

Die Verrechnung der Strafbeträge hat unter Abtheilung II. bei Titel 9 Nr. 1, und

die der wieder eingegangenen ꝛc. Portobeträge unter derselben Abtheilung bei Titel 9 Nr. 3 — der Buchhaltereirechnung der Regierungs-Hauptkassen von den direkten Steuern stattzufinden.

§. 11.

Die vorgedachte Nachweisung III. ist nach Kreisen abgetheilt zu führen und am Schlusse des Etatsjahres abzuschließen.

§. 12.

Gleichzeitig mit der Ertheilung der Verrechnungsordre ist bei der Regierung in den bezüglichen Spalten der Kontrole nach Muster I. das Nöthige zu notiren und die Spezialkasse anzuweisen, die Quittungen über die aus den eingegangenen Beträgen nach Maßgabe der deshalbigen Liquidation an die Empfangsberechtigten ausgezahlten Kosten zu den Akten der Regierung einzuliefern. Von den eingezogenen Portokosten sind nur die von den Kommunalbehörden ausgelegten und liquidirten Beträge an die Gemeindekasse zurückzuzahlen, die von den Staatsbehörden (Regierung, Landräthen, Steuerkassen ꝛc.) in der bezüglichen Strafsache ausgelegten und durch die gewöhnlichen Portoliquidationen denselben bereits ersetzten Beträge aber an die Regierungs-Hauptkasse abzuliefern, bei welcher Letztere, wie im §. 10 bestimmt, zur Rückeinnahme kommen.

§. 13.

V. Verrechnung der Nachsteuer.

Die festgesetzten Nachsteuern sind nur dann in die Zugangslisten bezw. in die Solleinnahmenachweisung über die Gewerbesteuer von den im Umherziehen betriebenen Gewerben (Erlaß vom 4. September 1876 IV. 10977) aufzunehmen, wenn dieselben wirklich eingehen.

Dieselben sind aber in allen Fällen, in welchen vorenthaltene Steuer festgesetzt wird, abgesehen davon, ob dieselbe eingeht oder nicht, in der Kontrole nach Muster I. und in der Nachweisung nach Muster II. in Solleinnahme zu stellen, der betreffenden Spezialkasse zur Erhebung zu überweisen und so lange zur Last stehen zu lassen, bis entweder die Abgangsstellung verfügt, oder die Uneinziehbarkeit nachgewiesen oder die Aufnahme in die Zugangsliste bezw. in die Solleinnahmenachweisung der Gewerbesteuer von dem im Umherziehen betriebenen Gewerbe erfolgt ist.

§. 14.

Der mit der Einziehung beauftragten Spezialkasse ist daher auf die nach §. 8 stattfindende Anzeige seitens der Veranlagungsbehörde zu bescheinigen, daß und unter welcher Nummer der Zugangsliste bezw. der Gewerbescheinkontrole der fragliche Nachsteuerbetrag in Zugang gestellt worden ist. Auf Grund dieser Bescheinigung hat die Spezialkasse in den Spalten 17—19 der Nachweisung II. das Nöthige zu notiren und dieselbe demnächst kurzer Hand der Regierung zu übersenden.

Seitens der Regierung findet die Notirung über die wirklich stattgefundene Verrechnung der Nachsteuer in den Spalten 21 und 22 der Kontrole nach Muster I., jedoch erst bei Prüfung und Feststellung der Zugangslisten bezw. der Solleinnahmenachweisung über die Gewerbesteuer von den im Umherziehen betriebenen Gewerben statt.

§. 15.

Nicht beitreibliche Nachsteuer ist mit den vorgeschriebenen Exekutionsbescheinigungen zu justifiziren und darüber bei der Regierung zur Ertheilung der Ausfallsermächtigung von der Spezialkasse rechtzeitige Vorlage zu machen. Nach Genehmigung des Ausfalls findet in der Kontrole Muster I. in den Spalten 19 und 20 und in der Nachweisung II. in den Spalten 15 und 16 die Abnotirung der Nachsteuer statt.

§. 16.

Die Kosten des Verfahrens, welche von dem Angeschuldigten erstattet oder durch den Verkauf der in Beschlag genommenen Gegenstände gedeckt werden, ergeben bezüglich der von den Kommunalbehörden liquidirten Portobeträge, sowie der Transport- und Aufbewahrungskosten, Zeugengebühren u. dergl. keine Einnahme für die Staatskasse. Die eingehenden Kostenbeträge sind daher als Depositen zu vereinnahmen und zu verausgaben und ist die erfolgte Auszahlung an die Empfangsberechtigten seitens der Spezialkasse, wie im §. 12 bemerkt worden, nur mittelst Einlieferung der bezüglichen Liquidation und Quittungen über die ausgezahlten Beträge zu den Akten der Regierung zu justifiziren. V. Verrechnung der Kosten.

§. 17.

Dagegen sind diejenigen Kosten, welche in dem §. 1 unter B. bezeichneten Fällen der Staatskasse zur Last fallen, gleich allen anderen Ausgaben zu verrechnen. Die betr. Straffälle sind seitens der Hauptkasse gleichfalls in der Nachweisung Muster III. zu verzeichnen und die entstandenen Ausgaben nachzuweisen.

§. 18.

Gehen die festgesetzten Beträge (§. 16) nur theilweise ein, so sind damit zunächst die Kosten zu decken und ist der Rest auf die Nachsteuer zu vereinnahmen.

§. 19.

Die Regierung hat alljährlich bis zum 1. Oktober eine Nachweisung der im vorhergegangenen Etatsjahre wegen Zuwiderhandlungen gegen die Gesetze über die direkten Steuern anhängig gewesenen Untersuchungen nach dem beiliegenden Muster IV. aufzustellen und dem Finanzministerium einzureichen.

Berlin, den 26. Januar 1877.

Der Finanzminister.

Camphausen.

Muster I.
(Zu §. 3. S. 400)

Verwaltung der direkten Steuern.

Kontrole

über die

bei Zuwiderhandlungen gegen die Gesetze über die direkten Steuern von den Verwaltungsbehörden vorläufig festgesetzten und freiwillig eingezahlten Geldstrafen, sowie die festgesetzten Nachsteuern

im

Regierungsbezirk . . . .

mit dem Etatsjahr 18—— beginnend.

Anmerkung: In der umstehenden Spalte 6 sind die von Staatsbehörden ausgelegten Portobeträge mit rother Dinte einzutragen.

Kreis . . .

Laufende Nummer.	Des Angeschuldigten		Die Zuwiderhandlung betrifft (Steuerart).	Es sind vorläufig festgesetzt					Die vorläufig festgesetzten Beträge sind eingezahlt		Bezüglich der freiwillig eingezahlten Beträge ist				
											die Einnahmeermächtigung ertheilt durch Regierungsverfügung.		in Isteinnahme nachgewiesen		
	Name und Vorname.	Wohnort.		von der Verwaltungsbehörde (Bezeichnung)	durch Strafverfügung. Nummer und Datum.	Strafe. ℳ ₰	an Kosten (darunter an von Staatsbehörden ausgelegtem Porto). ℳ ₰	Nachsteuer. ℳ ₰	bei der Kasse zu	Datum.	Datum.	Nr.	an Strafe (Tit. 9 Nr. 1). ℳ ₰	an wieder eingezogenem von Staatsbehörden ausgelegtem Porto (Tit. 9 Nr. 3). ℳ ₰	in der Rechnung vom Jahre.
1.	2.		3.	4.		5.	6.	7.	8.		9.		10.	11.	12
	Etatsjahr 187 78.														
1.															
2.															
3.															
u. s. w.															
	Etatsjahr 1878/79.														
1.															
2.															
3.															
u. s. w.															

. . . . . .

Die Sache ist zur gerichtlichen Entscheidung abgegeben.		Nach erfolgter gerichtlicher Entscheidung ist an Nachsteuer festgesetzt.				Die vom Gerichte festgesetzte Strafe beträgt		An unbeibringlichen Kosten sind auf die Staatskasse verausgabt				Auf die festgesetzte Nachsteuer sind								Bemerkungen.
												in Folge Erlaß, Ermäßigung ꝛc. in Abgang gestellt bezw. niedergeschlagen				verrechnet				
								nach Zahlungsordre der Regierung		Betrag.		nach Verfügung der Regierung.		Betrag		in der Zugangsliste bezw. Solleinnahmenachweisung von der Hausirsteuer		Betrag.		
Datum.	Nr.	Datum	Nr.	Betrag ℳ	₰	ℳ	₰	Datum	Nr.	ℳ	₰	Datum	Nr.	ℳ	₰	vom Halbjahr bezw. Jahr.	Nr.	ℳ	₰	
13.		14.		15.		16.		17.		18.		19.		20.		21.		22.		23.

Muster II.
(Zu §. 7. S. 401.)

Verwaltung der direkten Steuern.

Regierungsbezirk . . . . .
Kreis . . . . Etatsjahr . . . .
Steuerkasse . . . .

Nachweisung

der

Königlichen Kreissteuerkasse (Steuerkasse) zu . . . . . .

über die

derselben überwiesenen Strafgelder, Kosten, Nachsteuern wegen Zuwiderhandlungen gegen die Gesetze über die direkten Steuern.

Anmerkung: In der umstehenden Spalte 6 sind die von Staatsbehörden ausgelegten Portokosten mit rother Dinte einzutragen.

(1. Seite.)

Laufende Nummer.	Die vorläufige Strafverfügung ist erfolgt		Des Angeschuldigten		Die Zuwiderhandlung betrifft: (Steuerart)	Solleinnahme an						Die Beträge sind eingezahlt und vereinnahmt unter Nr. des Einnahmejournals.	Die Einnahme und Verrechnungsermächtigung ist ertheilt durch Verfügung der Regierung	
	durch die Verwaltungsbehörde (Bezeichnung).	Datum.	Name und Vorname.	Wohnort		vorläufig von der Verwaltungsbehörde festgesetzter Strafe.		Kosten (*darunter an von Staatsbehörden ausgelegtem Porto*).		Nachsteuer.				
						ℳ	₰	ℳ	₰	ℳ	₰		Datum	Nr.
1.	2.		3.		4.	5.		6.		7.		8.	9.	

(2. Seite.)

Ausgabe an Kosten.			Abgeliefert an die Regierungshauptkasse					Auf die festgesetzte Nachsteuer sind								Bemerkungen.
								in Folge Erlaß, Ermäßigung ꝛc. in Abgang gestellt, bezw. als unbeitreiblich ausgefallen				verrechnet				
Nr. des Ausgabejournals.	Betrag.		Ausgabejournal.	an Strafe.		an wieder eingezogenem von Staatsbehörden ausgelegtem Porto.		nach Verfügung der Regierung		Betrag.		in der Zugangsliste, bezw. der Solleinnahmenachweisung von der Hausirsteuer		Betrag.		
	ℳ	₰	Nr.	ℳ	₰	ℳ	₰	Datum.	Nr.	ℳ	₰	vom Halbjahr bezw. Jahr.	Nr.	ℳ	₰	
10.	11.		12.	13.		14		15.		16.		17.	18.	19.		20.

Muster III.

(Zu §. 10. S. 402.)

Verwaltung der direkten Steuern.

Regierungsbezirk . . . . . .   Etatsjahr 18- -

Nachweisung

der

Regierungshauptkasse zu . . . . . .

über die

wegen Zuwiderhandlungen gegen die Gesetze über die direkten Steuern durch die Verwaltungsbehörden festgesetzten und

a) von den Steuerpflichtigen freiwillig eingezahlten Geldstrafen und Portokosten,

b) nicht zur Erstattung gekommenen und auf die Staatskasse verausgabten Kosten für Porto, Transport, Aufbewahrung rc., Zeugengebühren.

Daß nicht mehr an den vorstehend zu a. bezeichneten Geldstrafen und erstatteten Portobeträgen als in dieser Nachweisung aufgeführt worden, in dem hiesigen Regierungsbezirke für das obige Etatsjahr zur Vereinnahmung gekommen, und daß die verausgabten Kosten zu b. wirklich entstanden sind, wird auf Grund der geführten Listen bescheinigt.

. . . . . . den . . ten . . . . . . 18 . . .

Der Steuerdepartementsrath.

(1. Seite.)

Laufende Nummer.	Nummer der Beläge.	Des Angeschuldigten		Die Zuwiderhandlung betrifft: (Steuerart)	Auf die von der Verwaltungsbehörde festgesetzten Beträge sind eingegangen			
		Name und Vorname.	Wohnort.		an Strafe.		an von Staatsbehörden ausgelegtem Porto.	
					ℳ	₰	ℳ	₰
1.	2.	3.	4.	5.	6.		7.	

(2. Seite.)

An nicht erstatteten Kosten sind auf die Staatskasse verausgabt:							Bemerkungen.
in Folge gerichtlicher Freisprechung			in Folge Unbeitreiblichkeit wegen Unvermögens ꝛc. nach Zahlungsordre der Regierung.		Betrag.		
Bezeichnung der freisprechenden Gerichtsbehörde.	nach Zahlungsordre der Regierung.						
	Datum.	Nr.	Datum.	Nr.	ℳ	₰	
8.	9.		10.		11.		12.

Muster IV.
(Zu §. 19. S. 404.)

Verwaltung der direkten Steuern.

Regierungsbezirk ....

Nachweisung

der

im Etatsjahre 18——

wegen Zuwiderhandlungen gegen die Gesetze über die direkten Steuern anhängig gewesenen Untersuchungen.

(1. Seite.)

Nummer.	Kreis.	Es haben überhaupt geschwebt Strafsachen	Davon sind anhängig gemacht						Beendigt sind im Etatsjahre 18—	Unbeendigt blieben Ende des Etatsjahres 18—
			wegen unangemeldeten Betriebes stehender Gewerbe.	wegen unbefugten Betriebes des Hausirgewerbes.	vor dem Etatsjahre 18—	in dem Etatsjahre 18—	bei den Verwaltungsbehörden.	bei den Gerichten.		
1.	2.	3.	4.	5.	6.	7.	8.	9.	10.	11.
	A. Grundsteuer.									
	B. Gebäudesteuer.									
	C. Klassifizirte Einkommensteuer.									
	D. Klassensteuer.									
	E. Gewerbesteuer.									

(2. Seite.)

Von den unbeendigten Prozessen sind anhängig gemacht				Von den beendigten Prozessen sind aufgekommen.								Bemerkungen.
vor dem 1. Oktober 18..		nach dem 1. Oktober 18..		an Strafbeträgen.		an Nachsteuer.		Von der Nachsteuer entfallen auf d. Betrieb				
								stehender Gewerbe.		im Umherziehen betriebener Gewerbe.		
bei den Verwaltungsbehörden.	bei den Gerichten.	bei den Verwaltungsbehörden.	bei den Gerichten.	ℳ	₰	ℳ	₰	ℳ	₰	ℳ	₰	
12.	13.	14.	15.	16.		17.		18.		19.		20.

VI.

Besondere Anordnungen für die Stadt Berlin.

Die Zahl der Klassen- und Einkommensteuerpflichtigen in Berlin betrug für das Steuerjahr 1891/92: 43 432 Einkommensteuerpflichtige und 232 365 Klassensteuerpflichtige der 3. bis 12. bisherigen Stufe, zusammen 275 797 Personen, sie wird für die nach dem neuen Gesetz Einkommensteuerpflichtigen im Steuerjahr 1892/93 auf rund 296 000 bis 300 000 zu schätzen sein.

Diese große Anzahl und die Kürze des Zeitraums, welcher für die Veranlagungsarbeiten zur Verfügung steht, machen es nahezu unmöglich, die Veranlagung der neuen Steuer in Berlin in derjenigen Form durchzuführen, welche für die übrigen Veranlagungsbezirke in der Ausführungs-Anweisung vom 5. August 1891 vorgeschrieben ist.

Dem Dirigenten der Kgl. Direktion für die Verwaltung der direkten Steuern in Berlin — welche nach §. 78 des Gesetzes vom 24. Juni 1891 die in diesem Gesetze den Regierungen zugewiesenen Befugnisse und Obliegenheiten für die Haupt- und Residenz-Stadt Berlin (wie bisher bei der Klassen- und Einkommensteuer) wahrzunehmen hat — wurde daher schon im Mai 1891 der Auftrag zu Theil, nach Anhörung des Magistrats diejenigen Abweichungen von den allgemeinen Bestimmungen der späteren Ausführungsanweisung vom 5. August 1891 in Vorschlag zu bringen, welche nothwendig erschienen, um in Berlin eine rasche und dem Gesetz entsprechende Veranlagung der Steuerpflichtigen zu sichern. Diesem Auftrage wurde entsprochen und unter dem 16. Juli 1891 erschien der erste grundlegende Erlaß des Herrn Finanzministers, welcher nachstehend, soweit erforderlich, auszugsweise mitgetheilt wird.

Finanz-Ministerium. Berlin, den 16. Juli 1891. — II. 8072. — (Auszug.)

Mit Bezug auf die Berichte rc. und nach Einsicht des an die Königliche Direktion für die Verwaltung der direkten Steuern erstatteten Berichtes des Magistrates hiesiger Haupt und Residenzstadt rc. erhält die Königliche Direktion hierbei Abschrift der an die Königlichen Regierungen ergangenen Verfügungen vom 13. April — II. 4748 — (siehe S. 225) u. 19. Juni 1891 — II. 7576 — (siehe S. 230) zur Kenntnißnahme und mit dem Bemerken, daß die in der Verfügung vom 19. Juni 1891 unter II Nr. 1, 6 bis 9, III und IV über die Voreinschätzungskommissionen und deren Mitglieder getroffenen allgemeinen Bestimmungen auch hier zu beachten sind.

Wegen der auf Grund des Einkommensteuergesetzes vom 24. Juni 1891 (G.S. S. 175) in Berlin zu bildenden Kommissionen im besonderen wird Folgendes bestimmt:

I. Die Voreinschätzungskommission.

1. Für den Stadtkreis Berlin wird nur eine Voreinschätzungskommission gebildet; welche in Unterkommissionen (§. 51 Abs. 2 des Gesetzes, Nr. IV der Verfügung vom 19. Juni 1891) zu gliedern ist.

Dem Antrage des Magistrats entsprechend, bleibt die Bestimmung der erforderlichen Anzahl der Unterkommissionen, die Einrichtung derselben, die Vertheilung der Geschäfte und der Mitglieder unter die einzelnen Unterkommissionen dem Gemeindevorstande (Vergl. II. Nr. 1) überlassen, insbesondere findet sich auch nichts dagegen zu erinnern, daß die Unterkommissionen im Anschlusse an die bisherigen Klassensteuer-Einschätzungsbezirke räumlich abgegrenzt werden.

Von der Einrichtung der Unterkommissionen und jeder etwaigen späteren Aenderung derselben ist der Königlichen Direktion Anzeige zu erstatten, ohne daß es einer zuvorigen Genehmigung bedarf, soweit es sich nicht um eine anderweite Festsetzung der Gesammtzahl der Mitglieder für die Voreinschätzungskommission überhaupt handelt (vergl. Nr. 2).

Auch in Berlin steht ferner dem Gemeindevorstande in Gemäßheit der Bestimmungen zu III. Nr. 1 der Verfügung vom 19. Juni 1891 — II. 7576 — die Ernennung der Stellvertreter des Vorsitzenden zu.

2. Nur die Gesammtzahl der Mitglieder für die Voreinschätzungskommission, sowie die Gesammtzahl der stellvertretenden Mitglieder (§. 50 Abs. 1 des Gesetzes) sind von der Königlichen Direktion zu bestimmen.

Der Geschäftskreis der künftigen Voreinschätzungskommission wird sich im Wesentlichen mit demjenigen der bestehenden Klassensteuer-Einschätzungskommissionen decken. Ein Bedürfniß über die zur Zeit in den letzteren thätige Gesammtzahl von Mitgliedern hinauszugehen, ist für jetzt in dem Berichte des Magistrats nicht geltend gemacht. Da derselbe andererseits eine Verminderung nicht wünscht, wird die Königliche Direktion ermächtigt, dem gegenwärtigen Stande entsprechend die Gesammtzahl der Mitglieder für die Voreinschätzungskommission auf 3591, die Gesammtzahl der Stellvertreter auf 612 zu bestimmen. Gegen eine angemessene Abrundung der ersteren Zahl, etwa auf 3600 würde nichts zu erinnern sein. Sollte sich im Laufe der Zeit eine Verstärkung als nothwendig erweisen, so ist eine anderweite Bestimmung der Mitgliederzahl auf den alsdann zu begründenden Antrag des Magistrats auch innerhalb einer Wahlperiode nicht ausgeschlossen.

3. Die Voreinschätzungskommission dient in erster Reihe nicht kommunalen, sondern staatlichen Zwecken. Indem das Gesetz die Ernennung eines Theiles der Mitglieder vorsieht, geht dasselbe davon aus, daß der Staat nicht auf seine Mit-

wirkung bei der Zusammensetzung eines behördlichen Organes verzichten könne, dessen Thätigkeit für die Einkommensteuerveranlagung von grundlegender Bedeutung ist.

Demgemäß wird, wie die Königliche Direktion aus der Verfügung vom 19. Juni 1891 — II. 7576 — zu II. Nr. 4 (siehe S. 233) ersieht, im ganzen Geltungsgebiete des Gesetzes auch hinsichtlich der Voreinschätzungskommissionen von dem den Regierungen vorbehaltenen Ernennungsrechte grundsätzlich voller Gebrauch gemacht und, der Absicht des Gesetzes entsprechend, nur insoweit davon Abstand genommen, als es entweder an geeigneten Persönlichkeiten fehlt, oder in gemeinsamen Voreinschätzungsbezirken (§. 31 Abs. 3 bis 7 des Gesetzes) die Zahl der Mitglieder durch die volle Ausübung des Ernennungsrechtes übermäßig anschwellen würde.

Beide Voraussetzungen treffen für die Stadt Berlin nicht zu; hier allein von der auch in Breslau, Köln, Frankfurt a. M., Magdeburg und allen übrigen Großstädten der Monarchie durchgeführten Bestimmung eine Ausnahme zuzulassen, unterliegt schwerwiegenden Bedenken, würde mit dem Geiste des Gesetzes nicht vereinbar sein und anderwärts berechtigte Mißstimmung erregen.

Uebrigens ist die Einrichtung, daß gewählte und ernannte Mitglieder vereinigt in derselben Behörde zu öffentlichen Zwecken zusammenwirken, auch für Berlin nicht neu, sondern in anderen Verwaltungszweigen längst in praktischer Anwendung, ohne daß dadurch Unzuträglichkeiten zu Tage getreten wären.

Mit dem größten Nachdruck ist zu betonen, daß ein Unterschied in den Rechten und Pflichten einerseits der gewählten, andererseits der ernannten Mitglieder nach den Vorschriften des Einkommensteuergesetzes nicht besteht.

Alle Mitglieder haben gemäß §. 52 Abs. 1 des Gesetzes an Eidesstatt zu geloben, daß sie bei den Kommissionsverhandlungen ohne Ansehen der Person nach bestem Wissen und Gewissen verfahren werden. Gemeinsame Aufgabe der gewählten und ernannten Mitglieder ist es, eine den wirklichen Einkommensverhältnissen der Steuerpflichtigen entsprechende Voreinschätzung zu bewirken; die vorzugsweise Wahrnehmung fiskalischer Interessen liegt weder den einen, noch den anderen ob. Zur Berichtignng unzutreffender Auffassungen und zur gegenseitigen Anerkennung der Mitglieder als gleich berechtigt und gleich verpflichtet wird es beitragen, wenn die verschiedenen Kategorien in der Kommission auch annähernd in dem gleichen Stärkeverhältniß vertreten sind, wenn also die Ernennungen in dem vollen gesetzlich zulässigen Umfange vollzogen werden.

Hierbei wird ausdrücklich hervorgehoben, daß im §. 31 Abs. 2 des Gesetzes nur das Verhältniß der gewählten und ernannten Mitglieder für die Gesammtkommission bestimmt ist. Auf die lediglich zum Zwecke der Geschäftsvertheilung gebildeten Unterkommissionen erstreckt sich diese Vorschrift nicht; es ist daher nicht erforderlich, daß bei der Zusammensetzung der Unterkommissionen dasselbe Verhältniß in der Zahl der jeder einzelnen Unterkommission zugetheilten ernannten und gewählten Mitglieder festgehalten wird.

Um dies jedoch, falls der hiesige Magistrat darauf Gewicht legen sollte, zu ermöglichen, mag die Zahl der Ernennungen so bemessen werden, daß dieselben hinter der Zahl der zu wählenden Mitglieder um die Anzahl der beabsichtigten Unterkommissionen (153) zurückbleiben.

Von 3591 Mitgliedern überhaupt sind daher 1719 zu ernennen und 1872 zu wählen und nach gleichem Verhältniß von 612 Stellvertretern 293 zu ernennen und 319 zu wählen.

4. Schon mit Rücksicht auf den Hinzutritt der ernannten Mitglieder ist die vom Magistrat angeregte Uebertragung des noch für 1892/93 laufenden Mandats der Mitglieder der gegenwärtigen Klassensteuer-Einschätzungskommissionen auf die künftige Voreinschätzungskommission nicht thunlich; vielmehr müssen auf Grund des neuen Gesetzes und nach Maßgabe desselben, wie überall so auch hier, Neuwahlen stattfinden, wobei es selbstverständlich nicht ausgeschlossen ist, daß die Wahl auf bisherige Mitglieder der Einschätzungskommmissionen gelenkt wird.

Erst nachdem das Ergebniß der Wahlen vorliegt, sind die Ernennungen zu vollziehen.

Es wird gebilligt, daß die Königliche Direktion geeignete Vorschläge zu den Ernennungen vom Magistrate einfordert, und im Allgemeinen ist auch dagegen nichts zu erinnern, daß hierbei Personen mit berücksichtigt werden, welche seither der Reklamations- oder den Einschätzungskommissionen angehört haben, aber in Folge der anderweiten Zusammensetzung derselben nicht wiedergewählt werden konnten. In keinem Falle ist jedoch außer Acht zu lassen, daß nach ausdrücklicher Vorschrift des Gesetzes (§. 31 Abs. 2) die Mitglieder unter möglichster Berücksichtigung der verschiedenen Arten des Einkommens gewählt und ernannt werden sollen.

Dieser Anforderung des Gesetzes entspricht es nicht, wenn empfohlen wird, die ernannten Mitglieder nur aus dem Bürgerstande zu entnehmen und die Aufnahme anderer Elemente in die Kommission zu vermeiden.

Bei Befolgung dieses Grundsatzes würden der Beamten- und der Arbeiterstand und somit wichtige Arten des Einkommens aus der persönlichen Arbeit von der Vertretung in der Voreinschätzungskommission im Wesentlichen ausgeschlossen bleiben. Dies liegt nicht in der Absicht des Gesetzes und könnte um so weniger gebilligt werden, als in Berlin eine sehr erhebliche Anzahl von Steuerpflichtigen den bezeichneten Bevölkerungsklassen angehört.

Die Königliche Direktion wolle deshalb den Magistrat veranlassen, sowohl bei der im September d. J. der Stadtverordnetenversammlung behufs Vornahme der Wahlen zu machenden Vorlage auf die erörterte Bestimmung im §. 31 Abs. 2 des Gesetzes ausdrücklich hinzuweisen, als auch einen angemessenen Theil (etwa ein Viertel) der Vorschläge für die Ernennungen auf geeignete Personen theils aus dem Beamten-, theils aus dem Arbeiterstande zu richten.

5. Die Voreinschätzungskommission ist für einen Zeitraum von drei Jahren zu bilden (vergl. Verfügung vom 19. Juni 1891 zu II. Nr. 9) (siehe S. 231).

Wie bereits bemerkt, erfolgt Wahl und Ernennung nur für die Gesammtkommission. Hierbei mögen behufs zweckentsprechender Besetzung der demnächst zu bildenden Unterkommissionen für jede derselben von vornherein bestimmte Persönlichkeiten mit Rücksicht auf ihre Wohnung in dem betreffenden Stadtbezirke in Aussicht genommen werden; ein späterer Wechsel der Wohnung innerhalb der Stadt Berlin begründet aber weder den Verlust der Mitgliedschaft noch ein Recht zur Niederlegung derselben vor Ablauf der Wahlperiode.

II. Verfahren bei der Voreinschätzung und Vorbereitung derselben.

1. Im Hinblick auf die Vorschrift im §. 59 der Städteordnung vom 30. Mai 1853 findet es wie bisher so auch künftig kein Bedenken, daß die in dem Einkommensteuergesetze dem Gemeindevorstande zugewiesenen Geschäfte in Berlin von der Steuerdeputation wahrgenommen werden.

2. Dem Antrage des Magistrates gemäß wird — zunächst für die bevorstehende Veranlagung — genehmigt, daß die Personenstandsaufnahme in Berlin bereits vor dem 4. November, jedoch nicht vor dem 26. Oktober d. J. stattfindet.

3. Im Uebrigen bleibt die Entscheidung wegen der in den vorliegenden Berichten angeregten Fragen in Betreff des Verfahrens und des Formularwesens vorbehalten.

III. Die Veranlagungskommission.

1. Auch zum Zwecke der Veranlagung findet eine Theilung des Stadtkreises Berlin in mehrere Veranlagungsbezirke nicht statt. Es wird nur eine Veranlagungskommission mit der erforderlichen Anzahl von Unterkommissionen gebildet, auf welche die allgemeinen Bestimmungen zu IV der Verfügung vom 19. Juni 1891 (siehe S. 235) gleichfalls Anwendung finden.

Nach dem Ergebniß der hierüber stattgehabten Berathungen werden zunächst 9 Unterkommissionen genügen, von welchen fünf nach dem Berufe beziehungsweise Geschäftszweige der Steuerpflichtigen abzutheilen sind, und zwar soll je eine Unterkommission umfassen:

a) die Aktiengesellschaften, Genossenschaften, Banquiers u. s. w.;
b) die Beamten und Offiziere;
c) die Inhaber von Manufaktur- (Konfektions)-Geschäften u. s. w.;
d) die Händler mit Produkten, Kolonial-, Materialwaaren u. s. w.;
e) die Maschinenfabrikanten (Metallindustrie) u. s. w.

Die Abgrenzung dieser Hauptgruppen und die Bestimmung darüber, in wie weit der einen oder anderen verwandte oder in naher Beziehung zu denselben stehende Geschäftszweige anzugliedern sind, bleibt der Königlichen Direktion überlassen. Hiebei ist aber darauf zu halten, daß die Abgrenzung nach deutlichen Merkmalen erfolgt, welche über die Zugehörigkeit der Steuerpflichtigen zu den einzelnen Gruppen keinen Zweifel lassen.

Für alle übrigen Steuerpflichtigen sind ohne Rücksicht auf Beruf und Art des Einkommens vier weitere, nach örtlichen Bezirken abzugrenzende Unterkommissionen einzurichten.

2. Die Zahl der Mitglieder für die Gesammtkommission ist auf 108 ausschließlich des Vorsitzenden zu bestimmen, wovon 3 gewählt, 35 von der Königlichen Direktion ernannt werden, die Zahl der Stellvertreter auf 30, von welchen 21 zu wählen, 9 zu ernennen sind. Die den einzelnen Unterkommissionen zuzutheilende Zahl von Mitgliedern wird von dem Vorsitzenden der Veranlagungskommission nach Bedürfniß bestimmt.

3. Hinsichtlich der Stellung der Hülfsbeamten, welche dem Vorsitzenden der Veranlagungskommission aus der Zahl der bei der Königlichen Direktion angestellten Regierungsräthe und Assessoren auf Grund des §. 37 des Einkommensteuergesetzes zuzuordnen sein werden, wird auf die hierüber ergehenden besonderen Bestimmungen verwiesen.

Insoweit das Bedürfniß vorliegt und die Hülfsbeamten nach ihrer Persönlichkeit dazu geeignet sind, können dieselben zu Stellvertretern des Vorsitzenden ernannt werden und in diesem Falle für ihn den Vorsitz in den Unterkommissionen mit vollem Stimmrecht (§. 51 Abs. 3 des Gesetzes) führen.

Abgesehen hiervon haben die Hülfsbeamten als solche nur berathende Stimme. Die Ernennung derselben zu Mitgliedern der Veranlagungskommission empfiehlt sich nicht, weil hierdurch ihre Verwendung als Stellvertreter des Vorsitzenden der Berufungskommission in Frage gestellt oder doch beschränkt werden würde.

IV. Die Berufungskommission.

In Ansehung der Schwierigkeit, welche die Erörterung und Entscheidung der einzelnen Berufungen bietet, werden sich dieselben von vorne herein in zwei Hauptgruppen scheiden lassen, deren eine die Berufungen der Deklarationspflichtigen, im Großen und Ganzen also der Steuerpflichtigen mit dem Einkommen von mehr als 3 000 Mark umfaßt, die andere die Berufungen der mit einem geringeren Einkommen Veranlagten.

Für die Entscheidung der nach ihrer Zahl jedenfalls bei weitem überwiegenden Berufungen der letzteren Art, welche im Allgemeinen einfachere und leichter übersehbare Einkommensverhältnisse zum Gegenstande haben, scheint die Bildung von Unterkommissionen in der durchschnittlichen Besetzung von vier Mitgliedern ausschließlich des Vorsitzenden völlig ausreichend.

Um die Zeit und Arbeitskraft der Kommissionsmitglieder nicht unnöthig in Anspruch zu nehmen, empfiehlt es sich daher, den Geschäftskreis der Unterkommissionen nach dem angedeuteten Gesichtspunkte zu theilen.

Wenn vorläufig an der Gesammtzahl von 12 Unterkommissionen festgehalten wird, werden höchstens deren vier für die Einkommen von mehr als 3 000 Mark und acht für die Einkommen bis 3 000 Mark erforderlich sein. Für erstere genügen durchschnittlich 6, für letztere durchschnittlich 4 Mitglieder ausschließlich des Vorsitzenden.

Hieraus ergiebt sich eine Gesammtzahl von . . . . . . $6 \times 4 = 24$
$+ 4 \times 8 = 32$

im Ganzen 56

Mitgliedern, von welchen 38 zu wählen und 18 zu ernennen sind, daneben genügen 20 und zwar 14 gewählte, 6 ernannte Stellvertreter.

Für den Vorsitzenden der Berufungskommission werden von hier aus Stellvertreter aus der Zahl der bei der Königlichen Direktion angestellten Regierungsräthe und Assessoren ernannt werden. Auch die Stellvertreter des Vorsitzenden der Berufungskommission haben, sobald sie für denselben den Vorsitz einer Unterkommission führen, in derselben volles Stimmrecht. Die Ernennung der Stellvertreter des Vorsitzenden zu ständigen Mitgliedern der Berufungskommission wird aus den oben (III. Nr. 3) angedeuteten Gründen nicht in Aussicht genommen.

Bei der Vertheilung der Geschäfte unter die Stellvertreter ist in jedem Falle darauf Bedacht zu nehmen, daß dieselben nicht die Berufungen derjenigen Steuerpflichtigen zur Bearbeitung erhalten, bei deren Veranlagung sie in ihrer Eigenschaft als Stellvertreter des Vorsitzenden der Veranlagungskommission mitgewirkt haben.

Die Wahl der Mitglieder für die Berufungskommission wird von hier aus veranlaßt werden.

Der Finanzminister.
(gez.) **Miquel.**

Diesem Erlasse folgten die beiden, ebenfalls soweit nothwendig auszugsweise, nachstehenden:

a) Berlin, den 25. Sept. 1891. — II. 12575. — (Auszug.)

Auf den Bericht vom ꝛc. erkläre ich mich bis auf Weiteres damit einverstanden, daß das für die Einkommensteuerveranlagung in Berlin vom Gemeindevorstande zu sammelnde Einschätzungsmaterial wie bisher so auch künftig in die *Hauslisten* Aufnahme findet, diese mithin die Grundlagen für die Veranlagung bilden, daß ferner ein besonderes Personenverzeichniß (Muster III) zur Anweisung vom 5. August 1891, eine Einkommensteuerrolle (Muster V) sowie eine getrennte Gemeindesteuerliste nicht aufgestellt werden.

Der Finanzminister.
Miquel.

b) Berlin, den 10. Oktober 1891. — II. 13336. — (Auszug.)

Unter den in dem Berichte ꝛc. vorgetragenen Umständen erkläre ich mich nunmehr damit einverstanden, daß bei der Einkommensteuerveranlagung in Berlin und zwar zunächst *versuchsweise für das Jahr* 1892/93 die in meiner Verfügung vom 25. Sept. 1891 — II. 12575 — (siehe vorstehend) gestatteten Abweichungen von den Bestimmungen der Ausführungsanweisung vom 5. August 1891 zur Anwendung gelangen und ermächtige die Königliche Direktion für die Verwaltung der direkten Steuern insbesondere, sofort die Herstellung der

Hauslisten, sowie der Einkommensteuerliste nach den hier wieder beiliegenden Mustern zu genehmigen.

Der Finanzminister.
Miquel.

Hiernach fallen also in Berlin schon bei der Veranlagung für 1892/93 die bisher 153 Klassensteuer-Einschätzungs-Kommissionen[1]) und die Klassensteuer-Reklamations-Kommission mit ihren Unterkommissionen fort, und an ihre Stelle tritt eine einzige „Voreinschätzungs-Kommission", welche aus 3591 Mitgliedern und 612 Stellvertretern besteht und zwar aus 1872 von der Stadtverordneten-Versammlung gewählten und 319 ebenso gewählten Stellvertretern, sowie aus 1719 von dem Magistrat vorgeschlagenen und von der Kgl. Direktion für die Verwaltung der direkten Steuern ernannten Mitglieder und 293 ebenso ernannten Stellvertretern. Den Vorsitz in dieser Kommission führt nach §. 31 Abs. 2 des Einkommensteuergesetzes der Gemeindevorstand, in Berlin also der Oberbürgermeister; mit Rücksicht auf §. 59[2]) der Städte-Ordnung vom 30. Mai 1853 ist in Nr. II, 1 des Erlasses vom 16. Juli 1891 jedoch gestattet worden, daß die in dem Einkommensteuer-Gesetze dem Gemeindevorstande zugewiesenen Geschäfte in Berlin von der Steuerdeputation wahrgenommen werden.

Der Vorsitzende der Steuer- und Einquartierungs-Deputation des Magistrats Abth. II. führt also auch den Vorsitz in der Voreinschätzungskommission, ohne indessen damit dem Oberbürgermeister das Recht zu beschränken, diesen Vorsitz jederzeit selbst zu übernehmen. Gegen den bisherigen Rechtszustand ist mithin in dieser Beziehung eine Aenderung nicht eingetreten.

Die Voreinschätzungskommission zerfällt in 153 Unterkommissionen (§. 51 Abs. 2 des Gesetzes), deren lokale Abgrenzung nach Stadtbezirken geordnet ist und sich im Großen und Ganzen mit derjenigen der bisherigen Klassensteuer-Ein-

1) Die bisherigen 153 Klassensteuer-Einschätzungskommissionen trugen die Nummern 1—323, weil sie fast alle zwei und mehrere der zur Zeit 326 betragenden Stadtbezirke umfaßten und nicht fortlaufend, sondern mit der niedrigsten Nummer derjenigen Stadtbezirke bezeichnet wurden, deren Gebiet sie einschlossen.

2) Städte-Ordnung für die sechs östlichen Provinzen der Preußischen Monarchie vom 30. Mai 1853 (G.S. S. 261):

§. 59. Zur dauernden Verwaltung oder Beaufsichtigung einzelner Geschäftszweige, sowie zur Erledigung vorübergehender Aufträge können besondere Deputationen entweder blos aus Mitgliedern des Magistrats oder aus Mitgliedern beider Gemeindebehörden oder aus letzteren und aus stimmfähigen Bürgern gewählt werden. Zur Bildung gemischter Deputationen aus beiden Stadtbehörden ist der übereinstimmende Beschluß beider erforderlich.

Zu diesen Deputationen und Kommissionen, welche übrigens in allen Beziehungen dem Magistrate untergeordnet sind, werden die Stadtverordneten und stimmfähigen Bürger von der Stadtverordneten-Versammlung gewählt, die Magistrats-Mitglieder dagegen von dem Bürgermeister ernannt, welcher auch unter letzteren den Vorsitzenden zu bezeichnen hat.

Durch statutarische Anordnungen können nach den eigenthümlichen örtlichen Verhältnissen besondere Festsetzungen über die Zusammensetzung der bleibenden Verwaltungs-Deputationen getroffen werden.

schätzungs-Kommissionen deckt. Der Vorsitzende jeder Unterkommission ist von dem Magistrat ernannt und hat in derselben nach §. 51 des Gesetzes volles Stimmrecht.

Das Veranlagungswerk beginnt damit, daß der Magistrat in den letzten Tagen vor dem 26. Oktober jeden Jahres eine Liste nach dem anliegenden Muster I und II, die sogenannte Hausliste, in jedem Hause der Stadt dem Eigenthümer bezw. dessen Stellvertreter zustellen läßt.

Nach dem Stande des 26. Oktober muß jeder Miether die Liste nach dem Muster II für seine Haushaltung und jeder Hauswirth bezw. dessen Vertreter die Liste nach Muster I für seinen Haushalt und das Haus ausfüllen. Der Hauswirth bezw. dessen Vertreter hat zugleich die Bescheinigung auf der Vorderseite der Liste nach Muster I abzugeben.

Hierbei ist zu beachten, daß die Ausfüllung der Spalte 2—7 einschließlich von jedem Haushaltungsvorstande für sich und sämmtliche Angehörigen seines Haushaltes geschehen muß. Die Ausfüllung der Spalten 8—20 ist bei den Steuerpflichtigen, welche bisher bereits mit einem Einkommen von über 3000 Mk. jährlich zur Einkommensteuer veranlagt waren, nicht erforderlich, weil diese Steuerpflichtigen nach §. 24 des Gesetzes (S. 43) und Art. 28 Nr. 1 der Anweisung vom 5. August 1891 (S. 188), sowie Art. 50 a. a. O. (S. 268) durch besonder Zuschrift aufgefordert werden, binnen einer bestimmten Frist, welche für das Steuerjahr 1892/93 durch Bekanntmachung vom 3. Oktober 1891 (S. 268) auf die Zeit vom 4. bis 20. Januar 1892 festgestellt worden ist, ihre Steuererklärung (§. 24—26 des Gesetzes) bei dem Vorsitzenden der Veranlagungskommission einzureichen. Bei den Steuerpflichtigen mit einem Einkommen von 3000 Mk. und darunter ist die Ausführung ebenfalls eine freiwillige, ihre Unterlassung zieht einen Rechtsnachtheil nicht nach sich (Art. 36 Abs. 7 der Anweisung vom 5. August 1891, S. 219); die Ausfüllung ist aber empfehlenswerth, um irrigen Annahmen oder Angaben bei der Veranlagung von vornherein entgegen zu treten. Wissentlich unrichtige Angaben unterliegen in solchem Falle allerdings den Strafbestimmungen im §. 66 des Gesetzes (S. 86).

Das Weitere erklären die Bemerkungen und sonstigen Aufschriften auf den Formularen.

Wie ersichtlich, erfüllt diese „Hausliste" den doppelten Zweck: den Personenstand der Einwohner Berlins an einem bestimmten Tage festzustellen und als Einkommensnachweisung für alle diejenigen Einwohner zu dienen, deren steuerpflichtiges Einkommen 3000 Mk. jährlich nicht überschreitet.

Diese Hauslisten zieht der Magistrat am 28. Oktober vollzogen wieder ein, trägt nach Art. 38 der Anweisung vom 5. August 1891 (S. 221) alle ihm bekanntgewordenen Steuermerkmale bei den Steuerpflichtigen ein und läßt die Listen durch den Vorsitzenden der Voreinschätzungskommission an die Vorsitzenden der Unterkommissionen nach den Bezirken der Unterkommissionen vertheilen zur Herbeiführung der Voreinschätzung. Die Voreinschätzung geschieht in der Weise, daß die Hauslisten aus dem Bezirk einer jeden Voreinschätzungs-Unterkommission unter ihre

Mitglieder vertheilt werden, um an Ort und Stelle die Hausliste zu prüfen und die etwa erforderlichen Nachrichten einzuziehen. In den von dem Vorsitzenden anzuberaumenden Sitzungen der Unterkommission gelangt jede Hausliste und jede steuerpflichtige Person zum Vortrag. Der Vorsitzende vervollständigt eintretenden Falls die Hausliste und trägt im unmittelbaren Anschluß an den Beschluß der Kommission bei jedem Steuerpflichtigen mit einem Einkommen von 3000 Mk. und darunter den, dem festgestellten Einkommen entsprechenden Steuersatz selbst in die Hausliste ein. Bei denjenigen Steuerpflichtigen, bei welchen der Kommission zweifelhaft bleibt, ob das Einkommen über oder unter die Grenze von 3000 Mk. fällt, hat der Vorsitzende der Unterkommission bei dem Vorsitzenden der Voreinschätzungskommission den Antrag zu stellen, daß dieser bei dem Vorsitzenden der Veranlagungskommission beantrage, den Betreffenden zur Abgabe einer Steuererklärung gemäß §. 25 des Gesetzes aufzufordern. Ebenso hat die Unterkommission wegen denjenigen Steuerpflichtigen, deren steuerpflichtiges Jahreseinkommen nach ihrem Ermessen mehr als 3000 Mk. beträgt, die Richtigkeit und Vollständigkeit der Eintragungen in Spalte 7 bis 18 der Hausliste ebenfalls zu prüfen und namentlich darauf zu achten, daß die seit dem Vorjahre in den Verhältnissen der einzelnen Steuerpflichtigen eingetretenen Aenderungen berücksichtigt sind, jedoch Vorschläge wegen des zu veranlagenden Steuersatzes nicht zu machen. (Siehe S. 252, Nr. 4, 5.)

Ein jeder Unterkommission beigegebener Büreaubeamter des Magistrats führt ein kurzes Protokoll über jede Sitzung, ordnet die fertiggestellten Hauslisten und übermittelt sie der Steuer- und Einquartierungs-Deputation. Diese überträgt den Inhalt der Hauslisten in die nach dem beiliegenden Formulare III aufzustellende Einkommensteuerliste, welche in so viele Abschnitte zerfällt als Unterkommissionen der Voreinschätzungskommission ernannt sind, und überreicht die einzelnen Abschnitte je nach dem Zeitpunkt ihrer Fertigstellung zugleich mit den zugehörigen Hauslisten dem Vorsitzenden der Veranlagungskommission.

Die Anordnung der Spalten in dieser Einkommensteuerliste bedarf keiner weiteren Erläuterung, es ist nur zu erwähnen, daß die Spalte 6 leer bleibt, weil auf eine getrennte Angabe der zur Haushaltung gehörigen über 14 Jahre alten Personen oder der Einzeln-Steuernden nach dem Geschlecht (ob männlich oder weiblich) für Berlin nachträglich verzichtet worden ist.

Während die Hauslisten die Einkommensnachweisung (Muster B. S. 305) vertreten, enthält die Einkommensteuerliste alle Steuerpflichtigen der Stadt auch die von der Voreinschätzungskommission nicht voreingeschätzten, nach Stadtbezirken, Straßen und Hausnummern geordnet aufgeführt. Es ist dem Magistrate sogar gestattet worden, zum Zweck der kommunalen Steuerveranlagung auch diejenigen Personen in diese Liste aufzunehmen, welche bei einem Einkommen von 660—900 Mk. mit dem nach §. 74 des Gesetzes (S. 97) fingirten Normalsteuersatze von jährlich 4 Mk. zu der städtischen Einkommensteuer veranlagt werden. Die festgesetzte Steuerliste für die Steuerpflichtigen mit einem Einkommen von 660—900 Mk. muß nach §. 75 Absatz 3 des Gesetzes (S. 98) vierzehn Tage lang öffentlich ausgelegt werden; es ist deshalb Sorge dafür getragen worden, daß bei dieser Auslegung denjenigen Personen, welche die Liste einzusehen wünschen, nur die Eintragungen für die Steuerpflichtigen mit einem Einkommen von 900 Mk. und darunter, nicht auch die Eintragungen in Betreff anderer Steuerpflichtiger zur Kenntniß kommen.

Da die vom Vorsitzenden der staatlichen Veranlagungskommission (§. 36 des Gesetzes), oder durch Beschluß der Veranlagungskommission (§. 38 a. a. O.) festgesetzten Steuersätze der Steuerpflichtigen mit einem Einkommen von 3000 Mk. und darunter sogleich bei der Feststellung in die Liste eingetragen werden und da die Steuersätze für die Steuerpflichtigen mit einem Einkommen von über 3000 Mk. dem Magistrat bisher mitgetheilt worden sind, so vertritt diese Einkommensteuerliste vollständig die Stelle einer Hebeliste für die Kommunal-Einkommensteuer.

Die Veranlagungskommission besteht in Berlin aus einem Mitgliede der Kgl. Steuer-Direktion als Vorsitzenden, 73 von der Stadtverordneten-Versammlung gewählten und 35 von der Kgl. Direktion ernannten, zusammen also aus 108 Mitgliedern. Hierzu treten 21 von der Stadtverordneten-Versammlung gewählte und 9 von der Kgl. Direktion ernannte, zusammen also 30 Stellvertreter. Die Veranlagungskommission zerfällt in 9 Unterkommissionen, welche theils nach den Berufszweigen der Steuerpflichtigen, theils nach lokalen Bezirken abgegrenzt sind und zu Vorsitzenden je einen der, bei der Kgl. Direktion beschäftigten Regierungsräthe und Assessoren als Stellvertreter des Vorsitzenden der Veranlagungskommission mit vollem Stimmrecht haben.

Die Berufungskommission besteht aus 56 Mitgliedern, von welchen 38 nach Art. 64 Absatz 2 der Anweisung vom 5. August 1891 (S. 286) durch den Magistrat und die Stadtverordneten-Versammlung in gemeinschaftlicher Sitzung gewählt und zugleich mit 18 durch den Vorsitzenden der Berufungskommission dem Herrn Finanzminister vorgeschlagenen Personen von dem Herrn Finanzminister ernannt worden sind. In derselben Weise sind 14 und bezw. 6, zusammen 20 Stellvertreter ernannt worden.

Welche besonderen Einrichtungen für Berlin etwa in Folge der allgemeinen Vorschriften im III. Theil der Ausführungsanweisung vom 5. August 1891 nothwendig werden dürften, läßt sich zur Zeit noch nicht übersehen.

Stadt-Bezirk Nr. . . . . . — 1892/93. — **Muster I.**

Servis-Nr. .... (Hausliste A. zu S. 423.

.... Straße Nr. ....

Staatseinkommensteuer betreffend.

Die Eigenthümer resp. deren Stellvertreter und die Haushaltungs-Vorstände werden au Grund des Einkommensteuer-Gesetzes vom 24. Juni 1891 und der Ausführungs-Instruktio vom 5. August 1891 hierdurch aufgefordert, bei der

am 26. Oktober d. J.

stattfindenden Aufnahme des Personenstandes bezüglich der gesammten Einwohnerschaft hier selbst das umstehende Formular genau auszufüllen und dabei Folgendes zu beachten:

I. Es sind alle anwesenden Personen und auch die nur zeitweise des Arbeitsverdienste wegen oder aus anderen Gründen von hier Abwesenden zu verzeichnen.

Ausgeschlossen bleiben nur die **vorübergehend zum Besuche** oder **auf de Durchreise** hier befindlichen Personen.

II. In umstehender Liste Nr. 1 sind die Miether, also die Haushaltungen und Einzeln lebenden, aufzuführen, während die folgenden Rubriken der Liste Nr. 2 für de Haushalt der Eigenthümer resp. deren Stellvertreter dienen.

Bei deren Ausfüllung ist auf genaue Bezeichnung der Personen nach Namen Berufs- oder Erwerbsart, sowie des Geburtstages und Jahres der Kinder besonder zu achten.

Jede Person hat sich in ihrer Wohnung aufzuführen, dabei aber das anderweit be legene Geschäftslokal anzugeben. Haben Ehefrauen oder Kinder eine besondere Stellun oder einen besonderen Erwerb, so ist dies Col. 3 anzugeben. — **In Col. 6 ist au Grund der Steuerquittungen die Steuerrollen-Nummer für 1891/92 anzugeben**

III. Nach §. 22, Abs. 1 des Gesetzes ist jeder Besitzer eines bewohnten Grundstücks ode dessen Stellvertreter verpflichtet, der Steuerbehörde die auf dem Grundstücke vor handenen Personen mit Namen, Berufs- oder Erwerbsart anzugeben. Wer dies Auskunft verweigert oder ohne genügenden Entschuldigungsgrund in der gestellte Frist gar nicht oder unvollständig oder unrichtig ertheilt, unterliegt der Straf bestimmung im §. 68 des Einkommensteuer-Gesetzes.

IV. Die Hausbesitzer haben die anliegenden Formulare an die Miether 2c. sofort zu ver theilen und von denselben vor dem 28. d. Mts. ausgefüllt zurückzunehmen, demnächst abe in diesen Bogen gelegt, **vom 28. Oktober d. J. ab zur Abholung bereit zu halte**

V. Reichen die einzelnen Bogen für die Aufnahme nicht aus, so sind besondere Bogen bei zufügen und können event. Formulare im Rathhause, Zimmer Nr. 19, empfangen werde

VI. Angaben zur Vermeidung irriger Annahmen bei der Veranlagung in den für di Einschätzung bestimmten Col. 8 bis 16 der Liste zu machen, stellen wir den Bewohner anheim.*) Wissentlich unrichtige Angaben unterliegen der Strafbestimmung im §. 6 des Einkommensteuer-Gesetzes.

VII. Wohnt der Eigenthümer nicht im Hause, so ist seine Wohnung anzugeben, ebenso di umstehende Bescheinigung zu unterschreiben.

Berlin, den 20. Oktober 1891.

Steuer- und Einquartierungs-Deputation des Magistrats.

Abtheilung II.

---

*) Hier würde gemäß Art. 36 Absatz 7 der Anweisung vom 5. August 1891 (S. 219 dies. Buche einzuschieben gewesen sein: „Die Unterlassung zieht einen Rechtsnachtheil nicht nach sich."

1.

Verzeichniß der Haushaltungen.

2.		3.	4.	1.	2.		3.	4.
Lage der Wohnung.		Namen des Haushaltungs-Vorstandes.	Bemerkungen.	Laufende Nr.	Lage der Wohnung.		Namen des Haushaltungs-Vorstandes.	Bemerkungen.
Vorderhaus, Seitenflügel, Quergebäude.	Parterre, 1 Trp. 2 " 3 " 4 "				Vorderhaus, Seitenflügel, Quergebäude.	Parterre, 1 Trp. 2 " 3 " 4 "		

Im Hause befindliche Aktien- und ähnliche Gesellschaften, Genossenschaften, Konsum-
ine mit offenem Laden:

Der Eigenthümer (Mit-Eigenthümer) ....

.... wohnt ....

Attest. Daß die in dem umstehend genannten Grundstücke vorhandenen Haushaltungen, Aktien- und ähnlichen Gesellschaften vorstehend sämmtlich aufgeführt sind, bescheinigt

Berlin, den ....ten Oktober 1891.

....

(Eigenthümer, Stellvertreter.)

2.

1	2	3	4	5	6	7	8	9	10	11	12	13	14	15	16	17	18	19	20
							Einkommen jährlich aus												
										sonstiger gewinnbringender Beschäftigung									
Laufende Nr.	Zu- und Vornamen (Bei Frauen auch der Geburtsname)	Stand, Gewerbe und Berufsstellung (Geselle, Gehülfe oder Arbeiter?)	Geburtstag, Geburtsjahr, Geburtsort und Kreis	Jährliche Wohnungsmiethe	Zahlt im laufenden Jahre Klassen- oder Einkommensteuer	Zahlt Gewerbesteuer in Klasse mit jährlich	Kapital-Vermögen	Grund-Vermögen	Handel und Gewerbe	baar, Gehalt, Pension, Wartegelder	in freier Wohnung, Kost und anderen geldwerthen Bezügen	Summa der Spalten 8—12	Zulässige Abzüge: a) Schuldenzinsen und Renten; b) dauernde Lasten; c) Beiträge zu Krankenkassen (§. 9, 1,6) für die eigene Person; d) Lebensversicherungs-Prämie der Steuerpflichtigen, jedoch nur bis auf Höhe von 600 Mark (§. 9, 1, 7)	Zur Begründung der Abzüge ist anzugeben: zu a: Schuld-Kapital, Zinsfuß, Name des Gläubigers; zu b: der Vertrag oder sonstige Rechtstitel und der Name des Empfängers; zu c: die Kasse, an welche die Zahlung erfolgt; zu d: die Versicherungs-Gesellschaft oder Anstalt und die Nummer der Police	Nach Abzug der Summe in Spalte 14 von dem Betrage in Spalte 13 bleibt Jahreseinkommen	Gemäß §. 18 des Gesetzes sind abzuziehen 50 Mk. für jede nachgewiesene Person unter 14 Jahren	Summa des steuerpflichtigen Einkommens	Wird vorgeschlagen zum Steuersatze	Be… ku… z. B. ande… Ge… lok… wo… amt… bei … Sch… besch… (… W…
				ℳ	Rolle Nr.	ℳ	ℳ	ℳ	ℳ	ℳ	ℳ	ℳ	ℳ		ℳ	ℳ	ℳ	ℳ	

A. Haushaltungsvorstand und Familienglieder

(Ehefrau, Kinder, einschließlich derjenigen, welche ihrer Ausbildung wegen, als Lehrlinge, Schüler, Studente[n] **auswärts** unterhalten werden).

B. Dienst- und Hauspersonal.

2.

3	4	5	6	7	8	9	10	11	12	13	14	15	16	17	18	19	20
Stand, Gewerbe und Berufsstellung (Geselle, Gehülfe oder Arbeiter?)	Geburtstag, Geburtsjahr, Geburtsort und Kreis	Jährliche Wohnungs-Miethe	Zahlt im laufenden Jahre Klassen- oder Einkommensteuer	Zahlt Gewerbesteuer in Klasse mit jährlich	Einkommen jährlich aus					Summa der Spalten 8—12	Zulässige Abzüge: a) Schuldenzinsen und Renten; b) dauernde Lasten; c) Beiträge zu Krankenkassen (§. 9, 1, 6) für die eigene Person; d) Lebensversicherungs-Prämie der Steuerpflichtigen, jedoch nur bis auf Höhe von 600 Mark (§. 9, 1, 7)	Zur Begründung der Abzüge ist anzugeben: zu a: Schuld-Kapital, Zinsfuß, Name des Gläubigers; zu b: der Vertrag oder sonstige Rechtstitel und der Name des Empfängers; zu c: die Kasse, an welche die Zahlung erfolgt; zu d: die Versicherungs-Gesellschaft oder Anstalt und die Nummer der Police	Nach Abzug der Summe in Spalte 14 von dem Betrage in Spalte 13 bleibt Jahreseinkommen	Gemäß §. 18 des Gesetzes sind abzuziehen 50 Mk. für jede nachgewiesene Person unter 14 Jahren	Summa des steuerpflichtigen Einkommens	Wird vorgeschlagen zum Steuersatze	Bemerkungen, z. B. hat noch anderweit ein Geschäftslokal und wo? ist Beamter, Lehrer bei (Behörde, Schule), ist beschäftigt bei (Name, Wohnung)
					Kapital-Vermögen	Grund-Vermögen	Handel und Gewerbe	sonstiger gewinnbringender Beschäftigung									
								baar Gehalt, Pension, Wartegelder	in freier Wohnung, Kost und anderen geldwerthen Bezügen								
		ℳ	Rolle Nr.	ℳ	ℳ	ℳ	ℳ	ℳ	ℳ	ℳ	ℳ		ℳ	ℳ	ℳ	ℳ	

. Gesellen, Gehülfen und Lehrlinge, welche beim Haushaltungsvorstande wohnen.

nstige Mitbewohner (Verwandte, Chambregarnisten, Schlafburschen, Pensionaire u. s. w. ausschließlich der Unteroffiziere und gemeinen Soldaten).

E. Active Militairpersonen des Unteroffizier- und Gemeinenstandes, nur der Gesammtzahl nach auszufüllen.

.... Mann.

Stadt-Bezirk Nr. .... — 1892/93. — **Muster II.**

Servis-Nr. .... (Hausliste B, Titelblatt, zu S. 423.)

....Straße Nr.

Staatseinkommensteuer betreffend.

Die Haushaltungs-Vorstände werden auf Grund des Einkommensteuer-Gesetzes vom 24. Juni 1891 und der Ausführungs-Instruction vom 5. August 1891 hierdurch aufgefordert, bei der

am 26. Oktober d. J.

stattfindenden Aufnahme des Personenstandes bezüglich der gesammten Einwohnerschaft hierselbst das untenstehende Formular genau auszufüllen und dabei Folgendes zu beachten:

I. Es sind alle anwesenden Personen und auch die nur zeitweise des Arbeitsverdienstes wegen oder aus anderen Gründen von hier Abwesenden zu verzeichnen. Ausgeschlossen bleiben nur die **vorübergehend zum Besuche** oder **auf der Durchreise** hier befindlichen Personen.

II. Die Formulare sind gehörig ausgefüllt an den Eigenthümer resp. dessen Stellvertreter **noch vor dem 28. Oktober d. J. zurückzuliefern.**

III. Nach §. 22 Abs. 2 des Gesetzes ist jeder Haushaltungs-Vorstand verpflichtet, den Hausbesitzern oder deren Stellvertretern die erforderliche Auskunft über die zu ihrem*) Hausstande gehörigen Personen einschließlich der Unter- und Schlafstellermiether zu ertheilen. Wer diese Auskunft verweigert oder ohne genügenden Entschuldigungsgrund in der gestellten Frist gar nicht oder unvollständig oder unrichtig ertheilt, unterliegt der Strafbestimmung des §. 68 des Einkommensteuer-Gesetzes.

IV. Auf genaue Bezeichnung der Personen nach Namen, Berufs- oder Erwerbsart sowie des Geburtstages und Jahres der Kinder ist besonders zu achten. Jede Person hat sich in ihrer Wohnung aufzuführen, dabei aber das anderweit belegene Geschäftslocal anzugeben. Haben Ehefrauen oder Kinder eine besondere Stellung oder einen besonderen Erwerb, so ist dies Col. 3 anzugeben.

In Col. 6 ist auf Grund der Steuerquittungen die Nr. der Steuerrolle für 1891/92 anzugeben.

V. Angaben zur Vermeidung irriger Annahmen bei der Veranlagung in den für die Einschätzung bestimmten Col. 8 bis 16 zu machen, stellen wir den Bewohnern anheim.**) Wissentlich unrichtige Angaben unterliegen der Strafbestimmung im §. 66 des Einkommensteuer-Gesetzes.

Berlin, den 20. Oktober 1891.

Steuer- und Einquartierungs-Deputation des Magistrats.

Abtheilung II.

---

*) muß heißen: zu *seinem* Hausstande.
**) Auch hier gilt die Anm. *) auf S. 219.

Der Inhalt dieses Formulares ist genau derselbe, wie der Inhalt der Hausliste A Nr. 2 auf Seite 428 und 429.

Stadt Berlin.

Muster III.

Veranlagungsjahr: 189...

(Zu S. 424.)

Einkommensteuer-Liste

der

Stadt Berlin.

Unterkommission:

Stadt-Bezirk Nr.

Daß in dieser Liste die sämmtlichen Einwohner der Stadt richtig und vollständig aufgeführt worden sind, wird hiermit pflichtmäßig bescheinigt.

Berlin, den ... ten ... 189

Steuer- und Einquartierungs-Deputation des Magistrats.

Daß die Voreinschätzung überall den gesetzlichen Vorschriften gemäß nach bestem Wissen und Gewissen erfolgt ist, wird hiermit bescheinigt.

Berlin, den ... ten ... 189

Die Voreinschätzungskommission.

Unterkommission Nr.

Die Einkommensteuer-Liste wird bezüglich der Einkommen von mehr als 900 Mark bis einschließlich 3000 Mark zum jährlichen Veranlagungsbetrage von ... Mark und bezüglich der Einkommen bis 900 Mark zum Jahresbetrage von zusammen ... Mark festgesetzt.

Berlin, den ... ten ... 189

Die Veranlagungkommission.

Der Vorsitzende.

Laufende Nr. (Vorjahr, roth)	Des Steuerpflichtigen				Zahl der zur Haushaltung gehörigen Personen oder der Einzelnsteuernden			Summa der Spalten 5 bis 7	Der Einkommensteuer unterliegen nicht		Summa der steuerfreien Personen (Spalte 9 und 10)	Bleiben steuerpflichtige Personen (Spalte 8 weniger 11)	Ja… e… k… n… r… Sp… 16 Ha…
	Wohnung		Name und Vorname	Stand oder Gewerbe	über 14 Jahre alt		unter 14 Jahre alt		gemäß Art. 38 Nr. Ia bis c der Anweisung	weil das steuerpflichtige Einkommen den Betrag von 900 ℳ jährlich nicht übersteigt			
	Straße	Nr.			männlich	weiblich							
1.	2.		3.	4.	5.	6.	7.	8.	9.	10.	11.	12.	1…

Jahresbetrag des der Veranlagung zu Grunde zu legenden steuerpflichtigen Einkommens ℳ	Für das Vorjahr veranlagt (mit dem jährlichen Steuersatze) ℳ	Nach dem Vorschlage der Voreinschätzungs-Kommission (einzuschätzen mit dem jährlichen Steuersatze) ℳ	Nach dem Vorschlage des Vorsitzenden der Veranlagungs-Kommission (einzuschätzen mit dem jährlichen Steuersatze) ℳ	Nach der Festsetzung sind Censiten (physische Personen) freigestellt gemäß §. 18 des Gesetzes	freigestellt gemäß §. 19 des Gesetzes	veranlagt mit dem jährlichen Steuersatze: ℳ 6	ℳ 9	ℳ 12	ℳ 16	ℳ 21	ℳ 26	ℳ 31	ℳ 36	ℳ 44	ℳ 52	Jahres-Betrag der veranlagten Steuer (Summa Spalte 21 bis 30)	Mit einem Jahreseinkommen von mehr als 3000 ℳ sind zu veranlagen: Censiten	Personen	Bemerkungen NB. Hier sind auch die etwa vorliegenden besonderen Ermäßigungsgründe anzugeben. Als solche sind im §. 19 des Gesetzes genannt: Außergewöhnliche Belastung a) durch Unterhalt und Erziehung der Kinder, b) Verpflichtung zum Unterhalt mittelloser Angehöriger, c) dauernde Krankheit, d) Verschuldung e) besondere Unglücksfälle.	Veranlagt mit dem jährlichen Steuersatze von 4 Mark
15.	16.	17.	18.	19.	20.	21.	22.	23.	24.	25.	26.	27.	28	29.	30.	31.	32.	33.	34.	35.

VII.

I. Verordnung

vom 7. September 1879,

betreffend

das Verwaltungszwangsverfahren wegen Beitreibung von Geldbeträgen

(G.=S. S. 591).

Wir Wilhelm, von Gottes Gnaden König von Preußen ꝛc., verordnen in Gemäßheit des §. 14 des Ausführungsgesetzes zur Deutschen Civilprozeßordnung vom 24. März 1879 (G.=S. S. 281)[1]) was folgt:

I. Allgemeine Bestimmungen.

§. 1. Die Zwangsvollstreckung wegen aller derjenigen Geldbeträge, welche nach den bestehenden Vorschriften auf Grund einer Entscheidung oder Anordnung der zuständigen Verwaltungsbehörde, eines Verwaltungsgerichtes, einer Auseinandersetzungsbehörde oder eines solchen Institutes einzuziehen sind, dem die Befugniß zur Zwangsvollstreckung zusteht, erfolgt ausschließlich nach den Vorschriften dieser Verordnung.

Die bestehenden Bestimmungen darüber, welche Abgaben, Gefälle und sonstigen Geldbeträge der Beitreibung im Verwaltungszwangsverfahren unterliegen, werden durch die gegenwärtige Verordnung nicht berührt.[1])

---

1) Ausführungsgesetz zur Deutschen Civilprozeßordnung. Vom 24. März 1879 (G.S. S. 281):

§. 14. Die Vorschriften der Deutschen Civilprozeßordnung über die Wirkungen der Pfändung finden entsprechende Anwendung auf die auf Grund einer Entscheidung oder Anordnung der zuständigen Verwaltungsbehörde, eines Verwaltungsgerichts, einer Auseinandersetzungsbehörde oder eines solchen Instituts, dem die Befugniß zur Zwangsvollstreckung zusteht, bewirkte Pfändung.

Die anderweite Regelung des Verfahrens der Zwangsvollstreckung wegen Geldforderungen aus den im ersten Absatze bezeichneten Entscheidungen oder Anordnungen erfolgt im Anschlusse an die Vorschriften der deutschen Civilprozeßordnung durch Königliche Verordnung.

(Zu §. 1.) 1a) Finz.=Minist.=Erlaß v. 1. Mai 1882 — I. 5175, II. 4753 —.

Die ꝛc. erhält Abschrift (der nachstehenden Verfügung des Justizministers) zur Kenntnißnahme und weiteren Veranlassung:

Die landesgesetzlichen Vorschriften über die Zwangsvollstreckung wegen Geldforderungen

§. 2. Ueber die Verbindlichkeit zur Entrichtung der geforderten Geldbeträge findet der Rechtsweg, sofern derselbe nach den in den einzelnen Landestheilen hierüber bestehenden Bestimmungen bisher zulässig war, auch ferner statt.

Wegen vermeintlicher Mängel des Zwangsverfahrens, dieselben mögen die Form der Anordnung oder die der Ausführung oder die Frage betreffen, ob die gepfändeten Sachen zu den pfändbaren gehören, ist dagegen, unbeschadet der

---

gegen den Fiskus, Gemeinden und andere Kommunalverbände (Provinzial-, Kreis- und Amtsverbände), sowie gegen solche Korporationen, deren Vermögen von Staatsbehörden verwaltet wird, sind, insoweit nicht dringliche Rechte verfolgt werden, durch die Deutsche Civilprozeßordnung nicht berührt. (§. 15 Nr. 4 Einführ. Gesetz zur Civ.-Proz.-Ordnung v. 30. Januar 1877, R.G.Bl. S. 244.)*) Nach den Vorschriften der allgemeinen Gerichtsordnung (Th. I. §. 35 und §§. 153 und 242 des Anhangs)*) sind solche Zwangsvollstreckungen den Gerichten zugewiesen und dürfen daher von Gerichtsvollziehern im Auftrage des Gläubigers nicht bewirkt werden. (§. 674 Abs. 1 Civ.-Proz.-Ordnung vom 30. Januar 1877 (R.G.Bl. S. 83).*)

Die aufsichtführenden Amtsrichter werden beauftragt, die Gerichtsvollzieher hierüber mit Belehrung zu versehen.

Berlin, den 24. März 1882. Der Justizminister.

An die Amtsgerichte im Geltungsgebiete der A.G.O. — I. 1028 Z. 18 —.

*) 1. Reichsgesetz, betr. die Einführung der Civilprozeßordnung. Vom 30. Januar 1877. (R.G.Bl. S. 244):

§. 15. Unberührt bleiben:

1. 2c.
4. die landesgesetzlichen Vorschriften über die Zwangsvollstreckung wegen Geldforderungen gegen den Fiskus, Gemeinden und andere Kommunalverbände (Provinzial-, Kreis-, Amtsverbände), sowie gegen solche Korporationen, deren Vermögen von Staatsbehörden verwaltet wird, insoweit nicht dingliche Rechte verfolgt werden.

2. Anhang zur Allgemeinen Gerichtsordnung für die Preußischen Staaten vom 4. Februar 1815:

Thl. I. Tit. II. §. 35. Der privilegirte Gerichtsstand des Fiskus findet nicht ferner statt; vielmehr ist derselbe jederzeit bei demjenigen Gericht zu klagen und sich einzulassen verbunden, vor welches die Sache gehören würde, wenn von einem Streite zwischen Privatpersonen die Rede wäre 2c.

Thl. 1, Tit. XXIV. §. 153. Soll gegen Stadt- oder Dorfgemeinden oder gegen eine ganze Klasse von Mitgliedern derselben oder sonst gegen eine moralische Person eine Exekution vollstreckt werden; so müssen die Gerichte über die Art, wie solche ohne gänzlichen Ruin der Schuldner zu realisiren ist, jederzeit mit der Regierung Rücksprache halten und wenn sie sich mit dieser über die zu nehmenden Maßregeln nicht vereinigen können, die Exekution aussetzen und die Vorbescheidung des Justizministers einholen 2c.

Thl. I. Tit. XXXV. §. 242. Liegt die Schuld der verzögerten Autorisation zu der zu leistenden Zahlung an der dazu verurtheilten untergeordneten fiskalischen Station selbst, so tritt der Fall einer Exekution ad faciendum ein, welche gegen den Beamten, Rendanten 2c. persönlich verhängt werden muß.

3. Civilprozeßordnung. Vom 30. Januar 1877. (R.G.Bl. S. 83):

§. 674, Abs. 1. Die Zwangsvollstreckung erfolgt, soweit sie nicht den Gerichten zugewiesen ist, durch Gerichtsvollzieher, welche dieselbe im Auftrage des Gläubigers zu bewirken haben.

4. Siehe auch Gesetz über die allgemeine Landesverwaltung. Vom 30. Juli 1883. (Gesetz-Sammlung 1883 S. 195.)

§. 60. Die Vollstreckung im Verwaltungsstreitverfahren und im Beschlußverfahren

besonderen Vorschriften über die Rechtsmittel im Falle der zwangsweisen Ausführung polizeilicher Verfügungen, nur die Beschwerde [1]) bei der vorgesetzten Dienstbehörde des Beamten zulässig, dessen Verfahren angefochten wird.

§ 3. Diejenigen Behörden oder Beamten, welchen die Einziehung der der Beitreibung im Verwaltungszwangsverfahren unterliegenden Geldbeträge zusteht, bilden die zur Anordnung und Leitung des Zwangsverfahrens zuständigen Vollstreckungsbehörden. [1]) Auf die Beamten der Korporationen, welche nach den bisherigen Vorschriften zur eigenen Zwangsvollstreckung nicht berechtigt sind, findet diese Bestimmung nicht Anwendung.

Die Strafvollstreckungsbehörde, welcher die Einziehung einer gerichtlich erkannten Geldstrafe obliegt, ist zugleich Vollstreckungsbehörde für die mit der Einziehung der Strafe verbundene Beitreibung der Kosten. Diese Beitreibung erfolgt nach den Vorschriften der Deutschen Civilprozeßordnung.

Fehlt es an einer nach den vorstehenden Vorschriften zuständigen Vollstreckungsbehörde, so hat die Bezirksregierung (Polizeipräsidium in Berlin) eine solche zu bestimmen.

Den zuständigen höheren Verwaltungs- und den Aufsichtsbehörden ist es gestattet, die Funktionen der Vollstreckungsbehörde selbst zu übernehmen.

§. 4. Muß eine Vollstreckungsmaßregel außerhalb des Geschäftsbezirkes der Vollstreckungsbehörde zur Ausführung gebracht werden, so hat die entsprechende Behörde desjenigen Bezirkes, in welchem die Ausführung erfolgen soll, auf Ersuchen der Vollstreckungsbehörde das Zwangsverfahren auszuführen. [1]) Insoweit

---

erfolgt im Wege des Verwaltungszwangsverfahrens. Die Vollstreckung wird Namens der Behörde, welche in der ersten Instanz entschieden, beziehungsweise beschlossen hatte, von deren Vorsitzenden verfügt. Ueber Beschwerden gegen die Verfügungen des Vorsitzenden entscheidet die Behörde. Gegen die Entscheidung der Behörde findet innerhalb zwei Wochen die Beschwerde an die im Instanzenzuge zunächst höhere Behörde statt.

Die Entscheidung der letzteren ist endgültig.

(Zu §. 2.) 1) Durch §. 2 Abs. 2 der Verordnung vom 7. September 1879 ist also der Rechtsweg für Beschwerden wegen vermeintlicher Mängel des Zwangsverfahrens ausgeschlossen.

Was das gerichtliche Zwangsverfahren betrifft, so regelt es sich aus §§. 644 bis 822 der Civilprozeßordnung vom 30. Januar 1877 (R.G.Bl. S. 83). Auch hier ist über Anträge und Einwendungen, welche nicht den durch das Urtheil festgestellten Anspruch (§. 686 a. a. O.), sondern die Art und Weise der Zwangsvollstreckung betreffen, eine förmliche Klage der Parteien ausgeschlossen, vielmehr hat darüber nach §. 685 a. a. O. das Vollstreckungsgericht zu entscheiden.

(Zu §. 3.) 1) Gesetz über das Postwesen des Deutschen Reiches. Vom 28. Oktober 1871. (R.G.Bl. S. 347):

§. 25. Die Postanstalten sind berechtigt, unbezahlt gebliebene Beträge an Personengeld, Porto und Gebühren nach den für die Beitreibung öffentlicher Abgaben bestehenden Vorschriften exekutivisch einziehen zu lassen.

Die mit Beitreibung exekutionsreifer Forderungen im Allgemeinen betrauten Organe sind verpflichtet, die von den Postanstalten angemeldeten rückständigen Beträge an Personengeld, Porto und Gebühren im Wege der Hülfsvollstreckung einzuheben.

Dem Exequirten steht jedoch die Betretung des Rechtsweges offen.

(Zu §. 4). 1) Verfügg. der Minister des Innern und der Finanzen v. 12. Februar 1886 — M. d. J. I. A. 1245. F.-M. II. 1096 — betr. Zustellungen im Zwangsverfahren durch die Post.

von der ersuchten Behörde die Pfändung körperlicher Sachen und deren Versteigerung ausgeführt wird, tritt diese an die Stelle der Vollstreckungsbehörde.

§. 5. Die Vollstreckungsbehörde hat das Zwangsverfahren durch die ihr beigegebenen Vollziehungsbeamten oder durch diejenigen Beamten, deren sie sich als solcher zu bedienen hat, auszuführen.

Fehlt es derselben an solchen Beamten, so kann die Bezirksregierung (Polizeipräsidium in Berlin) eine andere Vollstreckungsbehörde bestimmen.

Die Vollziehungsbeamten müssen eidlich verpflichtet werden.

Die Ausführung einer Zwangsvollstreckung kann einem Gerichtsvollzieher übertragen werden. Dieser hat nach den für gerichtliche Zwangsvollstreckungen bestehenden Vorschriften zu verfahren.

§. 6. Der Zwangsvollstreckung soll in der Regel eine Mahnung des Schuldners mit dreitägiger Zahlungsfrist vorhergehen. [1]) In Betreff der Gerichtskosten vertritt die Mittheilung der Kostenrechnung die Stele der Mahnung. Bei der Ausführung der Mahnung finden die Vorschriften der §§. 8, 12 bis 18 keine Anwendung.

§. 7. Gegen eine dem aktiven Heere oder der aktiven Marine angehörende Militärperson [1]) darf die Zwangsvollstreckung erst beginnen, nachdem von derselben

---

Die von der Kgl. Regierung erörterte Frage wegen Auslegung des §. 4 der Verordnung über das Verwaltungszwangsverfahren vom 7. September 1879 ist im Sinne der von Ihrer Abtheilung des Innern vertretenen Auffassung dahin zu beantworten, daß die nach §. 3 a. a. O. zuständigen Vollstreckungsbehörden berechtigt sind, die einer Mitwirkung von Vollziehungsbeamten nicht bedürfenden Zustellungen auch außerhalb ihres Geschäftsbezirks durch die Post bewerkstelligen zu lassen.

(Zu §. 6.) 1) Finz.-Minist.-Erlaß vom 30. Juni 1851 — III. 14403 —.

Bei Einziehung der klassifizirten Einkommensteuer haben die Kreiskassenrendanten die säumigen Steuerpflichtigen ebenso, wie dies im §. 13 zu c. des Gesetzes vom 1. Mai 1851 hinsichtlich der Klassensteuer vorgeschrieben ist, aufzufordern, die Zahlung binnen drei Tagen zu leisten, nach deren fruchtlosem Ablauf mit der exekutivischen Beitreibung verfahren wird. Um die durch das Gesetz gebotene Geheimhaltung der Einkommensverhältnisse möglichst zu wahren, muß diese Aufforderung mittelst verschlossener Schreiben erfolgen.

Im Uebrigen werden bei dem Exekutionsverfahren die für die sonstigen direkten Steuern namentlich die Klassensteuer ertheilten Vorschriften gleichfalls zur Anwendung gebracht; es ist aber, soweit dies unbeschadet der raschen und sichern Vollstreckung der Exekution geschehen kann, auf die Geheimhaltung der Einkommensverhältnisse Bedacht zu nehmen.

Kreiskassenrendanten und sonstige Einkommensteuererheber sind für diejenigen Steuerbeträge selbst verantwortlich, bei denen sie den wirklichen Ausfall oder die fruchtlos verhängte Exekution nicht nachweisen können.

(Zu §. 7). 1a) Siehe §. 38 des Reichs-Militär-Gesetzes vom 2. Mai 1874. Abgedruckt S. 18, Anm. 4.

Die zur Disposition gestellten (nicht verabschiedeten) Offiziere, die in §. 4 des obigen Gesetzes genannten: Offiziere außer Reih und Glied, als: General-, Flügel- und andere persönlichen Adjutanten, Offiziere der Kriegsministerien, des Generalstabes, des Ingenieur-Korps, des Militär-, Erziehungs- und Bildungswesens, sowie das gesammte Heeres-Verwaltungs-Personal gehören zum Heere.

Welche Personen zur aktiven Marine gehören, ist im §. 13 des Reichs-Gesetzes, betreffend die Verpflichtung zum Kriegsdienst vom 9. November 1867 (Bund.G.Bl. S. 131) ausgesprochen.

die vorgesetzte Militärbehörde [2]) Anzeige erhalten hat. Der Vollstreckungsbehörde ist auf Verlangen der Empfang der Anzeige zu bescheinigen.

Soll die Zwangsvollstreckung gegen eine dem aktiven Heere oder der aktiven Marine angehörende Person des Soldatenstandes in Kasernen und andern militärischen Dienstgebäuden oder auf Kriegsfahrzeugen erfolgen, so hat die Vollstreckungsbehörde die zuständige Militärbehörde um die Zwangsvollstreckung zu ersuchen. Die gepfändeten Gegenstände sind dem von der Vollstreckungsbehörde bezeichneten Beamten zu übergeben.

§. 8. Die in dem Zwangsverfahren erforderlichen Zustellungen erfolgen durch die Vollziehungsbeamten oder durch die Post.

§. 9. Die Zustellungen für nicht prozeßfähige Personen erfolgen für dieselben an deren gesetzliche Vertreter. [1])

Bei Behörden, Gemeinden und Korporationen, sowie bei Personenvereinen, welche als solche klagen oder verklagt werden können, genügt die Zustellung an die Vorsteher.

Bei mehreren gesetzlichen Vertretern, sowie bei mehreren Vorstehern genügt die Zustellung an einen derselben.

§. 10. Die Zustellung für einen Unteroffizier oder einen Gemeinen des aktiven Heeres oder der aktiven Marine erfolgt an den Chef der zunächst vorgesetzten Kommandobehörde (Chef der Kompagnie, Eskadron, Batterie u. s. w.).

§. 11. Die Zustellung kann an den Bevollmächtigten und, wenn dieselbe durch den Betrieb eines Handelsgewerbes veranlaßt ist, an den Prokuristen [1]) erfolgen.

Ein Verzeichniß der aktiven Militärs des Landheeres und der Marine enthält die Beilage I. zu dem Reichsgesetz betreffend die Revision des Servis-Tarifs und der Klasseneintheilung der Orte vom 3. August 1878 (R.G.Bl. S. 243).

1b) Finz.-Minist.-Erlaß vom 14. Septbr. 1887. — II. 7949. —

Mit Bezug auf den Bericht vom 2c. veranlasse ich die 2c., die Steuerkasse anzuweisen, in allen Fällen, in denen ihr der Aufenthalt von Marine-Offizieren unbekannt, bezw. nach Lage der Umstände anzunehmen ist, daß sich Marine-Offiziere auf See befinden, behufs Einziehung bezw. Beitreibung von Steuerresten 2c. unmittelbar die Vermittelung der Admiralität oder des Stations-Kommando zu Kiel oder Wilhelmshaven in Anspruch zu nehmen.

2) Welche Behörden hierunter zu verstehen sind, ergiebt sich aus den Bestimmungen im Centralblatt für das Deutsche Reich für 1880 Nr. 26 S. 480 und im Preußischen Justiz-Minist.-Bl. für 1880 Nr. 26 S. 157.

(Zu §. 9.) 1) Finz.-Minist.-Erlaß. v. 10. März 1886 — II. 453 —.

Wenn ein unter Vormundschaft stehender Minderjähriger oder sonst Bevormundeter selbstständig zur Steuer veranlagt ist, so ist er, nicht der Vormund der Steuerschuldner. Die Zwangsvollstreckungen wegen etwaiger Rückstände sind also gegen den Bevormundeten, nicht gegen den Vormund zu richten. Letzterer hat den ersteren nach den bürgerlichen Gesetzen sowohl bezüglich der Veranlagung, als auch bezüglich der Zwangsvollstreckungen nur zu vertreten, folgeweise haben auch die Zustellungen in dem Zwangsverfahren für den Bevormundeten an den Vormund zu erfolgen, wie dies im §. 9 der Verordnung vom 7. September 1879 über das Verwaltungszwangsverfahren wegen Beitreibung von Geldbeträgen und im Artikel 18 der dazu ergangenen Ausführungsanweisung vom 15. desselben Monats ausdrücklich angeordnet ist.

(Zu §. 11). 1) Allgemeines deutsches Handelsgesetzbuch vom 5. Juni 1869 (Bund.G.Bl. 1869 S. 411):

§. 12. Für die Ausführung der Zustellungen gelten die in den §§. 165 bis 170 [1]) der Deutschen Civilprozeßordnung gegebenen Vorschriften. Im Falle des §. 167 findet jedoch die Niederlegung des zu übergebenden Schriftstückes nur bei der Ortsbehörde oder bei der Postanstalt des Zustellungsortes statt.

§. 13. An Sonntagen und allgemeinen Feiertagen darf eine Zustellung nur mit Erlaubniß der Vollstreckungsbehörde erfolgen; die Verfügung, durch welche die Erlaubniß ertheilt wird, ist bei der Zustellung auf Erfordern vorzuzeigen. Eine Zustellung, bei welcher diese Bestimmungen nicht beobachtet sind, ist gültig, wenn die Annahme nicht verweigert ist.

Artikel 41. Wer von dem Eigenthümer einer Handelsniederlassung (Prinzipal) beauftragt ist, in dessen Namen und für dessen Rechnung das Handelsgeschäft zu betreiben und per procura die Firma zu zeichnen, ist Prokurist.

Die Bestellung des Prokuristen kann durch Ertheilung einer ausdrücklich als Prokura bezeichneten Vollmacht, oder durch ausdrückliche Bezeichnung des Bevollmächtigten als Prokuristen, oder durch die Ermächtigung, per procura die Firma des Prinzipals zu zeichnen, geschehen.

Die Prokura kann mehreren Personen gemeinschaftlich ertheilt werden (Kollektivprokura).

Artikel 42. Die Prokura ermächtigt zu allen Arten von gerichtlichen und außergerichtlichen Geschäften und Rechtshandlungen, welche der Betrieb eines Handelsgewerbes mit sich bringt; sie ersetzt jede nach den Landesgesetzen erforderliche Spezialvollmacht; sie berechtigt zur Anstellung und Entlassung von Handlungsgehülfen und Bevollmächtigten.

Zur Veräußerung und Belastung von Grundstücken ist der Prokurist nur ermächtigt, wenn ihm diese Befugniß besonders ertheilt ist.

(Zu §. 12). 1) Deutsche Civilprozeßordnung. Vom 30. Januar 1877. (R.G.Bl. S. 83.)

§. 165. Die Zustellungen können an jedem Orte erfolgen, wo die Person, welcher zugestellt werden soll, angetroffen wird.

Hat die Person an diesem Orte eine Wohnung oder ein Geschäftslokal, so ist die außerhalb der Wohnung oder des Geschäftslokals an sie erfolgte Zustellung nur gültig, wenn die Annahme nicht verweigert ist.

§. 166. Wird die Person, welcher zugestellt werden soll, in ihrer Wohnung nicht angetroffen, so kann die Zustellung in der Wohnung an einen zu der Familie gehörenden erwachsenen Hausgenossen oder an eine in der Familie dienende erwachsene Person erfolgen.

Wird eine solche Person nicht angetroffen, so kann die Zustellung an den in demselben Hause wohnenden Hauswirth oder Vermiether erfolgen, wenn diese zur Annahme des Schriftstücks bereit sind.

§. 167. Ist die Zustellung nach diesen Bestimmungen nicht ausführbar, so kann sie dadurch erfolgen, daß das zu übergebende Schriftstück auf der Gerichtsschreiberei des Amtsgerichts, in dessen Bezirke der Ort der Zustellung gelegen ist, oder an diesem Orte bei der Postanstalt oder dem Gemeindevorsteher oder dem Polizeivorsteher niedergelegt und die Niederlegung sowohl durch eine an der Thüre der Wohnung zu befestigende schriftliche Anzeige, als auch, soweit thunlich, durch mündliche Mittheilung an zwei in der Nachbarschaft wohnende Personen bekannt gemacht wird.

§. 168. Für Gewerbetreibende, welche ein besonderes Geschäftslokal haben, kann, wenn sie in dem Geschäftslokale nicht angetroffen werden, die Zustellung an einen darin anwesenden Gewerbegehülfen erfolgen.

Wird ein Rechtsanwalt, welchem zugestellt werden soll, in seinem Geschäftslokale nicht angetroffen, so kann die Zustellung an einen darin anwesenden Gehülfen oder Schreiber erfolgen.

§. 169. Wird der gesetzliche Vertreter oder der Vorsteher einer Behörde, einer Gemeinde, einer Korporation oder eines Personenvereins, welchem zugestellt werden soll, in dem Geschäftslokale während der gewöhnlichen Geschäftsstunden nicht angetroffen, oder ist er an der Annahme

§. 14. Ueber die Zustellung ist eine Urkunde aufzunehmen; dieselbe muß enthalten:

1. Ort und Zeit der Zustellung;
2. die Bezeichnung des zuzustellenden Schriftstückes;
3. die Bezeichnung der Person, an welche zugestellt werden soll;
4. die Bezeichnung der Person, welcher zugestellt ist; in den Fällen der §§. 166, 168, 169 der Deutschen Civilprozeßordnung die Angabe des Grundes, durch welchen die Zustellung an die bezeichnete Person gerechtfertigt wird; wenn nach §. 167 a. a. O. verfahren ist, die Bemerkung, wie die darin enthaltenen Vorschriften nach Maßgabe des §. 12 dieser Verordnung befolgt sind;
5. im Falle der Verweigerung der Annahme die Erwähnung, daß die Annahme verweigert und das zu übergebende Schriftstück am Orte der Zustellung zurückgelassen ist;
6. die Bemerkung, daß das zuzustellende Schriftstück übergeben ist;
7. die Unterschrift des die Zustellung vollziehenden Beamten.

§. 15. Wird durch die Post [1]) zugestellt, so hat die Vollstreckungsbehörde einen durch ihr Dienstsiegel verschlossenen, mit der Adresse der Person, an welche zugestellt werden soll, versehenen und mit einer Geschäftsnummer bezeichneten Briefumschlag, in welchem das zuzustellende Schriftstück enthalten ist, der Post mit dem Ersuchen zu übergeben, die Zustellung einem Postboten des Bestimmungsortes aufzutragen. Daß die Uebergabe in der bezeichneten Art geschehen, ist von der Vollstreckungsbehörde oder dem Vollziehungsbeamten zu bescheinigen.

---

verhindert, so kann die Zustellung an einen andern in dem Geschäftslokale anwesenden Beamten oder Bedientesten bewirkt werden.

Wird der gesetzliche Vertreter oder der Vorsteher in seiner Wohnung nicht angetroffen, so finden die Bestimmungen der §§. 166, 167 nur Anwendung, wenn ein besonderes Geschäftslokal nicht vorhanden ist.

§. 170. Wird die Annahme der Zustellung ohne gesetzlichen Grund verweigert, so ist das zu übergebende Schriftstück am Orte der Zustellung zurückzulassen.

(Zu §. 15). 1) Finz.-Minist.-Erlaß, vom 1. Oktober 1879. — II. 13322, III. 12614, I. 13470 —.

Unter Bezugnahme auf die Bestimmungen in den §§. 8, 15 u. 16 der Verordnung betr. das Verwaltungszwangsverfahren wegen Beitreibung von Geldbeträgen vom 7. Septbr. 1879 (G.S. S. 591) wird die Kgl. Regierung davon in Kenntniß gesetzt, daß für das Verfahren, betreffend die postamtliche Behandlung der Sendungen mit Zustellungsurkunden, die Verfügung des Herrn General-Postmeisters vom 24. August 1879 maßgebend ist. — Amtsblatt der Deutschen Reichs-Post- und Telegraphenverwaltung S. 337. — (Abgedr. im Abschn. VIII. Nr. 11.)

Namentlich ist hervorzuheben, daß die Vollstreckungsbehörden bei den durch die Post zu bewirkenden Zustellungen dem zuzustellenden Briefe eine gehörig ausgefüllte Zustellungsurkunde äußerlich beizufügen und in der Aufschrift des Briefes zu vermerken haben: „Hierbei ein Formular zur Zustellungsurkunde"; zugleich ist auf die Außenseite der zusammengefalteten Zustellungsurkunde die für die Rücksendung erforderliche Aufschrift zu setzen.

Die Uebergabe eines derartig vorgerichteten Briefes an die Postanstalt enthält das Ersuchen um Bewirkung der Zustellung, so daß es eines besonderen Ersuchungsschreibens nicht bedarf.

§. 16. Die Zustellung durch den Postboten erfolgt in Gemäßheit der Bestimmungen des §. 12. Ueber die Zustellung ist von dem Postboten eine Urkunde aufzunehmen, welche den Bestimmungen des §. 14 Nr. 1, 3—5, 7 entsprechen und die Uebergabe des seinem Verschlusse, seiner Adresse und seiner Geschäftsnummer nach bezeichneten Briefumschlages bezeugen muß.

Die Urkunde ist von dem Postboten der Postanstalt und von dieser der Vollstreckungsbehörde zu überliefern.

§. 17. In den Fällen der §§. 182—184[1]) der Deutschen Civilprozeßordnung erfolgt die Zustellung in der dort vorgeschriebenen Weise.

Eine in einem andern Deutschen Staate zu bewirkende Zustellung erfolgt mittelst Ersuchens der zuständigen Behörde desselben.

Die Zustellung wird durch das schriftliche Zeugniß der ersuchten Behörden oder Beamten, daß die Zustellung erfolgt sei, nachgewiesen.

Die für die Zustellungsurkunden zu benutzenden Formulare, welche von den Postanstalten zum Preise von 5 Pf. für je 10 Stück geliefert werden, sind dieselben, welche die Gerichtsvollzieher bei Zustellungen durch die Post anzuwenden haben. Die in diesen Formularen enthaltenen Worte bezw. Zeichen, welche für Zustellungen auf Ersuchen von Vollstreckungsbehörden nicht passen, werden nach der mit dem Herrn General-Postmeister hierüber getroffenen besonderen Vereinbarung von den Postanstalten vor dem Verkaufe gestrichen bezw. abgeändert.

Bei Zustellungen, welche an Sonntagen oder allgemeinen Feiertagen (§. 13 der Verordnung, Art. 18 Abs. 4 der Ausführungsanweisung vom 15. Sept. 1879) durch die Post bewirkt werden sollen, ist die hierzu erforderliche Erlaubniß nach der ferner mit dem Herrn General-Postmeister getroffenen Vereinbarung von der Vollstreckungsbehörde durch den Vermerk „die Zustellung darf auch an Sonntagen oder allgemeinen Feiertagen erfolgen" unter Hinzufügung des Datums und der Unterschrift des die Vollstreckungsbehörde vertretenden Beamten zu ertheilen. Dieser Vermerk ist auf die Aufschrift des zuzustellenden Briefes zu setzen. Da in dem Formular der Zustellungsurkunde die ganze Aufschrift des zuzustellenden Briefes wiedergegeben werden soll, so ergiebt sich von selbst, daß auch der gedachte Vermerk in dem ausgefüllten Formular enthalten sein muß.

Hierbei wird bemerkt, daß die Postanstalten an Sonntagen und allgemeinen Feiertagen nur insoweit Zustellungen bewirken können, als bei ihnen überhaupt eine Sonntags- bezw. Feiertagsbestellung stattfindet.

Was die Behandlung der bei den Postanstalten im Zustellungsverfahren niedergelegten Schriftstücke (§. 12 der Verordnung, §. 167 der Deutschen Civilprozeßordnung) (siehe Seite 440) anbetrifft, so sollen hierfür dieselben Bestimmungen gelten, welche für die betreffenden Schreiben mit gerichtlichen Verfügungen ergehen werden.

Die ꝛc. wolle hiernach die betheiligten Behörden mit entsprechender Anweisung versehen.

(Zu §. 17). 1) Deutsche Civilprozeßordnung. Vom 30. Januar 1877. (R.G.Bl. S. 83.): §. 182. Eine im Auslande zu bewirkende Zustellung erfolgt mittelst Ersuchens der zuständigen Behörde des fremden Staats oder des in diesem Staate residirenden Konsuls oder Gesandten des Reichs.

§. 183. Zustellungen an Deutsche, welche das Recht der Exterritorialität genießen, erfolgen, wenn dieselben zur Mission des Reichs gehören, mittelst Ersuchens des Reichskanzlers, wenn dieselben zur Mission eines Bundesstaats gehören, mittelst Ersuchens des Ministers der Auswärtigen Angelegenheiten dieses Bundesstaats.

Zustellungen an die Vorsteher der Reichskonsulate erfolgen mittelst Ersuchens des Reichskanzlers.

§. 184. Zustellungen an Personen, welche zu einem im Auslande befindlichen, oder zu einem mobilen Truppentheile, oder zur Besatzung eines in Dienst gestellten Kriegsfahrzeuges gehören, können mittelst Ersuchens der vorgesetzten Kommandobehörde erfolgen.

§. 18. Ist der Aufenthalt des Schuldners unbekannt, so kann die Zustellung an denselben durch Anheftung des zuzustellenden Schriftstückes an der zu Aushängen der Vollstreckungsbehörde bestimmten Stelle erfolgen. Die Zustellung gilt als bewirkt, wenn seit der Anheftung zwei Wochen verstrichen sind. Auf die Gültigkeit der Zustellung hat es keinen Einfluß, wenn das Schriftstück von dem Orte der Anheftung zu früh entfernt wird.

Diese Art der Zustellung ist auch dann zulässig, wenn bei einer in einem andern Deutschen Staate oder im Auslande zu bewirkenden Zustellung die Befolgung der für diese bestehenden Vorschriften unausführbar ist, oder keinen Erfolg verspricht.

§. 19. Dem Schuldner und Dritten gegenüber wird der Vollziehungsbeamte zur Vornahme der Zwangsvollstreckung durch den ihm ertheilten und auf Verlangen einer betheiligten Person vorzuzeigenden schriftlichen Auftrag der Vollstreckungsbehörde ermächtigt.

§. 20. Der Vollziehungsbeamte hat die im §. 678[1]) mit Ausnahme des

---

(Zu §. 20). 1) §. 678 a. a. O. Der Gerichtsvollzieher ist befugt, die Wohnung und die Behältnisse des Schuldners zu durchsuchen, soweit der Zweck der Vollstreckung dies erfordert.

Er ist befugt, die verschlossenen Hausthüren, Zimmerthüren und Behältnisse öffnen zu lassen.

Er ist, wenn er Widerstand findet, zur Anwendung von Gewalt befugt und kann zu diesem Zwecke die Unterstützung der polizeilichen Vollzugsorgane nachsuchen.

§. 679. Wird bei einer Vollstreckungshandlung Widerstand geleistet, oder ist bei einer in der Wohnung des Schuldners erfolgenden Vollstreckungshandlung weder der Schuldner, noch eine zur Familie desselben gehörige oder in dieser Familie dienende erwachsene Person gegenwärtig, so hat der Gerichtsvollzieher zwei großjährige Männer oder einen Gemeinde- oder Polizeibeamten als Zeugen zuzuziehen.

§. 681. Zur Nachtzeit, sowie an Sonntagen und allgemeinen Feiertagen darf eine Vollstreckungshandlung nur mit Erlaubniß des Amtsrichters erfolgen, in dessen Bezirke die Handlung vorgenommen werden soll.

Die Verfügung, durch welche die Erlaubniß ertheilt wird, ist bei der Zwangsvollstreckung vorzuzeigen.

Die Nachtzeit umfaßt in dem Zeitraume vom 1. April bis 30. September die Stunden von 9 Uhr Abends bis 4 Uhr Morgens und in dem Zeitraume vom 1. Oktober bis 31. März die Stunden von 9 Uhr Abends bis 6 Uhr Morgens.

§. 682. Der Gerichtsvollzieher hat über jede Vollstreckungshandlung ein Protokoll aufzunehmen.

Das Protokoll muß enthalten:

1. Ort und Zeit der Aufnahme;
2. den Gegenstand der Vollstreckungshandlung unter kurzer Erwähnung der wesentlichen Vorgänge;
3. die Namen der Personen, mit welchen verhandelt ist;
4. die Unterschrift dieser Personen und die Bemerkung, daß die Unterzeichnung nach vorgängiger Vorlesung oder Vorlegung zur Durchsicht und nach vorgängiger Genehmigung erfolgt sei;
5. die Unterschrift des Gerichtsvollziehers.

Hat einem der unter Nr. 4 bezeichneten Erfordernisse nicht genügt werden können, so ist der Grund anzugeben.

Schlußsatzes, sowie in den §§. 679, 682[1]) der Deutschen Civilprozeßordnung dem Gerichtsvollzieher beigelegten Rechte und Pflichten.

Die Bestimmungen des §. 681 a. a. O. finden mit der Maßgabe Anwendung, daß die Ortspolizeibehörde für die Ertheilung der Erlaubniß zur Vornahme einer Vollstreckungshandlung zuständig ist.

§. 21. Die Aufforderungen und sonstigen Mittheilungen, welche zu den Vollstreckungshandlungen gehören, sind von dem Vollziehungsbeamten mündlich zu erlassen und vollständig in das Protokoll aufzunehmen.

Kann die mündliche Ausführung nicht erfolgen, so hat die Vollstreckungsbehörde Demjenigen, an welchen die Aufforderung oder Mittheilung zu richten ist, eine Abschrift des Protokolls zustellen zu lassen.

§. 22. Eine Zwangsvollstreckung, welche zur Zeit des Todes des Schuldners gegen diesen bereits begonnen hatte, wird in den Nachlaß desselben fortgesetzt.

Ist in diesem Falle die Zuziehung des Schuldners bei einer Vollstreckungshandlung nöthig oder ist der Schuldner vor Beginn der Zwangsvollstreckung gestorben, so hat bei ruhender Erbschaft, oder wenn der Erbe oder dessen Aufenthalt unbekannt ist, das zuständige Nachlaßgericht auf Antrag der Vollstreckungsbehörde dem Nachlasse oder dem Erben einen Pfleger zu bestellen.

§. 23. Die Kosten der Mahnung und der Zwangsvollstreckung fallen dem Schuldner zur Last; sie sind zugleich mit dem zur Zwangsvollstreckung stehenden Anspruche beizutreiben.

II. Zwangsvollstreckung in das bewegliche Vermögen.

A. Allgemeine Bestimmungen.

§. 24. Die Zwangsvollstreckung in das bewegliche Vermögen erfolgt durch Pfändung. Sie darf nicht weiter ausgedehnt werden, als zur Deckung der beizutreibenden Geldbeträge und der Kosten der Zwangsvollstreckung erforderlich ist.

Die Pfändung hat zu unterbleiben, wenn sich von der Verwerthung der zu pfändenden Gegenstände ein Ueberschuß über die Kosten der Zwangsvollstreckung nicht erwarten läßt[1])

(Zu §. 24). 1a) Finz.-Minist.-Cirk.-Erlaß v. 3. Dezember 1882, betr. Zulässigkeit des Nachweises der Uneinziehbarkeit der zum Soll stehenden Beträge ohne vorgängige Exekution. — II. 13100 — I. 16784 — III. 16405 —.

Auf den Bericht 2c. eröffne ich, der Kgl. Regierung, daß die Bestimmung im §. 2 der Instruktion zur Ausführung der Exekutionsordnung v. 24. November 1843, welche lautet:

> „Bei dem vor oder nach der Mahnung sich ergebenden gänzlichen Unvermögen eines Schuldners genügt jedoch eine von den gedachten Behörden oder Beamten (nämlich den mit der Erhebung der Steuern oder Gefälle beauftragten Behörden oder Beamten) ausgestellte und von der Kommunalbehörde bestätigte Armuthsbescheinigung, um die Uneinziehbarkeit der zum Soll gestellten Beträge, ohne vorgängige Exekution, nachzuweisen. Sollten aber die mit der Erhebung beauftragten Behörden oder Beamten sich bei Einziehung der Steuern oder Gefälle saumselig und fahrlässig beweisen, so bleibt es der vorgesetzten Behörde überlassen, eine strengere Kontrole anzuordnen",

§. 25. Gegen die Pfändung kann sich der Schuldner nur schützen, wenn derselbe entweder eine Fristbewilligung vorzeigt oder die vollständige Berichtigung des beizutreibenden Geldbetrages durch Quittung oder durch Vorlegung eines Postscheines nachweist, aus welchem sich ergiebt, daß der beizutreibende Geldbetrag an die für die Einziehung zuständige Stelle eingezahlt ist.

Zur Empfangnahme von Geldbeträgen ist der Vollziehungsbeamte nur nach Maßgabe des ihm ertheilten schriftlichen Auftrages ermächtigt.

§. 26. Behauptet ein Dritter, daß ihm an dem gepfändeten Gegenstande ein die Veräußerung hinderndes Recht zustehe, so ist der Widerspruch gegen die Pfändung erforderlichenfalls im Wege der Klage geltend zu machen.

Auf die Einstellung weiterer und die Aufhebung bereits erfolgter Vollstreckungsmaßregeln finden die Vorschriften der §§. 688, 689[1]) der Deutschen Civilprozeßordnung Anwendung.

Der Pfändung einer Sache kann ein Dritter, welcher sich nicht im Besitze

---

durch die Verordnung über das Verwaltungszwangsverfahren v. 7. September 1879 und die hierzu ergangene Ausführungsanweisung v. 15. Sept. 1879 nicht außer Kraft gesetzt worden ist, da dieselbe nicht die Regelung des Zwangsverfahrens, sondern im Gegentheil gerade die Abwendung dieses Verfahrens bezweckt.

Diese Bestimmung, welche in gleicher Weise in die zu den späteren Exekutionsordnungen der übrigen Landestheile erlassenen Ausführungsanweisungen übergegangen ist, erscheint vorzugsweise geeignet, zu der diesseits wiederholt empfohlenen Abstellung der Häufung nutzloser Exekutionsmaßregeln zu dienen.

Die Kgl. Regierung wolle deshalb für ihren Bezirk geeignete Anordnungen treffen, um in diesem Sinne die fortgesetzte Anwendung der vorgedachten Bestimmung, jedoch unter sorgfältiger, auf Verhütung von Mißbräuchen gerichteter Kontrole, sicherzustellen.

1 b) Finz.-Minist.-Cirk.-Erlaß v. 16. März 1878 — IV. 2263 —. Auszug.

Was die praktische Handhabung des Klassensteuer-Exekutionswesens betrifft, so ist bei dem Erlasse der diesseitigen, die Veranstaltung spezieller Untersuchungen hierüber anordnenden Verfügungen v. 14. Juni 1877 (Abdruck nicht erforderlich) keineswegs, wie in einzelnen Berichten vorausgesetzt zu werden scheint, die Absicht dahin gegangen, eine Verschärfung der bestehenden Vorschriften oder eine, die verständige Beurtheilung der obwaltenden thatsächlichen Verhältnisse ausschließende buchstäbliche genaue Ausführung derselben für alle Fälle herbeizuführen. Das diesseits verfolgte Ziel besteht vielmehr darin, die Exekutionsvollstreckung auf das durch das Staatsinteresse wirklich gebotene Maß einzuschränken, und die Häufung nutzloser Exekutionsmaßregeln so viel als möglich abzustellen.

Hiernach ist insbesondere der nach den vorliegenden Berichten auf dem platten Lande fast allgemein üblichen milden, den thatsächlichen Verhältnissen angepaßten Handhabung des Exekutionswesens umsoweniger entgegenzutreten, als nach den übereinstimmenden Gutachten der betheiligten Kgl. Regierungen die Verschärfung der Exekutionsmaßregeln voraussichtlich größere Ausfälle an Steuern zur Folge haben würde.

Es würden jedoch im Interesse sowohl der Staatskasse und einer geordneten Verwaltung als des Rechtsschutzes der Exequenden auf Nachlässigkeit und Willkür der Gemeindeorgane oder auf Unkenntniß und Mißverständniß der gesetzlichen Vorschriften beruhende Ausschreitungen und Verstöße nicht geduldet werden dürfen. ꝛc.

Im Allgemeinen nöthigen die Ergebnisse der angestellten Untersuchungen und Erörterungen dazu, eine gesteigerte Aufmerksamkeit und Einwirkung der Aufsichtsbehörden für das in wirthschaftlicher und anderer Beziehung so wichtige Steuerbeitreibungsverfahren in Anspruch zu nehmen,

der Sache befindet, auf Grund eines Pfand- oder Vorzugsrechtes nicht widersprechen; er kann jedoch seinen Anspruch auf vorzugsweise Befriedigung aus dem Erlöse im Wege der Klage geltend machen, ohne Rücksicht darauf, ob seine Forderung fällig ist oder nicht.

In den in den Absätzen 1 und 3 bezeichneten Fällen ist die Klage ausschließlich bei dem Gerichte zu erheben, in dessen Bezirke die Pfändung erfolgt ist. Wird die Klage gegen denjenigen, für dessen Rechnung die Zwangsvollstreckung stattfindet, und den Schuldner gerichtet, so sind diese als Streitgenossen anzusehen.

---

da leider bewiesen ist, daß nicht nur vielfache Mißstände in dieser Beziehung bestehen, sondern daß es den betreffenden Organen auch an einer ausreichenden Kenntniß von dem Zustande des Exekutionswesens in ihren Bezirken fehlte. Dabei muß den Kgl. Regierungen zur Pflicht gemacht werden, sich nicht blos auf entsprechende Beauftragungen und Berichterstattungen der Landräthe zu beschränken, sondern auch in möglichst ausgedehntem Maße durch die Dirigenten der Finanzabtheilungen, die Steuerdepartementsräthe und in geeigneten Fällen auch durch andere Mitglieder Ihres Kollegii Spezialuntersuchungen über die in den Gemeinden selbst bestehenden Einrichtungen zu veranstalten, wozu die Kassenrevisionen, die den Steuerdepartementsräthen obliegenden jährlichen Bereisungen des Bezirkes u. s. w. Gelegenheit bieten, um eine gründliche Information über den Gegenstand zu gewinnen und auf die Abstellung wahrgenommener Mißstände hinzuwirken.

1 c) Finz.-Minist.-Cirk.-Erlaß v. 24. Juni 1882 — II. 7120 —.

Bereits in der Cirk.-Verfügung v. 16. März 1878 — IV. 2263 — (siehe vorstehend) ist die Einschränkung der Exekutionsvollstreckungen auf das durch das Staatsinteresse wirklich gebotene Maß und die Abstellung der Häufung nutzloser Exekutionsmaßregeln als dringend nothwendig bezeichnet worden.

Nachdem hierauf in zahlreichen, anläßlich der Nachweisungen über die Exekutionsvollstreckungen wegen Klassensteuerrückständen ergangenen Einzelverfügungen den Provinzialbehörden die Beachtung dieses Gesichtspunktes eingeschärft worden, habe ich in der den sämmtlichen Kgl. Regierungen zur Nachachtung mitgetheilten Verfügung an die Kgl. Regierung zu Köln vom 11. Juni 1880 — II. 7592 — (Abdruck nicht erforderlich) auf die Nothwendigkeit hingewiesen, durch mildere Einschätzung bezw. Freistellung der zu den untersten Stufen der Klassensteuer veranlagten, insbesondere der längere Zeit hindurch ohne Erfolg exequirten Personen, sowie durch Vermeidung der nutzlosen Pfändungsversuche gegen die notorisch nicht im Besitze pfändbarer körperlicher Sachen befindlichen Steuerpflichtigen auf die Verminderung der fruchtlosen Pfändungsversuche hinzuwirken, auch auf eine wirksame Beaufsichtigung der Handhabung des Zwangsverfahrens Bedacht zu nehmen.

Mit noch größerem Nachdrucke ist in der bereits vielen Kgl. Regierungen zur Nachachtung mitgetheilten, hier nochmals abschriftlich beigefügten Verfügung an die Kgl. Regierung zu Magdeburg v. 6. September 1880 — II. 11024 — (siehe nachstehend) die gleiche Nothwendigkeit betont und hervorgehoben worden, wie durch die nutzlose Häufung von fruchtlosen Pfändungsversuchen Erbitterung hervorgerufen und der herrschenden Agitation gegen die bestehende Steuergesetzgebung Vorschub geleistet werde.

Nicht minder habe ich in der an sämmtliche Kgl. Regierungen 2c. gerichteten Cirk.-Verfügg. v. 18. März 1880 darauf aufmerksam gemacht, wie durch Einführung der Quartalshebung zugleich eine Verminderung der Zwangsvollstreckungen herbeigeführt und hierdurch nicht nur die mit der zwecklosen Häufung von Vollstreckungshandlungen stets verbundene Gehässigkeit in den Augen des Publikums vermieden, sondern auch für die Steuerpflichtigen eine bedeutende Kostenersparniß erzielt werde.

Trotz dieser vielfachen Hinweisungen scheinen manche Provinzial- und Lokalbehörden diesem Gegenstande nur eine untergeordnete Bedeutung beizulegen.

Aus den Quartalsnachweisungen über Pfändungen wegen Klassensteuerrückständen mache ich nach wie vor die unerwünschte Wahrnehmung, daß die Pfändungen und namentlich die fruchtlosen Pfändungsversuche an zahlreichen Orten in einem auffälligen Mißverhältniß zu der Zahl der Steuerpflichtigen stehen, während ich aus den Erhebungen der von mir mit der Revision von Steuer- und Kreiskassen beauftragten Kommissarien ersehe, daß solche Mißstände vorwiegend in mangelhafter Leitung und Beaufsichtigung des Zwangsverfahrens ihren Grund haben. Noch in jüngster Zeit habe ich auf Grund einer mir erstatteten Anzeige, daß in einem größeren Steuerkassenbezirk bei der Zwangsvollstreckung gegen Restanten der Arbeiterbevölkerung, welche sich nicht im Besitze pfändbarer körperlicher Sachen befinden, doch prinzipaliter die Pfändung solcher Sachen statt der sofortigen Pfändung von Lohnforderungen verfügt zu werden pflege, Veranlassung nehmen müssen, die zuständige Kgl. Bezirksregierung zur Abstellung solcher, die Steuerverwaltung kompromittirender Mißbräuche aufzufordern.

Ich spreche hiermit die bestimmteste Erwartung aus, daß die Kgl. Regierungen fortan allgemein und aus eigener Initiative der berührten Angelegenheit nach allen Seiten hin ihre besondere Aufmerksamkeit zuwenden werden. Namentlich erwarte ich, daß alle mit der unmittelbaren Leitung des Zwangsverfahrens betrauten Behörden mit entsprechenden Weisungen werden versehen und gegen die zu ihrer Kenntniß gelangenden Mißbräuche mit Nachdruck wird eingeschritten werden.

Ich mache die Dirigenten der Finanzabtheilungen und die Steuerdepartementsräthe für die Befolgung der obigen Bestimmungen speziell verantwortlich.

1 d) Finz.-Minist.-Erlaß an die Kgl. Regierung zu Magdeburg vom 6. September 1880 — II. 11024 —.

Die Anführungen des Berichtes v. zc. geben Veranlassung, der Kgl. Regierung die sorgfältige Beachtung der Ihr mitgetheilten, an die Kgl. Regierung zu Köln gerichteten Verfügung v. 11. Juni 1880 — II. 7592 — zu empfehlen.

Zweifellos sind in den Städten Magdeburg, Neustadt und Buckau zahlreiche Personen zur Klassensteuer veranlagt worden, welche nicht nur nicht das entsprechende Einkommen besitzen, sondern überhaupt gänzlich arm sind, und gegen welche daher die Zwangsvollstreckung stets von Neuem fruchtlos ausfällt. Dieses widerspricht dem staatlichen Interesse in hohem Grade, indem abgesehen von den Steuerausfällen durch die nutzlose Häufung von fruchtlosen Pfändungsversuchen Erbitterung hervorgerufen und der herrschenden Agitation gegen die bestehende Steuergesetzgebung Vorschub geleistet wird.

Die Kgl. Regierung wird mit allem Nachdrucke auf eine gesetz- und vorschriftsmäßige Ausführung der Klassensteuer-Veranlagung im ganzen Umfange Ihres Bezirkes hinwirken und Sich insbesondere die Freistellung aller Personen angelegen sein lassen müssen, deren Einkommen nicht zweifellos den Satz der ersten Stufe erreicht. Nach dieser Richtung hin muß sich die der Kgl. Regierung von Amtswegen obliegende Prüfung der Klassensteuerrollen um so mehr erstrecken, als von den Gemeindebehörden und Organen Ihres Bezirkes das staatliche Interesse anscheinend nicht überall genügend berücksichtigt wird und die zur Ungebühr veranlagten Personen, welche sich nicht im Besitze pfändbarer Sachen befinden, von den ihnen gegen die Veranlagung zustehenden Rechtsmitteln keinen Gebrauch zu machen pflegen.

Was die Handhabung des Zwangsverfahrens betrifft, so kann es selbstredend nur gebilligt werden, wenn die Kgl. Regierung auf eine vorschriftsmäßige Ausführung der dieserhalb bestehenden Vorschriften seitens der Gemeinden hinwirkt. Sofern aber die von ihr an den Magistrat zu Neustadt erlassene Verfügung, wie es nach den Anführungen des Berichtes den Anschein hat, auf eine Verschärfung der Handhabung des Zwangsverfahrens abzielen möchte, so würde solches den diesseitigen, den Kgl. Regierungen durch wiederholte Cirkularverfügungen bekannt gewordenen Intentionen keineswegs entsprechen.

(Zu §. 26). 1) Deutsche Civilprozeßordnung vom 30. Januar 1877 (R.G.Bl. S. 83): §. 688. Das Prozeßgericht kann auf Antrag anordnen, daß bis zur Erlassung des Urtheils

§. 27. Hat die Pfändung zu einer vollständigen Deckung der beizutreibenden Geldbeträge nicht geführt oder wird glaubhaft gemacht, daß durch Pfändung eine vollständige Deckung nicht zu erlangen sei, so ist der Schuldner auf Antrag der für die Einziehung des Geldbetrages zuständigen Stelle verpflichtet, ein Verzeichniß seines Vermögens vorzulegen, in Betreff seiner Forderungen den Grund und die Beweismittel zu bezeichnen, sowie den Offenbarungseid dahin zu leisten:

daß er sein Vermögen vollständig angegeben und wissentlich nichts verschwiegen habe.

Für die Abnahme des Offenbarungseides ist das Amtsgericht zuständig, in dessen Bezirk der Schuldner seinen Wohnsitz oder in Ermangelung eines solchen seinen Aufenthaltsort hat; für das Verfahren gelten die Vorschriften der §§. 781 bis 795[1]) der Deutschen Civilprozeßordnung; jedoch ist die Vorauszahlung der Verpflegungskosten nicht erforderlich, wenn die Leistung des Offenbarungseides wegen solcher Geldbeträge beantragt ist, welche an den Staat zu entrichten sind.

über die in den §§. 686, 687 bezeichneten Einwendungen die Zwangsvollstreckung gegen oder ohne Sicherheitsleistung eingestellt oder nur gegen Sicherheitsleistung fortgesetzt werde und daß die erfolgten Vollstreckungsmaßregeln gegen Sicherheitsleistung aufzuheben seien. Die thatsächlichen Behauptungen, welche den Antrag begründen, sind glaubhaft zu machen.

In dringenden Fällen kann das Vollstreckungsgericht eine solche Anordnung erlassen, unter Bestimmung einer Frist, innerhalb welcher die Entscheidung des Prozeßgerichts beizubringen sei. Nach fruchtlosem Ablaufe der Frist wird die Zwangsvollstreckung fortgesetzt.

Die Entscheidung über diese Anträge kann ohne vorgängige mündliche Verhandlung erfolgen.

§ 689. Das Prozeßgericht kann in dem Urtheile, durch welches über die Einwendungen entschieden wird, die in dem vorstehenden Paragraphen bezeichneten Anordnungen erlassen, oder die bereits erlassenen Anordnungen aufheben, abändern oder bestätigen. In Betreff der Anfechtung einer solchen Entscheidung finden die Vorschriften des §. 656 entsprechende Anwendung.

(Zu §. 27.) 1a) §. 711 a. a. O. Hat die Pfändung zu einer vollständigen Befriedigung des Gläubigers nicht geführt oder macht dieser glaubhaft, daß er durch Pfändung seine Befriedigung nicht vollständig erlangen könne, so ist der Schuldner auf Antrag verpflichtet, ein Verzeichniß seines Vermögens vorzulegen, in Betreff seiner Forderungen den Grund und die Beweismittel zu bezeichnen, sowie den Offenbarungseid dahin zu leisten:

daß er sein Vermögen vollständig angegeben und wissentlich nichts verschwiegen habe.

§. 781. Das Verfahren beginnt mit der Ladung des Schuldners zur Leistung des Offenbarungseides.

Bestreitet der Schuldner die Verpflichtung zur Leistung des Eides, so ist von dem Gerichte durch Urtheil über den Widerspruch zu entscheiden. Die Eidesleistung erfolgt erst nach Eintritt der Rechtskraft des Urtheils.

§. 782. Gegen den Schuldner, welcher in dem zur Leistung des Offenbarungseides bestimmten Termine nicht erscheint oder die Leistung des Eides ohne Grund verweigert, hat das Gericht zur Erzwingung der Eidesleistung auf Antrag die Haft anzuordnen.

§. 783. Der verhaftete Schuldner kann zu jeder Zeit bei dem Amtsgerichte des Haftortes beantragen, ihm den Eid abzunehmen. Dem Antrag ist ohne Verzug stattzugeben.

Nach Leistung des Eides wird der Schuldner aus der Haft entlassen und der Gläubiger hiervon in Kenntniß gesetzt.

§. 784. Ein Schuldner, welcher den im §. 711 erwähnten Offenbarungseid geleistet hat, ist zur nochmaligen Leistung des Eides auch einem anderen Gläubiger gegenüber nur verpflichtet, wenn glaubhaft gemacht wird, daß er später Vermögen erworben habe.

B. Zwangsvollstreckung in körperliche Sachen.

§. 28. Die Pfändung der im Gewahrsam des Schuldners befindlichen körperlichen Sachen wird dadurch bewirkt, daß der Vollziehungsbeamte dieselben in Besitz nimmt.

Werden die Sachen im Gewahrsam des Schuldners belassen, so ist durch Anlegung von Siegeln oder auf sonstige Weise die Pfändung ersichtlich zu machen.

Der Vollziehungsbeamte hat den Schuldner von der geschehenen Pfändung in Kenntniß zu setzen.

§. 29. Die vorstehenden Bestimmungen finden entsprechende Anwendung auf die Pfändung von Sachen, welche sich im Gewahrsam eines zur Herausgabe bereiten Dritten befinden.

§. 30. Früchte können, auch bevor sie von dem Boden getrennt sind, gepfändet werden. Die Pfändung darf nicht früher als einen Monat vor der gewöhnlichen Zeit der Reife erfolgen.

---

§. 789. Das Gericht hat bei Anordnung der Haft einen Haftbefehl zu erlassen, in welchem der Gläubiger, der Schuldner und der Grund der Verhaftung zu bezeichnen sind.

§. 790. Die Verhaftung des Schuldners erfolgt durch einen Gerichtsvollzieher. Der Haftbefehl muß bei der Verhaftung dem Schuldner vorgezeigt und auf Begehren abschriftlich mitgetheilt werden.

§. 792. Der Gläubiger hat die Kosten, welche durch die Haft entstehen, einschließlich der Verpflegungskosten von Monat zu Monat vorauszuzahlen. Die Aufnahme des Schuldners in das Gefängniß ist unstatthaft, wenn nicht mindestens für einen Monat die Zahlung geleistet ist. Wird die Zahlung nicht spätestens bis zum Mittag des letzten Tages erneuert, für welchen sie geleistet ist, so wird der Schuldner von Amtswegen aus der Haft entlassen. Gegen den Schuldner, welcher aus diesem Grunde oder ohne sein Zuthun auf Antrag des Gläubigers entlassen ist, findet auf Antrag desselben Gläubigers eine Erneuerung der Haft nicht statt.

§. 794. Die Haft darf die Dauer von 6 Monaten nicht übersteigen. Nach Ablauf der 6 Monate wird der Schuldner von Amtswegen aus der Haft entlassen.

§. 795. Ein Schuldner, gegen welchen wegen Verweigerung des im §. 711 erwähnten Offenbarungseides eine Haft von 6 Monaten vollstreckt ist, kann auch auf Antrag eines anderen Gläubigers von neuem zur Leistung dieses Eides durch Haft nur angehalten werden, wenn glaubhaft gemacht wird, daß der Schuldner später Vermögen erworben habe.

1 b) Finz.-Minist.-Erlaß v. 29. Sept. 1880 — III. 13326, II. 12542, I. 14465 —.

Abschrift (nachstehenden Erlasses) erhält die &c. zur Nachricht und Beachtung:

Allgemeine Verfügung v. 29. Sept. 1880 betr. die Entschädigung der Gerichtsvollzieher für die von Verwaltungsbehörden angeordneten Amtshandlungen, welche die Leistung des Offenbarungseides eines Schuldners betreffen.

§§. 24, 25 der Gerichtsvollzieherordnung (Anlage zu Nr. 30 des Justiz-Ministerial-Blattes für 1879).

Nach §. 27 der Allerhöchsten Verordnung v. 7. Sept. 1879 — G.-S. S. 591 — finden die §§. 781 bis 795 der Civilprozeßordnung auch dann Anwendung, wenn es sich um Geldbeträge handelt, deren Beitreibung im Wege des Verwaltungszwangsverfahrens erfolgt. Die Ladungen zur Leistung des Offenbarungseides und die Verhaftungen zur Erzwingung dieses Eides sind demgemäß stets durch Gerichtsvollzieher zu bewirken.

Auf Grund des §. 24 Nr. 2 der Gebührenordnung für Gerichtsvollzieher v. 24. Juni 1878 — R.G.Bl. S. 166 — und der §§. 32, 38 und 39 des Ausführungsgesetzes v. 10. März 1879

§. 31. Die in dem §. 715[1]) der Deutschen Civilprozeßordnung bezeichneten Sachen sind der Pfändung nicht unterworfen.

§. 32. Die gepfändeten Sachen sind auf schriftliche Anordnung der Vollstreckungsbehörde und zwar in der Regel durch den Vollziehungsbeamten öffentlich zu versteigern; Kostbarkeiten sind vor der Versteigerung durch einen Sachverständigen abzuschätzen. Gepfändetes Geld hat der Vollziehungsbeamte an die Vollstreckungsbehörde abzuliefern; die Wegnahme des Geldes durch den Vollziehungsbeamten gilt als Zahlung von Seiten des Schuldners.

— G.S. S. 145 — bestimme ich im Einverständniß mit dem Herrn Finanzminister, daß die vorbezeichneten Amtshandlungen in denjenigen Fällen, in welchen die beizutreibenden Geldbeträge dem Staate gebühren, bezüglich der Entschädigung der Gerichtsvollzieher bis auf Weiteres ebenso zu behandeln sind, wie die von den Justizbehörden von Amtswegen angeordneten tarifirten Amtshandlungen. Die Gebühren und Auslagen der Gerichtsvollzieher sind demgemäß in die Spalte 9 des allgemeinen Dienstregisters einzutragen und von dem Landgerichtspräsidenten bei Festsetzung der als Pauschquantum festzusetzenden Entschädigung unter Anwendung der im ersten Satze des §. 25 der Gerichtsvollzieherordnung getroffenen Bestimmung mit zu berücksichtigen.

Berlin, den 29. September 1880. Der Justizminister.

An sämmtliche Justizbehörden. I. 4128.

1c) Allgemeine Verfügung des Justiz- und des Finanzministers betr die Verrechnung der Gebühren der Gerichtsvollzieher für die von den Verwaltungsbehörden angeordneten, die Leistung des Offenbarungseides eines Schuldners bezweckenden Amtshandlungen, vom 19. Nov. 1882. (Allgemeine Verfügung v. 29. Sept. 1880. Justiz.-Minist.-Bl. S. 222.) (Siehe vorsteh.)

Zur Herbeiführung eines einheitlichen Verfahrens wird bestimmt, daß die Gebühren der Gerichtsvollzieher für die von den Verwaltungsbehörden angeordneten Amtshandlungen, welche die Leistung des Offenbarungseides eines Schuldners betreffen, — insoweit diese Gebühren zur Einzahlung gelangen — stets bei derjenigen Verwaltung als extraordinäre Einnahme zu verrechnen sind, welche die Amtshandlung des Gerichtsvollziehers veranlaßt hat.

Eine Registrirung der fraglichen Gebühren in dem Kostenregister der Gerichtsschreiber darf nicht stattfinden.

An sämmtliche Justizbehörden. Just.-M. I. 4363. Finz.-M. III. 15222, II. 13384. I. 16260.

Abschrift zur Nachricht und weiteren Veranlassung unter Bezugnahme auf den Cirk.-Erlaß v. 29. Sept. 1880. Dabei mache ich darauf aufmerksam, daß die Behörde, welche den Fiskus vertritt, von der Höhe des Gebührenbetrages durch das Schriftstück, welches der Gerichtsvollzieher über die Erledigung des Auftrages aufzunehmen hat (§. 12 Nr. 6 der Geschäftsanweisung für die Gerichtsvollzieher v. 24. Juli 1879, Anl. zu Nr. 31 des Justiz-Minist.-Bl.), Kenntniß erhält, und daß es nicht zulässig ist, die in Rede stehenden Gebühren bei den zur Staatskasse vereinnahmten Zwangsvollstreckungskosten nachzuweisen, weil dieselben im Verwaltungszwangsverfahren nicht beigetrieben werden können.

Berlin, den 19. Nov. 1882. III. 15222, II. 13384, I. 16260.

Der Finanz-Minister.

(Zu §. 31.) 1a) Deutsche Civilprozeßordnung v. 30. Jan. 1877. (R.G.Bl. S. 83):

§. 715. Folgende Sachen sind der Pfändung nicht unterworfen:

1. Die Kleidungsstücke, die Betten, das Haus- und Küchengeräth, insbesondere die Heiz- und Kochöfen, soweit diese Gegenstände für den Schuldner, seine Familie und sein Gesinde unentbehrlich sind;
2. die für den Schuldner, seine Familie und sein Gesinde auf zwei Wochen erforderlichen Nahrungs- und Feuerungsmittel;
3. eine Milchkuh oder nach der Wahl des Schuldners statt einer solchen zwei Ziegen oder

§. 33. Die Versteigerung der gepfändeten Sachen darf nicht vor Ablauf einer Woche seit dem Tage der Pfändung geschehen, sofern nicht der Schuldner sich mit einer früheren Versteigerung einverstanden erklärt oder dieselbe erforderlich

---

zwei Schafe, nebst dem zum Unterhalte und zur Streu für dieselben auf zwei Wochen erforderlichen Futter und Stroh, sofern die bezeichneten Thiere für die Ernährung des Schuldners, seiner Familie und seines Gesindes unentbehrlich sind;

4. bei Künstlern, Handwerkern, Hand- und Fabrikarbeitern, sowie bei Hebeammen, die zur persönlichen Ausübung des Berufs unentbehrlichen Gegenstände;*)
5. bei Personen, welche Landwirthschaft betreiben, das zum Wirthschaftsbetriebe unentbehrliche Geräth, Vieh- und Feldinventarium nebst dem nöthigen Dünger, sowie die landwirthschaftlichen Erzeugnisse, welche zur Fortsetzung der Wirthschaft bis zur nächsten Ernte unentbehrlich sind;
6. bei Offizieren, Deckoffizieren, Beamten, Geistlichen, Lehrern an öffentlichen Unterrichtsanstalten, Rechtsanwälten, Notaren und Aerzten die zur Verwaltung des Dienstes oder Ausübung des Berufs erforderlichen Gegenstände, sowie anständige Kleidung;**)
7. bei Offizieren, Militärärzten, Deckoffizieren, Beamten, Geistlichen und Lehrern an öffentlichen Unterrichtsanstalten ein Geldbetrag, welcher dem der Pfändung nicht unterworfenen Theile***) des Diensteinkommens oder der Pension für die Zeit von der Pfändung bis zum nächsten Termine der Gehalts- oder Pensionszahlung gleichkommt;
8. die zum Betriebe einer Apotheke unentbehrlichen Geräthe, Gefäße und Waaren;
9. Orden und Ehrenzeichen;
10. die Bücher, welche zum Gebrauche des Schuldners und seiner Familie in der Kirche oder Schule bestimmt sind.

*) Finz.-Minist.-Erlaß v. 23. Dez. 1882 — III. 16272, II. 14701 —.

Der Herr Justizminister hat in dem allgemeinen Erlaß v. 22. v. Mts. (Just.-Minist.-Bl. S. 368) die Gerichte darauf aufmerksam gemacht, daß für solche Handwerker und Handarbeiter, deren Arbeit zu einem irgend beträchtlichen Theile im Nähen besteht, insbesondere also für Schneider, Schneiderinnen, Näherinnen u. s. w., nach Lage der schon seit einer Reihe von Jahren obwaltenden Verhältnisse eine Nähmaschine in der Regel als eine zur Ausübung ihres Berufs unentbehrliche Sache anzusehen sei, daß es gegen die Vorschrift des §. 715 Nr. 4 der Civilprozeßordnung verstoße, wenn gleichwohl den bezeichneten Personen die zur Ausführung ihrer Berufsarbeiten von ihnen persönlich benutzte Nähmaschine abgepfändet werde, und daß durch ein solches Verfahren nicht nur die einzelnen von der Pfändung betroffenen Schuldner in ihrem Gewerbe dauernd geschädigt, sondern auch allgemeine und öffentliche Interessen, und unter diesen das volkswirthschaftliche Interesse, beeinträchtigt würden.

Diese Grundsätze sind auch bei den Pfändungen, welche auf Grund der Verordnung vom 7. Sept. 1879 im Verwaltungszwangsverfahren vorgenommen werden, zu beachten.

**) Den Offizieren außer Dienst, denen die Tragung der Armeeuniform oder einer anderen Militäruniform erlaubt ist, dürfen die zu dieser Uniform gehörigen Stücke nicht abgepfändet werden. — Kab.-Ordre v. 9. März 1839 (G.S. S. 93.) —

***) Siehe §. 51 der Verordnung Nr. 7 und Absatz 2, (S. 457.) sowie die Anmerkungen zu §. 42 der Geschäftsanweisung für die Vollziehungsbeamten vom 11. Okt. 1879 in Nr. III. dieses Abschnittes.

1 b) Gesetz über das Postwesen des Deutschen Reichs, v. 28. Okt. 1871 (R.G.Bl. S. 347):

§. 18. Gegen die ordentlichen Posten, Extraposten, Kuriere und Estafetten ist keine Pfändung erlaubt; auch darf dieselbe gegen einen Postillion nicht geübt werden, welcher mit dem ledigen Gespann zurückkehrt. Bei Zuwiderhandlungen ist eine Geldstrafe von zehn Silbergroschen bis zu zwanzig Thalern verwirkt.

§. 20. Das Inventarium der Posthaltereien darf im Wege des Arrestes oder der Exekution nicht mit Beschlag belegt werden.

ist, um die Gefahr einer beträchtlichen Werthverringerung der zu versteigernden Sache abzuwenden, oder um unverhältnißmäßige Kosten einer längeren Aufbewahrung zu vermeiden.

Die Versteigerung erfolgt in der Gemeinde, in welcher die Pfändung geschehen ist. Zeit und Ort der Versteigerung sind unter allgemeiner Bezeichnung der zu versteigernden Sachen öffentlich bekannt zu machen. Auf Ersuchen der Vollstreckungsbehörde ist der Ortsvorsteher verpflichtet der Versteigerung beizuwohnen oder einen Gemeinde- oder Polizeibeamten mit der Beiwohnung zu beauftragen.

Die Vorschriften des §. 25 finden auf die Versteigerung entsprechende Anwendung.

§. 34. Bei der Versteigerung ist nach den Vorschriften der §§. 718, 719[1]) der Deutschen Civilprozeßordnung zu verfahren.

Die Empfangnahme des Erlöses durch den versteigernden Beamten gilt als Zahlung von Seiten des Schuldners.

§. 35. Gold- und Silbersachen dürfen nicht unter ihrem Gold- oder Silberwerthe zugeschlagen werden. Wird ein den Zuschlag gestattendes Gebot nicht abgegeben, so kann der Verkauf aus freier Hand zu dem Preise bewirkt werden, welcher den Gold- oder Silberwerth erreicht.

§. 36. Gepfändete Werthpapiere sind, wenn sie einen Börsen- oder Marktpreis haben, aus freier Hand zum Tageskurse zu verkaufen und wenn sie einen solchen Preis nicht haben, nach den allgemeinen Bestimmungen zu versteigern.

§. 37. Die Versteigerung gepfändeter, von dem Boden noch nicht getrennter Früchte ist erst nach der Reife zulässig. Sie kann vor oder nach der Trennung der Früchte erfolgen; im letzteren Falle hat der Vollziehungsbeamte die Aberntung bewirken zu lassen.

§. 38. Lautet ein gepfändetes Werthpapier auf Namen oder ist ein gepfändetes Inhaberpapier durch Einschreibung auf den Namen oder in anderer Weise außer Kurs gesetzt, so ist die Vollstreckungsbehörde berechtigt, die Umschreibung auf den Namen des Käufers, bezw. die Wiederinkurssetzung zu erwirken und die hierzu erforderlichen Erklärungen an Stelle des Schuldners abzugeben.

§. 39. Auf Antrag des Schuldners oder aus besonderen Zweckmäßigkeitsgründen kann die Vollstreckungsbehörde anordnen, daß die Verwerthung einer gepfändeten Sache in anderer Weise oder an einem anderen Orte als in den vor-

---

(Zu §. 34). 1) Deutsche Civilprozeßordnung v. 30. Jan. 1877 (R.G.Bl. S. 83):

§. 718. Der Zuschlag an den Meistbietenden erfolgt nach dreimaligem Ausrufe.

Die Ablieferung einer zugeschlagenen Sache darf nur gegen baare Zahlung erfolgen.

Hat der Meistbietende nicht zu der in den Versteigerungsbedingungen bestimmten Zeit oder in Ermangelung einer solchen Bestimmung nicht vor dem Schlusse des Versteigerungstermins die Ablieferung gegen Zahlung des Kaufgeldes verlangt, so wird die Sache anderweit versteigert; der Meistbietende wird zu einem weiteren Gebote nicht zugelassen; er haftet für den Ausfall; auf den Mehrerlös hat er keinen Anspruch.

§. 719. Die Versteigerung wird eingestellt, sobald der Erlös zur Befriedigung des Gläubigers und zur Deckung der Kosten der Zwangsvollstreckung hinreicht.

stehenden Paragraphen bestimmt ist, stattzufinden habe oder daß die Versteigerung durch eine andere Person, als den Vollziehungsbeamten vorzunehmen sei.

§. 40. Die Pfändung bereits gepfändeter Sachen wird durch die in das Protokoll aufzunehmende Erklärung des Vollziehungsbeamten, daß er die Sachen zur Deckung der ihrer Art und Höhe nach zu bezeichnenden Geldbeträge pfände, bewirkt. Der Schuldner ist von der weiteren Pfändung in Kenntniß zu setzen.

Ist die frühere Pfändung im Auftrage einer anderen Vollstreckuungsbehörde oder durch einen Gerichtsvollzieher erfolgt, so ist dieser Vollstreckungsbehörde bezw. dem Gerichtsvollzieher eine Abschrift des Protokolls zuzustellen.

Eine entsprechende Verpflichtung hat der Gerichtsvollzieher, welcher im Wege der gerichtlichen Zwangsvollstreckung eine bereits im Auftrage einer Vollstreckungsbehörde gepfändete Sache pfändet.

§. 41. Wenn eine mehrfache Pfändung desselben Gegenstandes im Auftrage verschiedener Vollstreckungsbehörden oder im Auftrage einer Vollstreckungsbehörde und durch Gerichtsvollzieher stattgefunden hat, so begründet ausschließlich die erste Pfändung die Zuständigkeit zur Ausführung der Versteigerung.

Die Versteigerung erfolgt für alle betheiligten Gläubiger auf Betreiben eines Jeden derselben.

Die Vertheilung des Erlöses erfolgt nach der Reihenfolge der Pfändungen oder, falls die sämmtlichen Betheiligten über die Vertheilung einverstanden sind, nach der getroffenen Vereinbarung.

Ist der Erlös zur Deckung der Forderung nicht ausreichend und verlangt der Gläubiger, für welchen die zweite oder eine spätere Pfändung erfolgt ist, ohne Zustimmung der übrigen betheiligten Gläubiger eine andere Vertheilung als nach der Reihenfolge der Pfändungen, so ist die Sachlage unter Hinterlegung des Erlöses demjenigen Amtsgerichte, in dessen Bezirk die Pfändung stattgefunden hat, anzuzeigen. Dieser Anzeige sind die auf das Verfahren sich beziehenden Schriftstücke beizufügen. Die Vertheilung erfolgt nach Maßgabe der Vorschriften der §§. 759—768 der Deutschen Civilprozeßordnung.

In gleicher Weise ist zu verfahren, wenn die Pfändung für mehrere Gläubiger gleichzeitig bewirkt ist.

C. Zwangsvollstreckung in Forderungen und andere Vermögensrechte.

§. 42. Soll eine Geldforderung gepfändet werden, so hat die Vollstreckungsbehörde durch schriftliche Verfügung dem Drittschuldner[1]) zu verbieten, an den Schuldner zu zahlen.

Zugleich hat die Vollstreckungsbehörde an den Schuldner durch schriftliche Ver-

(Zu §. 42). 1) Welche Militärbehörden und Personen bei der Pfändung des Diensteinkommens bezw. der Pensionen der Offiziere und Beamten der Preußischen Militärverwaltung berufen sind, den Militär-Fiskus als Drittschuldner zu vertreten, ist in einer in dem Centralblatt für das Deutsche Reich Nr. 39 für 1881 abgedruckten Nachweisung näher angegeben.

fügung das Gebot zu erlassen, sich jeder Verfügung über die Forderung, insbesondere der Einziehung derselben zu enthalten.

Mit der Zustellung der Verfügung an den Drittschuldner ist die Pfändung als bewirkt anzusehen. Von dieser Zustellung ist der Schuldner in Kenntniß zu setzen.

§. 43. Die Pfändung von Forderungen aus Wechseln und anderen Papieren, welche durch Indossament übertragen werden können, wird dadurch bewirkt, daß der Vollziehungsbeamte diese Papiere in Besitz nimmt.

§. 44. Die gepfändete Geldforderung ist Demjenigen, für dessen Rechnung die Zwangsvollstreckung erfolgt, durch die Vollstreckungsbehörde zur Einziehung zu überweisen; dieselbe hat beglaubigte Abschriften der Verfügung dem Schuldner und dem Drittschuldner zustellen zu lassen.

§. 45. Die Ueberweisung ersetzt die förmlichen Erklärungen des Schuldners, von welchen nach den Vorschriften des bürgerlichen Rechts die Berechtigung zur Einziehung der Forderung abhängig ist. Bei Pfändung einer in einem Grund- oder Hypothekenbuche eingetragenen Forderung oder Berechtigung findet außerdem der §. 16 des Ausführungsgesetzes zur Deutschen Civilprozeßordnung v. 24. März 1879[1]) (G.-S. S. 281) Anwendung.

Der Schuldner ist verpflichtet, die über die Forderung vorhandenen Urkunden herauszugeben. Im Weigerungsfalle sind dieselben auf Anordnung der Vollstreckungsbehörde dem Schuldner durch den Vollziehungsbeamten wegzunehmen.

Werden die herauszugebenden Urkunden nicht vorgefunden, so kann von dem Schuldner die Ableistung des Offenbarungseides dahin,

> daß er die Urkunden nicht besitze, auch nicht wisse, wo dieselben sich befinden,

gefordert werden.

Das Gericht kann eine der Lage der Sache entsprechende Aenderung der vorstehenden Eidesnorm beschließen.

Für die Zuständigkeit des Gerichts und das Verfahren finden die Vorschriften des §. 27 entsprechende Anwendung.

(Zu §. 45). 1) Ausführungsgesetz zur deutschen Civilprozeßordnung. Vom 24. März 1879 (G.S. S. 281):

§. 16. Die Pfändung einer in einem Grund- oder Hypothekenbuche eingetragenen Forderung oder Berechtigung ersetzt die Bewilligung des Schuldners zur Eintragung des entstandenen Pfandrechts. Zum Nachweise der Pfändung ist der Nachweis der Zustellung des Pfändungsbeschlusses an den Eigenthümer des Grundstücks erforderlich und ausreichend.

Die Ueberweisung einer in einem Grund- oder Hypothekenbuche eingetragenen Geldforderung an Zahlungsstatt ersetzt die Bewilligung des Schuldners zur Eintragung der Abtretung.

Zu dem Antrage des Gläubigers auf Eintragung ist weder die Vermittelung des Prozeßgerichts oder des Vollstreckungsgerichts, noch die Beglaubigung erforderlich.

Die Vorschriften des bürgerlichen Rechts über die Voraussetzungen, unter welchen die Rechte an einer in einem Grund- oder Hypothekenbuche eingetragenen Forderung Rechtswirkung gegen Dritte erlangen, bleiben unberührt.

Befindet sich eine herauszugebende Urkunde im Gewahrsam eines Dritten, so ist demjenigen, für dessen Rechnung die Zwangsvollstreckung erfolgt, der Anspruch des Schuldners anf Herausgabe derselben nach Maßgabe des §. 44 zu überweisen.

§. 46. Auf Verlangen des Gläubigers hat der Drittschuldner binnen zwei Wochen von der Zustellung der im §. 42 Abs. 1 bezeichneten Verfügung an gerechnet, dem Gläubiger zu erklären:

1. ob und inwieweit er die Forderung als begründet anerkenne und Zahlung zu leisten bereit sei;
2. ob und welche Ansprüche andere Personen an die Forderung machen;
3. ob und wegen welcher Ansprüche die Forderung bereits für andere Gläubiger gepfändet sei.

Die Aufforderung zur Abgabe dieser Erklärung kann in die vorgedachte Verfügung aufgenommen werden. Der Drittschuldner haftet dem Gläubiger für den aus der Nichterfüllung seiner Verpflichtung entstehenden Schaden.

Die Bestimmungen der §§. 740—742[1]) der Deutschen Civilprozeßordnung finden Anwendung.

§. 47. Schon vor der Pfändung kann die für die Einziehung zuständige Stelle durch die Vollstreckungsbehörde dem Drittschuldner und dem Schuldner die Benachrichtigung, daß die Pfändung bevorstehe, zustellen lassen mit der Aufforderung an den Drittschuldner, nicht an den Schuldner zu zahlen und mit der Aufforderung an den Schuldner, sich jeder Verfügung über die Forderung, insbesondere der Einziehung derselben, zu enthalten.

Die Benachrichtigung an den Drittschuldner hat die Wirkung eines Arrestes (§. 810 der Deutschen Civilprozeßordnung)[1]) sofern die Pfändung der Forderung innerhalb drei Wochen bewirkt wird. Die Frist beginnt mit dem Tage, an welchem die Benachrichtigung zugestellt ist.

§. 48. Die Zwangsvollstreckung in Ansprüche, welche die Herausgabe oder Leistung körperlicher Sachen zum Gegenstande haben, erfolgt nach den Vorschriften der §§. 42—47 unter Berücksichtigung der nachstehenden Bestimmungen.

---

1) Deutsche Civilprozeßordnung v. 30. Jan. 1877 (R.G.Bl. S. 83):

§. 740. Der Gläubiger, welcher die Forderung einklagt, ist verpflichtet, dem Schuldner gerichtlich den Streit zu verkünden, sofern nicht eine Zustellung im Auslande oder eine öffentliche Zustellung erforderlich wird.

§. 741. Der Gläubiger, welcher die Beitreibung einer ihm zur Einziehung überwiesenen Forderung verzögert, haftet dem Schuldner für den daraus entstehenden Schaden.

§. 742. Der Gläubiger kann auf die durch Pfändung und Ueberweisung zur Einziehung erworbenen Rechte unbeschadet seines Anspruchs verzichten. Die Verzichtleistung erfolgt durch eine dem Schuldner zuzustellende Erklärung. Die Erklärung ist auch dem Drittschuldner zuzustellen.

§. 810. Absatz 1. Die Vollziehung des Arrestes in bewegliches Vermögen wird durch Pfändung bewirkt. Die Pfändung erfolgt nach denselben Grundsätzen wie jede andere Pfändung und begründet ein Pfandrecht mit den im §. 709 bestimmten Wirkungen. Für die Pfändung einer Forderung ist das Arrestgericht als Vollstreckungsgericht zuständig.

§. 49. Bei der Pfändung eines Anspruches, welcher eine bewegliche körperliche Sache betrifft, hat die Vollstreckungsbehörde anzuordnen, daß die Sache an den zu bezeichnenden Vollziehungsbeamten herauszugeben sei.

Auf die Verwerthung der Sache finden die Vorschriften über die Verwerthung gepfändeter Sachen Anwendung.

§. 50. Bei Pfändung eines Anspruches, welcher eine unbewegliche[1]) Sache betrifft, hat die Vollstreckungsbehörde anzuordnen, daß die Sache an einen auf ihren Antrag vom Amtsgerichte der belegenen Sache zu bestellenden Sequester herauszugeben sei.

Die Zwangsvollstreckung in die herausgegebene Sache wird nach den für die Zwangsvollstreckung in unbewegliche Sachen geltenden Vorschriften[2]) bewirkt.

Bei Pfändung eines Anspruchs, welcher die Uebertragung des Eigenthums einer unbeweglichen Sache zum Gegenstande hat, findet außerdem der §. 17[3]) des Ausführungsgesetzes zur Deutschen Civilprozeßordnung vom 24. März 1879 (G.-S. S. 281) Anwendung.

§. 51. Der Pfändung sind nicht unterworfen:[1])

1. die auf gesetzlicher Vorschrift beruhenden Alimentenforderungen;
2. die fortlaufenden Einkünfte, welche ein Schuldner aus Stiftungen oder sonst auf Grund der Fürsorge und Freigebigkeit eines Dritten bezieht, insoweit der Schuldner zur Bestreitung des nothdürftigen Unterhalts für sich, seine Ehefrau und seine noch unversorgten Kinder dieser Einkünfte bedarf;
3. die aus Kranken-, Hülfs- oder Sterbekassen, insbesondere aus Knappschaftskassen und Kassen der Knappschaftsvereine zu beziehenden Hebungen;
4. der Sold und die Invalidenpension der Unteroffiziere und der Soldaten;

(Zu §. 50). 1) Was in Ansehung der Zwangsvollstreckung zum unbeweglichen Vermögen gehört, ist ausgesprochen im §. 1 des Gesetzes betr. die Zwangsvollstreckung in das unbewegliche Vermögen v. 13. Juli 1883 (G.S. S. 131).

2) Siehe das ebengenannte Gesetz.

3) Ausführungsgesetz zur deutschen Civilprozeßordnung. Vom 24. März 1879 (G.S. S. 281):

§. 17. Bei Pfändung eines Anspruchs, welcher die Uebertragung des Eigenthums einer unbeweglichen Sache zum Gegenstande hat, ist anzuordnen, daß die Uebertragung nur an den nach §. 747 der deutschen Civilprozeßordnung zu bestellenden Sequester als Vertreter des Schuldners vorgenommen werde. Der Sequester ist zu ermächtigen und anzuweisen, daß er an Stelle des Schuldners die zu dem Erwerb erforderlichen Erklärungen abgebe und die Eintragung der Forderung des Gläubigers in das Grund- oder Hypothekenbuch in der zur Sicherstellung eines Anspruchs auf Eintragung vorgeschriebenen Form bewillige und beantrage.

Ist der Anspruch für mehrere Gläubiger gepfändet, so hat der Sequester die Eintragung der Forderungen in der durch die Zeit der Pfändungen bestimmten Reihenfolge zu beantragen; wenn ein Gläubiger eine andere Reihenfolge verlangt oder die Zeit der Pfändungen nicht erhellt, zu gleichen Rechten unter dem miteinzutragenden Vorbehalt einer anderweiten Feststellung des Ranges derselben untereinander.

(Zu §. 51). 1) Dieser §. 51 ist der Hauptsache nach gleichlautend mit dem §. 749 der Civilprozeßordnung v. 30. Jan. 1877 (R.G.Bl. S. 220). Er spricht von der Nichtpfändbarkeit von Forderungen, der §. 31 (oben S. 450) von der Nichtpfändbarkeit von Sachen.

5. das Diensteinkommen der Militärpersonen, welche zu einem mobilen Truppentheil oder zur Besatzung eines in Dienst gestellten Kriegsfahrzeuges gehören;
6. die Pensionen der Wittwen und Waisen und die denselben aus Wittwen- und Waisenkassen zukommenden Bezüge, die Erziehungsgelder und die Studienstipendien, sowie die Pensionen invalider Arbeiter;
7. das Diensteinkommen der Offiziere, Militärärzte und Deckoffiziere, der Beamten,[2]) der Geistlichen und der Lehrer an öffentlichen Unterrichtsanstalten; die Pension dieser Personen nach deren Versetzung in einstweiligen oder dauernden Ruhestand, sowie der nach ihrem Tode den Hinterbliebenen zu gewährende Sterbe- oder Gnadengehalt.[3])

Uebersteigen in den Fällen Nr. 6 und 7 das Diensteinkommen, die Pension oder die sonstigen Bezüge die Summe von fünfzehnhundert Mark für das Jahr, so ist der dritte Theil des Mehrbetrages der Pfändung unterworfen.[4])

---

2) In Betr. der Privatbeamten bestimmt der Anm. 1 angezogene §. 749 der Civilprozeßordnung im Absatz 3:

Der Gehalt und die Dienstbezüge der im Privatdienste dauernd angestellten Personen (§. 4 Nr. 4 des Reichsgesetzes v. 21. Juni 1869) (siehe Anm. 7) sind nur soweit der Pfändung unterworfen, als der Gesammtbetrag die Summe von fünfzehnhundert Mark für das Jahr übersteigt.

3a) Finz.-Minist.-Erlaß v. 6. Jan. 1883 — III. 17342, I. 18354, II. 154 —.

Zur Begegnung von Zweifeln mache ich darauf aufmerksam, daß die Allerhöchste Kabinetsordre v. 29. Mai 1834 — G.S. S. 70 —, betreffend die Abrechnung der Wittwenkassenbeiträge bei Ermittelung der zulässigen Gehalts- und Pensionsabzüge, durch die Vorschriften im §. 749 der Civilprozeßordnung nicht aufgehoben ist.

Im Fall einer auf Grund der Verordnung v. 7. Sept. 1879 vorzunehmenden Pfändung sind demnach von dem Diensteinkommen oder der Pension der Offiziere, der Militär- oder Civilbeamten vorweg die zur Wittwenkasse zu entrichtenden Beiträge in Abzug zu bringen und erst von dem Ueberreste die Theilbeträge zu berechnen, welche gesetzlich gepfändet werden dürfen.

3b) Allerhöchste Kabinetsorder, betr. die Abrechnung der Wittwenkassen-Beiträge bei Ermittelung der zulässigen Gehalts- und Pensionsabzüge. Vom 29. Mai 1834 (G.S. S. 70):

Auf den gemeinschaftlichen Bericht vom zc. genehmige Ich, daß bei Berechnung der Gehalts- und Pensionsabzüge eines aktiven oder pensionirten Offiziers, sowie aller Militär- und Civilbeamten, die zur Wittwenkasse zu entrichtenden Beiträge von dem Gehalte oder der Pension vorweg in Abzug gebracht, und erst von dem Ueberreste derselben die gesetzlich zulässigen Abzüge für die Gläubiger berechnet werden. Diese Bestimmung ist durch die Gesetzsammlung zur öffentlichen Kenntniß zu bringen.

4) Zufolge der Bestimmung im §. 14 Abs. 1 des Preußischen Ausführungsgesetzes zur deutschen Civilprozeßordnung v. 24. März 1879 (G.S. S. 281) finden im vorliegenden Falle der §. 733 und 734 der deutschen Civilprozeßordnung (R.G.Bl. für 1877 S. 217) gleichfalls Anwendung:

§. 733. Das Pfandrecht, welches durch die Pfändung einer Gehaltsforderung oder einer ähnlichen in fortlaufenden Bezügen bestehenden Forderung erworben wird, erstreckt sich auch auf die nach der Pfändung fällig werdenden Beträge.

§. 734. Durch die Pfändung eines Diensteinkommens wird auch dasjenige Einkommen betroffen, welches der Schuldner in Folge der Versetzung in ein anderes Amt, der Uebertragung eines neuen Amts oder einer Gehaltserhöhung zu beziehen hat.

Diese Bestimmung findet auf den Fall der Aenderung des Dienstherrn keine Anwendung.

Bei der Einziehung von kurrenten öffentlichen Abgaben[5]), von Disziplinarstrafen und von solchen Zwangsstrafen, welche durch die vorgesetzte Dienstbehörde festgesetzt sind, finden die Vorschriften der Nr. 7 rücksichtlich des Diensteinkommens und der Pension der Beamten,[6]) der Geistlichen und der Lehrer an öffentlichen Unterrichtsanstalten nicht Anwendung.

Die Einkünfte, welche zur Bestreitung eines Dienstaufwandes bestimmt sind, und der Servis der Offiziere, Militärärzte und Militärbeamten sind weder der Pfändung unterworfen noch bei der Ermittelung, ob und zu welchem Betrage ein Diensteinkommen der Pfändung unterliege, zu berechnen.

Bezüglich der Zulässigkeit der Pfändung des Arbeits- oder Dienstlohns verbleibt es bei den Bestimmungen des Reichsgesetzes vom 21. Juni 1869 — B.-G.-Bl. 1869 S. 242 und 1871 S. 63 —. (Siehe § 1 u. 4.)[7])

5a) Finz.-Minist.-Erlaß v. 22. Okt. 1880 — II. 13784 — Auszug.

Auf den Bericht rc. wird der Kgl. Direktion eröffnet, daß bei der von dem hiesigen Magistrate im Schreiben rc. bezeichneten Veranlassung eine umfassende Interpretation des Begriffs „kurrenter" öffentlicher Abgaben im Sinne des §. 51 der Verordnung über das Verwaltungszwangsverfahren v. 7. Sept. 1879 nicht gegeben, vielmehr nur ausgesprochen worden ist,

> „daß nach diesseitiger in der Praxis stets bethätigter und, soweit bekannt, nicht bestrittener Auffassung mindestens alle diejenigen direkten Staatssteuern, welche in demselben Rechnungsjahre — (§. 1 des Gesetzes v. 12. Juli 1876, betreffend Veranlagung und Erhebung der direkten Staatssteuern nach dem Etatsjahre — G.S. S. 288 —), innerhalb dessen sie fällig geworden, von dem Pflichtigen eingefordert werden, für kurrent im Sinne des §. 51 der Verordnung v. 7. Sept. 1879 zu erachten sind, ohne daß es hierbei auf die einzelnen Hebungsperioden innerhalb des Jahres weiter ankäme".

5b) In einem Finz.-Minist.-Erlasse v. 9. Aug. 1882 — II. 8532, III. 11040 — ist ausgesprochen, daß kein Grund vorliege, den Begriff „kurrenter" öffentlicher Abgaben auf die direkten Steuern zu beschränken, oder vorauszusetzen, daß die Art der Abgabe zur Zeit der Beitreibung von dem Pflichtigen noch fortzuentrichten ist.

Schon aus dem Gesichtspunkte des fiskalischen Zweckes des §. 170 des Anh. zur Preußischen Allgemeinen Gerichtsordnung müsse man dahin gelangen, nicht nur ohne Einschränkung die Abgaben des jeweiligen Rechnungsjahres, sondern unter Umständen auch die bereits in früheren Jahren fällig gewordenen Abgaben für „kurrent" zu erachten, sofern dieselben nicht bereits in Abgang gestellt, vorläufig niedergeschlagen oder kreditirt sein sollten.

Mit Rücksicht auf die Schwierigkeiten einer allgemeinen Feststellung der Voraussetzungen in letzterer Hinsicht werde von einer näheren Begriffsbestimmung einstweilen Abstand genommen und sei über etwa vorkommende Spezialfälle, in denen es sich darum handelt, ob Rückstände früherer Jahre für „kurrent" zu erachten sind, nöthigenfalls Bericht zu erstatten.

6) Finz.-Minist.-Erlaß v. 22. April 1881 — II. 3921, III. 5056, I. 5757 —.

In dem Berichte rc. hat die rc. aus der Wortfassung des §. 51 Abs. 3 der Verordnung über das Verwaltungszwangsverfahren v. 7. Sept. 1879 die Annahme zu begründen versucht, daß die daselbst ausgesprochene Beschränkung der Exekutionsprivilegien der in demselben Paragraphen unter Nr. 7 aufgeführten Personen bei Einziehung kurrenter öffentlicher Abgaben auch auf die Militärbeamten Anwendung finde. Diese Annahme ist indessen nicht für zutreffend zu erachten.

Denn die gedachten, der Vorschrift im §. 749 Nr. 8 und Abs. 2 der deutschen Civilprozeßordnung entsprechenden Exekutionsprivilegien müssen nach der ausdrücklichen Bestimmung im §. 45

des Reichsmilitärgesetzes v. 2. Mai 1874*) den Militärbeamten auch für das Verwaltungszwangsverfahren zu Gute kommen, und würde eine Einschränkung durch Landesgesetz überhaupt nicht zulässig sein, da die Reichsgesetze den Landesgesetzen vorgehen.

Wenn deshalb auch im §. 51 Abs. 3 der Verordnung über das Verwaltungszwangsverfahren vom 7. September 1879 im Anschlusse an die Bestimmung im §. 170**) des Anhanges zur Preußischen Allgemeinen Gerichtsordnung die Beamten allgemein und ohne Unterscheidung zwischen Civil- und Militärbeamten genannt sind, so hat es doch nicht die Absicht sein können, eine den Reichsgesetzen zuwiderlaufende Einschränkung der Exekutionsprivilegien der Militärbeamten zu treffen. Hiernach ist das Diensteinkommen und Pension der Militärbeamten, sowie der nach ihrem Tode den Hinterbliebenen zu gewährende Sterbe- oder Gnadengehalt auch bei der Einziehung kurrenter öffentlicher Abgaben nur nach Maßgabe der Vorschrift im §. 51 Abs. 2 der vorgedachten Verordnung der Pfändung unterworfen.

*) §. 45 des Reichsmilitärgesetzes vom 2. Mai 1874 — R.G.Bl. S. 58 — lautet:

„Die durch Reichs- oder Landesgesetze vorgeschriebenen Beschränkungen der gerichtlichen Zwangsvollstreckungen gegen Militärpersonen finden auf alle Arten der Zwangsvollstreckung gegen die letzteren entsprechende Anwendung. Eine Aufhebung dieser Beschränkungen durch vorgängige Einwilligung des Schuldners ist ohne rechtliche Wirkung.

Den Anspruch auf Zahlung von Diensteinkünften, Wartegeldern oder Pensionen können die Militärpersonen mit rechtlicher Wirkung nur insoweit abtreten, verpfänden oder sonst übertragen, als eine Beschlagnahme im Falle einer Zwangsvollstreckung zulässig gewesen wäre. Die Benachrichtigung an die auszahlende Kasse geschieht durch eine der Kasse auszuhändigende öffentliche Urkunde."

**) Anhang zur Allgemeinen Gerichtsordnung für die Preußischen Staaten v. 4. Febr. 1815:

§. 170. Kurrente öffentliche Abgaben sind ohne Unterschied der höheren oder niedrigeren Besoldung oder Pension durch deren Beschlagnahme von Militärpersonen und Civilbeamten oder Pensionisten einzuziehen. Wenn aber andere Gläubiger auf solche Besoldungen und Pensionen schon Beschlag gelegt haben, so wird nur die eine Hälfte der zu entrichtenden Abgaben von dem freien Antheil des Besoldeten oder Pensionisten, die andere Hälfte aber von dem den Gläubigern angewiesenen Antheil dergestalt erhoben, daß letztere bis zur Tilgung der öffentlichen Abgaben zurückstehen müssen.

7) Reichsgesetz, betreffend die Beschlagnahme des Arbeits- oder Dienstlohnes. Vom 21. Juni 1869. (B.G.Bl. S. 242). (Siehe Gesetz, betr. die Verfassung des Deutschen Reichs, vom 16. April 1871 — B.G.Bl. S. 63 —):

§. 1. Die Vergütung (Lohn, Gehalt, Honorar u. s. w.) für Arbeiten oder Dienste, welche auf Grund eines Arbeits- oder Dienstverhältnisses geleistet werden, darf, sofern dieses Verhältniß die Erwerbsthätigkeit des Vergütungsberechtigten vollständig oder hauptsächlich in Anspruch nimmt, zum Zwecke der Sicherstellung oder Befriedigung eines Gläubigers erst dann mit Beschlag belegt werden, nachdem die Leistung der Arbeiten oder Dienste erfolgt und nachdem der Tag, an welchem die Vergütung gesetzlich, vertrags- oder gewohnheitsmäßig zu entrichten war, abgelaufen ist, ohne daß der Vergütungsberechtigte dieselbe eingefordert hat.

§. 4. Das gegenwärtige Gesetz findet keine Anwendung:

1. auf den Gehalt und die Dienstbezüge der öffentlichen Beamten;
2. auf die Beitreibung der direkten persönlichen Staatssteuern und Kommunalabgaben (die derartigen Abgaben an Kreis-, Kirchen-, Schul- und sonstige Kommunalverbände mit eingeschlossen), sofern diese Steuern und Abgaben nicht seit länger als drei Monaten fällig geworden sind;
3. auf die Beitreibung der auf gesetzlicher Vorschrift beruhenden Alimentationsansprüche der Familienglieder;

§. 52. Ist eine Forderung auf Anordnung mehrerer Vollstreckungsbehörden oder auf Anordnung einer Vollstreckungsbehörde oder eines Gerichts gepfändet, so finden die Vorschriften der §§. 750 bis 753 [1]) der Deutschen Civilprozeßordnung entsprechende Anwendung.

In Ermangelung eines nach §§. 750, 751 zuständigen Amtsgerichts findet

---

4. auf den Gehalt und die Dienstbezüge der im Privatdienste dauernd angestellten Personen, soweit der Gesammtbetrag die Summe von vierhundert Thalern*) jährlich übersteigt.

Als dauernd in diesem Sinne gilt das Dienstverhältniß, wenn dasselbe gesetzlich, vertrags- oder gewohnheitsmäßig mindestens auf ein Jahr bestimmt, oder bei unbestimmter Dauer für die Auflösung eine Kündigungsfrist von mindestens drei Monaten einzuhalten ist.

*) Jetzt 1500 Mark (siehe §. 149 Abs. 3 der Civilprozeßordnung, abgedr. in Anm. 2 zu §. 51 S. 457.)

(Zu §. 52.) 1) Deutsche Zivilprozeßordnung vom 30. Januar 1877 (R.G.Bl. S. 83):

§. 750. Ist eine Geldforderung für mehrere Gläubiger gepfändet, so ist der Drittschuldner berechtigt und auf Verlangen eines Gläubigers, welchem die Forderung überwiesen wurde, verpflichtet, unter Anzeige der Sachlage und unter Aushändigung der ihm zugestellten Beschlüsse an das Amtsgericht, dessen Beschluß ihm zuerst zugestellt ist, den Schuldbetrag zu hinterlegen.

§. 751. Ist ein Anspruch, welcher eine bewegliche körperliche Sache betrifft, für mehrere Gläubiger gepfändet, so ist der Drittschuldner berechtigt und auf Verlangen eines Gläubigers, welchem der Anspruch überwiesen wurde, verpflichtet, die Sache unter Anzeige der Sachlage und unter Aushändigung der ihm zugestellten Beschlüsse dem Gerichtsvollzieher herauszugeben, welcher nach dem ihm zuerst zugestellten Beschlusse zur Empfangnahme der Sache ermächtigt ist. Hat der Gläubiger einen solchen Gerichtsvollzieher nicht bezeichnet, so erfolgt dessen Ernennung auf Antrag des Drittschuldners von dem Amtsgerichte des Orts, wo die Sache herauszugeben ist.

Ist der Erlös zur Deckung der Forderung nicht ausreichend und verlangt der Gläubiger, für welchen die zweite oder eine spätere Pfändung erfolgt ist, ohne Zustimmung der übrigen betheiligten Gläubiger eine andere Vertheilung, als nach der Reihenfolge der Pfändungen, so hat der Gerichtsvollzieher die Sachlage unter Hinterlegung des Erlöses dem Amtsgerichte anzuzeigen, dessen Beschluß dem Drittschuldner zuerst zugestellt ist. Dieser Anzeige sind die auf das Verfahren sich beziehenden Schriftstücke beizufügen.

In gleicher Weise ist zu verfahren, wenn die Pfändung für mehrere Gläubiger gleichzeitig bewirkt ist.

§. 752. Betrifft der Anspruch eine unbewegliche Sache, so ist der Drittschuldner berechtigt und auf Verlangen eines Gläubigers, welchem der Anspruch überwiesen wurde, verpflichtet, die Sache unter Anzeige der Sachlage und unter Aushändigung der ihm zugestellten Beschlüsse an den von dem Amtsgerichte der belegenen Sache ernannten oder auf seinen Antrag zu ernennenden Sequester herauszugeben.

§. 753. Jeder Gläubiger, welchem der Anspruch überwiesen wurde, ist berechtigt, gegen den Drittschuldner Klage auf Erfüllung der nach den Bestimmungen der §§. 750—752 diesem obliegenden Verpflichtungen zu erheben.

Jeder Gläubiger, für welchen der Anspruch gepfändet ist, kann sich dem Kläger in jeder Lage des Rechtsstreits als Streitgenosse anschließen.

Der Drittschuldner hat die Gläubiger, welche die Klage nicht erhoben und dem Kläger sich nicht angeschlossen haben, zum Termine zur mündlichen Verhandlung zu laden.

Die Entscheidung, welche in dem Rechtsstreite über den in der Klage erhobenen Anspruch erlassen wird, ist für und gegen sämmtliche Gläubiger wirksam.

die Hinterlegung[2]) bei der Hinterlegungsstelle desjenigen Amtsgerichts statt, in dessen Bezirk die Vollstreckungsbehörde, deren Pfändungsverfügung dem Drittschuldner zuerst zugestellt worden, ihren Sitz hat.

§. 53. Auf die Zwangsvollstreckung in andere Vermögensrechte, welche nicht Gegenstand der Zwangsvollstreckung in das unbewegliche Vermögen sind, finden die vorstehenden Bestimmungen entsprechende Anwendung.

Ist ein Drittschuldner nicht vorhanden, so ist die Pfändung mit dem Zeitpunkte als bewirkt anzusehen, in welchem dem Schuldner das Gebot, sich jeder Verfügung über das Recht zu enthalten, zugestellt ist.

Die Vollstreckungsbehörde kann bei der Zwangsvollstreckung in Rechte, welche nur in Ansehung der Ausübung veräußerlich sind, sofern durch anderweite Pfändung keine Zahlung zu erlangen ist, besondere Anordnungen erlassen. Sie kann insbesondere bei der Zwangsvollstreckung in Nutzungsrechte eine Verwaltung anordnen. In diesem Falle wird die Pfändung durch Uebergabe der zu benutzenden Sache an den Verwalter bewirkt, sofern sie nicht durch Zustellung der Pfändungsverfügung bereits vorher bewirkt ist.

Ist die Veräußerung des Rechts selbst zulässig, so kann auch diese Veräußerung unter der gleichen Voraussetzung von der Vollstreckungsbehörde angeordnet werden.

Bezüglich der Sequestration und Wiederverpachtung verpachteter Grundstücke und Gerechtsame behält es bei den besonderen Bestimmungen des §. 42 der Verordnung v. 26. Dezember 1808 (G.=S. von 1806 bis 1810 S. 464) und der Allerhöchsten Order v. 31. Dezember 1825 (G.=S. für 1826 S. 5) sein Bewenden.[1])

Gegen einen Gläubiger, welcher nicht zum Termine zur mündlichen Verhandlung geladen ist, obgleich er von dem Drittschuldner hätte geladen werden sollen, kann der Drittschuldner sich auf die ihm günstige Entscheidung nicht berufen.

2) Siehe §. 1, 18, 19 u. 39 der Hinterlegungs=Ordnung vom 14. März 1879 (G.S. S. 249).

(Zu §. 53.) 1 a) Verordnung wegen verbesserter Einrichtung der Provinzial=, Polizei= und Finanz=Behörden. Vom 26. Dezember 1808 (G.S. von 1806—1810 S. 464). (Auszug).

§. 42. Damit indessen durch frivole Klagen keine Verwirrung und Stockung in die Finanzverwaltung gebracht werden kann, so authorisiren Wir hiermit die Regierungen, des gegen ihre Verfügung erhobenen Wiederspruchs ungeachtet

1. alle Landes= sowohl als grundherrliche Revenüen, Abgaben und Dienste, unbeschränkt zur Leistungszeit beizutreiben, oder durch die Domainenpächter, Administratoren, oder dazu angesetzte Offizianten beitreiben zu lassen, jedoch mit Beobachtung der deshalb Allgem. Landrecht Th. 2, Tit. 14, §. 80 und 83 festgesetzten Modifikationen;
2. in sofern von Erfüllung der vom Fiskus mit Privatpersonen eingegangenen Verträge die Erreichung bestätigter Etats abhängt (wie vorzüglich bei Pachtungen von Domainen und Regalien der Fall ist), und die Erfüllung der kontraktmäßigen Verbindlichkeit verweigert wird, nach vorheriger summarischer Vernehmung des Weigernden ein vorläufiges Liquidum pflichtmäßig festzusetzen und dasselbe vom Schuldner sogleich einziehen zu lassen;
3. die verpachteten, ihrer Administration unterworfenen Grundstücke und Gerechtsame unter Sequestration zu setzen, wenn die Pachtgelder rückständig bleiben oder die Pächter schlecht wirthschaften;

4. die Verpflichtung der Pächter oder Nießbraucher von dergleichen Grundstücken oder Rechten zur Räumung nach abgelaufener Pachtzeit und beendigtem Besitzrechte, auf den Grund einer summarischen Untersuchung, durch eine Resolution festzusetzen, und diese sogleich vollstrecken zu lassen. Vor beendigter Pacht oder Besitzzeit kann aber die Exmission nicht anders als durch Urtheil und Recht festgesetzt werden und erfolgen;
5. wenn bei anderen, über Gegenstände des Regierungsressorts geschlossenen Verträgen, besonders bei Kriegslieferungen und wichtigen Entreprisen, die Erfüllung nach dem Verlangen der Regierung verweigert wird, und daraus ihrem Ermessen nach ein unwiederbringlicher Schaden sich besorgen läßt, für welchen der Weigernde dem Staate nicht würde gerecht werden können, denselben zu der von ihm verlangten Verbindlichkeit durch Zwangsmittel anzuhalten.

In allen diesen Fällen sind die Regierungen berechtigt, die Sache, mit Vorbehalt des Rechts des Widersprechenden, zur Exekution bringen zu lassen. Auch wird die Bestimmung, ob solches nothwendig sei, lediglich ihrem pflichtmäßigen Ermessen überlassen. Die Gerichte sind verpflichtet, keine Hindernisse in den Weg zu legen. Es sind daher auch keine Possessorienklagen über dergleichen exekutivische Maßregeln der Regierungen zulässig, weder gegen den Fiskus noch gegen Korporationen oder Privatpersonen. Auch muß es bei denselben so lange verbleiben, bis die Sache im Petitorium völlig rechtskräftig entschieden ist, im Fall die betreffende Regierung nicht selbst deren Abänderung für zuträglich erachtet.

1 b) Allerhöchste Kabinetsorder vom 31. Dezember 1825, betreffend eine Abänderung in der bisherigen Organisation der Provinzial-Verwaltungsbehörden (G.S. für 1826 S. 5). (Auszug.)

XII. Da über einzelne Punkte des mit der Instruktion vom 23. Oktober 1817 publizirten Auszuges aus der Verordnung vom 26. Dezember 1808 (siehe Anm. 1a.) Zweifel entstanden sind, so setze ich in dieser Beziehung zugleich Folgendes fest:

a) ad §. 42. Was sub Nr. 2, 3 und 4 dieses § von den Rechten des Fiskus aus Verträgen, mit seinen Pächtern geschlossen, gesagt ist, findet auch Anwendung auf Verträge, welche Namens der unter unmittelbarer Verwaltung der Regierungen oder der Provinzial-Schul-Kollegien stehenden Institute, mit Privatpersonen abgeschlossen sind, sofern letztere in den Kontrakten sich dieser Bestimmung ausdrücklich unterworfen haben;

b) u. s. w. Nach demselben §. 48 des Anhanges zur Regierungs-Instruktion vom 23. Oktober 1817, sind die Regierungen bei Anwendung des fiskalischen Exekutions-Rechts auf die Exekutionsmittel verwiesen, welche die allgemeinen Gesetze anordnen. Als eines solchen erwähnt zwar die Allgemeine Gerichts-Ordnung der Verpachtung ganzer Güter nicht. Da indeß die Erfahrung lehrt, daß der Modus executionis durch Sequestration selten zum Ziele führt, und keinem von beiden Theilen wegen der damit verbundenen bedeutenden Kosten, Vortheile bringt, so bestimme Ich: daß die Verpachtung der Domänen, Erbpachtgüter, der bäuerlichen Besitzungen, und unter Umständen nach dem Urtheil der Verwaltungs-Behörden, selbst die Wiederverpachtung blos verzeitpachteter Domänen, im Wege der Exekution gestattet sein soll. Als Maximum der Zeit, auf welche eine solche Verpachtung öffentlich im Wege der Exekution geschehen kann, setze Ich drei Jahre fest; es müßte denn der Schuldner selbst in eine längere Pachtzeit einwilligen.

Ist nach Ablauf des Termins indeß der beabsichtigte Zweck nicht erreicht, dann ist eine Wiederverpachtung unter gleichen Modalitäten ebenfalls zulässig.

Haben die Regierungen im Wege einer von ihnen verhängten Exekution, Aktiv-Forderungen in Beschlag genommen, deren Einziehung sodann nach den Vorschriften des Gesetzes vom 4. Juli 1822 erfolgen soll, so wird die in den §§. 2 und 3 dieses Gesetzes gedachte Verfügung nicht von den Gerichten, sondern von den Regierungen selbst an die mit der Einziehung beauftragte fiskalische Behörde erlassen.

u. s. w.

III. Zwangsvollstreckung in das unbewegliche Vermögen.

§. 54. Die Zwangsvollstreckung in das unbewegliche Vermögen erfolgt als gerichtliche Zwangsvollstreckung;[1]) sie ist unbeschadet des Antrages auf hypothekarische Eintragung[2]) nur zulässig, sobald feststeht, daß durch Pfändung die Beitreibung der Geldbeträge nicht erfolgen kann.

1a) Siehe Gesetz, betreffend die Zwangsvollstreckung in das unbewegliche Vermögen, vom 13. Juli 1883. (G.S. S. 131.)

1b) Finz.=Minist.=Zirk.=Erlaß vom 27. Dezember 1883 — II. 13415, I. 16112, III. 15439, — betreffend die Zwangsvollstreckung in das unbewegliche Vermögen.

Indem ich der Kgl. Regierung die von dem Herrn Justizminister erlassene „Allgemeine Verfügung — betreffend die Zwangsvollstreckung in das unbewegliche Vermögen" — vom 2. November 1883 (siehe nachstehende Anm. 1c) zur Kenntnißnahme und ressortmäßigen weiteren Veranlassung mittheile, verweise ich wegen der daselbst zu Nr. 2 vorgeschriebenen Benachrichtigung der Kassen und Anstalten von dem Versteigerungstermine auf die anläßlich der Subhastationsordnung vom 15. März 1869 (G.S. S. 421) an die betheiligten Kgl. Regierungen diesseits erlassene Verfügung vom 12. Mai 1869 und bemerke in dieser Beziehung Folgendes:

Da den Gerichten in vielen Fällen nicht bekannt ist, an welche Kassen und Anstalten die gedachte Benachrichtigung zu erlassen sein wird, so empfiehlt es sich, unter Berücksichtigung der besonderen Verhältnisse eines jeden Bezirks das Einverständniß der zuständigen Justizbehörden hierüber herbeizuführen.

Hierbei wird in den östlichen Provinzen, soweit es sich um die von den Gemeinden und Gutsbezirken zu erhebenden Staatsabgaben handelt, zu erwägen sein, ob die gerichtlichen Benachrichtigungen an die Gemeinde= (Guts=) Vorstände bezw. die Ortserheber, oder an die Kreissteuereinnehmer zu erlassen sein werden. Eventuell würden die letzteren zu verpflichten sein, den Gemeinde= (Guts=) Vorständen bez'w. den Ortserhebern die erforderlichen weiteren Mittheilungen zugehen zu lassen.

Allgemein aber verbleibt es bei der Verpflichtung der Kassen 2c., sich durch regelmäßige genaue Durchsicht des Anzeigers des Amtsblatts über alle im Wege der Zwangsvollstreckung zum Verkauf bestimmten Grundstücke, an deren Kaufgelder sie wegen der von ihnen einzuziehenden Steuern, Abgaben 2c. Ansprüche zu erheben haben, selbst zu informiren und die Ansprüche alsbald zu den Vollstreckungsakten anzumelden. (§. 101 des Gesetzes v. 13. Juli 1883 — G.S. S. 131.) *) Die in dieser Beziehung begangenen Versäumnisse würden durch Berufung auf die Unterlassung der vorgeschriebenen Benachrichtigung seitens des Gerichtes nicht entschuldigt werden können.

*) Gesetz, betr. die Zwangsvollstreckung in das unbewegliche Vermögen. Vom 13. Juli 1883 (G.S. S. 131):

§. 101. Die Belegung und Vertheilung des Kaufgeldes erfolgt in einem nach Verkündung des Zuschlagsurtheils von Amtswegen zu bestimmenden Termine.

Die Terminsbestimmung ist den Interessenten des Verfahrens, sowie dem Ersteher und denjenigen, welche bis dahin einen Anspruch auf das Kaufgeld zu den Vollstreckungsakten angemeldet haben, von Amtswegen zuzustellen. Zwischen der Zustellung und dem Terminstage muß eine Frist von zwei Wochen liegen.

Der Termin ist außerdem durch Anheftung an die Gerichtstafel bekannt zu machen.

1c) Allgemeine Verfügung des Justizministers, betr. die Zwangsvollstreckung in das unbewegliche Vermögen, v. 2. Nov. 1883. — I. 3383. —

Gesetz v. 13. Juli 1883 (G.S. S. 131). Allgemeine Verfügung v. 28. Nov. 1881 (Just.=Minist.=Bl. S. 281).

Der Antrag[3]) auf Einleitung des Verfahrens ist durch die Vollstreckungsbehörde zu stellen. Dasselbe gilt für den Antrag auf Eintragung der Forderung in einem Grund- oder Hypothekenbuche (§. 22 des Gesetzes v. 4. März 1879, G.-S. S. 102).[4])

Die Vollstreckbarkeit der Forderung und die Zulässigkeit der Zwangsvollstreckung nach der Vorschrift des ersten Absatzes unterliegen nicht der Beurtheilung des Gerichts.

In den besonderen Rechten der bestehenden Kreditverbände bei der Sequestration und Subhastation der zu denselben gehörigen oder von denselben beliehenen Güter wird durch die Bestimmungen dieser Verordnung nichts geändert.

Aus Veranlassung des am 1. d. M. in Kraft getretenen Gesetzes, betr. die Zwangsvollstreckung in das unbewegliche Vermögen, v. 13. Juli 1883 bestimmt der Justizminister Folgendes:

1. Sofern die Zwangsvollstreckung in ein Pfarr- oder Schulgebäude oder ein anderes zum öffentlichen Dienst oder Gebrauch bestimmtes Grundstück in Gemäßheit der durch §. 15 Nr. 4 des Einführungsgesetzes zur Civilprozeßordnung v. 30. Jan. 1877 (R.G.Bl. S. 244)*) aufrechterhaltenen Vorschriften überhaupt zugelassen wird, ist von derselben die vorgesetzte Dienstbehörde des Schuldners zu benachrichtigen. Die Benachrichtigung ist bei Einleitung der Zwangsversteigerung oder Zwangsverwaltung, sowie bei der Zulassung eines Beitritts zu dem Verfahren von dem Vollstreckungsgericht, bei der Zwangsvollstreckung durch Eintragung in das Grundbuch (Hypothekenbuch, Schuld- und Pfandprotokoll) im Geltungsbereiche des Gesetzes v. 13. Juli 1883 (§§. 6 ff. 191) von dem das Buch führenden Gerichte zu erlassen.
2. Im Verfahren der Zwangsversteigerung eines Grundstücks nach den Vorschriften des Gesetzes v. 13. Juli 1883 ist die Bekanntmachung des Versteigerungstermins denjenigen Kassen und Anstalten mitzutheilen, welchen das Grundstück zu einer der in den §§. 25, 27, 28 des Gesetzes**) bezeichneten Abgaben und Leistungen verpflichtet ist.
3. Die zu 1 und 2 bezeichneten Mittheilungen sind Angelegenheiten der Justizverwaltung. Die bei denselben entstehenden Postgebühren sind daher nicht als baare Auslagen der Zwangsvollstreckungen zu berechnen.
4. Die durch Verfügung v. 28. Nov. 1881 angeordneten Zusammenstellungen von Subhastationen sind für alle nach den bisherigen Vorschriften behandelten Subhastationen fortzuführen. Wegen der Zusammenstellung der nach den Vorschriften des Gesetzes v. 13. Juli 1883 behandelten Zwangsversteigerungen wird besondere Verfügung ergehen.

*) Reichsgesetz, betr. die Einführung der Civilprozeßordnung. Vom 30. Jan. 1877 (R.G.Bl. S. 244):

§. 15. Unberührt bleiben:

1—3. ꝛc.

4. Die landesgesetzlichen Vorschriften über die Zwangsvollstreckung wegen Geldforderungen gegen den Fiskus, Gemeinden und andere Kommunalverbände (Provinzial-, Kreis-, Amtsverbände), sowie gegen solche Korporationen, deren Vermögen von Staatsbehörden verwaltet wird, insoweit nicht dingliche Rechte verfolgt werden.

**) Gesetz, betr. die Zwangsvollstreckung in das unbewegliche Vermögen. Vom 13. Juli 1883 (G.S. S. 131):

§. 25. II. Die laufenden, zur Erfüllung der Deichpflicht erforderlichen Beiträge und Leistungen und die Rückstände derselben aus den beiden letzten Jahren.

Es macht hierbei keinen Unterschied, ob die Beiträge und Leistungen von der zuständigen Staatsbehörde ausgeschrieben sind oder aus der auf einem Deichverband beruhenden Deichpflicht entspringen.

§. 27. IV. Die laufenden, auf dem Grundstücke lastenden direkten Abgaben, welche zu der Staatskasse fließen, und die Rückstände derselben aus den beiden letzten Jahren.

Hierher gehören auch die an die Rentenbanken oder Tilgungskassen abgetretenen Renten, sowie die an die Staatskasse zu entrichtenden Ablösungsrenten.

Die Vorschriften des Gesetzes über das Kostenwesen in Auseinandersetzungssachen vom 24. Juni 1875 §. 7 Nr. 6 (G.-S. 1875 S. 397) finden auch außerhalb des bisherigen Geltungsbereiches dieses Gesetzes Anwendung.

§. 28. V. Die laufenden, auf dem Grundstücke haftenden gemeinen Lasten und die Rückstände derselben aus den beiden letzten Jahren.

Hierher gehören namentlich alle nach Gesetz oder Verfassung auf dem Grundstücke haftenden Abgaben und Leistungen, welche aus dem Kommunal-, Amts-, Kreis- und Provinzialverbande, oder aus dem Kirchen-, Pfarr- und Schulverbande entspringen, oder an Kirchen, Pfarren und Schulen, oder an Kirchen- und Schulbediente zu entrichten sind, sowie die Beiträge, welche aus der Verpflichtung zu öffentlichen Wege-, Wasser- oder Uferbauten entstehen, oder welche an Meliorationsgenossenschaften oder andere gemeinnützige, von der Staatsbehörde genehmigte Institute, namentlich an Vereine behufs gemeinschaftlicher Uebertragung der durch Brand, Hagelschlag oder Viehsterben entstandenen Schäden zu gewähren sind.

Die nach Maßgabe des Gesetzes, betr. Schutzwaldungen und Waldgenossenschaften, vom 6. Juli 1875 (G.-S. S. 416) den Eigenthümern gefährdeter oder gefahrbringender Grundstücke auferlegten Beiträge zur Entschädigung oder zu den Kosten der Schutzanlagen haben das gleiche Vorrecht.

1 d) Finz.-Minist.-Erlaß v. 24. März 1884 — II. 1914, I. 3543, III. 3621, — betr. die **Zwangsvollstreckung in das unbewegliche Vermögen.**

In der Cirkularverfügung v. 27. Dez. 1883 — II. 13415, I. 16112, III. 15439 — (siehe Anm. 1 b), welche ich im Anschlusse an die Allgemeine Verfügung des Herrn Justizministers, betr. die Zwangsvollstreckung in das unbewegliche Vermögen, v. 2. Nov. 1883 (siehe Anm. 1 c) erlassen habe, ist empfohlen worden, das Einverständniß der zuständigen Justizbehörden darüber herbeizuführen, welchen Kassen und Anstalten die Bekanntmachung des Versteigerungstermins mitzutheilen sein möchte (§§. 25, 27, 28 des Gesetzes v. 13. Juli 1883) (siehe vorstehend).

Nachdem einzelne Justizbehörden wegen ihrer Mitwirkung nach dieser Richtung hin Bedenken erhoben haben, veranlasse ich die Kgl. Regierung, falls die Angelegenheit nicht etwa bereits im Sinne der vorbezeichneten Cirkularverfügung erledigt sein sollte, Ihrerseits die mit der Empfangnahme der Bekanntmachungen der gedachten Art zu beauftragenden Stellen zu bestimmen und den Gerichten durch Vermittelung des Oberlandesgerichts-Präsidenten zu bezeichnen. Die Gerichte werden von dem Herrn Justizminister angewiesen werden, sich bei Ausführung der Allgemeinen Verfügung v. 2. Nov. 1883 nach der ihnen mitgetheilten Bezeichnung zu richten.

2) Finz.-Minist.-Erlaß vom 2. Januar 1881 — II. 16098 —.

Zur Herbeiführung eines einheitlichen Verfahrens wegen der hypothekarischen Eintragung der durch Pfändung nicht beizutreibenden **Grund- und Gebäudesteuer**-Rückstände auf die Grundstücke der Schuldner bestimme ich hiermit im Einverständnisse mit der Kgl. Oberrechnungskammer, daß die Eintragung der Regel nach bei Rückständen, welche für das Hebungsjahr den Betrag von 3 Mark nicht erreichen, unterbleiben kann, dagegen bei höheren Rückständen erfolgen muß.

Jedoch kann auch bei höheren Rückständen von der Eintragung Abstand genommen werden, wenn die Annahme begründet ist, daß die Eintragung wegen Ueberlastung des Grundstückes oder aus sonstiger Ursache nicht zu einer Realisirung des Rückstandes führen würde. Soll aber bei einem Rückstande von 20 Mark oder darüber die Eintragung unterbleiben, so bedarf es stets der zuvorigen besonderen Genehmigung der Kgl. Regierung.

Die stattgehabte Eintragung eines Rückstandes ist in der Ausfallsliste an der betreffenden

Stelle zu vermerken, die Unterlassung der Eintragung bei Beträgen von wenigstens 3 Mark aber ebendaselbst durch kurze Angabe des Grundes zu motiviren.

3) Finz.-Minist.-Cirk.-Erlaß vom 8. März 1880 — II. 626, III. 2894 — betr. die Beantragung von Subhastationen zur Beitreibung von Steuern.

Wenngleich die Vorschriften der früheren Exekutionsordnungen, welche die Zulässigkeit der Subhastation zur Beitreibung von Geldbeträgen im Verwaltungszwangsverfahren von der Genehmigung der Aufsichtsbehörde abhängig machen, in die Verordnung über das Verwaltungszwangsverfahren vom 7. September 1879 nicht aufgenommen worden sind, so ist doch hierdurch an den besonderen Bestimmungen, welche in dieser Hinsicht für die einzelnen Ressorts bestehen, nichts geändert worden. (Art. 69 der Ausführungsanweisung vom 15. September 1879.) Insbesondere gilt dies von der eine ältere Bestimmung hinsichtlich der Grundsteuer generalisirenden Verfügung vom 20. März 1851 (Min.Bl. f. d. i. V. S. 48 — Centralblatt der Abgaben 2c. Gesetzgebung S. 74), wonach wegen Rückständen von direkten oder indirekten Steuern die Subhastation nur mit diesseitiger Genehmigung in Antrag gebracht werden soll.

Da indessen ein Bedürfniß, die ministerielle Genehmigung für jeden einzelnen Fall vorzubehalten, nicht mehr besteht, so bestimme ich hiermit in Abänderung dieser Verfügung, daß fortan vor der Stellung des Subhastationsantrages wegen Beitreibung von direkten oder indirekten Staatssteuern die Vollstreckungsbehörden in jedem einzelnen Falle die Genehmigung der vorgesetzten Provinzialaufsichtsbehörde einzuholen haben.

Die letztere hat sorgfältig zu prüfen, ob die Voraussetzungen für die Stellung des Subhastationsantrages vorliegen, namentlich ob es feststeht, daß durch Pfändung die Beitreibung nicht erfolgen kann (§. 54 Abs. 1 der Verordnung über das Verwaltungszwangsverfahren vom 7. September 1879). Außerdem ist die Genehmigung der Regel nach zu versagen, wenn die Sequestration mit Aussicht auf Erfolg zulässig ist, oder wenn es sich um ganz geringfügige Rückstände handelt; in solchen Fällen ist die Stellung des Subhastationsantrages nur ausnahmsweise zu genehmigen, wenn nämlich anzunehmen ist, daß der Schuldner sich böswilliger Weise der Zahlung zu entziehen sucht. Falls auch bei größeren Rückständen die Abstandnahme von der Subhastation sich zur Vermeidung besonderer Härten empfehlen sollte, so ist dieserhalb an mich zu berichten.

Um etwaigen Mißverständnissen vorzubeugen, bemerke ich, daß an den gesetzlichen Bestimmungen über die Unzulässigkeit der Subhastation in besonderen Fällen, wie z. B. wegen der Geldstrafe für Zoll- und Steuerdefraudationen (§. 51 des Gesetzes wegen Untersuchung und Bestrafung der Zollvergehen vom 23. Januar 1838 — G.-S. S. 78 — Bekanntmachung, betreffend die Unzulässigkeit der Anträge auf Subhastation zur Deckung der in Steuerdefraudationen erkannten Geldbußen, vom 8. Oktober 1826 — G.-S. S. 106 — und vom 14. Oktober 1829 — G.-S. S. 127 —) weder durch die Vorschriften des §. 54 der Verordnung über das Verwaltungszwangsverfahren vom 7. September 1879, noch durch die Bestimmungen dieser Verfügung etwas geändert worden ist.

4) Der §. 22 des Gesetzes, betreffend die Zwangsvollstreckung in das unbewegliche Vermögen vom 4. März 1879 (G.-S. S. 102) lautete:

„Die nach den bestehenden Vorschriften im Wege der Zwangsvollstreckung zu beanspruchende Eintragung einer vollstreckbaren Forderung in einem Grund- oder Hypothekenbuche erfolgt auf den unmittelbar an den Grund- oder Hypothekenbuchrichter zu richtenden Antrag des Gläubigers. Die Beglaubigung des Antrags ist nicht erforderlich.

Die auf Grund erkannter Immission zulässige Eintragung erfolgt auf das von Amtswegen zu erlassende Ersuchen des Vollstreckungsgerichts.

Aus einem nur vorläufig vollstreckbaren Urtheil ist nur eine Vormerkung einzutragen.“

Er ist ersetzt worden durch die §§. 6—8 des Gesetzes, betr. die Zwangsvollstreckung in das unbewegliche Vermögen vom 13. Juli 1883 (G.-S. S. 131), welche lauten:

§. 6. Eine vollstreckbare Geldforderung, deren Betrag in gesetzlicher Währung bestimmt ist,

IV. Arrest.

§. 55. Soweit ein Arrest[1]) zur Sicherung der Zwangsvollstreckung wegen einer im Verwaltungszwangsverfahren beizutreibenden Geldforderung zulässig ist, erfolgt die Vollziehung desselben unter entsprechender Anwendung der Vorschriften dieser Verordnung. Die Vorschriften der Zoll- und Steuergesetze über die Beschlagnahme zoll- oder steuerpflichtiger Gegenstände werden hierdurch nicht berührt.

---

wird auf Antrag des Gläubigers als Hypothek eingetragen, wenn der Schuldner im Grundbuche als Eigenthümer eingetragen ist oder seine Eintragung gleichzeitig erlangt wird. Der Gläubiger kann die Eintragung auf alle Grundstücke des Schuldners beanspruchen.

Die Forderung wird auf mehrere Grundstücke ungetheilt eingetragen, sofern der Gläubiger nicht etwas Anderes beantragt. Im Falle der Uebermäßigkeit der für eine Forderung durch die Eintragung entstandenen Sicherheit steht dem Schuldner das Recht zu, mittelst einer gegen den Gläubiger anzustellenden Klage die Vertheilung der Forderung auf einzelne Grundstücke bezw. die Befreiung einzelner Grundstücke von der eingetragenen Hypothek zu beantragen.

Aus vollstreckbaren Urkunden (§. 702 Nr. 5 der Civilprozeßordnung) und aus vollstreckbaren Vergleichen außerhalb der in §. 702 Nr. 1 und 2 der Civilprozeßordnung vorgesehenen Fälle wird nur eine Vormerkung eingetragen.

Ist der Schuldner Eigenthümer, als solcher aber nicht eingetragen, so ist der Gläubiger berechtigt, an Stelle desselben dessen Eintragung als Eigenthümer zu beantragen und die zum Zwecke derselben erforderlichen Urkunden von Gerichten und Notaren zu fordern.

§. 7. Ist die Forderung nur vorläufig oder nur gegen Sicherheitsleistung vollstreckbar, so wird nur eine Vormerkung eingetragen. Dieselbe wird auf Antrag des Gläubigers nach Vorlegung einer unbeschränkt vollstreckbaren Ausfertigung des Schuldtitels in eine Hypothek umgeschrieben.

Die Vormerkung ist einzutragen, ohne daß die Sicherheit, von deren Leistung die Zwangsvollstreckung abhängig gemacht ist, geleistet zu werden braucht.

§. 8. Mit dem Antrage auf Eintragung muß die vollstreckbare Ausfertigung des Schuldtitels vorgelegt werden.

Wenn sich der Schuldtitel auf Inhaberpapiere oder Wechsel gründet oder auf Papiere, welche auf Order lauten und durch Indossament übertragen werden können (Handelsgesetzbuch Artikel 301—304), so sind auch diese Urkunden, und wenn die Forderung bereits auf andere Grundstücke eingetragen ist, auch die vorhandenen Hypothekenurkunden oder Grundschuldbriefe mit dem Antrage vorzulegen, widrigenfalls nur eine Vormerkung eingetragen werden darf. Diese wird nach Vorlegung der bezeichneten Urkunden in eine Hypothek umgeschrieben.

(Zu §. 55.) 1a) Erlaß der Kgl. Ministerien der Finanzen und des Innern vom 17. Juli 1860 — III. 8503 —.

Die Vorenthaltung der Pässe oder Heimathsscheine ist in sehr vielen Fällen das einzige Mittel, um von den im Auslande sich aufhaltenden diesseitigen Staatsangehörigen die Erfüllung der ihnen dem preußischen Staate gegenüber obliegenden Pflichten zu erreichen, und es kann darin auch für die betreffenden Steuerpflichtigen keine besondere Härte gefunden werden. Es ist aber angemessen, daß denselben, wenn sie die Absicht zu erkennen geben, ihren Wohnsitz im Auslande zu nehmen, gleichwohl aber die preußische Unterthanenschaft beizubehalten, ausdrücklich eröffnet werde, daß sie, so lange sie preußische Staatsbürger bleiben (jetzt noch 2 Jahre, §. 1 Lit. c des Ges. S. 1), auch im Auslande zur Fortentrichtung der inländischen Steuer verpflichtet seien, daß ihnen daher neue Pässe so lange vorenthalten werden müßten, bis sie ihren diesfälligen Verpflichtungen vollständig nachgekommen sein würden. Da dies im vorliegenden Falle nicht geschehen ist, so wird die ꝛc. ermächtigt, die betreffenden Steuerbeträge für das laufende Jahr niederzuschlagen; den Beschwerdeführern ist aber auf die Vorstellung ꝛc. zu eröffnen, daß ꝛc.

V. Kosten der Zwangsvollstreckung.

§. 56. Die Kosten des Verfahrens sind nach dem angehängten Tarife unter Beachtung der nachstehenden näheren Bestimmungen zu berechnen:

a) Die Werthsklasse wird bei der Ausführung einer Versteigerung durch den Erlös der versteigerten Gegenstände, in allen anderen Fällen durch die Summe der von jedem einzelnen Schuldner einzuziehenden Geldbeträge einschließlich der rückständigen Kosten bestimmt.

b) Bei der Pfändung körperlicher Sachen, sowie bei deren Versteigerung ist der Anspruch des Vollziehungsbeamten [1]) auf die Gebühren begründet, sobald derselbe die Ausführung des entsprechenden Auftrages begonnen hat. [2])

---

ihnen Pässe nur für die Dauer eines Jahres bewilligt würden, daß sie aber in Zukunft auf eine ähnliche Nachsicht nicht zu rechnen und die Uebersendung anderweiter Pässe nur dann zu erwarten hätten, wenn die Steuer für das betreffende Jahr von ihnen berichtigt worden sei.

1b) Finz.=Minist.=Erlaß vom 30. Januar 1888 — II. 14117 u. 880 —, betreffend die Beschlagnahme von Entlassungsurkunden und von Legitimationspapieren. (Auszug.)

Die Beschlagnahme der für Steuerschuldner ausgefertigten Entlassungsurkunden erscheint schon deshalb ausgeschlossen, weil die Entlassung aus dem Staatsverbande im Hinblick auf die Bestimmungen des Gesetzes vom 1. Juni 1870 über die Erwerbung und den Verlust der Bundes- und Staatsangehörigkeit (B.G.Bl. S. 355) sich als ein einheitlicher Verwaltungsakt darstellt, der nach §. 18 a. a. O. seinen Abschluß erst mit der Aushändigung der Entlassungsurkunde erhält, und dessen Vornahme nach §. 17 ebend. nur in den gesetzlich vorgesehenen, hier nicht in Betracht kommenden Fällen verweigert werden darf. Der durch das Oberverwaltungsgerichtserkenntniß vom 14. September 1887 gemachten Unterscheidung zwischen Ausfertigung und Aushändigung der beantragten Entlassungsurkunde, sowie der Annahme, daß die Versagung der Ausfertigung gesetzlich unzulässig, diejenige der Aushändigung hingegen in gewissen Fällen, wie beim Arrest, als statthaft zu erachten sei, kann daher nicht beigepflichtet werden. Die erfolgte Beschlagnahme der Entlassungsurkunde ist deshalb nunmehr rückgängig zu machen und auf anderweite Maßregeln behufs Beitreibung des Steuerrestes Bedacht zu nehmen.

Wenn nach vorstehendem die Beschlagnahme von Entlassungsurkunden behufs Beitreibung von Steuerrückständen ausgeschlossen ist, so kann der in dem Berichte vom rc. erörterten Frage wegen des einzuschlagenden Verfahrens eine aktuelle Bedeutung nur hinsichtlich der sonstigen Legitimationspapiere, wie Pässe, Heimathscheine u. s. w. beigemessen werden.

In dieser Beziehung scheint der einfachen, von der Steuerbehörde im Verwaltungswege zu erlassenden, auf Nichtverabfolgung solcher Papiere gerichteten Requisition der Polizeibehörde ein rechtliches Hinderniß nicht entgegenzustehen. Denn es handelt sich hier lediglich um die durch die Steuerbehörde herbeigeführte, einer besonderen Form nicht bedürfende Versagung einer staatlichen Verwaltungsthätigkeit, wobei es ohne Belang ist, aus welchem Grunde eine solche Beschlagnahme erfolgt, insbesondere ob sie zur Sicherung einer rückständigen Steuerforderung geschieht.

Hiernach würde kein genügender Grund vorliegen, um von dem der Verwaltung jedenfalls günstigeren, auch bisher praktisch in der Mehrzahl der Fälle anscheinend von der rc. beobachteten Verfahren abzugehen.

(Zu §. 56). 1) Vom Jahre 1881/2 ab fließen die Gebühren der Vollziehungsbeamten zur Staatskasse. Siehe die Anlage betr. die Organisation des Vollziehungswesens und die Verrechnung der Vollziehungsgebühren, S. 472.

2) Finz.=Minist.=Erlaß v. 20. Sept. 1881 — II. 5963 —.

Uebrigens vermag ich der Auffassung der Kgl. Regierung, daß bei Behändigung der Mahn-

c) Die Gebühren des Vollziehungsbeamten müssen, auch wenn derselbe mehrere Zwangsmaßregeln in derselben Gemeinde an demselben Tage vollstreckt hat, von jedem Schuldner besonders entrichtet werden.[3]) Die Kosten für die öffentliche Bekanntmachung und für die Versteigerung sind jedoch, wenn mehrere Massen zusammengenommen werden, nur einmal nach der Gesammtsumme zu entrichten und unter die betheiligten Schuldner nach Verhältniß des aus jeder Masse gewonnenen Erlöses zu vertheilen.

d) Die durch die Zwangsvollstreckung verursachten baaren Auslagen sind von dem Schuldner zu ersetzen; bei Vertheilung der Transportkosten und anderer baaren Auslagen, welche mehrere Schuldner gemeinschaftlich zu tragen haben, ist auf die besonderen Umstände, namentlich den Werth, den Umfang und das Gewicht der Gegenstände, billige Rücksicht zu nehmen.

e) Neben den Gebühren findet ein Anspruch auf Reise- und Zehrungskosten nicht statt.

f) Die Gebühren der zugezogenen Sachverständigen werden nach den für gerichtliche Schätzungen vorgeschriebenen Sätzen bestimmt.

g) Die Gebühren des Vollziehungsbeamten können auch anderen, mit der Vornahme einzelner Vollstreckungshandlungen beauftragten Beamten gewährt werden.

Das Staatsministerium ist ermächtigt, eine Revision und anderweite Festsetzung des Tarifs vorzunehmen.

§. 57. Die Gebühren des Vollziehungsbeamten und alle andern Kosten der Zwangsvollstreckung werden von der Vollstreckungsbehörde aus den eingegangenen Geldern bezahlt.

Bei Unzulänglichkeit dieser Gelder werden aus denselben zunächst die Gebühren des Vollziehungsbeamten, sodann die übrigen Kosten der Zwangsvollstreckung berichtigt.

---

zettel durch die Vollziehungsbeamten die Mahngebühr bereits mit der Ausfertigung des Mahnzettels verfallen sei, nicht beizutreten.

Die besondere Bestimmung im §. 56 litt. b. der Verordnung über das Verwaltungszwangsverfahren v. 7. Sept. 1879 kann auf die Mahnung nicht ausgedehnt werden. Für die letztere ist vielmehr eine Gebühr erst dann zu entrichten, wenn die Behändigung in Gemäßheit des Art. 13 Absatz 2 der Ausführungsanweisung v. 15. Sept. 1879 für vollzogen zu erachten ist.

3) Wenn Steuerpflichtige demselben Haushalte angehören, aber getrennt zur Steuer veranlagt sind, so wird die Einziehung der Mahn- und Pfändungsgebühren stets gegen denjenigen sich zu richten haben, welcher mit dem betr. Steuerbetrage in Rest geblieben ist. Die Mahn- und Pfändungsgebühren werden nach dem in Rest gebliebenen Steuerbetrage berechnet werden müssen und demjenigen Steuerpflichtigen zur Last fallen, welcher den Steuerrest verschuldet hat.

Bei getrennt oder zu verschiedenen Arten von Steuern veranlagten Eheleuten, welche mit Steuern in Rest bleiben, sind die fragl. Gebühren also nicht von der Gesammtsumme des Restbetrages beider Eheleute, sondern von demjenigen Betrage zu berechnen, welcher dem einzelnen Pflichtigen zur Last fällt.

Soweit die Kosten aus den eingegangenen Geldern nicht gedeckt werden, sind dieselben unbeschadet der bestehenden anderweiten Vorschriften von Demjenigen zu tragen, für dessen Rechnung die Zwangsvollstreckung erfolgt.

§. 58. Diese Verordnung tritt gleichzeitig mit dem Deutschen Gerichtsverfassungsgesetz in Kraft.

Die zur Ausführung derselben erforderlichen Anordnungen haben die betheiligten Ministerien gemeinschaftlich zu erlassen.

Gebühren-Tarif.

	I.		II.		III.		IV.		V.		VI.		VII.	
	bis 3 Mark einschl.		3 bis 15 Mark einschl.		15 bis 150 Mark einschl.		150 bis 300 Mark einschl.		300 bis 1000 Mark einschl.		1000 bis 5000 Mark einschl.		über 5000 Mark	
	M.	Pf	M.	Pf	M.	Pf	M.	Pf	M.	Pf	M.	Pf	M.	Pf
1. Für jede Mahnung, welche nicht mittelst der Post erfolgt ist[1])	.	10	.	20	.	40	.	75	.	75	.	75	.	75
2. Für die Pfändung körperlicher Sachen, sowie für die Wegnahme der vom Schuldner herauszugebenden Urkunden, einschließlich der durch die Pfändung und Wegnahme der Urkunden veranlaßten Zustellungen	.	40	.	80	1	60	3	.	4	.	5	.	6	.
Wenn der Schuldner die Pfändung abwendet (§. 25), wird nur die Hälfte der Gebühren entrichtet.														
3. Für die öffentliche Bekanntmachung der Versteigerung durch Aushang und Ausruf	.	20	.	20	.	40	.	75	.	75	.	75	.	75
4. Für die Versteigerung, sowie für den freihändigen Verkauf der gepfändeten Sachen, einschließlich der hierdurch veranlaßten Zustellungen	.	40	.	80	1	60	3	.	5	.	15	.	30	.
Wenn der Schuldner die Versteigerung abwendet (§. 33, Abs. 3), wird nur die Hälfte der Gebühren entrichtet, jedoch nicht über 2 M. 50 Pf.														
5. Für jede Abschrift eines Protokolls	.	10	.	10	.	10	.	10	.	10	.	10	.	10
6. Für jede im Zwangsverfahren erforderliche Zustellung, welche nicht nach den Bestimmungen unter Nr. 2 und 4 unentgeltlich zu leisten ist[2])	.	20	.	40	1	20	2	.	2	.	2	.	2	.
Zu 1—6. Die mit der Einziehung einer gerichtlich erkannten Geldstrafe verbundene Beitreibung der Kosten des Strafverfahrens erfolgt gebührenfrei.														
7. Gebühren der bei einer Pfändung zugezogenen Zeugen	.	20	.	20	.	40	.	50	.	50	.	50	.	50
8. Gebühren des Aufbewahrers von gepfändeten Sachen täglich	.	10	.	20	.	30	.	50	.	75	1	.	1	50
Wenn die Aufbewahrung länger als 8 Tage dauert, werden von dem 9. Tage an nur die halben Gebühren bewilligt.														

1) Für Mittheilung von Gerichtskostenrechnungen wird die Gebühr nicht entrichtet. Das durch derartige Mittheilung veranlaßte Porto bleibt der Staatskasse zur Last.

2) Finz.=Minist.=Erlaß v. 29. Nov. 1881 — II. 12343, III. 15408, I. 16986 —. Auszug.

Der von dem Magistrat ꝛc. vertretenen Auslegung der Position 6 des Gebührentarifs zur Verordnung über das Verwaltungszwangsverfahren v. 7. Sept. 1879 vermag ich nicht beizupflichten. Vielmehr muß ich aus den von der hiesigen Kgl. Direktion ꝛc. in den Verfügungen ꝛc. hervorgehobenen Gründen annehmen, daß bei der Pfändung von Forderungen die Zustellungsgebühr für jede hierbei erforderliche wirkliche Zustellung zu erheben ist, und daß außerdem an den Drittschuldner zu erlassenden Zahlungsverbote (§. 42 Abs. 1 a. a. O.) auch das an den Schuldner wegen der Dispositionsentziehung zu richtende Gebot (§. 42 Abs. 2 a. a. O.) und die Ueberweisung an den Gläubiger (§. 44 a. a. O.) für Akte zu erachten sind, welche eine förmliche Zustellung erforderlich machen.

Bei vorschriftsmäßiger und milder Ausführung des Verfahrens ist auch in der Verpflichtung des Schuldners zur mehrfachen Zahlung der Zustellungsgebühr keine besondere Härte zu finden, da diese Gebühr wesentlich niedriger ist, als die Gebühren für Pfändung und Versteigerung körperlicher Sachen, so daß die Beitreibung von Rückständen durch Pfändung von Forderungen in der Regel dem Schuldner weniger Kosten verursachen wird, als die Beitreibung durch Pfändung und Versteigerung körperlicher Sachen.

Nur in dem Falle, daß die Pfändungsverfügung an mehrere Drittschuldner erlassen werden muß, können die Zustellungsgebühren eine unverhältnißmäßige Höhe erreichen; hier wird aber der Schuldner selbst fast immer durch rechtzeitige Forderung nutzlosen beziehungsweise überflüssigen Pfändungen vorbeugen können; im Uebrigen wird in solchen Fällen mit Vorsicht verfahren werden müssen, um dem Schuldner unverhältnißmäßige Kosten zu ersparen.

Anlage

betreffend die Organisation des Vollziehungswesens und die Verrechnung der Vollziehungsgebühren.

---

1. Finanzministerial-Erlaß vom 28. Mai 1880 — III. 7644, I. 7836, II. 6779 —. (Auszug.)

Im Anschluß an die für die Verwaltung der indirekten Steuern nach der Uebertragung der Gerichtskostenerhebung auf dieselbe provisorisch getroffenen Maßnahmen hinsichtlich der Organisation der Zwangsbeitreibungen, ist die künftige gleichmäßige Regelung der Anstellung und der dienstlichen Verhältnisse der Vollziehungsbeamten für die Verwaltungen der direkten und der indirekten Steuern besonderen Erörterungen unterzogen worden, deren Ergebniß in dem hier beigefügten Protokoll vom 5./8. Mai 1880 zusammengestellt ist.

Protokoll, Berlin, den 5./8. Mai 1880. — (Auszug.)

1. In den Provinzen Schleswig-Holstein, Hannover, Westfalen, Hessen-Nassau und Rhein haben der Regel nach die Vollziehungsbeamten der Steuerkassen gleichzeitig auch die Beitreibung der Gerichtskosten und der sonstigen Einnahmen der Verwaltung der indirekten Steuern zu bewirken.
2. In den übrigen Provinzen werden bei der Verwaltung der indirekten Steuern besondere Vollziehungsbeamte angestellt, welche gleichzeitig auch die Beitreibung der von den Kreis-Steuer-Kassen unmittelbar zu erhebenden direkten Steuern, Gefälle ꝛc. zu bewirken haben. Eine Ausnahme von dieser Mitverwendung tritt nur für die Stadt Berlin und für diejenigen Kreis-Steuer-Kassen ein, welche einen eigenen Vollziehungsbeamten vollauf beschäftigen können und für welche die konkreten Verhältnisse die Beibehaltung eines solchen rechtfertigen. Hiernach sind die Vorschläge der Regierungen über die Beibehaltung besonderer Vollziehungsbeamten der Kreis-Steuer-Kassen besonders zu begründen.
3. Die Vollziehungsbeamten sind bei beiden Verwaltungen vom 1. April 1881 ab etatsmäßig, also mit Pensionsberechtigung, anzustellen ꝛc.
4. Die Anstellung der Vollziehungsbeamten hat vorerst und bis zur Gewinnung weiterer Erfahrungen unter Vorbehalt der Kündigung zu erfolgen.
5. Das Diensteinkommen der Vollziehungsbeamten beider Verwaltungen hat in einer etatsmäßigen Besoldung zu bestehen, wogegen die erhobenen Gebühren bei den betreffenden Einnahme-Titeln zur Staatskasse zu vereinnahmen sind ꝛc.

7. Neben den Besoldungen würden den Vollziehungsbeamten für Diensttouren, bei welchen sie sich über 2 km von der Grenze ihres Stationsortes entfernen und länger als acht Stunden von letzterem dienstlich abwesend sein müssen, Zehrungsgelder im Betrage von 1 Mark für den Tag zu bewilligen sein. Würden die Beamten durch das Beitreibungsgeschäft gezwungen, auswärts zu übernachten, so hätten sie neben den Zehrungsgeldern ein Uebernachtungsgeld von 1 Mk. 50 Pf. für jede Nacht in derselben Weise und nach denselben Bestimmungen zu beziehen, wie ein solches den Grenz- und Steuer-Aufsehern zugebilligt ist. Außerdem würde für besonders ausgedehnte Bezirke, insbesondere in den östlichen Provinzen, auch zur Ersparung weiterer Beamtenkräfte, nach den konkreten Fällen zu genehmigen sein, daß die Vollziehungsbeamten bei bestimmten Diensttouren sich der öffentlichen Fuhrgelegenheiten bedienen oder ein entsprechendes Fuhrwerk annehmen können. Die Kosten hierfür wären entweder in den nachweisbar aufgewendeten Beträgen gegen Liquidation oder durch Aussetzung eines bestimmten Fixums zu erstatten. Den Vollziehungsbeamten der Verwaltung der direkten Steuern würde an Stelle der vorgedachten besonderen Vergütungen eine entsprechende, für jede Stelle nach den Vorschlägen der Regierungen festzusetzende Pauschsumme an Reisekosten zu gewähren sein.

8. Sämmtliche Ausgaben an Besoldungen und Dienstaufwandsentschädigungen der für beide Verwaltungen thätigen Vollziehungsbeamten sind von derjenigen Verwaltung zu bestreiten, für deren Ressort der Vollziehungsbeamte angestellt ist. Die Einnahmen an Gebühren sind dagegen mit den eingezogenen Beträgen zur etatsmäßigen Vereinnahmung für die Staatskasse an diejenige Kassenstelle abzuführen, von welcher der Auftrag zur Zwangsbeitreibung ausgegangen ist. (Siehe aber den Erlaß Nr. 6. S. 480.)

9. Die Regelung der Dienst- und Disziplinar-Verhältnisse der im Interesse beider Verwaltungen thätigen Vollziehungsbeamten wird keinen Schwierigkeiten begegnen, da nach §. 3 der Verordnung vom 7. September 1879, betreffend das Verwaltungszwangsverfahren wegen Beitreibung von Geldbeträgen, diejenige Behörde, welcher die Einziehung der der Beitreibung im Verwaltungszwangsverfahren unterliegenden Geldbeträge zusteht, die zur Anordnung und *Leitung* des Verfahrens zuständige Vollstreckungsbehörde bildet, und nach Art. 6 der Ausführungs-Anweisung vom 15. September 1879 zur vorgedachten Verordnung die Vollziehungsbeamten der *Disziplin* derjenigen Behörde, von welcher sie angestellt sind, unterliegen sollen.

Hiernach werden die Aufträge zu den Zwangsvollstreckungen und die späteren Anweisungen über deren Ausführung 2c. dem Vollziehungsbeamten Seitens derjenigen Behörde zu ertheilen sein, für welche die Zwangsbeitreibung erfolgt und wird der Vollziehungsbeamte sich erforderlichen Falls auch persönlich behufs Entgegennahme jener Anweisungen und zum Zweck sonstiger mündlicher Besprechungen bei dieser Behörde einzufinden haben. Es ist dabei indessen geboten, daß die gesammte Thätigkeit des Vollziehungsbeamten von derjenigen Behörde, bei welcher der Beamte angestellt ist, übersehen und einer Kontrole unterworfen werden kann. Zu diesem Zwecke würde anzuordnen sein, daß der letzteren Behörde die von der anderen Behörde ertheilten Beitreibungs-Aufträge unter Kuvert zur Weiterbeförderung an den Vollziehungsbeamten zugestellt werden. Nur wenn in einzelnen Fällen besondere Beschleunigung geboten ist, würde der Auftrag, dem Vollziehungsbeamten unter gleichzeitiger Benachrichtigung der Behörde der anderen Verwaltung unmittelbar ertheilt werden können. Die Kontrole der Thätigkeit des Vollziehungsbeamten für den einzelnen Fall würde von den Organen der Vollstreckungsbehörde auszuüben sein, welchen in jedem Fall auch die im Art. 6 der vorgedachten Anweisung vom 15. September 1879 ausgesprochene Befugniß der disziplinarischen Rüge etwaiger Dienstvergehen, mit Ausschluß der Einleitung des Verfahrens wegen unfreiwilliger Dienstentlassung, vorzubehalten bliebe. Insbesondere muß Seitens der Verwaltung der indirekten Steuern Werth darauf gelegt werden, daß auch die in ihrem Interesse ausgeübte Thätigkeit der Vollziehungsbeamten der Steuerkassen der Kontrolirung durch die Steuer-Einnehmer, Oberkontroleure und Ober-Inspektoren unterworfen bleibt.

---

2. Finanzministerial-Erlaß vom 9. Mai 1881 — II. 5454 —. (Auszug.)
Nachdem die Geschäfte der Vollziehungsbeamten bei den Kreiskassen in den östlichen Provinzen grundsätzlich auf die mit fester Besoldung angestellten Vollziehungsbeamten der Verwaltung der indirekten Steuern übergegangen bezw. bei 42 Kreiskassen und der Steuerkasse in Berlin eigene Vollziehungsbeamte mit fester Besoldung angestellt worden, sind nach den bereits hierüber getroffenen Bestimmungen die im Verwaltungszwangsverfahren der Kreiskassen aufkommenden Gebühren künftig für die Staatskasse zu vereinnahmen. Die ꝛc. wird daher veranlaßt, dahin Anordnung zu treffen, daß die fraglichen Gebühren v. 1. April d. J. ab in den Rechnungen von den direkten Steuern unter Titel 9 „Strafbeträge und sonstige Einnahmen" und zwar getrennt von den übrigen Einnahmen dieses Titels auf besonderer Linie unter Abtheilung 2 „Im Verwaltungszwangsverfahren aufkommende Gebühren" nachgewiesen, in gleicher Weise auch in dem Entwurfe zu dem nächsten Kassenetat von den Steuern ausgeworfen werden.

---

3. Finanzministerial-Erlaß an die Kgl. Regierungen der westlichen und neuen Provinzen, betr. Vereinnahmung der bei den Steuerkassen aufkommenden Gebühren im Verwaltungszwangsverfahren. Vom 19. November 1884 — II. 12908, III. 14237, I. 15658 —.

Nachdem nunmehr die durch meine Verfügung vom 15. März d. J. —

II. 2924 — eingeleitete Umwandelung von 200 Vollziehungsbeamtenstellen bei den Steuerkassen in etatsmäßige, vollständig zur Ausführung gekommen ist, bestimme ich in Erledigung des Vorbehalts unter Nr. 10 derselben Verfügung bezüglich der Vereinnahmung der bei den Steuerkassen aufkommenden Gebühren im Verwaltungszwangsverfahren, sowie der Buchführung der Steuerkassen über diese Gebühren Folgendes:

1. Bei welchen Verwaltungen die Gebühren für die von den etatsmäßig angestellten Vollziehungsbeamten der Steuerkassen vom Tage der Anstellung ab ausgeführten Mahnungen, Zwangsvollstreckungen u. s. w. zur Staatskasse zu verrechnen sind, ergiebt sich aus Nr. 8 des mit der Cirkularverfügung vom 28. Mai 1880 — III. 7644, I. 7836, II. 6779 — übersandten Protokolls vom 5./8. dess. Mts. (Anlage zu Nr. 1, S. 472) bezw. aus dem Cirkularerlaß vom 30. März 1882 — Fin.-Minist. III. 2897, II. 2650, I. 3441, Minist. f. Landw. rc. II., III. 1672 —.

   Darnach sind die Gebühren

   a) für diejenigen Amtshandlungen der Vollziehungsbeamten, zu welchen die Behörden der Verwaltung der indirekten Steuern Auftrag ertheilt haben, von den betreffenden Amtsstellen bei der Verwaltung der indirekten Steuern;

   b) für Amtshandlungen der Vollziehungsbeamten, zu welchen die für sich bestehenden Kassen der Domainen- und Forstverwaltung Auftrag ertheilt haben, von diesen Kassen bei der Domainen- und Forstverwaltung;

   c) für alle übrigen Amtshandlungen der Vollziehungsbeamten von den Steuerkassen bei der Verwaltung der direkten Steuern zu vereinnahmen. Zu letzteren gehören insbesondere die Gebühren für die Beitreibung von Rückständen an direkten Staatssteuern, Renten und sonstigen von den Steuerkassen einzuziehenden fiskalischen Gefällen, ferner die Gebühren für die Beitreibung rückständiger Domainen- und Forstgefälle, falls die Domainen- und Forstkassen mit den Steuerkassen vereinigt sind, sowie die Gebühren für die Beitreibung rückständiger Gemeinde-, Kirchen- und Schulabgaben und sonstiger nicht fiskalischer Gefälle, auch wenn die Erhebung der nicht fiskalischen Abgaben und Gefälle mit den Steuerkassen nicht als Nebenamt verbunden ist, die desfallsigen Vollziehungsaufträge vielmehr von anderen Vollstreckungsbehörden erlassen sind — vergl. hierzu auch die §§. 2 und 3 der Geschäftsanweisung für die Vollziehungsbeamten vom 11. Oktober 1879 —.

2. Die vorstehend zu 1c gedachten Gebühren sind von den Steuerkassen in dem Haupt-Einnahme- und in dem Haupt-Ausgabejournal (Muster C und D zu der Geschäftsanweisung für die Steuerempfänger vom 28. August 1877) für das laufende Rechnungsjahr wie bisher in der Spalte 24 „Exekutionsgebühren“ zu buchen.

   Vom nächsten Rechnungsjahre ab ist dafür in den Journalen hinter

hinter der Spalte 12 „Gewerbesteuer" eine Spalte mit der Ueberschrift „Gebühren aus dem Verwaltungszwangsverfahren" einzurichten, dagegen die bisherige Spalte 24 in Fortfall zu bringen.

3. Haben einzelne Steuerkassen, denen auf Grund des §. 29 zu 2 a. a. O. die Führung eines Einnahmehülfsjournals nachgelassen ist, bisher auch die Gebühren der Vollziehungsbeamten darin nachgewiesen, so kann es dabei auch ferner verbleiben.

4. In dem Manual der Steuerkassen (Muster E zu der Geschäftsanweisung) sind die Gebühren für das laufende Rechnungsjahr an der seitherigen Stelle unter dem Abschnitt XI „Gebühren der Steuerexekutoren" zu buchen. Die Isteinnahme ist nach wie vor mit der Monatssumme und die Istausgabe mit der Summe einer jeden Ablieferung an die Regierungshauptkasse hierher zu übernehmen.

Bei denjenigen Steuerkassen, wo außer den etatsmäßig angestellten Vollziehungsbeamten auch nicht etatsmäßige Vollziehungsbeamte bezw. Hülfsvollziehungsbeamte beschäftigt werden, sind die zur Staatskasse zu vereinnahmenden Gebühren behufs Trennung von den Gebühren, welche die nichtetatsmäßigen Vollziehungsbeamten bezw. die Hülfsvollziehungsbeamten als Diensteinkommen beziehen, für das laufende Rechnungsjahr unter einer besonderen Abtheilung des Manualabschnitts XI, welche mit der Bezeichnung: „Gebühren für die Staatskasse" zu versehen ist, nachzuweisen. Die Summe der beiden Abtheilungen muß mit der Summe der Spalte 24 des Einnahme- bezw. des Ausgabejournals übereinstimmen.

Vom nächsten Rechnungsjahre ab sind die Gebühren unter einem hinter dem Abschnitt IV „Gewerbesteuer von den im Umherziehen betriebenen Gewerben" neu anzulegenden und mit der Bezeichnung „Gebühren aus dem Verwaltungszwangsverfahren" zu versehenden Abschnitte zu buchen. Die nähere Einrichtung dieses Abschnittes wird der Königlichen Regierung überlassen.

Der bisherige Abschnitt XI fällt demnächst weg. In Solleinnahme sind die Gebühren in dem Manual nicht zu stellen.

5. Die Ablieferung der Gebühreneinnahmen an die Regierungshauptkasse hat gleichzeitig mit der Ablieferung der Steuern zu erfolgen. In dem Lieferzettel (Muster O) bezw. der Ablieferungsübersicht (Muster Q zu der Geschäftsanweisung) sind die Gebühren auf besonderer Linie aufzuführen.

6. In den monatlichen Uebersichten von dem Stande der Steuerkassen (Muster R zu der Geschäftsanweisung), sowie in den Uebersichten von dem Stande der Steuerkassen bei den außerordentlichen Revisionen, sind die Gebühren für das laufende Rechnungsjahr an bisheriger Stelle, vom nächsten Rechnungsjahre ab unmittelbar hinter der Gewerbesteuer von den im Umherziehen betriebenen Gewerben nachzuweisen. Als Soll-

einnahme an Gebühren ist darin der jedesmalige Betrag der Isteinnahme vorzutragen.

7. Die Vereinnahmung der Gebühren zur Staatskasse ist von demjenigen Zeitpunkte ab zu bewirken, seit welchem die betreffenden Vollziehungsbeamten etatsmäßig angestellt sind; sofern jedoch ausnahmsweise noch nach diesem Zeitpunkte Gebühren für solche Akte eingehen, welche von den Vollziehungsbeamten vor ihrer etatsmäßigen Anstellung ausgeführt worden sind, erfolgt die Auszahlung an die letzteren.

8. Die Verrechnung der Gebühren hat in den Rechnungen der Regierungshauptkassen von den direkten Steuern bei Kapitel 4 Abtheilung I der Einnahme unter dem neu einzustellenden Titel 9 mit der Bezeichnung: „Gebühren aus dem Verwaltungszwangsverfahren" zu erfolgen, und zwar sind dieselben bis zur Aufnahme in den nächsten Kassenetat als Mehreinnahme gegen den Etat nachzuweisen. Wegen der Justifizirung dieser Einnahmen sind die Bestimmungen der Königlichen Ober-Rechnungskammer abzuwarten.

Wegen der Buchung der Gebühren der in ihrem Diensteinkommen nicht zu fixirenden Vollziehungsbeamten verbleibt es auch künftig bei dem bisherigen Verfahren.

---

4. Cirkularverfügung des Finanzministers an die Regierungen der westlichen und neuen Provinzen, betr. Organisation des Vollziehungsbeamtenwesens. Vom 21. März 1885. II. 3330. —

Nachdem die Vorbereitungen wegen der weiteren Organisation des Vollziehungsbeamtenwesens bei den Steuerkassen in der Hauptsache beendet und die erforderlichen Geldmittel in dem Entwurf des Staatshaushaltsetats für das Jahr vom 1. April 1885/86, dessen gesetzliche Feststellung bevorsteht, bereit gestellt sind, bestimme ich, daß mit der Ausführung der Organisation zum 1. April d. J. vorzugehen ist und bemerke dazu im allgemeinen Folgendes:

1. Die Inhaber der neu in etatsmäßige umzuwandelnden Vollziehungsbeamtenstellen und die auf solche Stellen vom 1. April d. J. ab zu versetzenden Beamten sind wie die bisherigen etatsmäßigen Vollziehungsbeamten unter Vorbehalt der monatlichen bezw. vierteljährlichen Dienstkündigung etatsmäßig anzustellen und behufs Festsetzung des ihnen zustehenden Gehaltes nach Maßgabe ihres Dienstalters unter die bereits etatsmäßig angestellten Vollziehungsbeamten des Bezirks einzureihen.

Bei der Gehaltsbewilligung ist der Vorbehalt zu machen, daß, wenn bis zum 1. April 1886 weitere etatsmäßige Anstellungen erfolgen, die an Dienstalter älteren Vollziehungsbeamten den Anspruch auf die ihrem Dienstalter entsprechende Gehaltsstufe haben, so daß die jetzt anzustellenden Vollziehungsbeamten sich event. die Festsetzung einer niedrigeren Gehaltsstufe, bezw. eine anderweite Regelung ihrer Anciennetät gefallen lassen müssen.

2. Die Zahlung der Besoldungen (Gehalt und Wohnungsgeldzuschuß) und der Zehrungs- 2c. Kostenvergütungen der neu etatsmäßig anzustellenden Vollziehungsbeamten hat für die Zeit vom 1. April 1885 ab zu erfolgen.

3. Die den etatsmäßigen Vollziehungsbeamten in den größeren Städten zu gewährenden Dienstaufwandsentschädigungen — vergl. Erläuterung lit. b zu Kap. 6 Tit. 3 des Etats der Verwaltung der direkten Steuern, Anl. Bd. I Nr. 5 des Staatshaushaltsetats — sind gleichfalls für die Zeit vom 1. April 1885 ab und wie die Pauschvergütungen für Zehrungs- 2c. Kosten monatlich postnumerando zu zahlen und bei dem Titel 8 der Verwaltung der direkten Steuern der Ausgabe nachzuweisen.

Die Bewilligung derselben hat unter dem Vorbehalte der jederzeitigen anderweiten Feststellung bezw. gänzlichen Zurückziehung stattzufinden.

4. Der vorgedachte Ausgabetitel 8 erhält vom nächsten Etatsjahre ab in den Rechnungen und Spezialetats die Bezeichnung: „Zur Gewährung von Pauschvergütungen für Zehrungs-, Uebernachtungs- und Fuhrkosten bezw. Dienstaufwandsentschädigungen an die etatsmäßigen Vollziehungsbeamten der Steuerkassen."

Wo Dienstaufwandsentschädigungen nicht zur Zahlung kommen, fallen in der Titelbezeichnung die Worte: „bezw. Dienstaufwandsentschädigungen" fort.

Ein Fonds zur Gewährung von Zuschüssen zu den Gebühren der Vollziehungsbeamten ist in dem Staatshaushaltsetat für das Jahr 1885/86 nicht mehr ausgeworfen worden, da die Bewilligung solcher Zuschüsse an Vollziehungsbeamte, welche in die Fixirung ihres Diensteinkommens nicht eingewilligt haben, nicht nothwendig ist.

5. Wegen des Bezugs und der Verrechnung des Diensteinkommens der neu etatsmäßig anzustellenden Vollziehungsbeamten, der Festsetzung und Vereinnahmung der von ihrem pensionsfähigen Diensteinkommen zu entrichtenden Wittwen- und Waisengeldbeiträge und der Kautionsleistung derselben, sowie der Kompetenzen ihrer Hinterbliebenen kommen die in der Verfügung vom 15. März 1884 — II. 2924 — unter den Nummern 2 bis 6 und 8 und 9 aufgestellten Grundsätze zur Anwendung.

6. Eine Nachweisung der neu etatsmäßig anzustellenden Vollziehungsbeamten und der denselben zu gewährenden Pauschvergütungen für Zehrungs- 2c. Kosten wird der Königlichen Regierung mit besonderer Verfügung zugefertigt werden. Auch werden Ihr mit dieser Verfügung die zu gewährenden Dienstaufwandsentschädigungen, sowie die vom 1. April 1885 ab bei den Zehrungs- 2c. Kostenvergütungen der bereits etatsmäßig angestellten Vollziehungsbeamten eintretenden Veränderungen mitgetheilt und die zu den Gehältern 2c. erforderlichen Geldmittel überwiesen werden.

8. Die Inhaber der vom 1. April 1885 ab zu errichtenden Hülfsvollziehungsbeamtenstellen und die auf solche Stellen zu versetzenden Beamten erhalten von dem genannten Zeitpunkte ab an Stelle ihres bisherigen Diensteinkommens an Gebühren und Zuschüssen eine fortlaufende Remuneration, welche die Vergütung für etwaige Zehrungs-, Uebernachtungs- und Fuhrkosten in sich schließt.

Der Königlichen Regierung wird mit der vorerwähnten besonderen Verfügung eine Nachweisung dieser Beamten zugefertigt und der Gesammtbetrag den denselben zu gewährenden Remunerationen überwiesen werden, dessen Vertheilung im Einzelnen demnächst von Ihr zu bewirken ist.

Die fortlaufenden Remunerationen sind unter dem Vorbehalt der jederzeitigen anderweiten Feststellung zu bewilligen, monatlich pränumerando zu zahlen und in den Rechnungen von den direkten Steuern unter dem Titel 7 auf einer besonderen Linie „Zur Renumerirung der Hülfsvollziehungsbeamten bei den Steuerkassen“ und zwar bis zur Uebernahme des Gesammtbetrages derselben auf den nächsten Kassenetat als Mehrausgabe nachzuweisen.

Von etwaigen Ersparnissen bei diesem Fonds ist alljährlich bis spätestens zum 15. April für das Vorjahr hierher Anzeige zu erstatten.

9. Die Hülfsvollziehungsbeamten sind künftig unter dem Vorbehalt des jederzeitigen Widerrufs bezw. einer monatlichen Dienstkündigung anzunehmen.

10. Eine Amtskaution haben die Hülfsvollziehungsbeamten nach Nr. 2 der diesseitigen Cirkularverfügung vom 3. Februar 1880 — II. 1375, I. 1589, III. 1548 — in der Regel nicht zu bestellen. Sofern von einzelnen fortan als Hülfsvollziehungsbeamten fungirenden Vollziehungsbeamten eine Kaution für ihr Dienstverhältniß schon früher geleistet worden ist, hat es dabei zu bewenden. Wenn in sonstigen einzelnen Fällen die Bestellung einer Kaution seitens der Hülfsvollziehungsbeamten nach dem Ermessen der Königlichen Regierung nothwendig oder rathsam erscheint, hat Sie die Kautionsbestellung zur Vorbedingung der Anstellung zu machen und das weiter Erforderliche zu veranlassen.

11. Die sämmtlichen Gebühren für die von den neu etatsmäßig anzustellenden Vollziehungsbeamten, sowie von den Hülfsvollziehungsbeamten vom 1. April 1885 ab auszuführenden Amtshandlungen fließen der Staatskasse zu. Gebühren, welche etwa noch nach dem 1. April 1885 für solche Akte eingehen, die von den gedachten Beamten vor diesem Zeitpunkte ausgeführt worden sind, kommen noch an die letzteren zur Auszahlung.

Bezüglich der Buchführung der Steuerkassen über die Gebühreneinnahmen ist das Erforderliche bereits in der Verfügung vom 19. Nov. 1884 — II. 12908, III. 14237, I. 15658 — (siehe vorsteh. Nr. 3

S. 474.) angeordnet worden. Wegen der Justifizirung dieser Einnahmen sind die Bestimmungen der Königlichen Oberrechnungskammer abzuwarten.

---

5. Cirkularverfügung des Finanzministers an die Kgl. Regierungen der sieben östlichen Provinzen, betr. anderweite Organisation des Vollziehungswesens. Vom 27. Mai 1885. — II. 5948, I. 7335 —.

Nach den zur Ausführung des Staatshaushaltsetats für das Jahr vom 1. April 1885/86 von mir getroffenen Anordnungen wegen anderweiter Organisation des Vollziehungswesens bei den Kreiskassen sind vom 1. April 1885 ab für diejenigen Kreiskassen, bei welchen die Thätigkeit des Vollziehungsbeamten nur periodisch für kurze Zeit erforderlich ist, bestimmte, nach Bedürfniß mit Erledigung der einzelnen Vollziehungsgeschäfte einstweilen zu beauftragende Beamte oder Privatpersonen anzunehmen, welche der Regel nach nur die aufkommenden tarifmäßigen Gebühren zu beziehen haben. In diesem Falle bilden demnach die Gebühren aus dem Verwaltungszwangsverfahren keine Einnahme für die Staatskasse und sind durch die Kreiskasse in der Rechnung überhaupt nicht, im Haupt-Einnahme- und im Haupt-Ausgabe-Journale, im Manuale, in den Kassenübersichten bezw. Abschlüssen statt an der seitherigen Stelle nunmehr unter „Kleine Nebenfonds" — im Manuale, Abtheilung III, in einem besonderen Abschnitte, welcher hinter dem Abschnitte für Rentenvertheilungsgebühren einzustellen ist — nachzuweisen.

---

6. Finz.-Minist.-Erlaß v. 14. Juni 1888 — I. 7679, II. 5979, III. 11086 —, betr. Verrechnung der Gebühren von Zwangsvollstreckungen.

Nach den Bestimmungen zu Nr. 8 der Anlage der Zirkularverfügung vom 28. Mai 1880 — III. 7644, I. 7836, II. 6779 — (siehe die Anlage zu vorstehender Nr. **1** S. 472) sind bei der Beauftragung von Vollziehungsbeamten der Steuer- und Kreiskassen mit Zwangsvollstreckungen für die Verwaltung der indirekten Steuern die aufkommenden, zur Staatskasse zu vereinnahmenden Gebühren an diejenige Kassenstelle abzuführen, welche den Auftrag zur Zwangsvollstreckung ertheilt hat. Diese Bestimmung bezieht sich lediglich auf die Kassen der Verwaltung der indirekten Steuern, denen das Recht beigelegt ist, die Vollziehungsbeamten der Steuer- und Kreiskassen unmittelbar mit Zwangsvollstreckungen zu beauftragen. Anderen Behörden ist ein solches Recht nicht beigelegt; dieselben haben vielmehr in den geeigneten Fällen das Ersuchen um Zwangsvollstreckung an die Steuer- oder Kreiskasse zu richten, welche ihrerseits den ihr zugeordneten Vollziehungsbeamten mit dem entsprechenden Auftrage versieht und deshalb als die auftraggebende Stelle die Gebühren selbst zu verrechnen hat. Die von einzelnen Königlichen Regierungen erlassenen Bestimmungen, wonach bei allen Requisitionen wegen Zwangsvollstreckung die Gebühren an die ersuchende Stelle abzuführen sind, entsprechen hiernach nicht den diesseitigen Vorschriften.

Aber auch in dem aus Vorstehendem sich ergebenden beschränkten Umfange soll die gedachte Bestimmung der Anlage zur Verfügung vom 28. Mai 1880 nicht ferner aufrechterhalten werden, da die gegen denselben Schuldner gerichteten Zwangsvollstreckungen sich zumeist gleichzeitig auf die Abgabenrückstände verschiedener Verwaltungszweige beziehen und die Verrechnung der den verschiedenen Verwaltungen zukommenden Gebührenantheile unverhältnißmäßigen Weiterungen und Schwierigkeiten begegnet.

Mit Rücksicht hierauf wird in Abänderung jener Verfügung bestimmt, daß fortan auch bei den seitens der Behörden der Verwaltung der indirekten Steuern an die Vollziehungsbeamten der Steuer- und Kreiskassen ergehenden Zwangsvollstreckungsaufträgen ebenso wie bei den von anderen Behörden an diese Kassen gerichteten Requisitionen wegen Zwangsvollstreckung, die zur Staatskasse zu vereinnahmenden Gebühren stets von den Steuer- und Kreiskassen verrechnet werden. Demnach haben die letzteren auch in allen Fällen die Richtigkeit der erhobenen Gebühr zu prüfen und zu vertreten.

Die Herren Provinzial-Steuer-Direktoren haben Abschrift dieser Verfügung erhalten.

---

7. Finanz-Ministerial-Erlaß vom 3. Jan. 1889 — II. 14790, III. 24086, I. 17403 —.

Der ꝛc. wird eröffnet, daß nach der diesseitigen Verfügung vom 14. Juni 1888 — I. 7679, II. 5979, III. 11086 — (siehe vorstehend) bei Requisitionen wegen Zwangsvollstreckung eine Ueberweisung der aufkommenden, zur Staatskasse zu vereinnahmenden Gebühren seitens der Kreis- und Steuerkassen an die ersuchende Stelle überall nicht mehr zu erfolgen hat, diese Gebühren vielmehr bei derjenigen Kreis- bezw. Steuerkasse zu vereinnahmen sind, deren Vollziehungsbeamter die betreffende Amtshandlung ausgeführt hat.

II. Anweisung

vom 15. September 1879,

zur Ausführung der Verordnung vom 7. September 1879,

betreffend

das Verwaltungszwangsverfahren wegen Beitreibung von Geldbeträgen.

(G.=S. S. 591.)

Auf Grund der im §. 58 der Verordnung vom 7. September 1879, betreffend das Verwaltungszwangsverfahren wegen Beitreibung von Geldbeträgen (G.=S. S. 591), den betheiligten Ministerien ertheilten Ermächtigung wird zur Ausführung dieser Verordnung Nachstehendes vorgeschrieben:

I. Allgemeine Bestimmungen.

Anwendung der Verordnung. (Zu §. 1.)

Art. 1. Nach den in den einzelnen Landestheilen bestehenden Vorschriften bestimmt sich, welche Geldleistungen der Beitreibung im Verwaltungszwangsverfahren unterliegen.

Soweit hiernach die Beitreibung eines Geldbetrages im Verwaltungszwangsverfahren zulässig ist, regelt sich das Verfahren ausschließlich nach den Vorschriften der Verordnung; alle auf das Verfahren bezüglichen Bestimmungen der seither bestehenden Exekutionsordnungen sind demnach für aufgehoben zu erachten.

Vollstreckungsbehörden. (Zu §. 3.)

Art. 2. Diejenigen Behörden oder Beamten, welche kraft ihres Amtes Geldbeträge einzuziehen haben, die der Beitreibung im Verwaltungszwangsverfahren unterliegen, bilden die zur Anordnung und Leitung des Zwangsverfahrens zuständigen Vollstreckungsbehörden, ohne daß es einer weiteren Beauftragung derselben bedürfte.

Auch wenn gewissen Beamten die Einziehung solcher Geldbeträge als Nebenamt aufgetragen ist, bilden dieselben bezüglich dieser Geldbeträge die zuständige Vollstreckungsbehörde.[1])

---

1) Finz.=Minist.=Cirk.=Erlaß v 10. Mai 1887 — II. 4710 —, betr. Pfändungen bei kombinirter Kassenverwaltung

In der Prozeßsache des E. zu R. wider die Regieruug als Vertreterin der Steuerkasse zu

Von der Bestimmung des Abs. 1 bilden die Beamten solcher Korporationen, welche nach den bisherigen Vorschriften zur eigenen Zwangsvollstreckung nicht berechtigt sind, wie namentlich die Rendanten von Kirchengemeinden und Schulsozietäten, eine Ausnahme. Diese können niemals die Vollstreckungsbehörde bilden, falls sie nicht etwa auf Grund des von ihnen bekleideten Hauptamtes hierzu befähigt sind, und deshalb gemäß der Bestimmung im Abs. 2 als Vollstreckungsbehörde zu fungiren haben.

Insoweit den Gemeinden die Einziehung von Geldbeträgen für den Staat obliegt, bilden die Gemeindevorstände, wenn jedoch eine Gemeinde zum Zweck der Einziehung solcher Geldbeträge selbstständige Beamten angestellt hat, diese Letzteren die Vollstreckungsbehörde. Ebenso sind die von mehreren zu einem Erhebungsbezirke vereinigten Gemeinden angestellten selbstständigen Erhebungsbeamten für ihren Geschäftsbereich als Vollstreckungsbehörde zuständig.

Art. 3. In allen Fällen, in denen eine nach den Bestimmungen des §. 3 Abs. 1 und 2 der Verordnung zuständige Vollstreckungsbehörde nicht vorhanden ist, hat die örtlich zuständige Regierung (in der Stadt Berlin das Polizeipräsidium) entweder von Amtswegen oder auf Ersuchen der zuständigen Behörde oder Korporation eine besondere Vollstreckungsbehörde zu bestimmen. Diese Bestimmung kann nach dem Ermessen der Regierung (Polizeipräsidium in Berlin), welche hierbei auf die Wünsche der ersuchenden Behörde oder Korporation thunlichst Rücksicht zu nehmen hat, für jeden einzelnen Fall oder für eine Reihe von Fällen oder für eine bestimmte Zeitdauer erfolgen.

Die Regierungen (Polizeipräsidium in Berlin) sind ermächtigt, bei der Bestimmung einer Vollstreckungsbehörde nach §. 3 Abs. 3 der Verordnung einen von der Behörde oder Korporation, für deren Rechnung die Zwangsvollstreckung erfolgt, zu entrichtenden verhältnißmäßigen Beitrag zu der Remuneration der Vollstreckungsbehörde und der Vollziehungsbeamten festzusetzen.

Art. 4. In welchen Fällen die zuständigen höheren Verwaltungs- und die Aufsichtsbehörden von der Ermächtigung, die Funktionen der Vollstreckungs-

---

H. ist der Fiskus zur Freigabe der Pfandstücke sowie zur Tragung der Kosten verurtheilt worden, obwohl die Pfändung lediglich die Beitreibung von Gemeindeabgaben bezweckte. Der von der Regierung erhobene Einwand der mangelnden gesetzlichen Vertretung ist von den Gerichten verworfen, weil nach dem von dem Rentmeister zu H. unter der Firma „Königliche Steuerkasse“ erlassenen Pfändungsbefehle die Pfändung nicht für die Gemeindekasse, sondern für die Steuerkasse erfolgt sei und daher auch der letzteren die für Recht erkannte Aufhebung der Pfändung obliege.

Wenngleich die Gründe dieser Entscheidung anfechtbar erscheinen, so giebt der Fall doch Anlaß, für die Folge bei kombinirten Kassenverwaltungen darauf zu halten, daß die Pfändungsbefehle stets unter der Firma derjenigen der vereinigten Amtsstellen erlassen werden, welche nach Art. 2 und 3 der Anweisung v. 15. Sept. 1879 wegen des beizutreibenden Geldbetrages die zuständige Vollstreckungsbehörde bildet. Nicht minder haben die Vollziehungsbeamten dafür Sorge zu tragen, daß in den Pfändungsprotokollen u. s. w. stets die richtige Vollstreckungsbehörde aufgeführt wird.

Diejenigen Rentmeister und Vollziehungsbeamten, welche durch Zuwiderhandlung gegen diese Anordnungen dem Fiskus Kosten verursachen, setzen sich der Gefahr des Regresses aus.

behörde ganz oder theilweise selbst zu übernehmen, Gebrauch machen wollen, bleibt ihrem Ermessen überlassen, vorzugsweise wird solches dann geschehen müssen, wenn es sich, wie z. B. bei der Ausführung von Defektenbeschlüssen, um wichtige oder schwierige Fälle der Zwangsvollstreckung handelt. Selbstredend tritt, soweit die gedachten Behörden von der bezeichneten Ermächtigung Gebrauch machen, die etwa sonst zuständige Vollstreckungsbehörde außer Funktion.

Art. 5. Da durch die Bestimmungen der Verordnung an den bestehenden Vorschriften über die Nothwendigkeit, eine Umlage für vollstreckbar (exekutorisch) zu erklären, nichts geändert worden ist, so hat die Vollstreckungsbehörde in den geeigneten Fällen zu prüfen, ob dieser Voraussetzung genügt ist.

Vollziehungsbeamte. (Zu §. 5.)

Art. 6. Die Vollziehungsbeamten unterliegen der Disziplin derjenigen Behörde, von welcher sie angestellt sind.

Wenn die von den Regierungen angestellten Vollziehungsbeamten nach Vereinbarung mit den Ersteren von anderen Provinzialbehörden[1]) (§. 24 Nr. 2 des Gesetzes v. 21. Juli 1852, betreffend die Dienstvergehen der nicht richterlichen Beamten, G.-S. S. 465) als Vollziehungsbeamte verwandt werden, so haben diese Provinzialbehörden das Recht, die etwaigen Dienstvergehungen derselben disziplinarisch zu rügen, müssen aber, wenn solches geschieht, die betreffende Regierung hiervon in Kenntniß setzen. Die Einleitung des Verfahrens wegen unfreiwilliger Entlassung eines solchen Vollziehungsbeamten steht jedoch ausschließlich der Regierung zu.

Art. 7. Diejenigen Vollziehungsbeamten, welche nicht eine besondere Dienstkleidung tragen, müssen bei allen amtlichen Verrichtungen mit einem Dienstschilde versehen sein; das Letztere soll in der Mitte den Preußischen Adler enthalten und auf der linken Brustseite getragen werden.

Art. 8. Die eidliche Verpflichtung der Vollziehungsbeamten erfolgt durch die zuständige Behörde nach den bestehenden allgemeinen Vorschriften. Sofern die Vollziehungsbeamten bereits auf Grund eines anderen von ihnen bekleideten Amtes eidlich verpflichtet sind, bedarf es der nochmaligen Vereidigung nicht.

---

1) Nach dieser Gesetzesbestimmung sind Provinzialbehörden:
die Regierungen,
die Provinzial-Schulkollegien,
die Provinzial-Steuerdirektionen,
die Oberbergämter,
die Generalkommissionen,
die Militairintendanturen,
das Polizeipräsidium zu Berlin,
die Eisenbahnkommissariate.

Hierzu tritt nach §. 45 Absatz 2 des Gesetzes über die allgemeine Landesverwaltung vom 30. Juli 1883 (G.S. S. 195) die Kgl. Direktion für die Verwaltung der direkten Steuern in Berlin.

Art. 9. Den Ressortchefs bleibt die Bestimmung der Voraussetzungen vorbehalten, unter denen die Ausführung einer Zwangsvollstreckung einem Gerichtsvollzieher übertragen werden kann.

II. Mahnverfahren.

Nothwendigkeit der Mahnungen.

Art. 10. Die Vollstreckungsbehörde darf ausnahmsweise die Mahnung unterlassen, wenn:

a) nach ihrem pflichtmäßigen Ermessen zu befürchten ist, daß durch die mit der Mahnung verbundene Verzögerung der Vollstreckung der Erfolg der Letzteren gefährdet werden würde; oder wenn

b) die Mahnung nach den unten folgenden Bestimmungen wegen eines in der Person des Schuldners liegenden Hindernisses nicht ausgeführt werden kann.

Sonstige Ausnahmen und Abweichungen von der Regel des §. 6 der Verordnung können nur die Ressortchefs gestatten.

Restverzeichniß.

Art. 11. Die für die Einziehung der direkten Steuern und anderen in feststehenden Fristen wiederkehrenden öffentlichen Abgaben und Gefälle zuständigen Behörden und Beamten haben ein Restverzeichniß zu führen, in welches unmittelbar nach dem Verfalle der einzuziehenden Abgaben und Gefälle die sämmtlichen Rückstände unter fortlaufenden Nummern, und verschiedene von derselben Person verschuldete Rückstände unter derselben Nummer einzutragen sind.

Für dieses Restverzeichniß ist in der Regel das anliegende Muster I., dessen Spalten nach Bedürfniß vermehrt werden können, zu benutzen.

Den Ressortchefs bleibt vorbehalten, von der Verpflichtung zur Führung von Restverzeichnissen zu entbinden, andere Muster vorzuschreiben oder sonstige Abweichungen zu gestatten.

Mahnzettel.

Art. 12. Die Mahnung erfolgt durch Mittheilung eines Mahnzettels, welcher von der für die Einziehung des Geldbetrages zuständigen Stelle auf Grund des Restverzeichnisses nach dem beigefügten Muster II. auszufertigen ist; verschiedene Rückstände desselben Schuldners sind in der Regel durch denselben Mahnzettel einzufordern.

Behändigung der Mahnzettel.

Art. 13. Die Behändigung der Mahnzettel an den Schuldner erfolgt durch den Vollziehungs- oder einen anderen hiermit besonders beauftragten öffentlichen Beamten oder durch Aufgabe zur Post.

Im ersteren Falle hat der beauftragte Beamte den Mahnzettel dem Schuldner selbst oder einem erwachsenen Hausgenossen desselben zu behändigen und wie solches geschehen, unter Angabe des Namens desjenigen, dem der Zettel behändigt worden und des Tages der Behändigung in einem ihm bei Ertheilung des Auftrages übergebenen Verzeichnisse der anzumahnenden Schuldner zu bescheinigen. Wird die Annahme verweigert oder kann die Behändigung wegen Abwesenheit eines zur Annahme Berechtigten nicht erfolgen, so hat der Beamte die Behändigung durch Anheften an die Thür der Wohnung des Schuldners oder durch Uebergabe des Mahnzettels an die Ortsbehörde zu bewirken. Letztere hat alsdann die Mittheilung an den Schuldner zu veranlassen.

Der mit der Behändigung des Mahnzettels beauftragte Beamte ist niemals zur Annahme von Zahlungen ermächtigt.

Die Behändigung durch Aufgabe zur Post geschieht in der Weise, daß der Mahnzettel in einem verschlossenen Briefumschlage unter der Adresse des Schuldners nach dessen Wohnorte zur Post gegeben wird. In diesem Falle wird die Behändigung mit der bescheinigten Aufgabe zur Post als bewirkt angesehen, selbst wenn die Sendung als unbestellbar zurückkommt. Die Bescheinigung der Aufgabe zur Post kann nur durch einen vereidigten Beamten geschehen.

Art. 14. Bildet die für die Einziehung zuständige Stelle zugleich die Vollstreckungsbehörde, so hat dieselbe das Verfahren der Behändigung der Mahnzettel selbst zu leiten und namentlich unter Berücksichtigung der örtlichen und der sonst in Betracht kommenden Verhältnisse zu bestimmen, ob die Behändigung der Mahnzettel durch den Vollziehungsbeamten oder durch Aufgabe zur Post geschehen soll. Hat jedoch der Schuldner nicht seinen Wohnsitz im Geschäftsbezirke der Vollstreckungsbehörde, so muß der Regel nach die Behändigung durch Aufgabe zur Post erfolgen.

Geschieht die Behändigung durch den Vollziehungsbeamten, so ist demselben ein auf die sämmtlichen anzumahnenden Schuldner bezüglicher, die Spalten 1, 3—5 des Restverzeichnisses umfassender Auszug zu übergeben; derselbe hat sodann in der Spalte 5 des Auszuges die erfolgte Behändigung durch den Vermerk „behändigt dem N. N. am —ten . . . . .“, oder falls die Behändigung durch Anheften an die Thür bezw. durch Uebergabe an die Ortsbehörde erfolgt ist, durch den Vermerk „angeheftet am —ten . . . . .“, bezw. „dem Ortsvorsteher . . . . . übergeben am . . . . .“, zu bescheinigen.

Erfolgt die Behändigung durch Aufgabe zur Post, so muß der Beamte, welcher die Aufgabe bewirkt hat, dieselbe in der Spalte 5 des Restverzeichnisses durch den Vermerk „auf die Post gegeben am —ten . . . . .“ bescheinigen.

Art. 15. Bildet dagegen die für die Einziehung zuständige Stelle nicht zugleich die Vollstreckungsbehörde, so muß die Behändigung der Mahnzettel entweder durch einen hiermit besonders beauftragten öffentlichen Beamten oder durch die in Gemäßheit des §. 3 Abs. 3 der Verordnung bestellte Vollstreckungsbehörde bewirkt werden. Die näheren Bestimmungen hierüber bleiben den zuständigen Behörden der verschiedenen Ressorts vorbehalten.

Im ersteren Falle hat die für die Einziehung zuständige Stelle die von ihr ausgefertigten Mahnzettel nebst dem im Art. 14 Abs. 2 erwähnten Auszuge des Restverzeichnisses dem beauftragten Beamten mitzutheilen, welcher die Behändigung unter Beobachtung der daselbst gegebenen Vorschriften auszuführen und den mit den erforderlichen Bescheinigungen versehenen Auszug demnächst zurückzugeben hat.

Soll die Behändigung der Mahnzettel durch die in Gemäßheit des §. 3 Abs. 3 der Verordnung bestellte Vollstreckungsbehörde erfolgen, so muß die für die Einziehung zuständige Stelle die von ihr ausgefertigten Mahnzettel nebst ihrem Restverzeichnisse und dem Auszuge aus Letzterem der Vollstreckungsbehörde mittheilen, welche das weitere Verfahren zu veranlassen hat. In solchen Fällen hat die gedachte Stelle von allen auf die in dem Restverzeichnisse aufgeführten Rückstände bei ihr eingehenden Zahlungen der Vollstreckungsbehörde unverzüglich Kenntniß zu geben.

Mündliche Mahnung.

Art. 16. Sofern in einzelnen Landestheilen die Ausfertigung oder Behändigung der Mahnzettel wegen Mangels geeigneter Beamten auf erhebliche Schwierigkeiten stößt, können die Provinzialbehörden für ihren Geschäftsbereich ausnahmsweise die mündliche Mahnung durch den Vollziehungs- oder einen anderen hiermit besonders beauftragten öffentlichen Beamten gestatten. Dieselben haben in solchen Fällen zugleich darüber zu bestimmen, in welcher Weise die Ausführung der Mahnung zu bescheinigen ist.

III. Zwangsverfahren.

A. Allgemeine Bestimmungen.

Einleitung des Zwangsverfahrens.

Art. 17. Nach dem Ablaufe der Mahnungsfrist ist wegen der verbliebenen, in Spalte 7 des Restverzeichnisses einzutragenden Rückstände ohne Verzug das Zwangsverfahren einzuleiten.[1]) Die Vollstreckungsbehörde ist ohne ausdrückliche, für jeden einzelnen Fall zu ertheilende Genehmigung der zur Bewilligung von Stundungen zuständigen Behörde, bezw. der Korporation, für deren Rechnung die Zwangsvollstreckung erfolgt, nicht ermächtigt, für die Einleitung des Zwangsverfahrens oder für einzelne Vollstreckungsmaßregeln Ausstand zu gewähren. Alle von der Vollstreckungsbehörde eigenmächtig gewährte Stundungen erfolgen auf alleinige Gefahr des verantwortlichen Beamten.

1a) Finz.-Minist.-Erlaß v. 22. Juli 1878 — IV. 8305 —, betr. die Frage, wann die Exekution als vollstreckt anzusehen ist. (Auszug.)

Der in der abschriftlich hierher eingereichten Cirk.-Verfügung der Kgl. Regierung 2c. enthaltenen Bemerkung, daß eine Exekution erst dann als vollstreckt anzusehen ist, wenn die verschiedenen Arten der Zwangsmittel

a) die Pfändung,
b) die Beschlagnahme der Früchte auf dem Halme 2c.
c) die Beschlagnahme der ausstehenden Forderungen — des Arbeits- und Dienstlohns —,
d) event. Sequestration und
e) event. Subhastation

erschöpft sind, kann diesseits nicht beigetreten werden.

Die Exekution ist nicht erst dann als vollstreckt anzusehen, wenn alle nach der Lage des besonderen Falls anwendbaren Zwangsmittel auch wirklich zur Anwendung gelangt sind, sondern

Die von der zuständigen Behörde oder Korporation einem Schuldner nach Zustellung des Mahnzettels gewährte Stundung ist in Spalte 12 des Restverzeichnisses mit Angabe der Stundungsfrist zu vermerken.

Die Namen derjenigen Schuldner, gegen welche wegen Zahlung des vollen Betrages der Rückstände das Zwangsverfahren nicht einzuleiten ist, sind in dem Restverzeichniß mittelst Durchstreichens zu löschen, jedoch so, daß die Eintragungen vollständig lesbar bleiben.

Zustellungen. (Zu §§. 8—18.)

Art. 18. Ob die Zustellungen im Zwangsverfahren durch den Vollziehungsbeamten oder durch die Post zu bewirken sind, ist unter entsprechender Anwendung der im Art. 14 gegebenen Vorschriften zu bestimmen.

Die Person, welcher zugestellt werden soll, ist von der Vollstreckungsbehörde unter Beachtung der in den §§. 9—11 der Verordnung getroffenen Bestimmungen genau zu bezeichnen.

An welche Personen im Falle des §. 9 Abs. 1 der Verordnung die Zustellung erfolgen muß, richtet sich mit Rücksicht auf die Bestimmungen der §§. 50, 51 der Civilprozeßordnung[1]) nach den Vorschriften des bürgerlichen Rechtes. Hiernach erfolgen im Allgemeinen Zustellungen für Minderjährige an den Vater oder bezw. Vormund, Zustellungen für Geisteskranke, Verschwender oder sonst aus irgend einem Grunde unter Vormundschaft stehende Personen an den Vormund.

Die im §. 13 der Verordnung gedachte Erlaubniß der Vollstreckungsbehörde darf nur im Falle der Dringlichkeit der Zustellung ertheilt werden.[2])

---

bereits dann, wenn eines derselben — und zwar ohne Unterschied, ob mit oder ohne Erfolg — durchgeführt bezw. der Versuch zur Durchführung gemacht ist. Dabei kann es nicht darauf ankommen, ob im gegebenen Falle nach fruchtloser Anwendung eines Zwangsmittels zur Vollstreckung einer weiteren Exekutionsmaßregel, beispielsweise nach vergeblich versuchter Pfändung zur Beschlagnahme des Arbeitslohnes übergegangen werden kann, da in solchen Fällen, sobald durch den gemachten Versuch die Unmöglichkeit der Pfändung festgestellt ist, immer eine fruchtlos vollstreckte Exekution vorliegt.

1 b) Siehe den Finz.-Minist.-Erlaß v. 3. Dez. 1882 — II. 13100, I. 16784, III. 16405 —. Abgedruckt als Anm. 1 S. 444.

(Zu Art. 18.) 1) Civilprozeßordnung. Vom 30. Jan. 1877 (R.G.Bl. S. 83):

§. 50. Die Fähigkeit einer Partei, vor Gericht zu stehen, die Vertretung nicht prozeßfähiger Parteien durch andere Personen (gesetzliche Vertreter) und die Nothwendigkeit einer besonderen Ermächtigung zur Prozeßführung bestimmt sich nach den Vorschriften des bürgerlichen Rechts, soweit nicht die nachfolgenden Paragraphen abweichende Bestimmungen enthalten.

§. 51. Eine Person ist insoweit prozeßfähig, als sie sich durch Verträge verpflichten kann.

Die Prozeßfähigkeit einer großjährigen Person wird dadurch, daß sie unter väterlicher Gewalt steht, die Prozeßfähigkeit einer Frau dadurch, daß sie Ehefrau ist, nicht beschränkt.

Die Vorschriften über die Geschlechtsvormundschaft finden auf die Prozeßführung keine Anwendung.

2a) Ministerielle Anmerkung:

Allgemeine Feiertage im Sinne der §§. 13, 20 Abs. 2 der Verordnung (§. 681 der Civilprozeßordnung, R.G.Bl. 1877 S. 206) sind:

Für die über die Zustellung aufzunehmenden Urkunden ist das anliegende Muster III. zu benutzen.

Die Ersuchungsschreiben, welche bei Zustellungen in einem anderen deutschen Staate (§. 17 Abs. 2 d. V.), sowie bei Zustellungen an die im §. 184 der Civilprozeßordnung[3]) bezeichneten Personen erforderlich werden, sind von der Vollstreckungsbehörde zu erlassen. Dagegen sind bei Zustellungen, welche mittelst Ersuchens des Reichskanzlers, der Minister der auswärtigen Angelegenheiten der Bundesstaaten oder der Konsuln oder Gesandten des Reichs (§§. 182, 183 der Civilprozeßordnung)[3]) bewirkt werden sollen, wegen des Erlasses der Ersuchungsschreiben die über den Geschäftsverkehr mit den genannten Beamten ergangenen allgemeinen Vorschriften zu beachten. Können Zustellungen in einem anderen deutschen Staate nach den mit diesem getroffenen Vereinbarungen[4]) durch die Post bewirkt werden, so ist von der im §. 17 Abs. 2 der Verordnung vorgesehenen Art der Zustellung keine Anwendung zu machen.

Bei Zustellungen durch öffentlichen Aushang (§. 18 d. V.) ist der Tag der Anheftung auf dem auszuhängenden Schriftstücke zu vermerken.

---

1. Der erste und zweite Feiertag der drei christlichen Feste Weihnachten, Ostern und Pfingsten.
2. Der Charfreitag.
3. Der Neujahrstag.
4. Der Buß- und Bettag.
5. Der Himmelfahrtstag.

2b) Für die Rheinprovinz dürfte noch die Allerh. Kab.-Ordre v. 5. Juli 1832, die gesetzlichen Festtage in der Rheinprovinz betr. (G.S. S. 197) Geltung haben.

2c) Siehe auch §. 13 der Geschäftsanweisung v. 11. Okt. 1879, Abschnitt VII Nr. III.

3) Civilprozeßordnung. Vom 30. Jan. 1877 (R.G.Bl. S. 83):

§. 182. Eine im Auslande zu bewirkende Zustellung erfolgt mittelst Ersuchens der zuständigen Behörde des fremden Staates oder des in diesem Staate residirenden Konsuls oder Gesandten des Reichs.

§. 183 und 184 sind abgedruckt auf Seite 71 dieses Buches, Anm. 2a.

4) Cirk.-Erlaß des Minist. des Innern und des Finz.-Minist. v. 9. Okt. 1883 — F. M. II. 9410, I. 13075, III. 12716, M. d. J. I. A. 7688 —, betr. Zwangsvollstreckungen auf Requisition auswärtiger Behörden.

Für das Gebiet der Freien Hansestadt Bremen ist durch Gesetz v. 15. Juni 1883 die Bestimmung getroffen, daß „Forderungen auswärtiger deutscher Staats- oder Gemeindebehörden, welche nach den Gesetzen des betreffenden Staates der Zwangsvollstreckung im Verwaltungswege unterliegen, auf Antrag der zuständigen Behörden oder Beamten gegen im bremischen Staate wohnhafte Schuldner durch Zwangsvollstreckung im Verwaltungswege beigetrieben werden“ können.

Nach einer ferneren Bestimmung desselben Gesetzes steht die Zwangsvollstreckung zu für die Stadt Bremen dem Generalsteueramte, für das Landgebiet dem Landherrn, für die Hafenstädte den Aemtern.

Die Gewährung dieser administrativen Rechtshülfe ist nach den Motiven des Gesetzes im Wesentlichen an die Bedingung der Reziprozität geknüpft, im Uebrigen aber in das freie Ermessen der für die Vollstreckung zuständigen Behörden gestellt.

Mit Rücksicht hierauf werden die diesseitigen Behörden angewiesen, den seitens bremischer Behörden an sie ergehenden Requisitionen auf Zwangsvollstreckungen wegen solcher Forderungen bremischer Staats- und Gemeindebehörden, welche nach dortigem Gesetze der Zwangsvollstreckung im Verwaltungswege unterliegen, soweit nicht etwa diesseitige gesetzliche Bestimmungen entgegenstehen, oder sofern nicht etwa in gleichliegenden Fällen von den bremischen Behörden die Reziprozität versagt werden sollte, in entgegenkommender Weise zu entsprechen.

Anlegung von Akten.

Art. 19. Alle auf die Zustellungen bezüglichen Urkunden und Bescheinigungen sind, nachdem sie von der Vollstreckungsbehörde hinsichtlich ihrer vorschriftsmäßigen Ausstellung geprüft und auf deren Anordnung erforderlichenfalls berichtigt bezw. vervollständigt worden sind, zu besonderen Akten zu bringen. Die Letzteren sind nach der Reihenfolge des Restverzeichnisses anzulegen. Zu denselben sind auch alle im weiteren Verlaufe des Zwangsverfahrens aufgenommenen Urkunden, Protokolle und Bescheinigungen sowie alle Konzepte der ergangenen Verfügungen, Mittheilungen u. s. w. zu nehmen und bei den entsprechenden Nummern des Restverzeichnisses einzuheften. Die Akten, sowie die Restverzeichnisse sind mindestens fünf Jahre lang aufzubewahren.

Verbot von Vollstreckungshandlungen an kirchlichen Festtagen und am Sabbath.
(Zu §. 20.)

Art. 20. Die Vollstreckungsbehörden werden angewiesen, Vollstreckungshandlungen gegen Angehörige einer christlichen Konfession an den nicht als allgemeine Feiertage anerkannten kirchlichen Festtagen dieser Konfession, sowie gegen Juden am Sabbath und an jüdischen Festtagen nur bei Gefahr im Verzuge ausführen zu lassen.[1])

B. Zwangsvollstreckung in das bewegliche Vermögen.

1. Allgemeine Bestimmungen.

Verschiedene Arten der Pfändung. (Zu §. 24.)

Art. 21. Bei der Zwangsvollstreckung in das bewegliche Vermögen ist lediglich nach Zweckmäßigkeitsgründen zu bestimmen, welche Art der Pfändung ausgeführt werden, namentlich ob sich die Letztere auf körperliche Sachen oder auf Forderungen und andere Vermögensrechte des Schuldners erstrecken soll. Auch können unter Beobachtung der Vorschrift des §. 24 Abs. 1 der Verordnung, körperliche Sachen und Forderungen oder andere Vermögensrechte zu gleicher Zeit gepfändet werden.

In der Regel ist diejenige Art der Pfändung zu wählen, welche voraussichtlich am sichersten und leichtesten zur Deckung der beizutreibenden Summe führen wird; an zweiter Stelle ist derjenigen Art der Pfändung der Vorzug zu geben, welche dem Schuldner am wenigsten nachtheilig ist und den geringsten Betrag an Gebühren und Kosten verursacht.

Ansprüche dritter Personen. (Zu §. 26.)

Art. 22. Wenn ein Dritter bezüglich des gepfändeten Gegenstandes bei der Vollstreckungsbehörde Ansprüche anmeldet, welche im Falle ihrer Begründung der Deckung der beizutreibenden Summe aus dem Erlöse entgegenstehen würden, so ist zu prüfen, ob die Pfändung anderer Gegenstände möglich ist, welche

---

1) Siehe Anm. 2 zu Art. 18 vorstehend.

hinreichende Sicherheit gewähren und von dritten Personen nicht in Anspruch genommen werden.

Treffen diese Voraussetzungen zu, so kann die Vollstreckungsbehörde, nachdem die anderweite Pfändung erfolgt ist, die Freigebung des erstgepfändeten Gegenstandes verfügen.

Ist jedoch die Pfänduug eines anderen Gegenstandes nicht möglich, so hat die Vollstreckungsbehörde ohne Verzug derjenigen Behörde oder Korporation, für deren Rechnung die Zwangsvollstreckung stattfindet, den Sachverhalt anzuzeigen und deren Entscheidung abzuwarten. Bis die Letztere erfolgt, ist, sofern die angemeldeten Ansprüche bescheinigt sind, von weiteren Vollstreckungsmaßregeln Abstand zu nehmen.

Art. 23. Wenn ein Dritter Ansprüche an den gepfändeten Gegenstand im Wege der Klage geltend macht, so hat die Vollstreckungsbehörde sich nach den etwa in Gemäßheit der §§. 688, 689 der Civilprozeßordnung (§. 26 Abs. 2 d. V.) (abgedr. S. 447) ergehenden Anordnungen des Gerichts oder nach etwaigen Weisungen derjenigen Behörde oder Korporation, für deren Rechnung die Zwangsvollstreckung erfolgt, zu richten, im Uebrigen aber dem Zwangsverfahren weiteren Fortgang zu geben.

Gegen die Vollstreckungsbehörde selbst kann die Klage nur in dem Falle gerichtet werden, wenn sie zur prozessualischen Vertretung Desjenigen, für dessen Rechnung die Zwangsvollstreckung erfolgt, befugt ist. Steht der Vollstreckungsbehörde eine solche Befugniß nicht zu, so hat sie bei eigener Verantwortlichkeit auf die gegen sie angestellte Klage lediglich die Einrede der mangelnden gesetzlichen Vertretung vorzuschützen und die Verhandlung zur Hauptsache zu verweigern (§§. 247, 248 der C.P.O.);[1]) zugleich hat die Vollstreckungsbehörde in einem solchen Falle Demjenigen, für dessen Rechnung die Zwangsvollstreckung erfolgt, von der Sachlage Kenntniß zu geben.

---

1) Civilprozeßordnung. Vom 30. Jan. 1877 (R.G.Bl. v. 1877 S. 83):

§. 247. Prozeßhindernde Einreden sind gleichzeitig und vor der Verhandlung des Beklagten zur Hauptsache vorzubringen.

Als solche Einreden sind nur anzusehen:

1. die Einrede der Unzuständigkeit des Gerichts,
2. die Einrede der Unzulässigkeit des Rechtswegs,
3. die Einrede der Rechtshängigkeit,
4. die Einrede der mangelnden Sicherheit für Prozeßkosten,
5. die Einrede, daß die zur Erneuerung des Rechtsstreites erforderliche Erstattung der Kosten des früheren Verfahrens noch nicht erfolgt sei,
6. die Einrede der mangelnden Prozeßfähigkeit oder der mangelnden gesetzlichen Vertretung.

Nach dem Beginne der mündlichen Verhandlung des Beklagten zur Hauptsache können prozeßhindernde Einreden nur geltend gemacht werden, wenn dieselben entweder solche sind, auf welche der Beklagte wirksam nicht verzichten kann, oder wenn der Beklagte glaubhaft macht, daß er ohne sein Verschulden nicht im Stande gewesen sei, dieselben vor der Verhandlung zur Hauptsache geltend zu machen.

§. 248. Ueber prozeßhindernde Einreden ist besonders zu verhandeln, und durch Urtheil zu

Offenbarungseid. (Zu §. 27.)

Art. 24. Der Antrag auf Erhebung des Offenbarungseides behufs Offenlegung des Vermögens ist nur dann zu stellen, wenn ausreichende Gründe zu der Annahme berechtigen, daß der Schuldner Gegenstände seines Vermögens, um sie der Pfändung zu entziehen, verheimlicht.

Zur Stellung des Antrages ist lediglich die für die Einziehung zuständige Stelle befugt; sofern es sich um Geldbeträge handelt, welche an den Staat zu entrichten sind, bedarf es der Genehmigung der zuständigen Aufsichtsbehörde, und hat die mit der Einziehung beauftragte Behörde diese Genehmigung in den geeigneten Fällen nachzusuchen. Eine generelle Ertheilung der Genehmigung ist nur ausnahmsweise zulässig, sofern nach dem pflichtmäßigen Ermessen der Aufsichtsbehörde ein Mißbrauch nicht zu befürchten ist.

2. Pfändung körperlicher Sachen.

Pfändungsbefehl. (Zu §§. 19, 25 Abs. 2.)

Art. 25. Der Auftrag zur Pfändung körperlicher Sachen wird dem Vollziehungsbeamten mittelst eines von der Vollstreckungsbehörde nach anliegendem Muster IV. auszufertigenden Pfändungsbefehls ertheilt. (In dem Letzteren ist stets anzugeben, ob bezw. bis zu welchem Betrage der Vollziehungsbeamte bei Ausführung der Pfändung zur Empfangnahme von Zahlungen ermächtigt ist. Eine solche Ermächtigung ist der Regel nach dem Vollziehungsbeamten für die Kosten und Gebühren der Zwangsvollstreckung ohne Beschränkung, im Uebrigen nur für Beträge bis zur Höhe von 20 Mark einschließlich zu ertheilen.)[1]) Den Ressortchefs bleiben anderweite Bestimmungen hierüber vorbehalten.

---

entscheiden, wenn der Beklagte auf Grund derselben die Verhandlung zur Hauptsache verweigert, oder wenn das Gericht auf Antrag oder von Amtswegen die abgesonderte Verhandlung anordnet.

Das Urtheil, durch welches die prozeßhindernde Einrede verworfen wird, ist in Betreff der Rechtsmittel als Endurtheil anzusehen; das Gericht kann jedoch auf Antrag anordnen, daß zur Hauptsache zu verhandeln sei.

1) Finz.-Minist.-Erlaß v. 12. Aug. 1885 — II. 7692, I. 11413 —. (Auszug.)

Mit dem durch die etatsmäßige Anstellung der Vollziehungsbeamten bedingten Eintritte der allgemeine Kautionspflichtigkeit ist bezüglich dieser Beamten der Hauptgrund für die Beschränkung der Ermächtigung zur Empfangnahme von Zahlungen bei Ausführung von Pfändungen (Art. 25 der Ausführungs-Anweisung v. 15. Sept. 1879 zur Verordnung über das Verwaltungszwangsverfahren v. 7. Sept 1879) fortgefallen, während im übrigen, um die den Interessen des Publikums entsprechende generelle Aufhebung dieser Beschränkung zu ermöglichen, durch Anordnung geeigneter Vorsichtsmaßregeln der Gefahr etwaiger Unterschlagungen der Vollziehungsbeamten vorgebeugt werden kann.

Mit Rücksicht hierauf wird in Abänderung der gedachten Vorschrift hiermit bestimmt, daß fortan die sämmtlichen bei den Königlichen Steuer- und Kreiskassen beschäftigten Vollziehungsbeamten bei der Ausführung von Pfändungen stets zur Annahme der vollen beizutreibenden Beträge ermächtigt sind. Demgemäß ist für diese Beamten das Formular zum Pfändungsbefehl (Muster IV. zur Ausführungsanweisung v. 15. Sept. 1879) im Schlußsatz wie folgt abzuändern:

„Der vorgenannte Vollziehungsbeamte ist bei Ausführung der Pfändung zur Annahme der sämmtlichen bezeichneten Beträge ermächtigt und hat über die Zahlung zu quittiren."

Die Vollstreckungsbehörde hat auf Grund des in der Spalte 8a des Restverzeichnisses einzutragenden Vermerks die schleunige Ausführung des Pfändungsbefehls zu überwachen.

Abwendung der Pfändung. (Zu §. 25.)

Art. 26. Der Vollziehungsbeamte darf die Ausführung des Pfändungsbefehls lediglich in den Fällen des §. 25 Abs. 1 der Verordnung unterlassen oder einschränken.

Fristbewilligungen, in Folge deren die Pfändung auszusetzen ist, müssen von der Vollstreckungsbehörde ausgestellt sein; andere Fristbewilligungen hat der Vollziehungsbeamte nicht zu beachten. Die Vollstreckungsbehörden haben sich bei der Ertheilung von Fristbewilligungen streng nach der Vorschrift des Art. 17 zu richten. Die Vorzeigung eines Postscheines über die Absendung eines *Geldbriefes* ist zur Abwendung der Pfändung nicht geeignet.

Im Falle, daß Theilzahlungen nachgewiesen oder an den Vollziehungsbeamten geleistet werden, ist die Pfändung entsprechend zu beschränken.

Der Vollziehungsbeamte hat dem Schuldner über die von ihm geleisteten Zahlungen Quittung zu ertheilen.

Art. 27. Wenn der Pfändungsbefehl auf Grund der Bestimmungen des §. 25 Abs. 1 der Verordnung gar nicht ausgeführt wird, so hat der Vollziehungsbeamte den Grund hierfür, sowie den Betrag der etwa von ihm in Empfang genommenen Zahlungen auf dem Pfändungsbefehl zu vermerken und den Letzteren der Vollstreckungsbehörde sofort zurückzugeben.

Ausführung der Pfändung. (Zu §§. 28—31.)

Art. 28. Auf Grund des Pfändungsbefehls ist der Vollziehungsbeamte berechtigt, die in der Wohnung[1]) oder sonst im Gewahrsam des Schuldners befind-

---

Die neue Bestimmung ist durch Bekanntmachung in den Amts- und Kreisblättern, sowie in sonstiger geeigneter Weise mit dem Hinzufügen zur öffentlichen Kenntniß zu bringen, daß sich die Ermächtigung der Vollziehungsbeamten zur Annahme der vollen beizutreibenden Beträge nur auf die Ausführung von *Pfändungen* und *Versteigerungen* erstreckt und daß im übrigen, insbesondere auch bei Mahnungen und Zustellungen, den Vollziehungsbeamten die Annahme von Zahlungen nach wie vor *unbedingt untersagt* ist.

Zur Vorbeugung von Unterschlagungen wird ferner bestimmt, daß den kautionspflichtigen Vollziehungsbeamten *der Regel nach* zu gleicher Zeit Pfändungs- und Versteigerungsaufträge nur bis zu einem die Summe der *wirklich geleisteten* Kaution nicht übersteigenden Gesammtbetrage ertheilt werden dürfen.

Die Königlichen Regierungen haben nach den besonderen Verhältnissen in Ihrem Bezirke die durch das praktische Bedürfniß gebotenen Ausnahmen von dieser Regel zu bestimmen und sowohl für die gestatteten Ausnahmen, als auch bezüglich der nicht kautionspflichtigen Vollziehungsbeamten die geeigneten Vorsichtsmaßregeln anzuordnen. Es bleibt Ihnen überlassen, auch hinsichtlich derjenigen kautionspflichtigen Vollziehungsbeamten, für welche Ausnahmen von obiger Regel nicht gestattet sind, nach pflichtmäßigem Ermessen weitere Vorsichtsmaßregeln festzusetzen.

1) Finz.-Minist.-Erlaß v. 30. Juli 1877 — IV. 7521 —. (Auszug.)

Auf die Vorstellung vom 2c., in welcher Ew. 2c. Sich darüber beschweren, daß rückständig gewesene Einkommensteuer Ihres Ehemannes zwangsweise von Ihnen eingezogen worden sei, wird

lichen pfändbaren Sachen, soweit als es zur Deckung der beizutreibenden Rückstände und Kosten erforderlich ist, in Besitz zu nehmen.

a) Auswahl der zu pfändenden Sachen.

Art. 29. Alle Sachen, welche unzweifelhaft nach §. 31 der Verordnung (§. 715 der Civilprozeßordnung) (siehe S. 450.) der Pfändung nicht unterliegen, müssen unbedingt freigelassen werden.

Behufs Feststellung der Unentbehrlichkeit der daselbst bezeichneten Sachen kann ein Sachverständiger zugezogen werden. Im Falle der Nr. 5 des §. 715 der Civilprozeßordnung muß stets die Zuziehung eines Sachverständigen erfolgen, wenn die dort bezeichneten Sachen den Werth von 1000 Mark übersteigen. Der Sachverständige ist in diesem Falle, wenn es sich um eine Zwangsvollstreckung gegen den Besitzer eines landschaftlich beliehenen Gutes handelt, aus den Beamten oder den Mitgliedern des landschaftlichen Verbandes zu nehmen.

Art. 30. Solche Sachen, bei denen:

a) hinsichtlich der Pfändbarkeit Zweifel bestehen oder Einwendungen des Schuldners erhoben werden, oder bezüglich deren

b) ein Dritter persönlich oder nach Angabe des Schuldners Eigenthums- oder sonstige der Verwendung des Erlöses zur Deckung des beizutreibenden Geldbetrages entgegenstehende Ansprüche erhebt, oder welche

c) nach den angelegten Siegeln oder sonstigen Zeichen bereits von anderen Vollziehungsbeamten oder von Gerichtsvollziehern gepfändet worden sind,

müssen von der Pfändung freigelassen werden, falls die Pfändung anderer Sachen möglich ist, welche hinreichende Sicherheit gewähren und zu einer der zu a bis c gedachten Kategorien nicht gehören.

Ist jedoch hiernach die Pfändung anderer Sachen nicht möglich, so sind der Regel nach auch die zu diesen Kategorien gehörigen Sachen zu pfänden. Auf Grund des hierüber in das Pfändungsprotokoll aufzunehmenden Vermerks hat alsdann in dem Falle zu a die Vollstreckungsbehörde über die Pfändbarkeit der Sache Bestimmung zu treffen und hiernach das weiter Erforderliche zu veranlassen. Der Schuldner, welchem die Entscheidung mitzutheilen ist, muß, wenn er von der ihm offenstehenden Beschwerde (§. 2 Abs. 2 der Verordnung) Gebrauch machen

---

Ihnen eröffnet, daß die von Ihnen gemiethete Wohnung vermöge des Ihrem Ehemanne zustehenden Nießbrauchsrechts von der Kgl. Direktion 2c. als im Mitbesitze Ihres Ehemannes befindlich angesehen werden konnte und deshalb auch Exekution gegen Ihren Ehemann dort vollstreckt werden durfte, während Ihnen, falls Sie auf die gepfändeten Sachen Anspruch machen wollten, die Verfolgung Ihrer etwaigen Rechte mittelst Interventionsprozesses überlassen und die Entscheidung darüber abzuwarten war, ob die Pfändung, wie von Ihnen behauptet, als zu Unrecht in einem Ihrem Ehemanne nicht gehörigen Raume vollstreckt aufzuheben sei. Es muß daher Ihr Antrag auf Rückzahlung des exekutivisch eingezogenen Betrages von 2c. zurückgewiesen werden. Ihrem weiteren Antrage auf Rückzahlung der früher für Ihren Ehemann gezahlten . . Mark steht schon der Umstand entgegen, daß dieser Betrag an den betreffenden Steuererheber ohne Weiteres nach Vorlegung der auf Ihren Ehemann lautenden Quittung gezahlt worden ist.

will, dieselbe so zeitig anbringen, daß der Vollstreckungsbehörde die Sistirung der Versteigerung aufgegeben werden kann.

In dem Falle zu b hat die Vollstreckungsbehörde nach Maßgabe der Vorschriften des Art. 22 Abs. 3 zu verfahren; in dem Falle zu c regelt sich das weitere Verfahren nach den Vorschriften der §§. 40, 41 der Verordnung.

Art. 31. Im Uebrigen ist die Auswahl der zu pfändenden Sachen vorzugsweise nach den allgemeinen Regeln des Art. 21 zu treffen, hierbei jedoch auf etwaige Wünsche des Schuldners thunlichst Rücksicht zu nehmen.

Baares Geld, Werthpapiere, Kostbarkeiten und andere Gegenstände, welche der Vollziehungsbeamte ohne Schwierigkeiten selbst fortschaffen kann, sind stets an erster Stelle zu pfänden.

Sonst ist bei Anwendung der allgemeinen Regeln besonders in Betracht zu ziehen, ob nach den im Art. 32 folgenden Vorschriften die zu pfändenden Sachen im Gewahrsam des Schuldners belassen werden dürfen und ob, wenn dieses nicht geschehen kann, der Transport und die weitere Aufbewahrung der Sachen unverhältnißmäßige Schwierigkeiten und Kosten verursachen würde.

Die Pfändung von Vieh und von Früchten, welche von dem Boden noch nicht getrennt sind, ist möglichst zu vermeiden.

b) Vollziehung der Pfändung.

Art. 32. Die Pfändung der im Gewahrsam des Schuldners befindlichen beweglichen körperlichen Sachen wird dadurch bewirkt, daß der Vollziehungsbeamte die Letzteren in Besitz nimmt.

Art. 33. Die gepfändeten Sachen dürfen nur dann in dem Gewahrsam des Schuldners belassen werden, wenn

a) der Schuldner die Aufbewahrung der Sachen übernimmt und genügende Zuverlässigkeit für die Erfüllung der übernommenen Verpflichtung besitzt, und
b) die Pfändung der Sachen der Vorschrift des §. 28 Abs. 2 der Verordnung gemäß *durch Anlegung von Siegeln oder auf sonstige Weise ersichtlich gemacht werden kann*.

Der Schuldner muß die übernommene Verpflichtung zur Aufbewahrung der gepfändeten Sachen durch die Vollziehung des Pfändungsprotokolls anerkennen.

Der Vollziehungsbeamte hat an *jeder in dem Gewahrsam des Schuldners belassenen gepfändeten Sache* sein Amtssiegel anzulegen. Auch ist es gestattet, die gepfändeten Sachen in ein verschließbares Behältniß zu legen oder in ein verschließbares Gelaß der Wohnung zu schaffen, das Behältniß oder Gelaß zu verschließen und den Verschluß durch Anlegung des Amtssiegels zu sichern.

Kann die Anlegung des Amtssiegels an den in dem Gewahrsam des Schuldners belassenen gepfändeten Sachen nicht erfolgen, so muß die Pfändung durch andere *unzweideutige Zeichen* ersichtlich gemacht werden. Die Regierungen haben nach Anhörung der vorzugsweise betheiligten sonstigen Provinzialbehörden, bestimmte Pfändungszeichen vorzuschreiben und solche öffentlich bekannt zu machen.

Die Anlegung der Amtssiegel oder die Anbringung anderer Pfändungszeichen muß auch erfolgen, wenn die zu pfändenden Sachen bereits in Folge einer früheren Pfändung mit dem Siegel oder sonstigen Zeichen eines anderen Vollziehungsbeamten oder eines Gerichtsvollziehers versehen sind.

Art. 34. Fehlt es an einer der im Art. 33 litt. a und b bezeichneten Voraussetzungen, so sind die gepfändeten Sachen unbedingt aus dem Gewahrsam des Schuldners zu entfernen; namentlich muß dieses in allen Fällen geschehen, in denen die Anlegung des Amtssiegels oder die Anbringung anderer Pfändungszeichen nicht auf sichere Weise zu ermöglichen ist.

Die im Art. 31 Abs. 2 bezeichneten Sachen sind stets im Falle der Pfändung aus dem Gewahrsam des Schuldners zu entfernen.

Art. 35. Die genaue Beachtung der Vorschriften der Art. 32—34 ist für die Rechtsgültigkeit der Pfändung von besonderer Wichtigkeit. Der gehörig vollzogenen Pfändung ist im §. 709 der Civilprozeßordnung[1]) (§. 14 Abs. 1 des Ausführungsgesetzes v. 24. März 1879 — G.-S. S. 281)[2]) die Wirkung beigelegt, daß durch dieselbe der Gläubiger, für welchen sie vollzogen wird, ein Pfandrecht erwirbt und daß das durch eine frühere Pfändung begründete Pfandrecht demjenigen vorgeht, welches durch eine spätere Pfändung erworben wird. Für die Befriedigung des Gläubigers ist somit der Akt der Pfändung, sowohl was die Zeit als die gehörige Form anlangt, von entscheidender Bedeutung. Deshalb haben die Vollziehungsbeamten, um sich nicht selbst dem Regresse wegen eines begangenen Versehens auszusetzen, überall mit besonderer Vorsicht zu verfahren. Die Vollstreckungsbehörden haben die genaue Beachtung der Vorschriften der Art. 32—34 mit besonderer Sorgfalt zu überwachen.

c) Anderweite Unterbringung und Erhaltung der gepfändeten Sachen.

Art. 36. Was die anderweite Unterbringung der aus dem Gewahrsam des Schuldners zu entfernenden gepfändeten Sachen bis zu deren Versteigerung betrifft, so müssen die im Art. 31 Abs. 2 bezeichneten Sachen nach der Pfändung unverzüglich an die Vollstreckungsbehörde abgeliefert werden, welche über die weitere Aufbewahrung Bestimmung zu treffen hat.

Die Unterbringung anderer Sachen muß zwar in sicherer Weise, jedoch mit möglichster Kostenersparniß erfolgen.

Der Vollziehungsbeamte muß sich auch die Erhaltung der gepfändeten Sachen

---

1) Civilprozeßordnung vom 30. Januar 1877. (RG.Bl. 1877 S. 212):

§. 709. Durch die Pfändung erwirbt der Gläubiger ein Pfandrecht an dem gepfändeten Gegenstande.

Das Pfandrecht gewährt dem Gläubiger im Verhältniß zu anderen Gläubigern dieselben Rechte wie ein durch Vertrag erworbenes Faustpfandrecht; es geht Pfand- und Vorzugsrechten vor, welche für den Fall eines Konkurses den Faustpfandrechten nicht gleichgestellt sind.

Das durch eine frühere Pfändung begründete Pfandrecht geht demjenigen vor, welches durch eine spätere Pfändung begründet wird.

2) Abgedruckt als Anm. 1 zum Eingange der Verordnung vom 7. Septbr. 1879, S. 435.

in brauchbarem Zustande angelegen sein lassen und namentlich bei Sachen, welche leicht dem Verderben ausgesetzt sind, geeignete Vorkehrungen treffen.

Können die gepfändeten Sachen ohne Verminderung ihres Werthes benutzt werden, oder liefern dieselben einen Ertrag, so ist auch in dieser Beziehung das Geeignete anzuordnen.

Art. 37. Bei Pfändung von Vieh ist mit der nöthigenfalls zur Aufsicht und Pflege zu bestellenden Person über die zu gewährende Entschädigung eine Vereinbarung zu treffen; neben der Ueberlassung der gepfändeten Viehstücke zum Gebrauche oder zur Nutzung ist eine Geldvergütung nur dann zu gewähren, wenn die aus dem Gebrauche oder aus der Nutzung erzielten Vortheile mit den übernommenen Verpflichtungen in keinem richtigen Verhältnisse stehen.

Bei der zu vereinbarenden Geldvergütung ist auf Angemessenheit und Ortsgebrauch gebührende Rücksicht zu nehmen.

Art. 38. Gepfändete, vom Boden noch nicht getrennte Früchte sind stets unter die Aufsicht eines besonderen Wächters zu stellen; hiermit ist in der Regel der Gemeindefeldhüter, und nur wenn ein solcher nicht vorhanden oder wenn derselbe wegen persönlicher Beziehungen zu dem Schuldner oder wegen sonstiger erheblichen Gründe nicht geeignet erscheint, eine andere zuverlässige Person zu beauftragen. Der bestellte Wächter hat außer der allgemeinen Beaufsichtigung der Früchte namentlich auch für die Erhaltung der Pfändungszeichen, welche von dem Vollziehungsbeamten auf jedem Grundstück, dessen Früchte gepfändet werden, anzubringen sind, zu sorgen. Alle nachtheiligen Veränderungen, welche hinsichtlich der Früchte durch Naturereignisse oder durch Handlungen des Schuldners oder anderer Personen bewirkt worden sind, hat der Wächter unverzüglich zur Kenntniß der Vollstreckungsbehörde zu bringen.

Art. 39. Die mit den nach den Bestimmungen der Art. 37 und 38 zur Aufsicht bestellten Personen getroffenen Vereinbarungen sind in das Pfändungsprotokoll oder in einen Nachtrag zu diesem aufzunehmen und von demselben zu unterzeichnen.

Den Regierungen bleibt es überlassen, für die solchen Personen zu gewährenden Geldvergütungen bestimmte Sätze vorzuschreiben.

Art. 40. Der Vollziehungsbeamte hat sich behufs Ausführung der in Art. 36—38 bezeichneten Obliegenheiten erforderlichenfalls an die Ortsbehörde zu wenden, welche demselben Beihülfe zu leisten verpflichtet ist; namentlich hat derselbe, wenn ihm zur Aufbewahrung, Verpflegung oder Beaufsichtigung der gepfändeten Sachen geeignete Personen nicht bekannt sind, die Ortsbehörde um die Benennung solcher Personen zu ersuchen.

d) Pfändungsprotokoll.

Art. 41. Der Vollziehungsbeamte hat das nach §. 20 der Verordnung (§. 682 der Civilprozeßordnung)[1]) erforderliche Protokoll unmittelbar nach der

1) Abgedruckt in Anm. 1 zu §. 20 der Verordnung vom 7. Septbr. 1879, S. 444.

Pfändung an Ort und Stelle, nach Anleitung des vorliegenden Musters V, aufzunehmen und hierbei Folgendes zu beachten:

1. Jede gepfändete Sache ist nach ihrer Art und Beschaffenheit, in den erforderlichen Fällen, wie namentlich bei Waaren, Früchten, Produkten und sonstigen Quantitäten nach Maß oder Gewicht so genau zu bezeichnen, daß die Möglichkeit einer Verwechselung mit anderen Sachen ausgeschlossen ist. Bei gepfändeten, vom Boden noch nicht getrennten Früchten sind außerdem die Grundstücke, auf welchen sie sich befinden, möglichst genau anzugeben.
2. Bei einer jeden gepfändeten Sache ist der von dem Vollziehungsbeamten geschätzte Werth anzugeben.
3. Bei den im Gewahrsam des Schuldners belassenen gepfändeten Sachen ist zu vermerken, daß sie mit dem Amtssiegel oder mit dem sonstigen genau zu beschreibenden Pfändungszeichen versehen sind. Sind die gepfändeten Sachen in ein verschlossenes Behältniß gelegt oder in ein verschlossenes Gelaß geschafft, so ist dieses mit dem Bemerken anzuführen, daß der Verschluß des Behältnisses oder Gelasses durch Anlegung des Amtssiegels gesichert ist.
4. Bei den aus dem Gewahrsam des Schuldners zu entfernenden Sachen ist die Person, welche dieselben zur Aufbewahrung, Verpflegung oder Beaufsichtigung übergeben sind, oder übergeben werden sollen, zu benennen.

   Hat der Vollziehungsbeamte die Sachen behufs Ablieferung an die Vollstreckungsbehörde selbst an sich genommen, so ist dies zu bemerken.
5. Der Vollziehungsbeamte hat in dem Pfändungsprotokoll unter Beobachtung der Bestimmungen des Art. 49 Zeit und Ort der Versteigerung festzusetzen und dem Schuldner, sowie den zur Aufbewahrung, Verpflegung oder Beaufsichtigung bestellten Personen mitzutheilen.
6. In dem zu benutzenden Formular sind die für den vorliegenden Fall nicht passenden Stellen zu durchstreichen. Dagegen sind an geeigneter Stelle, erforderlichenfalls auch in Nachtragsverhandlungen alle Vorgänge, an den Schuldner gerichteten Aufforderungen und Mittheilungen, sowie die mit den zur Aufbewahrung, Verpflegung oder Beaufsichtigung bestellten Personen getroffenen Vereinbarungen aufzuführen, welche nach den allgemeinen Vorschriften des §. 20 der Verordnung (§. 682 der Civilprozeßordnung),[2]) sowie nach den besonderen Bestimmungen dieser Anweisung überhaupt der Protokollirung bedürfen.
7. Ueber die etwa stattgehabte Widersetzlichkeit des Schuldners muß immer eine besondere Verhandlung aufgenommen und den als Zeugen in Vorschlag zu bringenden Personen zur Unterschrift vorgelegt werden.

Art. 42. Ist baares Geld gepfändet worden, so hat der Vollziehungsbeamte

2) Abgedruckt in Anm. 1 zu §. 20 der Verordnung. S. 444.

dem Schuldner sofort eine Abschrift des Pfändungsprotokolls, welche diesem als Beweis der Zahlung dient, zu behändigen.

Art. 43. Wenn sich bei der Ausführung des Pfändungsbefehls ergiebt:

a) daß der Schuldner gänzlich unpfändbar ist, oder daß sich

b) die Pfändbarkeit desselben auf solche Sachen beschränkt, deren Versteigerung einen Ueberschuß über die Kosten der Zwangsvollstreckung nicht erwarten läßt (§. 24 Abs. 2 der Verordnung),

so ist ein Protokoll nach anliegendem Muster VI aufzunehmen. In demselben sind für den Fall zu b die vorhandenen pfändbaren Sachen nebst dem geschätzten Werthe nachzuweisen; im Uebrigen bedarf es in beiden Fällen nicht der Aufzählung der im Besitze des Schuldners befindlichen, der Pfändung nicht unterworfenen Sachen.

Art. 44. Der Vollziehungsbeamte hat das Pfändungsprotokoll nebst etwaigen Nachtragsverhandlungen unmittelbar nach der Pfändung der Vollstreckungsbehörde zu übergeben. Diese hat den Inhalt des Protokolls sorgfältig zu prüfen und etwa erforderliche Berichtigungen des Verfahrens zu veranlassen.

3. Verwerthung der gepfändeten Sachen.

(Zu §§. 32—39.)

Art. 45. Sind Werthpapiere mit Börsen- oder Marktpreis gepfändet, so ist deren Verkauf zum Tageskurse durch die Regierungs-Hauptkasse oder eine andere geeignete öffentliche Kasse oder ein Bankgeschäft zu bewirken und ist aus dem Erlöse die beizutreibende Summe zu decken.

Art. 46. Hat der Schuldner geeignete Vorschläge über eine andere Weise der Verwerthung der gepfändeten Sachen als durch Versteigerung gemacht, oder sprechen überwiegende Zweckmäßigkeitsgründe für eine andere Weise der Verwerthung (§. 39 der Verordnung), so hat die Vollstreckungsbehörde unter Benachrichtigung des Schuldners das Erforderliche zu veranlassen.

Namentlich ist es gestattet, ausgedroschenes Getreide, Stroh, Heu, Lebensmittel und andere Gegenstände, welche einen gemeinen Marktwerth haben, aus freier Hand für den letzten Marktpreis zu verkaufen.

Art. 47. Gepfändete Kostbarkeiten, namentlich Gold- und Silbersachen, Edelsteine und Gegenstände, die einen Kunstwerth haben, hat die Vollstreckungsbehörde vor Ertheilung des Auftrages zur Versteigerung durch einen Sachverständigen nach ihrem vollen Werthe, Gold- und Silbersachen zugleich auch nach ihrem Metallwerthe abschätzen zu lassen; der geschätzte Werth ist unter dem Pfändungsprotokoll anzugeben.

Versteigerung. a) Auftrag zur Versteigerung.

Art. 48. Die Vollstreckungsbehörde hat den Auftrag zur Versteigerung durch eine unter das Pfändungsprotokoll zu setzende, Zeit und Ort der Versteigerung, sowie die Person des beauftragten Beamten bezeichnende, zugleich auch etwaige besondere Versteigerungsbedingungen festsetzende Verfügung zu ertheilen. In der

Letzteren ist auch wegen der Ermächtigung des beauftragten Beamten zur Empfangnahme der beizutreibenden Summe das Erforderliche zu vermerken (Art. 55).

Art. 49. Zeit und Ort der Versteigerung sind nach den Regeln der §§. 33, 37, 39 der Verordnung mit Rücksicht auf die vortheilhafteste Verwerthung der gepfändeten Sachen und die möglichste Ersparniß von Transportkosten zu bestimmen. Hiernach ist zu beurtheilen, ob die Versteigerung in dem Hause, in welchem die gepfändeten Sachen sich befinden, oder an einem dazu geeigneten öffentlichen Orte derselben oder einer benachbarten Gemeinde vorzunehmen ist; die Versteigerung in dem Hause des Schuldners ist jedoch möglichst zu vermeiden.

Insbesondere ist hervorzuheben:

a) Gepfändete, vom Boden noch nicht getrennte Früchte (§. 30 der Verordnung) sind zwar erst nach der Reife, aber der Regel nach vor der Trennung vom Boden zu versteigern. Nur wenn ganz besondere, in der Auftragsverfügung anzugebende Gründe die zuvorige Aberntung rechtfertigen, kann die Versteigerung bis nach Bewirkung der Letzteren ausgesetzt und muß in diesem Falle der Auftrag auch auf die Bewirkung der Aberntung gerichtet werden.

b) Die im Art. 47 bezeichneten Kostbarkeiten, sowie gepfändete Werthpapiere ohne Börsen- oder Marktpreis sind in der Regel durch Vermittelung der zuständigen Behörde (§. 4 der Verordnung) in einer größeren Stadt zu versteigern.

Art. 50. Mit der Versteigerung ist der Regel nach der Vollziehungsbeamte, welcher die Pfändung ausgeführt hat, zu beauftragen; doch kann dieser Auftrag auch einem anderen öffentlichen Beamten ertheilt werden. Auch ist es gestattet, einem solchen Beamten die Beaufsichtigung und Leitung der Versteigerung unter Mitwirkung des Vollziehungsbeamten zu übertragen. In diesem letzteren Falle sind die Obliegenheiten Beider in der Auftragsverfügung genau zu bezeichnen.

b) Vorbereitungen zur Versteigerung.

Art. 51. Der mit der Versteigerung beauftragte Beamte hat die öffentliche Bekanntmachung (§. 33 Abs. 2 der Verordnung) zu bewirken; diese muß in der Gemeinde, in welcher die Pfändung vollzogen ist, eventuell auch in der Gemeinde, in welcher die Versteigerung stattfinden soll, mindestens 3 Tage vor dem Tage der Versteigerung oder in der von der Vollstreckungsbehörde ausdrücklich vorgeschriebenen kürzeren Frist, in ortsüblicher Weise durch Ausruf, Aushang an öffentlicher Stelle oder Einrückung in öffentliche Blätter erfolgen.

Der Aushang ist an dem Gemeindehause, dem Orte der Versteigerung und nach Befinden auch an anderen öffentlichen Orten zu bewirken.

Die Vollstreckungsbehörde ist andere Arten der Bekanntmachung vorzuschreiben berechtigt und ist hierzu verpflichtet, falls der Schuldner unter Zahlung der Kosten geeignete Anträge stellt.

Art. 52. Der mit der Versteigerung beauftragte Beamte hat dem Schuldner Zeit und Ort der Versteigerung nur dann besonders mitzutheilen, wenn die in dem Pfändungsprotokolle hierüber getroffene und dem Schuldner mitgetheilte Bestimmung abgeändert ist oder wenn das Pfändungsprotokoll hierüber keine Bestimmung enthält.

Derselbe Beamte hat unter dem Pfändungsprotokoll zu bescheinigen, in welcher Weise die öffentliche Bekanntmachung und in den erforderlichen Fällen auch die besondere Mittheilung an den Schuldner bewirkt worden ist.

Bei einer Verlegung des bereits bekannt gemachten Versteigerungstermins, sowie bei einer etwaigen Wiederholung desselben, muß eine abermalige öffentliche Bekanntmachung bezw. Mittheilung an den Schuldner erfolgen.

Art. 53. Der mit der Versteigerung beauftragte Beamte hat ferner für den Transport der gepfändeten Sachen an den Ort des Verkaufs und für deren ordnungsmäßige Aufstellung zu sorgen, auch durch sorgfältige Vergleichung mit dem Pfändungsprotokoll die Identität und das Vorhandensein sämmtlicher gepfändeten Sachen zu prüfen.

Art. 54. Die Vollstreckungsbehörde hat den Tag der Versteigerung in der Spalte 12 des Restverzeichnisses zu vermerken und, wenn der Schuldner bis dahin auf die beizutreibende Summe Zahlung geleistet hat, die entsprechenden Anordnungen über Aufhebung oder Beschränkung der Versteigerung zu treffen. Die vor dem Versteigerungstermine erfolgende Freigebung gepfändeter Sachen ist dem Schuldner besonders mitzutheilen; der Letztere ist auf Grund dieser Mittheilung zur Abnahme des Amtssiegels oder des sonstigen Pfändungszeichens berechtigt.

c) Verfahren im Versteigerungstermine.

Art. 55. Wenn der Schuldner im Versteigerungstermine gemäß §. 25 Abs. 1, §. 33 Abs. 3 der Verordnung die vollständige Berichtigung der beizutreibenden Summe nachweist oder den vollen Betrag der Letzteren dem mit der Versteigerung beauftragten Beamten zahlt, so ist der Versteigerungstermin unter Freigebung der gepfändeten Sachen aufzuheben.

Der mit der Versteigerung beauftragte Beamte ist zur Empfangnahme der vollen beizutreibenden Summe ermächtigt, und hat über die Zahlung der Letzteren zu quittiren.

Wird eine Fristbewilligung der Vollstreckungsbehörde vorgezeigt, so erfolgt gleichfalls die Aufhebung des Termins, jedoch unter Aufrechthaltung der Pfändung.

Art. 56. Vor dem Beginne der Versteigerung sind den Kauflustigen die allgemeinen gesetzlichen, sowie die in dem Versteigerungsauftrage etwa festgestellten besonderen Bedingungen mitzutheilen.

Bei der Ausbietung einer jeden Sache ist die im Pfändungsprotokolle enthaltene, sowie bei der Ausbietung von Kostbarkeiten die durch Sachverständige erfolgte Werthschätzung (Art. 47) bekannt zu machen, auch bei der Ausbietung von Gold- und Silbersachen zu erklären, daß der Zuschlag nicht unter dem angegebenen Metallwerthe erfolgen werde.

Art. 57. Sobald der Erlös der Versteigerung, unter Hinzurechnung der etwa vom Schuldner geleisteten Theilzahlungen, die beizutreibende Summe deckt, ist die weitere Versteigerung unter Freigebung der übrigen gepfändeten Sachen einzustellen.

Art. 58. Gewährt der Erlös der Versteigerung keine hinreichende Deckung, so kann der Schuldner die künftige Fortsetzung des Zwangsverfahrens dadurch abwenden, daß er vor dem Schlusse der Versteigerung eine hinreichende Zahl nicht gepfändeter Sachen zur Versteigerung übergiebt.

Art. 59. Die gepfändeten Sachen sind nach Möglichkeit einzeln, zusammengehörige Stücke jedoch zugleich auszusetzen, sofern nicht die Ausbietung im Einzelnen einen höheren Erlös erwarten läßt. Quantitäten sind in ortsüblicher Weise nach Maß oder Gewicht auszubieten.

Bei Bestimmung der Reihenfolge ist besonders auf den Wunsch des Schuldners Rücksicht zu nehmen.

Art. 60. Die mit der Versteigerung beauftragten oder bei derselben zugezogenen, sowie die zu der Vollstreckungsbehörde gehörigen Beamten dürfen kein Gebot abgeben, auch nicht durch Andere für sich bieten lassen.

d) Versteigerungsprotokoll.

Art. 61. Das Versteigerungsprotokoll ist unter Beobachtung der Vorschriften der §§. 20, 21 der Verordnung (§. 682 der Civilprozeßordnung)[1]) nach dem anliegenden Muster VII unmittelbar nach dem Schlusse der Versteigerung aufzunehmen.

Ist in Gemäßheit des Art. 55 die Aufhebung des Versteigerungstermins erfolgt, so genügt die Aufnahme eines den Grund der Aufhebung, sowie den Betrag der in Empfang genommenen Zahlungen enthaltenden Vermerks.

Der mit der Versteigerung beauftragte Beamte hat das Protokoll oder den Vermerk unverzüglich der Vollstreckungsbehörde zu übergeben. Die Letztere hat die prompte Ablieferung auf Grund des über die Zeit der Versteigerung in der Spalte 12 des Restverzeichnisses eingetragenen Vermerks sorgfältig zu überwachen und den Inhalt des Versteigerungsprotokolls einer genauen Prüfung zu unterziehen.

e) Weiteres Verfahren.

Art. 62. Hat die Versteigerung einen Ueberschuß ergeben, welcher dem Schuldner im Versteigerungstermine noch nicht ausgehändigt ist, so ist die Auszahlung an denselben binnen einer Woche zu veranlassen.

Reicht der Erlös der Versteigerung zur Deckung der beizutreibenden Summe nicht aus so ist, falls nicht etwa die gänzliche Unpfändbarkeit des Schuldners feststeht, sofort zur weiteren Pfändung zu schreiten.

Auf Verlangen ist dem Schuldner eine Abschrift des Versteigerungsprotokolls und eine Nachweisung über die Verwendung des Erlöses zu ertheilen.

4. Pfändung von Forderungen und anderen Vermögensrechten.

Voraussetzungen der Pfändung von Geldforderungen.

Art. 63. Zur Pfändung von Forderungen des Schuldners ist nur dann zu schreiten, wenn es nach den angestellten Ermittelungen wenigstens wahrscheinlich

1) Abgedruckt in Anm. 1 zu §. 20 der Verordnung vom 7. Septbr. 1879, S. 444.

ist, daß die zu pfändende Forderung wirklich zu Recht besteht und wenn der Drittschuldner selbst zahlungsfähig ist.

Bedingte oder betagte Forderungen, sowie solche Forderungen, deren Einziehung wegen der Abhängigkeit von einer Gegenleistung oder aus anderen Gründen mit Schwierigkeiten verbunden ist, sind in der Regel nicht zu pfänden.

Erlaß der Verfügungen (zu §§. 42, 44, 46).

Art. 64. Sofern keine besonderen Gründe entgegenstehen, hat die Vollstreckungsbehörde die Ueberweisungsverfügung (§. 44 d. V.) zugleich mit der Pfändungsverfügung (§. 42 Abs. 1 d. V.) zu erlassen.

Die Zustellung der Pfändungsverfügung an den Drittschuldner muß nach Möglichkeit gleichzeitig mit der Zustellung der Verfügung an den Schuldner (§. 42 Abs. 2) erfolgen und möglichst beschleunigt werden. Nach Eingang der Urkunde über die Zustellung der Pfändungsverfügung an den Drittschuldner ist der Schuldner von der stattgehabten Zustellung unter Angabe des Tages derselben in Kenntniß zu setzen (§. 42 Abs. 3 d. V.). Die Zustellung der Verfügung an den Ueberweisungsberechtigten (§. 44 d. V.) erfolgt zweckmäßiger Weise nach der Zustellung der Verfügungen an den Drittschuldner und an den Schuldner.

Der Ueberweisungsberechtigte ist stets der Gläubiger, für dessen Rechnung die Zwangsvollstreckung erfolgt, also z. B. bei Steuern und Abgaben an den Staat oder das Reich der Staats- oder Reichsfiskus, bei Kommunalabgaben der Kommunalverband, bei Kirchensteuern die Kirchengemeinde u. s. w. Hiernach bestimmt sich auch, an wen die Zustellung der Ueberweisungsverfügung geschehen muß (§. 9 Abs. 2 d. V.).

Art. 65. Die Aufforderung zur Abgabe der im §. 46 der Verordnung bezeichneten Erklärung ist, falls der Gläubiger schon vor der Zustellung der Pfändungsverfügung an den Drittschuldner einen entsprechenden Antrag gestellt hat, in diese Verfügung mit aufzunehmen.

Die Vollstreckungsbehörde kann auch von der zuständigen Behörde oder Korporation ein für alle Male angewiesen bezw. ersucht werden, bei den behufs Beitreibung der von ihr zu erhebenden Abgaben 2c. erfolgenden Pfändungen von Geldforderungen die vorgedachte Aufforderung in die Pfändungsverfügung aufzunehmen.

Ist die Aufnahme einer solchen Aufforderung in die Pfändungsverfügung erfolgt, so ist es zweckmäßig, die Letztere durch den Vollziehungsbeamten dem Drittschuldner zustellen zu lassen, um diesem Gelegenheit zur sofortigen Abgabe der von ihm verlangten Erklärung zu geben. Der die Zustellung bewirkende Vollziehungsbeamte hat bei der Zustellung den Drittschuldner auf den entsprechenden Theil der Verfügung besonders aufmerksam zu machen und dessen etwaige Erklärung in die Zustellungsurkunde aufzunehmen, die Letztere auch von dem Drittschuldner unterschreiben zu lassen. Ist eine solche Erklärung abgegeben, so hat die Vollstreckungsbehörde auch eine Abschrift der Zustellungsurkunde dem Gläubiger mitzutheilen.

Für die in den §§. 42, 44 der Verordnung bezeichneten Verfügungen und Mittheilungen ist das Muster VIII zu benutzen.

Realisirung der überwiesenen Forderungen.

Art. 66. Die Realisirung der gepfändeten und überwiesenen Forderung hat die Vollstreckungsbehörde lediglich dem Gläubiger, für dessen Rechnung die Zwangsvollstreckung erfolgt, zu überlassen. Insbesondere kann die Anstellung der Klage gegen den Drittschuldner nur von demjenigen erfolgen, welcher zur prozessualischen Vertretung des Gläubigers befugt ist. Die von dem Drittschuldner etwa angebotenen Zahlungen sind von der Vollstreckungsbehörde nur dann anzunehmen, wenn sie zugleich für die Erhebung des beizutreibenden Betrages zuständig ist.

Benachrichtigung von der bevorstehenden Pfändung. (Zu §. 47.)

Art. 67. Von dem im §. 47 der Verordnung zugelassenen Sicherungsmittel muß die Vollstreckungsbehörde stets Gebrauch machen, wenn der Schuldner außer bestimmten Forderungen keine ausreichenden pfändbaren Gegenstände besitzt, der Pfändung selbst aber noch ein Hinderniß entgegensteht und zu befürchten ist, daß inzwischen entweder der Schuldner die Forderungen einziehen oder ein anderer Gläubiger durch Pfändung ein Vorrecht erlangen werde. Selbstredend setzt die Anwendung dieses Sicherungsmittels die Fälligkeit der Geldforderung an den Schuldner voraus.

Für die Benachrichtigungen des Drittschuldners und des Schuldners ist das anliegende Muster IX zu benutzen.

Die Pfändung selbst muß den Benachrichtigungen des Drittschuldners innerhalb dreier Wochen, vom Tage der Zustellung an gerechnet, nachfolgen; geht durch schuldbare Versäumung dieser Frist das Vorrecht verloren, so hat der hierfür verantwortliche Beamte den durch den Verlust des Vorrechtes etwa eintretenden Ausfall zu tragen.

Pfändung von anderen Vermögensrechten. (Zu §§. 48—50, 53.).

Art. 68. Während die §§. 42—47 der Verordnung sich zunächst nur auf Geldforderungen beziehen, behandeln die §§. 48—50 die Pfändung von Vermögensrechten des Schuldners, welche die Herausgabe oder Leistung körperlicher Sachen zum Gegenstand haben; hierher gehören z. B. der Anspruch des Käufers auf Herausgabe der gekauften Sache, des Eigenthümers auf Rückgewähr der in Verwaltung, Leihe oder Verwahrung gegebenen Sachen, des Bestellers auf Lieferung der bestellten Sache u. s. w.

Der §. 53 dagegen umfaßt alle Vermögensrechte, welche zu den vorbezeichneten Kategorien nicht gehören und auch nicht Gegenstand der Zwangsvollstreckung in das unbewegliche Vermögen sind. Vorzugsweise kommen hier solche Rechte in Betracht, welche nur in Ansehung der Ausübung veräußerlich sind, wie z. B. das Recht des Nießbrauches, die Rechte aus Grundgerechtigkeiten u. s. w.

Die Pfändung der im §. 48 bezeichneten Vermögensrechte erfolgt unter entsprechender Anwendung aller für die Pfändung von Geldforderungen gegebenen Vorschriften. Außerdem sind die besonderen Vorschriften der §§. 49, 50 zu beachten. Vor der Pfändung eines Anspruchs, welcher eine unbewegliche Sache betrifft und deshalb nach §. 50 die Einleitung der Sequestration zur Folge haben würde, ist erforderlichenfalls die Genehmigung der zuständigen staatlichen Aufsichtsbehörde einzuholen.

Die Pfändung der im §. 53 bezeichneten Vermögensrechte erfolgt gleichfalls unter entsprechender Anwendung der für die Pfändung von Geldforderungen geltenden Vorschriften, wobei jedoch die besonderen Bestimmungen des §. 53 zu beachten sind.

Da für die Ausführung der Pfändung von Vermögensrechten, welche keine Geldforderungen sind, wegen der außerordentlichen Verschiedenheit dieser Rechte weitere allgemein anwendbare Anweisungen nicht gegeben werden können, so hat die Vollstreckungsbehörde in allen zweifelhaften Fällen von ihrer vorgesetzten Behörde sich die erforderliche Belehrung zu erbitten.

C. Zwangsvollstreckung in das unbewegliche Vermögen.

Antrag auf Sequestration oder Subhastation (zu §. 54.)

Art. 69. Inwieweit zur Stellung des Antrages auf Sequestration oder Subhastation die Genehmigung der Aufsichtsbehörde erforderlich ist, richtet sich nach den hierüber in den einzelnen Ressorts bestehenden oder künftig ergehenden besonderen Vorschriften.

D. Schlußbestimmungen.

Rechnungsbuch.

Art. 70. Der Vollziehungsbeamte hat ein Rechnungsbuch zu führen, in welches er unter fortlaufenden Nummern, mit Bezeichnung des Schuldners und mit Angabe der Nummer des Restverzeichnisses alle Geldbeträge einträgt, welche er bei den einzelnen Vollstreckungshandlungen in Empfang genommen hat.

Derselbe muß dieses Buch nach Erledigung von Pfändungsbefehlen und Versteigerungsaufträgen stets der Vollstreckungsbehörde vorlegen und die in Empfang genommenen Geldbeträge abliefern.

Die Vollstreckungsbehörde hat die Eintragungen genau zu prüfen, namentlich mit dem Inhalte der Vermerke auf den Pfändungsbefehlen und mit dem Inhalte der Pfändungs- und Versteigerungsprotokolle zu vergleichen, und über den Empfang der abgelieferten Gelder in dem Rechnungsbuche zu quittiren.

Den Provinzialbehörden bleibt es überlassen, die Einrichtung dieser Bücher vorzuschreiben und bezüglich der Ablieferung der vom Vollziehungsbeamten in Empfang genommenen Geldbeträge weitere Kontrolmaßregeln anzuordnen.

Gebühren des Vollziehungsbeamten.

Art. 71. Ueber die dem Vollziehungsbeamten zukommenden,[1]) nach der erfolgten Einzahlung in Spalte 11 des Restverzeichnisses einzutragenden Gebühren muß die Vollstreckungsbehörde mindestens am Ende eines jeden Monats mit demselben abrechnen.

Zu diesem Behufe sind die in Spalte 11 verzeichneten Beträge bis zum Tage der Abrechnung zu summiren und dem Vollziehungsbeamten, welcher darüber zu quittiren hat, auszuzahlen. Diejenigen Gebühren, welche erst nach diesem Tage eingezahlt und in Spalte 11 eingetragen werden, sind bei der Abrechnung des folgenden Monats zu berücksichtigen.

---

1) Siehe die Anm. 1 zu §. 56 der Verordnung vom 7. September 1879, S. 468, und die Anlage hierzu. S. 472 u. ff.

(Titel-Seite.)

Muster I.

(Zu Art. 11. S. 485.)

Kreis ....

Gemeinde ....

Restverzeichniß

für das Jahr 18—

(2. Seite.)

Laufende Nummer.	Nummer des Heberegisters, Journals, Kontobuchs 2c.	Namen des Schuldners	Rückstände an Abgaben u. s. w.			Vermerk über die Zustellung des Mahnzettels	Nach der Mahnung sind gezahlt		Nach Spalte 4 und 6 beträgt der Rückstand	
			Bezeichnung	Betrag						
				ℳ	₰		ℳ	₰	ℳ	₰
1.	2.	3.	4.			5.	6.		7.	

(3. Seite.)

Wegen des Rückstandes in Spalte 7 ist		Nach Erlaß des Pfändungsbefehls sind						In dem Mahn- und Zwangsverfahren sind an Kosten und Gebühren				Von dem Betrage in Spalte 10 a. kommen dem Vollziehungsbeamten zu		Bemerkungen
a.	b.	a.		b.		c.		a.		b.				
der Vollziehungsbeamte mit Pfändung beauftragt am	die Pfändung von Forderungen oder anderen Vermögensrechten erfolgt am	vom Schuldner freiwillig gezahlt		zwangsweise beigetrieben		als unbeitreiblich niederzuschlagen		überhaupt entstanden		vom Schuldner gezahlt				
		ℳ	₰	ℳ	₰	ℳ	₰	ℳ	₰	ℳ	₰	ℳ	₰	
8.		9.						10.				11.		12.

Muster II.

(Zu Art. 12. S. 485.)

Kreis . . . .
Gemeinde . . . .
Nr. . . . des Restverzeichnisses.

Mahnzettel.

Der (Die) . . . . wird hierdurch aufgefordert, die folgenden Rückstände, nämlich:

1. an . . . . Mark . . . Pf.
2. „ . . . . „ . . . „
3. „ . . . . „ . . . „

im Gesammtbetrage von . . . . . . Mark . . . Pf.

sowie die unten vermerkten Gebühren binnen . . . . . . Tagen an den Unterzeichneten (die unterzeichnete Kasse) einzuzahlen, widrigenfalls unverzüglich zur Pfändung geschritten werden wird.

Der mit der Behändigung des Mahnzettels beauftragte Beamte ist zur Annahme von Zahlungen **nicht** ermächtigt.

. . . . den . . ten . . . . 18 . . .

(Bezeichnung der für die Einziehung zuständigen Stelle.)

Mahn-Gebühren . . . . Pf.

Muster III.

(Zu Art. 18. S. 489.)

Zustellungsurkunde.

Am heutigen Tage . . . . . . mittags . . . Uhr habe ich mich hier nach
der Wohnung
dem Geschäftslokale
des — der — . . . . begeben, um de . selben im Auftrage
de . . . . das — die — eine . . . .
zuzustellen. — Daselbst habe ich
den — die — Genannte . . persönlich

nur bei Zustellungen in der Wohnung {
in Abwesenheit des — der — Genannten
den zur Familie gehörigen erwachsenen Hausgenossen, nämlich d . . Ehefrau — Sohn — Tochter . . . .
d . . in der Familie dienende . . erwachsene . . Knecht — Magd — . . . .
in Abwesenheit des — der — Genannten und eines empfangsberechtigten Hausgenossen oder Dienstboten den in demselben Hause wohnenden **und zur Annahme bereiten** Hauswirth — Vermiether — . . . . }

nur bei Zustellungen in einem Geschäftslokale. { in Abwesenheit des — der — Genannten den — die — in dem Geschäftslokale anwesende . . . . }

angetroffen und des vorbezeichneten Schriftstück
de . selben übergeben.
da die Annahme der Zustellung verweigert wurde, zurückgelassen. —

Da ich in der Wohnung eine empfangsberechtigte Person nicht angetroffen, so habe ich das vorbezeichnete Schriftstück bei der . . . . niedergelegt und die Niederlegung sowohl durch eine an der Thür der Wohnung befestigte schriftliche Anzeige, als auch durch mündliche Mittheilung an die in der Nachbarschaft wohnenden . . . . bekannt gemacht.

(Ort und Zustellung) den . . ten . . . . 18 . .

(Unterschrift des Vollziehungsbeamten.)

Muster IV.

(Zu Artikel 25. S. 492.)

Kreis . . . .
Gemeinde . . . .
Nr. . . . des Restverzeichnisses.

Pfändungsbefehl.

Da der (die) . . . . auf die nachfolgend bezeichneten Rückstände, nämlich:

1. an . . . . Mark . . . Pf. . .
2. „ . . . . „ . . . „ . .
3. „ . . . . „ . . . „ . .

— der Mahnung ungeachtet — keine Zahlung geleistet (nur . . . . gezahlt, mithin noch . . . . zu berichtigen) hat, so wird der Vollziehungsbeamte . . . . hierdurch angewiesen, wegen der Rückstände im Betrage von . . . ., sowie wegen der nicht bezahlten Gebühren im Betrage von . . . . und zur Deckung der durch die Pfändung und den Verkauf der Pfandstücke künftig entstehenden Kosten im ungefähren Betrage von . . . . gegen den (die) . . . . die Pfändung körperlicher Sachen zu vollstrecken.

Der vorgenannte Vollziehungsbeamte ist bei Ausführung der Pfändung zur Annahme der sämmtlichen bezeichneten Beträge ermächtigt und hat über die Zahlung zu quittiren.[1])

(Bezeichnung der Vollstreckungsbehörde und Unterschrift des dieselbe vertretenden Beamten.)

Gebühren des Vollziehungsbeamten
. . . . . . Mark . . . . Pf.

1) Siehe Anm. 1 zu Art. 25 S. 492.

Kreis . . . .
Gemeinde . . . .
Nr. . . . des Restverzeichnisses.

Muster V.

(Zu Art. 41. S. 498.)

Pfändungsprotokoll.

Verhandelt zu . . . . in der Wohnung des (der) . . . . . .
. . . . den . . ten . . . . . . 18 . .

Auf Grund des von dem (der) . . . . gegen den (die) . . . . wegen rückständiger . . . . zum Gesammtbetrage von . . . Mark . . Pf. und wegen eines Kostenbetrages von . . . Mark . . Pf. unter dem . . ten . . . . d. J. erlassenen Pfändungsbefehls hat der unterzeichnete Vollziehungsbeamte heute in Gegenwart des Schuldners (des — der — zur Familie des Schuldners gehörigen . . . . — des — der — in der Familie des Schuldners dienenden . . . .) nachdem wegen des von demselben geleisteten Widerstandes — wegen Abwesenheit des Schuldners und einer zur Familie desselben gehörigen oder in dieser Familie dienenden erwachsenen Person der . . . . . . und der . . . . als Zeugen zugezogen worden waren, nach fruchtloser Aufforderung zur Zahlung und nach Vorzeigung des Pfändungsbefehles die nachbezeichneten in der Wohnung — Besitzung — des Schuldners befindlichen Sachen, nämlich:

1. . . . . geschätzt zu . . . . . . Mark . . . . Pf.
2. . . . . „ „ . . . . . . „ . . . . „
3. . . . . „ „ . . . . . . „ . . . . „

u. s. w.

behufs Pfändung in Besitz genommen.

Die unter Nr. . . . bezeichneten Sachen hat der Vollziehungsbeamte zum Zwecke der Ablieferung an die Vollstreckungsbehörde an sich genommen.

Die unter Nr. . . . bezeichneten Sachen sind mit dem Amtssiegel des Vollziehungsbeamten bezw. die unter Nr. . . . bezeichneten Sachen mit . . . . als Pfändungszeichen versehen (in . . . . gelegt — geschafft — und ist dieses Behältniß — Gelaß — verschlossen und der Verschluß durch Anlegung des Amtssiegels gesichert) worden.

Der Schuldner hat sich zur Aufbewahrung der unter Nr. . . . bezeichneten Sachen verpflichtet und ist auf die Strafen der Pfandverbringung (§. 137 St.G.B.) hingewiesen worden.

Die unter Nr. . . . bezeichneten Sachen sind aus dem Gewahrsam des Schuldnes entfernt und dem . . . . zur Aufbewahrung — Verpflegung — übergeben worden; mit dem Letzteren ist vereinbart worden . . . .

Dem Schuldner, sowie dem . . . . ist eröffnet worden, daß die öffentliche Versteigerung der gepfändeten Sachen, falls anderweitige Bestimmung und Mittheilung hierüber nicht erfolge, am . . ten . . . . Vor — Nachmittags . . Uhr in dem Hause des . . . . stattfinden werde.

Der Schuldner stellte bezüglich des Ortes — der Zeit — der Versteigerung — der Verwerthung der gepfändeten Sachen — den Antrag . . . .

Die vorstehende Verhandlung ist den bei derselben betheiligten Personen vorgelesen (zur Durchsicht vorgelegt) und von ihnen nach vorgängiger Genehmigung, wie folgt:

(Namen . . . .)

unterschrieben worden.

Die Unterschrift des (der) . . . . konnte nicht erfolgen, weil . . . .

Verhandelt, wie oben.

(Unterschrift des Vollziehungsbeamten.)

Gebühren des Vollziehungsbeamten
. . . . . . Mark . . . . Pf.

Muster VI.

(Zu Art. 43. S. 499.)

Kreis . . . .
Gemeinde . . . .
Nr. . . . . des Restverzeichnisses.

Pfändungsprotokoll.

(Bei fruchtlosem Pfändungsversuche.)

Verhandelt zu . . . . in der Wohnung des (der) . . . .
. . . . den . . . ten . . . . . . 18 . . .

Behufs Ausführung des von dem (der) . . . . gegen (den) die . . . . wegen rückständiger . . . . zum Gesammtbetrage von . . . . . Mark . . . Pf. und wegen eines Kostenbetrages von . . . . . Mark . . . Pf. unter dem . . . ten . . . . . . d. J. erlassenen Pfändungsbefehls hatte sich der unterzeichnete Vollziehungsbeamte heute in die obenbezeichnete Wohnung des Schuldners begeben.

Daselbst wurden in Gegenwart des Letzteren (des — der — zur Familie des Letzteren gehörigen . . . . des — der — in der Familie des Letzteren dienenden . . . . der wegen Widerstandes — wegen Abwesenheit des Schuldners und einer zur Familie desselben gehörigen oder in dieser Familie dienenden erwachsenen Person als Zeugen zugezogenen . . . . . . und . . . .) nach fruchtloser Aufforderung zur Zahlung und nach Vorzeigung des Pfändungsbefehls, die zu der Wohnung gehörigen Gelasse und die in derselben befindlichen Behältnisse durchsucht, pfändbare Sachen aber nicht (aber nur die nachbezeichneten pfändbaren Sachen, nämlich:

1. . . . . geschützt zu . . . . Mark . . . Pf.
2. . . . . „ „ . . . . „ . . . „

u. s. w.

gefunden. (Da sich von der Verwerthung dieser Sachen ein Ueberschuß über die Kosten der Zwangsvollstreckung nicht erwarten läßt, so wurde von der Pfändung derselben Abstand genommen.)

Nachdem dem Schuldner eröffnet war, daß nach Befinden die Leistung des Offenbarungseides behufs Offenlegung seines Vermögens von ihm verlangt werden würde, wurde derselbe befragt, ob und welche pfändbaren Gegenstände einschließlich ausstehender Forderungen und anderer Vermögensrechte zu seinem Vermögen gehörten. Der Schuldner erklärte hierauf, daß er gar keine (nur folgende) pfändbaren Gegenstände besitze . . . .
. . . .

Die vorstehende Verhandlung ist den bei derselben betheiligten Personen vorgelesen (zur Durchsicht vorgelegt) und von ihnen nach vorgängiger Genehmigung wie folgt:

(Namen . . . .)

unterschrieben worden.

Die Unterschrift des (der) . . . . konnte nicht erfolgen, weil . . . .
. . . .

Verhandelt wie oben.

(Unterschrift des Vollziehungsbeamten.)

Gebühren des Vollziehungsbeamten
. . . . . . Mark . . . Pf.

Muster VII.

(Zu Art. 61. S. 502.)

Kreis ....
Gemeinde ....
Nr. ...... des Restverzeichnisses.

Versteigerungsprotokoll.

Verhandelt zu .... in dem Hause ....

.... den ... ten .... 18 ...

Zufolge Auftrages des (der) .... vom ... ten .... d. J. ist heute Vor- (Nach-) mittag .... Uhr zu der öffentlichen Versteigerung der laut Pfändungsprotokoll vom ... ten .... d. J. bei dem (der) .... wegen rückständiger .... im Gesammtbetrage von .... Mk. ... Pf. und wegen eines Kostenbetrages von .... Mk. ... Pf. gepfändeten und vollständig (mit Ausnahme ....) vorgefundenen Sachen geschritten worden, nachdem die Versteigerung durch .... gehörig öffentlich bekannt gemacht (auch der Schuldner unter Vorzeigung des Versteigerungsauftrages in Kenntniß gesetzt) worden.

Bei der Versteigerung war (der Ortsvorstand — Polizeibeamte — Gemeindebeamte .... gegenwärtig, auch) der Schuldner .... anwesend.

Den erschienenen Kauflustigen wurde bekannt gemacht, daß der Zuschlag an den Meistbietenden nach dreimaligem Aufrufe erfolgen und daß die Ablieferung einer zugeschlagenen Sache nur gegen baare Zahlung geschehen, daß aber, wenn der Meistbietende nicht vor dem Schlusse des Versteigerungstermins die Ablieferung gegen Zahlung des Kaufgeldes verlange, die anderweite Versteigerung der Sache unter Ausschließung des früheren Meistbietenden von weiteren Geboten stattfinden werde, in diesem Falle hafte der Letztere für den Ausfall, habe aber auf den Mehrerlös keinen Anspruch.

Den Kauflustigen wurde ferner bekannt gemacht, daß ....

Hierauf wurden ausgeboten:

1. .... geschätzt zu .... Mark ... Pf. und dem (den) .... als Meistbietenden zugeschlagen zu .... Mark ... Pf.

u. s. w.

Da der erzielte und baar entrichtete Erlös von .... Mark ... Pf. zur Deckung der beizutreibenden Summe hinreichte, wurde die Versteigerung eingestellt und wurden die noch nicht versteigerten gepfändeten Sachen unter Aufhebung der Pfändung dem Schuldner zurückgegeben.

(Nachdem die Versteigerung sämmtlicher gepfändeten Sachen, sowie die Zahlung des Gesammterlöses zum Betrage .... Mark ... Pf. erfolgt war, wurde das Verfahren geschlossen.)

Die vorstehende Verhandlung ist den bei derselben betheiligten Personen vorgelesen (zur Durchsicht vorgelegt) und von ihnen nach vorgängiger Genehmigung, wie folgt:

(Namen ....)

unterschrieben worden.

Die Unterschrift des (der) .... konnte nicht erfolgen, weil ....

Verhandelt wie oben.

(Unterschrift des mit der Versteigerung beauftragten Beamten.)

Gebühren des Vollziehungsbeamten
..... Mark ... Pf.

Muster VIII.

(Zu Art. 65. S. 504.)

Kreis.................
Gemeinde..............
Nr..... des Restverzeichnisses.

(1.) Zahlungsverbot.

Der — Die — (Stand und Name des Schuldners) zu .... verschuldet der — dem — ....

1. (Klassensteuer) zum Betrage von .... Mark ... Pf.
2. (Grundsteuer) " " " .... " ... "
3. (Kommunalsteuer) " " " .... " ... "
u. s. w.

sowie an Kosten des Zwangsverfahrens .... " ... "

im Ganzen die Summe von .. .... Mark ... Pf.

welche der Unterzeichnete — die unterzeichnete Behörde — beizutreiben hat.

Zur Deckung dieser Schuld soll die Forderung, welche dem — der — Genannten aus dem — der (Bezeichnung des Rechtsgrundes der Forderung, wie z. B. „aus dem Kaufvertrage von ...." — „aus dem Dienst- — Arbeits- — Verhältnisse für die Zeit vom .... bis ....") — gegen Sie zusteht, zur Höhe von .... Mark .. Pf. gepfändet werden. Es ergeht deshalb auf Grund des §. 42 der Verordnung, betreffend das Verwaltungszwangsverfahren wegen Beitreibung von Geldbeträgen v. 7. September 1879 hiermit an Sie das Verbot, den letztbezeichneten Betrag dem (der) .... zu zahlen.

Nach dem in beglaubigter Abschrift beigefügten Ueberweisungsbeschlusse (von Nr. 2) vom heutigen Tage ist die gepfändete Forderung dem — der — (Bezeichnung des Gläubigers, für dessen Rechnung die Zwangsvollstreckung erfolgt) zur Einziehung überwiesen worden und können Sie gültige Zahlung nur an den — die — (Bezeichnung der für die Erhebung zuständigen Stelle) leisten.

Zugleich werden Sie in Gemäßheit des §. 46 a. a. O. hiermit aufgefordert, binnen zwei Wochen, vom Tage der Zustellung dieser Verfügung an gerechnet, dem — der — (Bezeichnung des Gläubigers beziehungsweise dessen gesetzlichen Vertreters) zu erklären:

1. ob und inwieweit Sie die gepfändete Forderung als begründet anerkennen und Zahlung zu leisten bereit sind;
2. ob und welche Ansprüche andere Personen an die Forderung machen;
3. ob und wegen welcher Ansprüche die Forderung bereits für andere Gläubiger gepfändet ist.

Diese Erklärung können Sie auch sofort dem mit der Zustellung dieser Verfügung beauftragten Vollziehungsbeamten abgeben und haben Sie für diesen Fall den von demselben hierüber in die Zustellungsurkunde aufzunehmenden Vermerk zu unterschreiben.

Für den aus der Nichterfüllung Ihrer Verpflichtung entstehenden Schaden haften Sie dem Gläubiger.

............, den ....ten .... 18 . .

(Bezeichnung der Vollstreckungsbehörde und Unterschrift des dieselbe vertretenden Beamten.)

An
(Stand und Namen des Drittschuldners)
zu
....

(2.) Ueberweisungsbeschluß.

Zur Deckung des Betrages von .... Mark ... Pf., welchen der (Stand und Namen des Schuldners) zu .... an (Bezeichnung der Art der beizutreibenden Geldforderung) verschuldet, ist ein gleich hoher Betrag der Forderung, welche dem — der — Genannten aus dem — der — .... gegen den — die — (Stand und Namen des Drittschuldners) zu .... zusteht, von der unterzeichneten Vollstreckungsbehörde gepfändet worden.

Auf Grund des §. 44 der Verordnung, betreffend das Verwaltungszwangsverfahren wegen Beitreibung von Geldbeträgen vom 7. September 1879 wird die gepfändete Geldforderung hiermit dem — der — (Bezeichnung des Gläubigers, für dessen Rechnung die Zwangsvollstreckung erfolgt) zur Einziehung überwiesen.

An
(Bezeichnung des Gläubigers)
zu
....

(3.) Beglaubigte Abschrift des vorstehenden Zahlungsverbotes und Ueberweisungsbeschlusses erhalten Sie mit der Aufforderung, Sich jeder Verfügung über die gepfändete Forderung, insbesondere der Einziehung derselben, zu enthalten.

............., den ... ten .... 18...
(Bezeichnung der Vollstreckungsbehörde und Unterschrift des dieselbe vertretenden Beamten.)

An
(Stand und Namen des Schuldners)
zu
....

(4.) Unter Bezugnahme auf die diesseitige Verfügung vom ... ten .... 18... werden Sie benachrichtigt, daß das Zahlungsverbot vom ... ten .... 18... dem (Stand und Namen des Drittschuldners) zu .... am ... ten .... 18... zugestellt worden ist.

(Bezeichnung der Vollstreckungsbehörde und Unterschrift des dieselbe vertretenden Beamten.)

An
(Stand und Namen des Schuldners)
zu
....

(5.) Beglaubigte Abschrift des vorstehenden, am ... ten .... d. J. dem .... zu .... zugestellten Zahlungsverbotes erhält der — die — .... mit der Benachrichtigung, daß der — die — (Stand und Namen des Schuldners) am ... ten .... 18... (Tag der Zustellung an den Schuldner) aufgefordert ist, sich jeder Verfügung über die gepfändete Forderung, insbesondere der Einziehung derselben, zu enthalten.

Zugleich wird Abschrift der Zustellungsurkunde vom ... ten .... d. J. unter Bezugnahme auf die in der Letzteren enthaltene Erklärung des — der — .... (Stand und Namen des Drittschuldners) über die gepfändete Forderung beigefügt.

............., den ... ten .... 18...
(Bezeichnung der Vollstreckungsbehörde und Unterschrift des dieselbe vertretenden Beamten.)

An
(Bezeichnung des Gläubigers, für welchen die Zwangsvollstreckung erfolgt)
zu
....

Muster IX.

(zu Art. 67 S. 504.)

Kreis . . . .
Gemeinde . . . .
Nr. . . . . . des Restverzeichnisses.

Vorläufiges Zahlungsverbot.

Der — Die — (Stand und Namen des Schuldners) zu . . . . verschuldet an:
1. (Klassensteuer) zum Betrage von . . . . Mark . . . Pf.
2. (Grundsteuer) „ „ „ . . . . „ . . . „
3. (Kommunalsteuer) „ „ „ . . . . „ . . . „
u. s. w.
sowie an Kosten des Zwangverfahrens . . . . „ . . . „
im Ganzen die Summe von . . . . Mark . . . Pf.

Behufs Deckung dieser Schuld steht die Pfändung der Forderung, welche dem — der — Genannten aus dem — der — (Bezeichnung des Rechtsgrundes der Forderung, wie z. B. „aus dem Kaufvertrage vom . . . .", „aus dem Dienst= — Arbeits= — Verhältnisse für die Zeit vom . . . . bis . . . .", „aus dem Darlehns= — Mieths= — Vertrage vom . . . .") gegen Sie zusteht, zur Höhe von . . . . . Mark . . . Pf. bevor.

Auf Grund des §. 47 der Verordnung, betreffend das Verwaltungszwangsverfahren wegen Beitreibung von Geldbeträgen, vom 7. September 1879, werden Sie hiervon mit der Aufforderung benachrichtigt, den letztbezeichneten Betrag zur Vermeidung doppelter Zahlung dem (Namen des Schuldners) nicht zu entrichten.

Die gegenwärtige Verfügung tritt außer Kraft, wenn nicht binnen einer, vom Tage der Zustellung an Sie zu berechnenden, dreiwöchigen Frist behufs der Pfändung ein weiteres Zahlungsverbot Ihnen zugeht.

. . . . den . . . ten . . . . 18 . . .

(Bezeichnung der Vollstreckungsbehörde und Unterschrift des dieselbe vertretenden Beamten.)

An
(Stand und Namen des Drittschuldners)
zu
. . . .

Abschrift des vorstehenden, am . . . ten . . . . d. J. dem . . . . zu . . . . zugestellten vorläufigen Zahlungsverbotes erhalten Sie mit der Aufforderung, Sich in Gemäßheit desselben jeder Verfügung über den von dem Verbote betroffenen Betrag der Forderung, insbesondere der Einziehung desselben, zu enthalten.

. . . . den . . . ten . . . . 18 . . .

(Bezeichnung der Vollstreckungsbehörde und Unterschrift des dieselbe vertretenden Beamten.)

An
(Stand und Namen des Schuldners)
zu
. . . .

III. Geschäftsanweisung

für die

Vollziehungsbeamten im Bereiche der Verwaltungen der direkten und indirekten Steuern.

Vom 11. Oktober 1879.

I. Allgemeine Bestimmungen.

Anwendung der Geschäftsanweisung.

§. 1. Die Vorschriften dieser Geschäftsanweisung beziehen sich auf alle Beamte, welche bei Vollstreckungsbehörden (§. 3 der Verordnung, betreffend das Verwaltungszwangsverfahren wegen Beitreibung von Geldbeträgen, v. 7. September 1879 — G.=S. S. 591 — Art. 2—4 der hierzu erlassenen Ausführungsanweisung v. 15. September 1879) im Bereiche der Verwaltungen der direkten und indirekten Steuern als Vollziehungsbeamte (Exekutoren, Hülfsexekutoren) angestellt oder mit der Verrichtung der Geschäfte eines Vollziehungsbeamten dauernd oder zeitweilig beauftragt sind.

Andere öffentliche Beamte, welche von den vorgedachten Vollstreckungsbehörden in den gesetzlich gestatteten Fällen mit der Verrichtung einzelner Amtshandlungen an Stelle der Vollziehungsbeamten beauftragt sind, haben die auf die Verrichtung der entsprechenden Amtshandlungen bezüglichen Bestimmungen dieser Geschäftsanweisung gleichfalls anzuwenden.

§. 2. Die bei Vollstreckungsbehörden im Bereich der Verwaltung der direkten Steuern angestellten Vollziehungsbeamten können mit Genehmigung der vorgesetzten Bezirksregierung auch von anderen Provinzialbehörden als Vollziehungsbeamte verwandt werden. In solchen Fällen haben dieselben bei allen im Auftrage dieser Provinzialbehörden (oder der denselben untergeordneten Stellen) vorzunehmenden Amtshandlungen zunächst die ihnen von den Letzteren ertheilten besonderen Vorschriften zu beachten, in Ermangelung solcher aber sich nach den Bestimmungen dieser Geschäftsanweisung zu richten.

§. 3. Die Vollziehungsbeamten haben den Anordnungen und Weisungen der Vollstreckungsbehörde, bei welcher sie angestellt oder welcher sie überwiesen sind, Folge zu leisten. In allen Fällen, für welche diese Geschäftsanweisung keine Bestimmungen enthält, oder in denen hinsichtlich der Anwendung der getroffenen Vorschriften Zweifel entstehen, haben sie sich von der Vollstreckungsbehörde Belehrung zu erbitten.

Von anderen Behörden oder Beamten dürfen die Vollziehungsbeamten, abgesehen von den Fällen des §. 2, direkte Aufträge zu Amtshandlungen nicht entgegennehmen.

Vereidigung.

§. 4. Die Vollziehungsbeamten müssen eidlich verpflichtet sein; sofern dieselben jedoch bereits auf Grund eines anderen von ihnen bekleideten Amtes eidlich verpflichtet sind, bedarf es der nochmaligen Vereidung nicht.

Ausübung der Disziplin.

§. 5. Die Vollziehungsbeamten unterliegen der Disziplin derjenigen Behörde, von welcher sie angestellt sind, nach Maßgabe des Gesetzes vom 21. Juli 1852, betreffend die Dienstvergehen der nicht richterlichen Beamten (G.-S. S. 465).

Wenn jedoch die Vollziehungsbeamten im Bereich der Verwaltung der direkten Steuern in Gemäßheit des §. 2 von anderen Provinzialbehörden als Vollziehungsbeamte verwandt werden, so haben auch diese das Recht, die etwaigen Dienstvergehungen derselben nach Maßgabe des gedachten Gesetzes disziplinarisch zu rügen. Die Einleitung des Verfahrens wegen unfreiwilliger Entlassung steht jedoch ausschließlich der Regierung zu.

Amtsverschwiegenheit.

§. 6. Die Vollziehungsbeamten sind zur Amtsverschwiegenheit verpflichtet.

Dienstschild.

§. 7. Diejenigen Vollziehungsbeamten, welche nicht eine besondere Dienstkleidung tragen, müssen bei allen amtlichen Verrichtungen mit dem auf der linken Brustseite zu tragenden Dienstschilde versehen sein. Nur unter dieser Voraussetzung haben sie unzweifelhaften Anspruch auf Anerkennung als öffentliche Beamte und auf den vom Gesetze den Letzteren gewährten besonderen Schutz.

Amtssiegel.

§. 8. Die Vollziehungsbeamten dürfen sich des ihnen anvertrauten Amtssiegels nur in den in dieser Geschäftsanweisung besonders vorgesehenen Fällen bedienen. Sie müssen dasselbe sorgfältig in einer jeden Mißbrauch anderer Personen ausschließenden Weise aufbewahren.

Pünktliche Erledigung der Aufträge.

§. 9. Die Vollziehungsbeamten müssen die ihnen ertheilten Aufträge mit möglichster Beschleunigung und mit pünktlicher Beobachtung der gesetzlich vorgeschriebenen oder der ihnen von den Vollstreckungsbehörden bestimmten Fristen erledigen.

Sie dürfen niemals eigenmächtig dem Schuldner ausdrücklich oder stillschweigend Ausstand gewähren.

Urkunden und Protokolle.

§. 10. Besondere Sorgfalt ist auf die Aufnahme der vorgeschriebenen

Urkunden und Protokolle zu verwenden. Dieselben müssen mit Dinte in leserlicher Schrift gefertigt werden.

In den den Vollziehungsbeamten zu liefernden [1]) Formularen der Urkunden und Protokolle sind die offen gelassenen Stellen nach den besonderen Umständen des vorliegenden Falles auszufüllen, die für den Letzteren nicht passenden Stellen dagegen zu durchstreichen; die in den Formularen vorhandenen, durch Eintragungen nicht ausgefüllten Zwischenräume sind zu weiteren Eintragungen durch Striche ungeeignet zu machen. Die nach der besonderen Lage des Falles etwa erforderlichen Zusätze sind an geeigneter Stelle des Formulars oder in besonderen Nachträgen aufzunehmen.

---

1 a) Finz.-Minist.-Erlaß vom 6. Januar 1880 — II. 18887, I. 148 —.

Nachdem das Verwaltungszwangsverfahren durch die Verordnung vom 7. September und die Ausführungsanweisung vom 15. September 1879 für das ganze Staatsgebiet anderweit geregelt worden ist, wird, wie solches bereits bisher für die östlichen Provinzen geschehen, nunmehr allgemein bestimmt, daß fortan die von den Vollstreckungsbehörden im Bereiche der Verwaltung der direkten Steuern (den Kgl. Steuerkassen, Kreissteuerkassen, der Kgl. Steuerkasse zu Berlin und der Kgl. Kreiskasse zu Frankfurt a. M.), sowie von den ihnen zugeordneten Vollziehungsbeamten behufs Beitreibung der direkten Steuern und der sonstigen Staatsabgaben zu verwendenden und in der Ausführungsanweisung vom 15. September sowie in der Geschäftsanweisung für die Vollziehungsbeamten vom 11. Oktober 1879 vorgeschriebenen Formulare aus Staatsfonds beschafft werden.

Die 2c. wird veranlaßt, die Formulare in geeigneter Weise selbst zu beschaffen und den Vollstreckungsbehörden nach Bedarf zukommen zu lassen.

(Die Kosten der Formulare sind bei den Fonds „zu vermischten Ausgaben“, Tit. 23 Nr. 2 des Etats der Verwaltung der direkten Steuern, zu verrechnen.) (Siehe die nachstehende Anm.)

1 b) Finz.-Minist.-Cirk.-Erlaß v. 25. Januar 1883 — II. 10607, I. 997 —, betreffend die Kosten für die zu den Zwangsvollstreckungen zu verwendenden Formulare.

In Abänderung der Vorschrift des letzten Absatzes der Verfügung vom 6. Januar 1880 — II. 18887, I, 148 — (siehe vorstehend) wird hiermit bestimmt, daß die Kosten für die von den Vollstreckungsbehörden im Bereiche der Verwaltung der direkten Steuern sowie von den ihnen zugeordneten Vollziehungsbeamten behufs Beitreibung der direkten Steuern und der sonstigen Staatsabgaben zu verwendenden Formulare vom 1. April 1883 ab bei dem Fonds unter Titel 20 Nr. 2 des Etats der Verwaltung der direkten Steuern „zu Bureaubedürfnissen für die Kassenverwaltung“ in Ausgabe zu verrechnen sind.

Zugleich wird in Folge diesbezüglicher Verhandlungen mit der Königl. Ober-Rechnungskammer darauf hingewiesen, daß die vorerwähnte Verfügung vom 6. Januar 1880 lediglich auf die behufs Beitreibung von Staatssteuern und sonstigen fiskalischen Hebungen zu verwendenden Formulare Bezug hat. Die Benutzung der den Vollstreckungsbehörden sowie deren Vollziehungsbeamten auf Staatskosten gelieferten Formulare zu Mahnungen und Zwangsvollstreckungen bezüglich nicht fiskalischer Steuern und Abgaben ist daher der Regel nach nur gegen Uebernahme eines entsprechenden Antheils der Kosten bezw. gegen Erstattung der letzteren seitens der betheiligten nicht fiskalischen Verwaltungen zulässig. Auch in den Fällen, wo das Zwangsverfahren gleichzeitig fiskalische und nicht fiskalische Steuern oder Abgaben betrifft, muß der Regel nach von den betheiligten nicht fiskalischen Verwaltungen die Uebernahme eines entsprechenden Kostenantheils bezw. dessen Erstattung gefordert werden.

Ausnahmen hiervon treten ein, wenn der Staat, wie z. B. gegenüber der Stadt Frankfurt a. M. geschehen, die Einziehung der Gemeindeabgaben gegen eine bestimmte Entschädigung übernommen

Alle Radirungen sind verboten; die etwa nothwendigen Korrekturen der Urkunden und Protokolle sind unter Durchstreichung der unrichtigen Stellen durch Blei- oder Ueberschrift der richtigen Worte herzustellen, jedoch müssen die durchstrichenen Worte stets lesbar bleiben.

Die Vollziehungsbeamten haben alle von ihnen aufgenommenen Urkunden und Protokolle ohne Verzug der Vollstreckungsbehörde zu übergeben.

Amtshandlungen.

§. 11. Die den Vollziehungsbeamten zu ertheilenden Aufträge erstrecken sich auf:

1. Behändigung von Mahnzetteln;
2. Zustellung von Schriftstücken;
3. Vornahme von Vollstreckungshandlungen.

Vornahme von Amtshandlungen an Sonntagen und allgemeinen Feiertagen.

§. 12. Für die Vornahme von Amtshandlungen der Vollziehungsbeamten zur Nachtzeit, sowie an Sonntagen und an allgemeinen Feiertagen gelten folgende Bestimmungen:

1. Die Behändigung von Mahnzetteln durch die Vollziehungsbeamten ist gänzlich untersagt;
2. die Zustellung von Schriftstücken zur Nachtzeit ist gleichfalls gänzlich verboten. Dagegen können Zustellungen an Sonntagen und allgemeinen Feiertagen mit besonderer, für jeden einzelnen Fall zu ertheilender Erlaubniß der Vollstreckungsbehörde erfolgen, die Verfügung, durch welche diese Erlaubniß ertheilt wird, ist den betheiligten Personen bei der Zustellung auf Erfordern vorzuzeigen;
3. Vollstreckungshandlungen dürfen die Vollstreckungsbeamten nur mit besonderer, für jeden einzelnen Fall zu ertheilender Erlaubniß der Polizeibehörde des Ausführungsortes vornehmen. Die Verfügung, durch welche die Erlaubniß ertheilt wird, ist bei der Ausführung der Vollstreckungshandlung stets vorzuzeigen.

---

hat oder zur kostenfreien Erhebung bezw. Beitreibung aus einem anderen Rechtsgrunde verpflichtet ist.

Sofern etwa die Steuerempfänger nach den bestehenden Anordnungen bezw. Vereinbarungen die Kosten der Einziehung bezw. Beitreibung von Gemeinde- 2c. Abgaben aus der ihnen gewährten Tantieme oder sonstigen Remuneration zu bestreiten haben, sind die Kosten der Formulare nicht von den Gemeinden, sondern von den Steuerempfängern selbst zu tragen.

Welche Ausnahmen oder Modifikationen bezüglich der vorstehenden Regel im Uebrigen stattfinden, muß von den konkreten Verhältnissen abhängig bleiben.

Die Königliche Regierung wolle hiernach für Ihren Geschäftsbezirk das Geeignete veranlassen, hierbei aber darauf Bedacht nehmen, daß die Vertheilung der Kosten zwischen der Staatskasse und den Gemeinden 2c. nicht nur in einem angemessenen Verhältnisse, sondern auch unter Vermeidung scharfer, zu Weiterungen führender Berechnungen erfolgt; größeren Verwaltungen gegenüber wird es sich empfehlen, eine Vereinbarung über eine jährliche Pauschalentschädigung herbeizuführen.

In welchen Fällen und auf welche Weise die Erlaubniß der Polizeibehörde nachgesucht werden soll, hat die Vollstreckungsbehörde zu bestimmen.

§. 13. Die Nachtzeit im Sinne des §. 12 umfaßt in dem Zeitraum vom 1. April bis 30. September die Stunden von 9 Uhr Abends bis 4 Uhr Morgens und in dem Zeitraum vom 1. Oktober bis 31. März die Stunden von 9 Uhr Abends bis 6 Uhr Morgens.

Allgemeine Feiertage im Sinne des §. 12 sind:

1. der erste und zweite Feiertag der drei christlichen Feste Weihnachten, Ostern und Pfingsten;
2. der Charfreitag;
3. der Neujahrstag;
4. der Buß- und Bettag;
5. der Himmelfahrtstag.

Vornahme von Amtshandlungen an kirchlichen Festtagen und am Sabbath.

§. 14. Vollstreckungshandlungen dürfen gegen Angehörige einer christlichen Konfession an den nicht im §. 13 Abs. 2 benannten kirchlichen Festtagen dieser Konfession, sowie gegen Juden am Sabbath und an jüdischen Festtagen nur auf besondere Anordnung der Vollstreckungsbehörde wegen Gefahr im Verzuge zur Ausführung gebracht werden. Die Vollziehungsbeamten haben hierbei die wegen der kirchlichen Festtage etwa erlassenen Bekanntmachungen der Bezirksregierungen zu beachten.

Die Behändigung von Mahnzetteln und die Zustellung von Schriftstücken unterliegen an den im Abs. 1 gedachten Tagen keiner Beschränkung.

Annahme von Geldbeträgen.

§. 15. Die Vollziehungsbeamten sind zur Annahme von Geldbeträgen lediglich bei der Ausführung von Pfändungen und Versteigerungen nach Maßgabe der Bestimmungen der §§. 40, 75, 84 ermächtigt.

Im Uebrigen ist ihnen die Annahme von Zahlungen untersagt; insbesondere dürfen sie weder bei der Behändigung von Mahnzetteln, noch bei der Zustellung von Schriftstücken Geldbeträge entgegennehmen; dieses Verbot erstreckt sich auch auf die ihnen zustehenden Gebühren.

Rechnungsbuch.

§. 16. Die Vollziehungsbeamten haben nach näherer Anordnung der vorgesetzten Bezirksregierung (Direktion für die Verwaltung der direkten Steuern in Berlin, Provinzialsteuerdirektion) ein Rechnungsbuch zu führen, in welches unter fortlaufenden Nummern, mit Bezeichnung des Schuldners und mit Angabe der Nummern des Restverzeichnisses alle von ihnen bei den einzelnen Vollstreckungshandlungen in Empfang genommenen Geldbeträge unmittelbar nach der Zahlung einzutragen sind.

Dieselben müssen dieses Buch nach Erledigung von Pfändungsbefehlen oder Versteigerungsaufträgen stets unverzüglich der Vollstreckungsbehörde vorlegen und die in Empfang genommenen Geldbeträge abliefern.

Die **richtige** Führung der Rechnungsbücher, sowie die **prompte** Ablieferung der in Empfang genommenen Geldbeträge wird den Vollziehungsbeamten **auf das Strengste zur Pflicht gemacht.**

Alle in dieser Beziehung begangenen Zuwiderhandlungen werden unnachsichtlich im Disziplinarwege geahndet und geeignetenfalls der Staatsanwaltschaft zur Herbeiführung der strafgerichtlichen Verfolgung in Gemäßheit der §§. 350, 351 des Strafgesetzbuches [1]) angezeigt werden.

II. Einzelne Arten von Amtshandlungen.

1. Behändigung von Mahnzetteln.

Behändigung durch den Vollziehungsbeamten.

§. 17. Wenn die Vollstreckungsbehörde dem Vollziehungsbeamten den Auftrag zur **persönlichen** Behändigung von Mahnzetteln ertheilt, so übergiebt sie ihm zugleich mit den ausgefertigten Mahnzetteln ein Verzeichniß der sämmtlichen anzumahnenden Schuldner (Auszug aus dem Restverzeichnisse, Beitreibungsregister).

Der Vollziehungsbeamte hat alsdann den Mahnzettel dem Schuldner selbst oder einem in der Wohnung des Ersteren angetroffenen erwachsenen Hausgenossen desselben zu behändigen. [1]) Wie solches geschehen, ist unter Angabe des Namens Desjenigen, dem der Zettel behändigt worden und des Tages der Behändigung in der betreffenden Spalte des Verzeichnisses durch den Vermerk „Behändigt dem N. N. am . . ten . . . . . . 18 . ." zu bescheinigen.

Wird die Annahme verweigert oder kann die Behändigung wegen Abwesenheit eines zur Annahme Berechtigten nicht erfolgen, so hat der Vollziehungsbeamte die Behändigung durch Anheften an die Thür der Wohnung des Schuldners oder

---

(Zu §. 16.) 1) Strafgesetzbuch für das Deutsche Reich (R.G.Bl. für 1876 S. 44):

§. 350. Ein Beamter, welcher Gelder oder andere Sachen, die er in amtlicher Eigenschaft empfangen oder in Gewahrsam hat, unterschlägt, wird mit Gefängniß nicht unter drei Monaten bestraft, auch kann auf Verlust der bürgerlichen Ehrenrechte erkannt werden.

Der Versuch ist strafbar.

§. 351. Hat der Beamte in Beziehung auf die Unterschlagung die zur Eintragung oder Kontrole der Einnahmen und Ausgaben bestimmten Rechnungen, Register oder Bücher unrichtig geführt, verfälscht oder unterdrückt, oder unrichtige Abschlüsse oder Auszüge aus diesen Rechnungen, Registern oder Büchern, oder unrichtige Beläge zu denselben vorgelegt, oder ist in Beziehung auf die Unterschlagung auf Fässern, Beuteln oder Packeten der Geldinhalt fälschlich bezeichnet, so ist auf Zuchthaus bis zu zehn Jahren zu erkennen.

Sind mildernde Umstände vorhanden, so tritt Gefängnißstrafe nicht unter sechs Monaten ein.

(Zu §. 17.) 1a) Finz.-Minist.-Erlaß vom 30. Juni 1851 — III. 14294 —.

Bei Einziehung der klassifizirten Einkommensteuer haben die **Steuerempfänger** gegen die säumigen Steuerpflichtigen nach Vorschrift der Exekutionsordnung 2c. zu verfahren. Dabei muß, soweit dies unbeschadet der raschen und sichern Vollstreckung der Exekution geschehen kann, die durch das Gesetz vom 1. Mai 1851 gebotene Geheimhaltung der Einkommensverhältnisse möglichst gewahrt, insbesondere muß der nach 2c. dem Schuldner vor Vollstreckung der Exekution zuzustellende Mahnzettel mittelst verschlossener Schreiben ausgehändigt werden.

1b) Siehe auch Finz.-Minist.-Erlaß vom 30. Juni 1851 -- III. 14403 (S. 438).

durch Uebergabe des Mahnzettels an die Ortsbehörde zu bewirken und in dem Verzeichnisse durch den Vermerk „angeheftet am . . ten . . . . . . 18 . .“ bezw. „dem (Ortsvorsteher) . . . . . . übergeben am . . ten . . . . . . 18 . .“ zu bescheinigen.

§. 18. Ist die Behändigung eines Mahnzettels nach den Vorschriften des §. 17 nicht ausführbar, so muß der Vollziehungsbeamte den Grund hierfür in dem Verzeichnisse bei dem Namen des betreffenden Schuldners durch einen entsprechenden Vermerk, wie z. B. „gestorben“, „nicht aufzufinden“, „verzogen nach . . . . . .“ u. s. w. angeben.

Das mit den erforderlichen Bescheinigungen und Vermerken versehene Verzeichniß nebst den nicht behändigten Mahnzetteln hat der Vollziehungsbeamte an die Vollstreckungsbehörde zurückzugeben.

Mündliche Mahnung.

§. 19. Insoweit die Bezirksregierung anstatt der Mahnung durch Mahnzettel die mündliche Mahnung gestattet hat, muß der mit Bewirkung der mündlichen Mahnung beauftragte Vollziehungsbeamte seinen Auftrag an den Schuldner selbst oder an einen erwachsenen Hausgenossen desselben ausrichten und die Erledigung des Auftrages in der seitens der Bezirksregierung besonders vorgeschriebenen Weise bescheinigen.

Mahnung durch Aufgabe zur Post.

§. 20. Dem Vollziehungsbeamten kann auch die Bewirkung der Mahnung durch Aufgabe zur Post aufgetragen werden. Diese erfolgt in der Weise, daß der Mahnzettel in einem verschlossenen Briefumschlage unter der Adresse des Schuldners nach dessen Wohnorte zur Post gegeben wird. Die stattgehabte Aufgabe zur Post hat der Vollziehungsbeamte in dem ihm zu übergebenden Restverzeichnisse durch den Vermerk „auf die Post gegeben den . . . ten . . . . 18 . . .“ zu bescheinigen.

2. Zustellungen.

A. Zustellung durch den Vollziehungsbeamten.

§. 21. Die Zustellung besteht in der Uebergabe des zuzustellenden Schriftstückes.

Person des Empfängers.

§. 22. Die Vollstreckungsbehörde hat dem Vollziehungsbeamten bei Ertheilung eines Zustellungsauftrages den Empfänger genau zu bezeichnen.

Bei Zustellungen, welche von vornherein für den Empfänger zu Händen eines Dritten bewirkt werden sollen, gilt dieser Letztere als Empfänger.

Insbesondere gilt bei Zustellungen für nicht prozeßfähige Personen der gesetzliche Vertreter, bei Zustellungen für Behörden, Gemeinden, Korporationen und Personenvereine der Vorsteher, sowie bei Zustellungen für Unteroffiziere und Gemeine des aktiven Heeres oder der aktiven Marine der Chef der zunächst vorgesetzten Kommandobehörde (Chef der Kompagnie, Eskadron, Batterie u. s. w.) als Empfänger.

Ebenso ist bei Zustellungen, welche für den Empfänger an einen Bevollmächtigten oder Prokuristen desselben bewirkt werden sollen, der Bevollmächtigte oder Prokurist als Empfänger anzusehen.

Ort der Zustellung.

§. 23. Die Zustellung kann an jedem Orte erfolgen, wo der bezeichnete Empfänger angetroffen wird. Hat derselbe aber an diesem Orte eine Wohnung oder ein Geschäftslokal, so ist er nicht verpflichtet, sich auf eine außerhalb derselben versuchte Zustellung einzulassen. Der Vollziehungsbeamte muß in einem solchen Falle bei Verweigerung der Annahme die Zustellung in der Wohnung oder in dem Geschäftslokale bewirken.

Der Ort, welchen der Vollziehungsbeamte zur Vornahme der Zustellung aufzusuchen hat, ist daher regelmäßig die Wohnung oder das Geschäftslokal des bezeichneten Empfängers, weil alsdann die Zustellung nöthigenfalls in dessen Abwesenheit und selbst bei verweigerter Annahme der Schriftstücke vorgenommen werden kann.

Jedenfalls muß bei Bewirkung der Zustellung außerhalb der Wohnung oder des Geschäftslokals immer ein angemessener Ort und eine passende Gelegenheit gewählt werden, welche die ungehinderte und sichere Uebergabe und Annahme der Schriftstücke gestatten.

Kann eine Zustellung an den bezeichneten Empfänger in Person nicht erfolgen, so sind wegen des weiteren Verfahrens die folgenden Fälle zu unterscheiden.

Zustellung an einen Gewerbetreibenden.

§. 24. Soll die Zustellung an einen Gewerbetreibenden erfolgen, welcher ein besonderes Geschäftslokal hat, so hat sich der Vollziehungsbeamte der Regel nach zunächst in das Geschäftslokal desselben (Laden, Komtoir u. s. w.) zu begeben.

Wird der bezeichnete Empfänger dort nicht angetroffen, so kann die Zustellung in dem Geschäftslokale an einen darin anwesenden Gehülfen des Gewerbetreibenden (Kommis, Buchhalter, Gesellen u. s. w.) erfolgen; dieser ist zur Annahme verpflichtet.

Ist ein besonderes Geschäftslokal nicht vorhanden oder wird in demselben eine zur Annahme berechtigte Person nicht angetroffen, so hat sich der Vollziehungsbeamte in die Wohnung des bezeichneten Empfängers zu begeben, und demnächst, wenn derselbe auch dort nicht angetroffen wird, nach Maßgabe der §§. 27—30 zu verfahren.

Zustellung an einen Rechtsanwalt.

§. 25. Soll die Zustellung an einen Rechtsanwalt erfolgen, so hat sich der Vollziehungsbeamte der Regel nach zunächst in das Geschäftslokal (Büreau) desselben zu begeben.

Wird der Rechtsanwalt dort nicht angetroffen, so kann die Zustellung in dem Geschäftslokal an einen darin anwesenden Gehülfen oder Schreiber des Rechtsanwalts erfolgen; dieser ist zur Annahme verpflichtet.

Wird in dem Geschäftslokal eine zur Annahme berechtigte Person nicht angetroffen, so hat sich der Vollziehungsbeamte in die Wohnung des Rechtsanwalts zu begeben und demnächst, wenn derselbe auch dort nicht angetroffen wird, nach Maßgabe der §§. 27—30 zu verfahren.

Zustellung an Behörden, Gemeinden, Korporationen und Personenvereine.

§. 26. Soll die Zustellung an den gesetzlichen Vertreter oder Vorsteher einer Behörde, einer Gemeinde, einer Korporation oder eines Personenvereins, wie Aktiengesellschaften, eingetragene Genossenschaften und dergleichen Gesellschaften, erfolgen, so hat sich der Vollziehungsbeamte der Regel nach zunächst während der gewöhnlichen Geschäftsstunden der Behörde u. s. w. in das Geschäftslokal derselben zu begeben.

Wird in diesen Stunden die Person, an welche die Zustellung erfolgen soll, dort nicht angetroffen oder ist sie an der Annahme verhindert, so kann die Zustellung in dem Geschäftslokale an einen andern dort anwesenden Beamten oder Bediensteten der Behörde u. s. w. erfolgen; dieser ist zur Annahme verpflichtet.

Ist die Zustellung in dieser Weise nicht ausführbar, so hat sich der Vollziehungsbeamte in die Wohnung des Empfängers zu begeben und demnächst, wenn derselbe auch dort nicht angetroffen wird, nach Maßgabe der §§. 27—30 zu verfahren.

Hat jedoch die Behörde u. s. w. ein besonderes Geschäftslokal, so kann außerhalb dieses Lokals, auch in der Wohnung, nur an den Empfänger in Person zugestellt werden.

Zustellung an andere Personen.

§. 27. Soll die Zustellung an eine andere als an eine der in den §§. 24 bis 26 bezeichneten Personenn erfolgen, so hat sich der Vollziehungsbeamte der Regel nach in die Wohnung des bezeichneten Empfängers zu begeben.

Wird der Letztere dort nicht angetroffen, so kann die Zustellung in der Wohnung an einen zu der Familie gehörenden erwachsenen Hausgenossen oder an eine in der Familie dienende erwachsene Person erfolgen, welche zur Annahme verpflichtet sind. Daß die dienende Person in demselben Hause wohne, ist nicht erforderlich.

Wird in der Wohnung eine solche Person nicht angetroffen, so kann die Zustellung an den in demselben Hause wohnenden Hauswirth oder Vermiether erfolgen, jedoch nur dann, wenn diese zur Annahme des Schriftstückes bereit sind.

Niederlegung des zuzustellenden Schriftstückes.

§. 28. Ist der bezeichnete Empfänger in seiner Wohnung nicht angetroffen, und kann die Zustellung auch nicht nach den Vorschriften des §. 27 erfolgen, so hat der Vollziehungsbeamte dieselbe dadurch zu bewirken, daß er das zu übergebende Schriftstück bei der Ortsbehörde oder bei der Postanstalt des Zustellungsortes niederlegt und die Niederlegung sowohl durch eine an der Thür der Wohnung zu befestigende schriftliche Anzeige, als auch, soweit thunlich, durch mündliche Mittheilung an zwei in der Nachbarschaft wohnende Personen bekannt macht.

Die Nachbarn, denen die Niederlegung der Schriftstücke mitgetheilt wird, sind zu ersuchen, den Empfänger davon alsbald in Kenntniß zu setzen. Die an der Wohnungsthür zu befestigende schriftliche Anzeige ist nach anliegendem Muster II zu fertigen.

§. 29. Bevor der Vollziehungsbeamte die Zustellung an eine der in den vorstehenden §§. 24—27 bezeichneten Personen oder durch Niederlegung (§. 28) bewirkt, hat er sich die Ueberzeugung zu verschaffen, daß die Wohnung oder das Geschäftslokal, in welcher die Zustellung vorgenommen oder vergebens versucht wird, auch wirklich die Wohnung oder das Geschäftslokal des bezeichneten Empfängers ist und daß die Personen, mit denen er verhandelt, auch wirklich diejenigen sind, für welche sie sich ausgeben.

Die Personen, an welche an Stelle des bezeichneten Empfängers die Zustellung erfolgt, hat der Vollziehungsbeamte zu bedeuten, daß sie verpflichtet sind, die Schriftstücke dem Ersteren alsbald auszuhändigen.

An unerwachsene Personen, an Miether oder an Fremde darf eine Zustellung niemals geschehen.

Verweigerung der Annahme.

§. 30. Wird die Annahme einer gehörig erfolgenden Zustellung von einer zur Annahme verpflichteten Person (§§. 24—26, 27, Abs. 2) verweigert, so hat der Vollziehungsbeamte das zu übergebende Schriftstück am Orte der Zustellung zurückzulassen.

Zustellungsurkunde.

§. 31. Ueber die Zustellung ist unter Benutzung des anliegenden Musters III eine Urkunde aufzunehmen; dieselbe muß enthalten:

1. Ort und Zeit der Zustellung;
2. die Bezeichnung des zuzustellenden Schriftstückes;
3. die Bezeichnung der Person, an welche zugestellt werden *soll*; in den Fällen des §. 22 Abs. 2—4 sowohl die Bezeichnung derjenigen Person, *für* welche, als auch derjenigen, zu *deren Händen* die Zustellung erfolgen soll;
4. die Bezeichnung der Person, welcher zugestellt *ist*; in den Fällen der §§. 24 Abs. 2, 25 Abs. 2, 26 Abs. 2, 27 Abs. 2, 3 die Angabe des Grundes, durch welchen die Zustellung an die bezeichnete Person gerechtfertigt wird; wenn nach §. 28 verfahren ist, die Bemerkung, wie die daselbst gegebenen Vorschriften befolgt sind;
5. im Falle der Verweigerung der Annahme die Erwähnung, daß die Annahme verweigert und das zu übergebende Schriftstück am Orte der Zustellung zurückgelassen ist;
6. die Bemerkung, daß das zuzustellende Schriftstück übergeben ist;
7. die Unterschrift des Vollziehungsbeamten.

Ueber den in einzelnen Fällen etwa weiter erforderlichen Inhalt einer Zustellungsurkunde ist der Vollziehungsbeamte von der Vollstreckungsbehörde jedesmal mit besonderer Weisung zu versehen.

B. Zustellung durch die Post.

§. 32. Die Vollstreckungsbehörde kann bei Zustellungen, welche durch die Post bewirkt werden sollen, den Vollziehungsbeamten mit der Uebergabe an die Post beauftragen.

In diesem Falle hat der Letztere für die Vollstreckungsbehörde eine Bescheinigung nach anliegendem Muster IV auszustellen.

C. Zustellung durch Aushang.

§. 33. Wenn nach Anordnung der Vollstreckungsbehörde eine Zustellung durch Aushang zu bewirken ist, so hat der Vollziehungsbeamte das zuzustellende Schriftstück an der zu Aushängen der Vollstreckungsbehörde bestimmten Stelle anzuheften, nachdem er den Tag der Anheftung auf dem Schriftstücke mit dem Vermerk

„angeheftet den . . . . ten . . . . 18 . .“

N. N.

„Vollziehungsbeamter“

angegeben hat.

Nach Verlauf von zwei Wochen seit dem Tage der Anheftung hat der Vollziehungsbeamte das Schriftstück abzunehmen und der Vollstreckungsbehörde zu übergeben.

3. Vollstreckungshandlungen.

A. Allgemeine Bestimmungen.

Schriftlicher Auftrag.

§. 34. Dem Schuldner und Dritten gegenüber wird der Vollziehungsbeamte zur Vornahme der Zwangsvollstreckung durch den ihm ertheilten und auf Verlangen einer betheiligten Person vorzuzeigenden schriftlichen Auftrag der Vollstreckungsbehörde ermächtigt. Er muß daher bei der Vornahme von Vollstreckungshandlungen stets den ertheilten Auftrag (Pfändungsbefehl, Versteigerungsauftrag u. s. w.) mit sich führen.

Befugnisse des Vollziehungsbeamten.

§. 35. Der Vollziehungsbeamte ist befugt, die Wohnung und die Behältnisse des Schuldners zu durchsuchen, soweit der Zweck der Vollstreckung dies erfordert. Er ist befugt, die verschlossenen Hausthüren, Zimmerthüren und Behältnisse öffnen zu lassen. Er ist, wenn er Widerstand findet, zur Anwendung von Gewalt befugt und kann zu diesem Zwecke die Unterstützung der polizeilichen Vollziehungsorgane nachsuchen. Vor der Anwendung von Gewalt hat indessen der Vollziehungsbeamte die betheiligten Personen auf die gesetzlichen Folgen des Widerstandes (§. 113 des Strafgesetzbuches)[1]) aufmerksam zu machen.

---

1) Strafgesetzbuch für das Deutsche Reich (R.G.Bl. für 1876 S. 44):

§. 113. Wer einem Beamten, welcher zur Vollstreckung von Gesetzen, von Befehlen und Anordnungen der Verwaltungsbehörden oder von Urtheilen und Verfügungen der Gerichte berufen ist, in der rechtmäßigen Ausübung seines Amtes durch Gewalt oder durch Bedrohung mit Gewalt

Behufs gewaltsamer Oeffnung verschlossener Hausthüren, Zimmerthüren oder Behältnisse des Schuldners ist der Regel nach ein geeigneter Handwerker zuzuziehen.

§. 36. Wird bei einer Vollstreckungshandlung Widerstand geleistet, oder ist bei einer in der Wohnung des Schuldners erfolgenden Vollstreckungshandlung weder der Schuldner noch eine zur Familie desselben gehörige oder in dieser Familie dienende erwachsene Person gegenwärtig,[2]) so hat der Vollziehungsbeamte zwei großjährige Männer oder einen Gemeinde- oder Polizeibeamten als Zeugen zuzuziehen.

Aufnahme von Protokollen.

§. 37. Der Vollziehungsbeamte hat über jede Vollstreckungshandlung[3]) im **unmittelbaren** Anschluß an dieselbe und, soweit dies irgend ausführbar, an **Ort und Stelle** ein Protokoll aufzunehmen.

Das Protokoll muß enthalten:

1. Ort und Zeit der Aufnahme;
2. den Gegenstand der Vollstreckungshandlung unter kurzer Erwähnung der wesentlichen Vorgänge, namentlich aller zur Durchführung der Vollstreckung getroffenen Anordnungen;

Widerstand leistet, oder wer einen solchen Beamten während der rechtmäßigen Ausübung seines Amtes thätlich angreift, wird mit Gefängniß von vierzehn Tagen bis zu zwei Jahren bestraft.

Sind mildernde Umstände vorhanden, so tritt Gefängnißstrafe bis zu einem Jahre oder Geldstrafe bis zu eintausend Mark ein.

Dieselben Strafvorschriften treten ein, wenn die Handlung gegen Personen, welche zur Unterstützung des Beamten zugezogen waren, oder gegen Mannschaften der bewaffneten Macht, oder gegen Mannschaften einer Gemeinde-, Schutz- oder Bürgerwehr in Ausübung des Dienstes begangen wird.

2) Finz.-Minist.-Erlaß vom 23. Oktober 1884 — III. 13023, I. 14477, II. 11949 —. In einem zu meiner Kenntniß gebrachten Falle ist durch einen Vollziehungsbeamten wegen eines Gerichtskostenbetrages, welcher seitens der Steuerbehörde in einem zur Post gegebenen, jedoch nicht in die Hände des Kostenschuldners gelangten Briefe eingefordert war, die Zwangsvollstreckung in der Wohnung des Schuldners vorgenommen worden, während letzterer sich außerhalb seines Wohnortes aufhielt.

Um den in dergleichen Fällen aus der rücksichtslosen Anwendung der §§. 35 und 36 der Geschäftsanweisung für die Vollziehungsbeamten vom 11. Oktober 1879 besonders für gewissenhafte Schuldner sich ergebenden Unzuträglichkeiten und Belästigungen vorzubeugen, weise ich darauf hin, daß die Vollziehungsbeamten zur Vornahme der Zwangsvollstreckung in der Wohnung des Schuldners während dessen Abwesenheit zwar befugt, aber nicht unbedingt verpflichtet und somit jederzeit in der Lage sind, da, wo keine Gefahr im Verzuge ist, die Zwangsvollstreckung vorläufig auszusetzen und die Entscheidung der Vollstreckungsbehörde einzuholen. Letztere wird in den Fällen, wo die Vermögensverhältnisse, sowie die Persönlichkeit des Schuldners eine Gefährdung der fiskalischen Forderung ausschließen, insbesondere auch die obwaltenden Umstände annehmen lassen, daß die unterlassene rechtzeitige Zahlung nur auf einem Versehen beruht und keine Absicht der Verzögerung besteht, die Genehmigung der einstweiligen Hinausschiebung der Zwangsvollstreckung ertheilen, oder bei der hierzu kompetenten vorgesetzten Dienstbehörde beantragen können.

3) In Betreff der Ausführung gleichzeitiger Pfändung wegen mehrerer Forderungen gegen denselben Schuldner siehe Anm. zu §. 61 dieser Geschäftsanweisung.

3. die Namen der Personen, mit welchen verhandelt ist;
4. die Unterschrift dieser Personen und die Bemerkung, daß die Unterzeichnung nach vorgängiger Vorlesung oder Vorlegung zur Durchsicht und nach vorgängiger Genehmigung erfolgt sei;
5. die Unterschrift des Vollziehungsbeamten.

Hat einem der unter Nr. 4 bezeichneten Erfordernisse nicht genügt werden können, so ist der Grund anzugeben.

§. 38. Die Aufforderungen und sonstigen Mittheilungen, welche zu den Vollstreckungshandlungen gehören, sind von dem Vollziehungsbeamten mündlich zu erlassen und vollständig in das Protokoll aufzunehmen.

Kann die mündliche Ausführung nicht erfolgen, so läßt die Vollstreckungsbehörde Demjenigen, an welchen die Aufforderung oder Mittheilung zu richten ist, eine Abschrift des Protokolls zustellen.

B. Einzelne Arten von Vollstreckungshandlungen.

a. Pfändungen.

Pfändungsbefehl.

§. 39. Der Auftrag zur Pfändung wird dem Vollziehungsbeamten mittels eines von der Vollstreckungsbehörde ausgefertigten Pfändungsbefehls ertheilt.

Annahme von Geldbeträgen.

§. 40. In dem Pfändungsbefehl muß stets angegeben sein, inwieweit der Vollziehungsbeamte bei Ausführung der Pfändung zur Annahme von Zahlungen ermächtigt ist. (§. 15.)

Gegenstand der Pfändung.

§. 41. Die von dem Vollziehungsbeamten auszuführenden Pfändungen erstrecken sich ausschließlich auf bewegliche körperliche Sachen. Zu diesen gehören auch Inhaberpapiere, wie Schuldverschreibungen des Staates oder der Kommunen, Prioritätsobligationen der Eisenbahnen, auf den Inhaber lautende Aktien, Pfand- und Rentenbriefe und andere derartige Werthpapiere.

Auch die Forderungen aus Wechseln und anderen Papieren, welche durch Indossament übertragen werden können, werden, soweit es sich um den Akt der Pfändung handelt, wie bewegliche körperliche Sachen behandelt.

Sachen, welche der Pfändung nicht unterworfen sind.

§. 42, Folgende Sachen sind der Pfändung nicht unterworfen:
1. die Kleidungsstücke, die Betten, das Haus- und Küchengeräth, insbesondere die Heiz- und Kochöfen, soweit diese Gegenstände für den Schuldner, seine Familie und sein Gesinde unentbehrlich sind;
2. die für den Schuldner, seine Familie und sein Gesinde auf zwei Wochen erforderlichen Nahrungs- und Feuerungsmittel;
3. eine Milchkuh oder nach der Wahl des Schuldners statt einer solchen zwei Ziegen oder zwei Schafe nebst dem zum Unterhalt und zur Streu für dieselben auf zwei Wochen erforderlichen Futter und Stroh, sofern

die bezeichneten Thiere für die Ernährung des Schuldners, seiner Familie und seines Gesindes unentbehrlich sind;

4. bei Künstlern, Handwerkern, Hand- und Fabrikarbeitern, sowie bei Hebeammen die zur persönlichen Ausübung des Berufs unentbehrlichen Gegenstände;
5. bei Personen, welche Landwirthschaft betreiben, das zum Wirthschaftsbetriebe unentbehrliche Geräth, Vieh- und Feld-Inventarium nebst dem nöthigen Dünger, sowie die landwirthschaftlichen Erzeugnisse, welche zur Fortsetzung der Wirthschaft bis zur nächsten Ernte unentbehrlich sind;
6. bei Offizieren, Deckoffizieren, Beamten, Geistlichen, Lehrern an öffentlichen Unterrichtsanstalten, Rechtsanwälten, Notaren und Aerzten die zur Verwaltung des Dienstes oder Ausübung des Berufes erforderlichen Gegenstände, sowie anständige Kleidung;[1])
7. bei Offizieren, Militärärzten, Deckoffizieren, Beamten, Geistlichen und Lehrern an öffentlichen Unterrichtsanstalten ein Geldbetrag, welcher dem der Pfändung nicht unterworfenen Theile des Diensteinkommens oder der Pension[2]) für die Zeit von der Pfändung bis zum nächsten Termine der Gehalts- oder Pensionszahlung gleichkommt;[3])
8. die zum Betriebe einer Apotheke unentbehrlichen Geräthe, Gefäße und Waaren;
9. Orden und Ehrenzeichen;

---

1) Siehe auch §. 31 der Verordnung vom 7. Septbr. 1879 und die Anmerkungen S. 450, sowie §. 51 a. a. O. S. 456.

2) Siehe §. 26 des Gesetzes vom 27. März 1872, betr. die Pensionirung der unmittelbaren Staatsbeamten 2c. (G.S. S. 268):

§. 26. „Das Recht auf den Bezug der Pension kann weder abgetreten noch verpfändet werden. In Ansehung der Beschlagnahme bleiben die bestehenden Bestimmungen in Kraft."

§. 31. „Der über den Sterbemonat hinaus gewährte einmonatliche Betrag der Pension kann nicht Gegenstand einer Beschlagnahme sein."

3) Ministerielle Anmerkung. Der Pfändung sind nicht unterworfen: Das Diensteinkommen der Offiziere, Militärärzte und Deckoffiziere, der Beamten, der Geistlichen und der Lehrer an öffentlichen Unterrichtsanstalten; die Pension dieser Personen nach deren Versetzung in einstweiligen oder dauernden Ruhestand, sowie der nach ihrem Tode den Hinterbliebenen zu gewährende Sterbe- oder Gnadengehalt.

Uebersteigen das Diensteinkommen, die Pension oder die sonstigen Bezüge die Summe von fünfzehnhundert Mark für das Jahr, so ist der dritte Theil des Mehrbetrages der Pfändung unterworfen.

Bei der Einziehung von kurrenten öffentlichen Abgaben, von Disziplinarstrafen und von solchen Zwangsstrafen, welche durch die vorgesetzte Dienstbehörde festgesetzt sind, finden die Vorschriften des Absatzes 2 dieser Anmerkung rücksichtlich des Diensteinkommens und der Pension der Beamten, der Geistlichen und der Lehrer an öffentlichen Unterrichtsanstalten nicht Anwendung.

Die Einkünfte, welche zur Bestreitung eines Dienstaufwandes bestimmt sind, und der Servis der Offiziere, Militärärzte und Militärbeamten sind weder der Pfändung unterworfen, noch bei der Ermittelung, ob und zu welchem Betrage ein Diensteinkommen der Pfändung unterliege, zu berechnen.

10. die Bücher, welche zum Gebrauche des Schuldners und seiner Familie in der Kirche oder Schule bestimmt sind;
11. das Inventar der Posthaltereien.

Ausführung des Pfändungsbefehls.

§. 43. Behufs Ausführung des Pfändungsbefehls, welche möglichst zu beschleunigen ist, hat sich der Vollziehungsbeamte der Regel nach zunächst in die Wohnung des Schuldners zu begeben.

Daselbst hat er den Letzteren unter Bezugnahme auf die in dem Pfändungsbefehl ihm ertheilte Ermächtigung zur freiwilligen Zahlung des beizutreibenden Geldbetrages aufzufordern. Wird nicht der Schuldner, wohl aber ein Angehöriger desselben angetroffen, so ist die Aufforderung an diesen zu richten.

Leistung von Zahlungen.

§. 44. Wird dem Vollziehungsbeamten innerhalb der Grenzen seiner Ermächtigung der volle beizutreibende Geldbetrag einschließlich der Kosten und Gebühren gezahlt, so hat er die weitere Ausführung des Pfändungsbefehls zu unterlassen.

Werden dem Vollziehungsbeamten Theilzahlungen geleistet, so hat er die Ausführung des Pfändungsbefehls entsprechend zu beschränken.

Ueber die ihm geleisteten Zahlungen hat der Vollziehungsbeamte nach Anleitung des beiliegenden Musters V. Quittung zu ertheilen.

Vorzeigung von Fristbewilligungen, Quittungen oder Postscheinen.

§. 45. Wenn der Schuldner eine von der Vollstreckungsbehörde ausgestellte Fristbewilligung vorzeigt, oder wenn er die vollständige Berichtigung des beizutreibenden Geldbetrages durch Quittung oder durch Vorlegung eines Postscheines nachweist, aus welchem sich ergiebt, daß der beizutreibende Geldbetrag an die für die Einziehung zuständige Stelle bei der Post baar eingezahlt ist, so hat der Vollziehungsbeamte die weitere Ausführung des Pfändungsbefehls einzustellen.

Wenn in der vorgedachten Weise Theilzahlungen nachgewiesen werden, so ist die Ausführung des Pfändungsbefehls entsprechend zu beschränken.

Fristbewilligungen, welche nicht von der Vollstreckungsbehörde ausgestellt sind, hat der Vollziehungsbeamte nicht zu beachten.

Die Vorzeigung eines Postscheines über die Absendung eines Geldbriefes ist zur Abwendung der Pfändung nicht geeignet.

§ 46. Wenn der Pfändungsbefehl auf Grund der Bestimmungen der §§. 44 Absatz 1, 45 Absatz 1 gar nicht ausgeführt wird, so hat der Vollziehungsbeamte den Grund hierfür, sowie den Betrag der etwa von ihm in Empfang genommenen Zahlungen auf den Pfändungsbefehl zu vermerken und den Letzteren der Vollstreckungsbehörde sofort zurückzugeben.

Vollziehung der Pfändung.

§. 47. Zum Zwecke der Pfändung hat der Vollziehungsbeamte die in der Wohnung oder sonst im Gewahrsam des Schuldners befindlichen pfändbaren Sachen, soweit als es zur Deckung der beizutreibenden Rückstände, Kosten und Gebühren erforderlich ist, in Besitz zu nehmen.

Insoweit es zur Ermittelung geeigneter Sachen erforderlich ist, hat er den Schuldner anzuhalten, die Räume seiner Wohnung oder sonstigen Besitzung, seine Geschäftslokale u. s. w., sowie die darin befindlichen Behältnisse zu öffnen und deren Inhalt vorzuzeigen. Hierbei muß der Vollziehungsbeamte erforderlichenfalls in Gemäßheit der §§. 35, 36 verfahren.

Auswahl der zu pfändenden Sachen.

§. 48. Alle Sachen, welche unzweifelhaft nach §. 42 der Pfändung nicht unterliegen, müssen unbedingt freigelassen werden.

Behufs Feststellung der Unentbehrlichkeit der daselbst bezeichneten Sachen kann ein Sachverständiger zugezogen werden. Im Falle der Nr. 5 des §. 42 muß stets die Zuziehung eines Sachverständigen erfolgen, wenn die dort bezeichneten Sachen nach der Schätzung des Vollziehungsbeamten (§. 61 Nr. 2) den Werth von 1000 Mark übersteigen. Der Sachverständige ist in diesem Falle, wenn es sich um eine Zwangsvollstreckung gegen den Besitzer eines landschaftlich beliehenen Gutes handelt, aus den Beamten oder den Mitgliedern des landschaftlichen Verbandes zu nehmen. Verursacht die Zuziehung des Sachverständigen Verzögerungen, so ist thunlichst die Pfändung anderer Sachen zu bewirken und nur die Pfändung derjenigen Sachen auszusetzen, wegen deren Entbehrlichkeit zuvor der Sachverständige gehört werden muß.

§. 49. Solche Sachen, bei denen:

a) hinsichtlich der Pfändbarkeit (§. 42) Zweifel bestehen oder Einwendungen des Schuldners erhoben werden, oder bezüglich deren

b) ein Dritter persönlich oder nach Angabe des Schuldners Eigenthums- oder sonstige, der Verwendung des Erlöses zur Deckung des beizutreibenden Geldbetrages entgegenstehende Ansprüche erhebt, oder welche

c) nach den angelegten Siegeln oder sonstigen Zeichen bereits von anderen Vollziehungsbeamten oder von Gerichtsvollziehern gepfändet worden sind

müssen von der Pfändung freigelassen werden, falls die Pfändung anderer Sachen möglich ist, welche hinreichende Sicherheit gewähren und zu einer der zu a bis c gedachten Kategorien nicht gehören.

Ist jedoch hiernach die Pfändung anderer Sachen nicht möglich, so sind der Regel nach auch die zu diesen Kategorien gehörigen Sachen, unter Aufnahme eines entsprechenden Vermerks in das Pfändungsprotokoll, zu pfänden.

§. 50. Soweit es ohne Gefährdung der fiskalischen Interessen geschehen kann, ist die Pfändung auf die dem Schuldner entbehrlichsten Sachen zu richten, wobei dessen Erklärungen zu berücksichtigen sind.

§. 51. Abgesehen von der Regel des §. 50 empfiehlt es sich, baares Geld, Werthpapiere, welche auf den Inhaber lauten (§. 41, Abs. 1), ferner Kostbarkeiten und andere Gegenstände von Werth, welche der Vollziehungsbeamte ohne Schwierigkeiten selbst fortschaffen kann, an erster Stelle zu pfänden.

Hierbei wird jedoch bezüglich der Werthpapiere die Berücksichtigung des derzeitigen Kurses vorausgesetzt.

Werthpapiere, welche auf den Namen einer bestimmten Person lauten, sowie Wechsel und ähnliche durch Indossament übertragbare Papiere sind, sofern andere geeignete Pfandstücke sich darbieten, in der Regel nicht zu pfänden.

Die Pfändung von Vieh und von Früchten, welche von dem Boden noch nicht getrennt sind (§. 58), ist möglichst zu vermeiden.

Belassung der gepfändeten Sachen in dem Gewahrsam des Schuldners.

§. 52. Die gepfändeten Sachen dürfen nur dann in dem Gewahrsam des Schuldners belassen werden, wenn

a) der Schuldner die Aufbewahrung der Sachen übernimmt und genügende Zuverlässigkeit für die Erfüllung der übernommenen Verpflichtung besitzt, und

b) die Pfändung der Sachen durch Anlegung von Siegeln oder auf sonstige Weise ersichtlich gemacht werden kann.

Der Schuldner muß die übernommene Verpflichtung zur Aufbewahrung der gepfändeten Sachen durch die Vollziehung des Pfändungsprotokolls anerkennen.

Der Vollziehungsbeamte hat an jeder in dem Gewahrsam des Schuldners belassenen gepfändeten Sache sein Amtssiegel an augenfälliger Stelle anzulegen.

Auch ist es gestattet, die gepfändeten Sachen in ein verschließbares Behältniß zu legen oder in ein verschließbares Gelaß der Wohnung des Schuldners zu schaffen, das Behältniß oder Gelaß zu verschließen und den Verschluß durch Anlegung des Amtssiegels zu sichern.

Kann die Anlegung des Amtssiegels an den in dem Gewahrsam des Schuldners belassenen gepfändeten Sachen nicht erfolgen, so muß die Pfändung durch andere von der Bezirksregierung vorgeschriebene und öffentlich bekannt gemachte Pfändungszeichen, wobei außerdem nach Möglichkeit das Amtssiegel zu verwenden ist, ersichtlich gemacht werden.

Die Anlegung das Amtssiegel oder die Anbringung anderer Pfändungszeichen muß auch erfolgen, wenn die zu pfändenden Sachen bereits in Folge einer früheren Pfändung mit dem Siegel oder sonstigen Zeichen eines anderen Vollziehungsbeamten oder eines Gerichtsvollziehers versehen sind. (§. 64.)

§. 53. Fehlt es an einer der im §. 52 littr. a und b bezeichneten Voraussetzungen, so sind die gepfändeten Sachen unbedingt aus dem Gewahrsam des Schuldners zu entfernen; namentlich muß dieses in allen Fällen geschehen, in denen die Anlegung des Amtssiegels oder die Anbringung anderer Pfändungszeichen nicht auf sichere Weise zu ermöglichen ist.

Die im §. 51 Abs. 1 bezeichneten Sachen sind stets im Falle der Pfändung aus dem Gewahrsam des Schuldners zu entfernen und an die Vollstreckungsbehörde abzuliefern.

§. 54. Die genaue Beachtung der Vorschriften der §§. 52, 53 ist für die

Rechtsgültigkeit der Pfändung von besonderer Wichtigkeit. Der gehörig vollzogenen Pfändung ist die Wirkung beigelegt, daß durch dieselbe der Gläubiger, für welchen sie vollzogen wird, ein Pfandrecht erwirbt und daß das durch eine frühere Pfändung begründete Pfandrecht demjenigen vorgeht, welches durch eine spätere Pfändung erworben wird. Für die Befriedigung des Gläubigers ist somit der Akt der Pfändung, sowohl was die Zeit als die gehörige Form anlangt, von entscheidender Bedeutung. Deshalb haben die Vollziehungsbeamten, um sich nicht selbst dem Regresse wegen eines begangenen Versehens auszusetzen, überall die Vorschriften der §§. 52, 53 sorgfältig zu beobachten und jede Verzögerung der Pfändung zu vermeiden.

Anderweite Unterbringung der gepfändeten Sachen.

§. 55. Die aus dem Gewahrsam des Schuldners zu entfernenden gepfändeten Sachen, welche nicht an die Vollstreckungsbehörde abgeliefert werden können (§. 53 Abs. 2) müssen bis zur Versteigerung in sicherer Weise, jedoch mit möglichster Kostenersparniß untergebracht werden. Der zur Aufbewahrung bestellten Person können nur die zu Nr. 8 des Gebührentarifs (Anlage XI) bezeichneten Gebühren zugebilligt werden.

Erhaltung und Benutzung der gepfändeten Sachen.

§. 56. Sind Sachen gepfändet, welche leicht dem Verderben ausgesetzt sind, so ist der Entwerthung durch eine möglichst frühzeitige Versteigerung (§. 69) oder durch sonstige Maßnahmen vorzubeugen.

Können die gepfändeten Sachen ohne Verminderung ihres Werthes benutzt werden, oder liefern dieselben einen Ertrag, so ist bei der Unterbringung der Sachen hierauf Rücksicht zu nehmen.

Pfändung von Vieh.

§. 57. Bei Pfändung von Vieh ist mit der nöthigenfalls zur Aufsicht und Pflege zu bestellenden Person über die zu gewährende Entschädigung eine Vereinbarung zu treffen; neben der Ueberlassung der gepfändeten Viehstücke zum Gebrauche oder zur Nutzung ist eine Geldvergütung nur dann zu gewähren, wenn die aus dem Gebrauche oder aus der Nutzung erzielten Vortheile mit den übernommenen Verpflichtungen in keinem richtigen Verhältnisse stehen.

Bei der zu vereinbarenden Geldvergütung ist auf Angemessenheit und Ortsgebrauch gebührende Rücksicht zu nehmen. Wenn jedoch die Bezirksregierung für die zu gewährende Geldvergütung bestimmte Sätze vorgeschrieben hat, so können nur diese zugebilligt werden.

Pfändung von Feldfrüchten.

§. 58. Früchte können, auch bevor sie von dem Boden getrennt sind, gepfändet werden; die Pfändung darf jedoch nicht früher als einen Monat vor der gewöhnlichen Zeit der Reife erfolgen.

Bei der Pfändung von Feldfrüchten hat der Vollziehungsbeamte die vorgeschriebenen (§. 52 Abs. 5) besonderen Pfändungszeichen (unter Beidrückung des

Amtssiegels) auf jedem von der Pfändung betroffenen Grundstücke in der Art anzubringen, daß die erfolgte Pfändung für Jedermann erkennbar ist.

Gepfändete Feldfrüchte sind stets unter die Aufsicht eines besonderen Wächters zu stellen; hiermit ist in der Regel der Gemeindefeldhüter, und nur wenn ein solcher nicht vorhanden, oder wenn derselbe wegen persönlicher Beziehungen zu dem Schuldner, oder wegen sonstiger erheblicher Gründe nicht geeignet erscheint, eine andere zuverlässige Person zu beauftragen. Der bestellte Wächter hat außer der allgemeinen Beaufsichtigung der Früchte namentlich auch für die Erhaltung der Pfändungszeichen zu sorgen und alle nachtheiligen Veränderungen, welche hinsichtlich der Früchte durch Naturereignisse oder durch Handlungen des Schuldners oder anderer Persouen bewirkt worden sind, unverzüglich zur Kenntniß der Vollstreckungsbehörde zu bringen.

Wenn die Bezirksregierung für die den Wächtern von Feldfrüchten zu gewährende Geldvergütung bestimmte Sätze vorgeschrieben hat, können dem bestellten Wächter nur diese zugebilligt werden; andernfalls ist mit dem Letzteren eine den Werth der gepfändeten Früchte und die Mühewaltungen des Wächters berücksichtigende angemessene Vereinbarung zu treffen.

Ersuchen der Ortsbehörde um Beihülfe.

§. 59. Der Vollziehungsbeamte hat sich behufs Ausführung der in §§. 55—58 bezeichneten Obliegenheiten erforderlichenfalls an die Ortsbehörde zu wenden, welche demselben Beihülfe zu leisten verpflichtet ist; namentlich hat derselbe, wenn ihm zur Aufbewahrung, Verpflegung oder Beaufsichtigung der gepfändeten Sachen geeignete Personen nicht bekannt sind, die Ortsbehörde um die Benennung solcher Personen zu ersuchen.

Benachrichtigung des Schuldners.

§. 60. Der Vollziehungsbeamte hat den Schuldner von der geschehenen Pfändung in Kenntniß zu setzen. Er hat insbesondere bezüglich der in dem Gewahrsam des Schuldners belassenen Pfandstücke dem Letzteren oder in dessen Abwesenheit den etwa bei der Pfändung anwesenden Familienangehörigen oder Hausgenossen zu eröffnen, daß der Besitz der Pfandstücke auf ihn, den Vollziehungsbeamten, übergegangen sei und daß der Schuldner und dritte Personen sich jeder Verfügung über die Pfandstücke, sowie der Entfernung oder Beschädigung der angelegten Siegel oder sonstigen Pfändungszeichen bei Vermeidung der gesetzlichen Strafen (§§ 136, 137 des Strafgesetzbuches[1]) zu enthalten haben.

---

1) Strafgesetzbuch für das Deutsche Reich (R.G.Bl. für 1876 S. 44):

§. 136. Wer unbefugt ein amtliches Siegel, welches von einer Behörde oder einem Beamten angelegt ist, um Sachen zu verschließen, zu bezeichnen oder in Beschlag zu nehmen, vorsätzlich erbricht, ablöst oder beschädigt oder den durch ein solches Siegel bewirkten amtlichen Verschluß aufhebt, wird mit Gefängniß bis zu sechs Monaten bestraft.

§. 137. Wer Sachen, welche durch die zuständigen Behörden oder Beamten gepfändet oder in Beschlag genommen worden sind, vorsätzlich bei Seite schafft, zerstört oder in anderer Weise der Verstrickung ganz oder theilweise entzieht, wird mit Gefängniß bis zu Einem Jahre bestraft.

Kann der Schuldner selbst von der geschehenen Pfändung nicht mündlich benachrichtigt werden, so hat der Vollziehungsbeamte die Vollstreckungsbehörde bei Ueberreichung des Pfändungsprotokolls hierauf besonders aufmerksam zu machen (§. 38).

Pfändungsprotokoll.

§. 61. Der Vollziehungsbeamte hat das Pfändungsprotokoll [1]) unter Beobachtung der Vorschriften der §§. 10, 37, 38 nach Anleitung des anliegenden Musters VI aufzunehmen und hierbei Folgendes zu beachten:

1. Jede gepfändete Sache ist nach ihrer Art und Beschaffenheit, in den erforderlichen Fällen, wie namentlich bei Waaren, Früchten, Produkten und sonstigen Quantitäten nach Zahl, Maß oder Gewicht so genau zu bezeichnen, daß die Möglichkeit einer Verwechselung mit anderen Sachen ausgeschlossen ist. Bei gepfändeten, vom Boden noch nicht getrennten Früchten sind außerdem die Grundstücke, auf welchen sie sich befinden, nach Lage und Größe möglichst genau anzugeben.
2. Bei einer jeden gepfändeten Sache ist der von dem Vollziehungsbeamten geschätzte Werth anzugeben.
3. Bei den im Gewahrsam des Schuldners belassenen gefändeten Sachen ist zu vermerken, daß sie mit dem Amtssiegel oder mit den sonstigen genau zu beschreibenden Pfändungszeichen versehen sind. Sind die gepfändeten Sachen in ein verschlossenes Behältniß gelegt oder in ein verschlossenes Gelaß geschafft, so ist dieses mit dem Bemerken anzuführen, daß der Verschluß des Behältnisses oder Gelasses durch Anlegung des Amtssiegels gesichert ist.
4. Bei den aus dem Gewahrsam des Schuldners zu entfernenden Sachen sind die Personen, welchen dieselben zur Aufbewahrung, Verpflegung oder Beaufsichtigung übergeben sind, oder übergeben werden sollen, zu benennen.

   Zugleich sind die diesen Personen zu gewährenden Geldvergütungen bezw. die mit denselben getroffenen Vereinbarungen anzuführen. Die betreffenden Personen haben das Protokoll bezw. die etwaige Nachtrags-

---

1) Finz.-Minist.-Verfügung vom 9. August 1882 — III. 10746. II. 8907 —.

Ein Vollziehungsbeamter, welcher zugleich wegen mehrerer Forderungen, oder vor Ausführung einer aufgetragenen Pfändung wegen anderweiter Forderungen gegen denselben Schuldner mit der Pfändung beauftragt wird, muß alle Aufträge als gleichzeitige behandeln. Er hat demnach wegen der mehreren Forderungen gleichzeitig zu pfänden und über die gleichzeitig bewirkte Pfändung derselben Sachen nur ein Pfändungsprotokoll aufzunehmen, welches außer den gewöhnlichen Erfordernissen auch die Bemerkung enthalten muß, daß die Pfändung für die mehreren Forderungen gleichzeitig bewirkt worden ist. Hat die Pfändung für verschiedene Behörden stattgefunden, so ist das Pfändungsprotokoll einer derselben, in der Regel derjenigen, bei welcher der Vollziehungsbeamte angestellt ist, vorzulegen, welche für die Verwerthung der Pfandstücke und die Vertheilung des Erlöses Sorge zu tragen hat, den anderen Behörden ist vom Vollziehungsbeamten Abschrift des Pfändungsprotokolls einzureichen. Für den Akt der Pfändung sind nur einmal Gebühren, nach der Summe aller beizutreibenden Forderungen zu berechnen.

verhandlung, behufs Anerkenntnisses des Empfangs der gepfändeten Sachen bezw. der übernommenen Verpflichtungen und der getroffenen Vereinbarungen zu unterzeichnen.

Hat der Vollziehungsbeamte die Sachen behufs Ablieferung an die Vollstreckungsbehörde selbst an sich genommen, so ist dies zu vermerken.

5. Der Vollziehungsbeamte hat in dem Pfändungsprotokoll unter Beobachtung der Vorschriften der §§. 69—71 Zeit und Ort der Versteigerung unter Vorbehalt einer anderweitigen Bestimmung der Vollstreckungsbehörde festzusetzen und dem Schuldner, sowie den zur Aufbewahrung, Verpflegung oder Beaufsichtigung bestellten Personen mitzutheilen.

Bei der Pfändung von Werthpapieren und Wechseln findet diese Bestimmung keine Anwendung. Ebenso findet die Festsetzung des Versteigerungstermins nicht statt, wenn behufs der Versteigerung voraussichtlich eine andere Behörde ersucht werden wird. In dieser Beziehung ist namentlich zu beachten, daß die Versteigerung von gepfändeten Kostbarkeiten, wie Gold- und Silbersachen, Edelsteinen und Gegenständen, die einen Kunstwerth haben, der Regel nach in einer größeren Stadt erfolgen soll.

6. Ueber den von dem Schuldner oder dritten Personen bei Ausführung der Pfändung etwa geleisteten Widerstand muß außer den in dem Pfändungsprotokolle erforderlichen Vermerkungen immer eine besondere Verhandlung aufgenommen und den als Zeugen in Vorschlag zu bringenden Personen zur Unterschrift vorgelegt werden.

Pfändung von baarem Geld.

§. 62. Ist baares Geld gepfändet worden, so hat der Vollziehungsbeamte unverzüglich den Betrag in seinem Rechnungsbuche zu vermerken und dem Schuldner eine Abschrift des Pfändungsprotokolls, welche diesem als Beweis der Zahlung dient, zu behändigen.

Unpfändbarkeit des Schuldners.

§. 63. Wenn sich bei der Ausführung des Pfändungsbefehls ergiebt, daß der Schuldner nur solche pfändbare Sachen besitzt, deren Verwerthung einen Ueberschuß über die Kosten der Zwangsvollstreckung nicht erwarten läßt, so hat die Pfändung zu unterbleiben.

Der Vollziehungsbeamte hat in diesem Falle, sowie in dem Falle der gänzlichen Unpfändbarkeit des Schuldners ein Protokoll nach anliegendem Muster VII aufzunehmen. In demselben sind für den ersteren Fall die vorhandenen pfändbaren Sachen nebst dem geschätzten Werthe nachzuweisen; im Uebrigen bedarf es in beiden Fällen nicht der Aufzählung der im Besitze des Schuldners befindlichen, der Pfändung nicht unterworfenen Sachen.

Pfändung bereits gepfändeter Sachen.

§. 64. Die Pfändung bereits gepfändeter Sachen wird unter Beobachtung der im letzten Absatz des §. 52 ertheilten Vorschrift durch die in das Pfändungsprotokoll aufzunehmende Erklärung des Vollziehungsbeamten, daß er die Sachen zur Deckung der ihrer Art und Höhe nach zu bezeichnenden Geldbeträge pfände, bewirkt. Der Schuldner ist von der weiteren Pfändung in Kenntniß zu setzen (§§. 38 und 60. Absatz 2). Ist die frühere Pfändung im Auftrage einer anderen Vollstreckungsbehörde oder durch einen Gerichtsvollzieher erfolgt, so hat der Vollziehungsbeamte die ihm vorgeordnete Vollstreckungsbehörde bei Ueberreichung des Pfändungsprotokolls hierauf besonders aufmerksam zu machen, damit sie die erforderliche Zustellung des Letzteren an die andere Vollstreckungsbehörde bezw. den Gerichtsvollzieher veranlaßt. Auch unterbleibt in einem solchen Falle die Anberaumung eines Versteigerungstermines (§. 61 Nr. 5).

Pfändung von Sachen, welche sich nicht im Gewahrsam des Schuldners befinden.

§. 65. Soll die Pfändung von Sachen des Schuldners erfolgen, welche sich im Besitze eines Dritten befinden, so hat der Vollziehungsbeamte zunächst diesen Letzteren zu befragen, ob er zur Herausgabe der Sachen bereit sei. Wird diese Frage bejaht, so ist die Pfändung in gleicher Weise wie rücksichtlich der im Gewahrsam des Schuldners selbst befindlichen Sachen zu vollziehen. Ist hingegen der Dritte zur Herausgabe nicht bereit, so darf die Pfändung nicht erfolgen.

b. Verwerthung der gepfändeten Sachen.

§. 66. Die regelmäßige Art der Verwerthung gepfändeter Sachen ist die öffentliche Versteigerung.

Wenn die Vollstreckungsbehörde eine andere Art der Verwerthung anordnet, so hat sie zugleich zu bestimmen, ob und in welcher Weise der Vollziehungsbeamte hierbei mitzuwirken hat.

Person des mit der Versteigerung zu beauftragenden Beamten.

§. 67. Mit der Versteigerung ist der Regel nach der Vollziehungsbeamte, welcher die Pfändung ausgeführt hat, zu beauftragen; doch kann dieser Auftrag auch einem anderen öffentlichen Beamten ertheilt werden. Auch ist es gestattet, einem solchen Beamten die Beaufsichtigung und Leitung der Versteigerung unter Mitwirkung des Vollziehungsbeamten zu übertragen.

Versteigerungsauftrag.

§. 68. Die Vollstreckungsbehörde ertheilt den Auftrag zur Versteigerung durch eine unter das Pfändungsprotokoll zu setzende, Zeit und Ort der Versteigerung, sowie die Person des beauftragten Beamten bezeichnende, zugleich auch etwaige besondere Versteigerungsbedingungen festsetzende Verfügung.

Wenn einem anderen öffentlichen Beamten die Beaufsichtigung und Leitung der Versteigerung unter Mitwirkung des Vollziehungsbeamten aufgetragen ist, so werden in dem Versteigerungsauftrage auch die besonderen Obliegenheiten Beider bezeichnet.

Zeit und Ort der Versteigerung.

§. 69. Die Versteigerung der gepfändeten Sachen darf nicht vor Ablauf einer Woche seit dem Tage der Pfändung geschehen, sofern nicht der Schuldner sich mit einer früheren Versteigerung einverstanden erklärt oder dieselbe erforderlich ist, um die Gefahr einer beträchtlichen Werthverringerung der zu versteigernden Sache abzuwenden, oder um unverhältnißmäßige Kosten einer längeren Aufbewahrung zu vermeiden.

Die Versteigerung erfolgt in der Gemeinde, in welcher die Pfändung geschehen ist. Auf Antrag des Schuldners oder aus besonderen Zweckmäßigkeitsgründen kann jedoch die Versteigerung an einem anderen Orte angeordnet werden.

§. 70. Nach den Regeln des §. 69 sind Zeit und Ort der Versteigerung mit Rücksicht auf die vortheilhafteste Verwerthung der gepfändeten Sachen und die möglichste Ersparniß von Transportkosten zu bestimmen. Hiernach ist namentlich zu beurtheilen, ob die Versteigerung in dem Hause, in welchem die gepfändeten Sachen sich befinden, oder an einem dazu geeigneten öffentlichen Orte derselben oder einer benachbarten Gemeinde vorzunehmen ist; die Versteigerung in dem Hause des Schuldners ist jedoch möglichst zu vermeiden.

§. 71. Gepfändete, vom Boden noch nicht getrennte Früchte (§. 58) sind zwar immer erst nach der Reife, aber der Regel nach vor der Trennung vom Boden zu versteigern. Nur wenn ganz besondere, in dem Versteigerungsauftrag anzugebende Gründe die zuvorige Aberntung rechtfertigen, kann die Versteigerung bis nach Bewirkung der Letzteren ausgesetzt und muß in diesem Falle der Auftrag auch auf die Bewirkung der Aberntung gerichtet werden.

Oeffentliche Bekanntmachung der Versteigerung und Mittheilung an den Schuldner.

§. 72. Der mit der Versteigerung beauftragte Beamte hat Zeit und Ort der Versteigerung unter allgemeiner Bezeichnung der zu versteigernden Sachen öffentlich bekannt zu machen. Die öffentliche Bekanntmachung, welche nach anliegendem Muster VIII abzufassen ist, muß in der Gemeinde, in welcher die Pfändung vollzogen ist, eventuell auch in der Gemeinde, in welcher die Versteigerung stattfinden soll, mindestens 3 Tage vor dem Tage der Versteigerung oder in der von der Vollstreckungsbehörde ausdrücklich vorgeschriebenen kürzeren Frist in ortsüblicher Weise durch Ausruf, Aushang an öffentlicher Stelle oder Einrückung in öffentliche Blätter erfolgen. Der Aushang ist an dem Gemeindehause, dem Orte der Versteigerung und nach Befinden auch an anderen öffentlichen Orten zu bewirken. Die Vollstreckungsbehörde ist auch andere Arten der Bekanntmachung vorzuschreiben berechtigt.

§. 73. Der mit der Versteigerung beauftragte Beamte hat dem Schuldner Zeit und Ort der Versteigerung nur dann besonders mitzutheilen, wenn die in dem Pfändungsprotokolle hierüber getroffene und dem Schuldner mitgetheilte Bestimmung abgeändert ist oder wenn das Pfändungsprotokoll hierüber keine Bestimmung enthält (§. 61 Nr. 5).

Derselbe Beamte hat unter dem Pfändungsprotokoll zu bescheinigen, in welcher Weise die öffentliche Bekanntmachung und in den erforderlichen Fällen auch die besondere Mittheilung an den Schuldner bewirkt worden ist.

Bei einer Verlegung des bereits bekannt gemachten Versteigerungstermins, sowie bei einer etwaigen Wiederholung desselben muß eine abermalige öffentliche Bekanntmachung bezw. Mittheilung an den Schuldner erfolgen.

Vorbereitungen zur Versteigerung.

§. 74. Der mit der Versteigerung beauftragte Beamte hat ferner für den Transport der gepfändeten Sachen an den Ort des Verkaufs und für deren ordnungsmäßige Aufstellung zu sorgen, auch durch sorgfältige Vergleichung mit dem Pfändungsprotokoll die Identität und das Vorhandensein sämmtlicher gepfändeten Sachen zu prüfen. Die etwa fehlenden Sachen sind im Versteigerungsprotokoll unter Anführung der entsprechenden Nummern des Pfändungsprotokolls zu vermerken.

Annahme von freiwilligen Zahlungen des Schuldners.

§. 75. Der mit der Versteigerung beauftragte Beamte ist im Versteigerungstermine zur Empfangnahme freiwilliger Zahlung der vollen beizutreibenden Summe ermächtigt; jedoch muß diese Ermächtigung in dem Versteigerungsauftrage ausdrücklich erwähnt sein. Der gedachte Beamte hat über die ihm geleisteten Zahlungen zu quittiren.

Vorzeigung von Fristbewilligungen, Quittungen oder Postscheinen.

§. 76. Wenn der Schuldner im Versteigerungstermine auf die im §. 45 bezeichnete Weise die vollständige Berichtigung der beizutreibenden Summe nachweist oder den vollen Betrag der Letzteren dem mit der Versteigerung beauftragten Beamten zahlt, so ist der Versteigerungstermin unter Freigebung der gepfändeten Sachen aufzuheben. Ueber die Rückgabe der Sachen hat der Schuldner eine Bescheinigung zu ertheilen.

Wird eine Fristbewilligung der Vollstreckungsbehörde vorgezeigt, so erfolgt gleichfalls die Aufhebung des Termins, jedoch unter Aufrechthaltung der Pfändung.

Verfahren bei der Versteigerung.

§. 77. Vor dem Beginne der Versteigerung sind den Kauflustigen die allgemeinen gesetzlichen (§. 79), sowie die in dem Versteigerungsauftrage etwa festgestellten besonderen Bedingungen mitzutheilen.

§. 78. Hierauf sind die gepfändeten Sachen auszubieten; dieselben sind nach Möglichkeit einzeln, zusammengehörige Stücke jedoch zugleich auszusetzen, sofern nicht die Ausbietung im Einzelnen einen höheren Erlös erwarten läßt. Quantitäten sind in ortsüblicher Weise nach Maß oder Gewicht auszubieten.

Bei Bestimmung der Reihenfolge ist besonders auf den Wunsch des Schuldners Rücksicht zu nehmen.

Bei der Ausbietung einer jeden Sache ist der im Pfändungsprotokolle vermerkte Werth bekannt zu machen.

§. 79. Der Zuschlag an den Meistbietenden erfolgt nach dreimaligem Ausrufe. Die Ablieferung einer zugeschlagenen Sache darf nur gegen baare Zahlung erfolgen.

Hat der Meistbietende nicht zu der in den Versteigerungsbedingungen bestimmten Zeit oder in Ermangelung einer solchen Bestimmung nicht vor dem

Schlusse des Versteigerungstermins die Ablieferung gegen Zahlung des Kaufgeldes verlangt, so wird die Sache anderweit versteigert; der Meistbietende wird zu einem weiteren Gebote nicht zugelassen; er haftet für den Ausfall; auf den Mehrerlös hat er keinen Anspruch.

§. 80. Sobald der Erlös der Versteigerung, unter Hinzurechnung der etwa vom Schuldner geleisteten Theilzahlungen, die beizutreibende Summe deckt, ist die weitere Versteigerung, unter Freigebung der übrigen gepfändeten Sachen gegen Bescheinigung des Schuldners, einzustellen.

Wenn die zu versteigernden Sachen auch im Auftrage einer anderen Vollstreckungsbehörde oder durch einen Gerichtsvollzieher gepfändet sind (§. 64), die Versteigerung also für alle betheiligten Gläubiger erfolgt, so ist sie nicht eher einzustellen, als die Forderungen sämmtlicher betheiligten Gläubiger gedeckt sind.

§. 81. Gewährt der Erlös der Versteigerung keine hinreichende Deckung, so kann der Schuldner die künftige Fortsetzung des Zwangsverfahrens dadurch abwenden, daß er vor dem Schlusse der Versteigerung eine hinreichende Zahl nicht gepfändeter Sachen zur Versteigerung übergiebt. Die übergebenen Sachen sind bis zur vollen Deckung der beizutreibenden Summe zu versteigern, ohne daß es der Angabe des Werthes derselben (§. 78 Abs. 3.) bedürfte.

Besondere Vorschriften für die Versteigerung von Kostbarkeiten.

§. 82. Bei der Ausbietung von Kostbarkeiten, namentlich von Gold- und Silbersachen, Edelsteinen und Gegenständen, die einen Kunstwerth haben, ist der volle Werth, bei der Ausbietung von Gold- und Silbersachen zugleich auch der Metallwerth anzugeben. Sowohl der volle Werth der Kostbarkeiten, als auch der Metallwerth der Gold- und Silbersachen ist vor der Versteigerung durch die Schätzung eines Sachverständigen ermittelt worden und soll auf dem Pfändungsprotokoll vermerkt sein.

Gold- und Silbersachen dürfen nicht unter dem von dem Sachverständigen geschätzten Metallwerthe zugeschlagen werden; bei der Ausbietung solcher Sachen ist dies bekannt zu machen.

Solche Gold- und Silbersachen, deren Zuschlag hiernach nicht hat erfolgen können, sind, falls der Erlös der übrigen gepfändeten Sachen keine volle Deckung gewährt, an die Vollstreckungsbehörde zurückzuliefern.

Verbot des Mitbietens betheiligter Beamten.

§. 83. Die mit der Versteigerung beauftragten und die zu der Vollstreckungsbehörde gehörigen Beamten, sowie die auf Ersuchen der Vollstreckungsbehörde der Versteigerung beiwohnenden Gemeinde- oder Polizeibeamten dürfen kein Gebot abgeben, auch nicht durch Andere für sich bieten lassen.

Empfangnahme des Erlöses.

§. 84. Der mit der Versteigerung beauftragte Beamte ist stets zur Empfangnahme des Erlöses der Versteigerung befugt. Er hat die von den Käufern zu erlegenden Geldbeträge nach Maßgabe der Bestimmungen des §. 79 einzuziehen und einen etwaigen Ueberschuß des Erlöses der Versteigerung am Schlusse des

Termins dem Schuldner, falls dieser anwesend ist, gegen Quittungsleistung auszuzahlen.

Versteigerungsprotokoll.

§. 85. Das Versteigerungsprotokoll ist unter Beobachtung der Vorschriften der §§. 10, 37, 38 nach dem anliegenden Muster IX unmittelbar nach dem Schlusse der Versteigerung aufzunehmen.

Ist in Gemäßheit des §. 76 die Aufhebung des Versteigerungstermins erfolgt, so genügt die Aufnahme eines den Grund der Aufhebung, sowie den Betrag der in Empfang genommenen Zahlungen enthaltenden Vermerks.

Der Vollziehungsbeamte hat dem Schuldner auf Verlangen eine Abschrift des Versteigerungsprotokolls zu ertheilen.

c. Wegnahme von Urkunden.

Auftrag zur Wegnahme von Urkunden.

§. 86. Der Schuldner ist verpflichtet, die über eine gepfändete und dem Gläubiger überwiesene Geld- oder sonstige Forderung vorhandenen Urkunden herauszugeben.

Dem Vollziehungsbeamten kann der Auftrag ertheilt werden (§. 34), die Urkunden von dem Schuldner in Empfang und erforderlichenfalls demselben wegzunehmen.

Die herauszugebenden Urkunden müssen in der Auftragsverfügung so genau bezeichnet sein, daß dieselben mit hinlänglicher Bestimmtheit erkannt und von anderen Urkunden unterschieden werden können.

Ausführung des Auftrags.

§. 87. Behufs Ausführung eines solchen Auftrages hat der Vollziehungsbeamte zunächst den Schuldner zur gütlichen Herausgabe der Urkunden aufzufordern und demselben nöthigenfalls zu eröffnen, daß im Falle der Verweigerung der Herausgabe die Wegnahme der Urkunde erfolgen werde und daß im Falle der Nichtauffindung der Letzteren von dem Schuldner die Ableistung des Offenbarungseides dahin,

> daß er die Urkunden nicht besitze, auch nicht wisse, wo dieselben sich befinden,

werde gefordert werden.

§. 88. Leistet der Schuldner der Aufforderung zur Herausgabe der Urkunden nicht Folge, so hat der Vollziehungsbeamte an geeigneten Stellen der Wohnung Nachsuchung zu halten (§§. 35, 36) und die etwa aufgefundenen Urkunden an sich zu nehmen.

Ueber den Hergang ist nach anliegendem Muster X ein Protokoll aufzunehmen, von welchem dem Schuldner auf Verlangen Abschrift zu ertheilen ist.

Die vom Schuldner herausgegebenen oder demselben weggenommenen Urkunden hat der Vollziehungsbeamte an die Vollstreckungsbehörde oder auf deren Weisung an den Gläubiger, welchem die Forderung überwiesen ist, abzuliefern; im letzteren Falle muß sich der Vollziehungsbeamte von dem Gläubiger eine Bescheinigung über die erfolgte Ablieferung ertheilen lassen.

III. Kosten und Gebühren.

Berechnung der Kosten und Gebühren.

§. 89. Die Kosten des Verfahrens und die Gebühren des Vollziehungsbeamten werden nach dem der Verordnung vom 7. September 1879 angehängten Gebührentarife (siehe Seite 470) unter Beobachtung der nachstehenden näheren Bestimmungen berechnet:

a) Die Werthsklasse wird bei der Ausführung einer Versteigerung durch den Erlös der versteigerten Gegenstände, in allen anderen Fällen durch die Summe der von jedem einzelnen Schuldner einzuziehenden Geldbeträge einschließlich der rückständigen Kosten bestimmt.

b) Bei der Pfändung körperlicher Sachen, sowie bei deren Versteigerung ist der Anspruch des Vollziehungsbeamten auf die Gebühren begründet, sobald derselbe die Ausführung des entsprechenden Auftrages begonnen hat.

c) Die Gebühren des Vollziehungsbeamten müssen, auch wenn derselbe mehrere Zwangsmaßregeln in derselben Gemeinde an demselben Tage vollstreckt hat, von jedem Schuldner besonders entrichtet werden. Die Kosten für die öffentliche Bekanntmachung und für die Versteigerung sind jedoch, wenn mehrere Massen zusammengenommen werden, nur einmal nach der Gesammtsumme zu entrichten und unter die betheiligten Schuldner nach Verhältniß des aus jeder Masse gewonnenen Erlöses zu vertheilen.

d) Die durch die Zwangsvollstreckung verursachten baaren Auslagen sind von dem Schuldner zu ersetzen; bei Vertheilung der Transportkosten und anderer baaren Auslagen, welche mehrere Schuldner gemeinschaftlich zu tragen haben, ist auf die besonderen Umstände, namentlich den Werth, den Umfang und das Gewicht der Gegenstände, billige Rücksicht zu nehmen.

e) Neben den Gebühren findet ein Anspruch auf Reise- und Zehrungskosten nicht statt.

f) Die Gebühren der zugezogenen Sachverständigen werden nach den für gerichtliche Schätzungen vorgeschriebenen Sätzen bestimmt.

g) Die Gebühren des Vollziehungsbeamten können auch anderen, mit der Vornahme einzelner Vollstreckungshandlungen beauftragten Beamten gewährt werden.

§. 90. Die von dem Schuldner einzuziehenden Kosten und Gebühren werden von der Vollstreckungsbehörde in den dem Vollziehungsbeamten zu ertheilenden Aufträgen angegeben. Wenn dieses nicht geschehen kann, die sofortige Berechnung der Kosten und Gebühren aber erforderlich ist, hat der Vollziehungsbeamte selbst die Berechnung zu bewirken.

Auszahlung der Kosten an die Berechtigten.

§. 91. Die durch die Ausführung von Vollstreckungshandlungen entstandenen Kosten sind nach Möglichkeit durch den Vollziehungsbeamten den Berechtigten, welche über den Empfang zu quittiren haben, auszuzahlen.

Solche Kosten, deren Entstehung oder deren Betrag die Vollstreckungsbehörde bei Ertheilung des entsprechenden Auftrages noch nicht ersehen konnte, welche aber ihrer Natur nach sofort zu vergüten sind, wie z. B. Transportkosten, Gebühren der bei einer Vollstreckungshandlung zugezogenen Zeugen, Vergütungen der behufs Oeffnung von Thüren, Behältnissen u. s. w. zugezogenen Handwerker und ähnliche Kosten hat der Vollziehungsbeamte der Regel nach aus den eingezogenen Geldern, erforderlichenfalls aus den ihm von der Vollstreckungsbehörde zu gewährenden Vorschüssen zu entrichten. Hierbei muß er jedoch die richtige Berechnung bezw. die Angemessenheit der gezahlten Beträge selbst vertreten.

Behufs Auszahlung der bei der Ertheilung eines Auftrages bereits feststehenden Kosten hat der Vollziehungsbeamte die entsprechenden Weisungen der Vollstreckungsbehörde zu erwarten.

Kann der Vollziehungsbeamte die entstandenen Kosten aus irgend einem Grunde nicht zahlen, so hat er die Berechtigten an die Vollstreckungsbehörde zu verweisen; dieses muß auch namentlich stets dann geschehen, wenn er über die Begründung oder über die Angemessenheit des erhobenen Anspruchs Zweifel hegt.

§. 92. Der Vollziehungsbeamte hat über alle von ihm geleisteten Auslagen, welche unter den entsprechenden Aufträgen der Vollstreckungsbehörde einzeln zu vermerken sind, mit dieser sofort nach Erledigung der Letzteren abzurechnen.

Gebühren des Vollziehungsbeamten.[1])

(§. 93. Die Gebühren des Vollziehungsbeamten werden von der Vollstreckungsbehörde aus den eingegangenen Geldern an erster Stelle bezahlt. Bei Unzulänglichkeit dieser Gelder hat der Vollziehungsbeamte weder gegenüber der Vollstreckungsbehörde, noch gegenüber Demjenigen, für dessen Rechnung die Zwangsvollstreckung erfolgt, Anspruch auf den ausgefallenen Gebührenbetrag.)

(§. 94. Ueber die dem Vollziehungsbeamten zukommenden Gebühren muß die Vollstreckungsbehörde in den mit ihm näher zu vereinbarenden Fristen, mindestens aber am Ende eines jeden Monats abrechnen.

Der Vollziehungsbeamte hat über den richtigen Empfang der auf Grund der Abrechnuug ihm auszuzahlenden Gebühren im Restverzeichnisse der Vollstreckungsbehörde zu quittiren.)[2])

Berlin, den 11. Oktober 1879.

Der Finanzminister.
Bitter.

---

1) Die Gebühren des Vollziehungsbeamten werden seit 1881/1882 zur Staatskasse vereinnahmt. Siehe die Anlage zu der Verordnung vom 7. Septbr. 1879, S. 472.

2) Siehe die Anmerkung zu dem vorstehenden §. 93.

Anlagen.

Die in den Anlagen mit lateinischen Lettern gedruckten Worte oder Buchstaben bedeuten die nach den gewählten Beispielen erforderlichen Ausfüllungen der vorgeschriebenen Formulare. Die unterstrichenen Stellen sind solche Stellen, welche in diesen Beispielen zu durchstreichen sein würden (§. 10).

Muster I.
(zu §. 17. S. 522.)

Verzeichniß

der

von dem Vollziehungsbeamten N. N. im Monat Dezember 1879 anzunehmenden Schuldner in der Gemeinde A.

Laufende Nr.	Name des Schuldners	Rückstände an Abgaben u. s. w.			Vermerk über die Zustellung des Mahnzettels
		Bezeichnung	Betrag ℳ	₰	
5.	Wolf, Rentner	Einkommensteuer	7	50	behändigt der Frau Wolf am 9. Dezember.
11.	Schmidt, Kaufmann	Gewerbesteuer	12	—	gestorben.
15.	Schulz, Geschäftsreisender	Klassensteuer	—	72	angeheftet am 10. Dezember.
21.	Gotthold, Arbeiter	Klassensteuer	—	24	nicht aufzufinden.

Muster II.
(Zu §. 28. S. 526.)

Anzeige
über
die Niederlegung von Schriftstücken.

Für den Schneidermeister Nadel habe ich heute ein im Auftrage der Königlichen Kreis-Steuerkasse hierselbst zuzustellendes Schriftstück
bei der Postanstalt zu hierselbst
bei der Ortsbehörde zu
niedergelegt.
Das Schriftstück ist dort abzuholen.

B........, den 28. Dezember 1879.
N. N.
Vollziehungsbeamter.

Muster IIIa.
(Zu §. 31. S. 526.)

Zustellungsurkunde.

Am heutigen Tage Nachmittags 3 Uhr habe ich mich hier nach
der Wohnung
dem Geschäftslokale
des — der Kaufmanns Krämer begeben, um demselben im Auftrage des Königlichen Hauptsteueramts hierselbst das — die — eine Abschrift des Pfändungsprotokolles vom 1. Dezember d. J. zuzustellen. — Daselbst habe ich

nur bei Zustellungen in der Wohnung.
- den — die — Genannte .... persönlich
- in Abwesenheit des — der — Genannten
  - den zur Familie gehörigen erwachsenen Hausgenossen, nämlich d... Ehefrau — Sohn — Tochter .... d.... in der Familie dienende .... erwachsene ..... Knecht — Magd .....
- in Abwesenheit des — der Genannten und eines empfangsberechtigten Hausgenossen oder Dienstboten den in demselben Hause wohnenden und zur Annahme bereiten Hauswirth — Vermiether — ....

nur bei Zustellung in einem Geschäftslokale.
- in Abwesenheit des — der — Genannten den — die — in dem Geschäftslokale anwesenden Kommis Helferich

angetroffen und das vorbezeichnete Schriftstück
de..selben übergeben. —
da die Annahme der Zustellung verweigert wurde, zurückgelassen. —
Da ich in der Wohnung eine empfangsberechtigte Person nicht angetroffen, so habe ich das vorbezeichnete Schriftstück bei der .... niedergelegt und die Niederlegung sowohl durch eine an der Thür der Wohnung befestigte schriftliche Anzeige, als auch durch mündliche Mittheilung an die in der Nachbarschaft wohnenden .... bekannt gemacht.

A......., den 3. Dezember 1879.
N. N.
Vollziehungsbeamter.

Muster III b.
(Zu §. 31. S. 526.)

Zustellungsurkunde.

Am heutigen Tage Vormittags 11 Uhr habe ich mich hier nach
der Wohnung
dem Geschäftslokale
des — der — Fuhrmanns Wagener begeben, um demselben im Auftrage der Königlichen Kreissteuerkasse hierselbst das die — eine Zahlungsverbot vom 30. November d. J. zuzustellen. — Daselbst habe ich

den — die — Genannte .. persönlich
in Abwesenheit des — der — Genannten
den zur Familie gehörigen erwachsenen Hausgenossen, nämlich d .. Ehefrau — Sohn — Tochter .... d ... in der Familie dienende ... erwachsene ... Knecht — Magd — ....

nur bei Zustellungen in der Wohnung.

in Abwesenheit des — der — Genannten und eines empfangsberechtigten Hausgenossen oder Dienstboten den in demselben Hause wohnenden und zur Annahme bereiten Hauswirth — Vermiether — ....

nur bei Zustellungen in einem Geschäftslokale.

in Abwesenheit des — der — Genannten den — die — in dem Geschäftslokale anwesende ....

angetroffen und das vorbezeichnete Schriftstück
d . selben übergeben. —
da die Annahme der Zustellung verweigert wurde, zurückgelassen.

Da ich in der Wohnung eine empfangsberechtigte Person nicht angetroffen, so habe ich das vorbezeichnete Schriftstück bei der Postanstalt hierselbst niedergelegt und die Niederlegung sowohl durch eine an der Thür der Wohnung befestigte schriftliche Anzeige, als auch durch mündliche Mittheilung an die in der Nachbarschaft wohnenden Schmiedemeister Nagel und Kleinhändler Hering bekannt gemacht.

A ....., den 2. Dezember 1879.
N. N.
Vollziehungsbeamter.

Muster IV.
(Zu §. 32. S. 527.)

Bescheinigung
der
Uebergabe eines Briefes an die Post.

Heute habe ich den mit dem Dienstsiegel der Königlichen Steuerkasse hierselbst verschlossenen, mit der Adresse des Steuerempfängers Meier zu C. versehenen und mit der Journal-Nr. 1024 bezeichneten Briefumschlag, in welchem das die Pension des Lehrers Weise daselbst betreffende Zahlungsverbot vom 1. d. Mts. enthalten ist, dem Postamte hierselbst behufs Bewirkung der Zustellung übergeben.

D ....., den 3. Dezember 1879.
N. N.
Vollziehungsbeamter.

Muster V.

(Zu §. 44. S. 531.)

Quittung.

Der Gastwirth Biermann hierselbst hat heute zur Abwendung der Zwangsvollstreckung an Gewerbesteuer den Betrag von 13 Mk. 50 Pf. (geschrieben), sowie an Kosten und Gebühren den Betrag von 60 Pf. dem unterzeichneten Vollziehungsbeamten, welcher laut des vorgezeigten Pfändungsbefehls vom 9. d. Mts. zur Empfangnahme dieser Beträge ermächtigt ist, gezahlt.

E . . . . ., den 12. Dezember 1879.

N. N.

Vollziehungsbeamter.

Kreis F.
Gemeinde G.
Nr. 127 des Restverzeichnisses.

Muster VI.

(Zu §. 61. S. 536.)

Pfändungsprotokoll.

Verhandelt zu G . . . . . in der Wohnung des (der) Kaufmanns S. Meier den 13. Dezember 1879.

Auf Grund des von dem — der — Königl. Steuerkasse zu H. gegen den — die — Kaufmann S. Meier wegen rückständiger Steuern zum Gesammtbetrage von 205 Mk. — Pf. und wegen eines Kostenbetrages von 7 Mk. 50 Pf. unter dem 12. Dezember d. J. erlassenen Pfändungsbefehles hat der unterzeichnete Vollziehungsbeamte heute in Gegenwart des Schuldners (des — der — zur Familie des Schuldners gehörigen . . . . des — der — in der Familie des Schuldners dienenden . . . . .) nachdem wegen des von demselben geleisteten Widerstandes wegen Abwesenheit des Schuldners und einer zur Familie desselben gehörigen oder in dieser Familie dienenden erwachsenen Person der . . . . . . und der . . . . . als Zeugen zugezogen worden waren, nach fruchtloser Aufforderung zur Zahlung und nach Vorzeigung des Pfändungsbefehles die nachbezeichneten in der Wohnung — Besitzung — des Schuldners befindlichen Sachen, nämlich:

1. sechs silberne Löffel geschätzt zu	48	Mk.	— Pf.
2. zwölf eichene Stühle " "	36	"	— "
3. ein Sack Kaffee (45 Kilogramm) geschätzt zu	90	"	— "
4. fünfzig Kilogramm Zucker " "	40	"	— "

behufs Pfändung in Besitz genommen.

Die unter Nr. 1 bezeichneten Sachen hat der Vollziehungsbeamte zum Zwecke der Ablieferung an die Vollstreckungsbehörde an sich genommen.

Die unter Nr. 2 bezeichneten Sachen sind mit dem Amtssiegel des Vollziehungsbeamten bezw. die unter Nr. . . . bezeichneten Sachen mit . . . . . . als Pfändungszeichen versehen, die unter 3 und 4 bezeichneten Sachen sind in die vom Schuldner zur Verfügung gestellte, neben dessen Laden belegene Kammer in . . . gelegt — geschafft — und ist dieses Behältniß — Gelaß — verschlossen und der Verschluß durch Anlegung des Amtssiegels gesichert worden.

Der Schuldner hat sich zur Aufbewahrung der unter Nr. 2 bezeichneten Sachen verpflichtet und ist auf die Strafen der Pfandverbringung (§. 37 St.-G.-B.) hingewiesen worden.

Die unter Nr. . . . bezeichneten Sachen sind aus dem Gewahrsam des Schuldners entfernt und dem . . . . . . zur Aufbewahrung — Verpflegung — übergeben worden; mit dem Letzteren ist vereinbart worden . . . .

. . . .

Dem Schuldner, sowie dem . . . ist eröffnet worden, daß die öffentliche Versteigerung der gepfändeten Sachen, falls anderweite Bestimmung und Mittheilung hierüber nicht erfolge, am 21. Dezember Vor — Nachmittags 4 Uhr, in dem Hause des Wirthes Freund hierselbst, Jägerstrasse 19, stattfinden werde.

Der Schuldner stellte bezüglich des Ortes — der Zeit — der Versteigerung — der Verwerthung der gepfändeten Sachen — den Antrag . . . .

. . . .

. . . .

Die vorstehende Verhandlung ist den bei derselben betheiligten Personen vorgelesen, zur Durchsicht vorgelegt und von ihnen nach vorgängiger Genehmigung wie folgt

S. Meier.

unterschrieben worden.

Die Unterschrift des (der) . . . . konnte nicht erfolgen, weil . . . . . .

. . . .

Verhandelt, wie oben
N. N.
Vollziehungsbeamter.

Gebühren des Vollziehungsbeamten
3 Mark — Pf.

Es wird bescheinigt, daß die öffentliche Bekanntmachung des Versteigerungstermins vom 21. Dezember d. J. heute durch Ausruf in der Stadt G., sowie durch Anschlag am Gemeindehause und am Hause des Wirthes Freund daselbst erfolgt ist.

Dem Schuldner und dem . . . . ist die Verlegung des Versteigerungstermins vom . . . . ten . . . . auf den . . . . ten . . . . mittags . . . . Uhr mündlich mitgetheilt worden.

H . . . . ., den 16. Dezember 1879.
N. N.
Vollziehungsbeamter.

Kreis J.
Gemeinde K.
Nr. 8 des Restverzeichnisses.

Muster VII.
(Zu §. 63. S. 537.)

Pfändungsprotokoll.

(Bei fruchtlosem Pfändungsversuche.)

Verhandelt zu K . . . . . in der Wohnung des (der) Arbeiters
B. Schulze, den 10. Dezember 1879.

Behufs Ausführung des von dem — der Königl. Kreissteuerkasse zu H. gegen den — die — Arbeiter B. Schulze wegen rückständiger Gewerbesteuerstrafe zum Gesammtbetrage von 36 Mark — Pf. und wegen eines Kostenbetrages von 2 Mark — Pf. unter dem 7ten Dezember d. J. erlassenen Pfändungsbefehles hatte sich der unterzeichnete Vollziehungsbeamte heute in die oben bezeichnete Wohnung des Schuldners begeben.

Daselbst wurden in Gegenwart des Letzteren (des — der — zur Familie des Letzteren gehörigen . . . . . des — der — in der Familie des Letzteren dienenden) und des wegen Widerstandes — wegen Abwesenheit des Schuldners und einer zur Familie desselben gehörigen oder in dieser Familie dienenden erwachsenen Person als Zeugen zugezogenen Polizeidieners Lehmann und . . . . . nach fruchtloser Aufforderung zur Zahlung und nach Vorzeigung des Pfändungsbefehls, die zu der Wohnung gehörigen Gelasse und die in denselben befindlichen Behältnisse durchsucht, pfändbare Sachen aber nicht, aber nur die nachbezeichneten pfändbaren Sachen, nämlich:

1. ein alter Rock . . . . geschätzt zu 1 Mark — Pf.
2. ein Bild im Rahmen " " — " 75 "

gefunden. Da sich von der Verwerthung dieser Sachen ein Ueberschuß über die Kosten der Zwangsvollstreckung nicht erwarten läßt, so wurde von der Pfändung derselben Abstand genommen.

Nachdem dem Schuldner eröffnet war, daß nach Befinden die Leistung des Offenbarungseides behufs Offenlegung seines Vermögens von ihm verlangt werden würde, wurde derselbe befragt, ob und welche pfändbaren Gegenstände einschließlich ausstehender Forderungen und anderer Vermögensrechte zu seinem Vermögen gehörten. Der Schuldner erklärte hierauf, daß er gar keine (nur folgende) pfändbaren Gegenstände besitze . . . .

Die vorstehende Verhandlung ist den bei derselben betheiligten Personen vorgelesen (zur Durchsicht vorgelegt) und von ihnen nach vorgängiger Genehmigung wie folgt:

Lehmann

unterschrieben worden.

Die Unterschrift des (der) Schuldners konnte nicht erfolgen, weil dieser dieselbe verweigerte . . . .

Verhandelt wie oben.

N. N.

Vollziehungsbeamter.

Gebühren des Vollziehungsbeamten
1 Mark 60 Pf.

Muster VIII.
(Zu §. 72. S. 539.)

Bekanntmachung.

Im Auftrage der Königlichen Steuerkasse zu H. werden am 21. Dezember d. J. Nachmittags 4 Uhr im Hause des Wirthes Freund hierselbst, Jägerstrasse 19, die nachbezeichneten gepfändeten Sachen, nämlich:

1. 6 silberne Löffel,
2. 12 eichene Stühle,
3. 1 Sack Kaffee,
4. 50 Kilogramm Zucker

öffentlich versteigert werden.

G . . . . ., den 16. Dezember 1879.

N N.

Vollziehungsbeamter.

Kreis F.
Gemeinde G.
Nr. 127 des Restverzeichnisses.

Muster IX.
(Zu §. 85. S. 542.)

Versteigerungsprotokoll.

Verhandelt zu G. in dem Hause des Wirthes Freund den 21. Dezember 1879.

Zufolge Auftrages des — der — Königlichen Steuerkasse zu H. vom 15. Dezember d. J. ist heute Vor= Nachmittag 4 Uhr zu der öffentlichen Versteigerung der laut Pfändungsprotokolls vom 13. Dezember d. J. bei dem — der — Kaufmann S. Meier wegen rückständiger Steuern im Gesammtbetrage von 205 Mk. — Pf. und wegen eines Kostenbetrages von 7 Mk. 50 Pf. gepfändeten und vollständig (mit Ausnahme . . . .) vorgefundenen Sachen geschritten worden, nachdem die Versteigerung durch Ausruf und Anschlag gehörig öffentlich bekannt gemacht (auch der Schuldner unter Vorzeigung des Versteigerungsauftrages in Kenntniß gesetzt) worden.

Bei der Versteigerung war (der Ortsvorstand — Polizeibeamte — Gemeindebeamte . . . . . . gegenwärtig auch) der Schuldner nicht anwesend.

Den erschienenen Kauflustigen wurde bekannt gemacht, daß der Zuschlag an den Meistbietenden nach dreimaligem Aufrufe erfolgen und daß die Ablieferung einer zugeschlagenen Sache nur gegen baare Zahlung geschehen, daß aber, wenn der Meistbietende nicht vor dem Schlusse des Versteigerungstermins die Ablieferung gegen Zahlung des Kaufgeldes verlange, die anderweite Versteigerung der Sache unter Ausschließung des früheren Meistbietenden von weiteren Geboten stattfinden werde; in diesem Falle haftet der Letztere für den Ausfall, habe aber auf den Mehrerlös keinen Anspruch.

Den Kauflustigen wurde ferner bekannt gemacht, daß die zur Versteigerung gelangenden 6 silbernen Löffel von einem Sachverständigen zu einem vollen Werthe von 50 Mark und zu einem Silberwerthe von 45 Mark geschätzt seien und dass der Zuschlag unter dem letzteren Betrage nicht erfolgen werde.

Hierauf wurden ausgeboten:

1. 12 eichene Stühle geschätzt zu 36 Mk. — Pf. und dem — der — Rentner Ehrlich als Meistbietenden zugeschlagen zu 45 Mk. — Pf.

2. ein Sack Kaffee (45 Kilogramm) geschätzt zu 90 Mk. und dem Wirthe Freund als Meistbietenden zugeschlagen zu 75 Mk.
3. 50 Kilogramm Zucker geschätzt zu 40 Mk. und dem Wirthe Freund als Meistbietenden zugeschlagen zu 35 Mk.
4. sechs silberne Löffel. Da auf dieselben nur ein Gebot von 30 Mk. abgegeben wurde, so konnte der Zuschlag nicht ertheilt werden und hat der Vollziehungsbeamte die Löffel behufs Ablieferung an die Vollstreckungsbehörde wieder an sich genommen.

Da der erzielte und baar entrichtete Erlös von .... Mk. ... Pf. zur Deckung der beizutreibenden Summe hinreichte, wurde die Versteigerung eingestellt und wurden die noch nicht versteigerten gepfändeten Sachen unter Aufhebung der Pfändung dem Schuldner zurückgegeben.

Nachdem die Versteigerung sämmtlicher gepfändeter Sachen mit Ausnahme der Löffel sowie die Zahlung des Gesammterlöses zum Betrage von 155 Mk. — Pf. erfolgt war, wurde das Verfahren geschlossen.

Die vorstehende Verhandlung ist den bei derselben betheiligten Personen vorgelesen (zur Durchsicht vorgelegt) und von ihnen nach vorgängiger Genehmigung, wie folgt:

Freund

unterschrieben worden.

Die Unterschrift des (der) Rentners Ehrlich konnte nicht erfolgen, weil derselbe sich vor dem Schlusse der Versteigerung entfernt hatte.

Verhandelt, wie oben.
N. N.
Vollziehungsbeamter.

Gebühren des Vollziehungsbeamten
3 Mk. – Pf.

Muster X.

(Zu §. 88. S. 542.)

Kreis L.
Gemeinde M.
Nr. 37 des Restverzeichnisses.

Protokoll

über die Erzwingung der Herausgabe einer Urkunde.

Verhandelt zu M. in der Wohnung des — der Rentners Sparmann den 17. Dezember 1879.

Zufolge Auftrages des Königlichen Steueramts zu L. vom 15. Dezember d. J. hat der unterzeichnete Vollziehungsbeamte sich heute in die Wohnung des — der — Rentners Sparmann begeben, um von diesem — dieser — die Herausgabe des — der — Schuldverschreibung des Ackerwirthes Bauer zu N. vom 3. April 1876 über ein Darlehn von 300 Mk. zu fordern.

Der — die — Rentner Sparmann welchem — welcher — der Auftrag vom 15. Dezember vorgezeigt wurde, hat die vorgedachte Urkunde dem unterzeichneten Vollziehungsbeamten übergeben — erklärte — die Urkunde nicht zu besitzen; es wurde ihm — ihr — hierauf eröffnet, daß zum Zwecke der Ermittelung der Urkunde eine Durchsuchung der Wohnung und eventuell die Wegnahme der Urkunde erfolgen werde und daß im Falle der Nichtauffindung der Letzteren die Ableistung des Offenbarungseides dahin: „daß er — sie — die Urkunde nicht besitze, auch nicht wisse, wo dieselbe sich befinde" werde gefordert werden. Der — die — Rentner Sparmann erklärte verblieb bei der früheren Erklärung.

Der unterzeichnete Vollziehungsbeamte hat sodann eine Durchsuchung der Wohnungsräume und der in denselben befindlichen, zur Aufbewahrung von Urkunden geeigneten Behältnisse vorgenommen und die gesuchte Urkunde in einem Geldschranke aufgefunden und an sich genommen.

Die vorstehende Verhandlung ist den bei derselben betheiligten Personen vorgelesen — zur Durchsicht vorgelegt — und von ihnen nach vorgängiger Genehmigung wie folgt:

Sparmann

unterschrieben worden.

Die Unterschrift des — der — konnte nicht erfolgen, weil .....
....

Verhandelt, wie oben.
N. N.
Vollziehungsbeamter.

Gebühren des Vollziehungsbeamten
3 Mk. — Pf.

Gebühren-Tarif.

(Siehe S. 470.)

Anlage XI.

(Zu §. 55. S. 534.)

VIII.

Das Porto in Steuerangelegenheiten.

---

1. Regulativ über die geschäftliche Behandlung der Postsendungen in Staatsdienst-Angelegenheiten. Vom 28. November 1869. (Minist.-Bl. für die innere Verw. 1869. S. 274.)

Nachdem durch das Bundesgesetz vom 5. Juni 1869 (Bundesgesetzbl. S. 141) die bisher bestandenen Portofreiheit und Portoermäßigungen für Postsendungen in Staatsdienst-Angelegenheiten vom 1. Januar 1870 ab aufgehoben worden sind, treten mit diesem Tage folgende Bestimmungen über die geschäftliche Behandlung der gedachten Sendungen in Kraft:

§. 1.

Alle Postsendungen zwischen Königlichen Behörden, einschließlich der einzeln stehenden, eine Behörde repräsentirenden Königlichen Beamten sind bei der Absendung zu frankiren. Ebenso ist hinsichtlich der von Königlichen Behörden abzulassenden Postsendungen an andere Empfänger zu verfahren, wenn dieselben entweder

a) nicht im Interesse der Empfänger, sondern ausschließlich im Staatsinteresse erfolgen, oder

b) an eine Partei gerichtet sind, welche nach den bisher geltenden Vorschriften auf portofreie Zustellung einen Rechtsanspruch hat, oder

c) in einer Prozeß- oder Vormundschaftssache ergehen, für welche einer Partei das Armenrecht bewilligt ist.

Alle sonstigen, von Königlichen Behörden ausgehenden Postsendungen sind unfrankirt abzulassen. Den einzelnen Ministerien bleibt vorbehalten, dies auch in Betreff der von einzeln stehenden Königlichen Beamten ihres Ressorts ausgehenden Sendungen anzuordnen.

Postanweisungen unterliegen jedoch dem Frankirungszwange; der entfallende Frankobetrag ist daher durch den Absender erforderlichen Falls von dem Geldbetrage der Ueberweisung vorweg abzuziehen.

§. 2.

Die Frankirung der gewöhnlichen Briefe und der Postanweisungen, welche nach einem Orte innerhalb des Deutschen Postbezirks bestimmt sind, erfolgt Seitens der absendenden Behörden durch Aufkleben von Freimarken im Betrage des tarifmäßigen Portos.

Die Königlichen Behörden haben ihren Bedarf an Marken gegen baare Entrichtung des Nennwerths derselben von den Postanstalten zu entnehmen.

§. 3.

Die Frankirung

a) derjenigen Briefe, welche entweder mit einer Werthsdeklaration versehen oder nach einem Orte außerhalb des deutschen Postbezirks bestimmt sind;

b) der nach einem solchen Orte adressirten Postanweisungen,

c) der Packete,

erfolgt durch Kontirung des Porto und der sonstigen Postgebühren.

Die bezeichneten Sendungen werden von der ablassenden Behörde in ein Portokontobuch eingetragen und demnächst mit dem letzteren der Postanstalt übergeben, welche die tarifmäßigen Porto- und Gebührenbeträge sowohl in dieses Buch, als auch in ihr Gegenbuch einträgt. Ebenso werden das Porto und die Gebühren für sämmtliche an eine Königliche Behörde gerichtete Sendungen, welche unfrankirt eingehen, bei der Auslieferung Seitens der Postanstalten in den bezeichneten Büchern kontirt.

Allmonatlich werden die kontirten Gesammtbeträge von den Behörden an die Postanstalten gegen Quittung im Kontobuch gezahlt.

§. 4.

In Betreff der Wiedereinziehung derjenigen von einer Behörde verauslagten Porto- und Gebührenbeträge, zu deren Erstattung der Absender oder der Empfänger einer Sendung oder ein sonstiger Interessent verpflichtet ist, bewendet es bei den bestehenden Vorschriften.

§. 5.

Die nach §. 1 frankirt oder unfrankirt abzulassenden, der Portozahlung unterworfenen Sendungen sind auf der Adresse als „portopflichtige Dienstsache" zu bezeichnen und mit dem Dienstsiegel der absendenden Behörde zu versehen. Einzeln stehende Beamte, welche ein solches nicht führen, haben unter dem Vermerk „portopflichtige Dienstsache" die „Ermangelung eines Dienstsiegels" mit Unterschrift des Namens und Beisetzung des Amtscharakters zu bescheinigen.

§. 6.

Die Königlichen Behörden haben in ihrem Geschäftsverkehr auf thunlichste Beschränkung der Portoausgaben Bedacht zu nehmen und insbesondere folgende Bestimmungen sorgfältig zu beachten:

1. Sollten mehrere Briefe gleichzeitig an eine Adresse abgesandt werden, so sind dieselben in ein gemeinschaftliches Couvert zu verschließen.
2. Packete ohne Werthdeklaration, deren Gewicht mehr als zwanzig Pfund beträgt, sind da, wo Eisenbahnverbindungen bestehen, soweit es ohne

unverhältnißmäßige Verzögerung ihrer Beförderung oder einen sonstigen Nachtheil geschehen kann, als Frachtgut mit der Eisenbahn zu versenden. Dagegen sind Geld- und andere Werthsendungen stets zur Post zu geben.

3. Zu den Reinschriften der Verfügungen an Privatpersonen ist Papier von solcher Beschaffenheit zu verwenden, daß das Gewicht desselben einschließlich des Couverts das zulässige Maximalgewicht eines einfachen Briefes nicht übersteigt.

§. 7.

Bei jeder Königlichen Behörde hat deren Vorstand diejenigen Anordnungen zu treffen, welche erforderlich sind, um eine ausreichende Kontrole der Verwendung der Freimarken und der Eintragungen in das Portokontobuch sicherzustellen, wobei jedoch darauf zu sehen ist, daß die Kontrole möglichst einfach geführt und daß dadurch keine große Schreiberei verursacht wird.

§. 8.

Die Verrechnung der gezahlten Portobeträge erfolgt im Ressort der Justizverwaltung nach Anleitung des Etats bei den darin ausgebrachten betreffenden Titeln, in den übrigen Ressorts dagegen unter einem neu zu bildenden, nach dem Titel „Zu sächlichen Ausgaben" einzuschaltenden Titel mit der Bezeichnung „Porto und sonstige Frachtgebühren für dienstliche Sendungen" und zwar als Mehrausgabe über den Etat.

Denjenigen Königlichen Behörden und einzelnstehenden Königlichen Beamten, bei welchen eine selbstständig Rechnung legende Kasse nicht vorhanden, ist Seitens der vorgesetzten Provinzialbehörden die Kasse zu bezeichnen, von welcher die Portoauslagen zu erstatten und zu verrechnen sind.

§ 9.

Den einzelnen Ministerien bleibt vorbehalten, die für ihre Ressorts erforderlichen näheren Bestimmungen über die Ausführung dieses Regulativs zu erlassen.

Berlin, den 28. November 1869.

Königliches Staats-Ministerium.

---

2. Instruktion des Finanzministers, Ministers des Innern und Ministers für landwirthschaftliche Angelegenheiten zur Ausführung des Regulativs vom 28. November 1869 über die geschäftliche Behandlung der Postsendungen in Staatsdienstangelegenheiten. Vom 22. Dezember 1869. (Minist.-Bl. für die inn. Verw. 1870. S. 2.)

Zur Ausführung des von dem Königlichen Staatsministerium unter dem 28. v. M. erlassenen Regulativs über die geschäftliche Behandlung der Postsendungen in Staatsdienstangelegenheiten wird den zum Ressort der allgemeinen und der Finanzverwaltung gehörigen Königlichen Behörden nachstehende Instruktion ertheilt:

§. 1.

Die Bestimmung im §. 1 des Regulativs, nach welcher alle Postsendungen zwischen Königlichen Behörden bei der Absendung zu frankiren sind, findet ohne Rücksicht darauf Anwendung, ob eine Sendung ausschließlich im Staatsinteresse erfolgt, oder ob bei derselben ein anderes Interesse konkurrirt. Ist im letzteren Falle eine zur Erstattung des verauslagten Porto verpflichtete Person vorhanden, so ist dasselbe demnächst von ihr Seitens derjenigen Behörde wieder einzuziehen, welche die betreffende Angelegenheit zu erledigen hat. Dies ist namentlich in denjenigen administrativen Untersuchungssachen (z. B. Disziplinarverfahren, Steuerkontraventions- und Defraudationssachen ꝛc.), in welchen den Angeschuldigten die Kosten des Verfahrens auferlegt werden, genau zu beachten.

§. 2.

Bei allen Postsendungen, welche von einer Königlichen Behörde nicht an eine solche, sondern an andere Empfänger abgelassen werden, ist sorgfältig zu prüfen, ob dieselben ausschließlich im Staatsinteresse erfolgen oder nicht (§. 1 a. des Regulativs). Zu den Sendungen der letzteren Art, welche unfrankirt abzuschicken sind, gehören insbesondere:

1. Bescheide, welche auf Gesuche von Beamten in persönlichen Angelegenheiten, z. B. um Urlaub, Unterstützung, Gehaltsverbesserung, Beförderung ꝛc. erlassen werden;
2. Sendungen an die Mandatare des Fiskus in den Prozeßsachen des letzteren;
3. Sendungen an ständische und Kommunalbehörden, gutsherrliche Ortsobrigkeiten, Korporationen, Vereine und Institute, welche deren Angelegenheiten betreffen;
4. Sendungen an die Preußische Bank und deren Filialanstalten;
5. Sendungen an Lotterieeinnehmer;
6. Sendungen an Domainenpächter;
7. Geldsendungen, welche nicht durch Postanweisung erfolgen, mit Ausschluß der Fälle, in welchen der Empfänger einen Rechtsanspruch darauf hat, daß ihm der Betrag der Sendung an dem Bestimmungsorte derselben kostenfrei zugestellt werde;
8. Aufforderungen zur Zahlung rückständiger Abgaben, Gebühren und Kosten;
9. Sendungen von Stempelpapieren an Notare;
10. Sendungen in Erbschaftsstempelsachen;
11. Sendungen in Kautionsangelegenheiten;
12. Sendungen, welche sich auf die Ausreichung von Staatspapieren und

Rentenbriefen, sowie von Coupons und Talons zu solchen Papieren beziehen;
13. Sendungen der Königlichen Allgemeinen Wittwenverpflegungsanstalt an ihre Kommissare und Interessenten;
14. Sendungen, welche sich auf die amtliche Herausgabe von Büchern, Karten und dergleichen beziehen;
15. Strafverfügungen.

§. 3.

Bei dem Abschluß von Lieferungsverträgen ist darauf Bedacht zu nehmen, daß den Lieferanten die Zahlung des Porto für alle, das Lieferungsgeschäft betreffenden Korrespondenz- und sonstigen Sendungen zur Pflicht gemacht wird.

§. 4.

Ein Rechtsanspruch eines Empfängers auf portofreie Zustellung einer Sendung (§. 1b des Regulativs) ist nur in den Fällen anzuerkennen, in welchen derselbe auf einer Gesetzesvorschrift oder auf einem speciellen Rechtstitel beruht.

§. 5.

Die einzelnstehenden niederen Königlichen Beamten (z. B. Förster, Chausseegelderheber, Exekutoren rc.) haben ihre dienstlichen Sendungen stets unfrankirt abzulassen, auch wenn dieselben an Königliche Behörden gerichtet sind.

§. 6.

Postanweisungen, welche von den Königlichen Behörden abgelassen werden, sind stets zu frankiren; jedoch ist in den Fällen, in welchen die Staatskasse zur Zahlung des Porto für dieselben nicht verpflichtet ist, der Betrag des letzteren von der durch Vermittelung der Post überwiesenen Summe vorweg abzuziehen.

§. 7.

Postsendungen in reinen Bundesdienstangelegenheiten (z. B. Sendungen an die Generalkasse des Norddeutschen Bundes) (jetzt Reichskasse) und in Militärangelegenheiten sind nach der Vorschrift im §. 2 des Bundesgesetzes vom 5. Juni 1869 (B.-G.-Bl. S. 141) zu behandeln.

§. 8.

Geldsendungen sind thunlichst zu vermeiden; die Königlichen Behörden haben Zahlungen durch Abrechnung oder Anweisung in allen Fällen zu bewirken, in welchen dies füglich geschehen kann.

§. 9.

In Bezug auf die Wiedereinziehung des Porto für unfrankirt eingehende Postsendungen in denjenigen Fällen, in welchen die Staatskasse zur Tragung desselben nicht verpflichtet ist, bewendet es bei den bestehenden Vorschriften. Demgemäß haben die Königlichen Behörden in derartigen Fällen die Couverts der Sendungen der Postanstalt zur nachträglichen Einziehung des Porto von dem Absender zurückzugeben.

§. 10.

Verfügungen, durch welche eine Königliche Behörde an die Erstattung eines von ihr erforderten Berichts erinnert wird, sind unfrankirt abzusenden, wenn sie durch eine nach dem Ermessen der verfügenden Behörde ungerechtfertigte Nichtbeachtung eines bereits vorher ergangenen Excitatoriums nothwendig werden. Das Porto dafür hat der Beamte, durch dessen Säumigkeit die Verfügung veranlaßt worden ist, aus eigenen Mitteln zu tragen.

---

3. Zusätzliche Bestimmung zur Instruktion, betreffend die Ausführung des Regulativs v. 28. November 1869 über die geschäftliche Behandlung der Postsendungen in Staatsdienstangelegenheiten. F. = M. IV. 5548 —. (Minist.=Bl. für die innere Verw. 1871. S. 198.)

Postsendungen, welche von einer Königlichen Behörde nicht an eine solche, sondern an andere Empfänger (Ständische oder Gemeindebehörden, gutsherrliche Obrigkeiten, Korporationen 2c.) abgelassen werden, und weder das Interesse des Staates noch dasjenige des Empfängers, sondern das Interesse eines Dritten betreffen, sind zu frankiren.

Ist ein zur Erstattung des Portos verpflichteter Interessent vorhanden, so hat diejenige Königliche Behörde, bei der die Verhandlung über die Angelegenheit, welche den Gegenstand der Korrespondenz bildet, anhängig ist, die Wiedereinziehung des Portos nach Maßgabe der Vorschrift des §. 4 des Regulativs vom 28. November 1869 zu bewirken.

Berlin, den 30. Juni 1871.

Die Minister für die landwirthsch. Angel., des Innern und der Finanzen.

---

4. Cirkular=Verfügung der Minister des Innern und der Finanzen, betreffend die Notirung und Einziehung des Portos für Postsendungen in Sachen, bei denen ein Privat=Interesse konkurrirt, vom 1. Juli 1870 — F.=M. I. 5658. — (Minist.=Bl. 1870. S. 180.)

Nach der Vorschrift im §. 1 des Regulativs des Königl. Staats=Ministeriums vom 28. November 1869 (Minist.=Bl. S. 274) sind alle Postsendungen zwischen Königl. Behörden bei der Absendung zu frankiren.

Wir finden uns veranlaßt, noch besonders darauf hinzuweisen, daß die genaue Befolgung dieser Vorschrift auch in den Angelegenheiten keinem Bedenken unterliegen kann, bei welchen ein Privat=Interesse konkurrirt und in welchen die vorkommenden Porto=Auslagen deshalb der Staatskasse von den Betheiligten zu erstatten sind. Da die Höhe des Portos in jedem einzelnen Falle durch das

Kouvert ersichtlich gemacht wird, so sind, um Rückfragen wegen derselben entbehrlich zu machen, bei Eröffnung der von andern Behörden eingehenden frankirten Sendungen die Kouverts nicht zu kassiren, sondern mit den dazu gehörigen Schreiben zur Verfügung vorzulegen, damit die Notirung des etwa wiedereinzuziehenden Portos veranlaßt werden kann. Durch ein solches Verfahren wird zugleich eine Erleichterung insofern geschaffen, als diejenigen Behörden, welchen die Wiedereinziehung des Portos nicht obliegt, eine Mittheilung über den einzuziehenden Betrag in den bezüglichen Schreiben in der Regel nicht weiter aufzunehmen haben werden.

Uebrigens sind Sendungen, bei welchen ein Privat-Interesse konkurrirt, niemals mit andern lediglich im Staats-Interesse erfolgenden Sendungen zusammen in einem Packet oder Kouvert abzulassen, da sonst eine genaue Verrechnung des auf die ersteren fallenden Portos nicht ausführbar sein würde.

Die Königl. Regierung wolle hiernach das Erforderliche veranlassen.

---

5. Cirkular-Verfügung des Finanzministers und Ministers des Innern, betreffend die Verpflichtung der Gemeinden zur Tragung des Portos in Steuerangelegenheiten.

Berlin, den 20. Juli 1870. — F.-M. IV. 9995 / M. d. J. I. A. 6401. —

Auf den an den mitunterzeichneten Minister des Innern gerichteten Bericht v. rc., die Portokosten in Angelegenheiten der direkten Staatssteuern betreffend, wird der Königl. Regierung eröffnet, daß, soweit den Gemeinden rc. durch Gesetz die Verpflichtung auferlegt ist, Staatsdienst-Angelegenheiten ohne Entschädigung oder wie bei der Veranlagung rc. gewisser Steuern, gegen eine Pauschal-Entschädigung zu besorgen, dieselben auch für verpflichtet erachtet werden müssen, alle durch die Korrespondenz in diesen Angelegenheiten in Folge des Wegfalls der Portofreiheit in Staatsdienstsachen entstehenden Portokosten zu übernehmen. Bezüglich dieser Verpflichtung macht es keinen Unterschied, ob die Korrespondenz zwischen Staats- und Kommunalbehörden oder zwischen Kommunalbehörden unter sich stattfindet. Vielmehr fällt das Porto in beiden Fällen den Gemeinden rc. zur Last. (Siehe jedoch nachstehende Nr. 7.)

Indem die Königl. Regierung veranlaßt wird, hiernach das Erforderliche anzuordnen, wird zugleich bestimmt, daß die in Sachen der direkten Staatssteuern stattfindenden Korrespondenzen der Kommunalbehörden unter sich durchweg von der absendenden Behörde zu frankiren sind.

---

6. Cirkular-Verfügung des Finanzministers und Ministers des Innern.

Berlin, den 30. Juni 1871. — IV. 5548. I. 7235 und III. 8519 / I. A. 4125. — (Auszug.)

Aus unserem an die Königl. Regierung zu Wiesbaden gerichteten und der

Königl. Regierung zur Kenntnißnahme mitgetheilten Erlasse v. 20. Juli 1870 — F.-M. IV. 9995, M. d. J. I. A. 6401 — (siehe vorstehend) haben einzelne Behörden entnehmen zu müssen geglaubt, daß es die Absicht gewesen sei, das Porto, welches in Angelegenheiten der direkten Staatssteuern für Sendungen zwischen Königl. und Kommunalbehörden erwächst, ausschließlich den Gemeinden zur Last zu legen. Eine solche Annahme trifft indessen nicht zu, wie dies in der in Abschrift beigefügten Verfügung an die Königl. Finanzdirektion zu Hannover v. 9. Dezember 1870 — F.-M. IV. 14383. I. 15687, M. d. J. I. A. 9629 — (siehe nachstehend) des Näheren ausgeführt ist.

---

7. Cirkular-Verfügung der Minister der Finanzen und des Innern. Berlin, den 9. Dezember 1870. — IV. 14383. I. 15687 / I. A. 9629. —

Auf den Bericht 2c. wird der 2c. erwidert, daß der in der Verfügung v. 20. Juli 1870 — F.-M. I. 10286. IV. 9995, M. d. J. I. A. 6401 — (vorstehend Nr. 5), die Portokosten in Angelegenheiten der direkten Staatssteuern betreffend, ausgesprochene Grundsatz, wonach die Gemeinden auch für verpflichtet zu erachten, alle durch die Korrespondenz in den genannten Angelegenheiten entstehenden Portokosten zu übernehmen 2c., nur diejenigen Fälle im Auge hat, bei denen es sich um die Korrespondenz der Gemeinden unter sich beziehungsweise mit Königlichen Behörden behufs Herbeischaffung des für die Klassensteuerrollen und die Zu- und Abgangslisten erforderlichen Materials, insbesondere der Ab- und Zugangsbeläge handelt, und daß es nicht in der Absicht gelegen hat, der vorgedachten Bestimmung eine weitere Ausdehnung dahin zu geben, daß die Gemeinden auch gehalten sein sollen, das Porto für die in Angelegenheiten der direkten Staatssteuern Seitens der vorgesetzten Behörden an sie ergehenden Verfügungen zu tragen. Es kann daher das von der Königlichen Finanzdirektion beobachtete Verfahren, wonach die Staatsbehörden in Angelegenheiten der Veranlagung und Erhebung der direkten Staatssteuern die bei ihnen abgehenden Postsendungen zu frankiren haben, nur für zutreffend erachtet werden.

---

8. Finanzministerial-Verfügung. Berlin, den 26. September 1860. — III. 21191. —

Nach der Cirkular-Verfügung v. 9. Juni 1855 (Ministerialblatt S. 130) sind die von den Verwaltungsbehörden vorgeschossenen, sich als uneinziehbar herausstellenden Portobeträge auf den zu dergleichen Ausgaben bestimmten Geschäftsbedürfniß-, resp. den fiskalischen Prozeßkostenfonds zu übernehmen. Bei Anwendung dieser Bestimmung auf das in Klassen- und Gewerbesteuer-Kontraventionssachen vorgeschossene uneinziehbare Porto ist insofern nicht überall gleichmäßig verfahren, als derartiges Porto bei einigen Regierungen auf das Extraordinarium der direkten Steuern, bei andern aber auf den Geschäftsbedürfnißfonds angewiesen ist.

Behufs Herstellung eines gleichmäßigen Verfahrens wird daher hierdurch bestimmt, daß das in Klassen- und Gewerbesteuer-Kontraventionssachen erwachsende uneinziehbare Porto fortan überall auf das Steuer-Extraordinarium zu übernehmen, indem bei dem Eingangs erwähnten Erlasse v. 9. Juni 1855 nicht beabsichtigt ist, in der durch das Reskript v. 7. September 1852 (Abdruck nicht erforderlich) unter Nr. 2 getroffenen Anordnung, wonach die Kosten in den gedachten Kontraventionssachen auf das Steuer-Extraordinarium anzuweisen sind, und wonach dieser Fonds mithin zugleich den Prozeßkostenfonds in Steuersachen bildet, etwas zu ändern.

---

9. Finanzministerial-Verfügung. Berlin, den 20. Februar 1861. — III. 3882. —

Das seither in mehreren Regierungsbezirken befolgte Verfahren wegen Erstattung des in Klassen- und Gewerbesteuer-Kontraventionssachen entstandenen uneinziehbaren, von den Landräthen und Magisträten vorschußweise zu berichtigenden Postportos verursacht wegen der dazu erforderlichen Zahlungsanweisungen an die Regierungshauptkasse, der Uebersendung der Beträge an die Landräthe, beziehungsweise Magisträte, welche den Vorschuß geleistet haben, sowie wegen der Rücksendung der diesfälligen Quittungen ein weitläufiges Schreibwerk.

Zur Vereinfachung des diesfälligen Verfahrens veranlasse ich im Hinblick darauf, daß die Kreissteuerkassen mit den Magisträten wegen der Steuern in laufender Abrechnung stehen und die Landrathsämter sich in der Regel am Orte der Kreissteuerkassen befinden, jedenfalls mit letzteren in enger Geschäftsverbindung stehen, die Königliche Regierung für die Zukunft darauf zu halten, daß die Kreissteuerkassen, in der die Nachweisung und Verrechnung der beendigten Prozesse betreffenden Verfügung gleichzeitig angewiesen werden, die unbeitreiblichen Portoauslagen vorschußweise zu zahlen, zu welchem Zwecke erforderlich ist, daß die betreffenden Briefkouverts mit dem Vermerke der Uneinziehbarkeit des Portos, behufs Festsetzung des zu erstattenden Betrages, von den Landräthen und Magisträten vorgängig zu den Prozeßakten gebracht werden. Die gezahlten Beträge sind demnächst von den Kreiskassen mit den gewöhnlichen Abrechnungen der Regierungshauptkasse in Anrechnung zu bringen.

---

10. Cirkular-Verfügung des Finanzministers, betreffend die Kosten der Steuerzahlung von regimentirten vom Stabe ihres Truppentheils detachirten Offizieren.

Berlin, den 18. Dezember 1883. — II. 13527. —

Unter Bezugnahme auf die Verfügung v. 12. September 1851 (abgedruckt S. 359 Anm. 1b), wonach die von den regimentirten Offizieren zu entrichtende

Einkommensteuer durch Vermittelung der Kassenkommissionen bei den Regimentern an die mit der Einziehung der Einkommensteuer beauftragten Kassen abgeführt wird, mache ich darauf aufmerksam, daß denjenigen vom Stabe ihres Truppentheils detachirten Offizieren, welche an dem Sitze der mit Einziehung ihrer Einkommensteuerbeträge beauftragten Kasse garnisoniren und deshalb in der Lage sind, die Steuerzahlung kostenlos zu bewirken, besondere Nebenkosten an Porto durch die Uebersendung ihrer Einkommensteuer seitens der Kassenkommission an die Steuerkasse nicht verursacht werden dürfen.

In den vorbezeichneten Fällen ist fortan das Porto für die unfrankirte Uebersendung der Einkommensteuerbeträge seitens der Kassenkommission an die am Garnisonorte detachirter Offiziere befindliche Steuerkasse auf die Staatskasse zu übernehmen, wonach die betreffenden Kassen mit der erforderlichen Weisung zu versehen sind.

---

11. Verfügung des General-Postmeisters:

(Nr. 122.) Verfahren, betreffend die postamtliche Behandlung der Sendungen mit Zustellungsurkunde. Berlin, den 24. August 1879. (Amts-Blatt der Deutschen Reichs-Post- und Telegraphenverwaltung für 1879 S. 337.)

Mit Rücksicht auf das Inkrafttreten der Reichs-Justizgesetze erhält die zu dem Gesetze über das Postwesen des Deutschen Reichs vom 28. Oktober 1871 (Reichs-Ges.-Bl. S. 347) erlassene Postordnung vom 8. März 1879 vom 1. Oktober 1879 ab folgende Abänderungen:

1. Der §. 22 erhält folgende Fassung:

§. 22. Briefe mit Postzustellungsurkunde.

I. Wünscht der Absender eines gewöhnlichen oder eingeschriebenen Briefes über die erfolgte Bestellung eine postamtliche Bescheinigung zu erhalten, so muß dem Briefe eine gehörig ausgefüllte Zustellungsurkunde nebst Abschrift äußerlich beigefügt werden; zugleich muß in der Aufschrift vermerkt sein: „Hierbei ein Formular zur Zustellungsurkunde nebst Abschrift". Auf die Außenseite der zusammengefalteten Zustellungsurkunde ist vom Absender des Briefes die für die Rücksendung erforderliche Aufschrift zu setzen.

In Betreff der Bestellung 2c. der Briefe mit Zustellungsurkunde siehe §. 35.

II. Für Sendungen mit Zustellungsurkunde werden erhoben:

1. das gewöhnliche Briefporto,[1])

---

1) Die Portokosten regeln sich nach den folgenden Gesetzen:

1. Reichsgesetz über das Posttarwesen im Gebiete des Deutschen Reichs. Vom 28. Oktober 1871. (Reichs-Ges.-Bl. S. 358.)
2. Reichsgesetz, betreffend einige Abänderungen des Gesetzes über das Posttarwesen im Gebiete des Deutschen Reichs vom 28. Oktober 1871. Vom 17. Mai 1873. (Reichs-Ges.-Bl. S. 107.)
3. Reichsgesetz, betreffend Abänderung des Gesetzes über das Posttarwesen. Vom 3. November 1874. (Reichs-Ges.-Bl. S. 127.)

2. eine Zustellungsgebühr von 20 Pf.,

3. das Porto von 10 Pf. für die Rücksendung der Zustellungsurkunde.

Wird die Einschreibung verlangt, so tritt dem Porto zu 1 die Einschreibgebühr von 20 Pf. hinzu.

III. Formulare, welche sowohl zu Urschriften, als auch zu Abschriften von Zustellungsurkunden verwendbar sind, können durch die Postanstalten zum Preise von 5 Pf. für je 10 Stück bezogen werden. Die Lieferung von Formularen an Gerichte, Gerichtsvollzieher und Gerichtsschreiber erfolgt unentgeltlich.

Ausführungs-Bestimmungen zu §. 22. (Auszug.)

(Zu I.) Den von Gerichten, Gerichtsvollziehern oder Gerichtsschreibern, sowie von Verwaltungsbehörden gestellten Anträgen auf Beschaffung einer neuen Ausfertigung für eine in Verlust gerathene Zustellungsurkunde kann, soweit es sich nicht um eine vereinfachte Zustellung gehandelt hat, in dem Falle entsprochen werden, wenn der bestellende Bote bei der Bestimmungs-Postanstalt im Stande ist, nachträglich die von ihm seiner Zeit bewirkte Aushändigung des gerichtlichen Schreibens an den Empfänger zu beurkunden. Dem bezüglichen Antrage ist vom Absender ein entsprechend ausgefülltes Ersatzformular zur Zustellungsurkunde beizufügen. Für Beschaffung der Ersatzurkunde kommt eine Gebühr nicht zur Erhebung.

Siehe im Uebrigen §. 35, Ausführ.-Bestimm. zu I bis III.

Vollzogene Rückscheine und vollzogen zurückgekommene Zustellungsurkunden werden dem Empfänger in's Haus gesandt oder für denselben zur Abholung bereit gestellt, je nachdem die eingehenden gewöhnlichen Briefe an diesen Empfänger bestellt oder von demselben abgeholt werden.

2. Der §. 35 erhält folgende Fassung:

§. 35. Bestellung der Schreiben mit Zustellungsurkunde.

I. Auf die Bestellung von Schreiben mit Zustellungsurkunde finden die Bestimmungen in den §§. 165[1]) bis 174 und 178 der Civilprozeßordnung für das Deutsche Reich vom 30. Januar 1877 mit der Maßgabe Anwendung, daß an die Stelle des Gerichtsvollziehers der bestellende Bote der Postanstalt tritt.

Innerhalb Deutschlands und im Verkehr mit Oesterreich-Ungarn beträgt das gewöhnliche Briefporto:

bei frankirten Briefen bis 15 Gramm 10 Pf.; über 15 Gramm bis 250 Gramm 20 Pf.,

bei unfrankirten Briefen bis 15 Gramm 20 Pf.; über 15 Gramm bis 250 Gramm 30 Pf.,

bei eingeschriebenen Briefen neben dem Porto 20 Pf.; mit Rückschein (Empfangsbescheinigung) außerdem noch 20 Pf.

1) §. 165 bis 170 der Deutschen Civilprozeßordnung sind abgedruckt S. 440.

In Betr. des §. 171 siehe §. 13 der Verordnung vom 7. September 1879 S. 440.

" " " §. 172 " §. 9 " " " " "

" " " §. 173 und 174 siehe §. 14 der Verordnung vom 7. September 1879.

" " " §. 178 siehe §. 16 der Verordnung vom 7. September 1879.

II. In Betreff der Bestellung von Schreiben mit Zustellungsurkunde, welche von Deutschen Gerichten, Gerichtsvollziehern, Gerichtsschreibern, Reichs- oder Staatsbehörden ausgehen, bewendet es bei den hierüber bestehenden besonderen Bestimmungen.

III. Die Porto- bezw. sonstigen Beträge für ein Schreiben mit Zustellungsurkunde müssen sämmtlich entweder vom Absender oder vom Empfänger entrichtet werden. Will der Absender die Gebühren tragen, so zahlt er bei der Einlieferung des Schreibens zunächst nur das Porto für die Beförderung des Schreibens nach dem Bestimmungsorte, die anderen Beträge werden erst auf Grund der vollzogen zurückkommenden Zustellungsurkunde von ihm eingezogen. Im Uebrigen bleibt der Absender für alle Beträge haftbar, welche bei der Bestellung der Sendung vom Empfänger nicht erhoben werden können. Falls jedoch die Zustellung nicht ausgeführt werden kann, kommt nur das Porto für die Beförderung des Schreibens nach dem Bestimmungsorte und bezw. die Einschreibgebühr zum Ansatz.

Ausführungs-Bestimmungen zu §. 35. (Auszug.)

In einzelnen gerichtlichen Angelegenheiten, sowie für Sendungen anderer nicht gerichtlicher Behörden sind Züstellungen in einfacheren Formen — sog. *vereinfachte Zustellungen* — nachgegeben. Der Unterschied zwischen vereinfachten und anderen Zustellungen besteht im Wesentlichen darin, daß eine *Abschrift* der Zustellungsurkunde *nicht* übergeben wird. *Gerichtliche* Sendungen müssen in derartigen Fällen auf dem Briefumschlag durch den Vermerk: „Vereinfachte Zustellung" kenntlich gemacht sein, und außerdem ein Formular zur Zustellungsurkunde in blauer Farbe tragen. Wünschen nicht gerichtliche Behörden, daß die von ihnen ausgehenden Sendungen mit Zustellungsurkunde nach §. 35. I der Postordnung behandelt werden, so ist einem derartigen Verlangen zu entsprechen. Sendungen mit Zustellungsurkunde von Privatpersonen sind stets nach §. 35. I bezw. III der Postordnung zu behandeln.

Das Verlangen der Eilbestellung (§. 21 der P.-O.) ist bei Schreiben mit Post-Zustellungsurkunden unzulässig.

§. 44 der Postordnung. (Auszug.)

VII. In Fällen, in welchen das Porto gestundet wird, ist dafür monatlich eine Stundungsgebühr zu erheben.

Ausführungs-Bestimmungen zu §. 44, Nr. VII. (Auszug.)

Eine Verbindlichkeit der Post zur Stundung von Porto besteht nicht.

Die Stundung erfolgt bei den Postämtern auf Gefahr der Postkasse.

Die Stundung von Porto- und Frankobeträgen für die Dienstsendungen der Reichs- und Staatsbehörden erfolgt auf deren Antrag und wird unentgeltlich bewirkt. Dasselbe findet in Betreff der Stundung für einzelne, eine Reichs- oder Staatsbehörde vertretende Beamte, sowie für Gendarmen und sonstige Mitglieder der Landgendarmerie statt, falls die Stundung sich lediglich auf Porto ꝛc. für Dienstsachen beschränkt. Die Gerichtsvollzieher haben auf die unentgeltliche Stundung der Porto- und Frankobeträge für ihre Dienstsendungen keinen Anspruch.

Die absendenden Reichs- oder Staatsbehörden (bezw. die einzelnen, solche Behörden vertretenden Beamten) lassen die zur frankirten Absendung bestimmten Postsendungen in ein Portostundungsbuch eintragen, welches nach dem Muster der Anlage A einzurichten und von der Behörde zu beschaffen ist. Der aufliefernden Behörde liegt die Ausfüllung der Spalten 1 bis 4 ob; es ist derselben anheimgegeben, in wieweit sie die Spalte 4 zur näheren Eintragung der Einschreibsendungen, Postanweisungen, Werthbriefe, Packete mit und ohne Werthangabe benutzen will. Das Portostundungsbuch wird bei Einlieferung der Sendungen zur Post der Annahmestelle mit vorgelegt. Der Postbeamte trägt die Porto- und Gebührenbeträge in Spalte 5 ein, und zwar ist der Porto- ꝛc. Betrag für jede von der aufliefernden Behörde in Spalte 4 näher bezeichnete Sendung besonders zu vermerken, wogegen die Porto- ꝛc. Beträge für alle summarisch verzeichneten Sendungen in einer Summe eingerückt werden.

Falls die aufliefernde Behörde vorweg von einer näheren Bezeichnung der einzelnen Sendungen Abstand nehmen will, kann ein einfacher eingerichtetes Portostundungsbuch nach dem Muster der Anlage B zur Anwendung kommen, in welches die Sendungen stets summarisch und dementsprechend auch die Porto- ꝛc. Beträge ausschließlich summarisch vermerkt werden; bei diesen Büchern liegt der absendenden Behörde die Ausfüllung der Spalten 1 bis 3 ob.

Dasselbe Buch, welches für die frankirt abgehenden Sendungen benutzt wird, dient auch zur Eintragung der an dieselbe Behörde gerichteten unfrankirt eingehenden Sendungen. Der Postbeamte der Ausgabestelle trägt das Datum der Abholung und die auf solchen Sendungen haftenden Porto- ꝛc. Beträge summarisch in das Buch ein. Der Behörde steht es dann frei, wenn das erstbezeichnete Formular angewandt ist, unter Benutzung der Spalten 2, 3 und 4 die eingegangenen Sendungen zu verzeichnen oder, falls das zweitbezeichnete Formular Anwendung findet, die Spalten 2 und 3 auszufüllen.

Die Postanstalten sind ermächtigt, den Reichs- und Staatsbehörden auf besonderes Verlangen auch die auf den eingehenden Dienstsendungen haftenden Nachnahmebeträge unentgeltlich zu stunden.

Anlage A.
(Ausführ.-Bestimm. zu §. 44 der P.-O.)

Portostundungsbuch.

Monat .... Jahr ....

1. Datum	2. Stückzahl der gewöhnlichen Briefe	3. Stückzahl der sonstigen Sendungen	4. Nähere Bezeichnung der Einschreibesendungen, Postanweisungen, Werthbriefe, sowie der Packete mit und ohne Werthangabe	5. Porto und Gebühren-betrag

Anlage B.
(Ausführ.-Bestimm. zu §. 44 der P.-O.)

Portostundungsbuch

Monat Jahr

1. Datum	2. Stückzahl der gewöhnlichen Briefe	3. Stückzahl der sonstigen Sendungen	4. Porto- und Gebührenbetrag Pf.

IX.

Tagegelder und Reisekosten

in

Steuerangelegenheiten.

---

1. Cirkular-Verfügung des Finanzministers, betreffend die Reise- und Tagegelder der Vorsitzenden und Mitglieder der Kommissionen. Vom 28. Oktober 1891. — II. 14037. —

Zur Ausführung des §. 72 des Einkommensteuergesetzes vom 24. Juni 1891 werden bis zum Erlasse des III. Theiles der Ausführungs-Anweisung vom 5. August 1891 (s. Art. 86 Nr. 3, S. 376) folgende Bestimmungen getroffen:

1. Die Vorsitzenden der Voreinschätzungskommissionen und deren Stellvertreter erhalten Reise- und Tagegelder nach Maßgabe der für die Mitglieder geltenden Bestimmungen.
2. Diejenigen Landräthe, welche kraft ihres Hauptamtes den Vorsitz in Veranlagungskommissionen führen, haben die hierdurch veranlaßten Kosten aus dem ihnen für das Hauptamt gewährten Dienstaufwande zu bestreiten.
3. Die durch besondere Ernennung zu Vorsitzenden von Veranlagungskommissionen berufenen Staatsbeamten sind nach Maßgabe der allgemeinen Vorschriften zum Bezuge der ihrer Rangklasse entsprechenden Reise- und Tagegelder berechtigt. Das Gleiche gilt für die Vorsitzenden der Berufungskommissionen und deren Stellvertreter, für die den Landräthen als Hilfsbeamte zugeordneten Assessoren, sowie für diejenigen unmittelbaren Staatsbeamten, welche, ohne Mitglieder der Veranlagungskommissionen zu sein, durch besondere Ernennung zu Stellvertretern der Vorsitzenden von Veranlagungskommissionen berufen sind.
4. Die zu Mitgliedern einer Kommission gewählten oder ernannten Staatsbeamten sind zum Bezuge von Reise- und Tagegeldern nur nach Maßgabe der für die Kommissionsmitglieder geltenden Bestimmungen berechtigt. Das Gleiche gilt für diejenigen Stellvertreter der Vorsitzenden von

Veranlagungskommissionen, auf welche nicht die Bestimmung zu Nr. 3 Anwendung findet.

5. Die gemäß Art. 42 II. der Ausführungsanweisung zur Theilnahme an den Berathungen über die Aufstellung von Normalsätzen zugezogenen landwirthschaftlichen Sachverständigen sind zum Bezuge von Gebühren für Sachverständige nach den in Civilprozessen zur Anwendung kommenden Vorschriften berechtigt (Gebühren-Ordnung für Zeugen und Sachverständige vom 30. Juni 1878 — Reichs-Ges.-Bl. S. 173). (Abgedruckt als Anm. 3, S. 92.)

Der Finanzminister.

Miquel.

---

2. Verordnung, betreffend die Tagegelder und Reisekosten der Mitglieder der Kommissionen zur Veranlagung der klassifizirten Einkommensteuer und der Gebäudesteuer, sowie der Abgeordneten zur Veranlagung der Gewerbesteuer der Steuerklasse A. I. Vom 20. Dezember 1876. (G.-S. für 1877 S. 3.)

Wir Wilhelm von Gottes Gnaden König von Preußen ꝛc. verordnen auf Grund des §. 12 Absatz 3 des Gesetzes, betreffend die Tagegelder und die Reisekosten der Staatsbeamten, vom 24. März 1873, G.-S. S. 122 (Art. 1 der Verordnung, betreffend die Tagegelder und die Reisekosten der Staatsbeamten, vom 15. April 1876, G.-S. S. 107), was folgt:

Artikel I.

1. An Tagegeldern sind zu gewähren:

a) den Mitgliedern der Bezirkskommissionen zur Veranlagung der klassifizirten Einkommensteuer (§. 24 des Gesetzes vom 1./25. Mai 1851/1873 — G.-S. 1851 S. 193, 1873 S. 213 —) zwölf Mark;

b) den Mitgliedern der Kommissionen zur Einschätzung der klassifizirten Einkommensteuer (§. 21 a. a. O.), der Kommission zur Veranlagung der Gebäudesteuer (§. 9 des Gesetzes, betreffend die Einführung einer allgemeinen Gebäudesteuer, vom 21. Mai 1861, G.-S. S. 317, Art. 3 Nr. 3 des Herzoglich Lauenburgischen Gesetzes vom 15. Februar 1875, Offizielles Wochenblatt 1875 S. 171) und den zur Veranlagung der Gewerbesteuer der Steuerklasse A. I. gewählten Abgeordneten (§. 9 zu 1 und 4 des Gesetzes vom 19. Juli 1861, betreffend einige Abänderungen des Gesetzes wegen Entrichtung der Gewerbesteuer, vom 30. Mai 1820, G.-S. S. 697) neun Mark.

II. An Reisekosten sind zu gewähren:

a) bei Reisen, welche auf Eisenbahnen oder Dampfschiffen gemacht werden können, den zu I. unter a. und b. bezeichneten Personen 13 Pfennige für das Kilometer und 3 Mark für jeden Zu- und Abgang; [1])

---

1) Nach ergangenen Entscheidungen der Kgl. Ober-Rechnungskammer für jeden Zugang und für jeden Abgang.

b) bei Reisen, welche nicht auf Eisenbahnen oder Dampfschiffen zurückgelegt werden können, für das Kilometer
   1. den zu I. unter a. aufgeführten Personen 60 Pfennige,
   2. den zu I. unter b. bezeichneten Personen 40 Pfennige.

Artikel II.

Diese Verordnung tritt mit dem 1. Januar 1877 in Kraft.

Urkundlich 2c. Gegeben 2c.

---

3. Cirkular-Verfügung des Finanzministers, betreffend die Grundsätze bei Feststellung der Reisekosten-Liquidationen 2c. der Mitglieder der Kommission 2c.

IV. 5075. Berlin, den 6. Juni 1873.

Nachdem durch die Allerhöchste Verordnung, betreffend die Tagegelder und die Reisekosten der Mitglieder der Kommissionen zur Veranlagung der klassifizirten Einkommensteuer und der Gebäudesteuer, sowie der Abgeordneten zur Veranlagung der Gewerbesteuer der Steuerklasse A. I., vom 19. Mai 1873 [1]) (G.-S. S. 225) die Sätze der den Mitgliedern der Bezirkskommissionen und der Einschätzungskommissionen zur Veranlagung der klassifizirten Einkommensteuer nach §. 34 des Gesetzes vom 1. Mai 1851, den Mitgliedern der Kommissionen zur Veranlagung der Gebäudesteuer nach §. 13 Absatz 3 des Gesetzes vom 21. Mai 1861, und den zur Veranlagung der Gewerbesteuer der Steuerklasse A. I. gewählten Abgeordneten nach §. 9 zu 10 des Gesetzes vom 19. Juli 1861 zu gewährenden Tagegelder und Reisekosten anderweit festgesetzt worden sind, wird zur Ausführung der vorgedachten Allerhöchsten Verordnung Folgendes bestimmt:

1. In Gemäßheit der Vorschriften im §. 12 Abs. 4 bezw. der §§. 6 und 7 des Gesetzes vom 24. März 1873, betreffend die Tagegelder und die Reisekosten der Staatsbeamten (G.-S. S. 122), sind den Eingangs erwähnten Kommissionsmitgliedern beziehungsweise Abgeordneten für Geschäfte an ihrem Wohnorte weder Tagegelder noch Reisekosten zu zahlen.

2. Dasselbe (zu 1) gilt von Geschäften außerhalb des Wohnorts in geringerer Entfernung als 2 Kilometer [2]) von demselben.

3. War das Kommissionsmitglied beziehungsweise der Abgeordnete durch außergewöhnliche Umstände genöthigt, sich eines Fuhrwerks zu bedienen, oder waren sonstige Unkosten, wie Brücken- oder Fährgeld, aufzuwenden, so sind die Auslagen zu erstatten.

4. Für die Berechnung der Reisekosten (Meilengelder) gelten folgende Vorschriften:

---

1) Jetzt v. 20. Dezember 1876, siehe vorstehend.

2) Der ursprüngliche Text ist hier in Gemäßheit des Art. I. §. 6, 7 und 12 der Verordnung, betr. die Tagegelder und die Reisekosten der Staatsbeamten vom 15. April 1876 (G.-S. S. 107) abgeändert.

a) Bei Berechnung der Entfernungen wird jedes angefangene Kilometer[2]) für ein volles gerechnet.

b) Bei Reisen von nicht weniger als 2 Kilometer, aber unter 8 Kilometer,[2]) sind die Fuhrkosten für 8 Kilometer[2]) zu gewähren.

c) Die Reisekosten werden für die Hin- und Rückreise besonders berechnet.

Hat jedoch ein Kommissionsmitglied bezw. Abgeordneter Veranlagungsgeschäfte an verschiedenen Orten unmittelbar nach einander ausgerichtet, so ist der von Ort zu Ort wirklich zurückgelegte Weg ungetheilt der Berechnung der Reisekosten zu Grunde zu legen.

Im letzteren Falle sind daher die in Rechnung zu stellenden Entfernungen nicht etwa am Schlusse der einzelnen Tagereisen, in welcher die ganze Reise zerlegt werden könnte, sondern erst am Schlusse der ganzen Reise auf Kilometer[2]) abzurunden.

d) Der Berechnung der Meilengelder ist die nächste fahrbare Straße zu Grunde zu legen, auch wenn thatsächlich eine längere Straße benutzt worden ist.

Hätte die ganze Reise oder ein Theil derselben ebensowohl auf Landwegen wie auf Eisenbahnen oder Dampfschiffen zurückgelegt werden können, so sind die Reisekosten nach derjenigen Beförderungsart zu gewähren, welche zu dem niedrigsten Liquidate führt.

e) Für Geschäfte, welche mehrere Tage hintereinander dauern, dürfen die Reisekosten für die Seitens der Kommissionsmitglieder beziehungsweise Abgeordneten von ihrem Wohnorte nach dem Orte der Geschäfte und zurück vorgenommenen Reisen nur einmal für die ganze Dauer des Geschäfts gewährt werden.

5. Durch die Meilengelder beziehungsweise die Entschädigungen für Zu- und Abgang werden alle Nebenkosten der Reise, wie die etwaigen Auslagen für Chausseegeld, Pflastergeld, Brücken- und Fährgeld und dergl. mit entschädigt.

6. Haben in besonderen Fällen von einzelnen Kommissionsmitgliedern beziehungsweise Abgeordneten erweislich höhere, als die nach den Sätzen im §. 1 unter II. der Allerhöchsten Verordnung vom 19. v. M. zu vergütenden Fuhrkosten aufgewendet werden müssen, so ist der durch Beläge nachzuweisende Mehrbetrag zu vergüten.

7. Die im §. 1 der Allerhöchsten Verordnung vom 19. v. M. festgesetzten Tagegelder- und Reisekostensätze sind nach Maßgabe der vorstehend unter 1 bis 6 getroffenen Bestimmungen auch den Ersatzmännern beziehungsweise Stellvertretern der betreffenden Kommissionsmitglieder oder Abgeordneten zu gewähren.

8. Die vorstehenden Bestimmungen finden auf alle seit dem 1. April d. J. ausgeführten Veranlagungsgeschäfte Anwendung.

9. Alle diesen Bestimmungen entgegenstehenden Vorschriften und Verfügungen werden hiermit aufgehoben.

Die Königliche Regierung hat hiernach das Weitere zu veranlassen.

Die Herren Vorsitzenden der Bezirkskommissionen für die Veranlagung der klassifizirten Einkommensteuer sind mit besonderer Anweisung versehen worden.

---

4. Cirkular-Verfügung des Finanzministers, betreffend die bei Feststellung der Reisekostenliquidationen der Kommissionsmitglieder ꝛc. in Anwendung kommenden Grundsätze. Vom 13. Juni 1884. — I. 7303. II. 6173. —

Unter Bezugnahme auf die Verfügung vom 13. Juni 1884 (F.-M. I. 6577, II. 5962, III. 6976; M. d. J. I. A. 4583; M. f. L. I. 9439) (siehe nachstehende Nr. 5) eröffne ich der Königlichen Regierung, daß die nach dem Staatsministerialbeschlusse vom 13. Mai 1884 bei der Berechnung der Reisekosten der Staatsbeamten anzuwendenden Grundsätze auch für die in Angelegenheiten der direkten Staatssteuern berufenen Kommissionsmitglieder und Abgeordneten als maßgebend anzusehen sind.

Jene Grundsätze erledigen jedoch nicht die bei den Kommissionsmitgliedern ꝛc. vorkommenden besonderen Fälle, in welchen der Liquidant nicht innerhalb des durch die geschlossene Lage der Wohnstellen gekennzeichneten Ortschaftsberinges (B. Nr. 3 der Grundsätze), sondern außerhalb derselben isolirt auf dem platten Lande wohnt, oder in welchen in dem Gemeindebezirke des Wohnortes ein geschlossener Ortschaftsbering im Sinne jener Grundsätze überhaupt nicht vorhanden ist. In Fällen dieser Art ist das Wohngehöft des Liquidanten als der für die Berechnung der Reisekosten maßgebende Ausgangspunkt der Reise anzusehen.

Die Königliche Regierung wird veranlaßt, hiernach bei Feststellung der Reisekostenliquidationen der Kommissionsmitglieder und Abgeordneten zu verfahren.

---

5. Cirkular-Verfügung des Ministers des Innern und des Finanzministers, betreffend die bei Berechnung der Reise- und Umzugskosten der Beamten in Anwendung kommenden Grundsätze. Vom 13. Juni 1884. — M. d. J. I. A. 4583. M. f. L. I. 9439. F.-M. I. 6577, II. 5962, III. 6976. —

Beschluß. — St. M. Nr. 721/84. —

Das Königliche Staatsministerium hat beschlossen, daß die Bestimmungen, welche in der anliegenden (siehe nachstehend) „Zusammenstellung einiger Grundsätze, nach welchen bei Berechnung der Reise- und Umzugskosten der Reichsbeamten zu verfahren ist", enthalten sind, in Rücksicht auf die Gleichartigkeit der in Betracht kommenden preußischen und reichsgesetzlichen Vorschriften und zur Herbeiführung eines gleichmäßigen Verfahrens zwischen den Reichsverwaltungen und den preußischen Ressorts für die Berechnung der Reisekosten der preußischen Staatsbeamten nach §. 6. der Verordnung v. 15. April 1876 (G.-S. S. 107) (siehe nachstehende Nr. 10) und der Umzugskosten bei Versetzungen nach dem Gesetze v. 24. Februar 1877[1]) (G.-S. S. 15) in gleichmäßiger Weise zur Anwendung zu bringen sind.

Berlin, den 13. Mai 1884.

Königliches Staatsministerium.

---

1) Dieses Gesetz betrifft nur die Gewährung von Umzugskosten.

Abschrift hiervon nebst der zugehörigen Zusammenstellung erhält die ꝛc. zur Kenntnißnahme und Beachtung.

Zusammenstellung einiger **Grundsätze**, nach welchen bei Berechnung der Reise- und Umzugskosten der **Reichsbeamten** zu verfahren ist. (Armee-Verordngsbl. 1881 S. 134, Post-Amtsbl. 1881 S. 389.)

A.

Bewegt sich die Dienstreise eines Beamten, welchem für die Zeit seines Aufenthalts im Auslande höhere Tagegelder, als für das Inland bewilligt sind, an einem Tage innerhalb und außerhalb des Reichsgebiets, so wird für den Tag des Ueberganges in das Ausland der höhere, für den Tag der Rückkehr in das Inland der niedrigere Tagegeldersatz gewährt.

B.

1. Bei Geschäften außerhalb des Wohnortes, der Garnison ꝛc. (§. 6 der Verordnung vom 21. Juni 1875 — R.-G.-Bl. S. 249 — (siehe nachstehende Nr. 10), §. 7 der Verordnung vom 23. April 1879[2]) — R.-G.-Bl. S. 127 —, §§. 3 bis 5 der Verordnung vom 20. Mai 1880[3]) — R.-G.-Bl. S. 113 —) wird die dienstlich zurückgelegte Wegestrecke von der Ortsgrenze ab berechnet.

Minist.-Anmerkung. Zu vergleichen §. 6 des preußischen Gesetzes vom 24. März 1873 (G.-S. S. 122) in der Fassung der Verordnung vom 15. April 1876 (G.-S. S. 107) (siehe nachstehende Nr. 10).

2. Als Endpunkt[4]) der dienstlich zurückgelegten Wegestrecke gilt die Mitte

---

2) Die Verordnung betrifft die gesandtschaftlichen Beamten.

3) Die Verordnung betrifft nähere Festsetzungen über die Gewährung von Tagegeldern, Fuhrkosten und Umzugskosten an die Beamten der Militär- und Marine Verwaltung. §§. 3 bis 5 betreffen die Dienstgänge ꝛc. im Beruf.

4a) Cirkul.-Verfügung des Ministers des Innern und des Finanz-Ministers v. 13. April 1891 — M. d. J. I. A. 3776, F.-M. I. 3745, II. 4060, III. 4687 —.

Zur Herbeiführung einer gleichmäßigen Berechnung der Reisekosten für Dienstreisen von und nach Berlin wird hiermit bestimmt, daß fortan bei denjenigen Dienstreisen, welche auf der Berliner Stadtbahn angetreten oder beendigt werden müssen (d. h. von bezw. nach einem dem Reiseziel bezw. dem Abgangsorte näher gelegenen Berliner Bahnhofe nicht ausgeführt werden können), und zwar bei Reisen nach bezw. aus dem Westen der Bahnhof Friedrichstraße, bei Reisen nach bezw. aus dem Osten der Schlesische Bahnhof als Anfangs- bezw. Endpunkt der Reise anzusehen ist.

Hiernach ist für den dortigen Geschäftsbereich das Weitere zu veranlassen.

4b) Finz.-Minist.-Erlaß vom 22. Januar 1892. — I. 18743, II. 628, III. 646. —

Zur Herbeiführung eines gleichmäßigen Verfahrens wird hiermit bestimmt, daß bei der Liquidation von Reisekosten ꝛc. für Dienstreisen der Staatsbeamten von Berlin nach Charlottenburg der Stadtbahnhof Thiergarten als der dem Mittelpunkte von Charlottenburg zunächst belegene Theil der Berliner Ortsgrenze anzusehen ist, daß als Mittelpunkt Charlottenburgs der Kreuzungspunkt der Berliner- und Hardenberg-Straße (das sogenannte „Knie") zu gelten hat. Demgemäß sind, da die Entfernung vom Stadtbahnhofe Thiergarten bis zum „Knie" weniger als 2 km beträgt, Reisekosten und Tagegelder für derartige Dienstreisen fernerhin nicht zu bewilligen; dagegen ist der Ersatz der baaren Auslagen für Fuhrwerk zu gewähren.

Hiernach ist für den dortigen Geschäftsbereich das Weitere zu veranlassen.

des Bestimmungsortes, oder, falls die Dienstreise mittelst Eisenbahn oder Dampfschiffs gemacht werden kann, der betreffende Bahnhof oder Anlegeplatz, vorbehaltlich der Bestimmung zu D. Handelt es sich um die Erledigung eines Dienstgeschäftes an einer bestimmten Stelle außerhalb eines Ortes, so ist diese Stelle als Endpunkt der Dienstreise anzunehmen.

3. Als Ort gilt der hauptsächlich von Gebäuden oder eingefriedigten Grundstücken eingenommene Theil eines Gemeindebezirks, so daß die Ortsgrenze ohne Rücksicht auf vereinzelte Ausbauten oder Anlagen durch die Außenlinie jenes Bezirkstheiles gebildet wird.

Besteht ein Gemeindebezirk (Garnisonverband) aus mehreren Ortschaften, so ist als Ort im Sinne dieser Bestimmung nicht die einzelne Ortschaft, sondern der Gemeindebezirk (Garnisonverband) anzusehen.

4. Für die Feststellung der Entfernungen sind die Angaben des Kursbuches der Reichs-Postverwaltung, eventuell der amtlichen Postkarten, maßgebend. Fehlen solche Angaben, oder handelt es sich um die Entscheidung der Frage, ob ein Beamter die für den Anspruch auf Vergütung von Reisekosten maßgebende Entfernung von der Grenze seines Wohnorts 2c. hat zurücklegen müssen, so sind zur Feststellung der Entfernungen Bescheinigungen sachkundiger Behörden und bezüglich der im Auslande gemachten Dienstreisen Bescheinigungen der Kaiserlichen Gesandtschaften oder Konsulate beizubringen.

C.

1. Bei Dienstreisen, welche mittelst Eisenbahn oder Dampfschiffs gemacht werden können, kommt die Gebühr für Zu- und Abgang in der Regel nur einmal zum Ansatz.

2. Ein mehrfacher Ansatz dieser Gebühr findet statt:

a) wenn an Zwischenorten übernachtet werden muß:

b) wenn die Eisenbahn oder das Dampfschiff an Zwischenorten Dienstgeschäfte halber verlassen werden muß;

c) wenn an einem Zwischenorte ein Bahnhof oder Anlegeplatz verlassen und die Reise von einem anderen Bahnhof oder Anlegeplatz aus, welcher mit dem ersteren nicht in unmittelbarem Zusammenhange steht, fortgesetzt werden muß, sofern der Uebergang von dem einen zum anderen Bahnhofe nicht mittelst durchgehender oder unmittelbar anschließender Züge über eine Verbindungsbahn erfolgt. Der mehrfache Ansatz der Gebühr ist ausgeschlossen, wenn an einem Zwischenorte ein Uebergang von einer Bahn auf die andere oder von einem Dampfschiff auf das andere stattfindet, ohne daß dazu der Bahnhof oder Anlegeplatz zu verlassen ist. Die mit Uebergängen der letzteren Art etwa verbundenen Kosten werden ausschließlich den mit Freikarten reisenden Beamten der Eisenbahnverwaltungen auf Grund spezieller Angaben erstattet, deren Belegung nicht erforderlich ist.

Eine alphabetisch geordnete Nachweisung derjenigen Orte Deutschlands, an welchen mehrere räumlich von einander getrennte Personenbahnhöfe oder Anlegeplätze von Dampfschiffen sich befinden, wird unter Angabe der zwischen den einzelnen Bahnhöfen vorhandenen, für den Personenverkehr benutzbaren Verbindungsbahnen durch das Kursbuch der Reichs-Postverwaltung veröffentlicht.

3. Beamte, welche bei Unterbrechung einer zum Zwecke der Bereisung einer Bahnlinie, zur Besichtigung oder Revision von Betriebsanlagen ꝛc. unternommenen Dienstreise oder am Endpunkt einer solchen den betreffenden Bahnhof oder das Bahngebiet Dienstgeschäfte halber zu verlassen nicht genöthigt sind, haben keinen Anspruch auf die Zu- und Abgangsgebühr. Den mit Eisenbahnfreikarten reisenden Beamten werden in solchen Fällen die baaren Nebenkosten nach Maßgabe der Bestimmungen unter Ziffer 2c. erstattet.

4. Die Gebühr für Zu- und Abgang wird je zur Hälfte nicht gewährt, wenn die Beförderung des Beamten nach oder von dem Bahnhof oder Anlegeplatz seitens einer Reichsverwaltung durch Gestellung eines Fuhrwerks erfolgt.

D.

1. Neben der Gebühr für Zu- und Abgang werden die sonstigen verordnungsmäßigen Fuhrkosten gewährt, wenn die Entfernung zwischen der Ortsgrenze des Anfangs- und Endpunkts der Reise und dem Bahnhof oder Anlegeplatz 2 km oder mehr beträgt.

Hat während einer Reise ein Wechsel zwischen der Beförderung mittelst Eisenbahn oder Dampfschiffs und einer anderen Beförderungsart einzutreten, so sind die Fuhrkosten für die Wegestrecke zwischen dem nach bezw. vor Uebergang auf die Eisenbahn oder das Dampfschiff zunächst bezw. zuletzt zu berührenden Orte und dem Bahnhofe oder Anlegeplatze nur dann zu vergüten, wenn die Entfernung 2 km oder mehr beträgt.

2. In den Fällen zu 1 sind für den Begriff des Orts und der Ortsgrenze die Bestimmung zu B. 3, für die Feststellung der Entfernungen die Angaben des Kursbuchs der Reichs-Postverwaltung maßgebend. Fehlen letztere, so sind sie durch Bescheinigungen sachkundiger Behörden und für das Ausland durch Bescheinigungen der Kaiserlichen Gesandschaften oder Konsulate zu ersetzen.

E.

1. Umzugskosten sind nur dann zu vergüten, wenn der Ort, von welchem, und der Ort, nach welchem die Versetzung stattfindet, zu verschiedenen Gemeindebezirken (Garnisonverbänden) gehören.

2. Im Sinne des §. 13 der Verordnung v. 21. Juni 1875[5]) ist als kürzeste fahrbare Straßenverbindung der kürzeste fahrbare Landweg anzusehen.

5) Verordnung, betreffend die Tagegelder, die Fuhrkosten und die Umzugskosten der Reichsbeamten. Vom 21. Juni 1875 (R.G.Bl. S. 249.):

§. 13. Bei Berechnung der Vergütung (für Umzugskosten) ist die Entfernung zwischen den Orten, von welchen und nach welchen die Versetzung stattfindet, nach der kürzesten fahrbaren Straßenverbindung zu Grunde zu legen ꝛc.

Anmerkung. Zu vergleichen §. 2 des preußischen Gesetzes v. 24. Februar 1877 (G.=S. S. 15).[6])

Wenn jedoch der Ort, von welchem, und der Ort, nach welchem die Versetzung des Beamten stattfindet, durch ununterbrochenen Schienenweg oder durch eine ununterbrochene, zur Beförderung von Gütern benutzbare Wasserstraße in kürzerer Entfernung, als auf dem Landwege, verbunden sind, so gilt die kürzeste derartige Verbindung als kürzeste fahrbare Straßenverbindung.

Behufs Ermittelung der maßgebenden kürzesten fahrbaren Straßenverbindung sind die 2 km oder mehr betragenden Entfernungen zwischen dem Anfangs= oder Endort des Umzugs und dem zugehörigen gleichnamigen Bahnhof als Schienenweg, solche Theilstrecken, auf welchen beladene Wagen mittels Schiffs, Trajekts, Fähre 2c. zu Wasser befördert werden, als fahrbarer Landweg in Anrechnung zu bringen.

---

6. Durch Zirkular=Verfügung der betreffenden Ressortminister vom 12. Juni 1889 mitgetheilter Beschluß des Staatsministeriums, betreffend Berechnung der Reise= und Umzugskosten der Beamten.

— M. d. J. I. A. 6060. M. f. L. I. 11089. F.=M. I. 7257 2. Aug., II. 7080, III. 8436. —

Die laut Staatsministerialbeschluß vom 13. Mai 1884 (Heft 17 S. 120 der Mittheilungen) (siehe vorstehende Nr. 5) in der preußischen Staatsverwaltung zur Anwendung gelangenden Grundsätze für die Berechnung der Reise= und Umzugskosten werden hierdurch dahin ergänzt, daß bei Dienstreisen der Beamten in allen denjenigen Fällen, in welchen die Entfernung von der Ortsgrenze des Abgangsortes bis zur Mitte des Bestimmungsortes in der einen Richtung 2 km oder mehr, in der anderen weniger als 2 km beträgt, die Gewährung von Tagegeldern und Reisekosten nicht stattzufinden, sondern nur die Erstattung der verausgabten Fuhrkosten zu erfolgen hat.

Berlin, den 17. April 1889.

Königliches Staatsministerium.

---

7. Finanzministerial=Verfügung. Berlin, den 18. September 1869. — IV. 13,296. —

Die Kgl. Ober=Rechnungskammer hat nach einem unter dem 6. September cr. an mich gerichteten Schreiben das bei Revision der Liquidationen über die den auswärtigen Mitgliedern der dortigen Bezirkskommission für die Veranlagung

---

6) Gesetz, betreffend die Umzugskosten der Staatsbeamten. Vom 24. Februar 1877. (G.S. S. 15.):

§. 2. Bei Berechnung der Entfernung ist die kürzeste fahrbare Straßenverbindung zu Grunde zu legen. Jede angefangene Strecke von 10 Kilometern wird für volle 10 Kilometer gerechnet.

der klassifizirten Einkommensteuer gezahlten Reisekosten und Tagegelder aufgestellte Monitum:

> daß künftig das Attest unter diesen Liquidationen nicht eher auszustellen sei, als bis die liquidirten Reisen von den Kommissionsmitgliedern wirklich ausgeführt werden,

in Anbetracht der obwaltenden Umstände zurückgezogen und erklärt, von dem Verlangen, daß die Zahlung der Vergütung für die Rückreisen der Kommissionsmitglieder nicht vor der Ausführung dieser Reisen und demnächstiger entsprechender Bescheinigung der Liquidationen bewirkt werde, Abstand nehmen zu wollen, zugleich aber auch, damit nicht — wie dies öfter vorgekommen ist, Reisen als zurückgelegt attestirt werden, ehe sie noch angetreten sind — die Erwartung ausgesprochen, daß die Vorsitzenden der Kommissionen die Attestirung der Diäten und Fuhrkostenliquidationen auf die Bescheinigung der Nothwendigkeit und der Ausführung des Geschäfts, sowie der Richtigkeit der, als darauf am Orte der Verrichtung verwendet, angesetzten Tagezahl beschränken.

Indem ich Ew. 2c. in Verfolg des Berichts 2c. hiervon in Kenntniß setze, ersuche ich Sie, die Attestirung der fraglichen Liquidationen künftig auf die vorbezeichnete Art bewirken zu wollen.

---

8. Finanzministerial-Verfügung. (Auszug.) Berlin, den 26. Juni 1856. — III. 13,296. —

Die Diäten- und Reisekostenliquidationen der Kommissionsmitglieder sind zwar — wie bisher — von den Vorsitzenden der Kommissionen ihrer Richtigkeit nach zu prüfen, sodann zunächst festzustellen und der Königlichen Regierung zur Zahlungsanweisung zu überreichen; die Regierung hat jedoch vor Erlaß der Zahlungsanweisung die Liquidation nach den allgemeinen Grundsätzen noch einer besonderen kalkulatorischen Prüfung und Bestätigung zu unterwerfen, damit etwaige Unrichtigkeiten in Ansehung der Zahlen sofort beseitigt werden und deren Auffinden nicht erst der Rechnungsabnahme und Revision überlassen bleiben.

---

9. Finanzministerial-Verfügung. Berlin, den 26. November 1873. — IV. 10,804. —

Es ist der Fall vorgekommen, daß ein Mitglied einer Bezirkskommission für die klassifizirte Einkommensteuer, welches gleichzeitig Mitglied des Abgeordnetenhauses war, zu einer Sitzung der Bezirkskommission gerade in einer Zeit, während welcher dasselbe sich behufs Theilnahme an den Sitzungen des Abgeordnetenhauses in Berlin befand, eingeladen worden ist, dieser Einladung Folge geleistet und nachher Zureisekosten nicht von seinem Wohnorte, sondern von Berlin aus liquidirt hat.

Zur Beseitigung von Zweifeln über das in solchen Fällen zu beobachtende

Verfahren finde ich mich veranlaßt, in Uebereinstimmung mit der Königlichen Ober=Rechnungskammer, Folgendes zu bemerken:

1. Die Theilnahme eines Mitgliedes einer Bezirkskommission beziehungsweise einer Einschätzungskommission an Sitzungen des Landtages der Monarchie ist als eine dauernde Behinderung desselben an der Wahrnehmung seiner Funktion als Mitglied der betreffenden Kommission im Sinne des diesseitigen Erlasses v. 12. August 1852[1]) — III. 18918 — nicht anzusehen. Es erscheint daher nicht zulässig, in einem solchen Falle einen der gewählten Stellvertreter einzuladen, vielmehr ist das Mitglied selbst einzuladen, und es muß diesem überlassen werden, sich zu der anberaumten Sitzung einzufinden oder sein Ausbleiben zu entschuldigen.

2. Da die Eigenschaft als Einwohner des Kommissionsbezirks eine der wesentlichen Bedingungen ist, unter welchen die Kommissionsmitglieder gewählt werden und fungiren, so haben diese Mitglieder bei Reisen in Kommissionsangelegenheiten auf die reglementsmäßigen Reisevergütungen nur insoweit Anspruch, als es durch die Voraussetzung, die Reise werde vom Wohnorte des Kommissionsmitgliedes innerhalb des Kommissionsbezirks unternommen, bedingt ist. Weitergehenden Anforderungen, gleichviel auf welche Umstände solche gestützt werden, darf daher nicht entsprochen werden. Damit aber in dieser Beziehung von vorn herein jedes Mißverständniß ausgeschlossen wird, empfiehlt es sich in Fällen dieser Art sogleich in der Vorladung darauf aufmerksam zu machen, daß die Reisekosten nur vom Wohnorte aus und zurück zum Wohnorte des Vorgeladenen zu gewähren sind.

Ew. 2c. wollen gefälligst hiernach verfahren, auch die Vorsitzenden der Einschätzungskommissionen mit entsprechender Anweisung versehen.

---

10. Für die Berechnung der Tagegelder und Reisekosten der preußischen Staatsbeamten sind die folgenden Bestimmungen maßgebend:

1. Gesetz, betreffend die Tagegelder und die Reisekosten der Staatsbeamten. Vom 24. März 1873 (G.=S. S. 122).
2. Gesetz, betreffend eine Abänderung des Gesetzes vom 24. März 1873

1) Finz.=Minist.=Erlaß v. 12. August 1852. — III. 18919. — (Auszug.)
Da die gewählten Mitglieder der Bezirkskommissionen durch Todesfälle, durch Verziehen in einen anderen Bezirk oder durch andere Gründe dauernd zur Wahrnehmung des ihnen übertragenen Mandats außer Stande gesetzt werden können, so erscheint es zweckmäßig, für jeden Bezirk gleichzeitig die Wahl einer Anzahl von Ersatzmännern, welche hierdurch für die Kommissionen von 12 und 9 Mitgliedern auf je 6, für die Kommissionen von 6 Mitgliedern aber auf je 3 bestimmt wird, herbeizuführen, damit diese in den bezeichneten Fällen sogleich an die Stelle der Anfangs gewählten Kommissionsmitglieder treten können.

über die Tagegelder und Reisekosten der Staatsbeamten (G.-S. S. 122) vom 28. Juni 1875 (G.-S. S. 370).

3. Verordnung, betreffend die Tagegelder und die Reisekosten der Staatsbeamten. Vom 15. April 1876 (G.-S. S. 107).

Nachstehend ist das erste Gesetz unter Einfügung der durch das zweite und die Verordnung bedingten Abänderungen zum Abdruck gebracht:

Gesetz, betreffend die Tagegelder und die Reisekosten der Staatsbeamten. Vom 24. März 1873 (G.-S. S. 122):

Wir Wilhelm von Gottes Gnaden, König von Preußen u. s. w. verordnen, mit Zustimmung beider Häuser des Landtages der Monarchie, was folgt:

Artikel I.

§. 1. (Verordnung vom 15. April 1876.) Die Staatsbeamten erhalten bei Dienstreisen Tagegelder nach den folgenden Sätzen:

I.	Aktive Staatsminister	30,—	Mark,
II.	Beamte der ersten Rangklasse	24,—	"
III.	Beamte der zweiten und dritten Rangklasse . . .	18,—	"
IV.	Beamte der vierten und fünften Rangklasse . . .	12,—	"
V.	Beamte, welche nicht zu obigen Klassen gehören, soweit sie bisher zu dem Diätensatze von 1 Thlr. 20 Sgr. beziehungsweise 2 Thlr berechtigt waren	9,—	"
VI.	Subalternbeamte der Provinzial-, Kreis- und Lokalbehörden und andere Beamte gleichen Ranges . .	6,—	"
VII.	Andere Beamte, welche nicht zu den Unterbeamten zu zählen sind	4,50	"
VIII.	Unterbeamte	3,—	"

§. 2. Erfordert eine Dienstreise einen außergewöhnlichen Kostenaufwand, so kann der Tagegeldersatz (§. 1) von dem Verwaltungs-Chef angemessen erhöht werden.

§. 3. Etatsmäßig angestellte Beamte, welche vorübergehend außerhalb ihres Wohnortes bei einer Behörde beschäftigt werden, erhalten für die Dauer dieser Beschäftigung neben ihrer Besoldung die im §. 1 festgesetzten Tagegelder.

Nicht etatsmäßig angestellte Beamte haben im gleichen Falle auf die im §. 1 festgesetzten Tagegelder nur für die Dauer der Hin- und Rückreise Anspruch. Für die Dauer der Beschäftigung werden die denselben zu gewährenden Tagegelder durch die vorgesetzte Behörde bestimmt.

§. 4. (Verordnung vom 15. April 1876.) An Reisekosten, einschließlich der Kosten der Gepäckbeförderung, erhalten:

I. bei Dienstreisen, welche auf Eisenbahnen oder Dampfschiffen gemacht werden können:

1. die im §. 1 unter I. bis V. bezeichneten Beamten für das Kilometer 13 Pf. und für jeden Zu- und Abgang 3 Mark.

Hat einer dieser Beamten einen Diener auf die Reise mitgenommen, so kann er für denselben 7 Pf. für das Kilometer beanspruchen;

2. die im §. 1 unter VI. und VII. genannten Beamten für das Kilometer 10 Pf. und für jeden Zu- und Abgang 2 Mark;
3. die im §. 1 unter VIII. genannten Beamten für das Kilometer 7 Pf. und für jeden Zu- und Abgang 1 Mark;

II. bei Dienstreisen, welche nicht auf Dampfschiffen oder Eisenbahnen zurückgelegt werden können:

1. die im §. 1 unter I. bis IV. genannten Beamten 60 Pf.,
2. die im §. 1 unter V. und VI. genannten Beamten 40 Pf.,
3. die im §. 1 unter VII. und VIII. genannten Beamten 30 Pf. für das Kilometer.

Haben erweislich höhere Reisekosten als die unter I. und II. festgesetzten aufgewendet werden müssen, so werden diese erstattet.

§. 5. Die Reisekosten werden für die Hin- und Rückreise besonders berechnet. Hat jedoch ein Beamter Dienstgeschäfte an verschiedenen Orten unmittelbar nach einander ausgerichtet, so ist der von Ort zu Ort wirklich zurückgelegte Weg ungetheilt der Berechnung der Reisekosten zu Grunde zu legen.

§. 6. (Verordnung vom 15. April 1876.) Für Geschäfte am Wohnorte des Beamten werden weder Tagegelder noch Reisekosten gezahlt; dasselbe gilt von Geschäften außerhalb des Wohnorts in geringerer Entfernung als 2 Kilometer von demselben. War der Beamte durch außergewöhnliche Umstände genöthigt, sich eines Fuhrwerks zu bedienen, oder waren sonstige nothwendige Unkosten, wie Brücken- oder Fährgeld aufzuwenden, so sind die Auslagen zu erstatten.

Für einzelne Ortschaften kann durch den Verwaltungschef in Gemeinschaft mit dem Finanzminister bestimmt werden, daß den Beamten bei den außerhalb des Dienstgebäudes vorzunehmenden Geschäften die verauslagten Fuhrkosten zu erstatten sind.

§. 7. (Verordnung vom 15. April 1876.) Bei Berechnung der Entfernung wird jedes angefangene Kilometer für ein volles Kilometer gerechnet.

Bei Reisen von nicht weniger als 2 Kilometer, aber unter 8 Kilometer, sind die Fuhrkosten für 8 Kilometer zu gewähren.

§. 8. Beamte, welche zum Zweck von Reisen innerhalb ihres Amtsbezirkes neben oder in ihrem Einkommen eine Pauschsumme für Reisekosten oder Unterhaltung von Fuhrwerk oder Pferden beziehen, erhalten Tagegelder und Reisekosten nach Maßgabe dieses Gesetzes nur dann, wenn sie Dienstgeschäfte außerhalb ihres Amtsbezirks ausgeführt haben.

Werden Beamte, welche eine solche Pauschsumme beziehen, wegen Urlaubs oder sonstiger Verhinderung vertreten, so haben dieselben ihren Stellvertreter angemessen zu entschädigen. Diese Entschädigung und die unter besonderen Umständen zulässigen Ausnahmen bestimmt die vorgesetzte Behörde.

§. 9. Für Dienstreisen von Beamten, welche sich im Vorbereitungsdienst befinden, werden Tagegelder und Reisekosten dann nicht gewährt, wenn die Reisen lediglich zum Zwecke der Ausbildung dieser Beamten erfolgen. Ob letzteres der Fall ist, entscheidet die vorgesetzte Dienstbehörde.

§. 10. (Gesetz vom 28. Juni 1875.) Ist der persönliche Rang eines Beamten ein höherer, als der mit dem Amt verbundene, so ist der letzere für die Feststellung der Tagegelder- und Reisekostensätze maßgebend. Beamte, welche im Range zwischen zwei Klassen stehen, erhalten die für die niedrigere Klasse bestimmten Sätze. Für Beamte, denen ein bestimmter Rang nicht verliehen ist, entscheidet der Verwaltungschef in Gemeinschaft mit dem Finanzminister über die denselben nach Maßgabe dieses Gesetzes zu gewährenden Sätze. In gleicher Weise erfolgt die Entscheidung darüber, welche Beamte zu den im §. 1 unter VII. und VIII. genannten zu zählen sind.

§. 11. Dieses Gesetz tritt mit dem 1. April 1873 in Kraft. Alle demselben entgegenstehenden Bestimmungen sind aufgehoben, insbesondere: die Verordnung vom 28. Juni 1825 wegen Vergütung der Diäten und Reisekosten für kommissarische Geschäfte in Königlichen Dienstangelegenheiten (G.-S. S. 163) und der Erlaß vom 10. Juni 1848 über die Tagegelder und Fuhrkosten bei Dienstreisen der Staatsbeamten (G.-S. S. 151).

Wo in besonderen Vorschriften auf die hiernach aufgehobenen Bestimmungen Bezug genommen wird, treten die entsprechenden Bestimmungen dieses Gesetzes an deren Stelle.

§. 12. (Verordnung vom 15. April 1876.) Die gesetzlichen und Verwaltungs-Vorschriften, welche für einzelne Dienstzweige oder Dienstgeschäfte bezüglich der den Beamten aus der Staatskasse zu gewährenden Tagegelder und Reisekosten ergangen sind, bleiben vorläufig in Kraft. Eine Abänderung derselben kann im Wege Königlicher Verordnung erfolgen.

Die in den vorstehenden §§. 1 und 4 bestimmten Sätze dürfen jedoch nicht überschritten werden.

Unter gleicher Beschränkung kann die Gewährung von Tagegeldern und Reisekosten für einzelne Dienstzweige oder Dienstgeschäfte auch fernerhin im Wege Königlicher Verordnung besonders geregelt werden.

Desgleichen können die Sätze von Tagegeldern und Reisekosten, welche den in Angelegenheiten der direkten Staatssteuern berufenen Kommissionsmitgliedern und Abgeordneten zu gewähren sind, im Wege Königlicher Verordnung geändert oder neu bestimmt werden.

Die Bestimmung in den vorstehenden §§. 6. und 7., wonach die Entfernung von 2 beziehungsweise 8 Kilometern für die Berechtigung auf Tagegelder und Reisekosten, sowie deren Berechnung maßgebend ist, findet auch auf die vorerwähnten besonderen Vorschriften entsprechende Anwendung.

Artikel II.

(Gesetz vom 28. Juni 1875.) Durch Königliche Verordnung können die in dem Gesetze vom 24. März 1873 bestimmten Sätze an Tagegeldern und

Reisekosten und die jenem Gesetze zu Grunde liegenden Entfernungsmaaße in die Reichsmarkrechnung, beziehentlich in das Metermaaß übertragen und angemessen abgerundet werden. In gleichem Wege können die durch das gedachte Gesetz und durch den Artikel I. des gegenwärtigen Gesetzes für die verschiedenen Beamtenklassen bestimmten Sätze bis zur Höhe derjenigen Sätze umgeändert werden, welche für die entsprechenden Beamtenklassen in der auf Grund des §. 18 des Reichsgesetzes vom 31. März 1873 (Reichs-Gesetzbl. S. 61) zu erlassenden Kaiserlichen Verordnung festgesetzt werden.

Urkundlich 2c.

Gegeben 2c.

Für die preußischen gesandtschaftlichen Beamten gilt die Verordnung, betreffend die Tagegelder, die Fuhrkosten und die Umzugskosten der gesandtschaftlichen Beamten, vom 1. Mai 1879 (G.-S. S. 351), welche anordnet, daß für sie die Bestimmungen der Verordnung, betreffend die Tagegelder, die Fuhrkosten und die Umzugskosten der gesandtschaftlichen und Konsularbeamten des Reichs, vom 23. April 1879 (Reichs-Ges.-Bl. S. 127) entsprechende Anwendung finden solle.

Für die übrigen Beamten des Deutschen Reiches ist die Berechnung der Tagegelder und Reisekosten durch folgende 3 Bestimmungen geregelt:

1. Gesetz, betreffend die Rechtsverhältnisse der Reichsbeamten. Vom 31. März 1873 (R.-G.-Bl. S. 61) §. 18.

2. Verordnung, betreffend die Tagegelder, die Fuhrkosten und die Umzugskosten der Reichsbeamten. Vom 21. Juni 1875 (R.-G.-Bl. S. 249).

3. Verordnung, betreffend die Abänderung beziehungsweise Ergänzung der Bestimmungen über die Tagegelder, Fuhrkosten und Umzugskosten der Reichsbeamten Vom 19. November 1879 (R.-G.-Bl. S. 313).

Da indessen weder gesandtschaftliche noch Reichsbeamte zu Vorsitzenden von Veranlagungs- oder Berufungskommissionen oder deren Stellvertretern (Nr. 3 des Erlasses vom 28. Oktober 1891 — siehe Seite 568 —) berufen, vielmehr höchstens zu Mitgliedern einer Kommission gewählt oder ernannt werden dürften, so würden sie in solchem Falle zum Bezuge von Reise- und Tagegeldern immer nur nach Maßgabe der für die Kommissionsmitglieder geltenden Bestimmungen berechtigt sein.

X.

1. Gesetz,

betreffend

die Heranziehung von Militärpersonen zu Abgaben für Gemeindezwecke.

Vom 29. Juni 1886. (G.-S. S. 181.

Wir Wilhelm, von Gottes Gnaden König von Preußen ꝛc. verordnen, unter Zustimmung der beiden Häuser des Landtags der Monarchie, was folgt:

§. 1.

Die im Offiziersrange stehenden Militärpersonen des Friedensstandes, welche der Heranziehung zur Klassen- oder klassifizirten Einkommensteuer unterliegen, haben neben den nach den bestehenden Bestimmungen (§. 1 Ziffer 1 der Verordnung v. 23. September 1867, G.-S. S. 1648) bereits zu entrichtenden Kommunalabgaben vom Grundbesitz und Gewerbebetrieb von dem aus sonstigen Quellen fließenden außerdienstlichen Einkommen nach Maßgabe der folgenden Bestimmungen eine Abgabe zu Gemeindezwecken zu entrichten. [1])

1a) Hierzu bemerken die Motive des Gesetzes:

„Der Gesetzentwurf erstreckt sich nur auf die im Offiziersrange stehenden Militärpersonen — Offiziere, Sanitätsoffiziere und obere Militärbeamte, in der Marine außerdem die Ingenieure des Soldatenstandes —. Zu einer Erweiterung der Steuerpflicht der Personen der Unterklassen liegt ein praktisches Bedürfniß nicht vor.

Die Freilassung derjenigen Personen, welche gesetzlich auch zu den entsprechenden Staatssteuern nicht heranzuziehen sind, vgl. §. 16 des Gesetzes v. 1./25. Mai 1851/73, bedarf keiner besonderen Rechtfertigung."

1b) Verordnung, betreffend die Heranziehung der Staatsdiener zu den Kommunal-Auflagen in den neu erworbenen Landestheilen. Vom 23. September 1867. (G.S. S. 1648.)

§. 1. Von allen direkten Kommunalauflagen, sowohl der einzelnen bürgerlichen Stadt- und Landgemeinden als der weiteren kommunalen Körperschaften (Amtsbezirke, Distriktsgemeinden, Armendistrikte, Wegeverbände u. s. w.) und der kreis-, kommunal- und provinzialständischen Verbände, sind vollständig befreit:

1) die servisberechtigten Militärpersonen des aktiven Dienststandes, sowohl hinsichtlich ihres dienstlichen als sonstigen Einkommens; nur zu den auf den Grundbesitz oder das

§. 2.

Gegenstand dieser Besteuerung ist das außerdienstliche selbständige Einkommen der Abgabepflichtigen, unter Hinzurechnung des etwaigen besonderen Einkommens der zu ihrem Haushalte gehörigen Familienglieder.[2]) Außer Ansatz bleibt jedoch:

a) dasjenige Einkommen, welches bereits nach den bestehenden Bestimmungen der Kommunalabgabepflicht unterliegt,

b) in Ansehung der vor dem 1. April 1887 in den Ehestand getretenen Militärpersonen derjenigen Chargen, welche bei Nachsuchung des Heiraths-

---

stehende Gewerbe oder auf das aus diesen Quellen fließende Einkommen gelegten Kommunallasten müssen auch sie beitragen, wenn sie in dem Kommunalbezirk Grundbesitz haben oder ein stehendes Gewerbe betreiben.

Militärärzte genießen rücksichtlich ihres Einkommens aus einer Civilpraxis die Befreiung nicht;

2) die auf Inaktivitätsgehalt gesetzten oder mit Pension zur Disposition gestellten Offiziere hinsichtlich ihrer Gehalts- und sonstigen dienstlichen Bezüge;

rc.

1 c) Offiziere, Wachtmeister und Gendarmen der Landgendarmerie gehören nach wiederholten Entscheidungen des Kgl. Ober-Verwaltungsgerichtes (siehe Entscheid. Bd. XVII, S. 198 u. 206) nicht zu den **servisberechtigten** Militärpersonen des aktiven Dienststandes und fallen auch nicht unter den §. 10 Litt. e des Gesetzes vom 11. Juli 1822. Die Besteuerung der Angehörigen des Landgendarmeriekorps hat also in gleicher Art wie diejenige der Beamten zu erfolgen. Hieran hat das Gesetz vom 29. Juni 1886 nichts geändert. (Entscheid. des Ober-Verw.-Gerichts vom 1. März 1889, Bd. XVII, S. 206.)

1 d) Gesetz, die Heranziehung der Staatsdiener zu den Gemeindelasten betreffend. Vom 11. Juli 1822. (G.S. S. 184.)

§. 1. Das Diensteinkommen der Beamten kann von den Gemeinden, zu welchen dieselben gehören, überhaupt nur dann besteuert werden, wenn auch der Beitrag der übrigen Einwohner des Orts in der Form einer allgemeinen Einkommensteuer erhoben wird.

§. 2. Das Diensteinkommen soll bei einer solchen Beschatzung fortan im Uebrigen zwar wie das Einkommen der Bürger behandelt, darf aber rc. immer nur mit einem Theile seines Betrages zur Quotisirung gebracht werden, welcher hierdurch auf die Hälfte bestimmt wird.

§. 9. Civil- und Militärbeamte, nicht minder sämmtliche Empfänger von Wartegeldern und Pensionen, werden zwar übrigens nach gleichen Grundsätzen behandelt.

§. 10. Jedoch bleiben von allen direkten Beiträgen zu den Gemeindelasten befreit:

a) die aus Staatskassen zahlbaren Pensionen der Wittwen und die Erziehungsgelder für Waisen ehemaliger Staatsdiener;

b) eben dergleichen Pensionen, imgleichen Wartegelder der Staatsdiener selbst; sofern deren jährlicher Betrag die Summe von Zweihundert und Fünfzig Thalern nicht erreicht;

c) die Sterbe- und die Gnadenmonate;

d) alle diejenigen Dienst-Emolumente, welche blos als Ersatz baarer Auslagen zu betrachten sind;

e) alle Besoldungen und Emolumente der beim stehenden Heer und bei den Landwehrstämmen in Reihe und Glied befindlichen aktiven Militärpersonen, imgleichen der auf Inaktivitätsgehalt gesetzten Offiziere; und

f) diejenigen der Geistlichen und Schullehrer.

2) Die Frage, welche Personen zu den „Familiengliedern" im Sinne des Abs. 1 zu rechnen seien, wird jetzt nach den Bestimmungen des Gesetzes v. 24. Juni 1891 zu entscheiden sein (s. oben S. 26).

konsenses zur Führung des Nachweises eines bestimmten außerdienstlichen Einkommens verpflichtet sind, der vorschriftsmäßige Satz des letzteren.[3])

§. 3.

Der der Veranlagung der abgabepflichtigen Militärpersonen zur Klassen- oder klassifizirten Einkommensteuer für das betreffende Steuerjahr zu Grunde gelegte Einkommensbetrag, vermindert um den Betrag des nach den §§. 1 und 2 außer Betracht zu lassenden Einkommens, stellt den nach Maßgabe dieses Gesetzes zur Versteuerung gelangenden Einkommensbetrag dar.

Von diesem Einkommensbetrage haben die im §. 1 bezeichneten Militär-

---

3 a) In der Sitzung des Herrenhauses v. 8. Juni 1886 hat der Kriegsminister auf eine Anfrage des Referenten erklärt:

„Was die Frage anbetrifft, inwieweit das Heirathsgut der vor dem 1. April 1887 in den Ehestand getretenen oder noch in die Ehe tretenden Offiziere getroffen wird, so heißt es in dem Gesetz: es soll nur frei bleiben der vorschriftsmäßige Satz des letzteren. Dieser vorschriftsmäßige Satz wechselt mit der Charge; es wird also immer auch nur der der Charge entsprechende vorschriftsmäßige Satz frei von der Steuer bleiben."

In derselben Sitzung wurde von dem Kriegsminister die Frage, ob, falls das Heirathsgut in Grundbesitz bestehe, das Einkommen aus demselben, welches bisher, wie jedes andere Einkommen aus Grundbesitz steuerpflichtig gewesen sei, nunmehr auf Grund der Bestimmung in §. 2 freigelassen werden müsse, verneint und ausdrücklich konstatirt, daß in Bezug auf die schon jetzt aus dem Grundbesitz und aus dem Gewerbe zu entrichtende Steuer durch dieses Gesetz nichts geändert werden soll.

3 b) Vor dem 1. April 1887 hatten nach der Allh. Kab.-Ordre v. 14. März 1850 an gesichertem Privateinkommen nachzuweisen: Lieutenants 600 Thaler, Hauptleute II. Klasse 250 Thaler.

3 c) Erlaß des Finanz-Ministers und des Ministers des Innern v. 31. Dezember 1887. — F.-M. II. 14116, M. d. J. I. B. 9172. —

Der beim Bezirkskommando des 2c. zur Dienstleistung kommandirte Hauptmann a. D. v. W. ist darüber vorstellig geworden, daß bei seiner Veranlagung zur Gemeindeabgabe auf Grund des Gesetzes vom 29. Juni 1886 nicht die seiner gegenwärtigen Besoldung entsprechende Heirathskonsenszulage eines Lieutenants von 1800 Mk., sondern nur diejenige eines Hauptmanns von 750 Mk. außer Ansatz geblieben ist. Die Beschwerde ist für begründet zu erachten.

Bei Bemessung der Heirathszulage nach §. 1 der Allerhöchsten Verordnung vom 14. März 1850 kommt es nicht auf die Charge, sondern auf die damit effektiv verbundene Besoldung an, so daß nur derjenige Hauptmann zum Nachweise des geringen Satzes von 750 Mk. zu verstatten ist, welcher die Besoldung eines solchen bezieht, während diejenigen Hauptleute, welche, wie der v. W., über die Besoldung eines Premierlieutenants nicht hinausgekommen sind, den höheren Satz von 1800 Mk. nachzuweisen haben. Die nach §. 2 b des Gesetzes vom 29. Juni 1886 in Abzug zu bringende Heirathszulage ist nach den zur Zeit der Verheirathung des betreffenden Offiziers geltenden Vorschriften, mithin im vorliegenden Falle nach der Allerhöchsten Verordnung vom 14. März 1850, zu bemessen.

Wenn demnach der v. W. trotz seiner Charge als Hauptmann das Heirathseinkommen eines Premierlieutenants hätte nachweisen müssen, so wäre auch bei seiner Veranlagung zur Kommunalabgabe der Betrag von 1800 Mk. in Abzug zu bringen gewesen; denn es liegt nicht in der Absicht des §. 2 b a. a. O., dasjenige Heirathseinkommen zu berücksichtigen, welches an die Charge an und für sich geknüpft ist, sondern dasjenige, welches nach den maßgebenden Bestimmungen im konkreten Falle zur Zeit der Veranlagung nachzuweisen sein würde.

personen für Gemeindezwecke an die Gemeinde des Garnisonorts — sofern die Garnison mehrere Gemeindebezirke umfaßt, oder der Abgabepflichtige nicht in dem Garnisonorte selbst wohnt, an die Gemeinde des Wohnorts — eine Abgabe zu entrichten, welche der nach den Bestimmungen der §§. 7 und 20 des Gesetzes v. 1./25. Mai 1851/73 (G.-S. S. 213) von einem gleichen Jahreseinkommen zu entrichtenden Staatssteuer gleichkommt, mindestens aber den Satz der ersten Stufe der Klassensteuer beträgt.[1])

Die Abgabe ist in den für die Entrichtung der Staatssteuern vorgeschriebenen Raten im Voraus abzuführen. Dem Abgabepflichtigen steht frei, die Abgabe auch für einen längeren Zeitraum bis zum ganzen Jahresbetrage zu bezahlen. Durch die Vorausbezahlung wird die Verpflichtung der Gemeinde zur Erstattung eines ihr nicht gebührenden Abgabebetrages nicht berührt.

§. 4.

Die Feststellung des der Abgabe unterliegenden Einkommensbetrages und die Ermittelung der Steuerstufe erfolgt durch den Vorsitzenden der Einkommensteuer-Einschätzungskommission.[1])

---

1 a) Zu §. 3 bemerken die Motive des Gesetzes:

„Diese Vorschriften bezwecken, unter Anlehnung an die bezüglich der Veranlagung zur Klassen- und klassifizirten Einkommensteuer bestehenden Bestimmungen, klare und unzweideutige Grundsätze über die Berechnung des der Abgabepflicht unterliegenden Einkommensbetrages aufzustellen. Derselbe soll sich dadurch ergeben, daß von dem aus der Einkommensnachweisung ersichtlichen Gesammteinkommensbetrage, nach welchem der Abgabepflichtige zur Staats-Klassen- bez. Einkommensteuer veranlagt ist, die Summe der außer Betracht bleibenden Einkommensbeträge, nämlich:

a) der Dienstbezüge,

b) des behufs Ertheilung des Heirathskonsenses nach dienstlicher Vorschrift nachzuweisenden Einkommens, soweit dieses nach §. 2 frei bleibt,

c) des nach anderweiter gesetzlicher Vorschrift bereits kommunalsteuerpflichtigen Einkommens, insbesondere aus Grundbesitz und Gewerbebetrieb,

abgerechnet wird. Auch die Ziffern zu a und c sind aus dem amtlichen Material der Einschätzungskommission unmittelbar zu entnehmen. Die Ziffern zu b ergeben sich, ebenfalls unmittelbar, aus den bezüglichen Vorschriften. Der verbleibende Rest ergiebt ohne Weiteres die Stufe (der Klassen- oder klassifizirten Einkommensteuer), zu welcher die Veranlagung zu der Abgabe für Gemeindezwecke zu erfolgen hat, mit der Maßgabe, daß die untere Grenze der ersten Stufe der Klassensteuer (420 Mk.) hier in Wegfall kommt.

Für die Höhe der Abgabe sind die aus den Tarifen des Gesetzes v. 1./25. Mai 1851/73 sich ergebenden Steuersätze als maßgebend angenommen worden. Hierbei wird davon ausgegangen, daß einerseits eine Prägravation der Militärpersonen um so mehr zu vermeiden ist, als dieselben in den zahlreichen Orten, in denen die Kommunaleinkommensteuer 100 Prozent der Staatssteuer nicht erreicht, ohnehin höhere Beträge als die Privaten zu zahlen haben, andererseits aber den Gemeinden das zu Theil wird, worauf sie billiger Weise Anspruch haben."

Gegenwärtig haben nach §. 76 des Einkommensteuergesetzes vom 24. Juni 1891 (siehe S. 99) an die Stelle der bisherigen Klassensteuersätze die den betreffenden Klassensteuerstufen entsprechenden Einkommensbezüge zu treten.

1 b) Siehe auch §. 12 des Gesetzes v. 27. Juli 1885 (G.-S. S. 327), betr. Ergänzung und Abänderung einiger Bestimmungen über Erhebung der auf das Einkommen gelegten direkten Kommunalabgaben. (Siehe Anlage 3.)

(Zu §. 4). 1) Diese Vorschrift wird in den Motiven des Gesetzes in folgender Weise begründet: „Für die Beauftragung des Vorsitzenden der Einschätzungskommission mit der Fest-

§. 5.

Jedem Abgabepflichtigen ist die erfolgte Feststellung der Steuerstufe mit dem Betrage der von ihm für das Steuerjahr zu entrichtenden Abgabe durch eine verschlossene Zuschrift bekannt zu machen. Die Benachrichtigung der berechtigten Gemeinde erfolgt durch Mittheilung einer Liste, welche die Personen der Abgabepflichtigen und den von ihnen zu entrichtenden Abgabebetrag nachweist.

Gegen die Feststellung steht dem Abgabepflichtigen, sowie der Gemeinde binnen zwei Monaten vom Empfange der Zuschrift die Beschwerde[1]) bei der Bezirksregierung frei, bei deren Entscheidung es bewendet.

Die Beschwerde hat keine aufschiebende Wirkung.

§. 6.

Die Abgabepflicht beginnt mit dem Ersten desjenigen Monats, welcher auf den Monat folgt, in welchem die Ernennung beziehungsweise die Verlegung des Wohnsitzes stattfindet, für die zur Klassen- beziehungsweise klassifizirten Einkommensteuer einstweilen noch nicht herangezogenen Personen mit dem Zeitpunkt der

---

stellung des Abgabebetrages spricht in erster Linie der Umstand, daß das gesammte zur Feststellung des Betrages der Abgabe erforderliche Material sich theils — bezüglich der zur Einkommensteuer Veranlagten — bereits in seinem Besitz befindet, theils — bezüglich der Klassensteuerpflichtigen — ihm amtlich zugänglich ist; sodann die Erwägung, daß es zur Feststellung des Betrages der Abgabe keiner Einschätzung, sondern lediglich einer Berechnung bedarf, deren Elemente den Einkommensnachweisungen zu entnehmen sind, oder anderweitig feststehen.

Da eine wirkliche Einschätzung nicht stattfindet, die Feststellung des Steuerbetrages sich vielmehr auf eine einfache Berechnung beschränkt, so wird von einer Mitheranziehung der Mitglieder der Einschätzungskommission abgesehen werden können."

Um zu verhindern, daß Offiziere, welche ein abgabepflichtiges Privateinkommen beziehen, trotzdessen aber nur zur Klassensteuer veranlagt sind, der Kenntniß des Vorsitzenden der Einkommensteuer-Einschätzungskommission sich entziehen, ist in der Ausführungs-Anweisung des Finanzministers v. 1. Februar 1887 unter Nr. 10 Abs. 2 (s. S. 594) bestimmt worden, daß der Vorstand der abgabeberechtigten Gemeinde nach Feststellung der Klassensteuerrolle durch die Regierung alljährlich dem Vorsitzenden der Einkommensteuer-Einschätzungskommission ein Verzeichniß der betreffenden, zur Klassensteuer veranlagten Abgabepflichtigen einzureichen hat.

(Zu §. 5.) 1) Finz.-Min.-Erlaß v. 17. Novbr. 1887. — II. 13 310.

Auf den Bericht 2c., betreffend die Heranziehung des Sekondelieutenants v. B. zu C. zur Abgabe für Gemeindezwecke, erwidere ich Ew. 2c., daß die Entscheidung der 2c. den gesetzlichen Vorschriften entspricht.

Nach §. 3 des Gesetzes vom 29. Juni 1886 ist allerdings für die Feststellung des zur Gemeinde abgabepflichtigen Einkommens der aus der Einkommensnachweisung für die Staatssteuer sich ergebende Einkommensbetrag zu Grunde zu legen. Nach §. 5 a. a. O. ist aber gegen diese Feststellung die Beschwerde ohne irgend welche einschränkende Bestimmung gegeben. Wird bei den desfallsigen Erörterungen der Nachweis geführt, daß die nach den Vorschriften des §. 3 angenommenen Einkommensbeträge in der That unrichtig sind, so unterliegt es keinem Bedenken, diese Beträge nach Maßgabe des wirklichen Einkommens anderweit zu normiren und dementsprechend die Gemeindeabgabe dann in zutreffender Weise festzusetzen.

Da der v. B. Privateinkommen nicht mehr besitzt, so ist dessen Freistellung von der Gemeindeabgabe mit Recht erfolgt.

Heranziehung; sie endet mit dem Ablauf des Monats, in welchem der Abgabepflichtige seinen Wohnsitz in dem Bezirk der berechtigten Gemeinde aufgiebt, versetzt wird, stirbt oder aus dem aktiven Dienst ausscheidet.[1])

§. 7.

Die Abgabepflicht ruht während der Zugehörigkeit zur Besatzung eines zum Auswärtigen Dienst bestimmten Schiffes oder Fahrzeuges der Kaiserlichen Marine, und zwar vom Ersten desjenigen Monats ab, welcher auf den Monat folgt, in welchem die heimischen Gewässer verlassen werden, bis zum Ablauf des Monats, in welchem die Rückkehr in dieselben erfolgt.

Die Abgabepflicht ruht ferner während der Zugehörigkeit zu einem in der Kriegsformation befindlichen Theile des Heeres oder der Marine vom Ersten desjenigen Monats ab, welcher auf den Monat folgt, in welchem die Zugehörigkeit begonnen hat, bis zum Ablauf des Monats, in welchem dieselbe endet.

§. 8.

Ab- und Zugänge am Einkommen während des Jahres, für welches die Veranlagung erfolgt ist, ändern an der einmal veranlagten Abgabe nichts. Nur wenn nachgewiesen werden kann, daß durch den Verlust einzelner Einnahmequellen das veranschlagte abgabepflichtige Einkommen um mehr als den vierten Theil vermindert worden, darf eine verhältnißmäßige Ermäßigung der veranlagten Abgaben gefordert werden.

Ueber den Antrag entscheidet der Vorsitzende der Einkommensteuer-Einschätzungskommission vorbehaltlich der Beschwerde an die Bezirksregierung (§. 5 Abs. 2).

§. 9.

Die mit Pension zur Disposition gestellten Offiziere werden, so lange dieselben nicht zum aktiven Dienst wieder herangezogen werden, hinsichtlich der Verpflichtung zur Entrichtung der Gemeindeabgaben den verabschiedeten Offizieren gleichgestellt, die vor dem 1. April 1886 mit Pension zur Disposition gestellten Offiziere jedoch nur dann, wenn ihre Militärpension auf Grund des Reichsgesetzes vom 21. April 1886 (Reichs-Gesetzbl. S. 78) entsprechend[1]) erhöht worden ist.

(Zu §. 6.) 1) Zu diesem Paragraph wird in den Motiven bemerkt:

„Es wird hier der Grundsatz zum Ausdruck gebracht, daß Anfang und Ende der Abgabepflicht mit dem Ablauf des Monats zusammenfallen sollen, in welchem der Betreffende in die Kategorie der im §. 1 bezeichneten Militärpersonen eintritt, bezw. aus derselben ausscheidet, und daß in gleicher Weise auch beim Wechsel der Garnison, bezw. beim Umzuge innerhalb der Garnison (§. 3) die Abgabe für den vollen Monat, in welchem die Veränderung eintritt, noch der bisher berechtigten Gemeinde gebühren soll."

(Zu §. 9). 1) In der Kommission des Abgeordnetenhauses wurde auf eine Anfrage, welche Bedeutung das in der vorletzten Zeile enthaltene Wort „entsprechend" habe, Seitens der Vertreter der Königlichen Staatsregierung ausgeführt: Das Wort „entsprechend" bedeute, daß ein zur Disposition gestellter Offizier, wenn er eine höhere Pension erhalte und in Folge dessen bei der Kommunalsteuer herangezogen werde, dadurch nicht schlechter als früher gestellt werden dürfe. Die Kommunalsteuer dürfe über die erhöhte Pension nicht hinausgehen. Beispielsweise dürfe, wenn die Pensionserhöhung 100 Mk. betrage, die Kommunalsteuer 100 Mk. nicht übersteigen.

§. 10.

Dieses Gesetz gelangt zuerst für das mit dem 1. April 1887 beginnende Steuerjahr zur Anwendung.

Mit der Ausführung werden die Minister des Innern, der Finanzen und des Krieges beauftragt.

Urkundlich ꝛc.

Gegeben ꝛc.

---

2. Cirkular-Verfügung des Finanzministers, betreffend Ausführung des Gesetzes vom 29. Juni 1886 wegen Heranziehung von Militärpersonen zu Gemeindeabgaben. Berlin, den 2. Februar 1887. — II. 1322 —.

Nach dem Gesetz vom 29. Juni 1886 (G.-S. S. 181) erfolgt vom 1. April 1887 ab die Heranziehung der im Offiziersrange stehenden Militärpersonen zu Abgaben für Gemeindezwecke und liegt nach §. 4 desselben die Feststellung des der Abgabe unterliegenden Einkommensbetrages, die Ermittelung der Steuerstufe, die Mittheilung an die betreffenden Steuerpflichtigen sowie die Benachrichtigung der berechtigten Gemeinden den Vorsitzenden der Einkommensteuer-Einschätzungs-Kommissionen ob.

Die Königliche Regierung erhält anliegend ein Exemplar der Anweisung zur Ausführung dieses Gesetzes mit dem Veranlassen, dieselbe durch das dortige Amtsblatt schleunigst zur öffentlichen Kenntniß zu bringen und die Vorsitzenden der Einkommensteuer-Einschätzungs-Kommissionen sowie die Kommunalbehörden Ihres Bezirkes mit entsprechender Instruktion zu versehen, damit die Feststellung des für Gemeindezwecke von den steuerpflichtigen Militärpersonen zu zahlenden Abgabebetrages rechtzeitig stattfindet. Die Kommunalbehörden sind namentlich darauf hinzuweisen, daß die Regelung der im Laufe des Steuerjahres eintretenden Ab- und Zugänge beziehungsweise die Ueberweisung und In- Abgangstellung der betreffenden Abgabebeträge ihrerseits ohne Mitwirkung des Vorsitzenden der Einkommensteuer-Einschätzungskommission zu erfolgen habe, und daß zu dem Zwecke die diesen Gemeindeabgaben unterliegenden Militärpersonen von dem Herrn Kriegsminister angewiesen seien, bei der Verlegung des Wohnsitzes aus einem Gemeindebezirk in den anderen, sowie bei einer Versetzung innerhalb Preußens von einer solchen Veränderung sowohl der bisher empfangsberechtigten Gemeinde, als auch der Gemeinde des neuen Wohn- beziehungsweise Garnisonortes unter Bezeichnung des Monats, mit dessen Ablauf die Empfangsberechtigung der ersteren erlischt, ohne Verzug Mittheilung zu machen.

Die für die Veranlagung der Gemeindeabgabe erforderlichen Formulare sind nach den für die klassifizirte Einkommensteuer in der Cirkularverfügung vom

19. Oktober 1877 — IV. 11772 —[1]) gegebenen Bestimmungen zu beschaffen und den Vorsitzenden der Einkommensteuer-Einschätzungskommission zuzustellen.

Der Finanzminister.

Scholz.

An sämmtliche Königliche Regierungen (exkl. Sigmaringen).

Berlin, den 2. Februar 1887.

Abschrift erhält die Königliche Direktion für die Verwaltung der direkten Steuern zur Kenntnißnahme und Beachtung.

In Gemäßheit der Bestimmung des §. 45 des Gesetzes über die allgemeine Landesverwaltung hat die Königliche Direktion für die Verwaltung der direkten Steuern an Stelle der Bezirksregierung für den Stadtkreis Berlin als Beschwerde-instanz zu funktioniren.

Der Finanzminister.

Scholz.

---

1) Finz.-Minist.-Erlaß v. 19. Oktober 1877. — IV. 11772 —.

Bezüglich der Beschaffung derjenigen Formulare, welche von den Landräthen als Vorsitzenden der Einkommensteuer-Einschätzungskommissionen zu verwenden sind, ist nach den hier gemachten Wahrnehmungen bisher nicht gleichmäßig verfahren, vielmehr sind in einzelnen Regierungsbezirken den Landräthen solche Formulare auf Staatskosten geliefert, bezw. die dafür aufgewendeten Kosten erstattet worden, deren Beschaffung in anderen Bezirken aus den Amtskosten-Aversen der Landräthe verlangt worden ist. Behufs Herbeiführung einer gleichmäßigen Behandlung dieser Angelegenheit wird deshalb nach stattgehabtem Einvernehmen mit der Kgl. Ober-Rechnungskammer angeordnet, daß die Formulare zu den:

1. Einkommensnachweisungen,
2. Benachrichtigungsschreiben an die Steuerpflichtigen über deren Veranlagung.
3. Uebersichten der Einkommenssteuerbeträge (Heberollen),
4. Nachweisungen über die Ergebnisse der Veranlagung,
5. Remonstrationsnachweisungen, formularmäßigen Verfügungen auf die Remonstrationen und Benachrichtigungen der Remonstranten über die getroffenen Entscheidungen,
6. Behändigungsscheinen über die zu 2 und 5 erwähnten Benachrichtigungen,
7. formularmäßigen Verfügungen auf Reklamationen und zu den Reklamationsnachweisungen,
8. Nachweisungen über eingelegte Berufungen, und
9. Nachweisungen über die im Laufe des Jahres zur Feststellung kommenden Einkommensteuer-Zu- und Abgänge, sowie zu den Zu- und Abgangsbelägen

auf Staatskosten zu beschaffen sind. Demgemäß sind diese Formulare den Vorsitzenden der Einkommensteuer-Einschätzungskommissionen von der Kgl. Regierung entweder zu liefern, oder, wenn deren Beschaffung, wo besondere Gründe dafür sprechen, den Landräthen überlassen wird, Letzteren die dafür aufgewendeten Beträge zu erstatten. In beiden Fällen hat die Anweisung der entstehenden Kosten auf Titel 13 Abtheilung II. des Ausgabekapitels 5 zu erfolgen.

Es kann vorausgesetzt werden, daß unter den vorstehend erwähnten alle von den Vorsitzenden der Einkommensteuer-Einschätzungskommissionen zu verwendenden Formulare enthalten sind, welche nicht lediglich zum Zwecke der Arbeitserleichterung für diese, sondern wesentlich zur Beschleunigung der den Kommissionen und der Kgl. Regierung obliegenden Geschäfte, sowie zur Sicherung einer korrekten und gleichmäßigen Ausführung des Gesetzes zu dienen bestimmt sind, und deren Beschaffung aus den Amtskosten-Aversen der Landräthe deshalb billigerweise nicht verlangt werden kann.

Sollte die Kgl. Regierung der Ansicht sein, daß diese für die Uebernahme der Kosten auf Staatsfonds maßgebenden Kriterien auch bei anderen von Ihr oder dem Herrn Vorsitzenden der Bezirkskommission vorgeschriebenen oder vorzuschreibenden Formularen zutreffen, so wird eingehender Berichterstattung darüber entgegengesehen; vor ergangener diesseitiger Entscheidung sind aber Kosten für andere, als die oben unter 1 bis 9 erwähnten Formulare auf Staatsfonds nicht zu übernehmen.

Anweisung

für

die Vorsitzenden der Einkommensteuer-Einschätzungskommission zur Ausführung des Gesetzes vom 29. Juni 1886 (G.-S. S. 181), betreffend die Heranziehung von Militärpersonen zu Abgaben für Gemeindezwecke. Vom 1. Februar 1887.

Nr. 1. Die dem Vorsitzenden der Einkommensteuer-Einschätzungskommission durch das Gesetz vom 29. Juni 1886 übertragenen Obliegenheiten bestehen in:

a) der Feststellung des der Abgabe für Gemeindezwecke unterliegenden Einkommens und der diesem entsprechenden jährlichen Abgabe (§. 4);

b) der Benachrichtigung des Abgabepflichtigen und der berechtigten Gemeinde von der Feststellung zu a (§. 5);

c) der Entscheidung über etwaige Erlaßanträge (§. 8);

d) der Mitwirkung bei etwaigen Beschwerden an die Bezirksregierung.

Eine weitere Betheiligung des Vorsitzenden in Bezug auf die Erhebung der Abgabe, die Veränderungen, welche im Laufe des Jahres in Folge von Garnison- oder Wohnungswechsel, Abkommandirung, Versetzung, Ausscheiden aus dem Dienst u. s. w. eintreten, findet nicht statt. Jedoch sind im Falle der Anzeige von der Verlegung des Wohnsitzes des Abgabepflichtigen in den Bezirk einer anderen Einschätzungskommission dem Vorsitzenden der letzteren die auf die Feststellung der Abgabe bezüglichen Mittheilungen zu machen.

Nr. 2. Der Abgabe unterliegen die Offiziere, Sanitätsoffiziere und oberen Militärbeamten des Friedensstandes, welche innerhalb des preußischen Staates in Garnison stehen und zur preußischen Klassen- beziehungsweise klassifizirten Einkommensteuer veranlagt sind.

Wird diese Veranlagung im Laufe des Jahres auf Reklamation oder aus anderen Gründen aufgehoben, so zieht dies auch die Aufhebung beziehungsweise das Erlöschen der Verpflichtung zur Entrichtung der Gemeindeabgabe nach sich. Andererseits wird bei nachträglich im Laufe des Jahres erfolgender Heranziehung zur Staatssteuer damit auch für dieselbe Zeit, für welche letztere erfolgt, die hier in Rede stehende Bedingung für die Heranziehung zur Gemeindeabgabe erfüllt.

Nr. 3. Die Abgabe wird nicht erhoben vom Diensteinkommen, sondern lediglich von dem Privateinkommen und auch von diesem nur insoweit, als dasselbe nicht bereits nach den bestehenden gesetzlichen Bestimmungen der Kommunalsteuerpflicht unterliegt.

Nur diejenigen Personen sind also zur Abgabe heranzuziehen, welche außer dem dienstlichen und außer etwaigem Einkommen aus Grundbesitz und Gewerbebetrieb ausweislich der Einkommensnachweisung noch aus anderen Quellen fließendes Einkommen beziehen (Zinsen von Kapitalien, Renten, Nutzungen u. s. w.).

Nr. 4. Für die Ermittelung der Gemeindeabgabe ist es unerheblich, ob bei der Veranlagung der Staatssteuer wegen besonderer wirthschaftlicher Verhältnisse und dergl. eine geringere als die dem nachgewiesenen Einkommen entsprechende Steuerstufe festgesetzt ist. (§. 7 des Gesetzes vom 25. Mai 1873 und §. 2 des Gesetzes vom 26. März 1883.)

Nr. 5. Die nach erfolgter Feststellung der Gemeindeabgabe etwa im Wege der Reklamation, Remonstration oder des Rekurses erzielten Aenderungen der Staatssteuerveranlagung bleiben für die Gemeindeabgabe an sich wirkungslos. Wenn jedoch der Abgabepflichtige auch gegen die Feststellung der Gemeindeabgabe Beschwerde eingelegt hat, bleibt der Regierung überlassen, die Entscheidung über diese Beschwerde bis zur Erledigung der Beschwerde gegen die Staatssteuerveranlagung auszusetzen und letztere demnächst zu berücksichtigen, falls im Reklamations- beziehungsweise Remonstrationsverfahren das Einkommen aus anderen Quellen als aus Grundbesitz, Gewerbebetrieb oder dem Dienstverhältniß zu einem geringeren Betrage angesetzt worden ist.

Die Bewilligung eines Erlasses an der Staatssteuer im Laufe des Jahres ist indeß ohne Bedeutung für die Gemeindeabgabe.

Nr. 6. Von dem bei der Veranlagung der Staatssteuer für das betreffende Steuerjahr zum Grunde gelegten, aus der Einkommensnachweisung zu ersehenden Jahresbetrage des steuerpflichtigen Einkommens ist in Abzug zu bringen:

a) das gesammte Diensteinkommen,[1])

b) das Einkommen aus Grundbesitz oder Gewerbebetrieb sowie bei Militärärzten das Einkommen aus einer Civilpraxis.

Hierbei muß jedoch beachtet werden, daß der Jahresbetrag des steuerpflichtigen Einkommens, von welchem die Abzüge gemacht werden, nur sich aus den Nettoerträgen der verschiedenen Quellen zusammensetzt, nachdem die Schuldenzinsen, Steuern, Renten, Leibgedinge und sonstige Lasten von den in der Einkommensnachweisung aufgeführten Pächten, Miethen und sonstigen Bruttoeinnahmen in Abzug gebracht sind. (Vergl. die den Verfügungen vom 1. Juli 1875 und vom 29. August 1877 beigefügten Formulare zu Einkommensnachweisungen. Mittheilungen Heft 2 S. 12 und Heft 7 S. 25.) Die das Einkommen aus Grundbesitz und Gewerbebetrieb vermindernden Zinsen, Steuern, Renten u. s. w. müssen deshalb zuvörderst, soweit es nicht schon bei Aufstellung der Einkommensnachweisung geschehen, von den nachgewiesenen Erträgen dieser Quellen abgezogen werden,

---

1 a) Kgl. Charité-Direktion. Berlin, 12. Juni 1890.

Ew. ꝛc. erwidern wir ergebenst, daß die dem Oberstabsarzt I. Kl. Dr. B. und dem Stabsarzt Dr. R. aus Charité-Fonds gewährte Remuneration von je 600 Mk. jährlich zweifellos nicht als Militär-Diensteinkommen im Sinne des Gesetzes v. 29. Juni 1886 anzusehen ist, da die betr. Dienstfunktionen der Genannten zu ihrer militärischen Stellung keine Beziehung haben, sondern lediglich civiler Natur sind. Die fr. 600 Mk. stellen sich als Diensteinkommen eines Staatsbeamten dar, welches nur mit der Hälfte zur Kommunalsteuer heranzuziehen ist.

1 b) Auch eine einem Militärarzte auf Grund seines früheren Verhältnisses als Leibarzt ꝛc. zufließende Pension wird nicht zum Diensteinkommen im Sinne des §. 2 des Gesetzes vom 29. Juni 1886 zu rechnen sein. Sie wird vielmehr, da sie auch nicht unter den Begriff des Einkommens aus Gewerbebetrieb fällt, zur Besteuerung mit heranzuziehen sein.

ehe diese wiederum geeignet sind, von dem Betrage des steuerpflichtigen Jahreseinkommens abgezogen zu werden.

Außerdem ist in Abzug zu bringen:

c) bei denjenigen vor dem 1. April 1887 in den Ehestand getretenen Militärpersonen, welche einer Charge angehören, für die die Ertheilung des Heirathskonses an den Nachweis eines bestimmten Vermögens geknüpft ist, derjenige Einkommensbetrag, welcher nach den zur Zeit der Nachsuchung des Heirathskonsenses maßgebend gewesenen Vorschriften für die Charge, welcher sie zur Zeit der Veranlagung angehören, vorschriftsmäßig nachzuweisen war.

Die etwa nach Feststellung der Abgabe eintretende Beförderung zu einer höheren Charge bleibt im Laufe des Jahres unberücksichtigt.

Nr. 7. Die Abgabepflicht beginnt mit dem 1. April 1887, für diejenigen Offiziere 2c., deren Ernennung erst vom 1. April 1887 oder später datirt, oder welche erst zum 1. April oder später in eine preußische Garnison versetzt werden, vom Ersten des auf die Ernennung oder auf die Verlegung des Wohnsitzes nach der preußischen Garnison folgenden Monats. Sie endet mit dem Ablauf desjenigen Monats, an welchem der Abgabepflichtige stirbt, aus dem aktiven Dienst ausscheidet oder in eine nicht zur preußischen Monarchie gehörende Garnison versetzt wird. Inwieweit ein Kommando einer Versetzung gleich zu achten, ergiebt sich aus den dieserhalb bestehenden Bestimmungen (vergl. die Zirkularverfügung vom 16. Februar 1875 [1]), Mittheilungen Heft 2 S. 4 und §. 8 der Anweisung zur Veranlagung der klassifizirten Einkommensteuer vom 4. März 1877).

Nr. 8. Berechtigt zur Erhebung der Abgabe ist regelmäßig die Gemeinde des Garnisonortes; erstreckt sich aber die Garnison auf mehrere Gemeindebezirke, oder wohnt der Abgabepflichtige in dem Bezirk einer benachbarten Gemeinde, so steht die Abgabe derjenigen Gemeinde zu, in deren Bezirk der Abgabepflichtige thatsächlich wohnt. [2]) Bei der Verlegung des Wohnsitzes aus einem Gemeindebezirk in den andern, sowie bei einer Versetzung innerhalb Preußens geht die Berechtigung zum Bezuge der Abgabe mit dem Ersten des auf die Verlegung des Wohnsitzes folgenden Monats auf die Gemeinde des neuen Wohnortes über.

Nr. 9. Nach Vorstehendem (Nr. 7 und 8) hat der Vorsitzende der Einkommensteuer-Einschätzungskommission, bevor er die „berechtigte" Gemeinde von der Feststellung der Gemeindeabgabe benachrichtigt (§. 5 al. 1 des Gesetzes), die Berechtigung derselben zwar zu prüfen und die Vermeidung von Weiterungen sich thunlichst angelegen sein zu lassen, auch nach Bedürfniß die zuständigen Behörden um die zu diesem Zwecke nothwendige Auskunft zu ersuchen.

Wird gleichwohl demnächst ermittelt, daß die Benachrichtigung an eine nicht berechtigte Gemeinde erlassen ist, so hat der Vorsitzende, da der Abgabepflichtige

---

1) Siehe Seite 213, Anm. 4 a.

2) Hat der Abgabepflichtige mehrere thatsächliche Wohnsitze, so zahlt er dennoch die Abgabe nur einmal, siehe die nachfolgende Nr. 9.

nur an eine Gemeinde die Abgabe für dieselbe Zeit zu entrichten verpflichtet ist, seine Benachrichtigung zu berichtigen, sodann aber an die berechtigte Gemeinde eine anderweite Benachrichtigung, beziehungsweise wenn diese Gemeinde außerhalb seines Geschäftsbezirkes belegen ist, an den Vorsitzenden der Einkommensteuer-Einschätzungskommission dieser Gemeinde die erforderliche Mittheilung gelangen zu lassen.

Nr. 10. Behufs Festsetzung der Abgabe hat nach Veranlagung der Einkommensteuer für das Steuerjahr der Vorsitzende der Einschätzungskommission die der Gemeindeabgabe unterliegenden Einkommensteuerpflichtigen in eine Nachweisung einzutragen, auf Grund der Einkommensnachweisung die Ermittelung des abgabepflichtigen Einkommens vorzunehmen und die entsprechende Steuer einzutragen.

Ein Muster zu dieser, demnächst mit dem Feststellungsvermerk zu versehenden Nachweisung ist unter A. beigefügt. Dieselbe kann nach Bedürfniß gemeindeweise geführt, auch so eingerichtet werden, daß sie für mehrere Jahre zu gebrauchen ist. In Betreff der der Gemeindeabgabe unterliegenden Klassensteuerpflichtigen hat der Vorstand der zur Erhebung der Abgabe berechtigten Gemeinde, nachdem die Klassensteuerrolle von der Regierung festgestellt ist, für jedes Steuerjahr ein Verzeichniß nach anliegendem Muster B.[3]) aufzustellen und dem Vorsitzenden der Einkommensteuer-Einschätzungskommission zu übersenden. Für diejenigen in dem Verzeichniß eingetragenen Personen, bei denen die Einkommensnachweisung außerdienstliches Einkommen aus anderen Quellen als aus Grundbesitz oder Gewerbebetrieb angiebt, ist, wenn dies Einkommen mehr als 660 Mark beträgt, eine beglaubigte Abschrift der bezüglichen Eintragungen in der Einkommensnachweisung beizufügen. Beträgt das fragliche Einkommen nur 660 Mark oder weniger, so bedarf es keiner weiteren Berechnung in der Nachweisung des Vorsitzenden, indem der Steuersatz von 3 Mark eintritt. Für diese Abgabepflichtigen kann deshalb auch das Verzeichniß — wo es zweckmäßig erscheint — gleich so eingerichtet werden, daß die Feststellung der Abgabe in demselben erfolgen kann ohne Eintragung in die Nachweisung (Muster A.). Beträgt das fragliche Einkommen aber über 660 Mark, so sind die betreffenden Spalten der Nachweisung (Muster A.) von dem Vorsitzenden auszufüllen.

Die Feststellung der Abgabe ist lediglich nach den für die Klassen- und Einkommensteuer gültigen Steuerstufen und jährlichen Steuersätzen zu bewirken mit der Maßgabe, daß der Steuersatz der ersten Klassensteuerstufe — 3 Mark — auch dann festzusetzen ist, wenn das abgabepflichtige Einkommen auf weniger als 420 Mark ermittelt ist.

---

3) Finz.-Minist. Erlaß v. 11. März 1887. — II. 2684 —.

Auf den Bericht vom 2c. wird der Kgl. Regierung erwidert, daß das Formular B. der Anweisung zur Ausführung des Gesetzes vom 29. Juni 1886 (G.S. S. 181) betreffend die Heranziehung von Militärpersonen zu Abgaben für Gemeindezwecke von den betreffenden Gemeindevorständen zu beschaffen und dem Vorsitzenden der Einkommensteuer-Einschätzungskommission nach Vorschrift ausgefüllt einzureichen ist.

Von der Beifügung beglaubigter Abschriften aus der Klassensteuer-Einkommensnachweisung kann der Vorsitzende absehen, sofern die Einkommensnachweisung selbst ihm zur Verfügung gestellt wird und deren Benutzung keine besonderen Schwierigkeiten macht.

Nr. 11. Hat der Vorsitzende gegen die Einschätzung eines Abgabepflichtigen zur Einkommensteuer Berufung eingelegt, so ist bis zur Entscheidung über letztere die Feststellung der Gemeindeabgabe desselben auszusetzen.

Nr. 12. Zu den Benachrichtigungsschreiben an die Abgabepflichtigen (§. 5 al. 1 des Gesetzes) ist ein Muster in Anlage C. beigefügt. Die Behändigungsscheine sind mindestens ein Jahr lang geordnet aufzubewahren.

Nr. 13. Die für die berechtigten Gemeinden aufzustellenden Listen, in welche die Personen der Abgabepflichtigen und der Jahresbetrag der von ihnen zu entrichtenden Abgabe einzutragen ist, hat der Vorsitzende zu vollziehen. Der Empfang ist zu bescheinigen.

Nr. 14. Das vorstehend geordnete Verfahren (Nr. 10 bis 13) findet auch in Betreff derjenigen Abgabepflichtigen, welche erst im Laufe des Steuerjahres zur Einkommen- oder Klassenstensteuer herangezogen werden, sobald die Veranlagung derselben erfolgt ist, entsprechende Anwendung, indem zu diesen Zwecken ein Nachtrag zu der Nachweisung (A.) beziehungsweise zu dem Verzeichniß (B.) angelegt, beziehungsweise dem Vorsitzenden übersandt und ebenso ein Nachtrag zu der Liste (Nr. 13) der berechtigten Gemeinde zugestellt wird.

Nr. 15. Die Bewilligung einer Ermäßigung der veranlagten Abgabe (§. 8 des Gesetzes) kann nur in Frage kommen, wenn der Verlust einzelner derjenigen Einnahmequellen dargethan wird, aus welchen das abgabepflichtige Einkommen fließt (Kapitalien, Renten u. s. w.).

Im Uebrigen sind die Grundsätze, welche bezüglich der Erlaßbewilligungen bei der Einkommensteuer maßgebend sind, anzuwenden.

Das dienstliche Einkommen, sowie das Einkommen aus Grundbesitz und Gewerbebetrieb bleiben außer Betracht.

Nr. 16. Die Beschwerde (§. 5 al. 2 des Gesetzes) an die Bezirksregierung (in Berlin an die Direktion für die Verwaltung der direkten Steuern) kann innerhalb der vorgeschriebenen zweimonatlichen Frist bei der Regierung unmittelbar oder bei dem Vorsitzenden der Einkommensteuer-Einschätzungskommission schriftlich eingereicht werden.

Letzterer hat die etwa erforderlichen thatsächlichen Ermittelungen unverzüglich zu veranlassen und das Ergebniß mit gutachtlicher Aeußerung zur Entscheidung vorzulegen. Der Regierung bleibt überlassen, ob vor der Entscheidung über eine Beschwerde der berechtigten Gemeinde auch der Abgabepflichtige anzuhören ist und umgekehrt. Hinsichtlich der Zuständigkeit zur Entscheidung der Beschwerden im Falle der Verlegung des Wohnsitzes des Abgabepflichtigen finden die Bestimmungen der Cirkular-Verfügung vom 27. Oktober 1874 — IV. 10351—[4]) entsprechende Anwendung.

Der Finanzminister.
In Vertretung
Meinecke.

---

4) Finz.-Minist.-Verfügg. v. 27. Oktober 1874 — IV. 10351 —. (Auszug.)

Nach dem Inhalte der auf die Cirkularverfügung v. 18. Juli 1874 — II. 6698 — erstatteten Berichte ist bisher bezüglich der Kompetenz zur Erörterung und Entscheidung der Reklamationen solcher Klassensteuerpflichtigen, welche nach geschehener Veranlagung ihren Wohnsitz in einen anderen Veranlagungsbezirk verlegt haben, eine übereinstimmende Praxis nicht beobachtet. Zur Herbeiführung der erforderlichen Gleichmäßigkeit im Verfahren wird nunmehr Folgendes bestimmt:

1. Die Klassensteuer-Reklamationen derjenigen Steuerpflichtigen, welche nach geschehener Veranlagung ihren Wohnsitz in einen anderen Veranlagungsbezirk verlegt haben, unterliegen in der Regel der Prüfung, Begutachtung und Entscheidung durch die zuständigen Kommissionen und Behörden des neuen Wohnortes, beziehungsweise des Kreises und Bezirkes, in welchem derselbe belegen ist.

2. Ist jedoch die Reklamation schon vor dem Umzuge dem Landrathe (Bürgermeister — §. 14a. des Gesetzes) des Kreises, in welchem die Veranlagung stattgefunden hat, eingereicht, so verbleibt die Kompetenz zur Begutachtung und Entscheidung bei den Kommissionen und Behörden des Veranlagungs-Orts, -Kreises und -Bezirks.*)

3. Reklamationen, welche etwa nach dem Umzuge des Klassensteuerpflichtigen bei dem Landrathe ꝛc. des Kreises, in welchem die Veranlagung erfolgt ist, eingehen möchten, sind von diesem mit den erforderlichen Bemerkungen über den letzten Tag der Offenlegung der Klassensteuerrolle und den Tag des Einganges der Reklamation zu versehen und dem Landrathe ꝛc. des neuen Wohnortes zu übersenden.

*) Ebenso bei den Rekursen, siehe Verfügg. v. 3. November 1879 — II. 15087 —

(Titel-Seite.)

A.

(Zu Nr. 10. S. 594.)

Nachweisung

der

für das Steuerjahr 188 ./8 . zu der Abgabe für Gemeindezwecke heranzuziehenden Militärpersonen.

Das der Abgabe für Gemeindezwecke unterliegende Einkommen der unter Nr. 1 bis Nr. .... dieses Verzeichnisses aufgeführten Militärpersonen ist auf die in Spalte 11 beigeschriebenen Beträge festgestellt und die ermittelte Steuerstufe in Spalte 12 eingetragen.

...., den —— ten .... 188—— .

Der Vorsitzende der Einschätzungs-Kommision für die klassifizirte Einkommensteuer.

(2. Seite.)

Laufende Nummer	Nummer der Klassensteuerrolle bezw. Einkommensteuernachweisung	Namen des Steuerpflichtigen	Charge bezw. Amtscharakter	Wohnung (Straße und Hausnummer)	Klassen- oder Einkommensteuerpflichtiges Jahreseinkommen ℳ	Dienstliches Einkommen ℳ	Einkommen aus Grundbesitz oder Gewerbebetrieb ℳ
1.	2.	3.	4.	5.	6.	7.	8.

(3. Seite.)

Heirathskonsenszulage der vor dem 1. April 1887 in den Ehestand getretenen Offiziere ℳ	Summa der Spalten 7 bis 9 ℳ	Nach Abzug der Spalte 10 von der Spalte 6 bleibt **abgabepflichtiges** Einkommen ℳ	Die Gemeindeabgabe ist ermittelt auf Stufe a) der Klassensteuer, b) der Einkommensteuer	Betrag der festgestellten Abgabe ℳ	Bemerkungen.
9.	10.	11.	12.	13.	14

Gemeinde ....

B.

(Zu Nr. 10. S. 594.)

Verzeichniß

der

auf Grund des Gesetzes vom 29. Juni 1886 zur Gemeindeabgabe heranzuziehenden klassensteuerpflichtigen Militärpersonen.

Laufende Nr.	Nummer der Klassensteuerrolle.	Namen des Steuerpflichtigen	Charge bezw. Amtscharakter	Wohnung (Straße und Hausnummer)	Steuerstufe der Klassensteuer	Ob vor dem 1. April 1887 in den Ehestand getreten	Ob Abschrift aus der Einkommensnachweisung beigefügt ist	Bemerkungen
1.	2.	3	4.	5.	6.	7.	8.	9.

C.

(Zu Nr. 12. S. 595.)

...., den ten .... 188.......

Abgabe für Gemeindezwecke.

Euer . . . . . geboren benachrichtige ich, daß die für das Steuerjahr 188 /8 auf Grund des Gesetzes vom 29. Juni 1886 (G.-S. S. 181) von Ihnen zu entrichtende Abgabe für Gemeindezwecke auf den der . . .ten Stufe der Klassensteuer (Einkommensteuer) entsprechenden Betrag von . . . . Mark festgestellt und der Gemeinde . . . . als der zur Erhebung der Abgabe berechtigten hiervon Mittheilung gemacht ist. Die Abgabe ist in den für die Entrichtung der Staatssteuern vorgeschriebenen Raten im Voraus abzuführen. Es steht Ihnen frei, die Abgabe auch für einen längeren Zeitraum bis zum ganzen Jahresbetrage im Voraus zu bezahlen.

Gegen die obige Feststellung steht Ihnen binnen zwei Monaten vom Empfange dieses Schreibens die Beschwerde bei der Bezirksregierung (der Direktion für die Verwaltung der direkten Steuern zu Berlin) frei.

Die Beschwerde kann innerhalb der angegebenen Frist der vorbezeichneten Behörde oder bei dem unterzeichneten Vorsitzenden schriftlich angebracht werden.

Die Zahlung der veranlagten Abgabe darf wegen einer erhobenen Beschwerde nicht aufgehalten werden.

Der Vorsitzende
der Einschätzungskommission für die klassifizirte Einkommensteuer.

An

den ....

.... geboren

zu

3. Allgemeine Verfügung des Kriegsministers. (Nr. 4 des Armee-Verordnungsbl. für 1887.) Berlin, den 12. Februar 1887. Nr. 107/2. 87. K. M.

Vorstehendes Gesetz wird hierdurch zur Kenntniß der Armee gebracht und dabei im Einverständniß mit den Herren Minister des Innern und der Finanzen Folgendes bemerkt:

Das Gesetz ist auf Grund des Reichsgesetzes vom 28. März 1886 (R.-G.-Bl. S. 65) erlassen und gilt für den Umfang des preußischen Staates. In den übrigen Bundesstaaten sind die daselbst geltenden Gesetze zu beachten.

Durch das vorstehend abgedruckte Gesetz wird

a) den im Offiziersrange stehenden Militärpersonen des Friedensstandes eine Abgabe für Gemeindezwecke neu auferlegt (§§. 1 bis 8),

b) die Kommunalsteuerpflicht der zur Disposition gestellten Offiziere anderweit geregelt (§. 9).

I. Die Militärabgabe für Gemeindezwecke.

1. Dieser Abgabe unterliegen die Offiziere, Sanitätsoffiziere und oberen Militärbeamten des Friedensstandes, welche innerhalb des preußischen Staates in Garnison stehen und zur preußischen Klassen- beziehungsweise klassifizirten Einkommensteuer veranlagt sind.

2. Die Abgabe wird nicht erhoben vom Diensteinkommen, sondern lediglich vom Privateinkommen und auch von diesem nur insoweit, als dasselbe nicht bereits nach den bestehenden gesetzlichen Bestimmungen der Kommunalsteuerpflicht unterliegt.

Es bleibt daher außer Betracht:

a) das gesammte Diensteinkommen,

b) das Einkommen aus Grundbesitz,

c) das Einkommen aus dem Betriebe eines stehenden Gewerbes,

d) das Einkommen der Militärärzte aus einer Civilpraxis.

Ferner bleibt bei denjenigen vor dem 1. April 1887 in den Ehestand getretenen Militärpersonen, welche einer Charge angehören, für die die Ertheilung des Heirathskonsenses an den Nachweis eines bestimmten Vermögens geknüpft ist, außer Betracht:

e) derjenige Einkommensbetrag, welcher nach den zur Zeit der Nachsuchung des Heirathskonsenses maßgebend gewesenen Vorschriften für die Charge, welcher sie zur Zeit der Veranlagung angehören, vorschriftsmäßig nachzuweisen war.

Mitberücksichtigt wird das Einkommen der zum Haushalt gehörigen Familienglieder in derselben Weise, wie bei der Veranlagung zu der Klassen- bez. klassifizirten Einkommensteuer.

Der der Abgabe unterliegende Einkommensbetrag ergiebt sich durch Abzug der Summe der Beiträge zu a—e von dem der Veranlagung zur Klassen- bez.

klassifizirten Einkommensteuer für das betreffende Steuerjahr zu Grunde gelegten Gesammteinkommen.

3. Die Höhe der Abgabe ergiebt sich aus der Anlage.

4. Die Abgabepflicht beginnt mit dem 1. April 1887, für diejenigen Offiziere 2c., deren Ernennung erst vom 1. April 1887 oder später datirt, oder welche erst zum 1. April 1887 oder später in eine preußische Garnison versetzt werden, vom Ersten des auf die Ernennung oder auf die Verlegung des Wohnsitzes nach der preußischen Garnison folgenden Monats. Sie endet mit dem Ablauf desjenigen Monats, in welchem der Abgabepflichtige stirbt, aus dem aktiven Dienst ausscheidet oder in eine nicht zur preußischen Monarchie gehörende Garnison versetzt wird.

Inwieweit ein Kommando einer Versetzung gleich zu achten, ergiebt sich aus den dieserhalb bestehenden Bestimmungen.

Inwieweit der nach Feststellung des Steuerbetrages eintretende Verlust einzelner Einnahmequellen eine Herabsetzung der Abgabe während des Steuerjahres begründet, ergiebt sich aus §. 8 des Gesetzes.

5. Die Abgabe steht der Gemeinde des Garnisonortes zu, jedoch nicht in jedem Falle derjenigen Gemeinde, nach welcher die Garnison ihren Namen führt. Erstreckt sich nämlich die Garnison auf mehrere Gemeindebezirke, so steht die Abgabe derjenigen Gemeinde zu, in deren Bezirk der Abgabepflichtige thatsächlich wohnt. Dasselbe ist der Fall, wenn der Abgabepflichtige nicht in dem Garnisonorte selbst, sondern in dem Bezirk einer benachbarten Gemeinde wohnt.

6. Bei einer Versetzung (vergl. Nr. 4) innerhalb Preußens geht die Berechtigung zum Bezuge der Abgabe mit dem Ersten des auf die Bekanntmachung der Versetzung folgenden Monats auf die Gemeinde des neuen Garnisonortes über. In Fällen, in welchen ein Garnisonwechsel nicht stattfindet, hat die Verlegung der Wohnung in einen benachbarten Gemeindebezirk (vergl. Nr. 5) mit dem ersten des auf den Wohnungswechsel folgenden Monats den Uebergang der Abgabeberechtigung auf diejenige Gemeinde zur Folge, in deren Bezirk die neue Wohnung liegt.[1])

Es liegt dem Abgabepflichtigen ob, von einer die Abgabeberechtigung be-

---

1) (Kriegsministerielle Anmerkung.) Zur Erläuterung dient folgendes Beispiel:

Ein Offizier wird im Mai von Danzig auf drei Monate nach Berlin kommandirt und nimmt daselbst in einer zum Gemeindebezirk Schöneberg gehörigen Straße Wohnung, während die Familie einstweilen in Danzig verbleibt. Im August wird das Kommando auf unbestimmte Zeit verlängert unter der Eröffnung, daß dasselbe voraussichtlich noch länger als 6 Monate dauern werde. Im September giebt der Offizier die bis dahin beibehaltene Familienwohnung in Danzig auf und zieht seine Familie nach der neuen Garnison heran.

Die Abgabeberechtigung der Stadtgemeinde Danzig erlischt Ende August, weil in diesem Monat Berlin Garnisonort des Offiziers geworden ist. Hierin wird dadurch, daß der Offizier in Danzig noch eine Wohnung beibehält, nichts geändert. Mit dem 1. September geht die Abgabeberechtigung auf die Gemeinde des neuen Garnisonorts über; als abgabeberechtigt ist aber nicht Berlin, sondern — mit Rücksicht auf die thatsächliche Lage der neuen Wohnung — Schöneberg zu betrachten.

treffenden Veränderung sowohl der bisher empfangsberechtigten Gemeinde, als auch der Gemeinde des neuen Wohnorts unter Bezeichnung des Monats, mit dessen Ablauf die Empfangsberechtigung der ersteren erlischt, ohne Verzug Mittheilung zu machen. Die Mittheilung ist an den Magistrat bez. an den Ortsvorstand zu richten. Der Gemeinde des neuen Wohnorts ist zugleich der Jahresbetrag der Abgabe mitzutheilen.

7. Der Betrag der für das Steuerjahr zu entrichtenden Abgabe wird jedem Abgabepflichtigen durch den Vorsitzenden der Einkommensteuer-Einschätzungskommission durch besondere verschlossene Zuschrift bekannt gemacht.

Gegen die Feststellung steht dem Abgabepflichtigen binnen zwei Monaten vom Empfange der Zuschrift die Beschwerde bei der Bezirksregierung — in Berlin bei der Direktion für die Verwaltung der direkten Steuern — frei, bei deren Entscheidung es bewendet. Es wird noch besonders darauf aufmerksam gemacht, daß eine erfolgreiche Reklamation gegen die Veranlagung zur Staatssteuer eine Herabsetzung der hier in Rede stehenden Abgabe nicht von selbst nach sich zieht. Es ist daher die in diesem Gesetz geordnete Beschwerde neben jener Reklamation einzulegen, wenn der Abgabepflichtige sich durch die Höhe der festgestellten Abgabe für überbürdet hält.

Außerdem wird die Beschwerde auch dann einzulegen sein, wenn eine unrichtige Gemeinde als empfangsberechtigt bezeichnet ist.

8. Die Abgabe ist in gleicher Weise wie die Klassen- und Einkommensteuer, wo deren vierteljährliche Erhebung eingeführt ist, in vierteljährlichen, sonst in Monatsraten im Voraus an die Kasse der empfangsberechtigten Gemeinde abzuführen. Es steht dem Abgabepflichtigen jedoch frei, die Abgabe auch für einen längeren Zeitraum bis zum ganzen Jahresbetrage zu bezahlen. Die Einlegung der Beschwerde bewirkt keinen Aufschub der Zahlungspflicht.

9. Erlischt die Empfangsberechtigung der betreffenden Gemeinde vor Ablauf des Zeitraums, für welchen dieselbe die Abgabe im Voraus empfangen hat, so ist es Sache des Abgabepflichtigen, die für die überschießenden Monate bereits entrichtete Steuer von der Gemeinde zurückzuforderu. Eine Verpflichtung, den zuviel empfangenen Betrag unmittelbar an die Gemeinde des neuen Wohnortes abzuführen, liegt der Gemeinde nicht ob. Beschwerden über etwa verweigerte Rückzahlung sind an die Bezirksregierung zu richten, zu deren Bezirk die sich weigernde Gemeinde gehört.

10. Im Falle einer Mobilmachung ruht die Abgabepflicht nach näherer Bestimmung des § 7 des Gesetzes.[1])

II. Die Kommunalsteuerpflicht der zur Disposition gestellten Offiziere.

1. Den vor dem 1. April 1886 zur Disposition gestellten Offizieren, deren Pension durch das Reichsgesetz v. 21. April 1886 eine Erhöhung nicht erfahren hat, verbleibt die seitherige Befreiung ihrer Pension von allen Kommunalabgaben.

1) Siehe hierzu die unter Nr. 4 nachstehende Cirkular-Verfügung des Finanzministers vom 26. März 1887. — II. 3596 —.

2. Diejenigen vor dem 1. April 1886 zur Disposition gestellten Offiziere, deren Pension auf Grund des Reichsgesetzes vom 21. April 1886 erhöht worden ist, können von ihrer Pension zu den Gemeindeabgaben herangezogen werden, jedoch darf der von der Pension zu entrichtende Steuerbetrag den Mehrbetrag der Pension nicht übersteigen.

3. Die seit dem 1. April 1886 zur Disposition gestellten Offiziere stehen vom 1. April 1887 ab hinsichtlich der Verpflichtung zur Entrichtung der Gemeindeabgaben den verabschiedeten Offizieren gleich.

Bronsart von Schellendorff.

Anlage.

Die Militärabgabe für Gemeindezwecke beträgt jährlich:

in Stufe	bei einem abgabepflichtigen Jahreseinkommen										Mark
1						bis	einschließlich	660	Mark		3
2	von	mehr	als	660	Mark	"	"	900	"		6
3	"	"	"	900	"	"	"	1050	"		9
4	"	"	"	1050	"	"	"	1200	"		12
5	"	"	"	1200	"	"	"	1350	"		18
6	"	"	"	1350	"	"	"	1500	"		24
7	"	"	"	1500	"	"	"	1650	"		30
8	"	"	"	1650	"	"	"	1800	"		36
9	"	"	"	1800	"	"	"	2100	"		42
10	"	"	"	2100	"	"	"	2400	"		48
11	"	"	"	2400	"	"	"	2700	"		60
12	"	"	"	2700	"	"	"	3000	"		72
13	"	"	"	3000	"	"	"	3600	"		90
14	"	"	"	3600	"	"	"	4200	"		108
15	"	"	"	4200	"	"	"	4800	"		126
16	"	"	"	4800	"	"	"	5400	"		144
17	"	"	"	5400	"	"	"	6000	"		162
18	"	"	"	6000	"	"	"	7200	"		180
19	"	"	"	7200	"	"	"	8400	"		216
20	"	"	"	8400	"	"	"	9600	"		252
21	"	"	"	9600	"	"	"	10800	"		288
22	"	"	"	10800	"	"	"	12000	"		324
23	"	"	"	12000	"	"	"	14400	"		360
24	"	"	"	14400	"	"	"	16800	"		432
25	"	"	"	16800	"	"	"	19200	"		504
26	"	"	"	19200	"	"	"	21600	"		576
27	"	"	"	21600	"	"	"	25200	"		648
28	"	"	"	25200	"	"	"	28800	"		756
29	"	"	"	28800	"	"	"	32400	"		864
30	"	"	"	32400	"	"	"	36000	"		972

Die höheren Stufen stehen den Stufen 19 und aufwärts der Staatseinkommensteuer gleich und sind aus §. 20 des preußischen Gesetzes vom 1./25. Mai 1851/1873 (G.-S. S. 213 ersichtlich.

4. Cirkular-Verfügung des Finanzministers. Berlin, den 26. März 1887. — II. 3596. —

Mit Bezug auf die Cirkular-Verfügung vom 2. Februar 1887 — II. 1322 — (siehe S. 589) wird die Königliche Regierung darauf aufmerksam gemacht, daß der Herr Chef der Admiralität in Nr. 5 des Marine-Verordnungsblattes für 1887 im Einverständniß mit dem Herrn Minister des Innern und mir eine Bekanntmachung vom 14. März 1887, betreffend die Heranziehung von Militärpersonen zu Abgaben für Gemeindezwecke erlassen hat, welche sich vollständig den von dem Herrn Kriegsminister in Nr. 4 des Armee-Verordnungsblattes für 1887 erlassenen Ausführungsbestimmungen vom 12. Februar 1887 (siehe S. 600) zu dem Gesetze vom 29. Juni 1886 anschließt und nur in Nr. 1 die „Ingenieure des Soldatenstandes" hinzusetzt und die Nr. 10 wie folgt faßt:

„Die Abgabepflicht ruht in den Fällen des §. 7.

Unter heimischen Gewässern ist das Gebiet der Ost- und Nordsee — die letztere im Norden durch den Breitenparallel von 60° Nordbreite, im Westen nördlich von Schottland durch den Meridian von 3° Westlänge von Greenwich und südlich von England von der Linie Dover—Calais begrenzt — zu verstehen.[1])

Die Kommandanten der zum auswärtigen Dienst bestimmten Schiffe und Fahrzeuge, sowie die Führer der Ablösungskommandos haben von dem Passiren der Grenze bei der Ausreise und bei der Rückreise dem Chef der Admiralität Meldung zu machen und zugleich eine Liste der abgabepflichtigen Offiziere ꝛc. unter Bezeichnung des bisherigen Wohnortes derselben (vergl. Nr. 5) einzureichen.

Diejenigen Abgabepflichtigen, welche die Ausreise oder die Rückreise nicht an Bord des betreffenden Kriegsschiffes oder Kriegsfahrzeuges oder nicht im geschlossenen Kommando zurücklegen,[2]) haben selbst dem Magistrat beziehungsweise dem Ortsvorstande der berechtigten Gemeinde ohne Verzug die erforderliche Mittheilung zu machen. Wird die Reise nicht durch die Nordsee zurückgelegt, so ist der Tag des Passirens der Grenze des Reichsgebietes dem Chef der Admiralität zu melden beziehungsweise dem Magistrat oder Ortsvorstand mitzutheilen."

Nach diesen Bestimmungen zu dem §. 7 des erwähnten Gesetzes ist bezüglich der zur Kaiserlichen Marine gehörigen Militärpersonen zu verfahren und wolle die Königliche Regierung den Vorsitzenden der Einkommensteuer-Einschätzungs-Kommissionen sowie den zur Sache interessirten Kommunen hiervon Kenntniß geben.

Der Finanzminister.
In Vertretung
gez. Meinecke.

---

1) Siehe die Erlasse v. 21. Januar 1881 und v. 1. Juli 1882 (Marine-Verordnungs-Blatt 1881 Seite 10 ff. und 1882 Seite 123).

2) Diese Bestimmung bezieht sich auf diejenigen Fälle, in welchen die Ausreise nicht von einem heimathlichen Hafen bezw. die Rückreise nicht nach einem solchen erfolgt, wenn z. B. ein zur Besatzung eines in Ostasien stationirten Kriegsschiffs kommandirter Offizier von seinem Garnisonorte aus via Brindisi dorthin reist.

Anlage 1.

Einkommensteuertarif.

Laufende Nr.	Jährliches Einkommen von mehr als	Jährliches Einkommen bis einschließlich	Jährlicher Steuerbetrag	Monatlicher Steuerbetrag
	ℳ	ℳ	ℳ	ℳ
1	900	1 050	6	0,50
2	1 050	1 200	9	0,75
3	1 200	1 350	12	1,00
4	1 350	1 500	16	1,33⅓
5	1 500	1 650	21	1,75
6	1 650	1 800	26	2,16⅔
7	1 800	2 100	31	2,58⅓
8	2 100	2 400	36	3,00
9	2 400	2 700	44	3,66⅔
10	2 700	3 000	52	4,33⅓
11	3 000	3 300	60	5,00
12	3 300	3 600	70	5,83⅓
13	3 600	3 900	80	6,66⅔
14	3 900	4 200	92	7,66⅔
15	4 200	4 500	104	8,66⅔
16	4 500	5 000	118	9,83⅓
17	5 000	5 500	132	11,00
18	5 500	6 000	146	12,16⅔
19	6 000	6 500	160	13,33⅓
20	6 500	7 000	176	14,66⅔
21	7 000	7 500	192	16,00
22	7 500	8 000	212	17,66⅔
23	8 000	8 500	232	19,33⅓
24	8 500	9 000	252	21,00
25	9 000	9 500	276	23,00
26	9 500	10 500	300	25,00
27	10 500	11 500	330	27,50
28	11 500	12 500	360	30,00
29	12 500	13 500	390	32,50
30	13 500	14 500	420	35,00
31	14 500	15 500	450	37,50
32	15 500	16 500	480	40,00
33	16 500	17 500	510	42,50
34	17 500	18 500	540	45,00
35	18 500	19 500	570	47,50
36	19 500	20 500	600	50,00
37	20 500	21 500	630	52,50
38	21 500	22 500	660	55,00
39	22 500	23 500	690	57,50
40	23 500	24 500	720	60,00
41	24 500	25 500	750	62,50
42	25 500	26 500	780	65,00
43	26 500	27 500	810	67,50
44	27 500	28 500	840	70,00
45	28 500	29 500	870	72,50
46	29 500	30 500	900	75,00
47	30 500	32 000	960	80,00
48	32 000	34 000	1 040	86,66⅔
49	34 000	36 000	1 120	93,33⅓
50	36 000	38 000	1 200	100,00
51	38 000	40 000	1 280	106,66⅔
52	40 000	42 000	1 360	113,33⅓
53	42 000	44 000	1 440	120,00
54	44 000	46 000	1 520	126,66⅔
55	46 000	48 000	1 600	133,33⅓
56	48 000	50 000	1 680	140,00
57	50 000	52 000	1 760	146,66⅔
58	52 000	54 000	1 840	153,33⅓
59	54 000	56 000	1 920	160,00
60	56 000	58 000	2 000	166,66⅔
61	58 000	60 000	2 080	173,33⅓
62	60 000	62 000	2 160	180,00
63	62 000	64 000	2 240	186,66⅔
64	64 000	66 000	2 320	193,33⅓
65	66 000	68 000	2 400	200,00
66	68 000	70 000	2 480	206,66⅔
67	70 000	72 000	2 560	213,33⅓
68	72 000	74 000	2 640	220,00
69	74 000	76 000	2 720	226,66⅔
70	76 000	78 000	2 800	233,33⅓

Laufende Nr.	Jährliches Einkommen von mehr als ℳ	Jährliches Einkommen bis einschließlich ℳ	Jährlicher Steuerbetrag ℳ	Monatlicher Steuerbetrag. ℳ
71	78 000	80 000	2 900	241,66⅔
72	80 000	82 000	3 000	250,00
73	82 000	84 000	3 100	258,33⅓
74	84 000	86 000	3 200	266,66⅔
75	86 000	88 000	3 300	275,00
76	88 000	90 000	3 400	283,33⅓
77	90 000	92 000	3 500	291,66⅔
78	92 000	94 000	3 600	300,00
79	94 000	96 000	3 700	308,33⅓
80	96 000	98 000	3 800	316,66⅔
81	98 000	100 000	3 900	325,00
82	100 000	105 000	4 000	333,33⅓
83	105 000	110 000	4 200	350,00
84	110 000	115 000	4 400	366,66⅔
85	115 000	120 000	4 600	383,33⅓
86	120 000	125 000	4 800	400,00
87	125 000	130 000	5 000	416,66⅔
88	130 000	135 000	5 200	433,33⅓
89	135 000	140 000	5 400	450,00
90	140 000	145 000	5 600	466,66⅔
91	145 000	150 000	5 800	483,33⅓
92	150 000	155 000	6 000	500,00
93	155 000	160 000	6 200	516,66⅔
94	160 000	165 000	6 400	533,33⅓
95	165 000	170 000	6 600	550,00
96	170 000	175 000	6 800	566,66⅔
97	175 000	180 000	7 000	583,33⅓
98	180 000	185 000	7 200	600,00
99	185 000	190 000	7 400	616,66⅔
100	190 000	195 000	7 600	633,33⅓
101	195 000	200 000	7 800	650,00
102	200 000	205 000	8 000	666,66⅔
103	205 000	210 000	8 200	683,33⅓
104	210 000	215 000	8 400	700,00
105	215 000	220 000	8 600	716,66⅔
106	220 000	225 000	8 800	733,33⅓
107	225 000	230 000	9 000	750,00
108	230 000	235 000	9 200	766,66⅔
109	235 000	240 000	9 400	783,33⅓
110	240 000	245 000	9 600	800,00
111	245 000	250 000	9 800	816,66⅔
112	250 000	255 000	10 000	833,33⅓
113	255 000	260 000	10 200	850,00
114	260 000	265 000	10 400	866,66⅔
115	265 000	270 000	10 600	883,33⅓
116	270 000	275 000	10 800	900,00
117	275 000	280 000	11 000	916,66⅔
118	280 000	285 000	11 200	933,33⅓
119	285 000	290 000	11 400	950,00
120	290 000	295 000	11 600	966,66⅔
121	295 000	300 000	11 800	983,33⅓
122	300 000	305 000	12 000	1 000,00
123	305 000	310 000	12 200	1 016,66⅔
124	310 000	315 000	12 400	1 033,33⅓
125	315 000	320 000	12 600	1 050,00
126	320 000	325 000	12 800	1 066,66⅔
127	325 000	330 000	13 000	1 083,33⅓
128	330 000	335 000	13 200	1 100,00
129	335 000	340 000	13 400	1 116,66⅔
130	340 000	345 000	13 600	1 133,33⅓
131	345 000	350 000	13 800	1 150,00
132	350 000	355 000	14 000	1 166,66⅔
133	355 000	360 000	14 200	1 183,33⅓
134	360 000	365 000	14 400	1 200,00
135	365 000	370 000	14 600	1 216,66⅔
136	370 000	375 000	14 800	1 233,33⅓
137	375 000	380 000	15 000	1 250,00
138	380 000	385 000	15 200	1 266,66⅔
139	385 000	390 000	15 400	1 283,33⅓
140	390 000	395 000	15 600	1 300,00
141	395 000	400 000	15 800	1 316,66⅔
142	400 000	405 000	16 000	1 333,33⅓
143	405 000	410 000	16 200	1 350,00
144	410 000	415 000	16 400	1 366,66⅔
145	415 000	420 000	16 600	1 383,33⅓
146	420 000	425 000	16 800	1 400,00
147	425 000	430 000	17 000	1 416,66⅔
148	430 000	435 000	17 200	1 433,33⅓
149	435 000	440 000	17 400	1 450,00
150	440 000	445 000	17 600	1 466,66⅔

Laufende Nr.	Jährliches Einkommen von mehr als ℳ	bis einschließlich ℳ	Jährlicher Steuerbetrag ℳ	Monatlicher Steuerbetrag ℳ
151	445 000	450 000	17 800	1 483,33$\frac{1}{3}$
152	450 000	455 000	18 000	1 500,00
153	455 000	460 000	18 200	1 516,66$\frac{2}{3}$
154	460 000	465 000	18 400	1 533,33$\frac{1}{3}$
155	465 000	470 000	18 600	1 550,00
156	470 000	475 000	18 800	1 566,66$\frac{2}{3}$
157	475 000	480 000	19 000	1 583,33$\frac{1}{3}$
158	480 000	485 000	19 200	1 600,00
159	485 000	490 000	19 400	1 616,66$\frac{2}{3}$
160	490 000	495 000	19 600	1 633,33$\frac{1}{3}$
161	495 000	500 000	19 800	1 650,00
162	500 000	505 000	20 000	1 666,66$\frac{2}{3}$
163	505 000	510 000	20 200	1 683,33$\frac{1}{3}$
164	510 000	515 000	20 400	1 700,00
165	515 000	520 000	20 600	1 716,66$\frac{2}{3}$
166	520 000	525 000	20 800	1 733,33$\frac{1}{3}$
167	525 000	530 000	21 000	1 750,00
168	530 000	535 000	21 200	1 766,66$\frac{2}{3}$
169	535 000	540 000	21 400	1 783,33$\frac{1}{3}$
170	540 000	545 000	21 600	1 800,00
171	545 000	550 000	21 800	1 816,66$\frac{2}{3}$
172	550 000	555 000	22 000	1 833,33$\frac{1}{3}$
173	555 000	560 000	22 200	1 850,00
174	560 000	565 000	22 400	1 866,66$\frac{2}{3}$
175	565 000	570 000	22 600	1 883,33$\frac{1}{3}$
176	570 000	575 000	22 800	1 900,00
177	575 000	580 000	23 000	1 916,66$\frac{2}{3}$
178	580 000	585 000	23 200	1 933,33$\frac{1}{3}$
179	585 000	590 000	23 400	1 950,00
180	590 000	595 000	23 600	1 966,66$\frac{2}{3}$
181	595 000	600 000	23 800	1 983,33$\frac{1}{3}$
182	600 000	605 000	24 000	2 000,00
183	605 000	610 000	24 200	2 016,66$\frac{2}{3}$
184	610 000	615 000	24 400	2 033,33$\frac{1}{3}$
185	615 000	620 000	24 600	2 050,00
186	620 000	625 000	24 800	2 066,66$\frac{2}{3}$
187	625 000	630 000	25 000	2 083,33$\frac{1}{3}$
188	630 000	635 000	25 200	2 100,00
189	635 000	640 000	25 400	2 116,66$\frac{2}{3}$
190	640 000	645 000	25 600	2 133,33$\frac{1}{3}$

Laufende Nr.	Jährliches Einkommen von mehr als ℳ	bis einschließlich ℳ	Jährlicher Steuerbetrag ℳ	Monatlicher Steuerbetrag ℳ
191	645 000	650 000	25 800	2 150,00
192	650 000	655 000	26 000	2 166,66$\frac{2}{3}$
193	655 000	660 000	26 200	2 183,33$\frac{1}{3}$
194	660 000	665 000	26 400	2 200,00
195	665 000	670 000	26 600	2 216,66$\frac{2}{3}$
196	670 000	675 000	26 800	2 233,33$\frac{1}{3}$
197	675 000	680 000	27 000	2 250,00
198	680 000	685 000	27 200	2 266,66$\frac{2}{3}$
199	685 000	690 000	27 400	2 283,33$\frac{1}{3}$
200	690 000	695 000	27 600	2 300,00
201	695 000	700 000	27 800	2 316,66$\frac{2}{3}$
202	700 000	705 000	28 000	2 333,33$\frac{1}{3}$
203	705 000	710 000	28 200	2 350,00
204	710 000	715 000	28 400	2 366,66$\frac{2}{3}$
205	715 000	720 000	28 600	2 383,33$\frac{1}{3}$
206	720 000	725 000	28 800	2 400,00
207	725 000	730 000	29 000	2 416,66$\frac{2}{3}$
208	730 000	735 000	29 200	2 433,33$\frac{1}{3}$
209	735 000	740 000	29 400	2 450,00
210	740 000	745 000	29 600	2 466,66$\frac{2}{3}$
211	745 000	750 000	29 800	2 483,33$\frac{1}{3}$
212	750 000	755 000	30 000	2 500,00
213	755 000	760 000	30 200	2 516,66$\frac{2}{3}$
214	760 000	765 000	30 400	2 533,33$\frac{1}{3}$
215	765 000	770 000	30 600	2 550,00
216	770 000	775 000	30 800	2 566,66$\frac{2}{3}$
217	775 000	780 000	31 000	2 583,33$\frac{1}{3}$
218	780 000	785 000	31 200	2 600,00
219	785 000	790 000	31 400	2 616,66$\frac{2}{3}$
220	790 000	795 000	31 600	2 633,33$\frac{1}{3}$
221	795 000	800 000	31 800	2 650,00
222	800 000	805 000	32 000	2 666,66$\frac{2}{3}$
223	805 000	810 000	32 200	2 683,33$\frac{1}{3}$
224	810 000	815 000	32 400	2 700,00
225	815 000	820 000	32 600	2 716,66$\frac{2}{3}$
226	820 000	825 000	32 800	2 733,33$\frac{1}{3}$
227	825 000	830 000	33 000	2 750,00
228	830 000	835 000	33 200	2 766,66$\frac{2}{3}$
229	835 000	840 000	33 400	2 783,33$\frac{1}{3}$
230	840 000	845 000	33 600	2 800,00

Laufende Nr.	Jährliches Einkommen von mehr als	Jährliches Einkommen bis einschließlich	Jährlicher Steuerbetrag	Monatlicher Steuerbetrag
	M.	M.	M.	M.
231	845 000	850 000	33 800	2 816,66⅔
232	850 000	855 000	34 000	2 833,33⅓
233	855 000	860 000	34 200	2 850,00
234	860 000	865 000	34 400	2 866,66⅔
235	865 000	870 000	34 600	2 883,33⅓
236	870 000	875 000	34 800	2 900,00
237	875 000	880 000	35 000	2 916,66⅔
238	880 000	885 000	35 200	2 933,33⅓
239	885 000	890 000	35 400	2 950,00
240	890 000	895 000	35 600	2 966,66⅔
241	895 000	900 000	35 800	2 983,33⅓
242	900 000	905 000	36 000	3 000,00
243	905 000	910 000	36 200	3 016,66⅔
244	910 000	915 000	36 400	3 033,33⅓
245	915 000	920 000	36 600	3 050,00
246	920 000	925 000	36 800	3 066,66⅔
247	925 000	930 000	37 000	3 083,33⅓
248	930 000	935 000	37 200	3 100,00
249	935 000	940 000	37 400	3 116,66⅔
250	940 000	945 000	37 600	3 133,33⅓
251	945 000	950 000	37 800	3 150,00
252	950 000	955 000	38 000	3 166,66⅔
253	955 000	960 000	38 200	3 183,33⅓
254	960 000	965 000	38 400	3 200,00
255	965 000	970 000	38 600	3 216,66⅔
256	970 000	975 000	38 800	3 233,33⅓
257	975 000	980 000	39 000	3 250,00
258	980 000	985 000	39 200	3 266,66⅔
259	985 000	990 000	39 400	3 283,33⅓
260	990 000	995 000	39 600	3 300,00
261	995 000	1 000 000	39 800	3 316,66⅔
262	1 000 000	1 005 000	40 000	3 333,33⅓
263	1 005 000	1 010 000	40 200	3 350,00
264	1 010 000	1 015 000	40 400	3 366,66⅔
265	1 015 000	1 020 000	40 600	3 383,33⅓
266	1 020 000	1 025 000	40 800	3 400,00
267	1 025 000	1 030 000	41 000	3 416,66⅔
268	1 030 000	1 035 000	41 200	3 433,33⅓
269	1 035 000	1 040 000	41 400	3 450,00
270	1 040 000	1 045 000	41 600	3 466,66⅔
271	1 045 000	1 050 000	41 800	3 483,33⅓
272	1 050 000	1 055 000	42 000	3 500,00
273	1 055 000	1 060 000	42 200	3 516,66⅔
274	1 060 000	1 065 000	42 400	3 533,33⅓
275	1 065 000	1 070 000	42 600	3 550,00
276	1 070 000	1 075 000	42 800	3 566,66⅔
277	1 075 000	1 080 000	43 000	3 583,33⅓
278	1 080 000	1 085 000	43 200	3 600,00
279	1 085 000	1 090 000	43 400	3 616,66⅔
280	1 090 000	1 095 000	43 600	3 633,33⅓
281	1 095 000	1 100 000	43 800	3 650,00
282	1 100 000	1 105 000	44 000	3 666,66⅔
283	1 105 000	1 110 000	44 200	3 683,33⅓
284	1 110 000	1 115 000	44 400	3 700,00
285	1 115 000	1 120 000	44 600	3 716,66⅔
286	1 120 000	1 125 000	44 800	3 733,33⅓
287	1 125 000	1 130 000	45 000	3 750,00
288	1 130 000	1 135 000	45 200	3 766,66⅔
289	1 135 000	1 140 000	45 400	3 783,33⅓
290	1 140 000	1 145 000	45 600	3 800,00
291	1 145 000	1 150 000	45 800	3 816,66⅔
292	1 150 000	1 155 000	46 000	3 833,33⅓
293	1 155 000	1 160 000	46 200	3 850,00
294	1 160 000	1 165 000	46 400	3 866,66⅔
295	1 165 000	1 170 000	46 600	3 883,33⅓
296	1 170 000	1 175 000	46 800	3 900,00
297	1 175 000	1 180 000	47 000	3 916,66⅔
298	1 180 000	1 185 000	47 200	3 933,33⅓
299	1 185 000	1 190 000	47 400	3 950,00
300	1 190 000	1 195 000	47 600	3 966,66⅔
301	1 195 000	1 200 000	47 800	3 983,33⅓
302	1 200 000	1 205 000	48 000	4 000,00
303	1 205 000	1 210 000	48 200	4 016,66⅔
304	1 210 000	1 215 000	48 400	4 033,33⅓
305	1 215 000	1 220 000	48 600	4 050,00
306	1 220 000	1 225 000	48 800	4 066,66⅔
307	1 225 000	1 230 000	49 000	4 083,33⅓
308	1 230 000	1 235 000	49 200	4 100,00
309	1 235 000	1 240 000	49 400	4 116,66⅔
310	1 240 000	1 245 000	49 600	4 133,33⅓

Laufende Nr.	Jährliches Einkommen von mehr als ℳ	Jährliches Einkommen bis einschließlich ℳ	Jährlicher Steuerbetrag ℳ	Monatlicher Steuerbetrag ℳ	Laufende Nr.	Jährliches Einkommen von mehr als ℳ	Jährliches Einkommen bis einschließlich ℳ	Jährlicher Steuerbetrag ℳ	Monatlicher Steuerbetrag ℳ
311	1 245 000	1 250 000	49 800	4 150,00	351	1 445 000	1 450 000	57 800	4 816,66⅔
312	1 250 000	1 255 000	50 000	4 166,66⅔	352	1 450 000	1 455 000	58 000	4 833,33⅓
313	1 255 000	1 260 000	50 200	4 183,33⅓	353	1 455 000	1 460 000	58 200	4 850,00
314	1 260 000	1 265 000	50 400	4 200,00	354	1 460 000	1 465 000	58 400	4 866,66⅔
315	1 265 000	1 270 000	50 600	4 216,66⅔	355	1 465 000	1 470 000	58 600	4 883,33⅓
316	1 270 000	1 275 000	50 800	4 233,33⅓	356	1 470 000	1 475 000	58 800	4 900,00
317	1 275 000	1 280 000	51 000	4 250,00	357	1 475 000	1 480 000	59 000	4 916,66⅔
318	1 280 000	1 285 000	51 200	4 266,66⅔	358	1 480 000	1 485 000	59 200	4 933,33⅓
319	1 285 000	1 290 000	51 400	4 283,33⅓	359	1 485 000	1 490 000	59 400	4 950,00
320	1 290 000	1 295 000	51 600	4 300,00	360	1 490 000	1 495 000	59 600	4 966,66⅔
321	1 295 000	1 300 000	51 800	4 316,66⅔	361	1 495 000	1 500 000	59 800	4 983,33⅓
322	1 300 000	1 305 000	52 000	4 333,33⅓	362	1 500 000	1 505 000	60 000	5 000,00
323	1 305 000	1 310 000	52 200	4 350,00	363	1 505 000	1 510 000	60 200	5 016,66⅔
324	1 310 000	1 315 000	52 400	4 366,66⅔	364	1 510 000	1 515 000	60 400	5 033,33⅓
325	1 315 000	1 320 000	52 600	4 383,33⅓	365	1 515 000	1 520 000	60 600	5 050,00
326	1 320 000	1 325 000	52 800	4 400,00	366	1 520 000	1 525 000	60 800	5 066,66⅔
327	1 325 000	1 330 000	53 000	4 416,66⅔	367	1 525 000	1 530 000	61 000	5 083,33⅓
328	1 330 000	1 335 000	53 200	4 433,33⅓	368	1 530 000	1 535 000	61 200	5 100,00
329	1 335 000	1 340 000	53 400	4 450,00	369	1 535 000	1 540 000	61 400	5 116,66⅔
330	1 340 000	1 345 000	53 600	4 466,66⅔	370	1 540 000	1 545 000	61 600	5 133,33⅓
331	1 345 000	1 350 000	53 800	4 483,33⅓	371	1 545 000	1 550 000	61 800	5 150,00
332	1 350 000	1 355 000	54 000	4 500,00	372	1 550 000	1 555 000	62 000	5 166,66⅔
333	1 355 000	1 360 000	54 200	4 516,66⅔	373	1 555 000	1 560 000	62 200	5 183,33⅓
334	1 360 000	1 365 000	54 400	4 533,33⅓	374	1 560 000	1 565 000	62 400	5 200,00
335	1 365 000	1 370 000	54 600	4 550,00	375	1 565 000	1 570 000	62 600	5 216,66⅔
336	1 370 000	1 375 000	54 800	4 566,66⅔	376	1 570 000	1 575 000	62 800	5 233,33⅓
337	1 375 000	1 380 000	55 000	4 583,33⅓	377	1 575 000	1 580 000	63 000	5 250,00
338	1 380 000	1 385 000	55 200	4 600,00	378	1 580 000	1 585 000	63 200	5 266,66⅔
339	1 385 000	1 390 000	55 400	4 616,66⅔	379	1 585 000	1 590 000	63 400	5 283,33⅓
340	1 390 000	1 395 000	55 600	4 633,33⅓	380	1 590 000	1 595 000	63 600	5 300,00
341	1 395 000	1 400 000	55 800	4 650,00	381	1 595 000	1 600 000	63 800	5 316,66⅔
342	1 400 000	1 405 000	56 000	4 666,66⅔	382	1 600 000	1 605 000	64 000	5 333,33⅓
343	1 405 000	1 410 000	56 200	4 683,33⅓	383	1 605 000	1 610 000	64 200	5 350,00
344	1 410 000	1 415 000	56 400	4 700,00	384	1 610 000	1 615 000	64 400	5 366,66⅔
345	1 415 000	1 420 000	56 600	4 716,66⅔	385	1 615 000	1 620 000	64 600	5 383,33⅓
346	1 420 000	1 425 000	56 800	4 733,33⅓	386	1 620 000	1 625 000	64 800	5 400,00
347	1 425 000	1 430 000	57 000	4 750,00	387	1 625 000	1 630 000	65 000	5 416,66⅔
348	1 430 000	1 435 000	57 200	4 766,66⅔	388	1 630 000	1 635 000	65 200	5 433,33⅓
349	1 435 000	1 440 000	57 400	4 783,33⅓	389	1 635 000	1 640 000	65 400	5 450,00
350	1 440 000	1 445 000	57 600	4 800,00	390	1 640 000	1 645 000	65 600	5 466,66⅔

Anlage 2.

Vergleichende Uebersicht

über die Belastung nach:

Lauf. Nummer	dem neuen Gesetz: Einkommen von mehr als	Einkommen bis einschließlich	Jährlicher Steuer-Satz	Steuer-Stufe	dem früheren Gesetz: Einkommen von mehr als	Einkommen bis einschließlich	Jährlicher Steuer-Satz
	M	M	M		M	M	M
					A. Klassensteuer.		
1	900	1 050	6	3	900	1 050	9
2	1 050	1 200	9	4	1 050	1 200	12
3	1 200	1 350	12	5	1 200	1 350	18
4	1 350	1 500	16	6	1 350	1 500	24
5	1 500	1 650	21	7	1 500	1 650	30
6	1 650	1 800	26	8	1 650	1 800	36
7	1 800	2 100	31	9	1 800	2 100	42
8	2 100	2 400	36	10	2 100	2 400	48
9	2 400	2 700	44	11	2 400	2 700	60
10	2 700	3 000	52	12	2 700	3 000	72
					B. Klassificirte Einkommensteuer.		
11	3 000	3 300	60	1	3 000	3 600	90
12	3 300	3 600	70				
13	3 600	3 900	80	2	3 600	4 200	108
14	3 900	4 200	92				
15	4 200	4 500	104	3	4 200	4 800	126
16	4 500	5 000	118				
17	5 000	5 500	132	4	4 800	5 400	144
18	5 500	6 000	146	5	5 400	6 000	162
19	6 000	6 500	160	6	6 000	7 200	180
20	6 500	7 000	176				
21	7 000	7 500	192	7	7 200	8 400	216
22	7 500	8 000	212				
23	8 000	8 500	232				
24	8 500	9 000	252	8	8 400	9 600	252
25	9 000	9 500	276				
26	9 500	10 500	300	9	9 600	10 800	288
27	10 500	11 500	330	10	10 800	12 000	324
28	11 500	12 500	360				
29	12 500	13 500	390	11	12 000	14 400	360
30	13 500	14 500	420				
31	14 500	15 500	450	12	14 400	16 800	432
32	15 500	16 500	480				
33	16 500	17 500	510	13	16 800	19 200	504
34	17 500	18 500	540				
35	18 500	19 500	570				

Belastung nach:

Lauf. Nummer	dem neuen Gesetz: Einkommen von mehr als ℳ	Einkommen bis einschließlich ℳ	Jährlicher Steuer-Satz ℳ	dem früheren Gesetz: Steuer-Stufe	Einkommen von mehr als ℳ	Einkommen bis einschließlich ℳ	Jährlicher Steuer-Satz ℳ
36	19 500	20 500	600	14	19 200	21 600	576
37	20 500	21 500	630				
38	21 500	22 500	660				
39	22 500	23 500	690	15	21 600	25 200	648
40	23 500	24 500	720				
41	24 500	25 500	750				
42	25 500	26 500	780				
43	26 500	27 500	810	16	25 200	28 800	756
44	27 500	28 500	840				
45	28 500	29 500	870				
46	29 500	30 500	900	17	28 800	32 400	864
47	30 500	32 000	960				
48	32 000	34 000	1 040	18	32 400	36 000	972
49	34 000	36 000	1 120				
50	36 000	38 000	1 200				
51	38 000	40 000	1 280	19	36 000	42 000	1 080
52	40 000	42 000	1 360				
53	42 000	44 000	1 440				
54	44 000	46 000	1 520	20	42 000	48 000	1 260
55	46 000	48 000	1 600				
56	48 000	50 000	1 680				
57	50 000	52 000	1 760	21	48 000	54 000	1 440
58	52 000	54 000	1 840				
59	54 000	56 000	1 920				
60	56 000	58 000	2 000	22	54 000	60 000	1 620
61	58 000	60 000	2 080				
62	60 000	62 000	2 160				
63	62 000	64 000	2 240				
64	64 000	66 000	2 320				
65	66 000	68 000	2 400	23	60 000	72 000	1 800
66	68 000	70 000	2 480				
67	70 000	72 000	2 560				
68	72 000	74 000	2 640				
69	74 000	76 000	2 720				
70	76 000	78 000	2 800				
71	78 000	80 000	2 900	24	72 000	84 000	2 160
72	80 000	82 000	3 000				
73	82 000	84 000	3 100				
74	84 000	86 000	3 200				
75	86 000	88 000	3 300				
76	88 000	90 000	3 400				
77	90 000	92 000	3 500	25	84 000	96 000	2 520
78	92 000	94 000	3 600				
79	94 000	96 000	3 700				

Belastung nach:

Lauf. Nummer	dem neuen Gesetz: Einkommen von mehr als ℳ	Einkommen bis einschließlich ℳ	Jährlicher Steuer-Satz ℳ	Steuer-Stufe	dem früheren Gesetz: Einkommen von mehr als ℳ	Einkommen bis einschließlich ℳ	Jährlicher Steuer-Satz ℳ
80	96 000	98 000	3 800	26	96 000	108 000	2 880
81	98 000	100 000	3 900				
82	100 000	105 000	4 000				
83	105 000	110 000	4 200				
84	110 000	115 000	4 400	27	108 000	120 000	3 240
85	115 000	120 000	4 600				
86	120 000	125 000	4 800	28	120 000	144 000	3 600
87	125 000	130 000	5 000				
88	130 000	135 000	5 200				
89	135 000	140 000	5 400				
90	140 000	145 000	5 600				
91	145 000	150 000	5 800	29	144 000	168 000	4 320
92	150 000	155 000	6 000				
93	155 000	160 000	6 200				
94	160 000	165 000	6 400				
95	165 000	170 000	6 600				
96	170 000	175 000	6 800	30	168 000	204 000	5 040
97	175 000	180 000	7 000				
98	180 000	185 000	7 200				
99	185 000	190 000	7 400				
100	190 000	195 000	7 600				
101	195 000	200 000	7 800				
102	200 000	205 000	8 000	31	204 000	240 000	6 120
103	205 000	210 000	8 200				
104	210 000	215 000	8 400				
105	215 000	220 000	8 600				
106	220 000	225 000	8 800				
107	225 000	230 000	9 000				
108	230 000	235 000	9 200				
109	235 000	240 000	9 400				
110	240 000	245 000	9 600	32	240 000	300 000	7 200
111	245 000	250 000	9 800				
112	250 000	255 000	10 000				
113	255 000	260 000	10 200				
114	260 000	265 000	10 400				
115	265 000	270 000	10 600				
116	270 000	275 000	10 800				
117	275 000	280 000	11 000				
118	280 000	285 000	11 200				
119	285 000	290 000	11 400				
120	290 000	295 000	11 600				
121	295 000	300 000	11 800				

Anlage 3.

Gesetz

betreffend

die Ergänzung und Abänderung einiger Bestimmungen über Erhebung der auf das Einkommen gelegten direkten Kommunalabgaben vom 27. Juli 1885. (Gesetz-S. S. 327.)

Wir Wilhelm, von Gottes Gnaden König von Preußen rc. verordnen für den Umfang der Monarchie, mit Ausschluß der Hohenzollernschen Lande, unter Zustimmung beider Häuser des Landtages, was folgt:

A. Gemeindebesteuerung des Einkommens der juristischen Personen rc. und Forensen.

§. 1. Aktiengesellschaften, Kommanditgesellschaften auf Aktien, Berggewerkschaften, eingetragene Genossenschaften, deren Geschäftsbetrieb über den Kreis der Mitglieder hinausgeht, und juristische Personen, insbesondere auch Gemeinden und weitere Kommunalverbände, unterliegen in Gemeinden, in welchen sie Grundbesitz, gewerbliche Anlagen, Eisenbahnen oder Bergwerke haben, Pachtungen, stehende Gewerbe, Eisenbahnen oder Bergbau betreiben, hinsichtlich des ihnen aus diesen Quellen in der Gemeinde zufließenden Einkommens den auf das Einkommen gelegten Gemeindeabgaben. Als Besitzer von Eisenbahnen gelten diejenigen Eisenbahn-Aktiengesellschaften nicht, die ihr Unternehmen dem Staate gegen eine unmittelbar an die Aktionäre zu zahlende Rente übertragen haben.

Bis zur anderweiten Regelung der Heranziehung des Staatsfiskus zu den auf das Einkommen gelegten Gemeindeabgaben in Verbindung mit der Ueberweisung von Grund- und Gebäudesteuer an die Kommunalverbände unterliegt der Staatsfiskus diesen Abgaben bezüglich des Einkommens aus den von ihm betriebenen Gewerbe-, Eisenbahn- und Bergbauunternehmungen, sowie aus den Domänen und Forsten.

Der in Absatz 1 gedachten Abgabepflicht unterliegen auch physische Personen, welche in Gemeinden, ohne daselbst einen Wohnsitz zu haben, oder sich länger als drei Monate aufzuhalten, Grundbesitz, gewerbliche Anlagen, Eisenbahnen oder Bergwerke haben, Pachtungen, stehende Gewerbe, Eisenbahnen oder außerhalb einer Gewerkschaft Bergbau betreiben (Forensen).

§. 2. Ein die Abgabepflicht nach §. 1 begründender Pacht-, Gewerbe- oder Bergbaubetrieb ist nur in den Gemeinden anzunehmen, in welchen sich der Sitz, eine Zweigniederlassung, eine Betrieb-, Werks- oder Verkaufsstätte oder eine solche Agentur des Unternehmens befindet, welche ermächtigt ist, Rechtsgeschäfte im Namen und für Rechnung des Inhabers beziehungsweise der Gesellschaft selbständig abzuschließen. Der Eisenbahnbetrieb unterliegt der Abgabepflicht in den Gemeinden, in welchen sich der Sitz der Verwaltung (beziehungsweise einer Staatseisenbahn=Verwaltungsbehörde), eine Station oder eine für sich bestehende Betriebs= oder Werkstätte oder eine sonstige gewerbliche Anlage befindet.

Die zu dem abgabepflichtigen Betriebe gehörenden Grundstücke und Anlagen, welche in einer nach dem vorigen Absatze zur Erhebung einer Abgabe nicht berechtigten Gemeinde liegen, sind letzterer gegenüber bezüglich des aus ihnen fließenden Einkommens einer Abgabepflicht nicht unterworfen.

Wird der Betrieb nicht auf Rechnung des Eigenthümers der zum Betriebe gehörenden Grundstücke und Anlagen geführt, so unterliegt das Pacht= oder sonstige Einkommen des Eigenthümers aus diesem Besitze der Abgabepflicht in denselben Gemeinden, in welchen das Einkommen aus dem Betriebe abgabepflichtig ist.

Jeder abgabepflichtige Grundstückskomplex des Staatsfiskus, sowie jede abgabepflichtige Unternehmung desselben gilt in Beziehung auf die Abgabepflicht als selbständige abgabepflichtige Person. Was als selbständige gewerbliche oder Bergbauunternehmung des Staatsfiskus zu betrachten ist, setzt die zuständige obere Verwaltungsbehörde fest.

§. 3. Bei Ermittelung des jährlichen Reineinkommens ist, sofern sich nicht aus den §§. 4 bis 6 ein Anderes ergiebt, nach den für die Einschätzung zur Staatseinkommensteuer geltenden Grundsätzen zu verfahren.

Bezüglich des Reineinkommens aus Bergbauunternehmungen gilt dies mit der Maßgabe, daß die der jährlichen Verringerung der Substanz entsprechenden Abschreibungen zu den Ausgaben gerechnet werden.

Insoweit eine Einschätzung zur Staatseinkommen= beziehungsweise Klassensteuer stattzufinden hat, ist das Ergebniß derselben für die Gemeindebesteuerung maßgebend.

§. 4. Als Reineinkommen der Privateisenbahnunternehmungen gilt der nach Vorschrift der Gesetze vom 30. Mai 1853 (G.=S. S. 449) und 16. März 1867 (G.=S. S. 465) behufs Erhebung der Eisenbahnabgabe für jede derselben ermittelte (beziehungsweise zu ermittelnde) Ueberschuß abzüglich der Eisenbahnabgabe, mit der Maßgabe, daß bei der Berechnung nach dem Gesetz vom 16. März 1867 die zur Verzinsung und planmäßigen Tilgung der etwa gemachten Anleihen erforderlichen Beträge als Ausgabe mit in Anrechnung gebracht werden dürfen. Die sich danach ergebenden abgabepflichtigen Beträge sind von den Staatsaufsichtsbehörden alljährlich durch Resolut endgültig festzustellen und öffentlich bekannt zu machen.

§. 5. Die gesammten Staats= und für Rechnung des Staats verwalteten Eisenbahnen sind als e i n e abgabepflichtige Unternehmung anzusehen.

Als Reineinkommen gilt der rechnungsmäßige Ueberschuß der Einnahmen über die Ausgaben mit der Maßgabe, daß unter die Ausgaben eine $3^1/_2$prozentige

Verzinsung des Anlage- beziehungsweise Erwerbskapitals nach der amtlichen Statistik der im Betriebe befindlichen Eisenbahnen zu übernehmen ist. Der sich danach ergebende abgabepflichtige Gesammtbetrag ist durch Resolut des Ressortministers alljährlich endgültig festzustellen und öffentlich bekannt zu machen.

§. 6. Das Reineinkommen aus fiskalischen Domänen und Forsten ist für die einzelnen Liegenschaften aus dem Grundsteuerreinertrage nach dem Verhältniß zu berechnen, in welchem der in der betreffenden Provinz aus den Domänen und Forstgrundstücken erzielte etatsmäßige Ueberschuß der Einnahmen über die Ausgaben unter Berücksichtigung der auf denselben ruhenden Verbindlichkeiten und Verwaltungskosten zum Grundsteuerreinertrage steht.

Das Verhältniß ist durch Resolut des Ressortministers alljährlich endgültig festzustellen und öffentlich bekannt zu machen.

B. Vermeidung von Doppelbesteuerungen.

§. 7. Die Vertheilung des der Einkommenbesteuerung nach §. 1 unterliegenden Einkommens aus dem Besitze oder Betriebe einer sich über mehrere Gemeinden erstreckenden Gewerbe-, Bergbau- oder Eisenbahnunternehmung erfolgt, insofern nicht zwischen den betheiligten Gemeinden und dem Abgabepflichtigen ein anderweiter Vertheilungsmaßstab vereinbart ist, in der Weise, daß

a) bei Versicherungs-, Bank- und Kreditgeschäften derjenigen Gemeinde, in welcher die Leitung des Gesammtbetriebes stattfindet, der zehnte Theil jenes Einkommens vorab überwiesen, dagegen der Ueberrest nach Verhältniß der in den einzelnen Gemeinden erzielten Bruttoeinnahmen vertheilt,

b) in den übrigen Fällen das Verhältniß der in den einzelnen Gemeinden erwachsenen Ausgaben an Gehältern und Löhnen einschließlich der Tantièmen des Verwaltungs- und Betriebspersonals zu Grunde gelegt wird. Bei Eisenbahnen kommen jedoch die Gehälter, Tantièmen und Löhne desjenigen Personals, welches in der allgemeinen Verwaltung beschäftigt ist, nur mit der Hälfte, des in der Werkstättenverwaltung und im Fahrdienst beschäftigten Personals nur mit zwei Dritttheil ihrer Beträge zum Ansatz. Erstreckt sich eine Betriebsstätte, Station &c., innerhalb deren Ausgaben an Gehältern und Löhnen erwachsen, über den Bezirk mehrerer Gemeinden, so beschließen über die Vertheilung nach Lage der örtlichen Verhältnisse unter Berücksichtigung des Flächenverhältnisses und der den betheiligten Gemeinden durch das Vorhandensein der Betriebsstätte, Station u. s. w. erwachsenden Kommunallasten die Verwaltungsbeschlußbehörden, in den Provinzen Posen, Schleswig-Holstein, Hessen-Nassau, Westfalen und in der Rheinprovinz an Stelle des Kreisausschusses beziehungsweise Bezirksausschusses bis zum Inkrafttreten des Gesetzes über die allgemeine Landesverwaltung vom 30. Juli 1883 (G.-S. S. 195) die Kommunalaufsichtsbehörden.

In den Fällen, in welchen die Stadt Berlin betheiligt ist, oder eine, beziehungsweise mehrere, aber nicht alle Gemeinden dem Geltungsbereiche des bezeichneten Gesetzes angehören, bestimmt der Minister des Innern die Behörde, die zu beschließen hat.

Gegen die Beschlüsse der vorbezeichneten Behörden steht den Betheiligten nach Maßgabe der einschläglichen Gesetze die Beschwerde zu.

c) Bei den Staats= und für Rechnung des Staats verwalteten Eisenbahnen soll vom 1. April 1886 ab auf fünf Jahre die Hälfte, und auf weitere fünf Jahre ein Dritttheil des gesammten nach §. 5 abgabepflichtigen Reineinkommens dieser Bahnen denjenigen Gemeinden, welche vor dem 1. April 1880 abgabeberechtigt waren und dieses Recht thatsächlich ausgeübt haben, zur Vertheilung nach Verhältniß der im Durchschnitte der dem 1. April 1880 vorangegangenen drei Steuerjahre zu den Gemeindeabgaben herangezogenen Reinerträge vorab überwiesen werden; der Ueberrest wird nach den vorstehend unter b. angegebenen Grundsätzen auf sämmtliche nach diesem Gesetz §§. 1 und 2 berechtigte Gemeinden vertheilt.

Nach Ablauf der bezeichneten zehn Jahre erfolgt die Vertheilung nach den Grundsätzen unter b. bei allen abgabeberechtigten Gemeinden.

§. 8. Die Ermittelung der in dem §. 7 gedachten Ausgaben an Löhnen und Gehältern beziehungsweise der Bruttoeinnahmen der Versicherungs=, Bank= und Kreditgeschäfte erfolgt in dreijährigem Durchschnitt nach Einsicht eines den abgabeberechtigten Gemeinden von dem Unternehmer beziehungsweise Gesellschaftsvorstande jährlich mitzutheilenden Vertheilungsplan. Derselbe ist bezüglich der Staatseisenbahnen (§. 5) für jeden Direktionsbezirk besonders aufzustellen.

§. 9. Bei Einschätzung der nach §. 1 Absatz 3 abgabepflichtigen Personen zur Einkommensbesteuerung in ihren Wohnsitzgemeinden ist unbeschadet der Bestimmungen des §. 2 Absatz 2 und 3 derjenige Theil des Gesammteinkommens, welcher aus außerhalb des Gemeindebezirks belegenem Grundeigenthum oder außerhalb des Gemeindebezirks stattfindendem Pacht=, Gewerbe=, Eisenbahn= beziehungsweise Bergbaubetriebe fließt, außer Berechnung zu lassen.

Die Gemeinde, in welcher der Abgabepflichtige seinen Wohnsitz hat, ist jedoch, wenn das in ihr steuerpflichtige Einkommen weniger als ein Viertheil des Gesammteinkommens beträgt, berechtigt, durch Gemeindebeschluß ein volles Viertheil des Gesammteinkommens unter entsprechender Verkürzung des der Forensalgemeinde zur Besteuerung zufallenden Einkommenstheil für sich zur Besteuerung in Anspruch zu nehmen. Hat der Abgabepflichtige einen mehrfachen Wohnsitz, so ist die Quote nach Maßgabe des §. 11 zu vertheilen.

§. 10. Die Ausführung des §. 9 erfolgt in der Weise, daß das Gesammteinkommen des Abgabepflichtigen zu der Gemeindeabgabe eingeschätzt, und der so ermittelte Steuerbetrag dem Verhältniß des außer Berechnung zu lassenden Einkommens zu dem Gesammteinkommen entsprechend herabgesetzt wird.

§. 11. Personen, welche wegen eines mehrfachen Wohnsitzes oder eines den

Zeitraum von drei Monaten übersteigenden Aufenthalts in mehreren Gemeinden zu Einkommensteuern beizutragen verpflichtet sind, dürfen in jeder dieser Gemeinden nur von einem der Zahl derselben entsprechenden Bruchtheil ihres Einkommens herangezogen werden, soweit dasselbe nicht aus Grundeigenthum oder aus Pacht-, Gewerbe-, Eisenbahn- oder Bergwerksbetriebe fließt. Doch werden diejenigen Wohnsitzgemeinden, in welchen der Abgabepflichtige beziehungsweise seine Familie sich im Laufe des vorangegangenen Jahres überhaupt nicht oder kürzere Zeit als drei Monate aufgehalten, hierbei nicht mitgezählt.

Wenn jedoch in den Gemeinden, in welchen der Abgabepflichtige seinen Wohnsitz hat, oder in welchen der Abgabepflichtige beziehungsweise seine Familie sich im Laufe des vorangegangenen Jahres länger als drei Monate aufgehalten haben, das in ihnen steuerpflichtige Einkommen weniger als ein Viertheil des Gesammteinkommens beträgt, so findet die Vorschrift im §. 9 entsprechende Anwendung.

C. Steuerdomizil der Beamten.

§. 12. Das nothwendige Domizil der Beamten findet bei der Kommunalbesteuerung keine Anwendung. Der Schlußsatz des §. 8 des Gesetzes vom 11. Juli 1822 (G.-S. S. 184), sowie der auf diesen Schlußsatz bezügliche Theil der Allerhöchsten Kabinetsordre vom 14. Mai 1832 (G.-S. S. 145) und der §. 8 der Verordnung vom 23. September 1867 (G.-S. S. 1648) treten außer Kraft.

D. Allgemeine Bestimmungen.

§. 13. Insoweit juristische Personen, Gesellschaften ꝛc. zur Entrichtung der in Kreisen beziehungsweise Provinzen vom Einkommen erhobenen Abgaben verpflichtet sind, oder physische Personen in verschiedenen Kreisen beziehungsweise Provinzen solchen Abgaben unterliegen, kommen bei Veranlagung derselben die Grundsätze der §§. 2 bis 11 gleichmäßig zur Anwendung.

§. 14. Dieses Gesetz tritt mit dem 1. April 1886 in Kraft. Alle demselben entgegenstehenden Bestimmungen werden von diesem Zeitpunkt an aufgehoben.

Insbesondere treten auch außer Kraft die Bestimmungen in §. 8 des Gesetzes vom 20. Dezember 1879 (G.-S. S. 635), in §. 9 des Gesetzes vom 14. Februar 1880 (G.-S. S. 20), in §. 10 des Gesetzes vom 28. März 1882 (G.-S. S. 21), in §. 9 des Gesetzes vom 13. Mai 1882 (G.-S. S. 269), in §. 10 des Gesetzes vom 24. Januar 1884 (G.-S. S. 11), in §. 10 des Gesetzes vom 17. Mai 1884 (G.-S. S. 129) und in §. 10 der Gesetze vom 23. Februar 1885 (G.-S. S. 11 und 43), insoweit sie die Erhebung von Gemeindeabgaben betreffen.

§. 15. Die Minister des Innern und der Finanzen sind mit der Ausführung dieses Gesetzes beauftragt.

Urkundlich unter Unserer Höchsteigenhändigen Unterschrift und beigedrucktem Königlichen Insiegel.

Gegeben Bad Gastein, den 27. Juli 1885.

Nachträge.

1. Zu §. 9 I. Nr. 6 des Gesetzes vom 24. Juni 1891, Seite 21.

Prämien für die bei einer Aktiengesellschaft genommene Unfallversicherung sind nicht abzugsfähig.

Finz.-Minist.-Erlaß vom 18. Dezemb. 1891. — II. 16245 —.

Auf die Anfrage v. 2c. erwidere ich Ew. 2c., daß diejenigen Prämien, welche ein Steuerpflichtiger für die bei einer Aktiengesellschaft genommene Unfallversicherung vertragsmäßig zu entrichten hat, nicht von dem steuerpflichtigen Einkommen in Abzug gebracht werden dürfen.

Die Bestimmung in §. 9 I. Nr. 6 des Einkommensteuergesetzes vom 24. Juni 1891 erstreckt sich lediglich auf Beiträge zu Kranken-, Unfall-, Alters- und Invalidenversicherungs-, Wittwen-, Waisen- und Pensions-Kassen und ist deshalb schon nach ihrer Fassung nicht auf die an Aktiengesellschaften zahlbaren Prämien anwendbar; eine solche Ausdehnung würde auch der Absicht des Gesetzes nicht entsprechen, da die angeführte Bestimmung, wie die Entstehungsgeschichte derselben ergiebt, nur die durch öffentliche Fürsorge begründeten, oder auf dem Prinzipe der Selbsthülfe beruhenden Kassen der bezeichneten Art im Auge hat.

Ebensowenig kann ein Anspruch auf Abzug der Prämien für die bei einer Aktiengesellschaft genommene Unfallversicherung auf die Bestimmung zu Nr. 7 a. a. O. gegründet werden, da diese ausschließlich Versicherungsprämien betrifft, welche für Versicherungen des Steuerpflichtigen auf den Todes- oder Erlebensfall zu entrichten sind.

Der Finanz-Minister.
Miquel.

Abschrift erhalten Ew. 2c. zu gefälligen Kenntnißnahme, Beachtung und Mittheilung an die Vorsitzenden der Veranlagungs-Kommission Ihres Bezirkes.

An die Vorsitzenden der Einkommensteuer-Berufungskommmissionen.

---

2. Zu §. 53 des Gesetzes vom 24. Juni 1891, Seite 71, und Artikel 60 der Anweisung vom 5. August 1891, Seite 281.

Zustellung der Veranlagungsschreiben für Minderjährige an die Vormundschaft.

Finz.-Minist.-Erlaß vom 18. Febr. 1862 — III. 1961 —.

Die Ansicht, daß es einer anderweiten Insinuation der stattgehabten Veranlagung des minorennen N. zur Einkommensteuer an die Vormundschaft nicht bedürfe, kann nicht für begründet erachtet werden. Die Annahme, daß der N. in seiner Eigenschaft als Portepeefähnrich als aus der väterlichen Gewalt entlassen anzusehen sei, widerspricht der ausdrücklichen Vorschrift im §. 90 des Anhangs zum Allgemeinen Landrecht Th. II. Tit. 2 §. 212 sowohl, als der Thatsache, daß die Vormundschaft über denselben ohne Unterbrechung während seiner Dienstzeit und noch jetzt nicht aufgehört hat. Die Nothwendigkeit, die Insinuation der Veranlagung eines Minorennen zur Einkommensteuer an die Vormundschaft zu bewirken, ergiebt sich aber aus der analog zur Anwendung kommenden Bestimmung der Allgemeinen Gerichtsordnung Th. I. Tit. 7 §. 3, worauf zugleich die

Ausschließung der den Minorennen sonst zuständigen Wiedereinsetzung in den vorigen Stand unter Vorbehalt des Regresses gegen die Vormünder im §. 11 des Gesetzes vom 18. Juni 1840 über die Verjährungsfristen bei öffentlichen Abgaben beruht.

---

3. Zu Artikel 13 Nr. 3 der Ausführungsanweisung vom 5. Aug. 1891, Seite 144.

Berechnung des steuerpflichtigen Einkommens aus dem Betriebe der Forstwirthschaft.

Finz.-Minist.-Erlaß vom 10. Dezember 1891 — II. 15203 —.

Zur Beseitigung von Zweifeln, welche wegen der Berechnung des steuerpflichtigen Einkommens aus dem Betriebe der Forstwirthschaft hervorgetreten sind, sehe ich mich im Anschlusse an die Vorschriften im Artikel 13 der Anweisung vom 5. August 1891 zu nachstehenden Erläuterungen veranlaßt:

Als „außergewöhnliche“ Abtriebe, deren Ergebnisse nicht einen Reinertrag aus dem Betriebe der Forstwirthschaft darstellen und daher gemäß der Bestimmung unter Nr. 3 des Artikels 13 bei Ermittelung dieses Reinertrages außer Anrechnung bleiben sollen, gelten nur diejenigen Abtriebe, welche, — ohne Einhaltung eines nach forstlichen Grundsätzen aufgestellten Bewirthschaftungs-Planes — eine Verminderung des Holzbestandskapitales herbeiführen, sei es, daß der Abtrieb durch Naturereignisse (Windbrüche und dergl.) veranlaßt ist, sei es, daß der Eigenthümer den Abtrieb vornimmt, um die Kulturart der bisherigen Waldfläche zu ändern, oder um dieselbe als Bauplatz zu verwerthen u. s. w.

Hierdurch wird indessen nicht ausgeschlossen, daß der Erlös aus einem Abtriebe der letztgedachten Art als Gewinn aus einem Spekulationsgeschäfte anzusehen und daher aus diesem Grunde dem steuerpflichtigen Einkommen hinzuzurechen ist. Ob die Voraussetzungen hierfür vorliegen, muß nach den Umständen eines jeden einzelnen Falles (vergl. Artikel 9 der Anweisung vom 5. August 1891) beurtheilt werden.

Alle Abtriebe, welche eine Verminderung des Holzbestandskapitales nicht bedingen, gehören zu den „regelmäßigen“ und sind daher gemäß der Vorschrift im Artikel 13 Nr. 1 der Anweisung bei Berechnung des steuerpflichtigen Einkommens aus der Forstwirthschaft zu berücksichtigen, ohne daß es darauf ankommt, ob der Abtrieb jährlich oder in anderen Zwischenräumen stattfindet.

Sofern also beispielsweise ein Forsteigenthümer den in seinem Bewirthschaftungsplane forstgerecht vorgesehenen Abtrieb während eines oder mehrerer Wirthschaftsjahre ganz oder theilweise unterläßt, sind zwar für die betreffenden Jahre nur die Ergebnisse des wirklichen Abtriebes — nicht etwa die Erträge, welche durch den planmäßigen Abtrieb hätten erzielt werden können — bei der Einkommensteuer-Veranlagung in Betracht zu ziehen. Findet aber in späteren Jahren ein der früheren Aufsparung entsprechend verstärkter Abtrieb statt, so kommen nunmehr die Ergebnisse des verstärkten Abtriebes voll zur Anrechnung, insoweit nicht die Grenzen des Wirthschaftsplanes im Ganzen überschritten werden.

Ew. ꝛc. wollen die Vorsitzenden der Veranlagungs-Kommissionen Ihres Amtsbezirkes hiernach mit Weisung versehen.

Der Finanz-Minister.
Miquel.

---

4. Zu Artikel 16 I. Nr. 2d der Ausführungsanweisung vom 5. August 1891, Seite 147.

Bemessung der Abnutzungsquoten bei Gebäuden.

Finz.-Minist.-Erlaß vom 3. Februar 1892, — II. 1375 —.

Mehrfach hervorgetretene Zweifel und Mißdeutungen veranlassen mich, den Vorschriften im

Artikel 11 zu III, Artikel 16 zu I Nr. 2d, zu II Absatz 1 und Artikel 18 zu III der zum Einkommensteuergesetz ergangenen Ausführungsanweisung vom 5. August 1891 die nachstehenden erläuternden und ergänzenden Bemerkungen hinzuzufügen:

Die gemäß §. 9 I Nr. 5 des Einkommensteuergesetzes vom 24. Juni 1891 zulässigen Abzüge für Abnutzung von Gebäuden, Maschinen, Betriebsgeräthschaften u. s. w. haben für den Steuerpflichtigen die wirthschaftliche Bedeutung von Rücklagen, durch deren Aufsammlung er sich nach Ablauf der Abnutzungsperiode das zur Wiederherstellung bezw. Neubeschaffung der abgenutzten Gebäude, Maschinen u. s. w. erforderliche Kapital sicherstellt. Es folgt aus dem Wesen der Sache, daß für die Bemessung dieser Abnutzungsquoten in erster Reihe der Substanzwerth der genannten Gegenstände maßgebend sein muß, und dies haben auch die oben angeführten Vorschriften der Anweisung vom 5. August 1891 weder in Frage stellen können noch wollen.

Wenn daselbst bestimmt ist, daß für die Abnutzung ein angemessener Prozentsatz des Nutzungswerthes bezw. des Jahresmiethswerthes in Abzug gebracht werden kann, so soll damit nur angedeutet sein, daß dieses vereinfachte Verfahren nicht ausgeschlossen ist, insofern im einzelnen Falle der Nutzungs- oder Miethswerth den erforderlichen Anhalt zur Ermittelung der Abnutzungsquote bietet. Wo diese Voraussetzung fehlt, ist bei Berechnung derselben der Substanzwerth zu Grunde zu legen, und als solcher kann für Gebäude insbesondere auch die Feuerversicherungstaxe gelten, insofern durch dieselbe der wirkliche Bauwerth angemessen zum Ausdruck gelangt.

Der als Abnutzungsquote abzugsfähige Prozentsatz des Substanzwerthes bestimmt sich in jedem einzelnen Falle nach der gesammten Nutzungsdauer, welche für die Gebäude u. s. w. vermöge ihrer Bauart (Konstruktion) und Bestimmung bei regelmäßigem Verlauf der Dinge anzunehmen ist. Hierbei ist aber unter allen Umständen die Zinseszinsrechnung anzulegen, da von der Annahme ausgegangen werden muß, daß außer den jährlichen Rücklagen auch die davon aufkommenden Zinserträge dem aufgesammelten Abnutzungsfonds zuwachsen.

Beispielsweise würden somit bei Zugrundelegung eines Zinsfußes von 4 Prozent die Abnutzungsquoten bemessen werden können für Gebäude mit der wahrscheinlichen Nutzungsdauer

von	50	Jahren	auf	0,63	vom	Hundert,
„	75	„	„	0,22	„	„
„	100	„	„	0,08	„	„
„	150	„	„	0,01	„	„

des Bauwerthes.

Ew. ꝛc. wollen hiervon den Vorsitzenden der Veranlagungskommissionen Ihres Amtsbezirks zur Nachachtung Kenntniß geben.

Der Finanz-Minister.
Miquel.

---

5. Zu Artikel 21 Nr. 3, Absatz 2 der Ausführungsanweisung vom 5. August 1891, Seite 160.

Berechnung des steuerpflichtigen Einkommens der Königlichen Forstbeamten.

Finz.-Minist.-Erlaß vom 4. Dezemb. 1891 — II. 14756 II —.

Nachdem von mehreren Seiten die Frage angeregt worden ist, ob nach den Vorschriften des Einkommensteuergesetzes vom 24. Juni 1891 bei Berechnung des steuerpflichtigen Einkommens der Königlichen Forstbeamten auch die Einnahmen derselben aus den Dienstländereien und aus der Jagdnutzung in Betracht zu ziehen seien, sehe ich mich veranlaßt, auf die Bestimmungen im §. 7 des Gesetzes und im Artikel 21 Nr. 3, Absatz 1 der Anweisung vom 5. August 1891 hinzuweisen. Danach muß bei der Einkommensberechnung nicht nur die baare Besoldung der Beamten, sondern auch der Geldwerth der sämmtlichen Naturalbezüge berücksichtigt werden.

Die Vorschrift im Artikel 21 Nr. 3 Absatz 2 a. a. O. findet auf die Dienstländereien der

Forstbeamten keine Anwendung, weil für Ueberlassung derselben nicht ein Abzug an der etatsmäßigen Besoldung, also nicht von vornherein eine amtliche Feststellung des Geldwerths dieser Bezüge stattfindet, sondern von den Forstbeamten ein zur Staatskasse besonders vereinnahmtes, nach dem Grundsteuerreinertrage bemessenes Nutzungsgeld zu zahlen ist, mithin in Ansehung dieser Ländereien ein der Pachtung ähnliches Verhältniß besteht.

Zu Gunsten der Freilassung der Einnahmen aus den Dienstländereien der Königlichen Forstbeamten ist namentlich geltend gemacht, daß dieselben den Forstbeamten gewährt werden, einerseits aus dienstlichen Rücksichten, um dieselben hinsichtlich des Bezuges ihrer wirthschaftlichen Bedürfnisse von der Bevölkerung unabhängig zu machen, andererseits und hauptsächlich — aber nicht ausschließlich — um ihnen die Möglichkeit zur Unterhaltung eines Dienstfuhrwerks zu gewähren, zu dessen Haltung sie verpflichtet sind, dessen Kosten aber aus der Dienstaufwandsentschädigung nicht voll bestritten werden können. Dazu komme, daß die Uebernahme der Dienstländereien nicht von dem freien Willen der Forstbeamten abhänge, daß dieselben ferner bei ihrer vielseitigen anderweitigen amtlichen Thätigkeit die Bewirthschaftung der Dienstländereien in der Regel nicht selbst zu übernehmen vermögen und hohe Arbeitslöhne zu zahlen genöthigt seien.

Alle diese Umstände dürfen zwar bei Berechnung und Schätzung des Reinertrages aus den Dienstländereien nicht unbeachtet bleiben; insbesondere gehört derjenige Theil der Nutzungen, welcher zur Unterhaltung des Dienstfuhrwerks oder zur Bestreitung der Kosten für dasselbe verbraucht wird, gemäß der Vorschrift im Artikel 22 Nr. 3 der Anweisung vom 5. August 1891 nicht zum steuerpflichtigen Einkommen. Die Erzielung eines darüber hinausgehenden Reinertrages (Artikel 15. I der Anweisung vom 5. August 1891) ist aber, wie auch durch die Erfahrung bestätigt wird, durch die angeführten Umstände keineswegs ausgeschlossen, und die grundsätzliche Freilassung dieses Reinertrages von der Einkommensteuer findet daher in den gesetzlichen Vorschriften ebensowenig eine Stütze, wie die Freilassung der etwaigen Erträge aus der Jagdnutzung.

Im Uebrigen kann es nur nach den besonderen Umständen eines jeden Falles beurtheilt werden, ob und welches steuerpflichtige Einkommen aus diesen Emolumenten nach der für die Veranlagung maßgebenden Durchschnittsberechnung (Artikel 5 Nr. 2 der Anweisung vom 5. August 1891) bei den einzelnen Forstbeamten in Ansatz zu bringen ist.

Ew. 2c. wollen hiernach die Vorsitzenden der Veranlagungskommissionen mit Anweisung versehen.

Der Finanz-Minister.
gez. Miquel.

Hiernach ist die in der Anmerkung 12 auf Seite 162 ausgesprochene gegentheilige Ansicht zu berichtigen.

---

6. Zu Artikel 22 Nr. 1, Anmerkung 1 der Ausführungsanweisung vom 5. August 1891, Seite 164.

Als Dienstaufwandsentschädigung nicht zu betrachtende Zulagen an Offiziere.

1k) Kriegs-Minist.-Erlaß vom 6. März 1879 — A. K. D. 2767/5 —.

Auf die Anfrage vom 2c., betr. die Reklamation des als Lehrer bei der Oberfeuerwerkerschule hierselbst dienstleistenden Feuerwerkers, Premierlieutenant B. erwidert das unterzeichnete Departement Ew. 2c ergebenst, daß die Zulage, welche den als Lehrer bei dem fr. Institut fungirenden Offizieren gewährt wird, nicht als eine Entschädigung für erwachsende Mehrausgaben und als ein Aequivalent für dienstliche Aufwendung anzusehen ist.

1l) Kriegs-Minist.-Erlaß vom 17. August 1881 — A. I. 119. 8 —.

Der Königl. Einschätzungskommission theilt das unterzeichnete Departement auf das gefl. Schreiben v. 2c. ergebenst mit, daß die Zulagen der etatsmäßigen Offiziere der Artillerie-Schießschule als Dienstaufwandsentschädigung im Sinne der Steuergesetzgebung nicht anzusehen sind.

---

7. Zu Artikel 74 Absatz 2 der Ausführungsanweisung vom 5. August 1891, Seite 345.

Aussetzung der Entscheidung bei Steuerlaßanträgen.

Finz.=Minist.=Erlaß v. 7. März 1884 — II. 2562 —.

Der Königl. Regierung wird eine Vorstellung des dortigen Magistrats, betr. die von der Königl. Regierung zurückgewiesenen Klassensteuer=Erlaßanträge, mit dem Bemerken übersendet, daß in den zur Sprache gebrachten Fällen der beantragte Steuererlaß an sich begründet ist und sich nicht verkennen läßt, daß die von dem Magistrat vorgebrachten Schädigungen der Steuerpflichtigen eintreten könnten, wenn, wie hier geschehen, aus den von derselben angegebenen Gründen ohne Weiteres der Erlaß abgelehnt wird. Um nun diese Nachtheile zu vermeiden, andererseits aber zu verhindern, daß Steuererlasse nicht in solchen Fällen bewilligt werden, in welchen im Laufe des Steuerjahres die betreffenden Zensiten wieder in den Besitz eines Einkommens gelangen, welches die Festhaltung der veranlagten Steuerstufe, bezw. wenigstens die Festhaltung einer höheren Stufe, als im Erlaßantrage vorgeschlagen wird, rechtfertigen würde, empfiehlt es sich, wie diesseits wiederholt ausgesprochen, die Entscheidung über den Erlaß bis dahin, daß sich die Sache vollständig übersehen läßt, event. bis zum Jahresschlusse auszusetzen, bis zur demnächstigen Entscheidung aber den entsprechenden Theil der Steuer zu stunden, wodurch die fraglichen Nachtheile für die Steuerpflichtigen und zugleich die Bewilligung nicht gerechtfertigter Steuererlasse vermieden würden.

---

8. Zu Artikel 82 Nr. 1 der Ausführungsanweisung vom 5. August 1891, Seite 359.

Vierteljährliche Hebung der monatlich fälligen übrigen direkten Steuern und Renten.

Cirk.=Erlaß des Finanzministers und des Ministers für Landwirthschaft, Domänen und Forsten vom 6. Januar 1892.

Unter Bezugnahme auf die Vorschriften in §. 62 des Einkommensteuergesetzes vom 24. Juni 1891 und Artikel 82 der dazu ergangenen Ausführungsanweisung des mitunterzeichneten Finanzministers vom 5. August 1891 (3. Theil) bestimmen wir, daß die in monatlichen Raten fälligen übrigen direkten Staatssteuern, sowie die Domänen=Amortisations= und Rentenbank=Renten — bei diesen die Zustimmung der Rentenzahlungspflichtigen vorausgesetzt — vom Rechnungsjahre 1892/93 ab in vierteljährlichen Raten gleichzeitig mit der Einkommensteuer verbunden werden. Mit der Mahnung und zwangsweisen Beitreibung bezüglich der Raten für den dritten Quartalsmonat darf jedoch, abweichend von der Einkommensteuer, hinsichtlich der übrigen Steuern und der Renten erst nach Ablauf der ersten acht Tage des dritten Monats — falls bis dahin die Zahlung nicht erfolgt ist — vorgegangen werden.

Die Königliche Regierung wolle demgemäß das Erforderliche veranlassen.

---

9. Zu Artikel 82, Nr. 4, Anmerkung 3 der Ausführungsanweisung vom 5. August 1891, Seite 361.

Bestimmungen über die Hebegebühren bei der Einkommensteuer.

a) Der für die Erhebung der Einkommensteuer den einzelnen Erhebern bewilligte Prozentsatz ist sehr verschieden.

Siehe Finz.=Minist.=Erlaß vom 26. Juni 1856 — III. 15745 —, 13. Juli 1859 — III. 6627 —, 20. Februar 1864 — III. 3647, 3. Juli 1882 — II. 7194 —.

b) Finz.-Minist.-Erlaß vom 6. Dezember 1851 — III. 26 348 —.

Die Tantieme wird stets nur von denjenigen Steuerbeträgen erhoben, welche dauernd der Staatskasse verbleiben, nicht aber von denjenigen, welche von den Steuerpflichtigen zwar nach der Vorschrift im §. 36 des Gesetzes v. 1. Mai 1851 vorläufig eingezahlt worden sind, denselben aber nachträglich restituirt werden müssen, weil die betheiligten Steuerpflichtigen später Seitens der Einschätzungs- oder Bezirkskommission in der Steuer ermäßigt oder von letzterer gänzlich befreit worden sind.

c) Finz.-Minist.-Erlaß v. 21. März 1854 — III. 6719 —.

Auf den Bericht vom 2c., betr. die während der interimistischen Verwaltung der Kreiskasse in N. aufkommende Tantieme von der Einkommensteuer, den Renten u. s. w., wird der Königlichen Regierung Folgendes erwidert:

Wenn eine Stelle, namentlich eine Kassenstelle, interimistisch verwaltet werden muß, so sind jederzeit die Bedingungen genau festzustellen, unter welchen die interimistische Verwaltung stattfinden soll, und dem Stellvertreter vor dem Beginne derselben bekannt zu machen. Ist dem interimistischen Verwalter einer Kasse nur ein bestimmter Theil des etatsmäßigen Gehalts oder ein bestimmter Diätensatz zugesichert, so hat er außerdem auf Tantiemen und Remunerationen für die Verwaltung der mit der Kasse verbundenen Kassen oder Fonds keinen Anspruch, derselbe muß vielmehr gegen diese Entschädigung und gegen die jedenfalls zu gewährenden Amtskosten die gesammte Kassenverwaltung führen.

Den Hinterbliebenen eines Kassenbeamten, welche Anspruch auf die Besoldung für den Gnadenmonat haben, ist auch die Tantieme von der Einkommensteuer, den Renten u. s. f. und die Remuneration für Verwaltung der Nebenfonds in demselben Betrage, welchen der verstorbene Beamte bezogen haben würde, wenn er im Gnadenmonate noch gelebt hätte, zu gewähren, jedoch nach Abzug der in den Tantiemen, den Remunerationen u. s. f. begriffenen Entschädigung für Dienstaufwand, welche der Stellvertreter zu beziehen hat.

Von der Tantieme für die Erhebung der Einkommensteuer ist $^1/_3$ auf die Kosten des Dienstaufwands zu rechnen, bei den sonstigen Tantiemen und Remunerationen aber der für die Amtskosten zu verwendende Betrag, nöthigenfalls nach Vernehmung der sonst betheiligten Behörden (Rentenbank, Feuersozietätsdirektion u. s. f.) näher zu bestimmen.

d) Ermäßigung der Hebegebühren von der klassifizirten Einkommensteuer für die Steuerempfänger in der Provinz Westfalen und der Rheinprovinz.

Finz.-Minist.-Erlaß v. 3. Juli 1882 — II. 7194 —. (Auszug.)

Uebrigens wird bemerkt, daß, nachdem durch den Staatshaushaltsetat für 1882/83 das pensionsberechtigte Diensteinkommen der Steuerempfänger auf den Betrag der Maximalbesoldung der Kreissteuereinnehmer — jetzt 4200 Mark — erhöht worden ist, der gemäß des Erlasses vom 20. Februar 1864 — — III. 3647 — (Abdruck nicht erforderlich) zu erstattende Bericht wegen etwaiger Ermäßigung der Hebegebühren von der klassifizirten Einkommensteuer sich fernerhin auf diejenigen Fälle zu erstrecken hat, in welchen die Gesammthebegebühren von den direkten Staatssteuern bei den betr. Steuerkassen den Bruttobetrag von 6300 Mark übersteigen.

10. Zu dem Gesetz betr. die Heranziehung von Militärpersonen zu Abgaben für Gemeindezwecke vom 29. Juni 1886. Seite 583 u. ff.

In dritter Lesung unverändert angenommener Entwurf eines Gesetzes wegen Abänderung des Gesetzes vom 29. Juni 1886, betreffend die Heranziehung von Militärpersonen zu Abgaben für Gemeindezwecke (Gesetzsamml. S. 181).

Wir Wilhelm, von Gottes Gnaden König von Preußen ꝛc.
verordnen unter Zustimmung der beiden Häuser des Landtags der Monarchie, was folgt:

Einziger Paragraph.

Soweit in dem Gesetze, betreffend die Heranziehung von Militärpersonen zu Abgaben für Gemeindezwecke, vom 29. Juni 1886 (Gesetzsamml. S. 181), auf die Klassen- und klassifizirte Einkommensteuer Bezug genommen wird, finden vom 1. April 1892 ab die entsprechenden Vorschriften des Einkommensteuergesetzes vom 24. Juni 1891 (Gesetzsamml. S. 175) nach Maßgabe folgender Bestimmungen Anwendung:

1. dem außerdienstlichen selbständigen Einkommen der Abgabepflichtigen (§. 2 des Gesetzes vom 29. Juni 1886) (S. 584) ist das Einkommen der zu ihrem Haushalt gehörigen Familienglieder nur nach Maßgabe des §. 11 des Einkommensteuergesetzes zuzurechnen.[1])
2. An die Stelle des im §. 3 Absatz 2 des Gesetzes vom 29. Juni 1886 (S. 585) in Bezug genommenen Steuertarifs der §§. 7 und 20 des Gesetzes vom 1./25. Mai 1851/73 (Gesetzsamml. von 1873 S. 213) tritt der Steuertarif im §. 17 des Einkommensteuergesetzes (S. 38). Bei einem abgabepflichtigen Einkommen bis einschließlich 660 Mark beträgt die Abgabe 2,40 Mark, bei einem solchen von mehr als 660 bis einschließlich 900 Mark beträgt sie 4 Mark.
3. Die Feststellung des der Abgabe unterliegenden Einkommensbetrages und die Ermittelung der Steuerstufe (§. 4 des Gesetzes vom 29. Juni 1886) (S. 586) erfolgen durch den Vorsitzenden der Einkommensteuerveranlagungskommission.
4. Die Ermäßigung der veranlagten Abgaben (§. 8 a. a. O.) (S. 588) erfolgt unter Anwendung der Vorschriften im §. 58 des Einkommensteuergesetzes. (Siehe S. 73.)

   Ueber den Antrag auf Ermäßigung entscheidet der Vorsitzende der Einkommensteuerveranlagungskommission vorbehaltlich der Beschwerde an die Bezirksregierung (§. 5 Absatz 2 des Gesetzes vom 29. Juni 1886).[2])

Urkundlich ꝛc.

---

[1]) Das heißt also: Nicht hinzuzurechnen ist das Einkommen von:
1. Ehefrauen, wenn sie dauernd von dem Ehemann getrennt leben;
2. Kindern und anderen Angehörigen der Haushaltung, wenn sie ein der Verfügung des Haushaltungsvorstandes nicht unterliegendes Einkommen aus eigenem Erwerb — mit Ausschluß der Beihülfe in dem Geschäft des Haushaltungsvorstandes — oder aus anderen Quellen beziehen.

Siehe S. 27.

[2]) Die rechtliche Geltung des Gesetzes vom 29. Juni 1886 wird durch das Einkommensteuergesetz vom 24. Juni 1891 nicht in Frage gestellt; auch unterliegt es keinem rechtlichen Bedenken, die Abgabepflicht der Militärpersonen (§§. 1, 6 des Gesetzes vom 29. Juni 1886) fortan von der Heranziehung zur Einkommensteuer abhängig zu machen, und die bei der Einkommensteuerveranlagung erfolgende Ermittelung des Einkommens der Besteuerung zum Grunde zu legen (§. 3 Absatz 1 a. a. O.).

Die vorstehenden Abänderungen des Gesetzes vom 29. Juni 1886 sind jedoch nothwendig, theils um für seine Anwendung einen in jeder Beziehung sicheren Rechtszustand zu schaffen, theils um die materiellen Bestimmungen über die Berechnung des abgabepflichtigen Einkommens sowie über die Bemessung und die Ermäßigung der Abgabe mit den Vorschriften des Einkommensteuergesetzes in Uebereinstimmung zu bringen.

Hinsichtlich der wegen eines Einkommens von höchstens 900 Mark von der Einkommensteuer Befreiten erübrigt zur Erzielung einer Uebereinstimmung nur der Anschluß an die im §. 74 des Einkommensteuergesetzes festgestellten Sätze mit der sich aus §. 3 Absatz 2 des Gesetzes vom 29. Juni 1886 rechtfertigenden Maßgabe, daß der für alle Einkommensbezüge von höchstens 660 Mark zu entrichtende Abgabebetrag sich fortan nicht mehr auf 3 Mark, als den Satz der ersten Stufe der Klassensteuer (420 bis 660 Mark), sondern auf den im §. 74 des Einkommensteuergesetzes hierfür festgesetzten Satz von 2,40 Mark beläuft.

(Siehe des Näheren die Begründung des Entwurfes.)

Chronologisches Verzeichniß

der

Gesetze, Anweisungen, Erlasse ꝛc.

Datum		Seite	Gegenstand
1867.	22. Februar.	1	Betr. die Regelung der direkten Besteuerung in dem Fürstenthum Hohenzollern-Hechingen.
—	4. März.	77	Abgangsstellung der Einkommensteuer bei Konkursen.
—	28. April.	11 96	Verordnung, betr. Einführung ꝛc. der direkten Steuern in ꝛc. Hannover. §. 8 und 10.
—	28. April.	11 96	Desgl. in ꝛc. Kurfürstenthum Hessen. §. 8. „ §. 10.
—	28. April.	97	Verordnung, betr. Einführung der ꝛc. direkten Steuern in Schleswig-Holstein. §. 12.
—	11. Mai.	11	Verordnung ꝛc., Steuerfreiheit des Herzogl. Nassauischen Fürstenhauses. §. 9.
—	11. Mai.	96	Verordnung, betr. Einführung der direkten Steuern ꝛc. Regier.-Bezirk Wiesbaden.
—	25. Juni.	87 373	Verordnung, Art. XI. Verjährung der Steuervergehen ꝛc.
—	23. September.	583	Verordnung, betr. Heranziehung der Staatsdiener zu Kommunalauflagen.
—	9. November.	438	Gesetz, betr. Verpflichtung zum Kriegsdienste. §. 13.
1868.	20. Februar.	117 214	Servis-Reglement der Truppen im Frieden.
1869.	13. April.	167	Unterschied von Repräsentationskosten und Lokalzulagen.
—	7. Mai.	162	Abrechnung des Burschenquartier-Servises.
—	31. Mai.	220	Wahlgesetz für den deutschen Reichstag.
—	5. Juni.	10	Allgem. deutsches Handelsgesetzbuch. Art. 21.
„	„	28	„ „ „ Art. 250.
„	„	30	„ „ „ Art. 85 und 250.
„	„	32	„ „ „ Art. 28.
„	„	33	„ „ „ Art. 29, 31.
„	„	34	„ „ „ Art. 31.
„	„	440	„ „ „ Art. 41, 42.
„	„	178	„ „ „ Art. 150.
„	„	180	„ „ „ Art. 209.
„	„	152	„ „ „ Art. 28.
—	21. Juni.	459	Reichsgesetz, betr. die Beschlagnahme des Arbeits- oder Dienstlohnes. §. 1 und 4.
—	9. August.	346	Kontrolle über die Zu- und Abgänge klassensteuerpflichtiger Militärpersonen.
—	18. September.	576	Attestirung der Reisekostenliquidationen von Mitgliedern der Bezirkskommissionen.
—	28. November.	554	Regulativ über die geschäftliche Behandlung der Postsendungen in Staatsdienst-Angelegenheiten.
—	22. Dezember.	556	Instruktion zur Ausführung dieses Regulatives.
1870.	11. Februar.	13	Gesetz, betr. ꝛc. Grundsteuer-Regelung in neuen Provinzen.
—	29. April.	162	Besteuerung und Freilassung von Dienstwohnungen.
—	13. Mai.	1	Gesetz, wegen Beseitigung der Doppelbesteuerung.
„	„	4	„
„	„	14	„
„	„	111	„ Abdruck.
„	„	121	„
„	„	124	„
„	„	210	„
„	„	214	„
„	„	220	„
—	31. Mai.	87 373	Einführungsgesetz zum Strafgesetzbuch ꝛc. §. 2. Absatz 2.
—	1. Juni.	2 220 121	Gesetz, betr. Erwerb und Verlust der Bundes- und Staatsangehörigkeit.

Datum		Seite	Gegenstand
1873.	15. Juni.	87	Erläuterung des §. 4 des Reichsgesetzes vom 13. Mai 1870.
—	30. Juni.	161	Reichsgesetz, betr. Wohnungsgeldzuschüsse an Offiziere ꝛc.
—	12. September.	113	Veranlagung abkommandirter Offiziere.
—	18. September.	84	Kriegszustand eines Schiffes; alleinfahrendes Schiff.
—	18. Oktober.	18	Beginn der Steuerfreiheit im Falle einer Mobilmachung.
—	25. Oktober.	84	Begriff des alleinfahrenden Schiffes.
—	6. November.	8	Steuerfreiheit der Inhaber des Militär-Verdienstkreuzes.
—	26. November.	577	Reisekosten der Kommissions- ꝛc. Mitglieder, welche gleichzeitig Mitglieder des Landtages sind.
—	3. Dezember.	34 152	Entsch. des Reichs-Oberhandelsgerichts betr. Aufstellung kaufmännischer Bilanz.
1874.	2. Januar.	94	Gesetz wegen Erhöhung der ꝛc. Hebegebühren. §. 1.
		106	„ Aufhebung.
—	15. Januar.	15	Allerhöchste Kab.-Order, betr. das Militär-Veterinärwesen.
—	15. Februar.	85	Grenze der heimischen Gewässer, Bestimmungen für alleinfahrende Schiffe.
—	4. März.	84	Begriff des alleinfahrenden Schiffes.
—	4. April.	125 174	Reichsgesetz, betr. Abänderungen ꝛc. des Gesetzes vom 27. Juni 1871.
—	18. April.	247	Normalsätze bei der Veranlagung.
—	2. Mai. „ „	18 438	Reichsmilitärgesetz §. 4, 38.
	„ „ „ „	18 83	„ §. 38.
	„ „	459	„ §. 45.
	„ „ „ „ „ „ „ „ „ „	15 17 83 351 355	„ §. 46 Abs. 2.
	„ „ „ „	16 83	„ §. 56.
—	15. Juli.	283	Eingabe von Reklamationen bei inkompetenten Behörden.
—	16. Oktober.	115	Bundesrathsbeschluß, betr. Besteuerung der Mitglieder eines Aufsichtsrathes ꝛc.
—	27. Oktober.	113	Veranlagung preußischer, in anderen Bundesstaaten stationirter Beamten.
—	27. Oktober. IV. 10351.	596	Behandlung der Klassensteuer-Reklamationen bei Umzügen Steuerpflichtiger nach der Veranlagung.
—	2. November.	117	Besteuerung nichtpreußischer deutscher Offiziere.
—	15. Dezember.	216	Obertribunals-Erkenntniß, betr. dienstlichen Wohnsitz.
1875.	16. Februar.	117 213	Wohnsitz abkommandirter Offiziere bei länger als sechsmonatlichen Kommandos.
—	5. März.	288	Revisionen der Steuerveranlagungen an Ort und Stelle.
—	14. März.	55 59	Reichsbankgesetz §. 39.
		182	„ §. 21.
—	30. März.	133	Erläuterung des Begriffes „Haushaltung".
—	5. April.	16	Besteuerung der Mitglieder von Militär-Musikkorps.
—	16. Juni.	106	Gesetz, betr. einige Abänderungen der Vorschriften für die Veranlagung der Klassensteuer, Aufhebung.
		230	Art II. dieses Gesetzes.
—	21. Juni.	582	Verordnung, betr. die Tagegelder ꝛc. der Reichsbeamten.
		575	„ §. 13.
—	28. Juni.	579	Gesetz, betr. Abänderung des Ges. v. 24. März 1873, Tagegelder ꝛc. der Staatsbeamten.
—	29. November.	160 168	Besteuerung und Freilassung von Tagegeldern.

Datum		Seite	Gegenstand
1875.	20. Dezember.	2	Reichsgesetz, betr. die Naturalisation von Ausländern, welche im Reichsdienst angestellt sind.
1876.	26. Februar.	90	Strafgesetzbuch §§. 28, 29
"	"	527	" §. 113.
"	"	535	" §§. 136, 137.
"	"	522	" §§. 350, 351.
—	15. April.	579	Verordnung, betr. die Tagegelder ꝛc. der Staatsbeamten.
—	1. Mai.	159	Steuerfreiheit der grauen Schwester.
—	5. Juni.	113	Veranlagung abkommandirter Militärbeamten.
—	23. Juni.	106	Gesetz, betr. Vereinigung des Herzogthums Lauenburg mit der preußischen Monarchie. Aufhebung v. §. 9.
—	26. Juni.	243	Normalsätze bei Schätzung des Einkommens aus Grundbesitz.
—	27. Juni.	166	Zulage der Offiziere beim großen Generalstabe.
—	12. Juli.	72	Gesetz, betr. Veranlagung und Erhebung der direkten Staatssteuern nach dem Etatsjahre. §. 1.
—	4. September.	401, 403	Eintragung der Nachsteuer in die Solleinnahmenachweisung.
—	16. September.	113	Begriff des doppelten Wohnsitzes.
—	29. September.	159	Besteuerung der Remunerationen.
—	8. Oktober.	86	Steuerreste auf Schiffen ꝛc.
—	13. Oktober.	261, 264	Mittheilungen der Erbschafts-Steuer-Aemter.
—	15. Dezember.	262	Mittheilungen der Erbschafts-Steuer-Aemter.
—	20. Dezember.	92, 296, 569	Verordnung, betr. Tagegelder und Reisekosten der Kommissions-Mitglieder.
1877.	2. Januar.	77, 178	Abgangsstellung irrig veranlagter Steuerbeträge von Amtswegen.
—	13. Januar.	216	Garnisonsort der Artillerie- und Ingenieur-Schule bei Charlottenburg.
—	17. Januar.	262	Ermittelung der erbschaftssteuerpflichtigen Erbanfälle ꝛc. in Berlin.
—	26. Januar.	87, 373, 399	Anweisung, betr. Kontrolle und Verrechnung der bei Zuwiderhandlungen ꝛc. festgesetzten Strafen ꝛc.
—	30. Januar.	436	Reichsgesetz, betr. Einführung der Civilprozeßordnung §. 15.
—	30. Januar.	70	Deutsche Civilprozeßordnung §. 41.
"	"	488	" " §§. 50, 51.
"	"	297	" " §. 165.
"	"	440	" " §§. 165—170.
"	"	442	" " §§. 167, 182—184.
"	"	564	" " §§. 171—174, 178.
"	"	489	" " §§. 182—184.
"	"	71	" " §. 183 u. 184.
"	"	491	" " §§. 247, 248.
"	"	4	" " §. 347.
"	"	58, 278	" " §§. 348, 349, 350, 372, 373.
"	"	370	" " §. 459.
"	"	93	" " §§. 531—538.
"	"	437	" " §§. 644 u. ff.
"	"	436	" " §. 674.
"	"	443	" " §§. 678, 679, 681, 682.
"	"	63, 488	" " §. 681.
"	"	447, 491	" " §§. 688, 689.
"	"	496	" " §. 709.

Datum		Seite	Gegenstand
(1877.	30. Januar.)	448	Deutsche Civilprozeßordnung §§. 711, 781—784.
"	"	450	" " §. 715.
"	"	494	" " §. 715.
"	"	452	" " §§ 718, 719.
"	"	457	" " §§. 733, 734.
"	"	455	" " §§. 740—742, 810.
"	"	457 460	" " §. 749.
"	"	460	" " §§. 750—753.
"	"	449	" " §§. 789—795.
—	1. Februar.	4 93	Strafprozeßordnung §. 49, 183. " §§. 346—352.
—	24. Februar.	576	Gesetz, betr. die Umzugskosten der Staatsbeamten §. 2.
—	5. März.	263	Mittheilungen der Erbschaftssteuerämter.
—	12. März.	106	Gesetz. Aufhebung der Art. III. und IV.
—	13. März.	245	Eigene Arbeitskraft bei Schätzung des Einkommens aus Grundbesitz.
—	16. Mai.	22 31	Entscheidung des Ob.-Verw.-Gerichts. Abzugsfähigkeit der landschaftlichen Amortisationsbeiträge. Einkommen des Verpächters.
—	24. Mai.	165	Geldverpflegungsreglement für das Preußische Heer im Frieden §. 45.
—	23. Juli.	164	Zulagen pensionirter, zum Dienst einberufener Offiziere.
—	30. Juli.	493	Pfändung in der Wohnung der Ehefrau.
—	28. August.	380	Geschäftsanweisung für die Kgl. Steuerempfänger.
—	7. Oktober.	84	Begriff des „alleinfahrenden Schiffes".
—	13. Oktober.	16	Besteuerung der Korps-, Ober-Roßärzte und Unter-Roßärzte.
—	19. Oktober.	590	Beschaffung der Formulare für die Einkommensteuerverwaltung.
—	8. November.	263 264	Mittheilungen über erbschaftssteuerfreie Zuwendungen.
—	27. November.	263	Mittheilung über erbschaftssteuerfreie Zuwendungen.
1878.	15. Januar.	25 170	Rechnungsmäßig nachzuweisende zukünftige Veränderungen feststehender Einnahmen
—	19. Januar.	17	Besteuerung zur Probedienstleistung einberufener Militärpersonen.
—	16. Februar.	112	Begriff des doppelten Wohnsitzes.
—	16. März.	445	Handhabung des Klassensteuer-Exekutionswesens.
—	23. März.	159	Einkommen aus Prostitution.
—	24. April.	168	Ausführungsgesetz zum deutschen Gerichtsverfassungsgesetze.
—	1. Mai.	132	Entsch. d. Ob.-Verw.-Gerichts, betr. 3jähr. Durchschnitt.
—	7. Mai. 5. Juni.	264	Mittheilungen der Erbschaftssteuerämter über erbschaftliche Anfälle.
—	24. Juni.	449	Gebührenordnung für Gerichtsvollzieher.
—	26. Juni.	98	Einsicht der offenzulegenden Klassensteuerrolle.
—	30. Juni.	92 569	Gebührenordnung für Zeugen u. Sachverständige §. 1—18.
—	22. Juli.	487	Zeitpunkt des Vollstrecktseins der Exekution.
—	29. Juli.	98	Auslegung der Klassensteuerrolle und Entnahme von Notizen.
—	3. August.	439	Verzeichniß der aktiven Militärs 2c.
—	18. November.	212	Wohnsitz Minderjähriger.
—	30. November.	81	Stundung der Steuer.
—	7. Dezember.	78	Abgangsstellung der Steuer von Amtswegen.
—	27. Dezember.	112	Erlöschen des Steuerrechts des Heimathsstaates bei Ausscheiden aus dem Unterthanverbande.
1879.	8. Januar.	16	Beurlaubte der Provinz-Invaliden-Kompagnien.
—	15. Januar.	54 297	Ersuchen an diesseitige auswärtige Vertretungen.
—	4. März.	466	§. 22 des Gesetzes, betr. Zwangsvollstreckung in das unbewegliche Vermögen.

Datum		Seite	Gegenstand
1883.	25. Januar.	519	Kosten der Formulare bei Zwangsvollstreckungen.
—	8. März.	367	Steuerreste heimlich Verzogener.
—	14. März.	366	Buchung der Hebegebühren bei den Kreiskassen.
—	26. März.	1	Gesetz, betr. die Aufhebung der beiden untersten Stufen der Klassensteuer.
	„ „	94	„ §. 5.
	„ „	98	„ §. 4.
	„ „	109	„ Aufhebung der §§. 1, 2, 4, 5, 6. Abdruck.
—	15. Juni.	24	Gesetz, betr. die Krankenversicherung der Arbeiter.
—	13. Juli.	456	Gesetz, betr. Zwangsvollstreckung in das unbewegliche Vermögen.
	„ „	463	„ §. 101.
	„ „	464	„ §§. 25, 27, 28.
	„ „	466	„ §§. 6—8.
—	20. Juli.	55	Gesetz, betr. das Staatsschuldbuch.
		264	„ §. 2.
—	30. Juli.	63	Gesetz über die allgemeine Landesverwaltung.
	„ „	64	„ §. 1.
	„ „	67	„ §§. 7, 54, 96, 97, 99, 102—104, 106, 107.
	„ „	101	„ §. 45.
	„ „	484	„ §. 45.
	„ „	63	„ §. 52.
	„ „	436	„ §. 60.
	„ „	65	„ §. 94.
	„ „	91	„ §. 102.
—	9. Oktober.	489	Zwangsvollstreckung auf Requisition auswärtiger Behörden.
—	2. November.	463	Zwangsvollstreckung in das unbewegliche Vermögen.
—	12. November.	36	Entsch. des Ob.-Verw.-Gerichts, betr. Abschreibungen wegen Werthverminderung.
—	11. Dezember.	289	Veranlagung der Mitglieder der Einschätzungskommissionen.
—	18. Dezember.	562	Kosten der Steuerzahlung detachirter Offiziere.
—	27. Dezember.	463	Zwangsvollstreckung in das unbewegliche Vermögen.
1884.	7. März.	623	Aussetzung der Entscheidung bei Erlaß-Anträgen.
—	15. März.	478	Gehalts- und Pensions- 2c. Verhältnisse der Vollziehungsbeamten.
—	24. März.	465	Zwangsvollstreckung in das unbewegliche Vermögen.
—	13. Mai.	572	Staatsministerialbeschluß, betr. Berechnung der Reisekosten von Beamten.
—	13. Juni.	572	Reisekostenliquidationen von Kommissionsmitgliedern.
—	13. Juni.	572	Reisekosten von Beamten.
—	20. Juni.	184	Badisches Einkommensteuergesetz.
—	18 Juli.	33	Reichsgesetz, betr. die Kommanditgesellschaften auf Aktien und
	„ „	34	die Aktiengesellschaften. Art. 185 a. b. c.
	„ „	35	„
	„ „	34	„ Art. 239 b.
	„ „	177	„ Art. 207.
	„ „	178	„ Art. 173.
	„ „	180	„ Art. 175.
	„ „	181	„ Art. 209, 175.
	„ „	213	„
	„ „	186	„ Art. 174 a.
	„ „	187	„ Art. 174 a.
	„ „	187	„ Art. 180 h.
	„ „	187	„ Art. 181.
—	3. Oktober.	63	Endigung der Präklusivfristen bei Feiertagen.
—	23. Oktober.	528	Zwangsvollstreckung in Abwesenheit des Schuldners auszusetzen.
—	19. November.	474	Vereinnahmung der Gebühren im Verwaltungs-Zwangs-
		479	verfahren.
—	18. Dezember.	380	Verrechnung der Steuerveranlagungsgebühren.

Datum		Seite	Gegenstand
1889.	4. Juni.	56	Vertretung des Landraths in der Einschätzungskommission.
—	12. Juni.	576	Cirkularerlaß zum Staats-Minist.-Beschluß v. 17. April 1889.
—	24. Juni.	213	Wohnsitz in eine Irrenanstalt Aufgenommener.
1890.	4. März.	164	Zulage der Offiziere der Bekleidungsämter.
—	16. April.	164	Zulage inaktiver Offiziere bei den Generalkommandos.
—	13 Mai.	170	Theilweise Nichtanrechnung der Gnadenbezüge 2c.
—	12. Juni.	592	Aus Charitéfonds an Militärärzte gewährte Remuneration ist kein Militärdienſteinkommen.
—	20. November.	15 43	Sitzungsbericht des Hauses der Abgeordneten
—	22. November.	58	" " " " "
—	24. November.	142	" " " " "
1891.	2. Februar.	48	" " " " "
—	11. Februar.	8 186	" " " " " " " " " "
—	12. Februar.	186	" " " " "
—	13. Februar.	138	" " " " "
"	"	168	" " " " "
—	14. Februar.	23	" " " " "
"	"	24	" " " " "
"	"	126	" " " " "
"	"	142	" " " " "
"	"	174	" " " " "
—	16. Februar.	28	" " " " "
"	"	29	" " " " "
"	"	32	" " " " "
"	"	34	" " " " "
"	"	36	" " " " "
"	"	43	" " " " "
"	"	139	" " " " "
"	"	144	" " " " "
"	"	166	" " " " "
—	17. Februar.	40	" " " " "
—	18. Februar.	1	Gesetz, betr. die Vereinigung der Insel Helgoland mit der Preußischen Monarchie.
—	18. Februar.	41	Sitzungsbericht des Hauses der Abgeordneten.
"	"	47	" " " " "
"	"	48	" " " " "
—	19. Februar.	50	" " " " "
"	"	52	" " " " "
"	"	59	" " " " "
—	20. Februar.	64	" " " " "
—	26. Februar.	101	" " " " "
—	4. März.	9	" " " " "
"	"	10	" " " " "
"	"	23	" " " " "
"	"	182	" " " " "
—	5. März.	22	" " " " "
"	"	23	" " " " "
"	"	47	" " " " "
"	"	108	" " " " "
—	13. April.	185	Kommissionsbericht des Herrenhauses.
—	13. April.	225	Zirkular-Erlaß betr. Bildung der Voreinschätzungsbezirke und der Voreinschätzungs- und Veranlagungskommissionen.
"	"	231	
"	"	233	" "
"	"	265	" "
—	13. April.	573	Berechnung der Reisekosten von und nach Berlin.
—	5. Mai.	109	Sitzungsbericht des Hauses der Abgeordneten.

Datum		Seite	Gegenstand
1891.	25. Oktober.	377	Verrechnung der Remunerationen für die den Vorsitzenden ꝛc. zu überweisenden Büreauhülfsarbeiter.
—	28. Oktober.	376 568	Reise und Tagegelder der Vorsitzenden und Mitglieder der Kommissionen.
—	5. November.	246	Vorkonferenzen zur Voreinschätzung, Verwerthung von Normalsätzen, Kosten der Vorkonferenzen.
—	6. November.	378	Verrechnung der Remunerationen für die den Vorsitzenden ꝛc. zu überweisenden Büreauhülfsarbeiter.
—	13. November.	127	Abzug der Sterbe- und Begräbnißkassen-Beiträge.
—	20. November.	275	Die Voreinschätzungs-Kommissionen haben ihre Aufgaben ohne Rücksicht auf etwa ergehende besondere Aufforderungen zur Steuererklärung zu erfüllen.
—	4. Dezember.	621	Berechnung des steuerpflichtigen Einkommens der Kgl. Forstbeamten.
—	10. Dezember.	620	Berechnung des steuerpflichtigen Einkommens aus dem Betriebe der Forstwirthschaft.
—	18. Dezember.	619	Prämien für Unfallversicherungen bei Aktiengesellschaften sind nicht abziehbar.
1892.	6. Januar.	623	Erhebung der übrigen direkten Steuern und ꝛc. Renten mit der Einkommensteuer.
—	22. Januar.	573	Dienstreisen der Staatsbeamten von Berlin nach Charlottenburg.
—	3. Februar.	620	Berechnung des Abzugs für Abnutzung von Gebäuden, Maschinen ꝛc.

Sachregister.

(Die Ziffern bedeuten die Seitenzahlen, die eingeklammerten Ziffern die Anmerkungen.)

A.

F.

G.

H.

J.

L.

N.

O.

Q.

R.

S.

T.

W.

Z.

Druckfehler und Berichtigungen.

Seite 1. vorletzte Zeile: das Wort „(desgleichen)“ ist zu streichen.
„ 4. Zeile 19 von unten: statt „März“ ist zu setzen: „Mai“.
„ 8. Zeile 8 von oben: statt: 9b) ist zu setzen: 10b).
„ 27. Zeile 7 von unten: hinter dem Wort „lediglich“ sind die Worte ausgefallen: „auf Grund der beschränkten Steuerpflicht“.
„ 35. Zeile 7 von unten: vor dem Worte: „Gesetzbuchs“ fehlt: „Handels“.
„ 92. Zeile 15 von oben: hinter dem Worte: „Vorsitzenden“ fehlt: „der Voreinschätzungskommissionen“.
„ 162. letzte Zeile: Zur Anmerkung 12 ist zu vergleichen Seite 621 Nr. 5.
„ 169. Zeile 6 von oben: statt der Worte: „welchen nicht als Jahresrente“ ist zu lesen: „welche nicht als Jahresrenten“.
„ 173. Zeile 18 von unten: statt „Steuerpflicht“ ist zu lesen: „Steuerpflichtigkeit“.
„ 179. Zeile 27 von oben: statt „1887“ ist zu setzen: „1889“.
„ 239. Zeile 17 von oben: statt „der Gemeindeversammlung“ ist zu setzen: „des Gemeindevorstandes“.
„ 242. Zeile 6 von unten: statt „Steuerbetrag“ ist zu setzen: „Reinertrag“.
„ 254. Textzeile 11 von unten: statt „Gemeindeversammlung“ ist zu setzen: „Gemeindevorstand“.
„ 264. Zeile 7 von oben: der Inhalt der Klammer soll heißen: „(S. 261 Anm. 2a, S. 263 Anm. 2e)“.
„ 310. Spalte 20: die Kopfinschrift „Arten des Einkommens“ soll sich auch über Spalte 20 erstrecken.
„ 317. Kopfinschrift über Spalte 8: statt „A“ ist zu setzen: „D“.
„ 333. Zeile 3 von oben links: „Gemeinde (Gutsbezirk)“ ist zu streichen.
„ 460. Zeile 13 von oben: statt „§. 149“ ist zu setzen: „§. 749“.

19. **Die Seegesetzgebung des Deutschen Reiches.** Von Dr. jur. W. E. Knitschky. 3 Mk.

20. **Das Reichsgesetz, betreffend die Krankenversicherung der Arbeiter.** Vom 15. Juni 1883. Von E. von Woedtke. Dritte Auflage. 1 Mk. 20 Pf.

21. **Die Konsulargesetzgebung des Deutschen Reiches.** Von Dr. Philipp Zorn. 4 Mk.

22. **Patentgesetz. Gesetz über Muster- und Modellschutz. Gesetz über Markenschutz.** Nebst Ausführungsbestimmungen. Von T. Ph. Berger. Dritte Aufl. In Vorbereitung.

23. **Unfallversicherungsgesetz** vom 6. Juli 1884 und **Gesetz über die Ausdehnung der Unfall- und Krankenversicherung** vom 28. Mai 1885. Von E. von Woedtke. Vierte Auflage. 2 Mk.

24. **Reichsgesetz, betreffend die Kommanditgesellschaften auf Aktien und die Aktiengesellschaften.** Vom 18. Juli 1884. Von H. Keyßner und Dr. H. V. Simon. Dritte Auflage. 1 Mk.

25. **Das Deutsche Reichsgesetz wegen Erhebung der Brausteuer** vom 31. Mai 1872. Mit Ausführungsvorschriften. Von E. Bertho. 1 Mk. 60 Pf.

26. **Die Reichsgesetzgebung über Münz- und Bankwesen, Papiergeld, Prämienpapiere und Reichsanleihen.** Von Dr. R. Koch. Zweite Auflage. 2 Mk. 40 Pf.

27. **Die Gesetzgebung, betr. das Gesundheitswesen im Deutschen Reich** für Behörden, Aerzte, Apotheker und Gewerbetreibende. Von Dr. jur. C. Goesch und Dr. med. J. Karsten. 1 Mk. 60 Pf.

28. **Das Reichsgesetz, betreffend die Unfallversicherung der bei Bauten beschäftigten Personen.** Vom 11. Juli 1887. Von Leo Mugdan. 1 Mk. 25 Pf.

29. **Das Reichsgesetz, betreffend die Erwerbs- und Wirthschaftsgenossenschaften.** Vom 1. Mai 1889. Von L. Parisius. Vierte Auflage. 1 Mk. 25 Pf.

30. **Das Reichsgesetz, betreffend die Invaliditäts- und Altersversicherung.** Vom 22. Juni 1889. Von E. von Woedtke. Vierte Auflage. 2 Mk.

31. **Das Reichsgesetz, betreffend die Gewerbegerichte.** Vom 29. Juli 1890. Von Leo Mugdan. Zweite vermehrte Ausgabe. 1 Mk. 25 Pf.

B. Preußische Gesetze.

1. **Die Verfassungs-Urkunde für den Preußischen Staat.** Mit Ergänzungs- und Ausführungsgesetzen. Von Dr. Adolf Arndt. Zweite Auflage. 2 Mk.

2. **Beamten-Gesetzgebung, Preußische.** Enthaltend die wichtigsten Beamtengesetze in Preußen. Mit kurzen Anmerkungen, einem chronologischen Verzeichniß der abgedruckten Gesetze ꝛc. Von C. Pfafferoth. Zweite neubearbeitete Auflage. 1 Mk. 50 Pf.

3. **Das Preußische Gesetz, betreffend die Zwangsvollstreckung in das unbewegliche Vermögen** vom 13. Juli 1883 und allen Nebengesetzen und dem Einführungsgesetze für die Rheinlande. Von Dr. J. Krech und Dr. O. Fischer. Zweite Auflage. 1 Mk.

4. **Die Preußischen Gesetze, betreffend das Notariat** in den Landestheilen des gemeinen Rechts und des Landrechts. Zweite veränderte Auflage herausgegeben von R. Sydow und A. Hellweg. 1 Mk. 60 Pf.

5. **Das Gesetz vom 24. April 1854** (betr. die außereheliche Schwängerung) und die daneben geltenden Bestimmungen des Allgemeinen Landrechts nebst den dazu ergangenen Präjudikaten, der Litteratur ꝛc. Von Dr. jur. H. Schulze. 75 Pf.

6. **Die Preußischen Ausführungsgesetze und Verordnungen zu den Reichsjustizgesetzen.** Von R. Sydow. Zweite veränderte Auflage. 2 Mk.

7. **Allgemeine Gerichtsordnung für die Preußischen Staaten vom 6. Juli 1793 und Preußische Konkursordnung vom 8. Mai 1855.** Text-Ausgabe der noch gültigen Vorschriften. Von F. Vierhaus. 2 Mk. 50 Pf.

8. **Die Vormundschaftsordnung vom 5. Juli 1875, das Gesetz, betreffend die Geschäftsfähigkeit Minderjähriger und die Aufhebung der Wiedereinsetzung in den vorigen Stand wegen Minderjährigkeit, vom 12. Juli 1875 und das Gesetz, betr. die Unterbringung verwahrloster Kinder, vom 13. März 1878,** nebst den dazu erlassenen Nebengesetzen und Allgemeinen Verfügungen. Von Max Schultzenstein. Zweite vermehrte und verbesserte Auflage. 1 Mk. 50 Pf.

9. **Die Preußische Grundbuchgesetzgebung.** Von Prof. Dr. O. Fischer. Zweite Auflage. 1 Mk. 25 Pf.

10. **Einkommensteuergesetz für die Preußische Monarchie.** Vom 24. Juni 1891. Von R. Meitzen. Zweite Auflage. 1 Mk.

11. **Gewerbesteuergesetz für die Preußische Monarchie.** Vom 24. Juni 1891. Von A. Fernow. 80 Pf.

Druck von C. H. Schulze & Co. in Gräfenhainichen.